2016

高邮年鉴

GAOYOU YEARBOOK

高邮市地方志年鉴编纂委员会　编

方志出版社
Publishing House of Local Records

图书在版编目（CIP）数据

高邮年鉴. 2016/ 高邮市地方志年鉴编纂委员会编
. --北京：方志出版社，2016.12
ISBN 978-7-5144-2283-2

Ⅰ. ①高… Ⅱ. ①高… Ⅲ. ①高邮－2016－年鉴
Ⅳ. ①Z525.33

中国版本图书馆CIP数据核字(2016)第320259号

高邮年鉴（2016）

编　　者： 高邮市地方志年鉴编纂委员会
责任编辑： 张　昊

出 版 人： 冀祥德
出 版 者： 方志出版社
地址　北京市朝阳区潘家园东里9号（国家方志馆4层）
邮编　100021
网址　http://www.fzph.org
发　　行： 方志出版社发行中心
电话（010）67110500
经　　销： 各地新华书店
印　　刷： 扬州市机关彩印中心

开　　本： 889×1194毫米　1/16
印　　张： 28.375
字　　数： 888千字
版　　次： 2016年12月第1版　2016年12月第1次印刷
印　　数： 0001～1000册

ISBN 978-7-5144-2283-2　　**定价：** 280.00元

高邮市地方志年鉴编纂委员会

审　稿　人　员

（以篇目先后为序，由单位审稿的未列）

《高邮年鉴》编辑人员

主　　　编　居晓波　李　生

副　主　编　刘春龙　宝珍芳

特 邀 编 审　孙　铎

编 校 人 员　刘春龙　宝珍芳　孙　铎　纪　刚　王　玉　冯卫东　周丽丽　嵇捍华

彩页采编人员　宝珍芳　雨　霏

封面照片摄影　张元奇　张　宇

总目英文翻译　朱　嘉

高邮年鉴编辑部地址：江苏省高邮市海潮东路89号高邮市城市商务大厦16楼

邮政编码：225600　　　电话：0514—84614796

编 辑 说 明

一、2016 年版《高邮年鉴》是由中共高邮市委员会、高邮市人民政府主办，高邮市地方志年鉴编纂委员会编纂，高邮市地方志办公室具体编辑，方志出版社出版的地方综合年鉴。该版年鉴系第 28 卷，为大 16 开精装本。

二、本版年鉴以邓小平理论、“三个代表”重要思想、科学发展观为指导，坚持实事求是的原则，主要记载2015年度高邮市在经济建设、政治建设、文化建设、社会建设、生态文明建设中的新成就、新经验、新典型，集全市政治、经济、文化和社会生活等方面基本情况于一册。本版年鉴对2016年上半年发生的部分重要事项分别在《特载》《市情概览》《人物》等篇目和彩页中予以记载，并在时间上加注“2016年”。

三、本版年鉴对使用频率较高的较长词句，初次用全词句，再次用缩略语。对使用频率较高的较长机构名称，在目录前列有《高邮市部分机构全称、简称对照表》，在正文中一般使用简称。

四、本版年鉴按照增强资料性和实用性的要求，设《2015 数字高邮》，在相关篇目中设有企事业单位名录、各村和社区基本情况等项内容，以保证该篇目或分目资料的完整性。对少数需要注明的问题，分别在所属篇目、分目、条目后（中）列有“说明”“注”或“资料链接”。文中表格列有统一表序。

五、本版年鉴对部分篇目进行了调整，删去《大事记》《概况》《体制改革》《开放型经济》《非公有制经济》《劳动·人才·人事》《社会生活》《乡镇经济和社会发展》等篇目，将相应内容科学分类，调整到新设置的《大事记要》《市情概览》《开放与开发》《人力资源》《社会保障》《社会事务管理》《乡镇》《附录》等篇目。

六、本版年鉴所载资料，以各部门、各乡镇（园区）和有关单位的专人撰写、负责人审核为主，并经供稿单位审校后刊用。所载主要数据，除市委工作报告、市政府工作报告、引文中的数字和计量单位保持原貌外，凡市统计局列入统计的，按其公布的数字作适当校改；市统计局未列入统计的，以各乡镇（园区）、部门、单位提供的数字入鉴；对难以统一认定但不可缺的重要数据，采用多说并存方法，并注明数据来源。

七、本版年鉴采用分类编辑法，设篇目、分目、条目三个层次。全书共有 32 个篇目、220 个分目、2091 个条目、83 幅表格。设有彩页 100 页，其中新闻彩页 5 页、专题彩页 95 页；文中黑白照片 44 幅。选载的照片，除署名者外，由供稿单位提供。

八、本版年鉴设有中英文总目、目录、书眉、索引等组成的检索系统，以供读者查阅。

九、本版年鉴所登载的照片或文字稿件若署名遗漏或有误，请摄影者或作者与编辑部联系，以便发放稿酬并在下一版《高邮年鉴》中予以更正。

十、《高邮年鉴》系集体创作成果。本版年鉴的编辑出版，得到全市各级领导、各乡镇（园区）、各部门、各党群机构、有关企事业单位、撰稿人和方志出版社、扬州市机关彩印中心的热情支持，对此深表谢意。同时，欢迎海内外各界人士提出宝贵意见，以便把《高邮年鉴》办得更好。

江苏省委常委、省纪委书记弘强（左三，女）到高邮市调研党风廉政建设和反腐败工作（卢登祥　摄）

江苏省委常委、组织部部长王炯（前中）到高邮市开展走访、慰问活动（朱根榴　摄）

江苏省委常委、副省长徐鸣（前右二）到高邮市视察夏粮收购工作（谭国来　摄）

重要会议

2015年12月31日，举行中国共产党高邮市第十届委员会第十一次全体会议
（周丽丽　摄）

2015年1月19～22日，举行高邮市十四届人民代表大会第四次会议
（市人大常委会办公室供稿）

2015年1月19～21日，举行政协高邮市第十二届委员会第四次会议
（市政协办公室供稿）

重要活动

举行“魅力扬州·生态高邮”第八届中国国际食品安全技术论坛　　（居朕宇　摄）

2015年扬州市（高邮）“8.18”项目集中开工、竣工仪式现场　　（高邮湖西新区党政办公室供稿）

第十一届中国双黄鸭蛋节开幕式暨产业合作商机说明会现场　　（居朕宇　摄）

2015中国·高邮（上海）产业合作恳谈会现场　　（市商务局办公室供稿）

第七届中国邮文化节开幕式暨《诗词歌赋》特种邮票首发式现场　　（金飞声　摄）

项目建设

2015年高邮经济开发区“4·18”重大项目集中开工、竣工投产仪式现场　（居朕宇　摄）

2015年高邮城南经济新区“4·18”项目开、竣工仪式现场　（仇慧　摄）

2015年“4.18”高邮湖西新区重大项目奠基仪式现场
（高邮湖西新区党政办公室供稿）

扬州道爵新能源发展有限公司电动汽车项目奠基仪式现场　（居朕宇　摄）

高邮市电池工业园鸟瞰图　（居朕宇　摄）

高邮市界首运河大桥开工典礼现场　（陈庆文　摄）

运东船闸新貌　（张宇　摄）

高邮市生活垃圾焚烧发电PPP项目开工仪式现场
（王树勇　摄）

抗日战争最后一役胜利广场　（胡玲　摄）

秦邮路新貌　（居朕宇　摄）

江苏省高邮经济开发区

市　委　常　委
高邮经济开发区党工委副书记　**赵广华**
高邮经济开发区管委会主任

江苏省高邮经济开发区位于高邮市城区北部，为1993年由省政府批准设立的省级经济开发区。该区总面积101平方千米，开发规划面积50平方千米，建成区20平方千米，辖15个行政村、4个社区，总人口9万多人。2013年9月，在全市行政区划调整中，马棚街道办事处与其合署办公，实行“以区带街、区街合一”的管理体制。近年来，该区按照科学布局、滚动开发、功能配套、特色明显的总体要求和“南城北厂、东市西港”的总体设计，围绕“建成苏中一流的千亿级园区”的奋斗目标，持续深入开展“主要经济指标增幅倍增年”“重大项目推进年”“园区形象提升年”等“三年”活动，在项目强区、人才兴区、招商富区上取得明显成效。园内设有光伏电子产业园、机电产业园、电池工业园、服装轻纺园和科技孵化园等，形成纺织服装、机械制造、电子电气、医药食品、光伏新能源五大产业集群。2015年，该区实现农业总产值8.2亿元，粮食总产量5.18万吨，农民人均纯收入2.29万元；工业总产值449.22亿元，其中规模以上工业产值339亿元，分别增长12.3%、11.4%；公共财政预算收入9.21亿元，增长14.7%。同时，建筑业、第三产业、镇村建设和社会事业均取得较快发展。是年，该区获全市乡镇、园区经济社会发展年度综合考评一等奖第一名。

市委常委、高邮经济开发区党工委副书记、管委会主任赵广华在第九届中国国际食品安全技术论坛上作交流发言

该区纪念建党95周年大会现场

扬州市委副书记、组织部部长张爱军（前左一）到该区（镇）视察工作

扬州市委副书记丁纯（左一）视察该区（镇）万丰城镇综合体建设工程

扬州市委常委、政法委书记孔令俊（前左二）督查指导该区（镇）防汛工作

市委书记勾凤诚（左三）调研视察该区（镇）经济社会发展情况

市委副书记、市长潘学元（前左二）调研视察该区（镇）经济社会发展情况

市人大常委会副主任、高邮湖西新区党工委书记王永海（前右二）视察项目建设工地

该区（镇）林禾科技创新园开工仪式现场

在该区（镇）参加第十二届中国道路照明论坛的领导、专家代表合影

高 邮 镇

党委书记　王庆东

党委副书记、镇长　李深红

高邮镇（街道办事处）位于高邮市城区，系全市的政治、经济、文化中心，淮江公路、京沪高速公路与高兴东公路、邮仪公路在此交汇。总面积43.13平方千米，辖6个村、14个社区，总人口15.4万人。2015年，该镇在农业上，开展农村股份合作社改革试点，集体资产量化到人、固化到户，宝塔村社区股份合作社和苏合珠湖合作社创成扬州市示范合作社；积极培育新型农业经营主体，组建家庭农场5家、流转土地75.2公顷；完成农业增加值2.89亿元，增长5%。在工业上，加大小微企业扶持力度，加快企业上市步伐，加强企业家培训，出台转型升级奖励政策，促进企业“两化”融合，工业基本面保持稳定，全年完成开票销售56.2亿元、入库税金2.99亿元、设备抵扣税1550万元，新增规模以上企业5家，有14家企业列入全市工业转型发展“356”行动计划。建筑业、三产服务业、镇村建设和社会事业均取得较好发展。全镇实现地区生产总值89.5亿元、公共财政预算收入4.97亿元、农民人均纯收入2.37万元，分别增长12.4%、—3.5%、11.1%。是年，该镇获全市乡镇、园区经济社会发展年度综合考评一等奖。

该镇参加中国共产党高邮市第十一次代表大会的全体代表合影

该镇举行思廉日主题活动

高邮市部分机构全称、简称对照表

全　称	简　称
中共高邮市委员会	市委
中共高邮市纪律检查委员会	市纪委
市委办公室	市委办
市委统一战线工作部	市委统战部
市委政法委员会	市委政法委
市委农村工作办公室、市政府农村工作办公室	市农工办
市机构编制委员会办公室	市编制办
市委台湾工作办公室、市政府台湾事务办公室	市台办
市委市级机关工作委员会	市级机关工委
市精神文明建设指导委员会办公室	市文明办
市地方志办公室	市志办
市社会治安综合治理委员会办公室	市综治办
市人民政府	市政府
市政府办公室	市政府办
市农业委员会	市农委
市农业机械管理局	市农机局
市发展和改革委员会	市发改委
市经济和信息化委员会	市经信委
市科学技术局	市科技局
市人力资源和社会保障局	市人社局
市环境保护局	市环保局
市城乡建设局	市城建局
市住房保障和房产管理局	市房管局
市建筑工程管理局	市建管局
市人民防空办公室	市人防办
市城市管理局	市城管局
市民族宗教事务局	市民宗局
市政府外事侨务办公室	市外侨办
市安全生产监督管理局	市安监局
市市场监督管理局	市市监局
市拥军优属、拥政爱民工作领导小组办公室	市双拥办
市老龄工作委员会办公室	市老龄办
市国有资产监督管理办公室	市国资办
市国土资源局	市国土局
市爱国卫生运动委员会办公室	市爱卫办
市文化广电新闻出版局	市文广新局
江苏省高邮经济开发区	高邮经济开发区
市国家税务局	市国税局
扬州市高邮地方税务局	高邮地税局
市人民法院	市法院
市人民检察院	市检察院
中国电信股份有限公司高邮分公司	电信高邮分公司
中国人民银行高邮市支行	人行高邮市支行
中国银行业监督管理委员会扬州监管分局高邮办事处	扬州银监分局高邮办事处
中国农业发展银行高邮市支行	农发行高邮市支行
中国工商银行股份有限公司高邮支行	工商行高邮支行
中国农业银行股份有限公司高邮市支行	农行高邮市支行
中国建设银行股份有限公司高邮支行	建行高邮支行
中国银行股份有限公司高邮支行	中行高邮支行
中国邮政储蓄银行高邮市支行	邮储行高邮市支行
江苏高邮农村商业银行股份有限公司	高邮农村商业银行
中国人民财产保险股份有限公司高邮支公司	财保高邮支公司
中国人寿保险股份有限公司高邮支公司	寿保高邮支公司
江苏省烟草公司扬州市公司高邮营销部	高邮烟草营销部
江苏省苏盐连锁有限公司高邮分公司	高邮盐业分公司
共青团高邮市委员会	团市委
市妇女联合会	市妇联
市工商业联合会	市工商联
市文学艺术界联合会	市文联
市科学技术协会	市科协
市哲学社会科学界联合会	市社科联
市计划生育协会	市计生协会
市残疾人联合会	市残联
市关心下一代工作委员会	市关工委

2015 数字高邮

境域面积 1963 平方千米
　水域面积 788 平方千米
　陆地面积 1175 平方千米
城区建成区面积 26.5 平方千米
城区实有铺装道路 284.4 千米
总户数 25.63 万户
总人口 81.59 万人
　非农人口 33.92 万人
　农业人口 47.67 万人
人口密度 416 人/平方千米
少数民族人口 8868 人
　回族人口 7147 人
人口自然增长率 0.6‰
乡镇区(含高邮经济开发区)15 个
村委会 175 个
社区居委会 52 个
年平均气温 15.3℃
年降水量 1036 毫米上下
地区生产总值 483.85 亿元
　第一产业增加值 66.34 亿元
　第二产业增加值 215.53 亿元
　　工业增加值 177.86 亿元
　　建筑业增加值 37.67 亿元
　第三产业增加值 201.98 亿元
人均地区生产总值 65420 元
工业企业 4931 家
　规模以上企业 524 家
　规模以上企业产值 1149.4 亿元
　规模以上企业销售收入 1106.4 亿元
　规模以上企业利税总额 109.8 亿元
新增省以上高新技术企业 37 家
新增省以上高新技术产品 152 种
个体工商户 3.32 万户
农业总产值 128.92 亿元
粮食总产量 88.8 万吨
棉花总产量 0.01 万吨
油料总产量 2.05 万吨
生猪饲养量 52.9 万头
生猪出栏量 31.02 万头
家禽饲养量 1533 万只
家禽出栏量 1153 万只
水产品产量 19.4 万吨
农机总动力 70.15 万千瓦
公路总里程 2524.13 千米
　高速公路 44.26 千米
　一级公路 90.33 千米
　二级公路 299.01 千米
路网密度 128.59 千米/百平方千米
内河通航里程 613.86 千米
交通系统客运量 2637 万人
交通系统客运周转量 17.23 亿人/千米
交通系统港口操作量 795 万吨
长途汽车班车线路 62 条
农村公交线路 12 条
城区公交线路 10 条
出租汽车 337 辆
邮政业务收入 1.11 亿元
电信业务收入 1.97 亿元
城区电话用户 5.28 万户
农村电话用户 9.98 万户
百户城镇居民电脑拥有量 85 台
全社会固定资产投资额 395.87 亿元
社会消费品零售总额 153.1 亿元
城乡交易额超亿元专业交易市场 7 家
自营出口额 4.07 亿美元
实际利用外资 6021 万美元
旅游接待人数 403.6 万人次
公共财政收入 33.24 亿元
国家税收 21.87 亿元
地方税收 39.73 亿元
城乡居民储蓄存款余额 310.33 亿元
中等职业学校在校生 6221 人
高级中学在校生 1.15 万人
初级中学在校生 1.68 万人
小学在校生 2.76 万人
入园儿童 1.41 万人
医疗机构 250 家
医院病床 2447 张
城市居民人均可支配收入 29007 元
农村居民人均可支配收入 15608 元
城区人均住宅面积 40.55 平方米
农村人均住宅面积 42.9 平方米

总　　目

Table of Contents

目　　录

Contents

特　　载

大事纪要

市情概览

城乡建设·环境保护

开放与开发

农村工作和农业·水利

工　业

建筑业·房产业

信息化建设

供电·交通·邮政

商业·服务业

金融业

经济综合管理

财政·税务

中共高邮市委员会

高邮市人民代表大会及其常务委员会

高邮市人民政府

政协高邮市委员会

法治·国防

科学技术

教　育

文化·体育

医疗卫生

人力资源

社会组织

社会保障

社会事务管理

乡　镇

人　　物

趣闻轶事

附　录

索　引

封面　镇国寺景区　波司登世贸广场夜景

封底　“邮驿之路”雕塑

特　　载

Special Feature

领导视察

全国人大调研组到高邮市进行专题调研

5月7日，全国人大常委会委员、内务司法委员会副主任委员陈秀榕率全国人大调研组，在江苏省人大常委会委员、内务司法委员会主任委员刘成林等陪同下，到高邮市就《中华人民共和国妇女权益保障法》贯彻实施情况，进行专题调研。扬州市人大常委会副主任王玉新和高邮市领导韩方、薛晓寒、钱富强等参加活动。

在调研座谈会上，调研组听取市政府和市妇联、公安、司法等相关部门、单位贯彻落实《中华人民共和国妇女权益保障法》工作情况汇报。听取汇报后，陈秀榕对高邮市贯彻落实《中华人民共和国妇女权益保障法》所取得的成绩表示充分肯定。她说，高邮市委、市政府对《中华人民共和国妇女权益保障法》的贯彻落实高度重视，部门形成合力，工作落实到位，成效非常显著。同时，陈秀榕指出，妇女权益保障工作是一项复杂的系统工程，需要全社会共同努力，各部门要紧紧抓住当前妇女事业发展的大好机遇，进一步完善各项工作机制，推动妇女权益保障工作不断取得长足发展；要认真总结成功经验，深入研究工作中存在的不足，走出一条具有中国特色的妇女权益保障之路；要抓住重点，积极探索，力求突破，努力破解妇女权益保障方面的难题，切实维护好妇女的合法权益。

调研组在高邮市调研期间，还深入到菱塘回族乡及清真村，与妇女代表、妇联工作人员座谈交流，倾听基层干群对妇女人身权益和财产权益保护情况和意见、建议，并实地考察当地羊业养殖基地。

(管玮玮)

环境保护部华东督查中心督查组到高邮市进行污染物总量减排工作督查

5月28日，环境保护部华东督查中心督查组到高邮市，督查该市上半年污染物总量减排工作。副市长朱莉莉等陪同督查。

督查组在高邮市期间，听取市政府关于2015年上半年全市污染物总量减排工作情况的汇报，实地查看市海潮污水处理厂、三垛大型养猪场等减排重点工程项目。督查组对全市上半年污染物总量减排工作给予充分肯定，同时提出要进一步优化产业结构，大力发展低能高效、低污染高产项目，确保完成全年总量减排目标；要以贯彻落实新颁布的《中华人民共和国环境保护法》为契机，以更加严格的要求加大对环境的保护力度，以更加严厉的惩戒方法处理各类破坏环境的不法行为。

(彭咏　王增俊)

文化部督查组到高邮市督查、指导公共文化服务体系建设

12月3日，由文化部党组成员、中共中央纪律检查委员会驻文化部纪检组组长王铁率领的文化部督查组，在江苏省文化厅副厅长裴旭、扬州市副市长董玉海等陪同下到高邮市，督查和指导现代公共文化服务体系建设工作。高邮市领导韩方、倪文才、钱富强等参加活动。

王铁一行先后到三垛镇文化站、琵琶社区综合文化服务中心、盂城驿、文艺家活动中心、菱塘回族

乡文化站和清真村综合文化服务中心等处，通过听取情况汇报、查阅档案资料、检查部分基础设施建设等，对现代公共文化服务体系建设工作进行实地督查。王铁认为，高邮市在扎实推进现代公共文化服务体系建设工作中，市委、市政府高度重视，成效显著，文化基础设施网络基本实现全覆盖，公共文化服务资金保障有力，群众文化活动地方特色浓郁。同时，他对高邮市现代公共文化服务体系建设工作提出四点要求：要进一步提高思想认识，加大基础设施建设投入力度，为群众文化活动提供保障，推动现代公共文化服务繁荣发展；要切实搞好总体规划，制订具体实施方案，完善设施布局，搭建文化平台，不断提升服务能力，满足群众日益提升的文化生活需求；要大力发挥好基层公共文化服务设施功能，努力丰富文化服务产品的供给种类，加强基层人才队伍培养，提高现代文化服务的指导能力；要加大改革创新力度，创新体制机制，不断推进现代公共文化服务体系建设工作再上新台阶。

（管玮玮）

江苏省人大调研组到高邮市进行立法调研

5月14日，江苏省人大常委会委员、副主任梁学忠率调研组到高邮市，进行《江苏省节约用水条例(草案)》立法调研。扬州市人大常委会副主任何金发和高邮市领导韩方、方桂林、张秋红、葛桂秋等陪同调研。

在调研座谈会上，调研组听取高邮市关于节约用水工作情况汇报和立法的意见、建议。梁学忠充分肯定高邮市在节约用水和建设节水型社会工作中取得的成绩，做到政策到位、制度健全、目标明确、措施有力，并表示认真收集、梳理意见和建议，为科学制订条例提供依据。

调研组在高邮市调研期间，还实地考察扬州宏远电子有限公司、扬州汇富金陵大饭店、高邮市海潮污水处理厂尾水导流工程、高邮灌区农业节水远程监控系统。　（管玮玮）

江苏省人大和省水利厅调研组到高邮市进行农贷和水利工作调研

6月9～10日，江苏省人大常委会委员、省农业委员会主任张京霞率领省人大和省水利厅调研组到高邮市，就高邮市新型农业经营主体贷款工作和农田水利改革工作进行调研。市领导韩方、张秋红、葛桂秋、孙明如、杨文喜陪同调研。

张京霞在听取市金融部门和农口部门负责人的汇报后提出要求，要进一步高度重视“三农”(农业、农村、农民)工作在土地、人才、资金等方面，持续加大对新型农业经营主体的扶持力度，并适当增加政府风险基金的投入，不断健全各项机制，帮助金融部门化解金融活动中的风险；各相关金融部门要围绕信用等级高、经营状况佳、一体化程度强的新型农业经营主体，给予重点扶持，多研究和推出合适的金融产品和服务，鼓励新型农业经营主体做大、做强。

在实地视察三垛镇中小河流治理项目现场及该镇耿庭村水价改革项目区现场，并听取市政府和水利部门关于开展农田水利改革工作情况汇报后，张京霞充分肯定高邮市实施农田水利改革工作方面取得的成绩，并要求高邮市要继续加大水利管理综合改革的宣传力度，不断增强基层干群对水利工作的管护意识；进一步强化思想认识，加强组织领导，落实相关责任，整合各方资源，形成工作合力，在全面、稳妥推进的基础上，适当扩大水利改革试点工作，让更多农民享受改革所带来的各项实惠。

（管玮玮）

江苏省人大调研组到高邮市调研、检查县乡人大工作与建设

10月14～15日，江苏省人大常委会党组副书记、副主任张艳率调研组到高邮市，调研、检查贯彻落实中央和省委关于加强县乡人大工作与建设部署情况。扬州市人大常委会党组副书记、副主任陈卫庆，扬州市人大常委会副主任王敏和高邮市领导韩方、葛桂秋、孙明如陪同调研。

在实地视察卸甲镇人大代表之家，听取高邮市委书记、市人大常委会主任韩方汇报和部分乡镇人大主席、人大工委对人大工作的意见、建议后，张艳充分肯定高邮市在推进县乡人大工作和建设方面所取得的成绩。她说，这次中央和省委文件坚持问题导向，总结实践经验，回应地方关切，对加强县乡人大工作和建设提出许多新举措，为推动县乡人大工作和建设提供了有力指导与保障。她希望高邮人大进一步组织、学习和解读好中央与省委相关文件，以文件精神为指导，按照全省会议要求，切实加强对代表选举工作的组织领导，不断完善县乡人大会议制度，努力丰富人大代表活动内容，进一步落实好重大事项决定权，继续创新人大监督工作形式和全面提升人大自身建设水平，力促全市县乡人大工作和建设再上新台阶。

在调研座谈会上，调研组还详细听取全市关于“十三五”规划相关事项的汇报。　（管玮玮）

中共江苏省委常委、组织部部长王炯，江苏省副省长徐南平到高邮市走访、慰问

2月10日上午，中共江苏省委常委、组织部部长王炯，江苏省副省长徐南平率队，到高邮市湖西新区、菱塘回族乡，走访、慰问敬老院老人、老党员、伤残军人、低保户等，送去省委、省政府的关怀与问候。中共扬州市委书记谢正义，市委副书记、市长朱民阳，市委副书记、组织部部长张爱军，中共高邮市委书记韩方等一同走访、慰问。

在湖西新区南茶村新庄组90岁老人谭国宝家，王炯拉着老人的手亲切交谈，嘘寒问暖。谭国宝于1943年入伍，先后参加安徽黄堂庙、江苏泗洪、山东韩庄等三次大的战斗。王炯见到老人身体硬朗、儿孙满堂，说“看到您老人家身体健康，我非常高兴”，一再嘱咐老人要好好保重身体，安享幸福晚年。王炯一行还先后到天山敬老院、神居山村小学组伤残军人张兆宇家等处进行走访、察看和慰问，并送上节日慰问金。 （阚有生 丁小玲）

中共江苏省委常委、副省长徐鸣到高邮市视察“三夏”工作

6月15日上午，中共江苏省委常委、副省长徐鸣到高邮市，视察“三夏”（夏收、夏种、夏管）工作，实地了解秸秆资源综合开发利用、标准化育秧移栽和夏粮收购等情况。扬州市委书记谢正义、副书记张爱军、副市长丁一和高邮市领导韩方、方桂林、张秋红、杨文喜、肖伯群等陪同视察。

徐鸣一行首先到市林源科技开发有限公司视察。徐鸣深入车间，同企业负责人亲切交谈，问项目工艺特点、项目可实现经济技术指标、秸秆回收综合利用等情况。当得知该企业年利用秸秆量8万吨～10万吨、年产秸秆成型压块7.5万吨～8万吨、发电3500万度、制取生产有机复合肥5万吨、年减排二氧化碳7万吨、实现年销售收入1.8亿元时，徐鸣高兴地说，循环利用利国利民，既有经济效益又有社会效益。他要求，要不断优化提高秸秆能源转化水平，做到多品种循环利用、零排放组织生产、常态化收储秸秆。

接着，徐鸣一行到界首镇机插水稻集中供育秧基地。徐鸣饶有兴趣地来到田头机插秧现场，同农技人员交流集中育秧和机插秧苗技术，询问农户当年夏收夏栽情况。他说，水稻生产一条龙社会化服务模式新、服务好，精准化定量施肥、标准化育秧、商品化供秧、强体壮苗移栽等，提高农业生产效益和科学种田水平。他要求，要选好种、育好秧、栽好苗、施好肥、管好田，为秋熟丰产打下坚实基础。

尔后，徐鸣一行又到五里坝国家粮食储备库实地了解夏粮收购工作。徐鸣同正在翻晒小麦的农民谭国勋攀谈起来，问小麦产量、出售价格。他紧握老谭的手说，不要担心小麦出售价格，托市收购会让农民吃上“定心丸”的。他还叮嘱粮库负责人，要严格按照托市收购政策切实做好夏粮收购工作，做到不压价、不拒收，随到随收随兑现。同时要为农民做好粮食出售前的烘干服务工作，既不增加农民售粮成本，又要保证粮食收储安全。 （殷朝刚）

中共江苏省委常委、省纪律检查委员会书记弘强到高邮市调研党风廉政建设和反腐败工作

7月29日，中共江苏省委常委、省纪律检查委员会书记弘强到高邮市，调研党风廉政建设和反腐败工作，并了解经济社会发展等方面情况。中共扬州市委常委、市纪律检查委员会书记张跃进和高邮市委书记韩方，高邮市委常委、市纪律检查委员会书记朱勇等参加调研。

在高邮市纪委、监察局第一工作室，弘强详细询问工作室运作机制和案件查办方面的情况，并对他们取得的工作成效给予肯定。她指出，农村基层纪检监察组织直接面对广大人民群众，面对生活和工作在社区、农村一线的党员干部，是推动农村基层党风廉政建设的重要力量。农村基层纪检监察组织要加大查处群众身边腐败问题的力度，关注民生，维护民利，让老百姓真切感受到党中央惩治腐败的决心。弘强还察看高邮镇党务公开栏，了解农村“大监督”机制建设情况，对高邮市开通农村大监督网站、运用“清风高邮”新媒体平台，将农村各项事务活动置于群众监督之下，进一步加强与群众的联系沟通等做法表示赞许。

弘强强调，落实“两个责任”要从基层抓起，强化责任追究，形成党委、纪委齐抓共管的合力，不能让制度成为“纸老虎”“稻草人”。各级党委要牢牢牵住主体责任的“牛鼻子”，牢固确立不抓党风廉政建设就是失职的意识，切实解决不想抓、不会抓、不敢抓的问题。各级纪检监察组织要切实履行纪委监督责任，要把纪律和规矩挺在前面，筑牢思想防线，严明纪律红线，努力推动依纪办事、依法行政浓厚氛围和良好风气的形成。

弘强一行在高邮市调研期间，还参观华中雪枫大学旧址展馆、王氏父子纪念馆、抗日战争最后一役纪念馆等廉政文化教育基地，察看盂城驿第二期工程、市河第二期工程和扬州中信邮都轮毂有限公司，对高邮市发挥历史文化资源优势、强化廉政宣传教

育的做法和在经济社会发展、民生项目建设、生态环境治理等方面取得的成绩给予充分肯定。(邮纪宣)

江苏省副省长许津荣到菱塘回族乡调研经济社会发展情况

12月17日,江苏省副省长许津荣率省民族事务委员会负责人等到菱塘回族乡,专题调研该乡经济社会发展情况。扬州市市长朱民阳、副市长姚苏华和高邮市领导韩方、张秋红、杨文喜等陪同调研。

许津荣在观看专题片《江苏名镇——菱塘回族乡》、听取乡负责人关于经济社会发展情况汇报后,说:"菱塘回族乡的经济社会发展令人振奋,不但在经济、社会、党建、民生等方面实现协调发展,还瞄准'精致秀美、特色彰显、功能配套、宜居乐业、绿色生态'的发展定位,实现绿色发展,为回汉群众打造'天之蓝、水之碧、路之洁、林之茂、村之美、乡之秀、人之乐'的宜居新环境,真正实现生产发展、生活富裕、生态文明的科学发展。"

许津荣一行还先后考察该乡的回民实验小学、回民小区、清真村、古清真寺、民族文化宫、民族广场等。并慰问清真村因病致贫的贫困户杨艾香、杨汉卫,给他们送来党和政府的温暖,鼓励他们树立信心、战胜困难,迎接更加美好的生活。(郭玉梅)

城市名片

侵华日军向新四军投降处旧址被批准为国家级抗战纪念设施、遗址

8月13日,国务院下发《关于公布第二批国家级抗战纪念设施、遗址名录的通知》(国发〔2015〕47号)。称:"为隆重纪念中国人民抗日战争暨世界反法西斯战争胜利70周年,经党中央、国务院批准,现将第二批100处国家级抗战纪念设施、遗址名录予以公布。

各地区、各有关部门要进一步加强抗战纪念设施、遗址的保护管理,做好抗战史料文物和英烈事迹的发掘整理、宣传陈展工作,广泛组织开展群众性拜谒、参观活动,教育引导广大群众特别是青少年充分认清日本法西斯侵略者犯下的罪行,牢记中华民族抵御侵略、奋勇抗争的历史以及中国人民为世界反法西斯战争胜利做出的巨大民族牺牲和重要历史贡献,学习宣传抗日英烈的英雄事迹,大力弘扬伟大的民族精神和抗战精神,进一步增强民族凝聚力、向心力,为实现中华民族伟大复兴的中国梦不懈奋斗。

附:第二批国家级抗战纪念设施、遗址名录

……

江苏省

……

侵华日军向新四军投降处旧址 位于江苏省高邮市熙和巷70号

……"

(高志中)

高邮入围国家新型城镇化试点地区名单

8月,国家发改委公布国家新型城镇化试点地区名单,高邮市名列其中。这是扬州市唯一被列入国家新型城镇化综合试点的县(市)。

近年来,高邮市委、市政府及相关职能部门,围绕全面提高城镇化质量,加快转型城镇化发展方式等重点,抓紧组织编制试点工作方案,重点在强化生态文明制度建设、创机关报农业现代化发展体制机制、健全城镇住房保障机制、创新城乡社会治理方式等方面先行先试,积极探索新路,摸出规律,为促进苏中与苏北结合部经济相对薄弱地区新型城镇化发展提供示范经验。(史志)

表1 2015年度高邮市获扬州市以上荣誉一览表

时　间	获誉对象	称　　号	授　誉　机　关
一、高邮市			
2015年11月	高邮市	2015年度中国中小城市综合实力百强市(第66位)、全国最具投资潜力中小城市百强市(第47位)	中国中小城市发展战略研究院
2015年12月	高邮市	国家知识产权试点市	国家知识产权局
2015年2月	高邮市	江苏省学前教育改革发展示范区	江苏省人民政府
2015年3月	高邮市	江苏省第三次全国经济普查工作先进集体	江苏省第三次全国经济普查工作领导小组
2015年3月	高邮市	江苏省县道公路管养质量名列第一	江苏省交通运输厅公路局
2015年6月	高邮市	2014年度全省基层党员冬训工作示范市	中共江苏省委宣传部、组织部
2015年7月	高邮市	江苏省公共文化服务体系示范区(第三批)	江苏省文化厅

续表1

时　间	获誉对象	称　　号	授　誉　机　关
2015年8月	高邮市	江苏省新型城镇化综合试点市	江苏省发展和改革委员会
2015年11月	高邮市	江苏省村级"四有一责"建设先进市	中共江苏省委组织部、农村工作办公室，江苏省农业委员会、经济和信息化委员会、财政厅
2015年12月	高邮市	全省发展现代高效农业成效显著县	中共江苏省委农村工作领导小组
2015年12月	高邮市	江苏省特种电缆产业产学研协同创新基地	江苏省科学技术厅
2015年12月	高邮市	江苏省慢性病综合防控示范区	江苏省卫生和计划生育委员会
2015年12月	高邮市	2014年度江苏省金融生态优秀县(市)	江苏省金融稳定工作协调小组
2015年12月	高邮市	江苏省蚂蚁金融服务"旺农贷"试点城市	蚂蚁金融服务集团
二、乡镇、园区、村			
2015年2月	高邮镇	全国文明镇(第四届)	中央精神文明建设指导委员会
2015年	菱塘回族乡	国家园林城镇	住房和城乡建设部
2015年11月		江苏省清真美食之乡	江苏省餐饮行业协会
2015年2月	汤庄镇	江苏省创新型乡镇(第四批)	江苏省科学技术厅
2015年10月	高邮城南经济新区	江苏省信息化和工业化融合试验区	江苏省经济和信息化委员会
		江苏省科技产业园	江苏省科学技术厅
		江苏省电子商务示范区(首批)	江苏省商务厅
2015年12月	江苏省高邮经济开发区	扬州市粮食生产全程机械化示范乡镇	扬州市农机局
2015年2月	送桥镇庙家村	全国人口和计划生育基层群众自治示范村	中国计划生育协会
2015年4月	送桥镇邵庄村	全国"一村一品示范村镇"	农业部
2015年11月30日	高邮城南经济新区管伙村	江苏省农村电子商务示范村(第三批)	江苏省商务厅
2015年	八桥现代农业产业园	全国农业科技产业园	农业部
2015年12月	菱塘回族乡工业集中区	扬州市特色产业园	扬州市人民政府
三、部门、社团			
2015年2月	市国家税务局	全国文明单位(第四届)	中央精神文明建设指导委员会
2015年4月	市财政局	江苏省政府采购监管工作考核一等奖	江苏省财政厅
2015年5月	市禁毒委员会	江苏省社区戒毒社区康复工作示范单位	江苏省禁毒委员会
2015年12月		全国社区戒毒社区康复工作示范单位	国家禁毒委员会办公室
2015年9月	市委统战部	江苏省统战工作先进集体	中共江苏省委统战部
2015年10月	市社科联	全国先进社科组织	全国大中城市社科联第26届工作会议主席团
2015年12月	市合管办	2013～2014年度全国青年文明号	中国共产主义青年团中央委员会、国家卫生和计划生育委员会
2015年12月	市人社局	江苏省扶残助残先进集体	江苏省人民政府
2015年12月	市发改委	扬州市发展改革工作综合考评先进单位一等奖	扬州市人民政府
四、其他			
2015年12月	盂城驿	国家AAAA级旅游景区	国家旅游局
2015年12月	市烈士陵园管理处	扬州市廉政文化示范点	中共扬州市纪律检查委员会
2015年12月	吴登云事迹展览馆	扬州市廉政教育基地	华中雪枫大学旧址

说明：2015年1月份全市所获荣誉已载于2015年版《高邮年鉴》

（高志中）

重要任命和决定事项

高邮市人民代表大会公告

（第一号）

高邮市第十四届人民代表大会第五次会议于2016年1月13日补选张秋红为高邮市第十四届人民代表大会常务委员会主任。

现予公布。

高邮市第十四届人民代表大会
第五次会议主席团
2016年1月13日

高邮市人民代表大会公告

（第二号）

高邮市第十四届人民代表大会第五次会议于2016年1月13日补选潘学元为高邮市人民政府市长。

现予公布。

高邮市第十四届人民代表大会
第五次会议主席团
2016年1月13日

高邮市第十四届人民代表大会专门委员会组成人员名单

（2016年1月13日高邮市第十四届人民代表大会第五次会议通过）

法制委员会

主任委员：费绍兴

副主任委员：端武斌

委员（按姓氏笔画为序）：

王士华　杨海虹（女）　徐顺山

财政经济委员会

主任委员：陈德元

委员（按姓氏笔画为序）：

李才富　李深红（女）　周德美　黄强

关于高邮市政协第十二届第五次会议选举结果的公告

中国人民政治协商会议江苏省高邮市第十二届委员会第五次会议于2016年1月10～12日召开。会议期间，经充分酝酿协商，选举徐永宝同志为政协高邮市第十二届委员会主席，选举居晓波同志为政协高邮市第十二届委员会副主席。

政协高邮市委员会
2016年1月12日

高邮市人民代表大会常务委员会任命名单

（2015年3月27日市第十四届人大常委会第二十三次会议通过）

任命谭旭为高邮市科学技术局局长；

任命魏道智为高邮市文化广电新闻出版局局长；

任命潘寿田为高邮市民族宗教事务局局长；

任命胡朝霞为高邮市卫生和计划生育委员会主任；

任命詹惜文为高邮市审计局局长，免去高邮市科学技术局局长职务。

高邮市人民代表大会常务委员会任命名单

（2015年3月27日市第十四届人大常委会第二十三次会议通过）

任命王杨为高邮市人大常委会人事代表联络工作委员会副主任；

任命周明义、郑立峰、黄建华、范协斌为高邮市人民检察委员会委员。

高邮市人民代表大会常务委员会任命名单

（2015年5月28日市第十四届人大常委会第二十四次会议通过）

任命卞荣中为高邮市市场监督管理局局长。

高邮市人民代表大会常务委员会任命名单

（2015年7月31日市第十四届人大常委会第二十五次会议通过）

任命吴敏、徐刚、陈宏明、居淑贞为高邮市人民检察院检察员。

高邮市人民代表大会常务委员会任命名单

（2015年9月25日市第十四届人大常委会第二十六次会议通过）

任命薛晓忠为高邮市人大常委会农村工作委员会副主任；

任命薛东兵、董文彬、姚剑、范启勇、周曙为高邮市人民法院审判委员会委员；

任命刘传勇为高邮市人民法院审判委员会委员、知识产权庭庭长；

任命李晓燕为高邮市人民法院审判监督庭副庭长；

任命王璟为高邮市人民法院民事审判第一庭副庭长；

任命王健、刘嵘、李娟、徐玉荣为高邮市人民法院审判员；

任命范启晓为高邮市人民检察院副检察长；

任命汤智、夏冬为高邮市人民检察院检察员。

高邮市人民代表大会常务委员会关于调整代表资格审查委员会组成人员的决定

（2015年11月26日市第十四届人大常委会第二十七次会议通过）

因郭海平、姜永顺同志已辞去高邮市第十四届人大常委会组成员人员职务，根据《中华人民共和国地方各级人民代表大会和地方各级人民政府组织法》《中华人民共和国全国人民代表大会和地方各级人民代表大会代表法》的有关规定，高邮市第十四届人民代表大会常务委员会代表资格审查委员会组成人员名单决定调整如下：

主任委员：孙明如

副主任委员：周荣祥

委员（按姓氏笔画为序排列）：卢红、卢琳、张曰兴、陈军、费绍兴、黄安良

高邮市人民代表大会常务委员会决定任命名单

（2016年1月5日市第十四届人大常委会第二十八次会议通过）

决定任命潘学元为高邮市人民政府副市长、代理市长。

高邮市人民代表大会常务委员会任命名单

（2016年1月5日市第十四届人大常委会第二十八次会议通过）

任命徐龙海为高邮市人大常委会农村工作委员会主任；

任命蒋杏朝为高邮市人大常委会环境资源城乡建设工作委员会主任；

任命林玉顷为高邮市人大常委会政策研究室主任。

高邮市人民政府关于授予梅小明等7位人士高邮市“城市贵宾”称号的决定

2015年4月10日，高邮市人民政府做出《关于授予梅小明等7位人士高邮市“城市贵宾”称号的决定》。该决定称，“为褒奖在我市经济建设、社会发展及友好交流合作中做出突出贡献的国内外友好人士，鼓励和吸引更多友好人士参与和支持高邮的建设，经政府常务会议研究，决定授予梅小明等7位在邮投资兴业的人士高邮市‘城市贵宾’称号（名单附后）。”

高邮市“城市贵宾”名单

梅小明　南京云海特种金属股份有限公司董事长、扬州瑞斯乐复合金属材料有限公司董事长

崔佃德　西安航天泵业有限公司总经理助理兼制造部总经理、江苏航天水力设备有限公司总经理

黄玖梅　中航百慕新材料技术工程股份有限公司总经理

高　扬　江苏星浪光学仪器有限公司董事长

夏凤明　常熟市汇能达蓄电池有限公司董事长、江苏能一电池有限公司董事长

左金福　江苏佐仕科技有限公司董事长、扬州佐仕科技有限公司董事长

王　俊　高邮市湖畔水产专业合作社理事长

（高志中）

工作报告

迈上新台阶　建设新高邮　为开创“十三五”发展新局面而努力奋斗

——在中共高邮市委第十届第十一次全体会议上的报告

中共高邮市委书记　韩　方

（2015年12月31日）

这次市委全会是在“十二五”收官、开局“十三五”关键时刻召开的一次十分重要的会议。会议的主要任务是，全面贯彻落实党的十八届五中全会、中央经济工作会议和省委全会、全省经济工作会议、扬州市委全会精神，回顾总结全市2015年和“十二五”工作，研究部署2016年和“十三五”发展，动员全市上下围绕“迈上新台阶、建设新高邮”，着力推进创新发展、协调发展、绿色发展、开放发展、共享发展，为开创“十三五”发展新局面而努力

奋斗。

一、充分肯定全市经济社会适应新常态取得新进步

2015年,市委常委会全面贯彻落实党的十八大和十八届三中、四中、五中全会精神,认真学习总书记习近平系列重要讲话特别是视察江苏重要讲话精神,团结带领全市广大干部群众,加快推进转型升级,加快建设美丽高邮,大力弘扬和践行"崇文尚德、求实创新"高邮精神,扎实推进"重大项目攻坚年、四城同创突破年、民生幸福推进年、市民素质提升年"各项工作,经济社会发展取得新进步。预计全年完成地区生产总值490亿元、增长10.5%,公共财政预算收入33.1亿元、增长13%,城镇居民人均可支配收入2.91万元、增长9.2%,农村居民人均可支配收入1.57万元、增长9.4%,列"全国中小城市科学发展百强"第66位、"全国最具投资潜力中小城市百强"第47位,分别比2010年度晋升23位和24位。

过去的一年,市委常委会重点组织实施的五项工作为:一是学习新理论指导高邮实践,发展方向更加明确。认真学习贯彻总书记习近平系列重要讲话精神,特别是视察江苏重要讲话精神,按照省委"迈上新台阶、建设新江苏"的总体部署,着力推动重点工作落实。结合"三严三实"专题教育开展集中学习研讨7次,市委常委带头撰写学习体会32篇。着力提升理论武装,分层次组织党员干部集中培训轮训,开展"周末课堂"专题讲座14场,培训党员干部7500人次。顺应群众期盼,把"崇文尚德、求实创新"作为新时期高邮精神,为发展凝聚新的精气神。围绕"四个全面"战略部署和"五个迈上新台阶"要求,突出转型升级、新型城镇化、生态建设、民生改善等重点任务,精心谋划"十三五"发展,预排"十三五"期间拟申报列省重大项目17项,计划总投资574.6亿元,为推进新发展进行新的布局。二是主攻新项目加快转型升级,发展基础更加坚实。把重大项目作为稳增长、促转型的主抓手,扎实开展"重大项目攻坚年"和"上海及长三角地区招商年"活动,新签约10亿元项目9项,新开工10亿元项目10项,新竣工10亿元项目6项,全年固定资产投资395.7亿元、增长18%,协议注册外资实际到账5800万美元、增长104%。召开企业发展大会,推进工业经济转型升级"三五六"行动计划,扶持企业加快转型升级,新增国家高新技术企业37家,规模以上工业企业实现增加值275亿元、增长10.6%,自营出口额4.07亿美元、增长5.3%。深入实施"秦邮人才集聚计划"和"秦邮英才培育计划",16人入选省"双创计划",43名高层次人才入围"绿扬金凤计划",获批国家知识产权试点城市,创成省特种电缆产业产学研协同创新基地,宏远公司建成国家级博士后科研工作站,科凌公司成为全国工业品牌培育试点企业,龙腾照明集团注册商标获批国家级驰名商标,华富公司跻身省"自主品牌50强",金飞达"猎豹"牌电动工具评为省出口名牌产品,11家企业13种产品获批省重点推广应用新技术新产品,4家企业获批省重大科技成果转化项目,全市企业共获扬州以上各类奖补资金1.04亿元。推动建筑业做大做强,弘盛集团蝉联全国民企500强,兴厦集团顺利改制,全市建筑业企业总产值达1000亿元、增长25%,在市内纳税4.67亿元、增长12.7%。加快服务业重大项目建设,服务业增加值达199亿元,占地区生产总值比重提高1个百分点,扬州大运来马戏、温泉及生态文化旅游度假区项目正式签约,盂城驿创成国家4A级景区。粮食生产实现"十二连增",与阿里巴巴集团合作推进农村淘宝项目,新增省级农业龙头企业3家、千亩高效农业园15个、家庭农场258家,扬州大学农科园落户八桥现代农业产业园区,并获批创建国家级农业科技产业园。三是适应新常态深化改革创新,发展环境更加优化。完成市场监督管理局、卫计委、民宗局等重组分列工作,挂牌成立市政务服务管理办公室。动态发布部门权责清单,在全省率先运行基本建设项目行政审批"证照库"系统,推行重大项目容缺受理、模拟审批、形式审查制,实施投资建设项目并联审批,积极探索相对集中行政许可权改革试点。推进工商注册便利化改革,全面实施"三证合一、一照一码"登记。整合不动产登记职责,实施不动产权证书、不动产权证明"两证合一"。开发区与上海徐泾镇、三垛镇与上海枫泾工业园区结对共建。创成省金融生态优秀县市,首只城投债券"15高邮债"成功获批并完成发行,中投证券公司高邮营业部、交通银行扬州高邮支行正式对外营业。传艺公司中小板上市正式报会,曙光电缆、龙腾农贷、华富公司、日兴生物"新三板"成功挂牌。全面完成农村土地承包经营权确权工作任务,发证到户率达95%,建立农村产权交易市场体系。四是务求新突破推进"四城同创",发展成果更加惠民。紧紧围绕"四城同创",精心组织实施城建"双十"工程,国雄路提质、海潮东路东延、农贸市场改造升级、后街后巷整治、老电厂小区改造、高沙园小区改造、华侨岗交叉口改造、运东船闸改造等工程如期完工,秦邮路改造整治、馆驿路、船闸北路贯通等工程进展顺利,连淮扬镇铁路、界首运河大桥全线开工,南澄子河、香沟河、长生大沟、承志河等"不淹不涝、清水活水"工程加快推进。深入开展环境执法大检查、城乡环境综合整治、社区网格化管理、便民疏导点建设等专项行动,

取缔非法营运“三小”车辆，引导规范人力三轮车，推行节能环保公交，开通旅游专线，生活垃圾焚烧发电项目开工建设，数字化城管通过验收，国家卫生城市通过扬州市级考核。成功入选国家新型城镇化综合试点市，全面完成新一轮城市总体规划修编工作，统筹推进城乡公园体系建设和绿化造林工作，菱塘创成国家园林城镇。2015 年度民生“1 号文件”181 项项目基本完成，城乡低保标准每月分别提高到人均 550 元、410 元，农村五保供养标准提高到年人均 6600 元，脱贫攻坚工程取得阶段成果，筹集保障性住房 1757 套，公积金扩面 5912 人、发放贷款 2.45 亿元，教育教学质量显著提升，小高考和普通类高考增幅位居扬州前列，医疗卫生、福利救助等社会事业加快发展。成功举办双黄鸭蛋节、邮文化节、纪念高邮战役胜利 70 周年系列活动、第五届全市运动会、环高邮湖国际自行车越野赛、大运河半程马拉松赛，国家历史文化名城申报工作有序推进，全国文明城市创建顺利接受年度测评。高度重视做好信访维稳和安全生产工作，持续开展食品、药品安全专项整治行动，平安高邮、法治高邮建设水平进一步提升。五是严明新要求抓好专题教育，发展能力更加扎实。以“三严三实”专题教育引领全面从严治党工作，各级党组织深入排查“不严不实”问题，并结合中央开展的各类专项整治活动，推动解决一批新老问题。从严加强干部教育管理，启动实施“基层党建一把手工程”，举办专业化能力培训班 9 期、党性教育专题班 2 期，遴选 61 名年轻干部到发展一线“墩苗”，精心组织“为官不为”专项整治。落实党风廉政建设责任，学习贯彻《中国共产党廉洁自律准则》《中国共产党纪律处分条例》，强化监督执纪问责，组织两轮专项巡察，查处违反中央八项规定精神 29 人，立案查处违纪违法案件 230 件，其中涉及乡科级干部 21 人，移送司法机关 2 人。加强对人大、政府、政协的领导与各项工作的协调，重视做好人武、统战、群团、双拥、老干部和关心下一代等工作，“海空雄鹰团”、“高邮湖”舰入列双拥共建，社会各界同心同德、团结共进。

2015 年，全市上下为“十二五”顺利收官作出不懈努力。回头看五年，成绩来之不易，实践弥足珍贵。这五年，是发展实力显著增强的五年。地区生产总值年均增长 11.3%，公共财政预算收入年均增长 18.1%，规模以上工业企业增加值年均增长 12.4%；建筑业增加值年均增长 27.2%。累计开工建设 292 项亿元项目，比“十一五”期间多 154 项，其中 10 亿元项目 39 项，是“十一五”期间的近十倍；项目平均投资规模达 1.5 亿元，比“十一五”期间翻两番。竣工投产 225 项亿元项目，其中 10 亿元项目 24 项。这五年，是发展质态持续攀升的五年。产业结构不断优化，稳定发展农业，充分发展工业，加快发展服务业，服务业比重五年来提升 8 个百分点。航天水力、中航工业、中信戴卡轮毂等一批“国字头”、世界 500 强企业落户高邮，秦邮特钢 2013 年投产以来累计实现开票销售 160 亿元以上，华翔公司 2014 年以来纳税 2.7 亿元，规模以上工业企业达 524 家。旅游业确定为永久性基本产业，大运河世界遗产点得到有效保护，环高邮湖、清水潭、龙虬庄遗址、界首芦苇荡等景区开发有序推进。这五年，是发展空间加快拓展的五年。中心城区建设面貌一新，空间布局更加完善合理，发展承载能力明显增强，老街区保护和新城区建设相得益彰。成功实施区划调整，20 个乡镇调整为 13 个乡镇(街道)，整合提升乡镇工业集中区，开发区与马棚街道、湖西新区与送桥镇、城南经济新区与车逻镇实行“区镇合一”管理体制，三垛镇、临泽镇、菱塘回族乡创成全国重点镇。这五年，是发展成果普惠共享的五年。坚持每年下发民生“1 号文件”，城乡居民人均可支配收入年均分别增长 11.6%、12.7%，城镇登记失业率控制在 3%以内，城乡低保、新型农村合作医疗、新型农村社会养老保险实现全覆盖，坚持“为民、惠民”推进“四城同创”，成功创成国家生态市、全国文明城市提名城市、省园林城市，先后完成北关河风光带、盂城驿景区扩容等一批重大工程，实施市河、东门大沟整治等“清水活水、不淹不涝”工程，水污染治理全面推进，南水北调北澄子河国控断面基本达标，人民群众的获得感、幸福感显著增强，社会大局保持和谐稳定。这五年，是管党治党不断从严的五年。党的十八大以来，全市各级党组织和广大党员干部以总书记习近平系列重要讲话精神为指导，全面加强党的建设，严格执行中央八项规定精神，坚决反对“四风”，积极投身群众路线教育实践活动，认真开展“三严三实”专题教育，坚持以党风政风带社风民风，全市上下朝气蓬勃、和谐奋进。

在肯定成绩的同时，我们也清醒地看到一些问题和不足，主要是：经济总量还不大，重特大项目偏少；转型升级不快，重点产业发展下行压力仍在，企业抵御风险能力不强；公共服务不适应群众日益增长的需求，年度少数民生改善项目进展未达序时，各类社会矛盾纠纷仍存，社会治理创新难度仍大；基层党建基础规范不够扎实，少数干部缺乏干事激情，争先意识不强，创新活力不足，等等。对此，我们要以更高的目标追求，采取有效措施加以解决。

二、牢牢把握“十三五”发展新理念加快迈上新台阶

“十三五”时期，是高邮全面建成小康社会、迈向基本现代化的决定性阶段。纵观当前国内外形势,世界经济仍处于深度调整期,国内经济发展步入新常态。受此影响,全市发展速度放缓,发展不优、不大、不平衡仍是当前面临的主要问题,地区生产总值、居民收入等人均指标都低于全省和扬州市平均水平,低端产品、低附加值、落后产能企业生存压力加大,部分企业应对市场风险、资金风险能力下降,劳资纠纷、债务纠纷日趋增多。对此,我们一定要辩证地看待,既要正视挑战,切实增强风险意识和忧患意识,更要满怀信心,充分看到有利条件和积极因素,巩固发展好逆势上扬、奋力崛起的态势。首先,经济长期向好基本面没有改变,仍处于可以大有作为的重要战略机遇期;其次,近年来我们通过大力推进重大项目、产业提升、城乡统筹、生态建设、民生改善,打下了坚实基础,具备更强的风险应对能力;更为重要的是,今后一个时期既是"集中承压期",也是"重要窗口期",困难中蕴藏倒逼机遇,有利于我们淘汰落后产能,发展优势产业。无论宏观环境怎么变,形势多么严峻,我们都必须始终坚持发展第一要务不动摇,全面把握"一带一路"、长江经济带建设、中国制造 2025 与"互联网+"、供给侧改革、大众创业与万众创新、跨江融合发展与宁镇扬同城化、新型城镇化综合试点、连淮扬镇高铁带来的新机遇新理念、新经济新动能,在新的起点上奋力开创"十三五"发展新局面。

"十三五"发展的指导思想是:高举中国特色社会主义伟大旗帜,全面贯彻党的十八大和十八届三中、四中、五中全会精神,以马克思列宁主义、毛泽东思想、邓小平理论、"三个代表"重要思想、科学发展观为指导,深入贯彻落实总书记习近平系列重要讲话特别是视察江苏重要讲话精神,大力弘扬"崇文尚德、求实创新"高邮精神,以"迈上新台阶、建设新高邮"为总要求,坚持创新发展、协调发展、绿色发展、开放发展、共享发展,协调推进全面建成小康社会、全面深化改革、全面依法治市、全面从严治党,全力推动经济发展、现代农业建设、文化建设、民生建设和党的建设迈上新台阶,加快建设"经济强、百姓富、环境美、社会文明程度高"的新高邮。

"迈上新台阶,建设新高邮",就是要通过全市上下未来五年的顽强拼搏、负重奋进,经济综合实力显著增强,百姓富裕程度显著提升,生态环境质量显著改善,社会文明程度显著提高,各方面体制机制更加完善,力争提前全面建成小康社会,到 2020 年地区生产总值达 720 亿元,公共财政预算收入达 50 亿元;城镇居民人均可支配收入达 4.6 万元,农村居民人均可支配收入达 2.5 万元;单位地区生产总值能耗降低 18%,创成国家历史文化名城、国家环保模范城、国家卫生城、全国文明城市,让"经济强、百姓富、环境美、社会文明程度高"的宏伟蓝图在高邮大地上化为生动现实。

"迈上新台阶、建设新高邮",必须准确把握、自觉践行、统一落实"创新、协调、绿色、开放、共享"的发展理念。一是坚持创新发展。把创新作为增强核心竞争力的重要手段,引导和支持企业坚持不懈地推进技术创新、产品创新、管理创新、商业模式创新和文化创新,加快推动经济发展方式转变。二是坚持协调发展。把统筹协调作为推进发展的重要方法,统筹推进产业转型、城镇转型、社会转型,努力实现城乡、区域、经济和社会、物质文明和精神文明等各个环节、各个方面更为协调地发展。三是坚持绿色发展。把增强发展的可持续性放在突出位置,深入推进绿色、循环、低碳的生产方式,倡导节约、健康、环保的生活方式,加快建设资源节约型、环境友好型社会。四是坚持开放发展。以"全球化视野、国际化合作、世界级标准"推进转型升级,全面深化各领域改革,破除体制机制障碍,不断优化营商环境,"引进来"与"走出去"并重、引资与引技引智并举,提升沿河开发水平,促进"江河"联动,融入沿江、融入苏南、融入长三角,跟上经济发展的时代浪潮。五是坚持共享发展。把保障和改善民生作为发展经济的最终目的,努力实现人民群众收入增长与经济社会发展同步,让全市人民更加充分地共享改革发展成果。

"迈上新台阶、建设新高邮",必须突出重点任务,谋定而动、精准发力。一是全力推动经济发展迈上新台阶。实施重大项目带动工程,力争每年招引落户、新开工、竣工投产的项目数不低于上年。做强项目载体,经济开发区打造千亿级园区,力争创建国家级开发区;湖西新区创成省级高新区、全国路灯产业集群区域品牌建设示范区,建成全国知名的特种电缆制造基地;城南经济新区创成国家火炬计划特色园区、部级智能健康装备科技产业园、省两化融合示范区;依托电池工业园,打造国家级储能产业生产基地,形成包括光伏、绿色照明、储能设备产业在内的千亿级新能源新光源产业;依托华翔公司,打造苏中循环经济产业园;依托开发区科技综合体和食品快检中心,打造全省食品安全产业集聚区。坚持工业第一方略,以项目和人才为支撑建立现代产业体系,扎实推进工业经济转型升级"356"行动计划,大力推动开放型经济,鼓励建筑业、电线电缆、工程机械、照明灯具企业抓住"一带一路"机遇"走出去",工业开票销售超千亿元。完善扶持政策,配套功能载体,加快建设建筑业总部集聚区,打造建筑产业园,努力突破海外经营承包权和鲁班奖。全面实施"服务业倍增计划",到 2020 年,服务业增加值占地区生产总值比重达到

45%以上。二是全力推动现代农业建设迈上新台阶。围绕农业基本现代化指标体系要求，深入实施农业现代化工程，努力推动农业现代化走在省市前列。以建设国家级农业科技园区为引领，推进高邮鸭产业园、八桥现代农业产业园建设，加快水禽、花卉苗木、休闲观光等特色产业带建设，强化农产品加工集中区、生态渔业养殖区、复合型现代农业示范区建设，打造一批休闲宜游、生态宜居的特色村庄，建设一批自然美、田园美、生活美的美丽乡村。突出提高犁耕、植保、烘干等重点环节机械化水平，基本实现粮食生产全程机械化。开展农业经营主体提质行动，集中培育一批起点高、规模大、效益好、带动能力强的新型农业经营主体，力争2020年规范家庭农场经营耕地面积占家庭承包经营耕地面积达50%，专业合作社入社农户占总农户80%，农业龙头企业数量突破100家。鼓励引导工商资本到农村发展适合农业产业化经营的现代种养业，2020年亩均效益5000元以上的设施农业、设施渔业面积占比分别达18%和26%。开展农村电商提速行动，发挥农村淘宝、1号店等知名电商落户高邮的优势，2017年建成100个农村淘宝村级服务站，力争2020年农产品网上销售突破20亿元。开展农业旅游提效行动，集中项目、集聚要素，推动美丽乡村、农业园区向景点、景区转型，拓展农业功能，提升农业效益，实现第一、二、三产业联动发展。三是全力推动文化建设迈上新台阶。全面落实文化强市战略，积极构建思想文化建设高地、道德风尚建设高地，把高邮建设成为文化凝聚力和引领力强、文化事业和产业强、文化人才队伍强的文化强市。以创建全国文明城市为抓手，大力弘扬践行社会主义核心价值观，全面推进志愿服务体系和诚信机制体制建设，坚持文化惠民，推进公共文化服务体系建设，加快建设东部新城文体中心，创成省级现代公共文化服务示范区。重视文化人才队伍建设，鼓励多出精品佳作，争创省“五个一”工程奖。加快文化产业发展，加大文化项目投入，树立城市即旅游理念，建设智慧旅游服务体系，打造运河旅游名城，提升盂城驿景区管理经营水平和周边文化业态，推进龙虬庄国家级考古遗址公园建设，清水潭景区建成综合性文化产业园区、国家级湿地公园、省级旅游度假区。四是全力推动民生建设迈上新台阶。坚持富民导向，深入实施居民收入倍增计划，促进就业创业，确保居民收入增幅超过扬州市平均水平，力争达到全省平均水平。推进新一轮脱贫攻坚工程，强化精准扶贫、精准脱贫措施，确保低收入人群稳定增收。加快推进社会事业发展，加快建设适老型住宅，大力发展“候鸟型”养老产业，完善覆盖城乡的基本公共服务体系，建立更加公平更可持续的社会保障制度，有效解决教育、就医、出行、社保、文体等方面存在的问题，不断提高群众的幸福指数。推进新型城镇化和城乡一体化发展，强化城乡规划引导，优化镇村布局，构建以高邮城区为主导、重点镇为支撑、一般镇和农村新型社区为基点的城镇体系，中心城区集聚30万人以上，湖西新区及三垛、临泽、菱塘3个全国重点镇建成集聚带动能力强的区域经济文化中心，界首、卸甲两个市级重点镇与其他镇形成功能较为完善的产城互动特色镇。着力建设品质城市，加强产城互动，规划建设城市东部交通综合枢纽，实施连淮扬镇铁路、京沪高速扩容工程，建成S333高邮东段、扬州高邮湖通用机场、界首运河大桥，规划建设东部港口码头、海潮路东延、盂城驿运河大桥，全面开展中小河流治理和城河综合整治。五是全力推动党的建设迈上新台阶。落实全面从严治党责任，把思想政治建设放在首位，坚持不懈强化理论武装。一以贯之严管干部队伍，抓好干部选拔任用和监督管理。不断加强基层服务型党组织建设，整顿软弱后进党组织，强化党组织基础性工作。巩固党的群众路线教育实践活动和“三严三实”专题教育成果，持续抓好整改落实。认真履行“两个责任”，强化《准则》《条例》等制度约束力，加大违纪违法案件查处力度，扎实有效推进反腐倡廉。充分发挥统战群团工作优势，依法做好民族宗教工作，强化党外人士队伍建设，凝聚各方面智慧和力量。加强党管武装，营造拥护支持国防和军队改革建设的良好氛围。切实推进平安高邮和法治高邮建设，努力营造安定和谐的社会环境。

三、奋力推动开局之年“强富美高”全面实现新突破

五年看头年，关键干当前。做好明年工作，要认真贯彻中央经济工作会议和全省经济工作会议精神，落实“宏观政策要稳、产业政策要准、微观政策要活、改革政策要实、社会政策要托底”五项要求，围绕“去产能、去库存、去杠杆、降成本、补短板”五大任务，坚持“稳中求进、创新发展”总基调，坚持稳增长、调结构、惠民生、防风险，战略上坚持持久战，战术上打好歼灭战，确保经济运行在合理区间，促进经济总量加快做大、居民收入加快增长，努力实现“十三五”良好开局。主要目标是：地区生产总值增长9%～9.5%，公共财政预算收入增长10%～10.5%，固定资产投资增长15%以上，城镇居民人均可支配收入增长9%以上，农村居民人均可支配收入增长9.5%以上，实现节能减排年度目标，“四城同创”按期推进，各项社会事业发展更加惠民。

——围绕“经济强”，加大项目建设力度，加快

转型升级步伐。立足园区强、项目强、产业强，致力提升开发区、湖西新区、城南经济新区和特色工业园区承载基础，强化园区合作共建，着力引进一批先进制造业、新兴产业、现代服务业大项目、好项目，提高供给体系质量和效率，提高投资有效性，加快培育新的发展动能，改造提升传统比较优势。2016年确保新开工10亿元项目8项以上，竣工投产6项以上，加快推进国信热电联产、华翔再生铅、道爵新能源电动汽车、中航新材料、能一储能电池、食品快检中心等项目如期建成投产，着力推进瑞斯乐微通道扁管、一洋药品和原药料、纽克瑞电器制造、昊天龙通讯塔、金雷新能源电动汽车、亿泰纺织二期、博业电动工具等项目加快开工建设。继续深入开展上海及长三角地区招商年活动，扎实推行“五定”网格式招商，各乡镇园区要坚持每天都有专业招商人员、每旬都有分管领导、每月都有主要领导在外洽谈项目，大力招引高端装备制造、智能电网、节能环保、绿色智能照明、高性能电池、循环经济等战略性新兴产业、先进制造业、现代服务业和现代农业项目。2016年确保新签约亿元项目60项以上，其中10亿元项目8项以上、外资项目12项以上。实施“双企科技培育”计划，发挥好技术改造专项资金的引导作用，强化产学研合作，深化“两化融合”，鼓励“机器换人”，提升智能制造水平，推动传统企业技术改造由生产制造环节向研发、设计、营销、服务领域延伸，由单个企业改造向产业链协同改造转变。稳定纺织服装产业，确保充分就业；推动机械装备产业加强横向联合，从零部件向整机迈进；提高电线电缆产业的产品科技含量，增强企业盈利能力；举办第十二届中国道路照明论坛，推动照明灯具企业“走出去”，从供应商向承包商转变。2016年力争工业开票销售增长10%以上，入库税收增长9%以上，新增国家高新技术企业20家以上，新培育“专精特新”企业40家、省重点推广应用新技术新产品8种、“软件产品、软件企业”认证2家、省智能车间1个以上。加快建筑业集聚集约发展，争创省建筑产业现代化示范城市。继续实施服务业提速增效计划，组建盂城驿景区管委会，加快清水潭等景区系列项目建设进度，推进城南经济新区做大做特汽贸园、创成省电子商务示范园，重点做强旅游、物流、商贸等基础服务业，快速发展科技服务、工业设计、健康养生等新兴服务业，服务业增加值占地区生产总值比重41.5%以上。规范家庭农场、合作社等新型农业经营主体，加快调整种养结构，提升发展农业园区，申报更多的农业“三品”，开展农业物联网、农产品电子商务服务，加快发展精准农业、智慧农业，新创扬州市级园区2个以上，新增20家农村淘宝村级服务站，淘宝特色中国·高邮馆上线运行。立足创新强、服务强、活力强，不断深化行政管理体制改革，鼓励基层积极探索创新，全面落实上级各项改革措施，切实减轻企业负担，积极构建良好的营商环境和创业环境。组建市行政审批局，积极探索综合行政执法体制改革试点。加大实体经济要素保障，注重危困企业破产重组重整，推进政银企全方位合作，提高直接融资比重，提高金融服务实体经济的效率，引进金融机构1家以上，力争传艺公司中小板上市、“新三板”挂牌企业3家以上，新增贷款30亿元以上；加强风险管控，提高企业转贷资金成效，积极化解各类风险；实行差别化供地，从严控制用地计划指标，提高节约集约用地水平。

——围绕“百姓富”，加大民生改善力度，加快富民惠民步伐。紧扣“富民”，进一步拓宽就业、创业、投资、社保、帮扶“五大增收渠道”，着力实施就业优先战略，推行企业工资集体协商制度，加强服装业、建筑业工资监管，全年新增城镇就业7000人、建筑业从业人员3000人；扎实推进全民创业工作，大力开展职业技能培训和创业培训，建好农业创业创新示范基地；积极稳妥推进农村土地制度改革，探索土地承包经营权质押工作，持续增加财产性收入；全面实施“金保工程”，加快城乡社会保障体系建设，调整职工医保大病医疗救助基金最高支付限额至30万元；大力发展社会福利和慈善事业，加大对残疾人、大病家庭、计生特殊困难家庭等困难群体的社会扶助力度，落实提高“五保”及低保标准自然增长机制。紧扣“惠民”，继续制定实施民生“1号文件”，积极兴办民生实事，不断增加万人公交车拥有量，更大范围推进政府购买公共服务；加大住房保障力度，积极推动存量房转为公租房和安置房，扩大有效需求，打通供需通道，消化库存，稳定房地产市场；促进教育优质协调发展，加快调整高中学校布局，推进城区学校组团办学，选派新任教育干部异地交流和到农村学校挂职锻炼，加快建设城南经济新区小学、开发区九年一贯制学校、湖西新区初中、赞化学校新校区；深化市级公立医院改革，巩固基层卫生综合改革成果，推进分级诊疗制度建设和“三个一”工程；加快推进农村区域性医疗卫生中心建设，三垛、卸甲建成并投入使用，临泽、送桥完成主体建设工程，迁建城南经济新区社区卫生服务中心；实施新农合综合支付方式改革，人均筹资水平提高到570元，其中财政补助不低于425元；完善养老服务体系建设，扩面养老服务补贴，推进公建民营养老机构改革，创建标准化、示范性居家养老服务中心各5个以上。紧扣“安民”，健全完善政社互动机制，城乡社区办公服务用房达标实现全覆盖，创全国和谐示范社区1个；加强社会组织培育，出台购买社会组织服务事项目录，推进社会组织成果转化；推进社会治理创新，发挥社会管理中心和专业调解组织作用，深入排查化解矛盾纠纷，健全治安防控体系，重视特殊人群管理，扎实推进省食品安全城市创建工作，加强安全生产监管，巩固“平安高邮”建设成效。

——围绕“环境美”，加大绿色发展力度，加快城乡一体步伐。以生态文明理念统筹城乡建设，尤其是要转变城市发展方式，建立健全党委政府领导、主要领导亲自抓、社会各界齐抓共管的城市工作格局。要加强规划引领，统筹生产、生活、生态三大布局，推进2016年度城建“双十”工程。加快城乡公园体系建设，大力推进东部新城文体中心、抗日战争最后一役纪念馆及人民公园扩容改造工程、高邮州署复建、北门瓮城遗址公园、傅公桥路北延、后街后巷维修改造及老小区整治、城中村环境综合整治等项目。迎接高铁时代，加快构建更加便捷的大交通网络，推进S611、S333高邮东段、屏淮路北延、扬州高邮湖通用机场、界首运河大桥等重点交通工程建设。提档升级农村公路，积极推进新一轮危桥改造计划，全面治理城乡河道和地下管网，不断完善提升城乡公共基础设施。加大重点中心镇建设扶持引导力度，鼓励通过资源整合、项目组合和产业融合，建设一批“精致、美丽、富裕、特色”的绿色小镇。加大美丽乡村建设力度，在交通干线、旅游景区和生态中心周边择优打造一批小而精、小而美、小而富的特色村。以创建国家环保模范城为抓手，实施城市饮用水深度处理，加快实施海潮污水处理厂扩容改造、湖西污水处理厂第二期、垃圾焚烧发电、镇村污水处理和数字环保等项目，强势推进治企、管车、限煤、禁燃、抑尘“五气同治”蓝天工程，更大力度推进绿色清洁生产，推进传统制造业绿色改造，推动建立绿色低碳循环产业发展体系，建立健全电池工业园长效管理机制，加大环境监管和执法力度，做好秸秆禁烧、还田和综合利用工作，减少农业面源污染，推进覆盖拉网式农村环境整治，促进生产方式、交通方式、生活方式的绿色化转型，确保通过省级技术评估。按序时推进国家卫生城创建年度工作，继续强化城市环境综合整治，全面推进环卫作业市场化，突出“马路市场、废品收购、五小行业、违法建设”整治，实施建筑垃圾消纳场建设，推广便民服务点，开展示范路、示范社区创建。深入开展农村环境综合整治，加大造林绿化力度，创建一批绿色生态的“优美乡村”和“绿化示范村”，新增造林面积800公顷。

——围绕“社会文明程度高”，加大依法治市力度，加快文明创建步伐。深入践行法治理念，完善依法科学民主决策机制，把遵法守法贯穿行政决策、审批、服务以及执法始终，建立权责明确、相互配合、相互制约、高效运行的司法体制和工作机制，完善法律服务体系，强化法治宣传，开展法治文化活动，启动“七五”普法，形成人人自觉学法守法用法的氛围。以社会主义核心价值观为引领，进一步弘扬和践行“崇文尚德、求实创新”高邮精神，凝神聚力、固本强基。以全国文明城市创建为载体，广泛开展学习宣传高邮好人、最美人物等活动，加强未成年人思想道德建设，丰富志愿服务内容，设立善行义举榜，扎实推进诚信制度建设，持续引导市民提升道德品质、增强诚信意识、增进文明素养。以推进社会文明城乡一体建设为目标，深化文化体制改革，完善公共文化服务体系、文化产业体系、文化市场体系，推进公共文体服务向农村延伸，创成公共文化服务体系示范区。科学合理整合和利用文化遗产资源，实施文化博览城建设工程，重点推进博物馆布展、汪曾祺纪念馆、当铺博物馆、龙虬庄遗址博物馆及考古现场展示等一批文化项目工程，充分展示高邮的历史文化、人文精神、民俗风情。推进文艺精品工程建设，扶持优秀文化产品创作生产，加强文化人才队伍建设，开展丰富多彩的群众文化活动，引导群众广泛参与文明创建，全面提升社会文明程度。

四、全面落实“两个责任”提升全面从严治党新成效

做好2016年各项工作，对实现“十三五”时期经济社会发展目标开好局、起好步，意义深远，责任重大。全市各级党组织和广大党员干部要深刻把握全面从严治党的丰富内涵和工作要求，以抓基础促规范为重点，扎实推进党的思想、组织、作风、制度和反腐倡廉建设，为高邮持续健康发展提供坚强保证。

夯实思想政治基础，进一步坚定理想信念。全面从严治党，必须用好思想建党这个传家宝，抓好思想教育这个根本。要注重理论武装。紧紧依托党委学习中心组、“周末课堂”、“道德讲堂”、“城乡结对共训”、“我是党课主讲人”等品牌载体，不断强化理论武装，进一步坚定马克思主义信仰，坚定中国特色社会主义的道路自信、理论自信和制度自信，在思想上政治上行动上与以习近平为总书记的党中央保持高度一致。要注重党性教育。切实把党性教育贯穿于党员干部教育培训全过程各方面，充分发挥党校在党性教育中的主阵地作用，尤其要注重党的宗旨教育。用好全市丰富的红色文化资源，打造党性教育基地和平台。严肃党内政治生活，推动党内政治生活常态化、制度化，坚决贯彻执行民主集中制和议事决策规则，坚决落实“三会一课”、党员领导干部过双重组织生活等制度，提高党内政治生活质量。要注重思想引领。广大党员干部要坚持"三严三实"标准，提高思想认识，加强道德修养，规范日常行为，带头弘扬和践行"崇文尚德、求实创新"高邮精神，在谋事、创业、做人中锤炼党性、磨砺作风、树立形象。要落实好意识形态工作主体责任，加强"一报两台"建设，充分发挥主阵地作用，规范引导各类新媒体，始终坚持正确舆论导向，切实形成党委统一领导、党政齐抓共管、宣传部门组织协调、有关部门分工负责的工作格局。

夯实干部队伍基础，进一步提升能力水平。全面从严治党，关键在于打造一支作风过硬、素质过硬、能力过硬，能够勇担改革发展重任的党员干部队伍。要选优配强领导班子。结合市、乡两级换届，注重把忠诚干净担当、善引改革发展、学法用法守法的干部选进领导班子，特别要把统揽全局能力强、推动发展能力强、带班子抓队伍能力强的领导干部选配到乡镇"一把手"岗位，切实建强"一线指挥"队伍，有效提升班子整体功能。要优化干部选育体系。围绕干部动议、民主推荐、考察、讨论决定、任职等"五个关口"，构建干部选任"1＋5"制度体系，加强选任全程监督，切实做到"凡提必查、凡提必听、凡提必核"，提升选任精准度。注重加大年轻干部培养力度，制定实施"年轻干部151培养选拔计划"，组织实施第三批"墩苗计划"，并建立人员退出管理机制，保证实践锻炼的严肃性、实效性。要加强能力水平提升。实施新一轮干部能力提升行动，加强对各级干部互联网经济、财政金融、科技创新、城镇化等专业知识和技能素质的学习培训，提升各级干部系统思维能力和专业化操作本领。注重狠抓学风建设，推行干部培训学分管理制度，增强培训的刚性约束。发挥国防训练基地作用，提升专武干部队伍综合素质能力。同时，加大人才队伍建设力度，把2016年作为"秦邮人才集聚"突破年，以推动基本产业和新兴产业发展为重点，实施好国家、省和扬州市重点人才工程，力争引进100名左右高层次人才；扎实推进人才本土化进程，实施第二期"秦邮英才培育计划"，打造一批"名师工作室"。

夯实基层组织基础，进一步增强发展能力。基层党组织是党在基层的中坚力量，是党在基层的各项政策的宣传者和执行者，承担着推动基层经济社会发展的重要任务。要坚固党建根基。启动实施"双覆盖双提升"工程，深入开展"三学一做"、"双百双千"党员联系服务等活动，统筹推进农村基层和园区、机关部门、非公企业、社会组织、中小学校等各领域党建工作，深化农民专业合作社、农民集中居住区、城市拆迁安置区和科技产业综合体等新社区、新产业党建工作，加强村(社区)党组织规范化建设，不断扩大党的组织和工作的有效覆盖。要建强基层队伍。精心组织好村(社区)党组织换届工作，按照"双强"标准选准配强带头人。继续采取领导挂钩、部门帮扶、派驻"第一书记"等措施，提升"四有一责"水平，巩固脱贫攻坚成果，推进精准扶贫，确保村村集体经营性收入达40万元。围绕"一村一策"，持续推进软弱后进村党组织整顿。强化党员教育培训工作，启动村干部素质提升五年行动计划，大力实施大学生村官"升级"工程。要提升服务效能。持续推进"六有"服务型基层党组织建设，完善镇村"一站式"服务体系建设，建立村民"办事不出村"网络平台。大力推进农村"六民"大监督机制建设，探索推行村转社区和农民集中居住区更加有效的党建服务模式，培树打造一批示范性强、影响力大的基层党组织和党员服务示范品牌。

夯实统战群团基础，进一步凝聚各方力量。要重视发挥统战群团组织的工作优势，找准服务发展的切入点，凝聚社会各界的智慧和力量，形成建设"强富美高"新高邮的强大合力。要壮大统一战线队伍。积极支持民主党派自身建设，发挥好民主党派和无党派人士的积极作用，更好地体现多党合作和政治协商制度的效能。充分发挥党外知识分子的积极作用，不仅要做好传统领域党外知识分子的统战工作，还要注重做好非公有制经济人士、民族宗教人士、新媒体人士、出国和归国留学人员、港澳台同胞和海外侨胞统战工作，全面构建大统战工作格局。要发挥群团组织作用。工会要引导广大职工增强法治意识，依法维护权益，在改革发展中充分发挥工人阶级主力军作用。共青团要团结广大青年艰苦朴素实干，焕发青春力量，勇当生力军。妇联要动员广大妇女大力弘扬"四自"精神，展现巾帼风采。其他群团组织要充分调动各类人才的积极性、主动性，并将其转化为建设高邮的强大力量。要切实加强党的领导。要强化党委的领导责任，注重对统一战线和群团组织的支持保障，加强教育引导、联系服务，切实把各领域的知识分子、职工群众、优秀人才凝聚到党组织周围，推动党的各项事业蓬勃发展。

夯实纪律作风基础，进一步树立廉政形象。全面从严治党，就是要把党的纪律和规矩挺在前面，立起来，严起来。坚持正面倡导，强化教育。认真学习贯彻《准则》，充分发挥吴登云事迹展览馆、王氏纪念馆、华中雪枫大学旧址展馆、儆醒馆等勤政廉政教育主阵地的作用，促使廉洁自律规范内化于心、外化于行。认真学习贯彻《条例》，并通过及时发布重点违纪案件信息、通报违反中央八项规定精神典型案例、召开警示教育大会等方式，让广大党员干部明白"纪严于法"的要求，使"纪律负面清单"

成为不可触碰的“底线”。坚持抓早抓小，促进治本。各级党组织要把严肃党的政治纪律和政治规矩放在首位，落实到日常工作中。建立健全透明的预算制度，公开所有财政资金使用部门和单位的预决算及“三公”经费预决算，不断细化公开内容。建立和完善各级干部活动统筹预告、工作情况日记日报、请假事项提前预报、外出公务活动事前申报和事后汇报等制度。加强领导干部日常管理监督，进一步完善关爱提醒制度，运用好监督执纪“四种形态”，对党员干部苗头性、倾向性问题，早发现、早提醒、早处置。坚持重拳出击，正风肃纪。全力支持和保障纪检监察部门监督执纪问责，切实增强反腐败工作合力，组织开展常规巡察和专项巡察，坚持做到有案必查、有腐必惩。抓好“两个责任”的检查考核和责任追究，严格执行“一案双查”制度。以“为官不为”专项整治为抓手，严肃问责不作为、慢作为、乱作为等问题，积极查纠不正之风。

2016年是换届之年。各级党委要充分发挥“总揽全局、协调各方”的领导核心作用，善于把上级的决策部署与本地本部门实际结合起来，集中力量抓大事、解难事，负责尽责抓好换届工作。要健全党委研究重大事项的工作制度，充分听取人大、政协各方面的意见和建议，加大政府的工作推进力度，支持人大、政协依法开展工作，进一步完善党政主要领导和各地各部门年度工作的绩效考评办法，强化日常工作督促检查，推动全市各项工作落到实处。

（该报告略有删节）

政府工作报告

——在高邮市第十四届
人民代表大会第五次会议上

高邮市代市长　潘学元

（2016年1月11日）

2015年和“十二五”时期工作回顾

2014年，我们在中共高邮市委坚强领导下，团结和依靠全市人民，弘扬“崇文尚德、求实创新”高邮精神，主动适应新常态，统筹做好稳增长、促改革、调结构、惠民生、防风险各项工作，较好地完成市第十四届人大第四次会议确定的目标任务。预计全年完成地区生产总值490亿元、增长10.5%；公共财政预算收入33.2亿元、增长13.4%，其中税收收入27.4亿元、增长13.8%；城镇居民人均可支配收入2.91万元、农村居民人均可支配收入1.57万元，分别增长9.2%、9.4%。

一、坚持主动作为，保持经济稳健发展

项目建设推进有力。开展“重大项目攻坚年”活动，全年新开工亿元项目42项、10亿元项目10项，竣工亿元项目40项、10亿元项目6项，完成重大项目投资150亿元，带动实现固定资产投资增长18%。总投资20亿元的道爵电动汽车项目顺利推进。登高高性能电池项目列入省重大产业项目库，获批土地点供43.6公顷。中信戴卡轮毂建成投产，高邮湖风电场一期并网发电。推进节约集约用地，安排亿元以上工业项目用地45宗、183公顷。向上争取项目资金23.8亿元。节俭高效举办第八届中国国际食品安全技术论坛、第十一届双黄鸭蛋节和第七届邮文化节。积极开展“上海及长三角地区招商年”活动，签订合同项目97项，其中10亿元项目9项。注册外资实际到账6021万美元、增长111.2%。实现出口额4.07亿美元、增长5.3%。

创业创新活力增强。实施“三证合一”企业登记制度改革，发放“一照一码”商事登记证1200户。扶持自主创业1089人。在全省县市中率先出台促进“互联网+”发展的扶持政策，成立农产品电商协会。在扬州率先引进农村淘宝项目，苏宁易购、1号店、京东商城高邮馆“三馆合一”并建成线下展示中心。组建高邮市产业技术研究院。获批省以上“三站三中心”18个，宏远公司建成国家级博士后工作站。发放“苏科贷”1.2亿元，获批省重大科技成果转化项目4项、扶持资金3800万元。实施“秦邮人才集聚计划”，16人入选省“双创计划”，43名高层次人才入围扬州“绿扬金凤计划”。龙腾照明“宇龙及图”商标被认定为“中国驰名商标”，高邮湖大闸蟹和界首茶干创成“国家地理标志证明商标”。科凌公司获批“全国工业品牌培育试点企业”。秦邮蛋品入选首批“江苏老字号”。高邮市获批“国家知识产权试点市”。

区域发展平稳健康。积极化解地方债务，争取上级转贷债券20.95亿元。成功发行七年期10亿元“15高邮债”。村级债务化解率达11%。出台促进房地产业平稳健康发展的意见，商品住房销售面积增长9.5%。落实建筑业应急扶持措施，完成兴厦集团改制，建筑业企业在市内缴纳地税4.67亿元、增长12.7%。弘盛集团蝉联“全国民企500强”，瑞沃公司蝉联“全省建筑业百强”。运用法治手段化解劳资类纠纷，全面推行工资集体协商，严厉打击拒不支付劳动报酬犯罪行为。引进中投证券、交通银行，成立保险证券担保行业协会。深入开展非法集资专项整治行动。创成“江苏省金融生态优秀县”。新增存款59.98亿元、贷款36.72亿元。

二、加快转型升级，优化提升发展质量

工业经济持续转型。强化为企服务，召开企业发展大会，实施工业经济转型升级“三五六”行动计划。财政应急资金为企业转贷4.3亿元,融资性担保公司新增担保余额6.2亿元。完成规模以上企业工业增加值275亿元、增长10.6%,工业入库税收20亿元、增长4.8%,新增规模以上工业企业33家。兑现各项奖励、扶持、引导资金4380万元,完成技改投资132亿元、增长30%,设备抵扣税1.8亿元、增长50.4%。获批省级战略性新兴产业项目3项、扶持资金2300万元,创历史新高。获批省重点创新项目10项、重点推广新品39个,列扬州市首位。新增高新技术企业37家。华富公司获批首批"江苏省创新示范企业",跻身省自主品牌50强。宏远公司获批"江苏省科技小巨人企业"。鑫晶光伏创成省智能示范车间。传艺公司中小板上市正式报会,曙光电缆、龙腾农贷、华富储能、日兴生物"新三板"成功挂牌。

现代农业加速推进。高邮市创成"全国推进农业现代化优秀城市"。以八桥现代农业园为核心区争创国家农业科技园成功获批。粮食总产实现"十二年连增",水稻单产创历史新高,全市获"全国粮食生产先进县"称号。新扩建千亩高效农业园区24个,创扬州市级农业园区4个,建成"菜篮子"基地533.33公顷,新增设施农渔业面积2687公顷。创省农业龙头企业3家、省示范家庭农场5家。新增农产品"三品"30种。农村产权交易实现省市县镇四级互联互通,年交易额超亿元。新建高标准农田3333.33公顷,新增土地流转3200公顷。秸秆还田面积超6.7万公顷。农业水价综合改革、小型水利工程管理体制改革试点通过省验收。完成供销社综合改革省级试点。创成"江苏省村级'四有一责'建设先进市"。

服务业贡献逐步提高。预计服务业增加值199亿元、增长11.5%,占地区生产总值比重提高1个百分点。社会消费品零售总额增长10.2%。在苏中县市率先加入华东旅游线路。清水潭旅游度假区游客中心主体完工,基础设施全面升级,大运来马戏、温泉度假村项目正式签约。高邮湖水上游览线开通,新民滩郊野公园全面施工。盂城驿创成"国家4A级旅游景区"。完成清代当铺修缮。启动龙虬庄国家考古遗址公园建设。诚信物流入选国家现代物流重大工程。世贸广场商圈年交易额突破5亿元。

三、强化统筹推进,城乡面貌持续改善

区镇发展协调推进。高邮经济开发区在江苏省级开发区综合排名列第10位,跃入第一方阵。城南经济新区创成省"两化"融合试验区、省智能健康装备科技产业园、省电子商务示范区。湖西新区全面加强创新载体建设,省级高新区创建扎实推进。菱塘新开工10亿元项目2项,获批"江苏省特种电缆产业产学研协同创新基地"。汤庄获批"江苏省创新型乡镇"。三垛、卸甲分别与上海枫泾工业园、宝山城市工业园建立结对合作战略关系。界首、临泽积极申报省历史文化名镇。龙虬扎实推进生态文化名镇建设,周山全力打造红色名镇,镇村面貌明显改观。甘垛强化农业"接二连三",高邮镇加快发展服务业,涌现出新增长点。

基础设施加快健全。连淮扬镇铁路高邮段沿线征地拆迁工作基本结束,成功争取高邮、高邮北(界首)两个站点。界首运河大桥开工。S611高邮段路基贯通。运东船闸扩容工程通过交工验收,文游路公路桥通车。完成新一轮县道路网规划,提档升级农村公路30千米,改造危桥44座,建成界首、龙虬至S237连接线。"邮乡阡陌服务组"获省优质服务品牌。淮河入江水道整治、全国小型农田水利重点县、中小河流治理等重点水利项目顺利实施。建成投运500千伏扬州北输变电工程、220千伏品祚变电和110千伏观鹤变电项目。

城市品质不断提升。入选省新型城镇化综合试点市。开展"四城同创"突破年活动,国家历史文化名城申报通过住建部、国家文物局专家组评估考察,国家卫生城市创建通过扬州市级考核,全国文明城市创建迎接省级首次评审。城市总规修编完毕。完成市河第二期、南海子河、东门大沟及北澄子河上段区域综合治理工程,南澄子河、香沟河、承志河、长生大沟综合整治工程顺利推进。建成珠湖、东部新城农贸市场,标准化改造老市场8个。修缮出新后街后巷70条、老旧小区2个,提升亮化道路5条。完成盂城驿扩容第二期、国雄路升级、华侨岗交叉口改造、抗日战争最后一役纪念馆及周边地块改造第一期工程。实施秦邮路主辅分离、文游中路综合整治、海潮东路东延、馆驿路建设和船闸北路贯通工程。新扩建停车场4个。建成人防应急疏散基地。完成文体中心一期总体规划和主体平面设计。

城市管理不断强化。开展"城管风暴"行动,拆除违法建设3万平方米,北海商圈及北海路整治成效显著,被省政法委列为典型推广。健全大城管工作机制,推行城管进社区和网格化管理,配强城管志愿者队伍,数字化城管建设高分通过省住房和城乡建设厅验收。月塘、康华、御码、西塔社区成立物业服务中心。启动北海商圈疏导区和秦邮路大型货运停车场建设。生活垃圾焚烧发电项目开工。环卫综合作业服务中心投入运行,城东片区环卫保洁实现市场化运作。改造公厕30座。

生态环境不断改善。认真执行市第十四届人大第三次会议《关于大力推进生态文明建设的议案的决议》,推行生态问责、铁腕治污,立案查处环境违法案件73件。新增造林面积1060公顷、城市绿地40公顷。清水潭湿地公园、高邮湖湿地公园分别通过国家级、省级评审。综合治理大气污染，全年开展秸秆禁烧，整治城乡燃煤锅炉120台，PM2.5年平均值较上年下降25.7%。完成农村河道疏浚整治496万立方米，铺设城区污水管网10.1千米，主要河流监测断面达标率100%。秦邮特钢高炉煤气发电项目煤气回收利用率达95%，日发电量70万千瓦时。在全省率先建成病死畜禽市乡村三级无害化联动收集处理体系。开展覆盖拉网式农村环境综合整治工作。菱塘创成国家园林城镇。

四、立足民生优先，社会事业繁荣稳定

保障水平持续提高。落实各类保障标准自然增长机制。出台特殊困难群体助保暂行办法。企业退休职工月均养老金从1805元增至2026元。建立职工医疗保险大病补充保险制度，实际报销比例不低于55%。全年募集慈善资金1060万元、发放738万元。残疾人康复中心正式投运。居家养老服务中心实现城区全覆盖。筹集新建保障房2028套，基本建成1832套。住房公积金征缴扩面5979人，发放贷款2.57亿元。改造农村危房810户，渔民上岸629户，界首金墩渔民安置小区全面启用。完成低收入农户三年脱贫攻坚任务。村级负担控减成效显著，80%的村集体经营性收入达40万元。更新城乡客运班车100辆，新投放天然气公交车35辆，城市公交实现全省“一卡通”。城镇登记失业率保持在2.02%的低位。

社会事业持续繁荣。义务教育段免试就近入学，取消高中择校生。建成三垛实验小学、界首实验小学、高邮经济开发区“九年一贯制”学校，完成校舍安全改造5万平方米。高考普通类本二以上达线数增幅居扬州首位，高邮中专对口高考录取数列扬州第一。实施三垛、送桥、临泽、卸甲等4家农村区域性医疗卫生中心建设，推行乡镇卫生院22个病种按病种付费改革，乡村医生签约服务经验在全省推广。创成省慢病综合防控示范区。卸甲创成省卫生镇，菱塘通过国家卫生镇复审。入选第三批创建省级公共文化服务体系示范区名单。三垛文化站被中共中央宣传部评为“双服务”先进集体。临泽高跷、高邮咸鸭蛋制作技艺、菱塘回回习俗入选省第四批非物质文化遗产。成功举办市第五届运动会及高邮湖国际自行车越野赛、大运河半程马拉松赛。结对共建“高邮湖号”综合补给舰。

社会治理持续加强。建立完善安全隐患排查治理系统，深入开展“打非治违”专项行动，安全生产形势保持平稳。扎实推进平安高邮、法治高邮建设，完善社会化技防监控体系，市、乡、村(社区)三级综治信息平台建设实现全覆盖，着力提升社会公众安全感。实施人力客运三轮车综合治理，城区交通秩序明显改善。理顺食品药品安全监管体制，保障食品药品安全。“政社互动”全面覆盖，集镇社区办公服务用房全部达标。加大信访积案化解力度，大力推行阳光信访，网上信访解决率逐步提高。“六五”普法顺利完成。

政府工作持续改进。深入开展“三严三实”专题教育活动。加大行政监察和审计监察力度，专项整治“为官不为”，严肃查处一批违法违纪案件，查纠违规金额586万元、核减工程造价1.35亿元。成立市政务服务管理办公室，大力实施以“五一八”为主要内容的行政审批制度改革。组建卫计委、市场监督管理局。成立不动产登记局，颁发扬州首张登记证。认真贯彻市人大及其常委会的各项决议，定期向市人大报告工作、向市政协通报情况。办理人大代表建议173件、政协提案204件，落实解决率63%。12345政府服务热线和“寄语市长”回复率96%、满意率98%以上。严格执行中央“八项规定”和国务院“约法三章”，清理“吃空饷”54人，核减行政事业编制42名，公车改革完成车辆停驶封存，“三公”经费压降10%。

2015年，对台事务、外事侨务、妇女儿童、地震、民宗、气象、档案、地方志等工作也取得了新的成绩。

“十二五”以来，面对复杂多变的外部环境，全市上下以科学发展观为统领，紧紧围绕建设富裕高邮、创新高邮、生态高邮、文化高邮、幸福高邮，加快经济转型升级，大力保障改善民生，取得了发展新成就。

这五年，经济发展与生态建设良性互动。确定6个基本产业，强势推进项目建设。地区生产总值年均增长11.3%，规模以上企业工业增加值年均增长12.4%。创成“中国建筑之乡”。累计开工亿元以上项目292项、是“十一五”的近两倍，其中10亿元项目39项、是“十一五”的近10倍。竣工投产亿元以上项目225项，其中10亿元项目24项。投入10亿元实施南水北调水源地保护工程，加快建设“清水活水、不淹不涝”城市，水功能区水质达标率80%以上。秸秆禁烧和综合利用工作走在全省前列。累计绿化造林5000公顷，建成10平方千米清水潭生态中心，林木覆盖率从20.6%提高至23.9%。创成“国家生态市”，“天蓝、水美、地绿”的目标初步实现。

这五年，科技创新与结构调整相辅相成。获批“国家科技进步先进市”、“省创新型试点市”。全社会研发支出占GDP比重从1.6%提高至1.8%。新培育高新技术企业72家，新增省以上“三站三中心”33 家。组织实施重大科技成果转化项目 70 项，带动规模产业产值超 50 亿元。高效农业面积累计达 3.87 万公顷。服务业比重提升 8.2 个百分点。规模以上工业企业达 524 家。航天水力、中航工业、中信戴卡等一批“国字头”、世界 500 强企业落户高邮。秦邮特钢投产 3 年实现开票超 160 亿元，华翔公司投产 2 年纳税 2.7 亿元。“三次”产业结构由 2010 年的 17.3：49.9：32.8，调整优化为 14.6：44.4：41。

这五年，城市建设与城乡统筹有机结合。以人为本、以城带乡开展城市建设，城建投资达 252 亿元。完成盂城驿景区扩容、市河整治、明清运河故道保护等一批文化工程，跻身大运河世界遗产城市。建成弘盛研发中心、商务大厦、世贸广场等一批城市地标。打造北澄子河风光带、北关河风光带、净土寺塔广场等一批城市景观。建设海潮东路、通湖东路、屏淮路南延等一批骨干道路。交通基础设施投入达 41 亿元，建成新 S237、S333 西段及高邮湖特大桥，形成“一体两翼、南北延伸、向东拓展”的发展新格局。积极稳妥实施区划调整和“区镇合一”。三垛镇、临泽镇、菱塘回族乡获批“全国重点镇”。城镇化率从 45.8%提高至 51.9%。

这五年，深化改革与开放开发协调并进。适应经济新常态，坚持革故鼎新，积极推进八大重要领域 47 项重点改革。实施行政审批“八个一”工程，动态公布“五张清单”，取消暂停各类收费项目 81 项。强化国有资产管理，实现保值增值。完成农村土地承包经营权确权发证。分类提升整合 22 个乡镇工业集中区，“三大园区”建成区面积增加 333.33 公顷，开票销售增长 74%。持续提高经济外向度，累计招引外资项目 89 项，实际利用外资 4.5 亿美元。累计出口 17 亿美元，比“十一五”增长 54%。出口企业数超 120 家，创成“省优秀出口基地”。

这五年，财税增长与民生幸福同步提升。公共财政预算收入增长 2.3 倍，年均增长 18.1%，税收占比从 75%提高至 82%。五年新增就业岗位 5.2 万个，城镇登记失业率控制在 3%以内。城乡居民人均可支配收入年均分别增长 11.6%、12.7%，完成规划目标。财政民生支出比重逐年提高，城乡低保、新农合、新型农村社会养老保险实现全覆盖，退休职工养老金及各类保障标准实现翻番。建成投运实验小学东校区、中医院新院、疾控中心、社会福利中心、残疾人康复中心。连片改造城市棚户区 91.5 万平方米，累计改造农村危房 2940 户、直管公房 2328 户。医药卫生体制改革顺利推进，建成“15 分钟文化圈”“10 分钟健身圈”，创成“全国义务教育发展基本均衡县”。

跳出高邮看高邮，五年来的发展有成绩、有进步，但也有差距、有不足。发展不充分、不协调、不可持续问题仍然突出，主要是：经济总量偏小，重特大项目偏少，缺少规模支撑；转型升级不快，企业抵御风险能力不强，重点产业发展下行压力加大；公共服务不适应群众日益增长的需求，少数民生改善项目进展未达序时；经济社会不稳定因素相互交织，社会治理创新难度较大；少数干部缺乏干事激情，争先意识不强，创新活力不足，行政服务水平与群众期待尚有一定差距，等等。对此，我们将奋力攻坚，在发展中克服困难，在前进中解决问题。

“十三五”时期发展构想

从 2016 年开始，我们将迈上“十三五”发展的新征程。根据上级统一部署和市委总体要求，市政府制定《高邮市国民经济和社会发展第十三个五年规划纲要(草案)》，提请本次大会一并审议。

“十三五”时期，全市经济社会发展的指导思想是：高举中国特色社会主义伟大旗帜，全面贯彻党的十八大和十八届三中、四中、五中全会精神，深入贯彻落实总书记习近平系列重要讲话精神，大力弘扬“崇文尚德、求实创新”高邮精神，以“迈上新台阶、建设新高邮”为总要求，坚持创新发展、协调发展、绿色发展、开放发展、共享发展，协调推进全面建成小康社会、全面深化改革、全面依法治市、全面从严治党，全力推动经济发展、现代农业建设、文化建设、民生建设和政府自身建设迈上新台阶，加快建设“经济强、百姓富、环境美、社会文明程度高”的新高邮。

“十三五”时期，全市经济社会发展的总体目标是：

——经济实力更强。地区生产总值 720 亿元以上、年均增长 9%左右，人均地区生产总值达 10 万元；公共财政预算收入 50 亿元以上，年均增长 10%以上；高新技术产业产值占规模以上工业企业产值比重提高至 40%；服务业增加值占地区生产总值比重提高至 45%以上；工业开票销售超千亿元。全社会研发经费支出占地区生产总值比重达 2.3%。创成“国家知识产权示范市”。

——百姓生活更富。城乡居民收入增幅高于扬州平均水平，提前实现比 2010 年翻一番，到 2020 年城镇居民人均可支配收入达 4.6 万元，农村居民人均可支配收入达 2.5 万元。城镇登记失业率控制在 2.5%以内。

——城乡环境更美。城镇化率达 60%。万元 GDP 能耗降低 18%，主要污染物排放削减完成省定任务。生态红线区域保护面积占国土面积比例保持在 25%以上，空气质量达到二级标准天数比例大于72%,林木覆盖率提高至24%以上,水功能区水质达标率100%。生态中心实现乡镇全覆盖。创成“国家环保模范城”、“国家卫生城市”。

——文明程度更高。中国梦和社会主义核心价值观深入人心,“高邮精神”广泛弘扬。文化高邮建设、社会治理创新工程不断推进。公众安全感97%以上,法治建设满意度95%以上。创成“国家历史文化名城”、“全国文明城市”。

2016年工作任务

2016年是“十三五”开局之年,也是推进结构性改革的攻坚之年,做好该年的工作至关重要。2016年全市经济社会发展的主要预期目标是:地区生产总值增长9%~9.5%,服务业占比提高1个百分点,公共财政预算收入增长10%~10.5%,固定资产投资增长15%,规模以上工业企业增加值增长9.5%~10%,城镇、农村居民人均可支配收入分别增长9%、9.5%以上,社会消费品零售总额增长10.5%;“四城同创”按序时推进;完成节能减排年度目标。

一、突出产业建设,推进转型发展

量质并举强化项目建设。坚持做大总量、提升质量,以项目增量调高、调优、调强产业结构。新开工10亿元项目8项以上、亿元项目40项以上,竣工10亿元以上项目6项、亿元项目40项以上。力争中航新材料、食品安全检测检验技术服务基地列入2016年省重大产业项目库。推进瑞斯乐微通道扁管、一洋药品和原药料、纽克瑞电器制造、昊天龙通讯塔、金雷电动汽车、亿泰纺织第二期、博业电动工具等一批预期效益好、科技含量高项目全面开工,促进华翔再生铅、道爵电动汽车、能一储能电池、康正食品快检中心建成投产。对2014年以来亿元以上竣工项目强化新增用电、新增开票、新增税收等质量指标的考核,确保亩均开票、亩均纳税增长10%以上。

稳中求进壮大工业经济。坚持工业第一方略不动摇,围绕深化改革突出抓好工业经济结构调整。实现工业开票销售增长10%,工业入库税收增长9%。列入“三五六”计划企业开票销售增长13%以上。以智能制造为主攻方向加快发展先进制造业,发挥2000万元技改资金杠杆作用,鼓励企业“机器换人”、技术升级,实施重点技改项目20项,完成技改投资156亿元,创成“省智能示范车间”1个以上。深入实施“互联网+”行动计划,着力在研发设计、生产管控、购销经营和制造服务环节提高信息技术应用水平,培育网上销售企业100家,创“省两化融合示范区”1个、“两化融合示范试点”企业5家,获省“软件产品、软件企业”认证2家。加快发展新兴产业,编制《高邮市战略性新兴产业发展规划》,实现新能源、新光源、生物医药规模以上工业企业开票销售增长12%。提高高邮制造竞争力,培育“专精特新”企业40家、省重点推广应用新技术新产品8种,创成中国驰名商标1个、省著名商标5个、省名牌产品4种。新增高新技术企业20家,创省科技小巨人企业1家。新增规模以上工业企业20家以上。积极运用市场机制、经济手段推进企业重组。落实好各项减税清费政策,设立国有资本主导的担保资金,努力降低企业运营成本。

高标定位发展现代农业。以保障农产品有效供给和促进农民增收为核心,加快农业转方式、调结构、强基础,全面实施农业现代化工程,推动第一、二、三产业融合发展。按“省内领先、全国一流”目标,打造国家农业科技园区八桥核心区,建设10亿元扬大科教园、133.33公顷邮都高效观光休闲农业园、省级三荡河万亩生态养殖示范园、400公顷神居硒谷功能农业园等重点项目,不断提升“一环、两园、三带、四区”质态。实施5000万元以上农业重大项目15项。新增农产品“三品”20种。创稻麦万亩高产示范片25个,新增设施种植业面积666.67公顷、设施渔业面积1333.33公顷。推进粮食生产全程机械化,新增犁耕翻面积2万公顷。新建高标准农田2000公顷。规范农村产权交易行为,探索开展“两权”抵押。推进经营权转化为股权,12%的村实行股份分红。农业龙头企业销售收入增长12%。强化农产品网上销售,创成“省农产品电子商务重点县”。新建省级示范合作社4个、示范家庭农场5家。筹建农业展览馆和水利展览馆。继续推进和完善水利试点改革。做好第三次全国农业普查工作。

彰显特色做大服务业。按照生产性服务业规模化、生活性服务业精细化、文化旅游品牌化的要求提升服务业质态,新增扬州市级服务业集聚区1家、服务业重点企业30家,服务业税收增长10%以上。坚持“城市即旅游”发展理念,确立旅游业在服务业中的龙头地位。围绕“古、文、水”特色,深度开发旅游资源。加快建设龙虬庄国家考古遗址公园。建成高邮湖新民滩郊野公园。清水潭旅游度假区创成“省生态旅游示范区”,推进大马戏及温泉设施建设。完善老城区旅游功能设施,健全盂城驿景区管理体制,全力打造运河古城风情游。景区接待人数增长20%。波司登开元名庭大酒店对外营业,世贸广场商圈年交易额突破10亿元。加快商品房去存量化,保障房地产市场健康稳定发展。政府性资金存款支持与信贷投放紧密挂钩,新增金融机构1家以上,新增贷款30亿元以上。

提质增效做强建筑业。放大“中国建筑之乡”效应，巩固提升外埠市场占有率，新增建筑业从业人员3000人，力争建筑业企业在市内缴纳地税超5亿元，创“省建筑产业现代化示范城市”。完善扶持政策，提速建筑业总部集聚区建设，鼓励二级资质企业入驻。推进兴厦集团申报特级资质、一级资质企业广泛采用电脑建模技术。鼓励建筑企业采用“房建＋照明”、“房建＋劳务”方式，加强与央企合作，参与“一带一路”基础设施项目建设，实现海外经营承包权零的突破。

二、突出高端引领，推进创新发展

践行创新发展理念。强化创新在发展全局中的核心地位，加快实现经济发展从要素驱动向创新驱动的转换。把创新作为引领发展的第一动力，充分激活各种创新要素，广泛集聚各种创新资源，优化创新政策激励导向。创新政府各类财政资金投放模式，灵活运用以存引贷、以奖代补、贷款贴息、风险补偿、政府参股等方式，放大财政支出乘数效应，有力支持实体经济。创新基础设施建设投融资模式，实体化运作投融资平台，进一步扩大PPP模式在公共基础设施项目上的运用，提高项目建设、运营的效率和效益。推进各项顶层设计的改革在高邮落地生根，敢闯敢试，在理念创新、制度创新、商业模式创新、文化创新等各方面迈出更大的步伐，加快形成以创新为主要引领支撑的经济体系和发展模式。

聚焦产业科技创新。集聚资源、集成支持、集中服务，打造产业技术研究院、湖西新区、八桥农业科技园三大科技资源聚集基地。产业技术研究院加强共性应用技术研发和成果转化，建设科技镇长团创业基地、科技人才创业基地，实施重大成果转化项目30项，努力满足基本产业和新兴产业创新需求。湖西新区围绕创建省级高新区，建设扬大科技园高邮光电分园、省级孵化器，带动区域创新一体化发展。八桥农业科技园大力实施科技惠农工程，重点引进种质资源场、农业产业化龙头企业、农业科研机构，引领全市农业优势主导产业加快发展。

加快汇集创新资源。围绕产业创新链关键环节，建设创新资源、技术转移、科技金融、知识产权、人才科技五大服务平台。推动大连理工高邮研究院、南工大高邮健康产业研究院运营达效。加快建设“文游汇”、“创客邦”、“诚信电商”等众创空间，全市新增科技孵化企业40家。推进产学研合作，技术合同交易额超1000万元，新增省以上“三站三中心”9家。积极开展国家知识产权试点市各项试点工作。加大科技投入，完善科技型企业融资需求库，设立科技金融风险补偿引导资金。用好用足科技人才发展专项资金，资助50名左右领军人才创新创业，引进高层次人才100人。

三、突出能力提升，推进开放发展

提升招商实效。抢抓国家长江经济带战略机遇，扎实推行“五定”网格化招商，继续深入开展“上海及长三角地区招商年”活动。瞄准世界500强和行业100强企业，精心组织专题招商、小分队招商及投资促进活动，办好第十二届中国道路照明论坛和第十二届双黄鸭蛋节。全年新签约亿元以上项目60项，其中10亿元项目8项以上。50%以上新签项目当年注册、当年到账、当年开工。打造与国际接轨的营商环境，签约协议外资2000万美元以上项目3项、注册外资实际到账6000万美元以上。

提升开放水平。积极策应“一带一路”建设，加快对外贸易优化升级，大力推进外贸优进优出、优质优价，新增自营出口企业10家以上，出口总额4.1亿美元以上，机电、新能源等技术密集型产品出口占70%以上。加快“走出去”步伐，引导电线电缆、照明灯具等企业主动出击，进军国际市场，通过电商跨境销售、国外建厂等形式，形成稳固的产能合作关系。支持市场前景好、效益质态优的企业加快股权资本运作，率先实现从经营产品到经营企业的转变。探索重点企业境外上市，力争传艺公司中小板上市，新增“新三板”挂牌企业3家。

提升承载能级。强化产城互动、产城融合，促进三大园区多元发展。开发区围绕打造千亿级、争创国家级目标，加快食品安全产业集聚区建设，推进电池工业园企业全部投产、实现开票销售25亿元，全年新开工10亿元项目4项。城南经济新区坚持优化三次产业结构，不断提高服务业比重，新开工10亿元项目2项，实现财政收入超3亿元。湖西新区坚持产城并重，积极创建省级高新区，建成新城框架，新开工10亿元项目2项，实现财政收入超4亿元。深化开发区与上海、苏南园区结对合作，承接亿元以上转移项目3项。

四、突出生态文明，推进绿色发展

全力推进“四城同创”。加强历史文化街区保护，“国家历史文化名城”申报力争获批。认真组织实施生态文明建设规划，确保“国家环保模范城”达到创模考核指标要求。按序时推进“国家卫生城市”创建，继续强化城市环境综合整治，全面治理“马路市场”。城区主次干道环卫综合作业实现市场化。建设建筑垃圾消纳场、生活垃圾焚烧发电厂。加强“全国文明城市”创建基础工作，积极推进社会主义核心价值观建设，弘扬和践行“崇文尚德、求实创新”高邮精神，创建“省社会信用体系建设试点县”。加强公民素质教育，推进志愿服务制度化，广泛开展高邮好人、最美人物等精神文明创建活动。

着力补齐创建短板。推进城乡污水管网建设，实施乡镇污水处理厂提标改造工程，消除城市黑臭河道，乡镇污水处理厂正常运转。切实保障饮用水安全，建成水源地在线监测站4座，实施自来水深度处理工程，确保出厂水质100%达标。强势推进治企、管车、限煤、禁燃、抑尘“五气同治”蓝天工程，加快国信燃气热电项目建设，同步淘汰改造10蒸吨以下工业燃煤锅炉。建立健全电池工业园长效管理机制。强化农业面源污染治理，开展农产品产地土壤重金属监测。深入开展环境执法大检查，以铁的手腕治理群众反映强烈的环境污染问题。

奋力积累生态财富。围绕打造“江淮生态大走廊”，严格落实耕地保护、开发强度、生态保护“三条红线”。深入开展高邮湖生态环境保护，启动实施退圩还湖规划，削减围网养殖面积5%，建设环湖健康生态风光带。实施清水潭生态中心增绿扩容工程、“五个一”生态家园美化工程，新增造林面积800公顷，创成神居山省级森林公园，创省绿色示范村8个。按“水清、岸绿、景美”标准，疏浚整治27条市乡骨干河道，启动状元湖水库建设，完成“中小河流治理重点县”年度项目，建成水美乡镇1个、水美村庄4个。继续开展覆盖拉网式农村环境连片整治，完成12个行政村治理任务。

大力推动集约发展。推进产业集聚、人口集中、资源节约，加快建设环境友好型社会。加强建设用地批后监管，大力推行先租后让、短期出让等弹性出让供地，处置闲置低效利用土地40公顷以上，创建“节约集约用地模范市”。严格实施环评、能评和资源保护制度，不达标的新、改、扩建项目一律不批。加快发展绿色经济产业，积极打造卸甲苏中循环经济产业园，启动建设龙虬环保产业园，重点招引资源回收、再生能源及环保材料项目。高邮灯具争创国家生态原产地保护产品。

五、突出城乡统筹，推进协调发展

完善基础设施。着力建设“水陆空铁”交通网络体系，加快构建“长三角两小时、宁镇扬一小时”快速交通圈。推进连淮扬镇高铁建设。实施京杭运河“三改二”城区北段东堤整治工程，完成运东船闸扩容工程配套，规划建设城市东部港口码头。建成S611高邮段，建设S333高邮东段先导段，规划建设湖西新城至S611、S244连接线。实施扬州高邮湖通用航空基地项目。加快改善农村出行条件，提档升级农村公路60千米，完成市道安保工程40千米、市道大中修8千米，完成美丽乡路三年行动计划。建设周山至S237连接线，规划建设周八路南延。建成110千伏张轩变、沙堰变等两项工程，建设110千伏八桥变工程。

构建宜居城市。转变城市发展方式，强化规划引领作用，积极开展控规修编和城市设计工作，加快打造公园城市、水韵城市、宜居城市、人文城市。按照框定总量、限定容量、盘活存量、做优增量、提高质量原则，实施新一轮城建“双十”工程。打造城市公园体系，建设北门城墙遗址公园、南澄子河风光带公园、香沟河风光带公园。综合整治大寨河、玉带河、蝶园大沟等城市河道，实施马饮塘河南延活水和人民公园活水除涝工程，逐步调整东部新城水系。加快文体中心一期建设，实施抗日战争最后一役纪念馆及人民公园周边改造第二期工程。推进屏淮北路北延、傅公桥路北延。全面改造老城区后街后巷，全面推进老旧小区实行基本物业管理，全面实施城中村环境综合整治。新建南门农贸市场，扩建北门农贸市场。复建高邮州署，筹建汪曾祺纪念馆。完成城市地下管网普查。创成“国家防震减灾示范县”。

打造特色小镇。围绕生产、生活、生态融合发展，以镇域为单位，以产业集中区为载体，打造主业突出、特色鲜明的发展空间平台。对乡镇实行差别化考核和“一镇一策”扶持，鼓励临泽规模发展光伏电站产业、龙虬协调发展生态文化产业、卸甲统筹发展循环经济和电动工具产业、汤庄升级发展液压机械产业、三垛集聚发展消防器材产业、菱塘高端发展高性能电缆产业、甘垛深化发展高效农业、周山成链发展生态农业、高邮镇转型发展服务业、界首大力发展旅游业，加快建设一批特色小镇。推进送桥镇新型城镇化试点，率先打造绿色照明特色小镇。推动菱塘、三垛、临泽3个全国重点镇加快形成农村区域性经济文化中心。界首、临泽获批“省历史文化名镇”。

建设美丽乡村。增强镇村防洪保安能力，圩堤除险加固土方60万立方米，改建圩口涵闸40座。深入推进村级组织“四有一责”建设。按照精准帮扶、精准脱贫的工作要求，补短板、保基本、兜底线，大力推进脱贫攻坚工程，确保以乡镇为单位村级集体经营性收入同比增长10%以上，低收入人群稳定增收，村级债权回收10%以上、债务下降10%以上。纵深推进农村环境“五位一体”长效管护，加强各类涉农项目资金的统筹使用，在交通干线、旅游景区和生态中心周边择优打造一批小而精、小而美、小而富的特色村。结合高铁拆迁、治淮工程等重点项目，高标准规划建设农民集中安置小区。农村住房成套比例提高至61%。

六、突出民生改善，推进共享发展

全面推进社会保障普惠化。扶助高邮籍高校毕业生在邮就业，推荐就业服务率100%。实施失业保险支持企业稳岗政策。城镇登记失业率控制在2.5%以内。推进服装行业全员参保。实施机关事业单位养老保险制度改革,机关事业人员纳入工伤保险体系。完善城乡居民基本养老保险制度,出台个人账户养老金调整办法。职工大病医疗救助基金最高支付限额提高至30万元。落实各类保障标准自然增长机制,进一步扩大惠残政策覆盖面。社会救助和保障标准与物价上涨挂钩联动,按月发放物价补贴。建设未成年人救助保护中心。建立养老服务补贴制度,试点农村居家养老政府购买服务。全市机构养老床位数达每千名老人34张,护理型床位占50%。公积金扩面4000人,发放贷款1.8亿元。筹集新建各类保障房1200套,基本建成1850套。

加快推进公共服务均等化。实施新一轮"学前教育五年行动计划",提高幼师待遇。新建湖西新区初中、城南小学、临泽幼儿园、沙堰幼儿园,改造平胜小学。完成校安工程2万平方米,提供校车安全服务。创建省义务段现代化学校15所。校长、教师校际交流比例不低于15%。调整优化高中学校布局,高考综合排名在扬州再进一位。深化县级公立医院改革,推进分级诊疗制度建设和"三个一"工程,新农合人均筹资标准不低于570元,推行35个病种按病种付费支付方式改革,控制群众就医费用增长。建成三垛、卸甲区域性医疗卫生中心,建设城南经济新区社区卫生服务中心。平稳实施"全面二孩"政策,加大对计生特殊困难家庭扶助力度。办好环高邮湖国际自行车越野赛、大运河半程马拉松赛,不断提高市民参与度和对外影响力。推进省公共文化服务体系示范区创建。建成当铺博物馆,完成市博物馆新馆展陈。启动数字电视无线覆盖工程。建成投运城市公交"一站三场",完成城乡客运班车更新。

积极推进社会治理现代化。从人民群众最关心最直接最现实的利益问题入手,推动服务和管理力量向基层倾斜,实现从管理向治理转变。进一步健全安全生产责任体系,推广企业安全总监制度,加快"智慧安监"建设。严把从农田到餐桌每一道防线,开展食品药品安全专项整治,创成省食品安全城市。强化危机风险管控,推进专业调解组织建设,创新完善立体化社会治安防控体系。严厉打击电信网络新型违法犯罪,切实提高市民防范意识。预防处置非法集资、恶意逃废债务等违法违规活动,保障金融安全。加强宗教事务和宗教场所规范化管理。大力推行阳光信访、责任信访和法治信访,加快信访信息化建设,加强跟踪、督办,提高办理效率。启动"七五"普法。建立覆盖城乡、惠及全民的公共法律服务体系。

切实加强政府自身建设

新一轮五年的宏伟目标,对政府工作提出了更高要求。面对新形势、新任务和人民群众新期盼,我们将秉承"为民、务实、清廉"的施政理念,以改革创新精神加强政府自身建设,在更高起点上开创政府工作新局面。

坚持依法行政。认真贯彻执行中共中央、国务院印发的《法治政府建设实施纲要(2015～2020)》,全面推进法治政府、法治市场、法治社会一体化建设,着力提升政府公务人员法治意识,运用法治思维和法治方式深化改革、推动发展、化解矛盾、维护稳定。大力推行政府权力清单制度。坚持法定职责必须为,切实做到尽职担当。坚持法无授权不可为,切实做到依法行权。自觉接受人大的法律监督、工作监督和政协的民主监督,重视司法监督、社会监督和舆论监督。认真做好人大代表建议、政协提案办理工作,不断提高落实解决率。系统推进政府法律顾问工作,不断加强行政复议规范化建设,着力提高复议办案质量和效率。

坚持为民执政。始终把人民群众的需求放在首位,全心全意为群众解难事、办实事、做好事,不断加大民生投入,切实解决基层和群众反映的突出问题。持续改进工作作风,密切联系群众,尊重基层首创,继续深入开展"三下三联三交"活动,不断提高服务基层、服务企业、服务群众的精细化和精准化水平。大力倡导"马上就办、办就办好",进一步简化办事手续,提高办事效率。开展相对集中行政许可权改革试点,组建市行政审批局,消除多头审批、权责交叉,推进审管分离,压缩自由裁量权。持续释放商事登记改革红利,扩大"筹建登记"、"一照多址"、"证照联办"应用范围。认真办好"寄语市长"和"12345"政府服务热线,切实提高群众满意率。

坚持从严治政。认真落实党风廉政建设责任制,强化"一岗双责",推进政府党组主体责任落实。严格执行《中国共产党廉洁自律准则》和《中国共产党纪律处分条例》,领导班子带头遵守党的政治纪律和政治规矩,自觉践行"三严三实",坚持不懈纠正"四风"。厉行勤俭节约,反对奢侈浪费。严格执行公务用车使用规定,进一步压缩"三公"经费和一般性支出。强化对政府内部权力的制约,坚持用制度管权、管事、管人,把权力关进制度的笼子,坚决打掉寻租空间。推进"三直接"若干环节操作规范刚性运行,实现公共资金、国有资产、国有资源和领导干部履行经济责任情况审计全覆盖。以零容忍态度惩治腐败,严肃查处发生在重点领域、关键环节和群众身边的腐败案件。推进廉政文化建设,筑牢拒腐防变的思想道德防线。

（该报告略有删节）

附：名词解释

1.“三证合一”：工商营业执照、组织机构代码证和税务登记证等3份证件合并成一份。

2.“一照一码”：由市监部门直接核发加载法人和其他组织统一社会信用代码的营业执照。

3.“15高邮债”：经国家发展和改革委员会批准，以高邮市建设投资发展有限公司为发行主体的政府债券。发行规模10亿元，债券期限7年，资金用于城市基础设施建设。

4.“接二连三”：农业与工业、服务业融合发展。

5.“政社互动”：政府及其部门与基层群众自治组织衔接互动，理顺社会管理职能，依托村、社区平台开展工作。

6.“五一八”：建立5张清单、搭建1个政务服务平台、推进8项相关改革。

7.“八个一”：“一站式”服务、“一网式”三级联动、“一表制”企业注册登记、“一费制”扎口收费、“一条龙”重大项目审批绿色通道、“一揽子”重大问题综合协调联审会办、“一门式”并联审批服务、“一窗式”重大项目全程代办。

8.“五张清单”：行政审批事项目录清单、政府行政权力清单、行政事业性收费目录清单、政府部门专项资金管理清单、项目责任清单。

9.“机器换人”：以现代化、自动化的装备提升传统产业，推动技术红利替代人口红利。

10.“一环、两园、三带、四区”：环高邮湖特色水禽养殖，高邮鸭产业园、八桥现代农业产业园，优质稻米种植带、设施瓜果蔬菜种植带、特色农产品加工带，安大路花卉苗木种植、新淮江路观光农业、马横路特种水产养殖、甘临路立体循环种养。

11.“两权”：农村土地承包经营权和宅基地使用权。

12. PPP模式：政府与社会资本合作建设基础设施和公共服务设施，由社会资本承担设计、建设、运营、维护，由政府负责基础设施、公共服务的价格和质量监管。

13. 众创空间：适应互联网环境下创新创业特点和需求，通过市场化机制、专业化服务和资本化途径构建的低成本、便利化、全要素、开放式的新型创业服务平台。

14.“五个一”：全市整体推进一个乡镇、其他乡镇整体推进一个行政村、每个行政村整体推进一个自然村村庄绿化，每个乡镇集镇区新建续建1处以上1公顷面积休闲公园、每个乡镇有1处0.33公顷面积村级入口林荫廊道。

15.“三个一”：每个家庭拥有一名合格的家庭医生、一份动态管理的电子健康档案和一张功能完善的健康卡。

“三严三实”专题教育

【概况】 6月2日，根据中共中央办公厅印发的《关于在县处级以上领导干部中开展“三严三实”专题教育方案》精神以及省委、扬州市委统一部署，高邮市委召开全市“三严三实”专题党课暨专题教育部署会，正式启动“三严三实”专题教育，共有县处级领导干部30人及乡镇党政正职领导23人参加。制定出台《中共高邮市委关于在县处级领导干部和乡镇党政正职中开展“三严三实”专题教育的实施方案》，要求各参学对象以同群众联系更直接、更紧密，做“忠诚干净担当”的干部为目标，坚持问题导向、坚持从严要求，把自己摆进去，紧紧围绕“六查六看六整治”这条主线深入开展，重点围绕“四专题一强化”组织实施。活动期间，高邮市“三严三实”专题教育工作得到省委和扬州市委的充分肯定。在省委“三严三实”专题教育推进会上，高邮市作书面交流；在扬州市乡镇党委书记“三严三实”座谈会上，汤庄镇党委书记陆有林作交流发言。同时，《江苏组工信息》《扬州日报》先后3次刊载高邮市“三严三实”专题教育的经验做法。（李志国）

【设立协调小组】 2015年5月，中共高邮市委成立党的群众路线教育实践活动领导小组，由市委常委、组织部部长孙建年任协调小组组长，市委办、市人大办、市政府办、市政协办、市纪委、市委组织部、市委宣传部负责同志任协调小组副组长，并设执行副组长，成员以市委组织部相关科室人员为主，兼有市委办、市纪委、市委宣传部相关科室人员，具体负责专题教育协调工作。（李志国）

【“三严三实”专题党课】 6～7月，根据市委“三严三实”专题教育协调小组统一安排，全市参学对象以上率下、身体力行，分别领上好“三严三实”专题党课。在6月2日全市“三严三实”专题党课暨专题教育部署会上，市委书记韩方联系全市党员干部思想、工作、生活和作风实际，率先带头为500多名党员干部作题为《全面贯彻“三严三实”要求、争当忠诚干净担当好干部》的专题党课，对专题教育进行部署。从6月2日到7月21日，19名党员市领导结合各自分工，到联系点为党员干部上“三严三实”专题党课；23名乡镇党政正职紧扣“三严三实”，以“我是党课主讲人”为平台，分别为党员干部上专题党课。（李志国）

【“三严三实”专题学习研讨】 6～12月，市委“三严三实”专题教育协调小组按照“两月一专题、一月一研讨”工作安排，围绕“严以修身”“严以律己”“严以用权”3 个专题，组织开展专题学习研讨活动 7 次，其中研讨交流活动 6 次、以宣讲《中国共产党廉洁自律准则》《中国共产党纪律处分条例》为主要内容的专题学习会 1 次。在“严以修身”专题学习研讨阶段，市委常委会重点围绕系统研读党章、学习习近平总书记系列重要讲话等，分别以“强化理想信念、加强党性、做人要实”内容，两次进行专题研讨交流；在“严以律己”专题学习研讨阶段，所有市委常委均聚焦“严守党的政治纪律和政治规矩”，以反面典型为镜鉴、以正面典型为标杆，进行深刻反思、深入研讨；在“严以用权”专题学习研讨阶段，每个市委常委均能按照“严”和“实”的要求，围绕思想自觉和行动自觉等方面，开展深入的学习研讨。为使专题学习研讨取得实效，市委还多形式组织系列活动，利用周末课堂强化理论武装，利用正反典型提升学习效果，利用党性教育基地拓展学习内涵。各乡镇(园区)及相关部门参照市委中心组学习研讨形式组织开展学习研讨活动。期间，全市县处级领导均进行重点交流发言 3 次，所有乡镇党政正职均在市级学习会上进行交流发言 1 次；53 名参学对象全部撰写学习体会，共提交 119 篇交流文章。

(李志国)

【“三严三实”专题调研】 6～9 月，市委“三严三实”专题教育协调小组结合“三下三联三交”“双万双千双百”“百名公仆农村行”等活动，组织开展领导干部集中调研月活动、“不严不实”问题专题调研活动、党代表走访调研活动、老干部专题调研座谈会等，进村入户、进企入社，深入基层、走进群众，广泛征求群众意见建议，确保群众声音听得“真”、自身问题找得“准”。 (李志国)

【“三严三实”专题民主生活会和组织生活会】 2016 年 1 月 6 日，根据市委“三严三实”专题教育协调小组的统一部署，市委常委会召开“三严三实”专题民主生活会，严肃认真开展批评和自我批评，深入查摆剖析“不严不实”问题，明确解决问题的整改措施和努力方向。此后，市人大常委会、市政府、市政协党组，13 个乡镇(园区)党(工)委及市法院、市检察院、市总工会、市房管局党组均召开高质量的专题民主生活会。同时，72 个市级机关部门均以“三严三实”为主题召开党员领导干部年度民主生活会；2100 多个基层党组织结合党员冬训时机，召开以“三严三实”为主题的组织生活会，227 个村(社区)党组织也按要求召开班子专题民主生活会。至此，“三严三实”专题民主生活会和组织生活会实现全市党组织全覆盖。 (李志国)

【强化问题整改】 市委“三严三实”专题教育协调小组坚持问题导向，把边查边改、即知即改贯穿始终，认真组织开展好各类整改活动。列出问题清单、整改清单，逐项整改。市委常委会班子和成员对照梳理出民主集中制执行不到位、党内生活不正常、上级政策落实不到位等问题共 86 条，制定整改清单，逐条进行整改。至年底，清单中提到的问题整改到位的有 64 条，正在推进整改的有 22 条。

(李志国)

【强化立规执纪】 在全市“三严三实”专题教育开展期间，市委“三严三实”专题教育协调小组突出建制度立规矩，先后健全完善《关于加强全市党的建设基础性工作的意见》《关于推进“三直接”若干环节操作规范刚性运行的实施意见》《高邮市党政机关、事业单位干部“为官不为”问责办法(试行)》《关于推动全面从严治党迈上新台阶的实施意见》及《全市党建工作约谈制度》等作风建设制度 14 项，着力形成“三严三实”专题教育的长效机制。同时，强化制度的刚性执行，突出对相关问题的查处，提高专题教育的实效。期间，累计查处违反各项纪律规定的党员干部 48 人，通报典型案例 5 起。

(李志国)

【村(社区)干部“为官不为”专项整治】 11～12 月，全市坚持学习教育、查改问题、正风肃纪三项一起抓，集中开展村(社区)干部“为官不为”作风建设问题专项整治，着力解决村(社区)干部中存在的不遵纪守法、不作为、乱作为等突出问题，推动“三严三实”在基层落实。通过个人找、相互提、上级点等方式，深入开展自查自纠、互查互纠，针对排查出的问题，实行“销号制”，一条一条制定整改清单，一项一项推进落实。加大明察暗访力度，向社会公开举报电话，主动接受群众监督，并根据明察暗访情况曝光、通报一批反面典型案例。针对明察暗访中发现的极少数村干不注重自身行为规范、不守纪律、不懂规矩问题，及赌博、酒驾、违反财经纪律、违反廉洁自律规定、失职渎职等问题，从严整治。至年底，全市查处违纪违法和不作为、乱作为的村(社区)干部 67 人。 (邮纪办)

重要文献摘要

2015 年高邮市民生幸福工程实施意见(摘要)

一、终身教育体系

1. 推进义务教育阶段薄弱学校改造。迁建赞化学校、城南新区小学、界首小学，建成开发区九年一贯制学校(责任单位：高邮经济开发区、高邮城南经济新区、界首镇、市教育局)。进一步提高义务教育优质均衡水平，申报创建省义务教育优质均衡改革发展示范区（责任单位：市教育局）。完善湖西新区教育布局调整规划（责任单位：高邮湖西新区、市教育局）。改善第一小学、城北小学、武安初中办学条件（责任单位：高邮镇、市教育局）。新改扩建公办幼儿园1所，新创省优质园1所，学前三年幼儿入园率98%以上。推进江苏省初高中课程基地、小学特色文化、幼儿园课程游戏化等项目建设。第二中学申报创建省四星高中，第一中学接受省四星高中复评。完成中小学校校舍安全改造2万㎡（责任单位：市教育局）。

2. 以服务经济社会发展为宗旨，促进职社教育持续优质发展，创成省级标准化乡镇社区教育中心1个、省级居民学校8个，2个省级高水平示范性实训基地接受省视导评估。农村实用技术培训6万人次，培训转移农村劳动力3000人，从业人员年培训率57%以上，职校毕业生本地就业率85%以上（责任单位：市教育局）。全市开展城乡就业职业技能培训3000人以上；新增专业技术人才2000人以上，培养高技能人才1000人以上（责任单位：市人社局）。完善教育基础设施，力争创成江苏省示范老年大学（责任单位：市老干局）。

3. 积极完善教育资助扶持政策，将低收入农户作为重点纳入教育资助范围，逐步加大就学救助力度。对低收入农户中的就学子女，凡考入大专、本科的，由市财政分别给予3000元和4000元的助学金，确保低收入农户子女不因经济困难而失学，保证其顺利完成学业（责任单位：市委农工办）。对考入高中以上的残疾学生和贫困残疾人子女，发放教育专项补贴和考学奖励（责任单位：市残联）。

二、就业服务体系

1. 落实好就业帮扶政策。开展城乡“双零”家庭就业帮扶行动，保持动态清零。新增城镇就业6000人，推荐失业人员再就业2300人，就业困难人员再就业300人，新增农村劳动力转移3000人，期末城镇登记失业率控制在2.1%以内。对零就业家庭、经济困难家庭等就业困难的未就业高校毕业生实施“一人一策”援助，确保有就业意愿的高邮籍高校毕业生推荐就业率100%（责任单位：市人社局）。

2. 全市开展创业培训500人次以上，实现成功创业300人，创业带动就业800人。推介创业项目50个以上，扶持建设创业孵化基地1个以上（责任单位：市人社局）。小贷公司当年累计发放涉农贷款10亿元（责任单位：市金融办）。发放下岗再就业以及小额担保创业贷款1500万元。发放妇女创业贷款650万元。建成142个农村金融综合服务站，方便广大农户取现和消费，帮助农民识别假人民币，减少假币流通的损失和危害（责任单位：人行高邮市支行）。鼓励和支持低收入农户参加合作经济组织，并优先安排公益性岗位就业（责任单位：市委农工办）。

三、社会保障体系

1. 加大社会保障力度。全市城镇职工基本医疗保险、城镇居民基本医疗保险参保率达98%以上，城镇居民医疗保险各级财政投入人均不低于360元；启动职工大病补充保险，大病补充保险实际支付比例不低于50%。城镇职工医疗保险新增参保2000人，失业保险新增参保1000人，工伤保险新增参保1000人，生育保险新增参保8000人（责任单位：市人社局）。

2. 提高社会救助和资助水平。落实城乡低保、农村五保自然增长机制，城乡低保标准分别提高至每人每月550元、410元，巩固孤儿养育标准自然增长机制，孤儿集中供养、社会散居养育标准分别提高至每人每月1610元、968元，农村五保、城市“三无”供养标准分别提高至每人每年6600元、12240元。全面落实惠民殡葬政策，在免除基本丧葬服务费、免除骨灰盒费用的基础上，做好免除遗体接运费、冷藏存放费工作（责任单位：市民政局）。建设送桥墓园（责任单位：高邮湖西新区）。健全低保对象核对退出机制，完善急难家庭救助机制，为重点优抚对象提供一次免费体检（责任单位：市民政局）。单亲贫困母亲月低保金增加20%（责任单位：市民政局、市妇联）。

3. 帮助低收入农户脱贫。全市建档立卡的5000元以下低收入农户脱贫率力争达100%，引导扶持低收入农户自力更生、自主创业。对通过兴办规模种（养）业及高效农业等项目，按期脱贫的低收入农户由财政奖补每户2000元。对特别贫困的低收入农户，由乡镇、村及帮扶单位共同投资建设设施大棚、养殖棚舍等产业设施，产权归村，由村低租金或零租金提供使用。对投资额较大（10万元以上）、自主创业的低收入农户给予小额贷款和财政贴息扶持。进一步完善农村最低生活保障制度。改善提高低收入农户住房条件。建立基本公共服务收费减免制度。低收入农户每月用水在5吨以下的，低保户、五保户每月用电在15度以下的，供水、供电部门分别予以免费，市广电信息网络公司减半收取低收入农户的数字电视费（责任单位：市委农工办）。落实农村妇女“两癌”救助机制，在市慈善基金中设立救助基金不少于20万元（责任单位：市民政局、市妇联）。

四、医疗卫生体系

1. 强化医疗保障服务。启动实施农村区域卫生中心建设（责任单位：市卫生局），完善湖西新区卫生事业布局调整规划（责任单位：高邮湖西新区),启动迁建城南新区社区卫生服务中心(责任单位:高邮城南经济新区)、卸甲镇八桥门诊部(责任单位:卸甲镇),完成全市农村无害化卫生户厕任务1万座,创建省或扬州市卫生镇1个,省市级卫生村10个。完善农村居民大病保险制度,对大额费用患者在享受新农合普惠性补偿后,个人负担的合规医疗费用超过1.5万元起付线的部分,享受大病保险再次补助,最高补偿额为20万元,提升大额医疗费用患者医疗保障水平。加快建立基层医生和居民契约服务关系,大力推行家庭医生制度、乡村医生签约服务和健康管理团队服务,乡村医生签约服务在全市各乡镇(园区)全面实施。开展建设"群众满意的乡镇卫生院"活动,创建工作覆盖率达100%,提升基本公共卫生服务项目质量。建立健全科学合理的医疗卫生监管体系,加大监督执法力度,规范医疗服务行为,有效控制医疗费用不合理增长(责任单位:市卫生局)。设立医疗应急救助基金。启动新农合按病种付费试点,全市新农合人均筹资标准提高至485元,其中财政补助380元,参合率稳定在98%以上。免费为65周岁以上参合人员进行健康体检。设立村卫生室建设发展专项资金,创建2—3个达省示范标准的村卫生室,对10%的村卫生室改善就医环境,添置、更新有关设备,提升村卫生室的服务能力。加快卫生信息化建设,逐步建立远程医疗、区域电子病历、妇幼卫生、移动健康随访等系统,积极打造"智慧医疗"(责任单位:市卫生局、市财政局)。

2. 强化食品药品安全。组织开展种植产品的农药残留超标,畜禽、水产品违法使用添加剂和滥用添加剂等专项整治行动;全市农产品抽检合格率达98%以上(责任单位:市农委)。开展食用油、肉及肉制品、乳及乳制品等重点品种风险监测工作,监测抽检高风险食品200批,综合检测合格率90%以上。开展药品监督抽样检测,全市抽检药品150批、快检300批,基本药物检测合格率达98%以上(责任单位:市市场监督管理局)。

五、住房保障体系

1. 以公租房建设为重点,全年筹集和新建公共租赁住房300套。其中城南经济新区管委会新建公共租赁住房150套。市经济适用住房发展中心新建碧水新城南苑三期经济适用住房200套。着力解决无房或住房面积偏小的城市低收入家庭住房保障问题。成立康华、西塔、御码、月塘社区物业服务中心,宋庄小区、富达新村小区、高公花苑小区、月塘小区实施基本物业服务,着力改善群众居住环境(责任单位:市房管局)。

2. 提高住房公积金制度覆盖率,扩面4000人,发放公积金贷款1.5亿(责任单位:扬州市住房公积金中心高邮分中心)。改造农村危房200户(责任单位:市城建局)。

六、养老服务体系

1. 企业职工养老保险新增参保1万人,参保覆盖率达98%以上;城乡居民养老保险参保人数达21.65万人,发放基础养老金人数15.5万人,参保覆盖率达99.8%以上,基础养老金发放率达100%。根据经济社会发展水平和上级部署,适时调整企业退休人员、城乡居民养老保险待遇水平,城镇企业职工养老金提高10%以上,城乡居民基础养老金增加到每人每月105元。继续开展全市企业退休人员第四轮免费健康体检(两年一个周期),建立城镇企业职工困难人员养老保险缴费助保机制。(责任单位:市人社局)健全计划生育特殊困难家庭救助长效机制,向失独家庭免费赠送每人每年200元的人身意外伤害保险(责任单位:市计生委)。

2. 新增政府购买养老服务援助对象200人。提升居家养老服务中心质态,新建15个,创省级5个以上。新建5家社区日间照料中心,并开展配餐送餐服务。加强敬老院规范化建设,引导扶持社会力量兴办养老服务机构,年底全市机构养老床位数每千名老人达30张(责任单位:市民政局)。启动扩建开发区、界首、临泽、三垛、甘垛、汤庄、卸甲、天山敬老院,规划建设城南新区、菱塘回族乡敬老院(责任单位:各有关乡镇园区、市民政局)。落实医疗卫生与养老服务融合发展政策,先行在市社会福利中心内设置医疗卫生机构并申请医保定点,支持乡镇卫生院等医疗卫生机构利用现有资源开展养老服务(责任单位:市民政局、市人社局、市卫生局)。

七、其他民生事项

1. 帮扶残弱群体。残疾人技能培训200人,新建残疾人扶贫基地5个,扶持20名残疾人自主创业,为5000名就业年龄段轻度残疾人免费办理意外伤害保险,扶持社会组织建设2个社区(村)残疾人服务站,完成全市贫困白内障患者免费复明手术200例。为700名精神残疾人免费提供基本用药,实施省级贫困残疾人辅助器具适配和家庭无障碍环境改造项目(六期900户),发放轮椅200辆,新建村(社区)康复室5个,实施0—6岁残疾儿童抢救性康复训练项目,残疾人康复中心正式投入使用(责任单位:市残联)。

2. 美化城乡环境。全市造林0.7万亩,其中成片造林0.5万亩,四旁植树60万株(折算造林0.2万亩);新建省级绿化示范村7个;森林抚育经营面积1.5万亩(责任单位:市农委)。全面推进10平方公里生态中心建设,加大龙虬庄考古遗址公园建设力度，积极申报国家级考古遗址公园（责任单位：高邮经济开发区、龙虬镇），实施神居山生态修复工程（责任单位：高邮湖西新区）。启动湖西新区污水处理厂二期工程建设（责任单位：高邮湖西新区），规划建设三垛镇污水处理厂二期工程（责任单位：三垛镇），建设城区污水管网5公里（责任单位：市水利局）。开发区、湖西新区、高邮镇、卸甲镇、三垛镇、临泽镇、菱塘回族乡建设污水管网5公里以上，其他乡镇加快污水管网建设（责任单位：各乡镇、园区）。实施土壤重金属污染监测，规划建设高邮湖和三阳河水质自动监测站。淘汰全市100台燃煤锅炉，进一步减少烟尘和二氧化硫排放量，确保PM2.5值下降4%。加强环境监察管理能力建设，实现重点污染源数字化监控全覆盖（责任单位：市环保局）。开展“十大主题健康促进行动”（责任单位：市卫生局）。继续控制商业经营噪声、广场舞噪声，改善居住区声环境质量（责任单位：市公安局、市城管局、市环保局）。市区建筑工地全面采取防扬尘措施，对车辆进行清洗，夜间需持证施工（责任单位：市建管局）。

全市各乡镇园区开展后街后巷改造工作（责任单位：各乡镇、园区），城区改造姚家井巷、工人巷等60条后街后巷。修缮出新高沙园、老电厂老旧小区（责任单位：高邮经济开发区、市城建局）。加大城中村环境综合整治力度（责任单位：高邮经济开发区、高邮城南经济新区、高邮镇、市城管局），整治城区主次干道“八乱”现象，配备垃圾收集容器，清理卫生死角（责任单位：市城管局）。城区配套新建4个垃圾中转站（责任单位：市城管局、市规划局）。积极推进垃圾无害化处理项目上马，启动建设摊点疏导区（责任单位：市城管局），新建大型货车停车场1个（责任单位：市城管局、高邮经济开发区）。新建停车场4个（责任单位：市城建局）。

全面推进农村环境五位一体长效管护（责任单位：各乡镇、园区），实施“覆盖拉网式”农村环境综合整治，确保27个行政村通过省级验收（责任单位：市环保局）。抓好秸秆禁烧、禁抛及综合利用，机械化还田100万亩以上，新改建农村机电灌排泵站50座（责任单位：市农机局）。实施南澄子河、香沟河等城河整治（责任单位：市水利局、高邮镇）。实施中小河流治理工程，对22条、143公里骨干河道进行高标准整治，更新改造部分沿河建筑物，新建集镇段护岸。做好城区易淹易涝部位疏通整治工程，稳步推进城乡饮用水安全工程，改造供水管网61.5公里（责任单位：市水利局）。新购置城市公交车34辆，更新农公班车（责任单位：市交通局）。有序推进S333东延和周八路卸伯段扩容工程。启动实施S237与界首、龙虬、周山连接线，规划建设新扬菱路南延，建设城区3个停保场和界首运河大桥（责任单位：市交通局、各有关乡镇及园区、市水利局、市文广新局）。

3. 加强社会管理。加快推进周庄路消防站建设，加强市政消防栓设置工作，提高火灾防范扑救水平（责任单位：市公安消防大队、市城建局）。通过持续不断地开展区域性、专项性打击行动，有效遏制入室盗窃、盗窃电动车、电信诈骗等侵财性案件多发势头，同时，注重为群众追回损失，保障群众切身利益（责任单位：市公安局）。完成法律援助案件750件，实现公共法律服务中心乡镇（园区）全覆盖（责任单位：市司法局）。积极创建省幸福家庭建设示范市，继续实施“邮都幸福家庭计划”，全市示范乡镇（街道、园区）、示范村（居）创建工作覆盖率达100%。实施省级优生优育公共服务平台网络项目，开展免费孕前优生健康检查工作，预防出生缺陷发生。实行流动人口信息交换机制，加强流动人口信息协查，流动人口管理服务率达95%以上（责任单位：市计生委）。加大城乡和谐社区创建力度，实现城区社区办公服务用房达标全覆盖，农村社区办公服务用房达标率不低于95%，全面推行政社互动工作机制，年底城乡覆盖率不低于70%。加大社会组织培育发展力度，加快对社会组织的评估（责任单位：市民政局）。

4. 丰富群众生活。组织好周末大舞台、秦邮文化讲坛、新年音乐会、珠湖之波赛歌会等品牌群众文化活动。高邮市图书馆新增图书8000种、2万册。每个乡镇送价值一万元的图书。组织好送电影下乡，每个行政村每月免费放映一场电影，每个乡镇市民广场每周免费放映一场电影；每个乡镇每季度送一场戏（责任单位：市文广新局）。举办第二届残疾人运动会（责任单位：市残联），启动文体中心建设（责任单位：市城建局、市体育局、市文广新局）。按照每个乡镇建有一个多功能文体广场、有条件的村（居）建设一个“五个一”运动场地的要求，实施“农村健身设施三年提档升级工程”（责任单位：各乡镇及园区、市体育局）。举办全市第五届运动会（责任单位：市体育局）。建设扬州图书馆菱塘分馆（责任单位：菱塘回族乡）。

（摘自市委、市政府2015年2月13日印发的邮发〔2015〕1号文件）

关于深化农村改革创新
推动现代农业迈上新台阶的意见（摘要）

一、加快转型升级，进一步发展现代农业

1. 持续增强粮食生产能力。把粮食等重要农产品稳产、提质、保供作为现代农业建设的首要任

务,进一步落实粮食行政首长负责制,持续增强粮食生产能力,保障粮食有效供给。大力推进籼改粳、直改机和高产增效创建、"亩产吨粮县"创建"两改两创"工作,大力推广高产、优质、多抗新品种,实行良种良法相配套,建设高效示范方、示范片,促进粮油生产大面积平衡稳定增产。全年粮食播种面积165万亩以上、总产85万吨以上,稻麦周年单产稳定在1050公斤以上。认真执行国家粮食最低价收购政策,切实保护农民种粮积极性,全年实现粮食购销总量130万吨。加强地方储备粮油管理,提高规范化和信息化管理水平,提高粮油市场应急保障能力。

2. 构建现代农业产业体系。继续围绕"两园三带四区"产业布局,推动农业园区规模化、特色化、集聚化发展。加快设施农业发展,新增设施农业4万亩,其中设施种植业2万亩,设施渔业2万亩。各乡镇新建或扩建千亩高效农业园区1个以上,争创扬州市级农业园区3个以上。创新园区发展机制,落实省政府关于省级农业园区体制机构建设的有关要求。实施城南新区3000亩邮都高效观光休闲农业园项目,实现高邮鸭郭集科技示范园满负荷生产。集成政策、加大扶持,推进扬大农业科教园落户八桥现代农业产业园、中科大富硒农产品生产基地落户湖西新区。开展"十佳农业园区"评比,每家奖励8万元。继续推进卸甲、临泽等地万亩蔬菜生产基地建设。大力推进畜禽规模化、小区化养殖,加快发展现代渔业,控减罗氏沼虾养殖规模,鼓励发展虾鱼套养。加大农业重大项目招引和建设,增强现代农业发展有效投入,全年实现农业到账民资15亿元、到账外资2000万美元。

3. 培育新型农业经营主体。按照"边发展、边规范、边提高"的原则,重点培育扶持以家庭成员为主要劳动力、以农业为主要收入来源、土地经营规模100—300亩的家庭农场。规范家庭农场、合作社等新型农业经营主体运营行为,名录内农民合作社电算化使用率达100%、工商年报公示率达100%,创成扬州市级以上示范家庭农场4家、农民合作社3家。扶持吸引年轻人特别是农业类高校毕业生到现代农业领域就业创业,努力建设一批有文化、懂技术、能经营的新型农民队伍,开展新型职业农民培训3000人。围绕"三水两有机"特色优势产业,整合项目资源,引导和支持农产品加工流通企业发展"公司+基地+农户、协会(合作社)+基地+农户"等利益联结和合作模式,扩大产销规模,建设研发平台,全年新增省级农业龙头企业2家、扬州市级10家、高邮市级15家以上。引导十二粉黛、日兴生物等农业企业登陆"新三板"。加快农业信息化步伐,充分发挥12316服务平台功能。积极发展农产品电子商务,鼓励苏中农贸城、诚信物流建设农产品电子商务园区,扩大特色农产品网上销售规模。

4. 提高农产品质量安全水平。严格标准、严格监管、严格问责,严把农产品生产源头控制和全程监管关口,落实农产品"产地准出"和"市场准入"制度。全面提高优质品牌农产品产量比重,新增农业"三品"10个、总数占食用农产品比重达40%,农产品抽检合格率98%以上,确保不发生重大农产品质量安全事件。高邮湖大闸蟹创成国家地理标志证明商标和产品保护。突出农业生态环境建设,加强农业面源污染综合治理,推进畜禽养殖污染排放。加强动物疫病防控,健全动物无害化集中处理运行体系,不发生区域性重大动物疫情。依法打击网捕鸟、电捕鱼和毒杀野禽等非法行为。

二、加大改革创新,进一步激活发展活力

5. 积极启动农地抵押贷款。坚持"试点先行、以点带面",研究出台农村土地承包经营权抵押贷款试行办法,明确抵押贷款对象及条件、抵押物价值认定、抵押登记、抵押物监管及处置、风险分担等操作细则。设立财政风险补偿专项基金200万元,启动农村土地承包经营权抵押贷款工作,拓宽种养大户、家庭农场、农民合作社、农业龙头企业融资通道,全年发放农地抵押贷款4000万元左右。

6. 加快推进农村产权交易。按照"市有交易中心、乡镇有交易站、村组有交易信息员"的要求,进一步建立健全市镇村三级农村产权交易服务体系,积极引导农村各类资产、资源进场规范、公正交易。从今年起,原则上10万元以上的农村产权进入市级农村产权交易中心交易,10万元以下的农村产权进入乡镇交易站交易,全年交易额2000万元以上。逐步规范土地经营权价值评估标准,围绕重点农业园区、重点农业项目建设,加快农村土地流转,全市新增农业适度规模经营面积3万亩。

7. 统筹推动水利供销粮食改革。坚持"先行试点、典型引路、分类实施、全面推进"的原则,积极做好全国农业水价综合改革、国家级农田水利设施产权制度改革和创新运行管护机制、省水生态文明城市创建、省水利现代化建设、省小型水利工程管理体制改革等5项试点,明晰水利工程产权、明确管护主体责任、落实工程管护经费、探索工程管护模式,研究水价形成机制,增强农田水利设施投资建设和运行管护的活力,引导农民科学用水、节约用水。以列入全省13个县(市)级供销社综合改革试点单位为契机,围绕"改造自我、服务农民"的总体要求,稳步推进供销社基层组织改造、农村合作金融、服务规模化、流通现代化等改革,推动组织、服务、经营创新,积极参与特色农业保险、农村金融

服务、大田托管服务，努力把供销社打造成为农民生产生活服务的生力军和综合平台。围绕产业化、规模化、集团化的方向，继续深化国有粮食购销企业改革。

三、加强基层建设，进一步促进民生改善

8．大力促进农民增收致富。把促进农民增收作为“三农”工作的核心任务，进一步在促进农民就业增加工资性收入、发展现代农业增加家庭经营性收入、强化惠农政策落实增加转移性收入、深化农村产权制度改革增加财产性收入等方面开动脑筋、下大力气，不断挖掘农民增收的新潜力，培植农民增收的新亮点，农村居民人均可支配收入增长11%。坚持“输血与造血、开发与救助”相结合，从产业扶持、就业援助、生活保障、教育资助、医疗救助、社会帮扶等方面入手，继续推进新一轮低收入农户脱贫奔小康工程。对剩余的近2000名低收入农户，实施“滴灌式”精准扶贫，确保年底人均纯收入5000元以下的低收入农户脱贫率达100%。农村五保供养标准提高至每人每年6600元，农村低保标准提高至每人每月410元，居民基础养老金增加到每人每月100元。

9．扎实抓好村级增收减负。继续推进经济薄弱村“亿千百”脱贫攻坚工程，分类抓好100个经济薄弱村帮扶，进一步强化镇村在发展村级集体经济工作中的主体责任，全面落实村级集体经营性收入达标方案，抓好帮扶资金到账、收益实现等工作，确保全年村级集体经营性收入同比增长10%以上，实现村村集体经营性收入达40万元目标。严格落实《高邮市村级负担管理暂行方法》，加强动态监管，合理控减村组干部职数，强化村组债权清收和债务化解，全年债权回收10%以上、债务下降10%以上。规范“一事一议”筹资筹劳管理，向农民所筹资金需全额纳入村级“一事一议资金”专户管理，确保全额用于议定项目，各地不得统筹使用。开展“一事一议”筹资筹劳资金及财政奖补资金使用情况专项审计，强化农民负担“红线”意识，严禁超限额、超范围、超标准向农民收费。

10．提高农业物质装备水平。完成年度小型农田水利重点县、中小河流治理重点县、新增千亿斤粮食工程、农村河道轮浚工程等农水项目，加固圩堤60公里，完成土100万方。整治状元湖水库，新改建机电泵站50座，新增灌排流量80个以上。完成淮河入江水道整治扫尾工程，建成运河西堤石工头渔民避风港。加大农开、国土项目争取，新建高标准农田5万亩。严格耕地保护，加强耕地质量建设，推广犁耕还田技术。完善农机具购置补贴政策，突出水稻机插秧和小麦机条播，提高主要农作物生产机械化水平，新增各类新机具5000台套以上，其中大中型拖拉机320台，乘座式插秧机140台。加强政策支持，提升粮食烘干、仓储设施建设水平。建设批次烘干能力60吨以上粮食烘干点6个，每个奖励5万元。实施农村公路提档升级工程30公里，推进美丽乡路三年行动计划，新增美丽乡路65条、280公里。优化城乡公交线路站点，改善群众出行条件。

11．增强基层保障发展能力。协同推进城镇化，加快城乡一体化步伐。整合涉农项目资金，规范资金使用，提高使用效益。加强基层农业服务体系建设，提升涉农服务水平。推进村级组织“四有一责”建设，全面落实中共高邮市委《关于建立健全村党组织书记激励关爱机制的实施办法》（邮〔2014〕60号），按照“评星级、给待遇、补短板、树典型、定责任”总体要求，以激励、关心、关爱、严管为抓手，以激活、稳定、提升村党组织书记队伍为目的，进一步加强服务型村党组织书记队伍建设，使其有盼头、有劲头、有奔头，甘于吃苦头。村党组书记基本报酬不低于本市上年度农村常住居民人均可支配收入的1.5倍，由市财政统筹；考核报酬不低于基本报酬的1/3，具体由各乡镇根据村党组织书记当年工作实绩考核情况和民主评议情况确定发放标准，所需资金由乡镇财政安排；养老保险、基本医疗保险参照企业职工的标准执行。同步提高其他村干工资福利待遇。

四、加力生态文明，进一步建设美丽乡村

12．强化地绿抓造林。以绿化进机关、社区、学校、企业、村组、景区、家庭“七进”为抓手，大力推进全民绿化；以生态中心续建、生态廊道完善、生态家园美化、生态产业开发、生态湿地保护、生态文化提升“六大”生态工程为依托，大力推进农村绿化；以“三个一”（全市1个乡镇、每个乡镇1个行政村、每个村1个自然村庄）为引领，大力推进村庄绿化。全年新增造林面积1万亩、其中成片造林0.5万亩以上，四旁植树80万株，森林抚育面积1.5万亩，新创省级绿化示范村庄7个。推动清水潭创建国家级湿地公园。

13．强化水净抓疏浚。建立河道动态轮浚机制，结合中小河流整治重点县等项目，对三垛、甘垛、临泽22条、143公里骨干河道进行高标准疏浚整治，完成投资2.7亿元。推进“河长制”管理和河道确权划界，创成省级水美乡镇1个、水美村庄5个。强化各类污水排放监管，积极推广农业循环经济、生态种养模式，控制和减少农业面源污染。加强城乡饮用水水源地保护，合格率达100%。推动高邮湖和三阳河水质在线监控系统的规划与建设，加强区域供水运营管理，探索与国有企业、外来有实力公司合股经营模式，保障城乡居民饮水安全。

14. 强化天蓝抓禁烧。坚持“疏堵结合、禁用并重”,进一步加强秸秆禁烧、还田及综合利用工作的组织领导、责任落实和问责追究,坚决遏制露天焚烧秸秆污染大气行为。建立秸秆禁烧和综合利用状况与省财政扶持资金直接挂钩机制,继续全面推进秸秆机械化还田,机械化还田在100万亩以上。大力实施稻秸秆犁耕深翻还田技术,建设10个万亩稻秸秆犁耕深翻还田集成三麦机条播示范方,每个奖励4万元。鼓励各地以组为单位收集清运、以村为单位集中堆放,确保禁烧、禁抛率均达100%。加大秸秆燃料化、能源化、基料化、饲料化等项目招引、建设和政策扶持力度,新建秸秆固化成型点2处、秸秆收贮点2个。

15. 强化景美抓整治。进一步健全“五位一体”长效管护模式,省市乡三级财政年投入3630万元,专项用于农村环境长效管护,确保硬件设施、保洁队伍、管护责任、经费保障、考核奖惩“五到位”。实施“覆盖拉网式”农村环境综合整治,确保27个村通过省级验收。按照“生态、宜居、活力、魅力”的标准,规划建设5个特色村和11个重点自然村庄。围绕“村村优美、家家创业、处处和谐、人人幸福”的目标,按照“统筹规划、先易后难、逐步推开”的原则,尊重自然美、侧重现代美、突出个性美、构建整体美,积极打造美丽乡村。制定美丽乡村行动计划,明确建设标准、推进措施、考核办法、奖补政策。整合村庄整治、水美乡村、村庄绿化等资源,以2个省级村庄环境整治试点村和15个“三星级”康居示范村为重点,积极开展美丽乡村建设试点,通过验收的美丽乡村由市财政一次性奖励15万元。

(摘自市委、市政府2015年2月25日印发的邮发〔2015〕19号文件)

工业经济转型升级“356”行动计划(摘要)

一、指导思想

以党的十八大、十八届三中、四中全会精神为指导,全面贯彻落实市委十届九次全会精神,凝聚力量,紧抓重点,全面实施“356”行动计划,即集中3年时间,重点在5大工业产业(四个工业基本产业和新兴产业)中,优选60家重点企业,加大培育力度,创新培育手段,集成政策、集聚资源,切实推动重点企业做强做大、创新创优、转型升级,实现重点企业二次飞跃,使之真正成为全市工业经济的领头雁、主引擎。

二、基本原则

1. 坚持扶强扶大。着力培育体量大、潜力大、带动力强、研发水平高、品牌价值高,与国家产业政策和我市产业重点发展方向紧密结合的60家重点企业,全力打造工业经济转型升级的新极点,力争培育一个企业,拉动一个产业,带动一方经济。

2. 坚持动态培育。每年根据培育效果,淘汰不能按计划实施规划项目、成长效果不佳的企业,并从自然增长水平较好的企业中选择发展规划清、技术水平高、市场潜力大的企业补充进培育名单,形成优胜劣汰的动态调整机制,始终将优质资源配置给优质企业。

3. 坚持扶重点、重点扶。集聚有限的资源、资金,形成拳头,在保持与原有政策连续性的基础上,对相关扶持政策进行整合、集成,重点扶持60家重点企业在转型升级过程中新上的重大技改项目、重大科技项目、高新技术项目,真正使工业经济转型升级成为政府和企业共同的追求。

4. 改革政策扶持机制。把单一的财政性奖补扶持与市场化运作方式扶持相结合,把单一的事后奖补扶持与事中参与扶持相结合,把单一的资金奖补扶持与多种要素保障扶持相结合,充分发挥政策扶持的集聚、引导、撬动作用,实现政策效应的最大化。

三、重点工作

本计划培育期限为2015年至2017年,力争通过引导列入培育的企业强化项目建设和创新创优,实现规模及内涵的双提升。

1. 抓增量投入,促进体量水平进一步提升。鼓励培育企业引进实施市场前景好、科技含量高、爆发力强、持续发展能力优的高新技术产业项目,不断提高市场竞争力和规模体量。培育期间,培育企业开票销售年均增长13%以上,到2017年,开票销售亿元以上企业达40家,其中开票销售100亿元以上企业1家、50亿元以上企业1家、30亿元以上企业1家、20亿元以上企业2家、10亿元以上企业5家;培育企业税收年均增长10%以上,到2017年,纳税2000万元以上企业达20家,其中纳税3亿元以上企业2家、2亿元以上企业1家、5000万元以上企业3家。

2. 抓企业上市,促进治理水平进一步提升。推动培育企业建立完善现代企业制度,进军资本市场,提升运营大企业、占领大市场的综合能力。到2017年,力争培育上市企业1家,“新三板”挂牌企业6家以上,其他场外市场挂牌企业3家以上;培育企业普遍应用“OEC”管理法、“6S”管理、阿米巴经营模式等先进管理方法,ISO质量体系、国际环境管理体系、职业健康安全管理体系等认证率达90%以上。

3. 抓技术改造,促进工艺水平进一步提升。鼓励、引导培育企业瞄准国际国内新技术、新装备、新工艺、新材料,大力实施技术改造项目。培育期间，亿元以上技术改造项目新开工8个，竣工5个；5000万元至亿元技术改造项目新开工10个，竣工6个；1000万元至5000万元技术改造项目新开工24个，竣工20个。每个列入培育计划的企业三年累计技术改造投入不低于300万元。

4. 抓科技创新，促进竞争水平进一步提升。引导培育企业围绕品牌、专利、标准等核心竞争力，大力实施科技研发项目，引进高新技术人才，加大研发投入，打造研发载体。通过培育，创新投入明显增加，创新基础条件明显改善，产品市场占有率和品牌竞争力明显提升。到2017年，创建省级以上企业研发机构6个以上、省科技小巨人企业2个以上、省专精特新产品2个以上，争创中国驰名商标2个以上、省著名商标10个以上、省名牌产品10个以上，争创扬州市长质量奖1个以上，新增国家高新技术企业10家以上，培育企业主持或参与制(修)订国家和行业标准3项以上；培育企业均建有扬州市级以上研发机构，研发投入占销售收入比重达2.5%以上，新产品销售收入占主营业务收入比重达35%以上。

5. 抓两化融合，促进信息化水平进一步提升。积极推动信息技术在企业生产经营各个环节中的深度应用与集成创新，促进设计数字化、装备智能化、生产自动化、管理网络化、商务电子化和服务定制化。到2017年，培育企业新增国家两化融合管理体系贯标认定企业1家以上，新增省级以上信息化示范企业(项目)5家以上，电子商务应用率达90%以上。

6. 抓节能降耗，促进绿色发展水平进一步提升。引导培育企业加速淘汰落后产能，实施节能技改、循环经济和清洁生产项目，加速应用节能新技术、新产品，提升资源综合利用效率，建立可持续发展系统模式。到2017年，培育企业万元开票销售电耗年均下降4%，全部淘汰高污染燃料锅炉；年耗能1000吨标煤以上企业，每年实施完成一项节能技改项目，单体实现节能量100吨标煤以上，全部淘汰2003年前生产的Y型三相异步电机及Y2和Y3系列电机；年耗能3000吨标煤以上企业建立能源管理体系并获得认证或评价。

四、扶持政策

1. 加强用地保障。全市每年安排100亩专用土地指标，定向支持培育企业新上重大技改项目、重大科技项目、高新技术产业项目。

2. 加大财政扶持。

(1)支持做大体量。培育企业年开票销售首次超5亿元、10亿元、20亿元、30亿元、50亿元、100亿元的，分别一次性奖励5万元、10万元、20万元、30万元、50万元、100万元；年入库税收首超2000万元、3000万元、5000万元、1亿元、2亿元、3亿元的，分别一次性奖励5万元、10万元、15万元、20万元、30万元、50万元；年自营出口首超3000万美元、5000万美元、1亿美元的，分别一次性奖励3万元、5万元、10万元。

(2)支持兼并重组。培育企业与国内外企业合资、合作重组、增资扩股，新增固定资产3000万元以上，在重组项目实质性投产后，按新增固定资产投资的1%—3%由市财政给予一次性奖励，单个企业最高奖励不超过500万元。在兼并重组过程中，涉及税收等政策的，参照邮政发〔2014〕8号文件标准执行。

(3)支持技术改造。培育企业新上重大技改项目、重大科技项目、高新技术产业项目，按设备投资额的一定比例给予奖励，其中机械装备产业、新兴产业单个项目设备投资在300万元以上的技改项目，按设备投资额的5%给予奖励；电线电缆产业、照明灯具产业、纺织服装产业设备投资在100万元以上的技改项目，按设备投资额的5%给予奖励。以上奖励，项目实施周期以项目实施时间计算，不超过12个月，单个企业每年最高不超过300万元。

(4)支持智能制造。培育企业针对数控加工、柔性制造、在线控制、物料配送等生产过程智能化存在的突出问题和薄弱环节，应用工业机器人、智能化装备的项目，设备投资额200万元以上或单台(套)设备30万元以上的，按照设备投资额给予10%的奖励。服装产业为实行计件工资制，实行机器换人，购进计件管理信息化设备和软件，设备投资额在50万元以上的，按购进设备、软件费用的50%给予奖励。以上奖励，单个企业每年最高不超过100万元。

(5)支持两化融合。培育企业实施电子商务应用、信息技术推广、软件产品开发、系统集成创新等信息化项目，软硬件投资额在80万元以上的，按软硬件投资额的40%给予奖励，单个企业每年最高奖励不超过100万元。

(6)支持创新创优。培育企业创成国家级、省级企业技术中心、工程技术研究中心、工程中心、博士后工作站，按国家级、省级分别奖励100万元、20万元，创成省级院士工作站，奖励20万元。培育企业新增国家高新技术企业认定的，奖励10万元；创成省级科技小巨人企业，奖励20万元。培育企业新增中国驰名商标、省著名商标、省名牌产品，按国家级、省级分别奖励20万元、10万元。培育企业每主持制订一个国家标准、行业标准、省级地方标准并正式发布，分别奖励20万元、10万元、5万元。培育企业获得省长质量奖、扬州市长质量奖、高邮市长质量奖，分别奖励50万元、30万元、25万元。

培育企业新产品新技术入选《省重点推广应用新技术新产品目录》,每个奖励10万元;创成省专精特新产品,每个奖励15万元;获得授权发明专利并形成销售,每项奖励5万元。培育企业获得省首台(套)重大装备及关键零部件项目,每项奖励20万元。

3. 加强融资扶持。

(1)设立应急资金。一是市财政出资1250万元参与扬州市设立的总规模2亿元的企业应急专项资金,通过与商业银行合作,专门为符合条件的优质中小企业归还到期银行贷款提供短期应急周转资金,资金占用费参照同期银行贷款基准利率的80%执行。培育企业出现短期资金周转困难,市财政局优先给予申报争取。二是市财政单独设立5000万元企业应急专项资金,参照扬州运作方法,专门支持重点企业。

(2)设立信贷引导资金。市财政设立3000万元信贷引导资金,与商业银行合作,按照1∶10的比例为企业提供融资服务,合作银行按不超过同期银行贷款基准利率的120%收取利息。

(3)设立企业投资管理公司。市财政出资5000万元,注册成立永高企业投资管理有限公司,作为与省进出口银行合作的统借统贷平台,按1∶10的比例为企业提供政策性贷款服务。

(4)设立融资再担保资金池。市财政每年按照融资性担保机构年工业担保余额的0.4%、小贷机构年工业贷款余额的0.4%提取再担保资金,用于以上融资机构为企业融资再担保及风险补贴;市财政每年按永高企业投资管理有限公司新增贷款总额的1%筹集风险补偿基金,用于支持永高公司发挥对重点企业统借统贷的平台作用,扶持重点企业转型发展。

4. 加大基金扶持。

(1)设立中小企业发展基金。市财政每年设立不低于2000万元的中小企业发展基金,以股权投资方式参与优质重点企业新上重大技改项目、重大科研项目、高新技术产业项目,单个企业一般投资额度400—500万元,最高不超过1000万元,投资期限为3年,具体办法按邮政发〔2014〕74号执行。

(2)设立科技项目风险补偿基金。市财政出资1000万元设立科技项目风险补偿基金,对由企业自主承担、经科技管理部门备案的科技专项,产品符合《江苏省高新技术研究开发领域和优先发展的高新技术产品参考目录》,因不可抗拒因素实施失败,且取得阶段性科技成果,在经过严格审核后给予风险补偿,补偿金额原则上不超过项目研发投入的30%(包括已享受技术研发补偿资金以及税务政策性优惠)。

五、组织领导

1. 创新组织体系。成立由市长任组长,相关分管市领导任副组长的市推进工业经济发展工作领导小组,统一协调推进重点企业培育、工业产业转型升级的各项工作。市推进工业经济发展工作领导小组以下按机械装备、电线电缆、照明灯具、纺织服装、新兴产业分设五个由相关联系市领导负责,相关职能部门参与的产业推进工作小组,负责产业培育的具体工作。

2. 优化行政服务。建立涉企问题会办交办制度,相关市领导及责任部门定期组织问题协调会,协调解决企业发展中的困难和问题。企业负责人就企业发展过程中遇到的困难和问题,可约见市政府主要负责同志及分管负责同志。

本意见由市经济和信息化委员会负责解释,2015年元月起执行,过去相关扶持政策与本意见不一致的,以本意见为准。

(摘自市委、市政府2015年1月13日印发的邮发〔2015〕3号文件)

关于2015年全市服务业工作意见(摘要)

一、发展目标

实现服务业增加值增长12%以上,占GDP比重超40%;实现社会消费品零售总额增长12%以上;服务业固定资产投资增长20%以上;服务业税收总收入增长10%以上。全年新签约服务业10亿元项目4个,新开工服务业10亿元项目3个,竣工10亿元项目2个,推进实施一批总投资5000万元以上服务业重大项目;继续培育新增服务业龙头企业10家,新增列统企业35家,其中限上10家,规上5家,限上大个体及产业活动单位20家,新增纳税过千万服务业企业10家,实现服务业企业发展数量和质量"双提升"。

二、工作重点

推进实施服务业"四大工程",促进全市服务业发展实现"四大升级"。

1. 推进总量扩张工程,促进经济发展转型升级

把扩大内需、培育新经济增长点作为发展服务业的重要抓手,进一步加大资本投入和招商引资,加快项目建设速度,提高企业运营水平,千方百计做大服务经济总量,全年实现服务业增加值185亿元以上,保持服务业增速高于GDP增速1个百分点以上,进一步确立服务经济主体经济地位。

2. 推进产业培植工程,促进服务业结构优化升级

以提升优势产业核心竞争力为目标,以优化产业结构和布局为重点,以培植服务业六大产业为主

要任务,进一步改造提升传统服务业,培育壮大现代服务业,突出发展生产性服务业。努力促进服务业向规模化、专业化、品牌化、高效化发展。

——做大做强文化旅游业。一是加快重点景区建设。加快清水潭旅游度假区建设,年内开园,创成江苏省生态旅游示范区;力促神居山文化旅游度假区有实质性进展;启动龙虬庄遗址等旅游景区建设,扩建界首芦苇荡景区,争创3A级景区,积极提升景区形象。二是做响文化旅游景点。充分挖掘南门历史街区、汪曾祺纪念馆、盂城驿及明清一条街文化旅游资源,围绕漕运文化和邮驿文化,做足文章,扩大影响。三是做优扬州至高邮豪华休闲水陆游产品。围绕打造万亩油菜花胜境、高邮湖休闲渔业开发,增设水禽放牧、赛龙舟、鱼鹰捕鱼等竞技游戏活动,做足做活水文章。

——转型升级传统商贸业。加快培育波司登世贸广场商圈,建成波司登大酒店。鼓励促进北海商圈及商业街传统商贸门店转型升级,向专业化、品牌化发展。大力推进城东副中心商业集聚;加快功能配套,加快专业市场建设,全力推进汽车城、尚程国际、财富农贸城、郭集灯具城等专业市场成市旺市。积极推进区域中心城市商贸综合体、乡镇商贸中心以及乡村、社区商业网点建设,形成覆盖城乡的商贸市场网络。创新商业经营模式,推动商贸流通企业加快信息化建设步伐,鼓励和引导企业运用连锁经营、物流配送、电子商务等现代技术手段和流通方式改造传统零售、餐饮服务业,支持区域内优势商贸流通企业品牌输出和扩张发展,提高商贸流通企业的规模化和现代化水平。

——做特做优现代物流业。一是加快项目建设,完成澳洋顺昌金属物流园和诚信电子商务物流园区建设,积极创建物流集聚区。二是继续做大做强波司登、威伍、华埠、诚信、天赐联华等物流企业,提高税收贡献份额。三是全力推进港口物流、应急物流、冷链物流、电商物流等特色专业物流园区建设,争创省级、扬州市级服务业集聚区。四是推进物流信息化和标准化建设,促进全市物流企业实现规模化、专业化、品牌化。

——加快发展软件和信息服务业。大力推进经济开发区科技综合体运营达效,加快建设城南软件产业园,配套完善基础工程。充分发挥湖西新区灯具质检中心和中国路灯网的科技信息平台作用。进一步推进工业化与信息化深度融合,坚持以信息化带动工业化,提高企业信息化水平,引导企业制造环节与信息化设计、营销等环节主辅分离,提高嵌入式软件业务比重水平,积极推进"三网"融合,拓展增值和互联网业务,积极推进电子商务和电子政务。

——开拓发展新兴服务业。重点发展现代电子商务、文化创意、健康养老等新兴服务业,培育服务业新增长点。一是电子商务业。加快专业市场电子商务进程,建立第三方电子商务平台,强化网上交易和信息化管理功能。积极支持传统制造业及金融、物流、会展等服务领域企业应用电子商务拓展市场,鼓励优势企业积极开发适合自身特点的网上交易平台、手机APP宣传交易平台。二是文化创意产业。促进文化与旅游的融合发展。在景区建设中融入文化元素,打造历史文化旅游景区。积极推进文化创意孵化基地建设,大力吸引文化创意产业工作室来邮落户,全力支持数字电视、数字出版、动漫网游等文化产业加快发展,开发移动文化信息服务、数字娱乐产品等增值服务,积极申报省级文化产业示范基地。三是健康养老业。积极探索"医养融合"发展新机制,建设居家养老服务中心(站)15个,创建省级示范型居家养老服务中心(站)5个,新建社区日间照料中心5家。加强社区养老服务设施建设,拓展社区健康养老服务。发展多样化健康服务,鼓励社会资本参与健康养老业建设,积极发展社会化、专业化、个性化的健康监测、健康咨询、营养保健、健身美容、养老养生等非医疗性健康服务业。

3. 推进载体建设工程,促进空间集聚发展升级

突出抓好载体建设。高邮镇作为服务业发展的主阵地,进一步突出和提升服务业主体经济地位,充分挖掘社会资源和产业优势,加快产业结构调整,促进转型升级,着力加快城东新区建设,加快建设中央商务区、城市综合体、文化旅游、金融商务、楼宇经济、健康养老、家政服务等服务业,做大做强城区服务业经济总量,提高服务业占比和贡献份额;开发区、城南新区、湖西新区作为生产型服务业的主要载体,加快推进产城结合,错位竞争,特色发展。经济开发区着力建设科研服务、现代物流、专业市场、电子商务"四中心";城南经济新区倾力打造软件信息、汽车市场、专业物流、总部经济"四园";湖西新区侧重发展民俗生态旅游、光电科技、灯具市场、现代商贸"四重点"。三垛、临泽、卸甲、菱塘、界首等中心镇作为服务业特色发展的载体和平台,根据产业特色和资源优势,差别化发展乡村文化旅游、专业市场、商贸流通、金融服务等,着力提升城镇化水平。其他乡镇加快建设生活性服务业项目,配套完善城镇功能,提高居民生活质量,提升城镇形象,争创全国或省级中心镇。

突出抓好平台建设。提高现有的弘盛商务、诚信物流、红太阳物流3个扬州市级服务业集聚区公共服务水平,加快公共信息、技术服务、检验检测等平台建设,完善集聚区基础设施和服务功能,进一

步提升发展层次和水平。提高尚程国际家具城、苏中农贸城、临泽水产品市场、湖西灯具城等专业市场的集聚度,引导培育品牌特色,提升市场辐射能力,推进成市旺市。

4. 推进企业培育工程,促进行业发展创新升级

培育龙头企业。完善《高邮市服务业龙头企业认定办法》,培育服务业龙头企业20家,引导鼓励企业做大做强,争当行业龙头。继续推进服务业列统企业申报认定工作,新增限上企业10家,规上企业5家,大个体单位20家以上。建立重点服务业企业运行监测制度。

培育服务品牌。制定行业服务标准,加快推进服务业标准化试点工作,申报1—2个扬州市级地方服务标准,建立政府、企业和行业协会联动的品牌建设工作机制,鼓励企业注册商标,引进先进服务技术、服务标准、服务规范和管理模式,创新服务产品。进一步加大品牌建设,积极争创服务业领域的国家驰名商标、省著名商标和市级知名商标,保护修缮老字号名店。

培育企业人才。利用各类载体平台、企业引进培育一批服务业人才。研究制定服务业人才扶持政策,引进或申报扬州市"绿杨金凤"计划2—3人,力争引进或申报省"双创"服务业人才1—2人,培育新增服务业人才入选"高邮英才计划"1—2人。全年组织乡镇、园区服务业工作人员专题培训活动2—3次,进一步提高服务业从业人员业务水平。

三、保障措施

1. 加强组织保障。建立完善服务业领导小组联席会议、五大重点产业指挥部季度例会和服务业经济运行季度监测分析制度。充分发挥领导小组牵头抓总、组织协调、督查推进职能,强化组织力量,切实履行职责。乡镇、园区要加强充实服务业机构,明确分管负责人,配备专职助理(主任)和统计人员;建立和完善服务业统计工作网络,扎实做好服务业统计月报工作;不断完善限上企业和重点企业联网直报系统,形成部门联动、上下互动的整体推进机制。

2. 加强规划引领。修编《全市现代服务业发展规划》,编制《服务业"十三五"发展规划》和旅游、现代物流、文化创意、商贸流通、软件信息、健康养老等重点产业规划,超前谋划服务业要素集聚,提高各类服务设施的集约化水平。通过规划引导,努力形成特色鲜明、功能完善、结构合理的现代服务业发展格局。

3. 加强政策扶持。制定《关于促进服务业企业提档晋级的实施意见》,加大对服务业项目资源要素供给、财政奖补等方面的支持力度;对招商落户的重大服务业项目和企业的要素供给,实行"一企一策"、"一业一策",差别化扶持;降低服务业引导资金扶持门槛,提高奖励额度,培育骨干企业,壮大产业规模,助推全市服务业发展转型升级。提高年度服务业先进单位奖励标准,进一步调动做好服务业工作的积极性。

4. 加强招商和项目建设。实施"432"服务业重大项目工程,全年新签约10亿元服务业项目4个,新开工10亿元服务业项目3个,新竣工10亿元服务业项目2个,推进实施总投资5000万元服务业项目20个以上。组织服务业招商引资,精心包装20个服务业重点项目,编制服务业招商活动手册,加强推介宣传。服务业投促分局,相关产业责任部门和各乡镇、园区要围绕产业特色和资源优势,组织小分队赴外开展服务业招商活动,面对央企、国企、上市公司、实力名企,实行敲门招商、定点招商,大力引进龙头型、旗舰型服务业大项目落户,增强服务业发展后劲。

5. 加强督查考核。制定《2015年服务业目标管理考核办法》,分解下达各乡镇、园区、涉服部门目标任务,制定考核办法,实行差别化分类考核。建立服务业目标任务完成情况统计公报制度,严格执行每月通报、季度督查、半年考评、年终考核的工作推进机制,强化目标责任,严格考核,评先奖优。

(摘自市政府2015年3月9日印发的邮政发〔2015〕30号文件)

关于落实党风廉政建设党委主体责任、纪委监督责任的实施意见(摘要)

一、强化党委主体责任和纪委监督责任的总体要求

党的十八届三中全会《关于全面深化改革若干重大问题的决定》强调,落实党风廉政建设责任制,党委负主体责任,纪委负监督责任。十八届中央纪委三次、四次、五次全会要求,各级党委要深入落实党要管党、从严治党要求,切实担负党风廉政建设主体责任,各级纪委要落实监督责任。省委强调,要进一步落实党委主体责任、纪委监督责任,推动党风廉政建设和反腐败斗争走在前列。全市各级党委(党组)和纪委(纪检组)要深刻认识加强党风廉政建设和反腐败工作的极端重要性,准确把握党委主体责任和纪委监督责任的基本内涵,把各项规定和要求落到实处。

全市各级党委(党组)和人大、政府、政协党组以及法院、检察院党组,要切实当好本乡镇(园区)、本部门、本系统党风廉政建设的领导者、执行者、推动者。全市党的组织、宣传、统战和政法等部门要按照市委部署要求,认真抓好职责范围内党风廉政

建设任务的落实。

全市各级纪委要全面落实监督责任，认真履行党内监督专门组织的职能，积极协助同级党委加强党风建设和组织协调反腐败工作，加强对同级党委特别是常委会成员的监督，切实履行执纪监督问责职责。

二、全面落实党委主体责任

1. 加强组织领导。各级党委(党组)要坚决贯彻落实中央和省委、省纪委、扬州市委、扬州市纪委关于党风廉政建设的部署和要求，定期听取党风廉政建设和反腐败工作情况汇报，分析党风廉政建设形势，研究制定党风廉政建设工作计划、目标要求和具体措施，对党风廉政建设工作任务进行责任分解，明确领导班子、领导干部在党风廉政建设中的职责分工，推动工作任务落实。要督促所属基层单位党组织履行主体责任，形成上下贯通、层层负责的工作格局和责任传导机制。建立由市党风廉政建设责任制领导小组办公室牵头，领导小组成员单位负责人参加的落实党委主体责任联席会议工作机制，负责日常工作的部署、协调和检查。

2. 落实“一岗双责”。各级党委(党组)领导班子主要负责人要切实履行“第一责任人”责任，坚持党风廉政建设和反腐败重要工作亲自部署、重大问题亲自过问、重点环节亲自协调、重要案件亲自督办；坚持原则，敢抓敢管，管好班子带好队伍。班子其他成员对分管范围内的党风廉政建设负主要领导责任，定期研究、布置、检查和报告分管范围内的党风廉政建设工作。市委常委、党员副市长每年听取一次分管部门(单位)党委(党组)落实主体责任情况汇报。领导班子成员要带头遵守党纪国法和廉洁从政规定，勤政廉政、以身作则，自觉接受组织和群众监督，教育管理亲属和身边工作人员，树立清正廉洁的良好形象。

3. 选好用好干部。严格执行《党政领导干部选拔任用工作条例》，深化干部人事制度改革，健全科学的选人用人机制，加强对干部选拔任用工作的监督，建立考察对象党风廉政情况听取纪检监察机关意见的制度，全面实施干部选拔任用全程纪实，坚决整治和严厉查处选人用人上的不正之风和腐败问题。

4. 深化作风建设。深入贯彻中央“八项规定”、省委“十项规定”、扬州及我市实施意见，及时回应群众关切，坚持不懈解决基层和群众身边的“四风”突出问题，整治“为官不为”，纠正损害群众利益不正之风。健全领导干部定期接访制度，切实解决群众合理诉求。加强督促检查，健全长效机制，坚决防止反弹，坚决纠正观望等待、打折扣、搞变通等行为，推动各级领导班子、领导干部为民、务实、清廉。

5. 领导和支持查办案件。领导和支持执纪执法机构依纪依法履行职责，及时听取工作汇报，协调解决重大问题。全力支持和保障纪委执纪办案，加大案件查办力度，做到有案必查、有腐必惩，始终保持严惩腐败高压态势。坚持抓早抓小、动辄则咎、防微杜渐，对党员干部身上的问题早发现、早教育、早查处。

6. 深入推进源头治理。认真贯彻落实中央《建立健全惩治和预防腐败体系2013—2017年工作规划》和省委《实施办法》，推进党风廉政法规制度创新，深化体制机制改革，扎实开展党性党风党纪教育，推进廉政文化载体建设，加强示范教育、岗位教育和警示教育，形成不想腐、不能腐、不敢腐的长效机制，营造崇廉尚洁、风清气正的良好社会氛围。

7. 强化权力制约和监督。积极构建决策科学、执行坚决、监督有力的权力运行体系，形成科学有效的权力制约和协调机制。坚持用制度管权管事管人，推动权力公开透明阳光运行，强化权力运行全过程监督。推进“三直接”若干环节操作规范刚性运行，推行“一把手”不直接分管人事、财务、行政审批、工程建设项目、财政专项资金等事项制度。

8. 推进巡察工作。加强对巡察工作的组织领导，强化问题导向，将党风廉政建设主体责任、监督责任落实情况列入巡察监督内容，着力发现问题，注重成果运用。各级党委(党组)要积极配合市委巡察工作，对反馈意见及时落实整改。

三、切实履行纪委监督责任

1. 协助党委加强党风廉政建设。根据中央、中央纪委和上级党委、纪委的决策部署，结合本地本单位实际，向党委提出党风廉政建设和反腐败工作的建议；在党委统一领导下，发挥反腐败组织协调作用，整体推进惩治和预防腐败各项工作；协助党委将党风廉政建设和反腐败工作任务分解，加强检查考核，促进各项任务落实。

2. 切实维护党的纪律。坚决维护党章和其他党内法规，严格执行党的纪律，坚持从严治党依规治党，把纪律立起来严起来，坚持纪严于法，严肃查处违反党纪行为。严明政治纪律和政治规矩，切实维护党的团结统一。严明组织纪律，克服组织涣散、纪律松弛现象。加强对党的路线方针政策、决议决定执行情况和市委市政府重大决策部署贯彻落实情况的监督检查，确保政令畅通。强化监督执纪问责，大力推进“三直接”若干环节操作规范刚性运行、效果延伸，对重大项目、重点民生工程建设等关键领域实施立项监督。

3. 加强作风建设督查。强化对中央“八项规定”、省委“十项规定”、扬州及我市实施意见贯彻落实情况的监督检查,健全常态化联动督查机制,加大治庸治懒力度,坚决查纠“为官不为”行为,加大执纪检查力度,重点查处公款请客送礼、公款大吃大喝、公款旅游、违反公车管理使用规定、违规修建楼堂馆所、大操大办婚丧喜庆事宜和违反工作纪律等违规违纪行为,问题查实的,一律严肃处理,并公开点名通报曝光。

4. 加大纪律审查力度。坚持以“零容忍”态度惩治腐败,做到“五必查”:凡是违反政治纪律的第一时间调查处理;凡是违反中央“八项规定”精神的第一时间调查处理;凡是严重损害群众切身利益的第一时间调查处理;凡是权力运行过程中不作为、乱作为的第一时间调查处理;凡是十八大后不收敛不收手,问题线索反映集中、群众反映强烈,现在重要岗位且可能还要提拔使用的党员干部第一时间调查处理。严肃查处领导干部违纪违法案件,切实解决发生在群众身边的腐败问题。查办案件以上级纪委领导为主,线索处置和案件查办在向同级党委报告的同时向上级纪委报告。加强执纪执法协作配合,建立健全腐败案件及时发现、有效查处机制。坚持依纪依法、安全文明办案,做到“五查环扣、案结事了”。充分发挥查办案件治本功能,提高办案综合效果。

5. 着力强化党内监督。认真落实党内监督条例,加强对同级党委、人大、政府、政协领导班子及其成员的监督,加强对审判机关、检察机关、人民团体以及党组织关系在本地的机关事业单位的监督,加强对下级党委政府领导班子及其成员的监督,加强对党员领导干部特别是主要领导干部履行职责和权力行使情况的监督。

6. 推进反腐倡廉制度建设。认真落实市委《关于贯彻落实中共中央〈建立健全惩治和预防腐败体系2013—2017年工作规划〉的实施方案》,围绕把权力关进制度笼子,进一步清理、修订和完善党风廉政建设相关法规制度,不断健全反腐倡廉制度体系。进一步完善廉政风险防控机制,深化制度廉洁性评估工作,提高制度建设质量,提升制度执行力。

四、落实党委主体责任、纪委监督责任的保障措施

1. 党委主体责任、纪委监督责任报告制度。实行党风廉政建设主体责任双报告制度,各级党委(党组)及其主要负责人每年1月15日前,以书面形式,分别向市委和市纪委报告上年度履行党风廉政建设主体责任的情况。市委结合报告情况,适时听取有关党委(党组)主要负责人工作报告。各级纪委(纪检组)每年1月15日前向同级党委(党组)和市纪委报告履行监督责任情况。

2.“一把手”落实主体责任述职报告制度。乡镇(园区)、部门主要负责人向市委全会报告年度落实党风廉政建设主体责任、履行“一岗双责”、执行廉洁自律规定等情况,市委委员、市纪委委员进行现场质询和测评。

3. 廉政谈话制度。党政主要负责人与领导班子成员、下级党政主要负责人,领导班子成员与分管联系单位主要负责人,每年廉政谈话不少于一次,把廉政谈话作为党风廉政建设责任制检查考核、述职述廉、任职前教育的重要内容和必经程序,提醒督促落实党风廉政建设主体责任。

4. 纪委约谈制度。在党风廉政建设责任制检查发现问题较多、群众来信来访集中、民主测评满意度较低的,由市纪委负责同志约谈领导干部,听取主体责任落实和个人廉洁从政情况,解决苗头性倾向性问题。

5. 市委巡察制度。对乡镇(园区)、部门落实党风廉政建设“两个责任”、“三重一大”民主决策事项、作风建设等情况进行常规性巡察,或针对一个地方、部门或企事业单位某个方面、某个领域存在的突出问题开展专项巡察,每年2—3轮,“一次一授权、一次一委派”,突出工作重点和问题导向,提高巡察监督实效。

6.“会议商定、全程留痕”制度。领导干部特别是主要负责人,在重大决策、重要干部任免、重大项目投资、大额资金使用等具体事项中,必须严格遵守决策程序和工作规范,按照组织制度和组织程序,遵照简明易行、实在管用的原则,实现“会议商定、全程留痕”,保证决策过程的公开透明,确保决策过程的可究源、可追溯。

7. 签字背书制度。在专项检查、案件查办、重要情况核实、重大事项报告等执纪监督过程中,负有直接责任的工作人员、相关事项分管负责人、单位主要负责人,必须根据自身职责,在调查报告、核查报告等材料上分别签署明确意见,以推动职责履行、监督到位、责任落实。凡签字背书承诺内容与事实不符的,对签字背书人实行责任追究。

8. 责任追究制度。建立责任追究案件情况季度报告制度和典型案件通报曝光制度。对不认真履行主体责任和监督责任,导致不正之风长期滋长蔓延,或者出现重大腐败问题不制止、不查处、不报告的,实行责任倒查。实行“一案双查”制度,在查办违纪违法案件的同时,一并调查发案单位党委主体责任、纪委监督责任是否落实到位,做到有错必究、有责必问。

(摘自市委2015年12月4日印发的邮发〔2015〕54号文件)

大 事 纪 要

Chronicle of Events

第十一届中国双黄鸭蛋节

【概况】 4月17～18日，由市委、市政府主办的第十一届中国双黄鸭蛋节举行。此次节庆本着“简洁、节俭、务实、惠民”的原则，组织各项活动。应邀参加节庆活动嘉宾、客商共150多人，节庆系列活动主要有10项。通过办节，签订产业合作项目协议35项，签约项目总投资额125.9亿元，协议引入外资1.14亿美元、民资103.7亿元，并签订合作共建等其他项目协议6项；实行集中开工、竣工投产产业项目47项，总投资额176.21亿元，并有实行集中开工、竣工城建项目19项。　（高志中）

【开展“春季招商迎节庆”活动】 3月上旬，市委、市政府发出动员令，要求从该日起，至5月底，在全市范围内，组织开展“春季招商迎节庆”活动，落实定区域、定产业、定企业、定载体、定责任人等“五定”网格式定向招商办法，实施招商引资目标责任制，每半月通报一次招商进展情况。　（高志中）

【召开节庆筹备会议】 3月12日，第十一届中国双黄鸭蛋节筹备会议召开。会上，确定节期和办节原则，其原则为“简洁、节俭、务实、惠民”。市委常委、常务副市长徐永宝出席会议并讲话。各活动责任单位汇报关于活动筹备情况。　（高志中）

【召开经贸招商工作对接会】 3月16日，第十一届中国双黄鸭蛋节经贸招商工作对接会召开。对客商邀请、项目签约、“双资”利用、开工投产项目再对接、再推进、再落实。市商务局就进一步务实招商工作提出具体意见，各乡镇、园区和有关部门交流经贸招商工作情况。副市长朱莉莉参加会议并讲话。　（高志中）

【实施城市环境综合整治“风暴”行动】 3月18日开始，市城管局启动为期一个月的城市环境综合整治“风暴”行动，迎接第十一届中国双黄鸭蛋节的召开。此次行动重点整治“违破烂”和“脏乱差”。　（高志中）

【召开城建开竣工项目任务部署会】 3月19日，第十一届中国双黄鸭蛋节城建开竣工项目任务部署会召开。会议提出，要按照市委、市政府确定的2015年是“四城同创突破年”要求，排出双黄鸭蛋节城建开竣工项目清单，进行逐一落实，确保在节庆期间准时开竣工。市长方桂林出席会议，副市长潘建奇主持会议。　（高志中）

【举办第八届中国国际食品安全技术论坛】 4月9日，作为第十一届中国双黄鸭蛋节“大戏”之一——由扬州市人民政府、中国检验检疫学会、江苏省食品药品监督管理局、南京工业大学等单位主办，高邮市人民政府、江苏省高邮经济开发区管理委员会等单位共同承办的第八届中国国际食品安全技术论坛（2015年度行业年会），在扬州市会议中心举行。此届论坛活动的主题为“魅力扬州·生态高邮”。在开幕式上，中国检验检疫学会会长魏传忠、扬州市市长朱民阳分别致辞；高邮市市长方桂林作高邮食品安全产业推介；中国检验检疫学会与扬州市人民政府签订《促进检验检测高技术服务集聚区发展合作备忘录》；南京工业大学食品与轻工学院党委书记、教授熊晓辉作《食品安全快速检测技术的体系架构》的报告。开幕式由中国检验检疫学会副会长郭喜良主持。

在论坛活动期间，与会领导、嘉宾、专家还围绕生命健康产业发展、食品安全检验检测举行专题研讨会，并组织参观江苏省食品药品监督管理培训中心高邮教学基地、高邮市食品安全产业孵化基地、高邮开发区综合展示大厅等。　（高志中）

【举办高邮市食品安全产业专题推介会】 4月9日,市委、市政府举办高邮市食品安全产业专题推介会。参加会议的有江苏省食品药品监督管理局副局长俞善浚等有关领导、专家和企业家代表。市委副书记、市长方桂林致辞,市委常委、常务副市长徐永宝主持,市领导张秋红、汤学仁、葛桂秋、钱富强、杨文喜、潘建奇、张拥军等参加活动,高邮经济开发区党工委副书记、管委会主任赵广华作专题推介。会上,还举行合作共建项目签约仪式。

签约项目共5项,即:江苏省食品药品监督管理局、南京中医药大学、南京工业大学分别与高邮经济开发区签订的江苏省食品药品监督管理培训中心高邮教学基地合作协议、合作共建江苏省健康食品研发中心项目协议、共建江苏省食品安全检测产业基地协议,高邮经济开发区与日本火腿株式会社中央研究所、无锡中德伯尔生物技术有限公司分别签订的项目合作与投资协议。 (高志中)

【举行市残疾人康复中心揭牌仪式】 4月16日,市残疾人康复中心揭牌仪式举行。江苏省残疾人联合会理事长高晓平和高邮市委副书记、市长方桂林共同为该中心揭牌,扬州市残疾人联合会主要领导和高邮市领导薛晓寒、李春青参加活动,市委常委、常务副市长徐永宝主持仪式。仪式结束后,各级领导参观该中心。该中心占地0.63公顷,建筑面积6810平方米,总投资额2500万元,其中主楼8层,建有肢体评估室、音乐活动室、引导式教室,专用于6周岁及以下残疾儿童视力、肢体、脑瘫、孤独症等方面康复训练。 (高志中)

【举行“高邮湖春色·里下河风情”主题游仪式】 4月16日,“2015高邮湖春色·里下河风情”主题游暨高邮加入华东旅游路线开通仪式在文游台举行。市委副书记、宣传部部长张秋红宣布主题游活动正式启动,副市长钱富强致欢迎词市政协副主席张贵龙参加活动。在仪式上,市领导为盂城驿“AAA级旅游景区”、清水潭旅游度假区“扬州市级旅游度假区”、界首芦苇荡景区“江苏省三星级乡村旅游景点”、高邮经济开发区清水潭村“江苏省特色景观旅游名村”授牌。仪式结束后,近1000名外地游客在导游的带领下,前往各旅游景区(点)进行游览。

(高志中)

【1号店特产中国·高邮馆开馆】 4月16日,由高邮诚信电子商务物流产业园和高邮市嘎嘎鸭商贸有限公司联合打造的1号店特产中国·高邮馆暨展销中心开馆仪式举行。此为扬州市首家上线的地方馆。市委副书记、市长方桂林为该馆揭牌,市委副书记、宣传部部长张秋红致辞,副市长扬文喜主持仪式。至此,该馆已有入驻的知名特色农产品加工企业20多家。 (高志中)

【举行“双节”重点工程开工、竣工投产仪式】 4月16日、18日,先后举行“双节”(中国双黄鸭蛋节、中国·扬州“烟花三月”国际经贸旅游节)重点工程开工、竣工投产仪式。市领导方桂林、倪文才、张秋红、朱勇、徐永宝、汤学仁、孙建年、付有根、徐健等分别参加活动。

集中开工、竣工投产项目共47项,总投资额176.21亿元。其中,工业项目33项,农业项目4项,服务业项目10项;开工项目37项,竣工投产项目10项;参加扬州市集中开工、竣工投产项目6项,市内乡镇、园区开工、竣工投产项目41项;总投资额在10亿元以上项目6项,1亿元~10亿元项目16项,1亿元以下项目25项。10亿元以上项目是:竣工投产项目有中信戴卡轮毂制造、富威电池、澳洋顺昌金属材料加工及物流配送中心等项目3项;开工项目有总投资额50亿元的国信燃气热电联供项目、总投资额20亿元的道爵新能源电动汽车项目、总投资额10亿元的传艺科技柔性线路板项目等3项。 (高志中)

【举行双黄鸭蛋节开幕式暨产业合作商机说明会】 4月17日,第十一届中国双黄鸭蛋节开幕式暨产业合作商机说明会在汇富金陵大饭店举行,南京云海特种金属股份有限公司董事长、扬州瑞斯乐复合金属材料有限公司董事长梅小明、上海宏伊置业有限公司董事长郑育健、中航百慕新材料技术工程股份有限公司总经理黄玖梅等150多名嘉宾、客商应邀出席。市委书记、市人大常委会主任韩方致欢迎辞,市委副书记、市长方桂林就重点产业作推介说明。中航百慕新材料技术工程股份有限公司总经理黄玖梅、江苏传艺科技股份有限公司董事长邹伟民分别发言。市委常委、常务副市长徐永宝主持,市政协主席倪文才、市委副书记张秋红等参加。

(杨龙)

【7位在邮投资兴业人士获“城市贵宾”称号】 4月17日,在第十一届中国双黄鸭蛋节开幕式暨产业合作商机说明会上,市政府授予南京云海特种金属股份有限公司董事长、扬州瑞斯乐复合金属材料有限公司董事长梅小明,西安航天泵业有限公司总经理助理兼制造部总经理江苏航天水力设备有限公司总经理崔佃德,常熟市汇能达蓄电池有限公司董事长江苏能一电池有限公司董事长夏凤明,江苏佐仕科技有限公司董事长扬州佐仕科技有限公司董事长左金福,中航百慕新材料技术工程股份有限公司总经理黄玖梅,江苏星浪光学仪器有限公司董事长高扬,高邮市湖畔水产专业合作社理事长王俊等7位在高邮投资兴业人士“城市贵宾”称号。 (邱昆)

【节庆期间签约产业合作项目35项】 4月17~18日,第十一届中国双黄鸭蛋节节庆期间,市内签约产业合作项目有23项，乡镇、园区自组签约产业合作项目7项，参加扬州“烟花三月”国际经贸旅游节签约项目5项。签约项目总投资额折合人民币125.9亿元，注册资本额折合人民币30.9亿元。其中，外资项目5项，总投资额3.7亿美元，协议引入外资额1.14亿美元；民资项目30项，总投资额103.7亿元，注册资本额24亿元。 （高志中）

【组团参加扬州市海峡两岸农业专场集中签约仪式】 4月17日，副市长杨文喜率领客商16人（其中台商8人）赴江都区，参加2015年海峡两岸（扬州）农业合作试验区扬州农业专场推介及项目集中签约活动。实施签约的农业合作项目2项，总投资额2亿元。即：湖西新区（送桥镇）与苏州硒谷科技有限公司签订的总投资1亿元的富硒设施蔬菜、水果等农产品生产项目；卸甲镇与江苏惠万家农业科技实业有限公司签订的总投资1亿元的鲜切花生产项目。 （高志中）

【组团参加扬州市经贸旅游节集中签约仪式】 4月18日，由市委副书记、市长方桂林率领，副市长朱莉莉和参加双黄鸭蛋节的30名重要客商与嘉宾赴扬州市，参加2015年中国·扬州“烟花三月”国际经贸旅游节，在开幕式暨重大项目签约、开工、投产仪式上参与集中签约活动。

参与集中签约项目共5项，总投资额折合人民币43亿元。其中，临泽镇与晶澳太阳能控股有限公司签订的100兆瓦太阳能光伏发电项目，总投资1.6亿美元，协议注册外资5000万美元；高邮经济开发区与韩国一洋制药有限公司签订的原料药及药品研发生产项目，总投资1.6亿美元，协议注册外资2000万美元；湖西新区与中航百慕新材料技术工程股份有限公司签订的VCI复合涂层材料项目，总投资10亿元，协议注册资本2亿元；湖西新区与北京凯热艺科技有限公司签订的磁控并联电抗器项目，总投资10亿元，协议注册资本2亿元；高邮镇与上海语翀金属制品有限公司签订的高档铝合金装饰材料项目，总投资3亿元，协议注册资本1亿元。 （高志中）

【举行“双节”重点城建工程开工、竣工仪式】 4月18日，在盂城驿举行“双节”重点城建工程开工、竣工仪式。实行集中开工、竣工城建项目共19项。其中，竣工项目有盂城驿第二期修缮整治工程、市河第二期南段整治工程、东门大沟整治工程、实验小学东校区工程、110千伏文游输变电工程、城南新区城市客厅景观工程等6项；开工项目有纬八路建设、珠湖农贸市场建设、城区道路照明改造、学士园安置小区建设、南澄子河整治、香沟河整治、110千伏沙堰输变电、赞化学校东迁、国信天然气发电、外国语学校建设、兴业路东延工程、汽车城建设、文游南路及周边环境整治等工程13项。 （高志中）

【举行双黄鸭蛋节文艺专场演出】 4月18日，由市委宣传部、市文广新局、市文联主办，市文化馆承办的“欢乐广场　幸福高邮”——第十一届中国双黄鸭蛋节文艺专场演出在蝶园市民广场举行。副市长钱富强和参加节庆活动宾客、市民一起观看演出。 （管玮玮）

第七届中国邮文化节

【概况】 11月12日，第七届中国邮文化节在高邮市举办。此次邮文化节突出弘扬邮文化的主题，先后举办“洋眼看江苏”高邮行·中国邮文化启动仪式、邮文化节开幕式、集邮诗词大赛揭晓仪式、邮文化节集邮展览、集邮和邮文化知识讲座、《驿站风云》剧组成立新闻发布会、“邮乡梦圆”文艺晚会、新经济（华东）研讨会、大运河越野半程马拉松赛、创业之星大赛颁奖典礼、“三馆合一”线下展销中心开业仪式、城建重点民生工程集中开竣工仪式等系列活动，扩大宣传高邮，推动高邮新经济发展，改善和提升环境与民生。 （高志中）

【举办“邮人绘邮”少儿绘画展和金秋书画展】 11月10日，由市委宣传部、市教育局、市文联联合举办的“邮人绘邮”少儿绘画展和2015金秋书画展同时开展。市领导张秋红、钱富强出席开展仪式。在仪式上，市领导还为获奖代表颁奖。 （高志中）

【举办“洋眼看江苏”高邮行·中国邮文化启动仪式】 11月11日上午，由江苏省人民政府新闻办公室主办，高邮市委、市政府协办，高邮市委宣传部、麦秋传媒Map杂志承办的“洋眼看江苏”高邮行·中国邮文化之旅活动启动仪式，在文游台举行。中共江苏省委对外宣传办公室副主任、省政府新闻办公室副主任杨力群和高邮市委副书记、宣传部部长张秋红，副市长钱富强出席仪式，并共同为活动启动水晶球。参加活动的有俄罗斯、乌克兰、波兰、英国、西班牙、美国、韩国、澳大利亚、巴基斯坦等10多个国家的18名外国友人与省内主流媒体的20多名记者。在仪式上，张秋红致欢迎辞，钱富强向外国友人赠送“《大运河》绢本小型张”。仪式结束后，与会外国友人、媒体记者参观文游台、镇国寺、运河风光带、高邮湖、盂城驿、中国鸭文化博物馆和菱塘回族乡的清真寺、回民小区等景区、景点。 （高志中）

【举行第七届中国邮文化节开幕式】 11月12日，第七届中国邮文化节开幕式暨《诗词歌赋》特种邮票首发式在盂城驿景区馆驿巷牌楼前广场举行。参加活动的有全国30多个省、市、自治区集邮协会的秘书长、文献集邮研究会的会员。高邮市委常委、常务副市长徐永宝主持活动仪式。

中华全国集邮联合会会长杨利民,中国邮政集团公司邮票发行部总经理高山,扬州市文物局局长冬冰,高邮市委书记、市人大常委会主任韩方共同启动邮文化节开幕水晶球。韩方致欢迎辞,中华全国集邮联合会常务副会长徐建洲致祝辞。

仪式上举行《诗词歌赋》特种邮票首发式。中国邮政集团公司定于是日发行《诗词歌赋》特种邮票1套4枚,分别为"杜甫吟诗""东坡填词""居易醉歌""曹植作赋"。江苏省集邮协会会长顾汶、中华全国集邮联合会副秘书长潘勇华共同为《历史文化名城》个性化邮票揭幕。高邮市政协主席、市集邮协会会长、市诗词学会会长倪文才宣布集邮诗词征集评选结果。中国邮政集团公司文史中心副主任吕兴华,高邮市委副书记、宣传部部长张秋红共同为"运河文化邮集邀请展"开展揭幕。参与活动的各位领导和嘉宾还参观"运河文化邮集邀请展"、盂城驿景区、古驿站主题邮局。 (高志中)

资料链接 "高邮杯"全国集邮诗词大赛,是由江苏省诗词协会、江苏省集邮协会、高邮市人民政府共同主办的全国首次以集邮为主题的大型诗词征集活动。自7月15日开赛后,收到全国30个省、市、自治区和美国、印尼等地华人856人的诗词稿件共2005首。其中,符合大赛要求的诗词有1326首,作者629人。经过专家慎重评选,最终评出39首获奖作品,其中一等奖2首、二等奖4首、三等奖6首、优秀奖27首。 (高志中)

【举行集邮文献捐赠仪式】 11月12日,第七届中国邮文化节集邮文献捐赠仪式在设于高邮市的中华集邮文献馆举行。全国文献集邮研究会、中国邮政文史中心等单位向中华集邮文献馆,共捐赠集邮文献302册,其中有集邮史书(资料)、集邮论文集、个人集邮文选、集邮期刊等。高邮市副市长钱富强为捐赠者颁发捐赠证书。 (周雷森)

【2014年度全国十佳集邮图书评选结果揭晓】 11月12日,历时7个月的2014'全国十佳集邮图书评选结果在高邮市揭晓。经过信息搜集、会员投票、专家复评,《北京集邮史》《山东集邮史》《中华人民共和国邮票印刷史》《驷马邮乘》《云南早期航空邮政史(1918～1945)》等集邮图书获评。(周雷森)

【2015年度全国集邮图书创作信息发布】 11月12日,2015'全国集邮图书创作信息发布仪式在高邮市举行。此次发布全国集邮图书创作信息有《新中国邮资封片简目录(2015年版)》《泉城邮览》等41本。 (周雷森)

【举行《驿站风云》剧组成立新闻发布会】 11月12日,电视连续剧《驿站风云》筹备组在高邮市举行该剧剧组成立新闻发布会。会议由市政协主席倪文才主持。 (杨晓莉)

资料链接 电视连续剧《驿站风云》系根据倪文才创作的同名长篇历史小说《驿站风云》改编而成,由高邮籍在外成功人士、八一电影制片厂导演陈健执导。故事发生在明朝初年,地点在高邮盂城驿,以明初惩贪肃腐、治理社会痼疾为背景,以追查黄金被盗案为主线,以男女主角在案件侦破和反腐斗争中结成的真挚爱情为副线展开,两条线交织前行,叙述节奏张弛有度,剧中共塑造40多个各具个性特点的人物。该剧初定30集,剧本正在进行统稿和深度打磨,于2016年5月开机拍摄,拍摄地点定于高邮城区和横店影视基地,计划3个月完成拍摄,预计2016年底、2017年初与观众见面。

(杨晓莉)

【举行"邮乡梦圆"文艺晚会】 11月12日,"邮乡梦圆"第七届中国邮文化节文艺晚会在高邮大剧院上演。晚会在男子群舞《筑》中拉开帷幕。整场演出以"梦"字贯穿始终。即:"植梦——置邮亭""筑梦——开邮路""追梦——建邮驿""圆梦——兴邮城"。晚会在《幸福高邮》歌曲声中落幕。(管玮玮)

【举行全国邮协秘书长工作会议】 11月12～13日,2015年全国邮协秘书长工作会议在高邮市召开。会议由中华全国集邮联合会常务副会长徐建洲主持。中华全国集邮联合会会长杨利民和副会长李曙光、刘佳维、焦晓光、孙蒋涛出席会议。中华全国集邮联合会理事、高邮市政协主席倪文才也参加会议,并致欢迎辞。会议对在开展纪念中国人民抗日战争暨世界反法西斯战争胜利70周年主题集邮活动中的先进单位进行表彰。与会的各省、市、自治区集邮协会负责人在会上交流工作经验。

(管玮玮)

【举办邮文化节集邮展览】 11月12～13日,第七届中国邮文化节集邮展览在盂城驿景区馆驿巷举行。整个展区分为"运河文化邮集邀请展"和"高邮市集邮爱好者主题邮集展"两个部分。 (金婧)

【举办集邮及邮文化知识讲座】 11月13日,市政协主席、市集邮协会会长倪文才应邀到市水利局,为市水利系统干部职工作集邮及邮文化知识专题讲座。副市长杨文喜主持讲座。 (杨晓莉)

【举办无线电通信知识"周末课堂"】 11月14日,工业和信息化部无线电管理局顾问郭立新应邀到高邮市,在"周末课堂"上宣讲无线电通信管理知识。市委副书记、宣传部部长张秋红主持讲座。

(金婧)

【举行新经济(华东)研讨会】 11月14日,由深圳市波特控股有限公司主办、波特城(江苏)智慧园有限公司承办的新经济(华东)研讨会在市大剧院举行。参加会议的有:中国经济研究院院长、中央政策研究室经济局副局长白津夫，深圳市波特控股有限公司董事长陈宗建等，工业和信息化部、科学技术部、中国证券监督管理委员会的专家，市领导韩方、徐永宝、王永海等。会上，市委书记韩方致欢迎辞，市委常委、常务副市长徐永宝介绍高邮市经济社会发展情况，市政府与波特城·华东总部进行新经济综合体、北斗信息港等项目的签约，并就高邮市"十三五"规划期间如何打造新经济产业进行分析和研讨。（高志中）

资料链接 2015年，市委、市政府和高邮湖西新区通过招商引资，成功引进波特城·华东总部的新经济综合体、北斗信息港等项目。项目区位于高邮湖区新区状元湖畔，各项目实行捆绑发展，形成新经济产业区。项目占地200公顷，固定资产投资总额为120亿元，计划3～5年完成。从而，通过在高邮湖区新区的先行先试，打造"新经济特别合作试验区"，推动高邮及整个华东区域以全新的经济发展模式，进行经济结构、产业结构、社会结构的资源重组和转型升级。（高志中）

【举办大运河越野半程马拉松赛】 11月15日，由市政府主办的"奔泰体育杯"2015高邮大运河越野半程马拉松赛举办。市领导薛晓寒、钱富强出席起跑仪式并鸣枪开赛。此次大赛突出野趣、环保、生态、亲水理念，赛道途经运河堤、高邮运河二桥、镇国寺、运西船闸等处。全程共21.1千米。参赛的有省内外的48支团队、1830名中外选手。最终，连云港市跑吧的李梁和扬州市长跑协会的徐丽萍分别获男、女组第一名。（高志中）

【举行创业之星大赛颁奖典礼】 11月16日，圆梦高邮·"诚信电商园杯"创业之星大赛颁奖典礼在市汇富金陵大饭店举行。市领导张秋红、薛晓寒、钱富强、张贵龙等出席活动，并为获奖选手颁奖。（高志中）

资料链接 2015年，市委、市政府为弘扬大众创业、万众创新精神，引领创业创新活动，在全市组织开展圆梦高邮·"诚信电商园杯"创业之星大赛。先后共有90名创业人士报名参赛，经筛选，确定30名选手进入总决赛。按照总决赛规定，入围选手依次围绕自身创业项目定位、规模、团队、号召力等进行现场演讲，由评委当场打分，决出总冠军、"十佳之星""希望之星"。最终，参赛选手朱礼东获大赛总冠军，卢雪、张永刚、陈绍龙、赵中明、朱明旭、郭勇、孙扬、崔爱兵、葛永来、梁杰等10名选手获"十佳之星"称号，其他19名选手获"希望之星"称号。（高志中）

【举行"三馆合一"线下展销中心开业仪式】 11月18日上午，"京东商城中国特产·高邮馆""1号店特产中国·高邮馆""苏宁易购中华特色·高邮馆"等"三馆合一"线下展销中心开业仪式和阿里巴巴淘宝大学扬州教学基地揭牌仪式，在市诚信电子商务物流产业园举行。市委书记韩方为其揭牌，市委副书记张秋红讲话，市委常委、常务副市长徐永宝主持，市领导王永海、王薇出席活动。（高志中）

资料链接 "京东商城中国特产·高邮馆""1号店特产中国·高邮馆""苏宁易购中华特色·高邮馆"等"三馆合一"线下展销中心开业和阿里巴巴淘宝大学扬州教学基地揭牌，是市委、市政府实施"电商换市"战略的重要成果之一。"三馆合一"线下展销中心和电商运行中心面积2000平方米，是扬州市线下展示（体验）产品最全、线上产品网销规模最大的电商经营场所，将为高邮特产和各类特色工业产品走向全国、乃至全球打开更多的渠道与窗口；阿里巴巴淘宝大学扬州教学基地将为全市电商产业发展提供强有力的智力支撑。（高志中）

【举行全市城建重点民生工程集中开竣工仪式】 11月18日，第七届中国邮文化节"压轴大戏"——市委、市政府在城区国雄路西端举行全市城建重点民生工程集中开竣工仪式。市委书记韩方宣布国雄路环境提升等13项重点城建民生工程项目顺利竣工，同时新开工文游中路（南段）环境综合整治工程、城区桥梁亮化工程、长生大沟河道截污整治工程、承志河河道截污整治工程、大型货车停车场建设工程、开发区安置小区第九期工程、新一轮后街后巷维修改造工程等7项重点工程。（殷朝刚）

"四城同创"活动

【概况】 "四城（国家历史文化名城、国家环保模范城市、国家卫生城市、全国文明城市）同创"活动，由市委于2014年12月在市委第十届第九次全体会议上首次提出。2015年，作为全市"四城同创"的突破年。至年底，该项活动仍在进行之中。（史志）

【"四城同创"目标】 1月19日，市委书记韩方在政协高邮市第十二届第四次会议上做题为《真抓实干推进"四城同创"，齐心协力共建美丽高邮》的讲话，向全市提出"四城同创"的新目标。他说，"四城同创"是今后一个时期全市阶段性重要任务，是各项工作的龙头和重要抓手。力争2015年创建成"国家历史文化名城"、2016年创建成"国家环保模范城市"、2017年创建成"国家卫生城市"和"全国文明城市"。目的是以国家级的标准全面衡量和推进高邮的发展、改进党政工作、改善人民的生活。要求全市上下要进一步形成共识，充分认识到"四城同创"是加快转型发展之策、建设美丽高邮之需、提升民生幸福之举。他希望通过扎扎实实开展创建工作，培育城市文明，增强城市凝聚力；解决民生问题,增强市民幸福感;提升城市品位,增强城市核心竞争力和可持续发展能力,让“五个高邮”更加富有实力、更加富有活力、更加富有魅力,让“美丽高邮”更具生态优势、更具邮城特色、更具时代气息。

(高志中)

【召开“四城同创”推进会】 5月5日,市委、市政府召开“四城同创”暨城建“双十”工程推进会,动员全市上下进一步统一思想,坚定信心,凝心聚力强势推进“四城同创”,万众一心全面共建美丽新高邮,为把高邮建设成为“经济强、百姓富、环境美、社会文明程度高”的运河名城作出新的更大贡献。会上,市城建局、市环保局、市卫计委、市文明办、市城管局、高邮镇等部门负责人分别作表态发言。

(高志中)

【召开历史文化名城申报专题会议】 10月12日,市委常委、常务副市长徐永宝主持召开历史文化名城申报专题会议。他要求,各有关部门要抓紧制订详细的工作方案,严格落实责任包干制,迅速启动相关工作,确保高标准通过住房和城乡建设部专家组的考察验收;要坚持抓好环境卫生整治工作,特别是强化主次干道和重点节点地区的管理,抓好背街后巷和居民小区的卫生治理;要加强组织领导,对责任落实情况加强督查,确保各项工作落到实处,取得实效。 (刘铮)

【召开创文明城市督查推进会】 10月13日,市委副书记、宣传部部长张秋红主持召开创建全国文明城市市民素质提升年工作方案督查推进会。在会上,她要求各职能部门(单位)和乡镇(园区)要不断提高认识,着力解决重点和难点问题,形成工作合力与氛围,共同推进全市市民素质大提升,为“四城同创”贡献力量。会议还听取市经信委、市级机关工委、市教育局、市卫计委等部门单位、乡镇(园区)相关情况及工作打算汇报。 (四城同创办)

【召开创卫重点难点问题协调会】 10月13日,市委书记韩方主持召开创建国家卫生城市重点难点问题协调推进会。市领导张秋红、徐永宝、钱富强、高长明、潘建奇等参加会议。市卫计委负责人重点汇报提请市委、市政府需要解决的13个重点难点问题。参会的“一镇两区”和各部门单位负责人也分别就创卫工作中遇到的重点难点问题进行汇报交流。韩方对有关重点难点问题现场进行交办。市委副书记、宣传部部长张秋红针对存在的问题,要求在创卫网格化工作中,市领导带头到社区,“一镇两区”和各部门单位主要负责人要到社区参与创卫工作,帮助解决问题;针对问题集中的地区,要通过集中劳动的形式加以解决,树立示范效应;市创卫办、“一镇两区”和各部门单位工作上要及时沟通、相互协助,及时有效地解决问题。 (创卫办)

【召开城市公园体系建设工作会议】 10月26日,市委书记韩方主持召开城市公园体系建设工作会议。市领导徐永宝、钱富强、潘建奇、张拥军出席会议。韩方在听取各方面情况汇报后指出,要把握好城市公园体系建设的结合点和着力点,将城市公园体系建设与全市慢行步道系统、公园系统、群众的文化休闲系统建设结合起来,与城市交通设施、水利设施、城建基础设施的完善结合起来,与民生工程、旅游开发、古城保护等项目建设结合起来,不断提升群众的幸福感。韩方强调,城市公园体系建设是一项综合性工作和全局性工作。全市上下要立足长远,加强规划,要以规划引领城市公园体系建设。对已经建好的公园要围绕文体设施的完善等方面提档升级,对已列入扬州考核、在建公园要快马加鞭,在建设过程中要多栽银杏、广玉兰、香樟等形态正、长得直的树种;多设置过道步道、儿童游乐设施、老年人健身设施和高低篮球架等体育设施,以及路灯、凳子、厕所、停车场等基础配套设施,因地制宜适当增添雕塑、文化设施和宣传牌。要落实工作责任制,发挥主观能动性,增强工作的责任心,加强沟通协调,确保城市公园建一个成一个,赢得百姓点赞。

(四城同创办)

【实行城区网格化管理】 8月,市委办公室、市政府办公室印发《高邮市“四城同创”城区网格化管理实施方案》。按照该方案实行条块结合管理原则,创建核心区域15个社区管理网块划分为106个管理网格,每个管理网格相对独立,作为一个管理单元,以主次干道、巷道为分界线,相邻网格之间以道路(河道)中心线为界。市领导分别挂钩15个社区管理网块,主抓挂钩网块内的创建工作;机关部门、单位分别负责106个网格内的“四城同创”工作,对管理网格负主体责任;15个社区协同本网块所有部门单位共同推进各项工作任务,各社区对每个网格都明确专人实行全过程配合、督导。 (高志中)

【实行专业管理线管理】 8月,市委、市政府在城区“四城同创”涉及的重点部位,设立10条专业管理线,各职能部门作为“四城同创”重点工作的责任主体,分别牵头10条专业管理线的整治工作,15个网块、106个网格和相关社区给予配合。其中,市城建局负责城市基础设施建设改造管理线和历史建筑维护管理线;市城管局负责主次干道经营秩序治理和环境卫生整治管理线、公共厕所改厕管理线;市市场监管局负责农贸市场整治管理线;市卫计委负责餐饮整治管理线和“六小”(小杂食店、小餐饮店、小旅馆、小浴室、小歌舞厅、小理发店)行业整治管理线;市公安局、市交通局负责交通秩序整治管理线;市环保局负责环境保护整治管理线;市水利局负责河道整治保洁管理线;“一镇两区”分别

负责辖区内的城中村和城郊结合部整治管理线。（高志中）

【开展文明交通系列活动】 11月，由市委宣传部、市文明办、市级机关工委、市公安局、市交通局、市城管局、高邮镇等部门、乡镇联合发起，开展以“文明行车、文明停车、文明乘车”为主要内容的文明交通系列活动。在启动仪式上，市委副书记、宣传部部长张秋红宣布活动启动，副市长、市公安局局长高长明出席并讲话。此次文明交通系列活动内容，包括文明交通劝导、交通秩序专项整治、“城管进社区”志愿服务、“最美驾驶员、三轮车营运人员”评选等多项活动。市公安局交警大队、市城管局、市交通局代表分别解读文明行车要求、文明停车要求、文明乘车要求，出租车驾驶员、私家车驾驶员、社区居民代表分别作出文明行车承诺、文明停车承诺、文明乘车承诺。参加启动仪式人员还参与“文明出行、人人有责”签名活动。启动仪式结束后，各机关单位的志愿者和阳光志愿者们一起走上街头，开展文明交通劝导。（四城同创办）

【市公安局在南海社区现场办公】 10月14日，副市长、市公安局局长高长明率公安、城管等部门单位负责人赴南海社区现场办公，解决社区在“四城同创”工作中遇到的重点、难点问题。高长明认真听取南海社区“四城同创”工作开展情况，实地察看南海路、万金路等路段的卫生保洁、城市管理等情况，现场指挥公安、城管执法人员对存在的店外出摊、乱搭乱建、“露天棋牌室”等“乱象”进行整治，并对下一阶段集中整治行动进行具体部署。在办公现场，执法人员向相关业主下发限期整改通知，对在规定期限内整改不到位的，市公安局、市城管局联合开展执法行动。（徐维华）

【市城管局“疏堵结合”做好摊贩管理工作】 6月起，市城管局坚持“疏堵结合、以疏为主”管理理念，在加强环境综合整治的同时，积极做好摊贩的疏导工作。在北海商圈整治中，专门在水榭华庭广场、步行街广场以及傅公桥南端两侧设置3个摊点临时疏导点，解决部分困难摊贩生存问题，并帮助他们做好划线定位、安装灯光、制作指示牌等配套工作。同时，取缔流动摊点126个，清理店外出摊136次，成功化解大规模集访12次，规范非机动车停放2790次，使北海商圈市容环境和交通秩序明显改善。他们与城区8个农贸市场对接，腾出370个自产自销摊位，引导菜农进场规范经营，逐步取缔“马路市场”。他们还开展“贴心城管”志愿服务行动，局机关全体人员“一助一”挂联城区摊点、商户，坚持管理与服务相结合，定期进门入户了解商户需要，接受业务咨询，宣传城管有关规定，提供服务和帮助，解决实际困难，同时，监督规范管理经营行为，杜绝店外出摊、占道经营、乱贴乱挂、乱堆乱放、乱停车辆等不文明行为，并专门印制“贴心城管”志愿服务手册，将每次活动情况进行记录，并由辖区中队进行核实评价，年底进行统一考核，通过“一助一”贴心城管志愿服务，拉进与被管理对象的距离，争取群众的广泛理解和支持。（王锐）

【市交通局推动汽车客运站创卫工作】 6月起，市交通局在汽车客运站售票厅、安检处、候车大厅等以及运营车辆显著位置，张贴省爱卫会新修订的规范禁烟标志，在卫生间与室外相通一侧设置规范的吸烟区，张贴“无烟生活、健康高邮”“吸烟有害健康”等宣传画。为加强控烟工作的宣传引导，市汽车客运站利用电子显示屏和广播系统滚动播放控烟宣传警语，并在候车大厅报刊架上，放置“珍惜生命、远离烟草”控烟宣传折页等资料。按照“汽车客运站设置的公厕不低于二类标准”要求，对汽车客运站公共厕所卫生环境和设施逐一进行检查，对存在的问题明确修缮、改进措施，落实序时进度。同时加强汽车客运站门前广场和运营车辆车身内外的卫生保洁，确保环境卫生无死角。8月，市客运管理处对5条城市公交线路、4条城乡公交一体化线路、1条旅游公交专线进行优化调整。（范习岭）

【市环保局从早从严控制秸秆焚烧】 2015年，市环保局采取措施，严格控制全市秸秆焚烧。秋收前10天，该局与乡镇和包片部门沟通，在全市秸秆禁烧动员大会召开前制作上至市领导、下至村组责任人的秸秆禁烧、禁抛网络图，确保秸秆禁烧责任到人。按照法律法规规定，严控第一把火，一旦发现着火点，迅速联络相关负责人，第一时间扑灭。组织力量，做好秸秆禁烧、禁抛期间城市空气质量和主要河流水质全天候动态监测和信息发布工作。切实做好大气污染联防联控工作，针对可能发生的烟霾天气，制定大气污染应急预案，及时做好空气质量预警、预报。抽调精兵强将，成立综合组、禁烧包干组、环境监察执法组各1个和区域巡查组4个，对重点区域、重点地段实行全天候、全方位、全覆盖巡查，及时规劝和制止随意焚烧秸秆行为，杜绝发生连片焚烧秸秆现象。（耿玮）

【市场监管局发动辖区商户投身“四城同创”】 2015年，市市场监督管理局抽调30多名工作人员，组成3个工作小组，分片深入辖区6000多个商户，开展“四城同创”知识宣讲。对辖区内多半分布在老城区和老街后巷的“六小”行业及农贸市场，挨家挨户上门走访，逐街逐巷进行“拉网式”排查，严格按照“四城同创”目标考核要求，对无证经营、不亮照经营和店堂经营环境与秩序差、“门前三包”不落实等问题全面进行规范，现场下发整改通知书，由商户签字确认。经过宣讲、引导，蝶园路、商品街等几条主商业街区的小面条店、熟食店主动改善店堂环境;众商户纷纷落实"门前三包"责任制,做到不出摊占道经营、主动打扫门前卫生、自觉规范和维护公共秩序。 (赵勇)

【高邮镇全民行动助推"四城同创"】 6月起,作为"四城同创"主阵地、主战场的高邮镇,集中开展城中村环境综合整治。该镇将武安社区、宝塔社区和新华村作为城中村整治重点,划分责任区,包干到人,对所有的猪圈、露天粪坑和旱厕明确标注改造或拆除。武安社区拆除猪圈15座、旱厕18座、危棚5个,填平露天粪坑50多个,处理垃圾堆60多处,清运杂物180多车,粉刷"野广告"40多处、2500平方米;宝塔社区拆除猪圈27座、处理生猪26头,拆除旱厕23座、改造8座,填平露天粪坑38个,清运居民日常生活垃圾40车、猪圈垃圾64车,清理乱堆乱放杂物38处,启动道路建设2条;新华村对155座露天粪坑实行加盖,清理"野广告"和"黑广告"800多处。 (高志中)

【高邮经济开发区抓重点治乱象】 2015年,高邮经济开发区将区内各种马路市场、出摊占道作为整治重点,经过集中整治,初显成效。服装城是被扬州市暗访曝光的重点部位,也是创卫整治的难点部位。该区组织文游台村与区城管执法分局开展联合行动,文游台村负责清理服装城内部及周边的垃圾,区城管执法分局负责整治小摊贩占道经营和马路市场。文游台村组织村干对服装城内所有商户进行全面摸排,确定需清理的垃圾点共280多处,并以每天清理40多处的速度推进。区城管执法分局派人在服装城的马路市场蹲点巡视,强化常态化执法,防止摊贩占道经营死灰复燃;将兴欣路与屏淮路交叉口北侧的一块路边空地硬质化,疏导安置出摊商贩,以实现整治的长效化。至年底,服装城的马路市场基本整治到位。 (宣建国)

【覆盖拉网式农村环境综合整治】2015年,全市继续推进覆盖拉网式农村环境综合整治工作,完成40个行政村的整治试点工作任务。全年新建农村生活污水处理设施14个,配套管网长度39.6千米;新建污水接管项目26个,接管长度87.9千米;建设垃圾收集站89座,小型垃圾箱2510个,添置垃圾清运车19辆。 (卢飞)

【市妇联推进社区家庭教育】 2015年,市妇联按照全国文明城市建设标准,以高邮市被扬州市妇联确定为"亲子大讲堂"实践区项目为契机,多措并举推进社区家庭教育工作。截至年底,全市各乡镇、园区全部成立家庭教育工作领导小组,建成"阳光天使妈妈团"等家教志愿者队伍13支、志愿者550人,建成特色家长学校23所,举办"亲子大讲堂"活动10场、亲子活动26场和乡镇家教讲座7场、受益人数5000多人(次)。 (市妇联)

大 事 记

1 月

12日 江苏有线网络发展有限责任公司高邮分公司揭牌,投入运营。

13日 市委、市政府举行重大项目暨民生工程观摩会。

14日 市委、市政府召开全市冬春水利建设暨造林绿化工作现场推进会。

18日 高邮市北京商会在北京成立。北京鼎汉技术股份有限公司董事长顾庆伟当选为首任会长。

19～21日 市政协第十二届委员会第四次会议召开。

20～22日 市第十四届人民代表大会第四次会议召开。会议补选王永海为市第十四届人民代表大会常务委员会副主任。

27日 市委、市政府召开信访维稳及安全生产工作会议。

27日 苏中农贸城水果批发市场在全市首家实现"线上线下"联网销售。

2 月

4日 全市春运工作开始。至3月15日结束,历时40天。

10日 中共江苏省委常委、组织部部长王炯,江苏省副省长徐南平率队到高邮市,深入高邮湖西新区(送桥镇)、菱塘回族乡,走访慰问敬老院老人、老党员、伤残军人、低保户等。

10日 由市政府办、市委宣传部、市文明办等部门主办的"我们的节日——春节邻里守望送吉祥、红红火火过大年2015年春节志愿服务活动"在市体育馆举行。并向全发出《倡议书》。

13日 中共高邮市第十届纪律检查委员会第五次全体会议召开。

26日 市委、市政府召开全市经济工作表彰暨机关能力作风建设大会,并宣布《关于表彰2014年度全市经济社会发展先进单位的决定》。

26日 全市捐献遗体第一人——武在宏完成捐献遗愿,其遗体被扬州大学医学院接收,用于医学教学和医学研究。

28日 市委、市政府召开农村工作会议暨农业现代化建设推进会,并印发《关于深化农村改革创新推动现代化农业迈上新台阶的意见》。

是月 高邮市被江苏省人民政府授予"江苏省

学前教育改革发展示范区”称号。

3 月

2日 高邮市数字化城市管理监督指挥中心揭牌，并投入试运行。

5日 由市委宣传部、市文明办、团市委、市级机关工委等部门、单位主办的“学习雷锋好榜样，践行核心价值观，建设文明新高邮”志愿服务集中行动在净土寺塔广场举行。

8日 高邮市2014年群众文艺新作调演总汇演暨颁奖典礼在高邮大剧院举行。

10日 总投资额20亿元的道爵新能源电动汽车项目在高邮经济开发区开工建设。

11～13日 市领导和各部门负责人先后赴湖西新区状元水库千亩造林区、汤庄镇汉留村、菱塘回族乡清真村、临泽镇生态度假村、城南经济新区特平村公田张庄等13处参加“义务植树，共建绿色高邮”活动。

12日 市政府召开全体（扩大）会议。

18日 市第三次全国经济普查办公室召开新闻发布会，公布普查结果。此次普查标准时点为2013年12月31日，普查对象为境内从事第二、三产业活动单位。普查结果：法人单位7518家、产业活动单位9269家、有证照个体经营户1.94万户；全部从业人员48.44万人；企业总资产1226.1亿元。

22～27日 由市长方桂林率队，在上海市及周边地区开展“上海招商周”活动。

25日 市工商联召开十届六次执委会。

28日 上午，由农业部长江流域渔政监督管理办公室、扬州市委市政府、安徽省农业委员会、江苏省海洋与渔业局主办，高邮市委市政府、江苏省高宝邵伯湖渔业管理办公室承办，以“秀美高邮湖，你我共呵护”为主题的第六届高宝邵伯湖放鱼节，在高邮湖东岸高邮运河二桥南亲水平台举行。共人工放流各种鱼苗、蟹苗8000多万尾，其中向高邮湖放流500多万尾。

28日 市王鲜记高邮湖大闸蟹产业园被江苏省海洋与渔业局命名为“江苏省现代渔业精品园”。

30日 扬州军分区政治部主任魏瑞明在高邮市人武部召开的新老政委交接仪式上，宣读任职命令，任命陈立柱为高邮市人武部政委。

30日 界首镇举行寡妇圩惨案死难同胞遇难75周年公祭活动，并举行寡妇圩惨案死难同胞纪念广场及石碑揭幕仪式。

是月 在省政府于南京举行的重大项目投融资对接会上，高邮市湖西新区扬州万顷良田综合开发项目获现场签约。该项目实施地点在送桥镇，计划总投资额4亿元，建设周期至2019年。

是月 高邮市被江苏省第三次全国经济普查工作领导小组授予“江苏省第三次全国经济普查工作先进集体”称号。

是月 江苏省交通运输厅公路局下发《关于2014年第二次县道管理养护质量检查情况的通报》，高邮市县道公路管养质量在全省受检的37个县（市、区）中名列第一。是为2008年以来第四次全省夺魁，连续七年位居扬州市之首。

是月 高邮湖区被江苏省疾病预防控制中心确定为省禽流感飞禽监测哨点。

是月 市委宣传部、市文明办、市旅游局、市城建局、团市委、市妇联等单位联合向社会发出“种植爱情树，见证百年情”——爱情林种植活动的倡议。当月，共有36对夫妇和情侣参加文游台景区“爱情林”种植活动。

4 月

3日 市委、市政府在市烈士陵园举行清明节烈士公祭活动。

7日 市政府召开北海商圈城市环境综合整治工作动员大会，启动全市首轮“城市管理风暴”行动。

9日 由市体育局和市体育总会主办、市围棋协会承办的首届“华翔·迎驾”杯环高邮湖苏皖四县市围棋对抗赛在高邮市举办。中国围棋协会主席王汝南、国家围棋队领队华学明出席开幕式。比赛结果，宝应县代表队获第一名。

9～10日 由扬州市人民政府、中国检验检疫学会、江苏省食品药品监督管理局、南京工业大学等单位主办，高邮市人民政府、江苏省高邮经济开发区管理委员会等单位共同承办的2015年第八届中国国际食品安全技术论坛，在扬州市会议中心举行。此届论坛活动的主题为“魅力扬州·生态高邮”。

15日 市委、市政府召开全市人才工作会议，部署开展“‘秦邮人才集聚’提升年”活动。

16日 市残疾人康复中心揭牌启用。

16日 由高邮诚信物流产业园和高邮市嘎嘎鸭商贸有限公司联合打造的1号特产中国·高邮馆暨展销中心开馆。此为扬州市首家上线的地方馆。

17～18日 第十一届中国双黄鸭蛋节在高邮市举办。

24日 上午，2015年平安中国防灾宣导活动江苏启动仪式在高邮市举行。

29日 LED倒装芯片路灯模组应用技术研讨会在湖西新区郭集灯具城召开。

30日　高邮湖淮河入江水道整治工程高邮段切滩工程基本完成,5月底投入使用。整治后的水道行洪最大流量为1.2万立方米/秒,可抗百年一遇的洪水。

是月　全市完成全国第三次人体重点寄生虫病现况调查工作。调查结果,全市市民寄生虫病总感染率为0.78%。

是月　第一届里下河原生态菜花旅游节在甘垛镇四野农庄开幕。

是月　送桥镇邵庄村被农业部认定为全国"一村一品示范村镇"。此为全市首例。

5　月

4日　第二届"高邮市十佳青年"和"最美农村青年"揭晓。

5日　市委、市政府召开"四城同创"(国家历史文化名城、国家环保模范城、国家卫生城、全国文明城市)暨城建"双十"工程推进会。

5日　由扬州市经济和信息化委员会主办、高邮市经济和信息化委员会协办的"扬州市智能制造机器换人专家服务行"启动仪式在高邮市举办。

7日　全国人大常委会委员、内务司法委员会副主任委员陈秀榕率全国人大调研组到高邮市,专题调查贯彻实施《中华人民共和国妇女权益保障法》情况。

8日　"光明行"——青年演奏家谭伟海笛子独奏音乐会暨全市第二届"自强之星"颁奖活动举行。江苏省残疾人联合会副理事长肖敏到会致辞。

9日　由中国中医药科技开发交流中心和江苏省中医药发展研究中心联合主办,市卫生和计划生育委员会与市中医医院联合承办的2015中医医院名医馆建设研讨会在市举行。国家中医药管理局直属机关党委常务副书记张为佳和江苏省卫生和计划生育委员会副主任、江苏省中医药管理局局长陈亦江出席开幕式。在开幕式上,国医大师王琦和副市长钱富强共同为"王琦国医大师高邮工作室"揭牌。

10日　由市委宣传部、市文明办、市妇联联合举办的寻找"最美家庭"启动仪式暨特色家庭颁奖活动举行。在仪式上,一批"好家庭""好主妇""好家风"的特色家庭获得表彰。

11日　市政府召开全市法治政府建设推进大会。

12日　清水潭旅游度假区被国家旅游局编入《2015年全国优选旅游项目名录》。

12日　市公安局开出扬州市第一张环保行政拘留罚单。扬州市飞翔水产有限公司朱某、童某因污染河水造成养殖户严重损失被行政拘留5日。该公司被市环保局处以罚款5万元、赔偿养殖户损失3.28万元。

14日　江苏省人大常委会委员、副主任梁学忠率队到高邮市,进行《江苏省节约用水条例(草案)》立法调研。

14日　市服装行业工会联合会成立。

18日　中央电视台大型纪录片《东方主战场》摄制组到高邮市,拍摄"抗日战争最后一役纪念馆",并现场采访参加接受日军投降仪式的亲历者——新四军文艺女兵陈秀岚。

18日　市保险证券担保行业协会成立。

26日　市文明办、市教育局、市文联等单位在市第一小学举办第二十三届少儿书画现场比赛,有500名小学生参赛。

28日　环境保护部华东督查中心督查组到高邮市,督查污染物总量减排工作。

31日　由扬州市体育局、高邮市政府主办的"中国梦·梦之蓝杯"第六届环高邮湖国际自行车越野赛举行。有江苏、浙江、安徽、上海四省市26个城市的54个团队、533名运动员参赛。全程长195千米。

是月　《高邮市土地利用总体规划(2006～2020年)》获江苏省人民政府批准。江苏省国土资源厅下达给高邮市的土地规划流量指标为773.33公顷(1.16万亩)。

是月　江苏华富储能科技股份有限公司在于上海召开的第五届中国国际储能大会上,获"中国储能产业最具影响力企业""中国储能产业最佳储能电池供应商""中国储能产业最具前沿储能课题技术研究组"称号。同时,该公司总经理居春山获"中国储能产业最具影响的人物"称号。

6　月

1日　全市庆祝"六一"国际儿童节大会暨第四届幼儿体育艺术节开幕式在市体育馆举行。

5日　《江苏高邮清水潭国家湿地公园总体规划》经由江苏省林业局组织的专家组论证,获得通过。

7～9日　2015年普通高校招生全国统一考试高邮考点开考。全市参加高考考生共有4335人。据市教育局于24日公布,全市普通类"本二"以上达线人数为1582人,其中达清华大学、北京大学、中国科技大学分数线的各1人,均为高邮中学考生。

8日　中共扬州市委书记、扬州市人大常委会主任谢正义,中共扬州市委副书记、扬州市市长朱民阳,扬州市政协主席洪锦华,中共扬州市委副书记张爱军等领导到高邮市,参观吴登云事迹展览馆。

9～10日 江苏省人大和省水利厅调研组到高邮市，开展新型农业经营主体贷款工作和农田水利改革工作进行调研。

13日 中国文化遗产日当日，市文物保护志愿者队伍成立暨当舖修缮工程竣工仪式举行。

15日 中共江苏省委常委、江苏省副省长徐鸣到高邮市，视察“三夏”（夏收、夏种、夏管）工作。

15日 市行政服务中心更名为“高邮市政务服务管理办公室”，挂“市政务服务中心”牌子。

23日 市政府首次出台《高邮市礼遇道德模范与身边好人实施办法》，并从是年起开始实施。

24日 由江苏省委宣传部、江苏省精神文明建设指导委员会办公室主办，扬州市委宣传部、扬州市精神文明建设指导委员会办公室和高邮市委、市政府承办，高邮市委宣传部、市文明办和菱塘回族乡党委、政府协办的“爱国、敬业、诚信、友善”江苏省道德模范与身边好人（扬州高邮）现场交流活动，在菱塘回族乡民族文化宫举行。

29日 市委召开常委扩大会议，部署扎实开展“三严三实”（严以修身，严以用权，严以律己；谋事要实，做人要实，创业要实）专题教育工作。

30日 市委召开“为官不为”专项整治工作动员部署会议。

30日 市委召开全市纪念建党94周年暨先进表彰大会。会上，受市委表彰的先进基层党组织50个、优秀共产党员50人、优秀党务工作者20人、十佳村党组织书记10人，被市委命名的五星级村（社区）党组织13个、四星级村（社区）党组织18个、五星级村（社区）党组织书记3人、四星级村（社区）党组织书记6人。

30日 高邮市第二届残疾人运动会开幕。

是月 高邮市被中共江苏省委宣传部、组织部表彰为“全省基层党员冬训工作示范市”。

是月 “高邮湖大闸蟹”地理标志证明商标获国家工商行政管理总局批准注册。至此，全市共有“高邮鸭蛋”“界首茶干”“高邮湖大闸蟹”三个“国保”级地理标志商标。

是月 市残联在市残疾人托养中心组织开展2015年度上半年全市重度残疾人集中评定工作。经专家联合鉴定，全符合重度残疾人评定标准的共有577人。

7　月

1日 在扬州市委召开的庆祝建党94周年表彰大会暨先进事迹报告会上，高邮市受扬州市委表彰的先进基层党组织5个、优秀共产党员8人、优秀党务工作者3人、十佳村（社区）党组织书记1人。

3日 高邮市老龄协会成立。王志强被选举为首任会长，市委常委、常务副市长徐永宝受聘为名誉会长。

3日 市赞化学校新校园开工奠基仪式举行。新校址位于市外环路以西、珠光路以东、纬一路以北、滨河路以南，占地10公顷，投资2.5亿元，建设周期两年。

3日 由市委、市政府拨专款兴建、坐落于市盂城驿景区内的朱葵美术馆开馆。

7日 扬州市纪念全民族抗日战争爆发78周年仪式在高邮市举行。

11日 由正大企业（中国）有限公司、北大青鸟文化产业集团、保利文化集团、深圳力扬正奇品牌顾问公司等多家国内知名集团公司负责人组成的考察团到高邮市，对高邮湖运河西堤和湖西大堤生态旅游开发项目进行参观考察。

13日 高邮中专服装专业团队获江苏省职业学校信息化教学大赛第一名，获一等奖。

15～16日 住房和城乡建设部历史名城保护处处长郑文良，中国文化遗产研究院原总工程师、研究员付清远，中国城市规划设计研究院副所长、高级城市规划师胡敏等领导、专家和江苏省住房和城乡建设厅领导、专家到高邮市，对高邮市申报国家历史文化名城工作进行考察、指导。

17日 在由中国政策科学研究会国家安全政策委员会、参考消息报社、新华网、北京新四军研究会于北京举行的“中共海上抗日武装斗争研讨会——纪念抗日战争暨反法西斯战争胜利70周年”活动中，军事科学院军史百科部原副部长研究员、少将支绍曾提出：“1945年12月高邮的对日最后一战、如东的中共海上抗日武装斗争，都是新四军战史上不可缺失的篇章。”

17日 中共扬州市委书记谢正义、扬州市市长朱民阳率扬州市委、人大常委会、政府、政协领导班子成员和相关职能部门负责人，到高邮市观摩重大项目建设和民生幸福工程实施情况。

24日 中共高邮市委第十届第十次全体会议召开。市委书记韩方做题为《崇文尚德，求实创新，为建设“强富美高”新高邮而努力奋斗》的工作报告。该会议宣布，“崇文尚德，求实创新”为新时期高邮精神。

29日 中共江苏省委常委、省纪律检查委员会书记弘强到高邮市，调研党风廉政建设和反腐败工作。

29日 由市委宣传部、市人武部、市民政局、市文广新局、市“双拥办”等单位联合组办的庆祝建军88周年暨抗日战争胜利70周年军民联欢双拥文艺演出活动，在市蝶园广场举行。

是月 高邮市秦邮蛋品公司在全市首家被江苏省商务厅公布为“江苏老字号”企业(首批)。

是月 唐元和年间平津堰古遗址修缮工程竣工。

8 月

4日 高邮市农产品电子商务协会成立。

10日7时～11日4时 第十三号台风“苏迪罗”造成全境狂风暴雨，城区降雨量为274毫米，出现红色暴雨警报。据市气象台发布的雨情通报，10日8时～11日8时，全市平均强降雨量为269.2毫米，创下1952年市气象台建台有记录以来最大日降雨量的记录。

13日 位于市城区熙和巷70号的侵华日军向新四军投降处旧址(现为抗日战争最后一役纪念馆)被国务院公布为“国家级抗战纪念设施、遗址(第二批名录)”。

18日 市委、市政府举行2015年“8·18”重大项目集中开工、竣工活动。参加活动项目共24项，总投资额74.7亿元。

22日 中共扬州市委党史办公室、扬州市新四军研究会、中共高邮市委、高邮市人民政府在高邮市联合举行纪念高邮战役胜利70周年理论研讨会。专家学者认为，高邮战役在中国抗战史上不可磨灭，对民族独立解放具有重要意义。

24日 在市委、市政府召开的推动农村淘宝项目建设，促进“双创双增”(大众创业、万众创新，农业增效、农民增收)工作会议上，市政府与阿里巴巴(中国)软件有限公司签订农村电子商务合作协议。

是月 高邮市被国家发展和改革委员会批准为“国家新型城镇化综合试点县(市)”。

是月 高邮市被江苏省人才工作领导小组办公室、江苏省科学技术厅公布为2015年江苏省“科技副总(企业创新岗)”特聘专家名单的共有13人，其中“985”高校博士2人、“211”高校博士3人、省属及其他高校博士8人。

9 月

2日 由扬州市新四军研究会、扬州市文学艺术界联合会、扬州市档案局、中共扬州市委老干部局、中共扬州市委党史工作办公室、政协高邮市委员会联合主办的“不忘历史、珍爱和平——纪念抗日战争胜利70周年诗书画展览”，在扬州市汉陵苑开展。

10～11日 市数字化城市管理系统通过江苏省住房和城乡建设厅检查验收组的检查验收。

15日 市老区扶贫基金会成立。史善成当选为首任理事长。

17日 由新华社、人民网、《新华日报》、江苏卫视等新闻媒体组成的采访团到高邮市，专题采访村庄建设用地布局调整试点工作。

20日 市委、市政府在卸甲镇举行参加扬州市农村区域性医疗卫生中心开工日活动。全扬州市共设18个农村区域性医疗卫生中心，其中高邮市4个，分别设于三垛、临泽、送桥、卸甲等四镇。

21日 从是日起，阿里巴巴农村淘宝全市首批17个村服务站陆续开始试营业。29日，市政府在菱塘回族乡举行阿里巴巴农村淘宝高邮市第一批村服务站开业庆典。

22日 交通银行扬州高邮支行开业。

26日 市委、市政府举行运河西堤风光带建设项目开工典礼。该项目被列为扬州市迎城庆2500周年集中开工重大项目之一，计划总投资额6亿元。

30日 市委、市政府在市烈士陵园举行烈士公祭仪式。

是月 全市首支城市建设投资债券——高邮市建设投资发展有限公司10亿元公司债券，获国家发展和改革委员会批准发行。

是月 经人力资源社会保障部、全国博士后管理委员会批准，扬州宏远电子有限公司设立博士后科研工作站。

是月 经教育部公布，南海初级中学、龙虬镇初级中学、高邮经济开发区实验小学、龙虬镇实验小学、秦邮实验小学等5所学校为“全国青少年校园足球特色学校”。

是月 龙虬庄遗址保护规划获江苏省人民政府批准实施。

是月 在扬州市召开连淮扬镇铁路全面开工建设动员大会后，市委、市政府成立高铁办，制订建设方案，启动铁路建设的各项工作。规划设高邮、界首两个站点，计划于2019年通车。

是月 根据省水文化遗产调查工作的部署，作为全省4个试点之一的高邮市启动调查工作。整个调查工作分为调查准备、调查登记、数据整理、总结发布，计划至2017年6月完成。

10 月

1～7日 在国庆旅游黄金周期间，全市旅游景点共接待游客43.33万人次，实现旅游收入总额2.89亿元，分别比上年增长11.27%、14.02%。

9日晚 由江苏省教育厅主办，高邮市委宣传部、市教育局、市文联和赞化中学联合承办的“2015年高雅艺术进校园拓展项目”——《中国梦·钟山情》大型民族音乐会，在赞化中学大礼堂上演。

10日 江苏省扶贫基金会、省扶贫开发协会举办的“滴水·筑梦扶贫助学工程”捐赠仪式，在高邮中学报告厅举行。临泽镇在外成功人士、杭州三联医药科技有限公司董事长王庆湘捐赠善款60万元，高邮中学、临泽中学受助学生共100人。

14日 江苏省住房和城乡建设厅在高邮市召开《高邮市城市总体规划(2014～2030)》论证会。该规划经省专家组的论证获得通过。

14～15日 江苏省人大常委会党组副书记、副主任张艳一行到高邮市，调研、检查县乡人大工作与建设。

15日 由市政府主办，市体育局、市旅游局、市跑步协会共同承办的“奔泰体育杯”2015高邮大运河越野半程马拉松赛举办。参赛中外选手共有1830人。

16日 市侨联第三次代表大会召开。

19日 市委、市政府举行“秦邮人才集聚”提升年暨科技合作集中签约活动。

24日 由全国秦少游学术研究会、扬州大学、高邮市人民政府联合主办的第八届全国秦少游学术研讨会在高邮市举行。

25日 2015高邮最强音大型电视歌唱比赛总决赛暨颁奖典礼在高邮大剧院举行。

26日 市委召开城市公园体系建设工作会议。

27日 “高邮杯”全国集邮诗词大赛结果揭晓。共收到国内外参赛稿件2005件，获奖40多件。

28日 临泽高跷、高邮咸鸭蛋制作技艺、菱塘回回习俗被江苏省文化厅公示为第四批江苏省非物质文化遗产代表性项目。

28日 市第五届运动会开幕。于12月8日闭幕。参赛代表队共129个，设比赛项目共52项。

29日 中央电视台纪录频道(CCTV－9)晚播出《最后一战》，全景揭秘“高邮战役”。

是月 江苏省高新技术企业认定管理工作领导小组办公室公布《2015年度第二批国家高新技术企业认定名单》，全市有30家企业在列。至此，全市共有国家高新技术企业94家。

11 月

1日 市委宣传部、市文明办、市级机关工委、市公安局、市交通局、市城管局向全市市民发出《文明交通倡议书》《文明停车规范》《文明行车规范》《文明乘车规范》。

4日 经农业部全国农技推广中心和江苏省农业委员会组织的专家组进行现场实产验收，由市作物栽培站和临泽镇农业服务中心共同在临泽镇实施的水稻高产万亩示范片机插方最高田块亩产870千克，创造全市水稻单产新纪录。

4日 2015高邮旅游美食节罗氏沼虾菜品开发烹饪大赛举行。农林大酒店获金奖，鸿福记酒楼、松鹤楼酒店获银奖，华侨国际大酒店、加州阳光大酒店、艳阳天大酒店获铜奖。

7日 2015高邮旅游美食节暨首届菱塘清真美食节开幕式在菱塘回族乡举行。江苏省餐饮行业协会会长周达志向菱塘回族乡授予“江苏省清真美食之乡”牌匾。

12日 第七届中国邮文化节在高邮市举办。参加活动的有：中华全国集邮联合会会长杨利民，中国邮政集团公司邮票发行部总经理高山，全国30多个省、市、自治区集邮协会的秘书长、文献集邮研究会的会员等。

13日 历经9年编纂的《高邮市志(1986～2005)》(终审稿)，通过扬州市地方志办公室专家组的终审。

14日 由深圳市波特控股有限公司主办、波特城(江苏)智慧园有限公司承办的新经济(华东)研讨会在市大剧院举行。市政府与波特城·华东总部进行新经济综合体、北斗信息港等项目的签约，并就高邮市“十三五”规划期间如何打造新经济产业进行分析和研讨。参加会议的有：著名经济学家、中国经济研究院院长、中央政策研究室经济局副局长白津夫，深圳市波特控股有限公司董事长陈宗建等，工业和信息化部、科学技术部、中国证券监督管理委员会的专家等。

15日 由市政府主办的“奔泰体育杯”2015高邮大运河越野半程马拉松赛在高邮市举办。

18日 市委、市政府举行全市城建重点民生工程集中开竣工仪式。

20日 市红星志愿者协会成立。

23日 《中国中小城市发展报告(2015)》绿皮书发布2015年度中国中小城市综合实力百强县(市)名单，高邮市位居第66名。此为高邮市连续第九年入围。

28日 市委、市政府在运河东堤界首镇段举行界首运河大桥开建仪式。

是月 《高邮湖生态环境保护规划》通过江苏省环境保护厅专家组的评审。

是月 市政府启动民生保险工程。由市财政出资为全市市民统一购买自然灾害民生保险。从是月起，全市户籍居民25.68万户、81.61万人始享受这一待遇。

是月 高邮市2015年“新增千亿斤粮食产能规划田间工程(高标准粮田)建设项目实施方案”获

江苏省发展和改革委员会批准。

是月 由中国协合风电投资有限公司和深圳能源集团股份有限公司共同投资10亿元的高邮协合风力发电项目首期工程，在菱塘回族乡试发电成功。

12 月

3日 由文化部党组成员、中共中央纪律检查委员会驻文化部纪检组组长王铁率领的督查组到高邮市，督查和指导现代公共文化服务体系建设工作。

6日 市第二中学高三(五)班女学生郭骆涵在由江苏省第十五届中学生现场作文大赛中获特等奖。

7日 建于高邮镇高谢村严庄组的市环卫综合作业中心投入使用。

11日 市老科技工作者协会举行第三次会员代表大会，选举产生新一届理事会。

14日 市委、市政府召开信访维稳及农民工工资支付工作会议。

17日 江苏省副省长许津荣到菱塘回族乡调研经济社会发展情况。

19日 市不动产登记局成立。

26日 市委在是日新落成的抗日战争最后一役胜利广场，举行高邮战役胜利70周年纪念活动。

28日 市生活垃圾焚烧发电PPP项目在龙虬镇朱家垃圾填埋场西侧开工建设。该项目投资合作方为天津泰达环保有限公司，总投资额3.35亿元。

29日 连淮扬镇铁路高邮段开工建设，并成功浇筑扬州段第一梁。

30日 全市首批不动产权证颁发。

31日 中共高邮市委第十届第十一次全体会议召开。市委书记韩方做题为《迈上新台阶，建设新高邮，为开创"十三五"发展新局面而努力奋斗》的工作报告。

是月 高邮市被国家知识产权局批准为"国家知识产权试点市"。

是月 盂城驿被国家旅游局批准为国家AAAA级景区。

是月 高邮市被中共江苏省委农村工作领导小组表彰为"全省发展现代高效农业成效显著县"。

是月 高邮市被江苏省科学技术厅批准为"江苏省特种电缆产业产学研协同创新基地"。

是月 高邮市获批为江苏省首批蚂蚁金融服务集团"旺农贷"试点城市。

是月 在江苏省"畅游江苏·美丽乡村"之"网媒荐乡村"——深受公众喜爱的八大景点获奖名单中，市芦苇荡湿地公园、市清水潭旅游度假区分别获"江苏最具特色乡村生态园"第一、三名；市连标葡萄园获评为"江苏最具人气采摘果园"第二名。

是月 由高邮市新四军研究会、市委党史办、市志办联合编著的《高邮革命烈士传》一书，由中共党史出版社出版。

是年 全市从2014年初启动的"救业援助、生活保障、教育资助、医疗救助、社会帮扶"五大扶贫工程，经过两年实施，至是年底，共帮扶低收入农户9003户，实现100%脱贫。

市 情 概 览

City Outline

自 然 地 理

【地理位置】 高邮市位于沿江经济带的长江北岸，北纬32°38′～33°05′，东经119°13′～119°50′。地处长江三角洲的江苏省中部、里下河西缘。东邻兴化市，南连江都区、邗江区、仪征市，西接天长市（安徽省）、金湖县，北界宝应县。市区西南经扬州市达南京市165千米，东南经无锡市、苏州市抵上海市331千米，北距北京市980千米。 （史志）

【区域面积】 全境南至北50.04千米，东至西57.6千米。总面积1963平方千米，其中陆地面积1175平方千米、水域面积788平方千米，分别占总面积的59.9%、40.1%。城市面积扩大到40余平方千米，建成区土地面积26.5平方千米。 （史志）

【地形、地貌】 地势西南略高，东北偏低，多为水乡平原。高邮湖西南部属仪六低山丘陵尾端，多数海拔15米～20米，最高处神居山（火山熔岩）海拔49.5米；京杭大运河高邮段以东里下河浅洼平原由古泻湖淤积而成，河渠成网，良田万顷，一般海拔0.85米～4.8米，最低处海拔0.75米。 （史志）

【水文】 高邮市水面之多，居扬州市之首。美丽富饶的高邮湖有55.3%的水域面积在高邮市境内。邵伯湖北部水域和渌洋湖东北一角水域亦属高邮市。境内主要灌排、交通河流有19条，即京杭大运河高邮段、澄潼河、龙须沟、人字河、张叶沟、小泾沟、三阳河、第三沟、南澄子河、南关大沟、北澄子河、东平河、横泾河、六安河、新六安河、二里大沟、子婴河、天菱河、向阳河。径流总量1.5亿立方米。水网密度2.83千米/平方千米。 （史志）

【高邮湖】 为江苏省第三大湖，属平原浅水型淡水湖泊，淮河入江水道穿湖而过。水域总面积780平方千米（水位在8.5米以上），其中在高邮境内水域面积431.5平方千米。高邮湖自然风光秀丽，有天赋的自然美，有许多令人神往的传说。宋代，甓社湖曾现珠光（河蚌珠光），并为在甓社湖居室临窗夜读的著名学者孙觉亲眼所见，被其好友沈括记载于《梦溪笔谈》，故后人称高邮湖为珠湖。《高邮州志》记载，夏秋之际，雨过天晴，湖面上会出现鳞次栉比的高楼大厦、连绵的大山，活脱脱一个天上的世界，这就是高邮湖上有名的“海市蜃楼”奇观。西湖夕照，渔舟唱晚，珠湖雪浪，邗沟烟柳，美不胜收。 （史志）

高邮湖风光 （丁春晴 摄）

【自然资源】 高邮土地肥沃，物产丰富，素有“鱼米之乡”之称。京杭大运河高邮段以东10个镇以种植水稻、小麦、棉花、油菜为主，高邮湖以西2个乡镇以种植水稻、小麦、油菜为主，其中菱塘回族乡、原天山镇分别兼种湖桑、茶叶。全市今存植物479种，其中木本植物203种、草本植物220种、水生植物56种。野生植物资源主要有柳树、刺槐树、榆树、杨树等59科、108属、177种，豨莶草、青蒿等60科、140属、200种。绿化造林树种有61科、132属、274种。其中，乔木161种，灌木99种，藤本植物14种；落叶树种162种，常绿树种112种；阔叶树种216种，针叶树种58种。淡水渔业资源丰富，碧波浩渺的高邮湖、京杭大运河高邮段以东成网的河渠、东北部成片的荡滩，为发展淡水养殖提供条件，同时也适宜于高邮鸭、扬州鹅的生长。水产资源有银、鲤、青、草、白、鳝鱼和蟹、虾等63种；野生动物资源有野鸡、野鸭、秧鹨、野兔、黄鼠狼等，鸟类约有120种，其中国家一级保护鸟类有东方白鹳、大鸨、丹顶鹤等。矿产资源主要有石油、天然气和品质好、储量大的矿泉水，已开发储量近千万吨的大中型油田有金沙油田和马头庄油田。2015年，耕地面积7.65万公顷，人均耕地面积0.09公顷。

（史志）

历史文化

【建置沿革】 高邮，属海退成陆的里下河浅洼平原。代表江淮地区东部史前文化的龙虬庄遗址，表明七千多年前境内便有人类的璀璨文明。春秋，吴邗沟地，越并吴属越。战国，楚并越属楚。秦王嬴政二十四年（公元前223年），灭楚，筑高台，置邮亭，故名高邮，亦称秦邮。西汉，先后属荆国、吴国、江都国。武帝元狩五年（公元前118年），置高邮县，属广陵国。东汉，高邮县属广陵郡。东汉末，高邮县废。三国，地属广陵郡，先属魏，后属吴。西晋，复高邮县，属临淮郡。东晋，高邮县属广陵郡。东晋和南北朝，高邮西北（今金湖县、天长市部分）侨置幽、冀、青、并州及后魏平阿县，由此形成北阿镇（亦曰三阿），与平阿湖、下阿溪三者合称三阿等地名。南北朝期间，南宋置高邮县，属广陵郡，又划设临泽县，属海陵郡；南梁起，先后置广邺郡、神农郡，辖高邮县划设的高邮、竹塘、三归三县；临泽县仍属海陵郡。隋，竹塘、三归、临泽三县仍并入高邮县，属吴州（不久改称扬州），后属江都郡。唐，高邮县先后属兖州、邗州、扬州、广陵郡、扬州（均为现扬州）。玄宗天宝元年（742年），划江都、六合、高邮三县部分地区置千秋县，天宝七年（748年）改称天长县。五代十国，高邮县先后属吴都江都府、后唐东都（扬州）、后周扬州大都督府。宋，开宝四年（971年）置高邮军，直属京师。诏文为："惟彼高邮，古称大邑，舟车交会，水陆要冲，宜建军名，以雄地望。"军同下州高沙郡，辖高邮县；熙宁五年（1072年）军罢，县属扬州；元祐元年（1086年），复置高邮军；建炎四年（1130年），升高邮军为承州，领承州、天长军，辖高邮县与兴化县；绍兴五年（1135年），废州，县属扬州；绍兴三十一年（1161年），复为军，仍领高邮、兴化二县。元，至元十四年（1277年），置高邮路，辖高邮、兴化二县；至元二十年（1283年），改为高邮府，辖高邮、兴化、宝应三县，属扬州路。至正十四年（1354年），张士诚在高邮建都，国号大周。元末，高邮改为散府。明，洪武元年（1368年），置高邮州，领兴化、宝应二县，属扬州府；洪武四年（1371年），升守御所为高邮卫。清，顺治元年（1644年），置高邮州，属扬州府，不久遂为散州。古代高邮，史称"江左名区，广陵首邑"，由宋置军至清设州，有九百多年中等行政区划的经历。民国元年（1912年），废州为县。在中国共产党领导下的抗日战争和解放战争期间，高邮县澄子河以南地区曾先后属江高行政区、江都县，高邮湖西菱塘地区曾先后属天高县、甘泉县、东南县、仪扬县、仪征县。中华人民共和国成立后仍设高邮县。1991年2月，经国务院批准撤县设市（县级），同年4月1日，正式建高邮市，实行计划单列。（史志 伯翔）

【古今名人】 宋至清代，有进士177人、举人428人。北宋著名文学家、婉约派词宗秦观和文学家孙觉，南宋诗词家陈造，明代右丞相汪广洋、散曲家王磐和著名诗词家张綖，明清之际唯物主义哲学家王夫之（祖籍高邮），清代海内无匹的训诂学家王念孙、王引之父子和数学家李惇，均是代表人物。张廷仁、葛耀山是中国共产党早期的革命烈士。文化部原副部长徐平羽、古生物学家孙云铸、棉花专家孙恩麟、蚕桑专家赵鸿基、黑热病防治专家孙志戎、历史学家王绳祖、教育家沈亦珍、著名作家汪曾祺等，在国内外享有较高声誉。

客籍名人，古代范仲淹、王安石、苏轼、黄庭坚、韩世忠、岳飞、陆游、杨万里、文天祥、萨都剌、王士祯、康熙帝、郑板桥、乾隆帝、魏源、张謇等，在高邮留下了政绩、论著、墨宝或佳话。抗日战争和解放战争时期，无产阶级革命家陈毅、粟裕、谭震林、张鼎丞、陶勇、惠浴宇等威震高邮城乡。社会主义建设时期，原国家主席刘少奇于1958年到高邮视察。国务院原总理李鹏、朱镕基分别于1994年、2000年到武安乡视察。（史志）

【秦邮名胜】 清代蒲松龄称："秦邮文物，素号名区。"全市有全国、省、市文物保护单位96处，馆藏文物2000余件。全国重点文物保护单位有：新石器时代龙虬庄遗址，明盂城驿，明、清里运河故道，清当铺，唐镇国寺塔，唐平津堰遗址；江苏省文物保护单位有：天山汉墓、宋文游台、宋城墙及明奎楼、商周时期的周邶墩遗址、明净土寺塔、清代菱塘清真寺；高邮市文物保护单位有：明、清州署头门，清训诂学家王氏父子故居，唐王墩遗址，明陈瑄治水纪念室等84处。"邮"是高邮之根，高邮是全国唯一以"邮"命名的县市。秦邮亭，后为宋代高邮新城北郊的九里亭和清代绿营兵驻防高邮运河堤的十汛（讯）之一的九里汛（讯）。南宋诗人杨万里写有《过九里亭》五言律诗，清代训诂学家王念孙之子王敬之作过"今营房古亭堠也"的考证性的七言古诗。

以秦邮亭为源的高邮邮驿制度不断发展变化。元、明代设两处驿站。明代有盂城驿、界首驿、界首递运所和中南北东十五处急递铺的邮传系统。清代盂城驿(大部分迁入城内马棚巷,南门外留皇华厅)、界首驿和十五处铺舍延续运行到辛亥革命胜利为止。始建于明代的盂城驿,是全国现存规模最大、有代表性的古代邮驿。盂城驿风景区,包括修缮一新的盂城驿,明、清风格的南门大街,重建的秦邮亭以及复建的其他邮文物,重现了高邮悠久的邮驿史。

被列为1993年全国十大考古新发现之一的龙虬庄遗址,在1997年9月22～24日高邮龙虬庄遗址暨江淮地区古文化研讨会上,26名中外考古专家、学者对其个性特点和保护价值给予充分肯定,认为可称为龙虬文化,是人类文明的摇篮之一。2004年,具有重要历史价值和旅游观赏价值的龙虬庄生态博物苑(部落村)一期工程建成开放。

始建于唐代的镇国寺塔,俗称西塔,为方形仿楼阁式,原为9层,现存7层,置于京杭大运河河心岛上。镇国寺景区一期工程于2005年年底建成开放,2010年4月被确定为国家AAA级旅游景区,2014年3月被确定为第七批全国重点文物保护单位。位于市区东北角的宋文游台,为全国20座名台之一的淮堧名胜,台内盍簪堂嵌有著名的《秦邮碑帖》石刻和画像石刻,还建有四贤祠、读书台、映翠园、重光亭、秦观塑像等,最高处的主体楼修葺一新,在东展区建成汪曾祺文学馆,西展区设有反映1931年高邮特大洪灾及运堤修复资料的"水鉴馆"。清王氏父子故居,1983年建馆,陈列王氏父子故物、典籍和现代多名学者、书画家的作品。人民公园革命烈士墓、革命烈士纪念馆、抗日战争最后一役纪念馆等数十处革命文物,为后人景仰。近年来,高邮市陆续开发融古代文化和现代观念为一体的江苏东湖湿地公园、三垛秦观故里亭、界首芦苇场渔家乐生态旅游区、八桥渌洋湖森林公园和城区蝶园市民广场、海潮市民广场、邮都广场、文游台广场、大淖广场、净土寺塔广场、运河东堤风光带、新河风光带、北澄子河风光带、市河风光带等新景观,秦邮古城不断焕发青春的魅力。 (史志)

区划与人口

【行政区划】 2015年,高邮市有11个镇(街道),1个乡(菱塘回族乡),1个省级经济开发区(高邮经济开发区),1个高邮城南经济新区(高邮鸭业园区),一个高邮湖西新区。有175个村民委员会,1787个村民小组;52个社区居民委员会,453个居民小组。 (史志)

【人口】 2015年,全市户籍总户数256284户,户籍总人口815837人。其中,非农业人口339168人,农业人口476669人;男性406219人,女性409618人,男女性别比99.17。新出生7113人,死亡6657人,人口出生率8.7‰、死亡率8.1‰,人口自然增长率0.6‰。年末常住人口74.01万人,比上年增加0.1万人。人口密度416人/平方千米。 (史志)

【民族】 2015年,全市共有33个民族,即汉族、回族、苗族、土家族、布依族、壮族、彝族、满族、蒙古族、侗族、白族、黎族、拉祜族、仡佬族、傣族、瑶族、傈僳族、朝鲜族、藏族、哈尼族、佤族、羌族、景颇族、畲族、水族、布朗族、土族、仫佬族、赫哲族、纳西族、京族、普米族、珞巴族。少数民族人口8868人,其中回族人口占80.6%。 (史志)

气 候

【常年气候】 属北亚热带季风气候区,四季分明,寒暑显著,阳光充足,雨水充沛。年平均气温15.3℃,无霜期221天,常年降水量1036.6毫米。主要灾害性天气为水灾、风灾、雷击灾害,偶有旱灾。 (史志)

【2015年气候特点】 平均气温正常略偏高,降水量偏多,日照时数正常略偏少。

全年极端最高气温为8月5日的37.1℃,极端最低气温为2月9日的−5.9℃。年平均气温为16.2℃,比常年平均值高0.9℃。平均气温仅7月偏低,其他各月均偏高。与常年同期平均值比较,2014年12月～2015年2月平均气温为4.8℃,比常年同期平均值偏高1.3℃,其中2014年12月低0.1℃,2015年1月高2.2℃、2月高1.7℃。3～5月平均气温为15.4℃,比常年同期平均值偏高0.9℃,其中3、4、5月分别高1.6℃、0.5℃和0.5℃。6～8月平均气温为26.1℃,比常年同期平均值低0.2℃,其中6月高0.1℃、7月低1.0℃、8月高0.4℃,7月27～31日和8月2～5日出现高温天气。9～11月平均气温为18.1℃,比常年同期平均值偏高1.1℃,其中9、10、11月分别高0.9℃、1.5℃、0.9℃。12月平均气温比常年同期平均值高1.4℃。

全年冷空气活动频繁,其中在11月23～25日出现一次寒潮天气过程。

全年降水量为1341.5毫米,比常年平均值多29%,其中4、5、6、8、11月偏多,其他各月均偏少。与常年同期平均值比较,4、5、6、8、11月降水量分别多41%、48%、72%、188%、96%,1、2、3、7、9、10、12月降水量分别少46%、55%、30%、31%、67%、19%、64%。全年在6月24日、7月24日和

8月10、11、16、20日分别出现强降水天气，其中8月10日降水量为175.3毫米，为全年最大降水量。

全年日照时数为1915.3小时，比常年同期平均值少8%，其中3、4、8、9、10月偏多，其他各月均偏少。与常年同期平均值比较，3、4、8、9、10月日照时数分别多2%、5%、0.5%、19%、21%，1、2、5、6、7、11、12月日照时数分别少20%、12%、17%、25%、21%、43%、9%。

6月24日入梅，偏迟；7月13日出梅，偏迟；梅期20天，正常；梅雨量216.9毫米，比常年同期偏少10%以上。（市气象局）

【异常气候】 4月冷空气活动频繁，降温幅度较大，上中旬的“倒春寒”和持续阴雨天气对小麦等农作物生长造成一些影响。4月13日出现短暂的冰雹天气，未造成灾害。6月24～30日入梅以后出现持续性的强降水天气，对农作物生长造成较大影响，受灾面积1.2万公顷，因灾绝收大豆4500多公顷、蔬菜瓜果130多公顷。7月24日12时20分，城区部分地区遭受龙卷风袭击，损坏房屋34户67间，吹倒树木29棵、电线杆1根，造成直接经济损失95万元，未造成人员伤亡。8月10～11日受13号台风“苏迪罗”影响，全市出现大风暴雨天气，24小时(10日8时～11日8时)降水量269.2毫米，是本站有记录以来同期最大的。期间，造成居民房屋进水严重，农田大面积被淹，数万棵树木受损，对高效设施农业发展产生较大影响。（市气象局）

表2　**2015年高邮市逐月地面气象资料主要项目统计表**

项目＼月份		一	二	三	四	五	六	七	八	九	十	十一	十二	全年
极端最高气温	极值(℃)	16.2	18.0	28.1	29.1	32.2	34.8	35.8	37.1	29.7	26.0	27.1	15.6	37.1
	日期	4	14	31	26	14	12	29	5	4	5	6	1	5/8
极端最低气温	极值(℃)	−3.2	−5.9	−1.4	1.7	13.1	15.7	18.7	21.4	14.9	9.5	−4.2	−4.6	−5.9
	日期	8	9	10	8	5	5	2	28	13	28	27	18	9/2
平均气温(℃)		4.3	5.8	10.1	15.2	20.8	24.4	26.6	27.4	23.7	18.9	11.6	5.8	16.2
极端最高地面温度	极值(℃)	26.1	29.2	50.9	56.9	60.0	60.1	59.2	60.0	52.9	42.7	39.2	25.0	60.1
	日期	11	14	31	23	25	14	31	5	2	19	6	8	14/6
极端最低地面温度	极值(℃)	−7.9	−5.4	−2.6	−0.4	8.4	12.6	18.0	21.0	14.1	7.9	−2.8	−4.4	−7.9
	日期	1	9	11	8	5	4	8	2	13	31	27	18	1/1
平均地面温度(℃)		4.6	6.9	12.6	19.4	24.9	27.8	29.4	30.3	28.1	21.3	12.7	6.4	18.7
降水量(毫米)		20.4	18.8	46.4	85.1	114.6	247.1	157.7	460.9	26.6	46.0	108.1	9.8	1341.5
一日最大降水量	量(毫米)	7.4	7.0	18.6	18.0	38.3	60.0	73.6	175.3	12.2	20.2	40.8	4.2	175.3
	日期	29	20	17	4	15	24	24	10	23	1	7	10	10/8
降水日数(天)		7	9	9	12	8	11	12	13	8	6	13	7	115
一日降水量≥25毫米日数(天)		—	—	—	—	1	4	1	5	—	—	1	—	12
一日降水量≥50毫米日数(天)		—	—	—	—	—	1	1	4	—	—	—	—	6
最长连续降水日数(天)		3	7	4	4	2	4	4	7	4	3	4	3	7
最长连续无降水日数(天)		33	15	7	7	8	10	5	4	15	17	7	13	33
平均相对湿度(%RH)		69	70	72	68	70	74	80	77	73	68	79	72	73
日照时数(小时)		117.4	121.5	166.3	193.7	172.4	126.9	152.6	208.4	210.0	213.3	90.9	141.9	1915.3
蒸发量(毫米)		25.8	29.8	48.1	74.8	93.4	85.0	82.4	92.0	89.5	73.4	36.9	29.6	760.7
大风日数(天)		—	—	—	—	—	—	—	1	—	—	—	—	1
最大冻土深度(厘米)		6	6	—	—	—	—	—	—	—	—	1	6	6

雪	上年度初日2014年12月3日	上年度终日2015年3月6日	本年度初日2015年11月24日
霜	上年度初日2014年11月3日	上年度终日2015年4月8日	本年度初日2015年11月27日

（市气象局）

地方特产

【高邮麻鸭】 高邮麻鸭系与北京鸭、绍兴鸭齐名的全国三大名鸭之一，为蛋肉兼用型食用鸭。鸭肉鲜美，含脂量少，为加工板鸭、盐水鸭、琵琶鸭的好原料。该鸭产蛋率高，每年每只鸭产蛋 200 枚，平均每枚蛋重 81.4 克。2015 年，据市有关部门统计，全市高邮麻鸭出栏量 320 万只。 （史志）

【高邮双黄鸭蛋】 该蛋为高邮麻鸭所生，一蛋双黄，蛋大如鹅卵，蛋壳质细，蛋白似碧玉，蛋黄如玛瑙，是世界罕见珍品。1909 年，高邮双黄鸭蛋在南京举办的南洋劝业会陈赛，获得较高声誉，后远销至美国、日本、新加坡、马来西亚等十多个国家，是内外宾客不忍动箸的佳肴和馈赠亲友的厚礼。高邮双黄鸭蛋单枚最大重量为 135 克。2015 年，加工销售双黄鸭蛋 4400 万枚。 （史志）

【高邮咸鸭蛋、松花蛋】 高邮咸鸭蛋采用特色辅料和传统配方、工艺腌制而成。高邮咸鸭蛋久享盛誉，具有鲜、细、嫩、红、沙、油的风味特点。清代文学家袁枚说："脆蛋（即咸鸭蛋）以高邮为佳，颜色红而油多。"高邮咸鸭蛋营养丰富，含有人体必需的锌、锗、硒、钙等元素。国家质量监督检验检疫总局于 2002 年批准高邮鸭蛋为原产地域保护产品（现更名为国家地理标志产品），颁布实施《高邮鸭蛋国家强制性标准》。"红太阳"牌咸鸭蛋为中国名牌农产品，"秦邮"牌、"三湖"牌和"红太阳"牌蛋品商标分别为省名牌商标和扬州市知名商标，"三湖"牌、"红太阳"牌、"秦邮"牌咸鸭蛋、松花蛋先后获中国绿色食品发展中心颁发的绿色食品标志。松花蛋是将高邮鸭蛋采用独特配料和工艺制作而成。分硬心皮蛋（湖彩蛋）和溏心皮蛋（京彩蛋）两种。硬心皮蛋味醇香略咸，蛋白为黑褐色半透明体，有明显的松花纹状，蛋黄一般呈墨绿或黄色，宜制成各种形状入盘；溏心皮蛋清凉可口，可助消化，解酒开胃。2015 年，全市各类蛋品加工企业共加工各类蛋品 9.02 亿枚，其中泥灰咸鸭蛋 1.52 亿枚、真空包装熟咸鸭蛋 4.28 亿枚、松花蛋 2.78 亿枚、双黄蛋 0.44 亿枚。 （史志）

【扬州鹅】 江苏省"九五"重点攻关项目，系扬州大学畜牧兽医学院教授赵万里主持选育的杂交新种。1997～1999 年在送桥镇通过杂交选育和试养比较，扬州鹅显示了生长快、耐粗饲、肉质好、产量多、经济效益高的特点。2000 年，开始在全省推广饲养。2015 年，据市有关部门统计，全市扬州鹅出栏量 400 多万只。 （史志）

【高邮湖大闸蟹】 高邮湖大闸蟹，学名中华绒螯蟹，属于十足目方蟹科绒螯蟹属。身体分两部分：头胸部和腹部，附有步足5对。头胸部的背面为头胸甲所包盖，呈墨绿色，俯视近六边形，后半部宽于前半部，中央隆起，表面凹凸不平，共有6条突起为脊，额及肝区凹降，其前缘和左右前侧缘共有12个棘齿。额部两侧有一对带柄的复眼。头胸甲的腹面，除前端为头胸甲所包裹外，大部分为腹甲，腹甲分节，周围有绒毛，腹部紧贴在头胸部的下面，俗称蟹脐，周围有绒毛，共分7节。雌蟹的腹部为圆形，俗称"团脐"；雄蟹腹部呈三角形，俗称"尖脐"。第一对步足呈棱柱形，末端似钳，为螯足，强大并密生绒毛；第四、五对步足呈扁圆形，末端尖锐如针刺。高邮湖大闸蟹体型肥大，蟹黄细酥，肉质白嫩，蟹味美且营养丰富，历来被视为上品。秦少游曾把此蟹作为上等礼品馈赠苏东坡，并赋诗《以莼姜法鱼糟蟹寄子瞻》一首。每百克高邮湖大闸蟹食用部分含蛋白质14％、脂肪5.9％、碳水化合物7％。此外，还含有维生素 A、核黄素、烟酸，其发热量超过一般鱼类的营养水平。2002年，"高邮湖"牌大闸蟹获中国绿色食品发展中心颁发的绿色食品标志。2005年，"河荡"牌螃蟹、"碧湖"牌螃蟹通过国家无公害食品认定。2008年，"王鲜记"大闸蟹获扬城地产优质生态大闸蟹、扬城最正宗的生态大闸蟹"蟹王"称号。2011年，"左岸"牌大闸蟹通过江苏省无公害农产品产地认证；由扬州江淮湖泊渔业有限公司养殖、生长于高邮湖水域的"宝湖"牌大闸蟹囊括"华东杯"蟹王、蟹后大奖，为"中国十大名蟹"之一、江苏名牌产品，通过农业部无公害农产品标志及中华人民共和国出境动物养殖场注册认证。2015年，"高邮湖大闸蟹"地理标志证明商标获国家工商总局商标局批准。是年，全市高邮湖大闸蟹养殖面积1万多公顷，产量0.52万吨，产值4亿多元。 （史志）

【高邮罗氏沼虾】 亦称白脚虾、马来西亚大虾、金钱虾、万氏对虾等，素有淡水虾王之称。原产地集中在厄瓜多尔沿岸，是世界上养殖量最高的三大虾种之一。其壳薄体肥，肉质鲜嫩，味道鲜美，营养丰富。除富有一般淡水虾类的风味之外，成熟的罗氏沼虾头胸甲内充满了生殖腺，具有近似于蟹黄的特

殊鲜美之味。每百克虾肉含蛋白质 20.6 克、脂肪 0.7 克,并含有多种维生素及人体必需的微量元素,系高蛋白营养水产品。高邮市于 1992 年引进养殖罗氏沼虾。2002 年,高邮市罗氏沼虾养殖标准化示范区被列为全国农业标准化示范区,罗氏沼虾被评为省无公害农产品。2005 年,"司徒潭"牌、"少游"牌、"龙虬庄"牌罗氏沼虾通过国家无公害食品认定。2015 年,据市农委统计,罗氏沼虾养殖面积 0.90 万公顷,产量 3.95 万吨。 (史志)

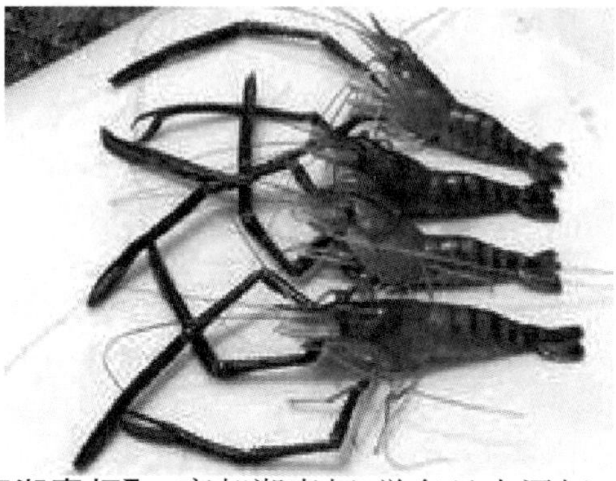

【高邮湖青虾】 高邮湖青虾,学名日本沼虾。高邮湖青虾体形粗短,整个身体由头胸部和腹部两部分构成。头胸部各节接合,由一大骨片覆盖背方和两侧,叫头胸甲或背甲。头胸部粗大,腹前部较粗,后部逐渐细而且狭小。额角位于头胸部前端中央,上缘平直,末端尖锐,背甲前端有剑状突起,上缘有 11～15 个齿,下缘有 2～4 个齿。体色通常呈青蓝色并有棕绿色斑纹,但常随着栖息环境而变化。高邮湖青虾肉质松软,易消化,营养丰富,对身体虚弱以及病后需要调养的人是极好的食物。2005 年,"横泾河"牌青虾通过国家无公害食品认定。2015 年,据市农委统计,青虾养殖面积 2541 公顷,产量 871 吨。 (史志)

【高邮湖龙虾】 高邮湖龙虾,学名克氏原螯虾,也叫红螯虾或者淡水小龙虾。体形较大呈圆筒状,甲壳坚厚,头胸甲稍侧扁,前侧缘除海螯虾科外,不与口前板愈合,侧缘也不与胸部腹甲和胸肢基部愈合。颈沟明显。第一触角较短小,双鞭;第二触角有较发达的鳞片。3 对颚足都具外肢。步足全为单枝型,前 3 对螯状。其中,第 1 对特别强大、坚厚,故又称螯虾;末 2 对步足简单,爪状。鳃为丝状鳃。龙虾头部有触须 3 对,触须近头部粗大,尖端小而尖。在头部外缘的一对触须特别粗长,一般比体长长 1/3;在一对长触须中间为两对短触须,长度约为体长的一半。栖息和正常爬行时 6 条触须均向前伸,若受惊吓或受攻击时,两条长触须弯向尾部,以防尾部受攻击。胸部有步足 5 对,第一至第三对步足末端呈钳状,其中第二对步足特别发达而成为很大的螯,第四至五对步足末端呈爪状。区别雄雌龙虾的重要特征是螯,雄性的螯比雌性的发达,且雄性龙虾的前外缘有一鲜红的薄膜,雌性则没有此红色薄膜。龙虾的蛋白质成分约占 18.9%;氨基酸组成比肉类优质,含有人体所必需的而体内又不能合成或合成量不足的异亮氨酸、色氨酸、赖氨酸、苯丙氨酸、缬氨酸、苏氨酸、精氨酸、组氨酸。2015 年,据市农委统计,龙虾养殖面积 701 公顷,养殖产量 2229 吨。 (史志)

【高邮湖银鱼】 高邮湖银鱼,亦称冰鱼或玻璃鱼。体细长,约12厘米,近圆筒形,后段略侧扁。头部极扁平,眼大,口亦大,吻长而尖,呈三角形,上下颌等长,前上颌骨、上颌骨、下颌骨和口盖上都生有一排细齿,下颌骨前部具犬齿1对,下颌前端没有联合前骨,但具一肉质突起。背鳍Ⅱ 11～13,略在体后3/4处。胸鳍8～9,肌肉基不显著。臀鳍Ⅲ 23～28,与背鳍相对;雄鱼臀鳍基部两侧各有一行大鳞,一般为18～21个。背鳍和尾鳍中央有一透明小脂鳍。体柔软无鳞,全身透明,死后体呈乳白色。体侧各有一排黑点,腹面自胸部起经腹部至臀鳍前有2行平行的小黑点,沿臀鳍基左右分开,后端合而为一,直达尾基。此外,在尾鳍、胸鳍第一鳍条上也散布小黑点。可食部分每百克含水分89克、蛋白质8.2克、脂肪0.3克、碳水化合物1.4克、灰分1.0克、钙258毫克、磷102毫克、铁0.5毫克、硫胺素0.01毫克、核黄素0.05毫克、烟酸0.2毫克。晒干后的银鱼叫燕干,每100克燕干含蛋白质72.1克、脂肪13克、热量1709.4千焦、钙761毫克、磷1000多毫克。补虚,健胃,益肺,利水。 (史志)

【高邮湖青鱼】 高邮湖青鱼体长，略呈圆筒形，腹部平圆，无腹棱。尾部稍侧扁。吻钝，较草鱼尖突。上颌骨后端伸达眼前缘下方。眼间隔约为眼径的3.5倍。鳃耙15～21个，短小，乳突状。咽齿一行，左右一般不对称，齿面宽大，臼状。鳞大，圆形。侧线鳞39～45。体青黑色，背部更深；各鳍灰黑色，偶鳍尤深。背鳍软条7～9枚，臀鳍软条8～10枚，体长约145厘米。青鱼是一种富含蛋白质、脂肪很低的食物，含有丰富的核酸。高邮湖青鱼蛋白质含量19.5%、脂肪含量5.2%，还有钙、磷、铁、维生素B1和B2、二十碳五烯酸(EPA)、二十二碳六烯酸(DHA)和微量元素锌、硒、碘等。　　（史志）

【高邮湖白鱼】 高邮湖白鱼属鲤科鱼类，俗称大白鱼、翘嘴白鱼、白鱼。白鱼多生活在流水及大水体的中上层，游泳迅速，善跳跃，以小鱼为食，是一种凶猛性鱼类。雌性3龄、雄性2龄成熟，6～7月产卵，幼鱼喜栖湖泊近岸水域或河道、港湾水流较缓沿岸生活。自然分布甚广，为中国南北水域常见的淡水鱼类。体形长，甚侧扁，头背平直，头后背部隆起，眼大且位于头的侧下方。口上位，下颌很厚，上翘，口裂与体长轴几乎成垂直，下咽齿末端成钩状。腹鳍基部至肛门有腹棱，背部具强大而光滑的硬刺，尾鳍分叉，下叶稍长于上叶。体背略呈青灰色，两侧银白，各鳍灰黑色。高邮湖白鱼除味道鲜美外，还有较高的药用价值，具有补肾益脑，开窍利尿等作用，尤其鱼脑是不可多得的强壮滋补品。　　（史志）

【高邮湖鲫鱼】 高邮湖鲫鱼呈流线型(也叫梭形)，体高而侧扁，前半部弧形，背部轮廓隆起，尾柄宽，腹部圆形，无肉棱。头短小，吻钝，无须；鳞片大；背鳍长，外缘较平直，背鳍、臀鳍第3根硬刺较强，后缘有锯齿。胸鳍末端可达腹鳍起点，尾鳍深叉。背银灰色而略带黄色光泽，腹部银白而略带黄色，各鳍灰白色。高邮湖产的鲫鱼肉质细嫩，肉味甜美，营养价值很高，每百克肉含蛋白质13克、脂肪11克，并含有的钙、磷、铁等矿物质。高邮湖的鲫鱼以2～4月、8～12月的最肥美。2002年，“碧湖”牌、“金荡”牌鲫鱼被评为省无公害农产品；2005年，“河荡”牌鲫鱼、“碧湖”牌鲫鱼、“龙虬庄”牌鲫鱼通过国家无公害食品认定。2015年，据市农委统计，鲫鱼养殖面积800公顷，产量4.6万吨。　　（史志）

【高邮湖泥鳅】 高邮湖泥鳅的体形在腹鳍以前呈圆筒状，由此向后渐侧扁，头较尖，无眼下刺，背鳍无硬刺，前两枚为不分支鳍条，胸鳍距腹鳍较远，腹鳍不达臀鳍，尾鳍圆形。体背部及两侧深灰色，腹部灰白色，尾柄基部上侧有黑斑，尾鳍和背鳍具黑色斑点，胸鳍、腹鳍和臀鳍为灰白色，但生活环境及饲料营养不同体色有变化。高邮湖泥鳅可食部分占整个鱼体的80%左右，味道鲜美，营养丰富，含蛋白质较高、脂肪较低，能降脂降压，素有“天上的斑鸠，地下的泥鳅”和“水中人参”之美誉。2015年，据市农委统计，高邮泥鳅养殖面积37.6公顷，产量为586吨。　　（史志）

【高邮湖鳊鱼】 高邮湖鳊鱼,学名鳊,亦称长身鳊、鳊花、油鳊,古名槎头鳊、缩项鳊。在中国,鳊鱼为三角鲂、团头鲂(武昌鱼)的统称。该鱼全长约40厘米,比较适合于静水性生活。高邮湖鳊鱼体侧扁而高,呈菱形;头较小,头后背部急剧隆起;眶上骨小而薄,呈三角形;口小,前位,口裂广弧形;上下颌角质不发达;背鳍具硬刺,刺短于头长;胸鳍较短,达到或仅达腹鳍基部,雄鱼第一根胸鳍条肥厚且略呈波浪形弯曲;臀鳍基部长,具27～32枚分枝鳍条;腹棱完全,尾柄短而高;鳔3室,中室最大,后室小。体背部青灰色,两侧银灰色,腹部银白;体侧鳞片基部灰白色,边缘灰黑色,形成灰白相间的条纹。高邮湖鳊鱼具有补虚、益脾、养血、祛风、健胃之功效。2015年,据市农委统计,鳊鱼养殖面积700公顷,养殖产量4647吨。 (史志)

【界首茶干】 界首茶干,始产于明嘉靖年间。形似银元,色泽酱红,质如鸡肉,鲜美香醇。清代被列为贡品,1911年、1927年、1929年在杭州西湖博览会上连连获奖,1954年获省物品展览会一等奖,从1983年以来多次获江苏省名特优产品称号。2015年,界首茶干创成国家地理标志证明商标。(史志)

【高邮大米】 高邮大米是采用在无污染、无公害的绿色食品生产基地种植的新品种粳稻加工而成。米质新鲜,颗粒整齐,晶莹似玉,免淘洗,易储藏,蒸煮后味道香浓诱人、口感滋润爽滑。经国家权威部门检测,确认高邮大米内含丰富蛋白质、脂肪、糖及人体必需的微量元素。"珠光"牌大米于1997年被中国绿色食品发展中心评为绿色食品;"双兔"牌大米在2002年中国(淮安)优质稻米博览会上获"十大金奖大米"称号,2005年获"国家免检产品"称号,2007年"双兔"品牌获中国驰名商标、中国名牌;"邮宝"牌、"鸿运"牌大米获中国绿色食品发展中心颁发的绿色食品标志,"周巷"牌、"米河"牌大米被评为省无公害农产品。 (史志)

【秦邮董糖】 秦邮董糖是高邮的传统名特产品,已有三百多年历史。原名酥糖,之所以称董糖,有两种说法:一说以此糖为董姓师傅所制而得名,一说此糖为明末清初秦淮名妓董小宛所创,故名。董糖每块长约3厘米、宽、厚各约1.5厘米,每块有48层软片组成,用糯米粉、芝麻、白糖、麦芽等原料,手工精制而成,拆开包装纸,色泽呈深麦黄色,厚薄均匀,入口酥软,味美香甜,老少皆宜,是馈赠亲友的佳品。该产品有一定的季节性,不适合在气温高的地方或季节储运。 (史志)

【七大名宴】 高邮菜属淮扬菜系,又因其浓郁的水乡风味和深厚的文化内涵而自成体系,形成特色,给海内外嘉宾留下深刻印象。2002年,《中国食品报》先后两次以整版篇幅,分别介绍高邮的"汪氏家宴"和"少游宴"。2003年8月27日,经由市个体私营经济协会、市商贸总公司、市旅游局、高邮工商局等单位联合成立的餐饮业名店、名师、名宴、名菜评定委员会评出"汪氏家宴""少游宴""全鸭宴""珠湖鱼宴""清真宴""盂城驿宴"等六大名宴。2006年,增添"少游虾宴"。现将七大名宴简介如下:

少游宴 注重秦少游诗文中对饮食文化描绘

的钩沉，又结合当地传统的美食佳肴，其风味可用“清新、雅致”概括。如先社芽姜、菰蒲嫩心等，清新、清香、清纯，食之如闻泥土的芬芳和流水的清甜，体味到既清且浓的亲情。糟鱼、醉蟹等土特产品更为文人雅士饮酒论文、诗歌唱和时常常提及。

汪氏家宴　取料平常，高邮麻鸭、高邮鸭蛋、杨花萝卜、慈姑、荠菜、茶干、螺蛳、青虾、昂嗤鱼、虎头鲨等做成的菜肴，经汪曾祺记述、描绘，让人感到滋味极佳。

全鸭宴　原料以高邮麻鸭为主，菜菜有鸭。全鸭宴充分展示了淮扬烹饪技艺和水乡特色，因春、夏、秋、冬季节不同，而有桃花全鸭席、荷花全鸭席、菊花全鸭席、梅花全鸭席之别。桃花全鸭席有雏鸭迎春、芙蓉鸭舌、西湖鸭群、鸭肉春卷等；荷花全鸭席有清香解热的荷花白焖鸭、三色鸭雪糕，玲珑剔透的玉骨穿翅、盐水玉鸭；菊花全鸭席有银杏鸭丁、琵琶鸭舌、仙鹤望月；梅花全鸭席则有涮全鸭、雪盖鸭方、油炸鸭串、鸭血豆腐等。

珠湖鱼宴　冷菜有鱼跃龙门、七星彩碟等，热菜有太极双鱼、鸿运当头、粉蒸荷鱼、软兜黄鳝等，点心有碧玉虾包、鱼翅金糕、珠湖鱼面等。珠湖鱼宴清纯、鲜美，水乡风味浓郁。

清真宴　菱塘回族乡伊斯兰教徒吸收汉民族烹饪技术特长，创造出独特风格的淮扬清真食品，既是淮扬菜系的重要组成部分，也是中国清真饮食南北两大流派的南方代表。菱塘回族乡许多回民善于制作各种清真食品，他们严守教规，精心制作，什锦面盒、熘羊肉片、芝麻牛排、椒盐牛筋、爆炒牛百叶等菜肴，以其风味独到、注重清洁而备受青睐。

盂城宴　盂城驿开设于明洪武八年（1375年），为全国现存较好的规模最大的驿站。驿丞是一驿之长，常设“盂城驿宴”接待全国各地政要显贵。桃源居大酒店厨师查阅典籍和地方志，走访耆老名流，熔铸古代文化与现代文明，制作了盂城驿宴。

少游虾宴　是近年来以罗氏沼虾为主要原料制作的。（史志）

【十大名菜】　璧合珠联　冷菜。取咸双黄鸭蛋煮熟带壳切开，蛋白似白玉凝脂，蛋黄如红橘流丹，且两黄相连，寓意吉祥。

珠湖雪浪　又名“雪花豆腐”。高邮湖因有过珠光，故别名珠湖。高邮名厨烹制的豆腐，腐块细如飞雪，盛于碗中犹如珠湖雪浪。食之觉得鲜美、香甜、细嫩、光滑、舒适、暖胃。艺术大师刘海粟题为“其乐无穷”。

地久天长　又名“砂锅天地鸭”。以野鸭和高邮麻鸭同锅清炖而成。野鸭飞天，麻鸭在地，故名。清香美味，为冬令滋补佳肴。

金宝大发　香酥麻鸭，油汆枣红，乳制金黄，皮酥肉嫩。筷子稍稍一拨，骨散架，肉脱骨，皮酥脆。“鸭”谐音“发”，寓意财源大发。

霞蔚凤仙　此菜以高邮湖野鸭为主料，钗烤时火光熊熊，蒸气腾腾，故名。食之，清汤润肺天然美味，骨脆肉酥野味香醇，可称筵席中难得的美馔佳肴。

雏凤迎春　五香八角卤桃花双双鸟。双双鸟是高邮特有的一种小水鸟，桃花盛开、秧苗青青时节最多，也最香嫩。

金裹银装　金丝鱼，又名昂嗤鱼。取其腮边两片如蒜瓣状肉热炒，一面金黄，一面洁白，其嫩无比。

玉珠藏丹　夹心鱼圆。鱼圆象征大的玉珠，夹心小肉圆为“丹”色。鱼中有肉味，玉珠藏美丹，其寓意从古秦邮八景之一“鹿女丹泉”化出。

文游玉带　是黄瓜鱼的雅号。黄瓜鱼白色透明，柔软细嫩，如玉带般晶莹。每到黄瓜开花时节是捕捉黄瓜鱼的最好时期。

三阳开泰　羊肉汤，以高邮东北临泽镇羊肉汤为最。寒冬腊月，喝羊肉汤犹如三春艳阳在心头，全身暖和，通体舒泰。（史志）

【秦邮名点】　秦邮点心，品种繁多，选料考究，制作精细，具有馅丰、皮薄、多卤、味鲜、形美的特色，是全国三大点系之一的淮扬细点的组成部分。

蟹黄大包　高邮传统名点，与镇江、靖江的蟹黄汤包不同，有体形圆、肥口小、皮薄、多蟹黄、卤馅调配得当的特点。蒸熟后，皮亮形美，蟹油浸出包口，渗透出金黄色斑块。

虾肉菜包　用虾肉配菜做成包子，虾肉鲜嫩，卤汁盈溢，甜咸适中，口味别致。

鲜笋肉包　采撷地方鲜芽笋，切成细碎丁，配制生肉馅，制作成点。野鸭菜包选用鲜肥野鸭肉，做成野鸭菜包，异香扑鼻，鲜美可口，色味俱佳。

五丁大包　馅中含有鸡、虾、参、肉、笋等五丁，以鸡汤作卤。

干菜糖包　馅心以咸干菜（即晒干的咸白菜）为主料，浸泡去咸汁，保持干菜原味，加配糖油，搅拌成馅，制成点心，味鲜食美。

翡翠烧卖　选用新鲜青菜叶为馅心主料，将菜焯熟凉透，再加淀粉熬成糊状，制成烧卖。

千层油糕　以面粉、大油、油丁、白糖、桂花等为原料，制作精细，程序讲究。蒸熟后切成菱形，糕面上布有红色油丝，立面呈现出为多层相叠、层层相分、色泽透明的水晶体。

各式花卷　品种多样，分甜、咸、椒盐三种口味。多用上等面粉发酵，分品种配制各种调料精制而成。（史志）

经济社会发展

【概况】 2015年，全市实现地区生产总值483.85亿元，其中第一、二、三产业增加值各为66.34亿元、215.53亿元、201.98亿元，可比价分别增长10.5%、3.6%、10.1%、13.3%；第一、二、三产业结构由上年的14.1∶45.2∶40.7调整为13.7∶44.6∶41.7；人均地区生产总值65420元，按当年汇率折算达10081美元。（史志 韦璟）

【农业和农村工作】 实现农业产值128.92亿元（含农林牧渔服务业，不含农民家庭兼营商品性工业）、农业增加值66.34亿元，分别增长5.9%、3.6%；农民人均纯收入1.6万元，增长14.2%。实现粮食总产量88.80万吨（实现“十二年连续增产”）、棉花总产量0.01万吨、油料总产量2.05万吨；生猪出栏量31.02万头、家禽出栏量1153万只、水产品产量19.40万吨。新增高效设施农渔业面积0.27万公顷，农业适度规模经营面积0.32万公顷，新建高标准农田0.33万公顷；建成“菜篮子”基地533.33公顷；创成省农业龙头企业3家、省示范家庭农场5家，累计分别为114家、7家；创成扬州市级农业园区4家。农村产权交易实现省市县镇四级互联互通，年交易额3.1亿元。新创农业“三品”（绿色食品、有机食品、无公害农产品）品牌30种，累计336种。“高邮湖大闸蟹”地理标志证明商标获国家工商总局商标局批准。高效农业保险保费3516.92万元，占农业保险保费的46.9%。加快推进农业资源综合开发，实施农业综合开发项目17项，财政总投资6508万元。加快发展各类农业机械，全市农机总动力70.15万千瓦，农业综合机械化水平82.4%。秸秆机械化还田100多万亩。推进蓝天碧水工程，疏浚农村河道239条、248千米，完成土方214万立方米，投入资金770万元。完成农村水利工程、城市水务工程、淮河入江水道整治工程等3项重点工程建设。农业水价综合改革、小型水利工程管理体制改革试点工作通过省级验收。创成全国推进农业现代化优秀城市、省村级“四有一责”建设先进市。改造农村危房810户；界首金墩渔民安置小区全面启用，实现渔民上岸629户。村级负担控减成效明显，当年村级集体经营性收入40万元以上实现全覆盖。按照精准脱贫要求，全市建档立卡的低收入农户9203户实现全部脱贫。（史志 韦璟）

【工业】 全市4931家工业企业完成开票销售438.5亿元、入库税收20亿元，分别增长−3.8%、5.1%。其中，524家规模以上工业企业（全部国有及销售2000万元以上非国有企业）实现产值1149.44亿元、销售收入1106.42亿元、利税109.8亿元、利润68.4亿元，分别增长11.7%、10.2%、−0.4%、−2.3%；规模以上工业产销率99.4%，比上年上升1.6个百分点。实现工业增加值177.86亿元，按可比价计算，增长9.1%；工业增加值占GDP比重36.8%，下降0.6个百分点。实现工业用电量22.90亿千瓦时，增长1.5%。实施投资额10亿元以上工业项目25项（上年结转续建项目19项、当年新开工项目6项），计划总投资340亿元，当年用款105亿元，累计用款221亿元。实施扬州市“1532”技术改造工程项目20项，计划投资40.8亿元，当年用款17.2亿元，累计用款36.6亿元。围绕机械装备、电线电缆、照明灯具、纺织服装四个基本产业发展，精心包装、储备工业招商引资项目40项，总投资152亿元。组织开展省经信领域重大招商选资项目报送工作，有10项项目被列入“江苏省2015年经信领域重大招商选资项目”。获批全国2015年工业品牌培育试点企业1家、中国机械工业现代化管理示范企业1家；获批首批江苏省级创新示范企业1家、省科技型中小企业12家、江苏2014年度江苏省“自主工业品牌五十强”宣传企业1家，通过江苏省科技小巨人企业认定1家；获批省重点技术创新项目计划10项、省首台套重大装备及关键部件产品认定2种、省“专精特新产品”1种，入选省《重点推广应用新技术新产品目录》产品9种，通过省级新产品推广应用鉴定的新产品8种；新创成全市首家省级示范智能车间1间；新增省级认定企业技术中心5家、扬州市级认定企业技术中心27家；获批扬州市“专精特新”示范（培育）中小企业47家、扬州市创新型（试点）企业54家。获批省级两化融合示范企业1家、试点企业11家；培育扬州市级以上星级数字企业48家；高邮城南经济新区创成江苏省两化融合试验区。兑现工业集中区发展专项扶持资金和奖励资金772.1万元，完成园区基础设施投入1.7亿元，新建标准化厂房10.7万平方米。扬州曙光电缆股份有限公司、高邮市龙腾农村小额贷款股份有限公司、江苏华富储能新技术股份有限公司、扬州日兴科技股份有限公司实现在“新三板”挂牌上市。（史志 韦璟）

【建筑业】 全年新增有资质企业19家，累计有各类有资质建筑企业377家，其中总承包特级资质企业1家、一级资质企业13家、二级资质企业26家、三级资质企业45家，专业承包一级资质企业26家、专业承包二级资质企业51家、专业承包三级资质企业176家，劳务分包资质企业39家。承接高层建筑2278幢，其中超高层建筑316幢。有资质建筑企业承接施工面积5138.8万平方米，其中新开工面积 2416.9 万平方米，竣工面积 2477.9 万平方米。完成建筑业企业总产值 1000 亿元、建筑业增加值 37.67 亿元、建筑业税收 4.67 亿元，分别增长 25%、15.7%、12.7%。有年产值超 1 亿元建筑企业 58 家，其中年产值超 10 亿元建筑企业 20 家。获地市级以上优质工程奖 49 项，其中省级 14 项、地市级 35 项。江苏弘盛建设工程集团有限公司蝉联全国民企 500 强企业，江苏瑞沃建设集团有限公司蝉联省建筑业百强企业。江苏弘盛建设工程集团有限公司、江苏兴厦建筑安装有限公司、江苏润扬建设工程有限公司获"省建筑业竞争力百强企业"称号，江苏建宇建设工程有限公司、扬州市天成建筑安装工程有限公司获"省建筑业最具成长性百强企业"称号。高邮市获扬州市建筑业经济考核二等奖，被表彰为扬州市 2015 年建筑施工扬尘治理先进地区。　（史志　韦璟）

【旅游业】 进一步强化旅游业发展的布局完善、资源开发、景点建设、市场营销、扩大宣传、行业管理等重点工作，推动"食、住、行、游、购、娱"等旅游要素均衡发展，在苏中县市率先加入华东旅游线路，开通高邮湖水上游览线，清水潭旅游度假区游客中心主体完工，新民滩郊野公园全面施工，盂城驿景区创成国家 AAAA 级旅游景区。全年接待游客 403.6 万人次，实现旅游收入 34.7 亿元，分别增长 15.4%、15.6%。　（史志　韦璟）

【国内贸易】 着力完善城乡现代流通体系，加大商贸业重点项目建设，提升城乡商贸流通业发展质态。市诚信电子商务物流产业园入选江苏"省级示范物流园区培育储备库"和"2015 年国家现代物流重大工程"。在全省县市中率先出台促进"互联网＋"发展的扶持政策，成立农产品电商协会。在扬州地区率先引进农村淘宝项目，实现苏宁易购、1 号店、京东商城高邮馆"三馆合一"并建成线下展示中心。新增限额以上企业 22 家，累计有限额以上企业 126 家，实现营业收入 78.35 亿元。全市实现社会消费品零售总额 153.06 亿元，增长 10.4%。其中，批发业、零售业、住宿业、餐饮业各实现零售额 20.23 亿元、112.96 亿元、0.9 亿元、18.97 亿元，分别增长 22.4%、7%、29.5%、19.4%；城镇、乡村消费品市场各实现零售额 145.04 亿元、8.02 亿元，分别增长 9.6%、6.9%。　（史志　韦璟）

【对外国及港澳台地区经贸】 开展"上海及长三角地区招商年"等招商活动，签订各类投资项目协议 97 项，其中投资额 10 亿元以上项目 9 项。举办第十一届中国双黄鸭蛋节和第七届中国邮文化节。全年注册外资实际到账 6021 万美元，增长 111.2%。完成进出口总额 44001 万美元，其中出口 40718 万美元，分别增长 5.1%、5.4%。全年完成外经营业额 295 万美元，增长 19.0%。

（史志　韦璟）

【固定资产投资】 全年完成固定资产投资 395.87 亿元，其中第一、二、三产业各投资 3.83 亿元、265.85 亿元、126.2 亿元，分别比上年增长 20%、15%、15.4%、25.3%，三次产业投资占全社会固定资产投资的比重各为 0.97%、67.15%和 31.88%。完成房地产开发投资 35.37 亿元，下降 34.8%。

（史志　翁加良）

【交通、邮电与供电】 连淮扬镇铁路高邮段开工建设，沿线征地拆迁工作基本完成，负责该路段三个标段建设的中铁十九局集团有限公司、中国中铁航空港建设集团有限公司、中铁十七局集团有限公司全面进场施工，当年完成投资 8.5 亿元。界首运河大桥开工建设。S611 高邮段路基贯通。高邮运东船闸扩容工程通过验收。文游路公路桥建成通车。完成新一轮县道路网规划，提档升级农村公路 30 千米，改造危桥 43 座，建成界首镇、龙虬镇至新 S237 连接线。"邮乡阡陌服务组"获省优质服务品牌。推进美丽乡路三年（2014～2016 年）行动计划，创建美丽乡路 65 条、总长 283 千米。更新城乡客运班车 100 辆，新投放天然气公交车 35 辆，城市公交实现全省"一卡通"。当年交通系统实有载客汽车 248 辆（不含出租车）、1.22 万客位，当年完成客运量 2637 万人，旅客周转量 17.23 亿人/千米。全年完成邮政业务总收入 1.11 亿元、电信业务收入 1.97 亿元。至年底，城乡累计有固定电话 15.26 万门，其中城区电话用户 5.28 万户、农村电话用户 9.98 万户。城乡固定电话普及率 122.1 部/百户。电信和移动宽带网络在市区、乡镇政府所在地及非乡镇政府所在地集镇实现全覆盖。投入 9.6 亿元实施电网改造升级工程，高邮首座 500 千伏变电站、110 千伏观鹤变电站建成投运。全年全社会用电量 30.18 亿千瓦时，增长 1.1%。其中，城乡居民生活用电量 4.03 亿千瓦时、各行业用电量 26.15 亿千瓦时，分别增长 2.8%、0.8%；第一、二、三产业用电量各为 1.26 亿千瓦时、22.59 亿千瓦时、2.31 亿千瓦时，分别增长 10.6%、－0.8%、14.8%。售电量 28.98 亿千瓦时，增长 1.0%。至年末，实现安全纪录 4390 天。

（史志　韦璟）

【城乡建设】 入选省新型城镇化综合试点市。开展"四城同创"（国家历史文化名城、国家卫生城市、国家环保模范城市和全国文明城市创建工作）突破年活动，国家历史文化名城申报通过住建部、国家文物局专家组评估考察，国家卫生城市创建通过扬州市级考核，全国文明城市创建迎接省级首次评审。高邮市城市总规修编完毕。完成市河第二期、南海子河、东门大沟及北澄子河上段区域综合治理等工程,南澄子河、香沟河、承志河、长生大沟综合整治工程有序推进。建成珠湖、东部新城农贸市场,标准化改造老市场8个。完成后街后巷70条、老旧小区2个修缮出新及道路5条提升亮化等工作。完成盂城驿扩容二期、国雄路升级、华侨岗交叉口改造、抗日战争最后一役纪念馆及周边地块改造一期工程等建设。实施秦邮路主辅分离、文游中路综合整治、海潮东路东延、馆驿路建设和船闸北路贯通工程。新扩建停车场4个。建成市人防应急疏散基地。完成市文体中心一期总体规划和主体平面设计工作。新增农村无害化卫生户厕9500座。全市房地产开发投资35.37亿元,其中住宅投资27.31亿元、商业营业用房投资5.70亿元,分别下降34.8%、32.3%、41.7%。全市商品房施工面积393.65万平方米,其中新开工面积149.14万平方米,分别增长13.1%、-35.4%;商品房竣工面积98.46万平方米,增长7.0%;商品房销售面积68.20万平方米,增长2.5%。城市化水平进一步提高,年末城市化水平50.37%,比上年提高0.57个百分点。（史志 韦璟）

【环境保护和生态建设】 贯彻落实市十四届人大三次会议形成的《关于大力推进生态文明建设的议案的决议》精神,健全完善生态文明建设评价考核体系,推行生态问责、铁腕治污,立案查处环境违法案件59件。继续扩张环境容量,实施造林面积1060公顷、新增建成区绿地30公顷。清水潭湿地公园、高邮湖湿地公园分别通过国家级、省级评审。开展覆盖拉网式农村环境综合整治工作。完成农村河道疏浚整治496万立方米,铺设城区污水管网10.1千米,主要河流监测断面达标率100%,城市水域功能区水质达标率82.4%。继续保持北澄子河三垛西大桥国控断面水质基本达标。在全省率先建成病死畜禽市乡村三级无害化联动收集处理体系。实施重点节能改造项目26项、治污减排项目8项,关闭排放不达标企业13家,停产整顿相关企业14家,完成减排年度目标。单位地区生产总值能耗下降4.0%,消减化学需氧量858吨、氨氮73吨、二氧化硫124吨、氧氮化合物46吨,均完成年度目标任务。综合治理大气污染,全年开展秸秆禁烧,整治城乡燃煤锅炉120台,PM2.5年平均值较上年下降23%,公众对环境质量满意率80%以上。菱塘回族乡创成国家园林城镇;高邮城南经济新区勤王村、龙虬镇东角村创成省生态村,菱塘回族乡清真村、三垛镇官垛村、临泽镇钱镜村创成扬州生态文明示范村;甘垛镇沙贯村、三垛镇管垛村美丽乡村示范村创建工作通过省级验收。

（史志 韦璟）

【财政与金融】 全年实现公共财政预算收入33.24亿元,增长13.4%。实现税收收入27.36亿元,增长13.8%,占公共财政预算收入82.3%。公共财政预算支出53.62亿元,增长15%。年末金融机构各项存款余额455.81亿元,其中居民储蓄存款310.33亿元,分别比年初增加59.98亿元、38.24亿元,分别增长15.2%、14.1%;各项贷款余额278.49亿元,比年初增加36.72亿元,增长15.2%。全年市内人寿保险高邮支公司、人保财险高邮支公司、大地保险高邮支公司和利安人寿高邮支公司等4家企业共实现保费收入7.75亿元,增长6.8%;受理各类理赔案件2.4万起,增长14.8%;累计支付赔款1.56亿元,下降0.01%。

（史志 韦璟）

【科学技术与教育】 获批国家知识产权试点市。组建高邮市产业技术研究院。获批扬州市级以上各类科技项目38项,其中国家星火计划项目6项、国家火炬计划项目8项、省重大科技成果转化项目4项、省战略性新兴产业项目3项、省科技支撑(工业)计划项目1项、省科技支撑(现代农业)计划项目2项、省重点创新项目10项、省农业科技社会化服务奖补资金项目1项、扬州市科技发展计划农业科技攻关项目3项。新认定国家高新技术企业37家,获批首批省创新示范企业1家、省科技小巨人企业1家,创成省智能示范车间1个,获批省级以上重点新产品39种、省高新技术产品152种。获批扬州市级以上"三站三中心"24家,其中国家级博士后工作站1家(扬州宏远电子科技有限公司国家级博士后工作站)、省企业研究生工作站11家、扬州市院士工作站1家、扬州市工程技术研究中心11家。全年引进高层次人才39人,其中领军人才16人、博士人才20人、国家"青年千人计划"3人,柔性引进科技人才近150人。获批专利授权2891件,其中发明专利52件;组织制定国家、行业标准?个;新增注册商标874件,新创中国驰名商标2件、省著名商标10件、扬州市知名商标14件,新获批省名牌产品8种、扬州市名牌产品17种。高邮湖大闸蟹和界首茶干创成国家地理标志证明商标。江苏科凌医疗器械有限公司获批全国工业品牌培育试点企业。

义务教育段免试就近入学,取消高中择校生。建成三垛实验小学、界首实验小学、高邮经济开发区九年一贯制学校,完成校舍安全改造5万平方米。高考普通类本二以上上线率52.1%,分别有考生各1人达北京大学、清华大学和中国科技大学少年班录取线。高邮中等专业学校学生对口高考录取数和录取率均列扬州各县(市、区)职业学校第一。

（史志 韦璟）

【文化、卫生与体育】 高邮入选第三批创建省级公共文化服务体系示范区名单。三垛镇文化站被中共中央宣传部评为“双服务”先进集体。临泽高跷、高邮咸鸭蛋制作技艺、菱塘回回习俗入选省第四批非物质文化遗产。实施文化惠民工程，全年送戏下乡 81 场、送书下乡 1 万多册、送电影下乡 4868 场。全市数字电视总用户 20 万户，门槛入户率 98%。高邮市创成省慢病综合防控示范区。卸甲镇创成省卫生镇。菱塘回族乡通过国家卫生镇复审。实施三垛镇、送桥镇、临泽镇、卸甲镇 4 家农村区域性医疗卫生中心建设；推行乡镇卫生院 22 个病种按病种付费改革；乡村医生签约服务经验在全省推广。举办市第五届运动会及第六届环高邮湖国际自行车越野赛、第四届高邮大运河半程马拉松赛。

（史志　韦璟）

【人民生活和社会保障】 城镇居民人均可支配收入 29007 元，人均生活消费支出 19427 元，分别增长 8.9%、7.8%；百户家庭电话（固定、移动电话，下同）、电脑拥有量分别达 312 部、85 台；城镇居民恩格尔系数为 31.4%。农村居民人均可支配收入 15608 元，人均生活消费支出 11984 元，分别增长 8.9%、10.0%；百户家庭电话、电脑拥有量分别达 313 部、34 台；农民恩格尔系数为 31.85%。全年居民消费价格指数 101.6，涨幅比上年回落 0.4 个百分点。城镇居民人均住房建筑面积 42.41 平方米，农村居民人均钢筋、砖混结构住房面积 44.07 平方米。落实各项促进就业创业扶持政策，新增城镇就业 1.57 万人、农村劳动力转移 4620 人，帮助就业困难人员再就业 680 人、城镇失业人员实现创业 478 人，城镇登记失业率 2%。推荐创业项目 63 项，发放创业担保贷款 1802 万元，为自主创业 209 人提供小额担保贷款贴息 123.16 万元。严格执行相关制度，强化劳动保障专项执法检查，保障劳动者合法权益。落实各类保障标准自然增长机制。出台特殊困难群体助保暂行办法。新增社保“五险”参保人数 1.39 万人。城镇职工、城镇居民、新农合医保政策范围内报销比例分别为 80%、70%、75%。全年募集慈善资金 833.6 万元、支出 785.59 万元。市残疾人康复中心正式投运。发放残疾人生活救助资金 2760.04 万元。居家养老服务中心实现城区全覆盖。筹集新建保障性住房 2028 套，基本建成 1832 套。住房公积金扩面 6048 人，发放贷款 2.57 亿元。

（史志　韦璟）

人民生活

【城镇居民户结构与就业】 2015年，据百户城市居民抽样调查，在百户城市居民家庭中共有人口311人，其中有收入者218人。在有收入者中，就业人数186人，离退休人数及其他有收入者人数32人，就业人数占全部人口的69.6%。

（许彩萍　史志）

【城市居民住房】 2015 年，据城市居民抽样调查，城市家庭居住人口平均每户为 3.11 人，人均住房建筑面积 40.55 平方米。按房屋产权类型分：购买商品房占 27.2%，自建住房占 65.2%，购买房改住房占 6.5%，购买保障性住房和租赁公、私房及其他产权类型占 1.1%。按住宅建筑式样分：单栋住宅（包括单栋楼房 55.4%、单栋平房 25%）占 80.4%，四居室占 0%，三居室占 13.1%，两居室占 6.5%，一居室占 0%。现有住房按市场价估算平均每户价值 34.13 万元。从住房居住条件来看，自来水使用率 100%，有厕所户占 97.8%，有浴室户占 96.7%，有取暖（降温）设备户占 98.9%，使用管道天然气户占 10.9%，使用液化石油气户占 75.0%，在百户城市居民家庭中有固定电话 62.8 部、移动电话 247.8 部，其中接入互联网的移动电话有 162.3 部。在调查的百户城市居民中，有 1 套房屋出租，建筑面积 220 平方米。（许彩萍　史志）

【城市居民收入情况】 2015 年，据城市居民抽样调查，城市居民人均可支配收入 29007.49 元，比上年增加 2376 元，增长 8.9%。在城市居民人均可支配收入中，人均工资性收入 17882.89 元，经营净收入 4278.09 元，财产净收入 2579.38 元，转移净收入 4267.13 元（其中养老金或离退休金为 3704.19 元），比上年分别增加 1431 元、192 元、218 元、534 元，各增长 8.7%、4.7%、9.3%、14.3%。

（许彩萍　史志）

【城市居民支出情况】 2015 年，据城市居民抽样调查，城市居民家庭人均总支出 28361.59 元，比上年减少 3648 元，下降 11.4%。其中，人均消费性支出 19426.83 元，比上年增加 1403 元，增长 7.8%；人均财产性支出 115.92 元，比上年增加 86 元，增长 291.6%；人均转移性支出 1321.42 元（社会保障支出 1287.09 元、赡养支出 5.99 元、其他转移性支出 28.34 元）；人均商业保险支出 199.86 元；人均购置财产及非经常性转移支出 3753.15 元；人均借贷性支出 3194.83 元。（许彩萍　史志）

【城市居民消费支出结构】 2015 年，据城市居民抽样调查，在城市居民八大类消费性支出中，人均食品烟酒类支出 6101.17 元，比上年增长 9.5%；衣着类支出 1621.85 元，比上年增长 8.7%；居住类支出 3733.66 元，比上年增长 7.2%；生活用品及服务类支出 1067.90 元，比上年增长 8.8%；医疗保健类支出 1068.48 元，比上年增长 6.1%；交通和通信类支出 2238.66 元，比上年增长 10.7%；教育文化娱乐服务类支出 3012.31 元，比上年增长

3.7%;其他商品和服务类消费支出 582.80 元,比上年增长 3.5%。2015 年,据全市城市居民抽样调查,恩格尔系数为 31.4%,比 2014 年增加 0.5 个百分点。 (许彩萍 史志)

【城市居民食品消费结构】 2015 年,据城市居民抽样调查,在城市居民人均食品消费的 3607.77 元中,粮油类人均消费 635.56 元,占食品消费总额的 17.6%,比上年下降 0.9 个百分点;肉禽蛋水产品类人均消费 1472.24 元,占食品消费总额的 40.8%,比上年下降 0.4 个百分点;蔬菜和食用菌类人均消费 543.85 元,占食品消费总额的 15.1%,比上年增加 0.6 个百分点;干鲜瓜果类人均消费 278.17 元,占食品消费总额的 7.7%,比上年增加 0.3 个百分点;奶类人均消费 299.82 元,占食品消费总额的 8.3%,比上年增加 0.7 个百分点。在抽样调查的百户城市居民家庭中,人均在外饮食支出 1487.71 元,占食品烟酒消费总额的 24.4%,比上年增加 6.8 个百分点。此外,烟酒饮料、糖果糕点、其他食品类人均消费 1357.01 元,占食品消费总额的 22.2%,比上年下降 6.6 个百分点。 (许彩萍 史志)

【2015 年居民消费价格指数】 2015 年,全市居民消费品价格指数为 101.6%,涨幅比上年回落 0.4 个百分点。其中食品类价格上涨 2.8 个百分点、烟酒及用品类上涨 1.7 个百分点、衣着类上涨 0.8 个百分点、家庭设备用品及维修服务类上涨 1.1 个百分点、医疗保健和个人用品类上涨 1.4 个百分点、交通和通信类下降 1 个百分点、娱乐教育文化用品及服务类上涨 0.9 个百分点、居住类上涨 2.3 个百分点。 (市统计局)

【农村住户从业类型、年龄结构、就业及住房】 2015 年,据农村 94 户抽样调查,按从业类型的从业劳动力比重划分:农业生产经营户 82 户,非农业生产经营户 8 户。家庭常住人口 281.92 人。其中,5 岁及以下 15 人,6～15 岁 22 人,16～19 岁 6 人,20～24 岁 16 人,25～29 岁 16 人,30～34 岁 13 人,35～40 岁 12 人,41～50 岁 54 人,51～60 岁 47 人,61 岁以上 79.42 人。在常住人口中,整劳动力有 80 人,半劳动力 117 人。在 6 周岁以上人口 197 人中,未上过学的 13 人、小学文化程度 51 人、初中文化程度 102 人、高中文化程度 20 人、大专及以上文化程度 11 人。在劳动力中,就业的有 186 人,其中从事农业、渔业 76 人,从事制造业、建筑业 82 人,从事交通运输、仓储和邮政业 3 人,从事批发和零售业 4 人,从事居民服务和其他服务业 11 人,从事住宿餐饮、信息传输、教育、文体娱乐、公共管理、租赁商务服务业等 10 人。年末农民人均住房面积 42.90 平方米,比上年增加 0.48 平方米。 (许彩萍 史志)

【农村居民收入构成】 2015 年,据农村 94 户抽样调查显示,农村居民年人均可支配收入 15607.99 元,比上年增加 1273 元,增长 8.9%。农村居民年人均可支配收入主要构成:年人均工资性收入 9079.56 元,年人均家庭经营净收入 3948.72 元,年人均财产净和转移净收入 343.38 元、2236.33 元,占比分别为 58.2%、25.3%、2.2%、14.3%,占比与上年相比,分别上升 0.4 个百分点、下降 1.3 个百分点、上升 0.1 个百分点和 0.8 个百分点。增幅与上年相比,分别下降 0.4 个、7 个、9.2 个百分点和上升 1.6 个百分点。 (许彩萍 史志)

【农村居民消费水平】 2015 年,据农村 94 户抽样调查,农村居民人均生活消费支出 11984.09 元,比上年增加 1086 元,增长 10.0%。其中,食品烟酒类消费支出 3816.97 元,比上年增长 2.1%,占比为 31.9%;衣着类消费支出 815.9 元,比上年增长 0.9%,占比为 6.8%;居住类消费支出 2351.79 元,比上年增长 5.9%,占比为 19.6%;生活用品及服务类消费支出 705.18 元,比上年下降 4.5%,占比为 5.9%;交通和通信类消费支出 1468.08 元,比上年下降 6.0%,占比为 12.3%;文化教育娱乐类消费支出 1673.80 元,比上年下降 7.3%,占比为 14.0%;医疗保健类消费支出 816.92 元,比上年下降 4.5%,占比为 6.8%;其他用品和服务类消费支出 335.45 元,比上年下降 1.4%,占比为 2.8%。2015 年,全市农村百户居民恩格尔系数为 31.9%,比 2014 年增加 0.4 个百分点。 (许彩萍 史志)

表 3 2015 年末高邮市百户城市居民家庭抽样调查主要耐用消费品拥有量表

品 名	单位	数量	品 名	单位	数量
摩托车	辆	27.05	照相机	架	30.30
助力车	辆	160.14	中高档乐器	件	7.57
家用汽车	辆	21.64	微波炉	台	94.14
洗衣机	台	100.63	空调机	台	180.70
电冰箱	台	102.80	热水器	台	102.80
彩色电视机	台	183.95	消毒碗柜	台	4.33
接入有线电视网络	台	160.14	健身器材	套	9.74
家用计算机	台	84.40	移动电话	部	247.79
接入互联网计算机	台	81.15	接入互联网移动电话	部	162.31
摄像机	架	5.41			

(许彩萍 史志)

2015 年末高邮市 94 户农民家庭

表 4　抽样调查主要耐用消费品拥有量表

品　名	单位	数量	品　名	单位	数量
洗衣机	台	89.00	固定电话	部	71.00
电冰箱	台	94.42	移动电话	部	223.42
空调机	台	123.00	接入互联网移动电话	部	110.00
排油烟机	台	28.00	彩色电视机	台	155.42
微波炉	台	67.00	接入有线电视网	台	129.42
热水器	台	95.42	摄像机	架	0
其中太阳能热水器	台	91.42	照相机	架	6.00
助力车	辆	145.42	家用计算机	台	32.00
摩托车	辆	27.00	接入互联网计算机	台	29.00
家用汽车	辆	14.00			

（许彩萍　史志）

【婚姻登记】　2015 年，市民政局婚姻登记处完成全市 2005 年以前近 4000 卷乡镇婚姻档案进行收集整理及移交市档案馆工作；完成 1994～2005 年近 7 万条婚姻登记信息计算机录入工作，实现全国联网。是年，全市办理结婚登记 6725 对、离婚登记 1209 对，登记率、合格率均为 100%；补办婚姻登记证 1120 对，出具婚姻证明 4010 件；免除登记费用 16.8 万元。（张准　周麟）

【收养登记】　2015 年，市民政局规范收养行为，完善收养登记程序，防止不符合条件的家庭出现收养孩子的行为。至年底，全市新办理收养登记 63 例。（张准　周麟）

【殡葬改革】　3～4 月，全市开展“文明祭扫、生态安葬”主题宣传月暨优质服务月活动，倡导文明低碳祭扫新风。积极推进惠民殡葬改革，全面推进乡镇、园区公墓规范化建设，多管齐下扼制乱埋乱葬行为发生。全年销售墓穴 445 座，有序接待清明祭扫群众 10 万人次。落实普惠制殡葬政策，全年共为 6349 名群众免除四项基本殡葬服务费 881.3 万元。全年火化遗体 6763 具，火化率和骨灰规范化处理率均为 100%。（张准　周麟）

精神文明创建工作

【杨文华、王瑞华当选第五届江苏省道德模范】　5 月，根据省委宣传部、省文明办、省总工会、团省委、省妇联、新华报业传媒集团、省广电总台《关于推荐第五届全国道德模范和评选表彰第五届江苏省道德模范的通知》要求，第五届江苏省道德模范评选活动启动。经逐级遴选、层层审核、媒体公示、择优推荐等程序，高邮市推荐的临泽镇居民杨文华、王瑞华当选第五届江苏省道德模范，并于 9 月 23 日下午出席由省文明委在南京举办的“美德之光”——第五届江苏省道德模范颁奖仪式。（夏斌）

【江苏省道德模范与身边好人（扬州高邮）现场交流活动】　6 月 24 日下午，由江苏省委宣传部、省文明办主办，扬州市委宣传部、扬州市文明办和高邮市委、市政府承办，高邮市委宣传部、市文明办、菱塘回族乡党委、政府共同协办的“爱国、敬业、诚信、友善”江苏省道德模范与身边好人（扬州高邮）现场交流活动在菱塘回族乡民族文化宫举行。活动邀请高邮市全国道德模范提名奖家人，省、市道德模范及提名奖获得者和“中国好人”“江苏好人”“高邮好人”近 30 人参加；通过播放短片、现场访谈、文艺表演、网友互动等形式，展示杨文华、杨福贵、刘玉山、王瑞华及嵇恒和、翁国英夫妇等 6 名“高邮好人”身上的“真善美”，传递道德模范身上的正能量。（夏斌）

资料链接　近年来，为培育和践行社会主义核心价值观，进一步在全社会掀起学习典型、崇尚典型、争当典型的新高潮，市委、市政府除每两年开展“高邮好人”评选表彰外，还组织开展“我推荐我评议身边好人”“文明家庭”等各类评选表彰活动，并借助举办道德讲堂、编印《高邮好人》丛书、开展先进事迹巡讲等，大力营造浓厚的学习宣传氛围。同时，不断健全道德模范关爱与帮扶机制，制定出台《高邮市礼遇道德模范和身边好人实施办法》，从政治礼遇、精神激励、物质待遇等方面给予褒奖，在全市树立好人好报的价值导向，有效推动全市精神文明建设迈上新的台阶。（史志　夏斌）

【王海滨当选上海十大杰出青年】　12 月 5 日下午，由上海市青年联合会、新华社上海分社、上海广播电视台、解放日报社、文汇报社、新民晚报社、青年报社、东方网、上海杰出青年协会、上海市青少年发展基金会联合主办的第十八届“上海十大杰出青年”评选活动揭晓，高邮籍小伙王海滨名列其中。（葛玉琴）

资料链接　王海滨，高邮市周山镇人，1990 年出生，居住在上海闵行诸新三村 14 号楼，是昂思菲特（上海）有限公司工程师。2015 年 6 月 16 日凌晨 1 点 45 分许，王海滨家所在的住宅楼突发火情，浓烟迅速吞噬了整幢楼房。危急时刻，他不顾自身安危，毅然冲出家门，上上下下跑了 80 多级楼梯，将火情一一告知住在楼内所有 11 户邻居，并用手拧开滚烫的电子防盗门让保安及消防队员进入灭火。由于做好安防准备，邻居们均安然无恙，但他却是全身 88%被烧伤，还有很严重的吸入性损伤，此后即被送入医院重症室接受医治，直到 7 月 2 日，才彻底恢复意识。10 月底，在王海滨 26 岁生日前夕,他在父亲的搀扶下,才第一次艰难地站起来。王海滨见义勇为的英雄事迹经媒体播出后,受到上海社会各界的广泛关注。是年7月29日,上海市见义勇为基金会授予王海滨“上海市见义勇为楷模”荣誉称号;是年9月18日,王海滨当选为感动上海年度人物。 (葛玉琴)

【王海滨、高金彬当选为2015年十大扬州好人】 12月,经各地各部门推荐、活动主办单位评议,由扬州市委宣传部、市文明办、扬州报业传媒集团和扬州广电传媒集团(总台)共同举办的2015年度十大“扬州好人”(道德模范)评选活动结果揭晓,高邮市推荐的王海滨、高金彬当选为2015年十大扬州好人。 (夏斌)

【市志愿者协会第二次会员代表大会】 5月22日下午举行。会议的主要任务是,全面总结4年来市志愿者协会的主要工作,认真谋划今后一段时期的工作思路。市委副书记、宣传部部长张秋红及市有关部门负责人、志愿者代表等参加。

会上,张秋红作讲话。她指出,四年来高邮市志愿者协会秉承“奉献、友爱、互助、进步”的志愿服务精神,围绕全国文明城市创建、重大活动服务、环境卫生清洁、老幼弱残扶助、平安社会维护等,开展大量卓有成效的志愿服务活动,赢得社会各界的广泛赞誉。她指出,志愿服务是社会文明进步的重要标志,是新形势下推进精神文明建设的重要载体。市志愿者协会要充分发挥组织自身优势,紧扣重点工作,全面规范工作流程,落实各项规章制度,让协会充满活力与朝气,不断给各种弱势群体送去温暖、送去实惠,为百姓分忧、为政府助力。她要求,市志愿者协会要进一步强化志愿服务认识,切实增强做好志愿服务工作的责任感和使命感;要充分发挥志愿活动的优势,开展丰富多彩的志愿服务系列活动,满足不同层次人群的愿望和需求,推动社会和谐发展;要不断拓宽志愿服务领域,提升志愿服务水平,完善志愿服务机制,强化自身建设和管理,推进全市志愿服务法制化、规范化、品牌化发展;要通过多种方式与途径,加大对志愿服务理念和志愿服务行动的宣传力度,进一步营造良好氛围,培育好志愿服务文化,让热心公益、扶贫济困成为时代风尚。会议还审议通过“高邮市志愿者协会章程”等文件,选举产生市志愿者协会第二届理事会理事以及市志愿者协会会长、副会长和秘书长。

(夏斌 潘俊恺)

【志愿服务活动】 2015年,市委宣传部、市文明办继续组织引导各方广泛开展志愿服务活动,努力培育和践行社会主义核心价值观,汇聚全市人民的正能量,为建设“强富美高新高邮”营造文明和谐的社会氛围。2月10日上午,组织与高邮镇御码社区结对共建单位在该社区举行“邻里守望送吉祥、红红火火过大年——春节志愿服务活动”。活动中,由志愿者代表向结对困难家庭代表发放春节慰问金和慰问品;秦邮书画院的书法家志愿者现场为社区居民写春联、送祝福。3月5日,在净土寺塔举行“学习雷锋好榜样、践行核心价值观、建设文明新高邮”志愿服务集中行动。活动中,表彰市阳光志愿者协会等5个“2014年度高邮市志愿服务先进集体”和袁玉华等15名“2014年度高邮市优秀志愿者”,并现场开展便民利民、健康检查、科普宣传、政策咨询、环境维护、关爱空巢老人等各种志愿服务活动。10月31日,联合市公安局等部门组织开展“文明停车、文明行车、文明乘车”文明交通系列活动,重点围绕文明交通劝导、交通秩序专项整治、“城管进社区”志愿服务、“最美驾驶员、三轮车营运人员”评选等多项专题展开。12月4日,在“志愿江苏”平台正式上线运行之际,积极组织志愿者上网注册登记,注册登记志愿者人数1.91万人。

(夏斌)

全市举行志愿服务集中行动现场 (夏斌 摄)

【寻找“最美家庭”启动仪式暨特色家庭颁奖活动】 5月10日上午,由市委宣传部、市文明办、市妇联联合主办的寻找“最美家庭”启动仪式暨特色家庭颁奖活动举行。市委副书记、宣传部部长张秋红出席仪式并讲话。她指出,家庭是社会的细胞,家庭建设是一个系统工程,与社会和谐、国家文明息息相关。她希望,通过书香家庭、绿色家庭、廉洁家庭、和谐家庭等最美家庭的示范带动,积极传承尊老爱幼、夫妻和睦、科学教子、邻里互助的家庭美德,引领广大妇女和家庭见贤思齐、崇德向善,以家庭道德文明建设的成效,促进全社会文明程度的提高,齐心协力共同为“四城同创”、美丽高邮建设而努力。仪式上,表彰一批“好家庭”“好主妇”“好家风”的特色家庭。仪式结束后,与会人员还一同观看影片《念念》。 (葛玉琴)

【未成年人文明礼仪养成教育】 2015年,市文明办联合相关单位组织开展未成年人文明礼仪养成教育系列活动，引导未成年人学礼仪、知礼仪、行礼仪，努力培养他们成为崇德向善、崇尚文明、富有理想、快乐健康、全面发展的新一代高邮人。上半年，联合市教育局在全市开展“八礼四仪”（仪表、餐饮、言谈、待人、行走、观赏、游览、仪式之礼，入学、成长、青春、成人仪式）创新案例评比表彰活动，共评选产生创新案例43篇；六一前夕，联合市文联、市教育局等部门举办“践行文明礼仪、争当崇德少年”主题书画大赛活动，共评选产生优秀作品192幅；9月初，开展文明礼仪主题“开学第一课”活动，全市各中小学校数千名学生参加；10月份，开展童谣创作征集传唱等系列活动，共征集童谣作品200多首，开展传唱活动10多场。同时，以天山实验小学“梦想启航”新生入学仪式、沙埝实验小学“感恩·成长”成长仪式、市赞化学校“为青春引航·让责任同行”青春仪式、高邮中学“责任·感恩·行动”十八岁成人仪式为代表的仪式教育活动在全市各中小学校广泛开展，有效促进全市未成年人文明礼仪养成教育工作。　（戴俊芳）

【第三届高邮市“美德少年”评选】　6月12日，由市文明办、市教育局、团市委、市关工委等四部门联合组织开展的第三届高邮市“美德少年”评选活动，在市实验小学东校区举行颁奖仪式。此次评选活动历时3个月，共有20多所学校的100多名学生参加。经过前期的推荐、公示、评审等程序，确定黄子阅等10名同学为市第三届“十佳美德少年”，周林含等10名同学获市“十佳美德少年”提名奖。

（戴俊芳）

资料链接　近年来，市委、市政府高度重视开展培育、选树、争当“美德少年”活动。自2011年起，该市“美德少年”评选已连续开展三届，对传统美德教育从小抓起，将美德的种子播进孩子的心田。该市开展“美德少年”评选表彰活动，不仅仅是给孩子们颁奖，更是对青少年进行一次社会主义核心价值观宣传教育，鼓励他们持之以恒地养德行善，将美德自觉转化为内心的道德准则，从一点一滴、一言一行做起，规范德行、完善自我，并从小树立报效人民、报效祖国的远大志向，在今后的生活和学习中脚踏实地，拼搏奋进，为祖国争光，为家乡添彩。与此同时，该市文明办等职能部门编印《身边的美德少年》绘本读物数千册，并制作“美德少年”事迹视频，在全市各中小学校进行广泛宣传，从而让更多的未成年人受到激励和鼓舞。同时，还在全市各中小学校开展“践行八礼四仪·争当美德少年”主题系列活动，通过征文、讲故事、手抄报竞赛等多种活动形式，让美德少年走近更多孩子身边，成为孩子们可亲可近，易懂易学的好示范、好榜样。

（戴俊芳）

【关爱未成年人心理健康主题系列活动】　2015年，市文明办围绕关爱未成年人心理健康主题，联合相关部门组织开展组织开展进校园、进乡镇、进社区系列活动。3月，在市荷花塘特殊教育学校开展“携手成长·共享阳光”关爱聋哑儿童心理健康团体辅导活动，有师生50多人参加。5月，在高邮中学及市第一中学分别开展“做幸福中学生”心理健康知识大赛活动和“幸福相伴·心灵护航”心理剧大赛及广场咨询等系列活动，共有师生近3000人参加。6月，在送桥镇建成未成年人成长指导中心送桥分中心，配备专业心理器材，培训专业辅导老师，开展各项指导服务工作。11月份，联合市妇联、市教育局组织举办心理健康教育志愿者暨家教志愿者培训班1期，有志愿者100多人参加培训，有效提升其志愿服务的水平。同时，继续组织开展关爱留守儿童心理健康“萤火虫”行动，组织心理志愿者20多人，深入学校举办心理健康主题讲座20多场，与300多名结对留守儿童面对面沟通，帮助孩子树立健康心态，快乐成长。　（戴俊芳）

【精神文明创建活动】　2015年，市文明办继续组织全市上下开展群众性精神文明创建活动，公民文明素质和社会文明程度不断提高，涌现出一大批各项事业协调发展、精神文明建设成绩突出的行业、单位、乡镇、村、社区，其中受国家级表彰的单位2家、受扬州市表彰的单位82家、受高邮市表彰的单位180家。

受国家级表彰的单位有：市国税局（全国文明单位）、高邮镇（全国文明乡镇）；

受扬州市表彰的单位有：扬州市文明单位59家，即市国税局、市国税局二分局、市国税局三分局、市供电公司、市供电公司周山供电所、市供电公司龙虬供电所、高邮地税局、高邮地税局一分局、高邮地税局四分局、高邮工商局、高邮工商局城北分局、高邮工商局送桥分局、高邮工商局三垛分局、高邮工商局卸甲分局、市国土局、市国土局开发区分局、市国土局城区国土所、市市容管理执法大队、市人民检察院、高邮中学、市烟草专卖局、市妇幼保健所、市公安局治安警察大队、住房公积金管理中心高邮分中心、市电信公司、市移动公司、市行政服务中心、市邮政局、市统计局、市人口计生委、市运东船闸管理所、市物价局、市食药监局、人保财险高邮支公司、市气象局、高邮质监局、高邮农商行、市公路站、市审计局、市人民法院、市财政局、市航道站、人寿保险高邮支公司、市疾控中心、市卫生监督所、市城北实验小学、市城北社区卫生服务中心、卸甲卫生院、司徒卫生院、菱塘回族乡计生站、周山镇实验小学、临泽镇卫生院、界首镇卫生院、高邮经济开发区实验小学、天山卫生院、工商行高邮支行、江苏弘盛建设工程集团有限公司、扬州建宇建设有限公司、市邮储银行、市交警大队车辆管理所;扬州市文明乡镇4家,即高邮镇、卸甲镇、菱塘回族乡、临泽镇;扬州市文明村12家,即高邮镇黄渡村、新华村、凤凰村,卸甲镇卸甲村、金家村、一平村、金沟村,车逻镇车逻村、特平村,临泽镇西安村、薛北村,三垛镇大卢村;扬州市文明社区7家,即高邮镇新联社区、康华社区、南海社区、御码社区、月塘社区、大淖社区和菱塘回族乡曙光社区。

受高邮市表彰的单位有:高邮市文明单位144家,即高邮中学、市电信公司、市人民检察院、高邮质监局、市气象局、市广播电视台、市烟草专卖局、住房公积金管理中心高邮分中心、市移动公司、市联通公司、市行政服务中心、市统计局、市计生委、市妇联、市物价局、市食药监局、人保财险高邮支公司、高邮农商行、市环境保护局、市审计局、市邮储银行、市人民法院、市财政局、市城建局、市市容管理执法大队、市地方海事处、市运东船闸管理所、市航道管理站、市运西船闸管理所、市公路站、市交通局运政稽查大队、市公安局经济犯罪侦查大队、市公安局治安警察大队、市公安局交巡警大队车辆管理所、市疾控中心、市卫生监督所、市城区预防保健所、市妇幼保健所、市中医医院、市第二人民医院、市第三人民医院、五里坝国家粮食储备库、江苏弘盛建设工程集团有限公司、扬州建宇建设有限公司、市国税局一分局、市国税局二分局、市国税局三分局、市国税局四分局、市国税局五分局、市国税局六分局、市国税局七分局、市国税局八分局、市国税局稽查局、市供电公司界首供电所、市供电公司甘垛供电所、市供电公司开发区供电所、市供电公司菱塘供电所、市供电公司送桥供电所、市供电公司卸甲供电所、市供电公司车逻供电所、市供电公司龙虬供电所、市供电公司三垛供电所、市供电公司周山供电所、市供电公司城郊供电所、市供电公司汤庄供电所、市供电公司临泽供电所、高邮地税局一分局、高邮地税局二分局、高邮地税局三分局、高邮地税局四分局、高邮地税局五分局、高邮地税局六分局、高邮地税局七分局、高邮地税局稽查局、高邮工商局西城分局、高邮工商局城北分局、高邮工商局东城分局、高邮工商局送桥分局、高邮工商局汉留分局、高邮工商局临泽分局、高邮工商局三垛分局、高邮工商局卸甲分局、市城北初中、高邮镇武安初中、市城北实验小学、市秦邮实验小学、市国土局城区国土所、市城北社区卫生服务中心、市公安局汤庄镇派出所、汤庄镇卫生院、市国土局汤庄国土所、汤庄镇水务站、市国土局菱塘国土所、菱塘回族乡计生站、菱塘回族乡卫生院、菱塘回族乡民族初中、菱塘回族乡财政所、市公安局菱塘派出所、市国土局车逻国土所、车逻中心初中、车逻中心小学、车逻中心卫生院、扬州百仕德礼品工艺有限公司、市国土局周山国土所、周山镇卫生院、周山镇实验小学、市国土局龙虬国土所、龙虬镇卫生院、龙虬镇水务站、市国土局甘垛国土所、横泾卫生院、甘垛镇广电站、甘垛镇水务站、市临泽中学、临泽实验小学、临泽中心卫生院、临泽镇计生站、市交通局临泽交管所、市国土局界首国土所、界首镇卫生院、市国土局三垛国土所、市公安局三垛派出所、市水利局三垛水务站、三垛镇计生站、司徒卫生院、扬州宏厦建筑安装工程有限公司、市国土局卸甲国土所、卸甲镇计生站、卸甲实验小学、卸甲镇卫生院、市国土局开发区国土分局、高邮经济开发区财务审计局、高邮经济开发区社区卫生服务中心、高邮经济开发区规划分局、高邮经济开发区广电站、高邮经济开发区实验小学、高邮经济开发区初中、天山卫生院、郭集中心小学、送桥镇计生站、市国土局湖西国土分局、江苏天利建设工程有限公司、送桥中心卫生院、江苏赛德电气有限公司;高邮市文明行业6家,即市国税局、高邮地税局、市供电公司、市国土局、高邮工商局、市邮政局;高邮市文明乡镇6家,即高邮镇、卸甲镇、菱塘回族乡、临泽镇、三垛镇、送桥镇;高邮市文明村14家,即高邮镇黄渡村、凤凰村,卸甲镇卸甲村、金家村、金沟村,车逻镇车逻村、特平村、砖场村、保丰村,临泽镇西安村、薛北村、蒋颜村,三垛镇大卢村和送桥镇庙家村;高邮市文明社区10家,即高邮镇新联社区、南海社区、御码社区、月塘社区、北海社区、奎楼社区、宝塔社区、水部楼社区、西塔社区和菱塘回族乡曙光社区。

(夏斌　潘俊恺)

优化发展环境

【组织机构调整】 2月25日,根据市委、市政府《关于调整市优化发展环境领导小组的通知》精神,市优办出台《关于明确市优化发展环境领导小组办公室机构及人员分工的通知》,对下设机构、职责、人员及分工情况作相应的调整,以利于更好地推进全市优化发展环境工作　(马宝元　梁欢)

【开展为投资者服务系列活动】 3月和9月,市优办分别印发《关于开展为投资者服务系列活动的通知》,部署开展为投资者服务活动,协调解决企业生产经营中遇到的困难和问题。期间,"经济110"流动服务车巡访服务企业130家,现场征求意见、建议12类152条,并要求涉及的35个部门单位及时完成相关办理工作,受到投资者的欢迎。

(马宝元　梁欢)

市优办在三垛镇开展为投资者服务系列活动现场

（梁欢　摄）

【开展银行业金融机构涉企收费专项检查】 4月16日～5月28日，市优办组织相关部门联合开展银行业金融机构涉企收费专项检查，取得实效。印发《关于开展银行业金融机构涉企收费专项检查的通知》，就该项工作作出部署；联合市金融办、人行高邮市支行、市物价局、高邮工商局、市财政局组成联合检查组，通过听取汇报、调阅资料、谈话询问、查看台账等方式，对全市12家银行业金融机构开展涉企收费专项检查，同时对16家企业进行实地暗访工作。期间，累计发现相关问题7类14个，形成上报市委、市政府解决问题的建议专报一份，帮助企业解决融资贵、融资难问题。（马宝元　梁欢）

【开展机关工作作风专项整治】 2015年，市纪委、市优办和市监察局按照《关于进一步严肃机关工作纪律的通知》精神，继续开展机关作风专项整治活动。期间，聘请6名大学生村官和4名市民观察团成员充实检查队伍，召开明察暗访人员培训会，实行"一月一检查一通报"制度，通过集中明察、例行暗访、随机抽查、重点检查、跟踪督查等方式，实现机关作风建设明察暗访全覆盖。同时，开展上班迟到、早退和指纹考勤机、人员去向公示牌使用情况的专项检查。至年底，全市共查处违反机关工作纪律的工作人员19人。（马宝元　梁欢）

【开展涉企"四乱"专项治理行动】 2015年，市纪委、市优办和市监察局组织相关部门继续开展涉企"四乱"（违规乱检查、乱罚款、乱收费、乱摊派）专项治理行动，取得良好效果。印发《关于进一步加强涉企"四乱"行为监管的工作意见》，通过构建监督网络、畅通举报渠道、组织明察暗访等形式，进一步落实企业"安静生产日"、涉企检查报备、轻微违章首违不罚、容期整改制度和重大涉企行政处罚备案制度及行政处罚自由裁量分档实施细则等，着力巩固涉企"四乱"专项治理成果；就《省政府关于取消和暂停征收部分行政事业性经营服务性收费以及降低部分收费标准的通知》执行情况展开督察，取消强制或变相强制印章IC卡收费及信息费等；加强行政执法监督，推进执行涉企执法"六条禁令"，着力优化发展环境。全年备案审核涉企检查46次，处理轻微违章首违不罚案例255件、容期整改案例2006件，涉企行政处罚卷案检查189份，进一步提升专项治理行动的成效。（马宝元　梁欢）

【推进涉企中介机构专项治理行动】 2015年，市优办和市监察局继续推进涉企中介机构专项治理行动，不断优化企业发展环境。推进部门具有中介性质事业单位脱钩改制，督促相关部门加强对改制后的中介机构的监管。清理公布涉审中介服务事项目录，精简前置审批，规范涉审中介服务，严肃查处部门指定或变相指定中介机构的行为。拓展中介机构治理范围，开展新一轮中介机构专项检查活动。督查推进《省政府办公厅关于开展清理规范行政审批中介服务专项治理实施方案》落实，及时取消"雷评"等4项中介服务事项。督促银行业金融机构开放企业房产抵押中介评估市场，力推延长评估年限、力促评估费用由银行承担，减轻企业负担。

（马宝元　梁欢）

【开展"庸懒散、不作为、乱作为"专项治理行动】 2015年，市纪委、市优办和市监察局根据《全市执法监管部门和窗口单位、服务行业"庸懒散、不作为、乱作为"专项治理行动实施方案》，结合开展"为投资者服务月"活动的时机，继续开展"庸懒散、不作为、乱作为"线索排查和明察暗访活动，推进专项治理工作。期间，共收集企业反映问题74个，经交办督办、调查处理，问题解决率100%。

（马宝元　梁欢）

【行政审批"三集中、三到位"工作】 2015年，全市继续推进行政审批"三集中、三到位"（将部门行政审批职能向一个科室集中，承担审批职能的科室向市政务服务中心集中，行政审批事项向电子政务平台集中，做到审批服务类事项进驻中心到位、授权到位、监察到位）工作，取得明显进展。出台《关于进一步梳理行政审批事项优化审批流程工作的通知》，对照全市最新公示的行政审批权力清单，对各窗口部门进驻中心的行政审批事项进行再次梳理，完成进驻中心或分中心办理的行政许可审批事项218项，进驻率97.3%，实现窗口简单事项授权率100%、复杂事项授权率90%以上。出台《高邮市基本建设项目并联审批实施方案》，对涉及两个及两个以上部门审批的事项全部实行并联审批并向社会公布并联操作流程图，全面实行"一门受理、抄告相关、同步审批、限时办结、全程监督"审批模式。进一步健全完善重大项目容缺受理、模拟审批、形式审查制，全面提升重大项目联合会办、联合勘查、联合验收机制的运行质态。开展行政审批现场会办和上门服务，"零距离"服务企业。（马宝元　梁欢）

【推进涉企行业协会专项治理行动】　2015年，市优办和市监察局联合相关部门继续组织开展涉企行业协会专项治理行动。出台《高邮市行业协会商会专项治理工作实施方案》，明确相关部门职责，加强对行业协会、商会监管，促进行业自律。按照《关于加快推进涉企行业协会、商会与行政机关脱钩的实施意见》，开展行业协会、商会与行政机关脱钩工作“回头看”，对运转不正常、不能发挥作用的协会依法予以注销。开展协会会费使用、兼职人员薪酬专项检查，严禁乱收会费、乱支乱补协会经费。经治理，依法注销涉企行业协会2家；完成“四分离”涉企行业协会22家，累计达42家。

（马宝元　梁欢）

【执法队伍和重点科室作风建设考评】　4月30日，市优办、市监察局下发《关于开展执法队伍和重点科室作风建设考评活动的实施意见》，就评选年度“群众满意执法单位”、“群众满意科室”的考评要求、原则、程序和目的等作出规定。经过平时考核、满意度测评两大程序，评选表彰2015年度群众满意执法单位6家、群众满意科室10个。受表彰的群众满意执法单位为：市国税局稽查局、市公安消防大队、市地税局稽查局、市安全生产执法大队、市国土资源执法监察大队、市公安局巡特警大队；受表彰的群众满意科室为：市经信委信息产业科、市发改委项目管理科、市财政局预算外资金结算中心、市科技局产学研合作科、市民政局优抚科、市国税局第一税务分局、市统计局服务统计科、市残联教育培训就业部、市地税局税政法规科、市国土局行政服务科。（马宝元　梁欢）

【开展服务品牌、服务标兵评选活动】　2015年，市优办提请市委、市政府出台《2015年度优化发展环境服务品牌、服务标兵评选实施意见》，评选目的、要求、程序、方法、时限等。牵头组织开展评选工作，完成优化发展环境19个服务品牌、14个服务标兵申报对象的初评工作。（马宝元　梁欢）

【市级机关作风建设考评】　12月，市优办组织开展2015年度市级机关能力作风建设考评活动。作风建设考评包括平时考核和满意度测评两部分。参加市级机关作风建设考评对象分为三个序列共98个部门单位，第一类参评部门和单位共34个，第二类参评部门和单位共31个，第三类参评部门和单位共33个。参与满意度测评人员分为五个层面，即市领导班子成员，市委委员、市委候补委员、市纪委委员、人大代表、政协委员，各乡镇(园区)主要负责人、市级机关各部门主要负责人，规模以上企业负责人和基层群众代表，共1500人，考评分值权重分别为20%、20%、15%、30%、30%。按照考评规定，经过测评结果统计，确定市级机关能力作风建设考评标兵单位12个，即市发改委、市财政局、市经信委、市政务服务管理办、市统计局、市人社局、市教育局、市级机关工委、市残联、市国税局、高邮地税局、市国土局；确定市级机关能力作风建设先进单位13个，即市农委、市卫计委、市城建局、市公安局、市交通局、市水利局、市人民检察院、市信访局、市委农工办、市供电公司、市气象局、扬州市住房公积金管理中心高邮分中心、国家统计局高邮调查队。

（马宝元　梁欢）

高邮市党政军群组织机构和负责人名录

（2015年4月1日～2016年3月31日）

中共高邮市委员会

（第十届）

书　记　韩　方

副书记　方桂林　潘学元(2016年1月4日任)

张秋红(女，2016年2月4日免)

张新刚(2016年2月4日任)

常　委　韩　方　方桂林

潘学元(2016年1月4日任)

张秋红(女，2016年2月4日免)

张新刚(2016年2月4日任)

朱　勇(8月20日免)

徐永宝(2016年1月1日免)

汤学仁　孙建年　付有根　徐　健

朱莉莉(11月20日任)

中共高邮市纪律检查委员会

（第十届）

书　记　朱　勇(8月20日免)

朱莉莉(11月20日任)

副书记　郭建新(常务)　陈　军

常　委　朱　勇(8月20日免)

朱莉莉(11月20日任)

郭建新　陈　军　高日平　仲崇明

市委工作机构

市委办公室

主　任　居晓波

副主任　赵德清　周　成

姜永顺(2016年1月7日免)

郑　舟(女)　杨海蔚　张来根

市委组织部

部　长　孙建年

副部长　张曰兴(常务)　王　鸿　顾卫东

谭　旭

市委宣传部
部　长　张秋红(女,11月20日不再兼任)
　　　　汤学仁(11月20日任)
副部长　黄　平(常务)　杨少荣　刘定明
　　　　杨建国　金晓云(女,6月2日免)

市委统一战线工作部
部　长　张贵龙
副部长　居永平(常务)　居远松

市委政法委员会
书　　记　徐　健
副 书 记　黄安良(常务)　毛振洋
政治处主任　徐克俊
纪检组组长　陈玉华

市委农村工作办公室(市政府农村工作办公室)
主　任　仇家春
副主任　翁玉才　孔祥明　俞　翔

市机构编制委员会办公室
主　任　王　鸿
副主任　陈春满　孙兆松

市委合署办公、挂牌、部门管理机构

市委研究室(在市委办公室挂牌)
主　任　赵德清
副主任　遇宝新

市委台湾工作办公室(市政府台湾事务办公室)(与市委办公室合署办公)
主　任　万豪海
副主任　周宏中

市信访局
局　长　盛文希
副局长　谢骁勇　赵秋宸　戴小斌

市委机要保密局(市委保密委员会办公室)(挂市国家保密工作局牌子,为市委办公室部门管理机构)
局　长　周　成
副局长　张文义(2016年1月7日免)　赵金俊
　　　　邓恒俊(11月9日任)
　　　　姜庆华(2016年1月7日任,试用期一年)

市委市级机关工作委员会(与市委组织部合署办公)
书　　记　胡行球
副 书 记　居　锋　王士华
纪工委书记　居　锋

市委老干部局(为市委组织部部门管理机构)
局　长　孙德明
副局长　李宇宙　高　明

市精神文明建设指导委员会办公室(在市委宣传部挂牌)
主　任　杨少荣
副主任　夏　斌　戴俊芳

市委督查室*(在市委办公室挂牌)
主　任　姜永顺(2016年1月7日免)
副主任　吴　俊

市委市政府接待办公室*(与市委办公室合署办公)
主　任　郑　舟(女,兼任)

市委党史办公室(在市档案局挂牌)
主　任　刘春龙
副主任　宝珍芳

市地方志办公室(在市档案局挂牌)
主　任　刘春龙
副主任　宝珍芳

市社会治安综合治理委员会办公室(与市委政法委员会合署办公)
主　任　黄安良(兼任)
副主任　吴书林　赵书宝

市依法治市领导小组办公室(与市委政法委员会合署办公)
主　任　徐　健(兼任)
副主任　毛振洋(兼任)　胡迎春(9月14日免)

市国家安全领导小组办公室(与市委政法委员会合署办公)
主　任　毛振洋
副主任　王超群(11月9日任)

市事业单位登记管理局(在市机构编制委员会办公室挂牌)
局　长　陈春满

市委人才工作办公室(在市委组织部挂牌)
主　任　谭　旭
副主任　汤永玉

市委直属事业机构和单位

市委党校
校　长　张秋红(女,2016年2月5日不再兼任)
　　　　张新刚(2016年2月5日兼任)
副校长　钱宝祥(常务,主持工作)
　　　　居　锦(女,9月14日免)　陈友献

市档案局(市档案馆)
局长(馆长)　戚维斌
副 局 长　李才稳

市新闻信息中心
主　任　唐以军
副主任　韩粉琴(女,5月14日免)
　　　　夏在祥(6月2日任,试用期一年)

市委、市政府派出机构

中共江苏省高邮经济开发区工作委员会
书　记　方桂林(11月20日不再兼任)
　　　　潘学元(2016年1月4日兼任)

副书记　汤学仁　赵广华　苏延祥　金　锋
　　　　刘国和

江苏省高邮经济开发区管理委员会

主　任　赵广华

副主任　金　锋(常务,2016年1月22日任)
　　　　张拥军(2016年3月28日免)
　　　　赵锦章　张倩桦(女,兼任)
　　　　高明华
　　　　何瑞荣(2016年1月22日任)
　　　　卞　军(9月23日任,挂职)
　　　　陈代强(9月23日任,挂职)

中共江苏省高邮经济开发区纪律检查工作委员会

书　记　刘国和

副书记　赵宏霞(女)　郭才荣

中共江苏省高邮经济开发区政法委员会

副书记　张登清

江苏省高邮经济开发区管理委员会办公室

主　任　陈富广

副主任　邵德军　潘学山

江苏省高邮经济开发区农村工作处

党委书记　苏延祥

党委副书记　王建华(2016年1月7日免)
　　　　吴长宝　郭丛云
　　　　李贵军　韦忠涟(9月14日免)
　　　　黄叶森(9月14日任)

主　任　赵锦章(12月4日免)

副主任　黄叶飞　黄叶森(9月23日免)
　　　　戴华文　周仁忠　陆永霞(女)
　　　　戴和斌

江苏省高邮经济开发区经济发展局

局　长　赵锦章

副局长　陈　俊　冯广东
　　　　史祀咏(4月9日任,挂职)
　　　　韦忠涟(9月23日任)

江苏省高邮经济开发区园区建设管理局

局　长　张拥军(2016年3月28日不再兼任)

副局长　朱华春　陶桂春

江苏省高邮经济开发区招商局

局　长　高明华

副局长　刘　斌　王　全　徐　斌　周安国

江苏省高邮经济开发区安全生产监督管理局

局　长　梅　霜(女,6月8日任,试用期一年)

江苏省高邮经济开发区财政分局*

局　长　陈维飞

江苏省高邮经济开发区规划分局*

局　长　陈俊生

江苏省高邮经济开发区国土资源分局*

局　长　王　斌

江苏省高邮经济开发区人民武装部*

部　长　顾　勇(9月30日任)

中共高邮城南经济新区工作委员会

书　记　王有泉

副书记　詹东周　陆登峰　杨金辉　陈　烨
　　　　张德新(2016年1月7日免)
　　　　陈梅英(女)

市人大常委会城南经济新区工作委员会

主　任　张宝东

高邮城南经济新区管理委员会

主　任　詹东周

副主任　陆登峰　朱玉珊　严和平　王长海
　　　　王朝辉(9月23日任,挂职)
　　　　刘芙蓉(女,9月23日任,挂职)

中共高邮市城南经济新区纪律检查工作委员会

书　记　王勤栋

高邮城南经济新区党政办公室

主　任　陈梅英(女,兼任)

副主任　张才良　张明艳(女)

高邮城南经济新区经济发展局

局　长　严和平(兼任)

副局长　路荣山

高邮城南经济新区建设管理局

局　长　张德新(兼任,2016年1月22日免)

副局长　许学宏

高邮城南经济新区投资促进局(8月29日设)

局　长　王长海(兼任)

副局长　张真祥

高邮城南经济新区社会事业局(8月29日设)

局　长　杨金辉(兼任)

副局长　吴德朝

高邮城南经济新区农村工作局

局　长　朱玉珊(兼任)

副局长　管　隽　孙必香(女)

高邮城南经济新区人民武装部

部　长　胡尔丰

中共江苏省高邮湖西新区工作委员会

书　记　徐永宝(2016年1月7日不再兼任)
　　　　王永海(2016年1月7日兼任)

副书记　王永海　顾吉林
　　　　王怀忠(兼任)　韦恒林
　　　　康　伟(9月14日任,挂职)
　　　　陈代强(9月14日任,挂职)

江苏省高邮湖西新区管理委员会

主　任　王永海(2016年1月22日不再担任)
　　　　顾吉林(2016年1月22日任)

副主任　顾吉林　韦恒林　张恩仁　陈恩平
　　　　吴玉来

中共江苏省高邮湖西新区纪律检查工作委员会

书　记　仲崇明(6 月 2 日兼任)
副书记　孙兆清

江苏省高邮湖西新区党政办公室

主　任　夏永金(2016 年 1 月 22 日任)
副主任　丁兆年(主持工作,2016 年 1 月 22 日免)
　　　　吴正军　李生林

江苏省高邮湖西新区农村工作局

局　长　陈如林
副局长　谈中英(女)　丁兆山　朱文龙
　　　　王　月　陈安庆

江苏省高邮湖西新区党群工作局

局　长　李长太
副局长　孙兆清　吴登峰　徐龙海　赵　军

江苏省高邮湖西新区经济发展局

局　长　赵宝松
副局长　刘玉其　王义忠　吴长根　林　虎
　　　　曹国忠　朱有清

江苏省高邮湖西新区建设管理局

局　长　夏永金(2016 年 1 月 22 日免)
　　　　丁兆年(2016 年 1 月 22 日任)
副局长　郑汉宏　包桂田　李道海　张明光
　　　　胡德东

江苏省高邮湖西新区社会事业局

局　长　夏瑞香(女)
副局长　张正平　吴凤星　阮中阳　明昌岗
　　　　王正久

江苏省高邮湖西新区招商局

局　长　朱有清(2016 年 1 月 22 日任)

市规划局湖西分局

局　长　顾桂金(兼任)

市财政局湖西分局

局　长　王家扬(兼任)

市住房保障和房产管理局湖西分局

局　长　金大春(兼任)

市国土资源局湖西分局

局　长　顾文中

高邮市清水潭旅游度假区管理委员会

主　任　金　锋(2016 年 1 月 22 日免)
　　　　何瑞荣(2016 年 1 月 22 日任)
副主任　吴长宝　李贵军　夏国华(兼任)
　　　　杨少荣(兼任)　顾　宏(兼任)
　　　　林　森(兼任)　韦忠涟
　　　　戴和斌(9 月 23 日兼任)
　　　　王　斌(9 月 23 日任,挂职)
　　　　吴　华(9月23日任,2016年1月22日免)
　　　　刘　云(9 月 23 日任,挂职)
　　　　徐生光(9 月 23 日任,挂职)

高邮市人大常委会

（第十四届）

主　　任　韩　方(2016 年1月13日不再兼任)
　　　　　张秋红(女,2016 年 1 月 13 日选任)
副 主 任　葛桂秋　薛晓寒　孙明如　王永海
党组书记　韩　方
党组副书记　葛桂秋

办公室

主　任　吕天龙
副主任　蒋杏朝(2016 年 1 月 5 日免)
　　　　林玉顼　王　培

内务司法工作委员会

主　任　费绍兴
副主任　端武斌

财政经济工作委员会

主　任　陈德元
副主任　邵贞清

人事代表联络工作委员会

主　任　周荣祥
副主任　王　杨(女)

农村工作委员会

主　任　赵云峰(2016 年 1 月 5 日免)
　　　　徐龙海(2016 年 1 月 5 日任)
副主任　薛晓忠(9 月 25 日任)

环境资源城乡建设工作委员会

主　任　杨庆林(2016 年 1 月 5 日免)
　　　　蒋杏朝(2016 年 1 月 5 日任)
副主任　赵万和(2016 年 1 月 5 日免)

教育科学文化卫生工作委员会

主　任　卢　红(女)

政策研究室

主　任　蒋杏朝(2016 年 1 月 5 日免)
　　　　林玉顼(2016 年 1 月 5 日任)
副主任　施维峰

高邮市人民政府

（第十四届）

市　　长　方桂林(9 月 29 日不再担任)
　　　　　潘学元(2016 年 1 月 13 日选任)
代理市长　潘学元(2016 年 1 月 5 日任)
副 市 长　潘学元(2016 年 1 月 5 日任)
　　　　　徐永宝(2016 年 1 月 26 日辞)
　　　　　孙建年(2016 年 1 月 26 日任)
　　　　　钱富强　高长明
　　　　　朱莉莉(女,2016 年 1 月 5 日辞)

杨文喜　潘建奇　赵　平
党组书记　方桂林(2016 年 1 月 7 日免)
潘学元(2016 年 2 月 5 日任)
党组副书记　徐永宝(2016 年 2 月 5 日免)
孙建年(2016 年 2 月 5 日任)

市政府工作机构

市政府办公室

主　任　李　生
副主任　戴光耀　盛文希　濮国华　何　飞
张　胜　吴兆亮　蒋国茂

市发展和改革委员会

主　　任　杨向东
副 主 任　李德华　高明华(兼任)　纪玉景
邵永宏　华劲松(6 月 8 日任)
党组书记　杨向东
纪检组组长　王文斌

市经济和信息化委员会

主　　任　陆　炜
副 主 任　宦锦平(2016 年 1 月 22 日免)
张华荣　徐学斌　马向阳
林恩茂　王启华　李圣忠
陈增清　王　林(兼任)
党组书记　宦锦平(2016 年 1 月 7 日免)
陆　炜(2016 年 1 月 7 日任)
党组副书记　陆　炜　张华荣
纪检组组长　徐学斌(6 月 2 日免)
杨宝权(6 月 2 日任，试用期一年)

市教育局

局　　长　陆鹏海
副 局 长　戴万顺　邵正祥　孔祥鹏
陈生桃　吴海梅(女)
党委书记　陆鹏海
党委副书记　俞武群
纪委书记　俞武群

市科学技术局

局　　长　谭　旭
副 局 长　曹　勇　孙　刚　周弘心
徐　光　黄　翔
党组书记　谭　旭
党组副书记　曹　勇
纪检组组长　刘定猛

市公安局

局　　长　高长明
副 局 长　张　萍(女)　李建军　任春铭
徐顺山　潘万宝
夏元园(11 月 17 日任，挂职)
政　　委　杨　林
党委书记　高长明
党委副书记　杨　林　张　萍(女)
督 察 长　高长明(兼任)
纪委书记　杨　林
政治处主任　赵金标

市监察局(与中共高邮市纪律检查委员会机关合署办公)

局　长　郭建新
副局长　陈永平　高日平　仲崇明

市民政局

局　　长　张立中
副 局 长　凌高玉　王功林
吴健生(6 月 8 日任)
吴桂顺　晏　忠
党组书记　凌高玉(2016 年 1 月 7 日免)
张立中(2016 年 1 月 7 日任)
党组副书记　张立中
凌高玉(2016 年 1 月 7 日任)
纪检组组长　吴健生(6 月 2 日免)
薛　嵩(6 月 2 日任，试用期一年)

市司法局

局　　长　张国平
副 局 长　刘　伟　汤真龙　朱　波
胡迎春(9 月 23 日任)
党组书记　张国平
纪检组组长　孙　逊

市财政局

局　　长　许　明
副 局 长　卢　琳(女，6 月 8 日任，2016 年 1 月 22 日免)
王新元　王家扬　戚剑冰
陈海荣
党组书记　许　明
党组副书记　卢　琳(女，6 月 2 日任，2016 年 1 月 7 日免)
纪检组组长　嵇明峰

市人力资源和社会保障局

局　　长　高　健
副 局 长　王宏旭　叶　芸(女)　王如桂
姚茂源　李士平　陈同清
党组书记　王宏旭(2016 年 1 月 7 日免)
高　健(2016 年 1 月 7 日任)
党组副书记　高　健
王宏旭(2016 年 1 月 7 日任)
纪检组组长　李照洋(6 月 2 日任)

市国土资源局

局　　长　涂志成
副 局 长　王荣芳(女)

顾权斌(4月17日任)
李明鹏 时 锋
党组书记 涂志成
纪检组组长 林 森(4月17日免)
徐智余(4月17日任,试用期一年)

市城乡建设局

局长 孙禹文(2016年3月29日免)
吴惠山(2016年3月29日任)
副局长 张定林 林学斌 徐兴春
朱广跃 雍殿建
党委书记 孙禹文
党委副书记 朱艳曦(女)
纪委书记 钟宏春

市城市管理局

局长 潘万宝
副局长 滕志云(女) 嵇朝玉 何瑞山
周荣跃 冯国庆(6月8日任,挂职)
党组书记 滕志云(女,6月2日免)
潘万宝(6月2日任)
党组副书记 潘万宝 滕志云(女,6月2日任)
纪检组组长 李 彦

市交通运输局

局长 张德宏
副局长 陈仁梅 宋 健 陈 祥
何瑞荣(2016年1月22日免)
孙永文 温云景
党组书记 林启斌(2016年1月7日免)
张德宏(2016年1月7日任)
党组副书记 张德宏
纪检组组长 宋 健(6月2日免)
秦兴夏(6月2日任)

市水利局

局长 周建峰
副局长 赵方庆 顾 宏 秦 超 茆德华
李江安(9月23日任,试用期一年)
党组书记 周建峰
党组副书记 赵方庆
纪检组组长 高 凌

市农业委员会

主任 肖伯群
副主任 吴 华(2016年1月22日免)
朱耀洲(2016年1月22日任)
沈恒桃 孙桂尧 吴朝森 尤兆荣
郭万胜 高兆义 张 军
党组书记 吴 华(2016年1月7日免)
朱耀洲(2016年1月7日任)
党组副书记 沈恒桃
纪检组组长 王兆才

市商务局

局长 张 锋
副局长 朱耀洲(兼任,2016年1月22日免)
冯国庆 曹 林 倪荣平 吴 铭
陈 忠(6月8日免) 禹光宏
卢安伟
党组书记 张 锋
纪检组组长 秦兴夏(6月2日免)
吴定安(6月2日任,试用期一年)

市文化广电新闻出版局

局长 魏道智
副局长 赵小山(兼任) 杨德彪 陆晓祥
王学朴(9月23日任)
周 悦(女,2016年1月22日任)
党组书记 刘春雨(2016年1月7日免)
魏道智(2016年1月7日任)
纪检组组长 张成来(9月14日免)

市民族宗教事务局

局长 潘寿田
副局长 曹 巍 胡凤林
党组书记 潘寿田

市卫生和计划生育委员会

主任 胡朝霞(女)
副主任 姚学仁 邹建华(女) 王月芳(女)
顾永祥 姚松强 姚 慧(女)
党委书记 胡朝霞(女)
纪委书记 吴士来

市审计局

局长 詹惜文
副局长 刘 云 陈 敏(女) 戚秋虹
时玉康
党组书记 詹惜文
党组副书记 刘 云
纪检组组长 周殿军

市统计局

局长 居育明
副局长 王宏标(2016年3月14日免)
石正平 吴雁平(女)
党组书记 王宏标(2016年3月3日免)
居育明(2016年3月3日任)
党组副书记 居育明
纪检组组长 姜方东

市安全生产监督管理局

局长 徐晓君
副局长 葛仕海 郑 治 薛 峰
陶 银(6月8日任)
党组书记 徐晓君
党组副书记 孙建中(4月4日免)

纪检组组长　葛凤祥

市环境保护局

局　　长　张学雷

副 局 长　吴耀平　冯荣春　明昌岗

陈正荣(6月8日任,试用期一年)

党组书记　张学雷

纪检组组长　王　斌

市政府合署办公、挂牌机构

市政府研究室(在市政府办公室挂牌)

主　任　戴光耀

副主任　冯　元(9月23日免)　龙在祥　杨　铖

张凌翔(9月23日任,试用期一年)

市政府督查室＊(在市政府办公室挂牌)

主　任　何　飞(9月23日任)

副主任　冯　元(9月23日任)

陈正斌(2016年1月22日任,试用期一年)

市政府法制办公室(在市政府办公室挂牌)

主　任　濮国华

副主任　潘国清

市政府外事侨务办公室(在市政府办公室挂牌)

主　任　张龙香(女)

副主任　高炳才　万豪海(9月23日免)

居　锦(女,9月23日任)

市政府金融工作办公室(在市政府办公室挂牌)

主　任　李永安

副主任　竺寿云

市粮食局(在市发展和改革委员会挂牌)

局　　长　陈有春

副 局 长　许爱俊

纪　和(2016年1月22日免)

陶兴海　盛福朝

党委书记　陈有春

党委副书记　许爱俊

纪委书记　韩国路

市物价局(在市发展和改革委员会挂牌)

局　　长　宋长龙(2016年1月22日免)

姜永顺(2016年1月22日任)

副局长　朱在清　华劲松(6月8日免)

陈玉祥　陈　忠(6月8日任)

吴苏扬(6月8日任,试用期一年)

党组书记　宋长龙(2016年1月7日免)

姜永顺(2016年1月7日任)

市服务业发展局(在市发展和改革委员会挂牌)

局　长　李德华

副局长　陈建民　蒋庆奎

市中小企业局(在市经济和信息化委员会挂牌)

局　长　张华荣

副局长　陶　银(6月8日免)

张德新(2016年1月22日任)

市国有资产管理中心＊(在市财政局挂牌)

主　任　王新元

副主任　薛金平(兼任)

颜世权(2016年1月22日任)

市规划局(在市城乡建设局挂牌)

局　长　张定林

副局长　夏国华

赵国祥(9月23日任,试用期一年)

市人民防空办公室(在市城乡建设局挂牌)

主　任　陈德顺

副主任　张曰昌(2016年1月22日免)

余富祥

市住房保障和房产管理局(在市城乡建设局挂牌)

局　　长　吴惠山(2016年3月28日免)

张拥军(2016年3月28日兼任)

副 局 长　姜传斌(2016年1月22日免)

朱海涛(2016年3月28日任)

张宗桥　徐金鹏

周道宏(2016年1月22日免)　金大春

党组书记　姜传斌(2016年1月7日免)

吴惠山(2016年1月7日任,2016年3月26日免)

朱海涛(2016年3月25日任)

纪检组组长　胡　克

市建筑工程管理局(在市城乡建设局挂牌)

局　　长　张仲林

副 局 长　卞红莲(女)　王　斌　绪　军

张　青(6月8日任,试用期一年)

党组书记　张仲林

党组副书记　卞红莲(女)

纪检组组长　卞红莲(女,6月2日免)

祝志勇(6月2日任,试用期一年)

市城市管理行政执法局(在市城市管理局挂牌)

局　长　潘万宝(兼任,6月8日免)

滕志云(女,6月8日兼任)

副局长　滕志云(女)　潘万宝(6月8日任)

从　明

市水务局(在市水利局挂牌)

局　长　周建峰(兼任)

市农业机械管理局(在市农业委员会挂牌)

局　　长　徐龙海(2016年1月22日免)

宋长龙(2016年1月22日任)

副 局 长　孙新国

葛洪喜(2016年1月22日免)

徐瑞杏　姜建平

党组书记　徐龙海(2016年1月7日免)

宋长龙(2016 年 1 月 7 日任)
纪检组组长　徐临震

市农业资源开发局(在市农业委员会挂牌)
局　　长　姜　岭
副 局 长　姜文超　钟晓强　王瑞珏
党组书记　姜文超(2016 年 1 月 7 日免)
　　　　　姜　岭(2016 年 1 月 7 日任)
党组副书记　姜　岭
　　　　　姜文超(2016 年 1 月 7 日任)

市水产局(在市农业委员会挂牌)
局　长　肖伯群

市体育局(在市文化广电新闻出版局挂牌)
局　长　周　琳(女)
副局长　陆　翔　宰玉华

市旅游局(在市文化广电新闻出版局挂牌)
局　　长　道书林
副 局 长　钱宗岗　邹海峰
　　　　　贾正松(11 月 17 日任)
党组书记　道书林

市地震局(在市科学技术局挂牌)
局　长　谭旭(兼任)
副局长　蒋延林(兼任)

市文物局(在市文广新局挂牌)
局　长　赵小山
副局长　杨德彭

市知识产权局(在市科学技术局挂牌)
局　长　曹　勇

市拥军优属、拥政爱民工作领导小组办公室*
主　任　郭海明(4 月 15 日免)

市政府直属事业机构和单位

市广播电视台
台　　长　刘定明
总 编 辑　陈冬梅(女,9 月 23 日任)
副 台 长　印卫平(2016 年 1 月 22 日免)
　　　　　陈冬梅(女,9 月 23 日免)
　　　　　俞一军　张成来(9 月 23 日任)
党组书记　刘定明
纪检组组长　周　悦(女,2016 年 1 月 7 日免)
　　　　　李正东(2016 年 1 月 7 日任,试用期一年)

市残疾人联合会(第三届)
执行理事长　朱杏玲(女)
副理事长　石文俊　吉　平

转为经济实体机构和经济实体单位

市工业总公司(归口市经济和信息化委员会管理)
经　　理　王兆宏
副 经 理　任春雷　陈海平
　　　　　朱宏忠(6 月 8 日任,试用期一年)
党委书记　王兆宏
党委副书记　施　群(6 月 2 日任,试用期一年)
纪委书记　施　群(6 月 2 日任,试用期一年)

市供销合作总社(挂市商贸总公司牌子)
主　　任　朱耀洲(2016 年 1 月 22 日免)
　　　　　孙海山(2016 年 1 月 22 日任)
副 主 任　姜黎明　卞雷生
党委书记　朱耀洲(2016 年 1 月 7 日免)
　　　　　孙海山(2016 年 1 月 7 日任)
纪委书记　薛晓忠(9 月 14 日免)

市建设投资公司
董 事 长　孙禹文(4 月 15 日免)
副董事长　林学斌(4 月 15 日免)
总 经 理　林学斌(4 月 15 日免)
副总经理　黄士民(4 月 15 日免)

市交通投资公司
副总经理　谭国和(2016 年 1 月 22 日聘任)

市水利投资公司
董 事 长　卢金贵(4 月 15 日免)
副总经理　戴桂忠(4 月 15 日免)

市清水潭旅游投资公司
董 事 长　金　锋(4 月 15 日免)
总 经 理　金　锋(4 月 15 日免)
副总经理　吴长宝(4 月 15 日免)
　　　　　李贵军(4 月 15 日免)
　　　　　夏国华(4 月 15 日免)
　　　　　杨少荣(4 月 15 日免)
　　　　　顾　宏(4 月 15 日免)
　　　　　林　森(4 月 15 日免)

江苏有线网络发展责任有限公司高邮分公司
总 经 理　王俊坤
副总经理　于　彤　周友良
党委书记　王俊坤

专业系统和金融单位

市国家税务局
局　　长　刘正群
副 局 长　李跃明　肖　红(女)　刘　忠
党组书记　刘正群
纪检组组长　潘卫民

高邮地方税务局
局　　长　张耀斌
副 局 长　薛树华　吕艾芳(女)
　　　　　杨国海(4 月 30 日任)
党组书记　张耀斌
纪检组组长　汤和强

市市场监督管理局(2014 年 12 月 20 日设)
局　　长　卞荣中(5 月 28 日任)
副 局 长　周建伟(6 月 8 日任)
朱海涛(6月8日任,2016年3月28日免)
张广钊(6 月 8 日任)
郭如林(6 月 8 日任)
苏正高(6 月 8 日任)
颜启山(6 月 8 日任)
陈红兵(6 月 8 日任)
陈春伍(6 月 8 日任)
朱　宏(6 月 8 日任)
张　勇(6 月 8 日任)
曹　钧(6 月 8 日任)
党委书记　周建伟(6 月 2 日任)
党委副书记　卞荣中(6 月 2 日任)
朱海涛(6月2日任,2016年3月28日免)
张贞明(6 月 2 日任,2016 年 1 月 7 日免)
纪委书记　戚小梅(6 月 2 日任)
市食品药品监督管理局(在市市场监督管理局挂牌)
局　　长　朱海涛(2016 年 3 月 28 日免)
副 局 长　张贞明(6 月 8 日止)
戚小梅(6 月 8 日止)
陈红兵(6 月 8 日止)
苏正高(6 月 8 日止)
党组书记　张贞明(6 月 8 日止)
党组副书记　朱海涛(6 月 8 日止)
纪检组组长　戚小梅(6 月 8 日止)
扬州市高邮工商行政管理局(6 月 8 日止)
局　　长　卞荣中(5 月 28 日免)
副 局 长　张广钊(6 月 8 日止)
颜启山(6 月 8 日止)
朱　宏(6 月 8 日止)
曹　钧(6 月 8 日止)
党组书记　卞荣中(6 月 8 日止)
党组副书记　张广钊(6 月 8 日止)
扬州市高邮质量技术监督局(6 月 8 日止)
局　　长　周建伟(6 月 8 日止)
副 局 长　郭如林(6 月 8 日止)
陈春伍(6 月 8 日止)
张　勇(6 月 8 日止)
党组书记　周建伟(6 月 8 日止)
纪检组组长　郭如林(6 月 8 日止)
扬州市住房公积金管理中心高邮分中心
副主任　杨向华(主持工作)　王步金　颜　星
市邮政局(5 月 6 日止)
局　　长　朱其庭(5 月 6 日止)
副 局 长　王宇平(5 月 6 日止)
袁在祥(5 月 6 日止)
党委书记　朱其庭(5 月 6 日止)
纪委书记　王宇平(5 月 6 日止)
中国邮政集团公司江苏省高邮市分公司(5月6日设)
总 经 理　朱其庭(5 月 6 日任)
副总经理　王宇平(5 月 6 日任)
袁在祥(5 月 6 日任)
党委书记　朱其庭(5 月 6 日任)
纪委书记　王宇平(5 月 6 日任)
中国电信股份有限公司高邮分公司
总 经 理　葛正春(2016 年 3 月 17 日免)
窦启平(2016 年 3 月 17 日任)
副总经理　李剑锋　颜连顺　夏路云
党委书记　葛正春(2016 年 3 月 17 日免)
窦启平(2016 年 3 月 17 日任)
纪委书记　颜连顺
江苏省电力公司高邮市供电公司
总 经 理　魏向阳(5 月 15 日免)
李　培(5 月 15 日任)
副总经理　杨　曙　戴云国
高金林(5 月 15 日免)　姜　俊
梁　铭(5 月 15 日任)
党委书记　杨　曙
党委副书记　魏向阳(5 月 15 日免)
李　培(5 月 15 日任)
纪委书记　张　晖
市烟草专卖局(扬州市烟草公司高邮分公司)
局长(经理)　汤权松
副 局 长　王松山　殷　伟(4 月 1 日任)
副 经 理　戴　阳
党组书记　汤权松
市盐务管理局*(江苏省苏盐连锁有限公司高邮分公司)**
局长(经理)　韩晓震
副局长(副经理)　查学军　姜建中
党支部书记　查学军
市气象局
副局长　朱小平(主持工作)　熊　伟
国家统计局高邮调查队
队　长　孙　权
副队长　许彩萍(女)
纪检员　武　艺
中国人民银行高邮市支行(国家外汇管理局高邮市支局)
行长(局长)　李顺祥(9 月 14 日免)
孙　坚(9 月 14 日任)
副 行 长　薛朝勤　张　敏(女,9 月 14 日免)
胡志萍(女,9 月 14 日任)

党组书记　李顺祥（9月14日免）
孙　坚（9月14日任）
纪检组组长　薛朝勤

中国银行业监督管理委员会扬州监管分局高邮办事处

主　任　吴兆魁

中国农业发展银行高邮市支行

行　长　翁德海
副行长　李香静（女，4月13日免）
智海红（女，4月13日任）　胡东晖

中国工商银行股份有限公司高邮支行

行　长　樊秉柏
副行长　李建中
郭　群（女，5月19日任）
纪检监督员　王　健

中国农业银行高邮市支行

行　长　林学忠
副行长　沈晓林（9月24日免）
柯红兵　杨丹姐（女）
殷　俊（9月24日任）
党委书记　林学忠
纪委书记　沈晓林（9月24日免）

中国银行股份有限公司高邮支行

行　长　王　军
副行长　郭玉峰（7月3日免）
姜小川（女，7月3日任）
吴春军（7月27日任）
党支部书记　郝　锋（7月7日免）
王　军（7月7日任）
党支部副书记　滕志凤（女）

中国建设银行股份有限公司高邮支行

行　长　孔德胜（6月11日免）
曹德平（6月11日任）
副行长　袁洪涛　常永宏
党委书记　孔德胜（6月11日免）
曹德平（6月11日任）

中国邮政储蓄银行股份有限公司高邮市支行

行　长　彭谢亲
副行长　胡剑东　钟　彬

江苏银行股份有限公司高邮支行

行　长　柏忠华
副行长　崔爱军

江苏高邮农村商业银行股份有限公司

董事长　詹　毅
行　长　王克平
副行长　朱崇安　童雪松（6月16日免）
张建宏　姚步疆
监事长　李旭升（6月16日免）
田贵荣（6月16日任）
党委书记　詹　毅
党委副书记　王克平
纪委书记　李旭升

招商银行股份有限公司高邮支行

行　长　常　雷

中国光大银行股份有限公司高邮支行

行　长　徐锦锅
副行长　徐文胜

江苏射阳农村商业银行股份有限公司高邮支行

行　长　王　勇
副行长　张　定

扬州高邮兴福村镇银行有限责任公司（12月18日由扬州高邮常农商村镇银行更名）

行　长　邵建民
副行长　闵建根　郭政忠

交通银行股份有限公司扬州高邮支行（9月22日设）

行　长　奚智勇
副行长　王家红

中国人民财产保险股份有限公司高邮支公司

经　理　张晓萌（5月1日免）
许永慧（5月1日免）
副经理　韩　斌

中国人寿保险股份有限公司高邮支公司

经　理　周宜春

中国大地保险股份有限公司高邮支公司

经　理　柏文森
副经理　夏世勇　张　权

利安人寿保险股份有限公司高邮支公司

经　理　徐宏昌

江苏省高邮地震台

台　长　蒋延林

市公路管理站*

站　长　孙晓震（5月22日任）

市航道管理站*

站　长　高　新（5月11日免）
副站长　徐晓平（主持工作，5月11日任）
陈晓华

市运东船闸管理所*

所　长　崇玉峰

其他机构

市委610办公室（市人民政府防范和处理邪教问题办公室）

主　任　张　萍（女）
副主任　卞根宏　孙新春

市优化发展环境领导小组办公室

主　任　郭建新

副主任　高日平　姜宝新　胡明亮　马宝元

市行政服务中心(6 月 15 日止)

主　　任　王薇(女,兼任)

副 主 任　史承进　徐生光

党工委书记　张宏林

党工委副书记　姜宝新

纪工委书记　姜宝新

市政务服务管理办公室(市政务服务中心)(6 月 15 日设)

主　　任　王薇(女,兼任)

副 主 任　史承进　徐生光

党工委书记　张宏林

党工委副书记　姜宝新

纪工委书记　姜宝新

江苏省高邮中学

校　　长　黄仁云

副 校 长　董晓波　刘久胜　王庆余　李建军

党委书记　黄仁云

党委副书记　田开象

纪委书记　田开象

扬州广播电视大学高邮分校

校　长　戴万顺

副校长　吴荣平

市疾病预防控制中心*

主　任　黄亚民(9 月 23 日免)

　　　　郭开忠(9 月 23 日任)

市地方海事处*

主　任　杨其标

市运输管理处*

主　任　姚万明

市公安局 110 指挥中心*

主任兼指挥长　仇玉权

市公安局交通巡逻警察大队*

大队长　杨万荣

教导员　严长龙

市公安局刑事警察大队*

大队长　王桂华

教导员　张爱军

市公安局治安警察大队*

大队长　尹子宽

教导员　朱崇平

市公安局防控处警大队*

大队长　黄栋甫

教导员　居万国

市公安局水上警察大队*

大队长　朱友富(3 月 24 日免)

　　　　王宏忠(2016 年 1 月 22 日任)

教导员　周振林

市公安局经济案件侦查大队*

大队长　孙尔明

教导员　周德祥(4 月 4 日免)

市公安局国内安全保卫大队*

大队长　吴国安

教导员　师林清

市公安局监所管理大队*

大队长　彭康斌

教导员　林恩荣

市公安局网络安全监察大队*

大队长　陶庆庆

市公安局法制大队*

大队长　嵇金凤(2016 年 1 月 22 日任)

教导员　姚学华(2016 年 1 月 7 日任,试用期一年)

市城市管理执法大队

大队长　居桂森

教导员　薛朝晖(9 月 14 日任,试用期一年)

市城市规划执法大队

大队长　陈长源

教导员　张德慧(9 月 14 日任,试用期一年)

政协高邮市委员会

(第十二届)

主　　席　倪文才(2016 年 1 月 12 日止)

　　　　　徐永宝(2016 年 1 月 12 日选任)

副 主 席　李春青(2016 年 1 月 12 日止)

　　　　　肖伯群　王　薇(女)

　　　　　张贵龙　张拥军

　　　　　居晓波(2016 年 1 月 12 日选任)

党组书记　倪文才(2016 年 2 月 5 日免)

　　　　　徐永宝(2016 年 2 月 5 日任)

党组副书记　李春青(2016 年 2 月 5 日免)

秘 书 长　林荣岩

办公室

主　任　林荣岩

副主任　颜世权(2016 年 1 月 5 日免)

　　　　夏恒荣(女)

　　　　张　旭(2016 年 1 月 5 日任)

提案委员会

主　任　沈晓明

副主任　戴光耀(兼任)

　　　　张　旭(2016 年 1 月 5 日免)

经济和科技委员会

主　任　陈东辉

副主任　詹惜文(兼任)

教卫文史委员会

主　任　孙晓宝

副主任　黄　平(兼任)

社会与法制委员会

主　任　邵义坤

副主任　濮国华(兼任)

城乡联络委员会

主　任　胡明亮

副主任　魏道智(兼任)

人口资源环境委员会

主　任　张锦山

副主任　姚慧(女,兼任)

人民武装部

中国人民解放军江苏省高邮市人民武装部

党委第一书记　韩　方

党 委 书 记　陈立柱

党委副书记　付有根

部　　长　付有根

政　　委　陈立柱

人民法院、人民检察院

市人民法院

院　　长　韩雪峰

副 院 长　陈国俊　沈福宁

周启泉

党 组 书 记　韩雪峰

党组副书记　陈国俊(9月14日任)

纪检组组长　许云霞(女)

政治处主任　时金泉

审判委员会专职委员　林　坚　陈连峰

执行局局长　朱林源

市人民检察院

检察长　顾　勇

副检察长　樊跃先　吴必蔚

范启晓(9月25日任)

党组书记　顾　勇

党组副书记　吴必蔚(9月14日任)

政治处主任　宋继红(女,9月14日任)

纪检组组长　宋继红(女,9月14日免)

赵玉平(9月14日任,试用期一年)

市人民检察院反贪污贿赂局*

局　长　周明义

市人民检察院反渎职侵权局*

局　长　黄建华

副局长　张　冰

工商联、人民团体

市工商业联合会

(第十届)

主　席　王薇(女)

副主席　居远松(驻会)

徐升明(驻会,3月26日免)

葛爱东(驻会,6月24日选任)

何其新(兼任)　戴顺民(兼任)

居春山(兼任)　陈佑欣(兼任)

乔龙山(兼任)　张　和(兼任)

张春元(兼任)　陈还喜(兼任)

党组书记　居远松

市总工会

(第十六届)

主　席　陈满祥

副主席　杨寿群　高金海　蒋　娟(女)

党组副书记　陈满祥

共青团高邮市委员会

(第十三届)

书　记　张方俊

副书记　李臣浩(2016年1月7日免)

张雪莹(女)

市妇女联合会

(第十一届)

主　席　卢　琳(女,6月2日免)

金晓云(女,6月2日任)

副主席　谈　竞(女)　宗兰妹(女)

市文学艺术界联合会

(第五届)

主　席　黄　平

副主席　杨德标(兼任,9月14日免)

朱崇平(兼任)　王学朴

韩粉琴(9月14日任)

市科学技术协会

(第六届)

主　席　孙　刚

副主席　颜庆亮　徐　明　尤兆荣(兼任)

王启华(兼任)　陈生桃(兼任)

姚学仁(兼任)

市计划生育协会

(第四届)

会　长　马根生(兼任)

副会长　徐庆年(常务)　顾永华

市哲学社会科学界联合会

(第一届)

主　席　杨建国(4月8日兼任,7月22日止)

副主席　孙　刚(兼任,7月22日止)
　　　　张　胜(兼任,7月22日止)
　　　　吴朝森(兼任,7月22日止)

(第二届)

主　席　杨建国(7月22日兼任)
副主席　杨海蔚(7月22日兼任)
　　　　张　胜(7月22日兼任)
　　　　吴朝森(7月22日兼任)
　　　　王家扬(7月22日兼任)
　　　　曹丰汉(7月22日兼任,试用期一年)

市红十字会

会　长　钱富强(兼任)
副会长　姚学仁　纪　骏

市法学会(在市委政法委员会挂牌)

会　　长　徐　健(兼任)
专职副会长　徐克俊

市归国华侨联合会

(第三届)

主　席　居　锦(女,兼任)
副主席　宋　巍(兼任)　邹伟民(兼任)
　　　　王传祥(兼任)　龙慧斌(兼任)

乡镇(街道)党政机构

高邮镇

党委书记　王庆东
党委副书记　李深红(女)　徐春虎　张中斌
　　　　李向军(3月30日任,挂职)
　　　　刘兴刚(11月12日任,挂职)
人大主席　韩　非
人大副主席　唐　椿(1月15日辞)
镇　　长　李深红(女)
副　镇　长　冯国庆　赵永海　徐有和
　　　　张中斌　管正斌　唐　椿
政协工委主任　徐　进
纪委书记　周德全
组织委员　马德龙
宣传委员　潘　忠
政法委员　戴仁才
人武部部长　梁殿文

高邮街道办事处

党工委书记　王庆东
党工委副书记　冯国庆
　　　　从　明(6月2日任,挂职)
主　　任　李深红(女)
人武部部长　梁殿文

车逻镇

党委书记　王有泉
党委副书记　詹东周　朱玉珊
　　　　吕和成(3月30日任,挂职)
　　　　李茂宗(11月12日任,挂职)
人大主席　张宝东
人大副主席　嵇　宏(1月13日辞)
镇　　长　詹东周
副　镇　长　吴德朝　许学宏　孙必香(女)
　　　　张真祥
政协工委主任　张德新(2016年1月22日免)
纪委书记　王勤栋
组织委员　张明艳(女)
宣传委员　张才良
政法委员　管　隽
人武部部长　胡尔丰

龙虬镇

党委书记　姜国权
党委副书记　王海生　陈建春
　　　　郝　勇(9月14日任,挂职)
人大主席　姜国权
人大副主席　刘宏秀
镇　　长　王海生
副　镇　长　徐万水　秦荣建　张万林
　　　　谢振军
政协工委主任　朱万香(女)
纪委书记　黄海铭
组织委员　刘　玲(女)
宣传委员　张爱萍(女)
政法委员　谢振军
人武部部长　陈玉鸿

马棚街道办事处

党工委书记　金　锋
主　　任　张倩桦(女)
人大工委主任　王德兴

卸甲镇

党委书记　夏瑞林
党委副书记　史美山　秦其锦　陈大权
人大主席　蔡以岗
人大副主席　胡星林　居宏英(女)
镇　　长　史美山
副　镇　长　蔡以安　茅　平　李春琴(女)
　　　　杨大忠　凌宏兴　杨立志
　　　　李荣军　刘　凡　问　聪
　　　　杨　明
政协工委主任　周文龙
卸甲镇八桥办事处主任　吕传祥
卸甲镇八桥办事处副主任　陈安全
纪委书记　陶才清
纪委副书记　朱兰香(女)

组 织 委 员　王方树
宣 传 委 员　孙方贵
政 法 委 员　花国蓉（女）
人武部部长　李　祥

汤庄镇

党 委 书 记　陆有林
党委副书记　张　龙（2016年1月7日免）
毛礼良（2016年1月7日任）
吴春芳（女）
姚义平（2016年1月7日免）
卞　军（9月14日任，挂职）
人 大 主 席　毛礼良（2016年1月21日辞）
姚义平（2016年1月22日选任）
人大副主席　刘文芳（女）
镇　　　长　张　龙（2016年1月21日辞）
毛礼良（2016年1月22日选任）
副 镇 长　赵天春　浦良胜　王正玉
张　荣　王荣山　黄建龙
王方俊　吴才安　苏　斌
政协工委主任　姚义平
汤庄镇汉留办事处主任　吴春芳（女）
汤庄镇汉留办事处副主任　潘维才
纪 委 书 记　吴义祥
组 织 委 员　潘维才
宣 传 委 员　乔根美
政 法 委 员　李凤华
人武部部长　张海军

三垛镇

党 委 书 记　杨朝友
党委副书记　孙定勇　王德泉　孙如标
人 大 主 席　陈　斌
人大副主席　姜金花（女）　姚恩进
镇　　　长　孙定勇
副 镇 长　沈连登　吴福龙　潘宏斌
李　淮　朱泰山　俞一飞
管文斌　杨芹芹（女）
周颖昕（女）
刘芙蓉（女，2016年1月27日选任，挂职）
政协工委主任　陈传江
三垛镇司徒办事处主任　高步林
三垛镇司徒办事处副主任　王才明
纪 委 书 记　秦　寨
组 织 委 员　左伍琴
宣 传 委 员　吴冬云
政 法 委 员　王爱群
人武部部长　杨士亮

甘垛镇

党 委 书 记　薛　斌
党委副书记　陈　刚　鲍飞琴　王富桂
张志军（9月14日任，挂职）
人 大 主 席　陈学富
人大副主席　侍广彬　钱士卫
镇　　　长　陈　刚
副 镇 长　詹福江　张美兰（女）　凌生平
徐德爱　刘定骏　王开宏
罗　利（女）
政协工委主任　姚灿音
甘垛镇横泾办事处主任　詹福江
甘垛镇横泾办事处副主任　王生帮
纪 委 书 记　沐国芳（女）
组 织 委 员　阮勇峰
宣 传 委 员　王文平
政 法 委 员　王生帮
人武部部长　朱广虎

临泽镇

党 委 书 记　潘玉华
党委副书记　汤高东　王业星
张志军（9月14日兼任，挂职）
人 大 主 席　潘玉华
人大副主席　陈仁俊
镇　　　长　汤高东
副 镇 长　晏　彬　杨代成　温义章
陈春星　姜晓刚　张爱方
邹文勇
邵　晨（女，2016年1月18日辞）
政协工委主任　戴少清
临泽镇周巷办事处主任　汤高东
纪 委 书 记　杨慧梅（女）
组 织 委 员　相　彪
宣 传 委 员　朱晓峰
政 法 委 员　王本荣
人武部部长　谭红祥

周山镇

党 委 书 记　孙海山（2016年1月7日免）
张　龙（2016年1月7日任）
党委副书记　张福华　李大骏
梅海东（9月14日兼任，挂职）
人 大 主 席　孙玉林
镇　　　长　张福华
副 镇 长　李龙奎　周　军
政协工委主任　万卫荣
纪 委 书 记　陆永华
组 织 委 员　晏　萍（女）
宣 传 委 员　曹海英（女）

政法委员 罗贤文
人武部部长 周朝阳

界首镇

党委书记 张 澍
党委副书记 万 钧 毛向前
康 伟(9月14日兼任,挂职)
人大主席 王纬经
人大副主席 薛 云
镇长 万 钧
副镇长 周谦祥 钱 景 居宝明
政协工委主任 丁迎国
纪委书记 毛向前
组织委员 周谦祥
宣传委员 居晓芳(女)
政法委员 徐永来
人武部部长 郑开亮

菱塘回族乡

党委书记 王怀忠
党委副书记 薛元金 盛九琴(女) 潘 杰
梅海东(9月14日任,挂职)
人大主席 李高坤
人大副主席 乔元江
乡长 薛元金
副乡长 李克云 王 勋 赵国良 张佩善
纪委书记 曾庭超
组织委员 林生军
宣传委员 张爱琴(女)
政法委员 姚宏宝
人武部部长 杨应国

送桥镇

党委书记 王永海(2016年1月7日免)
顾吉林(2016年1月7日任)
党委副书记 顾吉林
韦恒林(2016年1月7日任)
夏瑞香(女) 陈如林 李长太
康 伟(9月14日任,挂职)
陈代强(9月14日任,挂职)
人大主席 陈恩平
人大副主席 包桂田 林 虎
镇长 顾吉林(2016年1月28日辞)
韦恒林(2016年1月29日选任)
副镇长 谈中英(女) 吴凤星(女)
丁兆山 王义忠 夏永金
朱有清 吴长根
政协工委主任 吴玉来
送桥镇送桥办事处主任 夏瑞香(女)
送桥镇送桥办事处副主任 阮中阳 张明光
送桥镇郭集办事处主任 李长太
送桥镇郭集办事处副主任 王正久 胡德东
送桥镇天山办事处主任 陈如林
送桥镇天山办事处副主任 朱文龙 赵 军
纪委书记 孙兆清
组织委员 吴登峰
宣传委员 吴正军
政法委员 徐龙海
人武部部长 郑汉宏

说明:1. 根据全市干部调整,全市党政军群机构负责人有所变动,为便于联系工作,故将各机构负责人延载至2016年3月底。凡2015年内任免的干部,在其姓名后括注的任免时间只注明月日;2016年1月1日～3月31日任免的干部,其姓名后括注的任免时间注明年月日。2. 凡机构后面右上角带*者为二级局单位。

表5

2015年市委、市政府成立或调整的临时机构表

时间	领导机关	临时机构名称或调整内容	负责人
1月9日	市委	调整高邮市干部教育培训领导小组成员	张秋红任组长,孙建年任副组长
1月13日	市委 市政府	调整高邮市双拥和国防教育工作领导小组成员	张秋红任组长,徐永宝、付有根任副组长
1月15日	市委	调整市委党的建设工作领导小组	韩方任组长,张秋红、朱勇、孙建年、徐健、张贵龙任副组长
1月15日	市委	调整市委党的建设工作考评领导小组	张秋红任组长,朱勇、孙建年、徐健、张贵龙任副组长
1月28日	市委	调整市委密码工作领导小组	张秋红任组长,居晓波、李生任副组长
1月28日	市委	调整市委保密委员会成员	张秋红任主任,居晓波、李生任副主任
2月3日	市政府	成立高邮市春运工作领导小组	杨文喜任组长,盛文希、张德宏、陆炜、徐晓君、杨少荣、潘万宝任副组长
2月5日	市政府	成立市创建慢性非传染性疾病综合防控省级示范区工作领导小组和技术指导专家组	方桂林任组长,钱富强任副组长

续表 5

时　间	领导机关	临时机构名称或调整内容	负　责　人
2月10日	市政府	调整市交通工程建设指挥部、农村公路管理养护工作领导小组成员	杨文喜任总指挥，盛文希、张德宏任副总指挥
2月13日	市委 市政府	调整市优化发展环境领导小组	韩方、方桂林任组长，朱勇、徐永宝、孙建年任副组长
3月2日	市委	调整高邮市精神文明建设指导委员会组成人员	韩方、方桂林任主任，张秋红、徐永宝、朱勇、钱富强、高长明、潘建奇任副主任
3月10日	市政府	成立高邮市城市地下管线普查与信息化建设工作领导小组	方桂林任组长，潘建奇任副组长
3月12日	市政府	成立创建省优质电线电缆生产示范区工作领导小组	朱莉莉任组长，张胜、周建伟、薛元金任副组长
3月16日	市政府	成立“覆盖拉网式”农村环境综合整治领导小组	方桂林任组长，朱莉莉任副组长
4月2日	市委 市政府	成立市生活垃圾无害化、减量化处理项目建设领导小组	韩方、方桂林任组长，徐永宝、徐建、高长明、朱莉莉、潘建奇任副组长
4月10日	市政府	成立创建国家环保模范城市工作领导小组	方桂林任组长，徐永宝、薛晓寒、钱富强、朱莉莉、杨文喜、潘建奇、张拥军任副组长
4月13日	市委 市政府	成立省级高新区创建领导小组	韩方、方桂林任组长，徐永宝、王永海、朱莉莉任副组长
4月17日	市委	调整市党委信息化工作领导小组	张秋红任组长，居晓波、李生任副组长
4月26日	市政府	调整市知识产权领导小组成员	朱莉莉任组长，张胜、谭旭、曹勇、黄平任副组长
5月6日	市政府	调整市全面推进依法行政工作领导小组成员	方桂林任组长，徐永宝任副组长
5月12日	市政府	调整市减灾工作委员会成员	徐永宝任主任，戴光耀、张立中任副主任
5月12日	市政府	调整市申请救助家庭经济状况核对工作领导小组成员	徐永宝任组长，戴光耀、张立中任副组长
5月15日	市委 市政府	成立“四城同创”总指挥部	韩方、方桂林任总指挥，张秋红、徐永宝任常务副总指挥，钱富强、高长明、朱莉莉、杨文喜、潘建奇任副总指挥
5月18日	市政府	成立高邮市秸秆机械化还田工作领导小组	杨文喜任组长，蒋国茂、徐龙海任副组长
6月1日	市政府	调整高邮市高校招生委员会成员	钱富强任主任，陆鹏海、杨铖任副主任
6月9日	市委 市政府	成立推进工业经济发展工作领导小组	方桂林任组长，徐永宝、汤学仁、王永海、朱莉莉、王薇任副组长
6月10日	市委	调整高邮市老龄工作委员会组成人员	徐永宝任主任，戴光耀、张曰新、张立中、高健任副主任
6月16日	市委	调整市依法治市领导小组成员	韩方、方桂林任组长，徐永宝、徐健、薛晓寒、高长明、李春青任副组长
6月19日	市政府	成立高邮市农业服务体系建设领导小组	杨文喜任组长，肖伯群、吴兆亮任副组长
6月23日	市委 市政府	成立高邮市深化医疗改革试点工作领导小组	韩方、方桂林任组长，徐永宝、钱富强任副组长
6月24日	市政府	调整高邮鸭产业园区管理委员会成员	杨文喜任主任，肖伯群任常务副主任，吴华、詹东周任副主任

续表5

时　间	领导机关	临时机构名称或调整内容	负　责　人
6月25日	市政府	成立社区专业人才队伍建设领导小组	徐永宝任组长,薛晓寒、李春青任副组长
6月25日	市政府	成立城区农贸市场提档升级综合整治工作领导小组	朱莉莉、潘建奇任组长,张胜、蒋国茂、卞荣中、张峰、潘万宝、朱耀洲、王兆宏任副组长
6月28日	市政府	成立市畜禽屠宰管理工作领导小组和调整市防治重大动物疫病指挥部	杨文喜任组长,肖伯群、吴兆亮、卞荣中任副组长
7月1日	市政府	调整市征兵工作领导小组成员	方桂林任组长,付有根、高长明、陈立柱任副组长
7月14日	市委 市政府	调整高邮市蟹业经济发展领导小组	张秋红任组长,孙明如、杨文喜、肖伯群任副组长
7月16日	市政府	调整全市农业综合开发工作领导小组	杨文喜任组长,吴兆亮、姜岭任副组长
7月27日	市政府	成立高邮市不动产统一登记工作领导小组	方桂林任组长,徐永宝、潘建奇、王薇任副组长
8月4日	市委 市政府	成立高邮市农产品电子商务工作领导小组	方桂林任组长,张秋红、孙明如、朱莉莉、杨文喜、肖伯群任副组长
8月12日	市政府	调整市政府妇女儿童工作委员会组成人员	钱富强任主任,张曰兴、杨铖、金晓云任副主任
8月12日	市政府	调整连淮扬镇铁路高邮段建设领导小组	方桂林任组长,杨文喜、潘建奇任副组长
8月19日	市政府	调整国家罗氏沼虾产业综合标准化示范区创建工作领导小组	方桂林任组长,朱莉莉、杨文喜、肖伯群任副组长
8月24日	市政府	成立高邮市创建江苏省食品安全城市工作领导小组	方桂林任组长,钱富强、朱莉莉、杨文喜任副组长
9月2日	市政府	成立高邮市互联网经济工作领导小组	方桂林任组长,徐永宝、朱莉莉、杨文喜任副组长
9月3日	市委 市政府	成立高邮市新型城镇化与城乡发展一体化工作领导小组	韩方、方桂林任组长,徐永宝任执行组长,杨文喜、潘建奇任副组长
9月7日	市政府	成立高邮市社会信用体系建设领导小组	方桂林任组长,徐永宝、朱莉莉任副组长
9月10日	市政府	成立创建"江苏省特种电缆产业产学研协同创新基地"领导小组	方桂林任组长,朱莉莉任副组长
9月23日	市政府	成立"稳增长、保目标"工作领导小组	方桂林任组长,徐永宝、朱莉莉任副组长
9月26日	市政府	成立连淮扬镇铁路高邮段工程建设指挥部	杨文喜任总指挥,吴兆亮、张德宏任副总指挥
10月28日	市政府	成立中央财政农业一二三产融合发展项目领导小组	肖伯群任组长,吴兆亮、吴华、许开维任副组长
10月30日	市政府	成立苏中循环经济产业园筹建工作领导小组	徐永宝任组长,朱莉莉任副组长
12月3日	市政府	调整全市气象灾害防御和气象为农服务工作领导小组成员	杨文喜任组长,吴兆亮、朱小平任副组长
12月17日	市政府	成立高邮市龙虬庄遗址管理委员会	姜国权任主任
12月30日	市政府	成立高邮市治淮工程高邮湖防汛道路项目建设工作领导小组	杨文喜任组长,吴兆亮、周建峰、张德宏、张定林、魏道智任副组长

(史志)

城乡建设·环境保护

Urban and Rural Construction·Environmental Protection

城市规划

【编制完成《高邮市城市总体规划》】 2016年1月22日，《高邮市城市总体规划(2014～2030)》获省政府批准，该规划由江苏省城乡规划设计研究院修编，内容包括城市总体规划(含公众参与调研报告、现行总规实施评估报告、人口规模研究、低碳生态城市发展研究、产业发展研究等5个专题)、市域城乡统筹规划、城市空间战备规划。　(陶香远)

【"一书两证"发放工作】 2015年，市规划局加强与建设单位联系，严格执行项目批前公示和规划公布制度。全年核发建设项目选址意见书11份、用地面积66.92公顷，建设用地规划许可证35份、用地面积58.9公顷，建设工程规划许可证93份、建筑面积99.5万平方米；核发民房建设用地规划许可证86份、用地面积1.13公顷，建设工程规划许可证27份、建筑面积0.4万平方米。　(陶香远)

【建设项目颁证后管理工作】 2015年，市规划局为确保规划意图和规划批准文件的贯彻落实，实行建设项目颁证后管理工作挂钩负责制度。加强所有建设项目放线、验线及规划核实工作，确保每个项目按规划实施到位。全年放线、验线建筑物105幢；核实规划项目65项，建筑面积119.13万平方米。其中，核实房地产开发项目22项、建筑面积97.39万平方米；核实工业项目43项、建筑面积21.74万平方米。　(陶香远)

【城市规划管理和技术审查工作】 2015年，市规划局按照规划工作实施细则要求，完善城市规划编制、技术审查工作，严把项目出让规划设计条件和规划建筑设计方案审查关，按照景观设计方案要点严格控制绿化、亮化要求，严格执行规划条件集体会商制度，组织专家认真评审设计方案，认真准备提交市规划建设管理委员会研究的议题和评审项目。全年共组织集体会商6次，会商项目26项；组织召开设计方案评审会17次，评审项目61项；全年市规划建设管理委员会召开会议4次，研究讨论项目36项、议题14项。　(陶香远)

城市基础设施建设

【市政建设情况】 2015年，全市继续加大投入，推动建成区道路、给排水管道、绿化等市政工程建设提档升级。至年底，城区实有铺装道路284.42千米；城区排水管道总长度210千米；全市年供水总量4341万吨，年售水量3471万吨，其中居民家庭用水2620万吨；年液化石油气供应总量0.44万吨；建成区土地面积26.5平方千米，城区绿地面积992.1公顷，建成区绿化覆盖面积1098.1公顷，城区绿化覆盖率41.4%。　(陶香远)

【抗日战争最后一役胜利广场及人民公园环境整治工程】 5月，市委、市政府启动抗日战争最后一役胜利广场及人民公园环境整治工程。经过比选、评审和招标程序，确定由上海同济大学建筑设计研究院承担该项目的规划、建筑设计工作；由中央美院北京蓝调雨桐文化设计有限公司承担该项目的雕塑创意设计工作。根据规划，该工程南至府前街，西至熙和巷，东至新世纪花园小区，北至通湖路，占地约8公顷，按照AAAA级景区标准进行布局规划，重点打造抗战胜利广场、英雄纪念广场、市民休闲广场等3个广场，形成州署衙门、老年大学、红色主题、市民活动四个区域。该项目第一期实际投资5900万元，10月22日开工、12月26日竣工，主要施工内容包括房屋拆迁及抗战胜利广场、游客接待中心、纪念馆副馆、红色主题区景观绿化建设,由江苏华泰路桥建设集团有限公司负责施工。建成后的抗日战争最后一役胜利广场包括面积6000平方米的南入口广场、长125米的耐候钢抗战甬道、面积2300平方米的下沉式镜面广场以及面积3000平方米的抗战最后一役纪念馆副馆和面积725平方米的游客接待中心等。 (陶香远)

【通湖路与文游路平交路口改造】 2015年,市城建局为提高通湖路与文游路平交路口通行能力,实施通湖路与文游路交叉口(华侨岗)改造工程。该工程于8月12日开工建设,9月30日竣工。工程主要内容包括混合车道和人行道改造、雨水管道、标志标线标牌、减速带、监控球机、信号灯、路灯及电杆线改造等,改造面积1.63万平方米。工程总投资607万元,由江苏兴厦建设工程集团有限公司负责施工。 (陶香远)

城市“双十”工程建设

【概况】 2015年,市委、市政府印发《关于建立2015年度城建十大重点项目和城建十类重点工程目标责任制的通知》,通知中确定城建“双十”重点工程61项,总投资约57.93亿元。在城建“双十”重点工程实施过程中,明确任务、要求和序时,并编制成册发放给市领导,共同推进工程项目建设进度。建立健全城建“双十”重点工程督察考核制度,全年共召开6次督察推进会,发放督察通知书28份。将督察与考核相结合,对完成较好的单位予以表彰,未完成的说明情况,工作拖拉、推诿、作风不实的进行问责。至年底,城建“双十”重点工程项目均按目标进度完成施工。 (陶香远)

【城建十大重点项目】 2015年,市委、市政府推进实施的城建十大重点项目主要包括生活垃圾无害化、减量化处理项目,文体中心一期及海潮路东延项目,环高邮湖大道及运河西堤风光带建设项目等项目10项,总投资8.87亿元。综述如下:

生活垃圾无害化、减量化处理项目。该项目总投资3亿元,占地5.3公顷,采用BT模式建设一座日处理能力600的生活垃圾焚烧厂;8月开工。

文体中心一期及海潮路东延项目。该项目分2项子项目,其中文体中心一期项目投资1亿元,占地20公顷,位于海潮东路以北、省道237以东,项目包含标准田径场、健身中心、室内游泳馆等设施,10月开工;海潮路东延项目投资2500万元,工程将海潮东路由S237向东延伸4米,路基宽度为44米;4月开工,8月竣工。

环高邮湖大道及运河西堤风光带建设项目。该项目总投资7000万元,南起高邮运河大桥、北至界首镇运河三桥,全长32千米、宽4.5米,同时打造沿运河西堤风光带;4月开工。

后街后巷维修改造及“三拆三整治”项目环境整治。该项目总投资2500万元,对姚家井巷、工人巷等60条后街后巷进行修缮、改造,对老电厂等小区实施道路维修、绿化、亮化等改造;4月开工,11月竣工。

中山南路、北门大街综合整治及城中历史街区重点文物保护修缮项目。该项目总投资3300万元,对中山南路和北门大街的综合管线、建筑外立面、地面铺装等进行综合整治,修缮城中历史街区内的重点文物保护单位;6月开工,10月竣工。

古城区沿街公房及重点文物建筑保护项目。该项目总投资1500万元,计划选取23处文物建筑及107处古城区沿街公房进行修缮,以此逐年推进文化博览城建设。当年先期腾让、修缮文物建筑5处,先期修缮古城区沿街公房10处;4月开工,12月竣工。

船闸北路贯通工程。该项目总投资2574万元,工程东起文游南路、西至运河东堤,在船闸扩容工程北侧新建船闸北路,路长821米、宽13米,实现大运河东岸风景路全线贯通;6月开工,10月竣工。

秦邮路主辅分离及环境综合整治、国雄路环境提升提质项目。该项目分2项子项目:秦邮路主辅分离及环境综合整治项目投资6000万元,增加秦邮路道路两侧非机动车道,调整现有绿化,出新道路两侧立面,实施路面黑色化,新增楼宇亮化和节点亮化,改造秦邮路与文游路交叉口;4月开工。国雄路环境提升提质项目投资1300万元,东起文游路、西至运河东堤,全长1150米,出新道路两侧楼宇,实施路面黑色化;4月开工。

馆驿路改造项目。该项目总投资2960万元,修建东起文游路、西至蝶园路,长606米、宽18米的道路;6月开工,10月竣工。

水环境综合整治工项目。该项目分为3项子项目:南澄子河综合整治项目投资6900万元,对西起盐河、东至外环路,全长1673米的河段,进行河道疏浚、护岸新建、管道截污、绿化、拆迁等改造。香沟河综合整治项目投资5700万元,对西起盐河、东至外环路,全长1721米的河段,进行河道疏浚、护岸新建、管道截污、绿化、拆迁等改造。长生大沟、承志河等河道截污整治项目投资1500万元,对长生大沟520米河道和承志河500米河道进行疏浚,并铺设截污管道。3个项目均于4月开工,12月竣工。

界首大桥建设项目。该项目总投资5000万元,在界首镇新建一座横跨京杭大运河的二级航道

桥；4 月开工。 （史志）

【城建十类重点工程】 2015 年，市委、市政府推进实施的城建十类重点工程主要包括道路建设工程、民生工程、城市功能完善工程，农贸市场提升及建设工程等十大类 51 个子项目，总投资 49.06 亿元。综述如下：

道路建设工程类项目。包含新河北路、新河南路改造工程，纬八路建设工程，杨菱路改造提升工程，省道 237 接至龙虬镇、界首镇、周山镇支路建设工程，珠光南路黑色路面及配套工程等 5 项子项目。

招商地块类项目。包含盐河西侧、屏淮路东侧、东门大沟南侧地块，盐河东侧、南澄子河南侧地块，盐河西侧、屏淮路东侧、武安路南侧地块，盐河东侧、通湖路南侧地块，东部新区实验小学周边地块等 5 项子项目。

民生工程类项目。包含城中村环境综合整治，城区道路照明及亮化建设，高沙园小区第一期整治，高邮经济开发区邻里中心建设，碧水新城南苑第三期工程等 5 项子项目。

城市功能完善类项目。包含停车场建设，道路交叉口改造，大型货车停车场建设，疏导点建设，高邮经济开发区外国语学校建设，市赞化学校东迁，城区公交车停保场建设等 7 项子项目。

农贸市场提升与建设类项目。包含珠湖农贸市场建设，东部新区大型综合农贸市场建设，熙园小区净菜市场建设，北门菜场升级改造，欧洲城第三期净菜市场建设，新华园农贸市场建设等 6 项子项目。

安置小区类项目。包含学士园安置小区、高邮经济开发区安置小区第九期等 2 项子项目。

园区建设类项目。包含高邮湖路整治、九园路改造提升工程，惠民路北延至波司登大道工程，高邮经济开发区道路绿化提质工程，高邮经济开发区污水管网配套建设，高邮城南经济新区汽车城建设，高邮城南经济新区软件产业园第二期，兴区路东延、新联路南延工程，高邮城南经济新区工业集中区及文游南路等节点地块拆迁，污水管网配套建设，园区西区道路提质改造工程，威高东路、威高西路贯通工程，28 路与高邮城南经济新区 28 路连接工程等 12 项子项目。

供电基础设施类项目。包含开发区 110 千伏输变电工程、沙埝 110 千伏输变电工程等 2 项子项目。

环境综合整治类项目。包含创建城市管理示范路项目、文游南路项目、文游中路(南段)项目、文游北路项目、武安路西段项目、沿河东路项目等 6 项子项目。

旅游项目建设类项目。包含神居山旅客服务中心项目等。 （史志）

村镇建设

【乡镇规划编制】 2015 年，市城建局完成菱塘回族乡、三垛镇、临泽镇 3 个全国重点镇的控制性详细规划修编工作；编制完成临泽镇古镇保护规划初稿。 （陶香远）

【镇村规划管理】 2015 年，市城建局依据《中华人民共和国城乡规划法》和《江苏省城乡规划条例》等法律法规，进一步规范镇村建设项目审批工作。全年共发放各类书、证 477 份，其中个人选址意见书 130 份、个人建设工程规划许可证 162 份、单位选址意见书 64 份、单位建设工程规划许可证 121 份；制作土地挂牌包装资料 153 份，项目批前公示 35 份、批后公示 20 份，核实规划 87 份，评审各类规划和建筑设计方案 36 项；处理信访 12 次。（陶香远）

【镇村基础设施建设】 2015 年，全市共完成村镇建设投入 13.69 亿元，其中小城镇建设投入 12.29 亿元、小城镇基础设施投入 1.4 亿元。有 1648 户镇村居民翻建或新建住宅，建筑面积 45.92 万平方米；新建公共建筑 7.36 万平方米、生产性建筑 53.58 万平方米；新建小城镇硬化道路 28.35 千米、面积 23.05 万平方米；新增绿化面积 15.31 公顷。 （陶香远）

表 6 2015 年高邮市镇、村房屋建设情况表

	指标名称	单位	建制镇	村庄住宅
住宅	建房户	户	709	939
	在新址上新建	户	496	374
	竣工建筑面积	万平方米	33.78	12.14
	混合结制以上	万平方米	31.22	10.47
	年末实有建筑面积	万平方米	637.66	1780.34
	混合结构以上	万平方米	554.32	1194.21
	人均住宅建筑面积	平方米	40.08	40.76
公共建筑	竣工建筑面积	万平方米	6.86	0.50
	混合结构以上	万平方米	6.86	0.50
	年末实有建制面积	万平方米	342.37	138.87
	混合结构以上	万平方米	278.49	125.85
生产性建筑	竣工建筑面积	万平方米	48.25	5.33
	混合结构以上	万平方米	48.25	5.33
	年末实有建制面积	万平方米	500.05	118.62
	混合结构以上	万平方米	447.68	102.86

（陶香远）

【美丽乡村建设】 2015 年，市城建局围绕村庄规划编制和生态环境、基础设施、特色民居、农村产业、乡风文明建设“六大工程”，推进美丽乡村示范村创建工作。是年，启动三垛镇柳南村、汤庄镇联

谊村2个村整治规划编制工作;甘垛镇沙贯村、三垛镇管垛村美丽乡村示范村创建工作通过省农村综合改革领导小组办公室验收。 (陶香远)

【农村危房改造】 2015年,市城建局继续推进农村危房改造工作,在详细核查各乡镇危房情况的基础上,制定《高邮市2015年农村危房改造工作实施方案》,并按照为危险程度高、经济收入低的农户优先解决住房问题的原则,完成810户、5.38万平方米危房改造任务。同时,牵头组织市发改委、市财政局、市民政局、市残联等单位,对危房改造工作进行自查。 (陶香远)

市容管理

【市容环境综合整治】 2015年,市城管局围绕“四城同创”及城市环境综合整治工作目标,开展各项市容环境整治活动,城市面貌焕然一新,城市形象明显提升。全年共发放《致沿街商户的一封信》近1万份、《高邮市市容环卫责任告知书》3000份,取缔各类流动及占道摊点1.96万次、店外出摊1.19万次,割除条幅602处,清理违规设置灯箱戗牌及各类违规户外广告招贴近7000处,清除野广告4.5万处,清理乱挂乱晒678处、乱搭乱建461处、乱堆乱放杂物1735处,规范车辆停放6490处,清除路牙踏坡88处;无害化处理城乡生活垃圾19万吨,清洗道路里程3.1万千米、面积46.5万平方米,清运生活垃圾、建筑垃圾3万吨,更换城区密闭式垃圾桶1800只。是年,该局获市委、市政府授予的“突出贡献奖”“城市环境综合整治先进单位”“2015年度社会治理创新奖”称号。 (王锐)

【北海商圈专项整治】 2015年,市城管局联合公安、交通、环保、卫计委、工商、民宗、高邮镇等部门,组成100多人的联合整治工作组,对北海商圈城市环境开展集中整治。此次整治以北海商圈为中心,向周边路段辐射,找准重点、难点进行攻坚,彻底改变北海路周边“脏乱差堵”的现象。整治期间,工作组通过多种渠道,采取多种措施,进行大量宣传工作,将整治内容广而告之。按整治活动方案安排,从4月20日起,在每天上午六时三十分至晚间十时,工作组分两班对北海商圈周边(东至文游中路、南至东门广场、西至中山路北至新河北路)占道经营、店外出摊、车辆乱停乱放等违章行为进行整治,对市政基础设施进行完善。共整治各类占道经营摊点1848次,拆除不符合城市容貌标准的各类广告83处,清理乱挂乱晒172次、乱搭乱建151处、乱堆乱放杂物342处,规范车辆停放1470余处。治理效果明显,市容环境得到明显改善,真正实现还路与民。8月17日,省政法委在高邮市召开现场会,将北海商圈专项整治作为“重点地区整治”工作先进典型在扬州市范围内予以推广。 (王锐)

【查处违法建设行为】 2015年,市城管局结合“四城同创”契机,以重点区域、重点路段的新建改造工程、城市环境综合整治工作为切入点,加大违法建设查处力度,有效遏制违法建设蔓延势头。全年推进完成长生大沟、承志河整治拆违、拆迁征收及佳醇路历史遗留违建拆除整治工作,依法查处各类违法建设案件1061起、面积13.44万平方米,其中查处历史遗留违法建设案件540起、面积3.82万平方米。 (王锐)

【城区户外广告专项整治】 2015年,市城管局组织人员对城区府前街、通湖路、文游中路等路段的户外广告进行专项整治,重点整治陈旧破损、杂乱无序、未经审批的各类屋顶广告、立式广告、旗幔广告、横幅等户外广告,以清除视觉污染、消除安全隐患。期间,共拆除破损广告276处、楼顶广告3000多平方米、竖式灯箱240余处、墙体广告153块、乱设广告346处,清理橱窗广告1167处。 (王锐)

【占道经营、店外出摊专项整治】 2015年,市城管局按照“集中力量、集体行动、严管重罚”原则,采用定点值守、机动巡查和错时执法相结合的不间断巡查模式,开展城区沿街商铺占道经营、店外出摊专项整治行动,确保商户规范经营。期间,累计拆除55家水果经营商户门前的乱搭乱挂遮阳篷布,对长期占道经营的27家商户下达处罚决定书,对拒不履行处罚决定的13家商户申请法院强制执行,有效遏制城市管理顽疾。 (王锐)

【城区废品回收点治理】 2015年,市城管局以“突出重点、全面整治、长效管理”为目标,对位于城区主次街道附近的废品收购站存在的店外出摊、乱堆乱放等违规行为进行集中整治,促使“脏、乱、差”现象得以明显改善。期间,整治废品收购站52家,下发《限期整改通知书》36份,集中清除店外乱堆乱放38处。 (王锐)

【渣土车专项整治】 2015年,市城管局通过建章立制、部门联动、强化管控等手段,开展渣土车专项整治活动。制定《高邮市区城市建筑垃圾和工程渣土管理实施细则》,就全面管理作明确要求。协调建立建筑垃圾临时转运调配场,减少渣土车运输过程中存在的违规行为。

全面实行渣土车管理“黑名单”制度,对纳入“黑名单”的渣土车全面落实整改措施。采用“北斗”卫星定位系统,对渣土车的行驶路线和速度予以跟踪管控。加强与市公安局、市交通局、市农机局、市建管局等部门协作,抓好重大工程、重要时段、重点路线的渣土运输、建筑垃圾处置监管,加大对“黑渣土车”联合打击力度。全年取缔非法渣土处置场所7处，规范临时堆放点3处；查扣违规渣土运输车29辆，现场整改43辆，教育放行49辆，报废5辆；新增密闭加盖渣土运输车21辆，新装、更换放大号牌38辆，安装“北斗”卫星定位系统121辆。（王锐）

【环卫保洁市场化运作】 2015年，市城管局以“稳步推进、分片实施、竞争择优、全面放开”为原则，探索实施环卫保洁市场化运作。以城东片区为试点，将城东片区划分为5个标段，通过招标确定5家企业参与经营，实施环卫综合作业市场化运作。期间，参与经营企业累计投资414.32万元，新添置一体化冲洒扫路车2辆、压缩式垃圾收集车2辆、小型扫路机3辆、电动垃圾收集车10辆、电动快速巡回保洁车35辆，全面提高环卫作业机械化水平，促进行政成本的降低和服务质量的提高。（王锐）

【便民疏导点建设】 2015年，市城管局以便民疏导点建设为抓手，推进“马路市场”取缔工作，整治占道经营行为，维护良好市容环境。全年在市区蝶园路、万斤路、烟雨路、佳醇路等路段建立临时疏导点21处，疏导各类经营摊点220个，并以设立自产自销区的方式疏导经营摊点110个。（王锐）

【环卫基础设施建设】 2015年，市政府筹集资金，推进环卫基础设施建设。累计投资3680万元，建成市环卫综合作业中心。与社会资本合作投资3.55亿元，以PPP模式，开工建设生活垃圾焚烧发电项目。改造升级城区26座旱厕、4座水厕，实现城区旱厕改造全覆盖。更换城区密闭式垃圾桶1800只；投资42万元，对后街背巷、老旧小区内500余座垃圾箱池密封加门。（王锐）

【省级示范路、示范社区创建】 2015年，市城管局牵头开展省级示范路、示范社区创建工作。全年投入1580万元，实施沿街立面及店招店牌出新、空调外机加装护栏、管线整理、人行道路缘石修复、绿化树池加铺鹅卵石、绿化补植、道路护栏更换等工程，推进创建工作开展，有效提升城市美感，彰显城市特色。至年底，府前街和文游中路省级示范路及新联社区和北海社区省级示范社区创建工作取得明显进展。（王锐）

【“城管进社区”】 9月2日上午，市政府在高邮镇政府举行城管进社区启动仪式，在市区14个社区设立城管进社区工作站，确定1名城管挂包人员作为直接责任人，与社区建立共建制度，全面启动开展“城管进社区”工作，确保每一个网格、每一个社区、每一条道路都有城管执法队员常态化负责管理，实现城市管理无盲区、无死角，将城管执法触角延伸至后街背巷、老旧小区、无物管小区等城市的各个角落。（王锐）

【“高邮城管”微信平台】 2015年，市城管局创建“高邮城管”微信群，并利用该平台增进信息沟通、布置工作任务、交流工作经验、推动难题化解、强化典型宣传、造浓工作氛围、提高工作效率。至年底，实现“高邮城管”微信群在群人数138人，累计推出各类信息300余条、助力难题化解万余件。（王锐）

城市综合管理

【建设工程招投标工作】 2015年，市政府加强全市建设工程招标投标活动监管，建立和完善招标项目流程审查监管制度，全面推行资格后审制度。至年底，共完成交易项目183项，中标金额29.03亿元。经招标，交易工程项目累计节约资金1.6亿元。（陶香远）

【新型墙体材料推广应用】 2015年，市墙体材料改革办公室以国家、省墙材革新政策和墙改法律法规为指引，创新思想，积极进取，较好地完成各项工作任务。全年生产新型墙体材料3.59万立方米，占墙材生产总量88%；削减黏土砖产量0.42亿标砖，实现节能2.23万吨标煤；城镇使用新型墙体材料的建筑工程竣工面积占全市建筑工程总竣工面积的90%。（陶香远）

【燃气市场管理】 2015年，市燃气管理办公室举办“高邮市突发供气事故应急演练”活动，为高效、有序地开展燃气应急救援工作打下良好基础，提高应对突发供气事故的指挥调度能力和应急处置水平。全年新建城市天然气高、中、低压管线130.5千米，累计建有管线1038千米；新增管道燃气用户1.5万户，累计用户6.37万户；供应管道天然气2350万立方米、液化石油气3600吨，城市管道燃气普及率65%，城乡燃气普及率95%。加大老旧小区管道燃气配套建设力度，推进实施设施煤改气工程；对全市燃气经营企业重新划分燃气特许经营权区域，并与企业签订特许经营协议。全年开展燃气专项检查活动10项次，组织安全生产检查12批次，管道燃气入户安检2589户，排除一般事故隐患854起、重大事故隐患3起；取缔无证液化气充装点3家，清除违章占压建（构）筑物4处；开展燃气知识宣传咨询活动16场次，购置安全生产宣传图书260本，宣传标语、横幅300多张，自制宣传品800余张，发放宣传资料8000余份。（陶香远）

【建设工程档案管理】 2015年，市城建局档案馆共接收建设工程档案报送责任书32份；出具档案接收证明263份；累计入库工程建设档案资料5099卷，其中工业建设类档案438卷、城市建设管理规划类档案97卷、市政工程类档案380卷、民用建设类档案3901卷、村镇建设类档案103卷、声像及其他类档案180卷；提交与纸质档案相对应的电子档案 253 份,提交率 98%。全年接待查档咨询人员 169 次;参与规划综合验收项目 41 项;收缴档案管理费 157 万元。(陶香远)

环境监测

【环境监测工作】 2015 年,市环境监测站共收集辖区内的水、气、声环境质量和污染源等各类监测数据 2.4 万个,完成监测报告 770 份,编制《环境质量监测简报》24 份,发送环境监测快报单 360 份。完成地表水、环境空气、区域环境噪声和交通噪声等例行监测任务,开展入河排污口、重点企业污染源监测和跟踪监测 270 厂次,完成 361 家企业环境验收及环评监测工作。(卢飞)

【环境质量状况】 2015 年,市环境监测站例行监测结果表明,市区环境空气达标率 60.4%、市区集中式饮用水源地水质达标率 100%、水域功能区水质达标率 82.4%、噪声达标区覆盖率 100%。具体环境质量状况简述如下。

水环境

饮用水源。全市 5 处城乡集中式饮用水源地水质达标率 96.9%,比上年增加 0.1 个百分点。

地表水。按照环保部办公厅下发的《地表水环境质量评价方法》,全市在京杭大运河高邮段、三阳河、北澄子河、南澄子河、横泾河、东平河、张叶沟、澄潼河、盐河等 9 条河流,设置监测断面 14 个,常规分析项目 24 项。经监测,断面地表水环境质量达标率 100%,比上年增加 14.3 个百分点。地下水。经市地下水水质断面监测点监测,地下水环境质量达标率 100%。

工业废水。全市工业废水排放量 1956.44 万吨,化学需氧量排放1408吨,氨氮排放量162.46吨。

环境空气

环境空气。全年有效监测天数 351 天,其中环境质量达到良好等级以上的天数 212 天,占 60.4%。经检测,城区环境空气中二氧化硫年均值为 0.026 毫克/立方米,二氧化氮年均值为 0.033 毫克/立方米,可吸入颗粒物年均值为 0.114 毫克/立方米,细颗粒物年均值为 0.057 毫克/立方米,一氧化碳年均值为 0.886 毫克/立方米,臭氧年均值为 76 微克/立方米。环境空气中的首要污染物是可吸入颗粒物。

降尘。经市环境监测站、市赞化中学两个城区监测点监测,全年平均降尘量 6.9 吨/平方千米·月,符合市级标准和 8.0 吨/平方千米·月的评价标准。

降水。全年市区有效降水监测次数 44 次,降水量 1068.6 毫米,降水 pH 值范围 6.21~6.81,未检出酸雨。

废气。全市工业煤炭消费量 42 万吨,重点工业企业废气排放总量 985.8 亿标立方米,二氧化硫排放量 1651.7 吨,烟(粉)尘排放量 1266.22 吨。

声环境

区域环境噪声。在城区设置 139 个区域环境噪声监测网格,经监测,城区昼间平均等效声级 47.9 分贝(A),符合《声环境质量标准》(GB3096—2008)1 类区标准。城区环境噪声以生活噪声为主,其次是工业噪声、交通噪声、建筑施工噪声、其他噪声。

交通噪声。在城区 15 条主要交通干线上设置监测点 23 个,在京杭大运河高邮段、盐河、北澄子河 3 条水路交通干线上布设监测点 4 个。经监测,城区交通噪声昼间平均等效声级为 63.9 分贝(A),符合《声环境质量标准》(GB3096—2008)4 类区标准。

功能区噪声。7 个点位的功能区噪声等效声级均符合《声环境质量标准》(GB3096—2008)1 类至 4 类昼夜间标准值。

固体废物

全市工业固体废物产生量 15.23 万吨,其中综合利用 14.95 万吨,综合利用率为 98.2%。在工业固体废物产生量中,危险废物产生量为 5.29 万吨,其中处置 4.04 万吨、综合利用 1.25 万吨。

全年城区产生生活垃圾 20 万吨,通过 3 座垃圾中转站室内吊装转运高邮市垃圾填埋场。

(卢飞)

【环境监测站建设】 2015 年,市环境监测站充分发挥环境监测在环境管理中的支撑作用,根据年度《环境监测计划》和《质量管理计划》,以加强监测质量为核心,切实增强环境监测能力建设。6 月、12 月,市环境监测站 2 次通过扬州市环境监测站组织的质量大检查。年底,市环境监测站向省质监局提交实验室资质认定复评审申请材料。(卢飞)

【人员培训】 2015 年,市环境监测站组织人员参加各类专业技能培训,提高员工能力水平。全年共组织 22 人次参加 11 个类别培训学习,分别为:2 人参加测量不确定度评定与表示培训,2 人参加 2015 年第二期土壤环境质量监测技术培训,1 人参加计量管理员培训,2 人参加空气自动站维护培训,2 人参加扬州市司法鉴定培训,2 人参加水质自动站培训,1 人参加江苏省环境空气颗粒物手工采样技术培训,3 人参加检验检测机构资质认定培训,3 人参加省质监局组织的内审员培训,2 人参加江苏省核与辐射安全监督管理与监测专业技术人员培训,2 人参加全省水站处理培训。(卢飞)

环境监管

【主要污染物总量减排】 2015年,市环保局根据省、扬州市年度减排目标,制定2015年主要污染物总量减排计划。采取倒逼机制,逐一分解目标和任务,明确各乡镇(园区)、部门的责任;协同职能部门,联系市农委、市公安局、市统计局等部门,形成工作合力;督促污水处理厂等重点减排工程实施,对建成的减排工程项目,按照国家核查核算要求逐条逐项进行检查,确保工程项目管理落实到位,设施运行达到要求。全年共实施完成减排工程11项,共削减化学需氧量1408吨、氨氮92吨、二氧化硫135吨、氧氮化合物62吨。 (卢飞)

【重金属污染综合整治】 2015年,市环保局结合省、扬州市重金属污染防治规划,根据省、扬州市部署,编制高邮市2015年重金属污染防治项目清单,组织开展全市重金属污染整治工作。开展电镀企业专项整治活动,督促全市电镀企业对照苏中苏北电镀企业整治要求整改。强化电池工业园管理,建设电池工业园废水、废气预警监测系统。督促扬州华翔有色金属有限公司开展技术升级改造,对高邮高和光电器材有限公司等10家重点企业实施清洁生产审核。至年底,列入防治项目清单的企业,均按序时完成整治任务。 (卢飞)

【基础环境专项调查】 2015年,为加强环境保护力度,摸清全市环境基础现状,市环保局先后开展重金属企业环境现状调查、农村饮用水源地基础环境调查等专项调查工作。至年底,完成全市14家涉重金属企业和农村饮用水源基础环境调查更新任务。 (卢飞)

【环境保护大检查】 2015年,全市开展环境保护大检查,由市政府协调各乡镇(园区)及市环保局、市安监局、市卫计委、市城管局、市水利局、市建设局、市经信委、市公安局等单位,对排污企业、耗能大户、污水处理企业、建筑工地等开展重点检查。全年共下达限期整改通知书92份,关停无工商营业执照、无环保手续、未配套污染防治设施、环境风险较大、群众反映强烈的"五小"企业21家,立案查处涉嫌环境违法案件73起,其中移交市公安机关处理案件1起、移送市人民法院强制执行案件5起。 (卢飞)

【固体废物与核与辐射专项申报和检查】 2015年,市环保局进一步规范全市危险废物产生及经营单位的环境管理,对全市76家列入国家和省、扬州市重点监管的危险废物产生单位和4家危险废物经营单位,按照环保部下发的《"十二五"危险废物规范化管理督查考核工作方案》和《危险废物规范化管理指标体系》要求,组织开展固体废物专项申报和检查以及相关人员培训,督促其进一步规范危险废物的贮存、处置行为,完善处置台账,并对照指标体系对被列入监管的危险废物产生及经营企业进行考核打分。配合省、市组织的危险废物专项执法检查,指导企业做好迎查工作,对省市检查中发现的问题予以及时督促整改。对8家涉及核与辐射的工业企业和34家有放射性装置的医疗单位分别进行现场督察,督查率100%。及时更换相关企业及医疗单位从业人员的上岗证和辐射安全许可证,督促所有涉源单位按照要求编制年度安全评估报告。 (卢飞)

【"蓝天工程"】 2015年,市环保局围绕《高邮市2015年度大气污染防治工作任务分解表》《高邮市燃煤锅炉大气污染整治工作方案》,安排年度项目任务,落实部门工作职责,有序推动工作开展。全年共实施"蓝天工程"项目任务10大类15项,着重抓好大气污染物总量减排、工业烟粉尘和挥发性有机物治理、机动车污染防治、扬尘综合整治、秸秆禁烧和燃煤锅炉整治等各项工作,促进全市大气环境质量得到明显改善。 (卢飞)

【北澄子河三垛西大桥国控断面达标巩固】 2015年,市环保局巩固北澄子河三垛西大桥国控断面达标成果,确保各项目正常运行,保障南水北调东线供水工程"三阳河清水廊道"水质。加大对该断面周边及沿线环境整治力度,避免次生污染对断面水质产生影响,强化生态红线区保护和辖区污染源监管,杜绝超标排污和偷排行为。是年,该国控断面水质未发生明显变化,保持达标状态。 (卢飞)

【建设项目环境管理】 2015年,市环保局围绕全市发展大局,准确把握环境准入政策,规范、高效地开展环评审批和服务工作。全年共审批建设项目环评文件347份,其中环境影响登记表157份、报告表167份(含项目预审3份)、报告书23份(含项目预审9份);办理市区夜间建筑施工许可证1份;审查规划环评报告书1份、项目环评资料(含包装向上争取项目)33份。 (卢飞)

【环境稽查与执法】 2015年,市环保局通过检查核实、查阅询问等形式,重点对企业危废管理、环境管理制度执行、治污设施运行与污染物排放等情况进行检查,全年完成重点企业环境稽查61家,编发环境稽查简报8期。制定《全市2015年环境监察计划和监管任务》,对26家化工、7家涉铅、16家电镀及金属表面处理、4家造纸和28家其他行业企业,按污染物排放量、环境安全等级、环境信访投诉等实行差别化日常监管,规定现场监察频次,提高现场监察效能;将22条重点河流水质、7个饮用水水源保护地和备用水源地作为重点监察目标,常规化开展监察工作。全年累计出动执法人员7100人次，检查企业3000厂次，工业污染源治理设施运行率和达标率均在96%以上。（卢飞）

【应急处理】 2015年，市环保局根据《高邮市突发环境事件应急预案》《高邮市集中式饮用水水源地突发环境事件应急预案》和《高邮市公路交通突发环境事件应急预案》等文件精神，加强突发环境事件应急处理工作，组建高邮市环境应急专家库，确定成员名单，明确现场应急专家组职责，依托基础较好的重点企业，建立环境应急现场处置队伍，并做好应急物资储备，提升应急事件处置能力。全年组织参与全市重点企业应急专题培训4次，指导应急演练2次，处理突发环境应急事件5起。（卢飞）

【环境信访】 2015年，市环保局采取加强信访值班、环境信访纠纷定期排查分析、负责人带案下访、与乡镇联动等措施，积极开展信访维稳工作。全年共受理各类环境信访投诉1621起，其中环保部交办3起、省环保厅交办178起、扬州市环保局交办170起，处理来信来访86件(次)，环境信访受理初结率100%，群众满意率95%。全年未发生一起重大环境信访事件。（卢飞）

【企业环境行为信息公开】 2015年，市环保局从执行国家环保法律法规、落实环境管理制度、加强污染防治、消除环境影响等方面，对全市排放污染物的重点工业企业进行环境行为信息公开，并按从优到劣分成绿色、蓝色、黄色、红色、黑色五个级别，在网上适时予以公布。全年网上信息公开企业307家，其中绿色企业10家、蓝色企业269家、黄色企业18家、红色企业8家、黑色2家。（卢飞）

【环保资金争取】 2015年，市环保局继续开展环保资金争取工作，全年共争取各类环保补助资金6669万元，其中覆盖拉网式农村环境综合整治补助资金850万元、省级环境保护引导资金市县切块资金385万元、中央重金属专项资金930万元、中央和省级大气污染防治等补助资金551万元、生态红线补偿资金3850万元、高邮市级环保项目资金103万元，增长3.4%。（卢飞）

生态建设与保护

【国家环保模范城市创建工作】 2015年，市环保局按照《高邮市创建国家环保模范城市工作方案》要求，下发《2015年高邮市创建国家环保模范城市重点工程任务分解表》明确当年创建国家环保模范城市的主要任务、重要项目、序时进度等内容，继续大力度推动全市创建国家环保模范城市工作，至年底，全市创建国家环保模范城市工作达标率61.5%。（卢飞）

【《高邮湖生态环境保护规划》通过评审】 11月，高邮市召开《高邮湖生态环境保护规划》评审会，省环保厅专家组及市环保局等单位负责人参加。该规划结合高邮湖区域污染源现状、水环境质量、生态环境现状，分析高邮湖及其流域存在的主要生态环境问题，从产业结构调整及布局、污染物减排、湖泊生态修复、水资源优化配置、治污长效机制建立等方面提出规划任务。经专家组评议，一致认同该规划通过评审。（周雷森）

【生态村与生态文明示范村创建】 2015年，市环保局指导高邮城南经济新区勤王村、龙虬镇东角村开展省生态村创建工作，指导菱塘回族乡清真村、三垛镇官垛村、临泽镇钱镜村开展扬州生态文明示范村创建工作。至年底，勤王村、东角村获“省生态村”称号，清真村、官垛村、钱镜村获“扬州生态文明示范村”称号。（卢飞）

【生态红线区域保护】 2015年，市环保局依据《高邮市生态红线区域保护监督管理考核暂行办法》，联合各乡镇(园区)及市国土局、市农林局、市水务局等部门，采取上下联动、齐抓共管方式，继续做好全市508.15平方千米生态红线保护区域的管控工作。根据《高邮市生态红线区域巡查责任分工表》，全面落实相关单位的责任，要求巡查责任单位及时将巡查结果书面报告给督查单位，并对各类违法行为及时予以上报。3月17日，完成全市生态红线区保护工作年度自评报告上报工作。11月21日，省环保厅、省财政厅组成联合检查组，对高邮市生态红线区域管理情况进行现场抽查，并将综合评定结果上报省政府。（卢飞）

资料链接 2014年，市委、市政府组织市环保局等相关职能部门，启动开展高邮市生态红线区域保护工作。并因此将东湖湿地森林公园、渌洋湖自然保护区、高邮湖湿地自然保护区、京杭大运河、三阳河清水廊道生态保护区及全市7个饮用水源地(含1个备用水源地)等划定为生态红线保护区域，总面积508.15平方千米，受保护面积占全市总面积26.44%；其中设定的一级管控区面积98.38平方千米、二级管控区面积409.77平方千米，分别占全市总面积5.1%、21.3%。（卢飞）

【“绿色系列”创建】 2015年，市环保局牵头组织市内各有关单位巩固生态市创建成果，继续开展“绿色系列”创建及“绿满扬州”创建活动，不断加大“绿色机关”“绿色企业”“绿色社区”“绿色学校”等系列创建工作力度，将文明、节俭、环保的生活方式和消费理念渗透到公众日常生活、工作中。至年底，全市创成省级绿色学校2家，扬州市级绿色机关10家，高邮市级绿色企业10家。（卢飞）

开放与开发

Open and Development

导读

招商引资

【2015 年引入外资实绩】 2015 年，全市通过招商引资引入外资，注册外资实际到账额 6021.5 万美元，比上年增长 111.2%，分别完成扬州市、高邮市年度目标的 100.4%、120.4%，是扬州市唯一完成全年目标任务的市(县)。在 13 个全年有招商实绩的乡镇、园区中，临泽镇、卸甲镇、三垛镇、菱塘回族乡、高邮镇、高邮经济开发区、汤庄镇、界首镇等 8 个单位完成或超额年度目标，高邮湖西新区、高邮城南经济新区、龙虬镇完成年度目标的 60%。

全年新引进外资项目 13 项、协议外资 7980 万美元，分别比上年增加 3 项、5801 万美元。全年资金到账项目 18 项(含上年结转项目)，比上年增加 6 项。其中，第二产业项目到账 14 项、2787.5 万美元，占 46.3%，增长 38.9%；第三产业项目到账 4 项、3234 万美元，占 53.7%，增长 282%。是年，在新引进的项目中，实现资金到账的项目 9 项，占全部新引进项目数的 69.2%。　(杨龙)

【"上海及长三角地区招商年"活动】 年初，市委、市政府出台《"上海及长三角地区招商年"活动实施方案》，大力推进"三重""三专""三特"招商和"五定"网格式招商，受到扬州市政府主要领导批示肯定并转发各县市区学习借鉴。

全年成功举办"双黄鸭蛋节"、承接上海产业转移等市内外推介会 3 场。坚持上下联动，坚持领导带头，半月督查、季度通报，推动活动开展，促进项目落实。全市共组成 516 批次招商小分队深入苏南、上海、浙江等 60 多个城市和地区拜访企业、洽谈项目，签约合同或意向项目 157 项(合同 126 项、意向 31 项)，其中产业项目 153 项(总投资额折合人民币 276.8 亿元，注册资本折合人民币 79.2 亿元)、园区结对 3 项、网络合作 1 项。10 亿元以上已开工建设或投产的项目 10 项。即：总投资 20 亿元的道爵电动汽车(高邮经济开发区)，总投资 10 亿元的金雷电动汽车(高邮经济开发区)、传艺科技柔性线路板第二期(高邮经济开发区)、建筑业总部集聚园(高邮城南经济新区)、康乐健身器材(高邮城南经济新区)、中航工业 VCI(高邮湖西新区、市商务局)、磁控并联电抗器(高邮湖西新区)、中电投渔光互补光伏发电(甘垛镇工业集中区)、协合风力发电(菱塘回族乡工业集中区)。　(杨龙)

【招商引资开放型经济考核奖励办法修订】 年初，在延续上年考核奖励办法的基础上，新增"招商活动成效"加分项，并纳入考核。重点对当年新签约、新注册到账、新开工建设项目按体量、进展分别给予加分。依据考核办法，年终评出招商引资开放型经济先进单位 12 家。其中，高邮经济开发区、临泽镇、卸甲镇获一等奖；三垛镇、汤庄镇、高邮镇获二等奖；湖西新区、城南经济新区、菱塘回族乡、界首镇、市商务局、市发改委获三等奖。波司登永兴置业有限公司获利用外资特别贡献奖。　(杨龙)

【高邮市北京商会成立】 1 月 18 日，高邮市北京商会在北京成立。市委常委、常务副市长徐永宝和市政协副主席、市工商联主席王薇为该商会成立揭牌。北京鼎汉技术股份有限公司董事长顾庆伟当选为会长。该商会还设立助学基金，以帮扶高邮寒门学子完成学业。　(杨军　郭玉梅)

【开展"上海招商周"活动】 3 月 22～27 日，全市在上海及周边地区开展"上海招商周"活动。有关乡镇、园区和部门组织招商小分队 17 个，深入到 65 家重点园区及企业开展敲门招商活动，接洽信息项目 28 项。

27日下午,在上海举办2015高邮(上海)产业合作恳谈会,签约项目15项,总投资额34.9亿元。市长方桂林,市委常委、常务副市长徐永宝,副市长朱莉莉参加相关活动。重点产业合作项目有:洲业投资(上海)有限公司在城南经济新区投资10亿元的洲业汽车生活广场项目、上海礼福汇信息科技有限公司在高邮经济开发区投资10亿元的电子商务城市综合体项目、晶澳太阳能控股有限公司在临泽镇投资3000万美元的20兆瓦光伏发电站项目等。(杨龙)

【双黄鸭蛋节和扬州烟花三月节集中签约项目35项】(详见《大事纪要》篇目《第十一届中国双黄鸭蛋节》分目)

【方桂林率队参加“上海结对园区扬州行”活动】 4月28日,市长方桂林率高邮经济开发区、城南经济新区、市商务局等单位负责人和应邀的上海闵行经济开发区、上海莘庄工业区、上海枫泾工业区及3家上海知名企业的负责人,一道赴扬参加“上海结对园区扬州行”活动。此次签约产业转移项目2项,总投资额11.4亿元。即高邮经济开发区承接的总投资1.4亿元的电池外壳、军用周转箱制造项目和城南经济新区承接的总投资10亿元的汽车市场项目。上海闵行经济开发区党委副书记、上海闵行联合发展有限公司副总经理周布宪在会上发言时表示,将继续把高邮作为承接该区产业转移的首选地,积极助推高邮招商引资、项目建设工作再上新台阶。(杨龙)

【高邮湖西通用机场投资建设协议签订】 6月9日,市政府与中化岩土工程股份有限公司在北京签署《扬州高邮湖西通航产业基地投资框架协议》。根据协议约定,该项目第一期工程占地20公顷,位于高邮湖西新区毛港村,投资额3.2亿元。于2016年动工开建,2017年可望建成,建设周期18个月。届时,市内将拥有一座可同时起降10架小型私人飞机的通用机场。(丁小玲　管玮玮)

【韩方率队赴沪、浙等地招商】 6月18～19日,市委书记韩方率高邮经济开发区、三垛镇、市商务局等单位主要负责人,赴无锡、上海、浙江等地开展招商活动。他要求,做到每天都有专业招商人员在外寻项目;每旬要有分管领导赴外谈项目;每月要有主要领导带队赴外促项目。并确定7月份为“上海及长三角地区招商突击月”。市领导汤学仁、朱莉莉参加招商活动。

18日上午,韩方等一行首先到位于无锡市的全球光电基板前十强的台资企业,考察该公司的生产工艺,并就光电基板项目建设进行洽谈。下午,韩方一行赴上海,拜访上海高新技术企业乾享机械公司,就全自动智能包装机械及生产线的运用、到高邮投资生产,实现“机器换人”达成共识。还拜访上海中兴派能能源科技有限公司、上海商业地产企业宏伊集团,分别就锂电池生产基地项目、清水潭度假区建设合作项目等进行洽谈。

19日上午,韩方一行到浙江省宁海市的东方日升新能源股份有限公司,就渔光互补光伏电站及光伏电站安装工程项目进行洽谈。下午,韩方一行又到浙江省高新技术企业、光学薄膜研发生产企业——浙江省激智科技股份有限公司考察,并与公司总经理、海归博士张彦治就光学薄膜项目到高邮投资事宜进行洽谈。韩方等一行先后拜访6家与高邮市产业有一定关联且有投资意向的国内知名企业,力促项目推进和落实。(杨龙)

【专业招商队伍建设】 7月,市委、市政府出台《关于进一步加强全市专业招商队伍建设的意见》,在原有6个投资促进分局的基础上,增设城市地产投促分局(投资促进七局,设在市国土局),依据各分局所在载体的产业定位及部门职能确定招商重点和目标任务。针对原有6个投促分局抽调从事招商工作人员两年到期的实际,从市“墩苗”计划中抽调11人充实加强到各个分局,实行目标责任、外出报备、行踪查证、信息报送等制度,加强专业招商人员管理,提升专业招商成效。(杨龙)

【开展“上海招商周”活动】 8月3～7日,市委、市政府组织开展“上海招商周”活动,全市共组织20支招商小分队深入上海及长三角地区的重点园区,拜访重点企业70多家,洽谈项目40多项。7日下午,在上海举办2015高邮(上海)产业合作恳谈会,签约项目20项,总投资额30.9亿元。市领导韩方、方桂林、徐永宝、汤学仁、王永海、朱莉莉、潘建奇参加活动。

在活动期间,市委书记韩方、市长方桂林分别带队深入招商一线拜访知名企业、洽谈合作项目。韩方一行先后考察拜访欧帕克信息技术公司、中国半导体照明应用系统工程技术研究中心、上海闵行莘庄工业园管委会及航天机电上海太阳能科技有限公司,分别就科技创业园项目、LED项目、汽车高邮检测中心项目、光伏发电站项目、储能电池项目,以及院士工作站、园区合作共建等事项进行洽谈,与欧帕克信息技术公司签订科技创业园合作协议。方桂林一行先后拜访上海乾享机械设备公司、上海中兴派能科技公司、上海阳光动力能源互联网股份有限公司,就全自动包装机械、锂电池、光伏电站设备制造及储能电池等项目进行洽谈和推进。各乡镇、园区和有关部门还分别组成招商小分队,围绕招商目标对象,开展登门招商,拓展收集项目信息,推进在手项目洽谈。

7日下午,举行2015高邮(上海)产业合作恳谈会。韩方、方桂林等市领导与参会的60多名嘉宾和客商进行座谈，寻求合作共赢商机。上海阳光动力能源互联网股份有限公司副董事长钟俊浩、中国半导体照明应用系统工程技术研究中心副主任杨卫桥、南京麦瑞克科技发展集团公司董事长张益等发言。在恳谈会上，签约合作投资项目共20项，总投资额30.9亿元，其中投资亿元以上项目13项，投资额1000万美元以上外资项目3项。签约项目涉及新材料、新光源、先进装备制造等行业。（杨龙）

【农村电子商务合作协议签订】 8月24日，在市委、市政府召开的推动农村淘宝项目建设，促进“双创双增”（大众创业、万众创新，农业增效、农民增收）工作会议上，市政府与阿里巴巴（中国）软件有限公司签订农村电子商务合作协议。根据协议要求，全市将在两年内建成1个市级运营中心、1所淘宝大学高邮分校、1个特色中国·高邮馆、1个菜鸟物流基地、10个乡镇级工作站、100个村（社区）级服务站。市政府将进一步强化政策扶持，抓紧电商培训，积极招募农村合伙人，扶持农村有志青年投身电商企业。（夏慧　殷朝刚）

【举行乡贤恳谈会】 9月30日，市委、市政府举行乡贤恳谈会，邀请参加庆祝扬州建城2500周年庆典的十多位在外乡贤回高邮参加活动，共商家乡发展大计。市委书记韩方致欢迎词，市委副书记、宣传部部长张秋红主持，倪文才、徐永宝、汤学仁、孙明如、朱莉莉等市领导参加。出席恳谈会的乡贤有：中央政府驻香港联络办原主任、第十届全国人大外事委员会原主任委员姜恩柱，中国驻荷兰前大使朱曼黎，江苏省科技厅党组副书记、副厅长曹苏民，安徽武警总队原副司令葛长臻，全国人大外事委员会办公室主任欧阳文平，江苏省建筑工程集团有限公司副总裁、江阴市陆润房地产开发有限公司董事长吴小卫等。在恳谈会上，乡贤们对高邮未来发展提出宝贵意见和建议，并参观盂城驿景区、市河风光带和江苏华富储能新技术发展有限公司、扬州戴卡轮毂制造有限公司等。（杨龙）

【组团参加江苏省第五届“科洽会”】 10月，市委、市政府组织15家企业参加第五届中国江苏产学研合作成果展示洽谈会暨江苏省产业技术研究院技术转移对接会。在活动期间，有5家企业参加全省集中签约活动，有6家企业与相关高校达成合作协议。（刘长华　卞小丽　周雷森）

【举行“秦邮人才集聚”提升年暨科技合作集中签约活动】 10月19日，市委、市政府举行“秦邮人才集聚”提升年暨科技合作集中签约活动。在活动现场，进行集中签约的有平台（载体）建设、产学研合作、人才引进、创业项目等共49项项目。出席签约活动的嘉宾有：江苏省科学技术厅党组副书记、副厅长曹苏民，扬州市委组织部副部长、“两新”工作委员会书记徐龙，扬州市科学技术局纪检组组长魏德余，南京农业大学副校长丁艳锋、武汉科技大学副校长吴怀宇，四川西华大学副校长何建平，扬州大学副校长黄建晔等，还有应邀的全国36所高校院所教授、博士100多人参加活动。市委书记韩方致辞，市委常委、常务副市长徐永宝作招才引智、科技合作工作推介，市委常委、组织部部长孙建年主持仪式，参加活动的市领导还有汤学仁、薛晓寒、朱莉莉、赵平、王薇等。（钟秋　周雷森）

【高邮经济开发区与徐泾镇签订结对合作战略协议】 11月26日下午，高邮经济开发区与上海市青浦区徐泾镇结对合作战略协议签约仪式在高邮经济开发区举行。高邮市领导韩方、徐永宝、汤学仁、朱莉莉、张拥军和徐泾镇党委书记赵峰、副书记张慧娟等出席。此次战略合作的主要内容为：徐泾镇将高邮经济开发区作为产业转移项目的首选之地，积极引导企业来邮投资、兴建生产基地等；高邮经济开发区将规划建设占地66.67公顷（1000亩）的合作共建园，做好相关配套设施建设，为投资者提供“一条龙”服务。（杨龙）

【有机溶剂回收再利用项目在日本东京签约】 12月，在由中国国家发展和改革委员会、商务部、中国驻日本大使馆与日本经济产业省、日中经济协会共同于东京举办的第九届中日节能环保综合论坛上，由日本丰田化学工业株式会社和株式会社MIKI共同于高邮湖西新区投资建设的有机溶剂回收再利用项目获得签约。（刘缓　陈虹　殷朝刚）

【废气再循环冷却器项目在湖西新区签约】 12月22日，由美国摩丁制造有限公司与江苏普信热交换系统有限公司合作的废气再循环冷却器项目在湖西新区签约。总投资额为1.5亿元，其中第一期投入6500万元，于2016年完成，可实现销售额1亿元；到2020年，完成全部投资后，销售额可突破3亿元。（阚有生　管玮玮）

【园区结对工作】 2015年，市商务局把园区结对合作作为承接产业转移、实施精准招商的一个重要抓手和突破口，加快推进园区结对步伐。至年底，全市签订邮沪园区结对合作（战略）协议3对，即高邮经济开发区与上海西郊经济区（青浦区）徐泾镇结对合作、三垛镇与上海枫泾工业园结对合作、卸甲镇与上海宝山城市工业园区结对合作。（杨龙）

部分重点实施项目

【江苏振兴新能源科技有限公司太阳能光伏发电项目】 2015年，江苏振兴新能源科技有限公司继续推进实施太阳能光伏发电项目第二期工程建设(80兆瓦电站建设)。该项目总投资额20亿元,占地总面积367公顷。该项目第一期工程于上年底竣工,建成120兆瓦电站,并实现并网发电。项目全部建成后,年发电量可达2.23亿千瓦时,可实现开票销售2.56亿元、税收5000多万元,可节约标准煤7万多吨;电站下的成片鱼塘同时仍可实行养殖,村民们还可领到一笔可观的土地流转租金,并吸纳300多村民就业。该项目为江苏省单体最大光伏发电项目。 (殷朝刚 史德元)

资料链接 2014年12月12日,由江苏振兴新能源科技有限公司在临泽镇陈甸村万亩荡滩上兴建的太阳能光伏发电项目第一期工程120兆瓦电站建成,并实现并网发电。 (殷朝刚 史德元)

【总投资额20亿元道爵电动汽车项目开工】 3月10日,由江苏道爵实业有限公司(扬州)总投资额20亿元的电动汽车项目,在高邮生产基地——高邮经济开发区开工奠基。市领导方桂林、张秋红、徐永宝、葛桂秋、高长明、张拥军、汤学仁等为项目奠基培土。项目建成后,将形成年产新能源电动汽车12万辆的规模,年营业额35亿元,提供就业岗位3000多个,成为集新能源汽车研发、生产、服务和零部件生产于一体的产业集群。 (殷朝刚 居朕宇)

【举行"双节"重点工程开工、竣工投产仪式】 4月16日、18日,两次举行"双节"(中国双黄鸭蛋节、中国·扬州"烟花三月"国际经贸旅游节)重点工程开工、竣工投产仪式。(详见《大事纪要》篇目《第十一届中国双黄鸭蛋节》分目) (杨龙)

【总投资额1亿美元艾诺斯储能电池项目竣工投产】 6月11日,坐落于高邮经济开发区的艾诺斯(扬州)华达电源系统有限公司举行储能电池项目竣工投产仪式。该项目为美国艾诺斯集团在高邮经济开发区总投资额1亿美元的项目。美国艾诺斯集团董事长、董事会主席、首席执行官约翰·克雷格,总裁、首席运营官David Shaffer和市领导韩方、方桂林、汤学仁、孙明如、张拥军等出席竣工投产仪式,并为项目投产剪彩。 (居朕宇 殷朝刚)

【举行"8·18"重大项目集中开工、竣工活动】 8月18日,市委、市政府举行2015年"8·18"重大项目集中开工、竣工活动。全市共有24项重大项目参与集中开工、竣工,总投资74.7亿元。其中,扬州市人大常委会副主任何金发、扬州市政协副主席倪士俊和高邮市领导韩方、徐永宝、王永海、朱莉莉、王薇等参加湖西新区活动,集中开工项目4项、投资额41.5亿元;高邮市领导葛桂秋、朱莉莉、王薇参加汤庄镇活动,开工项目1项、投资额8000万美元;高邮市领导张桂龙参加甘垛镇活动,开工项目2项和竣工项目2项、投资额28.2亿元。 (钱明 殷朝刚)

【举行运河西堤风光带建设项目开工仪式】 9月26日市委、市政府举行参加扬州迎城庆2500周年集中开工重大项目之一——运河西堤风光带建设项目开工仪式。该项目计划总投资额6亿元,项目内容包括:对运河西堤26.5千米和湖西大堤62.9千米堤防实施综合打造;建设长110千米高等级的堤顶防汛道路,其中结合防汛道路建成国际马拉松赛道和环湖自行车赛道;实施道路绿化亮化、滨水构筑物、城市公共艺术、堤防景观等配套工程;建设水利展览馆和泊生物展览馆;推进高邮湖生态旅游发展,规划填筑有人岛、无人岛和沿湖造型地块;按照省级水利风景区建设要求,进一步综合打造运河西堤风光带,点缀运河灿烂明珠。市领导韩方、方桂林、徐永宝、葛桂秋、肖伯群共同启动项目开工水晶球,张秋红致词,杨文喜主持仪式。 (陆业斌)

【总投资额10亿元甘垛渔光互补发电项目首期并网发电】 11月中旬,由中国电力投资集团公司江苏电力有限公司总投资额10亿元,在甘垛镇官林村北侧占地200公顷建设的30兆瓦渔光互补光伏发电项目,经过5个多月的紧张施工,首期10兆瓦光伏发电站提前建成,并实现并网发电。

(姚红兰 管玮玮)

对外国及港澳台地区贸易

【概况】 2015年,全市实现进出口总额4.4亿美元,增长5.1%。其中,进口总额0.33亿美元,与上年持平;出口总额4.07亿美元,增长5.4%。主要出口产品有机电产品、箱包鞋产品、服装产品、光伏和新光源产品等。全年全市新增加出口企业5家,累计有出口企业121家,其中机电产品出口企业42家、箱包鞋产品出口企业15家、服装产品出口企业11家、光伏和新光源产品出口企业23家、其他产品出口企业30家。在121家出口企业中,实现出口额增长的企业71家、出口额下降的企业50家;实现出口额在2000万美元以上的企业2家(江苏金飞达电动工具有限公司实现出口额7774万美元、扬州和益电动工具有限公司实现出口额2492万美元)、出口额在2000万美元以下的企业119家。

全市外贸产品出口市场由原来的日本、韩国扩展到俄罗斯、非洲等新兴市场。扬州和益电动工具有限公司水泥搅拌机出口到俄罗斯,实现销售额150万美元;扬州宝德照明器材有限公司成套太阳能路灯出口到尼日利亚,实现销售额100万美元。

(陶香湖)

【实现机电产品年出口额2.6亿美元】 2015年,全市有机电产品出口企业有42家,实现出口额

2.6 亿美元，比上年增长 6.8%，占全市出口总额的 64%。除江苏金飞达电动工具有限公司、扬州市威高机电有限公司因部分重点客户改自营出口为国内公司收购，致使出口额受到一定影响外，其他机电产品出口企业均保持一定增速，其中扬州和益电动工具有限公司、高邮市北方动力机械有限公司分别实现出口额 2492 万美元、815 万美元，分别比上年增长 54%、23.6%。（陶香潮）

【光伏和新能源产品出口额增长 84.4%】 2015 年，全市光伏组件和太阳能、LED 灯具等产品实现出口额 3626 万美元，比上年增长 84.4%。其中，扬州鑫晶光伏科技有限公司、高邮金旸灯饰工程有限公司分别实现出口额 395 万美元、377 万美元，分别比上年增长 1234%、7.4%。（陶香潮）

【服装、箱包鞋产品出口额下降】 2015 年，全市服装、箱包鞋产品分别实现出口额 4167 万美元、5816 万美元，分别比上年下降 12.2%、7.5%。其中高邮市神游羽绒制衣有限公司因欧洲客户业务转移到东南亚，全年仅实现出口额 365 万美元，比上年下降 55.3%。（陶香潮）

【对外商务活动拓展工作】 2015年，市商务局加强企业的对外商务活动拓展工作，先后动员和组织150家企业参加国内外各类展会、交易平台等所开展的各类活动。其中，组织40多家企业参加国内外各类展会，新增广交会摊位4个，扬州和益电动工具有限公司、扬州华胜机电制造有限公司、江苏科凌医疗器械有限公司分别在俄罗斯五金工具展、墨西哥五金展、土耳其医疗展设立展位；引导70家企业加入扬州外贸、阿里巴巴、谷歌搜狗引擎等各类对外商品交易平台，进行拓市场、抢订单；组织30多家灯具企业参加香港贸发局推介的香港秋季灯具展宣传会，签订订单供货额200万美元。（陶香潮）

【电动工具出口基地获省考核“优秀”等次】 2015 年，作为江苏省电动工具出口基地的江苏金飞达电动工具有限公司通过加强公共服务平台建设，加快区域品牌培育、国际市场开拓、跨境电商培育等项工作，促使该电动工具的国内外市场得到不断拓展和提升。是年，在省商务厅、省财政厅组织的对全省出口基地的综合考核中，该基地被评为“优秀”等次，获政策性奖励 200 万元。（陶香潮）

【企业出口转型升级】 2015 年，市商务局加快培育出口产品自主品牌步伐，新增扬州市出口名牌产品 5 种。加快经营方式转型，发展跨境电商业务，江苏金飞达电动工具有限公司、扬州市康乐机械有限公司着手电商前期销售准备，扬州市威高机电有限公司实现跨境电商自主品牌产品在美国销售 150 万美元。（陶香潮）

【外贸企业信保、统保工作】 2015 年，市商务局为帮助外贸企业解决后顾之忧，动员企业参加外贸信保、统保，使企业敢于接外贸“大单、长单”。全年新增参加信保 300 万美元以上电动工具企业 2 家（服装、鞋类企业各 1 家）、统保（续保）的小微企业 39 家。至年底，全市累计实现参保金额 9000 万美元，帮助企业融资 2000 万元，企业参保数和参保额均居扬州市各县（市、区）第一。（陶香潮）

【争取国家外贸扶持资金 710 多万元】 2015 年，市商务局积极帮助外贸企业开展国家外贸扶持资金的争取工作。至年底，全市获部、省各类外贸扶持资金扶持的企业 70 家，累计获发各类外贸扶持资金 710 多万元。（陶香潮）

外资及港澳台资利用

【概况】 2015 年，全市新批外资及港澳台资项目 13 项，比上年增加 3 项；实现项目协议利用外资及港澳台资 7980 万美元，比上年增加 5801 万美元；全年新发展外商投资企业 14 户，投资总额 2035.13 万美元，注册资本 14795.42 万美元，完成外资及港澳台资实际到账 6021.5 万美元，比上年增加 3170.5 万美元，比上年增长 111.2%。至年底，全市累计有外商合资企业法人 7 家，累计注册资本 5166.73 万美元；累计有港澳台合资企业法人 8 家，累计注册资本 3510.5 万美元；累计有港澳台与外国投资者合资企业法人 1 家，注册资本 230 万美元；累计有中外合作企业法人 2 家，注册资本 3836.5 万美元；累计有港澳台与境内合作企业法人 1 家，注册资本 1170.03 万美元。

（韦民裕 王竹茂）

【新增注册外商独资企业法人 1 家】 2015 年，全市新增注册外商独资企业法人 1 家，新增注册资本 100 万美元。至年底，全市累计有外商独资企业 24 家，累计注册资本 8285.5 万美元。（韦民裕）

【新增注册外商合资企业法人 4 家】 2015年，全市新增注册外商合资企业法人4家，新增注册资本 2372.57万美元。至年底，全市累计有外商合资企业法人35家，累计注册资本1.59亿美元。（韦民裕）

表 7　**2015 年高邮市新增注册外商独资企业简表**

企业名称	投资商所在国家	注册资本(金)(万美元)	设立时间
裕精橡塑科技(扬州)有限公司	新加坡	100	6月5日

（韦民裕）

表 8 **2015 年高邮市新增注册外商合资企业简表**

企 业 名 称	投资商所在国家	注册资本(金)(万美元)	设立时间
扬州天能新能源有限公司	澳大利亚	7.86	9 月 7 日
江苏捷美工具有限公司	加拿大	1688	9 年 28 日
高邮新奥世懋燃气有限公司	开曼群岛	157.95	11 月 3 日
扬州百齐乐光学有限公司	阿拉伯联合酋长国	518.76	11 月 11 日

（韦民裕）

【新增注册港澳台合资企业法人 4 家】 2015 年，全市新增注册港澳台与境内合资企业法人 4 家，新增注册资本 1.14 万美元。至年底，全市累计有港澳台与境内合资企业 44 家，累计注册资本 5.39 亿美元。（韦民裕）

【新增注册港澳台独资企业法人 3 家】 2015 年，全市新增注册港澳台独资法人企业 3 家，新增注册资金 916.85 万美元。至年底，全市累计有港澳台独资企业 40 家，累计注册资本 1.72 亿美元。（韦民裕）

【注销港澳台投资企业 1 家】 2015 年，全市注销港澳台投资企业法人 1 家。（韦民裕）

表 9 **2015 年高邮市新增注册港澳台合资企业简表**

企 业 名 称	投资商籍贯	注册资本(金)(万美元)	设立时间
扬州惠远太阳能电力有限公司	香港	500	6 月 26 日
扬州博优通新能源科技有限公司	香港	308	8 月 10 日
新浪爱拓设备(江苏)有限公司	香港	600	12 月 10 日
元太环保科技(高邮)有限公司	香港	9998	12 月 16 日

（韦民裕）

表 10 **2015 年高邮市新增注册港澳台独资企业简表**

企 业 名 称	投资商籍贯	注册资本(金)(万美元)	设立时间
扬州协盛制衣有限公司	香港	8.17	1 月 14 日
扬州中电绿洋湖光伏发电有限公司	香港	408.68	8 月 7 日
高邮神农林业发展有限公司	台湾	500	9 月 22 日

（韦民裕）

表 11 **2015 年高邮市注销港澳台投资企业简表**

企 业 名 称	投资商籍贯	注销时间
高邮宏明农业科技发展有限公司	台湾	9 月 21 日

（韦民裕）

对外国及港澳台地区经济技术合作

【概况】 2015 年，全市完成外经营业额 295 万美元，占扬州市下达年度目标的 104%，比上年增长 19.4%；新批境外投资项目 1 项，中方协议投资额 10 万美元；新增有对外承包经营资格的企业 1 家，累计达 7 家。（邱昆）

【扬州中蒙新能源发展有限公司获准境外投资】 8 月 17 日，扬州中蒙新能源发展有限公司（驻地送桥镇，私营企业，董事长李银田）获得由江苏省商务厅批准颁发的“企业境外投资证书”，投资 10 万美元（占总投资额 55%），在蒙古国乌兰巴托市设立中蒙合资企业——有机能源集团（蒙古）有限公司。这是全市首家在蒙古国设立的投资企业。该公司主要经营范围和项目为：光电技术研发、应用、技术转让，太阳能电池、太阳能电池组件、LED 照明灯具销售，自营和代理各类商品等。至此，全市累计获批对境外投资、承包工程资格的企业 7 家，其中获批对境外投资资格的企业 6 家、对境外承包工程资格的企业 1 家。（邱昆）

表12 **至2015年年底高邮市获批境外投资、对外承包工程资格企业一览表**

获批年份	投资企业	投资者或承包人	投资国别、地区	投资形式	投资额	境外企业	资格	经营范围	审批机关
2009	扬州普天鞋业有限公司	简振华 周长圆	美国	独资	10万美元	优易有限公司	境外投资	批发业：贸易、鞋销售	江苏省商务厅
2010	江苏金飞达电动工具有限公司	张春元 孙友春 陈　强	美国	独资	10万美元	江苏金飞达电动工具有限公司美国分公司	境外投资	境外机构：经营	江苏省商务厅
2011	江苏传艺科技有限公司	单国华	中国香港	独资	6.41万美元	传艺香港贸易有限公司	境外投资	批发业：自营与代理	江苏省商务厅
2012	扬州高通创业投资管理有限公司	杨建英	英属维尔京群岛	独资	5万美元	威通资本有限公司	境外投资	投资管理	江苏省商务厅
2012	扬州天宇服饰股份有限公司	戴苏榕	美国	独资	15万美元	天宇美国股份有限公司	境外投资	批发业：纺织产品	江苏省商务厅
2012	江苏弘盛建设工程集团有限公司	徐　扬 师永生 陈庆梅	—	独资	6.27亿元	江苏弘盛建设工程集团有限公司	境外承包	承包工程、对外派遣劳务	江苏省商务厅
2015	扬州中蒙新能源发展有限公司	李银田	蒙古	合资	10万美元占55%	有机能源集团有限公司	境外投资	批发业：光电技术与产品经营	江苏省商务厅

（邱昆）

江苏省高邮经济开发区
（马棚街道办事处）

【概况】 该区位于城区北部，行政区划面积101平方千米，开发规划面积50平方千米，建成区20平方千米。辖15个行政村、4个社区，即奥林村、文游台村、双庙村、花王村、杨桥村、佛塔村、腰圩村、灯塔村、昌农村、北太平村、清水潭村、东湖村、钱厦村、塔院村、阳沟村、东墩社区、高沙园社区、金塘社区、九园社区，村民小组277个，总人口9万多人。

农业。全年实现农业生产总值8.2亿元，粮食总产量5.18万吨，油料总产量1511吨，农民人均年纯收入2.29万元。通过省"一事一议"以奖代补到村的政策，共争取资金162万元，新建2座共8个流量的排涝泵站，改建清水潭2个流量的排涝泵站。争取省农桥改造贴补资金70万元，新建农桥5座。新购插秧机28台、旋耕机47台、植保机68台、粮食烘干机17台，机插率95%以上，粮食烘干率50%以上，小麦机条播等项目超额完成扬州市下达指标，通过扬州市农机示范乡镇验收。全年培训职业农民500人，流转土地360公顷，新建家庭农场15个。建成农村淘宝窗口服务站5个。

工业。全区实现工业总产值449.22亿元，其中规模以上工业产值338.96亿元，分别比上年增长12.3%、11.4%；工业开票销售118.69亿元，工业入库税收4.35亿元，财政收入7.93亿元；技改投入41.32亿元，固定资产投资95亿元；出口总额7056万美元，实际到账注册外资2500万美元。新增规模以上工业企业3家，规模以上企业增至84家。新竣工投产亿元项目9项。

建筑业。全区有建安企业29家。建筑施工总面积350万平方米，实现建筑业总产值77.66亿元，比上年增长33.5%。

旅游业。生态园区建设步伐加快，新增造林面积87公顷。清水潭景区首期核心区基础设施与生态工程进展迅速，建成东入口游客服务中心，完成杉洲岛升级改造，启动建设大马戏、温泉酒店及大运系列旅游项目。

招商引资。全区重点围绕储能电池及延伸配套关联产业、健康产业、生态旅游文化产业等主导和特色产业，开展驻点招商、小分队招商、委托招商、登门招商、网络招商。全年共签约亿元以上项目14项，其中10亿元以上项目5项，即清水潭旅游度假区、道爵新能源汽车、一洋制药原料药生产、金雷电动汽车、传艺柔性线路板项目。同时引进美瑞生物、江苏中食安科、首凯汽车等科技综合体项目22项。

项目建设。全区新开工项目13项。其中亿元以上项目11项，即：总投资50亿元的国信发电项目，20亿元的道爵电动汽车项目，10亿元的诚信物流园、传艺科技、久中电池等3项，亿元的钢厂余热发电、荷尔仕食品、外国语学校、尚诚服装、康正生物科技、秦邮路升级改造工程等6项。实现竣工投产项目12项。

社会事业。投入1.2亿元，按照省级标准新建现代化外国语学校,新建建筑面积 2.9 万平方米;树人小学升级为市实验小学北校区。发放 2967 人失地养老补助金 351.16 万元,发放 264 户特困家庭救助金 63.36 万元,发放低保户保障金 175.34 万元,发放残疾人补助金 110.76 万元,为年满 49 周岁的失独家庭发放养老补助金。全区新农合参合率 100%,东墩社区卫生室通过江苏省示范卫生室验收。开展农村基础设施建设和环境整治,改善农村居民生产生活条件。巩固"三星级"敬老院的创建成果,扩容改造敬老院,集中供养五保户 110 人。

园区基础设施建设。推进基础设施第 14 期工程建设,搬迁安置居民近 700 户,安置小区第 8 期竣工在即,新建道路 3 条,经十七路南延、张庄路、周庄路竣工,东墩集镇道路改造完成,开发区外国语学校工程收尾,启动实施秦邮路改造工程、老横泾河东段整治工程。建成电池园在线环境监测体系,新建污水管道 2 千米。

党建和精神文明建设。深入开展学习贯彻中共十八届四中、五中全会精神,组织学习《中国共产党廉洁自律准则》《中国共产党纪律处分条例》,持续深化"为官不为"专项整治。非公企业党群组织的覆盖率大幅提升,活力不断增强,党群组织建设不断扩大。全区发展新党员 32 人,转正 35 人,新组建工会 25 个,改选到期工会 31 个,发展新会员 2000 多人,建立团支部 2 个。积极开展双拥工作,超额完成市下达的新兵征集任务。　(赵倩倩)

【中信戴卡汽车轮毂项目竣工投产】 该项目于 2012 年 12 月开工、2015 年 1 月竣工投产。由中信集团中信戴卡轮毂制造股份有限公司投资,计划总投资 10 亿元,注册资本 2 亿元,用地 17.33 公顷(260 亩),建设厂房、办公用房及附属用房 12 万平方米,主要从事汽车轮毂制造、铝锭、金属材料销售等。采用国际先进工艺技术,建成铝屑前处理线,将加工后铝屑处理后循环使用,大大降低成本和能耗,项目达产后可形成年产汽车轮毂 500 万只,年销售 10 亿元以上,利税 1 亿元。　(赵倩倩)

【富威能源蓄电池项目竣工投产】 该项目于2013年4月开工、2015年6月竣工投产。由中航工业金城集团南京电动车业有限公司投资,总投资10亿元,注册资本2亿元,用地9.13公顷(137亩),建设厂房、办公楼及附属用房6.5万平方米。主要从事铅酸电池、锂电池、银锌电池的研发、生产和销售,设计年产能150万千伏安时,项目达产后预计可实现年销售10亿元以上,创税3000万元。　(赵倩倩)

【易事特光伏发电及智能电网系统项目竣工投产】 该项目于2013 年 4 月开工、2015 年 6 月竣工投产。由广东易事特电源股份有限公司投资兴建,位于高邮经济开发区电池工业园区内。总投资额 10 亿元,注册资本 2.5 亿元,用地 10.67 公顷(160 亩),建设厂房、办公楼及附属用房 12 万平方米。项目建成后,主要进行光伏并网逆变器、智能电网系统等各类储能电池等研发、生产、销售,全部达产预计可实现销售 15 亿元以上。　(赵倩倩)

【传艺科技线路板项目(第一期)竣工投产】 该项目于1月开工、12月竣工投产。总投资10亿元,注册资本2亿元,主要从事多层线路板的研发、生产和销售,产品主要应用于手机、电脑、汽车、军用、医疗等方面。第一期工程新上以聚酯薄膜为基材的可挠性印刷电路板生产线,主要为苹果公司手机、平板电脑等产品配套软板,可实现年销售15亿元,利税1.5亿元。第二期工程新上年生产60万平方米的单双面软、硬集合多层线路板生产线,项目建成后可新增销售4亿元,利税1.5亿元。　(赵倩倩)

【秦邮特种金属余热发电项目竣工投产】 该项目于3月开工、2016年3月竣工投产。由扬州市秦邮特种金属材料有限公司投资建设,计划总投资5亿元,注册资本1亿元,用地5公顷(75亩)。该项目是对秦邮特钢剩余煤气和转炉饱和蒸汽进行综合利用,实现节能降耗。同时,在设计中也采用国内先进的无头除氧器,反渗透水处理高效电除尘等设备,从而使水、汽达到零污染排放。　(赵倩倩)

【江苏省国信天然气热电联产项目开工建设】 该项目于 3 月开工建设。由江苏国信集团投资建设,计划总投资 50 亿元,用地 19.33 公顷(290 亩)。其中,第一期工程投资 12 亿元,建设两套 100 兆瓦级燃气——蒸汽联合循环热电联产机组,第二期工程将建设两台 400 兆瓦燃气机组。首期工程投产后,年发电 11.287 亿千瓦时、年供热 261.2 万吉焦;替代高邮现有的 167 台效率低、污染重的分散燃煤、燃油小锅炉,实现全市集中供热。每年可以节约煤炭 8.77 万吨、减少烟尘排放 2295 吨、减少二氧化硫排放 1390 吨、减少氮氧化物排放 463.8 吨,实现节能减排。　(赵倩倩)

【江苏道爵电动汽车项目开工建设】 该项目于 3 月开工建设。由江苏道爵新能源科技有限公司投资,计划总投资 20 亿元,用地面积 19.73 公顷(296 亩),建设厂房 6 万平方米。主要从事电动汽车的研发、生产和销售,项目设计产能为年产电动汽车 12 万辆以上,可实现年销售 12 亿元以上,创利税 5000 万元以上。　(赵倩倩)

【诚信物流冷链物流园项目开工建设】 该项目于 3 月开工建设。由高邮市诚信物流有限公司投资,总投资额 10 亿元。总建筑面积 20 万平方米,其中应急指挥大厦 3.49 万平方米、冷链信息交易中心 1.48 万平方米、电子商务物流交易区 1.93 万平方米、第三方物流信息交易服务区 1.92 万平方米、物流总部经济经营服务区 2.37 万平方米、金融质押仓储 1.5 万平方米。（赵倩倩）

【江苏久中电源铅酸蓄电池项目开工建设】 该项目于 3 月开工建设。由江苏森莲电源有限公司投资，项目总投资 10 亿元，注册资本 2 亿元，用地 4.67 公顷（70 亩），建设厂房、办公及附属设施 3.8 万平方米。主要进行铅酸蓄电池的生产、销售。项目达产后，可实现年销售额 5 亿元以上，可创税 1000 万元。（赵倩倩）

表 13　**2015 年江苏省高邮经济开发区（马棚街道办事处）主要经济社会指标实绩表**

项　目	单 位	2015 年	2014 年	比上年（±%）	项　目	单 位	2015 年	2014 年	比上年（±%）
地区生产总值	亿元	81.50	70.67	15.32	工业技改投入	亿元	41.32	37.71	9.57
第一产业	亿元	4.47	4.26	4.93	工业从业人数	万人	4.25	4.24	0.24
第二产业	亿元	56.04	48.65	15.19	建筑业产值	亿元	77.66	58.16	33.53
第三产业	亿元	20.99	17.76	18.19	建筑业从业人数	人	4340	4106	5.70
预算内收入	亿元	9.21	8.03	14.69	当年引进项目数	项	36	32	12.50
农业总产值	亿元	8.24	7.75	6.32	当年实际利用外资	万美元	2500	1050	138.10
粮食总产量	万吨	5.18	5.17	0.19	第三产业从业人数	万人	1.62	1.57	3.18
棉花总产量	吨	—	—	—	新增个体工商户	户	395	300	31.67
油料总产量	吨	1511	1461	3.42	学校	所	5	5	—
水产品产量	万吨	1.42	1.39	2.16	在校学生数	人	1861	1856	0.27
农业从业人数	人	5541	6133	−9.65	外出劳务人数	人	2211	2168	1.98
工业企业数	家	546	529	3.21	外来劳务人数	人	8368	8058	3.85
全部工业总产值	亿元	449.22	400.02	12.30	农民人均纯收入	万元	2.29	2.06	11.17

（柏忠林）

表 14　**2015 年江苏省高邮经济开发区（马棚街道办事处）村、社区情况表**

村、社区	党支部书记	村（居）委会主任	会　计	村（居）民小组数（个）	户数（户）	总人口（人）	农业面积（公顷）	人均收入（元）
文游台村	张　剑	赵　荣	凌淑一	9	950	3462	120	25428
花王村	梁荣祥	李凤祥	刘永新	18	1850	6780	14	24562
奥林村	黄开元	吴增海	凌深宽	17	1069	4369	118	25094
双庙村	徐善鸿	袁鹤万	黄昌亮	20	1143	5057	318	24179
杨　桥	倪荣贵	倪荣贵	卢志清	13	945	3923	300	25469
腰圩村	丁文虎	陶兴安	郭士龙	14	1024	3965	215	23500
灯塔村	赵叶宽	凌加仁	凌加莹	12	845	3375	193	21500
清水潭村	凌生展	龚玉喜	顾永超	11	877	3218	2286	22680
昌农村	吴桂斌	吴有宏	周长义	38	933	3700	313	22145
北太平村	杨　超	赵金阳	茆明莉	9	637	2459	340	23235
佛塔村	黄志远	嵇国华	郭朝顶	8	480	2000	93	20000
钱厦村	王永树	陶远来	黄正松	24	1279	4813	508	21252
塔院村	郭富斌	王庆云	—	17	920	3191	381	20835
阳沟村	郭正亚	王恒贵	周宏军	13	786	2866	324	21058
东湖村	郭长銮	黄桂松	于建美	15	941	3204	359	21842
九园社区	黄叶森	郑庆梅	张丹丹	6	3800	15200	—	24868
金塘社区	赵同海	范协祥	郭长明	9	2106	6052	233	23000
东墩社区	郭如山	赵帮仁	王　林	14	1046	4160	4283	23000
高沙园社区	周梅楠	汤海燕	陶　华	10	3912	14657	—	21880

（赵倩倩）

高邮城南经济新区(车逻镇)

【概况】 该区(镇)位于高邮城南部,行政区划面积77.6平方千米,辖11个行政村、2个社区、1个站(市蚕种管理站)。总人口5.27万人(含外来务工人员)。

农业。制定现代高效农业发展意见,强化农业组织协调工作,加大培育新型主体力度,有效推动全区农业向着规模化、设施化方向发展。规范产权交易,流转土地228.27公顷,新入股土地80公顷,新增家庭农场11个、种养大户10户,绿优农场创建成"省示范家庭农场",新创"三品"(无公害农产品、绿色食品、有机农产品)农产品2种、扬州市农业产业化龙头企业1家。建成投资额5000万元的稻麦良种繁育、烘干及加工项目,规划面积200公顷的邮都园完成千亩碧根果种植,绿森源、猕猴桃园实现社会效益和经济效益实现双提升。社会化服务面积1500公顷,农机合作社、松林合作社创建成"扬州示范合作社"。

工业。工业以稳保进、以质促增发展。全年实现规模以上工业企业产值62亿元、开票销售38.5亿元、工业入库税收1.35亿元,分别比上年增长15.09%、16.7%、7.9%。新增规模以上工业企业5家、亿元企业3家,开票增幅超20%的企业占47%。创建成"省智能健康装备科技产业园"、"省两化融合试验区"。健身休闲器材产业成为"洋经济"主引擎,实现出口额7547万美元,占全市出口总额的20.1%,居市出口前"十强"的企业4家。五金制造、机械装备产业贡献度不断提升,新材料、新能源产业迈向高端,完成高新技术企业产值34亿元,占规模以上企业产值比重提高2.8个百分点。实施技改项目7项,星浪光学投入5000万元新装真空镀膜机16台,亿泰纺织投入3000万元新上粗细络联生产线,技改投入占固定资产投入41.2%。6家企业进入"356行动计划",金润龙与方正证券合作启动挂牌"新三板"程序。新建省企业技术中心1个、扬州"两中心"6个。新增国家高新技术企业4家、省科技型中小企业3家、专新特新企业6家、省"两化融合"试点企业2家。6家企业获省工业和信息产业引导资金及市服务业引导资金105万元。专利授权195件,其中发明专利4件,新增省首台套重大装备1台套、省高新技术产品11种、省名牌产品2种、扬州名牌产品1种,转化科技成果7项。新增注册商标46件、国际注册商标1件、扬州知名商标2件,爱力美、金润龙入选扬州重点培育和发展的国际知名品牌,秦邮蛋品获"江苏老字号"称号。政产学研合作层次更高、效果更明显,签订合作协议15份,与武汉理工大学自动化学院建立战略联盟关系,共建智能装备研发平台。入选省"双创计划"2人、入选"绿扬金凤计划"4人。

建筑业实现产值52.5亿元。进驻建筑总部园的二级以上资质企业7家。

服务业。强化区镇资源融合和优势互补,全力推进传统服务业和现代服务业提质增效。全年完成服务业增加值9.97亿元,实现社会消费品零售额4.8亿元。商贸流通、批发零售等稳健发展,房地产低温回升,四大特色板块形成"一园一规划、一园一政策"的发展态势。完成建筑写字楼、汽车服务综合体等规划。新增重点商贸企业1家、限额以上商贸企业2家。新实施服务业项目6项,服务业固定资产投入12亿元。物流园中华锋工贸、龙升物流等项目主体封顶;汽贸园全年开票2.6亿元;电子商务园集中企业11家,创成"省电子商务示范镇"。

招商引资和项目建设。抓实上海及长三角招商年活动,综合规划招商、产业招商、以企招商等举措,加大走出去和引进来,储备一批有体量、高效益、科技型项目。全年签约蓝焰新能源、宏嘉建材等亿元以上项目11项,外资到账570万美元。开工项目11项,即:总投资10亿元的建筑业集聚区总部项目、总投资10亿元的康乐健身器材项目、总投资1.8亿元的鑫东方休闲系列产品项目第二期、总投资1.2亿元的恒昌照明项目、总投资1亿元的龙升物流项目、总投资1亿元的华锋特钢项目、总投资1亿元的南开生物项目、总投资1亿元的鼎鑫冷链物流项目、总投资5000万元的添穗良种繁育项目、总投资5000万元的大众4S店项目、总投资5000万元的福特4S店项目。竣工项目12项,即:总投资10亿元的澳洋顺昌金属物流项目、总投资2.16亿元的松晟照明项目、总投资1.5亿元的朗格幕墙项目、总投资1.2亿元的恒昌照明项目、总投资1.2亿元的方圆工贸项目、总投资1.1亿元的洁晨机电项目、总投资1亿元的科瑞橡胶项目、总投资1亿元的金润龙发电机组项目、总投资1亿元的鼎鑫冷链物流项目、总投资5000万元的东升电力项目、总投资5000万元的大众4S店项目、总投资5000万元的福特4S店项目。

区镇建设。推进城镇形象和城镇功能同步提升。珠光豪庭第一期、飞达小区第一期、怡水新城第二期、金砖花苑进驻率不断提升,飞达小区第二期工程建成82户住宅,惠丰大厦紧推装修。坚持打造主街主道和整治背街背巷,实施镇区亮化和东西入口美化工程,完成车伯路、飞达路、朝阳大道、珠光南路等"四黑改造"工程,开展华翔、迅达路等地块拆迁 210 户。顺应“四城同创”，整治乱象，建成大寨河休闲公园，城镇面貌焕然一新。

社会事业。低收入农户全面脱贫，社保、住房公积金分别扩面 400 人、348 人，城乡居保续保 8240 人。发放慰问金、助学金、救困救难等资金 790 万元，办理老人意外伤害险 2100 份，组织优抚对象体检 181 人。健康体检中心、残疾人康复室深受好评，创建成江苏省、扬州市卫生村 2 个，灭螺 35 万平方米。建立“四最家庭”政策，精准帮扶措施和帮扶对象，首批帮扶 14 个，最大单户帮扶资金超过 3 万元。城镇重残救助、护理补贴年标准分别提至 6600 元、1440 元，农村分别为 4920 元、960 元，家电圆梦、燃油补贴等惠残政策落实到位。鼓励尊老敬老，为全区百岁老人发放尊老金，投入 920 万元建成省标敬老院，新建养老服务站 2 家。建成中小幼校(园)塑胶操场和软质地面，改造社区教育中心，获省课程项目、省乡村少年宫资金 85 万元，校外辅导站建成品牌站，中小学教育教学质量同获市一等奖。继续推行教育优先发展战略，全年投入教育资金 252 万元。坚持文化惠民乐民，推进光电宽带入户，建成市图书馆分馆，实施村、社区文体广场 2 个及村健身路径升级，举办首届农民运动会，电影下乡 168 场。

党建和精神文明。加强从严治党责任传导，推进基层党建一把手工程，全面理清理顺组织关系，优化机关支部，增设园区党总支、老干部支部和 4 个小区支部，综合整改软弱涣散党组织，着力打造非公企业等党建示范点 8 个，建成市优秀党员志愿者服务队 1 个。进一步加大基层基础保障，新建便民中心 2 个，建立党建工作和党员教育专项经费，完成远程教育终端站标配，在市率先建立“掌上党校”，实行“一定三有”(指定权责立规范、收入有保障、干好有希望、退后有所养)、村干副职“三险一金”等关爱制度，精简村组干部 52 人。聚焦“三严三实”教育和“为官不为”整治，严肃党风党纪、从实做人做事，突出抓好征地拆迁、项目建设、城中村整治工作中的公正、廉洁履职，开展“三下三联三交”、“支书进家门”、“志愿者到村头”等活动，有效形成为民务实清廉的良好氛围。始终把规矩挺在前面，办理案件 9 件、诫勉谈话 4 人、党内警告 5 人。坚持“三重一大”(重大问题决策、重要干部任免、重大项目投资决策、大额资金使用)集体议决制，见底惠农惠民政策，严抓咨询价、控制价、中标价方式三个环节，保障群众在安置房等切身利益上的知情权、参与权和监督权，严肃重大事项报告审查和年度审计，严格在原则内便民惠民，在制度框架下亲商扶商，忠诚干净担当成为广大党员干部的本色。弘扬“崇文尚德、求实创新”新时期高邮精神，开展公民道德建设月活动，组织“圆梦车逻”“爱心传递”等义演，树立一批市十佳“绿色家庭”“好家风”“好家庭”“书香家庭”，践行社会主义核心价值成为全区市民的自觉行动。 (仇慧)

【扬州市康乐机械有限公司再投 10 亿元新上健身器材项目】 10 月 30 日，扬州市康乐机械有限公司牵手世界 500 强榜首沃尔玛公司，再投入 10 亿元实施康明健身器材项目。该项目注册资本 1.8 亿元，主要生产经营大型蹦床等健身器材，第一期以购置高端设备、产品研发为主，将在现有闲置厂房基础上，通过向国外引进生产、检测、焊接、清洗等多条全自动生产线，实现高效智能制造。项目建成后，首年可实现销售额 2.5 亿元。 (仇慧)

【汽贸园入驻企业 9 家】 至年末，经过两年多的策划、招商、建设、运营，城南新区汽贸园入驻企业增至 9 家，其中别克、福特、大众、斯柯达、现代、丰田等 4S 店和秦邮旧机动车交易市场建成运营，是年创造销售业绩 2.85 亿元。并在实施汽车后市场及悦达起亚、长安等新一批汽车 4S 店的同时，启动建设集金融、保险、办证、检测等涉车服务一体化中心，将其打造成里下河最大的汽车展销中心、保养中心、文化体验中心。 (仇慧)

【建筑业总部集聚区建成总部 5 个】 至年末，建筑业总部集聚区建成弘盛、天成、瑞沃、润扬等建筑企业总部 5 个，是年实现建筑业产值 53.2 亿元。华坤大厦、高强大厦即将开工。该集聚区总规划用地 22.4 公顷，东至珠光南路，南邻中心大道，西至顺达路，北抵兴区路。将启动建设建筑企业写字楼，进一步促进小微建筑企业进园孵化、抱团发展。争取市政府完善优惠政策、推出审图机构、招标办等公共平台进驻，并将全力引入金融机构、审计会计、监理检测等新业态。 (仇慧)

【邮都现代农业园项目启动建设】 2015 年，邮都现代农业园开工建设。至年末，完成第一期工程土地流转、规划设计和千亩碧根果种植，并启动路桥建设。该项目总规划面积 333.33 公顷(5000 亩)，总投资 1.08 亿元。其中，第一期工程规划建设面积 151.67 公顷，主要打造三大板块。即：现代种养殖示范园，以江苏省农业科学院为技术依托，主要种植碧根果、农光互补高效大棚蔬菜、富硒有机水稻，利用现有水产面积发展特种水产养殖；农业科技展示园，通过展示现代种植业新技术、新品种、新工艺，推动现代高效设施农业的发展；乡村旅游示范园，以发展现代碧根果种植、开发碧根果文化和深加工为主，拓展观光旅游、美食休闲为重点的乡村旅游项目。 (仇慧)

表 15 **2015 年高邮城南经济新区(车逻镇)主要经济社会指标实绩表**

项 目	单位	2015 年	2014 年	比上年(±%)	项 目	单位	2015 年	2014 年	比上年(±%)
地区生产总值	亿元	24.36	21.53	13.14	规模以上工业产值	亿元	62.00	53.87	15.09
第一产业	亿元	3.17	3.02	4.97	规模以上企业利润	亿元	3.38	3.08	9.74
第二产业	亿元	11.22	10.05	11.64	工业从业人数	万人	1.90	1.47	29.25
第三产业	亿元	9.97	8.46	17.85	建筑业产值	亿元	52.50	40.00	31.25
公共财政预算收入	亿元	1.56	1.93	−19.17	建筑业利润	亿元	0.18	0.15	20.00
农业总产值	亿元	5.79	5.43	6.63	建筑业从业人数	人	5876	1000	487.60
粮食总产量	万吨	5.40	5.40	—	实际利用外资额	万美元	570	899	−36.60
油料总产量	吨	1028	1009	1.88	外贸出口额	万美元	7547	6800	10.99
肉类总产量	吨	4570	4222	8.24	第三产业从业人数	人	4338	4312	0.60
禽蛋产量	吨	1522	1419	7.26	新增个体工商户	户	262	257	1.95
水产品总产量	吨	5510	4763	15.68	学校	所	6	7	−14.29
农业从业人数	人	2512	3769	−33.35	在校学生数	人	1614	1732	−6.81
工业企业数	家	490	485	1.03	外出劳务人数	人	6152	4539	35.50
全部工业总产值	亿元	130.00	121.50	7.00	外来劳务人数	人	1002	1342	−25.30
工业开票销售额	亿元	38.50	33.00	16.67	农民人均纯收入	万元	2.26	1.95	15.90

(仇慧)

表 16 **2015 年高邮城南经济新区(车逻镇)村、社区基本情况表**

村、社区	党支部书记	村(居)委会主任	会计	村(居)民小组数(个)	户数(户)	总人口(人)	农业面积(公顷)	工业企业(家)	社会总产值(万元)	人均收入(元)
浩芝村	张其忠	张炎	任安琪	14	740	2941	252	24	25855	28893
勤王村	范生云	赵金安	成汝祥	12	600	2082	225	3	24957	23377
渠南村	方芳	王静源	朱子清	12	496	1952	196	6	14295	23295
管伙村	姜乃普	师玉彩	张荣根	18	1006	3916	284	6	10094	24091
车逻村	刘万敖	戚加林	师仁月	16	1145	4526	249	45	79987	22665
特平村	汤永华	—	金庆生	19	1084	3396	335	66	68754	21458
保丰村	吴广才	陈秀兰	孙万丰	19	934	3199	327	54	103449	21572
太丰村	肖有明	居长宏	居长霞	27	1381	4567	485	22	46393	21525
上庄村	杨志清	居思祥	韦楼忠	22	1357	4983	480	32	47247	20232
砖场村	杨勇	张士安	孙必兰	15	898	3346	226	27	4750	22349
闸河村	郑士山	夏宝龙	嵇青	25	1371	4710	501	38	51744	20395
南苑社区	陈奎龙	牛宝山	仇开敏	14	1715	7745	30	1	8130	24600
朝阳社区	吴邦山	—	夏寻知	10	1741	5287	—	58	45140	20845

(仇慧)

江苏省高邮湖西新区(送桥镇)

【概况】 江苏省高邮湖西新区(送桥镇)位于高邮湖西，东连高邮镇新民村，南临邗江区公道镇、仪征市大仪镇，西与安徽省天长市毗邻，北傍高邮湖。全区(镇)总面积 154 平方千米，其中耕地面积 6923 公顷。辖 17 个村、3 个社区。户籍人口 6.98 万人。

农业。稳步推进神居硒谷生态农业、普兴生态循环农业等农业园区和项目建设，促进农业“接二(第二产业)连三(第三产业)”。农村“三大合作”转型升级步伐加快，新创市级示范合作社 2 个。农业招商引资工作成效显著，实施 1 亿元以上、5000 万元～1 亿元农业项目各 1 项，农业利用民资 2.1 亿元，农业利用外资到账 350 万美元，争取国资项目

6800万元。农村基础设施建设进一步加强，全年共实施国资投入水利工程项目、农业综合开发项目分别为7项、4项，实施镇办农业基础设施项目12项。全年新增土地集中规模流转880公顷；新增大中型农机具428台套；实现农业增加值7.86亿元，比上年增长5.9%。

工业。全年新开工10亿元以上工业项目2项，5亿元以上～10亿元项目1项，1亿元以上～5亿元项目6项，5000万元～1亿元项目2项；新竣工10亿元项目1项，1亿元～10亿元以下项目7项，5000万元～1亿元以下项目2项。全年实现高新技术企业产值45亿元；新增国家高新技术企业12家、省级高新技术产品32种；创省级品牌产品6种、扬州市级品牌产品11种；申报专利765件，专利授权数560件；新增市级以上研发机构6个；新增注册商标70件；新增市级以上创新型试点企业12家，扬州市专精特新企业8家；获批省级孵化器1个。加强人才引进，争创扬州"绿扬金凤"人才项目3项，引进各类专业技术人才48人。创客中心、中航百慕新材料研发中心和工程实验室、国家半导体照明应用系统工程技术研究中心高邮分中心等"三大中心"载体建设有序推进。围绕创建省级高新区，编制《高邮湖西新区产业发展规划》，并通过专家评审。省科学技术厅、省发展和改革委员会、省商务厅、省住房和城乡建设厅、省国土资源厅、省环境保护厅等均出具书面意见，支持湖西新区创建省级高新区，并报省政府待批。全区全年完成工业开票销售63.3亿元、工业入库税收2.6亿元，分别比上年增长1.2%、2.3%；新增规模以上工业企业3家，完成规模以上工业产值128.6亿元，比上年增长15%。

建筑业和第三产业。建安企业全年完成总产值157亿元、施工面积676万平方米、竣工面积371万平方米，比上年分别增长20%、23%、42.7%。服务业新增限额以上企业2家、规模以上企业2家、"大个体"3家；全年实现第三产业增加值14.6亿元，新增服务业投入8.97亿元，商贸流通营业额5.68亿元，服务业税收收入3890万元，分别比上年增长13%、21%、32%、9.8%。

社会事业。加大环保执法检查力度，查处违法违规企业43家，关停小电镀企业1家，整治燃煤锅炉39台。推进污水处理厂第二期工程，新建污水管网6.5千米，4座污水提升泵站全部安装自动化监控设施，全年共处理污水280万吨。投入943万元，推进覆盖拉网式农村环境综合整治。争取国资投入330万元，实施神居山生态修复工程。切实巩固秸秆禁烧、禁抛、还田工作，综合利用渠道进一步拓宽。开展职工技能培训，全年共培训劳动力610人次。推进社保扩面征缴，新增社保参保1300人。"两贫"帮扶实现全覆盖，发放救助金91万元，发放低保金411.3万元。扎实开展"三助一给"活动，为45名精神病患者申请免费给药，向247户残疾困难家庭发放家电、康复辅助器具，为16名白内障患者进行免费手术，为23名残疾儿童提供康复训练。出台"以奖代补"政策，拓宽基层增收渠道，15个村集体经营性收入在40万元以上。推进农村危房改造，改造危房37户，渔民上岸居住10户。调整教育、卫生布局规划，新区学校已立项，医院已开工建设。实施农村健身设施三年提档升级工程。深入开展"送桥好人""送桥名人""十大慈善之星"评选活动，弘扬新风尚、释放正能量。养老事业不断发展，建设老年关爱之家1处、老年人助餐点2处、省示范性居家养老服务中心2个，郭集敬老院通过"三星级"验收。投入60万元对夏德华烈士墓修缮改造，实施郭集柳青墓园扩建、送桥墓园新建工程。深入推进"有理大家评"活动，试行律师信访代理员制度，引导群众依法信访、依法维权。坚持领导信访接待日制度，扎实开展矛盾纠纷排查化解活动，全年排查各类矛盾纠纷260多件，调处率100%，调处成功率98%以上。全面完成"六五"普法工作，20个村、社区全部创建成"扬州市民主法治村"，7个村创建成"江苏省民主法治村"。安全监管扎实有效，先后组织检查700多次，发现各类安全隐患400多处，当场整改300多处，下发限期整改通知书60份。

（周中喜）

【全年完成招商引资签约亿元以上项目12项】 2015年，全区抽调专业人员充实招商队伍，党政主要负责人亲自带队，开展常态化招商活动。全年新签约亿元以上项目12项，注册外资实际到账550万美元。其中，日本独资资源回收利用项目、美国摩丁公司与普信公司合资的汽车零部件项目均已签订正式协议。

（周中喜）

【推进新区新城建设工程】 2015年，全区扎实推进新城核心区和万顷良田项目拆迁工作，共拆迁1047户，流转土地657公顷，征用土地90.87公顷。实施乡镇村庄规划布局调整项目，新增建设用地指标26.67公顷。加快推进新城建设"十大工程"，规划馆、名人馆、供电所相继建成投入使用，拆迁安置房、万丰城镇综合体全部封顶，东西大道南延、区间道路建设正在加速推进，通用机场正式签约。投入2300万元，对片区集镇维护提升。试行镇区绿化、亮化等公共服务市场化，持续清理整治集镇"四乱"（乱搭乱建、乱摆乱堆、乱停乱放、乱贴乱画），集镇面貌明显改观。出台"两违"（违法占地、违法建筑）管理考核办法，加大"两违"巡查处置力度。

（周中喜）

表 17

2015 年江苏省高邮湖西新区(送桥镇)主要经济社会指标实绩表

项　目	单位	2015 年	2014 年	比上年(±%)	项　目	单位	2015 年	2014 年	比上年(±%)
地区生产总值	亿元	46.06	41.18	11.9	规模以上企业利润	亿元	5.7	5.86	−2.7
第一产业	亿元	7.86	7.42	5.9	工业企业数	家	1156	1118	3.4
第二产业	亿元	23.28	21.02	10.8	工业从业人数	人	23995	23942	0.2
第三产业	亿元	14.92	12.7	17.5	建筑业产值	亿元	145	115	26.1
公共财政收入	万元	16400	16178	1.4	建筑业利润	亿元	3	3.19	−6
农业总产值	万元	177739	171900	3.4	建筑业从业人数	人	8430	8210	2.7
粮食总产量	吨	104909	84800	23.7	实际利用外资	万美元	550	—	—
棉花总产量	吨	—	—	—	外贸出口额	亿美元	3.36	3.32	1.2
油料总产量	吨	937	883	6.1	第三产业从业人数	人	10653	10200	4.4
水产品产量	吨	8960	8550	4.8	学校	所	6	6	—
农业从业人数	人	6700	6578	1.9	在校学生数	人	3427	3480	−1.5
全部工业总产值	亿元	300.1	267.30	12.3	外来劳务人数	人	6950	6840	1.6
规模以上工业总产值	亿元	128.8	117.30	9.8	农民人均纯收入	元	25500	21964	16.1

(周中喜)

表 18

2015 年高邮湖西新区(送桥镇)村、社区基本情况表

村、社区	党支部书记	村(居)委会主任	会　计	村(居)民小组数(个)	户数(户)	总人口(人)	农业面积(公顷)	工业企业(家)	社会总产值(万元)	人均收入(元)
天山社区	刘恒海	佘文标	马国昌	6	982	3377	19	48	16300	25513
庙家村	牢志忠	佘德阳	佘长英	20	1105	3950	424	21	254000	25151
南茶村	成文明	徐恒元	钱寿江	13	816	2944	281	49	262000	25800
神居山村	陈义山	夏国朝	顾文朋	24	1465	5234	582.2	28	214000	26785
肖祠村	李有田	陈玉林	赵万昌	20	1169	4365	472.7	385	226000	26706
德华社区	陈玉东	卜志艳	李玉兰	6	2015	3619	—	62	283000	31000
盘塘村	陈满宏	赵福年	吴翠珍	18	1055	3807	374	51	410000	25947
郭集村	—	赵学兵	王　梅	14	786	29449	306.6	32	137000	24018
槽坊村	胡顺群	胡顺群	赵学珍	675	678	2741	231	78	361000	25848
邵庄村	吴　林	徐　冰	房文福	24	1301	4908	637	162	462000	26444
毛港村	李有栋	万宏江	王瑞江	13	703	2605	332.4	4	236000	24729
孙巷村	王　月	顾玉兰	万粉香	12	674	2439	310	10	268000	25391
送桥社区	李恩平	李福泰	邱庆红	10	1430	5988	8.7	41	132000	25359
李古村	胡顺华	景文红	陈　丽	12	576	2036	179.2	49	321000	25853
送驾桥村	许宝昌	丁　伟	付文阳	28	1624	5053	524.1	37	143000	24659
张公渡村	胡广明	陈正山	陈国美	14	824	27669	305	18	81000	25639
常集村	王宝兵	田在梅	王金海	13	746	2799	341	9	88000	24060
黄圩村	黄永华	张春林	周田元	11	558	2305	298	4	86000	25220
官路村	徐玉俊	王才香	曹金林	15	725	2687	315	38	273000	26011
准提村	周福文	赵长朝	田玉萍	11	680	2252	255	16	131000	23098

(周中喜)

农村工作和农业·水利

Rual Work and Agriculture·Water Conservancy

导读

综 述

2015年，各乡镇、园区和市农口各部门紧扣“推动现代农业建设迈上新台阶”的目标定位，按照“生产技术先进、经营规模适度、市场竞争力强、生态环境可持续”和“稳粮增收、提质增效、创新驱动”的总要求，加强组织领导，强化政策扶持，严格督查推进，农业、农村各项工作取得新成绩。全年实现农业产值128.92亿元(含农林牧渔服务业，不含农民家庭兼营商品性工业)、农业增加值66.34亿元，分别增长5.9%、3.6%；农民人均纯收入1.6万元，增长14.2%。是年，高邮市被评为全国推进农业现代化优秀城市、全省村级“四有一责”建设先进市。

农村工作成效明显。全面落实“一免四补”(减免农业税，粮食直接补贴、良种补贴、农机补贴、综合直补政策)资金1.27亿元，兑现政策性农业保险理赔资金3700万元。创成江苏省“美丽乡村”2个，扬州市新农村建设“优美乡村”1个、村级组织“五项”能力(发展集体经济能力、组织农民合作能力、服务农民致富能力、民主管理能力、公共事业服务能力)建设“百强村”5个，培植高邮市级“美丽村庄”10个。全年完成农业职业技能培训2391人、农产品电子商务培训153人、新型职业农民培训2593人、创业培训528人，新增劳动力转移4620人。继续实施经济薄弱村“亿千百”(筹集1亿元扶贫资金，每年新增1000万元收益分配、扶持100个经济薄弱村)脱贫攻坚工程，落实扶贫资金2545万元，当年村级集体经营性收入40万元以上实现全覆盖。按照精准脱贫要求，全市建档立卡的低收入农户9003户实现全部脱贫。

农业结构继续优化。继续培育产业特色，不断壮大产业规模，加快推进现代农业发展。全市新增高效农业面积0.27万公顷，累计5.75万公顷。全市建成千亩农业园区25个，新增扬州市级现代农业产业园4个，扬州大学农科园落户高邮市八桥现代农业产业园区，并获批国家农业科技园区(核心区)。高邮鸭50亿元特色连片基地实现产值53.69亿元。推进种植业结构调整。粮食种植面积11.74万公顷，增长0.3%；小麦高产增效创建万亩示范片数量与产量均为全省第一，苏麦一八八获苏中地区“红麦之王”称号。建成“菜篮子”基地533.33公顷。棉花种植面积0.01万公顷，下降90%；油料种植面积0.72万公顷，下降10%；水产养殖面积3.13万公顷，增长2%；水产品产量19.71万吨，与上年持平；生猪出栏量31.02万头，下降1.2%，家禽出栏量1153万只，增长0.9%；新增造林面积1038.1公顷，林木覆盖率22.4%(不含高邮湖)。

农业招商引资有力推进。全年实施农业招商引资项目119项，其中民资项目115项、外资项目4项，累计项目总投资46.36亿元，其中民资项目总投资43亿元、外资项目总投资4800万美元。全年实际到账民资15.98亿元、到账外资2300万美元。

农业产业化水平不断提升。累计创成各级农业产业化龙头企业81家，其中国家级农业龙头企业1家、省级农业龙头企业14家、市级农业龙头企业34家、县级农业龙头企业32家；全市扬州市级以上农业产业化重点龙头企业实现销售101.21亿元、利润3.17亿元，分别下降11.8%、16.1%。

农产品质量品牌建设稳步推进。新创农业“三品”(绿色食品、有机食品、无公害农产品)品牌30种，累计336种；新建“三品”基地面积0.02万公顷，累计15.9万公顷。新创农产品中国驰名商标1个。

农业基础设施建设完善推进。加快推进农业资源综合开发，实施农业综合开发项目17项，财政总投资6508万元。全市农机总动力70.15万千瓦，农业综合机械化水平82.4%。改造农村危桥101座，建设道路8.2千米。继续实施农村河道疏浚整治工程，疏浚农村河道239条、248千米，完成土方214万立方米，投入资金770万元。完成农村水利工程、城市水务工程、淮河入江水道整治工程等3项重点工程建设。

农村环境加快改善。健全"五位一体"(河渠管护、道路养护、绿化维护、村庄保洁、公共设施维护)长效管护模式，完善"市有监管站、镇有管护办、村有管护专干、组有保洁员"的组织网络，推动农村环境管护实现常态化、制度化和规范化。开通"美丽高邮幸福家园"微信互动平台，引导社会大众广泛参与，努力营造合力共建氛围。大力巩固提高秸秆禁烧、还田及综合利用工作水平，实现秸秆还田面积超8.03万公顷。

农村改革深化推进。基本完成农村土地承包经营权确权登记颁证工作，颁发农村土地承包经营权证13.54万户。农村产权交易实现省市县镇四级互联互通，年交易额3.1亿元。新增农村合作经济组织47个，累计1075个；新增农民专业合作联社3家，新增扬州市级以上示范合作社33家。新增注册家庭农场169家，累计353家；创成省级示范家庭农场5家、扬州市级示范家庭农场3家。新建高标准农田0.33万公顷，新增土地流转0.32万公顷。完成农业保险保费收入7492.63万元，其中高效农业保险保费收入3516.92万元、投保品种14种。推进农村集体资产股份合作制度改革，培育8个村经济合作社典型，惠及成员12万人。

全市农业和农村工作存在的主要问题是：农田基础设施相对薄弱，粮食持续增产难度较大；村级集体经济收入和农民收入持续稳定提高的能力欠缺；农产品精深加工不足；现代农业人才队伍建设有待加强；土地、资金、用工等要素对农业农村经济发展的制约仍然明显。 (成亚梅)

农村改革

【高邮市农村产权交易服务平台开通】 4月，高邮市农村产权交易服务平台开通，投入交易运作。该平台系由2014年10月成立的高邮市农村产权交易中心设立而来。在平台上运作的交易服务项目有：全市农村土地承包经营权的流转，农村集体经济组织滩涂、水面承包经营权转让，农村集体经济组织荒地使用权转让，农村集体林地使用权和林木所有权转让等。至年底，该平台实现省市县镇四级互联互通，年交易额3.1亿元。 (陆业斌)

【政策性农业保险】 2015年，市政府与人保财险高邮支公司以各占50%的比例，联合开展政策性农业保险工作。全年联办共保水稻4.66万公顷、小麦4.81万公顷、棉花33.3公顷、水稻制种73.3公顷、大棚蔬菜1246.7公顷，承保能繁母猪4126头、育肥猪31.89万头、育肥羊1万头、内塘螃蟹4660公顷、露地旱生蔬菜1340公顷、肉鸡1000万只、蛋鸡51.5万只、蛋鸭30.3万只、梨20公顷、桃26.7公顷。是年，完成农业保险保费收入7492.63万元，其中高效农业保险保费收入3516.92万元、投保品种14种；全年发放理赔资金3700万元。 (史志)

【扬州市级以上示范家庭农场创建工作】 2015年，全市继续开展扬州市级以上示范家庭农场创建工作。至年底，全市新创成扬州市级以上示范家庭农场8家，其中创成省级示范家庭农场5家、扬州市级示范家庭农场3家。 (史志)

社会主义新农村建设

【概况】 2015年，市社会主义新农村建设工作领导小组办公室(以下简称市新农办)以农业增效、农民增收、农村繁荣为中心，以示范创建(江苏省美丽乡村、扬州市新农村建设优美乡村、村级五项能力建设百强村、高邮市美丽村庄)和农村环境长效管护为重点，以"城乡统筹、强镇兴村、创业富民、建设农民幸福生活的美好家园"为目标，坚持工业化、城镇化、农业现代化"三化同步"，加快推进社会主义新农村建设。全年共创建成江苏省美丽乡村2个、扬州市新农村建设"优美乡村"1个、村级五项能力建设"百强村"5个、高邮市美丽村庄10个。 (张嵩)

【美丽(优美)乡村(村庄)、百强村创建工作】 2015年，市新农办继续推进美丽(优美)乡村(村庄)等各类创建工作。是年，甘垛镇沙贯村、三垛镇官垛村创建成江苏省美丽乡村；临泽镇陈甸村创建成扬州市新农村建设"优美乡村"，高邮城南经济新区勤王村、高邮镇黄渡村、送桥镇庙家村、卸甲镇金沟村、界首镇老人桥村创建成扬州市村级五项能力建设"百强村"；高邮城南经济新区特平村张庄、菱塘回族乡清真村张庄、甘垛镇带程村带程庄、送桥镇庙家村徐庄、三垛镇耿庭村耿庭庄、高邮镇湖滨村曹湾庄、卸甲镇花阳村渔业庄、临泽镇合心村菱湖庄、汤庄镇长林村周庄、龙虬镇东角村友谊庄创建成高邮市美丽村庄。 (张嵩)

【农民培训工程】 2015年，市农委按照江苏省农民培训工程的总体要求，根据各乡镇的产业特点，有针对性地实施菜单式培训。全年共举办各类培训86

期，培训5137人次，其中农业职业技能培训2391人、农产品电子商务培训153人、新型职业农民培训2593人；印发各类农业科普资料10万份，接受农民咨询和现场技术指导8000人次。（蔡智慧）

【农村环境长效管护】 2015年，市新农办健全"五位一体"（河渠管护、道路养护、绿化维护、村庄保洁、公共设施维护）长效管护模式，完善"市有监管站、镇有管护办、村有管护专干、组有保洁员"的组织网络，扎实开展农村环境综合整治活动，取得明显成效。是年，全市13个乡镇（园区）共配备管护办专职人员100人、村管护专职干部188人、保洁人员2302名，累计新建垃圾池、中转池1530座，购置垃圾桶3158个、保洁专用车1842辆，制作安装管护责任公示牌2302块，通过"美丽高邮幸福家园"微信互动平台编发信息17期45条。（张嵩）

【粮食直接补贴、良种补贴和农资综合补贴】 2015年，全市继续保持粮食直接补贴和良种补贴全覆盖，所有补贴资金均通过"一折通"账户直接发放到农民手中。全年粮食直接补贴面积5.5万公顷，每公顷补贴300元，共发放补贴资金1650万元。水稻良种实际补贴面积5.63万公顷，每公顷补贴225元，涉及农户15.32万户，共发放补贴资金1266.8万元；小麦良种补贴面积5.46万公顷，每公顷补贴150元，涉及农户15.23万户，共发放补贴资金819万元；棉花良种补贴面积5.03公顷，每公顷补贴3090元，涉及农户30户，共发放补贴资金1.55万元；油菜良种补贴面积0.57万公顷，每公顷补贴150元，涉及农户8.46万户，共发放补贴资金85.5万元。农资综合补贴面积5.8万公顷，每公顷补贴1242元，共发放补贴资金7203.6万元。（蔡智慧）

【新增"三品"农产品30种】 2015年，全市新增"三品"农产品30种，新建"三品"农产品基地面积241.43公顷，"三品"占全市种植业食用农产品比重48.9%。其中，绿色食品8种，即市红心旺食品有限公司的"红菱"牌咸鸭蛋（熟）、松花蛋（鸭蛋）、双黄咸鸭蛋（熟），市三湖蛋品有限公司的"三湖"牌双黄蛋（熟），扬州瑞康农场的"瑞凯雅"牌瓠瓜、辣椒，扬州秦邮人家生态农业有限公司的"秦月农庄"牌秦月葡萄，扬州乐态家庭农场有限公司的扬州山水梨，基地面积66.67公顷；有机食品2种，即高邮市欣业有机农产品专业合作社的稻谷、大米，基地面积14.33公顷；无公害农产品22种，即扬州天歌鹅业发展有限公司的普通白菜、萝卜，市双利农业科技发展有限公司的番茄、甜玉米、黄瓜、茄子，市临东蔬菜生产专业合作社的茄子、番茄、冬瓜、西葫芦，天山镇水稻生产服务专业合作社的稻谷、小麦，郭集镇水稻生产服务专业合作社的稻谷、小麦，卸甲镇水稻生产服务专业合作社的稻谷、小麦，卸甲镇龙奔稻麦生产服务专业合作社的稻谷、小麦，菱塘回族乡水稻生产服务专业合作社的稻谷、小麦，天佑生猪专业合作社的生猪、猪肉，基地面积2333.33公顷。至年底，全市累计获批"三品"农产品品牌336种，其中有机食品8种、绿色食品71种、无公害农产品257种，种植业食用农产品"三品"产量69.3万吨，建成"三品"农产品生产基地面积6.9万公顷。（蔡智慧）

【高邮市获评全省村级"四有一责"建设先进市】 10月，省委命名表彰江苏省村级"四有一责"建设先进县（市、区），高邮市榜上有名。（成亚梅）

资料链接　近年来，高邮市紧紧围绕"有持续稳定的集体收入、有功能齐全的活动阵地、有先进适用的信息网络、有群众拥护的'双强'带头人和强化村党组织领导责任"的总体要求，加强领导，加大投入，扎实推进省村级"四有一责"建设先进市创建工作，取得明显成效。2014年，全市175个行政村村集体经营性收入在30万元以上的达90%以上，村集体经营性收入增幅23%。至2015年年底，全市175个行政村集体经营性收入实现9415.78万元，增长17.6%，村均集体经营性收入40万元以上实现全覆盖；所有行政村和13个涉农社区村级综合服务中心面积全部达标，其中165个村建成"一站式"服务大厅；镇村实现"四网"（远程教育网、便民服务网、有线电视网和互联网）全覆盖。同时，精简村组干部640名，并调整40名村党组织书记，"三强"（落实党的方针政策执行力强、促进企业发展带动力强、服务职工群众影响力强）型村党组织书记的比例占全市95%以上。（成亚梅）

【乡镇农产品质量安全监管】 2015年，市农委遵循"试点先行、逐步推开"原则，继续推进乡镇农产品质量安全监管工作。加强各乡镇、园区监管硬件设施建设，争取省级专项资金96万元，添置相关仪器设备138台（套）。7月，在各乡镇、园区全面推行"三定一考核"（定对象、定人员、定任务、年终考核）网格化监管；至此，全市源头监管工作全面展开。9月，市农产品质量安全监管系统正式上线，全市所有乡镇、园区全部纳入省监管平台，做到底数清、情况明，实现日常巡查、质量抽检等监管记录的正常化、规范化、痕迹化。是年，卸甲镇、临泽镇创建成江苏省农产品质量安全监管示范乡镇。（蔡智慧）

【获批农产品质量安全追溯管理示范单位6家】 5月，根据《关于申报2015年省级农产品质量安全追溯管理示范单位的通知》和农业项目管理要求，经企业申报，各地初审，省农委确定并公布江苏省首批农产品质量安全追溯管理示范单位名单，高邮市的江苏威伍水产发展股份有限公司、扬州马棚湾生态农业科技有限公司、扬州新胜松林蔬果专业合作社、市秦邮蛋品有限公司、市应天水产有限公司和市邮星食品有限公司名列其中。该农产品质量安全追溯管理示范单位建设，旨在制定产品质量控制措施、追溯管理制度、信息发布制度，加入全省“放心吃”统一信息平台，完成可追溯二维码标识包装设计和运用，实行产品信息可追溯查询。（蔡智慧）

【农业行政执法】 2015年，市农委开展农资打假专项整治活动，规范农资市场，保护农民合法权益。全年共出动行政执法人员1120人次，检查生产经营企业632家，抽检种子47个批次，农药21个批次，肥料3个批次，饲料17个批次，农产品50个批次；立案查处各类违法案件24起，罚款41万元；查获假劣农资产品2.07吨，案值12.18万元，避免经济损失750万元。（蔡智慧）

现代高效农业建设

【概况】 2015年，全市认真落实扶持政策，优化服务指导，持续推进发展现代高效农业。全市新增高效设施农（渔）业面积0.27万公顷，累计5.75万公顷。全年累计争取资金2.13亿元，其中，财政支农项目资金8635.46万元（中央资金3682.69万元，省级财政资金4813.73万元，扬州市级资金139.04万元），普惠制政策补助资金1.27亿元。高邮鸭50亿元特色连片基地实现产值53.69亿元。是年，高邮市获评全国推进农业现代化优秀城市。（蔡智慧）

【高效设施农业园区建设】 2015年，全市继续推进高效设施农业园区建设，累计建成有一定规模的农业园区25个。

八桥农业科技园。该园区位于卸甲镇金港村，由市八桥产业园发展有限公司与扬州大学农业科教示范园共同投资22亿元创建，规划总面积3333.33公顷，先后实施高效农业项目26项，高效农业面积433.33公顷，其中设施农业面积306.67公顷，初步形成花木种植板块、蔬果种植板块和种养综合板块。2015年12月，该科技园获批国家农业科技园。

临泽镇光伏发电养殖示范园。该园区位于临泽镇周巷村、陈甸村和西河村，由临泽镇政府投资5000万元创建，主要养殖特种水产面积200公顷。园区充分利用资源，实施渔光互补项目，发展生态健康养殖，不断提高水产品的品质，实现生产与生态的和谐。

江苏高邮湖大闸蟹精品园。该园区位于菱塘回族乡菱塘村，由市湖畔水产专业合作社投资5000万元创建，主要养殖河蟹173.33公顷。园区走线上线下相结合的销售模式，实现产销一体，并获得绿色食品认证和农业部水产健康养殖示范场称号。

邮都园休闲观光农业园。该园区位于城南新区太丰村，由扬州邮都园农业开发有限公司投资1.08亿元创建，主要种植碧根果、大棚蔬菜、有机水稻等133.33公顷。园区以碧根果种植为龙头，综合发展高产水稻、大棚蔬菜、水生植物、水产养殖及乡村旅游等产业。

良种繁育示范园。该园区位于甘垛镇带程村，由扬州农科所投资1800万元创建，主要种植稻麦113.33公顷，并开展稻麦良种繁育工作。

临泽镇川东大闸蟹养殖示范园。该园区位于临泽镇川东村，由市川东大闸蟹土地股份专业合作社投资1000万元创建，主要养殖河蟹100公顷。川东村通过土地入股，成立专业合作组织，实现联动发展，着力打造“一村一品”特色专业村。

中景生态园。该园区位于周山镇双河村，由江苏中景生态农业有限公司投资800万元创建，主要种植特色花卉100公顷，着力打造休闲农庄。

大学生创业园。该园区位于周山镇万福村，由大学生村官晏文斌、孙杨、张兵投资300万元创建，主要种植猕猴桃和花卉苗木86.67公顷，打造休闲生态农庄。

扬泰大闸蟹养殖公司营南养殖示范园。该园区位于临泽镇营南村，由扬泰大闸蟹养殖公司投资720万元创建，主要养殖河蟹80公顷。园区实行公司化运营，通过与菊香公司合作，实现强强联合，促进产业发展，做大做强自身品牌。

扬州唐墩农业科技园。该园区位于开发区东湖村，由市庭权林果专业合作社投资1000万元创建，主要种植葡萄、蔬菜等76.67公顷。园区以葡萄种植为主，发展观光旅游、采摘等休闲农业，并做到草莓生产、水产养殖、花木种植和销售一条龙。

汤庄镇双利高效种植基地。该园区位于汤庄镇缦阳村、联谊村和友谊村，由市双利农业发展有限公司投资300万元创建，主要种植蔬菜73.33公顷。

种源繁育农业园。该园区位于甘垛镇沙贯村，由沙贯村委会投资500万元创建，主要养殖河蟹73.33公顷。

汤庄镇长友千亩高效养殖园。该园区位于汤庄镇长林村、友谊村，由汤庄镇兴业村围田养殖土地股份专业合作社投资1200万元创建，主要养殖罗氏沼虾和河蟹面积70.67公顷。

润扬湿地生态园。该园区位于周山镇龙胜村，由市湿地生态农庄有限公司投资200万元创建，主要养殖波尔山羊及特种水产70公顷，着力打造生态农庄。

三荡河万亩罗氏沼虾产业园。该园区分布在

高邮镇张轩村、兴南村、强民村、东角村，养殖面积68.53公顷，由龙虬镇政府与相关村村民联合投资1.8亿元创建，主要以三荡河200公顷养殖核心区带动全镇1733.33公顷罗氏沼虾养殖，从而带动饲料加工、虾仁加工等产业发展。

高效有机循环农业园。该园区位于甘垛镇官林村，由市三湖蛋品有限公司投资600万元创建，主要种植葡萄和有机稻米67公顷，并采用鱼鸭混养模式，发展有机、生态、循环农业。

普兴生态循环农业园。该园区位于送桥镇毛港村，由江苏普兴生态农业循环有限公司投资2400万元创建，主要种植高档花木和渔业养殖66.67公顷。园区实现生态观光旅游及养老一体化，依托高邮湖绿色生态自然资源为主题，着力打造以高效生态科普观光农业为一体的阳光产业。

高邮卸甲一平高效农业园。该园区位于卸甲镇一平村，由市恒源种养专业合作社投资800万元创建，主要种植果蔬52公顷，着力打造生态种植和生态养殖模式。

红九星鸭业合作社高效养殖园。该园区位于高邮镇湖滨村，由市红九星鸭业专业合作社投资500万元创建，主要采用鱼鸭混养模式，养殖规模40公顷。园区高邮麻鸭年生产蛋鸭十万只，是高邮饲养量最大、产蛋量最高的养殖基地。

少游生态农业园。该园区位于三垛镇少游村，由客商袁桂新投资100万元创建，主要种植高档花木33.73公顷，着力打造生态观光旅游，并结合少游故居、少游文化、特色餐饮发展高效生态科普观光农业。

三垛镇高效农业园。该园区位于三垛镇柳南村，由扬州市立华畜禽有限公司投资800万元创建，以蛋肉鸡养殖加工为主体，发展黄鳝育苗、猕猴桃种植等20.67公顷，并实行线上线下相结合的产供销一体，着力打造生态高效养殖基地。

扬州冠丰农业园。该园区位于界首镇六安村，由市莱福家庭农场投资600万元创建，主要种植芦笋33.33公顷。园区的产品获得绿色食品和无公害产品认证。

扬州鹅育种出口蔬菜农业园。该园区位于送桥镇准提村，由扬州五亭食品有限公司投资1500万元创建，主要种植蔬菜33.33公顷，并走产销一体之路，创有机食品，发展现代高效农业。

金龙生态示范园。该园区位于高邮镇十里村，由市金龙生态农业园土地股份专业合作社投资300万元创建，主要种植蔬菜、花木等30公顷，着力打造城郊型采摘、乡村旅游一体化。

天娇生态农业园。该园区位于界首镇大昌村，由刘军投资800万元，主要种植花卉苗木13.33公顷。 （蔡智慧）

【建成扬州市级现代农业产业园4家】 12月，扬州市人民政府办公室发文公布扬州市级现代农业产业园认定名单，高邮甘垛镇有机循环农业产业园区、江苏高邮经济开发区现代农业产业园区、高邮龙虬镇现代渔业产业园区和高邮三垛镇立华黄羽肉鸡养殖园区4个园区名列其中。 （蔡智慧）

【农(渔)业科技入户示范工程】 2015年，市农委根据江苏省农(渔)业科技入户示范工程的工作要求，继续在全市实施水禽(高邮鸭、扬州鹅)、优质稻米、高效瓜果蔬菜、罗氏沼虾养殖等4项科技入户工程项目。全市遴选科技示范户1660户，辐射户3万户；选聘技术指导员176人，全年入户指导1.8万人次，主要推荐品种和技术入户率95%，示范户、辐射户综合效益比普通农户分别提高10%和5%。通过科技入户项目的实施，全市新建标准化村级科技服务站10家，累计达68家。 （蔡智慧）

【无公害农产品与产地复查换证】 2015年，市农委按照无公害农产品产地认定和产品认证一体化要求，对到期的无公害农产品与产地进行复查换证。全年提交无公害农产品复查换证材料的农产品14种，即扬州朝晖农业产业发展有限公司的丝瓜、蕹菜、菜用大豆、葱、莴苣、花椰菜、结球甘蓝、叶用莴苣产品，市联红蔬菜产销专业合作社的苋菜、叶用莴苣、芹菜、茼蒿、芫荽、蕹菜产品；提交无公害农产品与产地一体化复查换证材料的农产品及产地8家，即扬州瑞康农场的洋葱、韭菜、大蒜、葱产品和产地，高邮巧妹子科技养殖园的菠菜、叶用莴苣、芹菜、茼蒿、芫荽、荠菜产品和产地，市临东蔬菜生产专业合作社的菠菜、苋菜、叶用莴苣、芹菜、茼蒿、蕹菜产品和产地，市新农民畜禽繁养中心的生猪、猪肉产品和产地，市惠诚生态养殖园的生猪、猪肉产品和产地，市田园家禽养殖场的蛋鸡、鲜鸡蛋产品和产地，市泰润综合养殖专业合作社的活鸽、鸽蛋产品和产地，扬州市华兴乳业有限公司的奶牛、生鲜牛乳产品和产地；提交无公害产地复查换证材料的生产基地1个，即江苏双兔食品股份有限公司的无公害原粮生产基地。至年底，全市申报的14种无公害农产品、8家无公害农产品及产地、1个无公害农产品生产基地复查换证材料，均通过省和农业部农产品质量安全中心审核，并换发证书。

（蔡智慧）

农业产业化

【概况】 2015年，全市拥有规模以上农产品加工企业169家，实现加工总产值306.4亿元、增长45.9%，与农业总产值之比为2.4∶1。其中，拥有高邮市级以上农业产业化龙头企业81家(国家级农业龙头企业1家、省级农业龙头企业14家、市级农业龙头企业34家、县级农业龙头企业32家),实现销售131.75亿元、利润3.69亿元、出口创汇3535万美元、带动农户17.5万户,分别增长4.7%、—11.1%、—10.1%、—59.8%;扬州市级以上农业产业化重点龙头企业实现销售101.21亿元、利润3.17亿元、出口创汇3535万美元、带动农户42.3万户,分别下降11.8%、16.1%、10.1%、10.7%。（蔡智慧）

【农业龙头企业监测认定工作】 2015年,经过新一轮县级、市级、省级农业龙头企业的认定,全市有符合高邮市级农业龙头企业监测条件的企业32家,分别是:扬州市临泽水产品批发交易市场、市秦邮再生资源回收加工有限公司、扬州瑞泰食品有限公司、扬州盛川农业科技有限公司、扬州春林面业有限公司、扬州金利达饲料有限公司、扬州大大饲料有限公司、扬州明增生物科技有限公司、扬州东寅水产批发市场有限公司、扬州振扬米业有限公司、扬州市顶牛生态奶业发展有限公司、市惠诚生态养殖园、市呱呱叫有机麻鸭专业合作社、扬州宝中宝营养保健品有限公司、扬州市帝尧故里鹅业专业合作社、乐甜仕江苏饲料有限公司、扬州市耘旺生态农业发展有限公司、市鸿运米业有限公司、市龙伟豆制食品厂、市龙阔虾苗场、市龙宇蛋品厂、扬州中蔬农业食品科技有限公司、市宏远肉牛养殖场、扬州秦邮人家生态农业有限公司、市清真畜牧专业合作社、市湖畔水产专业合作社、扬州春色满园农业发展有限公司、扬州市扬子江种业有限公司、市龙虬镇兴北蛋鸡场、市丰盛果蔬土地股份专业合作社、扬州通威饲料有限公司、扬州市唐墩农业科技发展有限公司;有符合扬州市级农业龙头企业监测条件的企业34家,分别是市秦邮生物科技有限公司、扬州市丽邮人造板有限公司、扬州绿森源生态农业发展有限公司、扬州神游羽绒制衣有限公司、扬州天歌鹅业发展有限公司、扬州大江鸭业科技发展股份有限公司、市新文游面粉有限公司、扬州朝晖农业产业发展有限公司、扬州市金宏食品有限公司、扬州市宏大饲料有限公司、市兴旺鸭业产销专业合作社、江苏美滋滋食品有限公司、扬州市三福食品有限公司、市大海鸭业专业合作社、市红太阳食品有限公司、市五有有机农业有限公司、市元鑫冷冻有限公司、扬州星月农产品有限公司、市应天水产有限公司、扬州高邮湖米业有限公司、扬州青青生态畜业有限公司、扬州马棚湾生态农业科技有限公司、扬州市高特经济动物有限公司、扬州市丰园菌业有限公司、市润禾贸易有限公司、江苏苏中大地农业科技发展有限公司、扬州市华兴乳业有限公司、扬州十二粉黛生物工程有限公司、扬州灵谷农业科技发展有限公司、扬州金大地米业有限公司、扬州市生龙米业有限公司、扬州市董氏特种水产有限公司、扬州市立华畜禽有限公司、扬州市鼎鑫食品发展有限公司;有符合省级农业龙头企业监测条件的企业14家,分别是江苏高邮鸭集团、江苏富裕达粮食制品股份有限公司、市万嘉面粉有限公司、江苏戚伍水产发展股份有限公司、市宇鑫棉业有限公司、江苏高志农业股份有限公司、市三湖蛋品有限公司、江苏绿科生物技术有限公司、扬州日兴生物科技股份有限公司、市秦邮蛋品有限公司、扬州市隆盛畜禽有限公司、扬州财富农业发展有限公司、高邮巧妹子科技养殖园、市邮星食品有限公司;有符合国家级农业龙头企业监测条件的企业1家,即江苏双兔食品股份有限公司。（蔡智慧）

表19　至2015年年底高邮市被认定为扬州市级以上农业产业化重点龙头企业表

企业名称	认定单位	企业名称	认定单位
江苏双兔食品股份有限公司	国家农业产业化办公室	江苏绿科生物技术有限公司	省农业产业化经营工作领导小组
江苏高邮鸭集团	省农业产业化经营工作领导小组	扬州日兴生物科技股份有限公司	省农业产业化经营工作领导小组
江苏富裕达粮食制品股份有限公司	省农业产业化经营工作领导小组	高邮市秦邮蛋品有限公司	省农业产业化经营工作领导小组
高邮市万嘉面粉有限公司	省农业产业化经营工作领导小组	扬州市隆盛畜禽有限公司	省农业产业化经营工作领导小组
江苏戚伍水产发展股份有限公司	省农业产业化经营工作领导小组	扬州财富农业发展有限公司	省农业产业化经营工作领导小组
高邮市宇鑫棉业有限公司	省农业产业化经营工作领导小组	高邮巧妹子科技养殖园	省农业产业化经营工作领导小组
江苏高志农业股份有限公司	省农业产业化经营工作领导小组	高邮市邮星食品有限公司	省农业产业化经营工作领导小组
高邮市三湖蛋品有限公司	省农业产业化经营工作领导小组	高邮市秦邮生物科技有限公司	扬州市农业产业化经营工作领导小组

续表 19

企业名称	认定单位	企业名称	认定单位
扬州市丽邮人造板有限公司	扬州市农业产业化经营工作领导小组	高邮市应天水产有限公司	扬州市农业产业化经营工作领导小组
扬州绿森源生态农业发展有限公司	扬州市农业产业化经营工作领导小组	扬州高邮湖米业有限公司	扬州市农业产业化经营工作领导小组
扬州神游羽绒制衣有限公司	扬州市农业产业化经营工作领导小组	扬州青青生态畜业有限公司	扬州市农业产业化经营工作领导小组
扬州天歌鹅业发展有限公司	扬州市农业产业化经营工作领导小组	扬州马棚湾生态农业科技有限公司	扬州市农业产业化经营工作领导小组
扬州大江鸭业科技发展股份有限公司	扬州市农业产业化经营工作领导小组	扬州市高特经济动物有限公司	扬州市农业产业化经营工作领导小组
高邮市新文游面粉有限公司	扬州市农业产业化经营工作领导小组	扬州市丰园菌业有限公司	扬州市农业产业化经营工作领导小组
扬州朝晖农业产业发展有限公司	扬州市农业产业化经营工作领导小组	高邮市润禾贸易有限公司	扬州市农业产业化经营工作领导小组
扬州市金宏食品有限公司	扬州市农业产业化经营工作领导小组	江苏苏中大地农业科技发展有限公司	扬州市农业产业化经营工作领导小组
扬州市宏大饲料有限公司	扬州市农业产业化经营工作领导小组	扬州市华兴乳业有限公司	扬州市农业产业化经营工作领导小组
高邮市兴旺鸭业产销专业合作社	扬州市农业产业化经营工作领导小组	扬州十二粉黛生物工程有限公司	扬州市农业产业化经营工作领导小组
江苏美滋滋食品有限公司	扬州市农业产业化经营工作领导小组	扬州灵谷农业科技发展有限公司	扬州市农业产业化经营工作领导小组
扬州市三福食品有限公司	扬州市农业产业化经营工作领导小组	扬州金大地米业有限公司	扬州市农业产业化经营工作领导小组
高邮市大海鸭业专业合作社	扬州市农业产业化经营工作领导小组	扬州市生龙米业有限公司	扬州市农业产业化经营工作领导小组
高邮市红太阳食品有限公司	扬州市农业产业化经营工作领导小组	扬州市董氏特种水产有限公司	扬州市农业产业化经营工作领导小组
高邮市五有有机农业有限公司	扬州市农业产业化经营工作领导小组	扬州市立华畜禽有限公司	扬州市农业产业化经营工作领导小组
高邮市元鑫冷冻有限公司	扬州市农业产业化经营工作领导小组	扬州市鼎鑫食品发展有限公司	扬州市农业产业化经营工作领导小组
扬州星月农产品有限公司	扬州市农业产业化经营工作领导小组		

（蔡智慧）

【省级农业产业化经营项目申报及验收】 2015年，市秦邮蛋品有限公司的蛋品加工自动化设备升级改造项目和扬州十二粉黛生物工程有限公司的丝瓜爽肤水产品GMP生产车间改造及设备更新项目，成功申报省级农业产业化经营项目，建设地点分别在高邮城南经济新区和汤庄镇，两项目合计争取省级财政资金150万元，均处于现场考评和验收推进阶段。（蔡智慧）

【农业龙头企业运行数据网上监测】 2015年，市农委帮助全市81家农业产业化龙头企业推进农副产品网络营销，督促企业定期上报企业运行情况。至年底，全市通过淘宝网、阿里巴巴、天猫网或自建网站开展农产品网络销售的企业共有28家，实现销售额2.23亿元。其中销售额位于前三名的企业分别是扬州十二粉黛生物工程有限公司、市嘎嘎鸭商贸公司、高邮市红太阳食品有限公司，分别实现销售额8000多万元、2000万元、1000万元。（蔡智慧）

【阿里巴巴农村淘宝项目建设】 8月，市政府与阿里巴巴集团正式签订农村淘宝项目战略合作协议，并出台《关于阿里巴巴农村淘宝项目建设的实施方案》，正式在扬州市率先启动阿里巴巴农村淘宝项目建设。至年底，全市建成农村淘宝服务站66个，累计实现代购金额500万元；引进参与本地招商的涉农企业17家，其中入驻农村淘宝参与阿里年货节销售企业2家；实现“2016阿里高邮年货节”销售额800万元，其中“网货下乡”600万元、“农产品进城”200万元。（蔡智慧）

【农产品电子商务平台建设】 2015年，市农委着力推进农产品电子商务平台建设，并取得明显成效。4月16日，高邮市“1号店特产中国·高邮馆”和线下展销中心建成开馆，成为扬州市1号店特产中国上线的首家地方馆。9月28日，苏宁易购中华特色·高邮馆开馆营业。10月5日，京东商城中国特产·高邮馆线上馆开馆营业。11月18日，1号店特产中国·高邮馆、苏宁易购中华特色·高邮馆、京东商城中国特产·高邮馆线下馆实现融合并正式开馆。至年底，全市农产品加工企业利用该平台实现销售2000万元。此外，市农委积极与苏宁易购合作，组织市湖畔水产专业合作社、高邮董氏特种水产有限公司、扬州马棚湾生态农业科技公司、扬州市邮之味食品有限公司、市邮星食品有限公司、扬州市五亭食品有限公司、市汇金杂粮专业合作社、市嘎嘎鸭商贸有限公司、市龙伟豆制食品厂9家企业入驻苏宁易购中华特色·江苏馆。　（蔡智慧）

【举行“三馆合一”线下展销中心开业仪式】　11月18日上午，作为第七届中国邮文化节系列活动之一的“京东商城中国特产高邮馆”“1号店特产中国高邮馆”“苏宁易购中华特色高邮馆”等“三馆合一”线下展销中心开业仪式和阿里巴巴淘宝大学扬州教学基地揭牌仪式，在高邮市诚信电子商务产业园举行。仪式由市委常委、常务副市长徐永宝主持，市委书记韩方为该展销中心揭牌，市委副书记张秋红作讲话。　（蔡智慧）

资料链接　“京东商城中国特产高邮馆”“1号店特产中国高邮馆”“苏宁易购中华特色高邮馆”等“三馆合一”线下展销中心开业和阿里巴巴淘宝大学扬州教学基地揭牌，是市委、市政府实施“电商换市”战略的重要成果之一。“三馆合一”线下展销中心和电商运行中心面积2000平方米，是扬州市线下展示（体验）产品最全、线上产品网销规模最大的电商经营场所，将为高邮特产和各类特色工业产品走向全国，乃至全球打开更多的渠道与窗口；阿里巴巴淘宝大学扬州教学基地将为全市电商产业发展提供强有力的智力支撑。　（史志　蔡智慧）

种　植　业

【概况】　2015年，全市种植业围绕稳粮增收与绿色增产的发展思路，按照“四主推”（主推品种、主推技术、主推配方肥、主推农药）要求，推广稻麦新品种、新技术，取得明显进展。全年引进和推广农作物新品种37种，继续推广应用稻麦生产新技术8项；实现种植业总产值42.66亿元，增长0.5%。　（蔡智慧）

表20　**2015年高邮市主要农产品生产简况表**

作物名称	播种面积（万公顷）		总产量（万吨）		每公顷单产（吨）	
	数量	比上年±(%)	数量	比上年±(%)	数量	比上年±(%)
粮食作物	11.74	0.3	88.80	0.2	7.57	0.1
麦子	5.53	—	33.87	−1.3	6.12	−1.4
大麦	0.03	−57.1	0.14	−57.6	5.18	0.8
小麦	5.50	0.7	33.72	−0.7	6.13	−1.4
水稻	5.54	0.4	52.17	1.2	9.42	0.1
籼稻	0.32	−27.3	2.45	−26.9	7.66	0.4
粳稻	5.14	2.8	49.11	3.3	9.56	0.5
油菜籽	0.72	−10.0	2.04	−10.1	2.83	−0.4
棉花	0.01	−90.0	0.01	−92.3	1.27	−1.6
蔬菜	1.16	4.5	51.49	7.3	44.5	2.8

（市统计局）

【引进推广农作物品种37种】　2015年，全市共引进推广农作物品种37种。其中，稻麦棉油主推品种12种，即南粳“九一〇八”、武运粳“二十四”号、武运粳“二十七”号、扬粳“八〇五”、淮稻五号、扬辐麦四号、宁麦“十三”、宁麦“十四”、苏麦一八八、科棉六号、沣油“七三七”、秦优七号；搭配品种20种，即苏粳“八一五”、淮稻“十八”、南粳“五〇五五”、南粳“五十二”、南粳“四十九”、南粳“四十五”、盐稻九号、甬优“二六四〇”、华两优“一二〇六”、丰两优六号、丰两优香一号、扬稻六号、扬麦“十三”、扬麦“十五”、扬辐麦五号、镇麦“一六八”、镇麦九号、苏麦八号、鄂杂棉“二十六”号、秦优十号；特种经济作物品种5种，即苏科糯三号、丹波黑大豆、乌青一号、药用类菊花、芡实。　（蔡智慧）

【测土配方施肥续建项目】　2015年，全市继续实施测土配方施肥续建项目，免费提供测土配方施肥技术服务17万农户，建立测土配方施肥示范区0.2万公顷，推广测土配方施肥技术面积11.4万公顷·次，推广应用配方肥2.6万吨，推广应用腐殖酸型、氨基酸型叶面肥55.71吨，推广小麦、水稻喷施叶面肥面积7.5万/公顷·次，农民增加经济效益1.11亿元。　（蔡智慧）

【耕地质量提升综合示范区项目】　2015年，全市实施耕地质量提升综合示范区项目，省财政拨付资金300万元。该项目涉及4个镇的26个行政村，即临泽镇的营南村、钱镜村、周巷村、陈甸村、营东村、双马村、营西村、营北村，汤庄镇的友谊村、长宁村、双屏村、沙堰村、潘季村、南屏村、汉留村、甸垛村，车逻镇的太丰村、车逻村、保丰村、特平村、闸河村、砖场村和卸甲镇的周邶墩村、龙奔村、郭楼村、一平村，累计惠及项目区农户2850户。期间，通过在项目区建立试验田、示范区（竖立标牌）、举办培训班、现场指导、政府集中采购等，切实加大农业新技术、新产品的推广普及力度。全年在项目区推广应用商品有机肥3500吨、面积213公顷，有机无机复混肥料1500吨、面积800公顷；安装水肥一体化吊喷灌设施面积2.2公顷，集中采购水溶性肥料144.3吨，应用面积480公顷·次以上。通过项目

实施，累计为农民节本增收1230万元。（蔡智慧）

【水稻、小麦高产增效创建工作】　2015年，高邮市作为全省水稻高产增效创建项目整建制推进的示范县之一，共承担水稻万亩示范片建设任务17个、小麦万亩示范片8个、大豆万亩示范片1个、油菜万亩示范片1个。6月，由省农委组织专家组实割验收，全市种植苏麦一八八的攻关田平均每公顷产量达9吨以上，位居全省第一，获“苏中红麦之王”称号。11月，由全国农技推广中心与省农委组织专家组实割验收，临泽镇南粳“五十二”机插稻百亩方平均每公顷单产12.6吨，顺利通过超级稻实产验收。是年，全市有5个水稻万亩示范片、2个小麦万亩示范片、1个大豆万亩示范片被省农委评为A级。（蔡智慧）

【蔬菜生产】　2015年，据市农委统计，全市蔬菜播种面积1.66万公顷，总产量57.2万吨，实现产值10.1亿元，分别增长0.6%、2.7%、1%。日光温室、大中小棚面积3733公顷，遮阳网、防虫网使用量877公顷·次。全市累计建成设施蔬菜基地面积0.26万公顷，实现产值4.43亿元；建成蔬菜“三品”基地面积0.11万公顷，新通过认证的绿色蔬菜品牌4个，累计通过认证的蔬菜绿色蔬菜品牌13个。同时，大力推进市“菜篮子”工程蔬菜生产基地建设，建成钢架大棚43公顷，新增两网一灌（遮阳网、防虫网、喷滴灌）面积40公顷。（蔡智慧）

【种子管理】　2015年，市种子管理站按照农业部颁布的《农作物种子生产经营许可管理办法》要求，加强种子管理工作。全年共核发种子生产许可证12份。市种子管理站组织人员于春、秋两季对全市2700公顷杂交稻制种以及常规稻麦种子生产基地进行田间质量检验，并对全市主推的大宗作物品种监督抽样检测46批次，确保农业生产用种安全。（蔡智慧）

【农作物病虫害防治】　2015年，全市主要农作物病虫草害的发生总体为中等发生。主要病虫发生概况：小麦，病虫总体中等发生，小麦纹枯病、蚜虫中等局部偏重发生，白粉病中等偏轻，小麦赤霉病、梭条花叶病、粘虫等轻发生。水稻，病虫总体中等发生，纹枯病中等偏重发生，稻曲病中等局部中等偏重发生，穗颈稻瘟轻局部大发生，稻纵卷叶螟、褐飞虱、二化螟、大螟偏轻局部中等发生，黑条矮缩病、条纹叶枯病零星发生。油菜，油菜菌核病、蚜虫均为中等发生。棉花，病虫总体中等偏轻局部中等发生，其中棉铃虫偏轻至中等发生，斜纹夜蛾、烟粉虱轻发生，棉蚜、棉红蜘蛛、甜菜夜蛾、棉盲蝽轻发生。田间杂草发生呈上升趋势，尤其是小麦、油菜田草害面积上升较快。据统计，全年主要农作物病虫草发生面积60.22万公顷·次，防治面积58.34万公顷·次，减少粮食损失55.08万吨、油菜籽1052吨。（蔡智慧）

【植保技术研究】　2015年，全市植保技术研究主要有：实施省水稻全承包专业化统防统治项目，涉及界首镇、高邮经济开发区、卸甲镇、车逻镇、汤庄镇、临泽镇、三垛镇、送桥镇、高邮镇等9个乡镇（园区），参与项目实施的植保专业合作社9家，落实水稻全承包专业化统防统治面积0.27万公顷，12月通过市级验收；全国农技中心牵头实施的“2015年更多水稻示范项目”；省农业科学院植保所牵头研究的“小麦黄花叶病抗病品种筛选课题”；省农药所牵头实施的“特经作物安全用药筛选和农药使用风险监控项目”；南京农业大学牵头实施的公益性行业（农业）科研专项“直播稻田杂草防控技术研究与示范项目（201303022）”；农药新品种的试验示范项目，累计进行10项农药新品种的试验示范，推广高效、持效、低毒、低残留的药剂品种57吨。（蔡智慧）

【植物检疫工作】　5月，市植保站对10个繁种单位、面积1594公顷进行产地检疫，签发小麦产地检疫证书34份；9月，对水稻繁（制）种田4186.7公顷进行产地检疫，签发产地检疫合格证书35份。全年共签发检疫证书166份，其中省际植物检疫证书59份、省内植物检疫证书107份，调运水稻、小麦种子4950吨。全年先后开展香蕉穿孔线虫、扶桑绵粉蚧、稻水象甲、小麦一号病（TCK）、瓜类果斑病菌、葡萄根瘤蚜、黄瓜绿斑驳花叶病毒、梨枯梢病、苹果棉蚜、苹果蠹蛾、假高粱等11种病虫害的监测工作及小麦孢囊线虫病、三叶斑潜蝇的大面积普查工作。（蔡智慧）

【植保专业化服务】　2015年，全市拥有植保专业合作社71个、防治专业队260个，累计有高效大中型植保机械650台（套），重点开展以植保专业化服务为主体的农业综合服务。推进开展水稻病虫全程承包防治工作，防治面积5333.3公顷，其中省级财政项目2666.7公顷、高产创建示范方2266.6公顷，实现省级高产创建示范方全覆盖。至年底，全市实施植保专业化服务的区域，未出现严重的病虫危害。是年，市天随植保专业合作社、市铿锵植保专业合作社和卸甲镇健禾植保专业合作社，被评为省级“五有五好”（有合法的组织机构、有健全的章程制度、有规范的服务行为、有专业的服务人员、有一定的服务能力，内部管理好、人员素质好、防治效果好、服务信誉好、经济效益好）服务组织。（蔡智慧）

林　业

【概况】　2015年，全市林业生产围绕扬州市新一轮“绿扬城廓新扬州三年行动计划”要求，开展植树造林工作。全年共完成各类造林面积1038.1公顷,其中成片造林面积771.4公顷、四旁植树80万株(折实造林面积266.7公顷);新建省级绿化示范村13个、标准化绿化示范村1个。至年底,全市共有成片林3.14万公顷,其中公益林1.23万公顷、商品林1.91万公顷,全市林木覆盖率22.4%(不含高邮湖)。实现林业产值3.37亿元,与上年持平。　(蔡智慧)

表 21　**2015 年高邮市林业生产简况表**

项　目	单位	数　量		比上年
		2015 年	2014 年	±%
森林管护面积	公顷	22500.00	22000.00	2.3
成片造林面积	公顷	771.40	395.40	95.1
育苗面积	公顷	440.00	438.00	0.5
更新造林面积	公顷	64.63	35.76	80.7
四旁植树	万株	80.00	105.00	−23.8
果园面积	公顷	1065.00	1065.00	—
水果产量	万吨	1.12	1.12	—

(蔡智慧)

【生态家园建设】　2015 年,全市根据扬州村庄绿化工作"三个一"(1 个乡镇的所有村庄、其余乡镇有 1 个行政村、其他行政村有 1 个自然村庄)要求,按照每户新栽树木 20 株以上,庄台绿化覆盖率30%以上的标准,在全市乡镇(园区)推进开展生态家园创建工作。至年底,完成"1 个乡镇的所有村庄"创建工作的是菱塘回族乡,涉及菱塘村、骑龙村、龚家村、清真村、王姚村、高庙村 6 个行政村的 30 个自然村庄;完成"其余乡镇有 1 个行政村"创建工作的分别是:高邮经济开发区金塘村,高邮城南经济新区特平村,高邮镇湖滨村,龙虬镇兴北村,卸甲镇金港村,汤庄镇长林村,三垛镇官垛村,甘垛镇带程村,临泽镇合心村,界首镇永安村,周山镇吴堡村,高邮湖西新区(送桥镇)盘塘村等 12 个行政村,累计涉及 102 个自然村庄;完成"其他行政村有 1 个自然村庄"创建工作的有 26 个自然村庄。是年,各乡镇(园区)累计完成 158 个自然村庄的创建工作。　(蔡智慧)

表 22　**2015 年高邮市生态家园建设情况一览表**

乡镇、园区	行政村(自然村庄)	个数
合　计		158
高邮经济开发区	东湖(东湖永平支西南)、钱厦(钱家厦)、阳沟(跃进河八号河)、塔院(庆丰)、文游台(张庄小区)、花王(花王波司登小区)、奥林(仇家村一、二组)、双庙(双庙村四、五组)、佛塔(佛塔村三组)、杨桥(杨桥村秦邮茗都一期)、腰圩(腰圩村一组)、灯塔(西灯村六组)、清水潭(清水潭村三组)、昌农(外郎村一组)、北太平(中心庄)、东墩社区(太保村一组)、高沙园社区(高沙园)	17
高邮城南经济新区	砖场(13 组)、闸河(14 组)、太丰(6 组)、上庄(1 组)、保丰(18 组)、车逻(11 组)、浩芝(王庄)、管伙(王庄)、勤王(朱阜)、渠南(邵家)、蚕种站(河南)	11
高邮镇	十里村(东庄)	1
龙虬镇	张轩(梅家厦)、白马(白马大庄子 3、5、10 组)、强民(唐柘河北 1、4、7、10 组)、兴南(高家厦)、东角(张陆厦)、龙潭(徐王 11 组)、龙腾(马垛 3 组)、龙虬庄(闵家湾)、一沟(红丰 3 组)、大树(民主 2、3 组)	10
卸甲镇	卸甲(十组)、一平(邵家)、郭楼(孙东)、潘阳(十组)、大庵(姚王)、三河(杨家)、金家(汤王)、伯勤(西楼头)、花阳(渔业)、龙奔(贺庄)、三新(红旗)、周邶墩(倘庄)、陈堡(刘家)、恒丰(一组)、金沟(陆家)、张余(季家)	16
汤庄镇	甸垛(余家厦)、富南(吴家牌坊)、汉留(项薛庄台)、京汉(孙吴庄)、四异(苗甫庄)、友好(北吴后庄)、曾钰(徐家厦)、跃进(胡家厦)、联谊(北舍河南)、缦阳(缦阳 9 组)、南屏(帅阳陈家夏)、潘季(黄家垛)、沙埝(郭家 3 组庄台)、双屏(西蒋 6 组)、汤庄(余富新花苑南庄台)、友谊(高鼻厦)	16
三垛镇	春生(兴联五组)、保安(花家庄)、大卢(大卢村四组)、东楼(荡楼庄)、二沟(居家厦)、港河(港南庄三、四组)、耿庭(龚张厦)、柘垛(西荡沟)、剑鸣(陆家厦七、八、九组)、林阳(潘岔圩)、柳南(季阮南一队)、茆吴(茆吴三组)、米仓(陈付厦)、南丰(腰庄)、三百六(东俞庄 123 组)、少游(秦家垛)、司徒(印家厦)、武宁(北徐庄)、兴联(郭家厦)、俞胡(夏家庄)	20
甘垛镇	三河村(明顾庄台)、官林村(三庄庄台)、横泾村(南刘庄台)、三郎庙村(南汉庄台)、河口村(河口五组庄台)、姚家村(灯子河东庄台)、和平村(新林五组庄台)、北韩村(野代二组庄台)、沙贯村(小王四组庄台)、横铁村(十组庄台)、振兴村(张家四组庄台)、新庄村(于家四组庄台)、甘泉村(甘前一组庄台)、荷花村(甘北二组庄台)	14
临泽镇	陈甸(陈甸)、钱镜(刘西七组)、营东(芦山东桥)、营北(红旗庄台)、双马(胡庵 3 组)、薛北(薛南)、周巷(原乜虾村)、营西(百善)、营南(二里大沟)、果林(先进)、洋汉(6 组庄台)、瓦港(瓦仓)、法青(沈堡)、东荡(北荡 1、9 组)、川东(中华)、朱堆(匡介)、董潭(老 5 组)、小葛(小葛村 11 组)、西安(5 组庄台)、西河(孽家堆)、韩夏(夏庄 8 组)、蒋颜(孙庄)、泰山社区(临西)	23

续表 22

乡镇、园区	行政村(自然村庄)	个数
界首镇	六安(张家庄庄台)、老人桥(毛庄庄台)、大昌(席家庄台)、应龙(革新庄台)、界首(盂陵庄台)、龙翔(花园庄台)、子婴村(沈家庄台)	7
周山镇	双河(晏河组)、万福(付沟组)、狄奔(福兴组)、志光(卫东组)、长宁(北赦组)、龙胜(周坤组)、龙华(塔沟组)	7
高邮湖西新区(送桥镇)	黄圩村(联合庄台)、常集村(宋庄)、官路村(和合庄台)、李古村(新庄)、送驾桥村(潘北庄台)、准堤村(丁庄)、张公渡村(西陈庄台)、南茶村(葛庄庄台)、庙家村(合兴庄台)、肖祠村(谈庄庄台)、神居山村(俞庄庄台)、郭集村(合兴庄台)、槽坊村(刘庄)、毛港村(吴庄)、邵庄村(马庄)、孙巷村(甘露庄台含甘露、王庄、合兴组)	16

(蔡智慧)

【生态产业建设】 2015 年,全市以发展高效林业为重点,引进社会资本发展林业产业,增加林业经济效益。江苏弛越建设有限公司,在三垛镇少游村流转土地 13.33 公顷,投资 400 万元,培育香樟、栾树、广玉兰、桂花等大规格绿化工程苗木;市龙鳞林业有限公司在三垛镇俞胡村流转土地 14.67 公顷,投资 240 万元,栽植速生白榆新品种 6.1 万株、中山杉 15 万株、楸树 4 万株。是年,全市新增高效林业面积 200 公顷。(蔡智慧)

【生态廊道建设】 2015 年,全市建成新 S237 北段绿化配套工程,工程涉及界首镇、周山镇、高邮经济开发区等区域,全长 20 千米,两侧绿色通道建设宽度均为 50 米,绿化面积 200 公顷。同时,完成市、县、乡级新建道路绿化完善配套工程,绿化面积 100 公顷;完成东平河、第三沟、菱川河、跃进河等绿化配套工程,绿化面积 66.7 公顷。(蔡智慧)

【清水潭湿地生态中心建设】 2015 年,市农委协调相关部门继续推进清水潭湿地生态中心建设。完成普照湖南大圩、东大圩和中心岛屿绿化工程,新增造林面积 18 公顷。同时,完成园内水系的疏浚清淤工程及园内原核心景区的林中餐厅、观鸟塔、东入口生态服务中心、木栈道等项目建设,并对园内池杉林东部的部分农户的鱼虾塘进行回收,实施退渔还湖,恢复湿地公园普照湖区面积 56.67 公顷。(蔡智慧)

【义务植树】 2015 年植树节前后,全市利用电视、广播、报纸、会议、标语、流动宣传车等多种形式,全方位开展植树造林工作宣传。从 3 月上旬开始,全市开展大规模义务植树活动 13 批次,参加人数 3000 人,栽植苗木 10 万株,新增绿化面积 1333.3 公顷。(蔡智慧)

【林政管理】 2015 年,市农委在保护生态建设成果、提升生态环境优势的前提下,扶优扶强一批起点高、规模大的板材加工企业,促进森林资源的科学合理利用,提高林业的投入产出水平。全年核发和年检林产品加工经营许可证 2 份,累计开出木材运输证、森林植物检疫证 163 份;发放林木采伐许可证 39 份,采伐面积 43.6 公顷,采伐林木 1.2 万株,采伐蓄积量 3031.95 立方米。(蔡智慧)

畜牧业

【概况】 2015 年,市农委围绕"稳增长、调结构、促改革、保安全"总体目标,组织实施省畜牧生态健康养殖示范场创建活动,不断提升现代畜牧业发展水平。至年底,全市新建成规模化畜禽养殖场 94 家,累计建有规模化畜禽养殖场 584 家,其中达省级规模标准 109 家、市级规模标准 163 家、县级规模标准 312 家,实现畜牧业产值 43.78 亿元,增长 28.4%。(蔡智慧)

表 23　**2015 年高邮市畜牧业生产简况表**

项　目	单位	数　量		比上年±%
		2015 年	2014 年	
生猪饲养量	万头	52.91	53.30	−0.7
生猪出栏量	万头	31.02	31.40	−1.2
家禽饲养量	万只	1533	1530.50	0.2
家禽出栏量	万只	1153	1143.00	0.9
鸡	万只	406	403.00	0.7
鸭	万只	327	324.00	0.9
鹅	万只	405	400.00	1.3
羊饲养量	万只	7.15	7.30	−2.1
羊出栏量	万只	4.83	4.90	−1.4
特种畜饲养量	万只	3.30	3.30	—
特种禽饲养量	万只	71.75	63.30	13.3
畜禽肉	万吨	8.62	7.20	19.7
禽蛋	万吨	4.70	4.20	11.9

(市统计局)

【2 家单位创成省畜牧生态健康养殖示范场】 12 月 31 日,根据《关于开展江苏省畜牧生态健康养殖示范场创建活动的通知》要求,经单位申报、各地初审,省农委确定并公布省畜牧生态健康养殖示范场名单,高邮市的市清真畜牧专业合作社(山羊)和扬州一品红生态农业发展有限公司(生猪)名列其中。(蔡智慧)

【畜牧业科技推广】 2015年，市农委重点推广普及肉鸡规模集约化养殖、生猪标准化规模养殖技术、扬州鹅生态健康养殖技术等。全年举办各类培训班40期，培训1.1万人次，印发各类技术资料2.4万份，接受养殖户技术咨询5460人次。同时，承担实施“畜禽科技入户示范工程”“全国农村基层体系改革与建设”项目2项，获省财政专项补贴资金59.13万元。是年，“扬州鹅高效健康养殖关键技术集成与推广”项目获江苏省农业丰收奖二等奖。 (蔡智慧)

【动物防疫】 2015年，市农委以“努力确保不发生区域性重大动物疫情”为防控目标，落实各项防控措施，在实施畜禽常年免疫的基础上，组织实施重大动物疫病春季突击防疫行动、夏季高温大消毒和补免行动、秋冬季突击防疫行动“三大战役”，确保高致病性禽流感等重大动物疫病应免密度常年保持在100%、免疫抗体合格率80%、免疫标识佩戴率100%。全面开展牛羊布鲁氏菌病的普查、监测和剔除净化工作。至年底，全市未发生一起重大动物疫情和畜产品质量安全事故。 (蔡智慧)

【动物检疫与监督执法】 2015年，全市进一步加强动物检疫票证电子信息化管理工作。全年共检疫电子出证6.5万份，实施生猪产地检疫15.7万头，家禽产地检疫460.2万羽；屠宰检疫生猪29.2万头，生猪定点屠宰场(点)检疫率、检疫出证率、病害畜禽及其产品无害化处理率100%。加强菱塘回族乡天高大桥畜禽运输检查消毒站的监督检查力度，全年共检查消毒车辆781车次、畜禽8.49万只、动物产品281吨。全年查处动物卫生监督案件1起。 (蔡智慧)

【无害化处理监管】 2015年，全市落实国家病死畜禽无害化处理补助相关政策，加强对病死畜禽无害化处理监管工作。每月对乡镇上报的数据、材料进行核查、统计，经登记、核实公示后，由财政部门通过“一折通”及时发放到养殖户手中。至年底，全市出栏生猪50头以上的规模化养殖场共无害化处理病死猪1.82万头，发放财政补助资金145.47万元。 (蔡智慧)

【生猪“瘦肉精”专项整治】 2015年，全市建立健全生猪生产、屠宰、运输监测制度，加大生猪“瘦肉精”监督抽检力度，对辖区内现存栏50头或年出栏100头以上的生猪饲养场(户)，每场(户)抽取尿样3个头份，每月抽检覆盖面10%。同时，对生猪定点屠宰场的生猪，每场按不低于5%的日屠宰量比例进行抽检；督促生猪屠宰企业按日屠宰量5%的比例开展“瘦肉精”自检工作。全年共开展生猪“瘦肉精”抽样检测1428批次，检测生猪1.36万头，合格率100%。 (蔡智慧)

【兽药、饲料、生鲜奶专项整治】 2015年，全市继续开展兽用抗菌药专项整治活动和饲料生产企业质量安全示范创建工作，加强全市兽用处方药与非处方药管理，严厉打击无证饲料生产企业违规生产行为。全年复查生产经营许可证到期的经营户25家，验收通过20家；协助2家饲料生产企业通过省级生产资格验收；帮助和指导扬州通威饲料有限公司通过农业部饲料质量安全示范创建验收。全年抽检兽药、饲料、生鲜乳样品68批次，合格率分别为95%、100%、100%。 (蔡智慧)

高邮鸭业

【概况】 2015年，全市鸭业经济继续保持平稳较快发展势头。据市农委统计，全年鸭饲养量1185.97万只，其中蛋鸭570.2万只、肉鸭615.77万只，鸭饲养量中高邮鸭380万只；5000只以上的养鸭大户230个；鸭蛋加工规模企业46家；加工各类蛋品9.02亿枚，其中泥灰蛋1.52亿枚、真空包装熟咸蛋4.28亿枚、松花蛋2.78亿枚、双黄蛋0.44亿枚，产值13.53亿元；加工琵琶鸭、板鸭、香酥鸭等各类鸭肉制品182.6万只，产值1.09亿元；饲料加工40.6万吨，产值9.09亿元；羽绒服装加工132万件，产值3.87亿元。是年，全市实现鸭业经济加工产值27.58亿元、销售26.46亿元、利润3.24亿元，分别增长75%、208%、25.6%。

(蔡智慧)

【高邮鸭业经济】 2015年，高邮鸭业经济继续保持良好发展态势。高邮鸭和“苏邮1号”蛋鸭高产配套系推广力度加大，全年“苏邮1号”蛋鸭高产配套系推广520万只；全市蛋品加工企业规模化养殖基地建设加快，江苏高邮鸭集团、市红太阳食品有限公司、市三湖蛋品有限公司、市秦邮蛋品有限公司、市邮星蛋品有限公司等规模企业均建立高邮鸭现代高效规模养殖基地，年饲养高邮鸭320万只；高邮鸭工程技术研究中心为确保科学研究成果及时向农户推广，先后示范推广“稻鸭共作”“大群关养”“生态养殖”“鸭鱼混养”“放牧饲养”和“笼上养鸭”6种养殖模式。全市现有市级鸭业合作经济组织2家、会员400个，乡镇鸭业经济组织14家、会员1779个。 (蔡智慧)

水产业

【概况】 2015年，全市水产业紧紧围绕“渔业增效、渔民增收”的双增目标，强化组织领导，突出工作重点，加大新品种、新技术、新模式的推广力度，促进水产业的健康快速发展。全年实现渔业产值

41.5亿元，增长3.2%。是年，市农委被省海洋与渔业局表彰为全省渔业科技入户工作优秀等次。

（蔡智慧）

表24　2015年高邮市水产品生产简况表

项　目	单位	数　量		比上年±%
		2015年	2014年	
养殖总面积	万公顷	3.13	3.07	2.0
精养鱼池面积	万公顷	1.60	1.73	-7.5
罗氏沼虾面积	万公顷	0.90	0.90	—
水产品总量	万吨	19.71	19.71	—
养殖产量	万吨	18.39	16.90	8.8
捕捞产量	万吨	2.42	2.81	-13.9
鱼类	万吨	13.62	12.87	5.8
虾类	万吨	5.32	5.03	5.8
蟹类	万吨	0.48	0.44	9.1
贝类	万吨	1.15	1.13	1.8
其他	万吨	0.24	0.24	—

（市统计局）

【罗氏沼虾养殖】　2015年，全市罗氏沼虾养殖面积9034公顷，总产量3.95万吨，实现养殖产值15.5亿元、产业链产值38.5亿元。罗氏沼虾养殖重点乡镇涉及龙虬镇、三垛镇、周山镇、送桥镇、汤庄镇、卸甲镇、界首镇、临泽镇、甘垛镇和高邮经济开发区等10个镇(区)。累计建成江苏富裕达公司特种水产良种场、市富达虾苗育种场、市联盛罗氏沼虾育苗场、市华源虾苗场、市惠民虾苗场、市菱塘增泽水产养殖场、市进步虾苗养殖场、市白天鹅虾苗场、市龙阔虾苗场、市阿民虾苗育种场、扬州富源水产有限公司、扬州金汇源特种水产有限公司、市富润海水产科技有限公司、市三庄虾业有限公司等14家育苗企业，育苗水体5.18万立方米，实际生产罗氏沼虾虾苗24.1亿尾，比上年增加2亿尾。

（蔡智慧）

【渔业科技入户示范工程】　2015年，全市立足由“县级专家组成员、技术指导员、示范户、辐射户”组成的服务网络，继续在11个乡镇的60个行政村实施省渔业科技入户示范工程项目。遴选450户罗氏沼虾和常规鱼养殖户作为渔业科技入户示范户，示范面积1180公顷，共选聘24名技术指导员，深入塘口服务，辐射罗氏沼虾养殖户3320户，辐射面积5898公顷。其中，罗氏沼虾养殖科技示范户380户，示范面积983公顷，示范户每公顷纯效益2.4万元，平均增效26.7%；常规鱼养殖科技示范户70户，示范面积197公顷，示范户每公顷纯效益2.04万元，平均增效15.3%。（蔡智慧）

【鱼苗放养】　2015年，全市投入资金3.99万元，先后在南澄子河、北澄子河、三阳河、六安河、张叶沟河、澄潼河、东平河等市属公共水域放养草鱼、鲢鱼、鳙鱼等鱼种的鱼苗191.8万尾。同时，开展人工放流活动，不断丰富渔业资源，增加捕捞渔民收入，改善渔业水域生态环境，促进渔业可持续发展。全年新(换)发放水产苗种生产许可证4本；实现罗氏沼虾育苗面积7.5万平方米，与上年持平。

（蔡智慧）

【渔政工作】　2015年，市渔政监督大队继续加强渔业行政执法工作。全年出动渔政执法人员1250人次、渔政船72艘次，实施渔业安全检查22次、水产苗种场执法检查128次；登船检验2933艘，检查渔船3644艘次，查处非法电捕作业68起，没收电(麻)捕器58台(套)；出动渔政执法人员42人次，协调处理渔业水污染事件12起，为养殖户挽回经济损失9.2万元；发放机动渔船柴油补贴1822.57万元，惠及渔户2874户。（蔡智慧）

农业综合开发

【概况】　2015年，全市实施农业综合开发项目17项，财政投资总额6508万元。其中，国家农业综合开发高标准农田建设项目3项，财政投资3250万元；国家农业综合开发生态综合治理项目1项，财政投资650万元；国家农业综合开发产业化经营财政补助项目6项，财政投资1860万元；国家农业综合开发产业化经营贷款贴息项目4项，中央财政拨付贴息资金308万元；省丘陵山区农业综合开发项目3项，财政投资440万元。是年，市农开局被表彰为扬州市农业综合开发宣传信息工作先进单位。

（杨洁）

【国家农业综合开发高标准农田建设项目】　该项目于2015年在周山镇、界首镇和临泽镇实施，总投资3315万元，其中省以上财政资金3006.25万元、高邮市财政配套资金243.75万元、实施单位自筹资金65万元。至年底，共建成排灌站46座、桥梁79座、闸6座、渡槽4座、涵洞1座、田间配套建筑物3709座，硬化渠道43.82千米，新建机耕路32.98千米，疏浚河道8.6千米，新建输变电线路1.6千米，栽植常绿树1.96万株。项目建成后，新增灌溉面积407公顷、除涝面积434公顷，改善灌溉面积607公顷、除涝面积534公顷，粮食增产1819吨，农业产值增加705.46万元。

（嵇九权　汤小建）

【国家农业综合开发生态综合治理项目】　该项目于2015年在送桥镇实施，总投资663万元，其中省以上财政资金601.25万元、高邮市财政配套资金48.75万元、实施单位自筹资金13万元。至年底，共建成排灌站18座、桥梁1座、涵洞3座、田间配套建筑物634座，硬化渠道18.14千米，新建机耕路8.71千米，疏浚河道1.3千米，栽植常绿树0.27万株。项目建成后，新增灌溉面积133公顷，改善灌溉面积200公顷，粮食增产491.5吨，农业产值增加64.14万元。（嵇九权　汤小建）

【国家农业综合开发产业化经营财政补助项目】 2015年，高邮市实施国家农业综合开发产业化经营财政补助项目6项。江苏双兔食品股份有限公司实施的8万吨富硒优质稻米加工及266.67公顷标准化种植基地改扩建项目，总投资1655万元，其中省以上财政资金740万元、高邮市财政配套资金60万元、企业自筹资金855万元。至年底，共建原粮烘干生产线厂房3700平方米、稻米加工生产厂房1360平方米、配套供电房200平方米，新建电站2座、桥梁1座，硬化渠道5.01千米，水泥道路5.27千米，新购烘干机设备1台(套)、稻壳热风炉1台(套)、无菌灌装加工设备1台(套)、脉冲袋式除尘装备1台(套)、配套电房电力设备1(套)。项目建成后，新增稻米加工80000吨，利润增加486.41万元。

高邮市元鑫冷冻有限公司实施的2500吨特种水产品冷冻储藏扩建项目，总投资633.68万元，其中省以上财政资金222万元、高邮市财政配套资金18万元、企业自筹资金393.68万元。至年底，共建成冷库及配套车间2510平方米、制冰车间261平方米、污水处理池1150立方米和砼道路场地4363平方米，购置冷库门10套、化验仪器1套、风幕机10套、培养箱5件、水泵3台、氨制冷机组4台、氟制冷机组4台等配套设施。项目建成后，新增冷冻水产品2500吨，利润增加118.93万元。

高邮市邮星食品有限公司实施的新增5万只高邮麻鸭蛋鸭养殖基地扩建项目，总投资610.65万元，其中省以上财政资金222万元、高邮市财政配套资金18万元、企业自筹资金370.65万元。至年底，共建成标准化鸭舍5018平方米、鸭运动场9758平方米、库房432平方米、品质保护用房90平方米，新建水泥道路0.6千米，砼场地285.75平方米，涵洞2座，无害化处理池2座，下水道788米，隔离垟855米，消毒池1个，钢围栏810米，新增绿化80株，新购通风系统4组、蛋品周转箱6000只、槽600只、化验设备1台(套)、冲洗设备1套、监控设备1套、分级机2台、手动铲车6台、电子秤2台、半自动堆高机1台、鸭蛋清洗烘干机1台、电动铲车1辆、电动三轮车1辆、平板车5辆、翻斗车2辆等配套水电设施。项目建成后，年新增鸭蛋640吨，利润增加162.49万元。

扬州市丰园菌业有限公司实施的6000吨金针菇栽培改扩建项目，总投资612.12万元，其中省以上财政资金222万元、高邮市财政配套资金18万元、企业自筹资金372.12万元。至年底，共新购菌种发酵罐27套、无尘区配套设施及仪器1套、灭菌器2台、工业制冷空调30台、加湿器25台、抑制机50台、新风机25台、环境综合控制仪25台、床架25组、自动输送带系统200米、库板3000平方米。项目建成后，新增金针菇1500吨，利润增加387.38万元。

扬州东禾畜业有限公司实施的年出栏1.5万头商品猪扩建项目，总投资631万元，其中省以上财政资金222万元、高邮市财政配套资金18万元、企业自筹资金391万元。至年底，共建成种猪舍1728平方米、产仔舍1296平方米、保育舍3476平方米、储藏室180平方米、砼场地1727平方米、沉淀塘3个，新购高架产床92张、母猪限位栏416个、水帘24个、负压风机48台、保育地暖设备75套等配套电路设备。项目建成后，新增商品猪8000头，利润增加166.06万元。

高邮市马棚镇庭权果林专业合作社实施的300亩果品种植基地扩建项目，总投资160.93万元，其中省以上财政资金92.5万元、高邮市财政配套资金7.5万元、合作社自筹资金60.93万元。至年底，共建成钢架大棚120座、葡萄架360个，新建水泥道路1.24千米，涵洞18座。项目建成后，新增设施水果100吨，利润增加66.64万元。

（嵇九权　汤小建）

【国家农业综合开发产业化经营贷款贴息项目】 2015年，高邮市实施国家农业综合开发产业化经营贷款贴息项目4项，共拨付中央财政贴息资金308万元。其中，江苏富裕达粮食制品股份有限公司实施的3万吨虾饲料车间新建贴息项目，中央财政拨付贴息资金60万元；高邮市三湖蛋品有限公司实施的5000万枚高邮鸭鸭蛋收购加工流动资金贴息项目，中央财政拨付贴息资金101万元；高邮市秦邮蛋品有限公司实施的5000万只鲜鸭蛋收购流动资金贷款贴息项目，中央财政拨付贴息资金25万元；高邮市宇鑫棉业有限公司实施的6000吨棉花加工收购生产原料流动资金贷款贴息项目，中央财政拨付贴息资金122万元。

（嵇九权　汤小建）

【省丘陵山区农业综合开发项目】 2015年，高邮市实施省丘陵山区农业综合开发项目3项，即在菱塘回族乡清真村实施的朴树基地项目和花卉苗木基地项目，在送桥镇准提村实施的种草养鹅基地项目。项目总投资725万元，其中省财政资金440万元、实施单位自筹资金285万元。至年底，完成建设面积186.67公顷，新建泵站1座、涵洞33座、渠系建筑物105座、喷滴灌8公顷，硬化渠道3.58千米，建成水泥道路8.03千米、砂石道路3.8千米，建成禽舍及水陆运动场 8400 平方米，种植牧草 30.33 公顷、良种苗木 106.67 公顷，植树 8.67 公顷。（陈庆和）

农业机械化

【概况】 2015 年，全市新增各类农业机械 7987 台（套），其中推广各类大中型拖拉机 434 台、条播机 430 台、插秧机 364 台、烘干机 116 台（套）、设施农业机械 2518 台（套）、其他各类小型农业机械 4125 台。全市农机总动力 70.15 万千瓦，农业综合机械化水平 82.4%。实现水稻机插秧面积 4.67 万公顷、机直播面积 4400 公顷，秸秆机械化还田 8.03 万公顷。新建机电灌排泵站 53 座，改建机电灌排泵站 26 座，累计 1338 座；新增排涝流量 72 立方米/秒，累计拥有灌排流量 1284 立方米/秒，改善灌排面积 4666 公顷。全市农业生产过程中机械耕翻、机械灌溉、机械运输、农副产品机械加工水平 100%，稻麦机械化收割水平 99%。（贾海涛）

【农机购置补贴政策】 2015 年，市农机局编制农机购置补贴计划，共争取省以上财政资金 5289.41 万元，其中农机购置补贴专项资金 2432.16 万元，秸秆机械化还田、农机政策性保险补助资金、农机服务体系建设和农机技能培训奖补等项目资金 2857.25 万元，带动农民和各类经济合作组织投资 4000 多万元，购置各类农业机械 7900 多台（套）。同时，上门核查年内新增的大中型拖拉机 434 台、粮食烘干机 116 台、乘坐式插秧机 165 台，实现重点补贴机具核查全覆盖。（贾海涛）

【农机安全生产管理】 2015 年，市农机局落实《江苏省农业机械安全监督管理条例》，加大农机行业法律法规宣传力度，推进开展农机安全生产大检查、农机源头管理专项整治、农机安全隐患排查治理及渣土车整治等活动，确保全市农机安全生产形势持续保持稳定。全年检审拖拉机 4082 台、变型拖拉机 429 台、联合收割机 1678 台，参检农机具参加政策性保险率 100%。（贾海涛）

【农村机电灌排泵站建设】 2015 年，市农机局按照“建大站不建小站、建电站不建机站、建外河不建内河”的原则，科学规划、合理选址，指导各乡镇新建机电灌排泵站 53 座，改建机电灌排泵站 26 座，新增流量 72 立方米/秒，受益田地面积 4666 公顷。至年底，全市累计建有各类泵站 1248 座，拥有灌排流量 1284 立方米/秒，受益田地面积 5.7 万公顷。（贾海涛）

【农机合作社建设和跨区作业】 2015 年，全市新增各类农机合作社 4 家，累计 129 家。在农机经营服务过程中，各类农机合作社承担 75%以上的工作量，作业面积 10.97 万公顷。实现农机经营服务总收入 15.7 亿元。全年新建农机合作社机库 8 个，组建跨区作业队 81 个，组织农机跨区作业机械 4680 台次（外地到高邮农机作业机械 2230 台次、高邮赴外地农机作业机械 2450 台次），作业面积 32 万公顷（外地机具到高邮作业面积 9.6 万公顷、高邮机具赴外地作业面积 22.4 公顷），实现跨区作业收入 3.2 亿元（外地到高邮作业收入 1.1 亿元、高邮赴外地作业收入 2.1 亿元）。（贾海涛）

【农机科技培训】 2015 年，市农机局举办插秧机、秸秆还田、大中型拖拉机驾驶员、劳动力转移等多种形式的农机培训班 29 期，与乡镇联合举办农机培训班 28 期，累计培训农机手 5300 人，其中获国家技能等级认证 858 人，位于全省县级市前列。5 月，全市农机培训先进做法在省农机培训会议上作经验交流。（贾海涛）

【农机技能竞赛】 10月，市农机局选派的卸甲镇农机手邱红星通过层层比赛选拔，在全国“中联中科”杯农机技能大赛中获二等奖（全国第5名）。12月，市农机局组织3名选手参加扬州市第四届扬州技能状元大赛，获农机修理工组单项奖3项，其中卸甲镇农机手邱红星获第一名、卸甲镇农机手钱维祥获第四名、高邮镇农机手李文斌获第五名。（贾海涛）

水利工作

【概况】 2015 年，市水利局围绕“节水优先、空间均衡、系统治理、两手发力”的新时期治水方针，加快农村基础设施建设，打造城市美化亮化工程，强化水资源管理和水利工程管理，为全市经济社会发展提供良好的水利保障。全年完成农村水利工程、城市水务工程、淮河入江水道整治工程等 3 项重点工程建设，总投资 5.6 亿元，其中争取扬州市级以上资金 2.6 亿元。（陆增来）

【2015 年度水资源总量与用水量】 2015 年，全市水资源总量 11.3 亿立方米，其中地表水 4.28 亿立方米、过境水 5.52 亿立方米、地下水总量 1.5 亿立方米（全年开采 703 万立方米）。全年水资源使用情况：农业用水 5.78 亿立方米，工商业用水 3573 万立方米，居民生活用水 3420 万立方米，其他用水 770 万立方米。市海潮污水处理厂全年处理城区生产、生活污水 1635.1 万立方米。是年，大运河枯水期水位 5.87 米，丰水期水位 7.63 米。（陆增来）

【水利综合改革】 2015 年，市水利局开展农业水价综合改革试点工作，争取试点项目资金 2328 万元，新（改）建灌排泵站 21 座、改造末级渠道 26.8 千米，安装计量设施 56 只，成立规范化农民用水户协会 13 个。对全市 13 个乡镇（园区）的所有小型农田水利工程进行调查摸底,登记造册,共发放产权登记证 248 份。同时,落实管护主体和责任,签订管护合同,筹措管护资金,强化监督考核,实现小型水利工程设施有效管护和运转。(陆增来)

【防汛防旱】 汛前,市水利局按照市防汛防旱指挥部统一部署,组织开展度汛工作大检查,加强预案完善和防汛信息化建设,落实工作责任制,强化安全度汛措施,并为扬州市级应急抢险演练提供高标准现场。汛期,全市先后遭遇 3 场突发性强降雨袭击,尤其是 8 月 10 日城区强降雨量达 274 毫米,创下 1952 年以来高邮日降雨量新纪录。市防汛防旱指挥部迅速启动应急预案,协调市相关职能部门加强现场督查指导,确保"雨停路干、有雨情无灾情",最大限度地保障人民群众生命财产安全和经济社会健康发展。(陆增来)

【农村水利工程建设】 2015 年,市水利局稳步推进农村水利工程建设。全年投资 1.35 亿元,重点实施中(小)河流治理重点县项目、小型农田水利重点县工程、新增千亿斤粮食田间工程、农业水价综合改革试点项目、农村河道疏浚整治等工程,完成各类水利项目工程土方 733 万立方米,新(改)建圩口涵闸 65 座,涉及 7 家乡镇(园区)、36 个行政村的近 330 万平方千米的范围,促进社会效益和经济效益的双提升。(陆增来)

【城市水务工程】 2015 年,市水利局围绕"水畅、水活、水清、水景"目标,继续推进实施城市水务工程,增强城市河道引排能力,有效改变"逢雨必涝"的局面,进一步促进城区水质的改善和环境的美化。全年完成市河第二期、东门大沟、南海子河、北澄子河上段区域治理等工程建设任务;综合整治河道(南澄子河、香沟河、长生大沟、承志河等)11 千米;新建马饮塘闸站 1 座,铺设城区污水管网 12.3 千米,改造供水支管网 99.5 千米;累计投入资金 1.02 亿元,其中争取扬州市级以上补助资金 2100 万元。(陆增来)

【淮河入江水道整治工程】 2015 年,市水利局配合省、扬州市继续实施淮河入江水道整治工程。期间,完成湖西护坡翻建 1.8 千米;建成毛港漫水闸、皮套排涝站等工程,完成土方 12 万立方米。至年底,该工程投入资金 1313 万元,占工程总投资 1.3%。(陆增来)

【水资源管理】 2015 年,市水利局落实水资源管理"四项制度"(用水总量控制制度、用水效率控制制度、水功能区限制纳污制度、水资源责任考核制度),完成饮用水源地年度达标建设任务。推进节水型社会建设,开展节水宣传进企业、进校园等活动,创建节水型学校 5 所、节水型机关 3 个、节水型企业 3 家、节水型社区 1 个。加大水利工程执法巡查力度,依法查处各类水事违法案件 26 起,拆除各类违章建筑 101.5 平方米,清除违章占用 401 平方米,清理违章种植 0.56 公顷、违章圈圩 23.52 公顷,封闭浅层地下取水井 22 眼。同时,督促相关光伏发电项目的整改落实,处置、纠正违规行为,维护正常水事秩序,保障水利工程安全。(陆增来)

【水利工程管理】 2015 年,市水利局出台《高邮市水利工程管理办法》,推进涉水工程项目监管,清除湖西大圩送桥段黄圩村圈圩、市供电公司 50 万伏高压线路跨三阳河塔基等违章建设,切实消除工程隐患,维护水利工程安全;出台《高邮市河道管理"河长制"实施意见》,进一步加强河道、渠道长效管护以及河湖荡滩管理;编制退圩还湖规划,进一步明确相关工程管理范围。(陆增来)

【水利经济】 2015 年,全市水利经济持续保持良好发展势头。农业水费稳定计收,完成收入 1021 万元;行政收费 1159 万元,增长 36.2%;市水利建筑安装工程公司实现总产值 2.3 亿元、利税 400 万元;市港邮供水公司实现水费收入 3085.8 万元;市润邮供水公司实现经营产值 1230 万元、利税 2.68 万元。(陆增来)

【区域供水经营管理】 2015 年,市水利局为提高供水保证率,加强农村供水管理,城市供水阶梯水价、区域供水生产电价调整到位。完成城区第二水厂扩建工程,建设规模由 5 万吨/日扩大到 10 万吨/日。督促市润邮供水公司强化内部管理,规范用水行为,全力做好全市东北片区域供水工作。(陆增来)

【水利融资】 2015 年,市水利产业投资有限公司克服经济下行、竞争激烈等不利因素,强化创新,规范运作,完成融资任务 3.6 亿元,实现工程产值 2.3 亿元,利润 1300 万元。是年,该公司承建的扬州黄金坝闸站扩建工程,被省住建厅表彰为江苏省文明示范工地。(陆增来)

【城区水环境整治】 2015 年,市水利局加大城区水环境整治力度,对元沟子河、老横泾河、大小淖河、承志河、月塘河、新河等多条城河进行常态化、突击性保洁和清障,并及时调控城市闸站,改善城区水环境。同时,投入资金 40 万元,组织 200 人次,清障运河堤防,新栽绿化树苗 5000 棵,并落实常态化管护,切实改善运河堤防两岸的文明卫生状况,受到沿线居民的一致好评。(陆增来)

工 业

Industry

综 述

2015 年，市委、市政府主动适应新常态、新要求，坚持工业第一方略不动摇，强化对工业经济的组织领导，注重稳增长、调结构、促转型相结合，全面落实促进工业发展的优惠政策，推动全市工业经济继续保持平稳发展的良好态势。是年，高邮市获“全国纺织行业统计工作优秀集体”称号，获扬州各县（市、区）工业和信息化工作考核一等奖。

工业发展态势总体平稳。全市近4000家工业企业完成开票销售438.5亿元、入库税收20亿元，分别增长－3.8%、5.1%。其中，524家规模以上工业企业（全部国有及销售2000万元以上非国有企业）实现产值1149.44亿元、销售收入1106.42亿元、利税109.8亿元、利润68.4亿元，分别增长11.7%、10.2%、－0.4%、－2.3%；规模以上工业产销率99.4%，比上年上升1.6个百分点。实现工业增加值177.86亿元，按可比价计算，增长9.1%；工业增加值占 GDP 比重36.8%，下降0.6个百分点。

重点企业支撑作用增强。全市有年开票销售1亿元以上企业52家（比上年减少5家），实现开票销售192.7亿元、入库税收7.2亿元，占全市规模以上工业总量的61.2%、57.8%；在年开票销售1亿元以上企业中，有3家企业的开票销售超10亿元，当中体量最大的扬州市秦邮特种金属材料有限公司达56.6亿元。全市有年纳税额1000万元以上的企业15家（比上年增加1家），实现纳税总额6.1亿元，占全市规模以上工业总量的49.4%；在年纳税额1000万元以上的企业中，扬州市华翔有色金属有限公司完成年纳税额1.38亿元，位于全市第一名。

优势产业培育特色彰显。机械装备、电线电缆、照明灯具、纺织服装四个基本产业发展势头平稳，其规模以上企业实现开票销售 210.7 亿元，占全市规模以上工业总量的 66.9%。其中，机械装备产业的规模以上企业实现开票销售 115.9 亿元，占全市规模以上工业总量的 36.8%；电线电缆产业的规模以上企业实现开票销售 44.3 亿元，占全市规模以上工业总量的 14.1%；照明灯具产业的规模以上企业实现开票销售 23.7 亿元，占全市规模以上工业总量的 7.5%；纺织服装产业的规模以上企业实现开票销售 26.9 亿元，占全市规模以上工业总量的 8.5%。新能源、医药制品等新兴产业发展势头迅猛，其规模以上企业分别实现开票销售 33 亿元、9.5 亿元；分别完成入库税收 2 亿元、9872 万元，分别增长 6.2%、18.9%。

重大项目建设深入推进。全年实施投资额 10 亿元以上工业项目 25 项（上年结转续建项目 19 项、当年新开工项目 6 项），项目计划总投资 340 亿元，当年用款 105 亿元，累计用款 221 亿元。当年竣工投资额 10 亿元以上项目 4 项。实施扬州市“1532”技术改造工程项目 20 项，计划投资 40.8 亿元，当年用款 17.2 亿元，累计用款 36.6 亿元。围绕机械装备、电线电缆、照明灯具、纺织服装四个基本产业发展，精心包装、储备工业招商引资项目 40 项，总投资 152 亿元。组织开展省经信领域重大招商选资项目报送工作，有 10 项项目被列入“江苏省 2015 年经信领域重大招商选资项目”。

企业上市工作成效明显。大力支持企业挺进资本市场，全年获批在“新三板”挂牌企业 4 家，即扬州曙光电缆股份有限公司、高邮市龙腾农村小额贷款股份有限公司、江苏华富储能新技术股份有限公司、扬州日兴生物科技股份有限公司。至此，包括江苏润华电缆股份有限公司、扬州德运塑业科技股份有限公司和江苏金宏泰科技股份有限公司在内，全市获批在“新三板”挂牌上市企业6家，实现直接融资3.25亿元。

科技创新能力不断增强。全年获批全国2015年工业品牌培育试点企业1家(江苏科凌医疗器械有限公司)、中国机械工业现代化管理示范企业1家(江苏金飞达电动工具有限公司)；获批首批江苏省级创新示范企业1家(江苏华富储能新技术股份有限公司)，获批省科技型中小企业12家、江苏2014年度江苏省“自主工业品牌五十强”宣传企业1家(江苏华富储能新技术股份有限公司)，通过江苏省科技小巨人企业认定1家(扬州宏远电子有限公司)；获批省重点技术创新项目计划10项、省首台套重大装备及关键部件产品认定2种、省“专精特新产品”1种(江苏朝阳液压机械集团有限公司CYXC—80新型墙体材料全自动生产线)，入选省《重点推广应用新技术新产品目录》产品13种，通过省级新产品推广应用鉴定的新产品8种；新增省级以上高新技术产品155种、省以上品牌12个；新创成全市首家省级示范智能车间1间(扬州鑫晶光伏科技有限公司太阳能电池片智能生产车间)；新增省级认定企业技术中心5家、扬州市级认定企业技术中心27家；获批扬州市“专精特新”示范(培育)中小企业47家、扬州市创新型(试点)企业54家。两化融合作用增强，获批省级两化融合示范企业1家、试点企业11家；培育扬州市级以上星级数字企业48家；高邮城南经济新区创成江苏省两化融合试验区；帮助企业申报软件著作权3个、软件产品1个，通过软件企业评估的有7家；引进并实施阿里巴巴“农村淘宝”项目。全市规模以上工业实现高新技术产业产值448.91亿元，增长8.2%，占规模以上工业产值的39.1%。

园区开发建设质效提升。按照《关于促进全市乡镇工业集中区整合提升特色发展的意见》《高邮市乡镇工业集中区专项资金扶持和考核奖励办法》，共兑现专项扶持资金和奖励资金772.1万元，分类推进乡镇工业集中区提升建设质态。探索和推广政府引导+市场化运作的平台建设模式(PPP模式)，加快推进园区基础设施建设。全年园区基础设施投入1.7亿元，新建标准化厂房10.7万平方米；园区工业企业实现开票销售302.36亿元，占全市工业总量的69%，完成入库税收10.34亿元，占全市工业总量的50.7%。是年，菱塘回族乡工业集中区被评为扬州市特色产业园。

绿色发展积极有效推进。落实绿色发展各项要求，开展企业节能降耗工作，引导企业优先发展低能耗产业，完成全市工业企业万元开票销售电耗下降3.3%的年度目标。全年共实施节能技术改造项目18项，完成年度目标150%；实施循环经济项目4项，完成年度目标133%；实施清洁替代能源项目4项，完成年度目标133%；实施节能环保产业化项目2项，完成年度目标100%；实施清洁生产审核企业16家，完成年度目标的100%；淘汰高耗能电机270余台套，累计2400千瓦；淘汰铅酸蓄电池落后产能318万千伏安时。

服务企业水平不断提升。实行市领导和市级机关部门挂钩联系和服务企业的各项规定，切实开展为企业服务工作。全年共走访企业500多家，先后开展“携手共进—服务小微企业”首场活动、小微企业用工服务春风行动、小微企业电子商务推进行动等各类专题服务活动，受到企业的好评。制定出台《工业经济转型升级“356”行动计划》，明确以培育重点企业带动工业产业转型升级的工作思路。提请市政府出台《高邮市企业技术改造专项引导资金管理办法(试行)》，就企业技术改造提出明确要求。积极顺应信息化发展趋势，在扬州各县(市、区)率先出台《关于加快推进“互联网+”发展的实施意见》和《关于促进“互联网+”发展的扶持政策(试行)》。用好用足政策，认真开展各类项目资金的向上申报工作，全年获批各类奖励资金、扶持基金、引导资金2439万元。加大市本级对企业的激励力度，全年兑现各类奖励资金、扶持基金、引导资金3111.7万元。完善《高邮市政府企业应急专项资金管理暂行办法》，将规模以上企业纳入应急资金使用范围，帮助企业转贷4.3亿元。开展企业融资服务工作，强化高邮市永高企业投资管理有限公司的统借统贷平台运作，帮助12家企业争取政策性贷款1.61亿元；引导融资性担保公司优化服务，全年新增融资性担保金额6.2亿元。推进行业互助，起草出台《高邮市服装产业发展基金管理办法(试行)》，专门应对服装产业融资难问题。组织企业参加第十七届省国际服装节、中国(昆山)品牌产业进口交易会、上海新国际博览中心“智能制造与智能工厂高峰论坛”、“中国制造2025装备制造业转型升级论坛”、江苏产品万里行及各类经济投资贸易洽谈会、招商推介会和扬州市机械装备产业推进会等，为企业开拓市场构建更高更大的平台。加强企业家队伍培育，先后举办“创二代”高级研究班、校企需求对接、电线电缆行业发展、机械行业智能制造专家对接、企业社会责任建设等培训、考察活动10多批次，培训人员近800人。

全市工业经济虽然取得一定的成绩，但也存在一些问题。主要有：总量规模不够大。以规模以上工业而言，其产值、开票销售在苏中11个县(市)中均排名靠后的位置。经济效益不够好。因受国际、国内经济大环境的影响，全部工业入库税收仅增长

5.1%，规模以上工业利税和利润出现“双下降”，分别下降0.4%、-2.3%。骨干企业不够多。全市虽有一批开票销售超亿元的企业，甚至拥有3家开票销售超10亿元的企业，但其占规模以上企业的比重还是偏小，对相关产业的拉动还不是很强；全市规模以上工业企业单体年均开票销售只相当于扬州市规模以上工业企业单体年均开票销售的60%左右。虽然已有7家企业在“新三板”挂牌上市，但基数还是偏少，总量还是偏小，效益还是偏弱。盈利水平不够足。工业制造水平低、品牌影响力弱，从而造成全市工业开票销售与工业入库税收比例失调。机械装备企业大多从事零配件加工生产，缺少大型智能成套设备生产能力，更无绿色制造产品能力；电线电缆产业虽然企业间产品差异化程度较高，但90%产品属于中低端产品；照明灯具产业主体仍集中在低端灯杆的制作，光源、智能灯具产品产业化程度不高；纺织服装产业至今仍是以贴牌、加工为主，难以向产业链和价值链的高端攀登。创新能力不够强。企业不仅缺乏具有高层次文化程度的人才和科技型领军人才，还缺乏设计、研发、管理、营销等方面的人才，即使引进技术和项目，也难以消化吸收再创新；有些中小企业对科研投入重视不力，80%的企业研发费用占销售收入的比例低于1%；国家级企业技术中心至今没有建成1家；中小企业与科研院校建立长期稳定合作关系的不足20%，难以在资本运作、市场开拓、产品创新和内部管理等领域取得重大突破。品牌经营能力、产品竞争力不强，出口产品贴牌比较普遍，仅有9个中国驰名商标，真正叫响全国、领军行业、带动一方的大品牌更少；质量管理水平不高，至今还没有在“省长质量奖”上获得突破。项目产出不够快。尽管当年竣工投产一批工业项目，但因受各种因素的影响，相关项目在产出上存在迟滞效应，贡献额度难以较快达成当初的市场预期，有的即使达到满负荷的生产状态，但项目在投资与产出上仍存在一定的失衡现象。瓶颈突破不够好。劳动力瓶颈制约问题突出，导致劳动密集型企业招工大战连年发生；资金瓶颈难突破，融资渠道主要依赖银行，但贷款利率及质押、评估、过桥等隐性费用较高，基金、企业债等融资方式极少；能耗问题难解决，少数高耗能项目投入运营，带来全市能源消耗总量的成倍增长，工业能源消费量、万元GDP能耗等相关指标居高不下，挤压其他产业的发展空间。融合发展不够深。软件和信息服务业正处于起步阶段，体量小，竞争力不强；信息化发展程度和智能制造设备应用率均较低，信息技术在企业经营管理各环节的集成应用率不到20%，导致产业档次、整体工艺装备技术水平不高。 （顾小青 周春江）

表25 **2015年高邮市规模以上工业企业主要产品产量实绩表**

产品名称	单位	产量		产品名称	单位	产量	
		2015年	比上年(±%)			2015年	比上年(±%)
小麦粉	万吨	35.72	6.8	塑料制品	万吨	3.21	6.2
大米	万吨	6.01	-31.5	水泥	万吨	46.56	13.2
饲料	万吨	9.91	8.7	商品混凝土	万立方米	55.34	6.2
冷冻水产品	万吨	1.12	33.3	水泥混凝土电杆	万根	8.59	14.5
纱	万吨	10.29	9.8	粗钢	万吨	448.90	78.1
蚕丝被	万条	7.60	37.9	钢材	万吨	251.22	43.4
服装	万件	7487.42	0.3	铜材	万吨	1.46	3.1
手提包(袋)、背包	万个	144.00	-22.2	金属切削工具	万件	18.34	-4.7
鞋	万双	2425.20	9.4	钢丝	万吨	1.01	36.7
人造板	万立方米	27.42	26.6	泵	万台	0.57	5.7
机制纸及纸板(外购原纸加工除外)	万吨	0.69	-4.9	电动机	万千瓦	8.18	-32.8
				低压开关板	万面	26.70	-4.6
纸制品	万吨	4.17	5.2	电力电缆	万千米	17.73	24.3
农用氮、磷、钾化学肥料(折纯)	万吨	0.33	-25.0	铅酸蓄电池	万千伏安时	123.16	-8.8
涂料	万吨	0.96	7.9	灯具及照明装置	万套(台、个)	61.73	40.6
化学试剂	万吨	0.18	33.0				
单晶硅	吨	9.08	60.5	光电子器件	万只(片、套)	4.25	-11.9
多晶硅	吨	231.35	-2.2	自来水生产量	万立方米	0.23	6.2
化学药品原药	吨	161.00	-46.3				

（市统计局）

表 26

2015 年高邮市分地区规模以上企业主要经济指标实绩表

单位名称	企业数（家）	现价产值（亿元）	产品销售收入（亿元）	高新技术产业产值（亿元）	利税（亿元）	利润（亿元）
一、城市工业	131	40.10	382.73	199.19	51.47	38.69
高邮经济开发区	85	338.96	323.23	165.19	45.53	35.31
高邮城南经济新区	46	62.02	59.50	34.00	5.94	3.38
二、乡镇工业	393	74.84	723.69	249.72	58.38	29.72
高邮镇	69	236.71	233.86	77.85	13.76	5.93
龙虬镇	16	14.59	13.85	2.76	1.34	0.52
汤庄镇	40	60.47	57.58	23.57	6.35	3.47
卸甲镇	28	48.04	44.20	21.46	4.46	1.08
三垛镇	27	32.77	32.46	5.22	1.58	0.97
甘垛镇	16	16.51	16.31	3.37	0.63	0.31
界首镇	10	9.70	9.60	2.95	0.88	0.32
周山镇	7	5.00	4.93	0.77	0.22	0.09
临泽镇	30	60.20	57.40	1.86	6.35	4.09
送桥镇	100	128.76	123.41	56.32	10.25	6.32
菱塘回族乡	50	135.70	130.09	53.59	12.57	6.63

（市统计局）

表 27

2015 年高邮市分行业规模以上企业主要经济指标实绩表

行业名称	企业数（家）	现价产值（亿元）	工业销售产值（亿元）	主营业务收入（亿元）	新产品产值（亿元）	利税总额（亿元）	利润总额（亿元）	全部从业人员平均人数（万人）
总　计	524	1149.44	1106.42	1106.42	19.46	109.78	68.41	10.00
农副食品加工业	27	53.14	52.17	51.99	2.39	3.04	2.24	0.36
谷物磨制	6	17.01	16.77	16.65	0.48	0.96	0.71	0.10
饲料加工	5	7.57	7.51	7.48	0.10	0.31	0.29	0.04
屠宰及肉类加工	4	3.43	3.39	3.38	0.12	0.15	0.09	0.04
肉制品及副产品加工	4	3.43	3.39	3.38	0.12	0.15	0.09	0.04
水产品加工	8	11.52	11.32	11.35	0.84	0.54	0.43	0.08
水产品冷冻加工	4	5.78	5.66	5.69	0.76	0.33	0.26	0.04
鱼糜制品及水产品干腌制加工	1	1.35	1.35	1.33	0.00	0.05	0.01	0.01
水产饲料制造	3	4.39	4.32	4.33	0.08	0.17	0.16	0.03
其他农副食品加工	4	13.61	13.18	13.14	0.85	1.08	0.73	0.10
蛋品加工	4	13.61	13.18	13.14	0.85	1.08	0.73	0.10
食品制造业	2	1.35	1.33	1.32	0.02	0.04	0.04	0.01
方便食品制造	2	1.35	1.33	1.32	0.02	0.04	0.04	0.01

续表 27

行业名称	企业数（家）	现价产值（亿元）	工业销售产值（亿元）	主营业务收入（亿元）	新产品产值（亿元）	利税总额（亿元）	利润总额（亿元）	全部从业人员平均人数（万人）
米、面制品制造	2	1.35	1.33	1.32	0.02	0.04	0.04	0.01
纺织业	11	19.02	18.73	18.71	0.18	1.11	0.56	0.26
棉纺织及印染精加工	6	14.35	14.11	14.08	0.15	0.88	0.45	0.22
棉纺纱加工	6	14.35	14.11	14.08	0.15	0.88	0.45	0.22
化纤织造及印染精加工	1	0.25	0.24	0.24	—	—	—	—
化纤织造加工	1	0.25	0.24	0.24	—	—	—	—
家用纺织制成品制造	1	1.24	1.24	1.24	—	0.01	—	0.01
毛巾类制品制造	1	1.24	1.24	1.24	—	0.01	—	0.01
非家用纺织制成品制造	3	3.18	3.14	3.14	0.03	0.21	0.11	0.03
绳、索、缆制造	1	0.65	0.65	0.64	—	0.05	0.02	—
纺织带和帘子布制造	2	2.53	2.50	2.50	0.03	0.17	0.09	0.02
纺织服装、服饰业	47	134.34	131.05	131.23	1.03	18.76	13.19	1.93
机织服装制造	45	133.31	130.02	130.28	1.01	18.64	13.18	1.89
针织或钩针编织服装制造	2	1.03	1.03	0.95	0.02	0.12	0.02	0.04
皮革、毛皮、羽毛及其制品和制鞋业	34	59.21	58.27	57.59	1.09	6.05	3.16	1.06
皮革制品制造	5	3.06	3.05	2.98	0.10	0.17	0.12	0.08
皮箱、包(袋)制造	4	1.56	1.55	1.55	0.03	0.12	0.07	0.06
其他皮革制品制造	1	1.50	1.50	1.43	0.07	0.05	0.05	0.02
羽毛(绒)加工及制品制造	2	1.27	1.24	1.48	0.12	0.26	0.07	0.02
羽毛(绒)制品加工	2	1.27	1.24	1.48	0.12	0.26	0.07	0.02
制鞋业	27	54.88	53.98	53.13	0.86	5.62	2.97	0.95
纺织面料鞋制造	2	3.26	3.18	3.10	0.03	0.42	0.21	0.05
皮鞋制造	18	43.90	43.23	42.62	0.65	4.30	2.27	0.70
橡胶鞋制造	7	7.71	7.56	7.41	0.18	0.90	0.49	0.20
木材加工和木、竹、藤、棕、草制品业	4	5.90	5.78	5.68	0.19	0.60	0.29	0.04
人造板制造	3	5.00	4.89	4.79	0.19	0.51	0.25	0.04
胶合板制造	2	1.27	1.25	1.25	—	0.06	0.01	0.01
纤维板制造	1	3.73	3.64	3.54	0.18	0.45	0.23	0.03
木制品制造	1	0.90	0.89	0.88	—	0.08	0.04	0.01
木制容器制造	1	0.90	0.89	0.88	—	0.08	0.04	0.01
造纸和纸制品业	6	11.54	11.31	11.24	0.18	0.73	0.26	0.11
造纸	3	2.77	2.64	2.57	0.14	0.27	0.12	0.08
机制纸及纸板制造	3	2.77	2.64	2.57	0.14	0.27	0.12	0.08
纸制品制造	3	8.78	8.67	8.66	0.04	0.46	0.14	0.04
纸和纸板容器制造	3	8.78	8.67	8.66	0.04	0.46	0.14	0.04

续表 27

行业名称	企业数(家)	现价产值(亿元)	工业销售产值(亿元)	主营业务收入(亿元)	新产品产值(亿元)	利税总额(亿元)	利润总额(亿元)	全部从业人员平均人数(万人)
印刷和记录媒介复制业	4	4.68	4.56	4.49	0.15	0.67	0.33	0.08
印刷	3	4.28	4.23	4.22	0.14	0.67	0.33	0.07
包装装潢及其他印刷	3	4.28	4.23	4.22	0.14	0.67	0.33	0.07
装订及印刷相关服务	1	0.40	0.33	0.27	0.02	—	—	0.01
文教、工美、体育和娱乐用品制造业	7	4.55	4.40	4.26	0.17	0.33	0.15	0.08
文教办公用品制造	1	0.35	0.35	0.35	0.03	0.03	0.01	0.01
文具制造	1	0.35	0.35	0.35	0.03	0.03	0.01	0.01
工艺美术品制造	2	1.78	1.75	1.79	0.12	0.15	0.10	0.02
金属工艺品制造	1	1.50	1.47	1.51	0.05	0.13	0.08	0.02
珠宝首饰及有关物品制造	1	0.28	0.28	0.28	0.08	0.02	0.01	—
体育用品制造	3	1.36	1.26	1.15	0.03	0.09	0.02	0.04
训练健身器材制造	1	0.26	0.24	0.24	—	0.02	—	0.01
其他体育用品制造	2	1.10	1.02	0.91	0.02	0.07	0.02	0.03
玩具制造	1	1.06	1.04	0.99	—	0.07	0.03	0.01
石油加工、炼焦和核燃料加工业	1	0.56	0.54	0.54	—	0.03	0.02	—
精炼石油产品制造	1	0.56	0.54	0.54	—	0.03	0.02	—
原油加工及石油制品制造	1	0.56	0.54	0.54	—	0.03	0.02	—
化学原料和化学制品制造业	48	87.45	105.15	84.55	2.26	6.78	4.09	0.59
基础化学原料制造	18	35.68	34.70	34.73	0.61	2.60	1.30	0.26
无机盐制造	1	0.97	0.95	0.94	0.02	0.09	0.04	0.01
有机化学原料制造	15	33.30	32.37	32.44	0.54	2.37	1.17	0.23
其他基础化学原料制造	2	1.41	1.38	1.34	0.05	0.14	0.09	0.02
涂料、油墨、颜料及类似产品制造	4	5.76	5.65	5.56	0.05	0.75	0.49	0.06
涂料制造	2	3.80	3.72	3.72	0.02	0.56	0.40	0.03
颜料制造	1	1.35	1.32	1.25	0.03	0.16	0.09	0.02
染料制造	1	0.61	0.60	0.60	0.01	0.04	—	0.01
合成材料制造	7	10.80	10.56	10.56	0.08	0.84	0.51	0.08
初级形态塑料及合成树脂制造	6	9.85	9.64	9.65	0.06	0.76	0.46	0.05
合成橡胶制造	1	0.95	0.92	0.90	0.02	0.08	0.05	0.03
专用化学产品制造	18	34.48	53.52	33.00	1.51	2.49	1.74	0.18
化学试剂和助剂制造	2	1.08	1.08	1.08	0.06	0.05	0.02	0.01
专项化学用品制造	3	6.81	6.69	6.65	0.01	0.20	0.08	0.02
信息化学品制造	13	26.59	45.75	25.27	1.45	2.24	1.64	0.15
日用化学产品制造	1	0.74	0.73	0.71	0.01	0.10	0.05	0.01
化妆品制造	1	0.74	0.73	0.71	0.01	0.10	0.05	0.01

续表 27

行业名称	企业数（家）	现价产值（亿元）	工业销售产值（亿元）	主营业务收入（亿元）	新产品产值（亿元）	利税总额（亿元）	利润总额（亿元）	全部从业人员平均人数（万人）
医药制造业	9	16.76	16.60	16.03	0.25	1.93	0.97	0.11
化学药品原料药制造	2	0.86	0.83	0.81	0.03	0.07	0.03	0.01
化学药品制剂制造	2	6.84	6.74	6.37	0.12	1.19	0.70	0.05
兽用药品制造	1	0.47	0.46	0.46	0.03	0.04	0.03	0.01
卫生材料及医药用品制造	4	8.60	8.57	8.39	0.07	0.63	0.21	0.04
化学纤维制造业	1	8.67	8.51	8.34	0.11	0.81	0.42	0.09
纤维素纤维原料及纤维制造	1	8.67	8.51	8.34	0.11	0.81	0.42	0.09
人造纤维(纤维素纤维)制造	1	8.67	8.51	8.34	0.11	0.81	0.42	0.09
橡胶和塑料制品业	25	39.91	39.22	38.82	0.45	2.76	1.32	0.33
橡胶制品业	8	13.20	13.01	12.89	0.17	1.01	0.54	0.10
橡胶零件制造	3	4.98	4.89	4.86	0.05	0.44	0.23	0.05
再生橡胶制造	1	—	—	—	—	—	—	—
其他橡胶制品制造	4	8.22	8.11	8.03	0.11	0.57	0.31	0.05
塑料制品业	17	26.71	26.22	25.93	0.28	1.76	0.78	0.23
塑料薄膜制造	1	0.89	0.88	0.88	—	0.06	0.03	—
塑料板、管、型材制造	6	6.03	5.78	5.57	0.11	0.45	0.25	0.05
塑料丝、绳及编织品制造	2	1.19	1.19	1.19	0.03	0.10	0.03	0.07
泡沫塑料制造	1	0.20	0.19	0.19	0.01	0.02	0.01	—
塑料包装箱及容器制造	2	6.22	6.22	6.22	—	0.27	0.04	0.03
日用塑料制品制造	2	2.91	2.82	2.78	0.08	0.33	0.19	0.03
其他塑料制品制造	3	9.27	9.13	9.10	0.05	0.52	0.24	0.04
非金属矿物制品业	9	11.36	11.26	10.78	0.12	0.88	0.53	0.08
水泥、石灰和石膏制造	2	1.55	1.54	1.10	0.06	0.11	0.08	0.01
水泥制造	2	1.55	1.54	1.10	0.06	0.11	0.08	0.01
石膏、水泥制品及类似制品制造	5	8.45	8.40	8.34	0.01	0.59	0.30	0.05
水泥制品制造	5	8.45	8.40	8.34	0.01	0.59	0.30	0.05
玻璃制品制造	2	1.36	1.32	1.35	0.06	0.18	0.15	0.02
玻璃包装容器制造	1	0.48	0.47	0.50	0.06	0.05	0.04	0.01
其他玻璃制品制造	1	0.88	0.85	0.85	—	0.12	0.11	0.01
黑色金属冶炼和压延加工业	22	167.10	161.65	156.68	0.87	18.98	14.79	0.58
黑色金属铸造	1	0.30	0.30	0.30	0.02	0.01	0.01	0.01
钢压延加工	21	166.80	161.35	156.38	0.85	18.96	14.78	0.57
有色金属冶炼和压延加工业	14	42.40	41.93	40.70	0.52	3.30	0.74	0.13
常用有色金属冶炼	5	23.43	23.35	23.04	0.20	2.58	0.30	0.05
铅锌冶炼	2	20.90	20.88	20.70	0.14	2.36	0.13	0.04

续表 27

行业名称	企业数（家）	现价产值（亿元）	工业销售产值（亿元）	主营业务收入（亿元）	新产品产值（亿元）	利税总额（亿元）	利润总额（亿元）	全部从业人员平均人数（万人）
铝冶炼	3	2.52	2.47	2.33	0.06	0.22	0.17	0.02
有色金属铸造	1	0.28	0.22	0.22	—	0.01	—	—
有色金属压延加工	8	18.70	18.36	17.44	0.31	0.72	0.44	0.07
铜压延加工	4	10.48	10.28	10.06	0.20	0.51	0.35	0.03
铝压延加工	4	8.22	8.08	7.38	0.12	0.21	0.09	0.04
金属制品业	24	34.37	33.95	33.41	0.81	2.74	1.60	0.31
结构性金属制品制造	15	20.14	19.88	19.48	0.65	1.94	1.04	0.19
金属结构制造	13	14.37	14.23	13.99	0.63	1.31	0.77	0.17
金属门窗制造	2	5.77	5.65	5.49	0.02	0.63	0.27	0.03
金属工具制造	2	5.42	5.42	5.33	0.09	0.13	0.08	0.02
切削工具制造	1	0.07	0.07	0.06	—	—	—	—
手工具制造	1	5.34	5.34	5.27	0.09	0.13	0.07	0.02
金属丝绳及其制品制造	1	0.70	0.63	0.63	0.01	0.03	0.01	0.01
金属表面处理及热处理加工	4	6.82	6.75	6.71	0.02	0.57	0.44	0.06
搪瓷制品制造	1	0.64	0.62	0.60	0.01	0.06	0.03	0.01
生产专用搪瓷制品制造	1	0.64	0.62	0.60	0.01	0.06	0.03	0.01
金属制日用品制造	1	0.64	0.64	0.66	0.03	0.01	0.01	0.02
其他金属制日用品制造	1	0.64	0.64	0.66	0.03	0.01	0.01	0.02
通用设备制造业	36	53.32	52.22	50.82	0.75	4.89	2.83	0.56
锅炉及原动设备制造	3	2.22	2.22	1.63	0.06	0.16	0.09	0.02
锅炉及辅助设备制造	1	0.57	0.57	0.06	—	0.01	0.01	0.01
内燃机及配件制造	2	1.65	1.65	1.57	0.06	0.15	0.08	0.01
金属加工机械制造	1	3.63	3.54	3.49	0.08	0.34	0.22	0.02
其他金属加工机械制造	1	3.63	3.54	3.49	0.08	0.34	0.22	0.02
泵、阀门、压缩机及类似机械制造	21	35.17	34.50	33.89	0.54	3.87	2.20	0.36
泵及真空设备制造	4	7.83	7.60	7.49	0.09	1.05	0.70	0.09
阀门和旋塞制造	3	11.00	10.91	10.78	0.03	0.84	0.47	0.04
液压和气压动力机械及元件制造	14	16.34	15.99	15.63	0.42	1.98	1.03	0.23
轴承、齿轮和传动部件制造	1	0.19	0.19	0.19	—	0.01	—	0.03
轴承制造	1	0.19	0.19	0.19	—	0.01	—	0.03
烘炉、风机、衡器、包装等设备制造	1	0.38	0.31	0.31	—	0.01	—	0.01
风动和电动工具制造	1	0.38	0.31	0.31	—	0.01	—	0.01
通用零部件制造	9	11.73	11.46	11.31	0.06	0.50	0.31	0.12
金属密封件制造	1	0.29	0.28	0.20	—	—	—	—
紧固件制造	2	1.83	1.80	1.73	0.01	0.18	0.14	0.03
弹簧制造	2	1.28	1.23	1.22	—	0.12	0.05	0.02
机械零部件加工	4	8.32	8.16	8.17	0.05	0.19	0.12	0.07

续表 27

行业名称	企业数（家）	现价产值（亿元）	工业销售产值（亿元）	主营业务收入（亿元）	新产品产值（亿元）	利税总额（亿元）	利润总额（亿元）	全部从业人员平均人数（万人）
专用设备制造业	21	38.43	37.78	36.73	0.62	3.38	1.74	0.37
采矿、冶金、建筑专用设备制造	11	16.82	16.56	16.11	0.45	1.92	1.16	0.19
矿山机械制造	2	1.27	1.25	1.22	0.04	0.10	0.06	0.01
石油钻采专用设备制造	5	6.10	5.92	5.76	0.35	0.69	0.49	0.09
建筑工程用机械制造	3	7.75	7.68	7.41	0.02	1.13	0.61	0.07
冶金专用设备制造	1	1.72	1.72	1.72	0.04	—	—	0.03
化工、木材、非金属加工专用设备制造	2	0.77	0.72	0.69	0.04	0.06	0.04	0.02
炼油、化工生产专用设备制造	1	0.25	0.20	0.20	0.03	0.01	0.01	0.01
模具制造	1	0.52	0.52	0.48	0.02	0.05	0.03	0.01
农、林、牧、渔专用机械制造	2	13.17	13.17	12.70	0.05	0.52	0.13	0.05
机械化农业及园艺机具制造	1	2.08	2.08	1.77	0.03	0.14	0.05	0.01
农林牧渔机械配件制造	1	11.09	11.09	10.94	0.02	0.38	0.09	0.04
医疗仪器设备及器械制造	1	1.91	1.87	1.83	0.01	0.27	0.15	0.04
医疗诊断、监护及治疗设备制造	1	1.91	1.87	1.83	0.01	0.27	0.15	0.04
环保、社会公共服务及其他专用设备制造	5	5.76	5.46	5.40	0.06	0.60	0.27	0.08
环境保护专用设备制造	3	3.73	3.48	3.45	0.05	0.43	0.19	0.05
社会公共安全设备及器材制造	1	0.39	0.39	0.39	—	0.02	0.01	0.01
其他专用设备制造	1	1.64	1.60	1.56	0.01	0.16	0.06	0.02
汽车制造业	13	12.01	11.82	10.67	0.26	0.88	0.49	0.16
汽车整车制造	1	0.35	0.34	0.34	—	—	—	—
汽车零部件及配件制造	12	11.65	11.48	10.33	0.26	0.89	0.50	0.16
铁路、船舶、航空航天和其他运输设备制造业	7	6.06	6.00	5.93	0.08	0.31	0.10	0.08
船舶及相关装置制造	1	0.52	0.52	0.52	—	0.04	0.02	—
船用配套设备制造	1	0.52	0.52	0.52	—	0.04	0.02	—
航空、航天器及设备制造	1	0.39	0.39	0.35	0.04	0.02	0.01	0.02
航天器制造	1	0.39	0.39	0.35	0.04	0.02	0.01	0.02
摩托车制造	5	5.16	5.09	5.07	0.03	0.25	0.08	0.06
摩托车零部件及配件制造	5	5.16	5.09	5.07	0.03	0.25	0.08	0.06
电气机械和器材制造业	125	280.39	271.74	269.57	5.89	23.73	13.50	1.73
电机制造	14	37.99	37.03	35.91	0.77	3.34	1.91	0.42
发电机及发电机组制造	8	16.65	16.57	16.27	0.34	1.21	0.67	0.12
电动机制造	1	0.65	0.60	0.60	—	0.03	0.01	0.01
微电机及其他电机制造	5	20.69	19.87	19.04	0.42	2.10	1.24	0.29
输配电及控制设备制造	15	22.28	22.00	21.52	0.42	1.50	0.67	0.22
变压器、整流器和电感器制造	3	14.04	13.99	13.85	0.19	0.97	0.37	0.06
电容器及其配套设备制造	3	1.33	1.30	1.21	0.06	0.09	0.06	0.05

续表 27

行业名称	企业数（家）	现价产值（亿元）	工业销售产值（亿元）	主营业务收入（亿元）	新产品产值（亿元）	利税总额（亿元）	利润总额（亿元）	全部从业人员平均人数（万人）
配电开关控制设备制造	3	1.55	1.50	1.48	0.05	0.12	0.07	0.03
光伏设备及元器件制造	6	5.36	5.20	4.97	0.12	0.32	0.17	0.08
电线、电缆、光缆及电工器材制造	42	153.81	147.50	147.83	3.27	14.03	8.40	0.50
电线、电缆制造	41	152.08	145.78	146.50	3.24	13.93	8.30	0.50
绝缘制品制造	1	1.72	1.72	1.33	0.03	0.11	0.09	0.01
电池制造	7	25.23	24.58	24.51	0.78	1.38	0.48	0.16
其他电池制造	7	25.23	24.58	24.51	0.78	1.38	0.48	0.16
家用电力器具制造	2	1.10	1.10	1.09	0.04	0.13	0.07	0.02
家用制冷电器具制造	1	0.81	0.81	0.81	0.03	0.11	0.07	0.01
家用电力器具专用配件制造	1	0.30	0.29	0.28	0.01	0.02	0.01	0.01
照明器具制造	45	39.98	39.53	38.71	0.61	3.36	1.97	0.41
照明灯具制造	43	35.33	34.90	34.28	0.50	2.98	1.70	0.37
灯用电器附件及其他照明器具制造	2	4.65	4.62	4.43	0.11	0.38	0.27	0.04
计算机、通信和其他电子设备制造业	22	52.65	51.89	52.27	1.01	6.88	4.73	0.58
计算机制造	1	0.69	0.68	0.66	0.03	0.04	0.04	0.01
计算机外围设备制造	1	0.69	0.68	0.66	0.03	0.04	0.04	0.01
雷达及配套设备制造	1	3.61	3.61	3.71	0.02	0.44	0.29	0.03
电子器件制造	17	35.33	34.84	34.83	0.73	4.33	2.78	0.39
集成电路制造	1	6.31	6.10	6.31	0.38	1.33	1.18	0.17
光电子器件及其他电子器件制造	16	29.02	28.74	28.52	0.34	3.00	1.60	0.22
电子元件制造	2	9.79	9.53	9.89	0.23	1.83	1.52	0.13
电子元件及组件制造	1	8.74	8.49	8.87	0.16	1.71	1.45	0.10
印制电路板制造	1	1.05	1.04	1.02	0.07	0.12	0.07	0.03
其他电子设备制造	1	3.23	3.23	3.19	—	0.23	0.10	0.02
仪器仪表制造业	3	3.01	2.88	2.83	0.05	0.17	0.09	0.03
通用仪器仪表制造	2	1.55	1.49	1.51	0.01	0.11	0.05	0.02
工业自动控制系统装置制造	2	1.55	1.49	1.51	0.01	0.11	0.05	0.02
专用仪器仪表制造	1	1.46	1.39	1.32	0.05	0.06	0.05	0.01
地质勘探和地震专用仪器制造	1	1.46	1.39	1.32	0.05	0.06	0.05	0.01
电力、热力、燃气及水生产和供应业				1.24	—	0.26	0.22	0.01
燃气生产和供应业	1	0.93	0.93	0.93	—	0.20	0.17	—
燃气生产和供应业				0.93	—	0.20	0.17	—
水的生产和供应业	1	0.31	0.31	0.31	—	0.06	0.05	0.01
自来水生产和供应	1	0.31	0.31	0.31	—	0.06	0.05	0.01

（市统计局）

工业管理

【高邮市获“全国纺织行业统计工作优秀集体”称号】 1月16日，在重庆市召开的全国纺织工业2014—2015年度统计工作会议上，中国纺织工业联合会授予高邮市“2013—2014年度纺织行业统计工作优秀集体”称号，授予经信委杨宝权“2013—2014年度纺织行业优秀统计工作者”称号。（仇智）

【市委、市政府出台《工业经济转型升级“356”行动计划》】 1月13日，市委、市政府制定出台《工业经济转型升级“356”行动计划》，即集中3年（2015年～2017年）时间，重点面向5个工业产业，优选60家重点企业，通过集成政策、集聚资源，加大培育力度，创新培育手段，切实推动其做强做大、创新创优、转型升级，实现重点企业二次飞跃，使之真正成为全市工业经济的领头雁、主引擎。该“行动计划”进一步明确重点企业的培育路径，即在鼓励培育企业引进实施市场前景好、科技含量高、爆发力强、持续发展能力优的高新技术产业项目的同时，引导企业瞄准国际国内新技术、新装备、新工艺、新材料，大力实施技术改造项目。培育期间，将实施投资额1亿元以上技术改造项目8项，其中竣工5项；实施投资额5000万元～1亿元技术改造项目10项，其中竣工6项；实施投资额1000万元～5000万元技术改造项目24项，其中竣工20项。每个列入培育计划的企业三年累计技术改造投入不低于300万元。为进一步提升企业市场竞争能力，该“行动计划”提出，将引导培育企业围绕品牌、专利、标准等核心竞争力，大力实施科技研发项目，引进高新技术人才，加大研发投入，打造研发载体。到2017年，再创建省级以上企业研发机构6家以上、省科技小巨人企业2家以上、省专精特新产品2个以上、争创中国驰名商标2个以上、省著名商标10个以上、省名牌产品10个以上；争创扬州市“市长质量奖”1个以上、新增国家高新技术企业10家以上、培育企业主持或参与制（修）订国家和行业标准3项以上、培育企业均建有扬州市级以上研发机构。新产品销售收入占主营业务收入比重达35%以上。切实推进企业上市工作，到2017年，力争培育上市企业1家，新增“新三板”挂牌企业6家以上；培育企业普遍运用“OEC”管理法、“6S”管理、阿米巴经营模式等先进管理方法。深入推进“两化”融合工作，新增国家“两化”融合管理体系贯标认定企业1家以上、新增省级以上信息化示范企业（项目）5家以上，电子商务应用率达90%以上，促进信息化水平进一步提升。通过抓节能降耗，培育企业万元开票销售电耗年均下降4%，全部淘汰高污染燃料锅炉等，以促进绿色发展水平进一步提升。为加大政策培育扶持力度，该“行动计划”规定，从用地保障、财政给力、融资扶持等方面给予大力支持。全市每年安排100亩专用土地指标，定向支持企业新上重大技改项目、科技项目和高新技术产业项目；对企业年开票销售首次超5亿元、10亿元、20亿元、30亿元、50亿元、100亿元的，均给予5万元到100万元不等的奖励，对年入库税收首超2000万元至3亿元的企业、年自营出口首超3000万美元到1亿美元的企业也分别给予5万元至50万元和3万元至10万元的一次性奖励。另外，对兼并重组、技术改造、智能制造、“两化”融合、创新创优等也给予相应的财政奖励。为切实化解企业融资难，全市出资设立5000多万元的企业应急专项资金、3000万元的信贷引导资金、5000万元的银行合作资金等，用于支持企业发展。同时，还设立中小企业发展基金、科技项目风险补偿基金等，鼓励和引导企业加快转型升级。（顾小青　周春江）

【市委、市政府确定工业经济转型升级“356”行动计划培育企业名单】 5月8日，根据《工业经济转型升级“356”行动计划》和《高邮市“356”行动计划培育企业选定办法》，按照双向承诺、滚动培育的原则，经市委、市政府研究同意，市委办、市政府办联合发文公布《2015年度工业经济转型升级“356”行动计划培育企业名单》，全市有67家企业榜上有名。其中，机械装备产业22家，即江苏金飞达电动工具有限公司、扬州和益电动工具有限公司、江苏航天水力设备有限公司、扬州市华胜机电制造有限公司、江苏科凌医疗器械有限公司、扬州市康乐机械有限公司、扬州市威高机电有限公司、扬州昇业机械有限公司、江苏朝阳液压机械集团有限公司，高邮市迅达重型机械有限公司、江苏富莱士机械有限公司、扬州市别克机电有限公司、扬州金邮机电有限公司、江苏科意达机械有限公司、扬州瑞斯乐复合金属材料有限公司、扬州市邮谊工具制造有限公司、高邮市高农机械配件有限公司、扬州市源峰机电制造有限公司、扬州市创新包装有限公司、扬州市新港电机有限公司、江苏金宏泰科技股份有限公司、高邮市恒辉机械有限公司；电线电缆产业10家，即扬州曙光电缆股份有限公司、扬州市光明电缆有限公司、江苏广源电线电缆有限公司、江苏赛德电气有限公司、扬州亚光电缆有限公司、扬州中大电缆有限公司、江苏润华电缆股份有限公司、江苏华能电缆股份有限公司、扬州市红旗电缆制造有限公司、江苏恒辉电气有限公司；照明灯具产业10家，即龙腾照明集团有限公司、扬州市现代照明电器有限公司、江苏承煦电气集团有限公司、星慧照明工程集团有限公司、江苏飞腾光电科技有限公司、江苏宝德照明器材有限公司、江苏豪纬智能交通科技有限公司、扬州市润源灯饰有限公司、扬州市鑫通交通器材集团有限公司、江苏大熙照明有限公司;纺织服装产业6家,即扬州神游羽绒制衣有限公司、高邮市经纬纺织有限公司、扬州天宇服饰股份有限公司、高邮市永盛纺织饰品有限公司、江苏波司登制衣有限公司、高邮市法拉利制衣有限公司;新兴产业19家,即扬州市秦邮特种金属材料有限公司、江苏华富储能新技术股份有限公司、扬州宏远电子有限公司、江苏欧力特能源科技有限公司、扬州日兴生物科技股份有限公司、扬州市华翔有色金属有限公司、高邮市卫星卷烟材料有限公司、扬州一洋制药有限公司、扬州市丽邮人造板有限公司、高邮市宏泰电杆有限公司、扬州鑫晶光伏科技有限公司、扬州通威饲料有限公司、江苏凯尔高分子材料有限公司、江苏传艺科技有限公司、高邮市万嘉面粉有限公司、江苏双兔食品股份有限公司、扬州市德运塑业科技有限公司、江苏金晖光伏有限公司、江苏星浪光学仪器有限公司。

(顾小青　周春江)

【《高邮市企业技术改造专项引导资金管理办法(试行)》出台】 11月18日,为进一步激发企业内涵式发展动力,加快技术改造步伐,促进全市产业转型升级,推进全市制造业从中低端向中高端迈进,市经信委提请市政府出台《高邮市企业技术改造专项引导资金管理办法(试行)》。该办法围绕智能制造、转型升级、基本产业、设备投入进行扶持和奖励,突出扶大扶优、精准聚焦、创新投入和杠杆作用,并提出创新财政资金有偿使用和无偿奖励相结合的方法,改变以往单纯事后奖励的做法。

(张晓展)

【推进"互联网+"发展】 2015年,市委、市政府顺应全国"互联网+"大发展的趋势,切实加快推进全市互联网发展工作,着力助推工业经济转型升级。成立市互联网经济工作领导小组,并在市经信委下设办公室,由其牵头谋划、推进开展全市互联网经济发展工作。开展专题调研工作,委托相关专业软件公司分别到各乡镇、园区开展摸底调查,先后召开调研座谈会14场,涉及企业500多家。结合专项调查成果的运用,市委、市政府在扬州各县(市、区)率先制定出台《关于加快推进"互联网+"发展的实施意见》《关于促进"互联网+"发展的扶持政策(试行)》,明确提出实现1个总体目标、聚焦7个方面的重点任务,并确定从平台建设、做大做强、人才支撑等5个方面进行重点扶持,由市财政从当年起安排500万元资金用作专项扶持。同时,在《工业经济转型升级"356"行动计划》中,也加大对重点企业新上信息化项目的扶持,明确企业软硬件新上项目投资额在80万元以上的,按软硬件投资额的40%给予奖励;对智能化装备设备投资额200万元以上或单台(套)设备30万元以上的,按照设备投资额给予10%的奖励;对服装产业实行机器换人,购进计件管理信息化设备和软件,设备投资额在50万元以上的,按购进设备、软件费用的50%给予奖励。

(朱万伟)

【市政府出台《高邮市服装产业发展基金管理办法》】 12月2日,为着力解决全市服装企业融资难题,加快推动服装产业提档升级,促进产业持续健康发展和社会稳定,本着政府引导、协会牵头、企业合作的原则,市政府出台《高邮市服装产业发展基金管理办法》,以此规范市服装产业发展基金的使用和管理。该办法确定设立市服装产业发展基金,并先期筹集发展基金3000万元,其中市财政出资1000万元、高邮经济开发区和高邮镇财政分别出资600万元和400万元、市服装行业协会会员企业共同出资1000万元,为急需资金的服装企业提供融资保障。同时,该办法规定,发展基金的使用对象必须是发展基金的出资者,必须依法注册、依法纳税、按规定参加社会保险和足额缴纳工资保证金,而且无不良信用记录、无高利贷借贷和其他不良行为;当会员企业出现缺少短期流动资金、在银行及有关金融机构到期贷款不能偿还急需"过桥资金"、因贷款回笼不及时出现工资发放困难、因辖区内服装企业发生突发事件急需垫用资金等任何一种情况,均可申请借用发展基金。此外,该办法还对发展基金的使用期限、额度及保管方式、收益分配作出相关规定。

(杨小丽　卞彧)

【市政府成立高邮市社会信用体系建设领导小组】 9月1日,为切实推进全市社会信用体系建设,市政府成立由市政府主要负责人任组长、分管负责人任副组长,市政府办、市经信委、市文明办等37个部门为成员单位的高邮市社会信用体系建设领导小组,定期研究解决社会信用体系建设中的重大问题矛盾。该领导小组在市经信委下设办公室(简称信用办),由市经信委作为牵头单位,负责全市社会信用体系建设规划和实施及试点工作的推进、协调、指导、督查和考核工作。10月22日,该领导小组组织召开第一次全市社会信用体系建设工作推进会,就相关工作进行部署。

(杨平　周春江)

【高邮市组团参加第十七届江苏国际服装节展览会】 9月11日,第十七届江苏国际服装节展览会在南京开幕,作为省内唯一获"中国羽绒服装制造名城"称号的高邮市组团参加。此次服装节,全市组织高邮市神游羽绒制衣有限公司、高邮市永盛纺织饰品有限公司等10多家企业参展;副市长朱莉莉参加开幕式并致推介词。

(杨小丽　卞彧)

【全市企业发展大会】 11月19日举行。会议的主要任务是，贯彻落实扬州市工业企业家千人大会精神，动员全市上下进一步认清新常态、适应新常态，提振信心，提速发展，加快转型升级，努力实现工业经济更高质量、更可持续的增长。市领导韩方、徐永宝、汤学仁、朱莉莉、王永海、王薇，各乡镇（园区）主要负责人、分管负责人、工业助理、企管站负责人，各有关部门主要负责人、分管负责人及相关企业主要负责人等参加。会议由市委常委、常务副市长徐永宝主持，市委书记韩方作讲话。他指出，企业和相关部门要适应新常态、认识新经济、领悟新理念，在认清形势中顺势而为，牢牢把握发展的主动权。他要求企业家要做明白人，要做聪明人，要做实在人，坚定不移地走实体经济发展的路子，努力增强企业的核心竞争力，实现企业利润最大化和社会效益最大化的有机统一。他要求，相关部门要做好服务员，真正做到“为企服务必须为、雪中送炭有所为、锦上添花尽力为”；要当好改革派，革除束缚经济发展的体制机制弊端，把该放的放开，把该管的管好，促进企业创新发展、健康发展；要成为实干家，“一企一策”为企业发展出点子、想办法、谋实招，有效帮助企业解决要素制约等突出难题。会上，徐永宝传达扬州市市长朱民阳在扬州工业企业家千人大会上的讲话精神，同时将机械装备、电线电缆等五个产业推进工作小组前期调研收集到的企业反映的用地、用工等46件需乡镇、部门协调服务的事项集中交办；市委常委、市纪委书记、副市长朱莉莉分析当前经济形势，提出引导企业转型升级的六条发展路径，介绍全市近期为做好服务企业工作而完善的四个方面工作机制，并穿插讲解促进企业转型升级的激励政策；扬州曙光电缆股份有限公司、江苏传艺科技股份有限公司分别围绕“发展经验”“未来打算”作交流发言，市政务服务管理办公室围绕“更好地服务企业”作表态发言。会前，还组织与会人员参观考察江都、邗江、仪征等地的4家企业，重点学习其在智能制造、国际化战略、互联网经济、国际化品牌方面的经验和做法。

（顾小青 周春江）

【扬州市华翔有色金属有限公司获“企业纳税特殊贡献奖”称号】 2016年2月14日，市委、市政府在作出《关于表彰2015年度全市经济社会发展先进单位的决定》中，扬州市华翔有色金属有限公司获“企业纳税特殊贡献奖”称号。（杨小丽 卞彧）

【市委、市政府表彰2015年度工业经济和信息化先进单位】 2016年2月14日，市委、市政府在作出《关于表彰2015年度全市经济社会发展先进单位的决定》中，对9家乡镇、园区的工业经济和信息化工作进行表彰，其中高邮经济开发区、高邮镇获一等奖，高邮湖西新区、菱塘回族乡、高邮城南经济新区、卸甲镇获二等奖，三垛镇、临泽镇、界首镇获三等奖。（杨小丽 卞彧）

【市委、市政府表彰2015年度工业纳税十强、纳税先进企业】 2016年2月14日，市委、市政府在作出《关于表彰2015年度全市经济社会发展先进单位的决定》中，对10家工业纳税十强企业、10家纳税先进企业进行表彰，受表彰的纳税十强企业分别是江苏波司登制衣有限公司、扬州市秦邮特种金属材料有限公司、江苏金飞达电动工具有限公司、扬州一洋制药有限公司、扬州曙光电缆股份有限公司、高邮市卫星卷烟材料有限公司、江苏华富储能新技术股份有限公司、高邮市经纬纺织有限公司、扬州日兴生物科技股份有限公司、江苏传艺科技股份有限公司，受表彰的纳税先进企业分别是扬州升达集团、扬州和益电动工具有限公司、江苏赛德电气有限公司、扬州市百仕德礼品工艺有限公司、扬州瑞斯乐复合金属材料有限公司、高邮市永盛纺织饰品有限公司、江苏广源电线电缆有限公司、扬州国联制衣厂有限公司界首分公司、扬州市康乐机械有限公司、扬州三友合成化工有限公司。

（杨小丽 卞彧）

【14家单位获“高邮市节能工作先进单位”称号】 2016年2月24日，市节能减排工作领导小组作出决定，对14家乡镇、园区和部门的节能工作进行表彰，受表彰的先进单位分别是高邮城南经济新区、卸甲镇、三垛镇、甘垛镇、临泽镇、界首镇、高邮湖西新区、市发改委、市经信委、市环保局、市财政局、市城建局、市安监局、市交通局。（杨舜年）

【6家企业获“高邮市节能工作先进企业”称号】 2016年2月24日，经企业申报、各地推荐、职能部门审核，市经信委发文公布获“高邮市节能工作先进企业”称号的6家企业名单，分别为扬州市秦邮特种金属材料有限公司、江苏金飞达电动工具有限公司、扬州日兴生物科技股份有限公司、扬州市华翔有色金属有限公司、扬州宏远电子有限公司、江苏欧力特能源科技有限公司。（杨舜年）

【市政府兑现工业政策性奖励资金834.53万元】 2015年，根据市政府《关于促进工业经济转型升级的政策性意见》精神，市经信委联合市财政局在各乡镇、园区所属企业中组织开展工业经济转型升级政策性奖励工作，经过申报、评审并经市政府批准，全市有118家企业的202项项目符合条件，累计兑现奖励资金834.53万元。（顾小青 周春江）

【菱塘回族乡工业集中区被认定为扬州市特色产业园】 12月，根据《扬州市政府关于促进工业集中区整合提升特色发展的意见》和《扬州市工业集中区认定办法》，经扬州市有关部门评审和扬州市政

府同意,菱塘回族乡工业集中区被认定为扬州市特色产业园。 (祁跃明 孙翔)

资料链接 菱塘回族乡是江苏省唯一的少数民族乡,素有“电缆之乡”美誉。该乡拥有工业企业200多家,主要以电线电缆及其配套材料为主,铜材、PVC电缆料、交联料、填充料、包装物等电缆材料配套齐全,并先后创成江苏省智能电网产业基地、全国特种电缆特色产业基地。2015年,该乡工业实现开票销售30.39亿元,其中该乡工业集中区特色产业电线电缆实现开票销售27.43亿,占比高达90.3%。 (祁跃明 孙翔)

【全市规范灯具产业生产经营行为工作会议】 10月15日上午,在高邮湖西新区郭集大剧院举行。市人大常委会副主任、高邮湖西新区管委会主任王永海,副市长朱莉莉,市灯具协会会长尤泽勇,市各有关乡镇、园区、部门负责人及近500家灯具企业负责人参加。

会议由王永海主持,朱莉莉作讲话。她要求,各部门、各乡镇(园区)要强化领导,优化服务,完善机制,加强监管,共同推进全市灯具产业健康良好发展。各企业要坚定信心,审时度势,在紧盯“上市、专利、标准、品牌”四大战略的基础上,加快自身“进退调转”的转型升级步伐,积极推动产品向“专精特新”方向发展,努力把企业做大做强。会上,通报前期灯具产业检查中存在的主要问题、违法案例及整改措施;市市场监督管理局和市国税局相关负责人围绕强化灯具行业监管分别作表态发言,扬州鸿润集团有限公司、江苏豪纬交通集团有限公司等企业主要负责人围绕加强自身建设分别作表态发言。 (祁跃明 孙树)

【高邮市灯具协会年会】 3月7日,高邮市灯具协会年会在高邮市湖西新区文元商务中心举行。中国照明电器协会理事长刘升平,城市道路照明专业委员会副秘书长张华,高邮市人大常委会副主任、湖西新区管委会主任王永海,高邮市副市长朱莉莉,高邮市灯具协会会长尤泽勇及高邮路灯制造企业负责人近200人参加会议。会上,尤泽勇作《高邮市灯具协会2014年度工作报告》;举行新加入的会员企业授牌仪式;表彰2014年度“灯具优质产品生产示范企业”“灯具行业规范用工先进单位”“灯具行业优秀员工”。 (祁跃明 孙树)

【铅蓄电池企业行业准入审核培训】 6月3～4日,工信部消费品工业司委托中国电池工业协会,在扬州市举办2015年第一期铅蓄电池行业准入审核培训班。期间,市经信委组织江苏华富储能新技术股份有限公司、江苏欧力特能源科技有限公司等13家蓄电池企业参加培训。培训内容主要包括:当前国家铅蓄电池行业面临的政策环境、准入管理工作的进展情况和最新要求;2015年底完成全国铅蓄电池准入审核工作的必要性和紧迫性;从铅蓄电池制造工艺、生产设备、产能核算、环境保护、职业卫生与安全生产等方面,详细介绍《铅蓄电池行业准入条件》的各项要求等。至年底,江苏华富储能新技术股份有限公司的行业准入审核工作通过工信部验收,江苏欧力特能源科技有限公司的行业准入审核工作通过省预验收。 (祁跃明)

【获批省物联网和新一代信息技术项目资金100万元】 2015年,市经信委认真研究国家、省、扬州市现代信息产业转型升级申报指南,深入企业了解实际情况,努力做好项目指南与企业实际有效对接工作,争取更多的资金进入本地企业实体经济。至年底,全市累计争取省物联网专项补助资金100万元,为扬州市唯一获批此类资金的县(市、区)。 (徐晨)

【“携手共进——服务小微企业”首场银企对接签约活动】 3月24日下午,为切实解决小微企业发展面临的突出困难和问题,增强小微企业发展信心,助力小微企业稳定发展和转型升级,市政府组织开展“携手共进—服务小微企业”首场银企对接签约活动。市长方桂林、副市长朱莉莉及各乡镇、园区的主要负责人,市发改委、市农委、市财政局、市环保局、市优办、市经信委、市国税局、市地税局、市财政局等部门主要负责人、12家银行机构和3家融资性担保机构的分管负责人和相关企业负责人近200人参加。期间,相关银行与59家小微企业现场签约流动资金及项目贷款协议,贷款金额8.31亿元。 (周莉)

【高邮市组团参加第四届新疆亚欧光电展】 5月7～11日,第四届新疆亚欧光电展在乌鲁木齐市的新疆国际会展中心举行。期间,市经信委、送桥镇政府、市灯具协会联合组织扬州市伏特钢杆照明器材有限公司、龙腾照明集团有限公司、江苏承煦电气集团有限公司、扬州重电太阳能科技发展有限公司、星慧照明工程集团有限公司等20多家优质灯具企业参加展览,抱团出击,共打“高邮灯具牌”。是年,江苏豪纬交通集团有限公司、江苏承煦电气集团有限公司在新疆先后设立办事处;江苏豪纬交通集团有限公司与新疆新源县人民政府合作签订扬州科技产业园项目、与霍尔果斯经济开发区签订科豪科技城项目。 (孙树)

【举办“创二代”高级研究班】 6月23～29日,高邮市在大连理工大学举办“创二代”高级研究班。此次研修班行业辐射广泛,涉及机械装备、照明灯具、电线电缆等多个行业;课程设置全面,先后开设“领导学”“中国宏观经济形势展望”“移动互联网时代下的企业互联网思维”“国学与管理”“财务报表分析

与企业投融资”“项目管理”“总经理的财务管控”等课程。全市有企业家57人参加。 （马向阳 周莉）

【市经信委被认定为省小微企业运行监测工作优秀单位】 2015年，市经信委按照工信部下达的监测任务和省经信委（中小企业局）的相关文件要求，进一步强化组织协调，落实工作责任，梳理筛选监测企业，加强企业数据上报培训，圆满完成全年辖区内企业运行监测工作，为准确反映小微企业运行态势提供参考依据。是年，市经信委被省经信委认定为2015年度江苏省小微企业运行监测工作优秀单位。 （杨小丽 卞彧）

【市经信委成立6个专线工作推进小组】 2015年，根据市委、市政府工作要求，结合全市经济和信息化年度重点工作，市经信委专门成立由该委主要负责人任组长、分管负责人任副组长、各相关科室负责人为成员的6个专线工作推进小组，专项协调推进“356”行动计划、新三板挂牌、电子商务、社会信用体系建设、园区建设和协会管理创新等6项专线工作，并推动各项工作取得明显成效。 （周颖）

【市经信委主任陆炜被市政府记个人三等功】 2016年2月5日，根据《高邮市人民政府记功奖励暂行办法》规定，市政府作出《关于给予城建局等单位记集体三等功、陆炜等同志记个人三等功的决定》，当中市经信委主任陆炜因为工作出色，被市政府记个人三等功一次。 （顾小青 周春江）

支柱产业培育

【概况】 2015年，全市继续狠抓机械装备产业、电线电缆产业、照明灯具产业、纺织服装产业等工业支柱产业的培育工作。强化组织领导，成立市推进工业经济发展工作领导小组，并围绕四个工业支柱产业及新兴产业发展，领导小组下设五个产业推进工作小组，分别由市领导牵头，相应部门参与，具体负责各个产业及企业的培育工作。发挥政策效应，出台《工业经济转型升级“356”行动计划》，计划利用3年时间，重点面向5个工业产业，优选60家左右的重点企业，通过集成政策、集聚资源，加大培育力度，创新培育手段，切实推动其做强做大、创新创优、转型升级；同时依据《高邮市“356”行动计划培育企业选定办法》，筛选工业经济转型升级“356”行动计划培育企业67家，其中涉及机械装备产业22家、电线电缆产业10家、照明灯具产业10家、纺织服装产业6家、新兴产业19家。加大奖励扶持，全面兑现市本级有关工业产业、企业、项目、园区、节能等各类政策性奖励资金，大力争取省转型升级引导专项资金，全年累计兑现上年度各类奖励扶持资金近5000万元。突出重大项目建设，全年新开工投资额10亿元或1亿美元以上重大项目6项，有效激活全市四个工业支柱产业的培育和发展的增量。至年底，机械装备、电线电缆、照明灯具、纺织服装四个工业支柱产业发展势头良好，其规模以上企业实现开票销售210.7亿元，占全市规模以上工业总量的66.9%。 （顾小青）

【机械装备产业】 该产业主要包含装备制造、电动工具、金属及制品、电气件、基础零配件制造等重点行业，主要集中在高邮经济开发区、高邮城南经济新区、高邮镇、卸甲镇、汤庄镇等区域，涉及全市规模以上企业159家，其中有一定知名度的企业为江苏航天水力设备有限公司、扬州和益电动工具有限公司、扬州戴卡轮毂制造有限公司、扬州瑞斯乐复合金属材料有限公司、扬州市康乐机械有限公司、高邮市北方动力机械有限公司、江苏金润龙科技有限公司、江苏金飞达电动工具有限公司、扬州市华胜机电制造有限公司、江苏科凌医疗器械有限公司、扬州高标机械有限公司等。2015年，该产业规模以上企业实现开票销售、税金分别是115.9亿元、3亿元，分别占全市规模以上工业总量的36.8%、27.2%。 （张晓展）

【电线电缆产业】 该产业主要集中在菱塘回族乡、高邮湖西新区、高邮镇及周边区域，涉及全市相关企业近300家，其中有一定知名度的企业有扬州曙光电缆股份有限公司、江苏赛德电气有限公司、江苏华能电缆股份有限公司、江苏广源电线电缆有限公司、扬州市光明电缆有限公司、扬州亚光电缆有限公司、江苏润华电缆股份有限公司、江苏赛特电气有限公司、扬州市红旗电缆制造有限公司、扬州市金阳光电缆有限公司等。2015年，该产业规模以上企业完成开票销售、入库税收分别是44.3亿元、1.2亿元，分别占全市规模以上工业总量的14.1%、9.5%。 （裴鸿翔）

【照明灯具产业】 该产业主要包含道路照明灯、高杆灯、交通指示灯、电力杆、通信塔、景观灯、庭院灯等主要产品，主要集中在高邮湖西新区、菱塘回族乡等区域，涉及全市相关企业400多家，其中有一定知名度的企业有龙腾照明集团有限公司、江苏豪纬交通集团有限公司、扬州市鑫通交通器材集团有限公司、江苏顺泰交通器材有限公司、江苏承煦电气集团有限公司、扬州市润源灯饰有限公司、江苏宝德照明器材有限公司、江苏现代照明集团有限公司、星慧照明工程集团有限公司、江苏伏特照明集团有限公司、江苏舜邦照明电器有限公司等。2015年，该产业规模以上企业完成开票销售、入库税收分别是23.7亿元、8651万元，分别占全市规模以上工业总量的7.5%、7.0%。 （祁跃明）

【纺织服装产业】 该产业主要包含服装、纺织等重点行业，主要集中在高邮经济开发区、高邮镇、龙虬镇等区域，涉及全市相关企业340多家，其中有一定知名度的企业有江苏波司登制衣有限公司、高邮市经纬纺织有限公司(扬州亿泰纺织有限公司)、扬州永辉纺织科技有限公司、扬州神游羽绒制衣有限公司、扬州天宇服饰股份有限公司、扬州迪婕时装有限公司、高邮市法拉利制衣有限公司、高邮市永盛纺织饰品有限公司、扬州惠众服饰有限公司等。2015年，该产业规模以上企业完成开票销售、入库税收分别是26.9亿元、2.1亿元，分别占全市规模以上工业总量的8.5%、16.9%。（杨小丽）

企业上市

【概况】 2015年，全市高度重视企业上市工作，按照“辅导一批、股改一批、挂牌一批、上市一批”的工作要求，在政策、资金、机制和部门协作上予以重点倾斜，整合资源集中发力，取得明显成效。至年底，全市获批在“新三板”挂牌企业4家，即扬州曙光电缆股份有限公司、江苏华富储能新技术股份有限公司、高邮市龙腾农村小额贷款股份有限公司、扬州日兴生物科技股份有限公司。至此，包括江苏润华电缆股份有限公司、扬州德运塑业科技股份有限公司、江苏金宏泰科技股份有限公司在内，全市累计获批在“新三板”挂牌企业7家，实现直接融资3.25亿元。同时，扬州润明轻工机械有限公司、扬州十二粉黛生物科技股份有限公司、江苏广源电线电缆有限公司、扬州华盟电子有限公司、江苏创新包装科技有限公司等5家企业与券商签约，正在股改、审计中；另有10家企业在积极开展前期相关准备工作。此外，企业首次公开募股(IPO)工作取得进展，江苏传艺科技股份有限公司中小板上市文件获中国证监会受理。（周莉）

【“新三板”上市知识讲座】 1月27日下午，市经信委组织举办“新三板”上市知识讲座。讲座上，北京大学金融学硕士、全国中小企业股份转让系统市场发展部区域经理刘畅，围绕资本市场运作、中小企业如何在“新三板”挂牌等，为市各有关乡镇、部门及企业负责人集中授课，并与参会人员进行互动交流。此为近年来市经信委就“新三板”上市工作举办的全市第二次集中专题讲座。（周莉）

资料链接 近年来，全市把推动企业登陆“新三板”作为工业经济发展的一项战略举措来抓，积极推动企业进军资本市场。期间，先后出台相关奖励政策，组织开展多次学习培训观摩活动，并主动服务，为具备上市条件的企业寻找合作券商。2014年，江苏润华电缆股份有限公司、扬州市德运塑业科技股份有限公司、江苏金宏泰科技股份有限公司先后在全国中小企业股份转让系统成功挂牌。（周莉）

【扬州曙光电缆股份有限公司在“新三板”挂牌上市】 6月9日，扬州曙光电缆股份有限公司在北京全国中小企业股份转让系统举办专场挂牌仪式，正式登陆“新三板”(证券简称：曙光电缆；证券代码：832292)。（周莉）

资料链接 扬州曙光电缆股份有限公司是国家级重点高新技术企业、中国电子信息百强企业，先后承担省级以上科技项目79项，其中国家级重点新产品8项、国家级火炬及星火项目13项，国家级创新基金项目3项，参与24项国家及行业电缆标准的起草与修订，生产的强菱牌系列电缆是国家免检产品、江苏省名牌产品。近年来，该公司一直致力于主板上市工作，但由于拟上市企业数量多、审核时间长，为此该公司调整策略，决定先上“新三板”，今后适时再转入主板。该公司成功在“新三板”挂牌，对于推动企业进入资本市场融资、激发发展活力、加快经济转型升级、推动经济发展由要素驱动向创新驱动转变等都具有重要意义（周莉）

【江苏华富储能新技术股份有限公司在“新三板”挂牌上市】 8月28日，全国中小企业股份转让系统有限责任公司发函，正式同意江苏华富储能新技术股份有限公司的股票在全国中小企业股份转让系统挂牌(证券简称:华富储能;证券代码:83459)。（周莉）

【高邮市龙腾农村小额贷款股份有限公司在“新三板”挂牌上市】 11月12日上午，高邮市龙腾农村小额贷款股份有限公司参加在北京全国中小企业股份转让系统举行的扬州小贷公司集中挂牌专场，正式登陆“新三板”(证券简称：龙腾农贷；证券代码：833982)。（周莉）

资料链接 高邮市龙腾农村小额贷款股份有限公司成立于2012年12月，注册资本1.5亿元。开业以来，该公司牢固树立服务“三农”和小微企业的经营理念，立足长远发展，坚持规范经营，不断打造“方便、快捷、优惠”的服务品牌。至2015年10月末，该公司累计放贷645笔、近8亿元，缴纳各项税费870万元，有力地推动地方经济的发展。2014年，该公司被省金融办评定为AAA级小贷公司，获扬州市“十佳明星小贷公司”称号。（周莉）

【扬州日兴生物科技股份有限公司获批在“新三板”挂牌上市】 12月11日，全国中小企业股份转让系统有限责任公司发函，正式同意扬州日兴生物科技股份有限公司股票在全国中小企业股份转让系统挂牌。（周莉）

资料链接 扬州日兴生物科技股份有限公司始建于1995年，是一家专业从事海洋生物医药中间体、甲壳素及衍生物、保健品的研发、生产为一体的“国家级高新技术企业”，曾先后被评为江苏省农业综合开发重点产业化龙头企业、江苏省科技创新型企业、江苏省农业科技型企业、江苏省优秀企业、中国甲壳素系列产品十强企业、中国氨糖行业第一品牌企业、中国氨糖行业最具影响力品牌企业、中国甲壳质质量公认十大知名品牌企业、江苏省清洁文明生产企业、资信“AAA”级企业和重合同守信用企业，企业建有国家虾蟹类综合利用加工技术研发分中心、江苏省甲壳质深加工工程技术研究中心和江苏省企业技术中心，公司主要产品有：氨基葡萄糖，硫酸软骨素，壳聚糖系列的中间体及其成品片剂和胶囊；终端保健产品——邦力生牌氨糖钙维D片等。该公司于2016年1月4日正式登录“新三板”（证券简称：日兴生物；证券代码：835197）。

（周莉）

表28　至2015年年底高邮市在“新三板”挂牌上市企业一览表

序号	企　业　全　称	证券简称	证券代码	主办券商	挂牌(批准)时间
1	江苏润华电缆股份有限公司	润华股份	831201	中山证券	2014年10月24日
2	扬州市德运塑业科技股份有限公司	德运塑业	831349	中山证券	2014年11月12日
3	江苏全宏泰科技股份有限公司	全宏泰	831649	英大证券	2014年12月23日
4	扬州曙光电缆股份有限公司	曙光电缆	832292	全元证券	2015年6月9日
5	江苏华富储能新技术股份有限公司	华富储能	834591	国海证券	2015年8月28日
6	高邮市龙腾农村小额贷款股份有限公司	龙腾农贷	833982	南京证券	2015年11月12日
7	扬州日兴生物科技股份有限公司	日兴生物	835197	中山证券	2015年12月11日

（顾小青）

节能减排

【完善节能工作目标管理体系】　年初，下发《市政府关于加强2015年度节能工作的意见》，进一步明确各乡镇（园区）及有关部门节能降耗的主要工作任务。不断加大重点领域节能的工作力度，进一步落实工业、建筑、交通、公共机构等领域的节能工作目标，细化责任措施，明确时间要求，认真加以推进。按照乡镇（园区）、部门和重点企业三方联动的要求，各乡镇（园区）成立或调整相应的节能工作组织机构，着力构建横向到边、纵向到底的节能工作网络，确保把节能工作目标进一步分解落实到相关企业和项目。市经信委组织召开市重点用能企业节能工作会议，加大对年耗能3000吨标煤以上的重点用能企业能耗指标的分解下达，与13家重点用能企业签订《2015年度节能工作目标责任书》，并组织引导46家年耗标准煤1000吨以上的用能企业，尤其是13家年耗标准煤3000吨以上的重点耗能企业，均要设立节能管理机构，建立节能工作机制，配备节能管理人员，形成节能管理网络，健全和完善能源管理“三项基本制度”和“三个基本台账”。印发《关于创建和申报2015年度节能示范企业的通知》，在全市年用能量1000吨标煤或年用电量500万千瓦时以上的企业中，开展能源管理体系、合同能源管理、循环经济、清洁能源替代、清洁生产、节能环保产品产业化以及节能技术改造等7类节能示范企业创建活动，着力打造典型，推广先进经验，促进节能减排工作深入开展。围绕“节能有道、节俭有德”“低碳城市宜居可持续”主题，分别组织开展“第25个全国节能宣传周”“第3个全国低碳日”活动，在全社会大力营造节能减排的氛围。至年底，全市工业万元GDP综合能耗下降3.2%。（杨舜年）

【节能监管工作】　2015年，市经信委进一步强化对年耗标准煤3000吨以上的重点耗能企业单位产品能耗的管理，认真组织开展单位产品能耗专项监察活动，涉及扬州市丽邮人造板有限公司等企业16家，确保重点产品能耗达标率达到90%以上。同时，利用节能监察和走访企业的时机，跟踪督查全市各乡镇（园区）年度节能目标分解和按序时推进的情况进，有力推动全市重点企业节能工作持续深入开展。（杨舜年）

【企业清洁生产审核工作】　2015年，市经信委继续在全市15家工业企业中开展清洁生产审核工作，共实施高中费方案34项，对经济效益和环境效益均起到良好的促进作用。（杨舜年）

【企业资源综合利用工作】　2015年，市经信委继续指导企业开展资源综合利用工作。按照有关鼓励政策规定，协助资源综合利用企业开展资质认定工作，新认定企业11家，重新认定企业5家；引导企业完成年度节能量约合2.7万吨标准煤。（杨舜年）

【实施节能技改和循环经济项目】　2015年，市经信委以窑炉改造、余热余压利用和电机系统节能为重点，认真组织实施扬州市秦邮特种金属材料有限公司30兆瓦高炉煤气回收发电项目、扬州市华翔有色金属有限公司再生合金铅项目等一批节能技术改造工程，涉及企业20家。同时，市经信委积极帮助企业申报省转型升级节能技术改造、循环经济利用及环保产品产业化项目资金，全市有2家企业获批省专项资金140万元。至年底，完成节能技术改造项目 18 项,项目总投资 2.8 亿元,实现节能量 1.1 万多吨标准煤。

以循环利用、再制造、清洁能源替代技术应用为重点,全市扩大循环经济和清洁生产试点范围,全年实施循环经济项目 4 项,项目总投资近 0.87 亿元,年节约用水 23.5 万吨,减少废水排放 21.5 万吨、固体废物排放量 4 万吨。　(杨舜年)

【淘汰落后产能及高耗能设备】　2015 年,市经信委继续会同市供电公司对年综合能源消耗量 3000 吨标准煤以上的 4 家涉限企业、被列入省"万家企业节能低碳行动计划"的 2 家企业及其他 12 家重点用能企业,进行高耗能电机情况调查,指导督促企业使用节能降耗的新设备、新工艺、新技术。全年共淘汰落后高耗能电机 425 台套,共 4275 千瓦。

(杨舜年)

技术改造与创新

【江苏金飞达电动工具有限公司被确认为中国机械工业现代化管理示范企业】　7 月 29 日,在北京京西宾馆举行的中国机械工业企业管理协会七届三次理事(扩大)会议上,该协会相关负责人对外公布中国机械工业现代化管理企业、管理进步示范企业、达标企业、能源管理优秀企业的名单,其中高邮市的江苏金飞达电动工具有限公司被确认为中国机械工业管理示范企业。至此,全市包括江苏航天水力设备有限公司、扬州曙光电缆股份有限公司在内,共有 3 家企业获此称号。同时,会上授予江苏金飞达电动工具有限公司董事长张庆奇"全国机械工业优秀企业家"称号,这也是全市首位获中国机械工业企业管理协会表彰的企业家。　(张晓展)

【江苏科凌医疗器械有限公司被确认为全国工业品牌培育试点企业】　5 月,根据工信部《关于开展 2015 年工业企业品牌培育工作的通知》要求,经企业申报、省经信委推荐和工信部评审,高邮市的江苏科凌医疗器械有限公司被确认为全国工业品牌培育试点企业。至此,全市包括江苏华富储能新技术股份有限公司在内,共有获此称号的企业 2 家。

(周萍　裴鸿翔)

【江苏华富储能新技术股份有限公司被确认为首批江苏省创新示范企业】　6 月,根据《关于组织申报江苏省创新示范企业的通知》《江苏省企业技术进步条例》和工信部、财政部《技术创新示范企业认定管理办法(试行)》要求,在企业自愿申报、各市择优推荐的基础上,经行业评审、专家答辩、信用核查和公示等程序,省经信委确认南京康尼机电股份有限公司等 59 家企业为首批江苏省创新示范企业,高邮市的江苏华富储能新技术股份有限公司榜上有名。　(周萍　裴鸿翔)

【江苏华富储能新技术股份有限公司被认定为江苏省"自主工业品牌五十强"宣传企业】　6 月 5 日,按照《省政府新闻办、省经信委关于组织开展江苏省"自主工业品牌五十强"宣传活动的通知》精神,经严格按照既定条件和相关程序,省政府新闻办、省经信委联合认定徐州工程机械集团有限公司等 48 家企业为 2014 年度江苏省"自主工业品牌五十强"宣传企业,高邮市的江苏华富储能新技术股份有限公司榜上有名,位列第 26 名。　(周萍　裴鸿翔)

资料链接　为推动江苏品牌战略实施,提升江苏品牌的影响力,大力发展品牌经济,省政府新闻办、省经信委联合组织开展江苏省"自主工业品牌五十强"宣传企业评选活动。高邮市的江苏华富储能新技术股份有限公司经过多年的打造和潜心经营,"HUAFU 及图形"牌储能产品已经成为储能行业中的一颗明星,拥有较高的知名度和美誉度。该公司成功入围江苏"自主工业品牌五十强"宣传企业,体现市委、市政府一直以来对企业品牌建设的重视,通过不断引导企业自主创新,加快品牌经济发展,推动全市企业创新能力的提升,加快经济转型升级。　(周萍　裴鸿翔)

【扬州宏远电子有限公司被认定为江苏省科技小巨人企业】　5 月,根据省经信委《关于印发江苏省科技小巨人企业培育计划实施方案(2013～2015 年)的通知》,经企业申报、各地推荐、实地调研,省经信委发文公布 2014 年度江苏省科技小巨人企业认定名单,高邮市的扬州宏远电子有限公司名列其中。至此,全市包括江苏华富储能新技术股份有限公司在内,共有获此称号的企业 2 家。(周萍　裴鸿翔)

资料链接　科技"小巨人"企业是指科技创新能力强、市场占有率高、质量效益优的"小而强""小而优"的企业。位于高邮经济开发区的扬州宏远电子有限公司,是一家专业从事铝电解电容器用低、中、高压全系列电极箔研发与生产的龙头企业,在电子元件行业内具有较强的影响力和较高的知名度,其中低压电极箔产品销售连续多年位居全国同行第一。扬州宏远电子有限公司此次获省认定后,将会得到国家和省中小企业发展专项资金的优先支持。　(周萍　裴鸿翔)

【12 家企业被确认为省级两化融合示范、试点企业】　2015 年,依据《信息化与工业化融合——省转型升级示范企业标准(试行稿)》,经企业申报、各地初审、专家评审,省经信委发文公布江苏省两化融合转型升级示范企业、江苏省两化融合试点企业名单,当中列有高邮市的企业 12 家,其中江苏欧力特能源科技有限公司被认定为江苏省两化融合转型升级示范企业,江苏豪纬交通集团有限公司等

11 家企业被认定为江苏省两化融合试点企业。至此，全市累计培育江苏省两化融合转型升级示范企业 4 家、试点企业 37 家。 （朱万伟）

【12 家企业被确认为江苏省科技型中小企业】 12 月 6 日，根据《江苏省科技型中小企业评审推荐办法》，经企业申报，各市、县（市）推荐，专家评审，省中小企业发展中心公布 2015 年度江苏省科技型中小企业名单，高邮市的扬州市德运塑业科技股份有限公司等 12 家企业被确认为江苏省科技型中小企业。 （周萍 裴鸿翔）

表 29 **2015 年高邮市被命名为江苏省科技型中小企业一览表**

企业名称	所在行业领域	所在地	企业名称	所在行业领域	所在地
扬州市德运塑业科技股份有限公司	新材料	卸甲镇	扬州安利达铜业有限公司	新材料	菱塘回族乡
江苏金润龙科技有限公司	机械装备	高邮城南经济新区	扬州市伊兴机械有限公司	机械装备	高邮城南经济新区
高邮高和光电器材有限公司	新能源	高邮城南经济新区	扬州市时光灯业制造有限公司	照明灯具	送桥镇
高邮市洋浦精铸机械厂	机械装备	龙虬镇	江苏健客生物科技发展有限公司	其他	高邮经济开发区
江苏龙源先锋电气有限公司	机械装备	高邮经济开发区	江苏荣华铁塔制造有限公司	装备制造	高邮经济开发区
高邮亚普塑业有限公司	新材料	高邮镇	扬州日鑫电子有限公司	电子信息	高邮镇

（周萍 裴鸿翔）

【10 项项目被列入省重点技术创新项目计划】 4 月，为推进企业技术创新，加快新产品新技术开发，提升工业产品质量水平，促进产业转型升级，根据省经信委《关于组织申报 2015 年江苏省重点技术创新项目的通知》通知精神，经企业申报、各地职能部门推荐和评审，省经信委编制下达《2015 年江苏省重点技术创新项目计划》，当中列有高邮市的江苏欧力特能源科技有限公司的基于功能化碳纳米管的铅炭超级储能电池等项目 10 项，其中重点新技术新产品研发和推广类项目 6 项、品牌产品质量攻关类项目 2 项、创新能力建设类项目 2 项，总投资 1.45 亿元。 （周萍 裴鸿翔）

表 30 **2015 年高邮市入选省重点技术创新项目计划项目一览表**

承担单位	项目名称	所在行业领域	类别	项目规模（万元）			项目所在地
				总投资	其中：研发费用	其中：研发设备投资	
江苏欧力特能源科技有限公司	基于功能化碳纳米管的铅炭超级储能电池	新能源	新技术新产品研发和推广类	2580	2075	1740	高邮经济开发区
扬州宏远电子有限公司	超小型片式化铝电解电容器用阳极箔攻关项目	电子信息	质量攻关类	1600	1100	840	高邮经济开发区
扬州市新港电机有限公司	新能源汽车用新型复合磁通切换电机	新能源	新技术新产品研发和推广类	1200	809	420	高邮镇
江苏华能电缆股份有限公司	超低阻抗超强抗页岩气探测电缆	高端装备	新技术新产品研发和推广类	1530	1370	1160	高邮镇
扬州凯普电子有限公司	风电全功率变流器用大容量耐高压长寿命金属化薄膜电容器关键技术	新能源	新技术新产品研发和推广类	1050	690	510	高邮镇
江苏华富储能新技术股份有限公司	分布式光伏电站系统用高能高效低成本储能电池	新能源	新技术新产品研发和推广类	1250	1150	950	高邮镇
扬州光明电缆有限公司	企业技术中心轻型舰船用环保型特种电缆研发项目	高端装备	创新能力建设类	1500	1180	1050	菱塘回族乡
扬州曙光电缆股份有限公司	智能型光电复合太阳能光伏电缆技术研发项目	高端装备	质量攻关类	1200	980	790	菱塘回族乡
龙腾照明集团有限公司	高性能 LED 特种照明关键技术	新光源	新技术新产品	1600	1200	800	送桥镇
江苏金飞达电动工具有限公司	技术中心锂电池 18V800W 直流无刷电机研发项目	高端装备	创新能力建设类	1000	850	750	卸甲镇

（周萍 裴鸿翔）

【48家企业被确认为扬州市级以上星级数字企业】 2015年，根据江苏省星级数字企业创建认定暂行办法的规定，经过企业自愿申请、各地推荐、组织评审等程序，在省和扬州市经信部门公布的企业认定名单中，高邮市的江苏豪纬交通集团有限公司等48家企业被确认为扬州市级以上星级数字企业，其中高邮市荣清机械电子有限公司被认定为省星级数字企业、扬州市创新包装有限公司等47家企业被认定为扬州市星级数字企业。至此，全市累计被认定为扬州市级以上星级数字企业92家，其中省五星级数字企业3家、扬州市星级数字企业89家。 (朱万伟)

【2种产品被认定为省首台(套)重大装备及关键部件】 5月，根据《江苏省首台(套)重大装备及关键部件认定管理实施细则(2012年修订)》，经各地职能部门初审推荐、行业专家集中评审、专家现场核查认定和社会公示，省经信委发文公布2015年度江苏省首台(套)重大装备及关键部件的产品认定名单，高邮市的扬州邮谊工具制造有限公司“BM—2600型高精度数控成型拉刀专用磨床”、江苏迪萨机械有限公司“JJCM—4600型智能钢包全程加揭盖成套设备”名列其中。 (张晓展)

【5种产品入选江苏省重大装备(首台套)保险试点企业及产品名单】 6月14日，为分散生产企业和使用单位的风险，加快重大装备(首台套)的推广应用，提高市场竞争能力，推动重大科技成果转化和产业化，促进产业转型升级，经企业申报、各地推荐和专家评审认定，省经信委公布公布《省重大装备(首台套)保险试点入围企业及产品名单》，高邮市的江苏朝阳液压机械集团有限公司“CYXC—80型新型墙体材料全自动生产线”、高邮市荣清机械电子有限公司“RL型复杂循环舰船燃气轮机用间冷器”、江苏迪萨机械有限公司“JJCM—4600型智能钢包全程加揭盖成套设备”、江苏创新包装科技有限公司“XBJF—600/50型全自动清洁化阀口包装生产线”、扬州邮谊工具制造有限公司“BM—2600型高精度数控成型拉刀专用磨床”等5家企业的5种产品榜上有名。 (周萍 裴鸿翔)

【江苏朝阳液压机械集团有限公司CYXC—80新型墙体材料获批省“专精特新”产品】 5月，根据《江苏省万企升级行动计划(2011—2015年)》《江苏省中小企业创新工程行动计划(2011—2015年)》相关规定，经企业申报、各地推荐和专家评审认定，省经信委公布全省50个中小企业“专精特新”产品名单，高邮市的江苏朝阳液压机械集团有限公司CYXC—80新型墙体材料全自动生产线榜上有名。 (周萍 裴鸿翔)

【13种产品入选省重点推广应用的新技术新产品目录】 12月，省经信委根据省政府《关于进一步加强新技术新产品推广应用的意见》和《省重点推广应用的新技术新产品指南(第一批)》，经企业自愿申报、各地择优推荐、专家行业论证，省新技术新产品推广应用工作联席会议办公室公布江苏省重点推广应用的新技术新产品目录(第7～9批)，高邮市的江苏华富储能新技术股份有限公司等11家企业的13种产品位列其中。 (周萍 裴鸿翔)

表31 **2015年高邮市入选省重点推广应用的新技术新产品目录一览表**

企业名称	产品名称	企业名称	产品名称
江苏华富储能新技术股份有限公司	分布式太阳能光伏系统用高安全性绿色储能电池	扬州润明轻工机械有限公司	二氧化碳吸附提纯液化成套装置、全自动玻璃瓶视觉检测理瓶成套装备
高邮市北方动力机械有限公司	智能高效变速系统集成	江苏华能电缆股份有限公司	石油勘探机器人用射频承荷探测电缆、石油勘探机器人用耐水压水平井探测电缆
江苏迪萨机械有限公司	DSJJCM型高效节能钢包全程加揭盖成套装备	江苏长城电缆有限公司	数字化变电站用聚醚砜绝缘耐火电缆
扬州日兴生物科技股份有限公司	氨基葡萄糖盐酸盐	江苏赛德电气有限公司	光伏发电系统用抗辐射耐候型辐照交联聚烯烃绝缘及护套无卤低烟阻燃控制电缆
江苏省欧力特能源科技有限公司	PVC—气相二氧化硅胶体蓄电池	扬州市德运塑业科技股份有限公司	新型环保汽车皮革
扬州鑫晶光伏科技有限公司	高效离网式太阳能光伏发电系统		

(周萍 裴鸿翔)

【8种新产品通过省级推广应用鉴定】 2015年，根据《江苏省新产品新技术推广应用鉴定实施细则(试行)》，经省专项鉴定委员会专家组专家到高邮现场听取课题总结汇报、查验资料、质询答辩等程序后，一致认为高邮市的5家企业的8种新产品关键核心性能指标均达国内行业领先水平，并同意其通过省级推广应用鉴定。通过鉴定的8种新产品分别为江苏华能电缆股份有限公司的“石油勘探机器人用射频承荷探测电缆(W7F46PP－HS)”“耐水压水平井探测电缆WGSF4－HS”、扬州润明轻工机械有限公司的“高效全自动玻璃瓶清洗视觉检测与码垛成套设备”“全自动玻璃瓶视觉检测理瓶成套装备”、扬州盈信电气工程有限公司“石墨基柔性接地装置”、扬州锦江有色金属有限公司“软铅屏”、扬州凯普电子公司“智能电网用高压大功率薄膜DC－Link电容器(K8518)”和“新能源汽车用大功率薄膜电容器(K8515－500V－100F5%)”。

(周萍 裴鸿翔)

【5家企业技术中心通过省级认定】 11月19日，根据《江苏省认定企业技术中心管理办法》(2010年修订)，为进一步推动全省企业技术中心建设，加快完善以企业为主体、市场为导向、产学研相结合的技术创新体系，经企业申报、各地推荐、专家评审、现场核查、部门会审等程序，省经信委、省发改委、省科技厅、省财政厅、省国税局、省地税局、南京海关联合下发《关于公布2015年省认定企业技术中心名单的通知》，认定省级企业技术中心194家，高邮市的江苏承煦电气集团有限公司技术中心、江苏传艺科技股份有限公司技术中心、扬州市华胜机电制造有限公司技术中心、高邮市迅达工程机械集团有限公司技术中心、扬州鑫晶光伏科技有限公司技术中心名列其中。至此，全市累计建成省级工业企业技术中心30家。

(周萍 任建高)

【54家企业获批扬州市创新型(试点)企业】 11月，根据《扬州市千企创新升级行动计划》《扬州市千企创新升级评价管理办法》，经企业申报、各地初审、综合评分、相关部门联审等程序，扬州市经信委公布扬州市创新型(试点)企业名单，高邮市永发机械有限公司等46家企业被命名为2015年度扬州市创新型企业，高邮市润平混凝土制品有限公司等8家企业被命名为2015年度扬州市创新型试点企业。

(周萍 裴鸿翔)

表32 **2015年高邮市被命名为扬州市创新型企业一览表**

企业名称	所在行业领域	所在地	企业名称	所在行业领域	所在地
高邮市永发机械有限公司	机械装备	高邮镇	扬州市金诺尔不锈钢有限公司	机械装备	高邮城南经济新区
高邮市迅达重型工程机械有限公司	机械装备	高邮镇	江苏伏特照明集团有限公司	照明灯具	送桥镇
扬州千禧龙鞋业有限公司	轻工	高邮镇	扬州市天祥路灯器材有限公司	照明灯具	送桥镇
扬州大劲电机制造有限公司	机械装备	高邮镇	星慧照明工程集团有限公司	照明灯具	送桥镇
扬州龙鑫机械有限公司	机械装备	高邮镇	江苏金通交通器材有限公司	照明灯具	送桥镇
扬州康派尔机械科技有限公司	机械装备	高邮经济开发区	江苏贝尔照明电器有限公司	照明灯具	送桥镇
扬州瑞斯乐复合金属材料有限公司	新材料	高邮经济开发区	神州交通工程集团有限公司	照明灯具	送桥镇
高邮市申发电机制造有限公司	机械装备	高邮经济开发区	扬州迅祥电缆有限公司	电线电缆	菱塘回族乡
江苏亚龙水力设备有限公司	机械装备	高邮经济开发区	江苏天虹照明集团有限公司	照明灯具	菱塘回族乡
高邮市华星石油管件制造有限公司	机械装备	高邮经济开发区	鸿润电气集团有限公司	照明灯具	菱塘回族乡
扬州兴益机械有限公司	机械装备	高邮经济开发区	扬州金悦铜业有限公司	机械装备	菱塘回族乡
江苏开元太阳能照明有限公司	新光源	高邮经济开发区	江苏恒通照明集团有限公司	照明灯具	菱塘回族乡
高邮市微特电机厂	机械装备	高邮经济开发区	扬州市永达电源有限公司	新能源	卸甲镇
扬州市鸿信线路器材有限公司	电子信息	高邮经济开发区	扬州市德运塑业科技股份有限公司	新材料	卸甲镇
扬州润盈机械有限公司	机械装备	高邮经济开发区	高邮红马钢结构工程有限公司	机械装备	三垛镇

续表 32

企业名称	所在行业领域	所在地	企业名称	所在行业领域	所在地
高邮戚陆水产有限公司	其他	高邮经济开发区	扬州市飞跃车身制造有限公司	机械装备	三垛镇
江苏海德森能源有限公司	新能源	高邮经济开发区	高邮市宏泰电杆有限公司	其他	三垛镇
高邮市秦邮蛋品有限公司	食品	高邮城南经济新区	江苏扬州富达液压机械集团有限公司	机械装备	汤庄镇
江苏星浪光学仪器有限公司	新材料	高邮城南经济新区	扬州市申达机械有限公司	机械装备	汤庄镇
高邮市顺达动力机电有限公司	机械装备	高邮城南经济新区	扬州天高旅游用品有限公司	轻工	临泽镇
扬州市康乐机械有限公司	机械装备	高邮城南经济新区	扬州市智多星科技有限公司	机械装备	甘垛镇
扬州市源峰交通器材有限公司	照明灯具	高邮城南经济新区	高邮市高农机械配件有限公司	机械装备	龙虬镇
扬州亿泰纺织有限公司	纺织服装	高邮城南经济新区	高邮市恒辉机械有限公司	机械装备	界首镇

（周萍　裴鸿翔）

表 33　**2015 年高邮市被命名为扬州市创新型试点企业一览表**

企业名称	所属行业领域	所在地	企业名称	所属行业领域	所在地
高邮市润平混凝土制品有限公司	其他	界首镇	高邮市双雁羽绒制品有限公司	纺织服装	甘垛镇
扬州市宝典景观照明有限公司	照明灯具	送桥镇	隆昌照明集团有限公司	照明灯具	送桥镇
高邮市精正机械制造有限公司	机械装备	高邮镇	扬州新世界鞋业有限公司	轻工	临泽镇
扬州市鑫通交通器材集团有限公司	照明灯具	送桥镇	高邮市鑫能电源有限公司	新能源	甘垛镇

（周萍　裴鸿翔）

【47 家企业获批扬州市“专精特新”示范(培育)中小企业】 12 月，根据扬州市中小企业局《关于组织申报 2015 年度扬州“专精特新”中小企业的通知》要求，经企业申报、各地推荐和评审，扬州市中小企业局公布 2015 年度扬州“专精特新”示范(培育)中小企业名单，高邮市的江苏欧力特能源科技有限公司、龙腾照明集团有限公司等 2 家企业被认定为 2015 年度扬州市“专精特新”示范中小企业，扬州一洋制药有限公司等 45 家企业被认定为 2015 年度扬州市“专精特新”培育中小企业。至此，全市获批扬州市“专精特新”示范企业 11 家、培育企业 122 家。
（周萍　裴鸿翔）

表 34　**2015 年高邮市被认定为扬州市“专精特新”培育中小企业一览表**

企业名称	所属行业领域	所在地	企业名称	所属行业领域	所在地
扬州一洋制药有限公司	生物医药	高邮经济开发区	江苏伏特照明集团有限公司	照明灯具	送桥镇
高邮市精正机械制造有限公司	机械装备	高邮经济开发区	江苏金通交通器材有限公司	照明灯具	送桥镇
江苏奥普莱医疗用品有限公司	机械装备	高邮经济开发区	江苏现代照明集团有限公司	照明灯具	送桥镇
江苏富裕达粮食制品股份有限公司	其他	高邮经济开发区	江苏新时景观照明有限公司	照明灯具	送桥镇
江苏健客生物科技发展有限公司	生物化工	高邮经济开发区	星慧工程集团有限公司	照明灯具	送桥镇
江苏新潮光伏能源发展有限公司	新能源	高邮经济开发区	扬州市立达树脂有限公司	石油化工	送桥镇

续表 34

企业名称	所属行业领域	所在地	企业名称	所属行业领域	所在地
扬州大晟药用玻璃有限公司	新材料	高邮经济开发区	扬州市鑫通交通器材集团有限公司	照明灯具	送桥镇
扬州华盟电子	电子信息	高邮经济开发区	扬州鑫晶光伏科技有限公司	新能源	送桥镇
扬州市喜来太阳能科技有限公司	新能源	高邮经济开发区	江苏科凌医疗器械有限公司	机械装备	汤庄镇
高邮市秦邮蛋品有限公司	食品	高邮城南经济新区	江苏鑫蓮液压机电有限公司	机械装备	汤庄镇
江苏润德管业有限公司	新材料	高邮城南经济新区	扬州昇业机械有限公司	机械装备	汤庄镇
江苏赛尔橡胶股份有限公司	化工	高邮城南经济新区	高邮市金利达机械有限公司	机械装备	卸甲镇
扬州环球礼品包装有限公司	轻工	高邮城南经济新区	扬州市德运塑业科技有限公司	新材料	卸甲镇
扬州康乐机械有限公司	机械装备	高邮城南经济新区	扬州市华翔有色金属有限公司	新材料	卸甲镇
扬州市永信机械设备有限公司	机械装备	高邮城南经济新区	扬州市方圆机电制造有限公司	机械装备	卸甲镇
高邮市经纬纺织有限公司	纺织服装	高邮镇	扬州市永达电源有限公司	轻工	卸甲镇
高邮市助剂厂	化工	高邮镇	高邮市恒辉机械有限公司	机械装备	界首镇
江苏德皇文具有限公司	轻工	高邮镇	高邮市万嘉面粉有限公司	食品	临泽镇
江苏金丰机电有限公司	机械装备	高邮镇	扬州鸿元鞋业有限公司	轻工	临泽镇
扬州千禧龙鞋业有限公司	轻工	高邮镇	高邮市高农机械配件有限公司	机械装备	龙虬镇
扬州安利达铜业有限公司	新材料	菱塘回族乡	高邮市宏泰电杆有限公司	其他	三垛镇
扬州迅祥电缆有限公司	电线电缆	菱塘回族乡	扬州市智多星科技有限公司	机械装备	甘垛镇
扬州亚光电缆有限公司	电线电缆	菱塘回族乡			

（周萍 裴鸿翔）

【27家企业技术中心获批扬州市级企业技术中心】 12月，经扬州市经信委审核批准，高邮市建成扬州市企业技术中心27家，即江苏奥普莱医疗用品有限公司技术中心、扬州大晟药用玻璃有限公司技术中心、高邮市精正机械制造有限公司技术中心、扬州市康乐机械有限公司技术中心、江苏鑫东方户外用品有限公司技术中心、扬州市伊兴机械有限公司技术中心、扬州市源峰机电制造有限公司技术中心、扬州市邮谊工具制造有限公司技术中心、高邮市永发机械有限公司技术中心、高邮市高农机械配件有限公司技术中心、扬州市华翔有色金属有限公司技术中心、高邮市金利达机械有限公司技术中心、扬州市方圆机电制造有限公司技术中心、扬州市永达电源有限公司技术中心、扬州昇业机械有限公司技术中心、扬州市恒通环保科技有限公司技术中心、扬州十二粉黛生物科技股份有限公司技术中心、高邮市中韵锌业有限公司技术中心、高邮市宏泰电杆有限公司技术中心、鸿润电气集团有限公司技术中心、扬州迅祥电缆有限公司技术中心、扬州安利达铜业有限公司技术中心、扬州市现代照明电器有限公司技术中心、江苏宝德照明器材有限公司技术中心、扬州市鑫通交通器材集团有限公司技术中心、高邮市恒辉机械有限公司技术中心、扬州普天鞋业有限公司技术中心。至此，全市累计建成扬州市级企业技术中心115家。（周萍 任建高）

【实施扬州市“1532”技术改造工程项目20项】 2015年，市经信委继续组织实施扬州市“1532”技术改造工程项目。全年累计组织实施扬州市“1532”技术改造工程项目20项，计划投资42.8亿元，当年用款16.7亿元，累计用款36.2亿元。其中，竣工投产项目13项，计划投资31.5亿元，实际完成投资29.53亿元，当年用款13.9亿元；在建项目7项，计划投资11.28亿元，实际完成投资6.59亿元，当年用款2.81亿元。（张晓展）

表 35

2015 年高邮市被列入扬州市“1532”技术改造工程项目一览表

企业名称	项目名称	总投资(亿元)	累计完成投资(亿元)	当年完成投资(亿元)	备注
江苏浩明光电科技股份有限公司	智能机械项目	2.00	2.00	1.10	竣工项目
高邮希望铝业有限公司	生产线改造项目	1.00	1.00	0.19	
扬州鸿信线路器材有限公司	塑业扩产项目	1.00	1.00	0.40	
扬州市高升机械有限公司	操控总成项目	2.00	2.00	1.10	
扬州市华翔有色金属有限公司	多元素合金铅扩产项目	5.00	4.85	4.15	
江苏元鑫食品有限公司	食品加工项目	2.00	2.00	0.70	
扬州高标机械有限公司	阀门项目	1.10	0.90	0.25	
中信邮都(戴卡)轮毂制造股份有限公司	汽车轮毂项目	10.00	9.40	1.30	
扬州亚光电缆有限公司	航空航天电缆厅项目	1.00	1.00	0.05	
鸿润电气集团有限公司	一体化移动通信基站设备制造项目	3.00	2.00	2.00	
江苏金润龙科技有限公司	发电机组项目	1.00	1.00	1.00	
扬州洁晨机电科技有限公司	机械制造项目	1.10	1.10	0.41	
江苏艾利克储能设备科技有限公司	液化天然气储能设备的研发、制造、销售	1.28	1.28	1.28	
扬州京尚源机械制造有限公司	液压机械制造项目	1.00	0.50	0.50	在建项目
江苏绿科生物技术有限公司	微生物制剂项目	2.00	1.56	0.58	
扬州市泽龙塑业有限公司	塑料制品加工项目	1.00	0.50	0.50	
扬州现代光电科技有限公司	太阳能电池板项目	2.00	1.34	0.18	
江苏顺泰交通器材有限公司	智能交通系统项目	2.00	0.89	0.17	
江苏星科电器有限公司	LED 驱动电源项目	2.00	1.10	0.18	
江苏奥利思特机电设备有限公司	液压机电及配件制造项目	2.28	1.20	1.20	

(张晓展)

【实施投资额 1 亿元以上工业技术改造项目 90 项】 2015 年,全市累计实施投资额 1 亿元以上工业技术改造项目 90 项,计划总投资 323 亿元,当年用款 136 亿元,累计用款 213 亿元。其中,上年结转项目 52 项,计划总投资 192 亿元,当年用款 84 亿元,累计用款 161 亿元;当年新开工项目 38 项,计划总投资 132 亿元,当年用款 51.4 亿元。当年竣工投资额 1 亿元以上项目 39 项。 (张晓展)

表 36

2015 年高邮市实施投资额 1 亿元以上工业技术改造项目一览表

企业名称	项目名称	总投资(亿元)	累计完成投资(亿元)	当年完成投资(亿元)	备注
威达吉润建筑材料有限公司	防水材料项目	1.90	1.84	0.68	上年结转项目
江苏龙瀛食品有限公司	保健食品项目	1.30	1.06	0.70	
扬州振邮金属板材有限公司	精品管板材制品项目	30.00	21.35	15.94	
扬州中信邮都轮毂有限公司	汽车铝合金轮毂制造项目	10.00	10.00	1.20	
扬州易事特电力系统技术有限公司	智能电网系统及逆变器项目	10.00	10.00	4.76	
江苏富威能源有限公司	储能电池、锂电池及银锌电池项目	10.00	10.00	4.54	
扬州明康食品检测设备科技有限公司	食品快检中心项目	10.00	6.89	3.83	
江苏能一电池有限公司	蓄电池项目	10.00	9.44	6.44	
扬州金快乐电源有限公司	蓄电池项目	10.00	8.37	5.83	
江苏双龙电源有限公司	蓄电池项目	10.00	8.75	6.25	
江苏宇坤光电科技有限公司	LED 光源生产研发制造项目	3.00	3.00	0.00	
江苏绿科生物技术有限公司	微生物制剂项目	2.00	1.57	0.87	
江苏仕烽机械设备制造有限公司	港机配件项目	1.00	1.00	0.19	

续表 36

企业名称	项目名称	总投资（亿元）	累计完成投资（亿元）	当年完成投资（亿元）	备注
扬州鸿信线路器材有限公司	线路器材项目	1.00	1.50	1.00	上年结转项目
江苏松晟照明科技有限公司	大功率 LED 照明器具制造项目	2.16	2.16	1.76	
江苏朗格建筑幕墙科技有限公司	新型幕墙材料制造项目	1.50	1.50	0.92	
扬州洁晨机电科技有限公司	机电产品（电机端盖）制造项目	1.10	1.10	1.04	
扬州市方圆工贸有限公司	模具项目	1.00	1.00	0.50	
扬州市科瑞橡胶有限公司	橡胶制品项目	1.00	1.00	0.55	
江苏金润龙科技有限公司	发电机组项目	1.00	1.00	0.80	
江苏浩明光电科技股份有限公司	智能机械项目	2.00	2.00	1.10	
扬州市高升机械有限公司	工程车驾驶室操控总成项目	2.00	1.90	1.00	
高邮市华联制衣有限公司	服装服饰项目	1.00	1.05	0.05	
山水新能源有限公司	电极板项目	2.00	1.70	—	
上海工业锅炉高邮有限公司	锅炉及成套装配项目	3.00	1.94	—	
江苏科之拓科技发展有限公司（横泾）	高科技防伪检测设备及材料项目	1.20	1.20	0.65	
高邮市威风碳业有限公司	微型电机生产项目	1.08	1.32	—	
江苏元鑫食品有限公司	食品加工项目	5.00	2.80	1.05	
扬州正德金属科技有限公司	锌合金项目	1.00	0.85	0.30	
扬州明安优公司	环保设备项目	1.00	0.90	0.40	
扬州祥和鞋材有限公司	鞋材产品项目	1.00	1.00	0.20	
扬州市华翔有色金属有限公司	多元素合金铅项目	10.00	4.85	4.15	
江苏宏程重工有限公司	压力容器项目	2.18	2.18	1.34	
江苏顺成动力设备有限公司	发电机组项目	1.02	1.02	0.42	
扬州市经伟锁业有限公司	锁具项目	1.00	1.00	0.50	
固业集团诚辉钢管有限公司	螺旋钢管项目	5.00	4.05	2.05	
江苏昌德嘉电缆有限公司	预分支电缆项目	1.00	0.40	0.20	
扬州昌祥新材料有限公司	精品铝材项目	1.00	0.44	0.22	
江苏恩泰照明科技有限公司	LED 户外照明项目	1.00	0.43	0.20	
扬州现代照明科技有限公司	高效节能照明产品项目	10.00	7.12	5.95	
扬州市鑫通交通器材集团有限公司	智能交通系统项目	5.00	4.56	3.81	
江苏迪生照明电器有限公司	大功率 LED 封装项目	2.00	2.00	0.01	
江苏润明光电科技有限公司	LED 灯具项目	2.00	2.00	0.50	
江苏新逵凯科技发展有限公司	机场航路指示灯（近进灯）项目	2.00	2.00	—	
扬州市国光照明电器有限公司	LED 路灯项目	1.50	1.42	0.96	
扬州诺尔照明科技有限公司	LED 封装及光伏发电系统项目	15.0	1.50	0.39	
江苏科森电气发展有限公司	汽车减震器项目	1.20	1.14	0.26	
江苏新能光电发展有限公司	智能公交电子系统项目	1.00	1.00	0.08	
江苏中驰科技有限公司	汽车配件项目	1.00	0.93	0.65	
高邮振兴新能源科技有限公司	太阳能发电项目	2.00	2.00	—	
扬州荣康建筑安装工程有限公司	商用道具生产项目	1.00	1.00	39.00	
扬州京展防护设备有限公司	人防防护设备项目	1.00	1.00	10.00	
扬州道爵新能源发展有限公司	电动汽车项目	20.00	3.53	3.53	新开工项目
江苏传艺科技股份有限公司	柔性线路板（FPC）项目	10.00	2.04	2.04	
江苏久中电源有限公司	铅酸蓄电池项目	10.00	0.33	0.33	
扬州秦邮特种金属材料有限公司	钢厂余热发电项目	5.00	3.44	3.44	
江苏尚诚时装有限公司	服装加工项目	1.00	1.00	1.00	
扬州市康乐机械有限公司	健身器材项目	10.00	0.80	0.80	
江苏鑫东方户外用品有限公司	休闲系列产品项目	1.80	0.80	0.80	
江苏恒昌照明灯具有限公司	照明灯具项目	1.20	0.50	0.50	

续表 36

企业名称	项目名称	总投资(亿元)	累计完成投资(亿元)	当年完成投资(亿元)	备注
扬州华锋钢业有限公司	特钢加工项目	1.00	0.22	0.22	新开工项目
扬州南开新科生物技术有限公司	水质改良剂项目	1.00	0.20	0.20	
扬州市法马智能设备有限公司	LED 灯具项目	1.05	1.05	1.05	
扬州市泽龙塑业有限公司	塑料制品加工项目	1.00	0.50	0.50	
扬州京尚源机械制造有限公司	液压机械项目	1.00	0.50	0.50	
高邮市水花消防器材有限公司	消防水带项目	1.08	1.08	1.08	
高邮市宏泰电杆有限公司	高强度电杆项目	1.20	1.18	1.18	
中电投江苏电力有限公司	渔光互补光伏发电项目	2.00	2.00	2.00	
扬州安捷建设工程公司	沥青拌和材料项目	1.00	1.00	1.00	
江苏捷美工具有限公司	金属刀具项目	5.00	0.60	0.60	
扬州海诺机电有限公司	数据车床项目	1.00	0.48	0.48	
江苏金飞达电动工具有限公司	汽车配件项目	5.00	4.30	4.30	
扬州云升洁具科技有限公司	智能洁具盖板项目	1.02	0.20	0.20	
高邮市金利达机械有限公司	家用木工机械项目	1.00	1.00	1.00	
高邮湖协合力风电场(中国风电集团)	临湖风力发电项目	10.00	6.30	6.30	
江苏鸿润电气集团	移动通讯基站项目	10.00	6.90	6.90	
江苏科华光电科技有限公司	大功率 LED 项目	1.00	0.60	0.60	
江苏新煦光电科技有限公司	机械电缆项目	1.00	0.47	0.47	
江苏中航百慕新材料技术有限公司	VCI 金属复合涂层材料项目	10.00	1.73	1.73	
江苏顺泰交通器材有限公司	智能交通系统、信号灯项目	5.00	1.11	1.11	
江苏星科电气有限公司	LED 驱动电源、LED 灯具项目	2.00	0.95	0.95	
江苏诚真新能源科技有限公司	STP 真空绝热板、光伏切片项目	1.50	1.21	1.21	
江苏睿力新能源科技有限公司	新型风力发电设备项目	1.50	0.71	0.71	
扬州随乐食品有限公司	食品加工项目	1.00	0.73	0.73	
扬州市昕业照明电器有限公司	LED 灯具、太阳能路灯项目	1.00	1.00	1.00	
江苏顺天灯业钢杆制造有限公司	LED 灯具、太阳能路灯项目	1.00	1.00	1.00	
扬州惠远太阳能电力有限公司	光伏发电项目	1.00	0.65	0.65	
高邮协鑫光伏电力有限公司	光伏发电项目	1.00	0.30	0.30	
扬州秀杰塑胶制品有限公司	塑料衣架项目	1.00	0.20	0.20	
中海阳集团高邮山海新能源有限公司	光伏发电项目	1.50	0.76	0.76	

(张晓展)

重点企业选介

【扬州市秦邮特种金属材料有限公司】 该公司前身为秦邮特种金属材料有限公司,成立于 2001 年,坐落在高邮经济开发区。于 2008 年接受无锡市兆顺不锈钢中板有限公司的产业转移,同时围绕"总量控制、淘汰落后、企业重组、技术升级"的重点,整合扬州市高邮新邮钢厂、扬州钢铁厂、扬州轧钢总厂的钢铁产能,重组成为扬州市秦邮特种金属材料有限公司。拥有产能为铁水 240 万吨、钢坯 240 万吨、成品材料 200 万吨。现有员工 2200 多人,其中工程技术人员 600 多人。占地面积 70 多公顷,建筑面积 30 万平方米。净资产 10 多亿元。拥有的高炉、转炉以及配套设备全部符合国家《产业结构调整指导目录(2005 年本)》的要求,生产的产品质量达到国家优质产品标准。2014 年,该公司被工信部(第二批)公告为"符合钢铁行业规范条件企业"。2015 年 9 月,省发改委、经信委联合发文,同意该公司项目备案。2015 年,该公司实现现价产值 97.41 亿元,列全市重点工业企业之首。(史志)

【江苏波司登制衣有限公司】 该公司由波司登股份有限公司和沙龙集团股份有限公司共同投资组建,于2005年12月5日落户高邮经济开发区凌波路北侧。注册资本为5000万元,其中外资2750万元。总用地面积18.67公顷,拥有6万多平方米厂房,建有1.2万平方米员工食堂、1万平方米职工公寓楼。共有员工3500人。该公司系波司登股份有限公司在国内的"三大羽绒服生产基地"、"四大服装生产基地"之一。引进法国 CAD 设计系统、意大利蒸烫流水线和德国、日本等国服装专业化生产设备，产品质量达国际标准和日本市场A级水平。2015年，该公司实现现价产值77.06亿元。（史志）

【扬州市华翔有色金属有限公司】 该公司创办于1986年，坐落在高邮市卸甲镇，是国内较早从事废旧铅酸蓄电池回收、处置和再生利用的专业厂家之一，系江苏省高邮电池工业园危险废物处置企业。公司注册资本1.31亿元，总占地面积9公顷，建有标准化厂房33260平方米，拥有3条先进生产线、国内先进生产设备共计256台（套），其中破碎分选设备5台（套）、硫酸钠制备设备29台（套）、烟气脱硫系统设备15台（套）、备料设备15台（套）、熔炼、精炼、铸造设备192台（套），经营范围为废旧铅酸蓄电池的处置与再生利用，合金铅，多元素铅及2号铅的生产与销售，通过了ISO9001国际质量管理体系和ISO14001环境管理体系认证。共有员工200多人。该公司本着“保护环境、讲求实效、全员参与、强化管理、精益求精、铸就品质、团结拼搏、争创一流”的企业精神，着力“发展城市矿产，服务绿色生态”，致力于打造中国再生铅领域的绿色火车头。2013年2月，公司被中国社会科学院《中国再生铅可持续发展研究》国情调研组列入国情调研对象。2013年8月，该公司获江苏省环境保护厅颁发的从事废旧铅酸蓄电池处置、利用的《危险废物经营许可证》。2014年4月22日，江苏省环保厅下发文件，同意该公司开展废旧铅酸蓄电池、废铅极板、铅膏、铅泥、铅尘、铅渣无害化处理及综合利用改造项目，项目总投资5.6亿元人民币。2015年，该公司实现现价产值19.97亿元。（史志 周春江）

【扬州市光明电缆有限公司】 该公司创建于1991年，1999年改制为有限责任公司，为集舰船用电缆研发、生产、销售为一体的规模化专业生产企业，注册资金2000万元。占地面积3.3公顷，标准厂房和现代化办公大楼2.55万平方米，拥有12条生产线、128台套先进的生产及检测设备，自有资产7750万元，员工370多人。该公司先后被农业部授予全国质量管理达标企业称号，被评为国家高新技术企业，江苏省高新技术企业、省工商联先进企业、省计量保证确认单位、省民营科技型企业，扬州市名牌产品企业、“重合同、守信用”企业、AAA级信用企业等称号；建成省院士工作站。该公司董事长兼总经理杨福贵被国家民委授予全国少数民族优秀（厂长）经理称号。

该公司以市场为导向，以发展高新技术产业为重点，与上海电缆研究所等国内多家高等院校、科研所建立长期的技术协作关系，在全市同行中较早创建成扬州市级企业技术中心；先后通过ISO9002质量管理体系认证以及国家军用系列标准GJB9001A—2001质量体系认证；通过海军装备部认定审核，被列入海军装备承制单位名录；全塑电力电缆和控制电缆取得全国机电产品生产许可证，船用和橡套电缆通过中国质量认证中心CCC认证，船用产品通过CCS、ABS、BV、NK、RINA、DNV等船级社认可。先后自主研发系列舰船用特种电线电缆，其中研发的“A级抗干扰防火净化型船用特种电缆”等7个系列产品获得国家重点新产品证书，“综合铠装无卤阻燃耐火船用电缆”等4个系列产品被列为国家“火炬”计划项目，“抗干扰低烟无卤阻燃聚乙烯绝缘屏蔽控制软电缆”获’96国家专利新产品博览会金奖，“船用对称式控制低烟无卤信号电缆”被评为2010年省中小企业专利新产品，“轻型舰船用环保型特种电缆研发项目”被列入2013年江苏省重点技术创新项目计划，“企业技术中心轻型舰船用环保型特种电缆研发项目”被列入2015年江苏省重点技术创新项目计划。2015年，该公司实现现价产值15.96亿元。（史志）

【江苏赛德电气有限公司】 该公司创办于1996年，坐落在高邮市送桥镇，系集科、工、贸为一体的国家重点高新技术企业，下设扬州赛德电缆厂、江苏赛德太阳能电力有限公司、江苏赛德特种电缆有限公司、扬州赛德大酒店四个全资或控股企业。其中，扬州赛德电缆厂是其核心企业，专业从事电线电缆、特别是特种电缆的开发和生产。拥有员工530人，其中大中专毕业生220人、各类工程技术人员180人。占地面积9.8万平方米，现代化的标准厂房12幢，建筑面积4.6万平方米。拥有先进的生产设备和检测设备，资产4.2亿元，年生产能力48万千米。

该公司先后通过ISO9001—2000质量管理体系认证、计量保证确认认证、“C”标志使用资格认证、AAA级资信等级认证，是国家火炬计划重点高新技术企业，江苏省学习型企业、“重合同、守信用”企业、著名商标企业、名牌产品企业、清洁文明生产企业。主要产品有：高压电缆、电力电缆、控制电缆、计算机电缆、补偿导线、架空绝缘线、高温电缆、风能移动电缆、矿用电缆、硅橡胶电缆和K1～K3类核电站用电缆等。该公司与上海电缆研究所、哈尔滨理工大学等国内科研院所合作，不断研制开发市场亟须的新特产品，其中K3类核电站用电缆已于2006年通过国家鉴定，DJ、K、SPT、M、IA、V等系列电缆广泛应用于国家电力、石油化工、冶金、军工、核工、有色、轻纺、交通、医药、城建等行业的特大型工程。公司还多次协办或支持举办中国电力论坛、中电联理事会以及中国电力30年成就展等重大活动。2007年春，该公司在扬州市维扬经济开发区内投资兴建江苏赛德太阳能电力有限公司和江苏赛德特种电缆有限公司。2010年4月，开工建设投资2亿元的江苏赛德电气有限公司核电缆项目；8月，该公司测试中心通过扬州市工业企业产品质量优秀实验室评审。研发的核电站核岛内用耐强辐射抗开裂耐高温控制电缆、额定电压3KV及以下风力发电用耐扭曲软电缆、矿井安全探测用网络抗强干扰铠装信号传输电缆、船用多功能铠装组合电缆被认定为2013年江苏省高新技术产品，“风力发电机组抗扭数据传输电缆项目”被列入2013年江苏省重点技术创新项目。2015年，该公司实现现价产值15.14亿元。（史志）

【扬州曙光电缆股份有限公司】 该公司创办于1985年，坐落在江苏省唯一的少数民族乡——菱塘回族乡。占地面积28公顷，建筑面积9.2万平方米，自有净资产7.8亿元，员工近800人。系国家重点高新技术企业、中国电子信息百强企业，江苏省“重合同、守信用”企业、省AAA级资信企业、省文明单位、省环境保护先进企业、省优秀民营企业、省首批信用管理示范企业、省和谐劳动关系模范企业、省两化融合电子商务试点企业、省质量管理奖、质量奖，扬州市重点利税大户、工业销售30强企业，高邮市首届市长质量奖。生产的强菱牌系列电缆是国家免检产品、江苏省名牌产品。董事长兼总经理郑连元先后被授予江苏省优秀企业家、江苏省劳动模范、全国乡镇企业家、扬州市十大经济新闻人物称号。

该公司拥有从芬兰、法国、美国、英国、瑞士等国家引进的电缆行业最先进生产和测控设备，主要产品500千伏、220千伏及以下交联电力电缆、塑力缆、架空绝缘导线、屏蔽控制和计算机电缆、核电站用1E级K3类电缆、煤安电缆、变频电缆、补偿电缆、耐高温电缆、钢芯铝绞线、通信光缆等20多个系列近万个规格。20世纪90年代，该公司先后与上海电缆研究所、河海大学等高等院校、科研机构合作，在全行业率先通过ISO9001质量管理体系认证后，先后通过产品安全认证、ISO14001环境管理体系认证、GB/T28001职业健康安全管理体系认证和测量管理体系认证等；2005年，在全市工业企业中首家建立省级企业技术中心。先后承担国家级火炬、星火项目13个，有8种新产品被确认为国家新产品、29种新产品被确认为省高新技术产品，“核电常规岛胜耐辐射抗开裂1E型控制电缆”被确认为省“专精特新”产品，“耐辐射抗开裂环保型核电站用IE级控制电缆项目”被列入2013年江苏省重点技术创新项目。从2008年起，该公司先后投入4亿多元，征用土地20.67公顷，实施500千伏超高压交联电缆项目，新添的2条35千伏生产线已于2010年底试投产。“智能型光电复合太阳能光伏电缆技术研发项目”被列入2015年江苏省重点技术创新项目计划。2015年6月9日，扬州曙光电缆股份有限公司获批在“新三板”挂牌上市。2015年，该公司实现现价产值15.02亿元。（史志）

【扬州千禧龙鞋业有限公司】 该公司创办于2000年5月，坐落在高邮镇南郊经济开发区，是生产各类PU底、TPU底工业用鞋的专业工厂，为国内规模较大、出鞋货量、品种和防护功能较完善的安全防护鞋制造企业之一。现有员工300多人，其中技术员工50多人。占地面积4公顷，其中建筑面积16000多平方米。资产5000万元。拥有国产PU连帮注射生产线4条和从德国进口的DESMA全自动PU/TPU24工位注射成型生产线2条、PU/PU18工位注射成型生产线1条，制帮针车290台（套）；年生产安全鞋、劳保鞋、职业工作鞋、耐油鞋、防酸碱、耐高温、防静电鞋、登山鞋等各类鞋130万双。为适应国际市场的要求，公司在同行业中率先通过ISO9001：2000版国际质量管理体系认证，陆续取得欧洲“CE”质量认证。并在原有以防砸安全鞋、防穿刺安全鞋、绝缘安全鞋、防静电工作鞋、焊工安全鞋等主要产品的基础上，又设计开发时尚休闲安全鞋，登山鞋等系列产品，产品远销世界各地。2015年，该公司实现现价产值11.46亿元。（史志）

【江苏金飞达电动工具有限公司】 该公司坐落在高邮市卸甲镇东风街。系台式电动工具专业生产厂家，为国家二级企业、国家机电产品出口生产基地，江苏省明星企业、高新技术企业、优质民营企业、科技进步先进企业、质量管理先进企业，扬州市工业销售30强企业，有进出口经营权。占地面积36.6公顷，其中建筑面积18.6万平方米，有加工中心20台（套）、大吨位压铸机8台（套）、自动绕线机12台（套）、注塑机12台（套）、自动化生产流水线26条、各类机床280多台（套），固定资产2.52亿元。主要产品有斜断锯系列、台锯系列、刨类系列、台钻系列、带锯系列、线锯系列、切割机系列和园林工具等100多个规格品种。该公司生产的MJ2625Ⅶ型自吸尘全自动激光校准斜断锯、高精度闭环全自动水槽切割机、MJ－ⅣD型智能化变频调速圆锯机、G4012双柱液压全自动卧式带锯床、JDD315II型PLC控制多功能液压带锯机，被认定为2013年江苏省高新技术产品。“技术中心锂电池18V800W直流无刷电机研发项目”被列入2015年江苏省重点技术创新项目计划。2015年7月29日，该公司被确认为中国机械工业现代化管理示范企业；2015年，该公司实现现价产值10.23亿元。（史志）

【江苏华富控股集团有限公司】 该公司创办于

1990年，是一家跨地区、跨行业融科研、生产、工贸为一体的高科技企业集团，系国家高新技术企业、江苏省储能材料工程技术研究中心、全国铅酸蓄电池标准化技术委员会胶体电池分技术标准委员会，有江苏华富能源有限公司、江苏福力特电源有限公司、江苏华山电气有限公司、江苏润春电气有限公司、扬州澳玛电气有限公司、扬州市富泰塑胶实业有限公司、江苏金禾置业有限公司、江苏钰丰置业有限公司、高邮市天地通物流有限公司等十多家投资控股公司，形成以新能源、新型蓄电池、房地产、电子、物流、贸易、科研开发等多行业发展的格局。有员工1200多人，其中中专以上学历人员334人、技术人员125人。先后通过ISO9002、ISO14001、ISO18001认证和美国UL及欧盟CE安全认证，拥有国防通信、电信、广播电视、铁道、电力、联通等设备进网许可证，有自营出口权。与中国科学院、哈尔滨工业大学、东南大学、扬州大学、浙江大学等科研院校进行产学研合作，聘请院士何祚庥、陈洪渊、曹楚南等23名专家组建公司技术咨询委员会，先后开发纳米胶体蓄电池、聚合物太阳能储能电池、电动汽车用新型无镉动力电池等高新技术产品，承担多项国家、省科技攻关项目，有核心技术专利50余项。该集团有2个中国驰名商标、2个国家免检产品、3个江苏省品牌产品、16个江苏省高新技术产品，参加5个国家（行业）标准的起草。2009年以来，该集团先后建成国家级博士后科研工作站和省级企业院士工作站、博士后工作站，形成“四站两中心”（国家级博士后科研工作站、省级企业院士工作站、省级博士后工作站、省级研究生工作站、省储能材料工程技术研究中心、省级企业技术中心）研发格局。集团旗下的江苏华富储能新技术股份有限公司被确认为2013年江苏省第一批两化融合试点企业和2013年度省高成长型中小企业省中小企业创新能力建设示范企业，有1项目入选国家火炬计划（高原专用胶体储能电池项目），生产的高海拔地区分散式新能源发电系统储能电池获批省优秀新产品奖，研发的储能用磷酸铁锂电池模组入选省重点推广应用的新技术新产品目录，“高海拔地区分散式新能源发电系统储能装置研发与产业化”项目被列入2013年江苏省重点技术创新项目，承担的“分布式发电系统储能用磷酸铁锂电池模组技术研发”项目入选省科技支撑（工业）计划项目。2015年，该集团实现现价产值5.06亿元。

（史志）

表37　**2015年高邮市工业“五十强”企业一览表**

企业名称	法定代表人	企业性质	主要产品	现价产值（亿元）	电话号码	地址
扬州市秦邮特种金属材料有限公司	陈家榕	私营有限责任公司	特种铸钢件	97.41	84742050	高邮经济开发区腰圩村
江苏波司登制衣有限公司	何其新	与港澳台商合资经营	休闲服	77.06	84603641	高邮经济开发区凌波路
江苏扬钢特钢有限公司	陈　垒	私营有限责任公司	钢压延加工	31.45	85838815	高邮经济开发区民营路
扬州市华翔有色金属有限公司	徐和安	私营股份有限公司	再生铅	19.97	84502080	卸甲镇金家村
扬州市光明电缆有限公司	杨福贵	私营有限责任公司	电线电缆	15.96	84232148	菱塘回族乡清真路
江苏赛德电气有限公司	戴光华	私营有限责任公司	电缆	15.14	84249690	送桥镇大营村
扬州曙光电缆股份有限公司	郑连元	其他有限责任公司	电缆制造	15.02	84239040	菱塘回族乡镇团结街
扬州千禧龙鞋业有限公司	于有银	私营有限责任公司	合成革鞋人造革鞋	11.46	84638118	高邮城南经济新区南苑社区
高邮市永发机械有限公司	朱恩权	私营有限责任公司	五金机械加工	11.09	84540888	高邮镇丁庄村
高邮市助剂厂	秦国柳	股份合作	荧光增白剂	11.07	84582888	高邮镇运河大桥北
扬州神游羽绒制衣有限公司	刘尚斌	其他有限责任公司	服装	10.67	85081678	高邮镇文游南路231号
江苏金飞达电动工具有限公司	张庆奇	私营有限责任公司	电动工具	10.23	84732424	卸甲镇东风街
江苏金丰机电有限公司	陶加山	私营有限责任公司	电感器生产	10.15	84545883	高邮镇丁庄村
扬州市高升机械有限公司	管芝连	私营有限责任公司	液压配件系列、工程车座椅	9.49	84543363	高邮镇丁庄村
扬州亚光电缆有限公司	鲁建才	私营有限责任公司	电线电缆	8.89	84232377	菱塘回族乡菱塘村
扬州宏远电子有限公司	蒋正林	与港澳台商合营	铝电解电容器用电机箔	8.74	84681292	高邮经济开发区长兴路
扬州亿泰纺织有限公司	张晨喜	私营有限责任公司	人造纤维	8.67	84665899	高邮城南经济新区文游南路

续表 37

企 业 名 称	法 定代表人	企业性质	主 要 产 品	现价产值(亿元)	电话号码	地 址
扬州市红旗电缆制造有限公司	陈有新	其他有限责任公司	电线电缆	8.46	84232078	菱塘回族乡团结街
江苏润华电缆股份有限公司	茆玉斌	私营股份有限公司	电缆	8.03	84583598	高邮镇丁庄村
扬州市创新包装有限公司	方先其	私营有限责任公司	包装袋	7.86	84540555	高邮镇武安路
高邮市万嘉面粉有限公司	任有毅	私营有限责任公司	面粉加工	7.39	84328182	临泽工业集中区
扬州市方正铜业有限公司	杨正森	私营有限责任公司	铜材加工销售	7.37	84369628	临泽镇周巷工业集中区
江苏苏发照明实业有限公司	陈正明	其他有限责任公司	LED光电制造	7.09	84248418	送桥镇郭集办事处苏发路
江苏华能电缆股份有限公司	陶　明	股份有限公司	电线电缆	7.04	84613573	高邮镇湖滨村
江苏金晖光伏有限公司	周桂英	其他有限责任公司	多晶硅	6.94	80955038	高邮城南经济新区南苑社区
江苏匡克防护有限公司	朱国华	港澳台商独资	职业防护类的服装、鞋	6.64	85089968	临泽镇工业集中区
扬州大劲电机制造有限公司	李　劲	其他有限责任公司	电机	6.60	84540058	高邮镇丁庄村
江苏朝阳液压机械集团有限公司	陈翠萍	私营有限责任公司	生物燃料制造	6.55	84712359	汤庄镇建业路15号
江苏恒辉电气有限公司	翁志俊	私营有限责任公司	电线电缆	6.49	84239818	菱塘回族乡菱塘村
高邮亚普塑业有限公司	刘文斌	其他有限责任公司	塑料制品	6.45	84540196	高邮镇工业集中区
江苏传艺科技有限公司	陈　敏	私营有限责任公司	柔性线路板	6.31	84606629	高邮经济开发区凌波路
江苏跃马钢管制造有限公司	卢金安	其他有限责任公司	照明灯具制造	6.31	84244178	送桥镇郭集办事处德华社区
高邮市迅达工程机械集团有限公司	吴年林	私营有限责任公司	工程自动化设备	6.29	84565988	车逻镇湾桥村
扬州天地源机电股份有限公司	杨祥勇	私营股份有限公司	机械加工	6.08	84492588	高邮镇黄渡村
高邮市丽华实业有限公司	朱晓兰	私营有限责任公司	塑料瓶盖	6.03	84623695	邓桥路35号
高邮市金宝电工有限公司	于传宝	私营有限责任公司	电线制造	5.85	84885612	甘垛镇工业集中区
扬州市恒源常笑电子电源厂	潘志龙	私营有限责任公司	蓄电池生产销售	5.68	84546228	高邮镇工业集中区
扬州市天宇鞋业有限公司	于徐生	私营有限责任公司	皮鞋皮革制品、安全鞋生产	5.60	84325558	临泽镇工业集中区
高邮市保圣龙投资实业有限公司	何　花	私营有限责任公司	服装加工	5.60	84605906	高邮镇凌波路
扬州瑞斯乐复合金属材料有限公司	梅小明	私营有限责任公司	金属门窗制造	5.58	13852753886	高邮经济开发区波司登大道
江苏广源电线电缆有限公司	谭金龙	其他有限责任公司	钢缆铝绞线	5.55	84661575	高邮经济开发区泰北路
扬州市别克机电有限公司	王　坤	私营有限责任公司	金属门窗制造	5.41	85606866	高邮经济开发区屏淮北路
扬州市邮谊工具制造有限公司	周启付	私营有限责任公司	刀具	5.34	84499929	高邮镇黄渡村
扬州霖阳电气有限公司	杨志鸿	私营有限责任公司	镀锡丝制造	5.16	13773318088	菱塘回族乡清真路
江苏华富控股集团有限公司	居　丽	其他有限责任公司	太阳能电池	5.06	84541805	高邮镇工业集中区
扬州市新邮特种铸造金属制品有限公司	杨仕军	私营有限责任公司	钢压延加工	4.90	84616312	汤庄镇汉留办事处三阳北路
江苏晨光电缆有限公司	杨文华	其他有限责任公司	电线、电缆制造	4.89	84232208	菱塘回族乡工业集中区
高邮市万利铸业有限公司	吕　律	私营有限责任公司	铸件	4.84	85857039	汤庄镇汉留办事处友好路
高邮市苏尔昌橡塑材料有限公司	沐庆昌	其他有限责任公司	卫生材料及医药用品制造	4.84	84548398	高邮镇工业集中区
扬州日兴生物科技股份有限公司	张　超	私营有限责任公司	有机化学原料制造	4.77	84545552	高邮镇同心路

注:以企业实现现价产值从多到少为序排列　　（市统计局）

建筑业·房产业

Architecture·Real Estate Business

导读

建筑市场

【概况】 2015年，全市建筑业解放思想、创新思路、开拓市场、转型升级，各项工作取得新成效。全年各建筑企业累计承接施工面积5138.8万平方米，竣工面积2477.9万平方米；承接高层建筑2278幢，其中超高层建筑316幢。实现建筑业企业总产值1000亿元，建筑业总产值722亿元，分别增长25%、21%；完成建筑业税收4.67亿元，增长12.7%。至年底，全市建筑企业从业人员14万人，其中高邮市从业人员6万人。是年，高邮市获扬州市建筑业经济考核二等奖，被表彰为扬州市2015年建筑施工扬尘治理先进地区；江苏瑞沃建设集团有限公司蝉联省建筑业百强企业，江苏弘盛建设工程集团有限公司、江苏兴厦建设工程集团有限公司、江苏润扬建设工程有限公司获“省建筑业竞争力百强企业”称号，江苏建宇建设工程有限公司、扬州市天成建筑安装工程有限公司获评省建筑业最具成长性百强企业，江苏兴厦建设工程集团有限公司、江苏润扬建设工程有限公司、江苏华泰路桥建设集团有限公司获评扬州市建筑业综合实力20强企业，江苏瑞沃建设集团有限公司、江苏建宇建设工程有限公司、高邮市飞马装饰工程有限公司获评扬州市建筑业成长型10强企业。　（薛慧）

【建筑市场拓展】 2015年，全市建筑企业在巩固现有建筑市场的同时，积极拓展新市场，加大外埠工程项目承接量。全年新拓展临沂市、驻马店市、江门市、普洱市、海东市、辽源市等地建筑市场，承接施工面积1964.9万平方米，完成外埠施工产值491.2亿元，分别增长6.8%、22.8%。至年底，全市建筑企业外埠市场拓展至30个省份的64县（市、区）。　（薛慧）

【建筑业多元化发展】 2015年，全市建筑企业加快转型升级步伐，注重多元化发展，经营范围由传统建筑施工领域向房地产开发、建筑设计、小额贷款、餐饮、教育等行业拓展延伸，提升建筑企业的发展活力和应对市场风险能力。全年实现多元化经营产值278亿元，增长35.2%。　（薛慧）

【11家单位获表彰】 2015年，全市建筑行业共有11家单位获扬州市级以上表彰。

6月8日，江苏省住房和城乡建设厅、江苏省统计局、江苏省商务厅联合印发《关于发布2014年度全省建筑业百强企业的通知》，高邮市的江苏瑞沃建设集团有限公司位列其中，获“江苏省建筑业百强企业”称号。

7月22日，扬州市城乡建设局、扬州市统计局联合印发《关于发布2014年度扬州市“建筑业综合实力20强、成长型10强企业”的决定》，高邮市的江苏兴厦建设工程集团有限公司、江苏瑞沃建设集团有限公司、江苏润扬建设工程集团有限公司、江苏华泰路桥建设集团有限公司获“2014年度扬州市建筑业综合实力20强企业”称号；江苏瑞沃建设集团有限公司、江苏建宇建设集团有限公司和高邮市飞马装饰工程有限公司获“2014年度扬州市建筑业成长型10强企业”称号。

2016年2月3日，扬州市城乡建设局印发《关于全市城乡建设系统重点工作绩效评价结果的通报》，市建管局获建管部门优秀等次。

2016年2月5日，扬州市建筑施工扬尘整治领导小组办公室印发《关于表彰2015年扬州市建筑施工扬尘治理先进集体和先进个人的决定》，市建管局、市安监站被评为扬州市2015年建筑施工

扬尘治理先进管理部门。（薛慧）

【建筑业骨干企业】　2015年，市委、市政府注重加大政策扶持力度，推动建筑业骨干企业做大做强、加快发展。全年新增产值超亿元建筑企业7家，其中新增产值超10亿元建筑企业4家，累计分别有58家、20家。（薛慧）

表38　**2015年高邮市总产值超10亿元建筑企业主要指标实绩表**

企业名称	资质等级	法定代表人	企业总产值	
			实绩数（亿元）	其中外省工程产值（亿元）
江苏弘盛建设工程集团有限公司	房屋总承包特级	胡恒春	205.82	91.3
江苏兴厦建设工程集团有限公司	房屋总承包一级	赵宏才	117.34	37.6
扬州市天成建筑安装工程有限公司	房屋总承包一级	刘长春	51.77	1.9
江苏润扬建设工程有限公司	房屋总承包一级	李志森	40.47	7.0
江苏建宇建设工程有限公司	房屋总承包一级	管民良	31.59	11.9
江苏瑞沃建设集团有限公司	市政总承包一级	李艳秋	32.01	1.6
江苏华坤建设工程有限公司	房屋总承包一级	吴华生	23.20	10.9
扬州市宏厦建筑安装工程有限公司	房屋总承包一级	董恒发	21.01	5.5
扬州首裕建设工程有限公司	房屋总承包一级	陆　峰	20.49	11.1
扬州统一建设工程有限公司	房屋总承包二级	居述青	19.92	2.5
江苏同发建设工程有限公司	房屋总承包一级	陈智慧	17.55	1.9
扬州市润泽建设工程有限公司	房屋总承包二级	杨书根	17.34	—
江苏锦柏建设工程有限公司	房建总承包一级	张行生	15.43	—
扬州市邮城建筑安装工程有限公司	房屋总承包二级	郭士文	14.88	—
江苏弘发建设工程有限公司	房屋总承包二级	徐德祥	14.50	—
扬州惠丰建筑安装工程有限公司	房屋总承包二级	杨永丰	13.05	—
高邮市金厦建筑安装工程有限公司	房屋总承包三级	张所清	12.87	4.1
扬州龙海建筑安装工程有限公司	房屋总承包二级	倪德富	12.04	—
扬州汇富建设工程有限公司	房屋总承包二级	傅文岗	10.75	1.7
扬州市盂城建筑安装工程有限公司	房屋总承包三级	吴定松	10.01	4.6

（薛慧）

建筑业管理与服务

【江苏兴厦建筑安装有限公司完成改制】　6月19日，江苏兴厦建筑安装有限公司召开第二届第一次职工代表大会。会议审议通过该公司深化改革实施方案、奖股购股和增资扩股实施方案、股东产生方案、持股实施方案；会议以无记名投票方式，表决通过职工安置实施方案，选举产生职工监事。至7月25日，该公司完成对全体股东及委托持股人的募股及验资工作。8月3日，该公司召开第一次股东会议，审议通过《公司章程》，表决产生董事会和监事会成员。新当选的董事和监事分别召开第一次董事会和监事会，董事会选举产生董事长，聘任总经理、副总经理、总经理助理和董事会秘书；监事会选举产生监事长。9月29日，该公司完成工商注册变更登记，正式更名为“江苏兴厦建设工程集团有限公司”。（薛慧）

【建筑企业资质申请与晋升】　2015年，市建管局引导建筑企业开展资质申请、资质等级提升、资质项目增项等工作，促进建筑企业提升综合实力和市场竞争力。全年有19家建筑企业实现资质升级，其中晋升总承包一级资质企业4家、二级资质企业4家、专业承包一级资质企业4家、专业承包二级资质企业7家。至年底，全市累计有各类有资质建筑企业377家，其中总承包特级资质企业1家、一级资质企业13家、二级资质企业26家、三级资质企业45家，专业承包一级资质企业26家、专业承包二级资质企业51家、专业承包三级资质企业176家，劳务分包资质企业39家。（薛慧）

【专业人才队伍建设】 2015 年,市建管局继续组织和引导各建筑企业加强专业技术人才储备,提升全行业人才队伍建设水平。强化对注册建造师的培养力度,全年新增一级注册建造师 96 人、二级注册建造师 331 人;开展全市建筑业从业人员专业技术职称评定工作,有 10 人取得高级职称资格、208 人取得中级职称资格、290 人取得初级职称资格。（薛慧）

【从业人员培训】 2015 年,市建管局组织建筑企业负责人、项目负责人、安全员、取样员、建筑施工专业技术工人等建筑业从业人员,参加专业技术培训,培训人数 4500 人次;组织建筑行业特殊工种换证考试培训,培训人数 716 人次。（薛慧）

建筑施工安装

【14 项工程获省级优质工程奖】 2015 年,全市建筑企业承建的工程项目共获省级优质工程奖 14 项。其中,按奖项划分,获江苏省“扬子杯”奖 11 项,获上海市“白玉兰杯”奖 3 项;按获奖企业划分,江苏弘盛建设工程集团有限公司获奖 4 项,江苏兴厦建设工程集团有限公司获奖 3 项,江苏建宇建设集团有限公司、江苏润扬建设工程集团有限公司各获奖 2 项,扬州市华联装潢广告有限公司、高邮市飞马装饰工程有限公司、江苏华泰路桥建设集团有限公司各获奖 1 项。（薛慧）

【35 项工程获市级优质工程奖】 2015 年,全市建筑企业承建的工程项目共获市级优质工程奖 35 项。其中,按奖项划分,获扬州市“琼花杯”奖 13 项,获扬州市“五亭杯”奖 8 项,获扬州市市外优质工程奖 7 项,获南京市“金陵杯”奖 3 项,获泰州市“梅兰杯”、苏州市“姑苏杯”、徐州市“古彭杯”、淮安市“翔宇杯”奖各 1 项;按获奖企业划分,江苏建宇建设集团有限公司获奖 6 项,江苏弘盛建设工程集团有限公司、江苏瑞沃建设集团有限公司、扬州市华联装潢广告有限公司各获奖 4 项,江苏润扬建设工程集团有限公司、江苏华泰路桥建设集团有限公司、高邮市飞马装饰工程有限公司、扬州市天成建筑安装工程有限公司各获奖 3 项,扬州首裕建设工程有限公司获奖 2 项,江苏兴厦建设工程集团有限公司、扬州市宏厦建筑安装有限公司、扬州市富康建设工程有限公司各获奖 1 项。（薛慧）

【5 项实用新型技术和 3 项发明获国家专利证书】 2015 年,全市建筑企业获国家知识产权局颁发专利证书的实用新型技术共有 5 项,即江苏兴厦建设工程集团有限公司研发的“一种 MC 劲性复合桩”“一种可回收式锚杆”“一种用于穹顶结构安装的中心悬挑支撑系统”“一种深基坑围护体系”和“一种采用锥管螺纹和花键滑动套配合连接的钻杆”;获颁发发明专利证书共 3 项,即江苏弘盛建设工程集团有限公司研发的“一种围挡专用卡具”“一种柱竖向钢筋定位器”和“一种防堵头砂浆脱落止水型对拉螺栓”。（薛慧）

【4 项工法获批省级工法】 6 月 26 日,省住房和城乡建设厅印发《省住房城乡建设厅关于公布 2015 年度第一批江苏省工程建设省级工法名单的通知》,由江苏弘盛建设工程集团有限公司研发的“格构柱临时支撑全拆除梁柱节点加固施工工法”获批为省级工法;2016 年 1 月 8 日,省住房和城乡建设厅印发《省住房城乡建设厅关于公布 2015 年度第二批江苏省工程建设省级工法名单的通知》,江苏弘盛建设工程集团有限公司研发的“剪力墙对拉螺栓洞防渗防透寒施工工法”、江苏兴厦建设工程集团有限公司研发的“蒸压砂加气混凝土砌块+喷涂硬泡聚氨酯”和江苏建宇建设集团有限公司研发的“劲性塔吊基础施工工法”获批为省级工法。（薛慧）

【15 项工程获市级以上建筑业新技术应用示范工程奖】 12 月 29 日,扬州市城乡建设局印发《关于公布 2015 年度扬州市建筑业新技术应用示范工程名单的通知》,通知中列有高邮市建筑企业承建的工程项目 9 项,其中江苏弘盛建设工程集团有限公司承建的项目 6 项、江苏建宇建设工程有限公司承建的项目 2 项、江苏华坤建设工程有限公司承建的项目 1 项。2016 年 1 月 6 日,江苏省住房和城乡建设厅印发《关于公布 2015 年度江苏省建筑业新技术应用示范工程名单的通知》,通知中列有高邮市建筑企业承建的工程项目 6 项,该 6 项工程均由江苏弘盛建设工程集团有限公司承建。（薛慧）

【获省级工程建设 QC 小组活动成果奖 5 项】 2015 年,全市建筑行业获省级工程建设 QC 小组活动成果奖 5 项,其中江苏兴厦建设工程集团有限公司的“控制钢筋混凝土现浇楼板裂缝”“大型厂房地坪新型材料的技术应用”获 2015 年度上海市工程建设优秀 QC 成果一等奖,江苏兴厦建筑工程集团有限公司的“绿色施工示范工程的环境保护”“改进模板施工方法提高框架柱、梁接头”获 2015 年度上海市工程建设优秀 QC 成果二等奖,江苏弘盛建设工程集团有限公司的“高层先搭后顶式悬挑脚手架创新”获江苏省建设质量管理小组活动成果优秀奖。（薛慧）

【获市级工程建设 QC 小组活动成果奖 20 项】 2015 年,全市建筑行业获市级工程建设 QC 小组活动成果奖 20 项,其中获扬州市建筑业 QC 小组活动成果奖 19 项、获苏州市建筑业 QC 小组活动成果奖 1 项。（薛慧）

表39　高邮市建筑行业获市级工程建设QC小组活动成果奖一览表

企业名称	获奖项目	奖项
江苏兴厦建设工程集团有限公司	同乐世界家居广场	扬州市建筑业QC成果二等奖
江苏兴厦建设工程集团有限公司	钱邦栋QC小组	扬州市建筑业QC成果二等奖
江苏兴厦建设工程集团有限公司	综合办公室QC小组	扬州市建筑业QC成果二等奖
江苏兴厦建设工程集团有限公司	西安分公司QC小组	扬州市建筑业QC成果三等奖
江苏兴厦建设工程集团有限公司	武汉大学口腔医院项目部	扬州市建筑业QC成果三等奖
江苏兴厦建设工程集团有限公司	招商局物流集团事故水池工程	扬州市建筑业QC成果优秀奖
江苏兴厦建设工程集团有限公司	重庆分公司唐家沱	扬州市建筑业QC成果优秀奖
江苏弘盛建设工程集团有限公司	绿地欢乐滨海城项目部	扬州市建筑业QC成果一等奖
江苏弘盛建设工程集团有限公司	青岛理工大学工程	扬州市建筑业QC成果二等奖
江苏弘盛建设工程集团有限公司	东城区景泰小学综合维修工程	扬州市建筑业QC成果优秀奖
江苏弘盛建设工程集团有限公司	淮阴卷烟厂后勤项目	扬州市建筑业QC成果三等奖
江苏弘盛建设工程集团有限公司	新华大厦	扬州市建筑业QC成果三等奖
江苏弘盛建设工程集团有限公司	蓬莱百美山庄工程	扬州市建筑业QC成果三等奖
江苏弘盛建设工程集团有限公司	青岛分公司第二QC小组	扬州市建筑业QC成果二等奖
江苏弘盛建设工程集团有限公司	苏州市苏地2010-B-35地块港龙城市商业广场工程	苏州市建筑业QC成果三等奖
江苏天泽建设工程有限公司	高邮市欧洲城三期28号楼	扬州市建筑业QC成果三等奖
扬州市宏厦建筑安装工程有限公司	阳光小区7号、8号楼工程	扬州市建筑业QC成果一等奖
扬州市宏厦建筑安装工程有限公司	阳光小区6号楼工程	扬州市建筑业QC成果三等奖
扬州市润泽建设工程有限公司	高邮市临泽商贸城工程	扬州市建筑业QC成果二等奖
扬州市润泽建设工程有限公司	高邮市加洲锦苑一期5号楼工程	扬州市建筑业QC成果优秀奖

（薛慧）

工程建设管理

【82处工地获市级以上“文明工地”称号】 2015年，全市建筑业企业承建的工程工地，获市级以上“文明工地”称号的有82处，其中获省级“文明工地”称号的工地32处，获市级“文明工地”称号的工地50处。（薛慧）

【工程质量监管】 2015年，市建管局积极开展建筑工程质量监管工作，切实提高工程建设的质量和效益。全年实施工程质量监管项目111项、面积166.96万平方米，其中监管住宅工程项目36项、面积104.52万平方米；实施项目竣工验收86项、面积112.63万平方米，实施工程项目备案104项，面积179.28万平方米。（薛慧）

【施工安全监管】 2015年，市建管局根据省、扬州市安全生产工作要求，以“加强安全法治、保障安全生产”为主题，开展建筑施工安全监管工作。注重发挥江苏省建筑起重机械管理系统的作用，全面实施建筑起重机械网上产权备案、安装（拆卸）告知、申领使用证等制度，全年累计发放施工起重机械设备备案证163份、使用证171份。（薛慧）

【工程造价管理】 2015年，市建管局遵循市场经济规律，切实履行法律法规，认真开展《江苏省建筑工程承发包计价手册》的日常网上管理、信息更新和年检工作。全年组织开展高邮市造价咨询企业飞行检查2次，重点检查企业资质、专业专职人员、造价咨询服务质量、咨询成果、档案归档、招标控制价备查、竣工结算价备案、《江苏省建设工程承发包计价手册》使用情况等。全年审核招标控制价工程130项。（薛慧）

【召开全市建筑施工安全生产暨扬尘防治标准化观摩会】 10月10日，全市建筑施工安全生产暨扬尘防治标准化观摩会议在润扬建设集团商务办公大楼施工工地召开，全市建筑施工和监理企业负责人、项目经理参加会议。高邮市高度重视安全生产和扬尘防治工作，建筑业稳步发展的同时，安全生产形势和扬尘污染控制总体稳定。会议通报全市建筑领域安全生产检查和扬尘防治工作开展情况，部署下一阶段安全生产和扬尘防治工作。会上部分施工单位和监理单位代表作交流发言。

（朱丹　周雷森）

江苏弘盛建设工程集团有限公司

【概况】 江苏弘盛建设工程集团有限公司（以下简称弘盛集团）成立于1998年，坐落在高邮市南环路88号，融集团总部、研发中心、设计院、检测中心、培训中心、商务会所、专家公寓为一体，占地4.7万平方米；下辖21个分公司和江苏弘盛建设工程集团有限公司建筑研究设计院（甲级）、扬州京创工程管理有限公司、江苏省弘升置业有限公司、高邮市弘益农村小额贷款公司等子公司，经营范围覆盖北京市、上海市、天津市、重庆市、江苏省、广东省、山东省、山西省、湖北省、安徽省、四川省、云南省、深圳市等地；拥有房屋建筑工程施工总承包特级资质1项，市政公用工程施工总承包、建筑装修装饰工程专业承包、地基与基础工程专业承包、园林古建筑工程专业承包、土石方工程专业承包等一级资质5项，机电安装工程施工总承包、公路工程施工总承包、水利水电工程施工总承包、起重设备安装工程专业承包、消防设施工程专业承包、送变电工程专业承包等二级资质6项；先后获得“全国优秀施工企业”“中国建筑业竞争力百强企业”“江苏省建筑业百强企业”“江苏省质量管理先进企业”“江苏省安全生产诚信企业”“江苏省科技进步先进企业”“江苏省重合同守信用企业”等称号。2015年，弘盛集团承建工程项目147项，完成施工面积1773万平方米；实现企业总产值205.82亿元，其中施工产值179.27亿元；纳税1.23亿元，其中建筑主业纳税9706万元，纳税总额连续两年列扬州市建筑企业第一位。

（汪飞）

【创优夺牌】 2015年，弘盛集团继续开展创优夺牌活动，切实提升行业知名度、影响力和综合竞争力。全年该集团获江苏省优质工程3项，即涟水县文化宫项目、江苏移动通信业务支撑中心工程、阜宁城南大厦A座工程；5项施工工法获批省级工法，即“格构柱临时支撑全拆除梁柱节点加固施工工法”“剪力墙对拉螺栓洞防渗防透塞施工工法”“逆作法墙梁刚柔性联结施工工法”“无工作面双剪力墙模板同时施工工法”“先搭后顶式脚手架施工工法”；获批省级新技术应用示范工程奖6项，即扬州会议中心第二期工程、新华大厦工程、高邮市人民检察院技术侦查指挥中心工程、淮阴卷烟厂后勤保障服务设施及离退休人员活动室工程、艾志科技研发中心技术改造项目(第二期)工程、方水雅域商业楼工程；获批国家发明专利1项，即高层防滑移高层脚手架施工工艺。是年，该集团连续第7年获“全国优秀施工企业”称号，连续第9年获“江苏省建筑业竞争力百强企业”称号，再次获“扬州市建筑业先进企业”称号。

（汪飞）

【召开现场观摩会】 5月23日，弘盛集团在该集团深圳分公司召开施工现场观摩会，研讨项目质量安全、财务管理和新技术推广工作。与会人员观摩弘盛集团深圳分公司在深圳承接的具有代表性的豪方天际花园和雍和园项目现场。豪方天际花园项目建筑面积37.28万平方米，总造价20.19亿元，应用快拆铝模板技术、附着脚手架升降技术、施工现场远程监控管理及工程远程验收技术等新技术，以及预拌砂浆、工业废渣及砌块应用、太阳能与建筑一体化等绿色施工技术；雍和园项目工地被评为“深圳市安全文明施工双优工地”。观摩会后，弘盛集团加快推广应用深圳分公司的成功经验和先进技术，为打造全市实力型建筑之乡和千亿级建筑产业再立新功。

（汪飞）

表40　**2015年江苏弘盛建设工程集团有限公司分公司名录**

分公司名称	负责人	地　　址	邮　编
南京分公司	姚在翔(兼)	南京市鼓楼区福建路12号泰润公寓01幢401室	210003
北京分公司	徐德祥(兼)	北京市海淀区玉泉路6号院5号楼1单元301—302室	100143
苏州分公司	李学琪	苏州市相城区相城大道168号新尚商业广场阅城大厦1501—1508	215168
直属分公司	柏茂清	高邮市南环路88号	225600
苏中分公司	宰永昌	高邮市南环路88号	225600
天津分公司	闵安付	天津市河东区华兴道福建大厦603室	300010
扬州分公司	卞洪益(兼)	扬州市广陵区文昌中路一号运河城市广场C座22F	225002
广东分公司	吴贞勇	广东省东莞市南城区第一国际F座810室	523000
湖北分公司	张晓林	黄冈市黄州区路口镇路口大道506号	438021

续表40

分公司名称	负责人	地址	邮编
重庆分公司	黄乃文(兼)	重庆市江北区电测村100号北辰名都14—2号	400020
上海分公司	王良	上海市杨浦区大连路1548号13楼B、C座	200082
山东分公司	陈福定	山东省青岛市市南区南京路9号联合大厦10F	266071
云南分公司	陆文清	昆明市盘龙区白云路金尚一号写字楼22楼	650200
深圳分公司	郭晓东	深圳市罗湖区红岭中路2118号建设大厦A座1106	518022
山西分公司	王震宇	太原市太榆路学府雅园C区6号楼601室	030006
徐州分公司	赵运平	徐州市新城区吉田商务广场507～508室	221000
四川分公司	张剑	成都市武侯区高升桥南街2号风尚国际5号楼二单元304室	610041
盐城分公司	吴士富	江苏省大丰市桃园小区468号	224100
常州分公司	张晓明	常州市新北区文源路2号海事大厦8楼808室	213000
无锡分公司	郃才宏	无锡市奥林花园D区151—1904室	214062
安徽分公司	韩登海	安徽省合肥市滨湖新区滨湖世纪城临滨苑B座301室	230000

（汪飞）

【多元经营】 2015年，弘盛集团按照“建筑做平台、开发增积累、金融作保障”思路，在发展壮大建筑主业同时，实施结构调整战略，促进企业向多元化、多方位、多层次方向发展。该集团拥有江苏弘发建设工程有限公司、高邮市兴邮建筑劳务有限公司、江苏省弘升置业有限公司、高邮市弘益农村小额贷款公司、江苏弘盛建设工程集团有限公司建筑研究设计院、扬州京创工程管理有限公司等企业，为该集团整体发展和多元化经营提供服务与支撑。小额贷款公司注册资本1.5亿元，贷款余额近3亿元，经营质态良好，是扬州市十佳小额贷款公司和全市金融业先进单位；江苏弘盛建设工程集团有限公司建筑研究设计院力量雄厚，各类资质不断增项，具备甲级设计能力，在上海市、安徽省、苏州市、盐城市等地设有分支机构，拥有多项设计资质。扬州京创工程管理有限公司为乙级造价咨询公司，拥有招标代理、投标造价、竣工决算服务能力。

（汪飞）

房产管理

【公有住房管理】 2015年，市房管局审批职工住房补贴398人，审核补贴金额609.5万元；办理公房出售手续3处，出售面积118.99平方米。

（杨洋）

【商品房预销售管理】 2015年，全市办理商品房竣工备案面积98.46万平方米，核发商品房预销售许可证36份、面积72.19万平方米。（刘健）

【房屋权属交易登记管理】 2015年，全市共办理各类房屋权属交易登记业务1.8万笔，其中新建商品房权属交易登记5237户、面积57.18万平方米，二手房权属交易登记1960户、面积18.62万平方米，办理房屋抵押登记(按揭)服务4150户、面积47.34万平方米。全年发放房屋所有权证12511本、房屋他项权证7275本、确权证明书8956份。

（张华）

【房屋权属档案管理与利用】 2015年，市房管局继续开展房屋权属档案的管理与利用工作。全年整理各类档案3万多卷，新生档案1.45万卷；办理各类查档业务4274笔，出具房屋相关证明材料7836份，协助法院冻结查封房屋334户。（张华）

【房屋测绘与安全鉴定工作】 2015年，全市完成房屋测绘总面积197.7万平方米，其中商品房预测绘面积85万平方米、竣工测绘面积92.7万平方米、其他测绘面积20万平方米。是年，市房管局完成239家工业企业房屋安全鉴定工作，鉴定收入大幅增长。（阎树仁）

【不动产登记】 2015年，根据《高邮市不动产统一登记工作方案》和《高邮市不动产统一登记职责整合及机构与设置方案》的要求，市房管局与市政务服务管理办公室、市国土局等职能部门密切配合，协助做好不动产登记交易中心的设立等不动产权证书颁发的各项前期准备工作。12月30日，市政务服务中心颁发出高邮市同时也是扬州市的第一本不动产权证书。（张华）

资料链接 不动产登记是《中华人民共和国物权法》确立的一项物权制度，是指经权利人或利害关系人申请，由国家专职部门将有关不动产物权及其变动事项记载于不动产登记簿的事实。作为物权公示手段，不动产登记本质上为产生司法效果的事实行为而非登记机关的行政管理行为。2015年3月1日，《不动产登记暂行条例》开始实施。不动产登记包括的权利有：集体土地所有权；房屋等建筑物、构筑物所有权；森林、林木所有权；耕地、林地、草地等土地承包经营权；建设用地使用权；宅基地使用权；海域使用权；地役权；抵押权；法律规定需要登记的其他不动产权利。 （史志）

【房屋征收】 2015年，市房管局完成全市2015年房屋征收计划的编制、汇总和上报工作；加大对房屋征收（拆迁）工作的指导，累计完成香沟河整治、南澄子河整治、馆驿路改造、文体中心第一期及海潮路东延、抗日战争最后一役纪念馆、长生大沟、承志河整治、五处古民居搬迁等工程的房屋征收（拆迁），涉及房屋征收户595户、征收面积5.05万平方米。 （吕健）

【商品房交易信息管理】 2015年，市房管局联合市物价局对全市范围内的88个住宅小区、1829栋住宅、3.28万户住房的价格信息进行动态管理，有效防范房产交易中出现阴阳合同及偷税漏税的不法行为。同时，继续关注二手房交易行情，搜集汇总二手房交易信息，修正城区、乡镇存量房基准价系数，对城区主要街道营业用房的价格情况进行摸底调查，推进和完善商业用房交易信息数据库建设。 （张新时）

房产开发建设

【房地产开发】 2015年，在高邮市从事房地产开发的企业有67家。其中，市内企业37家，市外企业30家；二级、暂二级资质企业31家，三级、暂三级资质企业28家。全年共完成房地产开发投资35.37亿元，其中住宅开发投资27.31亿元、商业营业用房开发投资6.42亿元、其他类型开发投资1.64亿元，分别下降34.8%、32.3%、36.1%、57.3%。全市新开发商品房面积149.18万平方米，其中住宅新开发面积128.2万平方米，分别增长0.03%、5.5%。全年市区出让房地产开发用地19.24公顷，成交金额2.18亿元，平均地价1133.02元/平方米，分别下降43.7%、59.6%、28.1%。 （刘健）

【房地产交易】 2015年，市政府出台《关于促进房地产业平稳健康发展的意见》，指导房地产市场稳定有序发展。全年市区商品房成交5753套、面积68.2万平方米，分别增长7.3%、2.5%。其中，住宅成交5061套、面积59.99万平方米，分别增长8.2%、9.5%；商业营业用房成交692套、面积8.21万平方米，分别增长0.7%和下降30.1%。市区商品房合同成交平均价5269.79元/平方米，其中住宅合同成交平均价4945.82元/平方米、商业营业用房合同成交平均价7637.03元/平方米，分别增长2%、2%、14.7%。 （刘健）

【秋季房产交易会】 9月30日～10月2日，由市政府主办、市房管局承办的“服务民生·幸福邮城”高邮市秋季房产交易会在市城市商务大厦举行。此次房产交易会共有20家房产开发企业参展，观展人数7000人次。交易会期间，现场销售商品房103套，预约订购商品房500套。 （刘健）

“服务民生·幸福邮城”秋季房产交易会

（市房管局供稿）

【重点房产开发项目建设情况】 2015年，全市投入建设的重点房产开发项目有8项，累计建筑面积60.62万平方米。

水岸英伦凤凰城 位于高邮市屏淮路东侧、海潮东路北侧，占地面积11.22万平方米，建筑面积14.1万平方米，投资额4.37亿元。于2013年5月20日开工，由高邮市陆宁（深圳）房地产有限公司投资兴建。

世贸广场2区 位于屏淮路与通湖路交叉口，占地面积2.56万平方米，建筑面积0.44万平方米，投资额4亿元。于2014年3月18日开工，由扬州永兴置业有限公司投资兴建。

枫景华府 位于通湖东路北侧、珠光路东侧，占地面积1.48万平方米，建筑面积6.3万平方米，投资额1.7亿元。于2014年6月30日开工，由高邮市恒华房地产开发有限公司投资兴建。

九龙湾住宅小区A地块第一期 位于珠光路与通湖路交叉口，占地面积2.6万平方米，建筑面积9.86万平方米，投资额3.5亿元。于2014年7月18日开工，由扬州益本房地产开发有限公司投资兴建。

福人居 位于外环路东侧、邮汉路南侧，占地面积4万平方米，建筑面积9.7万平方米，投资额2.77亿元。于2014年12月20日开工，由高邮市环球房地产开发股份有限公司投资兴建。

熙园商住小区第一期 位于通湖东路北侧、通汉路东侧，占地面积2.34万平方米，建筑面积7.37万平方米，投资额2.64亿元。于2015年2月20日开工，由江苏省弘升置业有限公司投资兴建。

万丰广场 位于高邮市送桥镇官路村，占地面积4.67万平方米，建筑面积7万平方米，投资额5.08亿元。于2015年8月11日开工，由扬州万丰置业有限公司投资兴建。

阳光水岸小区第一期 位于泰北路南侧，占地面积2.96万平方米，建筑面积5.85万平方米，投资额1.8亿元。于2015年10月1日开工，由高邮金科房地产开发有限公司投资兴建。 （刘健）

物业工作

【物业管理】 2015年，市房管局加大物业行业监管力度，加强新建住宅小区前期物业管理招投标规范化管理，对14个建设项目进行前期物业管理招投标；争取财政资金50万元，为市区住宅小区地下车库统一配备抽水泵，解决小区地下车库积水问题；在部分小区试行智能刷卡电梯系统，联合市场监管、消防部门对小区电梯和消防设施设备进行专项检查，联合推进电梯安全管理；转发“三告知”(在房产交易时，将交易房产的物业费缴纳情况书面告知买、卖及物管三方。)新规，提高物业费收缴率；组织开展小区毁绿种菜专项整治、小区流动红旗竞赛等活动，进一步优化人居环境。是年，在高邮市从事物业服务工作的物管企业共29家，其中市内企业23家、市外企业6家；一级资质企业1家、二级资质企业8家、三级及暂三级资质企业20家。

（陈根东）

【住宅专项维修资金归集与使用】 2015年，市房管局进一步规范住宅专项维修资金归集和使用，不断提高工作成效。全年归集住宅专项维修资金2380万元；申请使用住宅专项维修资金项目27项，累计使用资金118万元。 （陈根东）

【老旧住宅小区物业管理】 2015年，市房管局加大老旧住宅小区物业服务介入力度，努力改善老旧住宅小区人居环境。全年指导康华社区、月塘社区、御马社区、西塔社区等4个社区成立物业服务中心并挂牌；按照基本物业服务范围对富达新村、高公花苑、宋庄小区、月塘小区等老旧住宅小区实行基本物业服务。 （陈根东）

【业主委员会建设和管理】 2015年，市房管局继续抓好全市住宅小区业主委员会的建设和管理工作，推动其发挥应有作用。全年在加强既有业主委员会监管的同时，还指导景湖花园、健民花苑、邮驿花苑、春之声花苑、翰林苑等5个住宅小区成立业主大会、选举产生业主委员会；指导江南明珠苑、步康花苑等2个住宅小区进行业主委员会换届选举。

（陈根东）

【白蚁防治】 2015年，市白蚁防治所继续开展业务培训活动，强化白蚁防治知识的宣传普及，提高白蚁防治水平。全年签订白蚁预防工程合同118份、预防面积190.6万平方米，实施房屋白蚁灭治154户，灭治质量均达扬州市白蚁防治标准。

（李红卫）

信息化建设

Informatization Construction

电子政务

【概况】 2015 年，全市继续强化电子政务平台的运行、维护、升级和管理，加大对乡镇(园区)、部门网站维护人员的培训，注重网站内容即时更新，推进各级政务网站的信息公开和政民互动，不断提高服务水平。（朱万伟）

【行政权力网上运行】 2015 年，市经信委协调有关部门，不断完善行政权力网上公开透明运行系统“一库四平台”（行政权力库、行政权力网上运行平台、行政监察平台、法制监督平台、内部人财物管理平台）功能，加快推进与部门核心业务工作融合步伐，切实提升“三个全覆盖”（县级以上行政机关全覆盖、行政权力事项全覆盖和网上行政监察全覆盖）工作成效。全年共清理规范各类行政权力事项 2039 多项，其中挂起 1775 项、废止 56 项、调整 208 项；累计向省、扬州平台报送各类行政权力办件 3.96 万件、运行数据 12.6 万条。（朱万伟）

【网上信息公开】 2015 年，全市按照上级要求，注重推进各级政务网站的网上信息公开工作，不断加快服务型“网上政府”建设步伐。全年累计公开发布今日高邮、部门动态和乡镇动态 1.02 万条，图片新闻 492 条，政府信息 7493 条，其他信息 1056 条。（徐燕　王璐）

【数字化城管】 3 月，市城管局健全“大城管”机制，按照“一级监督、二级指挥、分类处置”管理模式，启动数字化城管系统试运行工作。同时，健全城市综合管理长效机制，完善考核体系，开通“12319”城管服务热线，发挥数字化城管系统在城市网格化、精细化、常态化管理中的作用。9 月，数字化城管系统通过省住房建设厅验收，进入常态化运行阶段。至年底，全市数字化城管系统累计受理各类案件 4.07 万件，结案数 3.96 万件，结案率 98%。（王锐）

高邮市数字化城市管理监督指挥中心　（宋扬 摄）

【信息安全员培训】 2015 年，市经信委继续组织开展党政机关信息安全员岗位专业培训工作，重点围绕信息安全事件应急处置、电子政务系统应用操作手册两个方面进行，努力提高各党政机关信息安全员的办公自动化实际操作能力和信息化的业务应用水平。全年举办培训班 2 期，培训人员 200 多人次。（朱万伟）

【电子政务门户网站建设】 2015 年，市经信委通过建章立制、行政推动、强化监管等举措，继续推进全市电子政务门户网站建设。至年底，全市累计建成门户网站 82 家，累计更新发布各类信息 5 万余条。（朱万伟）

表 41

2015 年高邮市政府部门、乡镇网站一览表

网站名称	网址	主办单位
中国·高邮网	www. gaoyou. gov. cn	高邮市人民政府
高邮经信网	www. jsgaoyou. gov. cn	市经信委
高邮发改委网	fgw. gaoyou. gov. cn	市发改委
高邮城建网	www. jsgyjs. gov. cn	市城建局
高邮农业资源开发网	www. gyacd. com	市农开局
高邮民政网	www. gysmzj. gov. cn	市民政局
高邮市人力资源保障网	www. gyhrss. gov. cn	市人社局
高邮招商网	www. gybi. net	市商务局
高邮科技信息网	www. gyskj. gov. cn	市科技局
高邮旅游网	www. gaoyou. cn	市旅游局
高邮教育网	jyj. gaoyou. gov. cn	市教育局
高邮物价网	www. jsgywj. gov. cn	市物价局
高邮房产网	www. gyfgj. gov. cn	市房管局
今日高邮网	www. gytoday. cn	市新闻信息中心
高邮统计网	www. gytjj. gov. cn	市统计局
高邮国土资源网	www. gygt. gov. cn	市国土局
高邮文明网	www. gywmw. com	市文明办
高邮水务网	www. gysw. gov. cn	市水利局
高邮档案信息网	www. gyda. com. cn	市档案局
高邮建管网	www. gyjgj. gov. cn	市建管局
高邮农机网	www. gynjj. com	市农机局
高邮安监网	www. gyaj. gov. cn	市安监局
高邮农业信息网	www. jsgy. agri. gov. cn	市农委
高邮残联网	www. jsgydpf. org. cn	市残联
高邮审计网	www. jsgysj. gov. cn	市审计局
高邮交通网	www. jsgyjt. gov. cn	市交通局
高邮人防网	www. gyrfb. gov. cn	市人防办
高邮司法网	www. gysfw. gov. cn	市司法局
高邮粮食网	www. gyls. gov. cn	市粮食局
高邮总工会网	www. gyszgh. org	市总工会
高邮住房公积金网	www. gygjj. net	扬州市住房公积金管理中心高邮分中心
高邮公安网	gy. yzga. gov. cn	市公安局
高邮财政网	www. jsgycz. gov. cn	市财政局
高邮经济开发区网	www. jsgy. com	高邮经济开发区管委会
高邮城南经济新区网	www. gyjjxq. gov. cn	高邮城南经济新区管委会
高邮镇人民政府网	www. gyz. gov. cn	高邮镇人民政府
龙虬镇人民政府网	www. longqiu. gov. cn	龙虬镇人民政府
卸甲镇人民政府网	www. xiejia. gov. cn	卸甲镇人民政府
汤庄镇人民政府网	www. gytz. gov. cn	汤庄镇人民政府
三垛镇人民政府网	www. gysd. gov. cn	三垛镇人民政府
界首镇人民政府网	www. jieshou. gov. cn	界首镇人民政府

续表41

网 站 名 称	网 址	主 办 单 位
临泽镇人民政府网	www.linze.gov.cn	临泽镇人民政府
周山镇人民政府网	www.gyzs.gov.cn	周山镇人民政府
送桥镇人民政府网	www.gysqz.gov.cn	送桥镇人民政府
菱塘回族乡人民政府网	www.lingtang.com	菱塘回族乡人民政府

（朱万伟）

【网络信息安全工作】 2015年，市经信委按照积极防御、综合防范的方针，强化责任意识、细化年度目标、量化工作任务、深化安全评估，促进全市基础信息网络和重要信息系统安全防护水平和安全可控能力明显提升，全市重要节庆时期和重大活动期间没有发生一起重大信息安全事件。认真落实春节、全国“两会”、“烟花三月”国际经贸旅游节等重要时期信息安全保障责任、技术保障措施及值班制度、通报制度，确保全市基础信息网络传输安全、重要信息系统平稳运行和对互联网及通信网络信息内容的有效监管。完成重要信息系统风险评估项目4项，及时处置信息安全事件，做到信息安全事件及时预警、及时发现、及时应付、及时处置。 （朱万伟）

软件和信息化工作

【概况】 2015年，高邮市按照省、扬州市相关会议的部署要求，切实加大软件和信息化项目的培育、引导和申报力度，突出企业认证、载体建设、政策宣传、“两化融合”、人才引进、产业招商、业务培训等重点方面，软件和信息化工作取得新的成效。全年完成“双软”认证申报企业2家，建设科技综合体2万平方米，帮助企业专业技术人才需求对接12家，发放宣传资料1.2万份，征集并申报项目76项，创成“两化融合”企业12家，招引产业项目1项，总投资额0.45亿元。高邮城南经济新区获批成为全市首家江苏省两化融合试验区。 （朱万伟）

【企业信息化工作】 2015年，全市继续通过示范带动、项目推广、政策激励、宣传引导、结对共建等多种手段，支持和鼓励企业运用先进信息技术，改造提升研发设计、生产制造、管理运营、客服服务等环节，逐步推进实现设计数字化、装备智能化、生产自动化、管理网络化、商务电子化、服务定制化及全流程集成创新；引导推进企业在工业产品中嵌入式应用人工智能、运动仿真、大数据、云计算、物联网、移动互联网等信息技术，提高工业产品的数字化、智能化、网络化水平。至年底，全市新获批省级两化融合示范企业2家、试点企业10家，累计获批省级两化融合示范企业4家、试点企业37家；新创成省五星级数字企业2家、扬州市星级数字企业40多家，累计创成省五星级数字企业5家、扬州市星级数字企业120多家；获批国家、省、扬州市信息化专项扶持资金项目8项、资金920万元。（朱万伟）

【工程建设领域信息化公开】 2015年，市经信委进一步完善工程建设领域项目信息公开和诚信体系建设，不断提升全市工程建设领域信用环境。全年公开工程领域信息2408条，其中项目信息1850条、信用信息476条、其他信息82条。 （朱万伟）

【农村信息化工作】 2015年，市经信委围绕建设“有先进适用的信息网络”的工作目标，巩固“四有一责”及农村信息化建设成果，推进镇、村光纤网络延伸和线路整合，实现乡村农村党员干部远程教育网、便民服务网、有线电视网和互联网的“四网齐全”全覆盖；协调、配合市相关部门加强涉农信息资源整合和信息共享，在扬州市率先开展乡镇触摸屏设置工作，为居民提供便捷的养老、农保、公积金等民生信息查询服务；加强信息平台和网站运行维护及监管，定期开展业务辅导和培训，促进农村信息化应用水平明显提升。至年底，全市累计实现农村宽带互联网用户15万多户、便民服务网点176个、农村党员干部远程教育网170多个。 （朱万伟）

【卫生信息化建设】 2015年，全市所有乡镇卫生院及卫生服务站均实现网络联通和医院信息管理系统全覆盖；区域影像系统、区域电子病历系统、妇幼卫生平台系统、公共卫生服务软件系统、居民电子健康档案系统建成并投入使用；以汤庄镇汉留办事处为试点，启动实施居民健康卡工程；率先推出全市中医体质辨识软件系统，实现与居民健康档案共享。 （黄斌）

【软件企业、软件产品评估工作】 11～12月，根据省软件行业协会下发的《关于开展“软件企业/软件产品评估”工作的通知》要求，市经信委迅速启动该项工作，及时加强与乡镇、企业的沟通对接，全面宣传相关政策及申报流程，并指导帮助扬州市鑫通交通器材集团有限公司、江苏金通交通器材有限公司等完成软件著作权、软件产品及软件企业申报等相关工作。至年底，市有关企业成功申报软件著作权3个、软件产品1个、系统集成资质（三级）1个；新通过软件企业评估的企业2家（扬州市鑫通交通器材集团有限公司、江苏金通交通器材有限公司），包括扬州小白兔网络科技有限公司、江苏伊佰恋信息科技有限公司、江苏豪纬集团有限公司、扬州东昇软件技术有限公司、扬州苏安物联传感科技有限公司在内，全市累计有通过软件企业评估的企业7家。 （徐晨）

【软件和信息服务业招商引资】 2015年，全市切实加大软件和信息服务业招商引资力度，促进项目顺利落户。市政府组织市委办、市经信委、市商务局、市农委、高邮经济开发区、高邮城南经济新区、高邮湖西新区等有关乡镇、园区和部门，赴浙江、上海、北京、深圳等地开展软件服务业招商，推介全市发展软件信息服务业环境及政策，并按照各有关重点软件企业投资扩张意向，推动实现邮通电商园、诚信物流电商园、苏中农贸城、农村淘宝、1号店、扬州优时代电子商务有限公司等一批项目的顺利落户。 （徐晨）

【互联网产业园建设】 2015年，全市适应经济发展新常态，抢抓“互联网＋”机遇，以科技创新、软件服务、电子商务为发展方向，以培育一批电子商务龙头企业、示范企业为目标，继续加大投入、出台政策、完善配套，着力推进互联网产业园(创业园)建设。至年底，全市累计有建成和在建的互联网产业园(创业园)5家。

高邮城南经济新区通邮电商产业园　以技术、人才、金融、法律服务为依托，打造集总部办公、创业孵化、电商培训、特产展示、物流仓储、线上线下互动交易等为一体的综合性现代化电子商务产业园。

苏中农贸城信息大厦　与阿里巴巴达成战略合作协议，推进“农村淘宝”市级服务中心建设，利用互联网打造苏中地区最大的农产品网上交易中心，集聚众多的农产品加工企业和农户入驻，加快互联网与农业、农村的融合发展，带动农民增收致富。

诚信电子商务物流产业园　以电子商务为发展主线，构建以B2B、B2C、C2C、C2B、O2O为核心的电子商务交易技术平台，引进电子商务、信息软件、设计研发等新兴产业，重点依托“电子商务物流”产业链，逐渐将产业园区发展成为特色鲜明、实力雄厚、环境优美、产业集聚的专业电子商务园区。

高邮·创客邦　把握互联网环境下创新创业特点和需求，通过市场化机制、专业化服务和资本化途径，为“大众创业、万众创新”构建低成本、便利化、全要素、开放式的新型创业服务平台。

高邮湖西新区科技孵化众创园　主要用于电子商务发展、科技研发、产品展示及为灯具产业电子商务方面的创业者提供帮扶性创业空间和平台，打造新区灯具产业科技孵化载体。 （朱万伟）

【软件产业载体建设】 2015年，全市软件产业载体建设工作，主要依托高邮经济开发区科技创业中心第二期科技综合体建设展开。该综合体计划总投资近2亿元，占地面积近6公顷，规划建设科技产业综合用房8.5万平方米。至年底，该综合体完成孵化、加速厂房建设5.8万平方米，其中面积1.2万平方米的附属用房及1.2万平方米的科研大楼建成并投入使用；进驻企业6家，并与多家网络科技公司达成入驻意向。 （徐晨）

【推进“互联网＋”发展】 2015年，市委、市政府顺应全国“互联网＋”大发展的趋势，切实加快推进全市互联网发展工作，着力助推工业经济转型升级。成立市互联网经济工作领导小组，并在市经信委下设办公室，由其牵头谋划、推进开展全市互联网经济发展工作。开展专题调研工作，委托相关专业软件公司分别到各乡镇、园区开展摸底调查，先后召开调研座谈会14场，涉及企业500多家。结合专项调查成果的运用，市委、市政府在扬州各县(市、区)率先制定出台《关于加快推进“互联网＋”发展的实施意见》《关于促进“互联网＋”发展的扶持政策(试行)》，明确提出实现1个总体目标、聚焦7个方面的重点任务，并确定从平台建设、做大做强、人才支撑等5个方面进行重点扶持，由市财政从当年起安排500万元资金用作专项扶持。同时，在《工业经济转型升级“356”行动计划》中，也加大对重点企业新上信息化项目的扶持，明确企业软硬件新上项目投资额在80万元以上的，按软硬件投资额的40%给予奖励；对智能化装备设备投资额200万元以上或单台(套)设备30万元以上的，按照设备投资额给予10%的奖励；对服装产业实行机器换人，购进计件管理信息化设备和软件，设备投资额在50万元以上的，按购进设备、软件费用的50%给予奖励。 （朱万伟　徐晨）

【兑现软件和信息服务业专项奖补资金133.79万元】 2015年，根据上级相关政策及《高邮市鼓励促进软件和信息服务业加快发展专项资金管理办法》等规定，市经信委联合市有关部门组织开展软件和信息服务业政策性奖励工作，经过申报、评审并经市政府批准，全市有江苏豪纬交通集团有限公司、扬州小白兔网络科技有限公司、高邮市诚信物流有限公司、扬州市东昇软件技术有限公司、江苏伊佰恋信息科技有限公司5家企业符合条件，累计兑现专项奖补资金133.79万元。 （徐晨）

【《软件和信息服务业“十三五”规划》编制工作】 2015年，市经信委按照市“十三五”规划总体方案要求，认真组织开展《软件和信息服务业“十三五”规划》编制工作，并做到与全市工业经济、服务业经济“十三五”规划相衔接，对“十三五”期间软件重点

企业发展，集聚区建设、人才队伍建设等方面提出建议。至年底，该项规划初稿编制完成。（徐晨）

电信通信

【概况】 2015年，中国电信股份有限公司高邮分公司（以下简称市电信公司）围绕有效益规模发展主题，贯穿“规模发展、转型升级、变革创新、提质增效”主线，基础业务和新兴业务双发力，全面深改和互联网化转型双驱动，各项工作取得新的成效。全年完成业务收入1.97亿元，增长10.1%；综合绩效考核指标得分103.2分，列扬州市各县（市、区）分公司第二名。（薛勇）

【4G网络建设】 2015年，市电信公司扎实推进4G网络建设，新建成FDD室外基站213个、室内分布系统57套，面积覆盖率由7.2%提升到62.8%，电信FDD—LTE覆盖率、下载速率、上传速率以及上下行优良比等各项网络技术指标均处于行业前列。是年，该公司在中国电信扬州分公司组织的4G网络竞赛中，获二等奖及优秀组织奖各1项。（薛勇）

【光网建设】 2015年，市电信公司继续推进光网建设，提升网络的覆盖率和稳定性。完成临泽镇营南集镇、三垛镇二沟集镇、卸甲镇伯勤集镇、甘垛镇平胜集镇、三垛镇武宁集镇等6个集镇的主干光缆扩容优化工程，实现全市所有32个集镇主干光网全覆盖。完成龙奔集镇—卸甲镇—伯勤集镇—八桥集镇、界首镇—周山镇—马棚集镇、周山镇—周巷集镇、三垛镇—平胜集镇—甘垛镇、三垛镇—武宁集镇—司徒集镇、甸垛集镇—沙埝集镇—汤庄镇等13个中继光缆扩容工程。是年，完成光网建设投资1500万元，其中投入民资208万元；新增光纤到户覆盖12.25万户，实现全覆盖；新增光端口7.56万个；新铺设光缆3342皮长千米。（薛勇）

【“互联网＋”应用】 2015年，市电信公司立足“互联网＋”平台，继续推进行业信息化应用工作。协助市赞化学校完成智慧校园建设达标，帮助汉留中学、汉留小学、秦邮实验小学完成教育云平台升级；在市第一中学、高邮职校中心推行天翼学生证应用；参与建设数字城管二级平台、南海小区监控项目；推广综治e通、渔信通、农技宝、消费维权通等的应用；建设市人民医院服务器、市人民检察院UPS及交换机等。全年签约实施行业应用项目65项，涉及综合办公655部、车辆定位30部、人员定位40部、渔船定位98部、物联网应用50部、天翼看店16部。（薛勇）

【节能减排】 2015年，市电信公司继续推进节能减排工作。全年现场核查能耗异常局点36个；完成能耗支出648万元，占年度目标80.9%，完成率为扬州市各县（市、区）分公司最低。（薛勇）

移动通信

【概况】 2015年，中国移动通信集团江苏有限公司高邮分公司（以下简称中国移动高邮分公司）围绕“人人用4G”战略愿景，强化资源整合和分区指导，突出家庭市场、4G业务市场、集团市场，推进开展优质服务，较好地完成全年各项工作任务。至年底，全市累计实现收费用户43万多户、宽带用户7万多户；更换居民4G卡42.6万张，更换率99%；手机上网用户占比72%，其中使用4G网络上网用户占比超过70%；累计建成4G基站454个，区域覆盖率96%以上；累计完成289个小区、集镇、村组的光纤宽带覆盖，移动光纤覆盖23万户。

（孙晶璐）

【家庭信息化工作】 2015年，中国移动高邮分公司继续做好家庭信息化发展工作，促使移动宽带和互联网电视服务业务成为全市城乡居民的首要选择。至年底，全市累计实现城乡家庭宽带用户近10万户、互联网家庭电视用户近2万户。

（孙晶璐）

【集团信息化工作】 2015年，中国移动高邮分公司重点发展集团信息化业务工作，强化互联网专线、数据专线、语音专线、综合布线、视频监控等方面的服务拓展；强化各类重点行业信息化应用服务，在蓝天卫士、智慧环保、智慧城管、智慧农机、平安乡镇等方面获客户一致好评，行业内信息化应用服务的市场份额提升至60%。（孙晶璐）

【网络工程建设】 2015年，中国移动高邮分公司继续加大4G网络及光纤宽带建设力度，并引入相关新技术推进实施网络优化升级，不断提升行业竞争力。至年底，累计完成4G基站建设454个，区域覆盖率96%以上；完成289个小区、集镇、村组的光纤宽带覆盖，全市移动光纤覆盖23万户。

（孙晶璐）

联通通信

【高邮市联通分公司业务经营实绩】 2015年，高邮市联通分公司强化基础管理，加强队伍建设，推进市场营销，深化业务开展，较好地完成全年工作任务。在数据业务方面，新拓展中铁航空港集团杭州工程有限公司、江苏省高宝邵伯湖渔业管理委员会、江苏荣华铁塔制造有限公司、江苏宁工重机股份有限公司等4家企业，并开通扬州华盟电子有限公司、高邮市秦邮生物科技有限公司、中铁航空港集团杭州工程有限公司等企业的 WIFI;在集团固网业务方面,新发展网吧互联网专线3条;在网络建设方面,全力协同本地4G 建站,有效配合支撑网格村级点建设工作,累计安装 FDD 站点316个、开通 FDD 站点212个;在固网接入工程方面,完成江苏银行股份有限公司高邮支行、市建管局、高邮华住酒店双路由,苏宁易购高邮直营店多点专线及易乾财富高邮分公司、中国农业银行高邮市支行、市中医医院等单位50多条专线的查勘、设计和开通工作,同时,还完成学校教育系统云计算77个点的查勘和初步测算工作,世贸广场商企楼宇及市红太阳物流园的 FTTH 光纤覆盖工程,高沙园小区、清华园小区(第一期)、通湖路等光纤改造第一期工程等。全年新增移动网用户5万户,累计在网用户11万户;新增固网用户1万户,累计在网用户2.1万户;完成通服收入4642万元,下降10%。 (杨亚波)

江苏有线高邮分公司

【概况】 1 月 14 日,江苏有线网络发展有限责任公司高邮分公司(以下简称江苏有线高邮分公司)正式揭牌运营。该公司位于市区文化宫路 6 号,下设乡镇支公司 13 个,共有员工 365 人。该公司经营范围包括承担地方广播电视传输网络的建设、改造、经营、维护和管理;广播电视的频道集成和传输;广播电视及信息网络技术开发、咨询、服务;广播电视设备及信息设备的代理、销售及租赁;对广播、电影、电视、信息、传媒等产业进行投资及其管理等。至年底,该公司实现营业收入近 7000 万元;全市有线数字电视用户 20.95 万户,门楂入户率 98.3%。是年,该公司职工王健、高飞、陈钟、赵银辉在扬州网络维护技能竞赛中获一等奖。 (史志)

【业务培训】 7 月,江苏有线高邮分公司为适应事业发展新要求,增强市场竞争能力,不断提高广大员工市场营销意识和网络维护业务技能,利用星期天时间举办业务培训活动,邀请扬州广电网络公司营销专家丁晶到高邮担任指导老师,系统培训全体员工的各类业务及操作技能。 (史志)

【民生服务】 2015 年,江苏有线高邮分公司为服务区域民生、推动地方经济发展,开展多种形式的民生服务工作。8 月,该公司与创维集团有限公司合作生产创维一体机,将数字接收、解码与显示融为一体,向市民提供更为便捷的收视服务。12 月,该公司为进一步做好高清数字电视销售、广电宽带安装、电视缴费等各类综合服务,在市恒生欧洲城第二街区增设海潮路营业厅,并开设数字电视用户体验区、业务演示区,让市民能够直观了解和体验数字电视。 (史志)

表 42 **江苏有线网络发展有限责任公司高邮分公司营业网点一览表**

营业网点名称	营业网点地址	客服热线
城区营业点	市区文化宫路 6 号	80958095
高邮镇营业厅	高邮镇政府门口	84549152
车逻营业厅	车逻镇运东路 22 号	84562130
龙虬营业厅	龙虬镇龙虬路 16 号	84477783
三垛营业厅	三垛镇中心路 18 号	84812135
甘垛营业厅	甘垛镇甘泉路	84882363
卸甲营业厅	卸甲镇东风街	84732856
汤庄营业厅	汤庄镇迎宾大道	84722052
菱塘营业厅	菱塘回族乡团结街 10 号	84235448
送桥营业厅	送桥镇德华社区 23	84242123
临泽营业厅	临泽镇振兴南路	84322083
界首营业厅	界首镇人民路	84372296
周山营业厅	周山镇中奎路 59 号	84302994
开发区营业厅	市区金桥北路 107 号	84621098

(史志)

供电·交通·邮政

Power Supply·Transportation·Post

供　电

【概况】 2015年，高邮电网新增500千伏、220千伏、110千伏变电站各1座，累计拥有35千伏及以上变电站31座、主变压器57台，变电总容量459.57万千伏安。其中，拥有500千伏变电所1座、主变压器2台，累计变电容量200万千伏安；220千伏变电站4座、主变压器6台，累计变电容量108万千伏安；110千伏变电站13座、主变压器24台，累计变电容量125.5万千伏安；35千伏变电站13座、主变压器25台，累计变电容量26.07万千伏安。当年新增10千伏、20千伏公用配电变压器525台，增加变电容量25.76万千伏安，累计拥有10千伏、20千伏公用配电变压器5869台、总容量158.76万千伏安。累计拥有35千伏及以上线路60条、841千米。其中，220千伏线路16条、293千米；110千伏线路22条、316千米；35千伏线路22条、232千米。10千伏、20千伏线路当年增加23条、196千米，累计有261条、3288千米。全年累计完成电网建设投资9.6亿元。全年完成供电量30.18亿千瓦时，增长1.1%。其中，第一产业用电1.26亿千瓦时，增长10.6%；第二产业用电22.59亿千瓦时，下降0.8%；第三产业用电2.31亿千瓦时，增长14.8%；城乡居民生活用电4.03亿千瓦时，增长2.7%。售电量28.98亿千瓦时，增长1.0%。线损率4.0%。电费回收率100%。电网最高负荷60.14万千瓦，最高日供电量1216.90万千瓦时。至年底，市供电公司实现安全记录4390天。是年，该公司被表彰为江苏省2013—2014年度重信用守合同企业、2015年江苏省“安康杯”劳动竞赛优胜单位、江苏省电力公司办公室工作先进单位，该公司党委被表彰为扬州市先进基层党组织。（周纬　顾健）

【高邮首座500千伏变电站建成投运】 该工程于2013年10月25日开工建设，2015年4月24日竣工投运。该变电站位于三垛镇柘垛村，占地面积5.22平方千米，本期建成1000兆伏安主变压器2组、500千伏进线4回(远景规模8回)、220千伏出线13回(远景规模24回)。共投入建设资金3.8亿元。该工程投运后，不仅满足扬州地区用电负荷增长需求，同时将缓解泰州西侧地区用电负荷紧张状况，为江苏中部地区的经济发展提供强健的电力支撑。（周纬　顾健）

【110千伏观鹤变电站投运】 该工程于2014年10月20日开工建设，2015年7月10日竣工投运，位于三垛镇柘垛村，为全户内变电站，占地面积3280平方米；规划建设8万千伏安主变压器3台、110千伏出线4回、10千伏出线36回，其中本期建成5万千伏安主变压器1台、110千伏出线2回、10千伏出线12回。共投入建设资金5476万元。该变电站投运后，将解决高邮35千伏营南变电站和35千伏柘垛变电站超载问题，缓解高邮东部地区鱼虾养殖季节性用电高负荷压力。（周纬　顾健）

【工商业用电价格调整】 2015年，按照省物价局《关于调整电价有关事项的通知》要求，市供电公司完成对工商业用电价格调整工作。重点是对照国家发改委核定江苏省工商业用电价格平均每千瓦时降低0.69分的要求，分两步取消化肥电价优惠，即从当年4月20日起，与相同类别的工商业用电价格每千瓦时差价缩小0.10元；从下年4月20日起，取消化肥用电价格改革分类，按相同类别的工商业用电价格执行。（周纬　顾健）

【高邮内外河码头“岸电系统”实现全覆盖】 6月，

市供电公司联合市经信、环保、海事、港口等部门，在城区及临泽、汤庄、界首、三垛、卸甲等5个乡镇沿大运河、三阳河岸边安装"岸电系统"用电接入箱26个，每个用电箱容量为8千瓦，可同时满足4个用户的电源接入，让靠河岸码头的货船方便接电，减少使用柴油机发电对大运河、三阳河的污染，实现高邮内外河码头"岸电系统"全覆盖。此外，市供电公司还对涉及岸电设施的配电线路及低压线路进行改造。（周纬　顾健）

【线路紧急抢修工作】 7月24日12时许，市穿心河一带老城区突遇龙卷风袭击，造成西后街沿街多户居民接户线脱落及一档400伏低压线路断线。接报后，市供电公司立即派员赶赴现场巡查受损线路，根据电力设施受损情况及时确定抢修方案，迅速开展线路紧急抢修工作，并于当日下午5时前，恢复该区域的电力供应。（周纬　顾健）

【新农村电气化县创建工作】 12月10日，扬州市经信委与扬州供电公司联合组成专家组，依照全县人均用电量、电压质量、供电可靠率等72项指标，对高邮市新农村电化县B类升A类创建工作进行预验收。期间，专家组通过听取汇报、审核资料、实地考察等，一致认为高邮市的新农村电化县创建工作组织有力，措施得力，成效明显，同意创建工作通过预验收。（周纬　顾健）

资料链接　为有效解决乡镇农村电网电压低、供电能力不足等问题，高邮市委、市政府及有关职能部门自2006年起，逐年加大投入，推进新农村电气化县创建工作。创建工作中，全市每年选择一批经济基础较好、村建规划较为合理的行政村进行建设，切实加快全市电气化乡镇建设进程，促使全市新农村电气化县创建工作取得明显效果。期间，市供电公司累计投入资金3.2亿元，累计新建、改造10千伏线路373千米、低压线路644千米，新增改造配电变压器560台，惠及农户近15万户。至2015年年底，高邮人均年用电量3505千瓦时，高于创建A类的2300千瓦时指标。（周纬　顾健）

交　通

【概况】 2015年，据市公安局交通巡逻警察大队登记，全年新增小型汽车1.75万辆，其中新增私人轿车1.6万辆，同比增长94.9%；减少大型汽车485辆，减少摩托车2.04万辆。至年底，全市机动车保有量11.82万辆。其中，汽车6.37万辆(大客车756辆、小型客车5.41万辆、大型货车2669辆、小型货车3548辆、其他类型汽车2584辆)，二轮、三轮和轻便摩托车5.45万辆。全年新增机动车驾驶人1.49万人，小马力机动车驾驶人减少3359人，累计有机动车驾驶人14.72万人(含汽车驾驶人12.56万人)。

全年完成投资8.1亿元，启动连淮扬镇铁路高邮段建设，续建611省道，建设龙虬、界首与237省道连接道路，完成237省道高邮段四期绿化及绿色通道工程，改造乡村公路危桥43座、总跨度706.7延米。至年底，全市各类公路总里程2524.13千米。按照技术等级划分，高速公路44.26千米，一级公路90.33千米，二级公路299.01千米，三级公路194千米，四级公路1438.76千米，等外级公路457.77千米。全市公路网密度为128.59千米/百平方千米。境内有航道44条，总里程613.86千米。其中，二级航道1条、41.15千米；五级航道1条、37.65千米；六级航道1条、16.7千米；七级航道8条、199.23千米；等外级航道33条、319.19千米。

全市累计有营运线路97条，客运车辆373辆(不含出租车)，1.22万客位。其中，直达北京、天津、上海、杭州、温州、苍南、余姚、武汉、青岛、合肥、芜湖、宿州、南京、苏州、昆山、常熟、无锡、常州、镇江、南通、徐州、盐城等省市县际长途营运线62条，省市县际班车(包车)124辆；农村公交营运线路12条，农公班车150辆；城市公交营运线路10条，公交车86辆；乡镇区间营运线路6条，班车6辆；镇村公交营运线路7条，班车7辆。境内出租公司4家，出租车337辆。全年交通系统完成客运量2637万人次、旅客周转量7.23亿人/千米(不含公交车、出租车)。2月4日～3月16日春运期间，投放营运客车688辆、1.41万客位，发送班次2.59万次，安全运送旅客75万人次，人次与去年持平。完成港口吞吐量795万吨，增长6%。是年，市公路站工会小组被中华全国总工会表彰为全国模范职工小家；市航道管理站被表彰为扬州市航道系统建功立业先进集体。（吴爱辉　宋丹妮）

【连淮扬镇铁路高邮段开工建设】 10月16日，连淮扬镇铁路高邮段开工建设。该段铁路全长近44千米，其中高架41.8千米，途经高邮市的界首镇、周山镇、龙虬镇、高邮经济开发区、高邮镇、高邮城南经济新区、卸甲镇等7个乡镇、园区，铁路建设等级为客运专线，设计行车速度为250千米/小时，设有高邮高铁站和高邮北站，第四、第五、第六等三个标段工程分别由中铁十九局集团有限公司、中国中铁航空港建设集团有限公司、中铁十七局集团有限公司负责实施，总投资65亿元，计划2020年建成通车；全线共涉及工程征地1.07平方千米，房屋拆迁426户(其中住宅户400户，非住宅户及其他26户)及附着物若干(其中鱼塘占用117个)。至年底，该工程完成主线用地交付80%，房屋拆迁签约率93.7%、拆除率50%；建设桩基5000根、承台60座、墩身9座、箱梁

13片；完成投资8.5亿元。（赵新　张正清）

【界首运河大桥开工建设】 该工程于11月28日开工建设。该大桥位于京杭运河高邮市界首镇境内，起于运河西提，跨越京杭大运河、淮江公路和小闸干渠，终点连接淮江公路，全长1.05千米；按二级公路标准设计，主桥全宽11.8米，采用双塔空间索面斜拉桥，塔梁分离，桥塔为“钻石型”结构，塔高59.15米，将采用灌注桩基础，斜拉索为成品高强平行钢丝索，桥塔采用爬模施工，主梁采用挂篮悬臂浇筑。该工程总投资9985.63万元，由山东省路桥集团有限公司负责实施，计划2017年年底建成通车。至年底，该项目完成施工、监理单位驻地建设等前期准备工作，并打下第一根桩基，完成投资1000万元。（潘九松）

【赵倪路（横立路段）建成通车】 该工程于2014年12月开工建设，于2015年年底建成通车。该工程位于高邮市经济开发区与龙虬镇境内，与S237呈T字形交叉，起于新237省道，终于龙虬镇中心街，全长2.54千米，路面按照三级公路标准设计建造。共投入资金4360.91万元。（潘九松）

【X204卸甲至伯勤段改造工程】 12月，该改造工程启动建设。该改造工程起于X204卸甲集镇段，跨越南澄子河，终于X307汤车线伯勤段，全长3.64千米，按二级公路标准建设，总投资3580.7万元，计划2016年10月建成通车。至年底，该项目完成施工、监理单位驻地建设等前期准备工作，完成投资1000万元。（潘九松）

【S237界首段接线工程建成通车】 该工程于2014年11月开工建设，于2015年5月建成通车。该工程位于高邮市界首镇，西起国庆路，东止237省道，全长529.91米，按城市主道路标准设计，路面宽42米，共投入资金817.7万元。（潘九松）

【S237高邮段第四期绿化及绿色通道工程】 2～5月，全市完成S237高邮段第四期绿化及绿色通道工程。该工程起于横泾河桥，终于老S332（界临沙公路），全长14千米，主要对道路两侧及其50米范围内进行绿化，完成绿化面积1.2平方千米，共投入资金3500万元。（潘九松）

【S611高邮段（沿湖大道）工程建设】 2015年，全市继续推进S611高邮段（沿湖大道）工程建设。6月，完成该工程长1.14千米的先导段建设，并于8月31日通过交工验收。8月，该工程第二期工程开工建设，全长6.36千米，计划2016年底建成通车。至年底，该工程路基土方、桥梁建设、涵洞建设累计完成量分别占全部工程总量的60%、65%、73%，累计完成投资1.9亿元。（吴成明）

资料链接　S611高邮段（沿湖大道）工程起于与新S333交叉处，终于高邮市与邗江区交界的向阳河，全长8.2千米，采用双向四车道一级公路标准建设，设计速度100千米/小时，路基全宽26.0米，总投资4.0亿元，计划2016年建成通车。该工程于2014年4月17日开工建设，至2015年年底实现路基贯通。（吴成明）

【农村公路建设】 2015年，全市建设农村公路7条、29.85千米，其中陈钱路1.63千米、红升路3.38千米、穿乡路5.95千米、任家路4.85千米、三汤路6.36千米、大圩路5.75千米、大圩二路1.93千米，共投入资金2985万元。（陈启权）

【“美丽乡路”建设】 2015年，市农村公路管养领导小组办公室根据《高邮市美丽乡路三年行动计划》要求，在全市组织开展“美丽乡路三年行动计划”推进年的各项工作。至年底，全市新创成美丽乡路65条、总长283千米，分别占三年行动计划目标的67.6%、71%。（史志）

【农村危桥改造】 2015年，市交通局继续开展农村危桥改造工作，全市新改造农村危桥43座，其中中桥7座、小桥36座，累计706.7延米，共投入资金1220.78万元。（陈启权）

表43　**2015年度高邮市农村公路桥梁建设表**

所属乡镇	项目名称	所属线路名称	建设规模				
			桥梁分类	跨径总长（米）	单孔最大跨径（米）	桥宽（米）	桥梁面积（平方米）
高邮城南经济新区	管庄桥	管金路	小桥	6.0	6.0	5.5	33.0
	东庄桥	绿杨路	小桥	13.0	13.0	5.5	71.5
甘垛镇	合心路四号桥	合心路	小桥	24.0	8.0	5.0	120.0
	华尔路一号桥	华尔路	小桥	5.0	5.0	17.0	85.0
	华尔路二号桥	华尔路	小桥	5.0	5.0	17.0	85.0
	九元八组桥	九袁八组路	小桥	6.0	6.0	5.5	33.0
	二号桥	新庄路	小桥	6.0	6.0	5.5	33.0

续表43

所属乡镇	项目名称	所属线路名称	建设规模				
			桥梁分类	跨径总长（米）	单孔最大跨径（米）	桥宽（米）	桥梁面积（平方米）
高邮湖西新区	槽坊平安桥	大营路	小桥	13.0	13.0	7.0	91.0
	盘塘一桥	大营路	小桥	13.0	13.0	7.0	91.0
界首镇	品柞桥	界东河路	小桥	20.0	8.0	6.5	130.0
临泽镇	卫星桥	范家路	小桥	20.0	10.0	5.5	110.0
	三号桥	南荡路	小桥	6.0	6.0	5.5	33.0
	二号桥	瓦东路	小桥	6.0	6.0	5.0	30.0
	二号桥	迎春路	小桥	6.0	6.0	5.5	33.0
菱塘回族乡	杨庄桥	杨家涧路	小桥	8.0	8.0	6.0	48.0
龙虬镇	光华桥	光华路	中桥	36.0	16.0	5.5	198.0
	小垛桥	连接路	小桥	13.0	13.0	5.0	65.0
	北角桥	龙甘路	小桥	6.0	6.0	5.5	33.0
	二号桥	顺林路	小桥	8.0	8.0	5.0	40.0
	戴家闸	唐柘河路	小桥	26.0	10.0	5.5	143.0
	老干渠桥	新华路	小桥	20.0	8.0	5.0	100.0
	马奔闸	张轩路	小桥	6.0	6.0	5.5	33.0
三垛镇	秦家涵闸	花家路	小桥	14.0	14.0	5.5	77.0
	人字河大桥	龙甘路	中桥	42.0	16.0	5.5	231.0
	大卢西桥	龙联路	小桥	8.0	8.0	5.5	44.0
	横泾河桥	夏家路	小桥	16.0	16.0	5.5	88.0
	老横泾河桥	幸福路	小桥	16.0	16.0	5.5	88.0
	一号桥	余长路	小桥	8.0	8.0	5.5	44.0
	二号桥	余长路	小桥	13.0	13.0	5.5	71.5
汤庄镇	沙埝西桥	朝阳路	小桥	13.0	13.0	8.0	104.0
	郭家四组桥	郭新路北段	小桥	6.0	6.0	5.5	33.0
	五庄七组桥	郭新路北段	小桥	6.0	6.0	5.5	33.0
	五庄九组桥	郭新路北段	小桥	6.0	6.0	5.5	33.0
	周庄二组桥	郭新路北段	小桥	10.0	10.0	6.5	65.0
	粮站桥	陵南路	中桥	46.0	20.0	8.0	368.0
	汉留粮站桥	乔三司路	中桥	42.0	16.0	8.0	336.0
	东吴大桥	四异路	中桥	60.0	20.0	5.5	330.0
	朱家厦西桥	许兴路	小桥	8.0	8.0	5.0	40.0
卸甲镇	幸福桥	高汉路	小桥	8.0	8.0	5.5	44.0
	绿洋桥	绿洋路	中桥	20.0	20.0	6.0	120.0
	绿洋二桥	绿洋路	小桥	16.0	16.0	6.0	96.0
	孔庄桥	扬永路	中桥	40.0	20.0	7.0	280.0
	创新桥	中关路	小桥	36.7	8.0	5.5	201.9

（陈启权）

【内河船型标准化改造】 2015年，市交通局按照省、扬州市交通部门的部署要求，继续推进内河船型标准化改造工作，全年共拆解老旧小营运船舶87艘，总吨1.03万吨位，完成上级交通部门下达的指标。 （姚万明）

【高邮－扬州高速直达班车开通】 8月1日，高邮市道路客运公司与扬州汽车运输集团公司联合开通高邮—扬州高速直达班车。该班线由扬州汽车运输集团公司和高邮市道路客运公司各投放1辆豪华大客车，每天8个班次，全程75千米，票价16元。扬州班车从西部客运枢纽发车后，经启扬高速扬州西收费站驶上高速，1小时左右抵达高邮客运站；高邮班车从高邮市客运站驶出后，经启扬高速高邮收费站上高速，发车后1小时左右抵达扬州西部客运枢纽。 （姚万明）

【农公班车更新工作】 2015年，市道路客运公司按照市委、市政府工作要求，通过部门协同、增大投入、优化线路等举措，完成农公班车的更新工作。期间，共投资6500万元，新购置LNG天然气公交车150辆，并将原先使用的176辆老旧车辆全部下线报废。 （姚万明）

【“阳光e驾”】 2015年，市运输管理处结合“一支部一主题”活动，培育华泰、顺风两家驾校实行“先培训后付费”的“阳光e驾”培训模式。学员报名后，先与驾校签订学驾合同以及相关约定条款协议；学员根据自身情况，随时选择不同时段、不同教练员学习，享受“一对一”服务。“阳光e驾”的培训模式按课时收费，先学后付，满意付费，而且在学习中途可以根据学员自身意愿更换驾校。至年底，全市有普通机动车驾驶员培训机构8家，全年培训驾驶员近2万人次。 （姚万明）

【出租车行业管理】 2015年，市客运管理处继续加强出租车行业管理。创新出租车驾驶员管理方式，建立驾驶员违章停车学习制度、入门学习考试制度、学习考试闯关制度、谈心制度、违章处理回访制度等。专门设立“驾驶员心灵驿站”，建立与驾驶员沟通的平台。开展行业文明创建，打造“爱心”车队、“雷锋”车队、“共产党员车”品牌。是年，出租车“爱心”车队被市委宣传部、市文明办评为先进集体，驾驶员王斌被市委宣传部、市文明办评为“高邮好人”。 （戚晓峰）

【道路运输市场监管】 2015年，市运政稽查大队健全完善监管体系，突出S237、安大公路、S333、界首镇等重要区域、路段，继续开展客货运输市场违章查处、砂石渣土车集中整治行动，对“两客一危”运输车辆开展安全运输检查，及时纠正违法违规行为，消除安全隐患，确保旅客和危化品运输安全。全年共组织执法人员1000多人次，检查各类营运车辆9000多辆次，查处各类案件520起，受理投诉举报案件12起，未出现一起行政复议和行政诉讼案件，未发生一起安全责任事故。 （史雪峰）

【港口管理】 2015年，全市继续强化港口安全监管，共出动检查人员658人次，检查港口码头88家次，督促整改安全隐患5起，未发生安全责任事故。沙埝油田和八里松油库两个危化品码头通过安全生产标准化二级达标考核。积极推行和实践“4＋N”水上执法新模式，查处甘垛兆祥建材经营部非法使用港口岸线案件。加大对新建苏邮农资和三垛畜禽码头全程跟踪服务指导，规范建设程序，提升港口建设质量和水平。推动港口“岸电系统”建设，投入近20万元，在高邮港城北作业区安装小容量岸电接入装置10处。积极实施危化品码头作业网上申报审批制度，全年完成货物吞吐量795万吨。投入55万元，率先完成港政执法基地规范化建设任务。 （吴朗勇 李森清）

【S332高邮段通过“国检”】 10月31日，S332高邮段4.68千米（桩号K116＋070至K120＋745）代表扬州市接受交通运输部“十二五”全国干线公路养护管理检查考核，并顺利通过“国检”。

（孙晓震 李晓晖）

【干线公路养护工程】 2015年，全市辖区干线公路完成332省道、237省道、333省道养护大中修工程，完成老333省道、264省道养护专项工程，333省道、264省道、237省道等7座桥梁支座更换及237省道3座桥梁伸缩缝专项维修工程，完成73座桥梁更换信息牌、限载牌、桥名牌及新237和333省道全线中分带开口整治等工程。至年底，全市辖区干线公路优良率93％，MQI值92％，一、二类桥梁占比96％以上。 （孙晓震 李晓晖）

【干线公路路域环境综合整治】 2015年，全市辖区干线公路共清除堆积物、障碍物3248立方米；取缔公路两侧摊点8个；拆除公路建筑控制区内建筑及构筑物3处；清理护栏及路边灯杆野广告300余处；增设悬臂式标志1块、单柱式路政宣传牌1块、人行横道标志6套，拆除不符合规定的标志牌12块；维修遭损坏的标志牌35处、护栏103块，施划标线2630平方米；检查超限运输车辆1340辆，其中处理257辆，卸驳载货物1809吨，辖区内干线公路平均超限率稳定控制在3.7％以内。

（孙晓震 李晓晖）

【全省农村公路安全生命防护工程示范县创建工作】 2015年，根据省交通厅公路局在高邮市、邳州市、高淳区、太仓市四个市、区开展全省农村公路安全生命防护工程示范县创建工作的统一部署，市公路站结合高邮实际，认真组织开展各项创建工作。期间，按照“四好农路”建设要求，实施乡村公路七大养护工程,进一步提高农村公路畅达度、安全性。12月23日,在高邮市召开的全省农村公路安全生命防护工程示范县创建工作交流总结会上,高邮市的创建工作受到省交通运输厅公路局的充分肯定。 (孙晓震 李晓晖)

【台风应急抢险】 7月10日、8月10日,高邮市分别遭遇“灿鸿”“苏迪罗”两次台风极端天气。两次台风期间,市公路路政大队均迅速启动应急抢险预案,联合高强、交建两家道路养护公司及全市所有乡镇(园区)公路站,在第一时间组织人员对全市县乡公路重点路段实施全覆盖巡查、抢修及交通疏导,并带夜清理县乡公路沿线倒伏树木,有力保障全市县乡公路畅通。在两次应急抢险活动中,累计出动应急抢险人员328人次,累计清理县乡公路沿线倒伏树木2000余株。 (王宏华 周惟)

【骨干公路亮化工程建设】 2015年,市政府办公室出台《高邮市骨干公路照明工程营运维护管理办法》,至年底,全市实现骨干公路亮化工程建设全覆盖,累计新安装路灯7240盏。 (王宏华 周惟)

【车逻镇创成江苏省农村公路管养及安保工程示范乡镇】 11月25日,省交通运输厅公路局组织专家验收组,对车逻镇创建“江苏省农村公路管养及安保工程示范乡镇”工作进行验收。期间,验收组专家按照《江苏省乡村公路管养及安保工程示范镇验收标准》,并通过查阅资料、察看现场、听取汇报、综合评分等形式,一致同意该镇创建工作通过验收。至此,全市包括菱塘回族乡在内,累计创成江苏省农村公路管养及安保工程示范乡镇2家。 (王宏华 周惟)

资料链接 2015年下半年,为推进车逻镇开展“江苏省农村公路管养及安保工程示范乡镇”创建工作,市路政大队安排专人进驻该镇,协助指导创建汇报材料的起草,画册、宣传片等相关资料的编写制作及基础台账的完善等。同时,积极指导配合该镇对农村公路环境开展综合整治,累计清理非标158块、拆除废弃猪圈105个、清除边坡种植5万平方米,促使该镇乡村道路好路率达98%,努力打造畅、洁、绿、美、安的农村交通环境。 (王宏华 周惟)

【京沪高速高邮段通过“国检”】 10月31日,京沪高速高邮段道路,接受交通运输部“十二五”全国干线公路养护管理检查考核,并顺利通过“国检”。 (王宏华 周惟)

【海事工作】 2015年,市地方海事处围绕年度工作目标,通过开展水上交通安全大检查、危化品运输船舶安全监管、渡口渡船水上风景旅游区安全检查等3项专项整治活动,不断加大对重点航段、区域的检查力度,有效改善全市通航环境;通过开展“行政执法规范年”“交通海事服务提升年”“海事船检严格执法推进年”“平安水域创建”等活动,有力打造“邮乡扬帆、温馨海事”服务品牌。全年共出动艇力2034艘次,巡航里程3.49万千米,组织上航上渡检查7733人次,检查船舶9345艘次,纠正违章行为890起,检查渡口222道次,办理行政处罚案件1598件,其中一般程序办理51件,发出安全管理建议书3份,办理船舶签证8515艘次;提请市政府与各乡镇人民政府签订“高邮市2015年乡镇渡口、农用自备船、旅游船舶水上安全管理责任书”13份;报送海事信息48篇,被各级媒体录用各类稿件188篇。辖区未发生重、特大水上交通责任事故、堵航责任事件、行政诉讼案件、“三乱”行为、船舶检验责任事故、船舶污染水域责任事故等。是年,市地方海事处被江苏省地方海事局表彰为全省地方海事船检工作先进集体,被扬州市地方海事局表彰为全市地方海事船检工作先进单位标兵。 (杨其标 李在国)

【“4+N”跨部门联合巡航执法】 2015年,市地方海事处为深化海事行政执法规范推进年活动,积极探索施行水上安全“4+N”跨部门联合巡航执法模式。该模式通过优势互补、资源共享方式,合理整合管理力量,编制跨部门的联动巡航计划和水上安全应急预案,并采取开展定期与不定期巡航、专项整治等执法行动,严厉打击各类水上违法行为,维护内河船舶航行、停泊、作业、治安等秩序,规范港口、码头、占用岸线建设及装卸作业,水上旅游等行为。5月27日,市海事、水警、航政、港政4家部门联合举行全市首次“4+N”跨部门联合巡航执法活动。至年底,市地方海事处联合相关单位累计开展“4+N”跨部门联合巡航执法活动2次,有效推进高邮“平安水域”建设。 (杨其标 李在国)

【船舶检验工作】 9月,受扬州市地方海事局委托,高邮市地方海事处继续开展船舶检验工作。通过制定方案、落实人员、规范流程、完善台账、考核监督等,共检验辖区营运船舶485艘、13.09万总吨,7.45万功率。 (杨其标 李在国)

【航政管理】 2015年,市航道管理站认真开展航政管理工作。全年完成巡航里程1.93万千米,航道清障扫床668.23千米;专项维护航标11座、540次,发光率、正常率均为100%。 (徐晓平)

【通扬线航道整治工程】 6月15日,南通通扬线(高邮运东船闸至海安船闸段)航道整治工程获省发改委工程可行性批复。该工程全程36.7千米,按三级标准建设,西起通扬线高邮运东船闸下游的武安大桥,向东经兴化市、姜堰市等处并最终至海安船闸上游的引航道,涉及新(改)建跨航道桥梁9座。该工程总投资约49.88亿元,其中高邮境内投

资 17 亿元。至年底,市航道管理站认真组织开展该工程的前期准备工作。 （徐晓平）

【航道“百日治违”专项整治】 2015 年,市航道管理站围绕“行政执法规范年”活动要求,结合高邮运东船闸即将通航实际,组织开展航道“百日治违”专项整治行动。期间,对北澄子河航道一沟拌合场航段的 4 处渔网鱼簖进行集中整治;加强航道油气管道管理,对辖区内的涉航油、气管道设置管线标的情况进行排查,按相关规定设置管线标,排除安全隐患;在运西船闸下游引航道与水利行洪河道交汇处拟设横流标,提醒行船安全;对高邮城区居民燃气过河管道开展集中安全专项整治督查行动 1 次。 （徐晓平）

【运东船闸扩容工程】 2015 年,运东船闸扩容工程建设有序推进。其中,下闸首公路桥工程于 11 月 30 日建成通车;船闸主体工程、闸阀门制作与安装工程、启闭机制造与安装工程、电气工程于 12 月 29 日通过工程交工验收。至年底,该工程累计完成投资 3.14 亿,占工程总投资的 67.7%。 （崇玉峰）

资料链接 运东船闸扩容工程,于 2014 年 4 月 8 日开工建设。工程采取拆除老船闸原址扩建的方式进行改造,按照 3 级船闸标准建设,规划新建船闸闸室长 230 米、口门宽 23 米、槛上水深 4 米,设计通过能力为单船 1000 吨级、船队 6000 吨级,年船舶通过量 7040 万吨。工程主要建设内容包括:船闸主体工程、下闸首公路桥工程、闸阀门制作与安装工程、启闭机制造与安装工程、电气工程、房屋建筑工程、上、下游远调站及停泊锚地、景观绿化工程、标志标牌工程等。工程概算总投资 4.64 亿元。计划 2016 年 8 月建成通航。 （崇玉峰）

【运西船闸】 2015 年,运西船闸共开放 3641 闸次,通过各类船舶 5371 艘,过闸船舶吨位 364.29 万吨,货物通过量 267.27 万吨,征收过闸费 143.04 万元。是年,该船闸被表彰为江苏省交通系统建功立业先进单位,该船闸党支部被表彰为高邮市交通系统先进基层党组织。 （朱建华）

邮　政

【概况】 2015 年,中国邮政集团公司江苏省高邮市分公司(5 月 6 日,由“高邮市邮政局”更名而来,以下简称市邮政公司)加快创新转型,优化业务结构,调整发展方向,各项工作取得新的成果。全年实现业务收入 11075 万元(首次突破亿元大关),完成率 103.1%,增长 18.6%。是年,该公司继续保持“江苏省文明单位”、“扬州市文明单位”、“高邮市文明行业”称号。该公司党委书记、总经理朱其庭被省邮政公司表彰为勤政廉政好干部;张轩支局被评为国家级五星示范网点。 （杨峰）

【网点建设】 2015 年,市邮政公司结合发展实际,对川青、平胜支局的网点进行房屋改造,完成东墩“三农”仓储中心投资建设项目,将盂城驿邮局改造为主题邮局。强化网点转型配置,所有网点均实现客户免填单操作,新增 ATM/CRS 自助机 12 台,补登折自助终端 28 台。新建邮政网点体验区 3 个、“苏邮惠民”加盟店样板店 2 家、“邮掌柜”系统项目 85 项、村邮站 70 个,并在甸垛村开展委托投递试点工作,提升平台影响力。 （杨峰）

【储蓄业务】 2015 年末,市邮政公司实现储蓄余额 45.27 亿元,比上年同期增加 1.85 亿元,增长 4.2%。全年实现金融业务收入 8880 万元,增长 20.1%;新增总资产 10.78 亿元,其中新增邮储余额 1.85 亿元、代理标准保费(新保)7.62 亿元、理财 1.31 亿元;发放有效绿卡 6.22 万张,有效电子银行累计 3.46 万户。 （杨峰）

【邮务类业务】 2015 年,市邮政公司实现函件业务收入 399 万元;包裹快递收入 318 万元,增长 101.3%;电子商务收入 406 万元,增长 22.7%;分销物流收入 219 万元,增长 4.3%;集邮专业收入 271 万元,增长 24.3%;发行业务收入 486 万元,增长 2.1%;票务收入 1 万元;其他收入 77.42 万元。 （杨峰）

【实物网建设】 2015 年,市邮政公司加强实物网建设,保证“双十一”旺季期间各项业务的平稳有序开展。期间,新购机动车及电动三轮车各 1 辆、电瓶车 10 辆、摩托车 17 辆,配备投递员专用 PDA 智能手机 28 部。 （杨峰）

【信息化改造】 2015 年,市邮政公司进一步开展信息化改造工作,推动 ERP 系统上线,提升企业集约化管理水平。推动实现金融网点集中授权,先后运行“积分一卡通”“扬邮微讯 APP”和“客户价值提升”等系统。 （杨峰）

【盂城驿主题邮局开馆】 11 月 12 日,盂城驿景区主题邮局正式开馆。该主题邮局从设计到建立历时 3 个多月,围绕“邮”主线,以邮亭、邮驿、邮局、邮节为主题,以图文并茂方式展示邮的历史渊源、时代变迁中的盂城驿各个时期的面貌,以及历届邮文化的邮品、照片和旗帜。该主题邮局还突出邮政近代发展史,以高邮邮政为结合点,描述建国初期、邮电合营以及邮电分营后的邮政发展。市邮政公司在盂城驿景区的主、次游客中心设置相应邮筒,按要求配备明信片销售和邮戳,为游客寄递明信片设立平台。此外,市邮政公司还定期在景区开展邮品展示和销售活动,展现高邮“邮文化”,并不定期的举办动漫、邮驿邮展等互动项目活动。 （杨峰）

【主题集邮展览】 1月18日,市邮政公司借助全市召开市人大、市政协"两会"时机,协助市委宣传部、市文明办和市集邮协会举办主题为"社会主义核心价值观"的集邮展览——"邮说我们的价值观"。此次集邮展览以邮集等邮品为载体,围绕社会主义核心价值观24字内容,遴选一批邮票、邮戳、邮资封及邮资片,制作主题邮集12框,进行集中展示。 (杨峰)

【设立金晖老年活动园地】 2015年,市邮政公司在网点设立金晖老年活动园地。利用金晖老年活动园地,为办理邮政业务的老年客户免费提供测量血压、称体重、发放春夏秋冬养生资料等多种健康养生服务,吸引众多老年客户前来参与体验和办理业务。为提升该活动园地的服务质量,市邮政公司还于每月月初举办一期养生知识讲座,于每月中旬举办一期理财讲座,每两个月对积极参加活动的会员进行抽奖,并且不定期举办会员协储、保险沙龙等活动。 (杨峰)

【"预防邮路"启动仪式】 7月6日,市人民检察院、市邮政公司联合举办"预防邮路"启动仪式。举行该活动,旨在拓宽检邮双方工作思路,在开展职务犯罪预防宣传的同时,将普通刑事犯罪预防纳入"预防邮路"工作中,通过"预防邮路"及时对易发多发特定类型案件的社会群体开展普通刑事犯罪预防。同时,注重强化检邮双方的宣传,开通预防职务犯罪工作电话热线,并在检察微信、微博中增设"预防邮路"专栏,不断扩大"预防邮路"在新媒体中的影响力,努力打造出高邮"预防邮路"的特色品牌。 (杨峰)

【走进"政风行风热线"直播间】 9月17日,市邮政公司党委按市纪委要求,走进市"政风行风热线"直播间,通过电波与社会各界人士进行交流。期间,该公司党委书记、总经理朱其庭亲自带领团队上线参与互动,对用户通过热线提出的11个问题作一一解答。 (杨峰)

【举办服装主题集邮展览】 国庆节期间,由市邮政公司、市集邮协会与波司登制衣有限公司联合举办的"服装主题集邮展览"在世贸国际购物中心开幕。此次集邮展览共展出以服装题材的邮集20多框,其中包括《中山装》《军装》《中国少数民族服装》等多框作品。期间,每天都安排两名邮集作者在现场为参观者答疑解惑,并且通过微信平台发布"服装主题集邮展览"相关信息,受到广大市民群众的关注。 (杨峰)

现代物流

【概况】 2015年,全市累计有登记在册的物流企业193家,其中一般纳税人73家、小规模纳税人120家。全年实现物流业增加值23.64亿元,增长2.2%,占服务业增加值比重11.7%;完成物流国税收入2993.3万元、地税收入401万元,分别增长22.1%、下降65%。全年完成公路货运量1284万吨,增长3.4%;水路货运量997万吨,增长7%;内河主要港口货物吞吐量835万吨,增长11.5%。 (夏欢)

【快货品牌建设】 2015年,全市继续推进快货品牌建设,累计建成"江苏快货"品牌物流专线18条。 (夏欢)

【物流企业评级】 2015年,全市继续做好物流企业的评级工作。至年底,全市累计获评国家级物流企业3家,其中获评国家AAAA级企业1家(戚伍水产发展股份有限公司)、国家AAA级企业2家(高邮市诚信物流发展有限公司、高邮市红太阳物流有限公司)。 (夏欢)

【诚信电子商务·物流产业园第一期工程竣工】 4月,诚信电子商务·物流产业园第一期工程竣工。该工程于2013年年底开工建设,由高邮市诚信物流发展有限公司投资5亿元兴建,占地0.13平方千米,建筑面积近20万平方米。该产业园以电子商务为发展主线,构建以B2B、B2C、C2C、C2B、O2O为核心的电子商务交易技术平台,引进电子商务、信息软件、设计研发等新兴产业,重点依托"电子商务·物流"产业链,逐渐将产业园区发展成为特色鲜明、实力雄厚、环境优美、产业集聚的专业电子商务·物流园区。至年底,该产业园协议入驻企业100多家,实际入驻企业40多家,其中包括顺丰、圆通、申通、日益通等速递企业17家。 (夏欢)

【市政府兑现物流政策性奖励资金65万元】 2015年,根据《市政府关于加快发展现代服务业的若干政策意见(暂行)》《高邮市服务业发展引导资金管理办法》和《高邮市服务业龙头企业认定办法》文件精神,市服务业发展局联合市财政局组织开展服务业企业政策性奖励工作,经过申报、评审并经市政府批准,全市有2家物流企业符合引导资金扶持条件,获发奖励资金62万元;高邮市诚信物流发展有限公司被评为服务业龙头企业,获发奖励资金3万元。 (夏欢)

商业·服务业

Trade · Service

导读

综述

2015年，市委、市政府注重通过增大投入、出台政策、新上项目、优化服务等举措，以培育具有一定竞争力的市场主体为平台，加快打造特色商圈和产业集群，着力促进全市商贸流通业和服务业发展，为全市经济转型发展提供有力支撑。全年实现服务业增加值201.98亿元，增长13.3%；服务业产值占地区生产总值41.7%，上升1.1个百分点；完成服务业国税收入3.44亿元，下降1.6%；完成服务业地税收入16.79亿元，增长20.8%。实现社会消费品零售总额153.1亿元，增长10.4%。其中，批发业20.3亿元，增长22.4%；零售业113亿元，增长7%；住宿业0.9亿元，增长29.5%；餐饮业19亿元，增长19.4%。全市有限额以上批发和零售业、住宿和餐饮业法人企业126家，其中批发业71家、零售业40家、住宿业1家、餐饮业14家；有限额以上批发和零售业、住宿和餐饮业个体经营户93户，其中批发业2户、零售业43户、住宿业3户、餐饮业45户。

服务业重大项目有效推进，现代物流业、商贸流通业等服务业重点产业集聚发展态势良好。全年实施投资额5000万元以上服务业项目30项，其中签约投资额10亿元以上服务业项目5项。加快实施清水潭旅游度假区的扬州大运来马戏、温泉及生态文化旅游度假区第一期系列项目。积极打造占地13.3公顷的高邮城南经济新区汽车城项目，引进上海大众、上海别克、北京现代、长安福特等品牌汽车4S店及二手车交易市场，推进汽车销售服务网点集聚。位于苏中农贸城的农村淘宝高邮市级运营中心正式开业。推进实施“电商换市”战略，“京东商城中国特产高邮馆”“1号店特产中国高邮馆”“苏宁易购中华特色高邮馆”三馆合一线下展销中心开业，阿里巴巴淘宝大学扬州教学基地揭牌。市诚信电子商务物流产业园被列入江苏“省级示范物流园区培育储备库”，同时入选“2015年国家现代物流重大工程”。巩固和提升“万村千乡市场工程”“新网工程”建设质态，着力完善农村现代商贸流通体系。加强各类专业市场建设和经纪人队伍建设，为商品流通提供便捷渠道和优质服务。

商业布局日趋合理，商品市场繁荣稳定，成熟商业街区档次不断提升，新兴商圈迅速崛起。商品一条街、商业步行街、金海洋商业区、温州商城、龙祥商业中心和文化宫路、蝶园路、府前街等商业街区精品服饰门店及品牌连锁服饰店汇集，文游中路、海潮东路、屏淮路、文游北路及尚程国际家居广场的建材、家具、五金等经营门店扎堆分布，通湖路两侧成为经营珠宝首饰、摩托车、电动自行车、眼镜等商品的特色街区，琵琶路、邓桥商业城、蝶园路、国雄路、水榭华庭商业区、金拇指广场、新河·新天地商业街区成为餐饮、娱乐行业的聚集地，秦邮路、外环路、金桥路汇聚众多汽车销售、装饰、保养门店，城东珠光路、海潮东路两侧商铺逐年增多。同时，以波司登世贸国际广场为标志的新兴商圈快速崛起，集聚五星级酒店、国际购物中心、大型超市、大型家居生活广场、商务大厦等商业载体，新增就业岗位6000多个，日均客流量近1万人次，年交易额超5亿元。

加速旅游资源整合和开发步伐，加强特色景点、景区建设，推进旅游业加速发展。市清水潭旅游度假区游客中心主体完工，基础设施全面升级，大运来马戏、温泉度假村项目正式签约；新开通高邮湖水上游览线，启动新民滩郊野公园及龙虬庄国家考古遗址公园建设，完成清代当铺修缮工作。盂城驿景区创成“国家AAAA级旅游景区”，抗日战争最后一役纪念馆列入第二批国家级抗战纪念设施、遗址名录。在苏中地区县(市、区)中率先加入华东旅游线路。全市累计拥有旅行社10家、三星级以上旅游酒店5家。全年接待游客403.6万人次，增长15.4%；实现旅游收入34.7亿元，增长15.6%。（市统计局　李进凯　宋文宝）

粮食流通

【概况】 2015年，市粮食局按照市委、市政府总体部署和省、扬州市主管部门要求，积极适应粮食流通业现代化发展新常态，扎实推进各项工作开展，在保障粮食安全和促进农民增收等方面取得明显成效。全年粮食企业实现粮食购销总量130万吨，其中国有粮食企业实现粮食购销总量62.4万吨，实现销售收入3.05亿元、利润236.3万元。完成储备粮轮换2.6万吨。其中，按品种划分：小麦1.8万吨、稻谷0.8万吨；按属性划分：省级储备粮1.4万吨、地方储备粮1.2万吨。是年，市粮食局被表彰为江苏省粮食系统财务联系点优胜单位和扬州市粮食系统年度综合考核二等奖、信息调研工作优胜单位。（刘金友）

【粮食购销】 2015年，全市粮食企业收购粮食65万吨、销售粮食65万吨，其中国有粮食企业收购粮食31.2万吨、销售粮食31.2万吨(小麦25.6万吨、稻谷5.6万吨)，实现销售收入3.05亿元，增长7.8%；全市粮农通过售粮实现增收4400万元。（刘金友）

【粮油工业】 2015年，全市粮油工业发展势头迅猛。全年12家列入统计口径的粮油工业企业，共实现产值35.78亿元、销售收入32.48亿元、利税1.59亿元，分别增长32%、31.8%、118.6%。（刘金友）

【粮食流通管理】 2015年，市粮食局联合市物价局、市市场监督管理局、市海事处等单位，在全市开展粮食市场监管和执法工作，严格查处无照经营、哄抬物价、压级压价、囤积居奇、以次充好等违法、违规行为，强化三阳河沿线、新民滩等重点区域粮源管理，杜绝不合格、不安全粮食流向市场，切实维护粮食流通市场秩序和粮食生产经营者合法权益。全年共出动检查人员500人次，受理群众举报案件9起，发出责令整改通知书42份，移交市场监督管理部门处理案件8起，检查转移小麦800吨，注销存在违规经营行为的个体工商户6家。（刘金友）

【仓储项目建设】 2015年，市粮食局继续组织开展粮食企业仓储项目建设。建设完成车逻粮油经营公司仓储容积1万吨的库房，并在夏粮收购工作中投入使用。把握国家“新建1000亿斤仓容库房”的机遇，争取并新建三垛粮库3万吨仓容库房项目，总预算2100万元，其中国家财政补助资金500万元。引进民资500万元，建成八桥粮油经营公司和送桥粮油经营公司天山库点的烘干设施2座。（刘金友）

【“放心粮油示范店”创建】 2015年，市粮食局按照“规模化、网络化、标准化、信息化”和“覆盖城乡、连接产销、设施完善、服务规范”要求，在全市城乡开展“放心粮油示范店”创建工作，形成覆盖范围广、交通条件好、服务对象多、经营信誉高的粮食经营网络。至年底，全市新创成“放心粮油示范店”4家，即高邮农工商超市有限公司界首店、卸甲镇苏旺百货商店、市良茂粮油门市部、高邮农工商超市有限公司文游店，累计创成“放心粮油示范店”27家。（刘金友）

【财务管理】 2015年，市粮食局结合工作实际，在财务管理中探索推行周、月、季“三级”例会机制，有效发挥该机制在履行财务管理职能、提高财务工作效率、切实解决财务问题等方面的作用。是年，该局继续保持“全省粮食系统财务联系点优胜单位”称号。（刘金友）

【爱粮、节粮宣传】 2015年，市粮食局结合第35个“世界粮食日”和《粮食流通管理条例》颁布11周年等时机，围绕“社会保护与农业，打破农村贫困恶性循环”主题，组织开展“秦谷志愿服务队”志愿服务、寻找“最美家庭”“节粮巧妇”评选和“爱粮节粮进家庭、进学校、进机关、进企业”等系列活动，号召广大群众节约每一粒粮食，抵制浪费粮食的行为。同时，发挥市中小学生爱粮教育实践基地作用，常态化组织中小学生实地参观、接受教育，进一步强化中小学生爱粮、节粮意识。（刘金友）

【信息工作】 2015年，市粮食局上报各类信息448篇，被采用406篇，采用率90.6%。在被采用的稿件中，国务院办公厅采用1篇，省政府办公厅采用6篇，《中国粮食经济》采用3篇，《粮油市场报》采用11篇，《江苏粮食研究》采用9篇，扬州市政府办公室采用8篇，《江苏粮网》“粮情广角”栏目采用25篇，《江苏粮网》“市县动态”栏目采用130篇，《高邮日报》采用35篇。是年，该局被表彰为扬州市粮食系统信息工作优胜单位。（刘金友）

【粮食行业协会】 2015年，市粮食行业协会按照“服务、协调、监督、自律”宗旨，认真开展工作，打造行业平台，促进粮食市场规范有序发展。该协会先后组织人员赴山东省临沂市、安徽省六安市考察，重点考察学习粮油精深加工、品牌创造、基地建设和行业协会建设等方面经验做法，为促进全市粮食

行业健康发展发挥积极作用。 （刘金友）

商贸流通

【概况】 2015年，全市累计实现社会消费品零售总额153.06亿元，增长10.4%，增幅位居扬州市各县（市、区）第一。至年底，全市有限额以上批发和零售业法人企业111家，其中批发业71家、零售业40家，从业人员4957人，完成营业额85.57亿元；有限额以上批发和零售业个体经营户45户，其中批发业2户、零售业43户，从业人员774人，完成营业额6.43亿元。 （黄涛）

【单用途商业预付卡管理】 2015年，市商务局采取多种措施，强化单用途商业预付卡管理。按照省商务厅要求，为预付卡备案企业统一制作“三项制度”（购卡实名登记、非现金购卡、限额发行）公告公示牌并在售卡处悬挂，方便消费者监督。按照省、扬州市统一要求，在单用途商业预付卡领域内开展非法集资风险专项排查，共出动执法人员35人次，对全市7家大型发卡（售卡）企业进行“三项制度”、预收资金使用、预收资金存管等检查。开展单用途商业预付卡企业专项资金审计，及时准确掌握企业实际发卡状况及预收资金余额。对乐购超市高邮文游店关店后的预付卡兑付工作实施严格跟踪监督，切实保障消费者合法权益。 （黄涛）

【酒类行业管理】 2015年，市商务局、市酒类行业协会围绕“三自”（自我教育、自我管理、自我服务）、“三性”（群众性、自觉性、义务性）、“三力”（充满活力、富有生命力、具有吸引力）、“三为”（为会员服务、为经济服务、为消费者服务）、“三好”（经营管理好、共同利益好、社会效益好）的“五个三”目标，切实加强酒类行业管理。全年开展向社会“郑重承诺”、为消费者提供咨询服务、组织酒类经营者考察学习等活动，努力提高服务质量。维护酒类市场安全，坚持对酒类批发和零售企业、大型商场、超市进行酒类商品日常检查，全年查出销售假酒案件线索1起，移交市场监督管理局处理。 （黄涛）

【酒类行业协会】 2015年，市酒类行业协会加强自身建设，提升行业形象和从业人员素质。全年开展酒企诚信建设（向社会做“诚信经营承诺”、评选“放心酒”经营示范店及“诚信经销商”）、为消费者提供咨询服务、组织酒企参与爱心义卖义捐、组织酒企进行考察学习等活动，有力地促进全市酒业健康发展。至年底，该协会共有会员单位136家。 （黄涛）

【“放心酒经营示范店”评选】 8～9月，市商务局在全市开展第二批“放心酒经营示范店”评选活动。此次评选活动，全市有近30家企业参加。经评审小组评定、媒体公示等程序，共评选产生“放心酒经营示范店”9家，即高邮市华亨酒业商行、高邮市裕祥酒业经营部、高邮市九鼎酒业商行、高邮市天山强大烟酒店、高邮市情缘调味品商行、高邮市国茂烟酒商行、高邮市中糖烟酒飞鹏店、高邮市天山镇永平烟酒经营部、高邮市苏发超市。同时，完成首批12家“放心酒示范店”的复查验收工作。（黄涛）

【“江苏老字号”申报工作】 2015年，市商务局积极组织企业参加“江苏老字号”评定工作。期间，该局加强与扬州市商务局、省商务厅联系，明确专人跟踪服务，及时掌握动态信息。7月6日，经“江苏省老字号认定委员会”认定，高邮市秦邮蛋品有限公司入选首批“江苏老字号”企业（品牌）名单。 （王强）

资料链接 2015年，为更好地促进“老字号”的传承保护和创新发展，全省商务系统在省商务厅的组织下，首次启动“江苏老字号”认定工作。“江苏老字号”是指历史悠久，拥有世代传承的产品、技艺或服务，具有鲜明的中华民族或江苏地域传统文化背景和深厚的文化底蕴，有一定社会认知、认同度，形成良好信誉的品牌。企业需满足“拥有商标所有权或使用权，品牌创立达50年（含）以上，传承独特的产品、技艺或服务，传承中华民族优秀传统的企业文化”等条件才能进行申报“江苏老字号”并非终身制，省商务厅将每隔四年对已认定的“江苏老字号”进行重新评审，不符合认定条件的，将撤销其称号，并向社会公告。 （王强）

供销合作

【概况】 2015年，全市供销合作社系统实现商品销售额80.2亿元，增长14.4%；实现农副产品收购额17.8亿元，下降10%；农产品市场完成交易额30.7亿元，增长13.2%；实现连锁配送销售额16.1亿元，增长14.2%。改造升级为农服务社（村级便民服务中心）12家，新建农民专业合作社示范社12家，新建农民专业合作联社2家。市供销合作总社被江苏省供销合作总社表彰为2015年度“新网工程”建设优胜单位，被扬州市供销合作总社表彰为2015年度综合业绩考核一等奖、“新网工程”建设先进单位；市绿丰农业服务专业合作社、市诚信特种水产专业合作社、市林阳农机服务专业合作社和市汇金杂粮专业合作社被江苏省供销合作总社表彰为2015年度“农民专业合作社示范社”。 （徐克祥 袁陈龙）

【供销社综合改革省级试点工作取得阶段性成果】 2015年，市供销合作总社按照《关于加快推进供销合作社综合改革试点工作的实施意见》要求，新建成高邮市供销农业综合服务专业合作联社和高邮市供销农业发展专业合作联社2家;新建成苏利供销有限公司、甘宇供销有限公司和禾盛供销有限公司等3家新型公司化基层供销合作社,每个公司注册资本金30万元,取得改革阶段性成果。

(徐克祥　袁陈龙)

【3家为农服务社(便民服务中心)获批省级为农服务社样板社】 2015年,按照省供销合作总社《关于做好2015年省级为农服务社样板社评审工作的通知》要求,经组织申报、各地推进、省级评审等程序,省供销合作总社公布2015年省级为农服务社样板社名单,高邮市三垛镇柳南村便民服务中心、高邮市送桥镇张公渡村便民服务中心和高邮市菱塘回族乡王姚村便民服务中心名列其中。

(徐克祥　袁陈龙)

【农资供应与服务】 2015年,市供销合作总社发挥农资供应主渠道作用,按照"保质保供稳价"要求,组织采购和储备农资商品,借助全市供销合作社网络优势,依托苏邮农资连锁有限公司配送中心和55家农资连锁直营(加盟)店,实行统一标识、统一采购、统一配送、统一价格和统一服务,打造"苏邮农资无假货"和"诚信服务"品牌,最大限度地减少流通环节,让利于民。开展农技知识咨询宣传推广服务活动,播放科学施肥、合理安全用药、提高粮食产量宣传片,邀请市植保站专家进行化肥、农药使用技术和方法专题辅导,定期发放《苏邮农资农情信息简报》,提高服务"三农"水平。至年底,全市供销合作社系统实现农资销售额2.2亿元,下降15.3%;销售各类化肥9.86万吨、农药667吨,分别下降10.3%、11.1%。 (徐克祥　袁陈龙)

【苏邮农资连锁配送中心投入运营】 3月18日,高邮市苏邮农资连锁配送中心正式投入运营。该中心总投资3000万元,位于卸甲镇周邶墩村,占地面积2.2万平方米,于2012年11月开工建设。该中心包括农资交易展示区、农资物流仓储区、农技咨询服务区、港池码头以及办公用房、货场等配套区,是扬州地区最大农资配送中心。

(徐克祥　袁陈龙)

【市丰益种田大户俱乐部成立】 3月,高邮市丰益种田大户俱乐部成立。该俱乐部由市内种植面积6.67公顷以上,具有法定行为能力的自然人组成,首批会员150名。该俱乐部与拜耳(中国)有限公司、美国陶氏集团等企业及江苏省农科院开展技术合作,根据会员需求,邀请专家进行各项技术培训服务,开展农作物新产品、新技术试验示范,组织会员考察观摩,帮助会员解决种田过程中出现的问题。至年底,该俱乐部共举办技术培训20多场次,受训人员2000多人次,发布各种服务信息1万余条,直接服务农田面积3000公顷,辐射服务农田面积2.67万公顷。 (徐克祥　袁陈龙)

【新组建专业合作联社2家】 2015年,高邮市供销合作总社供销资产经营管理有限公司与扬州市丰益现代农业发展有限公司牵头组建高邮市供销农业综合服务专业合作联社,为农民提供农资供应、配方施肥、农技培训、农机作业、统防统治、收贮加工等"一条龙"服务,作业服务面积8000公顷。高邮市供销合作总社供销资产经营管理有限公司与高邮市阳光特种水产专业合作社牵头组建高邮市供销农业发展专业合作联社,实行独立核算,自主经营,自负盈亏,按照社员制、封闭性原则,稳妥地开展资金互助服务,为联社内部成员提供存款、贷款、结算等业务,年内累计提供存、贷款95万元。

(徐克祥　袁陈龙)

【参加名优农产品展销会】 10月23～25日,由中华全国供销合作总社和江苏省人民政府共同主办的"2015海峡两岸(江苏)名优农产品展销会"在江苏省镇江市举办。期间,市供销合作总社组织市兴旺鸭业产销专业合作社、市珠湖生态农产品销售专业合作社、市汇金杂粮专业合作社参加展销会,实现销售额5万多元。 (徐克祥　袁陈龙)

【农贸市场改造工程】 2015年,市供销合作总社按照市委、市政府"四城同创"(国家历史文化名城、国家环保模范城、国家卫生城和全国文明城市创建)工作要求,对照《国家卫生城市标准》,投入资金478万元,先后完成中市口、南海、傅公桥、通湖、瑞和等5个农贸市场提档升级改造和功能拓展工作,促进农贸市场环境清洁卫生、管理规范有序。

(徐克祥　袁陈龙)

【东方商厦投资发展高邮有限责任公司获"扬州市诚信单位"称号】 12月,按照开展争创"2014—2015年度扬州市诚信单位"活动要求,经过推荐、申报、初审、公示等程序,扬州市消费者协会公布"2014—2015年度扬州市诚信单位"名单,高邮市的东方商厦投资发展高邮有限责任公司名列其中。

(徐克祥　袁陈龙)

盐业专营

【概况】 2015年,高邮市盐务管理局(江苏省苏盐连锁有限公司高邮分公司)以主营业务为中心,加强食盐销售网络和农村食盐放心店建设,调整食盐供应品种结构,提升碘盐"三率"(覆盖率、合格率、食用率),保证消费者吃上安全放心的加碘食盐,确保食盐市场安全稳定。全年购进盐1.27万吨,销售盐1.33万吨,其中销售食盐6460吨(含小包装食盐3703吨),实现销售收入2474万元。是年,该公司被苏盐连锁扬州分公司授予“先进集体”和“先进党支部”称号；韩晓震被省盐业集团有限公司表彰为先进工作者，金辉被省盐务局表彰为“雷霆风暴”联合执法行动先进个人。（徐建军　王彬）

【盐业市场监管】 2015年，市盐务局围绕“维护专营、净化市场、保障安全”管理目标，坚持日常执法与定点检查相结合，实行盐政管理与营销工作相配合，查市场、堵源头、抓案件，有计划、有步骤地开展盐政工作，切实维护全市盐业市场稳定。全年出动执法人员953人次、车辆236车次，共检查农贸市场172家次，零售商店2819家次，食品加工企业及作坊761家次，饭店、食堂722家次，访问居民户3357家，签订行政指导提示书56份；累计查处盐业违法案件53起，查没违法盐产品3.41吨，罚没款入库4.24万元；全年未发生一起行政复议和诉讼案件。（徐建军　王彬）

【食盐安全专项检查】 2015年，市盐务局与市公安局、市市场监督管理局等部门密切配合，通过开展各类专项安全检查行动，加强对盐业违法案件打击力度，促进盐业市场安全。全年先后组织开展“雷霆风暴”联合执法行动、扬州“烟花三月”国际经贸旅游节专项检查行动和春节、端午节、中秋节等节庆食盐安全专项检查行动，对辖区内各宾馆、饭店、公共食堂、食品用盐单位及食盐安全度较差的农村、城乡结合地区进行检查，确保消费者用盐安全。与仪征市盐务局、兴化市盐务局签署《共建和谐边界协议书》，建立信息互通制度，强化边界市场监管，促进边界市场经营秩序的稳定。

（徐建军　王彬）

【盐业宣传】 2015年，市盐务局采用多种形式、针对不同群体开展宣传活动。全年共开展主题宣传活动4次，发放宣传资料3000余份，设置展板8块，开展电视宣传报道3次，在各级媒体发表通讯报道17篇，取得良好社会效果。开展“食盐安全访万家”活动，把走访、调查、检测和发放宣传单有机结合，提高群众鉴别私盐能力。走进“政风行风热线”栏目，听取群众意见和建议，呼吁全体市民关注食盐安全，引导广大市民积极参与食盐市场监管，增强市民食用合格碘盐意识。（徐建军　王彬）

烟草专卖

【概况】 2015年，市烟草专卖局（扬州市烟草公司高邮分公司）围绕“推动战略体系落地，争当基层创优楷模”目标任务，主动适应烟草行业市场化取向改革新形势，努力提高货源分配与客户销售能力匹配度，持续优化客户分类办法，加强市场调研，科学调控节奏，培育重点品牌，各项工作保持平稳发展态势。全年累计销售卷烟2.82万箱，实现销售收入8.7亿元；单箱销售额3.1万元，增长13.8%。是年，该局被国家烟草专卖局、中国烟草总公司联合授予“2012—2014年度烟草行业县级烟草专卖局（分公司）标兵单位”称号，被扬州市文明委表彰为扬州市文明单位；该局董生美被国家卫计委、中国红十字会总会、解放军总后勤部卫生部联合表彰为全国无偿献血先进个人，并获发全国无偿献血奉献奖铜奖。（杨军）

【烟草专卖管理】 2015年，市烟草专卖局继续开展“闪电行动”“冬季会战”等烟草市场专项整治活动，打击各类涉烟违法行为。全年累计查处涉烟违法案件88起，其中涉案金额5万元以下案件77起、5万元～20万元案件10起、50万元以上案件1起，罚没款入库10.95万元，移交司法部门刑事处理8人。是年，该局烟草市场专卖管理工作受到江苏省烟草专卖局通令嘉奖。（杨军）

【工作创新】 2015年，市烟草专卖局把工作创新纳入部门和个人绩效考核，先后成立“推进优化客户拜访流程”“精益安全标识管理”“卡片便捷式行政执法监督台”“提升配送环节客户满意率一个百分点”4个QC活动小组，在创新开展市场营销及管理上取得新的成效。是年，“卡片便捷式行政执法监督台”QC课题获国家知识产权局颁发的实用新型专利证书，“提升配送环节客户满意率一个百分点”QC课题获扬州烟草系统优秀成果三等奖。

（杨军）

电子商务

【概况】 2015年，高邮市以诚信电子商务物流产业园为载体，以“1688网”“淘宝网”等第三方平台和“中国路灯网”“羽绒服装加工网”等自建平台为阵地，推动电子商务发展。随着网络支付方式多样，付款便捷性、可靠性提高，微信营销、网络团购等网络交易方式不断丰富，和市民生活息息相关的餐饮、零售、休闲娱乐等行业的网络交易量增长迅速。（史志）

【电子商务专题调研】 2015年，市经信委围绕如何引导企业通过电子商务降低成本、提高效率、拓展市场和创新经营模式的课题，先后组织人员到徐州市、无锡市等电子商务先进地区和企业学习调研，并形成加快推进全市电子商务发展的调研报告，对加快推进高邮电子商务发展、提升产业和资源的组织化程度、创造新的经济增长点提出对策和建议，供市委、市政府决策参考。（朱万伟）

【电子商务市场开拓】 2015年，全市注重利用阿里巴巴、天猫、淘宝等第三方B2B、B2C、C2C平台，抓好电子商务市场开拓工作，促进三次产业普及率明显提高。工业方面，以企业或个人名义在阿里巴巴平台注册开通的照明灯具、电线电缆、电动工具行业类商铺672家，其中加入诚信通会员的400家。农业方面，开通以鸭蛋、有机米、大闸蟹等为代表的农产品淘宝零售网店100多家。服务业方面，以餐饮、零售、休闲娱乐、生活服务等为代表的微信微营销、网络团购市场兴旺，百度糯米、美团、大众点评等一批国内主流消费类网站加快渗透全市消费服务行业。同时，行业自建平台悄然兴起、发展加速，全市累计建成各类电子商务平台10个，其中"中国路灯网"累计发展路灯制造企业会员达3000多家，"羽绒服加工网"年内与100多家服装加工企业和零售商签订合作协议。是年，全市实现电子商务交易额12亿元，增长25%；企业电子商务应用率48%。（朱万伟）

【跨境电子商务】 2015年，全市相关企业注重利用跨境电子商务平台，拓展市场份额，促进企业转型，加快企业发展。至年底，全市拥有跨境电子商务企业12家，实现交易额1.9亿元。（朱万伟）

资料链接 近年来，在国内对外贸易增速放缓的大背景下，高邮市的高邮市鑫东方、佰仕德、天祥照明等企业（企业用全称）积极利用"跨境电子商务"这一有效武器加速转型，促使其市场竞争力得到明显增强。所谓跨境电子商务，是指分属不同关境的交易主体，通过电子商务平台达成交易、进行支付结算，并通过跨境物流送达商品、完成交易的一种国际商业活动。通过开展跨境电子商务，高邮相关企业拓展国际市场份额的势头强劲，年均出口增速均在20%以上，成为全市驱动外贸增长的新动力。随着国家、省、市互联网经济政策的密集出台，立足跨境电子商务及其市场在近几年仍处于蓝海期的实际，必将会成为该市传统企业加快发展的另一个重要选择。（朱万伟）

【管伙村创成省农村电子商务示范村】 11月20日，省商务厅发布《江苏省商务厅关于公布第三批江苏省农村电子商务示范村的通知》，高邮城南经济新区管伙村名列其中。此为全市首家获此称号的行政村。（马成　周雷森）

资料链接 近年来，管伙村利用电子商务平台，以蛋品、有机稻米等农产品和健身器材、旅游户外用品、冷冻冷藏柜、园林机械等产品为主要商品，以合作社为组织形式，推进农村电子商务发展。2015年，该村拥有网络销售大户50余家，从业人员135人，日均发单2500余件，年成交额2.5亿元。（马成　周雷森）

【高邮市农产品电子商务协会成立】 8月4日，高邮市举行农产品电子商务协会成立大会，大会选举产生协会第一届理事会理事、常务理事、会长、副会长及秘书长。市长方桂林，市委副书记、宣传部部长张秋红为协会揭牌。高邮市有从事网销农产品的企业30多家、商户100多户，涌现出"十二粉黛"化妆品、"王鲜记"大闸蟹、高邮鸭蛋、高邮小龙虾等畅销农产品。该协会成立后，有助于高邮市更好地融入互联网经济，切实改变农产品传统营销模式，同时可以培育一批草根企业家、叫响一批农业品牌、发展一批特色产业。（殷朝刚）

【农村淘宝服务站试水销售农产品】 12月29日，高邮市在农村淘宝网上面向江苏区域试水销售咸蛋、松花蛋、风鹅等农产品，仅当日1天就签约农产品销售订单1000余份，销售成绩喜人，为下一步面向全国区域销售农产品打下基础，有利于推进全市农业持续健康发展。（陆业斌）

【诚信电子商务·物流产业园入选"省级重点培育物流园区储备库"】 7月，高邮市诚信电子商务·物流产业园被列入江苏省"省级重点培育物流园区储备库"，成为扬州地区第2家"省级重点培育物流园区储备库"。该产业园的入选，为后续申报国家级物流园区，争取省级和国家级扶持政策提供有利条件。（冯新兵　马晓煊）

【电子商务应用试点、示范工程】 2015年，市商务局继续开展电子商务应用试点和示范工程。引导高邮市嘎嘎鸭商贸有限公司于2015年陆续开设"1号店特产中国·高邮馆""苏宁易购中华特色·高邮馆""京东商城中国特产·高邮馆"，实现"双十一"三馆线上销售超200万元。开展电子商务示范企业创建工作，扬州佰仕德礼品工艺有限公司、扬州十二粉黛生物科技股份有限公司创成扬州市电子商务示范企业。推进电子商务进农村工作，车逻镇被省商务厅评为首批电子商务示范镇，高邮城南经济新区管伙村获批江苏省第三批省级电商示范村和扬州市电商示范村，菱塘回族乡菱塘村获批扬州市电商示范村。（王强）

【广东Longwin龙云电视项目入驻诚信电子商务·物流产业园】 6月5日，广东Longwin龙云电视项目与诚信电子商务·物流产业园项目合作签约仪式在高邮经济开发区举行。该项目主要在互联网平台销售液晶电视、智能电视等产品，计划2年内线上销售过亿元。签约仪式上，广东Longwin龙云电视、诚信电子商务·物流产业园负责人分别就项目合作情况作介绍。市经信委、市服务业发展局、市科技局等部门负责人出席仪式。（史志）

市场管理与培育

【概况】 2015年，全市有交易额亿元以上商品交易市场7家，市场摊位数1091个，营业面积16.5万平方米，全年实现商品交易额31.6亿元。7家商品交易市场按市场类别分，均为专业市场；按经营方式分，6家为批发市场、1家为零售市场；按经营项目分，建材市场2家、农产品市场4家、汽车市场1家。 （市统计局）

【苏中农贸城水果批发市场开业】 1月27日，苏中农贸城水果批发市场正式开业。该批发市场位于城区东北郊，紧邻京沪高速公路与省道237，由扬州财富农业发展有限公司投资。该批发市场把网络化、信息化销售与传统水果批发销售模式结合起来，采用电商平台、微信平台进行销售，做到实体店与线上销售同步进行，实现“线上线下”联网销售。除将销售范围辐射到全市各乡镇和苏中周边县市外，还通过电子商务平台与微信销售平台将商品销往全国各地。 （葛维祥 胡文君）

【农村淘宝项目落户高邮】 8月24日，高邮市召开推动农村淘宝项目建设、促进“双创双增”（大众创业、万众创新，农业增效、农民增收）工作会议。会上，高邮市政府与阿里巴巴（中国）软件有限公司正式签署农村电子商务合作协议，这标志着农村淘宝项目正式落户高邮。根据高邮市《关于阿里巴巴农村淘宝项目建设的实施方案》要求，全市计划利用两年左右时间实现“5个1”，即：建设1个市级运营中心，开办1所淘宝大学高邮分校，开通1个特色中国·高邮馆，建成1个菜鸟物流基地，创建100个村级服务站。至年底，全市建成市级运营中心，开通特色中国·高邮馆，并建成农村淘宝服务站66个，累计实现代售金额500万元。 （夏慧）

资料链接 阿里巴巴集团于2014年提出农村淘宝项目，推出“千县万村”计划，计划在3～5年内投资100亿元，在全国建立1000个县级服务中心和10万个村级服务站。该项目以电子商务平台为基础，通过搭建县、村两级服务网络，突破物流、信息流的瓶颈，解决农村买难、卖难等问题，实现“网货下乡”和“农产品进城”双向流通。 （夏慧）

【阿里巴巴农村淘宝项目建设】 （详见《农村工作和农业·水利》篇目《农业产业化》分目）

【城区农贸市场提档升级】 2015年，市商务局围绕“四城同创”目标，牵头起草《农贸市场提档升级综合整治工作实施意见》《农贸市场建设和管理规范》《农贸市场规范化管理考核暂行办法》等文件，与相关部门配合开展城区农贸市场提档升级和环境综合整治工作。自7月起，该局城区农贸市场建设管理牵头职能移交市市场监督管理局。为配合做好农贸市场改造牵头职能的划转工作，市商务局抽调2名工作人员专职配合市市场监督管理局推进农贸市场提档升级和环境综合整治工作。至年底，完成城区中市口、傅公桥、瑞和、通湖、南海、新区、沿河、康华等8个农贸市场的提档升级改造工程，总投入1000万元。经过改造，城区农贸市场的设施、管理、消费环境明显改善。 （王强）

【“万村千乡市场工程”农家店建设】 2015年，市商务局积极引导江苏宏信超市连锁股份有限公司、苏果超市有限公司将经营网点由城市向农村延伸，全年在高邮镇、高邮经济开发区、高邮城南经济新区、卸甲镇、三垛镇等地新开设“万村千乡工程”农家店（便利店）7家，累计建有“万村千乡工程”农家店（便利店）51家。 （王强）

【“1号店‘特产中国’高邮馆”开业】 3月，由高邮市诚信物流产业园和高邮市嘎嘎鸭商贸有限公司联合打造、市农委提供信用担保及授权的“1号店‘特产中国’高邮馆”正式上线。至此，该馆成为扬州地区首家上线的地方馆。该馆主要经营高邮咸鸭蛋、界首茶干、高邮湖大闸蟹、高邮虾仁、珠光大米、高邮麻鸭、秦邮董糖、高邮蒲包肉等地方特色农产品。4月16日，“1号店‘特产中国’高邮馆”暨展销中心正式开馆，实现线上、线下互补运营。

（吴荣芳 夏慧）

资料链接 “1号店”电子商务平台于2008年7月11日正式上线，销售产品覆盖食品饮料、生鲜、美容护理、厨卫家电等多个种类。“1号店‘特产中国’”频道通过与政府、科研机构、商家多方合作，开设以县为单位的地方馆，挖掘地域特色显著、安全、新鲜、优质的农产品，并推荐给全国消费者。

（吴荣芳 夏慧）

餐 饮 业

【概况】 2015年，全市餐饮业实现销售额18.97亿元，增长19.4%。其中，限额以上餐饮企业及个体经营户（大个体）实现销售额4.15亿元，增长13.7%；限额以下餐饮企业及个体经营户实现销售额14.82亿元，增长、19.8%。至年底，全市有限额以上餐饮企业14家，营业面积2.55万平方米，从业人员1281人。 （市统计局）

【餐饮业“诚信经营”示范创建】 3月，市烹饪协会在市华侨国际大酒店召开会员单位会议，印发《关于在全市餐饮行业开展“诚信经营”示范创建活动的通知》，督促全市餐饮企业加强行业自律，指导餐饮企业开展“诚信经营”创建活动。全年全市创成“诚信经营”示范单位6家，即华侨国际大酒店、加洲阳光大酒店、皇华国际大酒店、鸿福记酒楼、桃源居大酒店、农林大酒店。 （陈平）

【厨技交流活动】 2015年，市烹饪协会组织会员单位开展厨师技艺交流活动，提高厨师烹饪水平、提升菜品质量、促进菜式创新。全年先后在鸿福记酒楼、农林大酒店、松鹤楼酒楼、四贤居酒楼等单位举办厨技交流活动6场次，业务交流70人次。同时，组织14名厨师赴江都区、仪征市学习技艺、交流菜品。（陈平）

【获“2015江苏国际餐饮博览会”奖项3项】 10月22～24日，市烹饪协会组织会员单位参加由省人民政府主办、省餐饮行业协会等单位承办的“2015江苏国际餐饮博览会”，并获得奖项3项，即市华侨国际大酒店厨师杨宝才获“江苏名厨”称号，其制作的菜品“金丝鱼片”获“江苏名菜”称号；市烹饪协会副会长、鸿福记酒楼总经理管红玉获省餐饮行业协会授予的“大运河美食文化传播大使”称号。（陈平）

【“高邮美食”专题节目】 2015年，市烹饪协会与市广电台联合制作的“高邮美食”专题节目调整至市广电台“视点”栏目播出。该专题节目每2周播出1期，由厨师现场演示各种菜品的制作方法，让观众学习菜品制作、提高烹饪技艺，受到观众广泛好评。（陈平）

【高邮美食入选“寻味大运河”节目】 8月1～4日，中央电视台第十频道“味道”栏目摄制组到高邮市，拍摄“寻味大运河”美食文化节目，当中介绍高邮鸭、高邮鸭蛋、高邮湖大闸蟹等高邮美食及制作方法，宣传高邮的饮食文化。该节目于国庆小长假期间在中央电视台第十频道播出。（陈平）

【高邮旅游美食节暨首届菱塘清真美食节】 11月7日，2015高邮旅游美食节暨首届菱塘清真美食节开幕式在菱塘回族乡举行。省餐饮行业协会会长周达志、省餐饮行业协会常务副会长于学荣、省旅游局旅游信息中心主任周晓平、扬州市旅游局副局长王明宏及高邮市领导张秋红、钱富强、杨文喜、张贵龙等参加。开幕式上，周达志为菱塘回族乡获“江苏清真美食之乡”授牌。此次美食节，参加“清真宴集中展示”的单位，均注重更新菜谱，创新菜式，展示拿手绝活。期间，还表彰罗氏沼虾菜品开发烹饪大赛获奖单位、“菱塘盐水鹅”星级制作单位及清真美食文化征文活动获奖者。（宋文宝）

旅 游 业

【概况】 2015年，市旅游局围绕完善布局、资源开发、景点建设、市场营销、强化宣传、行业管理等重点，推动“食、住、行、游、购、娱”等旅游要素均衡发展，树立高邮旅游新形象。全年接待游客403.6万人次，实现旅游收入34.7亿元，分别增长15.4%、15.6%。是年，盂城驿景区创成国家AAAA级旅游景区，抗日战争最后一役纪念馆（原侵华日军向新四军投降处旧址）入选第二批国家级抗战纪念设施、遗址名录。至年底，全市有旅行社10家，有三星级以上旅游饭店5家。（宋文宝）

【《高邮湖滩郊野公园总体规划及重点地块修建性详细规划》通过专家评审】 4月23日，高邮市召开《高邮湖滩郊野公园总体规划及重点地块修建性详细规划》评审会，市委副书记、宣传部部长张秋红，副市长钱富强及市旅游局、市旅游公司、市水利局、市农委、市交通局、高宝邵伯湖管理委员会、高邮镇相关负责人参加会议。经过认真审阅规划文本，听取规划编制单位汇报及充分讨论评议，来自扬州职业大学、扬州市旅游局和仪征捺山旅游发展有限公司的3位专家一致同意《高邮湖滩郊野公园总体规划及重点地块修建性详细规划》通过评审。（宋文宝）

【《江苏高邮清水潭国家湿地公园总体规划》通过专家论证】 6月5日，省林业局组织中科院南京分院、省森林资源监测中心和省林业科学研究院等单位专家到高邮市，对《江苏高邮清水潭国家湿地公园总体规划》进行论证。期间，专家组一行通过实地查勘规划区域，审阅总体规划文本，听取规划编制单位汇报并经质询讨论后认为，《江苏高邮清水潭国家湿地公园总体规划》提出清水潭湿地公园的发展定位、功能分区，制定保护、恢复、科普宣教、科研监测、合理利用等专项规划，指导思想明确，内容详实，总体方案基本可行，一致予以通过。

（管玮玮 宋文宝）

【华中雪枫大学旧址展馆列入省红色旅游线路】 4月25日，位于高邮市界首镇的华中雪枫大学旧址展馆开馆。该馆位于界首镇太平街87～89号，占地面积1000平方米，建筑面积680平方米，由主展室、警卫室、办公室、校长室等部分组成。其中主展室由“烽火岁月古镇奠基”“杰出领导儒将风范”“优良学风锻造英才”“风清气正鱼水情深”等4个部分组成。该展馆是江苏省文物保护单位，是年该展馆被列入江苏省红色旅游线路。（宋文宝）

【多名知名企业负责人到高邮考察旅游开发项目】 7月11日，由正大企业（中国）有限公司、北大青鸟文化产业集团、保利文化集团股份有限公司、深圳市力扬正奇品牌顾问有限公司等多名国内知名企业负责人组成的考察团到高邮市，考察高邮湖运河西堤和湖西大堤生态旅游开发项目。期间，考察团一行在实地考察明清运河故道、高邮湖万家塘、镇国寺、清水潭旅游度假区、大运河西堤，听取大运河西堤生态旅游开发项目详细介绍后，认为高邮市交通便利、环境优美、文化底蕴深厚、投资环境十分优越，是投资兴业的理想之地。（宋文宝）

【盂城驿获批国家AAAA级旅游景区】 12月24日，根据国标《旅游景区质量等级的划分与评定》与

《旅游景区质量等级管理办法》，经旅游景区自检自查，江苏省旅游资源规划开发质量评定委员会组织专家对景区进行景观评估，省、市旅资委及专家对景区开展创建辅导，市旅资委初审推荐和省旅资委委派专家组现场评定及公示等程序，江苏旅游政务网发布公告，正式批准高邮市盂城驿景区为国家AAAA级旅游景区，该景区成为扬州市第8家国家AAAA级景区。　（宋文宝）

【清水潭旅游度假区“大运来”生态文化旅游项目签约】　11月27日，清水潭旅游度假区“大运来”生态文化旅游项目签约仪式在高邮经济开发区投资服务中心举行。该项目由中农众投资产管理有限公司、深圳市前海瑞龙文化发展有限公司、深圳市艺水科技有限公司联合投资22亿元，拟在省级湿地公园清水潭旅游度假区内建设以大马戏表演、温泉酒店为核心，集大运鹭博园、大运四季花海、大运百果园、大运小镇、大运文博园、大运水火秀、大运儿童乐园等7个配套项目为一体的大型文化旅游项目。高邮市领导韩方、张秋红及中农众投资产管理有限公司副董事长魏湘宾、深圳市前海瑞龙文化发展有限公司董事长戴利斌、深圳市艺水科技有限公司董事长潘巨波等出席签约仪式。　（宋文宝）

【3家单位获“江苏省首届网络乡村旅游征集评选活动”奖项】　10月11日，由省旅游局、中国江苏网联合主办，各市旅游局协办的“畅游江苏·美丽乡村”之“网媒荐乡村”——2015年江苏首届网络乡村旅游征集评选活动启动。该活动网上投票截止日期为10月30日。期间，市旅游局积极组织相关单位参与该项活动，有3家单位获活动奖项，即高邮市芦苇荡湿地公园、清水潭旅游度假区获“江苏最具特色乡村生态园”称号；连标葡萄园获“江苏最具人气采摘果园”称号。　（宋文宝）

【新版“心动高邮”微信上线】　2月，市旅游局主办的“心动高邮”微信平台换上新装，升级上线。该新版“心动高邮”分“高邮概况”“高邮旅游”和“美味高邮”三个版块：“高邮概况”包含高邮简介、旅游咨询和游客服务等内容；“高邮旅游”包含高邮人文资源、高邮生态环境、旅游攻略、旅游酒店和旅行社推荐等内容；“美味高邮”包含高邮的七大名宴、十大名菜、风味美食和地方特产等内容。至年底，该新版“心动高邮”微信共推送信息1000条，拥有关注者1万人。　（宋文宝）

【“直通菱塘——乡村一日游直通车”】　3月28日～29日，“直通菱塘——乡村一日游直通车”最大团发往全省唯一少数民族乡一菱塘回族乡，来自南京市、扬州市等地的20辆旅游大巴，1000多名游客在该乡赏少数民族风情、游清真古寺、逛民族广场、品特色美食。至年底，该“乡村一日游直通车”累计搭载游客5300人到该乡旅游、休闲。　（宋文宝）

【南京市高级导游俱乐部组团到高邮踩线】　4月7日，南京华丽旅游人才培训中心组织南京市高级导游俱乐部40名国家高级导游到高邮踩线。期间，导游团一行实地考察盂城驿、镇国寺、文游台、王氏纪念馆等景区（点），并就带团到高邮旅游的操作细节及高邮景区（点）导游词收集整理与市旅游局和市旅游公司进行交流。　（宋文宝）

【“高邮湖春色·里下河风情”主题游启动】　（详见《大事纪要》篇目《第十一届中国双黄鸭蛋节》分目）

【第二届微信“发现高邮之美”活动】　7月24日～8月25日，市旅游局“心动高邮”微信、微博平台和文游台论坛共同举办第二届微信“发现高邮之美”活动。此次活动以“我们从小就在高邮这个城市长大，或是远方来邮的客人，你是否会在不经意间就发现高邮的美！早晨的太阳、独有的美食、古老的大运河、美丽的高邮湖......你是否喜欢用手机拍下这些属于高邮最美时刻！”为主题，共征集摄影作品188件。经过评选，共产生优秀作品18件，其中一等奖1件、二等奖2件、三等奖5件、鼓励奖10件。　（宋文宝）

【《高邮市旅游业“十三五”发展规划》论证会】　12月15日，市委、市政府举行《高邮市旅游业“十三五”发展规划》论证会；市委常委、宣传部长汤学仁，副市长钱富强和市旅游局、市规划局、市清水潭旅游度假区管委会、市旅游公司等部门负责人及专家组成员参加会议。《高邮市旅游业“十三五”发展规划》由扬州市旅游学会和扬州市社科院旅游研究所负责编制，该规划从高邮市“十二五”旅游业发展回顾与总结、“十二五”旅游业发展基本经验、“十三五”旅游业发展面临的挑战分析、指导思想与发展目标、空间布局与项目建设、旅游产业体系建设、市场定位与推广等方面进行回顾、分析与规划。经讨论，与会人员认为《高邮市旅游业“十三五”发展规划》对高邮旅游发展现状、存在问题进行充分的调查分析，规划基础工作比较扎实，对综合现状与建设条件把握清楚，总体上具有合理性和可操作性，对高邮旅游业建设与发展具有指导意义。

（宋文宝）

【旅游市场整顿规范】　6～8月，市旅游局结合高邮旅游市场实际，在全市范围内开展旅行社（营业部）专项整治活动。此次专项整治，从维护和保障旅游者、旅游经营者合法权益，提高各旅行社从业人员服务意识和素质入手，全面开展旅行社（营业部）清理整顿工作。期间，检查旅行社4家、旅行社营业部17家，处罚和整改不合格旅行社（营业部）10家，其中没收证照3家、责令整改5家、补齐旅游许可证手续2家。　（宋文宝）

【旅游行业服务技能培训】 1月11日，全市旅游行业服务技能大赛赛前培训班在皇华国际大酒店开班，全市各星级旅游饭店近50名选手参加培训。培训班上，国家级星评专家、南京金陵旅游管理学院教授许如忠结合旅游饭店国家标准和比赛评分标准，对中式铺床、中餐宴会摆台、西餐宴会摆台等方面知识进行系统讲解。 （宋文宝）

【市旅游局与扬州中瑞酒店职业学院"牵手"合作】 6月10日，市旅游局与扬州中瑞酒店职业学院在华侨国际大酒店举行合作签约仪式，明确双方通过共同招生、委托培养、定向就业方式开展合作，为高邮星级旅游饭店培养管理人才和高素质员工。市有关部门负责人、高级职业中学校长、旅游行业代表参加签约仪式。 （宋文宝）

【星级旅游饭店服务质量提升座谈会】 7月31日，全市星级旅游饭店服务质量提升座谈会在加州阳光大酒店召开，全市三星级以上旅游饭店的总经理和副总经理及市旅游局相关科室负责人参加会议。会上，重点就提高服务质量、保证食品安全等方面工作进行部署。会后市旅游局组织相关星级旅游饭店以书面形式向社会作出提升服务质量的公开承诺。 （宋文宝）

【酒店管理人员集中"充电"】 12月14日，由市旅游局主办的"酒店高级管理研修班"在华侨国际大酒店开班。此次培训对象为高邮市部分星级酒店的管理人员，共有30人参加；培训课程包括《高效思维管理》《酒店经营数据分析》《黄金服务》《收益管理》等。通过培训，促使参训人员强化管理意识，分享管理经验，感知管理艺术，提升管理技能，更好地为消费者服务。 （宋文宝）

【成杰获聘全国旅游服务质量监督员】 2015年，高邮市首期秦邮英才培育对象、华侨国际大酒店总经理成杰，被国家旅游局选聘为全国旅游服务质量监督员，并获颁证书。 （宋文宝）

资料链接 全国旅游服务质量监督员主要承担全国旅游服务质量社会监督之责，依据《中华人民共和国旅游法》《中华人民共和国消费者权益保护法》《中华人民共和国产品质量法》《中华人民共和国反不正当竞争法》《中华人民共和国安全生产法》等法律、法规的规定和有关旅游服务标准，对旅行社、景区，为旅游者提供交通、住宿、餐饮、购物、娱乐等服务的旅游经营者，导游、领队等旅游从业人员以及旅游主管部门及其工作人员等进行监督。 （宋文宝）

表44 **至2015年年底高邮市旅行社情况一览表**

旅行社名称	法定代表人	经营项目	地址	电话
江苏邮驿国际旅行社有限公司	张怡生	国际国内旅游	城区文游中路110号	84680361
市中原国际旅行社有限公司	闵晓荣	国内旅游	城区海潮东路23—11号	84061200
市喜福来旅行社有限公司	朱振荣	国内旅游	城区海潮路南海桥南侧	84638749
市走四方旅行社有限公司	张晓辉	国内旅游	城区文游中路176号	84663099
扬州环宇国际旅行社高邮营业部	王春银	国内旅游	城区琵琶东路252号	84613338
扬州京华国际旅行社高邮营业部	金宝勇	国内旅游	城区文游中路184号	84660393
扬州华夏国际旅行社高邮营业部	孙　婷	国内旅游	城区蝶园南路106号	84680860
扬州哥伦布国际旅行社高邮营业部	许　剑	国内旅游	城区通湖路142号	84634113
扬州平安国际旅行社高邮营业部	金　卫	国内旅游	城区海潮东路27—7号	84682773
扬州百世通国际旅行社高邮营业部	赵　伟	国内旅游	城区文游中路53—3号	84611899

（宋文宝）

表45 **至2015年年底高邮市旅游饭店一览表**

酒店名称	星级	法定代表人	经营项目	地址	电话
汇富金陵大饭店	创五星级	傅元秋	餐饮、住宿、桑拿、娱乐	城区文游中路133号	84887777
加州阳光大酒店	四星级	高荣辉	餐饮、住宿、娱乐	城区秦邮路138号	85857777
华侨国际大酒店	四星级	项灵彬	餐饮、住宿、桑拿、娱乐	城区文游中路32—34	82675555
皇华国际大酒店	四星级	管民良	餐饮、住宿、桑拿、娱乐	城区海潮东路18号	84881111
凯悦皇家大酒店	三星级	张宪武	餐饮、住宿	城区屏淮路4号	84810666

（宋文宝）

金 融 业

Finance

导读

综 述

2015 年，全市有人民银行支行 1 家，国家政策性银行支行 1 家，国有商业银行支行 5 家，其他商业银行或支行 7 家，保险股份公司支公司 4 家，证券公司营业部 2 家。年末，全市各金融机构所属营业网点（包括营业部、支行、办事处、分理处、储蓄所）124 家；全市金融从业人员 1637 人（不含保险公司营销人员）。此外，全市设有商业保险直属分支机构 67 家、农村小额贷款有限公司 15 家。

本外币各项存款增长较快。至年底，全市金融机构各项存款余额 455.81 亿元，比年初增加 59.98 亿元，增长 15.2%。其中，居民存款余额 310.33 亿元，比年初增加 38.24 亿元，增长 14.1%；单位存款余额 137.65 亿元，比年初增加 16.19 亿元，增长 13.3%。

本外币各项贷款稳健增长。至年底，全市金融机构各项贷款余额 278.49 亿元，比年初增加 36.72 亿元，增长 15.2%，完成全年贷款新增 35 亿元的目标。从贷款期限上看，短期贷款、中长期贷款有所增长，票据融资增长幅度较大。年末短期贷款余额 134.46 亿元，比年初增加 13.31 亿元，增长 11%；中长期贷款余额 128.02 亿元，比年初增加 16.23 亿元，增长 14.5%；票据融资余额 15.96 亿元，比年初增加 7.14 亿元，增长 81%。从贷款投向上看，涉农贷款增势平稳，房地产业贷款有所回落，制造业贷款有所增长，建筑业贷款稳步增加。年末涉农贷款余额 202.04 亿元，比年初增加 17.57 亿元，增长 9.5%，比上年上升 8.31 个百分点；房地产业贷款余额 5.22 亿元，比年初下降 2.67 亿元，下降 33.8%，比上年下降 101.93 个百分点；制造业贷款余额 70.49 亿元，比年初增加 2.16 亿元，增长 3.2%，比上年下降 2.65 个百分点；建筑业贷款余额 36.81 亿元，比年初增加 6.19 亿元，增长 20.2%，比上年下降 2.41 个百分点。

银行资产质量下行问题突出。经济下行压力加大和实体经济经营困难直接导致企业信用风险加大，进而导致银行资产质量下降。不良贷款增加幅度较大，至 12 月底，全市银行机构不良贷款额 3.17 亿元，比年初增加 1.68 亿元，不良贷款率为 1.1%，比年初上升 0.52 个百分点。从不良贷款银行分布情况来看，除国有商业银行高邮支行和高邮农商行外，股份制商业银行高邮支行不良贷款上升较快，部分新设银行机构在开业初期不良贷款水平就较高。从行业分布来看，制造业、建筑业、商品流通环节等行业信贷风险增大。从不良贷款发生原因来看，互联互保、担保圈问题亟待解决。

强化外汇管理与服务，促进开放型经济发展。全市实现跨境外汇收入 3.23 亿美元，增加 0.36 亿美元，增长 12.5%；外汇支出 0.87 亿美元，增加 0.32 亿美元，增长 58.2%；收付汇顺差 2.36 亿美元，增加 400 亿美元，增长 1.7%。全年银行机构结汇收入 2.57 亿美元，下降 2.3%；售汇支出 1.08 万美元，增长 77.1%；结售汇差 1.49 亿美元，下降 41.1%。其中，全年经常项目结汇收入 2.18 亿美元，售汇支出 0.82 亿美元，结售汇差 1.36 亿美元；资本项目结汇收入 0.39 亿美元，售汇支出 0.26 亿美元，结售汇差 0.13 亿美元，下降 45.8%。全市“三资”企业外汇年报审核率 100%，出口收汇率 92.9%，国际收支申报率 100%。

保费收入稳定增长，理赔案件数有所增加。至年底，全市4家保险股份有限公司支公司共实现保费收入7.75亿元，受理理赔案件2.4万件，支付赔偿款1.56亿元，分别增长6.8%、14.8%和下降0.01%。

（郭萍 高鹏）

表46

2015年高邮市主要金融机构信贷收支报表

项目	单位	农发行	工行	农行	中行	建行	江苏银行	招商银行	高邮农商行	邮储银行
一、各项存款	亿元	4.94	39.45	75.45	34.06	50.69	20.94	13.33	131.00	71.08
1. 单位存款	亿元	4.94	17.48	18.34	11.99	20.11	16.36	10.84	22.00	9.78
(1)活期存款	亿元	2.26	8.80	12.52	6.20	9.55	7.49	3.35	13.44	5.40
(2)定期存款	亿元	2.23	6.01	2.99	3.41	3.76	2.30	0.96	4.10	4.19
(3)通知存款	亿元	—	—	—	0.11	0.01	0.03	—	0.07	—
(4)保证金存款	亿元	0.45	1.09	0.76	0.53	2.34	2.42	3.89	1.42	0.19
2. 个人存款	亿元	—	21.93	56.49	22.04	30.55	4.46	2.48	109.00	61.29
(1)储蓄存款	亿元	—	20.59	56.02	21.46	26.54	4.12	2.05	106.58	32.53
(2)保证金存款	亿元	—	0.02	—	0.01	0.01	—	—	—	—
(3)结构性存款	亿元	—	0.54	—	—	0.08	0.14	0.42	—	—
3. 临时性存款	亿元	—	0.01	0.01	—	0.01	0.02	0.01	—	—
4. 其他存款	亿元	—	—	—	—	—	—	—	—	—
二、各项贷款	亿元	13.26	31.37	25.40	30.46	41.04	18.67	13.73	79.51	10.72
1. 短期贷款	亿元	2.28	12.58	4.17	6.73	15.15	10.66	10.86	57.43	2.25
(1)个人贷款及透支	亿元	—	0.75	0.22	1.13	0.42	1.05	0.47	12.90	2.25
(2)单位普通贷款及透支	亿元	2.28	11.83	3.95	5.61	14.73	9.61	10.39	44.54	—
(3)普通并购贷款	亿元	—	—	—	—	—	—	—	—	—
(4)银团贷款	亿元	—	—	—	—	—	—	—	—	—
(5)贸易融资	亿元	—	0.46	—	—	—	0.04	—	—	—
2. 中长期贷款	亿元	10.98	18.54	21.16	23.51	25.89	5.51	2.87	9.49	8.47
(1)个人贷款	亿元	—	11.58	14.52	12.76	13.69	3.52	2.17	3.97	8.47
(2)单位普通贷款	亿元	10.98	6.96	6.64	10.75	12.20	2.00	0.70	5.52	—
(3)普通并购贷款	亿元	—	—	—	—	—	—	—	—	—
(4)银团贷款	亿元	—	—	—	—	—	—	—	—	—
(5)贸易融资	亿元	—	—	—	—	—	—	—	—	—
3. 票据融资	亿元	—	0.23	0.02	0.22	—	2.50	—	12.59	—
4. 各项垫款	亿元	—	—	0.04	—	—	—	—	—	—

（郭萍 高鹏）

金融管理

【概况】 2015年，市金融办创新工作思路，改进工作方法，各项工作取得长足发展。至年底，全市银行机构各项存款余额455.81亿元，比年初增加59.98亿元；各项贷款余额278.49亿元，比年初增加36.72亿元，超额完成当年新增贷款35亿元目标任务。全市保险业收入15.72亿元，增长41.1%。人寿保险高邮支公司、人保财险高邮支公司、大地保险高邮支公司和利安人寿高邮支公司等4家保险业机构累计实现保费收入7.75亿元，增长9.4%；实现证券交易收入2498.71万元，增长170.1%；15家农村小额贷款有限公司累计发放贷款27.75亿元，贷款余额14.38亿元；融资性担保公司全年新发生担保额6.9亿元，在保责任额7.57亿元。是年，市金融办获2015年度扬州市金融工作一等奖。

（李瑶）

【银企合作】 2015年，市金融办积极引导银行与企业之间展开合作，分乡镇、园区开展银行行长“服务企业行”活动，缓解企业贷款难问题。全年组织银企对接座谈会5次，参会企业68家；利用“服务企业行”平台上门服务企业103家，促成46家企业与银行达成信贷合作协议；组织“域外建筑企业服务行”活动2次，走访建筑企业5家，促成2家建筑企业与银行达成信贷合作协议。至年底，银企合作完成贷款投放额2.44亿元。 （李瑶）

银企对接座谈会现场 （市金融办供稿）

【金融服务体系建设】 2015年，市金融办围绕构建大、中、小型金融机构相结合的服务体系目标，扎实推进金融招商工作。3月，中国中投证券有限责任公司高邮营业部对外营业；5月，高邮市保险证券担保行业协会成立；9月22日，交通银行高邮支行建成开业。至年底，全市有商业银行支行12家和国家政策性银行支行1家、保险股份公司支公司4家、证券交易机构2家、融资性担保机构3家、农村小额贷款有限公司15家。 （李瑶）

【非法集资风险防范宣传】 2015年，市金融办多次开展非法集资风险防范宣传活动，充分利用报纸、电视等媒体，并采取发放宣传册、群发公益短信、设置咨询台等形式，宣传非法集资风险防范知识，引导城乡居民树立正确理财观，努力构建良好的金融生态环境。是年，高邮市创成省金融生态优秀县。 （李瑶）

【企业上市（挂牌）工作】 2015年，市金融办贯彻落实市政府《关于支持鼓励企业进入“新三板”和其他场外市场挂牌上市的政策意见》，对照企业上市具体要求，认真梳理全市成长性较好企业，建立上市后备企业资源库，组织上市中介机构到重点企业开展专项服务，切实做好各项培育和推动工作。至年底，扬州曙光电缆股份有限公司、高邮市龙腾农村小额贷款股份有限公司、江苏华富储能新技术股份有限公司和扬州日兴生物科技股份有限公司成功在“新三板”挂牌；江苏传艺科技股份有限公司中小板上市材料被证监会受理，进入排队待审状态；加快推进江苏福瑞德光电有限公司、江苏鑫东方户外用品有限公司、江苏欧力特能源科技有限公司和扬州市欣宝树脂有限公司等一批企业“新三板”挂牌工作。 （李瑶）

【农村小额贷款公司运行良好】 2015年，市金融办按照市委、市政府工作部署，组织各农村小额贷款有限公司围绕服务“三农”和小微企业目标，积极加大有效信贷投入。至年底，全市15家农村小额贷款有限公司，累计发放贷款27.75亿元，贷款余额14.38亿元，贷款存量客户1123户。是年，高邮市龙腾农村小额贷款股份有限公司、高邮市弘益农村小额贷款有限公司获2015年度扬州市“十佳明星小贷公司”称号。 （李瑶）

【扬州银监分局局长张宗政到高邮市调研】 6月16日，扬州银监分局局长张宗政到高邮市调研，与高邮企业家座谈，研讨化解企业融资困境问题，与会企业家就如何强化政策扶持、简化贷款审批、加强融资担保等提出意见和建议。张宗政表示银行和企业之间要加强沟通和交流，解决“信息不对称、相互不信任”问题，一起努力解决企业“融资难”和银行“贷款难”问题，政府、银行、企业要抱团发展，采取切实有效的措施，帮企业一把、扶企业一把，通过发展壮大企业实现共赢，引导银行在加强风险防控的同时，更好地支持企业和地方经济社会发展。 （周雷森）

中国人民银行高邮支行

【概况】 2015年，人行高邮市支行设办公室、监察室、货币信贷与统计股、外汇管理股、国库会计股等5个职能部门，有在编员工27人。该行认真按照总、分行及中心支行工作要求，围绕金融服务实体经济任务，改进金融服务，维护金融稳定，发展普惠金融，拓宽融资渠道，为辖区经济发展营造良好的金融环境。是年，该行被市委、市政府表彰为平安建设先进单位。 （郭萍 高鹏）

【落实信贷增长目标】 2015年，人行高邮市支行按照稳健货币政策要求，结合地方产业和经济发展状况，制定并提请市政府出台《2015年高邮市银行机构信贷投放考核奖励办法》《2015年度高邮市农村小额贷款公司和融资性担保公司考核奖励办法》《高邮市2015年“小微企业金融服务巩固深化年”活动方案》等指导意见，确定并分解落实全年信贷增长35亿元，其中工业贷款增长14亿元的目标。 （郭萍 高鹏）

【资金利用和争取】 2015年，人行高邮市支行与市财政部门协作，利用5000万元企业贷款应急基金撬动信贷投放，全年为62家企业转贷4.34亿元。同时,配合新设银行机构和新型金融组织积极向上争取奖补资金,全年为各银行机构争取财政补贴或奖励资金 346.48 万元。　(郭萍　高鹏)

【促进银企合作】　2015 年,人行高邮市支行推动银企合作,助力地方经济发展。全年协调 12 家银行机构与 506 家企业签署合作协议,签约贷款金额 8.31 亿元。其中签约小微企业贷款 412 家、金额 12.6 亿元,协议履约率 100%。　(郭萍　高鹏)

【民生信贷投放】　2015 年,人行高邮市支行增加下岗再就业贷款担保基金额度,增强资金投放实力,全年新增担保基金 200 万元,可用资金扩大至 2500 万元。推进创业小额担保贷款、大学生村官创业贷款和青年创业贷款发放工作。至年底,全市小额担保贷款余额 2590 万元,比上年增加 636 万元,其中妇女创业贷款余额 805 万元,比上年增加 103 万元;大学生村官创业贷款余额 175 万元,比上年增加 175 万元,涉及项目 7 项;青年创业贷款余额 6.54 亿元,比上年增加 1.01 亿元。

(郭萍　高鹏)

【金融生态环境建设】　2015 年,人行高邮市支行根据《2015 年全省金融生态县申报及评估工作相关要求》,推进开展金融生态优秀县创建工作。对辖区内经济环境、金融运行、社会信用、法制环境和政策环境 5 大类 43 项指标进行考核,结果通过江苏省金融稳定工作协调小组审核;开展信用乡镇、信用村评选活动,全市评出信用乡镇 5 个,信用村 51 个。　(郭萍　高鹏)

【银行业机构综合评价】　2015 年,人行高邮市支行开展辖区内各银行机构综合评价工作。依据货币信贷管理类、调查统计管理类、货币金银管理类、金融消费者权益保护类、平安金融管理类、支付结算与反洗钱类、国库管理类、科技类、外汇管理类和跨境人民币管理类等 10 项考评标准,共评定 A 类等级银行业机构 2 家,即农业发展银行高邮市支行、高邮农村商业银行,B 类等级银行业机构 5 家,即农业银行高邮市支行、中国银行高邮支行、建设银行高邮支行、邮储银行高邮市支行、江苏银行高邮支行、C 类等级银行业机构 2 家,即工商银行高邮支行、招商银行高邮支行。　(郭萍　高鹏)

【银行业机构综合执法检查】　6 月,人行高邮市支行组织人员,对工商银行高邮支行开展综合执法检查。共排查出问题 17 项 22 条,人行高邮市支行按照处罚程序规定,对工商银行高邮支行处以罚款 1 万元,并督促该行认真落实整改措施。

(郭萍　高鹏)

【金融消费者权益维护】　2015 年,人行高邮市支行组织辖区金融机构开展“3·15 金融消费维权宣传”“金融知识普及月”和金融消费权益保护执法检查等系列活动,切实加大金融消费者权益保护工作力度。全年共受理消费者咨询事项 2 项,协助处理金融消费投诉案件 1 起,有力维护金融消费者的合法权益。　(郭萍　高鹏)

【平安金融创建】　2015 年,人行高邮市支行继续推进平安金融创建工作,分别对光大银行高邮支行、射阳农商行高邮支行和扬州高邮兴福村镇银行等 3 家新设银行机构开展平安金融创建达标考核 1 次,并就相关问题提出整改意见。开展银行卡网上非法买卖整治工作,遏制银行卡非法买卖风险。至年底,全市新增平安金融创建达标单位 3 家。

(郭萍　高鹏)

【落实存款保险制度】　2015 年,人行高邮市支行积极落实存款保险制度,密切关注辖区内法人银行机构头寸及存款变动情况,对各银行业机构及其网点开展宣传工作情况进行抽查。全年共审核缴纳保费 139.86 万元,辖区内 2 家法人机构均未发生迟缴、漏缴等不良情况。　(郭萍　高鹏)

资料链接　*存款保险制度是一种金融保障制度,是指由符合条件的各类存款性金融机构集中起来建立的一个保险机构,各存款机构作为投保人按一定存款比例向其缴纳保险费,建立存款保险准备金,当成员机构发生经营危机或面临破产倒闭时,存款保险机构向其提供财务救助或直接向存款人支付部分或全部存款,从而保护存款人利益,维护银行信用,稳定金融秩序。*　(郭萍　高鹏)

【征信管理】　2015 年,人行高邮市支行继续推进信用体系建设,提升征信管理效能。全年新创建信用乡(镇)5 个、信用村 51 个;建立农户信用电子档案 18.16 万份,建档率 90.8%;评定信用农户数 10 万户,评定面 50%;新评出青年信用示范户 600 户。发放各类信用增量代码证 1603 户、变更代码证 99 户;征集录入非信贷关系的中小企业信用信息 934 户,查询企业信用报告 995 份,查询自然人信用记录报告 8245 份;现场检查银行机构征信业务 1 家;逐一审核各类查询档案资料 6863 份,其中个人查询的档案资料 6044 份、企业查询的档案资料 819 份。　(郭萍　高鹏)

【反洗钱】　2015 年,人行高邮市支行继续开展反洗钱监管工作。严格执行支付结算、反洗钱监管考核办法,对各银行机构 2014 年度的支付结算、反洗钱管理情况进行考核评分,并将考核排名靠后的单位列为反洗钱工作重点监管单位。落实《人民银行南京分行对义务主体反洗钱工作综合评价标准》要求,对高邮农商行、华泰证券高邮营业部 2014 年度反洗钱工作开展综合评价,增强其反洗钱工作意识,提高其反洗钱工作水平。　(郭萍　高鹏)

【外汇业务】　2015 年,人行高邮市支行继续做好外汇管理与服务工作。举办由银行和企业参加的学习培训会议8场，提高银行和企业外汇业务水平。全年非现场监测指标异常企业362家，现场核查企业49家，新确定B类企业11家，完成涉外收入申报6793笔、金额3.66亿美元，付汇申报1905笔、金额8680万美元，国际收支申报率100%。办理外商投资企业外汇登记4家，办理外汇变更登记4家，办理外债登记1笔、金额153万美元，办理验资询证16笔、金额473万美元；办理“三资”企业注销手续1家，年审“三资”企业134家，年报审核率100%。推进外汇制度改革，促进贸易便利化。全年共办理贸易外汇收支名录登记48户。全年新增人民币跨境结算企业34家，累计达83家，完成跨境结算金额4.1亿元，增长206%；境内直接投资结汇4327万美元。加大核查力度，现场检查5家外汇指定银行的外汇业务；非现场核查和现场核查4家企业资本金结汇96笔、金额1998万美元。辅导邮储银行高邮市支行、交通银行高邮支行和工商银行高邮支行开展申请结售汇业务备案。

（郭萍　高鹏）

【国库管理】　2015年，人行高邮市支行加强国库业务管理，提升经营业国库水平。全年组织各级预算收入入库31.72万笔、金额56.94亿元，办理财政支拨2.04万笔、金额91.24亿元，办理预算收入退库2408笔、金额6.03亿元，办理国库直接拨付420笔、金额3979.02万元。加强非税收入收缴管理，全年支库累计扣收社保基金21.45万笔、金额12.91亿元，其他政府性基金2.35万笔、金额3067.96万元。（郭萍　高鹏）

【“三农”金融服务】　2015年，人行高邮市支行突出农村金融综合服务站建设，提升服务“三农”工作水平。全年建成农村金融综合服务站142个，全市农村金融服务站累计发生小额取现业务9.29万笔、金额4055.33万元，发生转账业务5.55万笔、金额1.27亿元，发生水电费缴纳业务2.88万笔、金额453.89万元。继续开展涉农银行机构助农取款服务工作，全年发生助农取款业务18.78万笔、金额6796.89万元。（郭萍　高鹏）

【金融服务新型农业】　2015年，全市各银行机构针对新型农业经营主体缺少担保物的实际情况，开展金融担保机制创新，帮助新型农业经营主体有效解决资金短缺难题。高邮农商行在采取专业担保公司担保、公司担保和自然人担保的基础上，对农机专业户试点开展农机抵押，探索土地经营权抵押，并对规模较大的专业大户、家庭农场，开展仓单质押、应收账款和商标权质押，对资信状况良好且符合相应条件的新型农业经营主体以信用方式发放贷款。邮储银行高邮支行开发“保证保险助农贷款”新产品，在原有小额贷款产品基础上改变担保方式，由政府提供风险补偿资金池，人保财险高邮支公司通过客户投保的方式给予贷款损失补偿。同时，全市其他银行机构紧跟新型农业发展趋势，也探索“公司＋农户”贷款、“公司＋合作社＋农户”或“公司＋基地＋合作社＋农户”等不同信贷模式，有效满足新型农业经营主体对资金的需求。

（管玮玮）

【集中代收付业务】　2015年，人行高邮市支行继续推动集中代收付业务发展，新建立集中代收付合同库40个，累计417个。全年入网单位托收通信费用3476笔、金额643.96万元，托收成功率94%。（郭萍　高鹏）

【内控建设】　2015年，人行高邮市支行按照内控内管工作要求，研究制定“制度完善月”活动方案，通过“制度清理、制度完善、制度汇编、学习落实和监督检查”五个阶段，对现有的内控制度进行全面梳理，对在内控管理检查中发现的突出问题加以整改，并按照全面性、及时性、有效性、合理性要求，对制度予以补充完善。是年，该支行共新增制度3项、删除制度1项、修改完善制度4项。

（郭萍　高鹏）

国有政策性银行

【中国农业发展银行高邮市支行】　2015年，农发行高邮市支行内设财务科、信贷科、办公室，有在职员工20人。该支行认真贯彻省、扬州市分行行长会议精神，加强信贷管理和财会管理，有效控制各类风险，各项业务均取得发展。至年底，该支行实现中间业务收入145万元，经营性考核利润3251万元；全行无不良贷款，达到“标兵行”标准。

是年，该支行发挥信贷政策优势，与市财政局、高邮农商行等单位合作，采取票据吸存、回笼抓存、激励增存等措施，促进存款业务实现较大增长。至年底，该行实现企事业单位日均存款余额6.02亿元，比上年增加1.29亿元，增长27%。加大农业信贷投放力度，全年发放贷款15.5亿元，比年初增加2.63亿元，增长20%。至年底，各项贷款余额近20亿元，增长25%。（姚志江）

国有商业银行

【中国工商银行股份有限公司高邮支行】　2015年，工行高邮支行内设公司金融业务部、个人金融业务部、综合管理部、市场拓展部、个人贷款中心、理财中心等6个部门，下辖1个营业部、5个二级支行，有在职员工122人。至年底，该支行累计各项存款余额44.33亿元，比年初新增1.64亿元、增长3.8%；各项贷款余额31.36亿元，比年初下降2.18亿元、减少6.5%；实现中间业务收入3524万元；全年实现拨备前账面利润9984万元。

是年，该支行把中小企业信贷和个人信贷业务作为营销重点。利用在手项目资源，加大项目供应链上下游企业营销力度，创新小微企业配套融资产品，针对出口型企业交易特点、企业贸易订单交易特点及交易方式，设计出口押汇、信用证项下打包贷款、出口发票融资等金融产品，解决中小企业发展融资需求。至年末，实现中小企业贷款余额5.44亿元。通过争取住房按揭贷款资源、拓展个人经营贷款业务、巩固汽车分期付款业务和推广网银自助质押业务等手段，拓展个人信贷业务。全年累计发放个人住房按揭贷款1.61亿元，实现汽车分期付款分期交易额1.34亿元，发放个人网银质押贷款1.07亿元。

该支行借助"融e行""融e购""融e联"三大平台，推进互联网金融进农村试点工作。以"福农卡"为切入点，提高农村用户网上银行、手机银行使用率，以点带面，推动农村移动金融业务发展。

（周巧）

【中国建设银行股份有限公司高邮支行】 2015年，建行高邮支行内设办公室、公司业务部、个人金融部、计划财务部、营业部等5个部门，下辖盂城、淮江、珠光路、阳光、湖西5个二级支行及蝶园、三垛2个分理处，有在职员工146人。至年底，该支行实现一般性存款余额50.69亿元，比年初增加6.22亿元，增长14%；各项贷款余额41.04亿元，比年初增加1.74亿元，增长4.4%。全年实现中间业务收入4193万元，下降23.1%；账面利润1.28亿元，下降16.9%。

是年，该支行加大存款吸收工作力度，对公存款余额20.1亿元，比年初增加1.26亿元、增长6.7%，个人存款余额30.58亿元，比年初增加4.95亿元、增长19.3%。抓大放小，调优信贷结构，压缩限制性领域，化解不良贷款，全年清理中小企业信贷客户7户、金额7113万元，化解和回收问题贷款6268万元，将信贷资金向科技兴农、医疗、交通、小微企业、新兴产业等领域倾斜。该支行重新调整营业网点区域布局，构建以"物理网点为依托、自助银行及功能点为延伸"的营销服务网络。将蝶园分理处由琵琶路9号迁至高邮经济开发区泰北路86—1号，消除服务盲点；在高邮新商业圈——世贸国际购物中心增设自助银行1家，设置自动存、取款机3台，为广大客户提供便捷服务。

（卢晓祥）

【中国银行股份有限公司高邮支行】 2015年，中行高邮支行内设综合管理部、公司业务部、公司金融部、个人金融部等4个部门，下辖营业部、蝶园支行、世贸支行、临泽支行、文游支行、开发区支行、武安支行等7个经营网点，有在职员工129人。至年底，该支行实现各项存款余额34.06亿元，比年初增加3.15亿元，增长10.2%；各项贷款余额31.15亿元，比年初增加2.68亿元，增长9.4%；实现净利润4878万元，上交各项税费3671万元。

是年，该支行把握全市招商引资引进新项目机会，积极跟踪重大项目，做好信贷营销工作，同时继续寻找优质中型制造企业和中小企业客户，保持公司贷款业务稳定增长。

该支行整合资源，优化个人客户经理与理财经理激励考核方案，促进个金资产业务增长和客户结构调整；围绕扬州分行各阶段资产业务竞赛方案，拟订分解目标并积极落实。至年底，实现零售贷款投放余额4.28亿元，其中当年新增零售贷款2.17亿元。

该支行积极开展个人客户营销，主动减免账户管理费，同时承担贷款户办理房产他项权证的登记费用。大力拓展电子银行客户，全年新发银行卡1758张，新增手机银行交易客户6710户，实现中间业务收入2042万元。

（高惠忠）

【中国农业银行股份有限公司高邮市支行】 2015年，农行高邮市支行内设综合管理部、风险与信贷管理部、运营财会部、公司业务部、零售银行业务部、网点管理部等6个部门，下辖1个营业部、3个二级支行和11个分理处，有在职员工227人。至年底，该支行各项存款余额75.45亿元，比年初增加8.97亿元，增长13.5%，存款总量和增量在全市国有股份制银行中均位列第一，市场份额占比分别为37.8%、59.9%；各项贷款余额25.4亿元，比年初增加2.29亿元，增长9.9%。全年实现中间业务收入2622万元、拨备后利润1.21亿元，分别增长7.6%、25.6%。

是年，该支行加强营销体系建设，提高信贷运作效率，加强资产业务考核激励措施，促进资产业务发展。全年成功拓展高邮市驿城新城镇投资建设发展有限公司、高邮市中医医院、扬州润华电缆股份有限公司、高邮市万嘉面粉有限公司等优质客户。

该支行夯实客户基础，多途径开展营销工作，先后开展"大行德广、伴你成长——金钥匙春天行动"营销竞赛活动、"激情仲夏、金彩生活"综合营销竞赛活动、"赢在金秋"和卡电业务"双月赛"等系列竞赛活动，推动各项业务发展。全年新增对公结算账户218户、个人贵宾客户2.23万户、电子银行注册客户4.5万户、第三方存管客户866户、现金管理上线客户 108 户，新增资本金账户 1 户，累计到账资本金 450 万美元，新增法人信贷客户 5 户。

该支行通过省行“三化三达标”（标准化、制度化、精细化，物防达标、技防达标、人防达标）、信贷管理“三化”考核验收。明确各网点、各部门负责人为所在单位合规文化建设“第一责任人”，健全合规文化建设机制，落实风险例会制度和风险防控制度，加强规章制度的学习培训，开展合规文化大讨论活动，传播合规文化理念，培养员工合规职业素养。（唐越）

【交通银行股份有限公司扬州高邮支行】 9 月 22 日，经中国银行业监督管理委员会批准，交通银行股份有限公司扬州高邮支行正式营业。该支行位于高邮市海潮东路 36 号，内设办公室、公司业务部、零售业务部、营业部，有在职员工 17 人。

（颜刚）

资料链接 交通银行股份有限公司始建于 1908 年，是中国近代以来延续历史最悠久、最古老的银行，也是近代中国的发钞行之一，现为五大国有银行之一。1987 年重新组建成全国第一家股份制商业银行，中华人民共和国财政部、香港上海汇丰银行有限公司、社保基金理事会是交通银行前三大股东，共持有交通银行 59.4%的股份。交通银行旗下全资子公司包括交银国信、交银保险和交银金融租赁，控股子公司包括交银村镇银行。此外，交通银行还是江苏常熟农商行、西藏银行的第一大股东。（颜刚）

交通银行扬州高邮支行营业厅 （史志 摄）

其他商业银行

【江苏高邮农村商业银行股份有限公司】 2015 年，高邮农商行内设董事会办公室、办公室、监事会办公室、人力资源部、公司业务部、个人业务部、电子银行部、运营管理部、财务统计部、信贷管理部、安全保卫部、纪检监察部、风险管理部、合规管理部、审计稽核部、资产保全部、科技创新部等 17 个部门，下辖 1 个营业部、36 个支行，有在职员工 511 人；是高邮市营业网点最多、辐射面最广、市场份额最高的综合性金融机构。至年底，该行实现各项存款余额 131 亿元，比年初增加 20.01 亿元，增长 19.1%；各项贷款余额 79.51 亿元，比年初增加 7.02 亿元，增长 9.7%；累计实现各项收入 8.63 亿元，增长 8%；实现净利润 1.84 亿元；资本充足率 14.6%，不良资产拨备覆盖率 161.9%，不良贷款拨备覆盖率 170.9%，拨贷比 4.1%。是年，该行被表彰为先进基层党组织、党建工作三等奖、服务地方经济发展先进单位、支持建筑行业发展金融先进单位。

是年，该行加大信贷支农力度，按照额小分散、扩户增面原则，启动新一轮“阳光信贷”工作，对辖区所有乡镇农户进行全面走访授信工作，并将注册资金 50 万元～200 万元的小微企业纳入综合授信范围。至年底，该行完成 7 个乡镇的 73 个村和 18 个社区的阳光信贷集中走访工作，有效走访 1.4 万户，授信户数 9304 户，授信金额 9.95 亿元。

该行创新信贷产品优化信贷流程，推出“驿居贷”“驿养贷”等惠民信贷产品，支持全市乡镇康居示范村和集中居住区建设，解决特殊困难群体社会养老保险缴费难问题。全年发放“驿居贷”56 户、贷款金额 246 万元，“驿养贷”45 户、贷款金额 121 万元。升级“信易贷”“车贷”“二手房贷”等居民消费信贷产品，拉动消费市场。在有效管控风险前提下，落实“循环贷”“转续贷”、展期、借新还旧以及协调财政应急资金还贷等小微企业流动资金还款方式，帮助困难企业减轻还贷周转压力。开发“科技贷”产品，加大对科技型小微企业信贷支持力度。

该行注重拓展电子银行业务，新增离行式自助网点 2 家，投放自动柜员机 88 台，柜面替代率 61.3%，比年初提高 5.2 个百分点。至年底，新发放银行卡 3.85 万张，累计 42.61 万张；新增企业网银用户 471 户，累计 3979 户；新增个人网银用户 5519 户，累计 1.21 万户；新增手机银行用户 6446 户，累计 1.26 万户；新发展 POS 商户 112 户，撤销低效 POS 商户 95 户，累计 POS 商户 257 户。

（冯春松）

【江苏射阳农村商业银行股份有限公司高邮支行】 2015 年，射阳农商行高邮支行内设综合部、信贷部、微贷部和营业部等 4 个部室，有在职员工 19 人。该支行转变经营理念，强化业务营销，严守风险底线，各项工作取得新的进展。至年底，实现各项存款余额 1.7 亿元，比年初增加 1.14 亿元，增长 204%；实现各项贷款余额 2.17 亿元，比年初增加 1.68 亿元，增长 342%，五级分类不良贷款余额为零；全年实现账面利润总额 446.63 万元。

该支行组织劳动竞赛活动，加大存款业务和服务实力宣传,全年居民储蓄存款增加 2700 万元,增长 132%。坚持"有保有压、有进有退"信贷投向投量策略,持续开展"进企业、送服务"活动,全年走访企业 238 家,发放贷款 1.1 亿元,增长 275%。发挥消费贷新产品营销优势,拓展重点消费信贷客户群体。组织小微贷款部门营销团队开展扫街跑户上门营销活动,凭借信贷产品无抵押优势,拓展个体工商户和小微企业信贷市场。全年组织小微贷款扫街跑户上门营销 3628 次,受理客户贷款申请 500 人,发放贷款 310 笔、4179 万元,增长 465%。

(陈婷)

【江苏银行股份有限公司高邮支行】 2015 年,江苏银行高邮支行内设办公室、业务发展部、营业部,有在职员工 26 人。该支行开展"银企统筹共建""千户企业百日行"等营销活动,各项业务取得新的发展。至年底,该支行实现各项存款余额 20.93 亿元,比年初增加 3.57 亿元,增长 20.6%;各项贷款余额 18.67 亿元,比年初增加 2.73 亿元,增长 17.1%。是年,该行被市委、市政府表彰为服务地方经济发展先进单位、高邮市建筑业金融优质服务单位,被江苏银行扬州分行表彰为 2015 年度先进集体。

是年,该支行大力发展主营业务,存、贷款业务实现较快增长,其中小微与零售类贷款增长较为明显。至年底,该支行累计实现对公存款余额 16.47 亿元,比年初增加 2.8 亿元,增长 20.5%;居民储蓄存款余额 4.46 亿元,比年初增加 0.77 亿元,增长 20.9%。小微企业贷款余额 8.72 亿元,比年初增加 1.36 亿元,增长 18.5%;零售贷款余额为 4.53 亿元,比年初增加 1.15 亿元,增长 34.0%。

(吴耕晖)

【扬州高邮兴福村镇银行有限责任公司】 12 月 18 日,经江苏省银监局和人行南京分行批准,扬州高邮常农商村镇银行有限责任公司更名为扬州高邮兴福村镇银行有限责任公司。该行内设行长室、综合管理部、业务发展部、风险授信部、营业部等 5 部室,有在职员工 27 人。至年底,该行实现存款余额 48.45 亿元,比年初增加 3.35 亿元,增长 7.4%;各项贷款余额 12.71 亿元,比年初增加 1.74 亿元,增长 15.9%。不良贷款余额 0.94 亿元,比年初下降 0.81 亿元,不良贷款占比 7.4%,比年初下降 8.6 个百分点。全年实现中间业务收入 3610 万元,增长 69%;拨备后利润 0.87 亿元,增长 101%。

是年,该行加强经营网点建设,先后对界首镇、临泽镇、卸甲镇网点进行改造,建成送桥镇离行式自助网点,新增自助设备 28 台,其中现金类设备 16 台。结合省分行规范化服务第三方测评活动,加大对营业网点优质服务的指导和督察力度,先后开展柜员运营合规管理、个金产品宣讲、公司类产品推介等培训,增强员工业务技能。

该行通过开展"春天行动""激情仲夏""赢在金秋"等营销活动,进一步加快业务拓展,全年新增个人贵宾客户 1289 户、公司类结算账户 274 户、小企业贷款户 13 户、个人助业贷款户 11 户。注重推动结算渠道进一步完善,全年新增贷记卡客户 3624 户、惠农卡客户 1 万户、个人电子银行客户 4.86 万户、企业电子银行客户 1500 户,发展特约商户 21 户。

(谈茜)

【招商银行股份有限公司高邮支行】 2015 年,招商银行高邮支行内设行长室、市场部、营业部、办公室等 4 部室,有在职员工 19 人。该支行秉承"因势而变,因您而变"经营理念,推行"一体两翼"战略,打造"轻型银行",为广大客户提供优质、高效、专业的服务。至年底,该支行实现各项存款余额 13.31 亿元,比年初增加 2.33 亿元。其中,对公存款余额 10.85 亿元,比年初增加 2.02 亿元;储蓄存款余额 2.46 亿元,比年初增加 0.31 亿元。实现各项贷款余额 13.73 亿元,比年初增加 3.73 亿元。其中,对公贷款 11.1 亿元,比年初增加 3.31 亿元;零售贷款(含个人经营贷款、房贷)2.63 亿元,比年初增加 0.42 亿元。是年,该支行结合高邮经济发展特点,加大现代服务业、新兴产业、各领域优质客户信贷项目储备,并实现有效投放。全年该支行对工业企业新增贷款投放 1.76 亿元,对建筑业企业新增贷款投放 1.94 亿元。通过产品创新,获批发放 8 年期经营性物业抵押贷款 2 亿元。至年底,该支行新增贷存比为 160%,实现总资产业务 18.53 亿元(含年末表外业务余额 4.8 亿元),完成年度信贷投放指标。

(王晔)

【中国光大银行股份有限公司高邮支行】 2015 年,光大银行高邮支行内设行长室、业务拓展部、个人理财中心、营业部等 4 个部门,有在职员工 15 人。该支行依托高邮市区位优势和产业优势,秉承"诚信为本、创新为先、团队合作、卓越执行、和谐发展"经营理念,为中小企业、个体工商户和广大市民提供存款、贷款、结算、理财、融资、网上银行、信息咨询等多种金融服务。至年底,该支行实现一般存款余额 3.97 亿元,其中居民储蓄存款余额 1.2 亿元、对公存款余额 2.77 亿元;实现贷款余额 1.11 亿元,其中对公贷款余额 0.9 亿元、对私贷款余额 0.21 亿元。

是年,该支行认真分析经济金融形势,围绕经济热点、弱经济周期行业及重点企业开展营销工作,重点瞄准高邮市 3 家市级融资平台(高邮市建设投资发展有限公司、高邮市水利产业投资有限公司、高邮市交通建设工程有限公司)开展营销，努力降低外部市场变化带来的业务风险；加强与高邮经济开发区沟通，承办部分工作人员工资代发业务；与波司登世贸国际购物中心合作，推出高邮地区首张联名信用卡——“光大世贸联名信用卡”。（练恺）

【中国邮政储蓄银行股份有限公司高邮市支行】2015年，邮储银行高邮市支行内设综合管理部、综合业务部、市场拓展一部、市场拓展二部等4个部门，下辖1个营业部和6个二级支行，有在职员工120人。至年底，该支行实现各项存款余额25.8亿元，增长19.9%；各项贷款余额12.44亿元，增长11.8%。

是年，该支行提升营销服务水平，深入挖掘客户资源，个人金融业务稳步提升。至年底，该支行实现个人储蓄存款余额16.01亿元，增长15.1%；信用卡发卡2490张，电子银行激活2.63万户，实现个人金融业务收入2768.35万元。加大扶持小微企业力度，全年累计发放零售贷款2304笔、6.19亿元，发放小企业贷款53笔、2.19亿元，办理票据直贴业务4.12亿元。

该支行坚持“违规就是风险，安全就是效益”理念，注重提升员工综合业务素质和风险防范意识，强化金融业务内控管理，促使资金运作平稳、有序、安全，全年未发生资金安全责任事故。

（何维东　张玲玲）

财产保险

【中国大地财产保险股份有限公司高邮支公司】2015年，大地保险高邮支公司下设经理室、综合管理部、业务管理部、车商渠道部、客户服务部、重点客户部、综合业务一部、综合业务二部、综合业务三部等9个部室，有在职员工32人。该公司科学定位谋发展，顽强拼搏抢市场，积小胜为大胜，圆满完成年度经营指标。全年实现保费收入4852万元，其中人身险2394万元、车险2223万元、财产险235万元，增长8.7%；受理各类理赔案件3975起，支付赔款3531万元，结案率99.4%。

是年，该公司采取多种方式，整合各类资源，有效拓展业务。坚持把车商业务、学生平安保险和道路客运保险业务作为业务发展方向，并与商业银行开展业务合作，开展涉农保险品种直销工作，在市公安局车辆管理所设立摩托车保险办理窗口，扩大市场占有率。

该公司在开展机动车交通事故责任强制保险业务的同时，还按车型、自重分类代收代缴除拖拉机、警用车、军用车外的其他类型车辆车船税，全年共代收代缴车船税198万元。（姜学军）

【中国人民财产保险股份有限公司高邮支公司】2015年，人保财险高邮支公司内设综合管理部、运营支持部、非车险业务部、理赔分中心、农险部/三农保险部、车险业务部、车商一部、车商二部、电子商务业务部、社会医疗保险服务部、营销业务部、天山营业部、三垛营业部、开发区营业部和汤庄营销服务部，有在职员工61人。是年，该公司实际完成保费收入1.81亿元、增长9.7%。其中，机动车险保费收入1.02亿元，增长15.8%；非机动车险保费收入4170.38万元，增长0.6%；政策性农业保险保费收入3746.32万元，增长6.7%。全年受理各类理赔案件1.44万起，赔付1.01亿元。

是年，该公司与市政府联办共保政策性农业保险费收入7492.64万元，共保比例各占50%。参保率90%以上。全年联办共保水稻4.66万公顷、小麦4.81万公顷、棉花33.3公顷、水稻制种73.3公顷、大棚蔬菜1246.7公顷，承保能繁母猪4126头、育肥猪31.89万头、育肥羊1万头、内塘螃蟹4660公顷、露地旱生蔬菜1340公顷、肉鸡1000万只、蛋鸡51.5万只、蛋鸭30.3万只、梨20公顷、桃26.7公顷。在承保品种中有高效农业品种12个，高效设施农业占比为80%。（肖勇）

人身保险

【利安人寿保险股份有限公司高邮支公司】2015年，利安人寿高邮支公司内设个险销售部、客户服务部、团体业务部、银行保险部等部门，有在职员工9人。至年底，该公司实现保费收入8979.5万元，其中个人保险业务收入1592万元、银行保险业务收入7335.3万元、短期保险业务收入52.2万元；全年受理理赔案件220起，赔付金额56万元。

是年，该公司坚持诚信销售，承保过程清晰透明，理赔服务简捷快速，信息披露准确完整，投诉处理高效及时，努力让客户“明明白白买保险，安安心心获理赔”。至年底，该公司转账合作银行有16家，全面满足客户需求；所有手续齐备情况下，理赔款1个工作日到账；业内独创“1”键理赔报案方式，客户拨通“40080－80080”服务热线，无须经过复杂语音导航或广告等待，按话机“1”号键即进入报案流程，受到客户的欢迎。（徐宏昌）

【中国人寿保险股份有限公司高邮支公司】2015年，人寿保险高邮支公司内设综合部、个险销售部、团体业务部、银行保险部、客户服务中心，下辖10个个险营销职场、2个团险拓展部、2个银保规划师团队和1个银保客户经理团队，有在职员工66人、营销员1016人。全年实现保费收入4.36亿元，增长3.31%；受理理赔案件5433起，赔付金额1953.32万元，累计满期赔付金额8744万元。是年，该公司获评为系统内全国百强县支公司，位列第22名。

是年，该公司主动适应市场形势变化，重视客户专业营销。该公司与市民政局合作推出自然灾害民生保险项目，此项目为全体高邮市民遭遇人身意外伤害、家庭财产意外损失等自然灾害时，提供保障；该公司与市人社局合作医保卡项目，使持卡市民可以通过医保卡，在该公司购买医疗、重疾、意外等商业保险。同时，该公司面向全市青少年建立微信平台，定期向客户推送保险相关信息，包括文化、理念、新闻等，努力为客户提供优质服务。　（徐凡）

其他金融机构

【新设立商业保险公司直属分支机构8家】 2015年，经市市场监督管理局核准登记，全市新设立商业保险公司直属分支机构8家，分别是：利安人寿保险股份有限公司扬州分公司周山营销服务部、利安人寿保险股份有限公司扬州分公司汉留营销服务部、东吴人寿保险股份有限公司高邮支公司、百年人寿保险股份有限公司高邮支公司、江苏万舜保险代理股份有限公司高邮分公司、敏梅保险代理有限公司高邮市分公司、中国人民财产保险股份有限公司高邮支公司汤庄营销服务部、江苏圣泰达保险代理有限公司高邮分公司。至年底，全市累计有注册商业保险公司直属分支机构67家。　（李桂丽）

【农村小额贷款有限公司】 2015年，市市场管理局未新增注册与注销农村小额贷款有限公司。至年底，全市有农村小额贷款有限公司15家。

（李桂丽）

表47　**2015年高邮市农村小额贷款有限公司一览表**

公司名称	负责人	注册资本(亿元)	开业时间	所在地
高邮市汇通农村小额贷款有限公司	居春山	0.80	2008年12月	高邮镇
高邮市弘益农村小额贷款有限公司	陈振华	1.50	2010年5月	高邮城南经济新区
高邮市邮都农村小额贷款有限公司	张高元	1.00	2010年12月	三垛镇
高邮市万顺农村小额贷款有限公司	潘卫祥	0.70	2011年3月	卸甲镇
高邮市兴华农村小额贷款有限公司	陈建宝	1.00	2011年5月	菱塘回族乡
高邮市金元农村小额贷款有限公司	张春元	1.00	2011年9月	车逻镇
高邮市中信农村小额贷款有限公司	高　志	0.90	2011年9月	界首镇
高邮市兴益农村小额贷款有限公司	杨卫平	0.70	2011年12月	汤庄镇
高邮市汇银农村小额贷款有限公司	顾恒林	1.00	2011年12月	送桥镇
高邮市华缘农村小额贷款有限公司	刘　杰	1.00	2011年12月	临泽镇
高邮市宝鑫农村小额贷款有限公司	瞿宝林	1.68	2012年12月	卸甲镇
高邮市龙腾农村小额贷款有限公司	龙慧斌	1.50	2010年12月	送桥镇
高邮市新秦农村小额贷款有限公司	杨士明	1.50	2013年7月	汤庄镇
高邮市承煦农村小额贷款有限公司	吴诗昌	1.50	2013年11月	送桥镇
高邮市永胜农村小额贷款有限公司	何其金	1.00	2014年9月	甘垛镇

（陈志华）

经济综合管理

General Management of Economy

计划调控

【概况】 市发展和改革委员会(市服务业发展局),内设办公室、综合科、固定资产投资科、工业经济发展科、农村经济发展科、经济体制改革科、对外经济合作科、能源管理科、招投标管理科、行政服务科、综合服务科、行业管理科、项目管理科等 13 个职能科室,下辖市散装水泥办公室、市融资合作办公室、市工程咨询中心、市服务业发展中心等 4 个直属事业单位,共有各类工作人员 53 人。2015 年,市发改委弘扬“崇文尚德、求实创新”新时期高邮精神,主动适应新常态,以发展和改革统揽大局,创新工作举措,打造发展亮点,各项工作取得明显成效。是年,市发改委获扬州各县(市、区)发改系统综合考评第一名。 (朱堂林)

【2015 年高邮市国民经济和社会发展指标实绩】 2015年高邮市国民经济和社会发展指标完成情况是:(1)完成地区生产总值483.85亿元,增长10.5%。(2)实现公共财政预算收入33.24亿元,增长13.4%;税收收入27.36亿元,增长13.8%,占公共财政预算收入比重82.3%。(3)完成全社会固定资产投资395.87亿元,增长20%。(4)实现社会消费品零售总额153.06亿元,增长10.4%。(5)注册外资实际到账6021.5万美元,增长111.2%。(6)城镇居民人均可支配收入29007元,增长8.9%;实现农村居民人均可支配收入15608元,增长8.9%。(7)年末城镇登记失业率2%。 (徐辰韬)

【2016 年高邮市国民经济和社会发展主要计划预期指标】 2016 年高邮市国民经济和社会发展主要计划预期性指标是:(1)地区生产总值可比价增长 9%～9.5%。(2)公共财政预算收入增长 10%～10.5%。(3)全社会固定资产投资增长 15%。(4)社会消费品零售总额增长 10.5%。(5)出口总额 4.1 亿美元。(6)农村居民人均可支配收入增长 9.5%,城镇居民人均可支配收入增长 9%。(7)年末城镇登记失业率控制在 2.5%以内。 (徐辰韬)

【高邮市“十三五”规划纲要草案形成】 2015 年,市发改委按照市委、市政府的统一部署,全面推进高邮市“十三五”规划纲要编制工作。完成“十三五”规划前期课题调研,部署全市 36 个专项规划编制工作,统筹推进规划纲要、各专项规划间的相互衔接,创新编制《高邮市基本公共服务体系建设“十三五”规划》。至年底,高邮市“十三五”规划纲要草案形成,并通过多种形式广泛征求社会各界的意见和建议。 (徐辰韬)

【重大项目建设】 2015 年,全市扎实开展“重大项目攻坚年”活动,重大项目建设工作取得良好进展。全年在建投资额 0.5 亿元以上项目 181 项,计划总投资 550.15 亿元,当年完成投资 167.95 亿元,分别增长－1.1%、11.8%、30.1%。全年新开工投资额 0.5 亿元以上项目 80 项,其中投资额0.5亿元～1 亿元项目 24 项、投资额 1 亿元～5 亿元项目 41 项、投资额 5 亿元～10 亿元项目 4 项、投资额 10 亿元及以上项目 11 项,分别占年度目标任务的 122%、100%、108%、100%。全年竣工投资额 0.5 亿元以上项目 74 项,其中竣工投资额 0.5 亿元～1 亿元项目 24 项、投资额 1 亿元～5 亿元项目 42 项、投资额 10 亿元及以上项目 8 项,分别占全年目标任务的 133%、105%、100%。 (姜涛)

【行政审批制度改革】 2015 年,市发改委通过优化行政审批流程,削减审批冗余环节,切实推进“权力瘦身”改革,将其设在市政务服务中心的窗口的行政许可和其他审批事项减少至 6 项。同时,试行

重大投资项目容缺受理、模拟审批、形式审查制,推行基本建设项目并联审批制度。（王娟）

【3项项目入选江苏省PPP项目库】 2015年,经市发改委及其他职能部门的联合申报,全市有3项项目入选省政府和社会资本合作(PPP)项目库,分别是高邮市生活垃圾焚烧发电项目、东部新城文体中心项目和送桥镇拆迁安置小区建设工程项目,总投资约15.8亿元。其中,高邮市生活垃圾焚烧发电项目被确立为省级试点项目,通过省政府采购中心公开招标,有效加快该项目实施步伐。（朱堂林）

【项目和资金向上争取工作】 2015年,按照市委、市政府的统一部署,市发改委注重把握政策导向,积极牵头组织开展全市层面上的向上争取项目和资金工作,取得明显成效。全年获批争取项目21项,其中综合类项目1项(高邮市入选省新型城镇化综合试点市)、社会事业奖项目11项(即甘垛敬老院、汤庄敬老院、川青幼儿园、界首幼儿园、沙堰幼儿园、武安社区卫生服务中心、卸甲周邶墩文化广场、人民医院东区、八桥卫生院、送桥卫生院、妇幼保健院等建设项目)、工业类项目4项(即江苏登高投资发展有限公司、扬州市华翔有色金属有限公司、扬州曙光电缆股份有限公司、江苏海德森储能科技有限公司各1项项目)、金融类项目1项(获批国家专项建设基金贷款4100万元)、基础设施类项目2项(高邮市获国家发改委批准发行首支城投债;争取集中式光伏发电指标43兆瓦,引进外资730万美元)、园区建设类项目1项(波司登高邮工业园获批省南北共建园区)、科技类项目1项(扬州曙光电缆股份有限公司获批建成江苏省工程研究中心),共争取资金26.9亿元。（徐辰韬）

【高邮市首支城市建设投资债券获批发行】 8月21日,经国家发展改革委批复,高邮市建设投资发展有限公司获准发行10亿元城投债券(简称15高邮债),并于9月完成发行。此次高邮市建设投资发展有限公司所筹资金,为该市国家中小城市综合改革试点重点基础设施建设提供重要资金保障,将全部用于“高邮市福人居拆迁安置小区工程建设项目”“高邮市学士园拆迁安置小区工程建设项目”和“高邮经济开发区拆迁安置小区(第八期)工程建设项目”等3个项目的建设。该债券期限7年,采用固定利率形式,单利按年计息;债券附加提前还本条款,即自债券存续期第3年起,逐年分别按照债券发行总额20%的比例偿还债券本金。债券以发行人合法拥有的12宗国有土地使用权为债券偿付提供抵押担保。本期债券主承销商为兴业证券股份有限公司。经东方金诚国际信用评估有限公司综合评定,本期债券信用等级为AA+,发行人主体长期信用等级为AA。（刘军）

【脱钩改制工作】 2015年,按照市委、市政府的工作部署,市发改委继续推进脱钩改制工作。1月,完成市诚信房地产评估有限公司与市房管局脱钩工作,公司原有8名职工将全部安置到市房管局工作,公司国有资产将由市房管局收回,由市政府组织的各类评估均推向市场,并严格按规定的程序实行招投标。至年底,还先后完成江苏兴厦建设工程集团有限公司、高邮市保安服务公司、高邮市九洲劳务有限公司等脱钩改制工作。（刘军）

【编制并公布高邮市行政审批中介服务事项】 2015年,市发改委按照上级要求,先后两次对全市各部门涉及行政审批中介服务事项及收费情况组织拉网式排查,对各部门行政审批中介服务事项进行梳理和汇总,并明确未纳入清单的中介服务事项不得作为行政审批受理条件。12月中旬,在“中国高邮门户网站”的“信息公开栏”向社会公布全市行政审批中介服务事项清单,实行动态管理。（刘军）

【全国中小城市发展水平评价工作】 2015年,市发改委牵头组织编写全市经济社会发展情况综述,参与全国中小城市发展水平评价活动。是年,高邮市获“中国中小城市综合实力百强”“中国中小城市最具投资潜力百强”称号,分别位列榜单第66位和第47位,分别比上年晋升2位和4位。此为该市连续9年获此称号。（徐辰韬）

国土资源管理

【概况】 高邮市国土资源局内设办公室、法规监察科、规划利用科、耕地保护科、地籍管理科、土地利用管理科、地质矿产科、财务科、行政服务科等9个科室,辖市土地开发储备中心、市征地管理中心、市地价管理所、市土地执法监察大队、市土地交易管理中心、市国土测绘队、市土地开发整理中心等7个直属事业单位和高邮经济开发区国土资源分局、湖西国土资源分局(与送桥国土资源所合署办公)、驻乡镇11个国土资源所,共有各类在编人员177人。2015年,该局以推进节地水平和产出效益“双提升”为目标,尽职尽责保护资源,节约集约利用资源,尽心尽力维护权益,各项工作取得新成效。12月19日,市不动产登记局在该局挂牌。是年,该局获“扬州市国土资源目标管理先进单位”“扬州市耕地占补平衡贡献奖一等奖”称号。（胡小飞）

【耕地保护工作】 2015年,市国土资源局坚持建设与管理并重,加大耕地管护力度,加强土地综合整治,全市耕地总量继续保持动态平衡,耕地质量稳步提升。强化基本农田三级管护网络建设,层层签订责任状,分解落实基本农田保护任务7.77万公顷,全市高标准基本农田建设方案上报扬州市审

核，完成扬州市下达的高标准基本农田建设任务1万公顷。 （胡小飞）

【土地复垦整理工作】 2015年，全市申报获批高邮经济开发区、送桥镇、龙虬镇、临泽镇高标准基本农田建设项目5项，建设规模3503公顷，争取项目资金1.15亿元。新实施汤庄镇、卸甲镇、送桥镇、龙虬镇土地整理项目5项，整治规模3934公顷，投入资金1.10亿元，计划新增耕地159.58公顷。申报实施耕地占补平衡项目库项目21项，建设规模151.58公顷，投入资金1997万元，经验收确认新增耕地147.91公顷。实施城乡建设用地增减挂钩复垦项目20项，拆旧复垦面积48.08公顷，新增耕地46.51公顷，促进城乡统筹发展。 （胡小飞）

【全市土地利用总体规划调控工作】 2015年，市国土资源局围绕“园区强、项目强、产业强”建设目标，将支撑保障重大项目作为稳增长、调结构、促转型的重要突破口，结合各乡镇（园区）项目用地实际，及时调整、上报土地利用总体规划原则性修改方案，并获省国土资源厅批准，保证城乡发展对规划空间的合理需求。是年，全面完成送桥镇区域范围内村庄建设用地布局调整试点工作，复垦农村居民点38.73公顷，净增耕地37.33公顷，实现建设用地虽减少、村庄布局更优化的目标。 （胡小飞）

【土地利用管理】 2015年，全市报省国土资源厅获批农用地转用批次17件、土地总面积227.38公顷，其中农用地160.27公顷、建设用地61.27公顷、未利用地5.84公顷；兑付征地补偿安置费1.65亿元，其中土地补偿费6011.76万元、社会保障资金（含安置补助费）1.01亿元、青苗及附着物补助费382.74万元，核定安置农业人口1901人。全年共发布土地挂牌出让公告47期，办理项目供地377宗、718.39公顷，出让金总额85.31亿元。其中，挂牌出让工业用地191宗、290.91公顷，出让金额5.52亿元；挂牌出让经营性用地32宗、面积19.24公顷，出让金额2.18亿元；协议出让国有建设用地58宗、0.42公顷，出让金额113.58万元；融资用地65宗、223.68公顷，合同金额77.6亿元；划拨用地31宗、184.14公顷。出台《土地出让履约保证金管理办法》，强化建设用地跟踪监管，全年处置批而未供土地31宗、185.4公顷，盘活闲置、低效利用土地20宗、45公顷。 （胡小飞）

【经营性用地招标、拍卖、挂牌出让】 2015年，市国土资源局继续执行“净地出让、摇号主持、现场直播、全程跟踪”十六字方针，加强土地市场分析研究，科学制定年度经营性用地上市计划，加大土地招商推介力度，合理控制土地上市的规模和节奏，促进全市经营性用地出让市场平稳健康发展。全年共发布经营性用地招标、拍卖、挂牌出让公告20期，出让成交经营性用地32宗、面积19.24公顷，出让金额2.18亿元。其中：高邮经济开发区6宗、面积4.24公顷，出让金额0.45亿元；城区7宗、面积7.11公顷，出让金额1.17亿元；乡镇19宗、面积7.89公顷，出让金额0.56亿元。严格项目履约管理，及时督促土地竞得人缴纳陈欠土地出让金1.07亿元。 （胡小飞）

【地籍管理】 2015年，市不动产登记局和不动产登记中心在市国土资源局挂牌成立，并率先颁发扬州市首本不动产权证书。市国土资源局全年共发放土地证1.14万本，其中国有土地使用权证1.1万本、集体土地使用权证431本；办理抵押登记726宗，登记面积844.86万平方米，抵押金额58.36亿元。继续推进数字高邮地理空间框架建设，完成第一次全市地理国情普查和2014年度土地遥感监测图斑变更调查工作。 （胡小飞）

【地质矿产资源管理】 2015年，市国土资源局严格落实管理之责，规范矿产资源开采交易行为。全年依法办理砖瓦企业采矿权登记手续17家，在扬州市交易平台挂牌出让黏土资源采矿权17宗，出让黏土资源量34万立方米，征收采矿权使用费、矿产资源补偿费和采矿权价款等各类规费92.36万元。积极开展全市地热资源调查摸底，温泉地块农用地转用和征收工作全部完成。狠抓汛期地质灾害防治，神居山地质灾害治理工程通过省级验收。是年，全市地质环境勘查评价野外工作被省厅评为优秀等级。 （胡小飞）

【土地执法监察工作】 2015年，市国土资源局以土地卫片执法检查为突破口，加大执法监管力度，严格问题查处整改，着力规范用地秩序，维护群众土地权益。全年开展动态巡查38次、执法互查1次，发现和制止违法用地行为3起、面积2.17公顷；立案查处违法用地案件9起、面积2.19公顷，退还土地2.19公顷，没收建筑物1.28万平方米，拆除建筑物3800平方米，罚没款21万元。全年应诉行政诉讼案件5起，全部胜诉；受理各类来信65封，接待群众来访39批、131人次，受理各类举报电话135个，信访事项办结率100%。是年，全市687个土地卫片执法检查监测图斑核查工作通过省国土资源厅验收，被省国土资源厅确定为省国土系统首批“依法行政示范点”。 （胡小飞）

工商行政管理

【概况】 高邮市市场监督管理局内设办公室、人事科、法制科、稽查科、财务科、信息科、行政审批服务科（注册登记科）、食品药品安全综合协调科、食品安全监管科、药品医疗器械监管科、市场规范监管科(市场、合同、商标广告监管科,保健食品化妆品监管科)、质量管理与监督科、标准计量科、特种设备安全监察科、消费者权益保护科(举报投诉中心)等15个职能科室;下辖东城、西城、城北、城南、临泽、三垛、汉留、卸甲、送桥、甘垛、界首等11个基层分局和市产品质量综合检验检测中心、市市场综合执法大队等2个下属事业法人单位;挂靠单位有市消费者协会。2015年,全市市场监督管理系统,内抓队伍融合,外塑部门形象,各项工作取得新进展。是年,该局被扬州市委、市政府评为全市“六五”普法中期先进集体。 (盛超)

【新发展私营企业3408家】 2015年,全市新注册登记的私营企业3408家,投资者3792人,雇工1.69万人,注册资本(金)100.84亿元。其中,工业(制造业)私营企业1772家,投资者1962人,雇工1.22万人,注册资本(金)53.21亿元;商业(批发和零售业)私营企业842家,投资者838人,雇工2036人,注册资本(金)5.46亿元;农业(含农、林、牧、渔业)私营企业226家,投资者250人,雇工917人,注册资本(金)3.19亿元。至年底,注册登记私营企业累计1.37万家,投资者1.79万人,雇工19.28万人,注册资本(金)753.02亿元。其中,工业私营企业7890家,投资者1.05万人,雇工13万人,注册资本(金)466.4亿元;商业私营企业2670家,投资者2890人,雇工1.17万人,注册资本(金)52.78亿元;农业私营企业755家,投资者882人,雇工3738万人,注册资本(金)14.67亿元。 (李桂丽)

【新增注册资本(金)100万元以上私营企业944家】 2015年,全市新增注册资本(金)100万元以上私营企业944家,累计实有注册资本(金)在100万元以上的私营企业共有4928家。其中,注册资本(金)在100万元~500万元的私营企业有2145家,占比为43.5%;注册资本(金)在500万元~1000万元的私营企业有876家,占比为17.8%;注册资本(金)在1000万元~1亿元的私营企业有1750家,占比为35.5%;注册资本(金)1亿元以上的私营企业有157家,占比为3.2%。 (李桂丽)

【办理变更各类工商企业登记1821家】 2015年,市市场监督管理局共办理变更各类工商企业登记1821家,其中非公司制内资企业89家、有限公司1586家、个人独资(合伙)企业146家。 (李桂丽)

表48

2015年高邮市分行业私营企业基本情况表

行业分类	至2015年年底累计数									2015年新发展数			
	合计					其中:城镇							
	户数(户)	分支机构(家)	投资者人数(人)	雇工人数(人)	注册资本(金)(万元)	户数(户)	投资者人数(人)	雇工人数(人)	注册资本(金)(万元)	户数(户)	投资者人数(人)	雇工人数(人)	注册资本(金)(万元)
合　计	13719	726	17865	192772	7530204.00	5715	7650	80867	3739860.79	3408	3792	16892	1008396.67
农、林、牧、渔业	755	18	882	3738	146679.24	283	321	1176	49643.34	226	250	917	31922.84
农、林、牧、渔服务业	30	16	17	165	6294.00	16	6	60	922.00	2	2	15	30.00
采矿业	2	—	2	19	145.00	—	—	—	—	—	—	—	—
开采辅助活动	—	—	—	—	—	—	—	—	—	—	—	—	—
制造业	7890	85	10543	130036	4663976.92	2147	3156	47380	1912350.45	1772	1962	10218	532067.04
金属制品、机械和设备修理业	9	—	14	68	596.00	5	9	37	290.00	1	1	2	18.00
电力、热力、燃气及水生产和供应业	11	—	22	117	27153.00	7	11	90	6025.00	2	3	8	20600.00
建筑业	691	61	1070	29083	825919.24	481	699	12284	485629.32	145	186	1070	140193.61
批发和零售业	2670	388	2890	11684	527792.94	1538	1686	7776	388767.12	842	838	2036	54591.80
交通运输、仓储和邮政业	171	8	256	2095	87355.53	128	198	1521	76082.48	34	39	128	5406.80
住宿和餐饮业	54	12	58	957	7573.18	43	46	868	3965.18	12	17	66	1053.00
信息传输、软件和信息技术服务业	96	2	141	804	39686.00	65	108	589	27237.00	52	75	262	10937.00
金融业	61	42	66	624	153194.88	51	23	499	39114.88	3	—	18	—
房地产业	200	11	324	3923	313944.46	141	220	2253	243523.74	19	27	228	26172.00
租赁和商务服务业	517	58	709	3885	244692.25	405	554	2801	158491.15	150	182	873	57646.58

续表 48

行业分类	至2015年年底累计数									2015年新发展数			
	合　　计					其中:城镇							
	户数（户）	分支机构（家）	投资者人数（人）	雇工人数（人）	注册资本(金)（万元）	户数（户）	投资者人数（人）	雇工人数（人）	注册资本(金)（万元）	户数（户）	投资者人数（人）	雇工人数（人）	注册资本(金)（万元）
科学研究和技术服务业	306	9	548	3840	449447.95	205	375	2320	326056.52	86	142	690	114463.00
水利、环境和公共设施管理业	11	3	32	214	16400.60	6	20	134	4056.80	3	3	7	3170.00
居民服务、修理和其他服务业	200	28	227	1255	18960.80	145	153	763	12988.80	47	51	231	6545.00
教育	9	—	14	196	3390.00	6	10	135	2390.00	4	4	97	2100.00
卫生和社会工作	2	—	2	26	450.00	2	2	26	450.00	—	—	—	—
文化、体育和娱乐业	73	1	79	276	3442.01	62	68	252	3089.01	11	13	43	1528.00
其他	—	—	—	—	—	—	—	—	—	—	—	—	—

（李桂丽）

【新登记农民专业合作社 39 家】 2015 年，市市场监督管理局在大力发展农民专业合作社的同时，积极探索以土地承包经营权出资设立农民专业合作社登记工作。全年新登记农民专业合作社 39 家，其中以土地承包经营权出资设立合作社 1 家，作价出资的土地 162 公顷。（李桂丽）

【新发展个体工商户 6289 家】 2015 年，全市新注册登记开业的个体工商户 6289 家，新增从业人员 1.25 万人、注册资金 7.8 亿元，分别增长 17.9%、20.8%、33.8%。其中，新注册登记和开业商业（批发和零售）个体经营户 4092 家，新增从业人员 6163 人、注册资金 3.64 亿元，均居全市各行业之首；新注册登记和开业服务业个体经营户 502 家，新增从业人员 1069 人、注册资金 0.71 亿元；新注册登记和开业工业（制造业）个体经营户 387 家，新增从业人员 1688 人、注册资金 0.68 亿元。

至年底，累计有注册登记个体工商户 3.32 万家，从业人员 6.32 万人，注册资金 30.1 亿元，分别增长 18.6%、18%、27.4%。其中，累计有注册登记商业（批发和零售）个体经营户 2.31 万家，从业人员 3.45 万人，注册资金 17.34 亿元；累计有注册登记服务业个体经营户 5144 家，从业人员 1.17 万人，注册资金 5.40 亿元；累计有注册登记工业个体经营户有 3369 家，从业人员 1.34 万人，注册资金 4.24 亿元。（李桂丽）

【注销个体工商户营业执照 1242 家】 2015 年，因多种原因被市市场监督管理局注销的个体工商户 1242 家，其中驻城镇个体工商户 605 家、驻乡镇个体工商户 637 家。（李桂丽）

表 49　**2015 年高邮市分行业个体工商户基本情况表**

行业分类	至2015年年底累计数						2015年新发展数			2015年注销数	
	合　　计			其中:城镇							
	户数（户）	从业人员（人）	注册资本(金)（万元）	户数（户）	从业人员（人）	注册资本(金)（万元）	户数（户）	从业人员（人）	注册资本(金)（万元）	合计	其中：城镇
合　计	33229	63234	301046	21699	41683	199398	6289	12528	78291	1242	605
农、林、牧、渔业	1046	2598	26020	514	1232	7456	509	1378	16311	22	14
农、林、牧、渔服务业	213	348	2266	66	81	417	28	81	800	5	2
采矿业	1	12	30	—	—	—	—	—	—	—	—
开采辅助活动	—	—	—	—	—	—	—	—	—	—	—
制造业	3369	13371	42359	1610	6161	20558	387	1688	6774	209	91
金属制品、机械和设备修理业	85	98	809	10	15	79	—	—	—	6	—
电力、热力、燃气及水生产和供应业	4	7	58	2	5	18	—	—	—	—	—

续表 49

行业分类	至2015年年底累计数						2015年新发展数			2015年注销数	
	合计			其中:城镇							
	户数(户)	从业人员(人)	注册资本(金)(万元)	户数(户)	从业人员(人)	注册资本(金)(万元)	户数(户)	从业人员(人)	注册资本(金)(万元)	合计	其中:城镇
建筑业	28	104	298	24	89	258	4	38	60	1	1
批发和零售业	23148	34462	173368	15236	24145	124598	4092	6163	36396	905	414
交通运输、仓储和邮政业	49	90	516	36	66	378	7	22	112	2	2
住宿和餐饮业	2285	5994	27182	1889	5109	23231	715	1989	10469	45	39
信息传输、软件和信息技术服务业	89	156	734	62	118	556	14	35	165	—	—
金融业	9	16	144	8	14	124	—	—	—	—	—
房地产业	125	186	598	119	177	537	7	11	43	1	1
租赁和商务服务业	183	374	2844	114	218	1382	23	52	375	2	2
科学研究和技术服务业	97	205	837	78	177	716	13	40	260	2	2
水利、环境和公共设施管理业	2	10	20	1	4	10	—	—	—	—	—
居民服务、修理和其他服务业	2662	5254	23826	1887	3804	17560	502	1069	7058	50	36
教育	11	27	45	11	27	45	—	—	—	1	1
卫生和社会工作	8	46	195	8	46	195	3	8	65	—	—
文化、体育和娱乐业	113	322	1973	100	291	1776	13	35	205	2	2
其他	—	—	—	—	—	—	—	—	—	—	—

(李桂丽)

【“红盾护农”专项行动】 2015年,市市场监督管理局通过规范农资经营主体资格、落实农资经营主体信用监管等措施,继续开展“红盾护农”专项行动,重点整治肥料、农药、种子市场,查处农资单位销售不合格和假冒农资商品及的行为。期间,通过开展春、秋两季农资商品质量监测活动,抽样检测农资经营户16户、肥料23批次,并立案查处检测中发现的不合格肥料4批次。同时,按照“宽进严管”的要求,抽查35户农资经营主体的“企业公示信息和农资商品销售者资格、责任落实及经营商品情况”。全年共查处农资类案件12件,案值14.18万元,罚没款入库21.73万元。 (王林)

【立案查处各类案件218起】 2015年,市市场监督管理局,切实履行执法监管职能,通过开展“红盾护民生”专项行动、“两节”市场检查、包装印刷行业专项整治和“百日执法竞赛”等行动,立案查处各类案件218起,其中商标侵权案件41起、反不正当竞争案件11起、产品质量案件22起(含农资案件)、违法广告案件1起、假冒伪劣产品案件27起、登记类案件15起、食品案件65起、其他案件1起,罚没款入库303.96万元。 (吴星)

【网络商品交易监管】 2015年,市市场监督管理局按照“依法管网、以网管网、信用管网、协同管网”的工作思路,强化网络商品交易监管。全年网上巡查、比对建库企业网站634家,查处利用网络销售侵权商品案件4起、虚假宣传案件3起,罚没款入库20.2万元。 (王林)

【商品交易市场监管】 2015年,市市场监督管理局联合市农业、公安等部门及市场主办单位,通过开展市场信用数据采集、平安市场及农村文明集市创建、禽流感防控及野生动物保护专项执法等活动,加强商品交易市场监管,营造“放心、安全、稳定、有序”交易环境。全年完成61家商品市场的信用数据采集工作,创成平安市场6家、农村文明集市2家,查处农贸市场野生动物违法案件1起。是年,根据省工商局统一部署,改革市场监管方式,按3%的摇号比例确定对司徒农贸市场首次开展“企业公示信息和市场开办者管理责任落实、场内经营者经营行为”的“定向抽查”工作。 (王林)

【城区农贸市场规范化建设和管理】 2015年,市市场监管局根据全市“四城同创”工作的统一要求，先后制定出台《高邮市农贸市场建设和管理规范》《高邮市农贸市场规范化管理考核办法》《高邮市农贸市场管理相关制度及台账》和《高邮市城区农贸市场创建达标管理标准》，并与市商务局、市城管局等部门组建农贸市场规范化建设和管理办公室，采取专人挂联的方式，督促指导城区沿河、康华园、新区、北海、中市口、南海、瑞和、通湖和傅公桥 9 家农贸市场开展提档升级改造工作。至 9 月底，城区 9 家农贸市场的改造任务全部完成，为开展规范化管理工作奠定基础。（王林）

【动产抵押登记】 2015 年，市市场监督管理局共办理动产抵押登记 80 件，抵押物总价值 19.81 亿元，主债权数额 15.57 亿元，进一步促进全市中小企业开展多渠道融资工作。（任建中）

【25 家企业被认定为省级“守合同重信用”企业】 8 月，经各地组织申报、初审、函询、推荐和信用测评等，省工商局、省企业信用管理协会对外公布 2013～2014 年度省级“守合同重信用”企业名单，当中列有高邮市的企业 25 家，即高邮声光器材有限公司、扬州曙光电缆股份有限公司、江苏长城电缆有限公司、江苏昊天龙集团有限公司、江苏赛德电气有限公司、江苏托普照明有限公司、江苏月华照明科技有限公司、江苏天虹照明集团有限公司、江苏托普照明有限公司、神州交通工程集团有限公司、江苏时新景观照明有限公司、江苏迪生建设集团有限公司、江苏润扬建设工程集团有限公司、江苏金通交通器材有限公司、江苏承煦电气集团有限公司、扬州市华联装潢广告有限公司、扬州市秦邮建筑安装工程有限公司、高邮宏泰电杆有限公司、江苏弘鼎器材零部件有限公司、高邮环流泵业有限公司、江苏润华电缆股份有限公司、江苏华能电缆股份有限公司、江苏省电力公司高邮市供电公司、高邮市众鑫建设实业有限公司、高邮市建设实业有限公司。（任建中）

【商标申请注册工作】 2015 年，市市场监督管理局继续在全市范围内开展商标品牌战略服务，积极指导企业规范商标行为，申请商标注册，引导企业做大做强。全年有注册商标企业 343 户，共办理各类商标申请注册 874 件，其中农副产品商标 234 件，马德里国际注册商标 1 件。至年底，全市共有有效注册商标 5124 件。（吴春红）

【2 件商标获“中国驰名商标”称号】 2015 年，全市有 2 件产品商标获“中国驰名商标”称号，即龙腾照明集团有限公司的“宇龙及图”产品商标和扬州曙光电缆股份有限公司的“强菱及图”产品商标。至此，全市累计有中国驰名商标 7 件。（吴春红）

【10 件商标获“江苏省著名商标”称号】 2015 年，全市有 10 件产品商标获“江苏省著名商标”称号，即江苏豪纬交通集团有限公司的“豪纬”商标、江苏时新景观照明有限公司的“新耀”商标、高邮市元鑫冷冻有限公司的“元鑫”商标、江苏苏中大地农业科技发展有限公司的“珠璨”商标、扬州日兴生物科技股份有限公司的“邦力生”商标、江苏省天煌照明科技发展有限公司的“图形”商标、扬州市安定灯饰制造有限公司的“安定 AN DING”商标、扬州市鑫通交通器材集团有限公司的“鑫通”商标、江苏金通交通器材有限公司的“庆通及拼音”商标、扬州市德运塑业科技股份有限公司的“DERWINS”商标。至此，全市累计有江苏省著名商标 55 件。（吴春红）

【14 件商标获“扬州市知名商标”称号】 2015 年，全市有 14 件产品商标获“扬州市知名商标”称号，即江苏德皇文具有限公司的“DHA”商标、扬州明晟新能源科技有限公司的“明晟”商标、江苏赛尔橡胶股份有限公司的“赛腾”商标、江苏宝润照明电器有限公司的“润旺”商标、江苏贝尔照明有限公司的“图形”商标、扬州市润源灯饰有限公司的“孟星及图”商标、江苏美滋滋食品有限公司的“丰味园”商标、扬州市丽郎人造板有限公司的“扬丽”商标、扬州十二粉黛生物科技股份有限公司的“千纤草”商标、江苏博思维光电集团有限公司的“博思维”商标、扬州宏远电子有限公司的“宏遠”商标、高邮市高邮湖大闸蟹行业协会的“高邮湖大闸蟹”商标、江苏金通交通器材有限公司的“庆通”商标、江苏新火种照明有限公司的“新火种”商标。至此，全市累计有扬州市知名商标 98 件。（吴春红）

【城乡食品市场监督管理】 2015 年，市市场监督管理局注重加强对城乡食品市场的监督管理，通过组织开展元旦、春节、国庆等重大节日食品安全专项检查、散装白酒专项检查、中高考期间食品安全专项检查、过期食品专项整治、冷冻食品专项检查等，切实维护广大消费者的利益。期间，共出动检查人员 1100 人次，下发责令整改通知书 70 份，督促整改不规范经营行为 195 户次，取缔不符合经营条件的经营户 6 户，抽检食品 138 批次，查处涉及食品安全违法案件 52 起，没收及销毁过期食品 60 千克。（张树明）

【市消费者协会】 2015 年，市消费者协会认真履行新版《中华人民共和国消费者权益法》赋予的八项公益性职始终责，恪守“一切为了消费者”的行为准则，切实维护消费者的权益，赢得广大消费者和社会各界的信赖和赞誉。全年共受理消费者投诉案件 234 起，接待消费者来访、咨询 5 万余人次，为消费者挽回经济损失 118 万元；完成“诉转案”4 起，接诉 24 小时内主动与申诉人联系率 100%、按期办结率 100%、群众满意率 96%。（盛超）

质量技术监督

【全市质量强市工作会议】 6月24日举行。会议的主要任务是，总结全市质量强市工作，表彰先进，对深入开展质量强市工作作进一步部署。市人大常委会副主任王永海、副市长朱莉莉等参加会议。会议由政府办公室副主任张胜主持，副市长朱莉莉作讲话。朱莉莉要求，各地各部门要认清形势，进一步增强质量强市工作的责任感；要创新思路，切实把握质量强市工作重点；要加强领导、精心组织、迅速行动，确保质量强市建设取得实效，把全市经济社会发展推向"质量时代"。 （费承娟）

【质量信用评价工作】 2015年，市市场监督管理局按照全市质量强市工作会议的部署，加强企业质量信用监管，扎实推进企业质量信用评价工作的开展。注重对全市86家工业产品生产许可证获证企业的年度监督和分等级管理，按照产品类别、风险等级按比例现场抽查相关企业，并督促企业按期整改出现的问题。将未申请质量信用评价的企业，纳入一类管理的范畴，切实开展好宣传动员、登记及相关证明材料的采集和录入工作。至年底，经省质监局确认，高邮市的扬州普天鞋业有限公司、扬州鑫晶光伏科技有限公司、扬州明晟新能源科技有限公司、江苏博世达液压机电有限公司、江苏新火种照明有限公司、扬州市喜来太阳能科技有限公司、江苏尚今典科技有限公司、江苏瑞扬线缆有限公司、江苏金润龙科技有限公司、江苏金丰机电有限公司、江苏健客生物科技发展有限公司、江苏德皇文具有限公司、江苏奥普莱医疗用品有限公司、江苏金通交通器材有限公司、江苏宝润照明电器有限公司、江苏传艺科技股份有限公司、江苏豪纬交通集团有限公司、扬州市华翔有色金属有限公司、扬州市德运塑业科技股份有限公司、江苏时新景观照明有限公司、高邮声光器材有限公司、江苏恒辉电气有限公司、江苏赛特电气有限公司等23家企业被认定为江苏省工业企业质量信用A级企业。至此，全市累计获省工业信用评价A级以上(含A级)的等级企业88家，其中A级企业87家、AA级企业1家。 （费承娟）

【品牌战略工作】 2015年，市市场监督管理局继续推进品牌战略工作，在企业申报、各乡镇推荐的基础上，从计量、标准、质量等方面入手，筛选一批基础较好的企业，着力加大申报辅导和培育服务力度，推动企业进一步健全完善质量管理体系。至年底，经江苏省、扬州市名牌战略推进委员会确认，全市新获批江苏省名牌产品8种、扬州市名牌产品17种。至此，全市累计获批江苏省名牌产品34种、扬州市名牌产品89种。 （费承娟）

2015年高邮市获江苏名牌产品(企业)名单

表50

企业名称	商标	产品名称
高邮市邮星食品有限公司	邮星	麻鸭咸鸭蛋
扬州日兴生物科技股份有限公司	邦力生	D—氨基葡萄糖盐酸盐
江苏时新景观照明有限公司	"新耀"图形	道路与街路照明灯具
扬州市华翔有色金属有限公司	Seenviro	铅锭
扬州宏远电子有限公司	宏远	低压电极箔
江苏华能电缆股份有限公司	苏邮	承荷探测电缆
扬州光明电缆有限公司	宇菱	新型抗干扰军用雷达用变频电缆(特种电缆)
扬州和益电动工具有限公司	THM	石材切割机

（费承娟）

2015年高邮市获扬州名牌产品(企业)名单

表51

企业名称	商标	产品名称
江苏天顺钢杆照明器材有限公司	苏顺	通信塔
江苏金丰机电有限公司	明锐金丰	新能源汽车用无级变速智能控制器
江苏德皇文具有限公司	DHA	修正笔
扬州市喜来太阳能科技有限公司	今喜来	太阳能热水系统
江苏奥普莱医疗用品有限公司	OPERA 奥普莱	医用红外体温计
扬州明晟新能源科技有限公司	明晟	光伏钢化玻璃
江苏金润龙科技有限公司	GOLD DRAGON POWER	柴油发电机组
江苏尚今光电科技有限公司	SHANGJIN 尚今光电	LED太阳能路灯
扬州市金鑫电缆有限公司	名鑫	煤矿用电线电缆
江苏金通交通器材有限公司	庆通	交通信号灯
江苏宝润照明电器有限公司	BR	LED照明路灯
江苏新火种照明有限公司	新火种	道路照明灯具
扬州鑫晶光伏科技有限公司	鑫晶	地面用晶体硅光伏组件
扬州普天鞋业有限公司		皮鞋(皮靴)
江苏博世达液压机电有限公司	博液	全自动液压调正器
扬州市德运塑业科技股份有限公司	DERWINS	新型环保汽车皮革
江苏绿科生物科技有限公司	lvkee	微生物饲料添加剂

（费承娟）

【标准化管理】 2015年，市市场监督管理局推进实施标准化战略，鼓励企业采用国际标准及国外先进标准。全年共完成企业标准备案258家，采标15个，网上公示企业标准30个；组织起草国家级行业标准1项（《钢质照明灯杆》行业标准），获批国家4A级标准化良好行为企业试点单位1家（扬州日兴生物科技股份有限公司），推荐申报省级农业地方标准立项5项（《罗氏沼虾人工育苗技术规程》《罗氏沼虾与泥鳅混养技术规程》《苏邮1号蛋鸭》《无公害食品——罗氏沼虾幼虾增温培育和食用虾养殖技术规程》《高邮湖大闸蟹》）、团体标准化试点单位2家（高邮市机械行业协会、高邮湖大闸蟹行业协会）。是年，扬州华裕光伏材料有限公司主持制定GB/T 31469—2015《扬州华裕光伏材料有限公司》及扬州市地方标准DB 3210/T 1502—2015《黑大豆技术规程》发布实施。 （费承娟）

【计量和条、代码工作】 2015年，市市场监督管理局强化法制计量等工作，有效维护消费者合法权益。联合相关部门和单位组织开展“5·20世界计量日”系列活动，在高邮文游社区设置宣传及咨询服务台，就血压计检测、眼镜检测和配置、水、电、气三表计量等方面开展免费咨询和服务活动。组织开展诚信计量单位申报工作，全年申报省级诚信计量单位4家（加油站2家、眼镜店1家、餐饮店1家），市级诚信计量单位2家（集贸市场1家、眼镜店1家）。按照上级要求，采取分类分级方式，加强对米、面粉、电线电缆、肉制品等10类定量包装商品生产企业的监管，指导和督促其合理配备计量器具、加强人员管理、完善计量管理制度、建立计量保证体系。加强对计量标准及计量检定人员的考核，完成计量标准复审考核企业2家、计量检定人员考核6人。全年通过3A级测量管理体系年度监督评审企业1家、3A级测量管理体系认证企业22家，通过计量合格确认单位22家、通过考核验收计量保证确认单位1家；发展商品条码新用户34家，续展41家，注销5家。 （费承娟）

【计量惠民工作】 2015年，市市场监督管理局按照集贸市场和农村医疗机构计量器具免费检定工作规范，继续开展“两免费”检定工作。全年先后深入12家乡镇计划生育指导站、23家乡镇卫生院、175家村级卫生服务站和1家福利机构，共免费检定血压计（表）、压力表、人体秤、婴儿秤、数字心电图机、黑白B超等计量器具837台（件），检定、修理31家集贸市场的计量器具982台（件），检定合格率均为100%。在农村大忙前，强制检定34个粮油经营公司、中央储备粮扬州直属库、7家面粉企业、37家个体经营户、4家种子企业的电子汽车衡118台。围绕集贸市场、加油站、A级餐饮饭店、连锁商店、超市、医院、眼镜店、出租车公司、超限监测站及供水、供电、供气、供热等重点部位，推进开展诚信计量自我承诺工作，有企业和单位143家实现诚信计量自我承诺。 （费承娟）

【计量检定工作】 2015年，市市场监督管理局共检定各类计量器具3.44万台（件），其中强检计量器具1.99万台（件）。对市域范围内生产和流通领域的茶叶、粽子、保健品、酒精饮料、化妆品、种子、农药、化肥、农膜、涂料、油漆、电线电缆等产品进行监督检查，共抽样125批次，其中检查36批次、检验69批次、商品包装检验20个批次。同时，受相关企业和部门委托，完成产品抽检24批次，并及时出具委托检验报告。 （费承娟）

【特种设备安全监管】 2015年，市市场监督管理局继续开展特种设备的分类分级监管工作。全年新增特种设备注册登记298件，累计1121台（套）；举办司炉工、特种设备安全管理人员、压力容器操作、起重司机、电梯作业人员、场内机动车辆操作等各类培训班共计5期，培训考核人员271人次，其中有236人通过考核取得特种设备管理和作业人员证书。注重开展特种设备安全宣传活动，先后组织专题宣传、咨询活动2次，向市民普及特种设备安全知识。加强对公众聚集场所、特种设备安全管理薄弱领域和重点部位全面检查，全年共出动特种设备安全监察人员307人次，检查特种设备使用单位124家次、特种设备380余台（套），形成特种设备现场安全监察记录103份，下发特种设备安全监察指令书60份，排查出各类特种设备安全隐患179条，整改落实率100%。组织开展电梯安全监管大会战、涉氨制冷企业特种设备专项整治回头看、气瓶充装单位专项整治、叉车安全专项整治等专项工作，帮助使用单位完善管理制度，提高管理水平，确保安全运行。 （费承娟）

【食品安全生产监管】 2015年，市市场监督管理局根据“三分监管”（食品分类、企业分级、分等监管）工作要求，对全市128家食品获证企业进行动态监管计划调整，划分A类企业15家、B类34家、C类79家。全年新发证食品生产企业9家，注销因到期未申请换证等原因的企业8家，接受生产许可证申请企业46家；现场审查企业31家次，其中现场审查合格企业29家。根据节日特点和高邮实际，组织开展春节重点食品专项监督检查、亚硝专项检查、“4·18”食品安全专项监督检查、肉制品专项检查、过期鳌虾专项排查、速冻面米制品专项监督检查等各类专项监督检查活动7个批次，累计出动监管人员180多人次，巡查食品企业184家次，下发《责令整改通知书》180份，检验样品6批次，向稽查部门移送案件25起。同时，围绕市人民法院提出的关于全市蛋制品企业存在标签标识不合格违法行为的司法建议书，全面组织开展检查和整改活动，共涉及标签标识不合格蛋制品企业5家，问题整改落实率100%。围绕乳制品、白酒、食品添加剂生产企业的质量安全，逐步推进电子追溯系统建设，有5家企业完成电子台账。（费承娟）

【质量稽查打假工作】 2015年，市市场监督管理局根据上级局部署，开展打击制售假冒伪劣违法行为，在继续抓好农资、建材、食品等各类专项执法行动的基础上，还根据地方实际，列出重点产品、重点环节、重点区域，适时开展行业性、区域性、季节性的专项执法行动，并就社会高度关注的学校塑胶跑道工程，开展一次专项执法检查。全年共出动执法人员200人次，检查企业98家，查办案件28起，查获涉案产品金额73万元。"12365"举报投诉中心共受理业务87起，其中食品类33起、特种设备类起、产品质量类15起、计量类5起。（费承娟）

【产品质量检验工作】 2015年，市市场监督管理局认真开展产品质量检验工作，共出具各类检验报告共1448份。组织开展"产品出厂检验能力比对测试"活动，涵盖市域范围内相关企业64家，产品包括咸蛋、松花蛋、大米、小麦粉、酒、挂面、虾仁、董糖、饼干、糕点、茶干、肉制品、酱油、醋、风鹅等近20种。10月，通过省质监局组织的实验室资质认定复评及扩项现场审核工作，共有31项产品(涉及366个参数)、202个参数获省专家组确认。（费承娟）

【省道路照明产品质量监督检验中心】 2015年，该中心共出具道路照明灯杆检测报告843份，其中高邮市级报告116份、省级报告727份；电线电缆报告3份；道路照明灯具报告333份，其中省级金属分析报告2份；高邮市级机械标准件报告18份。1～2月，该中心受高邮市交通产业投资有限公司委托对S333省道高邮段内道路照明工程中标单位所用路灯及灯杆进行检测。2月8日，该中心受连云港市灌南质量技术监督局邀请赴灌南县进行道路灯具抽样并检验。7月22日，该中心接受启东市市场监督管理局委托对一LED道路照明灯具进行检验。8月13日，该中心接受滨海县市场监督管理局委托对一高压钠灯路灯进行检测。（费承娟）

【7家灯具生产企业被认定为"示范企业"】 2015年，市灯具协会根据《关于加强"江苏省优质道路照明灯具产品生产示范区"建设的实施意见》《高邮市灯具示范企业管理办法》，在灯具生产企业中开展"示范企业"创建工作。经企业申报、专家组现场核查、产品质量检验及成员单位综合评价，全市新认定灯具生产"示范企业"7家，即扬州鑫通交通器材集团有限公司、神州交通工程集团有限公司、江苏菲利特照明电器有限公司、江苏天虹照明集团有限公司、江苏时新景观照明有限公司、江苏瑞澜光电科技有限公司、鸿润电气集团有限公司。至此，全市累计有灯具生产"示范企业"17家。（费承娟）

食品药品监督

【食品安全综合监管工作】 2015年，市委、市政府高度重视食品安全工作，将食品安全工作纳入市委常委会工作要点、政府工作报告和民生1号文件，提升市、乡两级政府和职能部门重视程度，作为重要民生工程予以推进。结合全市实际，部署江苏省食品安全城市创建工作。健全食品安全日常作机制，全年召开食品安全委员会主要成员会议12次，研部署食品安全工作。牵头组织食品添加剂、重点产品(乳及乳制品、食用油、生猪及其产品、蔬菜农药残留)、食品生产经营重点场所、鲜肉和肉制品、豆制品及豆芽菜专项整治，净化全市食品市场。市食品安办不加大工作力度，强化督查推进，组织食品安全工作完成情况考核。督促乡镇充实食品安全委员会组成人员，开展乡镇食品安全协管员培训工作，确保食品安全监管工作的正常开展。（顾竹筠）

【江苏省食品安全城市创建工作】 2015年，市委、市政府在全市部署、开展省级食品安全城市创建工作。该工作从2015年8月开始，到2016年12月结束。分三个阶段进行：第一阶段(2015年8～9月)为动员部署阶段，各乡镇(园区)和相关部门根据食品安全城市创建实施方案，制定相应工作方案；第二阶段(2015年9月～2016年7月)为组织实施阶段，市食品安全委员会按照《江苏省食品安全城市创建工作考核评价标准》，坚持问题导向，着力解决食品安全重点难点问题，完善食品安全治理体制机制；第三阶段(2016年8～12月)为自查、初检和迎检阶段，各单位和部门对照创建目标和考核评价标准开展自评、查漏补缺，整改存在问题。

（顾竹筠）

【"三品一械"安全监管工作】 2015年，市市场监管局注重履行职能，创新举措，狠抓落实，有效提升"三品一械"(药品、保健食品、化妆品和医疗器械)监管工作水平。在药品生产方面，以"确保药品质量安全"为根本，以防控药品安全风险为主线，指导并督促企业推进GMP(药品生产质量管理规范)认证工作，有3家药品生产企业通过认证、获发证书。在药品经营方面，全面实施新修订GSP(药品生产质量管理规范)，有232家药店通过新版GSP认证；扎实推进药品零售企业药品电子监管入网(中国药品电子监管网)工作，先后有232家企业实现入网，入网率100%；组织开展中小学、幼儿园药品安全专项检查、基本药物配送质量监督检查、中药饮片生产流通领域专项整治等专项活动，累计发现问题18个，及时整改落实率100%。在医疗器械监管方面，先后组织开展体外诊断试剂、装饰性平光隐形眼镜、避孕套等产品市场综合整治行动和医疗器械“五整治”专项行动“回头看”等，督促和推进相关企业提升医疗器械质量管理水平。在保健食品化妆品监管方面，先后在江苏润海日用品有限公司、扬州日兴生物科技有限公司开展质量受权人试点工作；指导扬州十二粉黛生物科技股份有限公司推进GMP车间改造，使其于年底获得由省食品药品监督管理局核发的《化妆品生产企业卫生许可证》；根据国产非特殊用途化妆品网上备案要求，完成市域范围内相关企业63个产品信息网上备案工作；组织开展虫草类保健食品专项监督检查、“两节”期间保健食品市场专项检查、儿童类化妆品专项检查等活动，共出动人员423人次，检查保健食品、化妆品经营企业共225家（次）、化妆品生产企业7次、保健食品生产企业3次，抽样检查化妆品9批、保健食品12批，下达整改通知23份，整改问题42个，有力促进全市保健食品化妆品市场秩序的规范。（顾竹筠）

【食品药品安全宣传工作】 2015年，市市场监管局在“3·15国际消费者权益保护日”“食品安全宣传周”“安全用药月”“志愿者服务日”期间，就食品药品安全开展广场集中宣传活动，共向群众发放各种资料9000多份，接受群众咨询750人次。联合市教育局开展食品安全主题征文竞赛活动，增强广大中小学生的食品安全意识。利用报刊、电台、电视台、网络等媒体，开展食品药品法律法规和安全知识的宣传，在《高邮日报》继续开设《食品药品监管之窗》专版，在市广播电台推出《食品药品监管之声》栏目。组织“食品药品法律法规和安全知识进学校、进企业、进社区”活动，增强公众安全饮食用药和依法维权意识，提升食品药品监管工作社会公信力和美誉度。（顾竹筠）

【药品稽查】 2015年，市市场监督管理局保持打假治劣高压态势，统筹推进药品稽查工作，确保人民群众用药用械安全。全年出动执法人员924人次，组织开展专项整治行动5次，受理举报投诉业务15件，完成药品监督抽验141批次、快检350批次，查处各类案件27起（含移送公安部门案件2起），罚没款入库32.07万元。（顾竹筠）

【药品安全信用体系建设】 2015年，市市场监督管理局继续加强药品安全信用体系建设。依据药品零售企业日常监管情况，开展信用等级评定工作，并以诚信脸谱方式公示评定结果，评出诚信企业81家，基本诚信企业133家，轻微失信企业3家。联合市药品流通行业协会组织开展“星级放心药店、诚信示范店”创建活动，全年评出年度星级放心药店50家（五星级5家、四星级33家、三星级12家）、诚信示范店4家。利用各类媒介，开展《食品药品安全信用等级评定管理办法（试行）》宣传教育活动，营造守法诚信社会氛围。（顾竹筠）

安全生产监督

【概况】 2015年，全市贯彻落实《中华人民共和国安全生产法》，强化监管责任，完善工作体系，安全生产工作得到全面加强，未发生较大以上或有严重社会影响的安全生产事故，安全生产形势总体平稳。全年共发生各类安全事故240起、死亡20人、直接经济损失193.7万元，与上年相比，分别下降21.1%、13%、31.3%。亿元GDP安全生产死亡率同比下降21.3%，工商贸从业人员十万人生产安全事故死亡率同比下降51.5%。是年，高邮市被扬州市政府表彰为2015年度安全生产目标管理优秀单位一等奖。（王越）

【企业安全生产标准化创建工作】 2015年，市安监局继续推进企业安全生产标准化建设工作。年初，全面梳理全市企业生产经营状况，制定小微企业标准化达标、三级标准化复评及二级标准化创建工作目标，并分解下达到乡镇（园区），以此指导、督促和推进企业开展安全生产标准化创建工作。至年底，全市规模以上工业企业472家全部创成省三级安全生产标准化企业，实现全覆盖；新增省二级标准化达标企业3家，累计达6家；新增省标准化创建达标小微企业45家，累计达103家；完成省三级标准化达标复评企业145家。（王越）

【隐患排查治理体系建设】 2015年，市安监局坚持常态化与规范化相结合，不断推进隐患排查治理体系建设，初步形成责任明确、系统完善、标准健全、监管高效的隐患自查自报和动态监管机制。全年新增录入省安全生产事故隐患排查治理自查自报信息系统的单位30家，累计达845家；通过该系统上报各类隐患信息6286条，完成整改6284条，整改率99.9%。（王越）

【应急救援机制建设】 2015年，市安监局注重加强应急救援机制建设。启动全市危化企业网上数据库建设，将企业的基本概况、重点危险部位、危化品种类、数量、处置办法、企业应急预案等基本信息涵盖其中；规范企业应急预案的编制工作，完成市域范围内164家企业应急预案的备案；指导重点企业开展基层一线员工应急技能训练活动，并先后举办三友化工公司危化品安全生产事故应急救援演练、突发城市燃气泄漏事故应急处置演练，有120人受邀参加观摩。（王越）

【涉氨制冷企业专项治理】 2015年,市安监局等部门继续推进涉氨制冷企业专项治理工作。加大对相关企业的引导力度,约请有资质单位为其设计压力容器和压力管道,并待安装监督检验合格后办理使用登记。督促指导有关企业落实安全责任,建立健全技术档案和使用管理制度,按照规定配备特种设备管理和作业人员。至年底,在列入首批治理范围的19家涉氨制冷企业中,有17家企业完成整改(含改用氟利昂企业2家),整改率89.5%;立案查处拒不整改的企业2家。同时,根据群众举报,还将6家小制冰单位纳入该次专项治理范围。 (王越)

【粉尘涉爆企业专项检查】 7月,市安监局抓住夏季高温天气即将到达这一关键节点,专题召开全市粉尘涉爆企业负责人和安监站长会议,部署粉尘防爆工作,在全市开展粉尘作业和使用场所专项安全检查行动。期间,共排查有粉尘作业和使用场所的企业18家,发现安全隐患48处,下发整改通知书48份,隐患及时整改落实率100%。 (王越)

【石油天然气输送管道隐患整治专项行动】 8月中旬,市政府根据上级统一部署,成立全市石油天然气输送管道保护领导小组,在第一时间启动全市石油天然气长输管道隐患整治专项行动,对市域范围内输送石油、天然气的管道以及管道附属设施展开地毯式排查,切实预防和杜绝安全生产事故的发生。期间,市安监局发挥市石油天然气输送管道保护领导小组成员单位的职能,通过召开现场交办会的形式,积极配合开展该专项行动。针对交办会现场检查中发现的问题和隐患,督促相关部门能立即整改的要求立即整改;一时难以完成整改的,必须及时落实整改措施、责任、资金、时限和预案;对违法修建的建筑物及其他设施,必须限期拆除,以确保油气管线安全运行。 (王越)

【烟花爆竹专项整治】 2015年,市安监局按照上级要求,部署开展烟花爆竹专项整治行动。期间,对市内烟花爆竹零售点逐一排查,建立台账,并签订安全承诺书;会同各乡镇(园区)、有关部门开展烟花爆竹批发企业和零售点现场检查确认工作,责令限期整改零售点83家,并对其中未能按时完成整改任务的30家零售点,给予撤销行政许可的处理。 (王越)

【安全生产大检查、深化打非治违和专项整治行动】 8月15日~12月31日,根据国务院安委会及省、扬州市的统一部署,市安委会在全市全面组织开展安全生产大检查、深化打非治违和专项整治行动。成立由市政府分管负责人任组长的安全生产大检查领导小组,制定出台《关于全面开展安全生产大检查深化打非治违和专项整治行动的通知》,明确重点行业领域牵头责任部门,并分别制定落实具体实施方案,切实推进各项工作的开展。期间,市政府分管负责人集中约谈所有化工企业负责人,争取其对该项工作的支持;市安委会办公室在第一时间组织开展全市危险化学品和易燃易爆物品生产、经营、使用企业调查摸底工作,建立完善"一企一档",为各项工作顺利推进打好基础。至年底,全市累计出动检查人员4922人次,检查单位2189家次,排除隐患5567条。同时,市安委会还组织督查组8个,分地区、部门督查工作进展情况,确保工作取得实效。 (王越)

【职业卫生监管工作】 2015年,市安监系统各部门加大对职业病防治知识的宣传,推进职业病危害现状普查,加强对乡镇(园区)人员的培训,发重视开展职业病危害申报和高危行业作业场所危害因素检测、评价及职工体检等工作,切实维护职工的健康权益。全年新创成职业卫生基础建设示范企业18家,累计创成59家;查实涉及职业危害因素企业4987家;完成职业健康危险因素检测作业场所300多处,职工健康体检2356人次。 (孙杰)

【安全生产责任保险扩面工作】 2015年,市安监局经过制定方案、宣传动员、分解任务、注重落实等步骤,继续推进安全生产责任保险扩面工作。至年底,全市累计有参保企业32家,其中新增参保企业18家,参保人数3092人、保费收入112.5万元。 (孙杰)

【"安全生产月"】 在全国第14个"安全生产月"期间,市安监局围绕"加强安全法治、保障安全生产"主题,在全市组织开展安全生产专题宣传文艺演出、知识宣传咨询、典型案例巡回警示教育等系列活动。活动中,累计举行安全咨询活动59次,发放宣传资料近1万份,发送安全提示短信10万条,制作并悬挂安全标语83幅,设立展板26块。同时,还结合QQ、微信、微博等新媒体的运用,组织有关单位开展安全生产知识宣传活动。 (孙杰)

价格管理与服务

【《关于进一步深化价格改革切实加强价格监管的实施意见》出台】 2015年,市政府出台《关于进一步深化价格改革切实加强价格监管的实施意见》(以下简称该意见),为全市价格改革、监管工作作出指导性意见。该意见立足总体思路、基本原则、主要目标、保障措施,明确提出四个方面要求,即推进价格管理体制改革和价格改革,加强价格监管,完善"主要由市场决定价格"的机制,发挥价格杠杆作用;减少政府定价项目,把政府定价范围限定在重要公用事业、公益性服务、网络型自然垄断环节,健全全面反映市场供求、资源稀缺程度、生态环境损害成本和修复效益的价格形成机制；全面清理行政事业性和经营服务性收费，规范涉企、涉民收费，建立收费目录清单和动态管理制度，做到清单之外无收费；完善价格监管体系，构建反欺诈、反垄断、反暴利“三反”并举的大监管格局，实现所有商品和服务价格监管全覆盖。（张新时）

【农业水价综合改革】　2015年，市政府根据国家发改委、水利部、财政部和农业部《关于深化农业水价改革试点方案》精神，结合全市农业水价综合改革试点工作实际，出台《高邮市农业水价综合改革试点项目水价制定办法》《关于下达农业水价综合改革试点区指导价格的通知》《高邮市农业水价综合改革试点项目水价制定办法》等文件，制定全市农业水价综合改革试点区水价实施方案，即试点区各农民用水户实行协会指导价格，指导价格不得上浮，下调不限；试点区实行分类水价，粮食作物（一般经济作物）执行全成本计量水价，高附加值经济作物和水产养殖执行全成本适当盈利计量水价；试点区实行用水量超定额累进加价制度，超过用水定额6%～10%，超过部分每立方水按水价的2倍收取；超过用水定额10%以上，超过部分每立方水按水价的3倍收取。（张新时）

【涉企收费项目清理】　2015年，市物价局根据《省物价局转发国家发改委关于清理规范涉企行政审批前置服务收费的通知》要求，完成涉企行政审批前置服务收费项目清理工作，为企业发展营造宽松环境。全年审核34家单位的涉企行政审批前置服务收费项目224项，其中清理202项、保留22项（由政府实行定价管理）。（张新时）

【成本监审】　2015年，市物价局继续开展物价成本监审工作，为精准定价奠定基础。全年实施管道天然气定价、市赞化学校教育收费、城区幼儿园教育收费等监审项目3项，共审核企业上报成本1.84亿元，核减671.59万元。是年，该局撰写的《提高成本调查监审质量的研究》《浅谈成本监审工作的困境与对策》被《江苏价格》专刊选用。（张新时）

【商品房价格监管】　2015年，市物价局建立新建普通商品住房销售价格报送制度，规定凡在高邮市区域内新建普通商品住房的房地产开发企业，在开盘销售前应当向市价格主管部门书面报送商品房销售价格，以此强化商品房价格监管工作。全年共受理普通商品房销售价格备案13宗、备案面积33.21万平方米，累计核减房地产开发企业成本7074万元，平均每平方米备案销售价格核减213元；审核商业楼盘项目15宗、面积38万平方米，累计核减成本9400余万元，平均每平方米备案销售价格核减248元。经市政府同意，核定“碧水新城南苑”第二期工程2.41万平方米经济适用房销售基准价格，定价为每平方米3019元，浮动幅度不超过3%。（张新时）

【农贸市场价格管理】　2015年，市物价局印发《关于规范农贸市场明码标价、禁止价格欺诈行为的通知》，切实加强市场价格管理工作。该通知要求，城区9家农贸市场在醒目位置安装电子显示屏和市场价目牌；蔬菜行业、生肉行业、家禽行业、豆制品行业、熟食行业、水果行业等各经营者在市场内部的醒目位置放置统一摊位价目表；小商品（南北货）行业统一使用由市物价部门监制的标价签，如实填写品名、产地、规格、等级、计价单位、货号、零售价等商品信息，做到标示醒目、明码标价、交易规范；在各农贸市场显著位置公示价格举报电话“12358”，便于群众开展监督工作。（张新时）

【价格调整备案工作】　2015年，市物价局围绕惠民利民原则，开展价格调整备案工作。根据《国家发改委、民政部关于规范养老机构服务收费管理促进养老服务健康发展的指导意见》规定，制定市社会福利中心颐乐老年公寓试行收费标准；制定市安源燃气天然气管道建设费和天然气销售价格；调整市赞化学校收费标准；调整城区居民用水价格并实行阶梯价格制度；实施非居民用管道天然气价格（含车用气价格）存量气和增量气并轨调整方案，价格由每立方米4.60元调整至4.37元。（张新时）

【价格监测】　2015年，市物价局密切关注市场价格动态，做好重要主、副食品和工业生产资料价格监测与分析预警工作，更好地服务群众生产生活。全年累计对城区3家大型超市、2家大型农贸市场开展价格监测65次，其中主、副食品价格监测50余次、日用消费品监测15次；累计制作集贸市场蔬菜价格监测表96期、农副食品零售价格监测表48期、生猪收购价格监测表48期、鸡蛋价格监测表48期、粳稻（小麦）收购价格与出厂价格监测表24期及民生价格公示24期。同时，开展生猪、蔬菜、粮食以及特色农产品价格调查研究，撰写分析材料6篇。（张新时）

【价格鉴证】　2015年，市物价局继续推进价格鉴证工作。全年共开展各类价格鉴证案件251起，价格鉴证总价值3183.72万元。其中，刑事、民事案件价格鉴证170起，鉴证价值170.79万元；行政执法案件价格鉴证55起，鉴证价值1995.7万元；成本认证15起，鉴证价值435.39万元；涉税认定10起，鉴证价值565.14万元；违纪认定案件1起，鉴证价值16.7万元。（张新时）

【平价蔬菜商店管理】　2015年，市物价局按照《高邮市平价商店考核补助办法》，加强平价商店日常管理和月度考核，并将考核结果作为发放省级补贴的重要依据。全年共向9家平价商店发放省级补贴

16万元。同时,加强平价商店软硬件建设,促进平价商店提档升级、提质增效、健康发展。（张新时）

【价格调节基金】 2015年,市政府根据城区困难学生家庭实际,设立价格调节基金,并按时发放,以降低猪肉、鸡蛋等副食品价格上涨对其造成的影响。全年该基金共惠及城区12所学校困难学生588人,累计发放基金总额17.5万元。（张新时）

【价格咨询与投诉】 2015年,市物价局依托“12358”价格监督举报热线,开展价格咨询与投诉受理工作。全年共受理价格投诉、价格咨询案件55起,退还消费者2499.8元,投诉回复率和群众满意率均为100%。（张新时）

【明码实价工作】 2015年,市物价局注重推进明码实价工作(指经营者从事商品销售或服务时按照“商品标签价”或“服务价目表”实际所标示的价格和消费者结算),重点要求在商场、超市、购物中心、宾馆酒店、农资经营企业、药店、房地产经营企业中全面推行此项工作,并逐步扩大价格诚信创建的行业领域和企业数量,以此提升工作效果。至年底,全市开展明码实价工作的单位超过60家。（张新时）

【价格诚信工作】 2015年,市物价局依托价格诚信单位评选活动,推进价格诚信工作开展。1～2月,组织对22家申报创建“2013－2014年度高邮市价格诚信单位”的企业进行考核验收,并对通过验收的11家企业授予“2013－2014年度高邮市价格诚信单位”称号。3～12月,安排专人深入企业30多次,对申报创建扬州市价格诚信单位的9家企业进行“一对一”指导,助其建立健全相关制度、基础台帐和创建资料,促成其中的扬州市峰豪汽车销售服务有限公司、扬州苏宁云商销售有限公司高邮通湖路店、扬州市东方商厦投资发展有限责任公司高邮店、中国电信股份有限公司扬州分公司高邮分公司、扬州皇华国际大酒店有限公司、扬州欧亚置业发展有限公司华侨国际大酒店等6家企业通过扬州验收,被扬州市物价局授予“2014－2015年度扬州市价格诚信单位”称号。（张新时）

【价格检查】 2015年,市物价局开展多项价格检查活动,有效规范市场价格行为。开展专业市场价格整治,重点整治旅游、宾馆酒店、家居等行业虚构原价、虚假折扣等不正当价格行为。开展房地产专项检查,约谈房产开发企业负责人3人,并下发《首违不罚提醒函》。开展教育收费专项检查,重点检查12所学校(4所高中、2所初中、3所小学、3所幼儿园)2013年秋季以来教育收费情况。开展医疗服务收费专项检查,共查出市第三人民医院、市中医医院价格违法金额990万元,其中捐赠收入950万元;核查省物价局移交的市人民医院价格案件1起,没收违法所得484.02万元,罚款48.40万元。开展金融机构服务收费检查,配合市优办对商业银行金融服务价格进行检查,切实减轻企业负担,优化企业发展环境。开展节假日市场价格检查,加大节假日市场监管和巡查力度,检查范围涵盖全市大型商场、超市、酒店、购物中心、平价蔬菜商店、商品房销售企业等,制止4家企业的虚假促销宣传活动,有效维护市场价格秩序。（张新时）

审计工作

【概况】 2015年,市审计局围绕市委、市政府中心工作,通过积极作为、主动作为、有效作为,全面履行审计监督职责,切实提升审计工作成效。全年组织实施审计项目43项,查出各类违规问题金额636万元、管理不规范且加以整改问题金额2.47亿元,核减工程造价金额1.53亿元;审计报告获市领导批示5件次,所提审计意见、建议被采纳67条;审计信息被各种媒体采用210多篇(次)。是年,该局分别被扬州市委、市政府和高邮市委、市政府表彰为文明单位,被中国时代出版社、江苏省审计厅表彰为审计通联工作先进单位,被扬州市审计局表彰为宣传工作先进单位。（刘荣金）

【财政审计】 3～7月,市审计局以促进落实积极财政政策各项政策措施为目标,围绕加强财政管理、维护财政安全、推动建立完整政府预算体系、提高财政资金使用效益等方面,针对市级部门及关联单位,组织实施2014年度财政预算执行情况和其他财政收支情况审计(以下简称同级审)工作。该同级审报告得到市人大常委会肯定。市政府常务会议就此要求相关部门必须高度重视审计发现的问题,认真抓好整改;重视制度建设,从根本上解决存在问题;进一步加强审计监督,发挥好审计工作在深化党风政风建设、制约规范权力运行、坚决惩治腐败和促进党风廉政建设责任制落实等方面的重要作用。同时,还完成预算执行中科技经费、教育经费、菱塘回族乡人民政府财政决算和有关单位预算执行情况的审计等工作。（刘荣金）

【政府投资审计】 2015年,市审计局认真落实《高邮市政府投资项目审计监督办法》,深化政府投资审计内容,继续组织开展政府投资项目的审计工作,不断提升政府资金的使用效益。全年累计完成工程项目审计110项,其中完成工程竣工决算审计项目13项、工程跟踪审计项目1项、政府交办的拆迁复评项目5项、零星工程结算审核项目91项;累计报审价14.23亿元,核减工程造价1.53亿元,核减率10.8%。（刘荣金）

【专项资金审计及调查】 2015年,市审计局按照上级审计部门部署,开展专项资金审计及审计调查

工作。1～3月，根据国家审计署统一部署，完成高邮市2014年度保障性住房安居工程跟踪审计。4～5月，根据省审计厅《关于布置地税征管审计统一实施专题内容的通知》要求，配合开展2014年度8家税收通用户的缴税管理情况和1家劳务派遣公司纳税情况审计调查。3～5月，根据扬州市审计局部署，开展2014年度政策性农业保险资金专项审计。同时，还根据年度工作安排，开展就业、安置房建设、第五批小农水重点县建设、新农合等专项资金的审计及审计调查工作。　（刘荣金）

【任期经济责任审计】　2015年，市审计局发挥市“三责联审”领导小组组成部门的作用，落实《党政主要领导干部和国有企业领导人员经济责任审计规定实施细则》，配合市组织部门研究制定《高邮市党政领导干部“三责联审”结果等级评定办法（试行）》，着力推进“三责联审”工作的开展。全年组织实施“三责联审”项目12项，其中离任审计项目6项、任中审计项目6项。审计中，重点检查领导干部贯彻执行党和国家经济工作路线方针政策的情况，落实反腐倡廉、改革、发展和财税、投资、产业、土地、环保、民生保障等政策的情况，执行中央八项规定、厉行勤俭节约、反对铺张浪费的情况等，并对审计发现的问题予以限时督促整改到位，增强审计效果和影响力。　（刘荣金）

【开展专项审计工作】　2015年，市审计局围绕市委、市政府工作中心，认真做好各项服务工作。3月，根据市委专项巡察工作部署，选派审计业务人员2人参与对市公有房屋管理的专项巡察工作，并延伸抽查市供销合作总社、市粮食局等14家单位。4月，按照市政府要求，组织开展高邮市2014年度镇村公交运营成本专项审计，并及时提交审计报告供市政府决策参考。　（刘荣金）

统 计 工 作

【概况】　市统计局内设办公室（法制科）、农业统计科、工业能源统计科、投资统计科、服务业统计科、综合核算科等7个科室，下设综合调查队、普查中心、统计执法检查大队3个事业单位，有在职员工25人。2015年，市统计局按照“提高统计能力、提高统计数据质量、提高统计公信力”总体要求，开拓创新，锐意进取，较好地完成第三次全国经济普查、统计全国联网直报、统计基层基础建设、基本现代化指标体系研究、统计专项调查、基本单位名录库建设等多项工作。是年，该局被江苏省统计局表彰为2015年度全省县级统计规范化建设示范单位，获2015年度扬州市“六五”普法先进单位、扬州市统计系统综合考核一等奖；该局“法治统计服务民生”项目、“工业统计电子台账推行‘2＋6＋X’”模式、《江苏省统计条例》漫画读本分别被省统计局评为“基层统计服务示范项目”“基层规范化管理创新示范项目”和“基层优秀统计宣传作品示范项目”；执法大队和电子执法工作被评为扬州市统计系统创新工作一等奖；韦璟被省统计局表彰为基层统计岗位标兵，沈霞凤被评为扬州最美统计人，郑国海、夏晓飞被表彰为首届扬州十佳统计站长，管文卫、陈勇被表彰为扬州统计系统首届十佳业务能手。　（李月红）

【统计基层基础建设】　2015年，市统计局贯彻落实市政府《关于进一步加强基层统计基础工作的实施意见》，从健全机制、配强人员、创新方式入手，推进全市统计基础基层工作取得新进展。全年新招录统计人员7人，乡镇统计站（分局）“一合三统一”实质化运作实现全覆盖。　（李月红）

【统计规范化建设】　2015年，市统计局切实推进部门统计规范化建设工作。制定《高邮市2015年部门统计规范化建设工作实施方案》，部署开展涉统部门32家的规范化创建工作。探索实行部门统计“五个一”（即一个部门考核办法、一套部门报表制度、一个部门资料上报平台、一个部门信息交流机制、一个对外数据发布窗口管理模式）工作机制，加快部门规范化建设创建达标工作进程。2015年，市教育局、市交通局、市城建局、人行高邮市支行4家部门成功申报“省级部门统计示范点”，高邮镇统计站、高邮经济开发区统计分局创成扬州市首批“十佳统计站”；全市95％以上的联网直报企业达到省级统计规范化建设合格单位标准。　（李月红）

【“一县一品牌、一镇一特色”工作】　2015年，市统计局按照扬州市统计局“一县一品牌、一镇一特色”的要求，从立体式统计法治品牌建设五个方面（以教育培训中心培训统计队伍，以企业统计电子台账保障数据质量，以主题活动扩大普法宣传，以统计电子执法提高执法效率，以统计执法机构建设规范执法行为），制定具体推进措施15项，并建立相关工作挂钩联系制度，全面推进“一县一品牌”各项工作，并因此形成“高邮统计电子执法系统”特色品牌。同时，为提升“一县一品牌”工作效果，还组织开展“一镇一特色”创建工作，着力推进高邮经济开发区统计网站建设、高邮镇社区统计协管网络、高邮城南经济新区企业电子台账、临泽镇“一月一分析、一季一预警”、周山镇统计法制伴我行等特色服务品牌的打造。　（李月红）

【统计数据质量管理】　2015年，市统计局继续做好数据质量管理工作。推进实施高邮统计数据质量管理三年行动方案，修订完善地区生产总值、规模以上工业增加值、全社会固定资产投资、社会消费品零售总额等主要统计指标数据质量评估办法，出台《高邮市统计数据全程质量管理体系(2015)》。建立GDP月度指标监测机制,重点核实增速快、总量大、人均高、月度间变化明显的部门和企业数据,促进全市GDP与财政收入、GDP与用电量、产值与销售、销售与税收等主要数据之间的匹配度持续提高。在高邮城南经济新区开展统计电子台账“2+6+X”工作模式,即试点企业2家、推广企业6家、在所有乡镇推行企业若干家。贯彻扬州市统计局等四部门《关于“数据诚信示范企业”建设的实施意见》,开展数据诚信企业建设,高邮市经纬纺织有限公司、扬州恒生置业有限公司、扬州市鼎鑫食品发展有限公司、扬州市汇鸿旅行用品有限公司、高邮市金利达机械有限公司、高邮市永盛纺织饰品有限公司、高邮市牧丰农机有限公司等7家企业创成扬州市首批“数据诚信示范企业”。 (李月红)

【1%人口抽样调查工作】 2015年,市统计局按照上级要求,开展1%人口抽样调查工作。这是继2010年第六次人口普查后全市又一次重要的大规模人口调查。期间,召开全市2015年人口抽样调查工作部署会,对该项工作进行部署;制定出台《2015年高邮市1%人口抽样调查工作计划》,细化调查各阶段的工作内容、进度安排,具体分解落实到每一个工作环节和时间节点;注重开展宣传活动,利用报刊、广播、电视、互联网等大众媒体及户外广告、宣传栏、宣传车等形式,强化宣传,造浓氛围。至调查工作结束,全市共登记人口调查信息9419人,调查数据审核通过率100%。 (李月红)

资料链接 全国人口普查工作每10年开展1次,均在年号末尾为0的年份进行。在两次全国人口普查间歇,还会在年号末尾为5的年份开展1次1%人口抽样调查。2015年所开展1%人口抽样调查的目的是,了解2010年以来全国人口在数量、素质、结构、分布以及居住等方面的变化情况,为制定国民经济和社会发展规划提供科学准确的统计信息支持,并为2020年全国人口普查做好准备。此次调查的标准时点为2015年11月1日零时;调查对象为抽中调查小区内的全部人口(不包括港、澳、台居民和外国人);调查的内容主要包括姓名、性别、年龄、民族、受教育程度、行业、职业、迁移流动、社会保障、婚姻、生育、死亡、住房等;调查中采用调查员手持电子终端设备(PDA)入户登记与互联网自主填报相结合的方式,也可以选择在互联网上填写调查表直接上报的方式进行;全市共抽中33个调查小区。与第六次人口普查相比,此次调查项目有所增加。在户记录项中,增加住房详细地址、拥有家用汽车情况;在人记录项中,增加在全市居住时间、是否有农村土地承包权、一年前常住地、工作地点、前往工作地所乘主要交通工具及所需时间、参加社会养老保险情况、参加社会医疗保险情况、夫妇为独生子女情况。 (李月红)

【承接利用PDA采集单位信息试点工作】 2015年,高邮市被国家统计局列为国家利用PDA(移动采集终端)采集单位信息专项试点两个县(市、区)之一,承担为全国基本单位统计方法制度改革、择优路径、积累经验的任务。该试点工作总体上分四个阶段进行:第一阶段为试点准备阶段,主要是成立试点工作机构、研究制定工作细则、选调调查人员、数据准备、调查用品准备和宣传动员;第二阶段为业务培训阶段,分为省、市、县级培训;第三阶段为调查登记与数据处理阶段,主要组织开展调查登记工作、数据审核、数据汇总和问题分析整理;第四阶段为试点研讨和总结阶段。期间,市统计局充分发挥职能作用,推进试点工作开展,做好“两员”选聘与培训、督查落实等工作。共利用PDA登记完成323家基本单位信息。 (李月红)

【统计专项调查】 2015年,市统计局以提高统计数据质量为中心,组织完成农业、工业、投资、消费、建筑、房地产、贸易、住宿、餐饮、能源等涉及全市经济社会各领域的常规统计调查,并完成统计年报和定期报表任务。同时,组织开展县级经济调查、社会发展水平综合评价、基本现代化统计监测调查、中小城市发展评价、八项工程统计监测调查、企业一套表专项调查、企业景气调查、企业用工调查、人口变动情况和劳动力抽样调查、批零住餐企业经营情况调查、党政正职考核等专项调查工作,弥补常规统计调查的不足。 (李月红)

【统计代理机构建设】 2015年,市统计局制定、市政府办转发《高邮市统计代理(中介)管理暂行办法》,有序推进统计代理工作的开展。注重与江苏省富华会计师事务所合作,组建高邮市第2家统计代理机构,即扬州市富华财税服务有限公司,将一部分社情民意调查、重点企业监测等工作委托其办理,并帮助其完善统计制度,推进其实质性运作进程。 (李月红)

【统计服务】 2015年,市统计局强化对重点领域、重要产业、重要指标的跟踪,突出抓好开局、半程、收官等关键节点的监测和预警,继续做好统计服务各项工作,满足上级领导及社会公众对统计信息的多种需求。全年定期编印《统计月度报告手册》《统计月度资料手册》《高邮市服务业统计资料》,每季度在《高邮日报》《统计之窗》发布统计数据、指标解读,编辑出版《2014年高邮统计年鉴》,编撰高邮市国民经济和社会发展统计公报(年度)1篇、《统计信息》59期,撰写统计分析139篇、统计信息325篇。 (李月红)

财 政·税 务

Public Finance·Taxation Affairs

导读

财 政

【概况】 2015 年，市财政局设 13 个科室、9 个内设事业单位，辖 12 个乡镇财政所及高邮经济开发区财务审计局、高邮城南经济新区财政所、高邮湖西新区财政分局（与送桥镇财政所合署办公）。该局科学安排收支预算，不断拓宽财源基础，强化财政管理，致力打造文化财政，各项工作均取得较好成绩。是年，该局先后获“全省法治财政标准化建设先进单位”“扬州市文明单位”“扬州市预防职务犯罪工作先进单位”等称号，被高邮市委、市政府表彰为市级机关能力作风建设标兵单位。

是年，全市财政预算平衡情况：公共财政收入 33.24 亿元，税收返还收入 1.59 亿元，所得税基数返还补助收入 1041 万元，上级追加专项指标 8.2 亿元，上级补助 14.42 亿元，地方政府债券转贷收入 18.65 亿元，调入资金 9730 万元，上年结转 2.69 亿元，合计全市可用资金 79.87 亿元；全市一般公共预算支出 53.62 亿元，上解支出 6.08 亿元，债务还本支出 17.15 亿元，安排预算稳定调节基金 5887 万元，结转下年 2.43 亿元。 （周航）

表 52 **2015 年高邮市公共财政预算收支简表**

预 算 科 目	金 额(万元)	预 算 科 目	金 额(万元)
公共财政预算收入	332443	公共财政预算支出	536214
1. 增值税	47931	1. 一般公共服务支出	64607
2. 营业税	62225	2. 国防支出	1393
3. 企业所得税	22324	3. 公共安全支出	26197
4. 个人所得税	6300	4. 教育支出	121305
5. 资源税	3047	5. 科学技术支出	13919
6. 城市维护建设税	14919	6. 文化体育与传媒支出	7494
7. 房产税	5401	7. 社会保障和就业支出	61055
8. 印花税	4807	8. 医疗卫生与计划生育支出	57466
9. 城镇土地使用税	5714	9. 节能环保支出	15643
10. 土地增值税	54555	10. 城乡社区支出	39430
11. 车船税	1632	11. 农林水支出	82251
12. 耕地占用税	5008	12. 交通运输支出	11260
13. 契税	39703	13. 资源勘探信息等支出	18619
14. 专项收入	16063	14. 商业服务业等支出	2108

续表 52

预算科目	金额(万元)	预算科目	金额(万元)
15. 行政事业性收费收入	9388	15. 金融支出	150
16. 罚没收入	9057	16. 援助其他地区支出	775
17. 国有资源(资产)有偿使用收入	17415	17. 国土海洋气象等支出	1384
18. 其他收入	6954	18. 住房保障支出	7614
		19. 粮油物资储备支出	1356
		20. 其他支出	865
		21. 债务付息支出	1153
		22. 债务发行费用支出	170

(周航)

【组织收入工作】 2015 年,市财政局发挥牵头作用,建立收入预测机制,加强各部门沟通协作,主动帮助企业解决难题,增强组织收入工作的主动性、协调度、执行力。全年完成公共财政收入 33.2 亿元,其中税收收入 27.4 元,分别增长 13.4%、13.8%;税收收入占公共财政收入比重为 82.5%。(周航)

【部门预算编制与公开】 2015 年,市财政局结合财政形势和管理现状,立足保基本、兜底线、促公平原则,适度调整预算编制方法,改革收支管理方式。完善全口径预算,深化"收支两条线"管理,科学编制非税收入征收计划,基本支出全部纳入财政保障范围。继续推进预算公开,按"谁主管、谁公开、谁负责"原则,在政府门户网站向社会公开各部门的部门预算。(周航)

【国有资本经营预算】 2015 年,市财政局在市经信委、市水利局、市工业总公司、市供销总社等部门开展国有资本经营预算试点工作基础上,逐步扩大编制范围,厘清收支,细化编制,切实强化国有资本经营收支预算。年底,全市国有资本经营收入预算由年初的 740 万元调增至 2525 万元。(周航)

【向上争取资金】 2015 年,市财政局认真研究苏中扶持政策,全面关注转贷资金发行动态,通过与市相关部门协作包装、推介项目,全力向上争取各项财力性转移支付、地方政府转贷资金等。至年底,全市累计向上争取各类资金 22.5 亿元。(周航)

【规范债务管理】 2015 年,市财政局综合银行贷款基准利率和融资环境等因素,下调政府融资指标利率,明确全市举借新债(含借新还旧)的年利率不得高于 8.5%,以此减少年度融资利息 1 亿元。动态掌握债务数据,实现市、乡(镇)债务全口径管理全覆盖。继续实行乡镇债务备案制,掌握举债来源和资金去向,严格控制新增债务,切实防范债务风险。(周航)

【国有融资平台运作】 2015 年,市政府出台《高邮市市属国有资产经营公司 2015 年度运营管理和绩效考核办法》,提升高邮市建设投资发展有限公司、高邮市水利产业投资有限公司、高邮市交通建设工程有限公司 3 家国有融资平台实体化运作能力,促使其年内完成融资额 36.35 亿元,有效缓解财政资金支出压力。(周航)

【财政惠农】 2015 年,市财政局全面落实各项惠农政策,共发放涉农、水利等专项补贴资金 3.96 亿元。为保证惠农补贴资金准确发放,市财政局农业科与涉农部门开展棉花、水稻、小麦、油菜良种补贴发放专项检查,共核减良种补贴面积 366 公顷,节约资金 8.23 万元。(周航)

【"一事一议"财政奖补】 2015 年,市财政局从项目规划编制、奖补项目选定、农民筹资筹劳、项目建设监管、基础管理等 6 个方面入手,切实推进"一事一议"财政奖补工作规范化开展。全年累计投入奖补资金 2285 万元,实施"一事一议"财政奖补项目 103 项,惠及行政村 93 个。(周航)

【购房补贴】 2015 年,市财政局对个人购买商品住房实施政府补贴政策,以此促进全市房地产业健康发展。配合市房管局制定资金兑付流程,规范相关手续,及时办理资金申领,按时审核兑付材料,确保补贴如期发放。全年兑付购房补贴 945 户、1423.45 万元。(周航)

【政府投资工程预算管理】 2015 年,市财政局继续开展政府投资工程预算管理工作。全年累计审核海潮路东延工程、抗日战争最后一役胜利广场及人民公园环境整治工程、高邮湖滩旅游开发工程等政府投资工程 46 项,核减预算 2899 万元,核减率 6.8%;审核地块拆迁项目 12 项,核减预算 1396 万元,核减率 5.2%。(周航)

【PPP 模式应用】 2015 年,市财政局强化 PPP 模式在重点项目建设中的应用,切实缓解财政资金的使用压力。至年底,全市获批入选省 PPP 项目库项目3项，即高邮市生活垃圾焚烧发电项目、东部新城文体中心项目和送桥镇拆迁安置小区建设项目，其中生活垃圾焚烧发电项目被确定为省级试点项目，并通过省政府采购中心公开招标予以推进实施。（周航）

资料链接　PPP模式即公私合营模式（Public—Private—Partnership），是指政府与私人组织之间，为了提供某种公共物品或服务，以特许权协议为基础，彼此之间形成一种伙伴式的合作关系，并通过签署合同来明确双方的权利和义务，以确保合作的顺利完成，最终使合作各方达到比预期单独行动更为有利的结果。

【非税收入征管】　2015年，市财政局强化全市非税收入征管，对执行单位的收费行为、票据使用、资金解缴、非税系统运行等方面开展检查，以此规范执行单位征收行为，保证非税收入及时足额上缴财政专户。至年底，全市完成非税收入10.89亿元，其中分管部门上缴0.6亿元、罚没收入1.2亿元，其他非税收入9.09亿元。（周航）

【扶持企业发展】　2015年，市财政局大力筹措资金，将“高邮市政府企业应急资金”规模从2000万元提高到5000万元，努力缓解实体经济融资难、融资贵问题。全年利用该应急资金平台为54家企业提供2.66亿元应急周转资金，帮助企业成功转贷3.77亿元。同时，设立规模为1000万元的“高邮市科技型中小企业贷款风险补偿资金池”，增大对科技型中小企业贷款投放力度，全年为4家科技型中小企业提供贷款1450万元。（周航）

【重点工程建设资金保障】　2015年，市财政局以城建“双十工程”为重点，及时与市城建局、市交通局、市城管局等相关单位对接，全力做好重点工程建设资金保障工作。全年以直接支付方式落实政府投资工程项目资金17.75亿元，其中城建工程项目3.4亿元、交通工程项目1.27亿元、城管工程项目0.16亿元、水利工程项目0.9亿元、拆迁征地项目1.81亿元、重点工程项目0.39亿元、融资还本付息8.92亿元、其他工程项目0.9亿元。（周航）

【政府采购】　2015年，市财政局政府采购办公室以“健全制度、规范行为、扩面增量、强化监管”为目标，推进采购业务精细化，紧贴财政专项支出重点拓宽采购范围。全年组织实施采购314批次，采购预算金额2.36亿元，实际政府采购标的额2亿元，其中货物类采购1.28亿元、服务类采购1938万元、工程类采购5274万元。与市场价格相比，资金平均节约率15.3%。是年，高邮市政府采购工作获省财政厅政府采购监管工作考核一等奖。（周航）

【国库集中支付】　2015年，市财政局国库支付中心健全凭证快速传递机制、定期交流机制、网络运行处置机制，在确保资金安全前提下，有效提高工作效能。全年累计办理支付业务2.3万笔、支付金额50.1亿元，其中直接支付39.6亿元、授权支付10.5亿元，留库率5%。（周航）

【农业保险】　2015年，市财政局强化政策性农业保险资金的日常监管，完善农业保险制度。优化保险结构，水稻、小麦、油菜和棉花等保额提高至每亩700元，费率降为4%，一般保险责任和旱灾、病虫害起赔点分别由30%、70%降至20%，有效提升赔付质量。扩大保险规模，主要种植业保险参保面积98%，其中高效设施农业保险占52%。加大农业保险补贴预算管理、费用管理和巨灾风险资金管理力度，建立和完善补贴跟踪督察和绩效评价机制。全年实现保费总额7210万元。（周航）

【财政稽查】　2015年，市财政局把严肃财经纪律、执行中央八项规定作为检查工作重点，通过完善行政执法流程、规范执法卷宗制作、推行说理执法模式、建立约谈预警机制等措施，推进财政稽查工作，促进各单位规范财务管理。全年完成市民政局、市农机局、市安监局、市体育局等4家单位财政预算执行情况及8家会计单位会计信息质量情况检查，完成临泽镇、送桥镇“下查一级”工作，出具指导意见书7份。（周航）

【会计培训与继续教育】　2015年，市财政局围绕政策施行，先后举办财政支农政策培训班2期、农桥建设招标业务培训班2期、“一事一议”奖补项目乡镇财务人员培训班1期，累计培训人员110人次；围绕业务强化，对行政村及站、所的会计人员开展全覆盖培训，累计培训人数433人次；围绕企业发展，适时举办小微企业主办会计培训班、企业财务人员专题培训班，帮助解决企业对高素质会计人才的需求。推进会计人员继续教育，全年组织5899名持证会计人员参加网上学习。开展会计服务工作，全年办结会计从业资格证书业务1159件。同时，以会计基础规范建设为重点，在全市组织开展会计工作先进集体和先进个人评比活动，共评比表彰“先进会计工作集体”30家、“先进会计工作者”30人。（周航）

国家税务

【概况】　2015年，市国税局内设办公室、政策法规科、收入核算科、征收管理科、人事教育科、监察室、财务科等7个科室，下辖稽查局、8个税务分局和信息中心。该局围绕“强法治、推改革、提绩效”工作主题，以组织收入为中心，加快法治建设，锐意改革创新，强化绩效管理，各项工作取得新成绩。全年组织国税收入21.87亿元,增长4.9%。是年,该局获“全国文明单位”称号,成为全省国税系统中唯一获此称号的县级国家税务局;被高邮市委、市政府表彰为市级机关能力作风建设标兵单位、服务业工作先进单位;连续第三年被扬州市国税局表彰为目标管理考核、绩效管理先进单位。 (姜振兴)

【组织收入工作】 2015年,市国税局全面贯彻组织收入工作原则,围绕坚守“保同期、赶平均、达序时”三道防线,密切关注重点企业、重点行业、重点区域、重点事项等四个重点,采取分析预测、风险应对、欠税追征、所得税管理、营改增征收等措施,推进组织收入工作开展,全力完成高邮市政府、扬州市国税局确定的目标任务。全年累计完成国税收入21.87亿元,其中完成增值税收入17.81亿元、消费税收入0.03亿元、企业所得税收入3.15亿元、个人所得税收入0.93万元、车辆购置税收入0.87亿元,分别增长4.9%、9.3%、-8.2%、-11.2%、-54.9%、-9.2%。完成公共预算收入6.05亿元,增长4.2%。 (姜振兴)

【税收优惠政策】 2015年,市国税局依法落实各项税收优惠政策,扶持企业发展。至年底,全市落实消费税免税政策企业13家(涂料生产);落实所得税优惠政策小微企业3844家,实现全覆盖;落实1.6升及以下排量车量购置税减半征收税收优惠政策,共减免车量购置税973万元;落实《全国税务机关出口退(免)税管理工作规范(1.0版)》,共办理出口退税2.23亿元,增长23%;落实“即征即退”等税收优惠政策,共减免税收1.85亿元。

(姜振兴)

【税收执法】 2015年,市国税局围绕税收案件查处重点,不断深化税收执法工作,切实优化税收环境。全年共立案查处涉税违法案件10起,查补入库税款及滞纳金101.5万元,查补入库率100%;查处发票违法犯罪企业4家,涉及非法发票212份、金额1744.16万元。注重发挥执法疑点数据作用,全年排查疑点信息数据7类25条,进一步强化稽查震慑效应。是年,市国税局稽查分局被扬州市国税局记集体三等功一次。 (姜振兴)

【税收风险管理】 2015年,市国税局以创建省国税系统风险管理示范点为契机,抓推进、建机制、促规范,扎实开展税收风险管理工作,实现税收风险应对工作模板和纳税评估法律适用指引系统运行顺畅,风险应对团队进一步扩大,应对成效明显提升。全年共应对风险企业426户,其中人工干预78户,完成应对成效3062万元,其中团队应对成效1030万元。是年,该局风险应对案例分析评审连续第二年获扬州市国税系统第一名。 (姜振兴)

【纳税服务】 2015年,市国税局以省国税局税收管理改革“211”工程即“两个办法一个清单一个平台”。(《税收检查任务管理办法》、《纳税服务工作任务管理办法》、《税收职责清单》、税收数据情报管理平台)为引领,围绕“二十个到位”“211”落实到位、机构规范设置到位、清单执行到位、岗责配套到位、流程规范到位、任务管理到位、非接触式服务方式应用到位、自助办税终端配置到位、特服号高效运行到位、影像系统应用推行到位、服务资源维护协助到位、服务场所建设到位、服务措施实施到位、领导实体化管理到位、办公场所集中到位、人力资源配置到位、人员培养与管理到位、组织文化建设到位、廉政防控到位、综合考评到位要求,明确办税各流程职责,制定《高邮市国家税务局“纳税服务规范化管理示范点”建设实施方案》,切实提升纳税服务工作成效。是年,该局实施的“掌上国税”及其他非接触式服务、税法移动讲堂、国地税联合办税等服务项目,得到扬州市国税局的认可和办税群众的欢迎;第一税务分局办税服务厅被扬州市文明办表彰为2015年度扬州市文明服务示范窗口。

(姜振兴)

表53 2015年高邮市国家税务局分局名录

分局名称	负责人	电话	地址
市国税局稽查局	吴本林	84646449	城区通湖路100号
市国税局第一税务分局	王永坚	85083100	城区文化宫路49号
市国税局第二税务分局	黄强	85088588	城区文游北路66号
市国税局第三税务分局	冯宝奎	80959033	城区文化宫路49号
市国税局第四税务分局	王士华	80958399	城区北海路55号
市国税局第五税务分局	成顺明	84743753	城区北海路55号
市国税局第六税务分局	伍长明	80959899	城区北海路55号
市国税局第七税务分局	邵正山	80951566	城区文化宫路49号
市国税局第八税务分局	佘国安	84687889	城区北海路55号

(姜振兴)

地方税务

【概况】 2015年，扬州市高邮地方税务局内设办公室、税政法规科、规划财务科、征管和科技发展科、督察内审科、人事教育科、监察室、机关党总支、工会等9个科室，下辖1个稽查局和7个税务分局，有在职员工134人。该局围绕“稳中求进、善治善为、创新创优”工作主基调，以税收现代化建设为统领，深化征管改革，坚持依法治税，推进绩效管理，各项工作取得新的进展。全年组织各项收入39.73亿元，其中税收收入24.66亿元、社会保险费收入12.9亿元、教育费附加及地方教育附加2.17亿元，分别增长14.7%、14.8%、18.5%、64.4%。是年，该局获“2015年全国工会职工书屋示范点”称号；被江苏省委宣传部、文明办表彰为“江苏省科技文化卫生三下乡先进单位”。（王林山）

【契税和耕地占用税管理】 2015年，高邮地税局完善契税和耕地占用税征收一体化管理，加强金融资产过户和司法拍卖过程中的一体化税源管控，实现契税和耕地占用税收入大幅增长。全年完成契税和耕地占用税收入2亿元，增长20.8%。

（王林山）

【基金费征收管理】 2015年，高邮地税局深化税费并举理念，探索基金费征收管理办法，严格执行基金费征收清单，确保基金费负担均衡合理，征收过程阳光透明。全年征收基金费1.57亿元，增长16%。同时，加强社会保险费欠费管理和缴费大户跟踪管理，全年核销191户无缴费能力户欠款1412万元，征收社会保险费12.9亿元，比上年增加2亿元。（王林山）

【风险管理】 2015年，高邮地税局完善“四位一体”（上下联动、内外协作、人机结合、科学高效）风险管理模式，强化内设科室及下属部门配合，推动《中等风险应对质量规范要求》落实，确保各类风险处于可控状态。全年应对中等风险企业758家，比上年减少86家；完成应对入库税款9589万元，增长29%。（王林山）

【税务稽查】 2015年，高邮地税局推行“四合一”（制度、科技、群众、督察）监控模式，常态化开展基金费征收、二手房交易计税价格认定等风险集中和征管薄弱环节督察活动。全年开展专项督察3次、重点督察1次，风险复审企业42家，发现问题9类，追究责任人员39人次；立案查处涉税违法案件50起，其中涉案金额1000万以上案件2起，累计查补入库税款6818万元。加强与市人民法院、市公安局等部门协作，依法履行追缴职责，累计追缴入库税款200多万元，涉及相关企业16家。深化金融行业以资抵债资产过户全过程监控，完成入库税款3428万元。强化司法拍卖资产过户各项税收征管，完成入库税款4240万元。（王林山）

【税收征管及服务】 2015年，高邮地税局按照“大数据治税工程”要求，规范税收征管，重构工作流程，完善硬件设备和软件系统，着力提升税收征管信息化、规范化、标准化建设水平。严格落实《国、地税合作规范(1.0)》，制定《高邮市国、地税合作工作方案》，率先在扬州税务系统建成国、地税联合办税服务厅，并通过纳税人学堂、咨询辅导中心、联合办案中心、维权服务中心等平台，放大“进一家门、办两家事”的宣传效应和功能效应。推进“一窗全能”办税模式，当年处理涉税事项2万余件，纳税人实时评价满意率99%。（王林山）

高邮国地税联合办税服务厅 （高邮地税局供稿）

【税收宣传】 2015年，高邮地税局利用多种平台加强税收宣传，提高纳税人税收遵从度。通过网站、涉税信息月报等方式及时向纳税人宣传最新税收政策，累计更新政策资讯200余条，发放《涉税信息月报》6000余册、各类宣传资料2万余份。组织职工成立“小蜜蜂”税法宣传骑行队，开展骑行活动，扩大税法宣传力度。建立纳税人投诉和回函制度，强化与纳税人沟通。优化导税台、咨询窗口人员结构。充分利用税企QQ群、纳税人学堂等平台，收集纳税人的意见和建议，放大税企互动效应，提升纳税服务水平。（王林山）

高邮地税局“小蜜蜂”税法宣传骑行队

（高邮地税局供稿）

【税收优惠政策】 2015年,高邮地税局全面落实税收各项优惠政策,并借助局门户网站、办税大厅电子屏幕、税企QQ群、短信平台等载体,宣传、解读各类优惠政策,助力企业转型发展、增添后劲。全年共办理各类企业所得税减免608户,减免金额5600万元;办理小微企业税收减免1516户,减免金额300万元。　(王林山)

【信息报送】 2015年,高邮地税局加强信息报送工作,全年累计在中央级媒体发表稿件4篇,在省部级媒体发表稿件27篇。《江苏对楼市新政实施满月情况的调查》等3篇文章被中共中央办公厅、国务院办公厅专期编发。　(王林山)

【承办扬州地税系统职工运动会】 2015年9月,高邮地税局承办扬州地税系统第三届职工运动会,精心筹备赛事组织和后勤服务工作,保证赛事顺利进行。扬州地税系统13支代表队500余名运动员分别进行4大类18个小项目的比赛。经过两天的激烈角逐,仪征地税局代表队、高邮地税局代表队、宝应地税局代表队分列积分榜前三名。　(王林山)

【服务小微企业】 2015年,高邮地税局组织服务小分队深入小微企业,采取"三到位"(政策宣传到位、业务辅导到位、执行服务到位)方式,为小微企业提供涉税服务。该局通过发放宣传册、上门宣传、微信提示、网络交流等方式,向企业宣传税(费)减免政策,让小微企业了解政策、掌握政策、享受政策,保证每个小微企业在规定期限内"该减免的税(费)一分不少"。针对一些小微企业不熟悉税收优惠申报业务的情况,该局组织专人赴企业进行"一对一"业务辅导,并指导企业加强财务核算、操作税费减免申报软件,使其熟练掌握申报减免办理流程,切实把相关税(费)减免政策落实执行到位。

(杨国海　殷朝刚)

表54　**2015年扬州市高邮地方税务局分局名录**

单　位	负责人	电话	地　址
扬州市高邮地方税务局稽查局	孙宜怀	84618522	城区秦邮路136号
扬州市高邮地方税务局第一税务分局	丁　亮	84686930	城区秦邮路136号
扬州市高邮地方税务局第二税务分局	韦　青	84686901	城区秦邮路136号
扬州市高邮地方税务局第三税务分局	李才富	84680830	城区文游中路171号
扬州市高邮地方税务局第四税务分局	王　琨	84610503	城区文游中路171号
扬州市高邮地方税务局第五税务分局	宇　斌	84818988	三垛镇少游路北端
扬州市高邮地方税务局第六税务分局	房士忠	84212582	送桥镇中兴西路
扬州市高邮地方税务局第七税务分局	徐祥丰	80959860	城区秦邮路136号

(王林山)

中共高邮市委员会

The CPC of Gaoyou Municipal Party Committee

导读

重要会议、活动

【市委十届第十次全体会议】 7月24日举行。会议的主要任务是，深入学习贯彻党的十八大、十八届三中、四中全会精神和习近平总书记系列重要讲话精神，认真落实省委、扬州市委全会要求，回顾上半年工作，分析当前形势，谋划"十三五"发展，部署下半年任务，动员全市上下大力弘扬"崇文尚德、求实创新"新时期高邮精神，稳增长保目标，调结构快转型，促改革惠民生，完成全年各项目标任务，为建设"经济强、百姓富、环境美、社会文明程度高"的新高邮而努力奋斗。

市委委员29人、候补委员1人出席会议；市纪委委员，不是市委委员的市人大常委会、市政府、市政协负责人，市人民法院、市人民检察院主要负责人，各园区党工委书记、管委会主任，各乡镇（街道）党（工）委书记、乡镇长（办事处主任），市各部委办局（公司）、市人大常委会和市政协各委办、市各人民团体、驻高邮各单位主要负责人和市级机关全体副局级干部，市第十次党代会部分党代表，部分亿元以上企业、三产服务业企业负责人列席会议。

市委常委会主持会议。市委书记韩方代表市委常委会作题为《崇文尚德、求实创新，为建设"强富美高"新高邮而努力奋斗》的工作报告。报告共分五个部分：一、适应新常态，经济社会保持稳健发展；二、提振精气神，弘扬崇文尚德求实创新；三、谋划"十三五"，建设"强富美高"新高邮；四、聚力抓攻坚，确保完成各项目标任务；五、强化严要求，落实全面从严治党责任。与会人员进行分组讨论。全会同意韩方代表市委常委会所作的工作报告，审议通过《中国共产党高邮市第十届委员会第十次全体会议决议》和《中共高邮市委关于推动全面从严治党迈上新台阶的实施意见》。（史志）

【市委十届第十一次全体会议】 12月31日举行。会议的主要任务是，全面贯彻落实党的十八届五中全会、中央经济工作会议和省委全会、全省经济工作会议、扬州市委全会精神，回顾总结全市2015年和"十二五"工作，研究部署2016年和"十三五"发展，动员全市上下围绕"迈上新台阶、建设新高邮"，着力推进创新发展、协调发展、绿色发展、开放发展、共享发展，为开创"十三五"发展新局面而努力奋斗。

市委委员29人、候补委员1人出席会议；市纪委委员，不是市委委员的市人大常委会、市政府、市政协负责人，市人民法院、市人民检察院主要负责人，各园区党工委书记和副书记、管委会主任和副主任，各乡镇（街道）党（工）委书记、乡镇长（办事处主任），市各部委办局（公司）、市人大常委会和市政协各委办、市各人民团体、驻高邮各单位主要负责人和市级机关全体副局级干部，市第十次党代会部分党代表，部分亿元以上企业、三产服务业企业负责人列席会议。

市委常委会主持会议。市委书记韩方代表市委常委会作题为《迈上新台阶、建设新高邮，为开创"十三五"发展新局面而努力奋斗》的工作报告。报告共分四个部分：一、充分肯定全市经济社会适应新常态取得新进步；二、牢牢把握"十三五"发展新理念加快迈上新台阶；三、奋力推动开局之年"强富美高"全面实现新突破；四、全面落实"两个责任"提升全面从严治党新成效。与会人员进行分组讨论。全会同意韩方代表市委常委会所作的工作报告，审议通过《中国共产党高邮市第十届委员会第十一次全体会议决议》。（史志）

【市委常委扩大会议】 2015年,为加强月度工作的计划性、指导性和针对性,统筹推进全市各项工作有序开展,市委书记韩方主持召开市委常委扩大会议12次,研究确定月度工作重点,提出具体的工作要求和推进措施。全年就贯彻落实党的十八大和十八届三中、四中、五中全会精神,习近平总书记系列重要讲话特别是视察江苏重要讲话精神,中央经济工作会议和省委全会、全省经济工作会议、扬州市委全会精神,弘扬和践行“崇文尚德、求实创新”高邮精神,围绕扎实开展“重大项目攻坚年、四城同创突破年、民生幸福推进年、市民素质提升年”活动,谋划、部署招商引资、项目建设、园区建设、城乡建设、交通建设、生态建设及党的建设,工业、现代服务业、建筑业和现代高效农业发展,平安法治建设、文化建设、和谐社区建设和扶贫解困、安全生产、维护稳定等具体工作事项800多项。 (史志)

【市委常委(扩大)专题会议】 2015年,市委书记韩方主持召开市委常委(扩大)专题会议17次。

2月3日,市委常委扩大会议,传达学习省、扬州市人代会会议精神,研究《2015年高邮市民生幸福工程实施意见》,听取关于2014年度考核工作情况汇报和春节前后市委、市政府重要会议安排情况汇报,书面传达中央、省委有关纪检、组织、宣传、统战、政法等方面的会议精神,研究部署全市党风廉政建设责任制和惩防体系建设整改落实工作。

2月12日,市委常委会议,研究讨论《高邮市纪委十届五次全会报告》,听取全市优化发展环境工作情况汇报。

3月14日,市委常委会议,研究创建全国文明城市三年行动计划,听取2013～2014年度高邮市文明行业、文明单位、文明村镇、文明社区评选情况的汇报,听取生活垃圾无害化、减量化处理项目情况汇报。

4月30日,市委常委扩大会议,研究“四城同创”暨城建“双十”工程推进会方案,连镇铁路高邮站高架站台建设及选址方案,市行政服务中心相关机构更名、市国税局机关党委设立、市邮政局党委换届选举等工作。

5月21日,市委常委会议,研究2015年度乡镇、园区和部门考评工作,研究扬州“七一”表彰先进典型推荐上报人选。

6月2日,市委常委会议,传达贯彻扬州市党政机关公务接待工作新要求,研究当前信访维稳工作。

6月29日,市委常委扩大会议,研究讨论“新时期高邮精神”、高邮市“七一”表彰建议方案、星级村(社区)党组织和党组织书记评定、市人民医院第一次党员大会筹备及市邮政局党委更名等工作。

7月23日,市委常委议军会暨党管武装工作述职报告会,听取全市人武工作情况汇报及临泽镇、界首镇、周山镇3个乡镇党委书记党管武装口头述职,审阅其他乡镇(园区)党(工)委书记党管武装书面述职报告,讲评各乡镇(园区)党管武装工作情况。

7月23日,市委常委会议,研究讨论市委十届十次全会方案。

7月31日,市委常委会议,听取市城管局关于市生活垃圾焚烧发电处理项目进展情况及BOT招标文件主要条款拟定情况的汇报。

8月31日,市委常委会议,研究讨论《全市党建工作约谈制度》,通报中央八项规定、省委十项规定贯彻执行情况。

9月24日,市委常委扩大会议,传达学习全国及全省农村基层党建工作座谈会精神、中央及省委党的群团工作会议精神。

10月30日,市委常委扩大会议,学习十八届五中全会公报,传达贯彻中组部、省委组织部关于深化县级“三严三实”专题教育有关通知精神,研究讨论《中共高邮市委关于切实抓好〈中国共产党廉洁自律准则〉和〈中国共产党纪律处分条例〉学习宣传贯彻落实的通知》。

11月18日,市委常委会议,研究讨论《高邮市相对集中行政许可权改革试点方案》《关于进一步加强全市农村基层党建工作的意见》《关于贯彻落实中央〈统战工作条例〉、省委〈实施办法〉、扬州市委〈工作方案〉的实施意见》和全市统战工作先进集体、先进个人表彰方案及《县以下公务员职务与职级并行制度实施方案》,听取全市信访维稳及社会治安情况、市行政中心应急应对情况的汇报。

12月1日,市委常委扩大会议,听取清水潭文化旅游系列项目合作、龙虬庄国家级遗址公园建设情况汇报,研究讨论《中共高邮市委关于落实党风廉政建设党委主体责任、纪委监督责任的实施意见》。

12月23日,市委常委会议,研究市委十届十一次全会方案、市人大十四届五次会议方案和市政协十二届五次会议方案。

12月31日,市委常委扩大会议,传达学习全省经济工作会议精神、扬州市委六届十次全会精神及扬州市委书记谢正义在高邮讨论组的重要讲话精神、扬州市市长朱民阳到高邮调研时的重要讲话精神,听取市人民法院工作情况、市人民检察院工作情况、市关工委工作情况的汇报,研究讨论全市公车改革方案。 (余刚)

【全市党建工作会议】 2月13日上午举行。会议的主要任务是,总结2014年工作,部署2015年任务，进一步动员全市各级党组织和广大党员干部认真落实市委十届九次全会精神，紧紧围绕“重大项目攻坚年、四城同创突破年、民生幸福推进年、市民素质提升年”目标任务，全面从严加强党的思想、组织、作风、反腐倡廉和制度建设，努力提高各级党组织的创造力、凝聚力和战斗力，充分发挥广大党员的先锋模范作用，不断开创全市党建工作新局面，为建设“经济强、百姓富、环境美、社会文明程度高”的美丽新高邮提供坚强保证。市四套班子党员领导，各乡镇(街道办事处、园区)党(工)委书记、分管党务工作负责人，纪(工)委书记、副书记，监察室主任，组织委员(科长)，宣传委员(科长)，统战委员(科长)；市级机关各部门(驻高邮单位)党组(党委、支部)书记、分管党务工作负责人，纪委书记(纪检组长)，党办主任，监察室主任，组织、宣传、统战科长；市纪委全体委员；市纪委特邀党风廉政监察员；市人大常委会、市政协相关工委负责人等参加会议。

市委副书记、市长方桂林主持会议。会上，市委书记韩方作讲话；市委副书记、宣传部部长张秋红宣读表彰决定；各乡镇、园区主要负责人向市委递交“一把手”抓基层党建责任书。（史志）

【全市经济工作暨机关作风建设大会】 2月26日下午举行。会议的主要任务是，号召号召全市上下从早抓起，努力做好全年经济工作，奋力推动“十二五”发展迈上新台阶。市委、市人大常委会、市政府、市政协全体负责人，市人民法院院长、市人民检察院检察长，各乡镇(园区、街道)党(工)委、政府(管委会、办事处)主要负责人和分管负责人，市级机关各部门、驻高邮各单位全体副局职以上干部，部分重点工业企业主要负责人，全体受表彰人员等出席会议。

会议由市委副书记、宣传部部长张秋红主持，市委书记韩方作重要讲话，市委副书记、市长方桂林部署2015年经济工作，市委常委、市纪委书记朱勇部署全市机关作风建设工作任务。会上，市委常委、常务副市长徐永宝宣读《中共高邮市委、高邮市人民政府关于表彰2014年度全市经济社会发展先进单位的决定》，表彰2014年度全市经济社会发展先进单位等，播放作风效能建设明察暗访录像片。

附2014年度全市经济社会发展先进单位名单

乡镇、园区经济社会发展综合考评一等奖：菱塘回族乡、卸甲镇、高邮湖西新区

乡镇、园区经济社会发展综合考评二等奖：高邮经济开发区、高邮镇、三垛镇、高邮城南经济新区

乡镇、园区经济社会发展综合考评三等奖：甘垛镇、界首镇、周山镇、临泽镇、龙虬镇、汤庄镇

市级机关能力作风建设标兵单位：市经信委、市发改委、市行政服务中心、市财政局、市人社局、市级机关工委、市农工办、市国税局、高邮地税局、市国土局

市级机关能力作风建设先进单位：市统计局、市科技局、市民政局、市公安局、市人口计生委、市信访局、市人民检察院、市残联、市供电公司、高邮质监局、市气象局、高邮工商局

（其他受表彰奖项名单略）（史志）

【全市农村工作会议暨农业现代化建设推进会】 2月28日上午举行。会议的主要任务是，号召全市上下紧扣“推动现代农业建设迈上新台阶”的目标定位，按照“生产技术先进、经营规模适度、市场竞争力强、生态环境可持续”的总要求，强化措施、狠抓落实，奋力推动“三农”工作更好更快发展，全力打造社会主义新农村“升级版”。全体市委常委、副市长，市人大常委会、市政协主要领导、分管领导；市委各部委办局、市各委办局(公司)、各人民团体、驻高邮各单位主要负责人；各乡镇、园区党政主要负责人、分管负责人，农业服务中心主任、农经站站长、水务站站长、农机站负责人、财政所所长和农村环境管护机构负责人，各行政村(涉农社区)党组织书记，新型农业经营主体代表；市农口部门全体负责人及机关中层正职干部等参加会议。

会议由副市长杨文喜主持，市委副书记、市长方桂林作讲话。他在充分肯定2014年全市农业农村工作所取得的成绩后指出，全市上下要按照高产、优质、高效、生态、安全的要求，在稳定发展粮食生产的基础上，大力发展高效农业、生态农业、外向型农业，着力构建现代农业产业体系，促进一二三产业融合发展，全面提升农业的整体素质和竞争力；加大改革创新，在农地抵押贷款上求突破，在农村产权交易上快推进，在水利改革试点上出成效，在供销粮食改革上下功夫，进一步激活发展活力；着眼长远、统筹考虑，把保障和改善农村民生、夯实基层基础作为一项长期任务，持续用力、久久为功，确保农民群众的生活水平每年都有新改善、新提升；从人民群众最基本的需求着手，用更大力度改善农村生态环境，建设美丽乡村，让农民“望得见山、看得见水、记得住乡愁”。他希望，全市上下要从战略和全局高度，以更加奋发有为的状态、更加扎实有效的举措，努力推动现代农业建设迈上新台阶，奋力开创高邮“三农”工作的新局面，为建设经济强、百姓富、环境美、社会文明程度高的美丽高邮作出新的更大的贡献。会上，市委副书记、宣传部部长张秋红宣读表彰决定；市农委、卸甲镇、菱塘回族乡清真村分别作交流发言。（史志）

【全市服务业发展大会】 3月10日下午举行。会议的主要任务是，总结2014年全市服务业发展情

况,部署安排2015年工作任务。市领导张秋红、徐永宝、王永海、王薇及各乡镇(园区)、有关部门主要负责人和分管负责人等参加会议。会上,张秋红作讲话。她要求,要认清形势抓机遇,创新举措,为加快服务业发展提供良好的政策环境和发展机遇;要明确目标抓推进,突出规划、载体、项目,坚持不懈抓推进;要破解难题抓成效,集中财力、资源、精力,化解要素瓶颈;要强化责任抓落实,明确责任主体,建立共同负责、共同推进、共同发展的责任体系。徐永宝就全市服务业工作作总体部署后要求,全市各乡镇(园区)及有关部门要明确目标任务,抓好规划编制、引领服务业发展,聚焦重点产业、提升服务业发展,强化项目建设、支撑服务业发展,培育骨干企业、带动服务业发展,全力推动2015年服务业取得新进展;要进一步加强组织领导、完善政策、严格督查、强化监测,切实把服务业发展的各项任务落到实处。会上,表彰服务业工作先进单位和先进个人;市商务局、高邮镇、高邮湖西新区有关负责人作交流发言;各乡镇(园区)有关负责人向市政府递交目标责任书。 (史志)

【全市建筑业工作会议】 2月27日举行。会议的主要任务是,总结2014年全市建筑业工作情况,部署安排2015年工作任务。市领导方桂林、倪文才、葛桂秋、薛晓寒、潘建奇、肖伯群,各乡镇(园区)、有关部门主要负责人、分管负责人及建筑企业代表等参加会议。

会议由潘建奇主持,方桂林作讲话。方桂林强调,全市建筑业要围绕全年目标,实施要素集聚发展、加快培育龙头骨干企业、大力扶持企业资质晋级,以"扶优扶专"提升建筑业综合实力;着力推进科技创新进程、加快新技术应用推广、加强人才队伍建设,以科技创新推动建筑业转型发展;坚定不移地把开发外埠市场作为加快建筑业发展的重中之重,稳步提高市场占有率,特别是要提升高质量市场的占有率,以提升质态稳步扩张市场份额。各相关职能部门、乡镇园区要增强为企服务理念,着力提升服务效率,重点在市场开拓、资金投入等方面给予建筑企业主动、便捷、优质、高效的指导和服务,以优质服务力促行业跨越发展;各相关部门要明确职责,加强监管,净化建筑市场,以严格管理规范企业市场行为。会上,还表彰2014年度全市建筑业先进集体和先进个人;各乡镇、园区及建筑企业代表递交目标责任书;卸甲镇、江苏瑞沃建设集团有限公司、市统计局、建行高邮支行作交流发言。 (史志)

【全市纪念建党94周年暨先进表彰大会】 6月30日下午举行。会议的主要任务是,重温党的光辉历程,缅怀党的丰功伟绩,表彰先进典型,动员全市各级党组织和广大共产党员,进一步坚定信念、牢记使命,履职尽责、务实苦干,为建设"经济强、百姓富、环境美、社会文明程度高"的新高邮而努力奋斗。市委、市人大常委会、市政府、市政协负责人,各乡镇(街道)、园区、部门主要负责人及受表彰的先进集体和先进个人等参加会议。

会议由市委副书记、市长方桂林主持,韩方作讲话。他指出,高邮当前正处于发展的关键时期,建设"经济强、百姓富、环境美、社会文明程度高"的新高邮,需要全市上下团结拼搏、合力奋斗,更需要全体党员勇于担当、冲锋在前。他希望,全市各级党组织和广大共产党员,牢记习总书记的"三严三实"要求,既严以修身、严以用权、严以律己,又谋事要实、创业要实、做人要实,全面加强党的建设,为加快推进美丽高邮在沿河地区率先崛起提供坚强保证。他强调,全市各级党组织和广大共产党员要坚定理想信念、党性原则,保持忠诚于党、忠诚于人民的政治本色;要时刻牢记发展、心系群众,谱写改革发展、造福群众的崭新篇章;要坚持抓基层、打基础,筑牢凝聚人心、服务群众的战斗堡垒;要切实反对"四风"、改进作风,营造风清气正、心齐劲足的优良环境。会上,市委副书记、宣传部部长张秋红宣读《中共高邮市委关于表彰先进基层党组织、优秀共产党员、优秀党务工作者和十佳村党组织书记的决定》和《中共高邮市委关于命名五星级、四星级村(社区)党组织和党组织书记的决定》;宣讲市环卫处党支部、市经信委党总支、市房屋权属登记交易中心主任谭学斌、市湖西国土资源分局顾文中、高邮城南经济新区太丰村党总支书记肖有明、市人民法院吴磊等先进典型事迹。 (史志)

表55 **2015年市委、市政府召开的有关工作会议一览表**

时间	会议名称	主要内容
2月10日	全市武装工作会议	总结2014年武装工作,部署2015年各项任务
2月11日	全市文化体育工作会议	总结2014年文化体育工作,部署2015年各项任务
2月11日	全市政法暨信访工作会议	总结2014年全市政法和信访工作,部署2015年工作任务
2月13日	全市统战工作会议	总结2014年全市统战工作,部署2015年各项任务
2月13日	全市宣传思想工作会议	总结2014年全市宣传思想工作,部署2015年工作任务
2月13日	全市组织工作会议	总结2014年全市组织工作,部署2015年各项任务

续表 55

时 间	会 议 名 称	主 要 内 容
3月5日	全市民政工作会议	总结2014年全市民政工作,部署2015年各项任务
3月12日	全市食品药品安全工作会议	总结2014年全市食品药品安全工作,部署2015年工作任务
4月15日	全市人才工作会议	总结近年来全市人才工作情况,部署当前及今后一段时期工作任务
4月29日	庆祝“五一”国际劳动节暨全市工会工作会议	总结2014年全市工会工作,部署2015年工作任务
5月22日	全市夏粮收购工作会议	总结2014年全市夏粮收购工作,部署2015年各项工作任务
6月30日	全市争创全省法治建设示范市推进大会	总结近年来全市法治建设工作,研究部署创建全省法治建设示范市工作任务
7月3日	全市征兵工作会议	总结2014年全市征兵工作,部署2015年工作任务
8月24日	全市城中村环境综合整治工作推进会	部署全市城中村环境综合整治任务
10月8日	全市秋季秸秆禁烧、还田及综合利用工作暨犁耕翻作业现场推进会	贯彻落实上级会议精神,部署全市秋季秸秆禁烧、还田及综合利用工作任务
11月18日	全市企业发展大会	贯彻落实扬州市工业企业家千人大会精神,推动全市工业企业转型发展、做大做强
11月19日	全市统战群团和农村基层党建工作会议	贯彻落实中央、省委和扬州市委统一战线、群团工作和农村基层党建工作会议精神,部署全市统战、群团和农村基层党建工作任务
12月3日	2015年民生幸福工程督查推进会	督促相关部门(单位)全力以赴抓落实、抓推进,确保全面完成全年民生幸福工程建设任务

(史志)

重要决策

【从严治党】 2015年,为全面贯彻党的十八大、十八届三中、四中全会精神,深入贯彻落实习近平总书记系列重要讲话特别是视察江苏重要讲话精神,推进“四个全面”战略布局,以《党章》为总遵循,落实从严治党要求,市委起草《关于推动全面从严治党边上新台阶的实施意见(征求意见稿)》,在7月24日举行的市委十届第十次全会上提请大会审议通过,并于8月4日印发《中共高邮市委关于推动全面从严治党迈上新台阶的实施意见》,要求全市各级党组织遵照执行。该意见从“深入学习贯彻习近平总书记视察江苏重要讲话精神,准确把握推动全面从严治党迈上新台阶总体要求”“突出真学真信真用,提高理论武装工作实效”“严肃党内政治生活,坚决执行民主集中制”“从严选好管好干部,健全干部管理科学体系”“持之以恒狠抓作风,着力形成作风建设新常态”“从严抓基层打基础,增强基层党组织战斗力”“严明纪律严守规矩,提高依规治党水平”“严厉惩治腐败,坚决遏制腐败蔓延势头”“严格落实管党治党责任,推动形成良好政治生态”9个方面,制定意见32项,就从严治党作出制度性、规范性和科学性部署,是全市推动全面从严治党迈上新台阶的纲领性文件。 (史志)

【落实党风廉政建设党委主体责任、纪委监督责任】 12月4日,根据《中国共产党章程》《中国共产党党内监督条例(试行)》《中国共产党廉洁自律准则》《中国共产党纪律处分条例》《关于实行党风廉政建设责任制的规定》等党内法规和省委、扬州市委《关于落实党风廉政建设党委主体责任、纪委监督责任的意见(试行)》精神,市委以文件形式出台《关于落实党风廉政建设党委主体责任、纪委监督责任的实施意见》。该意见从“强化党委主体责任和纪委监督责任的总体要求”“全面落实党委主体责任”“切实履行纪委监督责任”“落实党委主体责任、纪委监督责任的保障措施”等4个方面,制定具体意见22项,就全市落实党风廉政建设党委主体责任、纪委监督责任,作出部署安排。 (史志)

【书记信箱办理工作】 2015年,全市共办理江苏省委书记信箱、扬州市委书记信箱和高邮市委书记信箱来信350件,其中办理省委书记信箱来信30件、扬州市委书记信箱来信100件、高邮市委书记信箱来信220件。市委办公室、市信访局坚持“分级负责、归口办理,谁主管、谁负责”的原则,按照书记信箱来信办理工作的规则,进一步健全完善来信接收、阅批、交办、办理、答复、回访等工作机制,对每封来信都明确主办部门和协办部门,明确办理要求、办理时限,牵头做好来信办理工作。各地、各部门认真处理群众来信,深入了解情况,对照相关政策法规，及时妥善地解决一批群众反映的热点难点问题，做到件件有着落，事事有回音。对一些重点来信，市委、市政府主要领导亲自下访，现场办公，解决问题，确保各项政策、措施落实到位、群众满意。（戴小斌　邱宏伟）

组织工作

【《党政领导干部选拔任用工作条例》贯彻执行】 2015年，市委组织部严格履行《党政领导干部选拔任用工作条例》规定，加强对相关干部任用政策和制度的重新梳理和修订，不断完善干部选拔任用、干部任免谈话、干部送达、试用期满干部考核等工作程序，制定出台干部双向约谈制度、乡科级领导干部年度考核办法，严格执行干部调整职数预审制度，落实干部选拔全程纪实新要求，切实加强各地区、各部门领导班子建设。（夏林锋）

【领导班子和干部队伍建设】 2015年，市委组织部围绕市委、市政府工作大局和事业发展，切实加强领导班子和干部队伍建设。全年3次提请市委常委会研究干部工作，提拔任用乡科级领导干部47人、非领导职务干部7人，其中正科职级干部21人、副科职级干部33人；推进干部跨部门交流26人，调整、配备14个市级机关部门的"一把手"，新配备7个机关部门的纪检组组长(纪委书记)，完成市卫计委、市场监管局机构改革班子配备工作，推进"城管进社区"组织网络建设。同时，围绕乡镇党委换届，及早谋划人事安排方案，开展领导班子述职和民主测评，组织后备干部民主推荐。（夏林锋）

【乡局级领导班子综合研判工作】 2015年，市委组织部根据《乡局级党政领导班子综合研判办法(试行)》要求，把乡局级领导班子综合研判工作作为全年干部工作的创新创优项目，通过年初制定工作方案，分季度、分批次组织实施，加强综合研判结果的运用等，为市级机关部门、乡镇(园区)领导班子建设提供科学的依据。对于纳入年度综合研判的领导班子，坚持多维度设定研判内容，系统分析领导班子的整体结构、运行情况、发展趋势，综合分析领导干部的基本情况、德行表现、工作作风、能力实绩；多层面开展研判活动，通过查阅资料、民主测评、德的考核、实地走访、深入访谈等形式，为领导班子"把脉问诊"，分析原因，查找根源，寻求应对措施；多方面运用好研判结果，对研判过程中发现的问题，向领导班子和领导干部进行反馈，提出落实整改建议。全年实施综合研判乡局级领导班子24家，其中市级机关部门12家、乡镇(园区)12家；共向领导班子所属的领导干部226人反馈整改意见258条，并要求全部落实整改措施。（夏林锋）

【超职数配备干部清理工作】 2015年，市委组织部严格执行中组部《关于严禁超职数配备干部的通知》精神，统筹抓好干部选任和超职数配备干部清理工作。全年通过交流转岗、规范职数设置等方式，按序时、分批次消化超职数配备干部71人，全面完成年度工作任务。（夏林锋）

【年轻干部第二轮"墩苗计划"】 6月，市委分层次、类别遴选年轻干部61人实施第二轮"墩苗计划"，重点安排其到专业招商、规模企业、信访维稳、城市创建、城建、城管等综合部门、重点岗位及经济薄弱村和城乡社区，开展为期1～2年的实践锻炼。期间，市委组织部充分发挥牵头管理职能，通过各种方式推进工作开展。强化"墩苗计划"实施情况的跟踪督查，明确各类召集人，制定活动方案，开展民情日记抽查、定期调研走访、分类开展座谈交流活动，并先后组织召开"第一批墩苗干部总结表彰会议""第一书记观摩推进会"；进一步严格"墩苗"工作纪律，制定下发《墩苗干部守则》，对"墩苗"工作实行月报制度；在《高邮日报》开设"墩苗日记"专栏，定期刊载年轻干部实践锻炼的做法和心得体会；加强后续跟踪培养，强化实绩考核及结果运用，新提拔参与"墩苗计划"的年轻干部9人。（夏林锋）

资料链接　自全市实施年轻干部"墩苗计划"以来，市委组织部突出对墩苗干部的日常管理、功能分组、干部实绩等重点，瞄准扬州市级以上有一定影响力的报刊、杂志等载体，多方位地推介宣传全市墩苗计划的实施推进情况。期间，先后在《人民日报》海外版及《党的生活》《中共江苏省委新闻网》《江苏经济报》《扬州日报》等党报党刊上，发表《开往春天的"列车"——我市"第一书记"为经济薄弱村"造血"》《四种角色"墩"出好苗》《高邮：常态化推进"墩苗计划"系统化锤炼"有为"干部》《引推逼禁管确保墩苗出实效》《扮演三种角色　提升自身能力——高邮第二批干部驻企锻炼成果丰硕》《谋划湿地公园　助推旅游产业——记高邮市清水潭旅游度假村墩苗小组》《发挥策划专长　服务企业发展——记波司登世贸广场墩苗干部李庆华》《在驻企锻炼中花萃取"三精"精神——记江苏金飞达公司墩苗干部陶香潮》等一批稿件，对全市的年轻干部"墩苗计划"实施，起到较好地推动作用。

（夏林锋）

【大学生村官"培优"工程】 2015年，市委组织部推进大学生村官"培优"工程，使大学生村官选得好、用得上、留得住。强化村官队伍源头建设，赴省内多所高校开展宣传推介，注重择优选聘，通过驻村实践新选聘"985"高校大学生村官7人。加大对村官队伍的引导、管理和服务力度，通过召开全市大学生村官工作座谈会，建立大学生村官岗位目标管理、年度述职制度，对新聘村官开展“N＋1”结对帮带、“10＋2”轮岗锻炼活动等，帮助村官提升本领，更好地投身基层服务一线。发挥市大学生村官联合会作用，组织开展主题摄影、村官成长故事征集、村官篮球赛等系列活动，努力为他们营造健康向上的工作、生活氛围。扶持和激励大学生村官投身创业实践，建成“市大学生村官”创业基地()家，累计有近70名大学生村官创办、合办、协办创业项目60项，带动就业1400多人，向上帮助争取创业引导资金56万元。注重对大学生村官的培养和使用，安排大学生村官担任村(社区)“两委”正职31人，占比为8.4%；提拔8名大学生村官担任副科级领导干部；4名优秀大学生村官通过选拔跨入省选调生行列。（夏林锋）

【“为官不为”专项整治】 2015年，市委组织部会同市纪委开展“为官不为”专项整治活动，取得明显成效。活动中，通过制定出台《“为官不为”问责办法(试行)》及实施方案，召开全市“为官不为”专项整治工作动员部署会和推进会，在《高邮日报》、高邮电视台开设“大家谈”“先锋风采”等学习宣传专栏，组织各乡镇(园区)、市级机关部门开展“为官不为”问题排查及整改，强化对各单位自查整改问题清单的审核和反馈，开展问题整改工作情况全面督查等，将该专项整治活动引向深入。同时，注重工作整合和内涵延伸，将开展“为官不为”专项整治与巩固拓展教育实践活动成果、开展“三严三实”主题教育、实施基层党建“一把手”工程、“四城同创”、“为投资者服务月”明察暗访、影响发展环境“慵懒散、不作为、乱作为”线索排查等中心工作有机结合起来，确保专项整治的效果。各乡镇(园区)、市级机关部门累计上报问题和建议337；全市累计查处相关人员34人，其中责令作出书面检查5人、诫勉谈话9人、通报批评6人、取消评优评先资格6人、扣减绩效工资4人、免职2人、党纪处分2人。（夏林锋）

【干部选任全程纪实制度在全市首次分级推行】 2015年，市委组织部按照省委组织部就干部选任的新要求，首次在全市开始分级推行干部选任全程纪实制度。该制度借助干部选任全程纪实信息系统，根据干部选任的重点环节和基本流程，实时规范记载，按时上报审核，做到应纪全纪、一个不漏，以此刚性流程进一步规范选人用人工作，从而扎紧选人用人的藩篱。在实际推行中，市委组织部还对该纪实信息系统部分纪实项目设置进行修改完善，制定出单机版中层干部选任全程纪实系统，编制出《操作手册》，并结合全市干部人事档案专项审核工作会议组织开展系统操作业务培训，在13个乡镇(园区)和52个市级机关部门普遍推行使用，给基层干部选任监督安上“电子眼”，为选人用人工作设立“防火墙”。（夏林锋）

【干部人事档案专项审核工作】 5～12月，市委组织部按照上级要求，组织实施干部人事档案的专项审核工作。期间，召开干部人事档案专项审核工作动员部署会，部署专项审核的各项重点任务和具体要求；印发《高邮市干部人事档案专项审核工作实施方案》，明确档案审核的总体要求、审核范围和重点内容及目标时限和方法步骤；成立市干部人事档案专项审核工领导小组办公室，具体承担综合协调和组织指导全市干部人事档案专项审核工作，对全市干部人事档案分级、分批展开系统专项审核。具体业务上，由市委组织部负责全市科级干部和部管人员的档案审核，由各乡镇(园区)部门(单位)负责本单位的公务员、参照公务员管理人员、事业单位人员、中层干部、村(社区)三大员的人事档案专项审核工作。至年底，全市干部人事档案专项审核工作全面完成。（夏林锋）

【基层党建一把手工程】 2015年，市委组织部提请市委研究出台《关于实施“基层党建一把手工程”的意见》《全市党建工作约谈制度》等文件，把党建责任制具体化、项目化。围绕理论武装、组织覆盖、素质提升、阵地升级、民心关爱、示范带动、基础保障、清风廉洁等八项子工程，落实乡镇、村和两新组织党组织书记抓基层党建“三项清单”，实行市委书记与乡镇(园区)党委书记、乡镇(园区)及部门党委(党组、工委)书记与基层党组织书记“双签约”制度，落实重点项目直接抓在手上，完成一项销号一项。建立“一季度一督查一通报一推进”制度，先后召开党建工作领导小组会议、“基层党建一把手工程”座谈会、观摩会、情况汇报会等，推进各项任务完成。实施“一把手约谈、谈一把手”制度，对工作不到位的问责谈话，全年问责4个单位、6人次。坚持基层党建述评考核制度，开展乡镇(园区)党(工)委书记抓党建专项述评考核。（李志国）

【建党94周年系列纪念活动】 2015年，市委组织开展建党94周年系列纪念活动。期间，研究下发《关于开展纪念建党94周年系列活动的通知》，就该项活动进行部署；先后在全市组织开展党组织先进典型评比表彰、“三严三实”专题学习研讨、三下三联三交、廉政建设、基层党建“一把手”工程观摩推进会、道德模范与身边好人现场交流、党员志愿者服务“团干部如何健康成长”大讨论以及群众性纪念等一系列活动。6月30日，全市召开纪念七一暨先进典型表彰大会，表彰市农商行党委、市邮政局党委、市财政局机关党总支、市公路管理站党支部、市公积金分中心党支部、市政务服务管理办公室第一党支部、市残联党支部、市公安局第二党总支第四党支部、江苏弘盛集团北京分公司党支部、市南海艺术幼儿园党支部等50个先进基层党组织，夏斌、王桂华、钱明、张爱忠、陈勇、郑金锋、黄涛、陈海新、张才华、夏鹤生等50名优秀共产党员，杨林、林启斌、刘春雨、朱艳曦、韦恒林、刘国和、黄叶森、陈军、王存山、吕长生等20名优秀党务工作者，肖有明、路永明、徐善鸿、陈永平、薛凤香、李长德、张其忠、郭长銮、朱尚平、陈义山等10名十佳村党组织书记，并开展有关先进事迹演讲活动。 （李志国）

【村(社区)党组织星级化创建工作】 2015年，市委组织部根据上级部署，组织开展全市第二轮村(社区)党组织和党组织书记星级化创建工作。经基层申报、综合审查、实地考评、部务会研究、党委口内部通报酝酿并报市委研究决定，高邮经济开发区花王村党总支、腰圩村党总支、双庙村党总支、高沙园社区党总支，城南经济新区太丰村党总支、浩芝村党总支、南苑社区党总支，湖西新区盘塘村党总支，高邮镇凤凰村党总支、新联社区党总支、高谢社区党总支，菱塘回族乡清真村党总支、王姚村党总支等13个党组织为五星级村(社区)党组织，高邮经济开发区钱厦村党总支、东湖村党总支、文游台村党总支，高邮城南经济新区勤王村党总支、车逻村党总支，高邮湖西新区孙巷村党总支、神居山村党总支，高邮镇南海社区党总支、水部楼社区党总支、御码社区党总支、北海社区党总支，龙虬镇兴南村党总支，卸甲镇金沟村党总支，三垛镇官垛村党总支，临泽镇陈甸村党总支，界首镇界首村党总支、龙翔村党总支，菱塘回族乡菱塘村党总支等18个党组织为四星级村(社区)党组织，高邮城南经济新区太丰村党总支书记肖有明、菱塘回族乡王姚村党总支书记路永明、高邮镇新联社区党总支书记连德宏等3人为五星级村(社区)党组织书记，高邮经济开发区东湖村党总支书记郭长銮、高邮城南经济新区勤王村党总支书记范生云、卸甲镇金沟村党总支书记陈永平、临泽镇陈甸村党总支书记陈忠、高邮镇北海社区党总支书记高雪梅、高邮镇御码社区党总支书记张艳燕等6人为四星级村(社区)党组织书记。 （李志国）

【陈忠等5人获评全省“吴仁宝式优秀村书记”】 2015年，市委组织部为进一步培育选树、宣传村党组织书记先进典型群体，按照省委组织部的统一部署，积极开展推选“吴仁宝式优秀村书记”活动。经层层推荐评选，省委组织部确定并公布全省“吴仁宝式优秀村书记”评选名单，临泽镇陈甸村党总支书记陈忠、菱塘回族乡王姚村党总支书记路永明、甘垛镇带程村党总支书记周智、高邮经济开发区东湖村党总支书记郭长銮、高邮湖西新区神居山村党总支书记陈义山名列其中。 （李志国）

【村组干部精减工作】 2015年，根据《关于进一步精减村组干部职数切实减轻村级负担的答复口径》，按照职数控制、村干兼任、到龄离退、减培并举(年长干部减员与年轻后备干部培养相结合)等方式，市委组织部在全市13个乡镇、园区开展村组干部精减工作。至年底，全市共精减村组干部1351人(副村级干部165人、一般村干128人、组干1058人)，其中60岁及以上村组干部1064人。 （李志国）

【设立社区党组织为民服务专项资金】 2015年，市委组织部与市民政局、市财政局联合下发《高邮市社区党组织为民服务专项资金使用管理办法(试行)》，明确市、乡镇(园区)两级财政按照每年每个城市社区20万元、每个农村社区12万元的标准，以1∶1比例分担，纳入财政预算，建立社区党组织为民服务专项资金，为促进社区党组织更好开展各项为民服务活动提供资金保障。 （李志国）

【《高邮市党员志愿者队伍管理考核办法(试行)》出台】 2015年，为切实加强党员志愿者队伍管理，推动党员志愿者兑现公开承诺、争当优秀党员、展示先锋形象，切实扩大志愿服务活动的参与度，推进党员志愿者服务品牌建设，市委组织部制定下发《高邮市党员志愿者队伍管理考核办法(试行)》。该办法从总则、登记注册、权利和义务、志愿服务内容和载体、党员志愿者服务网络、积分管理与运用、附则等七个方面，就全市强化党员志愿者队伍的管理和服务作出22项具体规定，是推动全市党员志愿者开展志愿活动的规范性文件。在8月20日召开的全市党员志愿服务工作推进会上，市残联“四叶草”党员志愿者服务队、市城建局规划建设党员志愿者服务队、市卫计委“健康金钥匙”党员志愿者服务队、市公安局“卫士风采”党员志愿者服务队、市农商行“金阳光”党员志愿者服务队、市供电公司“邮益思”党员志愿者服务队、市公路站“阡陌交通”党员志愿者服务队、城南新区农技党员志愿者服务队、高邮镇南海社区“阳光之家”志愿者服务队、汤庄镇村官志愿者服务队等10支党员志愿者服务队被表彰为优秀党员志愿者服务队，陈新、王海翔、吕健、吴杨、朱园园、席锦、徐锦兰、杨淑君、孙建华、李俊等50名党员志愿者被表彰为优秀党员志愿者。至年底，全市共有党员志愿者服务队430多支、党员志愿者近8000人，认领各类服务岗位15000多个，帮助基层群众解决生产生活困难1100多件，发放慰问金(慰问品)12.6万元。 （李志国）

【不合格党员处置工作】 2015年，市委组织部根据《不合格党员处置实施办法(试行)》，坚持教育为主、定性考量、严格程序、强化监督基本原则，把握民主评议、考察把关、大会决议核心环节，健全完善集体商议制、全程纪实制、教育帮扶制配套制度及

“三表两记录六备案三告知”等必备材料，继续稳妥开展不合格党员处置工作。至年底，全市共处置不合格党员 26 人，其中限期改正 22 人、除名 4 人。（李志国）

【软弱涣散村（社区）党组织整顿工作】 2015 年，市委组织部对照上级要求，继续对通过倒排方式梳理出的 20 个的村（社区）党组织开展整顿工作。期间，针对其存在的矛盾突出、信访较多、发展不力、服务能力差、管理欠规范、村部服务阵地不足等问题，除借助市领导挂点整改、部门结对帮扶整顿、经济薄弱村“第一书记”驻点整改外，还实行“一村（社区）一策”予以整顿，提升整顿工作的效果。至年底，有 17 个村（社区）党组织基本完成整顿任务；共投入转化资金 814 万元，新上项目 13 项，调整党组织书记 6 人，完善相关制度 32 项，为群众办实事 1600 多件，帮扶群众 5000 多人。（李志国）

【党建基础性工作规范化建设】 2015 年，市委组织部提请市委出台《中共高邮市委关于加强全市党的建设基础性工作的意见》，明确 5 个方面 25 项党建基础性工作任务。至年底，在各乡镇（园区）、部门的有力推进下，该项工作成效明显。具体表现为：阵地建设更加规范，各党组织普遍按照服务型党组织“六有”要求，建立规范党建活动阵地，落实党员活动室，开辟党建园地，强化服务阵地和服务平台建设；党内工作更加规范，各党组织均能坚持一月一主题开展“统一活动日”活动，领导上党课、民主评议党员工作得到明显加强；党建台账更加规范，各党组织均能重视党建台账资料收集整理和党务公开，各乡镇（园区）还根据实际制定出基层党组织台账资料收集标准和样式。（李志国）

【干部教育培训工作】 2015 年，市委组织部通过党校轮训、高校集训、网络培训等方式，继续推进干部教育培训工作，初步形成立体式、全覆盖、“无死角”的培训格局。全年共完成各级干部上级调训 81 人次，其中处级干部 18 人次、科级干部 63 人次，调训率为 100%；共举办各类主体班 13 期，培训干部 960 人次；指导基层办班 26 期，培训干部 2280 人次；完成江苏省在线学习中心、扬州党政干部网上学习城、扬州市公务员学习网等网络学习任务，培训干部 1500 人次。同时，创新推出干部培训情况“双向反馈卡”制度，准确记录参训干部的出勤、学习、参训表现等内容。全年累计发放“双向反馈卡”100 多份，建立干部教育培训情况档案 300 多份。（夏林锋）

【党员情况】 至 2015 年底，全市党员 45563 人，比 2014 年年底减少 66 人，其中预备党员 688 人。全年增加党员 924 人，其中新发展 430 人（女党员 165 人，35 岁及以下 213 人）、党组织关系转入 494 人。全年减少党员 990 人，其中死亡 669 人、出党 38 人、党组织关系转出 283 人。（龙晖）

表 56 **2015 年度高邮市共产党员情况统计表**

类别	项目		人数（人）
党员总数	合计		45563
	其中	男	37702
		女	7861
		正式党员	44875
		预备党员	688
年龄	35 岁及以下		7517
	36～45 岁		7108
	46～59 岁		14512
	60 岁及以上		16426
学历	初中及以下		19868
	高中		9424
	中专		3719
	大学本、专科		12321
	研究生		231
职业分布	公务员（含参照公务员法管理的机关工作人员）		3121
	事业单位管理人员、专业技术人员（含参照公务员法管理的事业单位工作人员）		4573
	工人（营业员、服务员）		3437
	企业单位管理人员、专业技术人员		4534
	民办非企业单位管理人员、专业技术人员		486
	农牧渔民		16706
	在读学生		—
	离退休人员		7458
	其他职业人员（含社区居委会居民、未就业的退伍军人、大中专毕业生）		5248

（龙晖）

【全市党组织设置】 2015 年，全市共有党组 36 个、工委 6 个、政府工作部门党委 6 个；党的基层组织 2861 个，其中基层党委 35 个（乡镇党委 12 个、企业党委 10 个、事业单位党委 2 个、部门党委 6 个、政府直属经济实体党委 2 个、机关党委 1 个、其他党委 2 个）、党总支 275 个（含村党总支 175 个、社区党总支 28 个）、党支部 2551 个（含村辖党支部 642 个）。（龙晖）

老干部工作

【概况】 2015 年，市委老干部局贯彻落实全省离退休干部“双先”表彰大会精神，围绕中心、服务大局，着力抓好“两项建设”，保障“两项待遇”，推动全市老干部工作迈上新台阶。（陈维祥）

【1个老干部党支部和1名退休干部受省级表彰】 2月5日，省委组织部、省委老干部局联合下发《关于表彰全省离退休干部先进集体和先进个人的决定》，授予南京市人民检察院老干部党支部等100个离退休干部集体"全省离退休干部先进集体"称号、鲁洁等200名离退休干部"全省离退休干部先进个人"称号，其中高邮市有1个老干部党支部(高邮镇老干部党支部)被表彰为全省离退休干部先进集体、1名退休干部(卸甲镇退休干部刘金桃)被表彰为全省离退休干部先进个人。 (陈维祥)

【老干部情况通报会】 2月4日、7月28日，市委两次召开老干部情况通报会。会上，市委、市政府主要负责人向市委、市人大常委会、市政府、市政协的原领导班子成员通报全市经济社会发展情况和市委十届十次全会精神，并征求老干部对加快高邮"十三五"发展的意见和建议。 (陈维祥)

【老干部走访慰问工作】 2015年春节期间，市委、市政府主要负责人等走访慰问原市四套班子老领导；市委组织部、市委老干部局、市人社局受市委、市政府委托，慰问全市离退休干部、生病住院老干部及部分老干部遗属。夏季高温期间，市委老干部局分别慰问原市四套班子老领导和生病住院离退休干部。重阳节前夕，市委老干部局受市委、市政府委托慰问原市四套班子老领导。抗日战争胜利纪念日前夕，市委老干部局慰问抗日战争时期参加革命工作的离休干部。 (陈维祥)

【落实离休干部生活待遇】 6月15日，市委老干部局组织全市离休干部进行健康体检。7月13日，全市统一部署启动离休干部基本离休费提标工作，其中副厅级离休干部每人每月提高730元、正处级每人每月提高570元、副处级每人每月提高480元、正科级每人每月提高400元。10月9日，根据相关政策，开展离休干部住房提租补贴发放工作。 (陈维祥)

【老干部文体活动】 2015年，市委老干部局组织开展多样化的文体活动，进一步丰富老干部的文化生活。3月26日，组织离休干部麻将比赛；4月22日，组织离退休干部参加扬州市老干部门球赛；9月25日，组织老干部参加扬州市老干部中国象棋赛；9月，举办纪念抗日战争胜利70周年诗词书画展；10月21日，组织离退休干部参加掼蛋比赛活动等。 (陈维祥)

【"四城同创"书画展】 12月23日，由市委宣传部、市委老干部局、市文联等部门联合举办的"四城同创"书画展在市行政中心二楼大厅展出。此次展出书画作品近100幅，均由市老干部书画协会会员创作。 (葛玉琴)

【省委老干部局副局长韩骅到高邮调研】 7月23日下午，省委老干部局副局长韩骅一行3人，在扬州市委老干部局局长徐萌陪同下，到高邮调研老干部工作。期间，韩骅出席"我看十八大以来的变化"座谈汇报会，听取5位离退休干部对党的十八大以来发展变化的看法和建议及高邮市委老干部局工作情况的汇报。在听取汇报后，韩骅充分肯定高邮老干部工作取得的成绩，同时就高邮下一步老干部工作指出，要以为党的事业增添正能量为价值取向，推动老干部工作转型发展，科学发展。高邮市委副书记、宣传部部长张秋红出席活动。(陈维祥)

【组织参观活动】 7月23日，市委老干部局组织市老干部书画研究会会员赴高邮鸭文化博物馆和吴登云纪念馆参观，进一步加强老干部爱国主义和社会主义核心价值观教育，促使其发挥余热，服务发展。 (陈广山)

【市老年大学】 2015年，市老年大学注重教育理念、方式、管理等方面的创新，着力增强其辐射带动功能。春节期间，在临泽镇陈甸村举办文艺演出活动；6月，邀请淮阴师范学院教授李文灵和扬州大学教授吴越滨分别举办书画专题讲座；重阳节前，邀请扬州市第一人民医院专家孙蓬举办健康知识讲座；中秋节，在高邮镇御码社区举办文艺演出活动。是年，市老年大学被省老年大学协会表彰为江苏省示范老年大学；市老年大学文史班教师薛序被省老年大学协会表彰为百佳优秀教师。 (郑朝伟)

纪检监察工作

【市纪委十届五次全体会议】 2月13日举行。会议的主要任务是，总结2014年全市纪检监察工作，部署2015年党风廉政建设和反腐败工作任务。会上，市委书记韩方作讲话，市委常委、市纪委书记朱勇作题为《监督执纪问责，坚守责任担当，推动党风廉政建设和反腐败工作迈上新台阶》的工作报告。会议要求，全市各级党组织和广大党员干部要在市委、市政府和上级纪委的坚强领导下，进一步凝心聚力，扎实工作，务实担当，锐意进取，不断开创全市党风廉政建设和反腐败工作新局面，为高邮"十二五"发展迈上新台阶提供有力保证。

(王存山　陈磊)

【违纪案件查处】 2015年，市纪委、市监察局推进违纪案件查处工作。2月，修订编撰《违纪案件查办情况分析(1993—2014)》。3月，印发《全市纪检监察组织查办案件工作意见》，严格落实"五必查"要求。8月，印发《查案执纪制度汇编》，促进执纪审查全流程控制和规范化管理。至年底，全市纪检监察组织共立案查处违纪案件230件。在立案查处的案件中，涉及乡科级干部 21 人。

（王存山　陈磊）

【信访举报工作】 2015 年，市纪委、市监察局大力推行“开门信访”，通过建立健全来信、来访、来电、网络、短信、视频“六位一体”的信访举报平台，促进信访举报工作深入开展。发挥信访监督作用，完善“函、卡、会、谈”等方式，全年实施信访监督 21 人次，为举报失实的党员干部澄清事实 5 人次。全年共受理群众各类信访举报 291 件次，其中属纪检监察范围的 272 件次，占 90%。年底，江苏卫视《廉政时空》栏目组到高邮拍摄“信访两员”专题宣传片，就该项工作在全省范围内进行宣传。

（王存山　陈磊）

【贯彻落实中央八项规定精神】 2015 年，市纪委、市监察局继续突出元旦、春节、中秋、国庆等重点时段的作风建设情况专项督查，通过充实督查队伍，实行“一月一通报”制度等，切实把中央八项规定精神落到实处。2 月，在全市机关能力作风建设大会上播放《作风建设永远在路上》明察暗访录像片，集中曝光典型案例 15 件。4 月，组织开展“五一”节日期间作风建设专项督查。6 月，组织开展端午期间作风建设专项督查。9 月，印发《关于加强中秋国庆期间作风建设的通知》，强调“十个严禁”的纪律要求。12 月，印发《关于切实加强元旦春节期间作风建设监督执纪问责的通知》，进一步重申相关纪律规定。全年向全市副科级以上干部发送廉政提醒短信 8 批次，开展明察暗访 14 轮（次）、商业预付卡专项检查 6 次，查处违反中央八项规定精神的机关干部 29 人，通报典型案例 5 起。

（王存山　陈磊）

【党风廉政建设】 2015 年，市纪委、市监察局注重加强党风廉政建设工作。年初，先后对 65 个部门单位领导班子和领导干部落实党风廉政建设责任制和个人廉洁从政情况进行考评，并对 2 个部门单位的主要负责人和 4 名领导干部开展廉政提醒谈话。2 月，向市委常委会汇报 2014 年党风廉政建设责任制检查考核反馈意见整改落实情况；组织各乡镇（园区）、部门单位党组织主要负责人与市委签订 2015 年度党风廉政建设责任制责任书，15 名市领导班子成员认领 30 项“一岗双责”任务。6 月，印发《高邮市农村“大监督”机制建设实施方案》，对全市农村“大监督”机制建设重点推进项目进行责任分解。年底，在扬州市组织的工作考核中，该项工作得到考核组的好评。　（王存山　陈磊）

【“三直接”操作规范督察工作】 2015 年，市纪委、市监察局围绕《“三直接”若干环节操作规范》，切实开展督察工作。3 月，印发《2015 年高邮市重大建设项目专项督查工作方案》。5 月，印发《关于推进“三直接”若干环节操作规范刚性运行的实施意见》。5 月，组织召开贯彻落实 2015“三直接”十大环节操作规范工作部署会，传达学习扬州市委、市政府出台的《2015“三直接”十大环节操作规范》、扬州市纪委出台的《关于贯彻落实〈2015“三直接”十大环节操作规范〉的通知》，并就做好相关工作进行部署。8 月，组织市政务服务中心、市国土局、市房管局等 12 家部门召开“‘三直接’若干环节操作规范刚性运行与效果延伸的实践与思考”专题调研会。9 月，高邮《2015“三直接”十大环节操作规范》实施情况接受扬州市纪委的专项督察。此外，全年还组织对近三年全市 30 项“三直接”环节操作规范执行情况开展专项督察工作。　（王存山　陈磊）

【专项整治工作】 2 月，市监察局、市优办召开 2015 年全市优化发展环境工作会议，印发《2016 年全市优化发展环境工作意见》，就开展提升行政效能、整治涉企“四乱”、整治涉企中介、整顿行业协会商会等专项行动进行部署。全年先后组织 98 家单位“政风行风热线”上线，处理群众诉求事项 29 件；巡访生产性企业 130 家，征求意见建议 152 条，并责成 35 个部门分类办理；开展重大项目专项督察 8 次，发现并整改问题 9 个；开展行政执法责任追究行动，对安全生产事故责任人 2 人及相关责任人 4 人予以问责追究。　（王存山　陈磊）

【“为官不为”整治工作】 6 月，市纪委会同市委组织部印发《关于在全市开展“为官不为”问题专项整治工作的实施方案》《高邮市党政机关、事业单位干部“为官不为”问责办法（试行）》，在全市范围内部署开展“为官不为”专项整治工作。至年底，累计发现存在“为官不为”问题的线索 22 个、违反工作纪律的问题 19 个，处理相关责任人员 11 人，其中提醒谈话 2 人、诫勉谈话 9 人。　（王存山　陈磊）

【第二轮市委巡察工作】 3 月，根据市委要求，市纪委启动第二轮市委巡察（首轮专项巡察）工作。期间，抽调组织、财务、审计等部门专业人员 15 人，成立巡察工作组 2 个，对市国有资产管理中心、市建设投资发展公司、市交通产业投资公司、市水利产业投资公司、市道路客运公司等国有（集体）资产管理领域开展专项巡察。期间，发现相关问题 33 个，均及时予以分类处理。　（王存山　陈磊）

【反腐倡廉制度建设】 2015 年，市纪委、市监察局注重加强反腐倡廉制度建设，取得明显成效。8 月，择优选择 8 项现有的制度参加扬州市反腐倡廉制度巡礼。10 月，牵头制定《市委巡察工作制度》《“一案五运用”制度》的相关做法和成效，先后在扬州电视台、《扬州日报》进行专题报道。此外，全年还先后牵头组织重点制度廉评活动 8 次，对各单位 124 项制度廉评情况予以备案。（王存山　陈磊）

【《中国共产党廉洁自律准则》《中国共产党纪律处分条例》学习贯彻工作】 10月，按照市委办公室印发的《关于切实抓好〈中国共产党廉洁自律准则〉和〈中国共产党纪律处分条例〉学习宣传贯彻落实工作的通知》要求，市纪委、市监察局印发《关于认真学习宣传贯彻〈中国共产党廉洁自律准则〉和〈中国共产党纪律处分条例〉的通知》。11月，由市领导带队、市纪委常委督察，赴全市各乡镇园区、部门单位开展领学督学活动。12月，市纪委邀请省纪委案件审理室副主任杨光到高邮作学习贯彻《中国共产党廉洁自律准则》《中国共产党纪律处分条例》专题讲座，有党员干部180余人参加。

（王存山　陈磊）

【纪检监察队伍建设】 2015年，市纪委、市监察局注重加强纪检监察队伍建设，努力打造忠诚、干净、担当的干部团队。3月，印发《2015年度全市基层纪检监察工作考核办法》《高邮市纪检监察专家咨询委员会管理办法》。4月，举行纪检监察组织外部监督委员聘任仪式，聘任纪检监察组织外部监督委员16人。8月，印发《关于在全市建立查案审计队伍的实施意见》，首批聘任审计业务骨干27人充实查案人才库。8月，在市反腐倡廉教育中心举办全市纪检监察干部综合业务培训班，有150人接受培训。10月，会同市委组织部举办全市纪检监察干部理想信念专题教育培训班，有60人接受培训。12月，在市反腐倡廉教育中心举行“廉洁家庭”表彰暨纪检监察干部警示教育活动。至年底，全市选拔（配备）市管纪检干部13人，配备纪（工）委副书记、监察室主任（副主任）22人。（王存山　陈磊）

【主题征文活动】 2月，市纪委、市纪检监察学会联合开展“高邮纪检人”主题征文活动，共收到稿件52篇，经初评、复评，共评选优秀稿件28篇，其中被《扬州纪检人——献给扬州建城2500周年》收录22篇。8月底，市纪委在委局机关开展“家风”主题征文活动，共收到稿件22篇，经初评、复评，选出优秀作品10篇，并在《珠湖清风》集中刊发。

【“儆醒馆”建成开馆】 12月13日，市反腐倡廉教育展馆“儆醒馆”建成开馆，市四套班子领导等出席开馆活动。该馆占地370平方米，分设序厅“儆廉”和正厅“儆守”“儆鉴”“儆悟”“儆励”等五个部分。该馆既是高邮市首家综合性反腐倡廉教育展馆，也是扬州各县（市、区）首家反腐倡廉教育展馆。至年底，全市累计有党员干部400多人赴“儆醒馆”接受警示教育。（王存山　陈磊）

【反腐倡廉宣传教育】 1月，市纪委、市监察局组织举办党风廉政建设和反腐败工作专题讲座。5月，市纪委组织开展“5·10”党风廉政教育日系列活动。12月，市纪委组织开展“12·9”国际反腐败日宣传教育系列活动。不断完善“清风高邮”网络平台，全年官方微博听众40万人，官方微信受众3000多人，推送微信手机报77期。全年先后组织新任乡科级干部85人进行集体廉政谈话，乡镇、园区和机关部门党政主要负责人130人进行集中警示教育。是年，吴登云事迹展览馆、华中雪枫大学旧址被命名为扬州市廉政教育基地，盂城驿、王氏纪念馆和抗日战争最后一役纪念馆被省纪委纳入廉政文化旅游专线。市纪委党风政风监督室主任马宝元获清风扬帆网“十佳通讯员”称号，《高邮市纪委推出〈廉规要编〉微读本》获清风扬帆网“十佳作品”称号。

（王存山　陈磊）

【弘强到高邮调研工作】 7月29日，省委常委、省纪委书记弘强到高邮调研党风廉政建设和反腐败工作。扬州市委书记谢正义，省纪委常委、秘书长朱俊友，扬州市委常委、市纪委书记张跃进等陪同调研。期间，弘强到市纪委监察局第一工作室，详细了解该工作室运作机制和案件查办等方面的情况，以及农村“大监督”机制建设情况；实地参观华中雪枫大学旧址展馆、王氏父子纪念馆、抗日战争最后一役纪念馆等廉政文化教育基地。调研中，弘强对高邮市发挥历史资源优势强化廉政宣传教育的做法表示肯定，希望高邮在廉政文化建设方面做出更积极的探索，发挥出更重要的作用。她强调，落实“两个责任”要从基层抓起，强化责任追究，形成党委纪委齐抓共管的合力，各级纪检监察组织要履行监督责任，把纪律和规矩挺在前面，筑牢思想防线、严明纪律红线，努力推动依纪办事、依法行政浓厚氛围和良好风气的形成。（王存山　陈磊）

【张跃进到高邮调研工作】 7月21日，扬州市委常委、市纪委书记张跃进率调研组来邮，就“发生在基层和群众身边的‘四风’和腐败问题”进行专题调研。调研组一行实地走访汤庄镇和三垛镇，进行个别访谈、查阅相关资料并召开座谈会。期间，张跃进对高邮市严肃查处发生在基层和群众身边的“四风”和腐败问题工作给予充分肯定，并就深化构建农村“大监督”机制，严肃监督执纪问责，切实维护群众切身利益提出要求。他强调，要加强调查研究，进一步改进工作方式方法，把纪律挺在前面，把监督抓在手中；进一步加大基层事务公开的范围和力度，坚持标本兼治，有效遏制基层和群众身边腐败问题的发生，切实维护群众合法权益。

（王存山　陈磊）

【重点课题研究】 12月16日，在扬州市纪委组织召开的2015年度全市纪检监察重点调研成果汇报会上，由市纪委选送的《县级党委巡察工作的实践性研究》一文获唯一一等奖。是年，《加强党的纪律和规矩建设探析》和《中小学课堂廉洁文化渗透点建设实践与分析》两篇论文，作为扬州市2015年度社科重点课题顺利结项；《基层强化政治纪律和规矩建设工作调研报告》一文获扬州市第七届哲学社会科学学术年会论文三等奖。此外，市纪委、市监察局、市纪检监察学会还组织开展调研评比活动，对获奖作品进行表彰，并将部分优秀作品汇编成册。（王存山 陈磊）

宣传思想工作

【全市宣传思想工作会议】 2月13日下午召开。会议的主要任务是，总结2014年度全市宣传思想工作，部署2015年度工作任务。会议还通报全市宣传文化系统受扬州市级以上表彰情况，授予龚定煜、姚正安、周同、张荣权、张晓萌5人高邮市第三届秦少游文化奖章，表彰2014年全市宣传思想文化工作创新项目和先进个人。受表彰的20家单位的创新项目为：菱塘回族乡的《设立“回乡好人”馆、引领好人新风尚》、卸甲镇的《打造好人街、践行价值观》、高邮镇的《实施“六化”服务、塑造社区品牌》、界首镇的《好人辈出、串珠成链，探索建立好人发现新机制》、临泽镇的《评选首届“临泽好人”，传播学习教育正能量》、三垛镇的《“少游故里话七夕”活动》、周山镇的《突出“孝德·感恩”主题，弘扬社会主义核心价值观》、高邮城南经济新区（车逻镇）的《名师“一线通”，留守儿童假期离校不离教》、高邮经济开发区的《建设综合展示厅、宣传发展新成果》、市发改委的《推行“四请四讲法”，构建学习型服务型创新型发改委》、市计生委的《建立“四动”机制，全面实施“邮都幸福家庭计划”》、市卫生局的《寻找“最美乡村医生”，弘扬清风正气》、市文广新局的《实施总分馆制模式、推动信息资源共享》、市广电台的《举办少儿才艺大赛、构建暑期快乐生活》、市新闻信息中心的《深化“走基层、转作风、改文风”，切实提高办报质量和水平》、市级机关工委的《落实路段长责任制，志愿投身文明城市创建》、市教育局的《践行“八礼四仪”、争做崇德少年，传递文明正能量》、市旅游局的《打造“心动高邮”微平台、塑造文化高邮新形象》、市妇联的《弘扬志愿精神，打造阳光志愿协会》、市交通局的《深化继续教育、打造文明出租》；受表彰的20名先进个人为：孙方贵、张爱琴、朱晓峰、吴正军、吴冬云、王文平、王斌、从明、王树春、周荣池、金凯、郑红梅、袁红星、朱建、居思兵、杨平、周道军、曹丰汉、李同义、薛树松。（葛玉琴）

【市委理论学习中心组学习活动】 2015年，市委宣传部参与组织市委理论学习中心组开展学习活动11次。2月3日，传达和学习省、扬州市人代会精神；4月30日，集中学习习近平总书记在福州工作期间倡导践行“马上就办”精神；6月2日，组织开展以“三为”为主题的学习交流活动；6月29日，组织开展“三严三实”专题教育第一次研讨活动；7月23日，组织开展“三严三实”专题教育第二次研讨活动，集中观看警示教育片《“狱中八条”警示录》，组织学习最新颁布的《中国共产党章程》；7月31日，组织观看中共中央政治局常委、中央纪委书记王岐山在中纪委机关领上“三严三实”专题党课、在加强中央纪委派驻机构建设工作培训班开班式上的辅导报告视频；8月31日，组织开展“三严三实”专题教育第三次研讨活动；9月24日，传达和学习中央统战工作会议精神及《中国共产党统一战线工作条例（试行）》，组织学习《党政领导干部保密工作责任制规定》，开展“三严三实”专题教育第四次研讨活动；10月30日，学习贯彻党的十八届五中全会精神，并就贯彻落实该全会精神作出部署；11月2日，传达和学习《中国共产党廉洁自律准则》《中国共产党纪律处分条例》和《中共中央关于部分省市县党委书记违纪违法案件及其教训警示的通报》；12月20日，学习党的十八届五中全会“五大发展理念”精神，举行2015年度领导干部调研成果交流汇报会。（葛玉琴）

【“周末课堂”专题讲座】 2015年，市委宣传部继续牵头组织相关单位办好“周末课堂”，先后邀请省内领导、专家、学者和市内相关部门负责人，作《电子商务推进区域经济发展》《阳光心态与压力管理》《现代交通对区域经济社会的发展影响》《党风廉政建设》等专题讲座14期。至此，全市累计举办“周末课堂”专题讲座153期。（葛玉琴）

【“周末大舞台”广场文艺演出活动】 2015年，市委宣传部先后会同市文广新局、市文联、市城管局等多家单位在蝶园市民广场继续举办“周末大舞台”广场文艺演出活动，先后举办“喜迎双黄鸭蛋节·共建美丽新高邮”“四城同创齐努力·共建美丽新高邮”文艺专场演出、纪念第13个公民道德宣传日暨“诚信电商园杯·大众创业之星人气奖”颁奖活动等文艺演出活动近30场，观众近6万人次。（葛玉琴）

【全国文明城市创建工作】 2015年，市委、市政府继续推进全国文明城市创建工作，在建设社会文明程度高的新高邮方面取得明显成效。2月28日，在中央文明委召开的全国精神文明建设工作表彰暨学雷锋志愿服务大会上，高邮市获全国文明城市提名城市。至此，高邮的全国文明城市创建工作取得阶段性成果。4月1日，召开市文明委全体成员会议，总结2014年创建工作，通报测评情况，部署2015年创建工作的重要事项。5月5日，市委、市政府召开"四城同创"暨城建"双十"工程推进会，全面部署2015年创建全国文明城市工作任务。9月10日，召开创建全国文明城市工作推进会，解读新版《全国文明城市测评体系》，明确各相关单位的任务分工。11月30日，召开文明城市迎检动员会，对创建迎测工作进行部署动员，要求全市上下以决战的姿态、必胜的信心、扎实的工作，打好迎接全国文明城市测评的攻坚战。12月15～16日，中央文明办全国文明城市测评组到高邮对全市的文明城市创建工作进行测评检查，高邮市测评得分91.18分，位列全省42个县级城市第5名。（葛玉琴）

【"文明高邮"微信公众平台上线】 7月8日，由市委宣传部负责运营的"文明高邮"微信公众平台正式上线。该平台致力于凸显地方文明和文化宣传、公益服务等功能，设有古城雅韵、文化新曲、文明动态、媒体聚焦、高邮好人、散文天地等栏目，以洗练的文字和精美的图片介绍高邮市悠远厚重的人文历史、百花齐放的当代文化、格调高雅的文明风尚以及新近发生的大事趣闻等，是高邮面向社会的一个新视窗，受到社会各界的关注。至年底，该平台发布各类信息83批次，添加关注者295人。

（葛玉琴）

【第九届读书节】 4月23日"第20个世界读书日"下午，由市委宣传部、市教育局主办的市第九届读书节开幕式暨实验小学"春之声"诗文诵读汇报演出在市实验小学报告厅举行。此届读书节以"阅读经典传承文明"为主题，历时一个月，先后举办"经典中的核心价值观"读书征文活动、第十四届"书香文游"研讨活动、"你选书，我买单"活动、名家知识讲座、书香"六进"活动、"种书乡间——农家书屋辅导员"活动和图书优惠展销等活动12项，进一步增强"读书节"的品牌辐射力和影响力，在全市城乡形成人人读书、人人学习的浓烈氛围。（葛玉琴）

资料链接 为持续培育市民阅读习惯，提高市民科学文化素质，市委、市政府及相关职能部门从2007年开始，坚持每年举办一届主题不同、内容丰富的读书节活动，截至2015年，全市已连续举办九届"读书节"。同时，注重利用秦邮文化讲坛、百姓学堂、家长学校等市民学习教育平台，广泛开展全民读书活动。通过举办"读书节"，不仅提高市民的文化素养，还促进广大市民、党员干部形成"以读书为乐、以好学为荣"的生活方式，有效加快"书香高邮"建设进程。（葛玉琴）

【诗词、文艺采风活动】 4月，为进一步推进文学艺术创作的繁荣发展，市委宣传部联合市相关单位组织开展诗词、文艺采风活动各一次。4月10日上午，联合市文联、市诗词学会组织菱塘、界首、临泽、三垛四乡镇诗词学会的30余名诗人、词人，在三垛镇开启"中华诗词之乡"采风首站行。采风团一行先后参观三垛镇金水湾广场、南水北调国控断面、新电太阳能发电站、老二街、岳飞抗金纪念像、立华畜禽养殖、秦家垛少游故居、少游文化广场等。大家对三垛古镇文脉传承、古迹遗存保护、诗词"六进"等表示欣慰，对太阳能发电站、畜禽规模养殖等项目的建设大加赞叹。采风团表示将以诗歌形式讴歌千年古镇发展的新成果、少游故里的新气象、水乡名镇的新风采。4月13～14日，联合市文联组织开展"倾听春天的故事"文艺界新闻采风活动。采风组先后参观天骄农业园、八桥高效农业园、少游故里以及洋溢着民族民俗文化风情的菱塘古清真寺、绿森源项目现场等地。采风组每到一处，都详细了解其发展变化和背后的故事，为创作积累素材。

（葛玉琴）

【宣传干部培训班】 5月25日，市委宣传部在市委党校举行全市宣传干部培训班开班仪式。市委副书记、宣传部部长张秋红作开班动员讲话。她要求，全市宣传文化干部要进一步提高思想认识，充分认识此次学习培训的重要性和必要性；要通过学习和培训，达到提高自身政治修养、组织策划能力和总结创新能力的目的；要努力做到学以致用，将所学知识与实际相结合，不折不扣地完成2015年各项宣传文化工作的目标和任务。此次培训历时两天，培训内容包括提高自身政治修养、组织策划能力和总结创新能力等，邀请扬州市公安局政治处副主任、宣传处处长殷长庆等人授课，共有宣传干部160多人参加。（葛玉琴）

【新闻通讯员培训班】 8月27日上午，市委宣传部在市委党校举行全市新闻通讯员培训班开班仪式。市委副书记、宣传部部长张秋红出席开班仪式并讲话。她指出，全体参训人员要高度重视，提高认识，切实增强做好新形势下新闻宣传工作的紧迫感；要立足岗位，胸怀全局，为加快发展鼓与呼；要创新思维，苦练内功，努力提高业务技能和水平；要深入一线，脚踏实地，让新闻报道更加鲜活生动；要遵守培训纪律，认真学习领会，互相学习交流，切实增强新闻培训工作的实效性。此次培训时间两天，特邀新华日报社、扬州日报社等资深媒体人就"如何与媒体沟通及舆情应对""新闻写作实务""新闻摄影知识与技巧""新闻的发现与写作"等方面进行指导培训，有80多人参加。（葛玉琴）

【"秦邮文化讲坛"】 2015年，市委宣传部会同多家单位，继续面向全市宣传文化系统的党员干部办好"秦邮文化讲坛"，先后举办《中国文化的历史变迁》《"我是党课主讲人"系列讲座》《阅读与人生》《食品卫生与市民自我保护》《税法知识讲座》《权益保护与成长环境创设》《中医护佑您的健康》《哲学

与现代生活》《家庭教育讲座》等专题文化讲座10期,累计85期。 (葛玉琴)

【“诗意讲坛”】 2015年,市委宣传部联合市广电台、市诗词协会等部门继续办好“诗意讲坛”。全年先后举办《秦少游诗会高邮景(上下集)》《王磐其人及其作品(上中下集)》《古诗词吟诵、鉴赏和创作(4期)》《汪广洋生平简介及诗词作品》等专题讲座10期,累计42期。 (葛玉琴)

【《老报纸记录的抗战》首发式】 9月2日下午,由市委宣传部、中国报协集报分会、市文联等单位主办的《老报纸记录的抗战》一书首发式,在抗日战争最后一役纪念馆举行。仪式上,市政协主席倪文才、副市长钱富强为新书揭幕;市委副书记、宣传部部长张秋红,中国报协集报分会副会长刘广金等先后致辞;该书主编朱军华还分别向抗日战争最后一役纪念馆、市档案馆、市图书馆、市第一小学等单位赠送新书。市民政局、市档案局、市委党史办等单位负责人,新华日报、江苏人民广播电台、扬州日报等媒体记者及省、扬州市报友联谊会负责人参加活动。 (葛玉琴)

资料链接 《老报纸记录的抗战》一书由高邮市青年藏报家朱军华主编,分为“‘九一八’事变——卢沟桥事变”“卢沟桥事变——日本投降”“日本投降——抗战胜利后续”三个部分,时限从1931年“九一八”事变到1951年8月中华人民共和国政务院立法9月3日为抗战胜利纪念日止,共收集与抗战有关的报纸300份。举行《老报纸记录的抗战》一书首发式,是向中国人民抗日战争暨世界反法西斯战争胜利70周年纪念日献上的一份厚礼。 (葛玉琴)

【第八届全国秦少游学术研讨会】 10月24日,第八届全国秦少游学术研讨会开幕式在高邮市举行。秦少游学术研究会会长、北京大学教授程郁缀,扬州大学人文社科处处长秦兴方,秦少游学术研究会副会长、华东师范大学教授朱惠国等专家学者以及高邮市领导倪文才、张秋红出席研讨会开幕式。研讨会上,专家、学者代表畅所欲言,就相关论文进行分组交流;还对秦少游学术研究会理事会相关成员进行调整。期间,与会人员还饶有兴致地参观文游台、盂城驿、明清运河故道等景点,观看部分民俗文化演出。 (葛玉琴)

【“我们的节日·七夕”系列活动】 2015年,市委宣传部联合市文广新局、市妇联、市文联、团市委等单位,共同举办“鹊桥仙”文艺晚会、“‘与爱同行,幸福相约’一场美丽邂逅从公益开始”、秦观故里话七夕文艺晚会等“我们的节日·七夕”系列活动,进一步扩大高邮“爱情之都”的影响力,弘扬传统文化和新时期高邮精神。 (葛玉琴)

【“邮人绘邮”少儿绘画展和2015金秋书画展开展】 11月10日,由市委宣传部、市教育局和市文联联合举办的“邮人绘邮”少儿绘画展和2015金秋书画展正式开展。此次活动作为第七届中国邮文化节的系列活动之一,得到全市众多中小学生及书画爱好者的响应。活动期间,少儿绘画展评审组共收到作品1300多幅,其中遴选并展出优秀作品179幅,充分展现广大少儿美好且充满童趣的内心世界;金秋书画展展出雍容宽博、清正醇厚、沉静典雅、清朗俊秀的作品66幅,集中展现艺术创作者们的功力、才情、修养以及高邮当代书画的整体艺术水平。 (葛玉琴)

【党员干部冬训工作】 12月22日上午,市委宣传部召开专题会议,研究探讨2015～2016年党员干部冬训思路方法,部署安排“结对共训、城乡同学”主题活动。出台《“结对共训、城乡同学”党员干部冬训活动方案》,规定此轮冬训工作围绕“结对共训、城乡同学”主题,紧扣学习宣传贯彻党的十八届五中全会和省委十二届十一次全会以及市委十届十一次全会精神,深入开展“五讲四行三结对”活动。此后,一年一度的全市党员干部冬训工作全面展开。是年,高邮市被省委宣传部、省委组织部评为2014年度全省基层党员冬训工作示范县(市、区),菱塘回族乡被评为2014年度全省基层党员冬训工作示范乡(镇、街道),周忠祥被评为2014年度全省基层党员冬训工作先进个人。 (葛玉琴)

【张晓萌获中华艺术摄影金马奖】 9月13日晚,在内蒙古自治区锡林郭勒盟锡林浩特市举行的2015《千古马颂》第三届中华艺术摄影金马奖颁奖仪式上,高邮市摄影家协会主席张晓萌(中国摄影家协会会员、高邮市摄影家协会名誉主席张元奇之子)以其水乡特色的代表作《牧鹅图》获得金马奖。 (葛玉琴)

资料链接 中华艺术摄影金马奖创办于2006年1月,迄今已有10年历史。金马奖是中华摄影艺术界最高奖项之一,其颁奖宗旨是褒奖在中华艺术领域获得卓越成就的摄影艺术家,获得者首先要在国内权威艺术赛事中获得最高奖才具备申报中华艺术金马奖的基本资格,系中华艺术金马奖之摄影成就最高奖。此届金马奖颁奖仪式上经尚图坊推荐共有15位摄影师获得金马奖,其中张晓萌以其水乡特色的代表作《牧鹅图》获得金马奖。 (葛玉琴)

【朱葵美术馆开馆】 7月3日上午,市委、市政府为纪念著名山水画家朱葵而建设的朱葵美术馆正式开馆。该馆位于盂城驿景区内,占地面积240平方米,收藏朱葵作品45幅,其中朱葵家属无偿捐赠25幅、借展20幅。仪式上,省美术馆副馆长张兴来与市政协主席倪文才为该馆揭牌，市委副书记、宣传部部长张秋红出席仪式并致欢迎辞，副市长钱富强为朱葵亲属颁发捐赠证书，市政协副主席张贵龙与朱葵夫人吴安美为朱葵铜像揭幕。张秋红在致辞中指出，美术馆的落成既是为朱葵及其艺术生涯进行树碑立传，也是为引领全市的艺术工作者循着朱葵的足迹前行。她希望，全市广大文艺工作者要努力学习其德艺双馨、执着追求、回报桑梓的崇高精神，积极创作出一批无愧于时代与人民的精品力作，为"文化高邮"建设多作贡献。她要求，各相关部门要结合展馆特色，开展一系列形式多样的活动，让静态的美术展馆成为内容与活动丰富的艺术活动基地；要借助美术馆独特的地缘优势，将其融入全市的旅游布局中，让这张新名片成为宣传高邮文化的新亮点。当天，以"绿色流韵"为主题的缅怀朱葵老师书画展同时开展。

资料链接 朱葵(1940.10—2014.5)，男，江苏南京人。生前师从陈之佛、傅抱石等诸多艺术大师，是江苏中国画画坛颇具成就的画家，广泛涉猎国画、版画、油画等，尤其是山水画风格独树一帜。曾担任江苏省美术馆馆长、江苏美术家协会副主席、江苏省美协顾问，是国家一级美术师，享受国务院颁发的政府特殊津贴。作品有《渔乡清晓》《新雨初霁》《雅鲁藏布江源头》《渔乡夏至》等；出版专集画册有《朱葵中国乡情山水画选集》《朱葵水墨画精选》《砚茶居谈画——朱葵美术文集》等，被评论界誉为"中国山水画名家"和"中国绿色乡情诗画家"。20世纪60年代初，他大学毕业后下放到高邮，在此工作生活18年。期间，他创作大量以高邮为主题的画作。这也为他后来创作出大量以绿色山水为主要特色的绘画作品提供第一手素材。同时，他还不遗余力地进行美术普及，为高邮市的美术事业繁荣与发展奠定坚实的基础。 (葛玉琴)

【一批集体、个人和作品受表彰】 2015年，在全市宣传文化系统广大干部职工的努力下，全市有一批集体、个人和作品受到扬州市级以上表彰。受省级以上表彰为：侵华日军向新四军投降处旧址被评为第二批国家级抗战纪念设施、遗址；三垛镇被评为第六届全国服务农民、服务基层文化建设先进集体；市社科联被评为全国社科工作先进集体、获江苏省社科工作创新奖；杨建国、曹丰汉的《中国共产党对抗战文化建设的历史贡献》被评为全国社科论文二等奖；市图书馆获全国少年儿童绘本创作大赛组织奖、沈路获全国少年儿童绘本创作大赛指导奖；居晓芳获2015年度江苏省宣传思想工作先进个人；市新闻信息中心获江苏省县市新闻中心系统2015年度先进集体；高邮市被评为江苏省基层党员干部冬训工作示范市、菱塘回族乡被评为江苏省基层党员干部冬训工作示范乡镇、周忠祥被评为江苏省基层党员干部冬训工作先进个人；市供电公司党委被评为江苏省学习型党组织创建工作先进集体；杨文化、王瑞华获第五届江苏省道德模范。受扬州市级表彰为：高邮市委理论学习中心组被评为扬州市先进理论学习中心组；市委宣传部获扬州市宣传思想文化工作创新奖，杨少荣、何玉文、殷朝刚、朱晓峰、周雪被评为扬州市宣传思想文化工作先进个人；龙虬镇、临泽镇、高邮湖西新区被评为扬州市冬训工作先进集体；临泽镇、卸甲镇、菱塘乡、甘垛镇获扬州市冬训工作创新奖；吴正军、张爱萍、张爱琴被评为扬州市冬训工作先进个人；"我们的节日·七夕"系列文化活动被评为扬州市优秀群众文化活动品牌，舞十舞艺术团被评为扬州市优秀群众文化团队；市广电台被评为扬州市广播电视安全播出先进集体，王开河被评为扬州市广播电视安全播出先进个人；市文广新局被评为扬州市大运河申遗工作先进集体，杨德彪、吕志伟被评为扬州市大运河申遗工作先进个人，李国耀被评为扬州市大运河申遗工作文博专家；市文物局被评为扬州市文物工作先进集体，吕志伟被评为扬州市文物工作先进个人；王海滨、高金彬被评为2015年十大扬州好人。 (葛玉琴)

统战工作

【学习贯彻中央、省委、扬州市委统战工作会议精神】 2015年，在中央、省委、扬州市委相继召开统战工作会议后，市委及市委统战部从多方面入手，推进上级统战工作会议精神的学习贯彻工作。坚持面向领导层的学习贯彻，市委常委扩大会议专题学习《中国共产党统战工作条例(试行)》，并利用周末课堂平台，邀请省委统战部副部长马连美为全市副科级以上领导干部解读上级会议精神；坚持面向系统层的学习贯彻，市委统战部组织部机关全体人员、统战系统联席会议成员单位干部、乡镇(园区)和市级机关部门统战科长分别参加相应的统战理论培训；坚持面向对象层的学习贯彻，组织全市党外干部、民主党派成员、民族宗教界代表人士和非公经济代表人士等统战工作对象开展形式多样的学习活动；坚持面向社会层的学习贯彻，利用党员干部冬训班及《扬州日报》《高邮日报》和高邮统一战线网站等平台，广泛宣传《中国共产党统战工作条例(试行)》和全市统战工作开展情况。同时，提请市委出台贯彻落实《〈中国共产党统一战线工作条例(试行)〉、省委〈实施办法〉和扬州市委〈工作方案〉的实施意见》，推动全市统战工作制度化规范化建设。 (金林)

【党外代表人士工作】 1月18日、8月5日，市委先后召开党外人士情况通报座谈会2次，分别就市“两会”有关人事方案、中央统战工作会议精神、《中国共产党统一战线工作条例(试行)》和高邮市委十届十次全会精神等进行通报协商和学习座谈，听取意见和建议。市委统战部将党外人士提出的意见和建议，进行及时整理并上报市委、市政府，供决策参考。（金林）

【“全市统一战线共同创建民族团结进步教育实践基地”创新项目建设】 2015年，为深入贯彻落实中央、省委民族工作会议精神，提高全市民族工作水平，促进全市民族团结进步，为高邮市2017年创成“全国民族团结进步教育基地”夯实基础，市委统战部着力推进“全市统一战线共同创建民族团结进步教育实践基地”创新项目建设。5月21日，在菱塘回族乡清真村举行活动启动仪式，重点部署开展创建、文化、服务、帮扶和交友5项“同心”行动。仪式上，83个市级机关部门结对帮扶83个少数民族贫困家庭和贫困学生。至年底，该项目累计吸引省内外各界人士1000多人到高邮市参观、学习、交流。是年，扬州市委统战部命名菱塘回族乡、吴登云事迹展览馆为统一战线教育实践基地。（金林）

【支持民主党派基层组织加强自身建设】 2015年，市委统战部加强对民主党派基层组织的政治引领，引导他们践行“同心”思想，注重从思想、组织、制度和作风入手，支持其持续加强自身建设。鼓励民主党派基层组织参政议政，在全市“两会”期间征集民主党派成员提出的议案、提案20多件；引导民主党派基层组织以社会弱势群体为重点，扎实推进社会服务工作，树立良好的社会形象；支持民主党派基层组织按照各自章程开展活动，分别组织农工民主党高邮市支部和民建高邮市支部成员赴各自党派组织发源地参观学习，进一步了解民主党派组织的革命历史，继承和发扬与中国共产党团结合作的优良传统，增强合作共事的积极性和自觉性。（金林）

【党外干部队伍建设】 2015年，市委继续重视党外人士的政治安排和实职安排，全年推荐党外人士1人任市政协常务委员，全市人大代表和政协委员中党外人士比例均达结构性要求；新提拔副科职党外干部5人，累计有副科级以上党外干部40人，其中副处职5人、正科职4人、副科职31人。（金林）

【党外人士联谊交友工作】 2015年，市委从市领导、乡镇(园区)和市级机关各部门主要负责人等多个层面加强与党外代表人士联谊交友工作，年初调整联谊交友方案，年中发函对交友活动进行提醒督促，年底听取党外代表人士意见反馈并对联谊交友的党员市领导进行考核，促进全市联谊交友工作取得实效。（金林）

【律师行业统战工作】 2015年，市委统战部与市司法局共同研究出台《关于加强全市律师行业统战工作的实施意见》，组建市“同心·律师服务团”，组织服务团开展“进基层、送服务、办实事”等系列活动，推动律师行业统战工作的开展。（金林）

【集体和个人受表彰】 2015年，因市委统战部创新举措、积极工作，该部集体和个人受到上级表彰和奖励，其中该部被表彰为江苏省统战工作先进集体、扬州市统战工作先进集体，该部张贵龙被表彰为全省统战工作先进个人、张志林被表彰为扬州市统战工作先进个人。（金林）

党校工作

【概况】 2015年，市委党校深入学习贯彻党的十八大及十八届四中、五中全会精神，围绕市委、市政府中心工作，认真履行党员干部教育培训职能，在办学水平、教学科研能力等方面取得新进步。全年共举办各类培训班48期，培训党员干部5000多人次；组织教师到乡镇、部门、社区、学校、企业上党课30多场次；完成省委党校专项重点课题、扬州市社科联重点立项课题和高邮市委重点立项课题各1项，申报省委党校重点立项课题1项、省社科应用研究精品工程(市县专项)立项课题1项，在市级以上媒体发表专业论文9篇。至年底，专科、本科、研究生层次国民教育在校学员300多人，毕业学员100多人。（曹丰汉）

【师资队伍建设和教学管理】 2015年，市委党校注重推进师资队伍建设和教学管理工作。立足校本教研，加强师资库队伍建设；建立“新、老教师一对一结对指导”、教师月度业务工作比武制度及促进教师学习提升的激励、检查、考评制度，引导教师充分利用业余时间学习理论、时事政策、业务知识，不断提升教职员工的思想政治素养和业务素质。全年选送教师至浙江大学、上海交大、上海复旦大学等高校及江苏省委党校21人次，获扬州党校系统教师讲课竞赛奖项1项(三等奖)，举办校内外示范课观摩活动20多场。（曹丰汉）

【教育培训工作】 2015年，市委党校认真贯彻落实党和国家的干部教育培训方针政策，把提高培训质量和服务质量作为立校之本，围绕市委、市政府中心工作开展党员干部教育培训，强化教学，严格管理，务实创新，着力打造眼界宽、思路宽、胸襟宽、有信念、有本领、有担当、有正气的“三宽四有”型干部队伍。全年承办各类培训班48期，培训党员干部5000多人次。（曹丰汉）

【“党校党课讲堂”】 2015年，市委党校党总支围绕增强党组织战斗力、凝聚力、感召力及提高教育培训实效,将党性教育与教师技能培养有机融合,注重讲授党课与推进党组织建设、党校文化建设、教师队伍建设、解决党校实际问题相结合,坚持开展“党校党课讲堂”活动,努力打造党建工作特色。全年举办“党校党课讲堂”20多场,受众300多人次,收到改进建议72条。 (曹丰汉)

党史工作

【纪念三垛河口伏击战胜利70周年座谈会】 4月28日,由扬州市委党史办公室、扬州市新四军研究会、高邮市委党史办公室、高邮市新四军研究会联合举办的纪念三垛河口伏击战胜利70周年座谈会在高邮皇华大酒店举行。省新四军研究会、扬州市新四军研究会、扬州市委党史办、高邮市委有关负责人和新四军老战士及部分老战士子女代表等参加。会上,高邮市委副书记、宣传部部长张秋红作致辞。她首先代表高邮市委、市人大常委会、市政府、市政协对座谈会的召开表示祝贺,对大家的到来表示欢迎,并详细介绍高邮的历史人文和经济社会发展情况以及高邮的抗战史。她希望大家在这片红色热土上多走走、多看看,多为高邮的发展提宝贵的意见和建议,对革命老区给予更多的关心和支持、帮助和指导。会上,高邮市委党史办公室负责人介绍三垛河口伏击战的经过;省新四军研究会副会长肖茂秋,原28军副政委、新四军老战士李剑峰,扬州新四军研究会负责人及新四军18旅旅长、三垛河口伏击战指挥者刘飞之子刘晨光、新四军18旅民兵科长施光华之女施立群等先后作座谈发言。座谈会结束后,与会人员赴甘垛镇新庄村瞻仰三垛河口伏击战纪念地,并向烈士敬献花篮。

(史志)

【《中国共产党高邮地方史(1978－1996)》(三卷本)编纂工作启动】 2015年,市委党史办按照扬州市委办公室《关于做好党史三卷本编纂工作的通知》精神和扬州市委党史办公室《2016－2020年党史工作规划》的相关要求,启动《中国共产党高邮地方史(1978－1996)》(三卷本)编纂工作。期间,组织有关人员到周边县市学习党史三卷本编纂工作经验;物色三卷本编纂工作人员;安排人员参加由扬州市委党史办公室组织的党史三卷本编纂培训班学习;开展三卷本编纂纲目及专题资料征集编写纲目的起草工作。至年底,完成三卷本编纂纲目及专题资料征集编写纲目草拟工作。 (史志)

【《高邮革命烈士传》出版发行】 12月,由中共高邮市委党史办公室、高邮市新四军研究会历时两年编纂、中共党史出版社出版的《高邮革命烈士传》发行。该书分设烈士传、烈士简介、烈士名录三个部分,共收录高邮籍及在高邮牺牲的外籍烈士1600多人,总字数约25万字。 (史志)

【《高邮战役研究》出版发行】 7月底,由扬州市委党史办公室、高邮市委党史办公室、江都区委党史办公室联合编纂,中央文献出版社出版的《高邮战役研究》发行。 (史志)

资料链接 2014年,为全面、系统地宣传高邮战役,进一步向社会提供研究抗战史详实的资料,扬州市委党史办公室牵头组织高邮市委党史办公室、江都区委党史办公室开展《高邮战役研究》的编纂工作。期间,共征集各类文章40篇,其中高邮市委党史办提供文章24篇,总字数23.7万字。

(史志)

【纪念高邮战役胜利70周年理论研讨会】 8月22日,由高邮市委、市政府和扬州市委党史办、扬州市新四军研究会联合举办的纪念高邮战役胜利70周年理论研讨会在高邮汇富金陵大饭店举行。中央党史研究室、中央文献研究、中央党校、国防大学、江苏省委党史工办、江苏省委党校、南京大学等单位的领导、专家,粟裕大将秘书朱楹少将,参加高邮战役的新四军老战士陶勇、严振衡女儿,扬州市、高邮市有关领导及有关部门负责人、新闻媒体记者,共70多人参加。研讨会由扬州新四军研究会会长洪军主持,扬州市委常委、宣传部部长卢桂平和高邮市委书记韩方先后作讲话。研讨会结束前,高邮市委副书记、宣传部部长张秋红作表态发言。她说,高邮市将在充分吸收本次理论研讨会上形成的重要成果的基础上,借助多种平台,全面加强对高邮战役在抗日战争历史上重大意义的宣传,以充分彰显高邮战役的意义,让更多的人了解这段历史、珍惜今天的和平环境;全面加强高邮战役红色资源的建设运用力度,进一步弘扬伟大的爱国主义精神;发挥以史育人的作用,全面激发全社会热爱祖国、热爱家乡的巨大热情;全面加强爱国主义和革命传统教育,让广大人民群众铭记历史,让革命传统、革命精神得到大力弘扬。研讨会上,12位国家、省级院校及研究机构的党史、军史研究专家学者等围绕高邮战役的发动背景、战略意义、战术运用、重要启示、历史地位等,作研讨发言。与会专家学者一致表示,高邮战役是中国人民抗日战争取得全面胜利后,由中国共产党领导的新四军对拒不投降的日伪军发动的最后一场战役。新四军一举收复高邮城,彻底打垮日伪拒不投降的嚣张气焰,在中国人民抗日战争史上是不可磨灭的,对中华民族独立解放具有重要意义。活动期间,与会专家、学者还实地参观抗日战争最后一役纪念馆、文游台等。 (史志)

资料链接 纪念高邮战役胜利70周年理论研讨会，被列为扬州市、高邮市纪念抗战胜利70周年的活动之一。为认真做好该研讨会的筹备工作，市委党史办从2015年6月份起，积极谋划，多方联系协调，先后与中央文献研究室、中央党史研究室、国防大学、军科院和江苏省党史工办等单位专家、学者及新四军战士亲属取得联系，协商研讨会的议题。7月下旬，市委党史办邀请扬州市委党史办负责人同赴北京、南京，一一拜访拟邀请参加研讨会人员，确定研讨会召开时间、会议议题、主办单位。经过大量的前期工作，于7月底协商制定出研讨会的总体方案及相关活动子方案，并报请市委主要负责人批准，为该研讨会的顺利召开做好充分的准备。会后，按照市委分管负责人要求，由市委办、市委党史办联合组织人员把研讨会上所有专家、学者的发言录音整理成文字稿，并返还给发言者校正。11月起，完成《纪念高邮战役胜利70周年理论研讨会成果汇编》一书的编纂印行工作，共收录文章28篇。（史志）

【《最后一战》纪录片拍摄工作】 该项工作，被列为市委、市政府纪念抗战胜利70周年的活动之一。年初，该项工作启动后，市委党史办主动与市委宣传部、拍摄单位对接联系，除提供大量的资料外，还派专人与该片的编剧进行多次对接，商谈拍摄文本，并邀请北京新四军老战士及其后人、军史专家、扬州市党史专家对拍摄文本中的史实、故事情节、专业术语等方面进行审核，提出许多修改意见。10月29日，该纪录片在中央电视台第9频道播出，分上、下两集，时长50分钟。（史志）

【“抗日战争最后一役纪念馆”资料完善工作】 2015年，为进一步丰富“抗日战争最后一役纪念馆”馆藏资料，提高接待水平，市委党史办联合市烈士陵园管理处安排专人，先后赴南京、北京、成都、上海等地，采访当年参加高邮战役的新四军老战士，征集档案资料和实物。同时，还参与“献刀仪式”场景的策划布置，纪念馆解说词的修改完善等工作。（史志）

【多家媒体宣传报道高邮战役】 2015年是高邮战役胜利70周年。是年，包括中央电视台、人民日报、新华社、南京日报等多家媒体到高邮市对高邮战役进行宣传报道。

5月18日，中央电视台大型纪录片《东方主战场》摄制组到高邮市，专题拍摄“抗战最后一役”相关内容，镜头聚焦在侵华日军投降处旧址建成的，以照片、实物、油画、场景、微电影等形式展示高邮战役全过程的“抗日战争最后一役纪念馆”，并现场采访当年参加受降仪式的亲历者——曾为新四军文艺兵的87岁的陈秀岚女士。9月1日，该片播出时在最后一集《正义必胜》中聚焦作为抗日战争最后一役的高邮战役。

6月上旬，中央电视台、新华社、南京日报等十多家媒体到高邮市寻访著名的“高邮对日最后一战”相关史实，对这段抗战史上有着特殊意义的战役进行挖掘和展示，拍摄制作抗日战争七十周年相关专题节目，并在6月下旬陆续播出。

6月29日上午，参加“铁血扬州——建党94周年首都网络媒体宣传教育活动”的新浪、搜狐、网易、百度等20多家首都网络媒体记者，到高邮参观抗日战争最后一役纪念馆，并就该战役的战前形势、战役过程、受降仪式等内容进行关注和报道。

8月22日，新华网、中新网、中国共产党历史网、中国江苏网、网易新闻中心等媒体聚焦在高邮市举行的纪念高邮战役胜利70周年理论研讨会，就高邮战役的发动背景、战略意义、战术运用、重要启示、历史地位等方面进行采访和报道。

8月27日，《南方周末》在出版的纪念抗战胜利70周年专题中，以两个版面篇幅刊发5000多字长篇通讯《高邮战役：新四军对日最后一战》。

9月2日，人民日报在第11版《民族记忆·你不知道的抗战故事》栏目刊载《高邮战役：抗日战争最后一役》。

10月29日晚，中央电视台纪录频道（CCTV—9）播出《最后一战》，全景揭秘“高邮战役”。

12月26日，江苏卫视、新华日报等媒体到高邮市，就该市举行的高邮战役胜利70周年纪念活动进行宣传报道。（史志）

资料链接 高邮战役，是由中央军委批准，新四军华中野战军司令员粟裕亲自部署和指挥的，于1945年12月，新四军华中野战军在江苏省高邮、邵伯地区，对日伪军发动的一场进攻战役。从1945年12月19日起，至26日凌晨结束，新四军用一周时间收复高邮城。高邮战役是中国人民抗日战争取得全国胜利后，对拒不投降的日伪军发动的最后一场战役。在高邮举行的受降仪式是日军向新四军投降规模最大的一次。侵华日军向新四军投降处旧址（现为抗日战争最后一役纪念馆）被国务院确定为第二批国家级抗战纪念设施遗址。（史志）

市级机关工委工作

【概况】 2015年，市级机关工委按照市委、市政府工作部署，以机关党建基础工作规范化建设为抓手，以开展“六有”党支部创建活动为载体，以服务中心、建设队伍为核心，突出打造学习型、服务型、创新型机关党组织，不断提高机关党建工作科学化水平。12月,在全省县(市、区)机关工委书记培训班上,市级机关工委作题为《努力打造“三型”机关党组织》的交流发言。是年,市级机关工委被市委、市政府表彰为市级机关能力作风建设标兵单位,被市委表彰为全市党建工作一等奖,被市总工会表彰为工会工作先进单位。至年底,市级机关工委辖党委3个、党总支17个、党支部108个,共有党员2779人(年报数字)。 (袁红星)

【《现代公务礼仪与人际沟通》走进机关讲堂】 4月13日下午,市级机关工委举办机关讲堂,邀请扬州大学文学院副教授、文艺学博士、研究生导师李春媚应邀主讲《现代公务礼仪与人际沟通》,市级机关党员干部220多人参加听课、接受培训。讲堂上,李春媚通过风趣易懂的语言、丰富的事例,围绕现代公务礼仪原则、日常公务接待礼仪、形象礼仪三个方面,作深入浅出地讲解,受到大家的好评。培训结束后,大家表示,今后将严格按照公务礼仪的要求,从一点一滴的小事做起,养成良好的行为习惯,提升自身的综合素质,做一名业务精、重仪表、讲礼仪、素养高的公务人员。 (袁红星)

资料链接 2015年,为扎实推动“市民素质提升年”的各项工作,市级机关工委设立“机关讲堂”,每季度举办1期主题活动,邀请专家学者、部门领导为机关党员干部讲授政治、法治、经济、科技、文化、国防、党建等方面的知识,以此努力提升机关党员干部的综合素质。至年底,该机关讲堂围绕礼仪进机关、劳模精神进机关、诗歌和集邮知识进机关等,先后组织开展主题活动4期,培训党员干部1000多人次。 (袁红星)

【党员干部培训】 2015年,市级机关工委按照上级工作要求,继续组织开展全体党员轮训、机关基层党组织书记培训以及入党积极分子培训三个层次的培训工作。年初,举办市级机关党的十八届四中全会精神党员轮训班,市级机关党员干部1200多人参加培训学习;6月,市级机关工委围绕坚定理想信念、端正入党动机主题,举办市级机关入党积极分子培训班,共有180多人参加。9月,举办党组织书记培训班,市级机关党员干部150多人参加。 (袁红星)

【“我是党课主讲人·微党课”学习主题活动】 2015年,市级机关工委组织开展“我是党课主讲人·微党课”学习主题活动。年初,制定下发《关于在市级机关组织开展“我是党课主讲人·微党课”学习主题活动的通知》,明确主讲内容、活动安排和工作要求。8月,召开观摩推进会,安排8名普通党员自选主题、自制课件,为机关各基层党组织作微党课示范主讲。11月,结合弘扬“崇文尚德、求实创新”新时期高邮精神,举办“走在前、作表率”为主题的微党课比赛活动,共评选优秀教案20篇、优秀课主讲人14人,并将微党课比赛内容刻制成光盘下发到机关各基层党组织,供党员干部学习。是年,机关工委被表彰为扬州市“我是党课主讲人”活动先进单位。 (袁红星)

【民主评议支部、民主评议党员活动】 5月,市级机关工委在市级机关部署开展民主评议支部、民主评议党员活动。期间,经过学习教育、民主评议、考察公示等程序,共评选先进基层党组织27个、优秀共产党员52人、优秀党务工作者31人。同时,据此推荐市委表彰先进党组织5个、优秀共产党员4人、优秀党务工作者3人;推荐上报扬州市委表彰先进党组织7个、优秀共产党员10人、优秀党务工作者4人。 (袁红星)

【“适应常态强本领、聚力目标争贡献”为党增光辉主题实践活动】 2015年,市级机关工委组织开展“适应常态强本领、聚力目标争贡献”为党增光辉主题实践活动。年初,印发《关于开展“适应新常态强本领、聚力目标争贡献”为党争光辉主题实践活动的意见》,对该项实践活动进行部署。举行“适应常态强本领、聚力目标争贡献”为党增光辉主题实践活动启动仪式,要求机关各基层党组织根据各自工作职能,立足服务对象实际,将主题实践活动贯穿于服务经济社会发展的全过程,确定活动主题,设计活动载体,丰富活动内容。年底,举行该主题实践活动成果展示会,安排有关市级机关作会议工作交流,并要求20多个机关部门党组织以图片等形式集中展示活动成果。 (袁红星)

【“四城同创”志愿者服务】 2015年,市级机关工委围绕市委、市政府“四城”同创工作中心,积极组织市级机关部门党员干部开展志愿者服务活动。年初,组建市级机关党员干部志愿者队伍,共吸纳3000多人参加;3月初,协助市委宣传部组织高邮市志愿者活动启动仪式,印发《关于建立创建全国文明城市路段包干责任制长效管理制度的通知》,并发放《高邮市志愿者绩效考核记录簿》。以“四城同创”为重点,认真组织开展每月5日、20日的党员“统一活动日”活动,全面做好城市社区105个网格的环境卫生整治工作。是年,围绕“四城”同创,累计组织开展机关部门党员干部志愿者活动24批次,参加党员干部2万多人次。 (袁红星)

【机关作风建设和党风廉政建设】 2015年,市级机关工委继续强化市级机关各部门的作风建设和党风廉政建设。组织市级机关各基层党组织和广大党员干部认真学习新修订的《中国共产党廉洁自律准则》和《中国共产党纪律处分条例》,认真学习领会中央、省、扬州市委以及高邮市委关于加强党风廉政建设的各项规定。推广市烟草公司、市人民检察院、高邮地税局、市粮食局五里坝国家粮食储备库等部门和单位开展廉政文化建设的做法，着力营造纪律严明、风清气正的工作氛围。协同市委组织部、市纪委推进开展市级机关“为官不为”专项整治活动，有效克服和杜绝机关部门不作为、慢作为、乱作为和庸懒散拖现象。围绕贯彻执行中央八项规定、省委“十项规定”、扬州市委“20条实施意见”、高邮市委“15条实施意见”精神，会同市纪委等部门，坚持每季度对全市机关作风进行1次～2次明察暗访；在重要节庆期间，协同市职能部门深入交通道口、饭店查看公车使用、公务接待有无违反规定情况等。全年共拍摄明察暗访有效视频38个，其中认定党员干部违反各项规定精神视频22个；共有党员干部4人受到党纪处分，其中党内严重警告3人、免于处分1人；查处投诉案件1起。 （袁红星）

【“三亮三比三评”活动】 2015 年，市级机关工委继续推进开展“三亮三比三评”（亮标准、亮身份、亮承诺，比技能、比作风、比业绩，领导点评、党员互评、群众评议）活动。期间，通过组织开展学习市城管局、市卫计委党务公开经验，学习市政务服务管理办公室为民服务做法等一系列活动，有效促进市级机关各部门的依法行政、高效服务。是年，全市评选表彰“党员示范岗”20 个、“党员示范窗口”10 个。 （袁红星）

【实施“基层党建一把手工程”】 2015 年，市级机关工委与市委组织部联合下发《关于贯彻落实〈市委关于实施“基层党建一把手工程”的意见〉的实施方案》，并根据该方案精神制定下发《关于开展“六有”党支部创建活动的实施方案》，定期深入各基层党组织检查指导工作，推动实现各机关党组织党建工作目标明确、任务明确、责任明确。年底，组织开展各基层党组织书记集中述职评议活动，进一步落实各党组织“一把手”的党建工作责任。 （袁红星）

【机关党建基础工作规范化建设】 4 月中旬，根据《市级机关党建基础工作规范化建设实施意见》精神，机关工委深入到机关各基层党组织调查研究，分条块召开市级机关各基层党组织书记专题座谈会，了解掌握基层党组织建设情况，向市委党建工作领导小组作专题汇报，并以市委办公室文件形式下发《关于进一步深化机关党建基础工作规范化建设的通知》，就推进机关党建基础工作规范化建设作进一步的部署和要求。

【组织工作】 2015 年，市级机关工委全面推行公推直选和差额选举，扩大党员的民主权利，增强改选工作的透明度。全年共改选党总支、党支部 24 个，新建党委 1 个（市国税局机关党委）、党总支 4 个（市市场监督管理局、市卫计委、市国土局、市建管局党总支）。坚持发展党员培训、公示、票决制度，遵循控制数量、改善结构的原则，认真组织开展发展党员工作。全年发展党员 40 人，转正预备党员 37 人。全年收缴党费 61.1 万元。 （袁红星）

【市级机关群团工作】 2015 年，市级机关工委认真做好群团各项工作，取得较好成绩。在市级机关组织开展“5·19 慈善一日捐”活动，累计完成捐款 150 多万元。认真做好市级机关因重大疾病或天灾人祸造成困难家庭的慈善救助工作及职工互济会补助工作，全年共向符合条件的机关人员 79 人，发放各类救助金、补助金 41 万元。继续组织开展机关与社区结对共建工作和帮扶贫困村（户、生）工作，累计提供结对共建和帮扶资金近 100 万元。围绕全市工作安排，先后组织机关党员干部参加庆“元旦”长跑、植树造林、清明祭扫、扬州城庆、烈士公祭、“千人看扬州”、抗日战争最后一役胜利广场落成典礼等多项活动。积极支持机关下辖工会、共青团、妇联、人武部及关工委组织按照各自职能开展工作，并先后组织开展市级机关争创“活力基层工会”“模范职工之家”“职工书屋”“五一巾帼标兵岗”“青年文明号”“巾帼示范岗”“五有五好”关工委等多种活动。牵头组建市级机关代表队，参加市第五届运动会。举办市级机关纪念建党 94 周年文艺演出，着力丰富机关文化生活，受到机关干部职工的欢迎。是年，在全市纪念“五一”大会上，市级机关工委群团工作受到市委的表彰。 （袁红星）

【机关党建信息工作】 2015 年，市级机关工委向《江苏机关党建》发稿 95 篇，被采用 52 篇，其中上报的 6 篇调研文章被江苏机关党建网站转载；全年编发《机关党建》8 期，其中支部党课 4 期。是年，市级机关工委被扬州市级机关工委表彰为信息报送先进单位。 （袁红星）

信访工作

【概况】 2015 年，全市信访工作围绕服从和服务于全市经济社会又好又快发展中心，坚持以人为本，强化制度建设，夯实工作基础，落实各项举措，在矛盾纠纷排查化解、畅通群众诉求渠道、维护群众合法权益等方面取得新的进展，实现全国“两会”、“9.3”抗战胜利纪念日、党的十八届五中全会、扬州建城 2500 周年城庆等重要敏感时期未发生有影响的群体性事件及信访极端个人事件，全市信访维稳继续保持总体平稳可控的态势。至年底，全市共受理群众来信来访 7514 件次，下降 5.2%。其中，办理群众来信 1063 件，下降 6.3%；接待群众来访 1171 批、6451 人次（含群众来市集访 205 批、4857 人次），分别下降 6.5%、5%；进京非正常上访 1 批、1 人次。全年累计办理各类交办信访事项

1054件次，其中国家投诉中心40件、省信访局网站8件、省委书记信箱30件、省长信箱62件、扬州市委书记信箱100件、高邮市委书记信箱220件、市长信箱5349件、网上信访局80件。是年，高邮市被江苏省信访工作联席会议表彰为信访工作先进单位，被扬州市委、市政府表彰为信访工作先进县(市、区)；市信访局被市委、市政府表彰为市级机关能力作风建设先进单位、维护社会稳定工作先进单位。　(王冬梅)

【严格落实工作制度】　2015年，市信访工作联席会议办公室(以下简称市联席办)、市信访局坚持以严格落实各项工作制度为根本，努力推进信访维稳工作取得新成效。围绕落实矛盾纠纷排查制，全年集中开展9次矛盾纠纷大排查活动，梳理并交办相关矛盾纠纷173件，化解158件，化解率91%。围绕落实信访月度例会制，强化对信访工作的及时交流和部署。围绕落实信访问题交办制，对排查出来的信访问题，都一一实行交办，要求责任单位定期汇报信访问题办理进展和重点人员稳控情况，并编发《信访情况专报》予以通报。围绕落实信访信息预警制，加强信访信息的收集、研判、预警、处置，并通过对信访情况的分析研判，及时编发《信访动态专报》《信访快报》《要访请示》《重要来信摘报》《信访情况专报》等153期，对相关情况予以通报。围绕落实诉访分离制，坚持把涉法涉诉信访纳入法治轨道解决，使当事人切实感到依照法律程序就能公正有效地解决问题。　(王冬梅)

【"阳光信访"体系建设】　2015年，市联席办注重推进"阳光信访"，将市政府门户网站上的网上信访平台纳入到"阳光信访"体系，设立"市委书记信箱""市长信箱""网上信访"三个网上信访窗口，逐步构建"网上录入上网、流程网上管理、结果网上反馈、绩效网上考评"的新模式，努力打造阳光透明、便捷高效的信访服务平台。同时，积极推进市、镇(乡)和部门"阳光信访"的互联互通，促使信访事项办理真正实现专业化受理、系统化治理和效能化管理。

(王冬梅)

【初信初访事项办理流程规范化管理】　2015年，市联席办、市信访局坚持以初信初访为重点，进一步强化办理流程规范化管理。认真把好群众初信初访的分类关、受理关、分流关，确保定性准确、受理准确、分流准确。切实做好群众初信初访登记、受理、转办、督办、告知、答复、回访、复查、归案等各个环节工作，把《信访条例》有关规定落到实处。明确要求，规范办理，提高群众初信初访事项的告知率、答复率和办结率。从严把好初信初访事项办理审结环节，除要求责任单位负责人都要亲自阅批、明确办理意见外，还要求责任单位在报送的办结材料上必须有单位主要负责人亲自审查签字，所出具的答复意见书必须要和信访人见面并签字，以此确保初信初访的一次性办结率。　(王冬梅)

【"四访一包"活动】　2015年，市联席办组织开展领导干部"接访下访和包案相结合，坐堂接访和预约接访相结合"的"四访一包"活动，建立常态化的信访积案领导包案、责任分解和统筹化解机制。全年化解各类信访积案50件，其中化解省信访局交办积案4件。　(王冬梅)

【"信访积案化解突击月"活动】　6～7月，经市委常委会研究决定，全市开展"信访积案化解突击月"活动。该突击月活动，围近三年的群众信访情况，以省、市交办的重点案件及赴省市集体访、重复访、进京访和进京非正常访、"三跨三分离"案件等信访突出问题为重点，共梳理出重点信访案件50件，并逐一落实领导包案。期间，市联席办对信访积案化解情况进行2次跟踪督查和通报，对问题较多的地区、部门和疑难复杂信访事项，组织专题会办会，督查督办，研究落实重点人员稳控措施，超前制定应急工作预案。通过开展该突击月活动，全市累计化解信访积案44件。　(王冬梅)

【信访队伍建设】　2015年，全市围绕新时期信访工作的新要求，进一步加强信访队伍建设。组建市人民来访接待中心(作为市信访局的下属事业单位)，面向社会招录事业人员2人，强化来访接待工作；成立网络信访科，任命科长1人，专门负责网上信访的各种事项，强化办信工作；加强基层信访干部队伍建设，专题组织全市各乡镇(园区)、各部门分管信访负责人、信访办主任开展工作业务培训，进一步提升信访工作水平。　(王冬梅)

【信访宣传工作】　2015年，市信访局注重加强信访宣传工作，营造关心、支持信访工作的氛围。利用《信访动态专报》《信访通报》《舆情信息汇编》《高邮日报》和"网上信访"等载体，及时、准确地反映社情民意、信访动态、群众呼声和典型案例，传递信访信息，为领导决策提供服务，为工作开展提供指导；组织编印《高邮市信访工作指南手册》《信访条例》等资料，在《信访条例》颁布纪念日、法制宣传日认真开展宣传活动；在信访接待场所张贴公告栏、须知牌或安装电子显示屏，将信访电话、来访须知、领导接待日须知、依法信访程序等内容予以公示；利用市信访联合接待大厅电子显示屏，滚动播放《信访条例》等依法信访的宣传内容；同时，各乡镇、园区也参考市级信访宣传模式开展信访宣传工作，将依法信访理念宣传到基层，形成上下联动的良好氛围。　(王冬梅)

高邮市人民代表大会及其常务委员会

Gaoyou Municipal People's Congress and its Standing Committee

导读

重要会议

【市十四届人民代表大会第四次会议】 1月19～22日举行。应到会代表290人，实到会代表274人。会议听取市长方桂林所作的《政府工作报告》、市人大常委会副主任郭海平所作的《市人大常委会工作报告》、市人民法院院长韩雪峰所作的《高邮市人民法院工作报告》和市人民检察院代理检察长顾勇所作的《高邮市人民检察院工作报告》；市发改委、市财政局受市政府委托，分别向大会书面提交《关于高邮市2014年国民经济和社会发展计划执行情况和2015年计划草案的报告》和《关于高邮市2014年财政预算执行情况和2015年财政预算草案的报告》。会议通过相应的决议，讨论并批准各项工作报告。会议通过《高邮市第十四届人民代表大会第四次会议关于同意接受郭海平辞去市人大常委会副主任职务请求的决定》，补选王永海为高邮市第十四届人大常委会副主任，补选陈军为高邮市第十四届人大常委会委员，补选顾勇为高邮市人民检察院检察长。

会议收到市人大代表10人联名提出的议案6件(园区建设方面1件、社会保障方面1件、集镇建设方面1件、道路建设方面2件、区域供水方面1件)，代表建议、批评和意见181件，均由市人大常委会于会后交由市政府及有关单位办理。

（施海明）

【市十四届人大常委会会议】 2015年，市十四届人大常委会共举行常委会会议6次。

第二十二次会议，1月15日举行。会议听取市人大常委会代表资格审查委员会副主任委员周荣祥受代表资格审查委员会委托所作的《关于代表变动情况及补选代表的代表资格审查报告》，通过《高邮市人民代表大会常务委员会公告》。会议审议通过有关辞职事项。

第二十三次会议，3月26～27日举行。会议听取并审议通过市人大常委会办公室主任吕天龙受市人大常委会主任会议委托所作的《高邮市人大常委会2015年度工作要点和议题安排计划》。会议听取市人民检察院检察长顾勇所作的《关于反贪污贿赂工作情况的汇报》和市人大常委会调查组的调查报告。会议经过审议，作出审议意见。会议听取部分市检察院检察员述职报告并进行满意度测评。书面听取市政府《关于贯彻落实〈市人大常委会对城乡居民养老保险制度实施情况审议意见〉情况的汇报》以及市房管局和市农开局分别《贯彻落实〈市人大常委会评议意见〉的情况汇报》。会议还审议通过有关人事任免事项。

第二十四次会议，5月28日举行。会议听取市人民法院院长韩雪峰所作的《关于近年来执行工作情况的汇报》和市人大常委会调查组的调查报告。会议经过审议，作出审议意见。会议听取部分市法院审判员述职报告以及部分扬州市人大代表履职情况报告，并进行满意度测评。会议还审议通过有关人事任免事项。

第二十五次会议，7月30～31日举行。会议听取市发改委主任杨向东受市政府委托所作的《关于2015年房屋征收(拆迁)项目计划的议案及说明》、《2015年上半年国民经济和社会发展计划执行情况的汇报》。会议经过审议,分别作出审议意见。会议听取市财政局局长许明受市政府委托所作的《关于2015年上半年财政预算执行情况的汇报》、《关于2014年财政决算的报告》。会议经过审议,分别作出决议。会议听取市审计局局长詹惜文受市政府委托所作的《关于2014年财政预算执行和其他财政收支审计情况的汇报》,会议经过审议,作出审议意见。会议分别听取市科技局局长谭旭所作的《关于市科技局近年来工作情况的汇报》、市商务局局长张锋所作的《关于市商务局近年来工作情况的汇报》和市人大常委会工作评议小组相应的调查报告。会议经过审议,分别进行满意度测评,并作出评议意见。书面听取市检察院《贯彻落实〈市人大常委会关于反贪污贿赂工作情况汇报的评议意见〉的情况汇报》。会议还审议通过有关人事任职事项。

第二十六次会议,9月25日举行。会议听取市环保局局长张学雷受市政府委托所作的《关于创建国家环保模范城市工作情况的汇报》和市人大常委会调查组的调查报告。会议经过审议,作出审议意见。会议听取市人大常委会执法检查组的《关于全市贯彻实施〈中华人民共和国老年人权益保障法〉情况的执法检查报告》。会议经过审议,作出审议意见。会议听取市政府办公室主任李生受市政府委托所作的《关于市十四届人大四次会议代表建议办理情况的汇报》和市人大常委会调查组的调查报告。会议经过审议,作出审议意见。会议听取部分扬州市人大代表履职情况报告并进行民主测评。书面听取市法院《贯彻落实市人大常委会〈关于对市法院近年来执行工作情况汇报的审议意见〉的情况汇报》。会议还审议通过有关人事任免事项。

第二十七次会议,11月25～26日举行。会议听取市规划局局长张定林受市政府委托所作的《关于高邮市城市总体规划(2014－2030)编制的情况汇报》。会议经过审议,作出决议。会议听取市农工办主任仇家春受市政府委托所作的《关于全市经济薄弱村脱贫攻坚工程实施情况的汇报》和市人大常委会调查组的调查报告。会议经过审议,作出审议意见。会议听取市卫计委副主任邹建华受市政府委托所作的《关于创建国家卫生城市工作情况的汇报》和市人大常委会调查组的调查报告,并开展专题询问。会议经过审议,作出审议意见。会议听取市财政局局长许明受市政府委托所作的《关于提请审议2015年市级财政收支预算调整方案(草案)的议案说明》。会议经过审议,作出相关决定。会议听取市政府研究室主任戴光耀受市政府委托所作的《市政府关于审计查出问题整改情况的汇报》。书面听取市科技局、市商务局《贯彻落实〈市人大常委会评议意见〉的情况汇报》。会议还审议通过《关于召开市十四届人大五次会议的决定》《关于调整代表资格审查委员会组成人员的决定》及有关人事辞职事项。

(施海明)

市十四届人大常委会第二十七次会议现场

(市人大常委会办公室供稿)

【市十四届人大常委会主任会议】　2015年,市十四届人大常委会共举行主任会议6次。

第25次会议,4月28日举行。专题审议全市"六五"普法规划实施工作,市人大常委会副主任薛晓寒主持会议。会议听取并审议市司法局局长张国平受市政府委托所作的《关于全市"六五"普法规划实施情况的汇报》。建议:要进一步加大组织力度,形成普法工作的合力;要进一步突出重点对象,增强普法工作的实效;要进一步创新宣传方式,营造普法工作的良好氛围;要进一步强化保障机制,提升普法工作水平。市人大常委会副主任葛桂秋、王永海参加会议。副市长、市公安局局长高长明列席会议。

第26次会议,5月26日举行。专题审议全市水利管理综合改革工作,市人大常委会副主任孙明如主持会议。会议听取并审议市水利局局长周建峰受市政府委托所作的《关于水利管理综合改革工作情况的汇报》。建议:强化组织领导,进一步提高水利改革认识;突出改革重点,进一步增强水利改革实效;注重长远发展,进一步强化水利保障能力;坚持依法治水,进一步加强水利队伍建设。市人大常委会副主任葛桂秋、薛晓寒、王永海参加会议。副市长杨文喜列席会议。

第27次会议,6月23日举行。专题审议全市禁毒工作,市人大常委会副主任薛晓寒主持会议。会议听取并审议市公安局副局长、禁毒办主任徐顺山受市政府委托所作的《关于全市禁毒工作情况的汇报》。建议:要创新宣传形式,进一步提高全民禁毒意识；要坚持齐抓共管，进一步完善禁毒组织网络；要加强毒情研判，进一步加大涉毒惩治力度；要落实工作保障，进一步增加禁毒工作投入。市人大常委会副主任葛桂秋、孙明如参加会议。副市长、市公安局局长高长明列席会议。

第28次会议，8月14日举行。专题审议全市高中教育发展工作，市人大常委会副主任薛晓寒主持会议。会议听取并审议市教育局局长陆鹏海受市政府委托所作的《关于全市高中教育发展情况的汇报》。建议：要进一步优化高中教育发展布局；要进一步提升高中教育质量；要进一步加强高中师资队伍建设；要进一步加大高中教育投入。市人大常委会副主任葛桂秋、王永海参加会议。副市长钱富强列席会议。

第29次会议，9月9日举行。专题审议全市国有资本经营收益管理工作，市人大常委会副主任葛桂秋主持会议。会议听取并审议市财政局局长许明受市政府委托所作的《关于全市国有资本经营收益管理情况的汇报》。建议：要进一步提高思想认识，增强监管意识；要进一步创新监管方式，完善监管办法；要进一步加大收缴力度，改进收缴手段；要进一步完善预算管理，硬化预算约束。市人大常委会副主任薛晓寒、孙明如参加会议。市委常委、常务副市长徐永宝列席会议。

第30次会议，10月26日举行。专题审议全市数字化城管运行工作，市人大常委会副主任薛晓寒主持。会议听取并审议市城管执法局局长滕志云受市政府委托所作的《关于我市数字化城管运行情况的汇报》。建议：要创新理念，进一步营造齐抓共管的工作氛围；要夯实基础，进一步提升统一高效的运转效能；要严格考核，进一步健全科学协调的工作流程；要加大力度，进一步形成保障有力的投入机制。市人大常委会副主任葛桂秋、孙明如参加会议。副市长潘建奇列席会议。　（施海明）

重大活动

【专题询问活动】　11月26日，按照《高邮市人民代表大会常务委员会专题询问暂行办法》，市人大常委会对全国卫生城市创建工作开展专题询问活动。活动由市人大常委会副主任孙明如主持。询问活动中，部分市人大常委会委员围绕城市基础设施建设、市容环境、行业卫生管理、城市品质提升等社会普遍关注的热点问题进行详细询问。市卫计委、市城建局、市城管局、市水利局、市建管局、市市场监督管理局、市环保局、市交通局、高邮经济开发区、高邮城南经济新区、高邮镇等相关乡镇（园区）、部门负责人现场逐一进行答复。市人大常委会副主任葛桂秋、薛晓寒参加活动，副市长、市公安局局长高长明和市人民法院院长韩雪峰、市人民检察院检察长顾勇应邀参加活动。各有关乡镇人大主席、市人大代表及市人大常委会相关委室负责人应邀观摩活动。　（施海明）

市人大常委会专题询问全国卫生城市创建工作

（市人大常委会办公室供稿）

【专题视察活动】　2015年，市人大常委会先后组织市人大常委会组成人员及有关市人大代表就全市经济建设、社会事业、民生工作等方面，开展专题视察活动5次。

3月23日，专题视察全市重要公用事业价格管理情况。实地察看扬州新奥燃气有限公司营业大厅和市人民医院，听取全市重要公用事业价格管理情况的汇报。建议：要进一步加大宣传引导力度；要进一步加大价费监管力度；要进一步加大关注民生力度。

5月21日，专题视察全市国家历史文化名城申报工作。实地察看盂城驿第二期、百岁巷改造、市河第二期工程和当铺修缮现场，听取国家历史文化名城申报工作情况汇报。建议：深化认识，积极争创；科学规划，提升特色；加强保护，有效利用；创新机制，扎实推进。

10月22日，专题视察全市动物无害化处理体系建设情况。实地察看三垛镇病死畜禽集中收集点、全市动物无害化处理中心现场，听取全市动物无害化处理体系建设情况的汇报。建议：要加强管理考核，严格落实责任；要加强联合执法，严密监管体系；要加强财政投入，完善基础建设；要加强队伍建设，建立长效机制。

10月23日，专题视察市残疾人康复中心建设和运行情况。实地察看残疾人康复中心，听取市残疾人康复中心建设和运行情况的汇报。建议：要切实维护残疾人的合法权益，号召全社会广泛参与和支持残疾人事业发展；要加强康复政策的宣传引导，力争让所有残疾人都享受到良好的康复服务；要持续拓展服务内容与形式，满足残疾人康复多样性需求;要加大招引和培训力度,提高康复专业工作人员的业务水平。

11 月 20 日,专题视察全市交通重点工程建设情况。实地察看沿湖大道、运东船闸、连淮扬镇铁路等交通重点工程建设现场。建议:要坚持科学规划,推进交通发展;要强化统筹协调,加快项目建设;要加强质量管理,规范工程施工;要加大财政投入,严格落实责任。

(施海明)

表 57 2015 年市人大常委会专题视察活动安排表

序号	活动名称	活动时间	参加活动市领导	参加活动部门
1	专题视察全市重要公用事业价格管理情况	3 月 23 日	葛桂秋 薛晓寒 孙明如 王永海 朱莉莉	市财政局、市水利局、市卫计委、市教育局、市交通局、市物价局
2	专题视察全市国家历史文化名城申报工作	5 月 21 日	葛桂秋 薛晓寒 王永海 潘建奇	市城建局、市文广新局、市文物局、市财政局、市城管局、市房管局、市旅游局、市水利局
3	专题视察全市动物无害化处理体系建设情况	10 月 22 日	葛桂秋 薛晓寒 孙明如 赵 平	市农委、市国土局、市环保局、市规划局、市财政局、市农工办、市财保公司、市供电公司
4	专题视察市残疾人康复中心建设和运行情况	10 月 23 日	葛桂秋 薛晓寒 孙明如 王永海 高长明	市残联
5	专题视察全市交通重点工程建设情况	11 月 20 日	葛桂秋 孙明如 王永海 赵 平	市交通局

(施海明)

重点建议办理

【5 件重点建议办理情况】 2015 年,由市人大常委会确定为当年重点督办的 5 件代表建议,在市人大常委会跟踪督办下,经市政府及相关职能部门的共同努力,所有重点建议的办理取得较好进展。办理情况综述如下:

1.《关于大力扶持全市四个特色园区转型升级的建议》。为办好建议,市政府按照解决面上共性问题、兼顾重点个性问题的思路,就菱塘电线电缆、郭集照明灯具、卸甲电动工具和汤庄液压机械四个特色园区的发展所采取的措施为:集成政策,主要对乡镇工业集中区整合提升特色发展意见、企业应急专项资金管理暂行办法、中小企业发展基金管理办法等政策进行梳理整合,在运用和扶持上向特色园区、重点企业倾斜,确保用足用好;加快集聚,主要通过完善园区产业发展规划、支持园区建设公共服务平台、加强产业配套能力,整合分散的产业资源,引导特色企业、特色产品加快进入特色园区发展;加大扶持,注重及时有效地落实《高邮市乡镇工业集中区专项资金扶持和考核奖励办法》,除对四个特色园区发放 440.16 万元的年度扶持资金之外,还对各工业集中区进行年度分类考核,并对获"特色园区先进奖"称号的郭集照明灯具园区和卸甲电动工具园区各奖励 20 万元。

2.《关于打造传统历史文化街区的建议》。历史文化街区是古城的底蕴和风貌所在。为办好建议,市政府及其相关职能部门注重规划修编,将历史文化街区建设纳入国家级历史文化名城申报工作范畴,编制《高邮市历史文化名城保护规划》并获省政府批准,编制的城南、城中、城北三个历史文化街区保护规划通过省住建厅专家论证;注重保护工作,出台历史文化名城保护管理办法、不可移动文物保护管理办法,公布全市首批 52 处历史建筑名单和 35 处不可移动文物名单,设立文物保护修缮补助资金,建立文物志愿者队伍,对历史文化街区及周边商业业态进行严格控制;注重广泛宣传,实施名城保护宣传发动"十个一"工程,争取广大群众的参与支持;注重工程建设,结合盂城驿扩容、市河改造、当铺修缮、后街后巷维护等工程,稳妥恢复历史文化街区风貌,并获住房和城乡建设部和省住建厅专家的较好评价。

市人大常委会视察历史文化街区保护与建设工作现场

(市人大常委会办公室供稿)

3.《关于完善公共交通布局,方便群众出行的建议》。为办好建议,市政府结合高邮实际和群众出行需求，采取三条强化措施着力推进城乡公交一体化健康有序发展。注重优化线路，将公交线路优化调整至10条，其中城市公交5条、城乡公交一体化线路4条、旅游专线1条，配建公交停保场3个、站台124个；注重形成循环，新开通汽车站至汽车站双向循环公交线路，运行线路为珠光路、通湖路、中山路、府前街、海潮路，将市区行政中心、购物中心、学校、医院等重要场所有机串联起来；注重加大投入，在上年投资2200万元、购置LNG公交车50辆的基础上，本年度又投资1340万元购置LNG公交车26辆，累计正常运营的LNG公交车76辆，其中城市公交车40辆、城乡一体化公交车36辆。至此，全市除旅游专线外，公交车辆班次密度明显增大，班次间隔为8～15分钟，有效方便群众的出行。

4.《关于继续加大电动三轮车整治力度的建议》。为办好建议，市政府投入656.4万元，按依法行政、以人为本、狠抓长效的原则，制定城区人力三轮车拆除非法动力装置工作方案，开展整治攻坚战。注重"打黑"(打击无证经营者)营造声势，5月20日～6月20日，组成联合执法组5个，查处无证经营的人力三轮车、封闭式机动三轮车和电动三轮、四轮车292辆。推进"拆违"(拆除违法安装的电力装置)整治，规定7月1～11日主动拆除动力装置的，由市政府按每辆车3800元进行回购，并发放每车500元的奖励费用；对车辆回购后不再从事三轮车营运的发放就业过渡费4000元；逾期不拆除动力装置上路营运的发现一辆查处一辆。注重"换新"(更换新的人力三轮车)规范营运，设立人力三轮车从业准入门槛，对符合条件的经营者由市政府采购样式统一的人力三轮车，免费供其使用。注重"解困"(解决困难)化解矛盾，对不再从事三轮车客运的业主，符合低保条件的做到应保尽保，不符合低保条件的由所在乡镇(园区)按照临时救助办法进行帮扶；对有就业意向且符合就业条件的残疾人车主就近推荐到相关福利企业上班。经整治，全市黑车全部取缔，有证三轮车从702辆降至281辆，市区通行环境得到有效改善。此外，市政府还成立市人力三轮车管理办公室，从市公安、交通、城管抽调执法人员25人组成专职队伍，安排年度工作经费60万元，着力做好后续长效管理工作。

5.《关于加强食品安全监管的建议》。为办好建议，市政府采取多种举措，加强食品安全的监管，努力解决这一备受广大群众关注的问题。积极理顺体制，稳妥推进市场监管机构改革，将市原工商、质监和药监三个部门进行合并，组建市市场监督管理局，整合食品安全监督管理、检验检测和稽查执法力量，广泛开展食品安全宣传及监管工作，着力解决群众反映的热点难点问题。加大食品安全稽查执法的力度，重拳出击各类违法行为。截至8月底，全市共受理涉及食品安全投诉案件60件，其中立案查处44件，并将涉嫌犯罪的案件1件移送公安机关处理。着力加强监管工作，在市市场监督管理局增设食品药品安全综合协调科和食品安全监管科，逐步完善从食品生产加工、流通到餐饮服务环节的监管链条。实行严格检测制度，强化软硬件建设，重点查纠超范围、超限量使用食品添加剂和非法添加非食用物质等常见多发的违法行为，保障"舌尖上的安全"。　(施海明)

重点工作

【专项工作评议】　6～7月，市人大常委会对市科技局、市商务局开展专项工作评议。期间，市人大常委会成立工作评议小组，通过召开乡镇人大主席和市人大代表座谈会，与市科技局、市商务局中层以上干部个别交谈，向市人大代表发放调查问卷等形式，深入调查了解市科技局、市商务局近年来工作情况，广泛征求方方面面对市科技局、市商务局工作的意见、建议。并在市十四届人大常委会第二十五次会议上，分别听取市科技局、市商务局近年来工作情况汇报，进行满意度测评。经过评议，市科技局和市商务局均获得满意等次。针对两个部门工作存在的问题，市人大常委会分别提出整改意见。　(施海明)

【执法检查】　8～9月，市人大常委会成立4个执法检查组，对全市贯彻实施《中华人民共和国老年人权益保障法》的情况开展执法检查。期间，检查组深入乡镇、园区，通过听取汇报、召开座谈会、实地察看等方法，重点检查老年人权益维护、老龄事业发展、老年人优待等方面的工作，深入了解全市贯彻实施《中华人民共和国老年人权益保障法》的情况。9月25日召开的市十四届人大常委会第二十六次会议，听取市人大常委会执法检查组关于《中华人民共和国老年人权益保障法》在全市贯彻实施情况的执法检查报告，并且经过审议作出五个方面的审议意见：要加大宣传力度，着力营造敬老养老助老氛围；要加大推进力度，着力发展养老服务业；要加大探索力度，着力推进养医结合；要加大扶持力度，着力加强养老队伍建设；要加大关爱力度，着力丰富老年人精神生活。　(施海明)

【全市乡镇人大工作会议】　3月13日上午召开。会议的主要任务是，总结2014年全市乡镇人大工作，研究部署2015年乡镇人大工作各项任务。市人大常委会副主任葛桂秋、薛晓寒、孙明如、王永海，各乡镇人大主席、部分市人大代表及市人大常委会机关有关委办室负责人等参加会议。会议由薛晓寒主持，葛桂秋作讲话。他要求，全市各乡镇人大要提高思想认识，增强做好乡镇人大工作的责任感；要主动适应新常态，发挥新优势，把握关键环节，着力提升乡镇人大工作实效；要积极探索监督工作的新路径，寻求加强联系互动的新方法，打造服务代表的新平台，推进乡镇人大工作与时俱进；要不断强化履职意识，增强履职能力，摆正工作位置，加强人大宣传，使乡镇人大自身建设得到持续加强。会上，表彰2014年度乡镇人大工作先进单位和先进个人、优秀市人大代表及优秀人大代表议案、建议。（施海明）

全市乡镇人大工作会议现场

（市人大常委会办公室供稿）

【创建国家卫生城市工作专题调研座谈会】　10月30日下午，市人大常委会就创建国家卫生城市工作召开专题调研座谈会，座谈了解全市创建国家卫生城市工作进展情况。市创卫办、市卫计委、市城建局、市城管局、市水利局、市建管局、市市场监督管理局、市环保局、市交通局、高邮镇、高邮经济开发区、高邮城南经济新区等责任单位分管创卫工作负责人参加会议。会上，市创卫办分管负责人从创卫组织领导、任务分解、宣传发动、综合整治和行业监管五个方面作全市创卫工作基本情况汇报，并针对当前全市创卫工作存在的主要问题，提出增强创卫意识、加大创卫投入、落实整改措施和加强长效管理等意见和建议；参会的10家责任部门和单位也分别从基本情况、存在问题、意见建议三个方面作座谈交流。座谈会由市人大常委会教科文卫委主任卢红主持。会上，她表示，市人大常委会就创建国家卫生城市工作召开专题调研座谈会，旨在为即将召开的市人大常委会第二十七次会议摸清情况、做好准备，市人大常委会第二十七次会议将听取市政府关于全国卫生城市创建工作情况汇报并开展专题询问，将会进一步推动全市创卫工作向纵深开展，成为全市创卫工作的又一个助推力。（施海明）

【人大代表建议办理工作】　在市十四届人大三次会议期间市人大代表所提的187件建议，至年底，已全部办复。在办理过程中，市政府及相关职能部门高度重视，把办好建议作为加强与代表联系的重要途径，突出解决实际问题，采取及时交办、对口督办和发函催办等方式，提高建议办理实效，得到代表们好评，代表们对建议办理的满意和基本满意率100％。（施海明）

高邮市人民政府

Gaoyou Municipal People's Government

导读

重要会议

【市政府全体(扩大)会议】 3 月 12 日举行。会议的主要任务是,动员政府系统全体人员以更加振奋的精神、更加务实的作风、更加有效的举措,努力把全年的各项工作目标任务落到实处。副市长徐永宝、钱富强、潘建奇、赵平出席会议;市政府各部门、市各直属单位、各乡镇园区负责人参加会议,市委办、市人大常委会办、市政协办、市人民法院、市人民检察院及有关人民团体负责人应邀出席会议。会上,市长方桂林作讲话。他指出,全年的各项任务目标已经确定,关键在抓落实。抓落实,必须强化责任,各乡镇、园区和有关部门要对照目标,分解任务,细化要求,明确分工,强化问效问责机制,对懒作为、慢作为、乱作为、不作为的单位和个人要进行约谈,对失职、渎职者要进行问责。抓落实,必须提高效能,各乡镇、各部门一定要增强时间观念,突出一个"早"字,各项工作尽量往前赶。抓落实,必须敢于担当,各级领导干部要放下包袱,敢担当、敢作为。抓落实,必须创新思路,各乡镇、各部门要加强学习、吃透上情,调查研究、摸准下情,顺应形势、创新求变,努力使抓落实的过程变成工作创新的过程。同时,他还就政府系统党风廉政建设和反腐败工作作强调。他说,要严守规矩,做政治上的明白人;依法行政,有效推进放权限权;勤俭持家,管好用好建设资金;标本兼治,强化腐败惩治力度。常务副市长徐永宝主持会议,并就贯彻落实此次会议精神提出要求。会上,还表彰一批政府工作先进单位和个人;市城建局、市经信委、市卫生局、高邮镇等单位作交流发言。（史志）

【市政府常务会议】 2015 年,市政府召开政府常务会议 9 次,其中市长方桂林主持召开 8 次,市委常委、常务副市长徐永宝召开 1 次。

第二十三次常务会议,1 月 7 日下午举行,由市长方桂林主持。会议听取市政府办公室主任李生所作的《〈政府工作报告〉起草的相关情况汇报》、《〈2015 年民生幸福工程实施意见〉(市委、市政府"1 号文件")起草情况及主要内容的汇报》,市委组织部副部长、市编办主任谭旭所作的《〈政府职能转变和机构改革方案〉起草的相关情况汇报》,并分别提出处理意见。原则同意市财政局提交的《高邮市政府部门专项资金管理清单》、市物价局提交的《高邮市行政事业性收费项目清单》、市法制办提交的《高邮市常用行政权力清单》。

第二十四次常务会议,2 月 16 日下午举行,由市长方桂林主持。会议听取市政府研究室副主任龙在祥所作的《关于 2014 年高邮市记功和"突出贡献奖"评审的相关情况汇报》,市人社局局长高健所作的《关于高邮市 2012—2013 年度有突出贡献中青年专家选拔的相关情况汇报》,高邮质监局局长周建伟所作的《关于第五届高邮市市长质量奖评审工作的相关情况汇报》,市城建局局长孙禹文所作的《2015 年度城建"双十"工程的相关情况汇报》,市环保局党组书记、副局长、市生态办主任张仲林所作的《关于 2015 年度高邮市生态文明建设十大重点工程目标任务分解的相关情况汇报》,市水利局局长周建峰所作的《关于高邮湖湖西大堤生态旅游项目合作的相关情况汇报》,市城管局局长潘万宝所作的《关于人民商城东侧(原食品厂)地块摊点疏导区建设方案的相关情况汇报》,并分别提出处理意见。原则同意市统计局提交的《进一步加强部门统计工作的意见》、市城管局提交的《关于实行政府购买环卫作业领域公共服务市场化运作工作方案》。

第二十五次常务会议,3 月 20 日下午举行,由市长方桂林主持。会议传达学习全国人大、全国政协“两会”精神,要求全市上下迅速掀起学习贯彻全国“两会”精神热潮,按照“四个全面”的战略布局,统筹谋划、狠抓落实,把建设美丽新高邮的各项工作做得更好,交出新常态下的新答卷;各乡镇(园区)、部门要按照市委、市政府的统一部署,迅速把会议精神传达到各级领导班子和广大党员干部,切实把思想和行动统一到全国“两会”精神上来。会议听取市政府办副主任、法制办主任魏道智所作的《关于行政执法风险点提示的相关情况汇报》、市政府办主任李生所作的《关于第十一届中国双黄鸭蛋节筹备情况的汇报》、市发改委主任杨向东所作的《关于 2015 年扬州“4.18”国际经贸旅游节暨第十一届中国双黄鸭蛋节高邮市重大项目集中开工、竣工投产活动筹备情况的汇报》、高邮经济开发区管委会主任赵广华所作的《关于举办第八届中国国际食品安全技术论坛的情况汇报》、市交通局党委书记林启斌所作的《关于高邮市 2015 年度交通运输投资项目的情况汇报》,并分别提出处理意见。会议原则同意市环保局提交的《高邮市创建国家环保模范城市规划》。

第二十六次常务会议,4 月 24 日下午举行,由市长方桂林主持。讨论决定事项为:原则同意市农委提交的《加强高邮市农业服务体系建设的意见》、市城管局提交的《高邮市数字化城市管理综合考核办法及细则》、市城建局提交的《市政基础设施管养专项资金管理暂行办法》。会议听取市交通局局长张德宏所作的《关于连镇铁路高邮站高架站台及选址方案的情况汇报》、市城管局局长潘万宝所作的《关于修订〈高邮市市区户外广告和标志设置管理办法〉的相关情况汇报》,并分别提出处理意见。

第二十七次常务会议,6 月 23 日下午举行,由市长方桂林主持。讨论决定事项为:原则同意市房管局提交的《高邮市市区直管公房管理办法》、市委政法委提交的《进一步加强技防监控建设的意见(2015)》、市城建局提交的《高邮市历史文化街区及周边商业业态控制暂行规定》、市文广新局提交的《高邮市私有文物建筑修缮补助资金暂行办法》。会议听取市经信委副主任林恩茂所作的《关于修订〈高邮市政府企业应急专项资金管理暂行办法〉的汇报》、市交通局局长张德宏所作的《关于城区人力三轮车专项整治工作的情况汇报》、市城管局副局长嵇朝玉所作的《关于确定市生活垃圾无害化、减量化项目 BOT 招标边界条件的情况汇报》、市商务局局长张锋所作的《关于城区农贸市场综合整治工作的情况汇报》、市水利局副局长茆德华所作的《关于运河堤防及沿线绿化管理的情况汇报》、市物价局局长宋长龙所作的《关于非居民用管道天然气价格并轨调整方案的情况汇报》,并分别提出处理意见。

第二十八次常务会议,7 月 10 日上午举行,由市长方桂林主持。会议就全市上半年经济运行情况分析和下半年经济工作安排,分别听取由市发改委、市经信委、市财政局、市统计局、市商务局、高邮经济开发区、高邮城南经济新区、高邮湖西新区等有关部门、园区负责人所作的相关情况汇报。会议要求:要止住“出血点”。各乡镇、园区要沉下身子到企业做调研,对有困难、有希望的企业,采取积极扶持政策;对高耗能、高污染、低产出的企业,要敢于采取“关停并转”措施,腾让发展容量;对优质企业的投资需求,要从用地、用工、政策配套方面积极予以满足,帮助企业迅速扩张,提振发展信心。要防范风险点。充分发挥好市应急资金作用,进一步提高资金使用效率,帮助企业解决资金周转难题;认真防范金融风险,严厉打击高利贷和非法集资,配合银行做好对企业信贷资金使用方向的监管,强化银企对接,积极协调金融机构维护好企业的资金链。要培育增长点。各乡镇、园区要克服懈怠思想,切实把招商工作当作下半年的一项重点工作来抓,坚定不移地抓好上海及长三角地区招商活动,对重点区域、重点产业、重点企业开展聚焦式招商,真正把招商工作落到实处。会议原则同意市卫计委提交的《关于建设农村区域性医疗卫生中心的实施方案》。听取市市场监督管理局副局长、市食品药品监督管理局局长朱海涛所作的《关于创建江苏省食品安全城市的情况汇报》,并提出处理意见。

第二十九次常务会议,7 月 20 日上午举行,由市长方桂林主持。会议听取市城管局局长潘万宝所作的《关于高邮市生活垃圾焚烧发电项目 BOT 招标文件起草的相关情况汇报》、市环卫处主任徐志强所作的《关于高邮市生活垃圾焚烧发电项目 BOT 招标文件中主要条款内容的汇报》,并分别提出处理意见。

第三十次常务会议,9 月 1 日下午举行,由市长方桂林主持。讨论决定事项为:原则同意市经信委提交的《加快推进“互联网+”发展的实施意见》《促进“互联网+”发展的扶持政策(试行)》和《开展全市社会信用体系建设的实施意见》、市房管局提交的《促进房地产业平稳健康发展的意见》。会议听取市民政局副局长吴建生所作的《关于市社会福利中心医养融合项目的情况汇报》,并提出处理意见。

第三十一次常务会议,11 月 15 日下午举行,由市委常委、常务副市长徐永宝主持。讨论决定事项为：原则同意市法制办提交的《高邮市行政复议委员会试点工作方案》、市经信委提交的《高邮市服装产业发展基金管理办法(试行)》《高邮市企业技术改造专项引导资金管理办法(试行)》。听取市民政局局长张立中所作的《关于修订〈高邮市急难家庭生活救助暂行办法〉的相关情况汇报》、市经信委主任陆炜所作的《关于工业和信息化考核奖励办法调整方案的相关情况汇报》、市环保局局长张学雷所作的《关于启动镇级污水处理厂提升改造工作的情况汇报》、市物价局局长宋长龙所作的《关于调整城区居民用水价格并实行阶梯价格制度的相关情况汇报》、市交通局局长张德宏所作的《关于运东船闸扩容改造工程征地拆迁协议情况的汇报》、高邮经济开发区管委会主任赵广华所作的《关于调整东部大型货运车停车场建设方案的相关情况汇报》、市城管局局长潘万宝所作的《关于高邮市生活垃圾焚烧场发电 PPP 项目“绿色通道”的相关情况汇报》，并分别提出处理意见。 （史志）

表 58 **2015 年市政府召开的有关工作会议一览表**

时 间	会 议 名 称	主 要 内 容
1月22日	全市食品安全工作会议	部署春节期间食品安全工作
2月12日	全市交通运输工作会议	总结 2014 年全市交通工作，部署 2015 年工作任务
2月13日	全市财政工作会议	总结 2014 年全市财政工作，部署 2015 年工作任务
2月13日	全市水利工作会议	总结 2014 年全市水利工作，部署 2015 年工作任务
3月2日	全市公安工作会议	总结 2014 年全市公安工作，部署 2015 年工作任务
3月3日	全市残疾人工作会议	总结 2014 年全市残疾人工作，部署 2015 年工作任务
3月11日	全市住房公积金扩面缴存工作会	总结 2014 年全市住房公积金扩面缴存工作，部署 2015 年工作任务
3月17日	全市金融工作会议	总结 2014 年全市金融工作，部署 2015 年工作任务
3月22日	全市国土资源工作会议	总结 2014 年全市国土资源工作，部署 2015 年工作任务
3月24日	全市农产品质量安全监管工作会议	总结 2014 年全市农产品质量安全监管工作，部署 2015 年工作任务
3月27日	全市民族宗教工作会议	总结 2014 年全市民族宗教工作，部署 2015 年工作任务
3月29日	全市建筑工程安全生产工作会议	总结 2014 年全市建筑工程安全生产工作，部署 2015 年工作任务
3月31日	全市安全生产暨消防工作会议	总结 2014 年全市安全生产暨消防工作，部署 2015 年工作任务
4月7日	全市价格工作暨市场价格调控联席会议	总结 2014 年全市价格工作，部署 2015 年工作任务
5月22日	全市质量强市推进会	总结 2014 年全市向上争取资金工作，部署安排当前及今后一段时期工作任务
6月24日	全市向上争取资金工作会议	总结 2014 年全市质量强市工作，研究部署下一阶段工作任务
8月13日	全市妇女儿童工作会议	总结 2013—2014 年度妇女儿童发展八件实事项目落实情况，部署 2015—2016 年度新一轮妇女儿童发展八件实事任务
9月2日	全市港口及水上危化品安全管理工作会议	传达全省港口及水上危化品安全管理工作电视电话会议精神，部署全市相关管理工作任务
10月10日	全市建筑施工安全生暨扬尘防治标准化观摩会议	贯彻上级会议精神，部署全市建筑施工安全生产和扬尘防治工作任务
11月9日	全市网线电线私拉乱接整治工作会议	落实创建国家卫生城市的要求，部署开展网线电线私拉乱接整治行动
12月11日	全市营运黄标车淘汰报废工作推进会	传达学习扬州市政府营运黄标车淘汰工作紧急会议精神，通报全市黄标车淘汰报废专项行动进展情况，部署下一阶段工作任务

（史志）

重要决策、决定

【政府部门行政权力目录清单公开】 1月13日，市政府就进一步推进简政放权、加快转变政府职能，印发《关于公开高邮市政府各部门行政权力目录清单的通知》，并向社会公开，共涉及市政府各部门常用的行政权力 2318 项(含行政许可事项 224 项)。该通知要求，政府各部门要严格按照公开的目录清单依法行使职能，没有公开的行政权力一律不得行使；因法律法规修改需要调整权力事项，机构改革后部门撤并需要调整权力行使主体，管理任务变化需要调整权力运行流程等情况，应及时调整和完善权力清单，经市政府法制办审核并向社会公开后方可实施；非常用权力事项如确需使用，应由权力使用部门提出申请，政府法制部门审核后进行

公布，公布之后方能转为常用权力事项行使；如调整的事项属行政审批事项，自公布之日起3日内应进入行政服务中心办理。（史志）

【深入推进法治政府建设】 5月10日，市政府为认真贯彻党的十八大、十八届三中、四中全会和市委十届九次全会决策部署，根据省政府《关于深入推进依法行政加快建设法治政府的意见》、扬州市政府《关于深入推进依法行政加快建设法治政府的实施意见》和《中共高邮市委关于贯彻落实党的十八届四中全会精神全面推进依法治市的实施意见》要求，就全市深入推进法治政府建设，印发《关于深入推进依法行政加快建设法治政府的实施意见》。该意见从"准确把握深入推进依法行政、加快建设法治政府的总体要求""依法全面履行政府职能，大力推进简政放权""着力创新政府"立法"机制，不断提高制度建设质量""健全科学民主决策机制，规范行政决策行为""进一步理顺行政执法体制，严格规范公正文明执法""切实加强行政监督，依法规范政权力运行""依法防范和化解社会矛盾，加快推进社会治理法治化""努力为深入推进依法行政、加快建设法治政府提供支撑保障"等八个方面，明确相关具体要求26项，是全市着力打造职能科学、权责法定、执法严明、公开公正、廉洁高效、守法诚信的法治政府的指导性文件。（史志）

【关于给予市公安局等单位"突出贡献奖"表彰的决定】 2月16日，市政府就市公安局、市国土局、市国税局、高邮地税局等4个单位在信访维稳、向上争取、财源建设等方面取得的突出贡献，根据《高邮市"突出贡献奖"评选办法(试行)》规定，作出《关于给予市公安局等单位"突出贡献奖"表彰的决定》。（史志）

【关于授予梅小明等7位人士高邮市"城市贵宾"称号的决定】 4月10日，市政府为褒奖在全市经济建设、社会发展及友好交流合作中作出突出贡献的国内外友好人士，鼓励和吸引更多友好人士参与和支持高邮的建设，根据《高邮市"城市贵宾"评选办法》规定，作出《关于授予梅小明等7位人士高邮市"城市贵宾"称号的决定》。（史志）

政务活动

【督促检查工作】 2015年，市政府办公室按照年度督查工作意见要求，围绕市委全委会、市政府工作报告确定的重要工作目标任务和市政府全体会议、市政府常务会议、市长办公会议等确定的工作事项，以及全市经济建设、城镇化建设、生态建设、民生幸福工程等重点工作，组织开展决策督察和专项查办。重点加强对政府工作目标的季度督促检查，对民生幸福工程的月度督促检查，并对存在问题进行梳理分析，及时将落实情况向市领导反馈，确保各项目标任务落实到位。全年共下发督促检查通知(单)81份(项)，编发《督查专报》20期，组织开展专题督查13次；办理扬州市交办的督查事项(督查通知单)30项。（陈旭清）

【民生幸福工程建设】 年初，市委、市政府出台《2015年高邮市民生幸福工程实施意见》，就七大类18大项的181项年度具体民生工程建设任务作出部署。至年底，在有关乡镇、园区及部门的合力推进下，民生工程实施进展顺利，取得明显成效。在181项具体民生工程建设项目中，完成的有173项，占比为95.6%；未达序时、年内不能完成还需下年继续推进实施的有5项，占比为2.7%；因上级政策调整及其他因素导致不能完成的3项，占比为1.7%。（陈旭清）

表59　**2015年高邮市民生幸福工程项目建设一览表**

工　程　项　目	责任单位	年度进展
(1)市赞化学校迁建工程	市教育局	完成
(2)高邮城南经济新区小学迁建工程	高邮城南经济新区	结转下年
(3)界首镇实验小学迁建工程	界首镇	完成
(4)建成高邮经济开发区九年一贯制学校	高邮经济开发区	完成
(5)省义务教育优质均衡改革发展示范区申报创建工程	市教育局	不能完成
(6)完善高邮湖西新区教育布局调整规划	市教育局　高邮湖西新区	完成
(7)市第一小学办学条件改善工程	市教育局	不能完成
(8)市城北小学办学条件改善工程	市教育局　高邮镇	完成
(9)市武安初中办学条件改善工程	市教育局　高邮镇	完成
(10)新改扩建公办幼儿园1所	市教育局	完成
(11)新创省优质园1所	市教育局	完成
(12)学前三年幼儿入园率98%以上	市教育局	完成
(13)市第二中学申报创建省四星级高中	市教育局	完成

续表 59

工　程　项　目	责任单位	年度进展
(14)市第一中学接受省四星级高中复评	市教育局	完成
(15)完成中小学校校舍安全改造 2 万平方米	市教育局	完成
(16)创成省级标准化乡镇社区教育中心 1 个	市教育局	完成
(17)创成省级居民学校 8 所	市教育局	完成
(18)2 个省级高水平示范性实训基地接受省视导评估	市教育局	完成
(19)农村实用技术培训 6 万人次,培训转移农村劳动力 3000 人,从业人员年培训率 57%以上,职校毕业生本地就业率 85%以上	市教育局	完成
(20)开展城乡就业职业技能培训 3000 人以上	市人社局	完成
(21)新增专业技术人才 2000 人以上	市人社局	完成
(22)培养高技能人才 1000 人以上	市人社局	完成
(23)市老年大学创成省示范老年大学	市委老干部局	完成
(24)对低收入农户中的就学子女,凡考入大专、本科的,由市财政分别发放 3000 元和 4000 元的助学金	市农工办	完成
(25)对考入高中以上的残疾学生和贫困残疾人子女,发放教育专项补贴和考学奖励	市残联	完成
(26)开展城乡“双零”家庭就业帮扶行动,保持动态清零	市人社局	完成
(27)新增城镇就业 6000 人	市人社局	完成
(28)推荐失业人员再就业 2300 人	市人社局	完成
(29)就业困难人员再就业 300 人	市人社局	完成
(30)新增农村劳动力转移 3000 人	市人社局	完成
(31)期末城镇登记失业率控制在 2.1%以内	市人社局	完成
(32)创业培训 500 人次以上,实现成功创业 300 人,创业带动就业 800 人	市人社局	完成
(33)推介创业项目 50 个以上	市人社局	完成
(34)扶持建设创业孵化基地 1 个以上	市人社局	完成
(35)小贷公司当年累计发放涉农贷款 10 亿元	市金融办	完成
(36)发放下岗再就业以及小额担保创业贷款 1500 万元	人行高邮市支行	完成
(37)发放妇女创业贷款 650 万元	人行高邮市支行	完成
(38)建成农村金融综合服务站 142 个	人行高邮市支行	完成
(39)支持低收入农户参加合作经济组织,并优先安排公益性岗位就业	市农工办	完成
(40)全市城镇职工基本医疗保险、城镇居民基本医疗保险参保率 98%以上	市人社局	完成
(41)城镇居民医疗保险各级财政投入人均不低于 360 元	市人社局	完成
(42)启动职工大病补充保险,大病补充保险实际支付比例不低于 50%	市人社局	完成
(43)城镇职工医疗保险新增参保 2000 人	市人社局	完成
(44)失业保险新增参保 1000 人	市人社局	完成
(45)工伤保险新增参保 1000 人	市人社局	完成
(46)生育保险新增参保 8000 人	市人社局	完成
(47)城乡低保标准分别提高至每人每月 550 元、410 元	市民政局	完成
(48)孤儿集中供养、社会散居养育标准分别提高至每人每月 1610 元、968 元	市民政局	完成
(49)农村五保、城市“三无”供养标准分别提高至每人每年 6600 元、12240 元	市民政局	完成
(50)做好免除遗体接运费、冷藏存放费工作	市民政局	完成
(51)送桥镇墓园建设	高邮湖西新区	完成
(52)健全低保对象核对退出机制,完善急难家庭救助机制,为重点优抚对象提供免费体检一次	市民政局	完成
(53)单亲贫困母亲月低保金增加 20%	市民政局　市妇联	完成
(54)全市 5000 元以下低收入农户脱贫率力争 100%	市农工办	完成
(55)对通过兴办项目按期脱贫的低收入农户由财政奖补每户 2000 元	市农工办	完成
(56)对特困低收入农户,由乡镇、村及帮扶单位共同投资建设设施大棚、养殖棚舍等产业设施,产权归村,由村低租金或零租金供其使用	市农工办	完成
(57)对投资额较大(10 万元以上)、自主创业的低收入农户给予小额贷款和财政贴息扶持	市农工办	完成
(58)建立低收入农户基本公共服务收费减免制度	市农工办	完成

续表 59

工　程　项　目	责任单位	年度进展
(59)对低收入农户及低保户、五保户，由供水、供电部门落实有关免费政策，由市广电信息网络公司减半收取其数字电视基本收视维护费	市农工办	完成
(60)落实农村妇女“两癌”救助机制，设立不少于 20 万元的救助基金	市民政局　市妇联	完成
(61)启动实施农村区域卫生中心建设	市卫计委	完成
(62)完善高邮湖西新区卫生事业布局调整规划	高邮湖西新区	完成
(63)启动迁建城南经济新区社区卫生服务中心	高邮城南经济新区	完成
(64)启动迁建卸甲镇八桥门诊部	卸甲镇	完成
(65)新建农村无害化卫生户厕 1 万座	市卫计委	完成
(66)创建省或扬州市卫生镇 1 个	市卫计委	完成
(67)创建省、市级卫生村 10 个	市卫计委	完成
(68)完善农村居民大病保险制度，对大额费用患者再次给予补助，最高补偿额可为 20 万元的，提升其医疗保障水平	市卫计委	完成
(69)建立基层医生和居民契约服务关系，施行家庭医生、健康管理团队服务制度，推动乡村医生签约服务在乡镇(园区)全面实施	市卫计委	完成
(70)开展“群众满意的乡镇卫生院”创建活动，覆盖率 100%	市卫计委	完成
(71)设立医疗应急救助基金制度	市卫计委　市财政局	完成
(72)启动新农合按病种付费试点工作，新农合人均筹资标准提高至 485 元，参合率稳定在 98%以上	市财政局　市卫计委	完成
(73)免费为 65 周岁以上参加新农合人员进行健康体检	市卫计委	完成
(74)创建省示范村卫生室 2 家～3 家	市卫计委	完成
(75)对 10%的村卫生室实施提标升级改造，增强其服务功能	市卫计委	完成
(76)开展种植产品农药残留超标及畜禽、水产品违法使用添加剂和滥用添加剂等专项整治行动，全市农产品抽检合格率 98%以上	市农委	完成
(77)开展食用油、肉及肉制品、乳及乳制品等重点品种风险监测工作，监测抽检高风险食品 200 批，综合检测合格率 90%以上	市食药监局	完成
(78)开展药品监督抽样检测，全年抽检药品 150 批、快检 300 批，基本药物检测合格率 98%以上	市食药监局	完成
(79)全年筹集和新建公共租赁住房 300 套，新建经济适用住房 200 套	市房管局	完成
(80)解决无房或住房面积偏小的城市低收入家庭住房保障问题	市房管局	完成
(81)成立康华社区物业服务中心	市房管局	完成
(82)成立西塔社区物业服务中心	市房管局	完成
(83)成立御码社区物业服务中心	市房管局	完成
(84)成立月塘社区物业服务中心	市房管局	完成
(85)宋庄小区、富达新村小区、高公花苑小区、月塘小区实施基本物业服务	市房管局	完成
(86)新增住房公积金扩面 4000 人，发放公积金贷款 1.5 亿	扬州公积金中心 高邮分中心	完成
(87)改造农村危房 200 户	市城建局	完成
(88)企业职工养老保险新增参保 1 万人，参保覆盖率 98%以上	市人社局	完成
(89)城乡居民养老保险参保 21.65 万人，参保覆盖率 99.8%以上	市人社局	完成
(90)基础养老金发放人数 15.5 万人，发放率 100%	市人社局	完成
(91)城镇企业职工养老金提高 10%以上	市人社局	完成
(92)城乡居民基础养老金增加到每人每月 105 元	市人社局	完成
(93)开展全市企业退休人员第四轮免费健康体检活动	市人社局	完成
(94)健全计划生育特殊困难家庭救助长效机制，向失独家庭免费赠送每人每年 200 元的人身意外伤害保险	市卫计委	完成
(95)新增政府购买养老服务援助对象 200 人	市民政局	完成
(96)新建居家养老服务中心 15 个	市民政局	完成
(97)创省级居家养老服务中心 5 个以上	市民政局	完成
(98)新建社区日间照料中心 5 个	市民政局	完成
(99)加强敬老院规范化建设，引导扶持社会力量兴办养老服务机构，年底全市机构养老床位数每千名老人达 30 张。	市民政局	完成

续表 59

工　　程　　项　　目	责任单位	年度进展
(100)启动扩建高邮经济开发区敬老院	市民政局 高邮经济开发区	完成
(101)启动扩建界首敬老院	市民政局　界首镇	完成
(102)启动扩建临泽敬老院	市民政局　临泽镇	完成
(103)启动扩建三垛敬老院	市民政局　三垛镇	完成
(104)启动扩建甘垛敬老院	市民政局　甘垛镇	完成
(105)启动扩建汤庄敬老院	市民政局　汤庄镇	完成
(106)启动扩建卸甲敬老院	市民政局　卸甲镇	完成
(107)启动扩建天山敬老院	市民政局　高邮湖西新区	完成
(108)规划建设高邮城南经济新区敬老院	市民政局　高邮城南经济新区	完成
(109)规划建设菱塘回族乡敬老院	市民政局　菱塘回族乡	完成
(110)完成残疾人技能培训 200 人	市残联	完成
(111)新建残疾人扶贫基地 5 个	市残联	完成
(112)扶持 20 名残疾人自主创业	市残联	完成
(113)为 5000 名就业年龄段轻度残疾人免费办理意外伤害保险	市残联	完成
(114)扶持社会组织建设 2 个社区(村)残疾人服务站	市残联	完成
(115)完成贫困白内障患者免费复明手术 200 例	市残联	完成
(116)为 700 名精神残疾人免费提供基本用药	市残联	完成
(117)实施省级贫困残疾人辅助器具适配和家庭无障碍环境改造项目(6 期 900 户)	市残联	完成
(118)发放轮椅 200 辆	市残联	完成
(119)新建村(社区)康复室 5 个	市残联	完成
(120)残疾人康复中心建成并投入使用	市残联	完成
(121)全市造林 467 公顷,其中成片造林 333 公顷,四旁植树 60 万株(折算造林 134 公顷)	市农委	完成
(122)新建省级绿化示范村 7 个	市农委	完成
(123)森林抚育经营面积 1000 公顷	市农委	完成
(124)10 平方千米生态中心建设	开发区	完成
(125)加大龙虬庄考古遗址公园建设力度,积极申报国家级考古遗址公园	龙虬镇	完成
(126)实施神居山生态修复工程	高邮湖西新区	完成
(127)启动高邮湖西新区污水处理厂第二期工程建设	高邮湖西新区	完成
(128)规划建设三垛镇污水处理厂第二期工程	三垛镇	结转下年
(129)建设城区污水管网 5 千米	市水利局	完成
(130)高邮经济开发区、高邮城南经济新区、高邮湖西新区、高邮镇、龙虬镇、卸甲镇、甘垛镇、三垛镇、汤庄镇、临泽镇、周山镇、界首镇、菱塘回族乡等乡镇、园区,均建设污水管网 5 千米以上	高邮经济开发区	完成
	高邮城南经济新区	完成
	高邮湖西新区	完成
	高邮镇　龙虬镇	完成
	卸甲镇　甘垛镇	完成
	三垛镇　汤庄镇	完成
	临泽镇　周山镇	完成
	界首镇　菱塘回族乡	完成
(131)规划建设高邮湖水质自动监测站	市水利局	完成
(132)规划建设三阳河水质自动监测站	市水利局	完成
(133)淘汰燃煤锅炉 100 台,减少烟尘和二氧化硫排放量,确保 PM2.5 值下降 4%	市环保局	完成
(134)加强环境监察管理能力建设,实现重点污染源数字化监控全覆盖	市环保局	完成
(135)开展“十大主题健康促进行动”	市卫计委	完成
(136)继续控制商业经营噪声、广场舞噪声,改善居住区声环境质量	市城管局 市环保局 市公安局	完成

续表 59

工　　程　　项　　目	责任单位	年度进展
(137)全市各乡镇、园区开展后街后巷改造工作	高邮经济开发区	完成
	高邮城南经济新区	完成
	高邮湖西新区	完成
	高邮镇　龙虬镇	完成
	卸甲镇　甘垛镇	完成
	三垛镇　汤庄镇	完成
	界首镇　临泽镇	完成
	周山镇　菱塘回族乡	完成
(138)城区改造姚家井巷、工人巷等后街后巷 60 条	市城建局	完成
(139)高沙园小区修缮出新	高邮经济开发区	完成
(140)老电厂小区修缮出新	市城建局	完成
(141)加大城中村环境综合整治力度	市城管局	完成
	高邮经济开发区	完成
	高邮城南经济新区	完成
	高邮镇	完成
(142)整治城区主次干道“八乱”现象,配备垃圾收集容器,清理卫生死角	市城管局	完成
(143)城区配套新建垃圾中转站 4 座	市城管局　市规划局	结转下年
(144)启动实施垃圾无害化处理项目	市城管局	完成
(145)启动摊点疏导区建设	市城管局	完成
(146)新建大型货车停车场 1 个	市城管局　高邮经济开发区	结转下年
(147)新建停车场 4 个	市城建局	完成
(148)实施“覆盖拉网式”农村环境综合整治,确保 25 个行政村通过省级验收	市环保局	完成
(149)抓好秸秆禁烧、禁抛及综合利用,机械化还田 100 万亩以上	市农机局	完成
(150)新改建农村机电灌排泵站 50 座	市农机局	完成
(151)实施南澄子河、香沟河等城河整治	市水利局　高邮镇	完成
(152)实施中小河流治理工程,对 22 条、143 千米骨干河道进行高标准整治,更新改造部分沿河建筑物,新建集镇段护岸	市水利局	完成
(153)稳步推进城乡饮用水安全工程,改造供水管网 61.5 公里	市水利局	完成
(154)购置城市公交车 34 辆	市交通局	完成
(155)更新农公班车	市交通局	完成
(156)推进 S333 东延工程建设	市交通局	完成
(157)推进周八路卸伯段扩容工程建设	市交通局　卸甲镇	完成
(158)启动实施新 S237 与界首镇、龙虬镇、周山镇连接线工程	市交通局　龙虬镇 界首镇　周山镇	结转下年
(159)规划建设新扬菱路南延工程	市交通局　送桥镇	完成
(160)建设城区 3 个停保场	市交通局	完成
(161)界首运河大桥建设	市交通局　界首镇 市水利局　市文广新局	完成
(162)周庄路消防站建设	市公安局　市城建局	不能完成
(163)完成法律援助案件 750 件	市司法局	完成
(164)实现公共法律服务中心乡镇(园区)全覆盖	市司法局	完成
(165)省幸福家庭建设示范市创建工程	市卫计委	完成
(166)继续实施“邮都幸福家庭计划”,示范乡镇(街道、园区)、示范村(居)创建工作覆盖率 100%	市卫计委	完成
(167)实施省级优生优育公共服务平台网络项目,开展免费孕前优生健康检查工作	市卫计委	完成
(168)实行流动人口信息交换机制,加强流动人口信息协查,流动人口管理服务率 95%以上	市卫计委	完成
(169)城区社区办公服务用房达标建设工程,达标率 100%	市民政局	完成

续表 59

工　　程　　项　　目	责任单位	年度进展
(170)农村社区办公服务用房达标建设工程，达标率不低于95%	市民政局	完成
(171)推行政社互动工作机制，城乡覆盖率不低于70%	市民政局	完成
(172)组织开展周末大舞台、秦邮文化讲坛等品牌群众文化活动	市文广新局	完成
(173)市图书馆新增图书8000种、2万册	市文广新局	完成
(174)开展送书(图书价值1万元)下乡全覆盖活动	市文广新局	完成
(175)开展免费送电影下乡全覆盖活动，实现村均每月、镇均每周放映一场电影	市文广新局	完成
(176)开展免费送戏下乡全覆盖活动，实现镇均每季度看一场戏	市文广新局	完成
(177)举办市第二届残疾人运动会	市残联	完成
(178)启动建设市文体中心	市体育局　市城建局 市文广新局	完成
(179)按照上级要求，启动实施“农村健身设施三年提档升级工程”	市体育局	完成
	高邮经济开发区	完成
	高邮城南经济新区	完成
	高邮湖西新区	完成
	高邮镇　龙虬镇	完成
	界首镇　甘垛镇	完成
	三垛镇　汤庄镇	完成
	卸甲镇　周山镇	完成
	临泽镇　菱塘回族乡	完成
(180)举办全市第五届运动会	市体育局	完成
(181)建设扬州图书馆菱塘分馆	菱塘回族乡	完成

(陈旭清)

【市人大代表建议办理情况】 2015年，市政府共受理市人大代表建议173件，其中涉及农林水利方面29件、交通供电方面30件、城建环保方面38件、财政金融方面17件、经贸招商方面10件、科教文卫方面18件、劳动保障方面21件、安全法制方面7件、其他方面3件。至10月，经50个政府职能部门和乡镇、园区的共同努力，办复所有代表建议，办复率100%。在办复的人大代表建议中，代表建议被采纳、所提问题已经解决或基本解决的117件，占比为67.6%；建议被采纳、所提问题正在解决或列入计划逐步解决的41件，占比为23.7%；建议中所提问题因受财力、政策所限，或其他条件尚不具备，需创造条件逐步解决的15件，占比为8.7%。代表们对各承办单位的办理方案、办理态度、办理措施以及办理结果表示满意和基本满意率100%。 (陈旭清)

【政协提案办理情况】 2015年，市政府共受理承办市政协提案204件，其中涉及农林水利方面16件、交通供电方面33件、城建环保方面58件、财政金融方面9件、经贸招商方面22件、科教文卫方面26件、劳动保障方面23件、安全法制方面11件、其他方面6件。至10月，经50个政府职能部门和乡镇、园区的共同努力，办复所有政协提案，办复率100%。在办复的政协提案中，提案被采纳、所提问题已经解决或基本解决的126件，占比为61.8%；提案被采纳、所提问题正在解决或列入计划逐步解决的66件，占比为32.3%；提案中所提问题因受财力、政策所限，或其他条件尚不具备，需创造条件逐步解决的12件，占比为5.9%。市政协委员们对各承办单位的办理方案、办理态度、办理措施以及办理结果表示满意和基本满意率100%。

(陈旭清)

【市政府常务会议决定事项完成情况】 2015年，高邮市政府共召开常务会议9次，讨论决定事项59项。至年底，经过有关部门和乡镇、园区的共同努力，所有事项已按政府常务会议的要求得到落实和解决。 (陈旭清)

【“12345”政府公共服务热线】 2015年，市政府办公室抓好“12345”政府公共服务热线平台运行和管理工作。至年底，“12345”政府服务热线直接接听受理群众来电20539件，交各网络成员单位办理4876件，办结率100%。 (徐燕)

【《寄语市长》意见办理情况】 2015年，中国高邮网站《寄语市长》栏目，共收到群众来帖5349件，回复率100%。群众反映的问题主要集中在环境污染、土地纠纷、拆迁补偿、教育收费、供水供电等5个方面，群众的建议主要集中在医疗卫生、市容环境、城市建设等3个方面。 (徐燕)

政务服务

【概况】 2015年,市政务服务管理办公室(市政务服务中心)落实上级党委、政府关于推进简政放权、放管结合、优化服务、转变政府职能、深化行政审批制度改革的相关精神,以开展“行政审批制度改革推进年”活动为载体,以抓好扬州服务企业2号文件落实为重点,在服务项目建设、服务企业发展、服务广大基层群众上取得新成果。该办公室(中心)设有管理层和窗口服务层两部分。其中,管理层负责对集中审批事项的组织、协调、监督、管理和服务工作,内设办公室、业务科、督查科;窗口服务层由具有行政许可职能相关单位的窗口组成,负责对外开展行政审批服务和配套服务。至年底,全市共有27个部门进驻办公室(中心)集中办公;下设分中心10个,共有工作人员147人;该办公室(中心)及分中心可受理224项行政许可审批事项中的218项,进驻率97.3%。至年底,累计受理各类事项301290件,办结30.11万件,办结率99.9%;收取各类税费26363万元,增长11.2%。是年,该办公室(中心)被扬州市政府办表彰为县级行政服务中心服务工作优秀单位;被高邮市委表彰为党建工作三等奖,被高邮市委、市政府表彰为全市市级机关能力作风建设标兵单位;民意测评的群众满意率100%。（王玲）

【办结行政许可与服务事项30多万件】 2015年,市政务服务中心及分中心共受理各类事项30.13万件,办结30.11万件,办结率99.9%。共收取行政事业性收费和政府基金等各项规费4858万元,征收土地及房产交易契税1.28亿元、车辆购置税8700万元。（王玲）

【市政务服务管理办公室(市政务服务中心)成立】 6月15日,市委、市政府在原市行政服务中心举行市政务服务管理办公室(市政务服务中心)挂牌仪式。此举,标志着全市政务服务体系逐步建立和完善。市委常委、常务副市长徐永宝,市政协副主席、市政务服务管理办公室主任王薇及市委组织部、市纪委、市编办相关负责同志参加活动。（王玲）

资料链接 2014年年底,按照省、扬州市关于推进简政放权、全面深化行政审批制度改革的总体要求,市委、市政府责成市编委下发《关于调整市行政服务中心机构设置的通知》,将“高邮市行政服务中心”更名为“高邮市政务服务管理办公室”,挂“高邮市政务服务中心”牌子。2015年3月,为加快推进“一办两中心”(政务服务管理办公室、政务服务中心、公共资源交易中心)建设工作,市政府又安排市政府办、市编办、市政务服务管理办等部门相关负责人赴沛县、靖江市和句容市三县市专题学习调研“一办两中心”建设情况,重点探索推进全市公共资源交易中心实体化运作的方式方法,努力加快打造健全统一、上下衔接的政务服务平台,确保及早建立“一办两中心”管理运行模式。（史志　王玲）

【高邮市不动产权证书首发仪式】 12月30日,在高邮政务服务中心不动产登记对外窗口举行。省国土资源厅副厅长魏红军、扬州市副市长闻道才及高邮市相关领导等出席仪式。仪式上,市民闵宇、徐桂娟夫妇领到编号为“0000001号”的不动产权证。这是高邮市也是扬州市颁发的第一本不动产权证。（史志　王玲）

资料链接 整合不动产登记职责、建立不动产统一登记制度,是中央全面深化改革的重要组成部分,是国务院机构改革和职能转变的重要内容,也是地方党委、政府推进简政放权、减少多头管理、逐步实现一个窗口对外,方便企业和群众的有效举措。2015年上半年,高邮市被扬州市政府确定为不动产登记试点市后,高邮市委、市政府及时制定出台《高邮市不动产统一登记工作方案》和《高邮市不动产统一登记职责整合及机构与设置方案》,明确将土地登记、房屋登记、林地登记、草地登记等不动产职责整合到高邮国土资源局,并于12月19日设立高邮不动产登记局。同时,将市政务服务管理办公室(市政务服务中心)三楼服务大厅改造为不动产登记交易中心,并要求市政务服务管理办公室、市国土局、市房管局等职能部门相互配合、全面协调,重点推进窗口设置、人员整合、流程再造、网络连通、业务衔接等各项工作。至12月月底,不动产权证书颁发的各项准备工作全部完成。随着高邮市不动产统一登记工作的渐进开展,市民原来的房产证等仍然有效,即采取“不变不换”的原则,权利不变动,簿证不更换。需要换发证书的,原则上在办理变更、转移等登记时,颁发新的《不动产权证书》。（史志　王玲）

【“三证合一”制度启动实施】 9月24日,经过市政务服务管理办公室等相关部门的精心协调和准备,全市在市政务服务中心免费发出首张载有18位商事登记证号的“一照一码”营业执照。至此,高邮市企业登记“三证合一”(将工商营业执照、税务登记证和组织机构代码证合并为一张加载有组织机构代码和税务登记号的营业执照)制度正式启动实施。该制度实施后,摒弃原先的“三照三号”“一照三号”模式,真正做到“三证合一、一照一码”。截至年底,全市共办理“三证合一”营业执照117家、“一照一码”营业执照1686家。（王玲）

【创新建成基本建设项目“证照库”系统】 2015年,市政务服务管理办公室(市政务服务中心)结合

"统一登记"系统的开发,在全省创新研究开发出基本建设行政审批"证照库"系统。对于申报基本建设项目所涉及的各类证照,按照"谁审批、谁录入、谁管理"的原则,将需申报人反复提交的企业营业执照、项目批文等 6 种证照,通过采取证照扫描方式,由相关证照核发部门窗口录入该"证照库"系统,申报人在办理基本建设项目后续行政审批手续时,无须再提交这些证照原件,而由部门窗口工作人员直接从该"证照库"系统调取电子证照,受到申报人的好评。 (王玲)

【拓展并联审批工作范围】 2015 年,市政务服务管理办公室(市政务服务中心)为有效拓展并联审批工作范围,组织起草并以市政府文件下发《高邮市基本建设项目并联审批实施方案》。该《高邮市基本建设项目并联审批实施方案》规定,对凡涉及两个及两个以上部门审批的事项全部实行并联审批并向社会公布并联操作流程图,全面实行"一门受理、抄告相关、同步审批、限时办结、全程监督"的审批模式,科学合理地确定审批环节,优化审批流程,逐步实现项目审批时限缩短、审批效率提高、监督管理到位和审批效能提升,受到各方的好评。

(王玲)

【重大项目网格化管理工作】 2015 年,市政务服务管理办公室(市政务服务中心)对全市重大项目以及市委、市政府确定的重点项目,实行重大项目网格化管理。具体为:细化挂钩服务方案,务实推进服务重大项目"一线工作法",定期牵头组织相关人员主动深入项目建设一线现场办公,主动做好事前事后跟踪对接,切实提高"绿色通道"服务效能;健全完善重大项目容缺受理、模拟审批、形式审查制;不断提升重大项目联合会办、联合勘查、联合验收机制的运行质态,坚持不定期开展行政审批现场会办和上门服务。该网格化管理工作施行后,有效促进全市的重大项目建设。 (王玲)

法治政府建设

【概况】 2015 年,全市以建设法治政府为目标,加大依法行政推进力度,为全市经济社会又好又快发展提供法治保障。全年共受理行政复议案件 24 件,实施听证 9 次,被申请机关负责人出席率 100%;受理以市政府为被告的行政诉讼案件 11 件、以市属部门为被告的行政诉讼案件 49 件,行政首长出庭应诉率 90%,其中市政府行政首长出庭应诉率 100%。审核把关政府规范性文件 3 件,其他各类文件 37 件。坚持实施涉及民生重大行政决策听证制度,先后组织全市房屋拆迁听证会 4 次。

(陈丽君)

【全市法治政府建设推进大会】 5 月 11 日下午举行。会议的主要任务是,总结全市法治政府建设取得的成效,部署 2015 年推进法治政府建设的主要任务,动员全市上下以更加积极的态度、更加有力的举措、更加扎实的工作,努力开拓全市法治政府建设的新局面,为建设法治高邮、谱写好中国梦的高邮篇章作出新的更大贡献。市领导方桂林、徐永宝、高长明、朱莉莉、杨文喜、潘建奇、赵平,各乡镇(街道)乡镇长(办事处主任)、园区管委会主任、市各行政执法部门主要负责人和各乡镇(园区)、部门法制科科长或政府法制员等参加会议。

会议由市委常委、常务副市长徐永宝主持,市委副书记、市长方桂林作讲话。他指出,推进法治政府建设,是贯彻落实中央和省市决策部署的基本要求,是政府自身建设的应有之义,是全市加快改革发展的客观需要,各乡镇(园区)各部门务必要把法治政府建设摆在重要位置,思想认识上要更加重视,工作推动上要更加务实,组织领导上要更加强化,努力开拓全市法治政府建设的新局面。他强调,推进法治政府建设是一项长期而艰巨的战略任务,全市上下要对照法治政府建设的新常态,进一步健全依法决策程序,进一步规范行政权力运行,进一步提高政府行政效能,进一步完善矛盾纠纷调处机制,瞄准重点,务实推进;要坚持将法治政府建设作为一项全局性工作来抓,同时纳入工作目标考核,营造良好法治氛围。

会上,通报 2014 年度依法行政考核情况,表彰依法行政示范单位、行政执法规范示范点和十佳行政执法标兵等,并向市政府法律顾问团成员颁发聘书;市安监局、甘垛镇负责人作交流发言。会前,还邀请扬州市政府法制办主任刘柏为全体与会人员作法治政府建设专题讲座。 (史志 陈丽君)

【行政执法监督】 2015 年,市政府法制办按照严格、规范、公正、文明执法要求,强化行政执法监督,解决全市重点部门、重点领域的突出问题。开展重大行政处罚专项执法检查,重点对市环保局、市市场监管局、市安监局等 9 个部门开展监督检查和个案督查,涉及重大行政处罚案件 48 件。继续开展政府部门行政权力清单的清理和公布工作,保留行政权力 5570 项,对外公布市政府各部门常用行政权力 2097 项;开展全市行政事业性收费项目和涉及房地产收费项目清单审核公布工作,把"目录之外无收费"落到实处;大力推进部门职责和涉企行政权力目录清单制度。全年执行落实"首违不罚" 888 次,"容期整改"4243 次,报备审查涉企重大行政处罚案件 19 件,一般行政执法检查 585 次,大规模执法检查 25 次。 (陈丽君)

【规范制度建设】 2015 年,市政府法制办对市政府重大行政决策程序规定的调研开展论证;依据《市政府规范性文件制定程序规定》,制定出台《规范性文件制定流程图》;审核公示市政府部门及乡镇政府规范性文件制定主体资格;根据《江苏省规范性文件制定和备案规定》,出台《高邮市户外广告设置管理办法》《高邮市市区直管公房管理办法》和《高邮市城区“五小”行业卫生管理暂行办法》等政府规范性文件;开展《高邮市急难家庭生活救助暂行办法》和《高邮市医疗纠纷调处暂行办法》实施后的评估工作。 (陈丽君)

【行政争议化解】 2015 年,市政府法制办开展市政府行政复议委员会试点工作,探索“统一受理、统一审理、统一决定”的复议案件办理方式,聘请执业律师、人大代表、政协委员及专家学者为非常任委员,参与复议案件的办理工作。完善执法队伍外部监督和公众评议相结合的综合评价体系和成果应用机制,通过“经济 110”、干部能力作风建设投诉电话、“清风高邮”、政务微博、文游台论坛等媒体平台,受理群众投诉求助 290 余件。 (陈丽君)

应急管理

【印发《2015 年高邮市应急管理工作要点》】 4 月 12 日,市政府办按照省、扬州市和高邮市关于加强应急管理工作的要求,印发《2015 年高邮市应急管理工作要点》,切实推动全市应急管理工作规范化、科学化建设。该要点围绕“着力健全应急管理体系,进一步提高应急管理水平”“着力夯实应急管理基础,进一步提升突发事件应急保障能力”“着力加强预警体系建设,进一步提升突发事件应急预防能力”“着力推进应急平台应用,进一步提高突发事件应急处置能力”“着力深化应急宣传培训,进一步提高社会应急自救互救能力”五个方面,提出具体工作事项 18 项,有助于进一步提升全市突发公共事件的预警和处置能力。 (史志)

【应急值守工作】 2015 年,全市按照《江苏省政府系统值班工作规范》要求,制定《高邮市政府系统值班工作规范实施细则》,从总则、工作职责、工作制度、工作保障、责任和奖惩、附则等六个方面,提出 23 条具体要求。推进政府值班规范化、信息化、标准化建设,建成市政府值班室,并强化工作纪律、工作责任、工作流程建设,建立健全首问负责、先期处置、领导带班等工作制度,加强重大活动、重要时段和节假日应急值守情况检查,强化应急备勤力量,确保突发事件处置及时高效。全年市值班室共接报突发公共事件及预警信息 100 多条,信息及时处置率 100%。 (史志)

【应急预案体系建设】 2015 年,全市组织开展《高邮市“十三五”突发事件应急体系建设规划》的谋划工作,围绕组织体系、预案体系、应急队伍、应急保障、监测预警、应急值守、协调指挥、恢复重建、应急宣教等建设任务和重点建设项目,深入开展应急管理调研,提出切实可行的目标规划,进一步提高应急管理工作水平。强化相关专项应急预案的修订完善,编制并出台《高邮市城市防御洪涝灾害应急预案》。 (史志)

【应急演练活动】 2015 年,全市继续组织开展跨部门、跨区域的应急演练活动,促进各地、各部门密切配合和协同应对,着力提高应急联动水平。4 月,在高邮经济开发区九园社区等单位开展地震应急演练活动;5 月 12 日,在市南海中学举办地震应急演练活动。6 月 3 日,在高邮湖新民滩承办扬州市抗洪抢险演练活动;7 月 1 日,在扬州三友合成化工有限公司举办危化品生产安全事故应急救援演练活动;8 月,在市卫计系统组织开展中东呼吸道综合征疫情处置演练活动。 (史志)

【应急避难场所建设】 2015 年,全市按照“规划先行”要求,切实加大投入,继续推进市区应急避难场所建设。至年底,全市累计建成地震应急避难场所 6 个,总面积 29.3 万平方米,可容纳震后避难人员 18 万人。 (史志)

外事

【概况】 2015 年,全市共审核申报因公出国(境)团组 22 批 49 人次,其中高邮市组团 6 批 26 人次,非高邮市 16 批 23 人次;拒批出访团组 3 批 4 人次。外国人来华范围涉及澳大利亚、韩国、印度、埃及、尼日利亚、巴基斯坦、孟加拉等国。全年接待到高邮市开展贸易交流、商务洽谈、友好访问、从事务工等活动的外籍人士近 200 人次,主要涉及澳大利亚、韩国、印度、埃及、尼日利亚、巴基斯坦、孟加拉等国家。 (左爱群)

【高邮市政府驻加拿大代表处成立】 5 月 24～31 日,市长方桂林率高邮市政府代表团赴美国纽约、华盛顿,加拿大蒙特利尔进行招商推介。期间,代表团拜访中国驻蒙特利尔总领事馆和加拿大亚洲商会,举办高邮蒙特利尔招商推介会暨高邮市政府驻加拿大代表处成立仪式,并聘请加拿大亚洲商会会长刘裕佳为高邮市政府驻加拿大首席代表。 (厉小平)

【中国空军指挥学院外国军官团到高邮访问】 11 月 4 日,中国人民解放军少将、空军指挥学院原副院长朱和平率领该学院来自亚洲、非洲等国家的军官及中方人员 100 多人组成的军官团,到高邮市参观访问。期间,该军官团一行参观菱塘回族乡,在设在该乡的“空军指挥学院教学实践基地”进行主体教学活动，并向菱塘乡回民小学赠送学习、文体用品。市委常委、常务副市长徐永宝参加接待。

（左爱群）

【中国驻贝宁共和国特命全权大使刁鸣生到高邮市考察】 11月19日，中国驻贝宁共和国特命全权大使刁鸣生在扬州市副市长汪志坚、扬州市外办主任邓清陪同下，到高邮市考察。期间，刁鸣生到位于高邮湖西新区的江苏开元太阳能照明有限公司参观，并就来华贸易、涉外用工、对外投资等事宜开展交流；高邮市委书记韩方向刁鸣生作高邮社会经济发展情况介绍，并就当月拟拜访贝林共和国驻北京领事馆事宜进行交流。（左爱群）

【“洋眼看江苏”高邮行·中国邮文化之旅启动仪式】 11月11日上午，由省政府新闻办公室主办，高邮市委、市政府协办，高邮市委宣传部、麦秋传媒MaP杂志承办的“洋眼看江苏”高邮行·中国邮文化之旅启动仪式在市文游台景区举行。省委对外宣传办公室副主任、省政府新闻办公室副主任杨力群，高邮市委副书记、宣传部部长张秋红及副市长钱富强出席仪式，并共同为该活动启动水晶球。来自乌克兰、俄罗斯、波兰、英国、西班牙、美国、韩国、澳大利亚、巴基斯坦等10多个国家18名外籍人士及省内主流媒体的20多名记者参加活动。仪式后，参加活动的外籍人士和媒体朋友还参观菱塘回族乡的清真寺和回民小区及文游台景区、镇国寺景区、运河风光带、高邮湖等，实地感受高邮自然风光、文化底蕴和民族风情。（葛玉琴）

【江苏省高邮中学与澳大利亚亚历山德拉学院师生交流互访】 3月25日～4月7日，澳大利亚南格兰平郡亚历山德拉学院师生代表团一行67人（其中教师7人），到高邮中学开展交流访问。8月1～15日，高邮中学师生代表团一行31人（其中教师4人）赴澳大利亚亚历山德拉学院访问学习。此为两校师生代表第16轮次的交流互访。（左爱群）

【韩国居昌大成高等学校师生访问市第一中学】 12月24日，韩国居昌郡居昌大成高等学校师生代表团一行30人，到高邮市第一中学进行研修访问。此为该校师生代表团第七次到高邮市第一中学访问。（左爱群）

侨 务

【概况】 2015年，市外侨办共接待到高邮市参观考察、经贸洽谈的华侨华人及海外客商18人次，拜访重要侨商12人次；向海外发送招商资料、贺卡、信函、电子邮件等80份；走访慰问归侨、侨眷、回乡探亲侨胞和侨资企业负责人21户（人），接待并妥善处理来信来访19件（次）。（厉小平）

【侨务工作网络建设】 2015年，市外侨办推进侨务工作网络建设，为侨务工作延伸到基层、更好地发挥侨务资源优势奠定基础。2月，市委召开专题会议，部署工作任务，并就明确部门、乡镇（园区）侨务工作分管负责人和侨务工作联络员，作进一步要求。此后，按照市委要求，各乡镇（园区）均明确分管党务的副书记兼管侨务工作，并明确部门、乡镇（园区）统战科长为侨务工作联络员；同时每个城区社区均明确侨务工作负责人和侨务工作信息员各1人。至此，全市范围内的侨务工作网络基本建成。（厉小平）

【海外资源普查工作】 2～3月，由市委办公室牵头，市外侨办实施，在全市范围内开展海外资源普查工作。此次普查距上次普查已有20年时间。期间，市外侨办客服普查工作面广量大、工作难度高等问题，较好地完成此次普查工作，建立起较为丰富的海外资源库。经普查，全市旅居海外的华侨华人总数为2700人；海外华侨华人分布在18个国家和地区，主要集中在美洲、欧洲等地区。国内华侨华人眷属608户、2800人，归侨2人。规模以上侨港资企业43家、外向型企业52家。（厉小平）

【困难归侨、侨眷帮扶工作】 春节前夕，市外侨办开展“聚侨心、送温暖”扶贫帮困活动，走访慰问归侨2人、困难侨眷家庭10户，发放慰问品及慰问金计1.2万元。开展结对帮扶工作，全年结对帮扶贫困归侨家庭5户，发放帮扶资金5000元。

（厉小平）

【市第三次归侨侨眷代表大会】 10月16日举行。扬州市侨联主席杨为民，高邮市领导韩方、张秋红、孙建年、孙明如、张贵龙及大会正式代表、列席人员近160人参加。会上，市委书记韩方，市委副书记、宣传部部长张秋红先后作讲话；选举产生市侨联第三届委员会委员21人、常委11人、专职主席1人（居锦）、兼职副主席4人（王传祥、龙慧斌、邹伟民、宋巍）和秘书长1人（厉小平）。此次会议后，市侨联机关被纳入人民团体序列，与市外侨办合署办公。（厉小平）

【御码社区“侨之家”通过扬州市侨联验收】 2015年，市外侨办、市侨联指导高邮镇御码社区按照“有组织、有阵地、有队伍、有经费、有活动”标准，建立组织网络、设立活动阵地、增加设备设施、完善相关制度，高标准完成“侨之家”建设，使侨界群众拥有学习、活动、交流的阵地。12月，该社区“侨之家”建设通过扬州市侨联组织的验收。（厉小平）

【高邮中学颁发2项华人华侨捐助的奖（助）学金】 9月18日，高邮中学举行集中颁奖仪式，颁发6项奖助学金，其中有2项奖（助）学金由华人华侨捐助,分别是“丁辅臣升学奖助金”和“王汝功奖学金”。此次颁奖,该校分别有学生16人获“丁辅臣升学奖助金”1.6万元、学生15人获“王汝功奖学金”1.5万元。 (吕所勇)

【市第一中学颁发“沈母王太夫人奖学助教金”】 11月23日,市第一中学在学校报告厅举行“沈母王太夫人奖学助教金”颁发仪式。仪式上,共向获此奖项的师生46人(教师2人、学生44人),发放奖学助教金0.98万元。此次颁奖为该奖项第24次颁奖。 (缪真义)

涉台事务

【概况】 2015年,市台办继续开展为台商、台胞、台属服务工作,加强对台交流交往,推进台资招引工作。全年接待台商6批18人次;办理公务、商务团组赴台审批手续5批13人次,走访调研台资企业20多家,协调处理台胞、台商、台资企业来信来访20余件。全年到高邮市探亲、旅游、开展经贸活动的台胞约400人次;高邮市居民因私或旅游观光赴台约1000人次。 (王勇)

【高邮市首家社区涉台工作站成立】 5月18日,高邮市首家社区涉台工作站在高邮镇水部楼社区举行成立仪式,市台办、城市社区相关负责人及社区台属代表20多人参加。仪式上,市台办负责人就涉台工作站职责、涉台宣传栏目等内容作介绍,受到参加活动的社区台属的欢迎和认可。 (王勇)

资料链接 社区涉台工作站是涉台工作向社区延伸的一项新举措。2015年,市台办通过在高邮镇御马社区、琵琶社区、新联社区、月塘社区、武安社区、水部楼社区等社区进行调研,对各社区台胞、台属情况进行摸底,帮助社区完善涉台工作台账,总结社区涉台工作经验,并因此成立全市首家社区涉台工作站,为推动社区涉台工作打下良好基础。 (王勇)

【服务台商】 3月,市台办组织开展服务台商活动。期间,市台办工作人员对全市范围内台资企业完成一次调研走访,了解企业经营状况、企业存在的困难和急需帮助解决的问题,了解相关乡镇和部门为企业服务情况等,并及时将收集的意见和建议向市相关部门反馈,积极协助解决企业厂房产权变更、货款回笼、台商子女入学、土地租赁、厂房搬迁和租赁等问题。全年征集意见和建议10多条,所涉问题解决率100%。 (王勇)

【涉台婚姻调查】 6月,为全面准确掌握全市涉台婚姻情况,有针对性做好台湾新娘台属工作,市台办开展涉台婚姻调查工作,并据此推动高邮市台湾新娘台属联谊会的筹建工作,努力使之成为对台工作向岛内延伸的桥梁和纽带。经调查,全市涉台婚姻共有58起(都是女性外嫁),其中分布在高邮经济开发区3起、高邮城南经济新区3起、高邮镇14起、龙虬镇1起、界首镇3起、周山镇4起、临泽镇7起、送桥镇2起、甘垛镇11起、卸甲镇4起、汤庄镇6起。 (王勇)

【台资企业普查工作】 11月,为准确掌握高邮市台资企业发展真实情况,市台办、市市场监督管理局在全市联合开展台资企业普查工作。期间,成立市台资企业普查工作领导小组,强化该项工作的领导;召开普查成员联席会议,就普查目的、普查时间、普查对象、组织实施、普查方法进行部署,为普查工作做好前期准备;按照《高邮市台资企业普查方案》要求,下发《高邮市台资企业基本信息调查表》,并加强与各有关乡镇、园区和部门的联系对接,确保台资企业普查一家不漏;深入企业开展走访工作,了解企业生产经营状况和企业经营发展中碰到的困难和问题,确保采集信息和数据的准确性。经普查,全市累计有台资企业22家,其中分布在高邮经济开发区4家、高邮城南经济新区4家、高邮镇1家、甘垛镇1家、界首镇4家、卸甲镇1家、三垛镇2家、汤庄镇2家、龙虬镇2家、临泽镇1家;台资企业经营主要包括:电子、服装、机械加工、电线电缆产品、农作物种植、环境环保、生物制药、太阳能电力发电等方面。 (王勇)

【台资企业安全生产检查】 6月1日,市台办按照市安委会“安全生产月”活动要求,走访重点台企,了解企业经营状况和安全生产情况,并对台企消防设备、电器线路、用火用气、房屋安全防护等进行检查,确保安全隐患第一时间发现、第一时间整改。期间,共走访企业5家,查出安全隐患2个,并全部整改落实到位。 (王勇)

【朱莉莉赴台经贸考察】 9月15～21日,副市长朱莉莉率团赴台湾开展经贸考察和招商活动。期间,考察团一行先后访问台北、新北、彰化、台中、台南等县市,拜会海峡交流基金会和台湾电路板协会主要负责人,参观考察堡胜企业股份有限公司、久津实业股份有限公司、煌杰金属工业股份有限公司和好帝一食品有限公司等企业,就办公文具、饮料食品、太阳能电池、飞机电脑底板等项目进行洽谈,并与煌杰金属工业股份有限公司和好帝一食品有限公司签订意向合作协议各1份。 (王勇)

政协高邮市委员会

Gaoyou Committee of the People's Political Consultative

导读

重要会议

【市政协第十二届委员会第四次会议】 1月19～21日举行。应到会政协委员268名，出席会议政协委员260名。市委、市人大常委会、市政府领导干部以及市人民法院、市人民检察院的主要负责人应邀参加会议，往届市政协负责人，高邮经济开发区、高邮城南经济新区、高邮湖西新区主要负责人，各乡镇党委书记，市各部委办局（公司）主要负责人，省、扬州市政协在高邮的委员，市政协各委办负责人、政协社团负责人以及市政协机关、市委统战部离退休人员应邀列席会议。会议期间，与会人员听取市委书记韩方在开幕式上所作的《真抓实干推进四城同创，齐心协力共建美丽高邮》的重要讲话，听取并审议市政协主席倪文才所作的《政协高邮市第十二届委员会常务委员会工作报告》、市政协副主席李春青所作的《政协高邮市第十二届委员会常务委员会关于提案工作情况的报告》；列席市第十四届人大第四次会议，听取并讨论市长方桂林所作的《政府工作报告》和其他有关报告，提出许多积极的意见和建议；举行大会发言。会议通过市政协常务委员会工作报告和提案工作情况报告；通过《中国人民政治协商会议江苏省高邮市第十二届委员会第四次会议决议》；市政协主席倪文才作闭幕讲话。

会议收到委员提案231件，经审查立案221件，主要汲及农林水利、交通供电、城建环保、财政金融、经贸招商、科教文卫、劳动保障、安全法制等方面，由市政协提案委员会会后交由市政府及相关单位办理。 （孙薇薇）

市政协第十二届委员会第四次会议召开选举大会现场
（市政协办公室供稿）

【市政协第十二届常委会议】 2015年，市政协第十二届常委会共召开常委会议6次。

第十四次会议，1月20日举行。会议协商补选市政协常委人选名单，审议《市政协十二届四次会议选举办法（草案）》，讨论并通过2015年市政协常委会议协商议题、主席会议协商议题和视察专题。市委组织部有关负责人列席会议。

第十五次会议，1月21日举行。会议听取各组讨论情况及酝酿候选人情况汇报，协商确定候选人名单，通过《市政协十二届四次会议选举办法（草案）》，讨论并通过市政协十二届四次会议选举工作人员名单及《市政协十二届四次会议决议（草案）》。市政府有关分管负责人应邀参加会议。

第十六次会议，3月27日举行。会议听取市旅游局关于《适应新常态，抢抓新机遇，全面推动高邮旅游业迈上新台阶》的情况通报和市政协专题调研组《推进多种资源整合，打造特色旅游城市》的专题调研报告，并分组进行讨论。会议建议：争取政策资源，抢抓旅游业发展的历史性机遇；挖掘文化资源，不断彰显旅游业的高邮特色；借力外来资源，加快推进旅游度假区建设；用足自然资源，进一步形成旅游业发展的增量；融合休闲资源，展现高邮古城的动人魅力。副市长钱富强到会并讲话。市政协主席倪文才在会议结束前讲话。市政府办、市旅游局、市城建局、市财政局、市文广新局、市文物局负责人及市政协各委办负责人、各乡镇工委主任列席会议。

第十七次会议，6 月 26 日举行。与会人员视察高邮镇卫星卷烟项目、高邮城南经济新区汽车城项目、诚信应急物流项目、艾诺斯工业电池项目、中信戴卡汽车轮毂项目等现场，听取市安监局关于《构建长效机制、推进安全发展》的情况通报和市政协专题调研组的《加大项目推进力度、增强经济发展后劲》专题调研报告及市政协民主评议工作调研组的《评议报告》，并分组进行讨论。会议建议：市政府要用担当的精神和实事求是的工作作风抓好重大项目建设工作，进一步强化重大项目建设，推进项目快落地、快结果，力争重大项目进展再快些、投资回报率再高些、成长性再好些、带动力再强些；要充分发挥全市的资源、产业等优势，有针对性地招引大项目，继续培育壮大已在高邮投产运行的企业，给予更多的政策扶持和帮助，促进企业又好又快发展。就民主评议安监工作，建议：要做到未评先改、边整边改，评后集中整改；要把会议所提意见、建议真正落到实处，构建长效机制，推进安全发展。市长方桂林、副市长高长明应邀参加会议并讲话。市政协主席倪文才在会议结束前讲话。市政府办、高邮经济开发区、高邮城南经济新区、高邮湖西新区、市安监局、市发改委、市经信委、市农委、市服务业局、市城建局、市商务局、市金融办、市国土局、市环保局、市政务办、市供电公司负责人及市政协各委办负责人、各乡镇工委主任列席会议。

第十八次会议，9 月 22 日举行。会议听取市政府《关于推进城市建设工作情况通报》、市政府办公室《关于提案办理工作情况通报》和市政协专题调研组所作的《加快城建重点工程建设，扎实推进“四城同创”》专题调研报告，并分组进行讨论。会议建议：城建规划要体现科学性、前瞻性、整体性和延续性；推进城市建设，要注重统筹兼顾；推进城市建设，要减少对市民生活的影响；要发挥城市建设的功能作用；要不断学习，更新理念，注重生态建筑；要注重城建工程质量问题；要重视城市建设的管养结合；要将解决停车难问题摆上议事日程；针对有关城建项目的具体建议要加快落实到位。关于提案办理工作，建议：对多名委员提出的相同提案，既要认真梳理，分析原因，对症下药，避免出现老生常谈，却得不到解决的现象，又要对众人关注的提案高度重视，必要时要列入重点提案、重点督办、重点解决。要重视在提案办理上存在重答复、轻落实的现象，办理工作不能仅满足于有个好的办理态度及让委员签个字、评个满意，而是要着力解决实际问题。要注重提案办理工作中答复环节的针对性，切实避免出现答非所问的现象。副市长钱富强、赵平应邀参加会议。市政协主席倪文才在会议结束前讲话。市政府办、市城建局、市房管局、市城管局、市水利局、市国土局、市交通局、市供电公司、市文广新局、高邮经济开发区、高邮城南经济新区、高邮镇负责人及市政协各委办负责人、各乡镇工委主任列席会议。

第十九次会议，12 月 30 日举行。会议听取市政府办公室《关于政府工作报告起草情况的说明》、市政协办公室《关于政协常委会工作报告和提案工作报告起草情况的说明》以及《关于市政协十二届五次会议方案、有关人事事项、相关委员调整情况的说明》，并进行分组讨论。会议还听取市政府关于全市依法行政工作的通报、市政协专题调研组调研情况的汇报和市民政局接受市政协民主评议的工作汇报、市政协民主评议市民政局的工作报告。市委书记韩方邀参加会议并讲话，市委副书记潘学元应邀到会和与会政协常委见面，市委常委、常务副市长徐永宝应邀参加会议。市政协主席倪文才在会议结束前讲话。市政府办、市委统战部、市法制办、市民政局负责人及市政协各委办负责人、各乡镇工委主任列席会议。　（孙薇薇）

【市政协第十二届委员会主席会议】　2015 年，市政协第十二届委员会共召开主席会议 7 次。

第二十次会议，4 月 15 日下午举行。专题协商全市公证工作。与会人员视察市公证处，听取市司法局《关于我市公证工作情况的通报》和市政协社法委关于《依法公证、服务大局》的专题调研报告。会议建议：市公证处积极拓展公证新业务，进一步扩大公证的业务范围；进一步加大对外宣传力度，通过专家授课、以案说法等形式，让社会各界加深对公证的认知；进一步加大公证队伍建设力度，增强公证公信力，提升服务水平。副市长高长明应邀参加会议。市政协主席倪文才在会议结束前讲话。市政府办、市司法局负责人，市政协各委办负责人列席会议。

第二十一次会议，5 月 28 日下午举行。专题协商基层医疗机构建设工作。与会人员视察高邮经济开发区卫生服务中心和东湖村卫生室、界首镇卫生院和界首六安村卫生室，听取市卫计委《关于全市基层医疗机构建设的情况汇报》和市政协教卫文史委关于《加强基层医疗机构建设，方便人民群众就医看病》的调研报告。会议建议：强化主导，继续加大对医疗卫生事业的投入;优化布局,进一步整合基层医疗机构网络;畅通渠道,进一步强化基层人才队伍建设;夯实基础,进一步重视公共卫生和基层防保工作;用足政策,进一步加大基层医疗机构的运行补偿;严格标准,进一步优化基层医疗机构的运行机制。副市长杨文喜应邀参加会议。市政协主席倪文才在会议结束前讲话。市政府办分管负责人,市卫计委主要负责人、分管负责人,市政协各委办负责人列席会议。

第二十二次会议,6 月 16 日举行。专题协商加快湖西产城互动,推进新区创新发展工作。与会人员视察新 S333 官路村红绿灯道口、湖西新区规划馆、万丰城市综合体、安置区 1 号安置点、中航百慕公司新材料项目点及神居山等,听取高邮湖西新区管委会负责人《关于湖西新区发展情况的通报》和市政协城乡联络委关于《加快湖西新区产城互动,推进新区融合发展》的调研报告。会议建议:要进一步凝心聚力,加大对新区规划的宣传力度,并通过举办文化类活动促进新区合心合力,共谋发展;要坚持围绕“新型示范镇、高邮副中心、扬州后花园、省级高新区”目标定位,发挥区域优势,形成产业链,促进新区发展;要着力集聚产业,通过基础设施的建设及项目和产业的发展,聚集人气,营造良好的发展氛围;要大力发展生态旅游业,有序推动神居山、状元湖生态文化旅游开发,通过对旅游业的打造,进一步发展新区新产业。市人大常委会副主任、高邮湖西新区党工委副书记王永海应邀参加会议。市政协主席倪文才在会议结束前讲话。市政府办、高邮湖西新区负责人,市政协各委、办负责人列席会议。

第二十三次会议,7 月 20 日下午举行。专题协商全市现代物流业发展工作。与会人员视察邮政速递物流、鸿运物流、红太阳物流和邮畅物流等公司,听取市服务业发展局关于《我市现代物流发展情况》的通报和市政协经济和科技委关于《加快发展现代物流业,推动经济转型升级》的调研报告。会议建议:要做好生产与物流业务的分离工作,进一步做大做强物流产业,扩大产业规模,提高物流产业的产值、税收;要培育物流业龙头企业,发挥龙头企业的带头作用,不断吸引物流散户入驻,促进集聚快速发展;要充分发挥港口码头的作用,运用好现有的得天独厚的运河岸线资源,大力发展现代港口物流业;要进一步加强对物流产业的管理与支持,促进物流市场健康、稳定、快速发展,将物流业培育成为现代服务业重点支撑产业。市委常委、常务副市长徐永宝应邀参加会议。市政协主席倪文才在会议结束前讲话。市政府办、市服务业发展局、市国税局、市经信委、市交通局分管负责人,市政协各委办负责人列席会议。

第二十四次会议,8 月 27 日下午举行。专题协商全市大气污染防治工作。与会人员视察高邮汇富金陵大饭店、高邮经济开发区的外国语学校项目建设工地、卸甲镇的扬州华翔有色金属制品有限公司和市环保局的视频监控中心,听取市环保局《关于我市大气污染防治工作情况的通报》和市政协调研组关于《全面防治大气污染,改善环境空气质量》的调研报告。会议建议:相关部门单位要进一步推进污染源的综合整治,围绕“五气同治”,完善联防联控应急机制,做到防治兼备;要强化监管,以大气污染防治法为抓手,依法治理大气污染;要加大植树造林力度,进一步净化空气绿化环境;要加大宣传力度,积极引导广大群众低碳生活、绿色出行,不断提高全社会的环保意识,为建设“水清、地绿、天蓝、气爽”的美丽高邮而共同努力。市政协主席倪文才在会议结束前讲话。市政府办、市发改委、市经信委、市城管局、市建管局、市公安局、市市场监督管理局、市环保局和高邮经济开发区负责人,市政协各委、办负责人列席会议。

第二十五次会议,10 月 27 日下午举行。专题督办重点提案办理工作。与会人员视察部分重点提案办理的相关现场,先后听取市民政局《关于一号重点提案办理情况的通报》、市文广新局《关于二号重点提案办理情况的通报》、市经信委《关于三号重点提案办理情况的通报》、市农工办《关于四号重点提案办理情况的通报》和市城管局《关于五号重点提案办理情况的通报》和市政协提案委《关于 2015 年提案工作情况的介绍》。市政协主席倪文才在会议结束前讲话。市政协各委办负责人列席会议。

第二十六次会议,11 月 10 日举行。专题协商壮大全市村级集体经济工作。与会人员视察送桥镇送驾桥村、菱塘回族乡高庙村,听取市农工办《关于我市村级集体经济情况的通报》和市政协城乡联络委关于《多措并举,壮大村级集体经济》的调研报告。会议建议:各级政府要把壮大村级集体经济作为“三农”工作的重中之重,进一步统一思想,形成良好的舆论氛围,加大对村级班子组织建设的力度,充分挖掘发展村级集体经济的内在潜力;要在增强造血功能上下功夫,多措并举,让村级集体经济实现可持续发展;要进一步加强对村级财务和建设项目的管理,使村级财务管理和项目建设规范化,管好用好集体资金;要加大对经济薄弱村的支持和帮扶力度,着力化解经济薄弱村的村级债务,逐步壮大村级集体经济。市政协主席倪文才在会议结束前讲话。市政府办、市农工办、市城建局、市国土局、市供电公司、市财政局分管负责人,市政协

各委办负责人列席会议。 (孙薇薇)

重大活动

【政协委员视察活动】 2015年,市政协按界别和视察主题,组织相关政协委员开展专题视察活动8次。

2月6日下午,视察全市交通路政管理工作。参加活动人员听取市交通局《关于全市交通路政管理工作情况的通报》,并进行协商讨论。建议:市交通路政管理部门要进一步坚持依法治路,加大相关法律法规的宣传力度,营造依法进行路政管理的浓烈氛围;要推行问题工作法,通过推进"四季"专项治理行动,有针对性地解决工作中存在的问题;要将乡村公路的提档升级和道路维修工作摆上重要议事日程,切忌"小洞不补、大洞吃苦";要建立政府主导、部门联动、社会参与的长效管理机制,推动全市交通路政管理工作再上新台阶。

市政协视察市交通路政管理工作

(市政协办公室供稿)

2月10日下午,视察连镇铁路高邮站选址工作。参加活动人员听取市交通局《关于连镇铁路高邮站选址方案情况的通报》,并进行协商讨论。建议:继续做好该方案的完善工作;围绕既有方案,加快推进实施步伐。

3月13日,视察全市电子商务与信息化融合发展工作。参加活动人员视察苏中农贸城、市双兔米业有限公司、市诚信电子商务物流产业园、江苏海德森能源有限公司等现场,听取市经信委《关于全市电子商务工作情况的通报》,并进行协商讨论。建议:市政府及相关部门要针对高邮实际,研究制定电子商务发展的方案,在方案形成的过程中,请专家授课、学先进地区做法,做好电子商务工作的规划,清楚了解该项工作的体系和相关政策等;要抓住重点环节,大力引进人才,抓好典型示范,让更多的企业老板或个人认识新时期互联网的重要性,并帮助企业或个人进一步提高电子商务的技术含量,大力推进电子商务与信息化融合发展工作。

4月29日下午,视察全市环卫工作。参加活动人员视察朱家生活垃圾卫生填埋场、市环卫综合作业中心,听取市城管局《关于我市环卫处的基本情况、主要工作成效以及环卫工作存在问题的通报》,并进行协商讨论。建议:要继续加大维护环境卫生的宣传力度,在全市营造"搞好环境卫生,全靠你我他"的良好氛围,形成"人人动手,齐抓共管"的良好工作局面;进一步加快垃圾焚烧发电项目建设的步伐,快速缓解全市城乡生活垃圾迅速增长所带来的"垃圾围城"压力,解决当前仅有的一座垃圾填埋场即将饱和的问题;认真研究、制定环卫费用收取的政策、办法等,并加强与建设等部门的衔接,全力做好全市环境卫生工作,为推进"四城同创"提供优质的卫生环境保障。

7月28日下午,视察全市知识产权审判工作。参加活动人员观看知识产权审判工作专题片,听取市法院《关于知识产权审判工作情况的通报》,并进行协商讨论。建议:要坚持把知识产权审判工作置于社会经济文化发展的大局中来谋划,进一步加强知识产权司法保护意识,完善知识产权保护机制和各项工作机制,发挥知识产权案件裁判结果的社会引领作用;大力提升法院的"规范、示范、引领、惩罚"的四大功能,加强与行政执法的协调配合,更好地服务大局;加大宣传力度,在全社会营造重视、支持知识产权审判的良好氛围。

8月19日下午,视察全市市场监督管理工作。参加活动人员察看市产品质量综合检验检测中心、一站式服务中心。听取市市场监督管理局《关于合并后的市场监督管理工作情况的通报》,并进行协商讨论。建议:合并后的局党组、领导班子要认识机构改革的重要性,融合思想,做到心往一处想、劲往一处使;要适应新环境,充分履行好职能,进一步做好关乎高邮经济发展的品牌建设、商标申报等工作以及关乎老百姓生活的食品安全管理等工作;要建设好队伍,开展多种多样的活动,让职工参与其中,提高队伍的素质和形象。

9月15日下午,视察全市农村高中教育发展工作。参加活动人员听取市教育局《关于全市农村高中教育发展情况的通报》,并进行协商讨论。建议:要进一步优化、均衡教育资源,做好农村高中布局调整工作;进一步加大农村高中教育经费投入,加强农村高中教师队伍建设,推动农村高中多样发展,不断提高农村高中教育质量;要采取走出去的办法,多学习、了解外地的先进做法和经验,切实办好人民更加满意的农村高中。

10月22日,视察全市居家养老服务工作。参加活动人员视察高邮经济开发区九园社区居家养老服务中心和多益养老助残综合服务中心。听取市民政局《关于我市居家养老服务体系建设情况的通报》，并进行协商讨论。建议：市民政部门要继续用好政策，做好各项工作，向上争取更多的资金，进一步做好居家养老服务工作；全市上下要通过各种形式，加大宣传力度，大力营造尊老、敬老的浓厚氛围，组织义工、志愿者队伍开展爱老、敬老活动，让老人们得到社会更多的关爱；要善于动用社会力量，让社会组织或个人来参与养老服务体系建设，扶持更多社会组织建成虚拟养老院，为有需求的老人提供优质服务；要将城区居家养老服务工作好的做法、经验带到农村去，让农村老人一同享受改革带来的成果，不断推进和谐社会建设。（孙薇薇）

重点提案办理

【5 件重点提案办理情况】　3～11 月，由市政协主席办公会议确定 5 件重点提案，在市政协主席、分管副主席和专委会督办下，经市民政局、市文广新局、市经信委、市农工办和市城管局 5 家主办单位的重点推动和市城建局、市农委、市商务局、市服务业发展局、市人社局、市金融办、高邮经济开发区 7 家协办单位的协力推进下，该 5 件重点提案全部办结。办理情况综述如下：

1.《进一步完善居家养老服务体系建设的建议》（葛勇）。市政府组织市民政局等相关部门开展专题调研，并先后制定出台《关于加快发展养老服务业的意见》《高邮市养老服务机构扶持资助办法》等指导性文件。加大投入力度，加大城乡养老服务机构建设。全年累计投资 410 多万元，资助新建普通型居家养老服务中心（站）20 家、社区老年人助餐点 20 家、日间照料中心 10 家、农村老年关爱之家 2 家等养老服务项目。

2.《关于尽快启动修复汪曾祺故居有关工作的建议》（胡明亮）。市政府协调市文广新局等部门于年内成立汪曾祺纪念馆筹备处；加强与社会各界学者的对接沟通，开展对汪曾祺生平、作品、书稿、信件、图片资料以及其他有关对汪曾祺生平、作品的评论和传记文章等文献资料的研究；广泛征集相关文献资料、汪曾祺生前使用的实物及其个人成长历程和文学创作历程中的各项器物和资料；接受社会各界与此相关的捐赠；对在手的各种器物和文献资料进行整理、筛选，并以此为基础进行陈列布展的设计及施工。

3.《培育培强电商业，发展经济新业态》（胡旭峰）。市经信委成立电子商务工作专线推进小组，认真谋划开展电子商务等互联网经济发展工作。市政府专门成立由市长为组长，相关部门主要负责人为成员的互联网经济发展工作领导小组，并在 9 月 1 日的第 30 次政府常务会议上，研究出台全市《关于加快推进"互联网＋"发展的实施意见》，切实推进该项工作的开展。

4.《稳妥推进土地流转，提高农民土地收益》（周文龙、杨大忠）。市农工办出台相关政策，对规模经营的高效设施农业按照 1500 元/亩进行财政补贴，并在税收、水电等方面实行优惠；对流转规模较大的合作社、家庭农场、种粮大户等，在积极探索土地承包经营权抵押贷款的金融制度的同时，政府帮助贴息贷款，补贴标准为年息 2.5%，解决土地规模经营者的资金困难；在学习外地先进经验的基础上，积极探索建立农地股份合作、家庭农场等新型农业经营主体经营模式。

5.《关于实施垃圾焚烧发电项目的建议》（高明华）。市委、市政府专门成立项目建设领导小组，全力加以协调和推进该项目建设。经多方调研论证，将该项目实施地址确定在龙虬镇垃圾填埋场西侧，并计划在两年内新建一座日处理生活垃圾 700 吨垃圾焚烧发电厂。12 月 28 日，该项目正式开工建设。（孙薇薇）

重要工作

【新进政协委员培训】　4 月 3 日下午，市政协组织召开新进政协委员培训会议，旨在帮助新进委员全方位地了解政协相关的基础理论和基本工作，便于他们以后更好地开展工作。市政协主席倪文才、副主席李春青，秘书长林荣岩和相关委办负责人及新进政协委员参加。此次培训内容包括：传达全国政协十二届三次会议精神，回顾人民政协发展的历史、地位和作用，学习如何撰写政协提案，阐述各级政协组织的关系及政协经常性工作内容等专题。有新进政协委员 14 人接受培训。（孙薇薇）

市政协组织召开新进政协委员培训会议现场

（市政协办公室供稿）

【民主评议工作】　2015 年，市政协根据年度工作安排，先后对市安监局、市民政局组织开展民主评议工作，以促进部门进一步凝心聚力，改进工作，推动各项事业又好又快发展。5 月 15 日～6 月 26 日，组织开展对市安监局民主评议工作。期间，市政协成立民主评议工作小组，通过召开市政协民主评议市安监局工作动员会，开展乡镇、园区安监站及部分重点企业走访调研，举行服务对象和基层站所座谈会，发放问卷调查，广泛征集有关方面对安监工作的建议和意见。并在市政协十二届第十七次常委会议上，听取市政协民主评议工作调研组的《评议报告》、市安监局接受市政协民主评议的工作报告、市政协民主评议市安监局的工作报告。

11月17日～12月30日，组织开展对市民政局民主评议工作。期间，市政协成立民主评议工作小组，通过召开市政协民主评议市民政局工作动员会，到乡镇、园区开展走访调研活动，举行座谈会，发放问卷调查，广泛征集有关方面对民政工作的建议和意见。并在市政协十二届第十九次常委会议上，听取市政协民主评议工作调研组的《评议报告》、市民政局接受市政协民主评议的工作报告、市政协民主评议市民政局的工作报告。 （孙薇薇）

【委员活动周】 5月4～10日，市政协开展第九个政协委员联系群众"委员活动周"活动。此次活动以"美丽高邮建设"为主题，认真贯彻落实市委十届九次全会精神，以"我为城市做什么、我为他人做什么、我为社会做什么"大讨论成果为指导，围绕全市重大项目攻坚年、四城同创突破年、民生幸福推进年、市民素质提升年的目标任务，充分发挥委员联系群众的纽带作用，发动广大政协委员深入群众，深入农村，深入基层，认真开展调查研究，广泛征询意见建议，集思广益，建言献策，推动经济社会发展，提高城市文明程度，为建设美丽高邮作出积极贡献。市政协委员们通过走访、座谈、调研等多种形式，累计收集有价值的意见和建议265条。市政协办公室按照经济建设方面、城建城管方面、美丽高邮建设方面、民生和社会事业4个方面，摘编成《社情民意》专刊，供市委、市政府及有关部门决策参考。 （孙薇薇）

【提案办理工作】 市政协十二届四次全会前后，共收到市政协委员提案231件，经审查立案221件。经56个部门、乡镇(园区)的共同努力，至12月底，所有提案全部办结。从办理情况看，提案所提已经解决或基本解决的141件，占63.8%；列入计划逐步解决的69件，占31.2%；因种种原因暂时难以解决的11件，占5%。从征询提案人意见情况看，委员对提案办理方案、态度满意的占97.3%，基本满意的占2.7%；对提案办理效率、效果满意的占91.8%，基本满意的占8.2%。 （孙薇薇）

【全市各界人士中秋电影招待会】 9月25日下午举行。市四套班子主要领导及有关领导，市政协离退休老领导及老干部，全体市政协常委、民主党派和无党派人士及社会各界代表人士参加活动。招待会由市政协主席倪文才主持，市委书记韩方致辞。招待会上，社会各界人士代表欢聚一堂，庆贺佳节，畅叙友情，共话发展，并观看电影《百团大战》。 （孙薇薇）

法 治·国 防

Rule of Law·National Defense

政法工作

【概况】 2015 年,全市政法工作坚持以法治为引领,推进平安高邮、法治高邮和干部队伍建设,为全市经济社会发展新跨越提供政法保障。是年,高邮市连续第二年获“全省信访工作先进单位”称号;全市公众安全感为 96%、法治建设满意度为 97.5%、政法队伍满意度为 86.6%,均位于扬州市各县(市、区)前列。 (詹明)

【市社会管理服务中心建设】 8 月份,按照“扬州领先、省内一流”标准,市委、市政府投入 300 余万元,对市行政中心东附楼 1 至 4 层共 3000 平方米房屋进行整体改造,新建成市社会管理服务中心。该中心实行一站式受理、一条龙服务、一揽子解决的服务模式,强化矛盾调处、形势研判、民情收集和督察推进四大工作职能,并成立相应的工作室加以推进,促使服务更加规范、调解更加高效、投诉更加便捷,成为社会治理市级枢纽性平台。 (詹明)

【综治信息系统实战化平台建设】 2015 年,市委政法委在初步建成覆盖城乡的综治信息主干网基础上,加快推进全市综治信息系统硬件设施建设。至年底,全市累计开通 PC 终端 280 台、手机终端 252 部。同时,会同市电信部门加大省级数据认领、基础数据录入、动态信息采集和信息员培训力度,确保市、镇、村三级信息平台全面联网并投入实战化运行。 (詹明)

【新一轮技防升级扩面工程】 6 月,围绕重点督办市政协相关提案,市综治办联合市公安局启动全市新一轮技防乡镇(园区)升级扩面建设工作。制定出台《全市技防监控设施建设布点总体方案》,加大城区和各乡镇技防设施升级扩面的工作力度,不断提升技防体系运行实效。至年底,全市技防乡镇(园区)规范化运行率及主要街面路面、治安卡口、警务查报站技防建设达标率均为 100%,沿街商铺、城镇居民和农村家庭技防入户率分别为 100%、85%和 72%,群众的生命和财产安全得到有效保障。 (詹明)

【“弘扬法治精神、建设法治名城”专场文艺演出】 5 月 19 日,市政法委、市依法治市领导小组办公室联合市统计局、市文广新局等 7 部门在市蝶园市民广场举办“弘扬法治精神、建设法治名城”专场文艺演出。该专场文艺演出融合歌舞、说唱快板、小品、朗诵、音乐剧、舞蹈等多种艺术形式,注重用身边人、身边事给基层群众展现一个个鲜活的普法事例,为群众送上法治文化大餐,受到各界群众的认可和欢迎。此次现场演出节目 12 个,观看演出群众近 1000 人。 (詹明)

【“法学宣讲进社区”】 8 月,市法学会围绕基层群众关注的预防青少年犯罪、道路交通安全、医疗保险、住房保障政策等热点问题,牵头组织市法学会 9 家会员单位组建宣讲团,深入社区开展“法学宣讲进社区”活动,为全市营造崇尚法治、遵守法规、运用法律良好氛围。期间,先后分赴社区 14 家,开展宣讲活动 28 场,听课群众 2000 多人。 (詹明)

【“最美政法干警”评选】 年初,市委政法委为引导全市政法干警弘扬社会主义核心价值观,加快建设“强富美高”新高邮,联合市委宣传部在全市开展寻找“最美政法干警”系列活动。此次活动,通过政法系统各部门集中推荐,借助网络和微信平台组织投票,并确定以得票数的前十名为“最美政法干警”。至 10 月 31 日投票活动结束,全市累计有 10 万多人进行点击、2.88 万人参与投票,并最终评选出史红军、陈宏明、杨成、张舒畅、张俊、樊新宇、黄兆贵、

吴庆民、范协斌、吴磊10名政法系统干警为“最美政法干警”。 (詹明)

【第二届“十大法治事件”“十大法治人物”评选】 12月，市委政法委围绕当年全市政法系统取得明显成效的工作事项，组织开展市第二届“十大法治事件”“十大法治人物”评选活动。期间，经过各乡镇(园区)和部门推荐、公众投票及评委会评议等程序，最终确定市第二届“十大法治事件”清单及“十大法治人物”名单。被确定的市第二届“十大法治事件”为：法治护航区划调整、承办扬州市专业化调解组织建设现场推进会、打击恶意欠薪犯罪活动专题新闻发布会、建立规范司法专项整治工作“三张清单”、“周末大舞台”法治文艺演出、创设全省工商系统首家行政调解中心、琵琶西路虾仁占道经营专项整治、成立阳光法律服务志愿者大队、依法推进后街后巷改造、探索破产企业依法重组重生；被确定的市第二届“十大法治人物”为潘万宝、薛斌、吴联荣、胡迎春、沈文凤、刘玉山、吴磊、潘斌、范协斌、陆业庚。 (詹明)

公安

【概况】 2015年，全市公安机关以深化平安高邮建设为工作中心，以加快构建现代化的社会治安防控体系为重点，着力推进各项工作开展，为全市经济发展营造和谐稳定的社会环境。全年共发生刑事案件3078起，下降0.7%；破获1442起，破获率46.8%。其中发生“八类”案件40起，破获39起，破获率97.5%。全年共受理治安案件3557起，查处3557起；发生各类上报交通事故71起，死亡47人，分别下降1.3%和持平；发生火灾事故9起，下降10%；未发生群死群伤的重特大事故。全年出国出境人数1.66万人，其中出国9047人、出境9558人，入境20人。 (倪青青)

【重大活动安保工作】 2015年，市公安机关通过强化领导、严密组织、创新举措、细化方案、投放精兵等，扎实做好道路交通疏导、现场秩序维护、公共安全监管、矛盾排查化解、应急事件处置等工作，圆满地完成第十一届中国双黄鸭蛋节、纪念抗战胜利70周年、扬州建城2500周年、第七届中国邮文化节等重大活动安保任务58场次，有效保证市委、市政府中心工作的顺利开展。 (倪青青)

【治安重点地区整治】 2015年，高邮市公安局把加强治安重点问题整治作为社会管理的重中之重，强化措施，创新思路，整治一批顽症痼疾，破解一批治安问题，提升平安高邮建设质态，为全市经济社会发展营造良好的治安环境。至年底，共整治扬州挂牌治安重点地区5处，高邮市治安重点地区10处，其中，“北海商圈”整治彻底改变原来“堵乱脏”的面貌，受到广大群众和社会各界肯定。(倪青青)

【案管中心(室)建设】 2015年，市公安局根据公安部“两项改革”部署要求，在扬州市率先试点建设局机关案件管理中心和辖区派出所案管室。在案管中心建设上，通过加强执法办案中的“警情、案件、场所、财物、卷宗”五要素管理，实现全流程、闭环式执法管理新模式，强化执法源头管理和过程监督；在案管室建设上，重点围绕“警情、案件、场所、财物、卷宗”五要素管理，每日开展“接处警检查、办案场所巡查、涉案财物核查、案件卷宗审查”的“四查”工作，及时发现、整改执法问题，把牢执法源头，全力提升执法规范化水平。9月，在江苏省公安机关案件管理室经验交流会上，该局作经验交流发言。 (倪青青)

【网络舆情处置】 2015年，市公安局顺应新媒体、自媒体快速发展的互联网时代要求，创新公安宣传和舆情导控体制机制，严密“事前预警、事中管控、事后引导”管控体系，提高网络舆情应对处置能力。实行互联网监控中心24小时运作机制，加强网上巡查，确保涉网情报、舆情在第一时间得以发现、上报和处置。全年共编发舆情摘报162篇，处置有害信息81条，舆情导控56次。 (倪青青)

【人力三轮车专项整治】 2015年，市公安局以“四城同创”为契机，主动提请市委、市政府在全市开展以整治人力三轮车为重点的城区道路交通秩序综合整治行动，进一步加强城区道路交通秩序管理。市公安局出台《高邮城区人力三轮车拆除非法动力装置工作方案》，成立专项指挥部，分块推进整治工作。5月20日～6月20日，市公安局联合市交通局、市城管局组成执法组5个，开展路面联合执法工作。期间，共查扣无证经营人力三轮车、封闭式电动三轮车、四轮车205辆。7月1日～11日，开展电动三轮车主动拆除动力装置整治工作。期间，回购处置有证经营三轮车702辆，回购处置率100%，发放回购和奖励费用500万元。同时，对愿意继续从事营运工作的三轮车业主281人，发放统一制式的人力三轮车281辆；对家庭困难或因身体等因素不再从事人力三轮车客运的有证三轮车业主，按照全市统一制定的临时救助办法予以帮扶，并完成所有残疾人车主25人的推荐就业工作，切实解决后顾之忧。是年，经过专项整治，城区道路交通事故总量下降19.3%。 (倪青青)

【技防监控建设】 2015年，市公安局把技防监控建设纳入平安建设总体规划，提请市政府出台《关于进一步加强技防监控建设的意见(2015)》，明确监控建设机制，落实市、乡镇(园区)二级财政资金保障措施。启动新一轮监控优化布点建设工作，全市新建小区、市河第二期工程、东大沟水利工程、盂城驿第二期整治工程及新237省道等工程，全部通过技防监控专项验收。启动监控增点补盲工程，更新、升级和新增城区重要节点及环城、环市智能抓拍系统，切实打造立体动态的防控网络。（倪青青）

【打击侵财性犯罪】 2015年，为严厉打击侵财性违法犯罪活动，积极回应群众新期待，市公安局创新侦查模式，健全打击机制，坚持合成作战，在侵财案件侦破上持续发力，形成打防高压态势，有效震慑违法犯罪。全年共破获系列侵财案件546起，侵财案件破获率21.9%，摧毁侵财团伙21个，抓获犯罪嫌疑人70人，为群众挽回经济损失150多万元。其中，破获省公安厅、扬州市公安局挂牌督办系列侵财案件7起，侵财案件破案绝对数和破获率均处于扬州各县（市、区）领先位次。（倪青青）

【禁毒会战】 2015年，市公安局配合省公安厅开展禁毒会战。期间，市公安局加强涉毒源头管控，强化"逢嫌必检"措施，加强情报搜集和高危研判，开展重点区域清查整治，切实提升打击质态。至年底，共抓获违法犯罪嫌疑人21人，查获吸毒人员125人，其中依法强制隔离戒毒18人。（倪青青）

【社区戒毒社区康复工作年度两次获省级以上表彰】 2015年，全市社区戒毒社区康复工作两次获省级以上表彰。5月，省禁毒委员会办公室下发《关于命名全省社区戒毒社区康复工作示范单位（点）及表彰省级优秀戒毒社工的通知》，高邮市禁毒委员会被命名为"江苏省社区戒毒社区康复工作示范单位"，同时高邮镇社区戒毒（康复）工作办公室社工戴学志被评为"省级优秀社工"。12月15日，经过省、市禁毒委员会选拔推荐和国家禁毒委员会办公室考察审核，国家禁毒委员会下发《关于命名2015年度全国社区戒毒社区康复工作示范单位（点）的决定》，高邮市禁毒委员会作为江苏省两家单位之一，被命名为"全国社区戒毒社区康复工作示范单位"。（倪青青）

【刘玉山获评第三届"江苏最美警察"提名奖】 12月4日，江苏省公安厅在南京市举行"秉公执法、人民警察为人民——江苏最美警察"推选宣传活动揭晓仪式。高邮市菱塘回族乡派出所所长刘玉山作为本届"江苏最美警察"提名奖扬州市唯一获奖人员受邀参加揭晓仪式。仪式共分"为民守护平安梦""春风化雨见真情""碧血丹心照忠诚""改革创新壮警威""危难时刻显身手"等五个篇章。其中，在第二篇章播放刘玉山微电影，介绍他扎根基层、心系回民、服务百姓的先进事迹。仪式结束后，江苏省委常委、江苏省政府党组成员、江苏省委政法委书记、江苏公安厅党委书记、江苏省公安厅厅长王立科和江苏省公安厅党委副书记、常务副厅长陈逸中亲切接见刘玉山等30名功模代表。（倪青青）

【高邮市被命名为"全省无邪教创建示范区"】 6月10日上午，江苏省委610办副主任杨旭峰一行在扬州市委610办副主任王恒弟陪同下，对高邮市2014年度创建无邪教示范市进行考评验收。11月，高邮市被江苏省防范和处理邪教领导小组办公室命名为"全省无邪教创建示范区"。这是高邮市继2011年被评为"2009～2011年度创建无邪教活动先进市"后，再度获"全省无邪教创建示范区"称号。（倪青青）

【"6·11"网络贩卖枪支案侦办工作】 5～11月，市公安局围绕一条网上发现的涉嫌非法贩卖枪支弹药案件线索，悉心跟踪，紧抓不放，缜密侦查，合成作战，最终分别在山东省青岛市、吉林省长春市、浙江省杭州市、广东省深圳市、重庆市以及江苏省多地，抓获周某、刘某君、于某海等犯罪嫌疑人18人（含香港人3人、旅居新加坡1人），移交外地刑事处理人员1名，行政处罚11人，缴获仿64制式手枪2支、子弹33发，各类气枪71支、铅弹1.6万发，作案手机30部，银行卡36张。此后，该局专案组仍紧盯案件线索，拓展侦查，发现此案共有涉嫌非法买卖枪支弹药的销售代理65个，并梳理出涉及全国30个省、市、自治区的非法买卖枪支弹药线索1346条。鉴于该案案情重大，牵涉区域范围广，条块合作的难度高等因素，该案在9月15日被公安部列为挂牌督办案件。11月10日，公安部在扬州召开专案侦查工作协调会，将高邮市公安局梳理出来的涉枪线索通报到全国30个省、市、自治区，在全国范围内发起集群战役，部署开展"灭枪"行动。至12月7日，该"灭枪"集群战役共抓获犯罪嫌疑人104人，缴获各类枪支120支、子弹1.2万发，取得阶段性成果。（倪青青）

【快速破获"1·26"暴力抢劫案】 1月26日零时许，受害人何某某驾驶轿车停靠在市区文游中路乐购超市门口北侧时，遭2名陌生男子钻入车内，采用手压头控制、言语威吓等手段，抢走其现金2700元及苹果手机2部，总案值1.2万元。接报后，市公安局高度重视，副市长、市公安局局长高长明第一时间听取案情汇报并靠前指挥案件侦破工作，副局长徐顺山组织刑侦、珠湖派出所警力迅速开展现场勘察、调查走访、监控巡查等工作。经连续20多个小时的细致侦查，最终锁定犯罪嫌疑人吴某军（男，33岁，高邮市人）、薛某明（男，29岁，高邮市人），并于1月27日凌晨分别在城区孙厂北路、卸甲镇花阳村将两人抓获。经审查，两犯罪嫌疑人对实施暴力抢劫的犯罪事实供认不讳。（倪青青）

【破获系列飞车抢夺案】 9月5～6日，市城区及车逻集镇、三垛镇等地先后发生多起飞车抢夺案件。案发后，副市长、市公安局局长高长明直接组织指挥案件研判、侦查工作。经连续数天的缜密侦查，最终锁定犯罪嫌疑人祝某凯（男，46岁，连云港市灌南县人）、朱某亚（男，44岁，连云港灌南县人）。9月13日下午，市公安局获悉两名犯罪嫌疑人再次作案后可能暂住其在江都区的老乡家中，于是迅速组织市刑警、巡特警大队及车逻派出所警力赶赴江都区实施抓捕，并在江都区张纲镇一民宅内抓获两名犯罪嫌疑人。经审查，两犯罪嫌疑人对实施系列飞车抢夺的犯罪事实供认不讳。（倪青青）

【破获“9·11”特大盗窃信鸽案】 9月11日，市城区发生一起特大盗窃信鸽案件，案值40余万元。案发后，市公安局刑警大队、巡特警大队、蝶园派出所整体联动，迅速开展调查走访、视频研判、循线追踪等侦查工作。经连续4天的细致侦查，最终锁定犯罪嫌疑人杨某某（男，25岁，高邮市人），并于9月15日下午在高邮镇布控抓获犯罪嫌疑人。经审查，犯罪嫌疑人杨某某对盗窃信鸽的犯罪事实供认不讳。（倪青青）

【速破“9·29”入室抢劫杀人案】 9月29日零时许，临泽镇瓦港村四组杨某付夫妇在家被人砍伤。接报后，副市长、市公安局局长高长明，市委610办公室主任、市公安局副局长张萍及副局长徐顺山率侦技人员赶赴现场开展伤员救助、现场勘查及走访调查工作。经缜密侦查，迅速锁定并抓获与受害人同住一村的犯罪嫌疑人姜某威（男，24岁）。经查，犯罪嫌疑人姜某威乘夜深之际，蒙面翻墙入院窜至受害人家，并取厨房内菜刀实施入室抢劫，在遭到受害人反抗后，即用菜刀对杨某付夫妇进行砍杀，致杨某付死亡，其妻重伤。（倪青青）

【速破“11·10”持刀入室抢劫案】 11月10日14时31分，菱塘回族乡菱塘村李某在家遭人持刀抢劫。接报后，市公安局迅速组织市刑侦、菱塘派出所警力赶赴现场展开勘查和走访调查工作。侦查民警在经询问受害人摸清犯罪嫌疑人的体貌特征后，当即利用社会面监控展开图像追踪，并发现犯罪嫌疑人案发后乘坐出租车进入市区，遂连夜在其下车点周边的旅馆和私房出租户展开排查，最终于次日零时许，在城区一旅馆抓获犯罪嫌疑人张某（男，32岁，高邮市人）。经审查，犯罪嫌疑人张某交代窜至李某家进行盗窃时与同时回家的受害人李某相遇，遂持刀威胁、用电线将其捆绑并抢劫金手链的犯罪事实。（倪青青）

【速破“11·10”连环抢劫案】 11月10日11时30分，甘垛镇沿河村村路上发生2起拦路抢劫案件。接报后，市公安局经连续三天的艰苦侦查，最终锁定孙某青（男，41岁，大丰市人）、陈某平（男，43岁，大丰市人）有重大作案嫌疑。11月13日，侦查民警在兴化市、大丰市公安机关配合下，分别抓获两名犯罪嫌疑人。经审查，两犯罪嫌疑人对实施连环抢劫的犯罪事实供认不讳。（倪青青）

【破获农村系列技术开锁盗窃案】 11月19日，三垛镇少游路新天地小区发生一起10万现金被盗案件。接报后，市公安局立即展开现场勘查、监控调阅等工作，通过技术比对，专案组发现嫌疑车辆，并循线追踪，最终锁定均为盐城市阜宁县人的丁某飞（男，34岁）、孙某（男，33岁）、苏某成（男，37岁）有重大作案嫌疑。11月24日，在阜宁县公安机关的配合下，成功抓获三名犯罪嫌疑人。经审查，三名犯罪嫌疑人交代，自当年9月以来，曾先后驾车窜至高邮市、宝应县等地多家乡镇的商住楼及居民住宅，采取技术开锁的手段实施盗窃案7起，窃得黄金首饰、数码相机、香烟及现金等物，涉案总价值20余万元。（倪青青）

【破获特大贩卖毒品案】 11月下旬，市公安局抓获6名吸、贩毒人员。在进一步对该案审理时，因该案所涉吸、贩毒人员多，毒品数量大，贩毒网络涉及广州市、扬州市、高邮市等地，遂被江苏省公安厅列为挂牌督办案件。专案组围绕涉案人员“上线、下线”展开秘密侦查，摸清贩毒网络，并于12月9日进行集中抓捕，最终在扬州经济开发区施桥镇许方新村一居民住宅内抓获正在进行毒品交易的犯罪嫌疑人陈某某（男，41岁，重庆人），并当场缴获冰毒2千克。该案为高邮市迄今为止缴获毒品数量最多的特大贩毒案件。（倪青青）

表60 **2015年高邮市外地流入人口情况一览表** 单位：人

项目	合计	性别		暂住时间			来自地区						居住处所					
		男	女	半年以下	半年至五年	五年以上	省内		省外		港澳台	国外	旅店	居民家中	单位内部	工地现场	租赁房屋	其他
							县	市	县	市								
合计	17061	10303	6758	4053	12858	150	3715	4541	4186	4619	—	—	26	8674	6625	178	212	1346
务工	11291	7059	4232	2866	8381	44	2170	2643	3118	3360	—	—	9	4640	5910	149	132	451
务农	1722	997	725	185	1521	16	531	650	260	281	—	—	3	1341	183	17	25	153
经商	1021	642	379	155	812	54	184	225	280	332	—	—	11	643	91	4	14	258
服务	466	249	217	84	380	2	104	128	105	129	—	—	2	230	142	—	17	75

续表 60

项　目	合计	性别		暂住时间			来自地区						居住处所					
		男	女	半年以下	半年至五年	五年以上	省内县	省内市	省外县	省外市	港澳台	国外	旅店	居民家中	单位内部	工地现场	租赁房屋	其他
因公出差	—	—	—	—	—	—	—	—	—	—	—	—	—	—	—	—	—	—
借读培训	428	219	209	101	320	7	143	175	48	62	—	—	—	304	80	—	—	44
治病疗养	—	—	—	—	—	—	—	—	—	—	—	—	—	—	—	—	—	—
保　姆	—	—	—	—	—	—	—	—	—	—	—	—	—	—	—	—	—	—
投靠亲友	—	—	—	—	—	—	—	—	—	—	—	—	—	—	—	—	—	—
探亲访友	182	87	95	57	124	1	47	64	34	37	—	—	—	164	4	—	—	14
旅游观光	—	—	—	—	—	—	—	—	—	—	—	—	—	—	—	—	—	—
其　他	1951	1050	901	605	1320	26	536	656	341	418	—	—	1	1352	215	8	24	351

（倪青青）

【道路交通治安管理】　2015 年，市公安局交警大队按照“保安全、保畅通、促和谐、促发展”要求，推进平安畅通工程建设，开展道路交通安全管理，促进全市辖区道路交通安全形势总体稳定。至年底，全市机动车减少 3090 辆，其中汽车净增 1.73 万辆、小马力摩托车减少 2.04 万辆；增加机动车驾驶人 7609 人，其中汽车驾驶人增加 1.49 万人、小马力车辆驾驶人减少 3359 人；累计拥有机动车 11.82 万辆（含汽车 6.37 万辆），驾驶人 1.55 万人（含汽车驾驶人 1.26 万人）。全年发生上报事故 71 起、死亡 47 人、伤 40 人，分别下降 1.41%、持平、下降 4.8%，直接经济损失 504.23 万元。是年，高邮市被扬州市道路交通安全委员会表彰为 2015 年度道路交通安全工作事故预防先进单位；市公安局交警大队被扬州市公安局记集体三等功一次，被高邮市安委会表彰为 2015 年度安全生产先进单位；市公安局交警大队车管所被扬州市妇联表彰为扬州市优秀巾帼志愿服务组织，市公安局交警大队事故处理中队被扬州市公安局表彰为全市公安机关窗口单位作风建设“红旗单位”；另有张青等民警 11 人分别受到扬州市总工会、扬州市妇联、扬州市公安局、高邮市政法委等上级单位的表彰。

（刘晓琳）

【“四城同创”城区交通秩序专项整治系列行动】 2015 年，根据全市“四城同创”工作要求，按照市政府统一部署，市公安局协同市交通局、市城管局联合组织开展城区交通秩序专项整治系列行动，取得明显成果。全年共组织开展严重道路交通违法行为专项行动、大排查大整治百日行动、“打非治违”专项整治、城区交通秩序综合整治、“六项攻坚”以及酒驾、封闭式电动三四轮车、学生接送车辆、人力三轮车、渣土运输车、农工班车等系列专项整治行动 15 批次，累计查处各类交通违法行为 61.5 万起，其中查处超速行驶 8.6 万起、无证驾驶 184 起、饮酒驾驶 185 起、醉酒驾驶 128 起、现场纠违 10 万起、其他违法行为 42.9 万起，有效净化全市道路通行环境。

（刘晓琳）

【重点公路集镇交通秩序挂牌整治】　2015 年，市交通安全生产委员会根据《省道路交通安全工作联席会议关于对全省重点公路集镇交通秩序实行挂牌整治的通知》有关要求，出台《关于对全市重点公路集镇交通秩序实行挂牌整治的方案》，以被列入全省挂牌整治的界首镇为重点，以点带面推动全市集镇交通整治的全面开展，以此深化平安畅通乡镇、交通安全“四项示范”创建，促进农村道路交通秩序和安全形势持续稳定。期间，市相关职能部门协同界首镇政府在界首镇集镇重点开展“四乱”（车辆乱停放、公路乱接口、商家乱搭建和经营乱占道现象）、“三非”非法车辆上路行驶、非营运车辆从事营运活动和非法在公路两侧设置灯箱广告牌行为）、“二不全”（集镇道路交通安全设施不全、路灯照明不全）整治工作，取得明显效果，有力促进该镇的交通安全示范乡镇创建工作。

（刘晓琳）

【事故处理规范化建设】　2015 年，市公安局交警大队在推广 8 个“网格化”勤务中队管理的基础上，全面推行全员参与道路交通事故处理机制，细化事故处理工作流程，把好事故先期处置关、现场勘查关、群众接待关；不断完善事故处理工作培训和考核机制，强化对责任民警的倒查问责及处理审批工作；完善轻微交通事故快速处理制度，开展轻微交通事故短信告知、引导处理服务，向各乡镇推行事故处理“一站式”服务模式，推进事故损害赔偿交调对接工作制度。3 月，扬州市政协副主席、市公安局党委书记刘亚军到高邮视察市道路交通事故处理综合服务中心工作，并给予高度评价。9 月，在市道路交通事故处理综合服务中心增设人伤调解

保险公司工作室。至此，全市事故处理规范化建设机制基本形成。（刘晓琳）

【交通管理智能化建设】 2015年，市公安局交警大队结合交通指挥中心成立契机，按照"警力跟着警情走、警务围绕辖区转"原则，加强车辆查缉布控系统智能化建设，推动勤务指挥室实现道路交通空中巡逻和地面巡逻有机结合，以此达成可视化监控道路交通状况、快速化疏通交通堵点、扁平化指挥路面警力、精确化处置违法行为。至年底，该系统共查出未检车141辆、套牌车8辆。（刘晓琳）

【道路管理科学化工程】 2015年，全市以打造"平安走廊"为契机，推进实施道路管理科学化工程建设，强化道路交通事故预防工作成效。推进省道新237高邮段"平安走廊"示范工程建设，投资2500万元，新建高清卡口监控22组、信号灯23组，新增LED显示屏23个、高清球机25个，其中在界首镇、车逻镇安装龙门架式高清卡口监控4组及LED显示屏2组。同时，着力放大示范效应，建成省道264、县道206(扬菱线)"平安走廊"25.5千米。至年底，全市累计建成"平安走廊"6条、200多千米，促使全市事故死亡人数下降3.1%，其中省道新237高邮段事故死亡人数下降16%。（刘晓琳）

检察

【概况】 2015年，市检察院围绕"强化法律监督、维护公平正义"主题，扎实履行职能，服务全市经济社会发展，各项工作取得新进步。至年底，该院连续38年保持无干警违法违纪记录。（陆秀喜）

【打击刑事犯罪】 2015年，市检察院加强与市公安、法院等部门的配合，依法严厉打击危害社会治安和公共安全的严重暴力犯罪、多发性侵财犯罪和"黄赌毒"等犯罪，增强对违法犯罪分子的震慑力。全年依法批准逮捕案件177件205人，提起公诉案件604件785人。（陆秀喜）

【职务犯罪查办和预防】 2015年，市检察院坚持有案必查、有贪必肃，依法查办一批具有较大社会影响的职务犯罪案件，推动全市反腐败斗争的深入开展。全年查处职务犯罪案件17件19人，其中贪污贿赂案件14件15人、渎职侵权案件3件4人，涉及副科级以上干部5人，共挽回经济损失136.9多万元。同时，加强惩防并举工作，注重从源头上遏制和预防腐败。深化办案效应，推动案发部门建立内部管理制度4项；围绕涉案部门举办职务犯罪案例现场剖析会，以身边事教育身边人；推动地方检察工作品牌建设，在扬州率先建成"预防邮路"综合平台。（陆秀喜）

【未成年人保护】 2015年，市检察院继续加大未成年人保护力度，除依法从宽做好涉案未成年人的少批捕、慎起诉等工作外，还联合市教育部门开展以"校园预防"为主题、以"法治课间餐"为主要内容的系列普通刑事犯罪预防工作。全年对主观恶性不大、犯罪情节轻微的未成年初犯、偶犯、过失犯，依法决定不批捕1人、不起诉3人；开展普通刑事犯罪预防系列活动18次，参加活动学生1.6万人次。（陆秀喜）

【司法救助工作】 2015年，市检察院继续开展司法救助工作，对3名因受刑事犯罪影响而陷入生活困境的被害人或家属开展救济，发放救济金3万元，体现司法温暖。（陆秀喜）

【诉讼活动监督】 2015年，市检察院坚持以促进司法公正为己任，依法监督法律实施，努力让人民群众在每一个司法案件中都感受到公平正义。依法开展侦查监督，以事实不清、证据不足决定不批准逮捕21件31人，决定不起诉20件28人，依法纠正违法侦查活动11件。依法开展刑拘未提捕、"另案处理"人员跟踪监督等专项行动，确保司法公正。加强审判监督，深化量刑建议工作，依法提起抗诉并获改判刑事案件1件，公诉人出庭支持公诉670余次，量刑建议采纳率95%以上。推进民事行政审判监督，办结一审民事申诉案件14件，发出督促行政机关履行职责检察建议书32份，并对一起涉案标的为480万元的虚假诉讼案件依法提起抗诉。加强刑罚执行和监管活动监督，依法办理在押人员申诉、控告、举报事项14件。开展监管环节羁押必要性审查，建议办案部门为在押人员变更强制措施12人。开展社区矫正工作监督，建议收监执行3人、特赦2人。（陆秀喜）

【生态环境法律监督专项活动】 2015年，市检察院加强与市公安机关、审判机关及相关行政执法机关的配合，建立协作机制，形成有效合力，严厉打击危害生态环境的犯罪行为。全年围绕污染环境、滥伐林木、非法狩猎等破坏环境资源的违法行为，先后提起公诉案件20件28人，其中包括办理在全国有较大影响的南京某公司利用套牌船向新通扬运河倾倒近2700吨废硫酸的污染环境案。督促行政执法部门加大打击力度，完善破坏环境资源类案件提前介入机制，推动行政执法和刑事司法顺畅衔接，确保适用法律准确，维护法律权威。（陆秀喜）

【"阳光检察"工程】 2015年，市检察院践行检察机关"改进工作作风、坚持司法为民"承诺，巩固群众路线教育实践活动成果，启动实施以检务公开为核心的"阳光检察"工程，努力营造公开透明的司法新常态。建成功能齐全的检察门户网站，开通微博、微信平台，用生动活泼的语言向群众介绍检察工作。重视检察服务设施建设，新创成扬州市基层检察院首家省级“五星级”档案室。建立和完善案件信息公开制度，全年公开各类案件文书588份，发布重大案件信息14条，服务律师阅卷150余人次，接受案件查询180余人次，保障人民群众的知情权和监督权，形成“以公开为常态、不公开为例外”的工作氛围。（陆秀喜）

【服务中心工作】　2015年，市检察院严厉打击经济领域内犯罪行为，依法办理侵犯知识产权、虚开增值税专用发票等经济犯罪案件36件68人，维护市场经济秩序。探索“互联网＋检察”工作模式，整合控告申诉、举报接待、案件受理、行贿犯罪档案查询、案件程序信息和处理结果查询等职能，建成实体和网络两种模式“检察为民服务中心”，为群众提供一站式服务，全年通过互联网为企业开具用于招投标活动的行贿档案查询1万余份，查询量位居全省基层检察院前列。推进涉法涉诉信访机制改革，落实检察长接访、走访制度，设立以扬州市劳模、资深检察官张桂祥名字命名的“桂祥接待窗口”和“张桂祥工作室”，帮助群众排忧解难。开展以“落实举报规定，推进反腐倡廉和规范司法”为主题的“举报宣传周”活动，引导群众依法依程序正确行使举报权利，妥善处理群众举报、控告、申诉信访102件（次）。（陆秀喜）

审　判

【概况】　2015年，市人民法院围绕“让人民群众在每一个司法案件中都能感受到公平正义”的目标，履行宪法和法律赋予的职责，各项工作取得新进展。全年受理各类案件1.07万件，审执结9950件，涉诉标的额34.6亿元，分别增长11%、12.1%、47.2%。年底，该院在上级法院组织的十项重点审判质效考核指标中，该院结案率、改发率、实际执行率等7项指标均名列扬州各县（市、区）首位。是年，该院致力于推进诚信建设、推进全民守法而形成的200多起典型案例，受到江苏城市频道、江苏新闻广播电台、扬州电视台等省内多家主流媒体的关注。（周曙）

【刑事审判】　2015年，市人民法院受理刑事案件594件762人，审结576件709人。依法审理抢劫、强奸、贩卖毒品等案件31件，判处五年以上有期徒刑13人；依法审理贪污、贿赂等职务犯罪7件，判处有期徒刑12人；依法审理社会关注的张某海非法吸收公众存款案，判处其有期徒刑七年六个月；依法惩处多发侵财犯罪和损害人民群众切身利益刑事犯罪，审理盗窃、诈骗案件211件，审理交通肇事、危险驾驶案件190件，审理拒不支付劳动报酬案件3件；依法审理非法狩猎、滥伐林木、非法排污案件33件，受到刑事审判49人。加大未成年人司法保护力度，到学校、社区和乡镇开展专题宣讲活动15场次，受教育学生1.7万人；审理涉未成年人刑事案件9件，下降50%。（周曙）

【民事审判】　2015年，市人民法院依法受理民事案件6354件，审结6118件。加强民生纠纷化解工作，审理婚姻家庭案件1006件、物业服务案件242件、交通事故和财产及人身损害赔偿案件1063件；加强借贷纠纷化解工作，审理民间借贷案件1126件，标的额4.3亿元；加强民事纠纷化解工作，实现案件调解撤诉率74.9%；加强涉农纠纷化解工作，审结农村土地承包、宅基地纠纷、水产养殖纠纷709件。针对虚假诉讼多发的问题，启动再审程序纠正虚假诉讼5件，实施司法制裁3人。受理其他案件2256件。（周曙）

【商事审判】　2015年，市人民法院依法受理商事案件991件，审结867件。坚持平等保护市场主体合法权益，审结买卖、加工承揽等合同纠纷421件，帮助200多家企业追回合同债权2.6亿元；加大金融债权保护力度，审结涉金融、保险机构金融类合同纠纷213件，标的额1.8亿元，有效防范区域性金融风险。是年，该院关于微信快捷理赔效力问题的裁判经验在省法院公报上刊发，成为裁决此类纠纷的参考规则。（周曙）

【行政审判】　2015年，市人民法院依法受理行政诉讼案件178件，审结165件，增长143.8%、200%；受理非诉行政审查和执行案件153件，审执结153件。畅通行政案件入口，强化对被诉行政行为的司法审查，以撤销、确认违法等方式判决行政机关败诉19件，以维持、驳回诉讼请求证等方式判决行政机关胜诉90件。推进行政审判与行政机关良性互动，举办各类法律咨询、专题讲座活动9场次，观众近2300人。（周曙）

【知识产权审判】　2015年，市人民法院依法受理知识产权民事110件、刑事案件15件，分别增长233%、15.4%，其中分别审结105件、15件。鼓励自主创新、规范市场竞争，优化知识产权保护环境，增强知识产权保护意识，开展主题宣传、新闻发布等活动4场次，观众近1000人。（周曙）

【执行工作】　2015年，市人民法院依法受理执行案件2279件，执结1945件，执行到位金额4.04亿元。发挥市金融、国土、房管、车管等各个领域查控平台作用，提升被执行财产查控处置效率，冻结银行账户存款1.8亿元。执行财产100%网上司法拍卖，拍卖变卖被执行财产4500万元，为当事人节约佣金225万元。强化失信“黑名单”惩戒机制建设，新录入全国失信被执行人名单库1419人，并通过户外显示屏、微博、微信等平台予以曝光，促使被曝光“老赖”108 人主动履行执行义务。强化反规避执行、反干预执行、反消极执行工作,实施司法拘留 106 人次。启用新建成的执行指挥中心,完善网络查控、远程指挥、快速反应、信息公开等执行指挥体系。开展“涉党政机关、涉金融案件、涉民生案件”专项积案清理活动,执行到位 4512 万元。

(周曙)

【服务中心工作】 2015 年,市人民法院注重优化新常态下经济建设的司法环境,强化各类矛盾纠纷的稳妥化解,全力服务市委、市政府中心工作的开展。注重运用法治思维和法治方式,推进与全市大局工作相关的矛盾纠纷化解,妥善处置涉项目建设案件 46 件,标的额 1.1 亿元。完善市场退出机制,审理破产、清算案件 17 件。运用司法手段,推动和帮助江苏振兴铝业有限公司破产企业完成重组工作。与乡镇、园区逐案会商矛盾纠纷处置方案及应急处置预案,帮助化解群体性矛盾纠纷 23 个。重视从源头防范化解矛盾纠纷,参加地方党委、政府矛盾纠纷协调化解联席会议 46 次,提出司法解决意见和方案 65 个。推进专题调研活动,深入了解经济形势和行业特点,为党委、政府科学决策建言献策,提出情况反映和司法建议 12 条。 (周曙)

【服务民生工作】 2015 年,市人民法院积极畅通司法救济渠道,以落实立案登记制为起点,杜绝不立不裁、不执不立、先执后立等现象。加大对妇女儿童及农民工等弱势群体的司法保护力度,审结赡养、扶养、抚育纠纷 63 件,为农民工 1800 人追回欠薪 2000 多万元。针对困难当事人及盲聋哑人、未成年人等相关群体,通过“缓减免”诉讼费、发放救助金、提供律师援助等方式,继续开展司法救助工作,全年“缓减免”诉讼费 15 万元,发放救助金 90 多万元。提升社会公众理性维权的法治意识,组织开展各类送法活动、法治讲座和庭审旁听活动 68 场次,发放各类宣传资料 3 万份,受益群众 3.5 万人;组织开展进企业、乡镇、社区、村组的走访调研活动 39 次,收集相关建议、意见 150 条。针对全市恶意欠薪案件增多的现状,按照市委政法委部署,与市检察院、市公安局、市司法局、市人社局联合设立专题新闻发布会制度,定期召开由企业主参加的恶意欠薪专题新闻发布会,公布拒不支付劳动报酬罪案件查办情况。是年,该院共组织召开涉民生专题新闻发布会 4 次。

(周曙)

【司法服务】 2015 年,市人民法院以诉讼服务中心投入使用为契机,开通网上立案系统,并结合运用网上送达、短信提示、“12368”热线电话等方式,更好地为群众提供咨询、查询服务。与市司法、法律服务部门合作,共同在立案场所专门设立导诉台,引入“公益律师”进驻服务中心,为群众提供诉讼指导、咨询等服务。专门设立群众来访接待室,聘请第三方受理群众的信访投诉,促进矛盾化解。全年累计提供相关咨询、查询服务 5000 人次,化解信访矛盾 100 多起。

(周曙)

【司法公开】 2015 年,市人民法院发挥审判流程、裁判文书、执行信息三个公开平台作用,扎实推进司法公开工作。推进完成庭审场所“三同步”强制启动装置安装工作全覆盖,实现全部庭审活动同步录音、录像及同步显示庭审记录;完成庭审场所互联网直播系统设置全覆盖,按照“以直播为原则,以不直播为例外”要求,每周实现庭审直播 30 次以上。做好生效裁判文书官方网站公布工作,全年上网公布 5023 份。利用法院官方网站定期发布工作动态;利用官方微信每日推送原创司法信息,官方微博关注人数达 13.5 万人次。 (周曙)

【司法改革】 2015 年,市人民法院按照试点先行、逐步推开的原则,在三垛法庭试点推行审判权运行机制改革工作。至年底,经测评,该试点单位有效落实院、庭长办案责任,审判团队运行管理机制日趋成熟,主审法官文书签发权全面落实,审判质量效率明显提升,全年该院院、庭长担任主审法官审结案件 1697 件,占全院结案数 17%,试点取得初步成效。

(周曙)

【《经济发展新常态下的司法担当》专题新闻发布会】 9 月 29 日,市人民法院召开《经济发展新常态下的司法担当》专题新闻发布会。主要任务是,阐述经济发展新常态下的司法担当,要勇于担当、乐于担当、勤于担当、善于担当。省法院宣传处负责人及全省各中院领导等参加现场观摩。发布会上,高邮法院党组书记、院长韩雪峰发布新闻,高邮城南经济新区管委会主任詹东周、高邮经济开发区管委会副主任赵锦章、江苏波司登制衣有限公司总经理何其新分别作交流发言。11 月 12 日,《江苏法制报》在头版头条刊发该院的经验做法。(周曙)

【吴磊被评为全国法院办案标兵】 1 月 9 日,最高人民法院下发《关于表彰全国优秀法院、全国优秀法官、全国法院办案标兵的决定》,高邮市人民法院三垛人民法庭副庭长吴磊被授予“全国法院办案标兵”称号。

(周曙)

司法行政

【概况】 2015 年,市司法局充分发挥法律保障、法制宣传、法律服务职能,为推动全市经济社会又好又快发展创造良好的法治环境。至年底,全市共有律师事务所 8 家、基层法律服务所 26 家、各类人民调解组织 360 家。是年,市公证处被省司法厅表彰为江苏省公证规范化建设先进单位;高邮镇司法所所长陈士坡被司法部表彰为全国模范司法所所长，被江苏省司法厅授予个人一等功；高邮镇司法所、汤庄镇司法所被江苏省司法厅表彰为2014～2015年度优秀司法所。（吕媛媛）

【人民调解工作】 2015年，全市各级调解组织累计受理矛盾纠纷1990起，调处成功1960起，调处成功率98.5%。出台专门方案，对专职调解员的招聘、培训、指导管理、经费保障等予以规范，累计发放人民调解个案补贴10万元。是年，市专业化调解组织建设走在扬州各县（市、区）前列，交通调解、医患纠纷调解经验做法得到上级充分肯定；基层调解组织网格化和调解队伍建设达到省级规范化标准。（吕媛媛）

【公共法律服务体系建设】 2015年，市司法局加强市级"12348"公共法律服务中心建设，为群众提供法律援助、人民调解、律师、公证等"一揽子"服务。推进乡镇公共法律服务中心建设实现全覆盖，其中汤庄镇、高邮经济开发区公共法律服务中心被扬州列为示范点。至年底，累计有市级公共法律服务中心1家、乡镇（园区）公共法律服务中心14家、法律援助工作站21家、法律援助联系点8个；累计办理法律援助案件1674起，为当事人挽回经济损失1033万元。（吕媛媛）

【法制宣传教育工作】 2015年，市司法局继续推进法制宣传教育工作。加强宣教方式创新，先后组织开展"德法同行"书画比赛、《宪法》知识竞赛等主题活动，有群众4.8万人参加。启动市法治文化广场建设工程，蝶园法治文化广场获批立项。推进实施基层法治文化"313示范工程"（建设30个乡镇法治文化示范中心、100个单位法治文化示范角和300个村居法治文化示范站），累计建成单位法治文化示范角5个、村居法治文化示范站26个。继续开展省民主法治示范村（社区）、法治文化建设示范点申报工作，新申报省民主法治示范村（社区）11家、省法治文化建设示范点2处。加强对领导干部等六类重点对象的学法用法工作。连续九年实行领导干部任前法律考试制度和领导干部述法制度，在全市各中小学校配齐兼职法制副校长在有条件的企业落实"五个一"（即有一处法制教育阵地、有一本法律学习书籍、一次集中讲法制课、有一次法律知识理论考试、管理人员有一次集中法律知识培训）学法标准。全年共举办各类法治讲座120多场、其他各类普法宣传活动近200场次，免费赠送普法资料32万份，教育和影响观众56万人。是年，高邮市"六五"普法通过扬州市组织的终期考核验收。（吕媛媛）

【法律服务工作】 2015年，市司法局组织律师、公证员、法律工作者重点为城镇建设、招商引资、社会民生建设等领域，提供法律服务。开展"百家企业法律体检"行动，切实帮助市相关重点企业解决在发展中遇到的法律难题。全年共走访企业591家，召开法律座谈会32次，举办各类法律知识讲座157场，发放法律服务卡、"法律体验"调查问卷890份，发现法律漏洞12个，出具法律意见书222件、风险提示函350多份，向企业提出能够解决问题的整改意见94个。（吕媛媛）

【社区矫正工作和帮教安置工作】 2015年，市司法局继续强化与市公安、检察、法院部门的有效对接，着力做好社区矫正工作和帮教安置工作。全年依照程序为两名符合条件的社区服刑人员办理特赦手续；做好"三无"（即无家可归、无亲可投、无业可就）人员的安置工作，帮助落实低保政策；推进"阳光中心"（过渡性安置基地）建设，缓解特殊人员就业难题；加强与市人社等相关部门的配合，将两类特殊人群纳入就业创业培训计划。至年底，全市累计有社区矫正对象在册人员467人，解矫943人；刑满释放安置帮教人员1720人（含当年接收回归人员161人），帮教率100%，安置率98%，无脱管、漏管现象发生。（吕媛媛）

【公证工作】 2014年，市公证处按照"公平、公正、公开"的服务宗旨，健全完善窗口服务"周六值班制"、法定节假日预约办证制和微笑办证、统一规范着装、挂牌上岗制等制度，进一步提升公证法律服务的规范化水平。全年办理公证4424件，其中涉外公证565件、涉港澳台公证41件、其他公证3818件。是年，市公证处获"江苏省公证规范化建设先进单位"称号。（吕媛媛）

人民武装

【概况】 2015年，市人武部贯彻落实中央军委及中央军委主席习近平关于改革强军的系列指示精神，切实强化"三严三实"专题教育、国防教育及爱国主义、革命英雄主义教育，着力抓好党委班子岗位练兵、军事斗争准备、战备、征兵、专武干部队伍建设、抗洪抢险演练、民兵骨干集训、军民融合发展、"双百双建"等多项工作。（周日彪）

【征兵工作】 7月3日，市委、市政府召开全市征兵工作会议，对征兵工作作出部署。7～9月，市征兵办严格按照新兵征集有关要求，组织应征青年进行体检，并经过各职能部门共同努力，顺利完成新兵征集任务。在征兵工作中，市人武部注重加强对各单位开展征兵宣传和目测初检工作进行检查和指导，并通过召开座谈会、汇报会等形式，重点摸清适龄青年报名应征的热情、文化素质和政治面貌等情况。强化征兵宣传工作，共印发宣传资料3000

多册，制作宣传横幅200多条，并在市电视台开设栏目每天播放征兵宣传片。组织学习《征兵政治审查工作规定》，严把兵员政治素质关，严格落实党委集体定兵和张榜公示及“四人同访”等制度，同时，成立纪检组，全程跟踪监督征兵工作，增加征兵工作透明度。（周曰彪）

【举行“2015年扬州市抗洪抢险演练”】 6月3日下午3时30分，由扬州军分区、扬州市水利局、高邮市人民政府主办，扬州市淮河入江水道整治工程建设处、高邮市人民武装部、高邮市水利局承办的“2015年扬州市抗洪抢险演练”在高邮湖新民滩举行。扬州市副市长姚苏华，扬州军分区司令员王宁、政委许建树、参谋长徐松建，高邮市委书记韩方、高邮市市长方桂林，扬州市防指成员单位分管领导，扬州市各县（市、区）政府分管负责人、水利局局长、人武部主官等100多人观摩演练。该演练以科目设置为编排主线，相继演示巡堤与堤防险情探查、处理堤防漏洞险情与构筑月堤、构筑防浪墙、固定滑坡、转移群众、抢救落水群众及救护、封堵决口等科目，并将各级指挥程序和险情报告方式贯穿每个演练科目之中。高邮市各乡镇（园区）抗洪抢险骨干共150人参加演练。（周曰彪）

【战备值班室建设】 2015年，市人武部根据上级要求，投入90万元，完成战备（作战）值班室建设任务。该值班室具备战备值班、作战指挥、视频会议和重要目标监控等功能，达到上级规定的“四通”（电话通、传真通、文电通和视屏通）要求，其建设水平和质量处于扬州各县（市、区）前列。（周曰彪）

【《高邮武装工作简报》编发工作】 9月，为深入贯彻中央军委主席习近平一系列重要讲话精神，推进整风整改、政风肃纪，及时传达上级党委的决策和指示，全面反映全市武装工作动态，交流基层工作经验，展现典型风采，激发工作热情，市人武部党委研究决定，从该月起每月编发一期《高邮武装工作简报》，送市相关领导、乡镇（园区）党政分管负责人及各基层武装部负责人等参阅。至年底，共编发《高邮武装工作简报》4期。（周曰彪）

【开展“双百双建”活动】 2015年，按照省军区组织开展支持苏北革命老区“双百双建”（组织100多个人武部、预备役团与老区139个经济薄弱村签订帮建协议，共建党组织、共建学校）活动要求，市人武部与连云港市东海县清湖镇阚朱洲村结成帮扶对子，开展“双百双建”活动，重点就解放思想、组织建设、项目帮扶三方面进行军民共建，切实推动阚朱洲村全面完成脱贫奔小康任务。是年，市人武部向阚朱洲村提供帮扶资金10万元，另有4位人武部干部与阚朱洲村4名困难家庭的高中生结成“一对一”长期帮扶对子，当年给予每人1500元的资助。（周曰彪）

人民防空

【概况】 2015年，市人防办按照“长期准备、重点建设、平战结合”方针，坚持人防工作与经济建设相协调，与城市建设相结合，与防灾减灾和应对突发事件相兼容，围绕年度目标任务和重点工作，全面加强人防工程建设、指挥通信建设和人防宣传教育工作。全年征收人防建设资金757万元。（余富祥）

【人防工程建设】 2015年，全市加强人防工程建设力度，全年新立项人防工程4项，开工建设人防工程7项，竣工人防工程7项。在市国防园建设应急疏散基地，同时建设应急指挥调度中心。（余富祥）

【指挥通信警报建设】 2015年，全市新增固定警报器2台，更新固定警报器3台、多媒体警报器1台，城区警报音响覆盖率95%以上。修订城市防空袭方案。完成全市八支人防专业队整组及训练工作。在市卫星卷烟材料有限公司组织人防消防专业队开展消防演练活动，并对新组建的人防消防专业队队员实名点验。（余富祥）

【防空警报试鸣】 9月18日10时，随着省防空警报试鸣指挥部试鸣指令的下达，全市市区防空警报器同时鸣响，至10时15分结束。在防空警报试鸣前期准备阶段，市人防办通过电台、电视台、新闻信息中心发布公告，对各警报设置点管理人员进行培训，保证警报试鸣安全顺利进行。警报试鸣期间，全市生产、生活正常运行。结合警报试鸣活动，在康华社区和扬州市兴益机械有限公司开展应急疏散演练活动。（余富祥）

【学校民防教育】 2015年，市人防办联合市教育局出台《关于加强中小学生民防知识教育的实施意见》，明确各中、小学校开展民防知识教育的具体要求。是年，市人防办在全市24所初级中学和33所小学开展民防知识宣传教育活动，受教育学生近1万人。（余富祥）

【人防进社区】 2015年，市人防办加强社区人防工作站建设，发挥其宣传平台作用，引导社区开展人防（民防）宣传活动，提高居民防灾减灾能力。结合全市“9·18”防空警报试鸣，在康华社区举办应急疏散知识讲座，并组织居民开展应急疏散演练活动。（余富祥）

科 学 技 术

Science and Technology

导读

综 述

2015 年，市科技部门按照市委、市政府工作部署，强化“集聚资源、集成支持、集中服务”，突出科技创新载体建设，协调推进创新氛围营造、科技项目建设、重大成果转化、农业实用科技推广、产学研合作、知识产权保护、科普宣传等各项工作，有力促进全市创新性经济的发展。

突出科技创新载体建设。围绕产业技术研发、科技成果转化、科技项目培育、产权保护服务、金融资本支撑等产业链创新链的关键环节，重点打造以“湖西高新区、产业技术研究院、扬州八桥农业科技园”和“创新资源服务平台、技术转移服务平台、知识产权服务平台、科技金融服务平台、人才科技服务平台”为主的“3＋5”联合创新载体，有力推动全市深入实施创新驱动发展战略。是年，高邮市获批国家知识产权试点城市，作为扬州农业科技园核心区的八桥农业科技园获批国家农业科技园，高邮城南经济新区被确认为省级科技产业园，汤庄镇获批省创新型试点乡镇，菱塘回族乡的江苏省特种电缆产业产学研协同创新基地被确认为第三批省产学研协同创新基地。

加大科技项目申报力度。围绕做大做强优势特色产业，推进科技项目的包装、申报和培育工作，加快产业转型升级步伐。全年获批扬州市级以上各类科技项目 38 项，其中国家星火计划项目 6 项、国家火炬计划项目 8 项、省重大科技成果转化项目 4 项、省战略性新兴产业项目 3 项、省科技支撑（工业）计划项目 1 项、省科技支撑（现代农业）计划项目 2 项、省重点创新项目 10 项、省农业科技社会化服务奖补资金项目 1 项、扬州市科技发展计划农业科技攻关项目 3 项，共获项目资助资金 4500 多万元。是年，市科技局获扬州科技系统目标管理考核特等奖。“新常态下苏中苏北结合部创新培育健康产业研究”首获扬州市政策引导类计划软科学研究立项项目。

推动高新技术产业加快发展。全年实现高新技术产业产值 413.11 亿元，增长 14.4%，占规模以上工业产值的 35.1%。新认定国家高新技术企业 37 家，获批首批省创新示范企业 1 家、省科技小巨人企业 1 家，创成省智能示范车间 1 个，获批省级以上重点新产品 39 种、省高新技术产品 152 种，完成科技服务业总收入 7.43 亿元，较去年增加 14.21%。继续落实成果转化风险补偿专项资金政策，积极为全市科技型中小企业提供企业上市、风险投资、发展新兴产业等科技金融服务，全年帮助 31 家企业争取省“苏科贷 I”“苏科贷 II”项目，获发专项贷款 1.38 亿元。

深入推进产学研合作。全年实施产学研项目105项。加强科技人才队伍建设，全年共引进高层次人才36人，其中领军人才16人、博士人才20人、国家“青年千人计划”3人，柔性引进科技人才近150人。全年获批省级以上“三站三中心”18家，其中国家级博士后工作站1家（扬州宏远电子科技有限公司国家级博士后工作站）、省企业研究生工作站11家、省工程中心1家、省企业技术中心5家。至年底累计建成省级以上“三站三中心”101家，其中国家级博士后工作站2家、省博士后科研工作站4家、省院士工作站3家、省工程技术研究中心27家、省工程中心4家、省企业技术中心30家、省研究生工作站31家。获批第三批江苏省重点企业研发机构3家、扬州市级重点实验室1家。新建科技产业综合体6万平方米，新增科技孵化企业42家。 （郭长清）

科技管理工作

【高邮市获批国家知识产权试点城市】 12月，根据《国家知识产权试点示范城市(城区)评定办法》《国家知识产权局关于加强试点城市分类指导工作的通知》《国家知识产权局办公室关于将县级市纳入国家知识产权试点示范城市申报范围的通知》规定，经申报、推荐、评审等程序，国家知识产权局下发《关于确定国家知识产权试点城市(城区)的通知》，高邮市名列其中，试点时限自2015年11月至2018年11月。高邮市成为当年江苏省唯一获批此项称号的县级市。 (郭长清)

资料链接 近年来，市委、市政府高度重视知识产权工作，坚持把知识产权的创造、运用、保护、管理作为提升城市核心竞争力、增强区域经济可持续发展能力的重要抓手，并于2010年、2014年分别通过省知识产权试点市、省知识产权战略区域验收。近三年来，全市累计发放专利申请补助资金800多万元，专利累计申请达1万多件，专利授权量累计近5200件。期间，江苏科凌医疗器械有限公司等10家企业被列为省知识产权管理贯标创建工作实施单位，江苏金飞达电动工具有限公司等3家企业入选省企业知识产权战略推进计划。同时，全市以电动工具、液压机械、灯具等支柱产业作为主攻方向，建立包括公共专利信息利用平台、企业和行业个性化专利数据库、专家支撑系统在内的综合性专利预警支持系统；加强专利信息服务，与江苏佰腾科技有限公司共建高邮市区域专利监控系统。重点加强与中科院、清华大学、北京大学、大连理工大学、南京理工大学、南京工业大学、南京农业大学等知名高校科研院所的发明专利成果收集，建立发明专利成果项目库，共引进各类专利成果项目102项。 (郭长清)

【八桥农业科技园晋升"国字号"】 12月29日，科技部下发《科技部办公厅关于第七批国家农业科技园区建设的通知》，正式批复扬州市建设"扬州国家农业科技园"，而作为该园核心区的八桥农业科技园，也由此晋升为国家农业科技园。这也是高邮市首家获批的国家级科技园区。 (郭长清)

资料链接 国家农业科技园区试点建设工作自2001年启动，由科技部等六部委联合实施，参与申报园区由核心区、示范区和辐射区联动形成，运行机制是"政府指导、企业运作、中介参与、农民受益"，旨在将园区建设成为区域性现代农业科技示范基地、农业科技成果转化基地、农业科技创新创业基地和农村人才培养基地。为推动八桥农业科技园创建国家级科技园区工作，2015年，高邮市科技局等部门将"科技创新＋特色平台"作为打造八桥农业科技园的强力引擎，精心组织国家农业科技园申报答辩各个环节。同时，先后帮助园区内的扬州天歌鹅业发展有限公司与扬州大学、江苏丰庆种业科技有限公司与江苏里下河地区农科所开展产学研合作，成功实施商品鹅快速繁殖及国家级小麦新品种苏麦188的技术研发与推广应用。至年底，全市形成以高邮特色水禽科技园及八桥现代农业科技园为核心重点，引领特色水禽水产、优质稻麦、设施瓜果蔬菜、高档花卉苗木等农业优势主导产业的发展框架。随着八桥农业科技园晋升为国家农业科技园后，高邮市将联合扬州其他农业科技示范区，力求形成"科教＋产业＋金融"协同推进的现代农业发展新模式，辐射带动江淮地区乃至全国的现代农业发展，以此着力将八桥农业科技园建设成为具有区域较高影响力的现代农业科技示范基地、农业科技成果转化基地、农村科技创新创业基地和农村人才培养基地。 (郭长清)

【高邮城南经济新区被确认为省级科技产业园】 10月，省科技厅下发《省科技厅关于确认江苏省江阴机械装备科技产业园等3家为省级科技产业园的复函》，确认高邮城南经济新区为省级科技产业园。至此，全市累计获批包括市特种电缆科技产业园、市绿色照明科技产业园在内的省级科技产业园3家。 (郭长清)

【汤庄镇获批省级创新型试点乡镇】 12月21日，省科技厅根据《创新型省份建设推进计划(2013～2015年)》《关于进一步加强基层科技工作的意见》，经乡镇申请、各地初审、地市推荐、省级评审等程序，发文公布第五批江苏省创新型试点乡镇名单，高邮市的汤庄镇名列其中。至此，全市累计获批包括菱塘回族乡、送桥镇在内的省级创新型试点乡镇3家。 (郭长清)

【江苏省特种电缆产业产学研协同创新基地被确认为第三批省产学研协同创新基地】 11月30日，为引导各地围绕目标产业差别化集聚创新资源，错位发展，以创新资源集聚带动产业集聚，加快形成"一区一战略产业、一县一主导产业"的创新发展格局，经组织申报、专家评审和现场考察等程序，省科技厅下发《关于确认第三批省产学研协同创新基地的通知》，确认位于菱塘回族乡的江苏省特种电缆产业产学研协同创新基地为第三批省产学研协同创新基地。 (郭长清)

【申请专利4393件】 2015年，市科技局帮助全市相关企业申请专利4393件，其中申请发明专利834件，获批授权专利2891件，其中发明专利授权52件，获省专利资助资金33万元。 (郭长清)

【1项专利项目获省专利项目奖优秀奖】 11月，省

知识产权局发布《关于表彰第九届江苏省专利项目奖获奖项目的通知》，高邮市的扬州锦江有色金属有限公司的专利项目“铅纤维丝及其制作方法”获优秀奖。（郭长清）

【市产业技术研究院成立】 10月19日，作为2015高邮市“秦邮人才集聚”提升年暨科技合作集中签约系列活动之一，市委、市政府举行“高邮市产业技术研究院”揭牌及网站开通仪式，并聘请重庆大学生物工程学院副院长、教授陈国平担任该产业技术研究院院长。此为扬州各县（市、区）首家由科技部门主导、旨在为全区域产业创新提供科技支撑的产业技术研究院。（郭长清）

资料链接 为进一步拓展第五届江苏科洽会的活动成效，扎实推进政产学研深度融合，提升创新平台建设水平，促进成果转化，实现合作共赢，市委、市政府于2015年10月19日举办2015高邮市“秦邮人才集聚”提升年暨科技合作集中签约系列活动。省科技厅党组副书记、副厅长曹苏民、南京农业大学副校长丁艳锋、武汉科技大学副校长吴怀宇、西华大学副校长何建平、扬州大学副校长黄建晔，高邮市领导韩方、徐永宝、孙建年、王薇及有关专家、教授等106人出席活动。当日上午，先后组织开展科技创新人才引进推介、“高邮市产业技术研究院”揭牌及网站开通、高邮·创客邦揭牌、人才资助资金颁奖、项目签约等活动；下午，分别组织大连理工大学的专家教授和西安交通大学的专家教授在高邮城南经济新区、菱塘回族乡举办机械装备产业成果发布会和电线电缆产业发展形势及成果发布会两个分会场活动，受到企业欢迎。活动期间，4项高邮技术转移中心高邮分中心项目、2项校地全面合作项目、2项院地全面合作项目、15项科技项目、16项人才项目和10项创业项目进行集中签约。（郭长清）

【科技产业综合体建设】 2015年，市科技局按照市委、市政府“大众创业、万众创新”工作部署，把科技创新载体建设作为实施创新驱动发展战略的核心工作，大力推进科技产业综合体建设。推动全国知名的科技孵化器专业运营公司博济集团与高邮镇合作建设众创空间“创客邦”。指导新建“文游汇”“诚信电商创客营”等两个众创空间，并获省级备案，其中“文游汇”获省科技厅资助80万元。推进开展市科技创业中心申报国家级科技企业孵化器工作，获扬州市综合体绩效奖励30万元。至年底，全市新建科技产业综合体6万平方米，新增孵化企业42家。（郭长清）

【产学研合作】 2015年，市科技局发挥牵头部门职能优势，继续深入开展政产学研合作活动，着力巩固和发展合作成果和活动品牌，努力推动培育一批重大技术创新源。精心筹办“秦邮人才集聚”提升年暨科技合作集中签约活动，推动南京农业大学、西安交通大学在高邮建立国家技术转移中心高邮分中心，率先在扬州地区成立首家县级产业技术研究院。积极组织企业走访北京中关村，拜访山东大学、江南大学、湖南大学及参加扬州智能装备科技成果展等活动，并邀请高校专家到高邮回访。至年底，全市累计举办产学研专项活动23场次，签订各类产学研合作协议145项。（郭长清）

【38项项目获高邮市级以上科学技术奖】 2015年，市科技局继续推进开展各类科技进步活动，全年获高邮市级以上科学技术奖项目38项，其中获省级科学技术奖项目2项（二等奖、三等奖项目各1项）、扬州市级科学技术奖项目4项（一等奖项目1项、二等奖项目1项、三等奖项目2项）、高邮市级科学技术奖项目32项（一等奖项目3项、二等奖项目9项、三等奖项目20项）。（郭长清）

表61　**2015年高邮市获科学技术奖项目表**

项　目　名　称	主要完成单位	主要完成人	表彰机关	奖励等级
甲壳生物质资源生态高值利用关键技术开发与应用	扬州日兴生物科技股份有限公司、江南大学、中华全国供销合作总社南京野生植物综合利用研究所	夏文水、孙达锋、姜启兴、张超、张和、朱昌玲、许艳顺、丁振中、戚善龙	江苏省科技厅	二等奖
高速高精度理瓶清洗检测包装自动化生产线	扬州润明轻工机械有限公司、湖南大学	刘君基、王耀南、刘金治、张　辉、何汝存、吴成中、周显恩	江苏省科技厅	三等奖
高原专用胶体蓄电池	江苏华富储能新技术股份有限公司	居春山、周寿斌、吴战宇、朱明海、姜庆海、于尊奎、顾力贞、黄　毅、钱帮芬	扬州市科技局	一等奖
耐高低温防火环保型橡胶电缆料及其电缆制品	扬州亚光电缆有限公司	王金合、鲁永林、陈小龙、鲁学军、胡行林、曾天祥、周文兵	扬州市科技局	二等奖
吸附催化一体式废气净化装置的研发和产业化应用	扬州松泉环保科技有限公司	吴万泉、徐乐山、李振炫、朱　江	扬州市科技局	三等奖

续表 61

项　目　名　称	主要完成单位	主要完成人	表彰机关	奖励等级
多元纳米材料自组装复合涂层材料技术开发与应用	扬州明晟新能源科技有限公司	高中明、林和春、张卫华、凌　勇、徐　慧	扬州市科技局	三等奖
耐水压水平井探测电缆	江苏华能电缆股份有限公司	陶　明、乔文玮、杨恒勇、江红宇、詹少军、皮　特、达米安、吴开明、李光强、徐　光	高邮市科技局	一等奖
高标准农田建设小型建筑物精细化研究与推广应用	高邮市水利技术推广服务中心	顾　宏、胡锦辉、孙　勇、徐锡华、张有松、黎龙凤、周克志、郑永高、高建阳	高邮市科技局	一等奖
经皮穿刺椎体成形术(PVP)治疗骨质疏松椎体压缩性骨折的临床研究	高邮市人民医院	张　兴、孙宗进、顾邦林、官安红、李永超、候善振	高邮市科技局	一等奖
分布式发电系统储能用锂离子电池	江苏华富储能新技术股份有限公司	汪的华、周寿斌、孙　庆、吴战宇、于尊奎、魏　迪、沙树勇	高邮市科技局	二等奖
吹填超软土地基处理改性真空预压施工工法	江苏兴厦建设工程集团有限公司	刘汉龙、李　平、徐春荣、沈　扬、丁选明	高邮市科技局	二等奖
基于微波酶法和膜谱超滤技术制备功能性壳寡糖的研究与产业化	扬州日兴生物科技股份有限公司	丁振中、张　超、孙达锋、柳志强、冯小海、王文龙	高邮市科技局	二等奖
GZHT225—WP—290 灯泡贯流式水轮机	江苏航天水力设备有限公司	林其文、黄从兵、朱文瑞	高邮市科技局	二等奖
电动汽车用磁通切换永磁电机及电控系统	扬州市新港电机有限公司	花　为、张恒兴、黄守道、吴　虹、徐　兰、汤开全、秦　存	高邮市科技局	二等奖
光致聚合全息扩散膜玻璃开发与产业化	扬州明晟新能源科技有限公司	高中明、林和春、张卫华、张延荣、凌　勇、徐　慧、金以露	高邮市科技局	二等奖
高层后悬挑滑降式脚手架施工技术研究与应用	江苏弘盛建设工程集团有限公司	师永生、陈如华、王　玫、刘　俊、李卫进、陈金鑫	高邮市科技局	二等奖
第三代核电站用 1E 级电缆	江苏赛特电气有限公司	牛瑞江、朱有文、顾宏喜、何兴国、胡宏金、朱仲安、李宝贵	高邮市科技局	二等奖
新能源汽车用无级变速智能无刷控制器	江苏金丰机电有限公司	陶加山、王　辉、施智慧、李　明、尹志祥、柏兆来	高邮市科技局	二等奖
纳米级耐高温陶瓷化硅胶绝缘影视灯光用软电缆及其制造方法	扬州亚光电缆有限公司	曾廷环、鲁永林、王金合、查时龙、崇培燕	高邮市科技局	三等奖
面向交通安防的智能视频人脸识别	江苏豪纬交通集团有限公司	陈才扣、李明云、赵鹏飞、吴江华、张　涛	高邮市科技局	三等奖
生态可降解性合成革及水溶性材料开发	扬州市德运塑业科技股份有限公司	李彦春、刘顺兆、刘　洁、刘文兵、黄思文	高邮市科技局	三等奖
异位妊娠甲氨蝶呤药物治疗的研究	高邮市人民医院	凌定文、徐　铮、吴代香	高邮市科技局	三等奖
多囊卵巢综合征促排卵方案研究及应用	高邮市妇幼保健计划生育服务中心	俞　飞、陈维忠、樊　莉、陆　艺、刘党英	高邮市科技局	三等奖

续表 61

项目名称	主要完成单位	主要完成人	表彰机关	奖励等级
腹腔镜技术在妇科手术中的应用	高邮市人民医院	张玲玲、徐　荣、丁汉香、凌定文、姚红莹	高邮市科技局	三等奖
丁苯酞治疗脑梗死神经功能缺损症状的研究	高邮市人民医院	祁瑞刚、谢　兵、刘海花、钱　迅、凌加平	高邮市科技局	三等奖
电动车防盗涨刹锁	高邮市精正机械制造有限公司	乔爱民、乔　君、曾春林、王兆居、张晓强	高邮市科技局	三等奖
汽车充电桩用电缆	江苏长城电缆有限公司	胡永斌、薛怀国、严长浩、李忠林、查竞桃	高邮市科技局	三等奖
高分子聚合物密封免维护胶体储能电池	江苏欧力特能源科技有限公司	袁朝勇、严学庆、黄桂宝、汤　磊、王发明	高邮市科技局	三等奖
石油平台用耐寒耐弯曲电缆	扬州光明电缆有限公司	杨志鸿、胡君臣、姚宏安、钱志兵	高邮市科技局	三等奖
基于无线通信技术实现自动化监控的户外高压真空断路器	江苏普利德电气有限公司	王贵明、马晓伟、杨志鹏、方亚庆、郭章勇	高邮市科技局	三等奖
户内交流金属铠装移开式封闭开关设备	江苏龙源先锋电气有限公司	丁　艺、杨　华、周长华、郭　燕、谈海岗	高邮市科技局	三等奖
智能电网用高压大功率薄膜电容器	扬州凯普电子有限公司	徐道安、毛翔宇、陈小兵、孙　慧、陈春燕	高邮市科技局	三等奖
LHT62 全自动电梯式轴承合套仪	扬州悦恒机械科技有限公司	孔来发、王定安、李绩猛、王登全	高邮市科技局	三等奖
汽车尾气排放温度传感器	首凯汽车零部件(江苏)有限公司	倪　立、唐　军、吴永芝、刘义生、姜　健	高邮市科技局	三等奖
电气化铁路用 27.5 千伏单相铜芯环保型防鼠防白蚁特种电缆	扬州曙光电缆股份有限公司	齐宏文、梁国华、曹阳开、卢玉芝、陈明华	高邮市科技局	三等奖
LHX62 全自动轴承灵活性检测机	扬州康派尔机械科技有限公司	邱小川、陈章平、谢爱民	高邮市科技局	三等奖
新型烫金电化铝生产及烫金工艺	高邮市卫星卷烟材料有限公司	郑浩荣、蓝丽华、张爱兵、陆兆萍、陈正宇	高邮市科技局	三等奖
KL—LED 智能无障碍整体手术无影灯	江苏科凌医疗器械有限公司	刘春海、孙　强、俞广海、朱存山	高邮市科技局	三等奖

(郭长清)

工业科技

【6 家企业项目入选国家火炬计划】 2015 年,根据《科技部关于组织申报 2015 年度国家星火计划、火炬计划项目的通知》要求,经各级科技部门的组织推荐,科技部火炬高新技术产业中心组织评审,全市有 6 家企业项目入选国家火炬计划,即江苏迪萨机械有限公司承担的自动化高性能沥青烟气净化器项目,扬州明晟新能源科技有限公司承担的具有电致热功能的装饰性安全(钢化)玻璃项目,江苏金丰机电有限公司承担的电油混合动力车用智能控制系统项目,江苏华富储能新技术股份有限公司承担的基于荷电态深循环技术的铅炭储能电池项目,扬州曙光电缆股份有限公司承担的耐辐射高阻燃太阳能光伏系统用特种电缆项目,扬州市新港电机有限公司承担的电动汽车用磁通切换永磁电机及电控系统项目。 (郭长清)

【37 家企业被认定为国家高新技术企业】 2015 年,经全国高新技术企业认定管理工作领导小组审核、认定,高邮市有 37 家企业被认定为国家高新技术企业,即扬州日兴生物科技股份有限公司、扬州

市喜来太阳能科技有限公司、江苏现代照明集团有限公司、江苏贝尔照明电器有限公司、扬州市迎辉照明电器有限公司、江苏科凌医疗器械有限公司、江苏金飞达电动工具有限公司、江苏航天水力设备有限公司、江苏朝阳液压机械集团有限公司、扬州市德运塑业科技股份有限公司扬州市政兴树脂有限公司、江苏迪萨机械有限公司、扬州明晟新能源科技有限公司、高邮高和光电器材有限公司、江苏金润龙科技有限公司、江苏浩明光电科技股份有限公司、高邮市永发机械有限公司、高邮市迅达重型工程机械有限公司、扬州康派尔机械科技有限公司、扬州市金鑫电缆有限公司、江苏长城电缆有限公司、扬州三友合成化工有限公司、江苏恒辉电气有限公司、扬州亚光电缆有限公司、扬州市红旗电缆制造有限公司、高邮市高农机械配件有限公司、江苏宝德照明器材有限公司、神州交通工程集团有限公司、扬州市金湛照明电器有限公司、江苏伏特照明集团有限公司、江苏豪纬交通集团有限公司、江苏省天煌照明科技发展有限公司、江苏天虹照明集团有限公司、江苏斯美尔光电科技有限公司、高邮市华宝颜料有限公司、扬州绿泉电气科技有限公司、扬州市华翔有色金属有限公司。至此，全市累计获批国家高新技术企业 93 家。 (郭长清)

【31 项项目获批省科技成果转化风险补偿专项资金贷款项目】 2015 年，高邮市共获批省科技成果转化风险补偿专项资金贷款项目 31 项、专项贷款 1.38 亿元。其中，获“苏科贷 I”扶持项目 14 项，即江苏德皇文具有限公司的一种纳米信息标签防伪装置、江苏金润龙科技有限公司的环保超静音柴油发电机组、扬州市恒通环保科技有限公司的转轮吸附+RTO 项目、高邮市华宝颜料有限公司的精制有机颜料 PY180 的研发与产业化、扬州三元动力机械有限公司的储煤仓增强型快速装车系统的推广与应用、高邮市汉升高分子材料有限公司的关于一种易于熔接的医用高分子组合物及其制备方法的研发与产业化、高邮市荣清机械电子有限公司的复杂循环舰船燃气轮机用间冷器的研发及产业化、扬州凯普电子有限公司的关于一种打容量蓄能电容器的研发与产业化、扬州亚光电缆有限公司的轻型高强度耐腐蚀现场总线系统用电缆、江苏金丰机电有限公司的新能源汽车用矩阵变换器的电动机调速节能控制器、扬州明增生物科技有限公司的壳聚糖基抗菌抗氧化剂研发与产业化、扬州市百思特机械设备有限公司的煤矿架空乘人装置运行安全与可靠性关键技术研发及应用、扬州润明轻工机械有限公司的 RMSP4.0 型高速玻璃瓶理瓶清洗智能视觉检测机器人包装成套生产装备、扬州明增生物科技有限公司的一种可折叠杠铃架研发及产业化项目，共获科技成果转化风险补偿专项资金贷款 3250 万元；获“苏科贷 II”扶持项目 17 项，即扬州日兴生物科技股份有限公司、苏发照明工程集团有限公司、扬州市康乐机械有限公司、江苏欧力特能源科技有限公司、扬州光明电缆有限公司、扬州市华胜机电制造有限公司、高邮市福兴微耕机有限公司、扬州宏远电子有限公司、扬州市邮谊工具制造有限公司、扬州市百思特机械设备有限公司、高邮市万嘉面粉有限公司、江苏宝德照明器材有限公司、高邮市助剂厂、扬州市金马机电制造有限公司、江苏赛德电气有限公司、江苏海德森能源有限公司、扬州日兴生物科技股份有限公司，共获科技成果转化风险补偿专项资金贷款 1.06 亿元。

(郭长清)

【1 项项目获批省科技支撑(工业)计划项目】 2015 年，经省科技厅、财政厅审核批准，扬州苏安物联传感科技有限公司承担的基于情景感知的冷链物流智能配载推荐系统研发项目，入选省科技支撑(工业)计划项目，获无偿资助经费 100 万元。

(郭长清)

【扬州宏远电子科技有限公司建成国家级博士后工作站】 9 月 14 日，人力资源和社会保障部、全国博士后管委会联合发文，确认扬州宏远电子有限公司博士后工作站为国家级。 (郭长清)

【建成江苏省企业研究生工作站 11 家】 7 月 9 日，省教育厅下发《关于公布“江苏省研究生培养创新工程”2015 年度入选项目的通知》，批准扬州市高升机械有限公司、江苏金丰机电有限公司、江苏欧力特能源科技有限公司、扬州三友合成化工有限公司、扬州凯普电子有限公司、高邮市日星药用辅料有限公司、扬州神游羽绒制衣有限公司建立 2015 年度第一批江苏省企业研究生工作站；12 月 10 日，省科技厅、省教育厅联合下发《关于公布 2015 年第二批江苏省企业研究生工作站名单的通知》，批准江苏鑫莲液压机电有限公司、江苏华能电缆股份有限公司、扬州中大电缆有限公司、高邮市恒辉机械有限公司建立 2015 年度第二批江苏省企业研究生工作站。至此，全市累计建立江苏省企业研究生工作站 31 家。 (郭长清)

【入选省“双创计划”博士 13 人】 根据《关于组织申报 2015 年江苏省“双创计划”的通知》要求，经过初审推荐、资格审查、专家评审等程序，10 月 15 日，省人才办、省科技厅等部门联合下发《关于确定 2015 年江苏省“双创计划”资助对象的通知》，确定拟资助双创人才、双创团队、双创博士名单，当中列有高邮市 13 家企业引进的双创博士(科技副总)13 人，即扬州锦江有色金属有限公司引进的东华大学博士马颜雪、江苏迪萨机械有限公司引进的武汉科技大学博士王世杰、江苏华能电缆股份有限公司引进的武汉科技大学博士张国宏、江苏顺达机械设备有限公司引进的湖南大学博士陈吉华、龙腾照明集团有限公司引进的中国计量学院博士王乐、扬州宏远电子有限公司引进的温州大学博士张伟明、高邮市恒辉机械有限公司引进的哈尔滨工业大学博士胡长胜、高邮市汉升高分子材料有限公司引进的沈阳理工大学博士常军、扬州润明轻工机械有限公司引进的长沙理工大学博士张辉、扬州凯普电子有限公司引进的扬州大学博士许小勇、江苏航天水力设备有限公司引进的扬州大学博士杨华、扬州市创新包装有限公司引进的江南大学博士王利强、江苏戚伍水产发展股份有限公司引进的江南大学博士李恒，分别获资助资金 15 万元。（郭长清）

【建成扬州市院士工作站 1 家】 4 月 26 日，扬州市科技局发文《关于批准建立 2015 年扬州市院士工作站的通知》，批准扬州宇龙照明器材有限公司建立扬州市院士工作站，获 20 万元资助资金。至此，全市累计有扬州市院士工作站 10 家。

（郭长清）

【11 家企业工程技术研究中心获批扬州市工程技术研究中心】 12 月 28 日，扬州市科技局下发《关于认定 2015 年度市级工程技术研究中心的通知》，批准高邮市新建扬州市工程技术研究中心 11 家，即高邮市恒辉机械有限公司的扬州市小型旋挖钻机工程技术研究中心、扬州昇业机械有限公司的扬州市多功能家用电锯锯片工程技术研究中心、江苏顺达机械设备有限公司的扬州市煤矿用液压机械工程技术研究中心、江苏豪纬交通集团有限公司的扬州市交通信号灯控制系统工程技术研究中心、高邮市永发机械有限公司的扬州市（永发）数字化自动机床工程技术研究中心、扬州市康宇实业有限公司的扬州市氨基高强模塑料工程技术研究中心、高邮市汇金杂粮专业合作社的扬州市农产品深加工（营养快餐）工程技术研究中心、浩博仪器科技扬州有限公司的扬州市道路修复检测技术及装备工程技术研究中心、江苏鑫东方户外用品有限公司的扬州市新型多功能帐篷工程技术研究中心、高邮市秦邮蛋品有限公司的扬州市（秦邮）蛋品加工工程技术研究中心、高邮市精正机械制造有限公司的扬州市（精正）电动车鼓刹工程技术研究中心。至此，全市累计有扬州市工程技术研究中心 133 家。

（郭长清）

【2 项项目获批扬州市产学研前瞻性研究项目】 11 月 20 日，扬州市科技局下发《关于下达 2015 年度扬州市政策引导类计划（国际合作类、产学研合作类）项目的通知》，由扬州金利达饲料有限公司公司承担的罗氏沼虾饲料中应用发酵大米蛋白技术项目、扬州十二粉黛生物工程有限公司承担的青花椒精油在日用化学品中的应用及产品开发项目，获批扬州市产学研前瞻性研究项目，分别获资助资金 5 万元。（郭长清）

【3 家企业研发机构获批省重点企业研发机构】 12 月 31 日，经企业申请、地方推荐和综合评议，省推进企业研发机构建设工作联席会议办公室发布《关于公布第三批江苏省重点企业研发机构名单的通知》，高邮市的江苏欧力特能源科技有限公司、扬州亚光电缆有限公司、龙腾照明集团有限公司名列其中。（郭长清）

【1 家企业研究室获批扬州市重点实验室】 11月20日，扬州市科技局下发《关于下达2015年度扬州市创新能力建设计划（科技设施类）项目的通知》，确认扬州曙光电缆股份有限公司建设的实验室为“扬州市电子信息传输用电线电缆材料应用研究企业重点实验室”，获资助资金20万元。（郭长清）

【1 项项目获批扬州国际合作项目】 11 月 20 日，扬州市科技局下发《关于下达 2015 年度扬州市政策引导类计划（国际合作类、产学研合作类）项目的通知》，江苏华能电缆股份有限公司与澳大利亚迪肯大学合作的油气勘探与海洋工程用特种电缆超高强韧铠装钢丝的联合研发及产业化项目获批扬州国际合作项目，获资助资金 5 万元。（郭长清）

【152 种产品获批省高新技术产品】 2015 年，经省科技厅审核批准，全市有 73 家企业的 152 种产品被认定为江苏省高新技术产品。至此，全市累计拥有省高新技术产品 1282 种。（郭长清）

表 62 **2015 年高邮市被认定为江苏省高新技术产品表**

企业名称	产品名称
高标自动化设备（江苏）有限公司	装卸式全自动伸缩型输送皮带机
高邮高和光电器材有限公司	GH—Ⅱ低频散热紧凑型无极荧光灯、无汞渐出环保型制灯固汞
高邮市鼎天高分子材料有限公司	辐照交联无卤阻燃聚烯烃材料制备电器内控绝缘电线、耐高温高压特种硅胶绝缘新光源专用电子线缆
高邮市高农机械配件有限公司	4105 型半开式叶轮增压结构内燃机冷却水泵、4102 型吸水室排空结构内燃机冷却水泵

续表 62

企业名称	产品名称
高邮市汉升高分子材料有限公司	新型热塑性弹性体(TPE)改性料粒
高邮市恒辉机械有限公司	150 型旋挖钻机动力头、220 型旋挖钻机动力头、160 型旋挖钻机动力头、280 型可驱动钻头入岩动力头、轮毂、键套一体式防泥沙浸入箱体动力头
高邮市卫星卷烟材料有限公司	Z 型环保镭射油墨、JZ 型透气烫印水松纸
高邮市迅达重型工程机械有限公司	TY230 型推土机用数显电液操纵驾驶舱
高邮市永发机械有限公司	基于 CPU 和 INTERNET 的带有远程诊断系统的可视化钻铣床
浩博仪器科技扬州有限公司	LX—Ⅱ—50 数显温控全自动连续加热沥青混合料联合搅拌机、LX—Ⅲ—55 动态监控全自动沥青混合料联合搅拌机
江苏贝尔照明电器有限公司	高效散热大功率 LED 路灯、升降式 LED 高杆灯
江苏博思维光电集团有限公司	360 度散热防水防尘 LED 光源模组、双边对流长度可调节式 LED 灯具
江苏朝阳液压机械集团有限公司	一种气缸推动式墙体材料布料裁剪装置、一种翻转式油缸双轴面料搅拌机
江苏晨光电缆有限公司	超柔软耐磨耐弯抗扭抗拉智能机器人电缆、防火耐磨抗碾压充电桩专用电缆
江苏承煦电气集团有限公司	带智能感应摄像装置的 LED 灯具、涌浪保护的 LED 路灯模组
江苏传艺科技股份有限公司	HDI 复合型柔性印制多层线路板
江苏迪生建设集团有限公司	带有移动灯臂可全方面照射路灯、新型智能控制散热型 LED 灯
江苏伏特照明集团有限公司	FT—Ⅱ型全自动光感调节的太阳能路灯、便捷式噪声检测仪路灯、PMMA 透镜路灯罩壳、带有防撞缓冲装置的路灯、自适应高效率风光互补路灯
江苏富莱士机械有限公司	FLS—Ⅱ型安全环保变频自动控制滚轴筛
江苏海潮科技股份有限公司	轻便型高扬程万能自吸水泵
江苏浩明光电科技股份有限公司	高速高效螺旋型节能灯明管全自动生产线
江苏恒辉电气有限公司	耐油防腐环保型传感器电缆、高强度轻便型平行集束架空电缆
江苏华富储能新技术股份有限公司	基于分布式光伏电站系统用高能高效低成本铅碳储能电池、管式胶体蓄电池、基于稀土改性技术的新型高效铅蓄电池、高效储能铅碳电池、分布式电站系统用储能锂离子电池
江苏华富能源有限公司	光伏电站专用高效储能电池、碳系纳米氧化硅混合胶体高效动力电池
江苏华能电缆股份有限公司	水平井专用密封高抗压承荷探测电缆、地震勘探电缆、海洋科考探测电缆、石油勘探机器人用耐水压水平井探测电缆
江苏金飞达电动工具有限公司	新型智能化自锁式激光切割机、MJ2625 超低音安全无尘多功能木工斜断锯、JFD—Ⅲ型全自动多功能木工台锯、JFD 液压式数控激光校准轨道锯
江苏金丰机电有限公司	一种基于 GPS 的车辆定位管理系统、新能源汽车用无级变速智能无刷控制器、G 云控系列新能源汽车控制器、新能源汽车用矩阵变换器的电动机调速节能控制器
江苏金润龙科技有限公司	SMS—2 智能型超静音柴油发电机组
江苏金通交通器材有限公司	JT—TSCM 型室外智能协调信号控制机、新型框架式组合信号灯
江苏科凌医疗器械有限公司	KL—LED．DTR78/DT76 带纳米涂层的低温高亮度 LED 手术无影灯
江苏摩瑟电力设备有限公司	新型燃烧方式的小功率燃油加热器
江苏欧力特能源科技有限公司	高效能大容量聚合物熔盐晶体铅酸电池、高效节能硅基液态电解质蓄电池
江苏瑞扬线缆有限公司	新型高阻燃防腐耐压电力电缆、烟尘脱硫用环保型耐温控制电缆、高分辨率地震勘探电缆、高溶点矿物柔性防火电缆、静力水准仪专用防老化水工电缆，抗紫外线风机发电、蓄能系统信用传输用环保型电缆，FF 总线 A 型等效介电常数、低电容电缆
江苏赛德电气有限公司	柔性防火电缆、低风速风能电机用耐腐耐扭动力电缆

续表 62

企业名称	产品名称
江苏天虹照明集团有限公司	THZ—005 联想 LED 路灯、TH—LED—0028 智能改变光路图案的路灯
江苏鑫莲液压机电有限公司	XL—III 型全自动防腐耐磨阀门
江苏永泰照明有限公司	YT—LED—20 智能型节能环保 LED 路灯、YT 高效散热智能化太阳能 LED 灯具
江苏长城电缆有限公司	风能发电用耐寒耐扭转软电缆、石化用高阻燃抗拉计算机电缆、汽车充电桩用电缆
龙腾照明集团有限公司	高光效低色温 LED 护栏灯、基于空间光通信功能的 LED 道路灯、可调式 LED 智能灯具
隆昌照明集团有限公司	LC—II 型双轴跟踪自动调节的太阳能路灯
扬州大劲电机制造有限公司	YS79L—2F 数控两相交流变频电机
扬州高标机械有限公司	余热回收用齿条式电动闸板阀
扬州光明电缆有限公司	石油平台特种装备高强度动力系统电缆、舰船用耐火硅橡胶耐寒耐腐蚀特种电缆、热塑性弹性体绝缘聚氨酯护套移动电缆
扬州宏远电子有限公司	导电高分子固态电容器用电极箔
扬州江峰机械制造有限公司	KM186F 发动机气门组合装置
扬州京尚源机械制造有限公司	JS—Ⅱ型全独立伺服驱动剑杆织机
扬州康派尔机械科技有限公司	全自动轴承保持架装配机—BCJ100A、全自动电感式内外径测量分选机、全自动轴承灵活性检测机、全自动注脂压盖均脂机—ZYJ40/62
扬州明晟新能源科技有限公司	增透防眩光玻璃、电致热装饰性安全玻璃、纳米陶瓷金属防护玻璃、光致聚合全息光扩散膜
扬州明增生物科技有限公司	高堆积密度、低重金属含量(食品级)壳聚糖
扬州日兴生物科技股份有限公司	一种用于痛风患者食用的膳食配方壳寡糖杜仲雄花粉、壳寡糖植物生长调节剂、1—氨基蒽醌、植物源氨糖、高质蒽醌系染料 1—氨基蒽醌
扬州三友合成化工有限公司	抗病毒药物中间体(R)—碳酸丙烯酯、抗病毒药物中间体氯甲基异丙基碳酸酯
扬州市宝典景观照明有限公司	BD—ZM 大功率 LED 散热灯头
扬州市德运塑业科技股份有限公司	防辐射保暖透气户外用品人造革
扬州市恒通环保科技有限公司	HT—Ⅲ型转轮吸附式焚烧净化装置
扬州市红旗电缆制造有限公司	航海导航雷达系统专用电缆
扬州市华胜机电制造有限公司	智能变频控制防轴电流高效电机
扬州市吉利太阳能照明集团有限公司	GW 型集成式高效绿色风光互补路灯、高效晶体硅大容量长寿命光伏电池
扬州市金鑫电缆有限公司	矿用特种光缆、煤矿用抗拉阻燃通信电缆、新型光伏系统用耐气候耐拖拉安装电缆、煤井下移动设备用高性能抗拉耐曲挠橡套软电缆
扬州市金阳光电缆有限公司	计算机网络系统用阻水型测控电缆、港口起重机械用特种耐曲橡套软电缆、抗开裂高阻燃环保型轨道交通用特种电缆、第三代核电站用 1E 级电缆
扬州市金湛照明电器有限公司	带有路面故障检测装置的双吊杆射灯、多功能太阳能庭院的螺旋形吊杆射灯
扬州市普林斯化工有限公司	2—甲氧基乙胺、2,2'—二苯并噻唑基砜
扬州市祥华新材料科技有限公司	Z15 镭射冷压电化铝
扬州曙光电缆股份有限公司	额定电压 8.7/15 千伏交联聚乙烯绝缘陶瓷硅橡胶耐火电力电缆、高抗干扰特种计算机控制电缆、阻水环保型光纤复合低压电缆、海上石油平台用特种计算机控制电缆、矿用特种通信光缆、无卤阻燃耐辐射光伏电缆

续表 62

企　业　名　称	产　品　名　称
扬州松泉环保科技有限公司	SQ 有机废气吸附催化一体式净化装置、SQ 蓄热式热力氧化炉、SQ 热回收式焚烧装置
扬州苏安物联传感科技有限公司	冷藏车辆智能监控云终端装置
扬州鑫晶光伏科技有限公司	长寿命超薄柔性晶体硅光伏组件、可变拓扑结构的光伏组件集成单元
扬州耀华信息科技有限公司	YH 智能感应绿色 LED 照明路灯、农产品冷链物流溯源监控系统
扬州宇光灯具有限公司	YG—Ⅲ型高效低热阻智能化照明道路灯
扬州悦美达橱具设备科技有限公司	CXW1.5 型商用高净化吸油烟机
扬州中大电缆有限公司	防寒抗紫外线风力发电用柔性控制电缆
扬州重电太阳能科技发展有限公司	太阳能路灯专用大容量储能锂电池模组、SHS 型家用分布式太阳能发电机

（郭长清）

农业科技

【8 项项目入选国家星火计划】　12 月，科技部公布 2015 年度国家星火计划立项项目名单，全市有 8 项项目列入其中，即高邮市蔬菜栽培技术指导站承担的稻茬免耕直播油菜丰产高效栽培技术集成与示范项目、高邮市邮星食品有限公司承担的传统蛋制品品质调控及保鲜包装关键技术研究及产业化项目、高邮市汇金杂粮专业合作社承担的基于生物发酵的发芽糙米产业化关键技术及新产品研发项目、扬州悦美达厨具科技有限公司承担的 JSX—8000 蛋品自动清洗机研发与应用项目、高邮市平安开沟机制造有限公司承担的新型后置式开沟机的研发成果转化项目、高邮市新月水产专业合作社承担的罗氏沼虾养殖污水二次处理项目、扬州市董氏特种水产有限公司承担的全雄黄颡鱼苗种规模化繁育和养殖示范项目、江苏高志农业股份有限公司承担的笼养蛋鸡信息化管理关键技术研究与开发项目。（郭长清）

资料链接　国家星火计划是面向农村经济的指导性科技开发计划，主要支持利用农村资源、投资少、见效快、先进适用的技术项目，建立科技先导型示范企业，发展高产、优质、高效农业，通过把先进适用的技术引向农村，引导亿万农民依靠科技发展农村经济，促进乡镇企业科技进步，提高农村劳动生产率，推动农业和农村经济持续、快速、健康发展。至 2015 年年底，高邮市累计入选国家星火计划项目 42 项。（郭长清）

【2 项项目获批省科技支撑(现代农业)计划项目】2015 年，经省科技厅、省财政厅审核标准，扬州灵谷农业科技发展有限公司承担的优质高产抗赤国家级小麦新品种苏麦 188 研发与推广应用项目、扬州凯尔化工有限公司承担的淀粉基生物医用材料加工关键技术的研究及产业化项目，入选省科技支撑(现代农业)计划项目，共获无偿资助经费 100 万元。（郭长清）

【1 项项目获批省农业科技社会化服务奖补资金】2015 年，经省科技厅、省财政厅审核标准，江苏高邮鸭集团承担的高邮特色水禽产业分店项目入选省农业科技社会化服务奖补资金项目，获补助经费 9 万元。（郭长清）

【3 项项目获批扬州市科技发展计划农业科技攻关项目】　2015 年，经扬州市科技局、扬州市财政局审核批准，高邮市有 3 项项目入选扬州市科技发展计划农业科技攻关项目，即菱塘回族乡人民政府承担的新农村建设示范工程项目、高邮市诚信物流有限公司承担的溯源监控系统在防止农产品腐损问题上的应用项目、扬州十二粉黛生物工程有限公司承担的扬州鹅优质抗病新品系选育及快速扩繁项目，共获项目经费 21 万元。（郭长清）

防震减灾

【概况】　2015 年，市地震局贯彻落实《中华人民共和国防震减灾法》《江苏省防震减灾条例》等法律、法规，按照《扬州市 2015 年度防震减灾工作目标管理责任书》要求，制定《高邮市创建国家防震减灾示范县实施方案》，推动开展防震减灾各项工作，提高全市防震减灾能力。是年，市地震局被表彰为全国市县防震减灾考核先进单位、全省防震减灾工作(县级)先进单位；获 2015 年度省防震减灾优秀成果奖 2 项；该局副局长蒋延林被防灾科技学院聘为地震台站观测岗位资格培训任课教师。（薛家富）

【法制工作】　2015 年，市地震局结合“5·12”防灾减灾日、省科普宣传周、科技“三下乡”、中学生夏令营、汶川大地震纪念日等时机，开展防震减灾知识宣传活动。4 月 24 日，利用“平安中国”防灾宣导系列公益活动江苏省启动仪式在高邮市举行的契机，组织市民及学生 800 多人次参与相关活动，展示相关社区、学校的防震减灾工作成果。5 月 12 日，市地震局在武安社区举办地震科普知识讲座、在南海中学开展地震应急演练活动。（薛家富）

【2015 平安中国防灾宣导活动江苏启动仪式在高邮市举行】 4 月 24 日，2015 平安中国防灾宣导活动江苏启动仪式在高邮市举行。期间，组织部分市民和学生观看防震减灾科教片《今天明天》；实地查看高邮经济开发区九园社区、高邮中学防震减灾相关工作情况。（薛家富）

资料链接 *“平安中国”防灾宣导系列公益活动，是一项面向全社会的基础性主题科普活动，旨在通过广泛的防震减灾宣传，大力普及防震减灾科学知识，提高社会公众防震减灾科学素养。高邮作为此次防震减灾宣导活动的承办方，近年来一直对防震减灾宣传工作高度重视，注重深入群众开展形式多样的宣传活动，对提高全市人民防灾意识起到重要作用。结合此次活动的开展，高邮将进一步创新活动方式，注重活动实效，提高全民科学文化素质。*（薛家富）

【地震监测预报】 2015 年，市地震局通过增加地下流体、地磁秒数据和气象三要素等观测手段，进一步强化地震监测预报工作。全年高邮地震台、苏 09 井、车逻井观测正常，观测数据资料连续可靠。及时落实地震(宏观)异常，先后完成“高邮台地下水静水位出现方波式变化异常落实报告”“高邮台地下流体深层水温异常落实报告”和“高邮台地电阻率 2015 年出现变化异常落实报告”，消除当地群众的恐慌情绪。将地震观测环境保护列入该局行政许可事项，对影响地震观测环境的项目(连云港至镇江铁路项目、车逻敬老院和农民集中居住区项目)进行审批，切实保护地震观测环境。是年，高邮地震台的电磁学科、地电阻率、FHD 观测均获全国观测资料评比第一名；磁电学科四分量磁力仪、地电阻率、前兆数据管理与系统维护均获全省观测资料评比第一名；资料质量分析报告获全省第一名；被表彰为 2015 年度全省先进地震台。（薛家富）

【地震灾害防御】 2015 年，市地震局依法将抗震设防要求作为前置审批纳入基本建设管理程序和建设项目竣工验收环节，切实保障各类新建、改建、扩建工程全部达到抗震设防要求。投入资金 220 万元，开展海潮市民广场、城市广场(商务大厦)、文化广场整合优化工作，完成中心避难场所建设。至年底，全市累计建成地震应急避难场所 6 个，总面积 29.3 万平方米，可容纳震后避难人员 18 万人。继续开展防震减灾示范学校、示范社区等创建活动，市实验小学创成江苏省防震减灾科普示范学校，高邮经济开发区九园社区创成国家防震减灾示范社区。（薛家富）

【地震应急救援】 2015 年，市地震局完成《高邮市地震应急预案》的修订工作，并督促各机关、企事业单位开展应急预案或演练方案的修订工作。指导市教育局印发《关于开展应急演练和科普示范学校创建的通知》，联合高邮中学、高邮经济开发区九园社区等单位开展地震应急演练活动。成立以市消防大队为主体的高邮市地震灾害紧急救援队，帮助乡镇、部门、社区成立救援志愿者队伍。（薛家富）

气象测报

【概况】 2015 年，市气象局围绕全年工作目标，创新思路，硬化举措，在气象服务、行政审批制度改革、知识宣传和系列创建活动等方面取得新的进展。全年地面测报错情率 0.0‰、预审报表差错率 0.0‰。是年，高邮市被江苏省气象局表彰为省级标准化现代农业气象服务市，龙虬镇、界首镇分别被认定为国家级标准化气象灾害防御镇、省级标准化气象灾害防御镇；市气象局获全国酸雨观测质量样品考核优秀等次，被扬州市委、市政府表彰为 2013—2014 年度文明单位，获扬州市气象系统第二届防雷业务知识竞赛团体第二名。（熊伟）

【农村气象灾害防御体系建设】 2015 年，市气象局继续推进农村气象灾害防御体系建设。争取市财政资金的投放力度，实现中央财政与地方财政投入比为 1∶0.7；推进市气象监测预报预警服务中心建设，完成选址工作；加大镇村气象灾害预警信息征集、研判工作，实现镇村信息全覆盖。（熊伟）

【“三农”服务专项建设】 2015 年，市气象局与市农委合作，继续做好“三农”服务专项建设工作。与农委签订合作协议，实现气象信息与农业信息的共享；在春耕春播、三麦病虫害防治、夏收夏种、秋收秋种等关键农时，加强气象信息与市农委的联合会商；通过市农委“12316”短信平台，突出“三农”分管领导、农业园区、种养大户、专业化服务组织、农民合作社、家庭农场、农业企业、渔民等重点群体 1.1 万多人，发送气象预警短信 26 条；完善气象信息发送机制，完成各类气象信息发送 16 万人次，覆盖农民达 20 多万人。5～10 月，开展龙虬镇罗氏沼虾产业园气象服务示范点建设工作；11～12 月，推进和完善各乡镇气象信息服务站建设。（熊伟）

【气象服务保障工作】 2015 年，市气象局立足春运、高考等关键时段，十一届双黄鸭蛋节、环高邮湖自行车赛、第七届中国邮文化节、半程马拉松赛等重大活动，春耕春播、赤霉病防治、夏收夏种、秋收秋种等关键农时，春节、国庆等重要节假日等，通过电视台、传真、手机短信、“96121”、电子显示屏、气象微博、微信等手段，开展全方位的气象服务保障工作。全年编发或发布气象灾害预警信息53次、决策气象服务30期、重要天气报告26期、“生态与农业气象”专报53期、微博和微信700多条，预警短信覆盖20多万人次。（熊伟）

【气象行政审批改革】 2015年，根据国务院要求，市气象局加强与市政务服务中心、市城建局、市安监局、市教育局、市财政局等部门的协调，取消雷击灾害风险评估和防雷产品测试2项中介服务事项，改由市气象局履行建设工程防雷设计审核和竣工验收行政许可管理职能。（熊伟）

【气象科普宣传】 2015年，市气象局充分利用“世界气象日”“防灾减灾日”“科普宣传周”“三下乡”“安全生产宣传月”“法制宣传日”等契机，开展气象科普和防灾减灾宣传系列活动。全年累计组织开展气象科普进乡村、进社区、进校园、进企业各类活动13次，发放各类宣传材料5万多份，接受科普教育5000多人次，5月28日，与市民政局联合举办全市气象协理员业务培训班，有76人参加培训。（熊伟）

【“世界气象日”系列纪念活动】 在第55个“世界气象日”前后，市气象局围绕“气候知识服务气候行动”主题，组织开展系列纪念活动。期间，召开“世界气象日”纪念座谈会；听取市气象局工作汇报；开展气象防灾减灾科普进校园活动，走进送桥镇郭集初中，通过在校园内摆放科普戗牌、举行气象科普知识讲座、播放气象科普宣传片等形式，普及气象知识，并向广大师生发出“关注气象，爱护自然”的科普倡议；举行气象科普进社区活动，在高邮市新联社区，气象科技工作者利用科普板和PPT宣讲的方式对社区200多名居民进行气象科普知识宣传；举行气象日科普知识问答活动。通过开展系列活动，向广大市民普及气象科普知识，增强全社会的防灾减灾意识。（熊伟）

气象科普防灾减灾宣传——走进郭集初中校园

（熊伟 摄）

【危化品生产安全事故应急救援演练】 7月1日，由市安委会、市环委会组织，扬州三友合成化工有限公司承办的危化品生产安全事故应急救援演练正式举行。按照市政府工作部署，市气象局主要承担该演练全程的气象保障服务工作。演练前，该局在人员、车辆、设备、流程等方面作周密的布置；演练中，该局气象应急队员们密切监测现场的气象要素，及时、准确地向总指挥部汇报实时气象资料，为演练救援单位提供决策依据，保障该演练活动的顺利开展。（熊伟）

教 育

Education

导读

综 述

2015年，市教育局全面贯彻落实国家和省、市中长期教育改革和发展规划纲要，围绕《高邮市"十二五"教育事业发展规划（2011～2015）》，大力推进教育现代化建设，努力提升教育治理水平，年初预定的各项工作目标基本达成，全系统继续保持蓬勃向上的发展质态。

学前教育。市政府编制印发《高邮市学前教育第二期五年（2016～2020年）行动计划》，从优化资源结构、健全制度保障、强化队伍建设、提高管理质量四个方面着手，努力提高学前教育现代化实施水平。市教育局制定出台《高邮市幼儿园自聘教职工工资待遇指导意见》，就逐步提高全市幼儿园自聘教职工工资待遇作出明确规定。以课程游戏化建设项目为抓手，推进幼儿园内涵建设，承办扬州市幼儿园课程游戏化项目建设现场推进会，市直机关幼儿园、汤庄镇甸垛幼儿园获批省级幼儿园课程游戏化共建项目。继续开展幼儿园建设工程，全年新建幼儿园2所，改扩建幼儿园4所，累计投入3350万元，其中市乡两级财政投入获省综合奖补258万元。全年新创建省优质幼儿园1所（高邮镇高沙园幼儿园），由省示范园转评为省优质幼儿园4所（市南海艺术幼儿园、市师范幼儿园、市直机关幼儿园和龙虬镇幼儿园）。至年底，全市累计有省优质幼儿园38所，占比为79%，在省优质幼儿园接受教育的幼儿占比85%以上；学前三年幼儿入园率98.6%。

义务教育。以"省小学特色文化建设工程""省薄弱初中质量提升工程"为引领，推动义务教育均衡发展。全年申报省特色文化建设项目1项（城北实验小学）、"资源教室"建设项目1项（卸甲实验小学）；获批省课程基地建设项目1项（车逻初中）；通过省级验收课程基地建设项目4项（天山初中、卸甲初中、秦邮实验小学、荷花塘特校）。推进实施义务教育学校现代化建设工程，新创成省义务教育现代化学校15所（8所小学、7所初中），累计创成42所，占比为65%。

高中教育。继续开展星级高中创建活动。高邮中学物理课程基地通过省级验收并获优秀等次。继续执行热点高中新生统招指标定向分配制度，将高邮中学统招计划的70%按报考人数比例定向分配到各初中学校，择优录取。先后四次召开高考备战会，强化对复习轮次的科学安排，努力提升教学质量。全市共有4682人参加高考报名，达本科分数线2466人（含体艺类），上线率为52.7%。分别有考生1人达北京大学、清华大学和中国科技大学少年班录取线。全市大专以上录取率92.3%。至年底，全市累计有省三星级高中3所、省四星级高中2所。

职成教育。借助创建平台提高发展水平，高邮中等专业学校被确定为"省高水平现代化职业学校"立项学校。高邮中等专业学校与市第二中学、临泽中学联合举办综合高中班，进行普职融通新尝试。高邮中等专业学校组织学生参加省对口高考255人，其中被本科院校录取42人，录取人数和录取率在扬州市县（市、区）职业学校中均位列第一。高邮镇创建省级乡镇社区教育中心工作通过省专家组考核。全年创成省级标准化居民学校8所、省级品牌专业1个、省级高水平示范性实训基地2个。借力理论研究引领教育创新，全年新增国家级子课题1项、省级课题6项。全年组织乡镇培训观摩活动21场次，完成农村实用技术培训 6.4 万人次，培训农村劳动力 2.16 万人次，实现劳动力转移 3000 人次，从业人员年培训率 58%。

2015 年，全市有成型幼儿园 48 所(另有办园点 10 个)，其中省优质幼儿园 38 所；在园幼儿 1.41 万人，幼儿学前三年入园率 98.6%；幼儿教育职工 1606 人，其中专任教师 883 人，专任教师中大专以上学历者占 96.0%。有小学 42 所(含九年一贯制学校 1 所，另有教学点 3 个)，其中省实验小学 25 所，在校生 2.76 万人；小学适龄儿童入学率 100%、巩固率 100%；小学教职工 2365 人，其中专任教师 1917 人，专任教师中大专及以上学历者占 96.9%。有初中 24 所(含民办初中 2 所)，其中省示范初中 21 所，在校生 1.68 万人；初中入学率 100%、巩固率为 100%，初中毕业生升学率 99.8%；初中教职工 2071 人，其中专任教师 1727 人，专任教师中本科及以上学历者占 92.2%。有高中 6 所，其中省三星级以上高中 5 所，在校生 1.15 万人；高中教职工 1335 人，其中专任教师 1181 人，专任教师中研究生学历者占 11.7%。职业学校 2 所，在校生 6221 人；职中教职工 276 人，其中专任教师 238 人，专任教师中研究生学历者占 13.0%，职业中学“双师型”教师占 72.1%。特殊教育学校 1 所，在校生 88 人，教职工 22 人。

(张伟芳)

学前教育

【庆祝“六一”国际儿童节暨第四届幼儿体艺节】 6 月 1 日下午，庆祝“六一”国际儿童暨第四届幼儿体艺节在市体育馆举行。来自市实验小学附属幼儿园、高邮师范附属幼儿园等 13 所幼儿园的幼儿，先后表演《丑小鸭的梦》《赛龙舟》等丰富多彩的节目，展示广大少年儿童活泼可爱、朝气蓬勃的精神风貌。

(张伟芳)

第四届幼儿体艺节活动现场 (张伟芳 摄)

【《高邮市学前教育五年(2016～2020 年)行动计划》出台】 9 月，市政府制定出台《高邮市学前教育五年(2016～2020 年)行动计划》(以下简称《行动计划》)，就未来五年全市学前教育事业发展作出部署和安排。该《行动计划》明确提出，全市将突出优化资源结构、健全制度保障、强化队伍建设、提高管理质量等四个方面的重点，着力提高全市学前教育现代化实施水平，确保到 2020 年，全市公办幼儿园资源进一步扩大，民办幼儿园发展规范有序，农村幼儿园办园水平明显提升。在优化资源结构方面，明确到 2020 年全市每个乡镇至少配建一所省优质公办中心幼儿园，全市省优质幼儿园比例达到 90%。在健全制度保障方面，明确从 2016 年起，每年按照公办省优质幼儿园 600 元/生、扬州市优质园 500 元/生、民办省优质幼儿园 400 元/生、民办市优质园 300 元/生的标准安排学前教育预算内补助经费。在强化队伍建设上，要求到 2020 年幼儿园公办教师比例不低于 60%，全市幼儿教师专科及以上学历达 100%。在提高管理质量方面，要求今后五年要进一步完善学前教育管理体制，逐步健全信息公开和动态监管机制。

(张伟芳)

【《高邮市幼儿园自聘教职工工资待遇指导意见》出台】 10 月 30 日，为配合实施《高邮市学前教育五年(2016—2020 年)行动计划》，市教育局制定出台《高邮市幼儿园自聘教职工工资待遇指导意见》，从分配原则、适用对象、工资结构、参照标准、经费来源、管理要求、其他事项等 7 个方面，就进一步规范幼儿园收入分配管理，强化幼儿园自聘教师岗位职责，逐步提高全市幼儿园自聘教职工工资待遇作出明确规定。是年，市教育局相关负责人逐一与各乡镇(园区)党政主要负责人沟通对接，商谈幼儿园自聘教师增资方案，并最终确定幼师人均年度增资 1.5 万元。

(张伟芳)

【实施幼儿园课程游戏化项目】 2015 年，全市完成县级以上幼儿园课程游戏化建设项目 24 项，其中省级幼儿园课程游戏化建设项目 2 项、扬州市级幼儿园课程游戏化建设项目 8 项、高邮市级幼儿园课程游戏化建设项目 14 项。是年，市直机关幼儿园、汤庄镇甸垛幼儿园获批省级幼儿园课程游戏化共建项目各 1 项，获省资助项目经费 40 万元。

(张伟芳)

【扬州市幼儿园课程游戏化项目推进会】 4 月 21 日，扬州市幼儿园课程游戏化项目推介会在市实验小学附属幼儿园召开。会上，高邮实验小学附属幼儿园园长作省级课程游戏化项目的实施情况介绍；与会人员分组观摩幼儿园的半日活动；邀请南京师范大学教授邱学青和扬中市新坝幼儿园

园长王海英分别作“幼儿园活动区游戏观察与指导”“践行指南，还孩子真正幸福的童年”专题讲座。 （张伟芳）

【公开招聘幼儿教师 23 人】 2015 年，通过高邮市事业单位公开招聘，经过报名、资格审查、笔试、资格复审、面试、体检、考察、公示和聘用等环节共为全市各类幼儿园招聘幼儿教师 23 人，其中首次聘用 5 名省幼儿师范免费男幼师。 （张伟芳）

中小学教育

【省义务教育现代化学校创建工作】 2015 年，根据《江苏省义务教育学校现代化办学标准》，全市继续开展省义务教育现代化学校创建工作。至年底，全市新创成省义务教育现代化学校 15 所，其中小学 8 所（龙虬镇张轩小学、临泽镇川青小学、卸甲镇龙奔小学、临泽镇临泽小学、三垛镇司徒小学、卸甲镇卸甲小学、卸甲镇伯勤小学、汤庄镇甸垛小学）、初中 7 所（周山初中、界首初中、天山初中、郭集初中、澄阳初中、沙堰初中、卸甲初中）。至此，全市累计创成省义务教育现代化学校 42 所，占比为 65%。 （张伟芳）

【9 所学校助力高邮市第五届运动会】 10 月 28 日，高邮市第五届运动会在市体育场举行。期间，市教育局组织 9 所学校相关师生参与开幕式的相关活动，其中，城北中学、高邮中专、城北小学分别承担市五运会开幕式仪仗队、引导员、花束队工作，市第一小学、市南海初中、市实验小学、市城北小学、市赞化学校联合作开幕式《秦邮之路》大型文体操汇演，市武安初中、市宝塔小学作开幕式大型军乐表演。 （张伟芳）

第五届运动会开幕式《秦邮之路》大型文体操汇演现场

（张伟芳 摄）

【第二中学四星级高中创建工作】 2015 年 1 月，在市第十四届四次会议上，市政府将第二中学创建四星高中列为年度工作目标，并作为“2015 年十大民生工程”给予高度重视；是年 2 月，市教育局成立了创建工作指导小组，全面指导创建工作，每月召开创建推进工作会；是年 11 月，第二中学风雨操场（体育馆）工程、理化生实验室改造工程竣工，校园文化提档升级工程顺利完工并通过验收；是年 12 月，第二中学四星创建材料通过省教育评估院预审并明确进场验收日程（2016 年 3 月 28～30 日）。

（张伟芳）

【2 名学生获省现场作文大赛特等奖】 12 月 6 日，由省教育厅立项、省教育报刊总社主办的“苏教国际杯”省第十五届中学生作文大赛结果揭晓，高邮市的南海初中学生焦点、第二中学学生郭骆涵从全省 320 万名参赛者中脱颖而出，分获全省现场作文大赛初中组和高中组特等奖，占扬州市获特等奖人数的 50%。 （张伟芳）

【“我们的节日”清明经典诵读会】 4 月 1 日下午，由扬州市文明办主办，高邮市文明办、市教育局协办，秦邮实小和秦邮幼儿园共同承办的“我们的节日”清明经典诵读会在高邮市秦邮实验小学举行。此次诵读会，由“追思、传承、逐梦”三个篇章组成，师生们以诗词吟诵、红歌串烧、说唱快板、舞蹈表演、诗朗诵等多种形式，向观众展现对传统节日“清明”的追忆与纪念。共有师生 600 多人参加。

（张伟芳）

【4 名高邮学生获第三届“中国汉字听写大会”江苏选拔赛团体冠军】 5 月 16～17 日，第三届“中国汉字听写大会”江苏参赛队伍选拔赛在南京艺术学院举行。此次省级选拔赛，共有来自全省各市的 13 支代表队参加。经过小组赛、附加赛，最终有徐州市、常州市、盐城市、扬州市 4 支代表队进入决赛。经过角逐，有 4 名高邮学生及 2 名扬州其他县（市、区）学生组成的扬州代表队获第三届“中国汉字听写大会”江苏选拔赛团体冠军，并将代表全省参加全国总决赛。这 4 名高邮学生分别是市赞化学校的姚思悦、周湉恬、苏泺健及市城北初中的王恬。 （张伟芳）

【获扬州市中小学师生才艺大赛各类奖项】 8 月 6 日，扬州市教育局办公室印发《关于公布扬州市第二届“中国梦·运河情”中小学师生才艺大赛暨江苏省第五届中小学生艺术展演活动扬州选拔赛评比结果的通知》，高邮市教育系统共获各类奖项 186 项（美术 147 项、音乐 20 项、学生征文 9 篇、教师论文 10 篇），其中市实验小学（东校区）王国照等 18 人获“优秀指导老师奖”、《秋日之红果果》等 20 件学生美术作品获扬州市特等奖、《有效课堂提问，让美术课堂精彩纷呈》等 2 篇论文获扬州市教师组论文特等奖、《有一种力量叫做坚持》等 2 篇学生征文获扬州市特等奖、二胡齐奏《水乡牧童》等 4 个节目获音乐表演类节目特等奖、市教育局等 4 家单位获“优秀组织奖”。 （张伟芳）

【高邮市宝塔小学、秦邮实验小学代表队获扬州市第二届少先队鼓乐大赛一等奖】　10月13日，在由扬州团市委、扬州市教育局、扬州市少工委共同主办的扬州市第二届少先队鼓乐大赛上，高邮市宝塔小学、秦邮实验小学代表队分别获一等奖。

（张伟芳）

职业教育与成人教育

【普职融通新尝试】　2016年，江苏省高邮中等专业学校与市第二中学、临泽中学联合举办对口高考班，进行普职融通新尝试，首届招生数分别为23人、37人。（张伟芳）

资料链接　普职融通　是通过普通高中和职业高中携手合作，实现资源共享，全面实施素质教育，着力提高学生的学习能力、实践能力和创新能力，促进学生主动适应社会，培养创新型、实用型、复合型人才的一种新型办学模式。具体是指凡被录取到"普职融通"试点班的学生，经过高一第一学期的普通高中知识的学习，完全能够适应普通高中的教学要求，且学习成绩达到一定要求，则可申请继续普通高中的学习，享受普高学生待遇。该模式具有融通两种教育的多元开放课程体系和灵活务实的管理机制，能够满足学生升学和就业的双重需求，为普通教育和职业教育架起了一座相互连通的立交桥。（史志）

【高邮中等专业学校学生参加省对口高考获佳绩】　2016年，高邮中专对口高考本科进线勇夺扬州市县（区）职业学校第一，本科达线人数41人，超额完成了高邮市教育局2015年年初制定的对口高考本科进线工作目标。2015年，该校共有255位考生参加了省高等院校普通高校单独招生考试，参考的十一个专业中，电子电工，农业，计算机，艺术设计，服装五个专业本科录取率位居扬州市第一。

（张伟芳）

【新认定"省高水平示范性实训基地"建设项目2项】　2016年，高邮中专根据《关于公布2015年江苏省职业学校实训基地视导结果的通知》文件精神，将农机运用与维修、服装制作与营销实训基地顺利创建成省高水平示范性实训基地。（张伟芳）

【高邮中等专业学校新认定"省级品牌专业"1个】　6月8日，根据《关于做好2015年全省职业学校品牌专业和特色专业认定工作的通知》要求，对照《江苏省中等职业教育和五年制高等职业教育专业建设标准》，经学校申报、各地推荐、省级专家初评和现场视导，省教育厅公布全省中、高等职业教育品牌专业、特色专业名单，当中列有高邮中等专业学校的建筑工程施工专业。至此，该校累计创建成"省级品牌专业"5个，即数控技术应用、电子技术应用、计算机技术应用、会计和建筑工程施工专业。

（张伟芳）

【职社教育系统获省级以上奖项5项】　2015年，全市职社教育系统参加各级各类比赛，并获省级以上奖项5项。即：临泽镇成校报送的作品《诗乡临泽》入围首届全国"传统文化进社区"微视频大赛优秀作品；高邮中等专业学校教师曹仲秀指导的学生代表队获首届"江苏省职业学校创业能力大赛"中职组一等奖第一名；高邮中等专业学校李宜、徐蕾、张义勇等3位老师获省信息化大赛一等奖；高邮中等专业学校周毅蔚、市进修学校戴倩两位老师在省"两课评比"中均获"研究课"。（张伟芳）

【扬州市"曙光电缆暨菱塘民族中专杯"电线电缆检验工职业技能竞赛】　8月18日，由扬州市总工会、扬州市人社局主办，高邮市菱塘民族中等专业学校承办的扬州市级电线电缆检验工技能竞赛在菱塘回族乡举行。此次竞赛共有来自曙光、宝胜科技创新、金鑫、江扬、光明、赛德、红旗、华能、华诚、圆通、长城、润华、通济、亚光、宏飞、赛德、广源等电缆企业的53名选手参加。竞赛分理论考试和技能操作考核进行。其中，理论考试在扬州曙光电缆股份有限公司进行；技能操作考核在高邮市菱塘民族中等专业学校国家级电线电缆检验基地进行，并明确导体直流电阻的测量为必考模块，成品电缆绝缘、护套厚度测量与绝缘、护套材料拉伸试验为"二选一"考核模块。根据比赛奖励办法，获得此次职业技能竞赛第一名的选手，经综合考核后，由扬州市总工会授予"扬州市五一劳动奖章"，由扬州市人社局授予"扬州市技术能手"称号。经过角逐，扬州曙光股份有限公司的李爱华获此次职业技能竞赛第一名。（张伟芳）

【高邮镇创建省级乡镇社区教育中心工作通过省专家组考核】　12月18日，省教育厅专家组一行5人到高邮镇，对该镇创建省级标准化社区教育中心工作进行现场考核。期间，专家组通过观看专题片、听取工作汇报、观摩现场活动、查阅资料、组织访谈、开展视导反馈等，对该镇的创建工作给予充分肯定，并同意该镇创建省级乡镇社区教育中心工作通过考核。（张伟芳）

【社区教育】　2015年，全市创成省级标准化居民学校8所、高邮市示范社区教育服务站21个；高邮镇创建省级乡镇社区教育中心工作通过省专家组现场考核。全年新增省级课题2项；完成农村实用技术和劳动力培训8.56万人次，实现劳动力转移3000人次；全年培训从业人员28万多人次，占全市从业人员的58%。（张伟芳）

高等教育

【成人高考与非学历证书考试】 2015年,全市成人高考报名1151人,被各类院校录取1081人,录取率94%。全市报考全国计算机等级考试、江苏省书法水平等级证书考试等非学历证书考试人数15052人,比上年减少1210人。 (郭贵潮)

【高等教育自学考试】 2015年,全市高等教育自学考试报名人数772人,涉及教育、医学、法律、经济等多个学科门类,数十个本、专科专业。至年底,获发本、专科毕业证书87人。 (郭贵潮)

【高邮开放大学】 2015年,高邮开放大学以服务地方经济发展为宗旨,结合办学转型契机,按照江苏开放大学、南京航空航天大学、大连理工大学、福建师范大学、东北大学等合作院校的要求,走进社区、走进企业,大力开展招生宣传,全面优化招生政策,招生工作取得明显成效。至年底,累计完成招生人数800多人。 (张伟芳)

【联合办学工作】 2015年,高邮中等专业学校与渤海大学共同举办教育硕士研究生班,推进本土人才的培养力度。至年底,实现在读各专业研究生108人、毕业研究生145人。 (张伟芳)

教育改革与管理

【"全国中小学校责任督学挂牌督导创新县(市、区)"通过省级认定】 10月19～21日,省政府督导办组织专家组到高邮,实地评估考核该市"全国中小学校责任督学挂牌督导创新县(市、区)"申报工作。期间,专家组一行通过现场督导、翻阅台账、座谈交流等形式,最终认定该市符合申报条件,并将认定结果上报教育部。 (张伟芳)

【获评扬州市中小学首轮校本教研星级学校38所】 3月3日,扬州市教育局发文公布扬州市中小学首轮校本教研星级学校评定名单,高邮市累计有38所学校获评扬州市中小学首批校本教研星级学校,其中获评四星级学校1所(市实验小学)、获评三星级学校4所(市第一小学、市城北小学、市临泽小学、市送桥初中)被评为、获评星级评定学校33所。 (张伟芳)

资料链接 为深入开展教育质量科研提升工作,扬州市教育局决定开展每三年为一轮的校本教研星级评估工作,并从2013年6月30日开始,启动和开展扬州市中小学校首批本教研星级学校创建和评定活动。至2016年6月底,完成扬州市中小学校首批本教研星级学校创建和评定工作。该校本教研星级评估分为一星级、二星级、三星级、四星级、五星级五个等级,其中一星级为基础级、五星级为最高级(为确保创建质量,首轮创建评估不含五星级)。学校接受某一星级标准的评估且获得通过后,即可获得相应的星级称号。同时规定各星级学校的评估标准。一星级学校:校本教研制度初步建立,教研任务分工明确,教研活动有序开展;二星级学校:校本教研制度规范,教研活动管理有力,促进教育质量有效提升,各项教研活动的过程性档案完整;三星级学校:校本教研制度规范符合校情,教研活动形式丰富,管理规范,教研成效好,教师普遍认同学校教研文化;四星级学校:校本教研制度完善并体现学校文化特色,教研活动形式丰富、具有激励性,教研成效显著,教研教改经验在全市范围内推广;五星级学校:校本教研制度完善且具有示范性,教研活动形式丰富具有创新性,教研成效突出,基本建成学习型学校,教研教改经验在省内外推广。通过开展该校本教研星级评估工作,有力提升全市各中小学的教育质量。 (张伟芳)

【省级课程基地项目创建】 2015年,全市教育系统继续组织开展省级课程基地项目创建工作。是年,车逻初中以全省第一名的成绩获批省课程基地;天山初中、卸甲初中、市秦邮实小、市荷花塘特校、高邮中学课程基地建设项目通过省级验收,其中高邮中学物理课程基地项目被评为优秀等次。 (张伟芳)

【课堂教学改革】 2016年,市教育局出台高邮市"高效课堂建设科研年"活动实施方案,积极探索切合本市实际的优质、高效、轻负的教学模式和运行机制,各校在市"预一学导航"总课堂模式下,充分开展个性化的课堂实践,打造具有自身特色的课堂模式,切实推动高效课堂改革走向深入。各校骨干教师带头上践行模式的汇报课、示范课、研讨课。 (张伟芳)

【教学研讨工作】 2016年,市教育局加强学段学科高效课堂建设研讨,大力开展校本教研,力求在教学理念、教学内容、教学方法、教学流程和教学评价上有质量、见成效。聚焦课前准备,用市级、教研片站集体备课引领学校实现集体备课转型升级,推行了主备人"说上课"制度,开展优秀课件整合活动。中小学各学科都积极高效课堂研讨活动,并主动与名师工作室进行整合,积极打造主题突出,效益显著的教研活动。 (张伟芳)

【教育行风建设】 2016年,市教育局在全系统深入开展"五评"活动(学生评教师、教师评校长、校长评机关、家长评学校、社会评教育),年底邀请市人大代表、市政协委员、教育部门政风行风评议员、市党风廉政监察员、市民观察团代表和高邮镇社区负责人集中评议教育工作。组织城区8所学校走进“扬州市行风热线”；办理人大代表建议、政协委员提案(含协办)31件，满意率100%。共收到扬州市级以上信访件17件，报结率100%；办复各类网络寄语1000多条。（张伟芳）

【教育审计工作】 2016年，市教育局联合审计局对8所市属学校校长2014年度经济责任进行审计，对3个乡镇教育中心校校长2013—2014年度经济责任进行了审计，对6名乡镇教育中心校校长、6名市属学校校长离任经济责任进行了审计。对10所省级优质园、3所市级优质园2012—2014年度财务收支情况进行了专项审计。对17所学校食堂进行了专项审计。对19所学校的10个基建工程及8个修缮工程项目的结算进行了审计。（张伟芳）

【6所学校获批省健康促进银牌学校】 11月23日，扬州市健康教育所代表江苏省健康促进学校专业委员会到高邮市，对该市高邮中学、第一中学、第二中学、三垛中学、宝塔小学、南海初中创建省健康促进银牌学校工作进行检查验收。期间，检查组一行通过听取汇报、查阅资料、师生访谈、实地考察、座谈反馈等，认定该6所学校达到省健康促进学校银牌标准。至此，全市累计创成省健康促进银牌学校8所。（张伟芳）

【科教创建】 2015年，市教育局协调相关部门继续开展各类科教创建工作。至年底，市菱塘民族中等专业学校、武安初中、市北海小学创建成“扬州市毒品预防教育示范校”，市八桥小学、市城北小学创建成“扬州市依法治校示范校”，南海初中、马棚九年一贯制学校、卸甲镇龙奔初中、临泽镇临泽初中、临泽镇周巷初中、甘垛镇澄阳初中、龙虬镇龙虬小学、龙虬镇张轩小学、临泽镇周巷小学、三垛镇三垛小学、城北实验小学附属幼儿园、文游小学附属幼儿园、卸甲镇卸甲幼儿园、卸甲镇伯勤幼儿园、送桥镇送桥幼儿园、实验小学附属幼儿园共16所学校创建成扬州市“平安校园”，市南海中学创建成省防震减灾科普示范校，送桥实验小学创建成省科学教育特色学校，市实验小学通过省科普示范校验收。是年，市教育局教科室被表彰为省青少年科技教育先进单位。（张伟芳）

【获扬州市首届学校安全教育微课大赛奖项13项】 10月30日，根据《关于举行首届扬州市学校安全教育微课大赛的通知》精神，经各地选送、专家评审等程序，扬州市教育局办公室下发《关于公布首届全市学校安全教育微课大赛获奖名单的通知》，当中列有高邮市教育系统获扬州市首届学校安全教育微课大赛奖项13项，其中一等奖2项(菱塘初中王富裕、赞化学校李志永)、二等奖2项(武安初中赵友忠、实验小学东校区陈久琴、陈璐)、三等奖9项(甘垛镇平胜幼儿园王丽琴、经济开发区初中赵桂珠、秦邮实验小学乔树勇、南海中学柏青青、新巷口小学周峰、经济开发区实验小学吴娟、车逻初中杨刚、南海中学陶兴赋、卸甲镇实验小学黄玉春、孙娟)。（张伟芳）

【第十四届“书香文游”研讨会】 4月27日，在临泽初中举办。各乡镇(园区)教育中心校校长、初中及分校校长、中心小学及完小校长、中小学语文学科教研组长、中小学教师代表及市教育局相关科室负责人参加。期间，与会代表参观临泽初中社团活动和读书实践活动资料图片展；实地察看该校书香化、多元化和生态化的读书环境及社团活动和所有班级师生读书活动现场；观摩该校教师徐朝荣组织的名著阅读交流课、杨海霞执教的名著导读课、杨志祥组织的名著导读知识竞赛、张翼执教的英语课外阅读指导课以及该校“构建生态阅读、点亮美丽人生”的读书汇报演出。会上，还表彰高邮市第四届书香班级、课外阅读论文及小学课外阅读优质录像课获奖者；安排该校校长朱建斌作《借助生态课程基地、给力书香校园建设》专题交流，市教育局副局长陈生桃作《构建阅读生态、呵护生命成长》主题报告。（张伟芳）

第十四届“书香文游”研讨会现场　（张伟芳 摄）

【助学帮困工作】 2015年，全市教育系统继续深入推进助学帮困工作。全年共发放困难学生生活补助费和国家助学金899.86万元，资助学生1.34万人次；免除家庭困难学生学费84.35万元，惠及特困生1522人；帮助办理生源地助学贷款69.9万元，惠及贫困大学生88人；募集助学资金300多万元，帮助贫困生1500多人圆梦就学。（张伟芳）

【学校食堂卫生安全监督】 9月中旬，市教育局对121所学校(幼儿园)食堂进行了秋季食品安全专项检查，后又对问题较多、较重的学校食堂进行了回访。对检查中发现的食品安全隐患，检查人员当场下发了《督办单》，责令相关学校限时整改，全面完善食堂采购索证、进货验收、卫生消毒、食品留样

等制度。（张伟芳）

教师队伍建设

【干部队伍建设】 2015年，市教育局出台《机关中层干部职务任期制实施方案》《干部选拔任用实施办法》以及《关于进一步规范中小学内部机构设置和干部职数管理的实施意见》，推动实行干部任期制度，明确机关干部、中小学校长任职周期，及时进行任期综合考核，促进干部管理工作进一步规范化。全年全系统调整干部76人，其中提拔任用41人；岗位交流干部22人。（张伟芳）

【师德建设】 2015年，市教育局继续加强教师的师德师风建设。重点组织开展“百名机关干部下基层进学校、结对联系促发展”“千名教师进社区访家长、家校联动助成长”“万名教师立师德树师表、示范引领展形象”活动，累计实现局领导班子成员及相关科室同志走进中小学校听评课1200多节，查看晚自习480余所次，印发通报8期，教师进社区访家长1120人次，走访新生家庭户1.56万户。强化师德年度考评工作，加大对教师执行扬州市师德“八不准”及高邮市师德“十不准”情况的监督检查，认真查处教师的师德失范行为。继续开展“师德标兵”“优秀教育工作者”“优秀班主任”“优秀辅导员”等评比活动，全年评比表彰“优秀教育工作者”165人、“优秀班主任”102人。是年，高邮中学刘进被表彰为扬州市十佳师德标兵，市三垛初中冯小明被表彰为扬州市师德先进个人。（张伟芳）

【师能建设】 2015年，市教育局围绕师能建设“百千万工程”，继续组织开展百名校长（园长）科研引领下“我的教学主张”课堂评价活动、千名骨干教师科研引领下“我的教学研究”课堂展示活动、万名青年教师科研引领下“我的教学改进”课堂基本功竞赛活动，有中小学校长、幼儿园园长124人及骨干教师522人分组参加教育管理叙事和团队集体备课展示活动，青年教师311人参与课堂教学基本功竞赛征文活动。全年组织校长、教师出国培训11人；国家级学科教师网络培训21人；省级骨干教师、学科培训913人次；扬州市级骨干教师培训3088人次；县级培训项目111项、培训13247人次。继续强化教师教学基本功考核，组织教师参加各类A、B、C级考核1677人次。出台《高邮市教师流动工作管理办法》。完善骨干教师考核评价体系，严格业绩考核，按规定发放岗位津贴。加强青年教师业务培训，组织57名青年教师到相关学校开展支教和顶岗活动。发挥各类骨干教师引领辐射作用，组织24名学科带头人“送教到校”。岗前培训中小学（幼儿园）新教师184人。（张伟芳）

【名师（学科）工作室建设】 2015年，市教育局注重发挥首批设立的19个名师（学科）工作室作用，通过名师的示范教学、现场指导、专题研究、开课讲评、观摩考察等，加大对中青年教师的培养、培训力度。全年共吸纳省市特级教师17人、骨干教师356人参与，举办各学科教研活动200多次，培养辐射教师8000人次。（张伟芳）

【骨干教师培养工程】 2015年，市教育局继续开展骨干教师培养工程，着力打造师德高尚、教学优秀、教研突出、教改先进、有影响力的教师群体。至年底，全市累计有“江苏省人民教育家培养工程”培养对象2人，正高级教师3人，省“333工程”培养对象4人，省、扬州市级特级教师18人，扬州市中青年专家2人，高邮市中青年专家29人，扬州市学科带头人、中青年教学骨干、教学能手474人，高邮市级学科带头人、中青年教学骨干、教坛新秀等589人。（张伟芳）

【5名教师入选扬州市中小学首批特级班主任后备人才培训班】 10月下旬，根据《关于举办扬州市中小学首批特级班主任后备人才培训班的通知》要求，经学校推荐、各地初评、市级评审、对外公示等程序，扬州市教育局确定扬州市首批特级班主任后备人才培训班学员名单，高邮市的陈权（高邮中学）、李国祥（高邮经济开发区初中）、吴红香（市实验小学）、孙丽华（市城北小学）、薛乾开（市三垛中学）等5名教师名列其中。（张伟芳）

【万卫坤被表彰为2015年扬州教育十大新闻人物】 12月29日，在扬州中学举行的2015年扬州教育十大新闻人物颁奖典礼上，高邮市临泽镇周巷初中教师万卫坤被表彰为2015年扬州教育十大新闻人物。（张伟芳）

资料链接　万卫坤，男，出生于1966年2月2日，大学本科学历，高邮市临泽镇周巷初级中学教师，中学高级教师。1985年8月，刚从师范毕业的万卫坤老师，毅然回到生他养他的故乡，回到他就读过的母校工作至今。从教三十多年，万卫坤老师默默耕耘在乡村教育这块热土上，无怨无悔，执着追求，将青春奉献给了他所挚爱的教育事业。他在省市级刊物上发表了多篇论文，工作成绩得到了领导和同事们的一致好评。2013年，被高邮市教育局评为“基础教育课堂教学改革先进个人”“最美教师”；2014年，被扬州市教育局评为“最美乡村教师”；2015年，被扬州市教育局授予“扬州市教育十大新闻人物”。（张伟芳）

【获扬州市级以上比赛奖项38项】 2015年，全市教育系统积极组织中青年教师参加扬州市级以上的各类比赛，累计获扬州市级以上比赛奖项38项。其中，获省第十届新世纪园丁论文竞赛奖项22项，即市直机关幼儿园周爱萍获一等奖、高邮经济开发区初中赵桂珠等20人获二等奖、市教育局获优秀组织奖；获2015年度扬州市青年教师“三字一话”比赛奖项15项，即高邮中学郭燕等3人获一等奖，市实验小学韩国权等5人获二等奖，龙虬初中陈颖等5人获三等奖，市城北小学孙丽华获单项最佳奖2项；获省青年教师基本功大赛奖项1项，即市赞化学校王秋菊获初中组政治学科一等奖。

（张伟芳）

【高邮代表队获扬州市少先队辅导员风采大赛团体特等奖】 11月5日，由扬州团市委、扬州市教育局主办的2015年扬州市少先队辅导员风采大赛在扬州市梅岭中学举行，共有扬州各县(市、区)组织的8支代表队、48名少先队辅导员参加。此次大赛历时一天半，共分少先队基础专业知识笔试、辅导员专业技能、少先队主题微队展示、自选主题说课4个类别进行。经过角逐，由谢郁、沈序明、王坧、范一舟、邵莹、孙彦6名少先队辅导员组成的高邮代表队获团体特等奖。

【书法骨干教师培训班】 6月23～29日，由市教育局主办的高邮市中小学书法骨干教师培训班(第一期)在市赞化学校举行，全市义务段中小学共有书法教师69人参加。此次培训为期一周，采用集中授课和自主训练相结合的方式进行，并邀请赵万和等高邮籍书法名家等5人为学员授课，同时安排培训考核和优秀作品展览活动等。（张伟芳）

【志愿者服务】 2015年，按照市委组织部统一部署，市教育局组织教师开展志愿者服务活动。全年成立“育心培根”党员教师志愿服务队和“梦之队”青年教师志愿服务队各一支，分别吸纳招募党员教师志愿者54人、青年教师志愿者84人，完成网上注册志愿者3000多人，常态化开展家庭教育、心理咨询、爱心结对等志愿服务活动10多项，帮助解决问题270多个，惠及学生及社区居民2.6万余人次。

（张伟芳）

教育基础设施建设

【城乡学校布局调整工程】 2015年，市教育系统完成三垛小学新建工程，并于秋季学期投入使用；实施市城北小学、临泽镇川青幼儿园改扩建工程，界首小学、高邮经济开发区九年一贯制学校新建工程基本竣工；高邮城南经济新区小学迁建工程启动，市赞化学校迁建工程开工，开元世家小区配套公办园建成。（张伟芳）

【中小学校舍安全建设工程】 2015年，市教育局根据《高邮市中小学校舍安全工程实施方案》和《高邮市校安工程十年改造规划》，继续推进实施中小学校舍安全建设工程。全年组织实施中小学校舍安全建设工程项目11项，总建筑面积5.34万平方米，总投资16810万元。至年底，建成校舍安全工程项目11项，竣工面积5.34万平方米，超过年度目标任务200%，获省级奖补资金603万元。

（张伟芳）

【学校运动场地塑胶化建设工程】 2015年，全市投入资金1900多万元，继续推进学校运动场地塑胶化建设工程。至年底，全市新增建有塑胶运动场地的学校12所，累计建有塑胶化运动场地的学校54所，覆盖率73.97%。（张伟芳）

【教育技术装备工作】 2015年，市教育局投入资金1500万元，继续推进、巩固“数字化校园”提升工程和“城乡学校网上结对工作”，切实提升学校技术装备水平。全年新添置电子白板256套、计算机2345台、图书15万册；17所学校被表彰为扬州市网上结对工作先进集体，19名教师被评为扬州市网上结对工作先进个人。（张伟芳）

文 化·体 育

Culture·Sports

市新闻信息中心

【概况】 2015 年,市新闻信息中心围绕市委、市政府中心工作,坚持团结稳定鼓劲和正面宣传为主的报道方针,以《高邮日报》、今日高邮网站、《高邮日报·数字报》和今日高邮微信平台为主阵地,紧贴改革发展稳定大局,聚焦社会热点难点,较好地完成各项宣传工作任务,为加快建设“强富美高”新高邮提供强有力的舆论宣传保障。全年共出版《高邮日报》254 期,刊发自采稿件 6000 多篇(幅);今日高邮网站日均浏览量 2000 多人次;今日高邮微信平台推送信息 163 期、597 条。是年,市新闻信息中心被江苏省县市新闻中心工委表彰为先进单位,成为扬州地区两家加盟长三角县市区新闻传媒发展联盟的新闻单位之一。　(顾爱品)

【信息为民服务】 2015 年,市新闻信息中心在城区设立 20 个报纸赠阅点,实现城区报亭全覆盖;11 月份又组织千份报纸大赠阅活动,在高邮镇 14 个社区及开发区 2 个社区,设立赠阅登记处。至年底,市新闻信息中心已初步形成“两报”(《高邮日报》《高邮日报·数字报》)、一网(今日高邮网站)、一平台(今日高邮微信平台)的传媒构架。《高邮日报》的赠阅数全年增加 2000 多份;今日高邮网站每晚出报后定时更新当日新闻;今日高邮微信平台固定粉丝群有近两千人。　(顾爱品)

【市委全会报道】 2015 年,市委十届九次、十次全会召开后,市新闻信息中心及时利用《高邮日报》推出各地各部门第一时间贯彻落实会议精神的动态消息、组织刊载系列评论员文章,并开设《适应新常态激发新活力把握新机遇——贯彻全会精神访谈》专版。市委十届十一次全会召开前,市新闻信息中心提前对全会的宣传报道进行安排。会议期间,在做好会议报道的同时,还组织策划《项目抓在手发展底气足——2015 年全市 10 亿元重大项目建设剪影》《2015,我眼中的变化》4 个版面的特别报道,从重大项目建设入手,报道 2015 年全市 10 亿元重大项目的新成果、新进展、新业绩;组织专访 9 位市民的活动,从百姓角度,畅谈 2015 年高邮经济、社会、城建、民生等工作的新发展、新变化、新气象;组织专人在会上分发当日出版的《高邮日报》,让与会人员直观感受到高邮的发展与变化,为全会召开营造良好氛围。　(顾爱品)

【市人大、市政协“两会”报道】 2015 年,市人大、市政协“两会”召开期间,市新闻信息中心在做好两会宣传报道工作的同时,还开设《代表委员风采》《点击代表委员提案》《两会好声音》等专栏,并通过图片、通讯、特稿、现场新闻等多角度、多侧面组织报道。　(顾爱品)

【“高邮精神”宣传】 2015 年,市委十届十次全会上提出“崇文尚德、求实创新”的新时期高邮精神后,市新闻信息中心利用自身平台,及时做好全市上下学习、宣传、践行新时期高邮精神面上动态报道工作。期间,在《高邮日报》刊发《新精神新动力新希望——新时期高邮精神诞生记》特稿及系列特约评论员文章,同时开设《弘扬新时期高邮精神建设强富美高新高邮》专栏,推出 4 个整版、17 个部门乡镇负责人的专访,并在《高邮日报》版面和报眼位置刊登新时期高邮精神;在今日高邮网站首页刊载新时期高邮精神标语;通过今日高邮微信平台推送阐述新时期高邮精神文章,引导新时期高邮精神深入人心、家喻户晓。　(顾爱品)

【经济工作报道】 2015 年,市新闻信息中心围绕全市经济工作,在《高邮日报》先后开设《打响攻坚战勇夺开门红》《2015 新农业新亮点》《携手共进——服务小微企业》《真抓实干马上就办》《整治“为官不为”大家谈》《聚焦高邮湖大闸蟹》《学习宣传吴仁宝式村支书》等一批专栏，推出《重大项目讲述高邮故事》《高邮三农工作亮点纷呈》《“项目为王”成为我市经济工作头版头条》等一批重点稿件，集中报道全市上下抓经济、抢项目、强服务、快发展的好做法、好举措、好典型，为各地、各部门、各行业充分起到鼓劲加油的作用。（顾爱品）

【“四城同创”宣传报道】 2015 年，市新闻信息中心围绕推进“四城同创”这一宣传主线，加大策划力度，拓宽宣传广度，开掘报道深度，加快报道频次。期间，及时报道市委、市政府和“四城同创”领导小组的重大部署、重要会议和重点工作，以及各地、各相关部门推进“四城同创”工作的相关动态、典型经验；先后开设《推进四城同创　建设运河名城》《名城印象》《四城同创知识小问答》《九十九首诗和一座城》《名城名城人名城风范》《四城同创看变化》《文明城市红黑榜》等专栏；先后推出《“四城同创”暨城建“双十”工程推进会发言摘登》《新时期高邮精神座谈会发言摘登》《四城同创文明红黑榜》等专版。同时，以《高邮日报》为主阵地，以今日高邮网站和今日高邮微信平台为新平台，刊发社会主义核心价值观、新时期高邮精神等公益广告和“四城同创”宣传标语，有力促进全市“四城同创”工作的深入开展。（顾爱品）

【开设“深入学习宣传贯彻党的十八届五中全会精神”专栏】 2015 年，党的十八届五中全会召开后，《高邮日报》在第一版开设“深入学习宣传贯彻党的十八届五中全会精神”专栏，及时报道全市上下深入学习宣传贯彻全会精神、认真学习《中国共产党廉洁自律准则》和《中国共产党纪律处分条例》的动态，并先后推出《学习贯彻十八届五中全会精神全力冲刺全年各项目标任务》《抓好学习做好事情带好队伍》等稿件。（顾爱品）

【第十一届中国双黄鸭蛋节宣传报道】 4 月，市新闻信息中心根据市委、市政府统一部署，认真开展第十一届中国双黄鸭蛋节宣传报道工作。节前，在《高邮日报》推出活动倒计时牌，开设《勇创佳绩献礼节庆》专栏，推出系列报道；节庆期间，除及时报道市委、市政府和节庆组委会的重大活动、重点工作和重要部署外，还推出《历史文化名城的新春天》节庆特稿和《盂城驿》《镇国寺》等文化专版。（顾爱品）

【第七届中国邮文化节宣传报道】 11 月，市新闻信息中心根据市委、市政府统一部署，认真开展第七届中国邮文化节宣传报道工作。节前，开设《打造文化品牌建设美丽高邮——喜迎第七届中国邮文化节》专栏；节庆期间，除及时报道节庆重大活动、重点工作和重要部署外，还于节庆当天推出《四城同创，创出历史文化名城精气神》特稿及部分嘉宾访谈稿，为节庆的成功举办增添色彩，向全市上下和来邮嘉宾全面展示城建新貌和独特的历史文化内涵。（顾爱品）

【关注民生报道】 2015 年，市新闻信息中心围绕关注民生主题，认真策划开展宣传报道工作。围绕各地、各部门贯彻《2015 年高邮市民生幸福工程实施意见》，加快兴办各项民生实事，以《记者走基层》《记者观察》《新闻 110》《四城同创看变化》等栏目为阵地，组织开展一系列的跟踪报道，并先后推出一批有影响的新闻稿件。同时，还围绕弱势群体、文化生活、楼市房价、市场供应、中考高考、社会风气等热点问题组织相关报道，先后推出《践行核心价值观争做高邮好人》《关注中高考》《关注贫困大学新生》《送温暖献爱心》《记者观察》《新闻 110》《回音壁》等栏目，以关注社会热点、服务百姓生活、引导社会舆论。（顾爱品）

【纪念抗战胜利 70 周年专题报道】 2015 年，市新闻信息中心按照上级部署要求，精心策划开展抗战胜利 70 周年特别是纪念高邮战役胜利 70 周年的宣传报道。期间，市新闻信息中心先后采访抗战老兵和高邮市民 70 多人，并开设《寻找抗战最后一役——高邮战役老兵》《向抗战老兵致敬》《抗战烽火历史记忆》等多个专栏。同时，为宣传高邮红色文化，大力发掘历史资源，还就专题报道汇集成册，编印《红色记忆》一书，作为向开展高邮战役胜利 70 周年纪念活动的献礼之作和全市中小学生党史教育的乡土教材。（顾爱品）

【抗台风、抢排涝报道】 8 月 10 日，受台风“苏迪罗”影响，全市城乡出现狂风暴雨天气，仅城区降雨量就达 274 毫米，是 1952 年以来最大日降雨量。为做好舆论引导，从当日下晚到次日凌晨，市新闻信息中心组织人员深入一线，采写《全市上下众志成城抗台抢排》《上下同心迅速应对“苏迪罗”》等稿件，报道全市上下抗台风、抢排涝的场景。此后，又及时推出《全力打造“清水活水、不淹不涝”宜居城市——“雨停水止”获市民点赞》专稿，报道全市上下抗台风、抢排涝的成果。（顾爱品）

【媒体融合工作】 2015 年，市新闻信息中心紧跟传统媒体与新兴媒体融合的发展方向，在办好《高邮日报》、今日高邮网站的同时，开通今日高邮微信平台，并根据新媒体的运营特点，对今日高邮微信平台的发布渠道、运行机制进行管理和规范，提高媒体融合宣传的效果。（顾爱品）

资料链接 9 月 25 日，市新闻信息中心为测试今日高邮微信平台宣传效果，在其微信公众号试水推出《水清鱼读荷　林静鸟谈天——马棚清水潭度假区10月1日开门揖客》的专题宣传稿件。该稿经此平台发布后，迅即受到许多微信公众号和市民微信的转发关注，其点击量在较短的时间内就达到6000多人次。至年底，该微信平台共发布信息近700条，累计点击量达8万多人次。（顾爱品）

广播电视

【概况】 2015年，市广电台围绕市委、市政府工作中心，围绕“新闻立台、专题兴台、经营壮台、科技强台、规范治台”的工作思路，锐意进取，扎实工作，在节目创新、公共文化平台建设及台务规范管理等方面取得新成绩。全年市“两台”（高邮人民广播电台、高邮电视台）共播发新闻稿（片）8000多篇（条），向上发稿200多篇，其中被扬州市级以上媒体录用100多篇；举办有影响力的赛事和演艺活动4场。累计获广播电视节目（作品）各级评比奖项23项，其中省级3项（一等奖1项、二等奖2项）、扬州市级20项（一等奖7项、二等奖8项、三等奖5项）；获扬州市广播电视节目技术质量和广播电视科技论文评比奖项4项，其中一等奖1项、二等奖3项。全年播出安全无事故。是年，市广电台广播节目中心被江苏省妇女联合会、江苏省城镇妇女“巾帼建功”活动领导小组表彰为巾帼文明岗；微波站（发射部）被表彰为2015年度扬州市广播电视安全播出先进集体，王开河被表彰为2015年度扬州市广播电视安全播出先进个人；周雪被表彰为2015年度扬州市宣传思想文化工作先进个人；办公室被表彰为2015年度扬州市单位内部保卫工作先进集体；徐生汇、顾建宏、胡凤霞、王永被表彰为扬州市无偿献血先进个人。（詹斌　徐生汇）

【中心工作宣传报道】 2015年，市广电台围绕全市中心工作，认真组织开展宣传报道活动。全年围绕十八届五中全会精神学习贯彻、纪念抗日战争胜利70周年、四城同创、市委全会精神贯彻落实、新时期高邮精神、双黄鸭蛋节、邮文化节等七条主线，精心组织开展七次宣传报道活动，为市委、市政府中心工作强势推进、顺利开展营造浓厚的舆论氛围。（詹斌　徐生汇）

【专题片创作】 2015年，为增强市委、市政府中心工作宣传报道效果，市广电台组织精兵强将，开展一系列电视专题片创作活动。全年先后创作《东方邮都·运河名城》《四城同创美丽高邮》《重大项目建设巡礼》《高邮好人》《结对共训城乡同学》《兴修水利谱新篇》《邮中校庆》《托起明天的太阳》《梦里水乡生态甘垛》等专题片10多部。是年，该台报送的电视文学专题片《岁寒三友》，获江苏省第31届电视文艺金凤凰奖评比二等奖。（詹斌　徐生汇）

【新媒体宣传工作】 2015年，市广电台重视加强新媒体宣传工作，开通官方微信平台，实现微信、微博和网站的互通互联，方便用户在网络平台之间链接点阅。全年该微信平台共发布信息1000条，其公众号及官方微博受到4500多人的关注订阅。

（詹斌　徐生汇）

【外宣工作】 2015年，市广电台加强外宣工作，借此提高高邮的知名度和影响力。全年实现市级以上对外宣传报道稿件3件，其中该台广播节目中心采制的录音报道《抗日战争对日寇的最后一战》在中央人民广播电台播出，电视专题中心制作的三集系列片《情系汪曾祺》在江苏卫视播出，电视新闻中心采制的重点报道《高邮：走好绿色转型之路，实现沿河率先崛起》在《扬州新闻》头条播出。（詹斌　徐生汇）

【2015高邮最强音大型电视歌唱比赛】 6～10月，市广电台主办，市教育局、团市委协办“郎牌特曲”杯2015高邮最强音大型电视歌唱比赛。此次大赛历时近5个月，共有省内外选手近400人报名参赛。经过海选、晋级赛和半决赛等多轮角逐，有12名选手晋级总决赛。10月25日，总决赛暨颁奖典礼在高邮大剧院举行，经角逐，周亮获冠军，戚靓怡、俞濛萌获亚军，韩鸿俊、葛宇航和周四平获季军。此外，大赛还评选出最佳人气奖、最佳台风奖和最具潜力奖。（詹斌　徐生汇）

【2015年秋季房产交易会】 9月30日～10月2日，由市政府主办，市房管局、市广电台、市房地产业协会共同承办，市新闻信息中心、市城建局、市公安局等11家单位协办的“服务民生·幸福邮城”2015年秋季房产交易会在市城市商务大厦广场举行。此次房交会共有12家房产开发企业携所开发的14个项目楼盘参展，另有8家企业在场外布展，共有观展群众7000多人次，现场成交商品房103套，接受预订500套。期间，为提高房交会实效，市政府还出台相关购房奖励补贴政策，市房管部门继续免收购房者办理产权登记的部分费用，并首次引导房地产企业开展助学优惠活动，受到社会各界的关注。（詹斌　徐生汇）

【市广场舞电视大赛】 11月29日下午，由市委宣传部、市广播电视台、市体育局、市总工会、江苏有线高邮分公司主办，世贸国际购物中心协办，四川古蔺郎酒销售有限公司冠名的2015“郎牌特曲”杯高邮市广场舞电视大赛总决赛在世贸国际购物中心举行。此次大赛共有16支队伍参赛，12支队伍进入决赛。经过角逐，秋韵时装舞蹈队获一等奖，高邮东方舞蹈队和八桥青春舞蹈队获二等奖，水中花舞蹈队、丁亢舞蹈队、千千秀舞团获三等奖，其余6支代表队获优胜奖。（詹斌　徐生汇）

文化工作

【2015年新年音乐会】 1月2日，为纪念高邮市获省“少儿二胡之乡”授牌十周年，由市委、市政府主办，市委宣传部、市文广新局承办的“弦动邮城”高邮市2015年新年音乐会在高邮大剧院举行。音乐会上，省演艺集团民族乐团的艺术家于红梅、朱昌耀、欧景星、召唤与市二胡学会的音乐爱好者等共同演奏《春节序曲》《新春乐》《江南春色》《二泉映月》《红梅随想曲》《扬州小调》《乔家大院——情爱》《水乡新歌》等曲目，受到观众的热烈欢迎。此次音乐会继续免费向市民提供门票。（冯志荣）

【“炫舞邮城”舞蹈大赛】 8月15日下午，由市委宣传部、市文广新局、市文联主办，市文化馆、市演艺中心承办的万丰广场杯·2015高邮市首届“炫舞邮城”舞蹈大赛总决赛暨颁奖典礼在高邮大剧院举行。此次大赛历时近4个月，全市各乡镇和城区近60支代表队报名参加。通过初赛、复赛，有32支代表队进入总决赛。经过角逐，有4支代表队获一等奖，即三垛镇代表队、高邮镇代表队获少年组一等奖，舞十舞培训中心获青年组一等奖，总工会职工艺术团获中老年组一等奖；9支代表队获二等奖，即如风艺术团、红舞鞋艺术团、舞精灵培训中心、舞十舞培训中心、舞精灵培训中心、蒋静拉丁舞培训中心、如风艺术团、东方舞蹈队、千千秀舞会团；19支代表队获三等奖，即小红花艺术培训中心、梦之恋拉丁舞、红舞鞋艺术团、蒋静拉丁舞培训心、车逻镇代表、小红花培训中心、界首镇代表队、周山镇代表队获少儿组三等奖，卸甲镇代表队、龙虬镇代表队、秦邮实验幼儿园代表队、送桥镇代表队获青年组三等奖，武安春天舞蹈队、菱塘回族乡代表队、秋韵舞蹈队、汤庄镇代表队、开心小分队、甘垛镇代表队、临泽镇代表队获老年组三等奖。另有三垛镇、卸甲镇、蒋静拉丁舞培训中心、舞十舞培训中心、小红花培训中心、红舞鞋艺术团、如风艺术团7家单位获优秀组织奖；优秀奖若干名。（冯志荣）

【高邮市第三届戏曲票友大赛】 7月26日下午，由市文广新局、市文联主办，市文化馆、市演艺中心承办的高邮市第三届戏曲票友大赛总决赛暨颁奖晚会在北海影城举行。此次大赛历时近两个月，分淮剧组、扬剧及其他戏曲组两个组别进行，有选手近100人报名参加。通过初赛、复赛，有25人进入决赛。经过角逐，共评出一等奖2人（王志清、郑殿礼）、二等奖4人（杨再银、朱敏、孙岐、严红梅）、三等奖6人（顾东升、高红珠、常明娟、姜伟、居玉银、郑殿宽）及优秀奖13人（王桂珠、殷文虎、裴万金、刘学年、刘德凤、孙玉琴、李金香、叶春君、环云、汤文娣、钱萍、杨凤岐、周巧娣）。此届大赛，来自乡镇、社区的戏曲爱好者表演多种形式的戏曲，巩固和推广高邮群众戏曲文化艺术活动的成果。（冯志荣）

【我们的节日·七夕——鹊桥仙文艺晚会】 8月18日晚，由市委宣传部、市文明办、市文广新局、市文联共同主办，市文化馆承办的“我们的节日·七夕——鹊桥仙专场文艺晚会”在蝶园市民广场举行。此次晚会通过音诗画、舞蹈、歌曲、配乐朗诵、器乐等多种形式，展现“崇文尚德、求实创新”新时期高邮精神。（冯志荣）

【“抗日战争胜利70周年·新四军东进纪念行”文艺演出】 9月5日晚，在市蝶园市民广场举行，有市民近1000人观看。晚会通过大合唱、情景表演唱、女声合唱、男声合唱、男女声二重唱等形式，颂扬先辈们的抗日精神，展示先辈们的抗战历程。（冯志荣）

【第七届中国邮文化节“邮乡梦圆”文艺晚会】 11月12日晚，由市委、市政府主办，市文广新局承办，市文化馆、南通艺术剧院协办的第七届中国邮文化节“邮乡梦圆”文艺晚会在高邮大剧院举行。晚会由“植梦一置邮亭”“筑梦一开邮路”“追梦一建邮驿”“圆梦一兴邮城”四个部分组成，通过情景舞蹈、配乐诗朗诵、情境表演、歌伴舞等形式，集中反映全市各项事业的发展情况及人民群众积极向上的精神风貌。（冯志荣）

【第32届“珠湖之波”赛歌会】 12月13日晚，由市委宣传部、市文广新局、市文联、团市委、市妇联主办，市文化馆承办的高邮市第32届“珠湖之波”赛歌会——历届优秀选手返场汇演在皇华国际大酒店宴会大厅举行。此次赛歌会，有参加历届“珠湖之波”赛歌会的老中青优秀歌手20人登台演唱，重点展示里下河地区各具特色的民歌。（冯志荣）

【市文化馆】 2015年，市文化馆结合全国第四次文化馆评估定级和江苏省公共文化服务示范区创建契机，围绕法制宣传、安全教育、“四城”同创、公民道德宣传等主题，举办“周末大舞台”专场文艺演出30多场；围绕服务全市工作中心，先后配合市相关部门举办新年音乐会、“炫舞邮城”舞蹈大赛、戏曲票友大赛、“珠湖之波”赛歌会、“我们的节日·七夕”、“高邮好人”进万家、纪念抗战胜利70周年等专场文艺演出近100场，观众近10万人次。是年，继续实行场馆免费对外开放，每天开放时间不低于8小时，年接待群众近1万人次。（冯志荣）

【市图书馆】 2015年，市图书馆依托总分馆制建设平台，推进与全市13家乡镇分馆的一卡通用、通借通还，实现乡镇“一卡通”分馆全覆盖，较好地满足全市人民对公共文化服务的需求。开展送书下乡及图书管理员培训活动，全年送书1.6万余册，指导乡镇、村农家书屋分馆图书管理员加工、编目图书12.9万册。全年接待读者17.4万人次，书刊流通13.8万册次，新增图书1.2万种、2.3万册，新购置云屏数字借阅机10台。是年，市图书馆获2015年度全国少年儿童绘本创作大赛活动组织奖、“文化记忆·致敬荣光”——纪念中国人民抗日战争暨世界反法西斯战争胜利70周年网络答题活动优秀组织奖、2015年度红领巾读书征文活动扬州市优秀组织奖。同时，有5人获扬州市图书馆学会2015年学术研讨会征文评比奖，其中袁正兰获一等奖、李建业和张改美获二等奖、周敏和沈路获三等奖。围绕“4·23”世界读书日、高邮市第九届读书节、年度服务宣传周、七彩的夏日等活动主题，组织开展新书推介、“你选书、我买单”和“秦邮文化讲坛”、亲子经典诵读、少儿绘本大赛、暑期电影周周看、“小小图书管理员”志愿服务等系列活动。市图书馆还组织开展2015年度红领巾读书征文活动，提交征文稿件51篇，其中有17篇获省、市级奖项。组织开展2015年度全国少年儿童绘本创作大赛活动，提交参赛作品7幅，其中有2幅获相关奖项。（耿艳玲）

【市博物馆】 2015年，市博物馆完成高邮市第一次全国不可移动文物普查的文物审核、上报等工作。继续组织开展“5.18”国际博物馆日系列宣传活动，并对全市居民免费开放场馆1天。注重发挥盂城驿、文游台等“爱国主义教育基地”的作用，全年免费接待青少年参观学习3.6万余人次。

【文艺创作】 2015年，市文广新局组织创作大型古装反贪扬剧《扳倒饮》剧本；创作具有本土元素的歌曲《运河在我心中流》，展示大运河作为世界级文化遗产的风貌。是年，诗歌《下午三点钟》获中华全国总工会宣教部“劳动美”征文大赛三等奖，诗歌《而运河继续穿越》获扬州2500周年城庆“千古风流扬州城”海内外诗文大赛三等奖；有25幅作品获“绿杨风”扬州市第一届群众文艺新作评比奖项，其中有3幅作品获一等奖，即房林的《山水》获美术成人组一等奖，龚定煜的《山水》获美术老年组一等奖，周同的《自撰联》获书法老年组一等奖，另有22幅作品分获各类型二、三等奖。（张改美）

【农家书屋】 2015年，市文广新局开展县级图书馆与农家书屋资源共享、通借通还试点工作，建成“一卡通”农家书屋42家，其中卸甲镇率先在全市实现行政村通借通还全覆盖。围绕适合当地农民阅读需求，推进90家农家书屋的出版物更新工作。是年，高邮市被表彰为2015年度江苏省实施农家书屋提升工程试点工作先进县；卸甲镇、界首镇被表彰为扬州市“书香之乡镇”；江怀仁、周国兵、唐增祥三个家庭被表彰为扬州市“书香之家”。（周敏）

【“三送”下乡活动】 2015年，市文广新局继续组织开展“三送”（送图书、送电影、送戏剧）下乡活动，丰富群众文化生活。全年组建农村数字电影放映队共20个，组织送电影到行政村3968场、到乡镇市民广场900场，观众48.17万人次；送戏剧下乡81场，观众2.9万人次；送图书下乡1万多册，内容涉及农村实用技术、法律知识、医药保健、文学等多个领域，折合款项13万元。此外，还组建城区放映队2个，开展送公益爱国影片进广场、到社区活动。（张改美）

【市扬剧团】 2015年，市扬剧团共演出300场，观众达40余万人次，演出市场覆盖高邮及周边的江都、邗江、天长等县（市、区）。（李华俊）

【文化市场管理】 2015年，市文广新局继续强化监管、服务平台系统升级，不断提升文化市场监管水平。全年新增新型模式互联网上网服务营业场所7家，新增歌舞娱乐场所2家、文化类社会团体1家。（周敏）

【文化行政执法】 2015年，市文广新局以查处政治类非法出版物、盗版教辅材料等为工作重点，先后组织开展“清源”“净网”“秋风”和“护苗”四大专项整治行动，推进全市出版物市场的健康有序发展。全年共检查书店200余家次，取缔无证经营的销售点5处，收缴非法出版物800余册。开展为期100天的“网吧天天查”专项整治行动，加强对网吧和游戏厅的巡查，全年办理网吧游戏厅行政处罚案件10起，其中采用一般程序处理的案件4起、简易程序处理的案件6起。同时，还联合市公安局、市广电台开展打击“小耳朵”专项执法行动，收缴“小耳朵”30余只。（朱亚）

【文化产业】 2015年，市文广新局继续通过优化服务、申报项目、争取资金等，着力扶持文化产业发展。先后组织多家文化企业参加扬州市首届创新创业大赛、江苏省第二届“紫金奖”文化创意大赛、第十届“中国文博会”扬州分会场展览，提升相关企业的知名度。组织企业申报扬州“绿扬金凤计划”，引导市文化企业人才向高层次方向发展。邀请市国税、地税等部门人员开展纳税知识辅导服务，促进企业加快发展。帮助江苏德皇文具有限公司等3家文化服务企业累计争取服务业发展引导资金21万元。继续落实扶持政策，推动扬州国筝文化传媒有限公司的古筝生产基地及龙腾照明集团旗下的路灯文化创意产业加快发展。（张改美）

【印刷业】 至2015年年底，全市共有出版物印刷企业1家、包装装潢印刷企业65家、其他印刷企业20家、复印影印企业44家，从业人员1883人；实现工业总产值7.3亿元、利润2956万元；有年产值超过5000万的印刷企业2家。（周敏）

【出版物经营管理】 2015年,全市新增民营书店8家,其中网络书店3家。至年底,累计有在册登记出版物经营单位98家,其中民营书店57家、新华书店直营门店7家、邮政报亭29个、音像制品发行单位6家。全年全市出版物发行单位实现资产总额4874万元、销售额5203万元、利润额776万元,从业人员152人。 (周敏)

文物保护

【新增扬州市级以上非物质文化遗产项目11项】 2015年,全市继续做好非物质文化遗产保护与传承工作,全年新增扬州市级以上非物质文化遗产项目11项,其中省级3项,即临泽高跷、高邮咸鸭蛋制作技艺、菱塘回回习俗,扬州市级8项,即卸甲送麒麟、菱塘石锁赛力、神居山传说、临泽狮盘犺舞、高邮咸鸭蛋制作工艺、高邮民歌、界首茶干陈西楼茶干、高邮八景的传说。至此,全市拥有扬州市级以上非物质文化遗产项目15项,其中国家级1项、省级6项、扬州市级8项,另有高邮市非物质文化遗产项目27项。 (张政美)

【平津堰遗址保护展示及沿湖木栈道工程】 该工程属国家文物局批准的大运河保护与展示工程项目,于7月5日开工建设,12月30日竣工。7～9月,先期完成平津堰遗址本体的修缮和展示工程,共清理整修古石堤130米,并在石堤西侧新建木栈道用以对其展示。9～12月,完成运河二桥至平津堰东侧沿湖木栈道工程,共新建沿湖木栈道1.8千米,布置亭、廊6处,并利用廊道空间设置"运河文化长廊",通过运河知识、历代名人咏运河的诗词,展示运河文化的深厚内涵。整个工程投资300多万元,由江苏弘盛建设工程集团有限公司组织实施。 (李国耀)

【盂城驿照壁及内部维修工程】 该工程属国家文物局批准的大运河保护与展示工程项目,用以提升世界文化遗产点中国大运河·盂城驿的档次和水平,于9月8日开工建设,12月28日竣工,共投入资金200余万元。工程分两部分实施。一部分为照壁和墙体修复工程,主要内容为:拆除原水泥砖照壁,恢复清水磨砖照壁,拆除盂城驿南立面水泥红砖白灰墙,恢复青砖清水墙等,由苏州计成文物建筑工程有限公司负责施工;另一部分为盂城驿内部维护工程,主要内容为:建筑物屋面修整,油漆出新,同时清除室内、廊道、庭院水泥地坪,恢复方砖、青砖地面等,由江都古典园林建设有限公司负责施工。 (李国耀)

【出台《高邮市私有文物建筑修缮补助暂行办法》和《高邮市文物保护志愿者管理暂行办法》】 为促进老城区文保单位及不可移动文物的日常保护与管理,增强私有文物建筑所有权人保护文物的意识,推进老城区的保护,8月,市文广新局出台《高邮市私有文物建筑修缮补助暂行办法》和《高邮市文物保护志愿者管理暂行办法》。《高邮市私有文物建筑修缮补助暂行办法》规定私有文物建筑的修缮补助条件、补助标准、申请核准的条件及相关法律责任,共12条。《高邮市文物保护志愿者管理暂行办法》规定聘请志愿者的范围、条件、工作职责及奖励措施。 (李国耀)

档案

【概况】 2015年,市档案局(馆)按照市委、市政府和上级档案部门的要求,积极开展机关档案规范化管理,秉承以人为本、保护档案、拓展资源、服务社会的原则,重新修订上报高邮市档案馆档案接收基本目录。全年共接待查借档利用人员463人,提供利用档案898卷,指导5家机关、企事业单位完成档案达标升级工作;新完成12家部门单位到期档案的接收工作,累计完成51家部门单位的接收任务,共接收各类文书档案39049卷、3029件,婚姻档案20000件,农村土地确权档案141958件。 (张运运)

【档案业务指导】 2015年,市档案局(馆)从强化业务、创新方法、密切配合入手,扎实开展档案业务指导工作。先后指导完成高邮城南经济新区财政分局、高邮镇财政所分别通过省三星级档案和省二星级档案认定工作,高邮镇农经站开展省三星级档案达标创建工作,市人民检察院创建成省五星级档案室。继续开展全市宗教场所档案星级达标创建工作,指导镇国寺完成省三星级档案认定工作。开展市级机关年度档案规范化管理督查工作,组成五个档案督查小组,集中对全市机关部门、企事业单位的档案管理工作依法进行宣传督查。 (张运运)

【档案征集和编研】 2015年,市档案局(馆)坚持以国家级和省级两级"非遗"传承人为重点征集对象,与市总工会协作,积极谋划为劳模建档,完成高邮籍全国劳模陈平、冯祥华的档案资料的征集工作。积极开展"6·9国际档案日"宣传咨询活动,在《高邮日报》开辟专栏发布《档案资料征集公告》,向全市机关单位和市民发放征集公告宣传单,征集有价值的档案资料。结合纪念抗战胜利70周年的有利契机,配合市党史办与扬州市新四军研究会、扬州市收藏协会在档案馆联合举办"纪念抗战胜利"70周年藏品展。认真开展"最美档案人"征集推荐活动,全市共有档案工作者14人被评为扬州市"最美档案人"。完成《2014年高邮大事记合订本》编辑工作,并免费向各单位发放200余本;完成《高邮大事记》月度编撰工作。是年,民间收藏家、高邮民间文艺家协会副主席祝长富自愿捐赠像章5000余枚；有收藏者近20人无偿捐赠石碑、地契、票据等珍贵档案资料300余件。　（张运运）

【档案利用工作】　2015年，市档案局（馆）继续落实《首问负责制》《预约查档制度》和《领导干部深入大厅、库房、基层档案室调研服务制度》，不断改进工作方法，提高查档接待服务水平，努力为党政机关及市民提供馆藏档案资料查询服务。全年就婚姻、住房、退休工龄办理、企业改制、重大工程项目建设、反腐倡廉建设等方面，接待查借档利用人员463人次，提供档案资料利用898卷（册）。同时，认真开展党内法规和规范性文件清理工作，按要求对新中国成立以来以市委、市政府和“两办”名义下发的2万多件文件逐一疏理，认真甄别，并初步确定清理目录。　（张运运）

【档案数字化建设】　2015年，市档案局（馆）注重加快档案数字化建设，成立工作领导小组，拿出专项资金，通过招标方式引进北京量子伟业数字化团队进馆施工，推进馆藏档案数字化工作，完成馆藏档案数字化近200万页。同时，立足档案信息化建设的需要，切实加强档案业务机房和馆室一体化档案管理系统软件建设。　（张运运）

地方志

【《高邮年鉴》获全国年鉴编纂出版质量评比综合二等奖】　3月11日，中国出版协会年鉴工作委员会印发《关于第五届全国年鉴编纂出版质量评比结果的通知》，《高邮年鉴》（2013版）获综合二等奖。该评比由中国出版协会主办，每5年举办一届。　（高志中）

【2015年版《高邮年鉴》出版】　12月，由市委、市政府主办，市方志办编纂，广陵书社出版的2015年版《高邮年鉴》发行。该版年鉴为逐年连续编纂出版的第27卷市（县）级综合年鉴，是扬州市编纂出版卷本数量最多的大型地方综合年鉴。

该版年鉴遵循地方综合年鉴编纂的指导思想和规范体例，设有篇目34个、分目219个、条目1996个、表格83幅、彩照94页、文中黑白照片37幅。在篇目设定上，除《特载》《大事记》《概况》等23个常规篇目外，还设有《体制改革》《开放型经济》《非公有制经济》《信息化建设》《环境保护》等5个时代特征篇目和《第十届中国双黄鸭蛋节》《趣闻轶事》等6个年度特点、地方特色篇目，体现反映全貌、突出典型、如实记述、精心编纂、图文并茂、方便适用的基本原则。全书共354页、81.3万字。　（高志中）

【《高邮市志（1986～2005）》总纂工作完成】　9月，历经9年时间编纂的《高邮市志（1986～2005）》完成总纂工作，并形成送审稿。该志稿分上、中、下册3册，共1600页、300万字。全志稿采用中篇结构，吸收年鉴编辑特色，志首设《特载》，将城市名片、中央领导视察与题词、题联集中展现。志体主体设35篇，设有篇、章、节、目，目以条目式体例编排。志稿突出改革开放这一主线，采取集中与分散相结合的记述方式，在相应的篇章中单设章、节、条目记述，体现时代特征；同时突出地域产业特色与文化特色的记述，单设《高邮鸭业》《龙虬庄文化、邮文化》篇。志稿还设有《总述》《大事记》《附录》《〈高邮县志〉提要》《〈高邮县志〉补遗与勘误》等。　（高志中）

【《高邮市志（1986～2005）》（终审稿）通过终审】　11月13日，由扬州市地方志办公室举办的《高邮市志（1986～2005）》（终审稿）终审会议在市皇华大酒店举行。参加会议的有评审小组的8名方志专家和扬州市各县（市、区）地方志办公室负责人。会议由扬州市地方志办公室主任宗金林主持，高邮市副市长钱富强到会并讲话。会上，高邮市地方志办公室主任刘春龙作续修《高邮市志（1986～2005）》工作情况汇报；审读该志稿的评审专家逐一作评审发言。

会议结束前，宗金林宣读《〈高邮市志（1986～2005）〉（终审稿）终审意见》。终审意见评价称该志稿具有四个方面优点：妥善处理前志与后志衔接关系，注重在继承中创新；大胆吸取年鉴编纂经验所长，条目体例著述性强；内容彰显改革时期大变革，突出历史文化名城风采；文风简洁朴实，文理通顺流畅。并指出存在的不足。该意见最后结论说：“扬州市地方志办公室评审组认为，《高邮市志（1986～2005）》（终审稿）篇目合理、体例严谨、观点正确、内容全面、资料翔实、特色鲜明、行文规范，符合中国地方志指导小组《地方志书质量规定》的要求，编纂流程符合江苏省地方志编纂委员会《关于江苏省地方志书审查验收及出版办法》的规定，同意通过终审。”　（高志中）

体育

【市第五届运动会】　10月28日，由市政府主办的第五届运动会开幕式在市体育场举行。此届运动会，全市共有128支代表队参加，其中职工部代表团15支、乡镇部代表团13支、学生部代表队75支、残疾人部代表队13支、老年部代表队12支。本届运动会各部均设52个比赛项目，竞赛水平超过历届，共决出金牌220枚。　（张洪庆）

【第六届环高邮湖国际自行车越野赛】　5月31日，由扬州市体育局、高邮市政府主办，高邮市体育局、高邮市自行车协会承办的第六届环高邮湖国际自行车越野赛在高邮市举行，共有来自江苏、安徽、浙江、上海等4省市26个城市的54支团队、533人参加。此届比赛起点、终点分别设在市行政中心广场和高邮二桥，赛道途经高邮市、天长市、金湖县、宝应县4县市，赛程全长200千米；分男子公路组、男子山地组、女子组3个组别进行，其中男子公路组135人、男子山地组331人、女子组67人。经过角逐，南通市的陈晨以5小时4分的成绩获男子公路组冠军，南京市的项林以5小时23分的成绩获男子山地组第一名，上海市的宋春晓以5小时48分的成绩获女子组第一名。（张洪庆）

【第四届高邮大运河半程马拉松赛】 11月15日，由市政府主办，市体育局、市旅游局、市跑步协会承办的第四届高邮大运河半程马拉松赛在大运河畔举行。此次半程马拉松赛全程21.0975千米，途经高邮运河西堤风光带、运东船闸、运河二桥、镇国寺等处，共有来自江苏、浙江、上海、安徽等地的52支团队、1833人参加比赛。经过角逐，连云港市的李梁以1小时18分53秒的成绩获男子组冠军，扬州市的徐丽萍以1小时31分的成绩获女子组冠军。此届赛事，为第二次列入全国马拉松赛事年度计划的赛事。（张洪庆）

【2015年全民健身体育节】 4月15日，由市政府主办，市市级机关工委、市总工会、市教育局、市体育局联合承办的"高邮市2015年全民健身体育节"在市体育场举行启动仪式。此届全民健身体育节历时6个多月，群众性体育竞赛系列活动20多项，全市有体育爱好者数百人进行太极拳、广场舞、柔力球、抖空竹、农民健身操等健身项目的展示。培训社会体育指导员400人，开展国民体质测试3006人次。（张婕）

【体育彩票销售1.03亿元】 2015年，市体育局继续组织做好体育彩票销售工作，超额完成上级下达的年度销售任务。全年累计完成体育彩票销售1.03亿元，其中电脑型彩票销售4054万元、11选5销售4168万元、即开型彩票销售565万元、竞猜销售1259万元。（张婕）

表63 2015年高邮市运动员获江苏省以上体育竞赛前八名成绩一览表

运动员姓名	比赛名称	比赛项目	取得成绩
李润羽	江苏省青少年武术(套路)锦标赛	少乙男子太极拳	第二名
李智	江苏省青少年武术(套路)锦标赛	少乙男子太极拳	第六名
李润羽	江苏省青少年武术(套路)锦标赛	少乙男子太极剑	第三名
李智	江苏省青少年武术(套路)锦标赛	少乙男子太极剑	第六名
李润羽	江苏省青少年武术(套路)锦标赛	少乙男子太极拳剑小全能	第四名
李智	江苏省青少年武术(套路)锦标赛	少乙男子太极拳剑小全能	第六名
卞心蓉	江苏省青少年田径锦标赛暨县组田径比赛	女子丙组60米	第六名
卞心蓉	江苏省青少年田径锦标赛暨县组田径比赛	女子丙组跳远	第四名
惠诗雨	江苏省青少年田径锦标赛暨县组田径比赛	女子甲组400米	第二名
金佳蓉	江苏省青少年田径锦标赛暨县组田径比赛	女子丙组100米	第三名
金佳蓉	江苏省青少年田径锦标赛暨县组田径比赛	女子丙组200米	第六名
刘心雨	江苏省青少年田径锦标赛暨县组田径比赛	女子乙组跳远	第六名
卢毅	江苏省青少年田径锦标赛暨县组田径比赛	男子丙组60米	第四名
卢毅	江苏省青少年田径锦标赛暨县组田径比赛	男子丙组跳远	第一名
沐颖	江苏省青少年田径锦标赛暨县组田径比赛	女子丙组400米	第四名
沐颖	江苏省青少年田径锦标赛暨县组田径比赛	女子丙组跳远	第一名
邵天鑫	江苏省青少年田径锦标赛暨县组田径比赛	男子甲组800米	第二名
吴金鑫	江苏省青少年田径锦标赛暨县组田径比赛	女子甲组400米	第一名
徐耀	江苏省青少年田径锦标赛暨县组田径比赛	男子乙组400米	第二名
许若清	江苏省青少年田径锦标赛暨县组田径比赛	女子乙组400米	第六名
许远帆	江苏省青少年田径锦标赛暨县组田径比赛	男子乙组跳高	第二名
张宇	江苏省青少年田径锦标赛暨县组田径比赛	男子乙组400米	第三名
周鹏	江苏省青少年田径锦标赛暨县组田径比赛	男子甲组400米	第五名
吕心怡	江苏省少年儿童乒乓球冠军赛	女子02年组单打	第六名
尤娅芸	江苏省少年儿童乒乓球冠军赛	女子03年组单打	第四名
王麒皓	江苏省少年儿童乒乓球冠军赛	男子05年组单打	第二名
王麒皓	江苏省少年儿童乒乓球锦标赛	男子05年组单打	第一名
吕心怡	江苏省少年儿童乒乓球锦标赛	女子02年组单打	第八名

（张婕）

医 疗 卫 生

Medical and Health

导读

● 市妇幼保健计划生育服务中心正式成立 P306

● 农村区域医疗卫生中心建设 P307

● 十大主题健康促进行动 P311

● “2015 中医医院名医馆建设研讨会” P314

综 述

2015 年，全市卫生工作以继续深化医疗卫生综合改革为目标，完善新型农村合作医疗制度，推进开展爱国卫生运动，强化疾病预防控制，重视开展卫生监督，加强医政管理与中医工作，切实提高公共卫生服务水平，为全市人民身体健康提供保障。是年，高邮市创成江苏慢性病综合防控示范区。送桥中心卫生院、卸甲镇卫生院创成国家“群众满意的乡镇卫生院”，周山卫生院创成省示范乡镇卫生院；菱塘回族乡创建国家卫生镇工作、周山镇创建扬州市卫生镇工作均通过复审；卸甲镇创成江苏省卫生镇；临泽镇创成扬州市卫生镇，实现扬州市卫生镇在高邮市全覆盖；菱塘回族乡王姚村卫生室、高邮经济开发区东墩村卫生室创成江苏省示范村卫生室；送桥中心卫生院和菱塘回族乡卫生院通过省示范中医科验收，界首镇卫生院和临泽镇周巷卫生院通过扬州市示范中医科验收。

至年底，全市累计有各级各类卫生机构 250 家，其中市直医疗卫生机构 9 家、社区卫生服务中心 5 家、乡镇卫生院 12 家、社区卫生服务站 16 家、村卫生室 173 家、厂（校）医务室及民营医疗机构 35 家。全市累计有在职卫生人员 4119 人。其中，乡村医生 759 人，编外用工 960 人；卫生技术人员 2228 人（具有高级职称资格的 455 人、中级职称及初级职称资格的 1773 人），其他技术人员及管理人员 172 人。卫生机构医疗用房 29 万平方米，固定资产总值 8.77 亿元，病床床位 2447 张（约每千常住人口拥有床位数 3.4 张）。全市医疗机构门诊、急诊量 319 万人次，住院 90 万床日。 （黄斌）

新型农村合作医疗

【2015 年新型农村合作医疗基金补偿方案修订】 2015 年，全市共有 62.47 万人参加新型农村合作医疗（含集镇居民），基本实现参合全覆盖。继续推行“三定筹资”模式，人均筹资标准从上年的 400 元提高到 485 元，其中农民个人缴费 105 元（含大病保险保费 15 元）、各级财政配套 380 元（省、扬州市、高邮市及各乡镇财政配套资金分别为 228 元、2 元、137 元、13 元）。该方案规定的门诊补偿标准为：不设起付线，乡、村补偿比例分别为 35%、40%，日补偿限额分别为 25 元、20 元，年补偿封顶线均为 200 元。住院补偿标准为：市第三人民医院（该院起付线为 400 元、补偿比例为 75%）除外，市级、乡级定点医疗机构起付线分别为 600 元、200 元，补偿比例分别为 65%、85%；在市外公立医疗机构起付线为 700 元，1 万元以下部分（含 1 万元，下同）补偿 40%，1 万元～3 万元的部分补偿比例为 50%，3 万元以上部分补偿比例为 60%；当年内累计起付线为 700 元，累计封顶线为 18 万元。同时该方案还对门诊慢性病、住院重大疾病、中医中药费用、基层医疗机构、农村“五保”和城镇低保对象、计生特困家庭、传染病患者以及参合产妇继续实行“八项倾斜”优惠政策。 （黄斌）

【发放 2015 年新型农村合作医疗补助金 2.48 亿元】 2015 年，市、乡合作医疗管理办公室及各定点医疗机构共向参加新型农村合作医疗的 272.95 万人次，发放合作医疗补助金 2.48 亿元。其中，住院补助 6 万人次，发放补助金 2.12 亿元；门诊补助 266.95 万人次，发放补助金 3631.46 万元。在住院获得补助的人中，获 10 万元以上的 12 人、5 万元～10万元的136人、1万元～5万元的4283人、1万元以下的3.92万人。参合人员在乡级卫生院、县级医院及市外医疗机构住院治疗的补偿比分别为87.3%、71.2%、51.5%，平均实际补偿比55%，统筹地区政策内费用补偿比为76.6%。

(黄斌)

【新型农村合作医疗支付方式改革】 2015年，市新型农村合作医疗重点推行"按病种付费"的支付方式改革。1月1日起，市新型合作医疗办公室先期遴选胆囊结石胆囊炎、急性阑尾炎、下肢静脉曲张(单、双)、腹股沟疝(单、双)、卵巢输卵管疾病(单、双)、子宫腺肌病、子宫平滑肌瘤等10个病种，制定出病种付费定额标准，在15家乡镇卫生院推行按病种付费改革试点。此次试点，以参合患者出院第一诊断为依据，不论实际发生的住院费用低于或高于付费定额标准，均由新农合基金和参合患者按规定的病种付费标准进行结算，并规定费用超出部分由医疗机构承担，结余部分归医疗机构所有。5月，召开全市按病种付费改革现场推进会，对该项工作做进一步的部署和推进。至8月，全市按病种付费改革的病种在原来10个基础上，又增加白内障、胆囊息肉、单纯性肛瘘、包皮过长(包茎)、混合痔、乳房良性肿瘤(单、双)、输卵管妊娠(宫外孕)、坐骨结节囊肿、交通性睾丸鞘膜积液(交通性膜鞘突管积液)、鞘膜积液(非交通性)、腘窝囊肿等12种，累计病种22种，并在全市所有乡镇卫生院施行按病种付费改革。期间，经过对1131名参合人员住院病例比对分析，按病种付费人均实际补偿比为75.6%，比原先按项目付费的实际补偿比提高11个百分点。实施按病种结算的方式后，个人自付费用次均减少538元，各医疗机构通过成本控制和精细管理实现例均盈余435元，新农合基金例均支付减少92元。(黄斌)

【农村居民大病保险制度】 2015年，按照上级要求，全市继续实行农村居民大病保险制度，对新农合基础补偿后由个人负担的合规医疗费用给予再补偿，并委托人保财险高邮支公司具体承担大病保险理赔工作。该险种保费标准为每人25元/年，补偿起付线为1.5万元，个人负担的合规医疗费用为1.5万元～5万元的可报销50%、5万元～10万元的可报销55%、10万元～15万元的可报销60%、15万元以上可报销65%，并转诊至统筹区外非定点医疗机构住院以及外出务工等就医认定为享受转外住院政策的，按照上述分段报销比例的50%计算；年度最高理赔金额为20万元。全年累计办理大病保险理赔8992人次，累计支付理赔款1442.53万元，次均受益1604.24元，在新农合普惠性补偿比例的基础上再次提高8.47个百分点。同时，规定儿童先天性心脏病、白血病等重大疾病的参合人员，在省级定点联网医院就医时可实行当场报销，报销比例为70%。(黄斌)

【新农合意外伤害保险理赔派驻代表制度】 2015年，市新型农村合作医疗管理委员会、新型农村合作医疗管理监督委员会与人保健康扬州中心支公司达成协议，在市人民医院、市中医医院、市中西医结合医院(市第三人民医院)设立新农合意外伤害保险理赔驻院调查代表，将调查关口前移，变"事后集中勘查"为"事中跟踪勘查"，以规范意外伤害调查理赔工作。全年该公司完成意外伤害案件调查4055起，经勘查确定理赔案件3489起、拒赔案件566起，累计支付理赔款1213.01万元。(黄斌)

资料链接　2013年，市新型农村合作医疗管理委员会、新型农村合作医疗管理监督委员会为规范新农合意外伤害理赔工作，决定引进商业保险机构参与其中。经过严格筛选，最终确定并委托人保健康扬州中心支公司具体经办全市意外伤害的调查核实和理赔工作，并由市新型农村合作医疗办公室与该公司签订合作协议，协议规定参保人员人均保费18元/年，合作期限2年(2014～2015年)。自2014年起，全市正式启动由商保机构参与新农合意外伤害保险理赔的工作。(黄斌)

妇幼保健

【市妇幼保健计划生育服务中心正式成立】 6月1日，根据市政府职能转变和机构改革方案要求，市卫计委全面整合市妇幼保健所和市计划生育技术服务站资源，正式成立高邮市妇幼保健计划生育服务中心(暂保留"市妇幼保健所"牌子)，归口市卫计委管理，下设群体保健科、妇女保健科、儿童保健科、生殖健康科、计划生育科、医技科、办公室等职能科室，有在职职工75人，主要承担原市妇幼保健所和原市计划生育技术服务站职能。(黄斌)

【儿童保健】 2015年，市妇幼保健计划生育服务中心继续开展儿童保健工作，保障儿童身体健康。至年底，全市活产婴儿5185人，婴儿死亡11人，婴儿死亡率2.12‰，5岁以下儿童死亡13人，死亡率2.51‰。0～6岁儿童3.3万人，接受系统保健管理3.25万人，年度系统管理率98.4%；0～2岁儿童1.57万人，接受系统保健管理1.52万人，年度系统管理率97.08%。出生缺陷13人，出生缺陷率2.35‰。托幼机构卫生保健合格率100%。

(黄斌)

【新生儿疾病和听力筛查】 2015年，市妇幼保健计划生育服务中心完成新生儿疾病筛查5185人，筛查率100%，累计查出甲状腺功能减退症1例、

苯丙酮尿症2例，均帮助新生儿家庭落实医院进行治疗；完成新生儿听力筛查5185人，筛查率100%。（黄斌）

【孕产妇保健】　2015年，市妇幼保健计划生育服务中心继续开展孕产妇保健工作，保障妇女身体健康。全年服务孕妇住院分娩5147人，未发生孕产妇死亡病例；这也是全市连续第7年未发生孕产妇死亡病例。孕产妇接受系统保健管理5136人，年度系统管理率99%。孕妇产前筛查4537人，筛查率88.2%。妇女病普查率98.4%。（黄斌）

【妇幼重大卫生项目】　2015年，市妇幼保健计划生育服务中心继续开展妇幼重大卫生项目。全年按人均500元标准，完成农村孕产妇住院分娩补助4449人，补助完成率115.3%；按人均128元标准，完成农村妇女"两癌"检查2.5万人，完成率100%；免费为农村妇女孕前增补叶酸4606人，完成率139.4%；预防艾滋病母婴传播检测率、梅毒母婴传播检测率、乙肝母婴传播检测率均为100%。（黄斌）

【婚检、孕前保健和计生服务】　2015年，市妇幼保健计划生育服务中心将7项婚检项目和14项孕前优生项目合并为15项，构建起独立功能区，更好地开展婚检、孕前保健等服务。全年完成婚检7458人，婚检率95.4%；完成2811对夫妇孕前优生健康检查，其中评估高风险707人、早孕随访3295人、妊娠结局随访1291人，覆盖率100%。全年完成计生服务1328例，其中上环311例、取环893例、人流124例，未发生差错和责任事故。（黄斌）

【国家避孕药具不良反应监测项目】　2015年，市妇幼保健计划生育服务中心按照上级要求，实施国家避孕药具不良反应监测项目。全年审核和上报避孕节育不良事件161例，相关健康问题36例，将纸质报告审核后上报省科研所，实现避孕药具首诊登记及随访数据录入项目数据库管理。（黄斌）

【产后盆底康复治疗保健新项目】　2015年，市妇幼保健计划生育服务中心实施产后盆底康复治疗保健新项目，投入15万元购置产后康复治疗仪，增设产后康复科，专门催乳和治疗妇女产后盆底功能障碍等。是年，"高邮市孕产妇盆底功能障碍性疾病调查及康复干预措施研究"科研项目，被江苏省妇幼保健协会批准为科研立项项目。（黄斌）

医疗卫生服务体系建设

【农村区域医疗卫生中心建设】　2015年，市政府根据上级统一部署，启动建设以三垛、送桥、临泽、卸甲为中心的具备一定辐射能力的农村区域性医疗卫生中心，努力构建"市级三级医院、乡镇区域医疗中心、一般乡镇卫生院、村卫生室"分级诊疗"金字塔"型现代医疗卫生服务体系。7月底，市政府出台《关于建设农村区域性医疗卫生中心的实施意见》，从目标任务、布点规划、建设标准、序时进度、保障措施等五个方面，提出具体要求，尤其是从功能定位、建设规模、床位设置、人员配备等四个方面，对农村区域性医疗卫生中心的建设标准作进一步的深化和细化。至年底，三垛中心卫生院、卸甲镇卫生院改扩建工程主体工程封顶，开始内墙砌造；送桥中心卫生院新建工程门诊楼施工到达3层；临泽中心卫生院新建工程完成地下根基浇筑，开始地面施工。同时，将司徒卫生院交由三垛中心卫生院托管，将川青卫生院设置为一般门诊部，以此分别加强三垛中心卫生院、临泽中心卫生院人员和技术力量。（黄斌）

资料链接　农村区域性医疗卫生中心是指介于乡镇卫生院和县级以上医院之间的区域范围内的医疗和预防保健中心，旨在分担县级以上医院就诊压力，方便基层群众看病就医。主要承担常见病、多发病、护理和诊断明确的慢性病治疗，部分疑难病的诊疗及家庭出诊、家庭护理、家庭病房等家庭医疗、转诊服务，同时承担预防、保健、康复功能等公共卫生服务，并提供24小时急危重症诊疗和"120"院前急救服务。（黄斌）

【"医疗联合体"建设】　2015年，市卫计委协调组织农村区域性医疗机构，采取"域内相联""域外挂联"方式，继续推进"医疗联合体"建设。借助江苏省苏北人民医院"医疗联合体"平台，三垛、卸甲、送桥3家中心卫生院定期组织职能科室的管理人员到该院接受管理轮岗培训，安排新进人员参加住院医师规范化培训，遴选医护骨干参加定期专科培训；结合该院专家到高邮蹲点扶持的契机，三垛、卸甲、送桥3家中心卫生院着力打造腹腔镜外科、消化内科、妇产科、儿科、口腔科等一批专科品牌，其中三垛中心卫生院还启动肾内科学科建设，新建血液透析中心。借助高邮市人民医院的"医疗联合体"平台，临泽中心卫生院整合现有人力资源，定期安排骨干医生到该院"务实进修"，同时发挥专家下乡对口支援作用，多措并举提高基层服务水平和质量，方便农村病人就医。（黄斌）

资料链接　"医疗联合体"，即由一所三级医院，联合一定区域范围内的二级医院和社区卫生机构，组成"医疗联合体"，居民则选择就近联合体签约就医，在社区首诊，逐级转诊。根据《高邮市县乡村一体化区域医疗联合体建设实施方案》，全市组建起市人民医院、市中医医院两大医联体，建立长期稳定的县、乡、村三级医疗卫生机构分工协作机制。县级医院长期向基层派驻管理人员和骨干医

生,强化技术帮扶、绿色转诊,有效促进全市医疗服务水平提升。 (黄斌)

【乡村医生签约服务工程】 2015年,市委、市政府在上年开展试点的基础上,将乡村医生签约服务列入年度民生幸福工程,在市域范围内全面部署实施。该工程规定乡镇卫生院成立的84个健康服务团队及有关签约乡村医生为一级医生,市人民医院、市中医医院抽选与签约家庭成员疾病相对应的医生为二级医生,以各村65岁以上老年人、0岁～6岁儿童、孕产妇、慢性病患者、重性精神病患者及计生特困人群等为重点服务对象,分别负责一般家庭的日常健康服务和患有疾病家庭的"一对一"特殊服务。期间,通过召开会议、增大投入、创新机制、强化考核和激励等措施,促进该项工程得以顺利实施并取得明显效果,"群众得实惠、村医受鼓舞"的服务效应初步形成。至年底,全市乡村医生累计签约农户16.73万户、签约率82.7%,其中个性化服务签约2.91万户、签约率15.6%。同时,还为计生特困家庭474户、546人提供免费服务。 (黄斌)

【城市社区全科医生工作室建设】 2015年,市卫计委参照乡村医生签约服务模式,在城市社区卫生服务中心设立全科医生工作室,将全科医生派驻社区,实现医疗资源下沉,为空巢老人、亚健康人群、慢性病患者、低保人群、残疾人等特殊人群提供基本公共卫生服务和一般诊疗服务。至年底,社区全科医生工作室累计签约社区居民户1.92万户,签约率30.3%,其中重点人群签约率72%。 (黄斌)

疾病预防控制

【计划免疫】 2015年,全市13家乡镇(园区)的22个计划免疫门诊共完成接种22.24万人次,其中接种一类疫苗12.91万人次、二类疫苗9.33万人次;全市1～12月龄儿童卡介苗、乙肝疫苗、脊髓灰质炎糖丸疫苗、无细胞百白破疫苗、麻风疫苗、乙脑疫苗等一类疫苗接种率均在99%以上。完成2014—2015年度0～4岁儿童脊灰疫苗的第二轮查漏补种工作,应服954人,实服932人,服苗率97.7%;完成2015—2016年度脊灰疫苗补充免疫第一轮服苗工作,应服698人,实服685人,补充免疫服苗率98.1%。全年报告疑似预防接种异常反应103例,发现48小时内报告率100%,需要调查处置的疑似预防接种异常反应在报告后48小时内调查率为100%。开展AFP主动监测和报告工作,全年共报告2例,报告发病率2.4/10万,并按规范要求进行调查、采样、送检、随访和报告。开展儿童免疫水平监测工作,完成省、市下达的麻疹、风疹、腮腺炎抗体水平450人次的监测任务。 (黄斌)

【突发性公共卫生事件处置】 2015年,市卫计委强化突发性公共卫生事件预案的搜集和修订,组织开展卫生应急演练,密切注视相关疫情的动态,每月及时做好突发公共卫生事件监测数据分析和风险评估,及时处置传染病自动预警信息。8月,组织开展中东呼吸道综合征疫情处置演练。全年未发生突发公共卫生事件。 (黄斌)

【急性传染病防治】 2015年,全市共发生法定甲、乙类传染病10种,计946例,发病率126.61/10万,发病数比上年上升3.4%,死亡2例。其中,发病数上升的疾病有伤寒、狂犬病、麻疹、猩红热、艾滋病、肝炎等;下降的疾病有疟疾、痢疾、肺结核、梅毒、淋病等。4～10月,全市共登记上报腹泻病人9331例,占全年目标的113%,其中采样送检2001例,送检率为21.4%,未检出霍乱病例。开展传染病个案调查325例,传染病总流调率100%,法定报告传染病报告率、报告及时率均为100%,传染病纸质报告卡填写完整率99.4%,填写准确率100%,报告卡信息与网络一致率100%。强化中东呼吸道综合征、H_7N_9禽流感、埃博拉、登革热疫情防控工作,完成126份外环境样品及163份禽流感暴露人群的血清样品采样工作,调查处置67起疑似麻疹、手足口病聚集疫情,并落实综合性防治措施。 (黄斌)

【结核病防治】 2015年,市卫计委落实《中国结核病防治规划实施工作指南》的要求,完善疾控中心、结核病定点医院、社区卫生服务中心"三位一体"的结核病防治体系,继续开展结核病防治工作。全年非结防机构网络报告疑似肺结核患者511例,应转诊511例,实转诊511例,转诊率100%,转诊到位509例,应追踪2例,全部追踪到位,追踪到位率100%,总体到位率100%(511/511)。全年活动性肺结核病人发现数360例,其中涂阳患者117例,占比为32.5%,达到25%的规定要求。涂阳密切接触者登记人数360例,筛查人数360例,密切接触者筛查率100%。按照村医推荐率0.3%、乡镇卫生院免费胸透率0.3%的工作要求,全市乡镇肺结核可疑症状者免费透视登记人数2238例,占全市人口数的3.19‰。上年活动性肺结核病人系统管理率99.7%(376/373),上年活动性肺结核病人新发涂阳治愈率91.9%(80/88)。加大耐多药肺结核病人的筛查,获阳性菌株14株,痰培养阳性率82.4%。 (黄斌)

【性病与艾滋病防治】 2015年,市卫生部门按照上级加强性病与艾滋病防治的工作要求,组织开展病例报告、健康教育、高危人群行为干预、自愿咨询检测等工作,落实相关防控措施。加强防治工作宣传,全年共发放宣传资料27.11万份,入户26.88

户，入户率100%，在行政村张贴墙体标语1425条，每季度要求各乡镇艾滋病宣传栏更换一次版面，行政村出一期艾滋病宣传栏。强化艾滋病的监测，4个VCT门诊共接受相关咨询965人，检测965人，占全年任务的114.9%。分12批次完成被监管人员498人的艾滋病检测任务，发现阳性病例2例。全市各医疗机构(含检测点)艾滋病抗体检测总份数6.41万份，全人群检测率8.6%。全年对市域内艾滋病感染者进行8轮CD4检测，共检测125人次，并将检测结果及时予以反馈。同时为当中符合条件的患者55人(艾滋病感染者19人、病人36人)，申领免费抗病毒药物，未出现药物不良反应。落实"四免一关怀"政策，为1例患者申请艾滋病感染儿童基本生活费。加强市域内高危人群行为干预工作，全年干预相关场所19家、179场次。推进干预工作向一线延伸，设置并培训目标人群，确保每个较大场所至少有同伴教育员1人，并协助其做好艾滋病防治知识宣传教育和安全套发放工作，全年提供免费咨询服务3432人次、免费HIV抗体检查533人、免费发放安全套3430个、宣传材料3432份。 (黄斌)

【慢性疾病综合防治】 2015年，市卫生部门共上报5种慢性病病例1.37万例，其中恶性肿瘤2820例、高血压3155例、脑卒中4712例、糖尿病1410例、冠心病1610例。开展漏报调查3次，漏报率0.1%。网络直报死亡病例6049例，完成预期目标的123.2%，报告粗死亡率7.39‰。全面启动以家庭为单位建立居民家庭健康档案以及慢病病人建档工作、65岁以上老人等重点人群建档和随访管理工作，全年60岁以上老人累计建档16.76万人。累计为高血压患者6.47万人建档，规范管理病人6.40万人，规范管理率99%，管理达标4.66万人，达标率72.1%；为糖尿病患者2.03万人建档，规范管理病人1.99万人，规范管理率98.5%，管理达标1.39万人，达标率68.7%。开展慢性病综合防治工作，各医疗机构严格实行35岁以上病人首诊测血压制度，全年测量登记4.76万人。是年，高邮市创成江苏慢性病综合防控示范区。 (黄斌)

【血吸虫防治】 2015年，全市共查螺13个乡镇、85个村，投入查螺工日4105个，查螺面积3413万平方米，完成率106.6%，其中重点环境查螺1886万平方米，完成率100%。查出有螺乡镇3个、有螺村4个、有螺条块数71个，并对重点有螺环境进行全覆盖灭螺，药物灭螺面积341万平方米，完成率113.7%。继续将淮河入江水道整治新民滩切滩工程施工人员及高邮湖区渔(船)民列为重点，开展人群查病1.23万人，未发现血吸虫病人。其中，粪检查病3072人次，完成率102.4%；血清学查病1.21万人次，查出DDIT阳性81人，阳性率0.7%，并全部落实追踪调查及粪便检查，未发现血吸虫病人。开展晚期血吸虫病患者救助治疗，共向符合条件的患者60人发放救助金17.4万元。按要求在血吸虫易感地带设立禁示牌2块，修建渔(船)民公厕5座。至年底，全市连续41年未发现当地感染血吸虫病急性病例。 (黄斌)

【寄生虫防治】 2015年，市卫生部门巩固消除疟疾防治成果，完成疟疾血检5139人，完成率105.6%，未检出阳性血片。至年底，全市连续8年未发现当地感染疟疾病例。同时，完成重点人群驱虫服药5.68万人，完成率113.6%；完成土源性线虫病监测调查1010人，查出钩虫感染5人、蛔虫感染1人，感染率0.6%。 (黄斌)

【碘缺乏病防治】 2015年，市卫生部门检测市盐业公司生产批发层次的碘盐样本54份，批质量合格率100%。居民户碘盐监测调查5个镇、20个村、300户，未查出非碘盐，碘盐覆盖率、碘盐合格率和合格碘盐食用率分别是100%、98.7%和98.7%。按《江苏省农村水碘监测工作方案》的要求，完成52个农村集中式供水监测点出厂水和末梢水的采样与碘含量检测，共采样114份。开展碘营养状况抽样调查，围绕育龄妇女和8～10岁儿童两类重点人群，在5个乡镇完成抽样调查300人。开展孕妇、哺乳期妇女等特需人群碘营养监测工作，全年完成监测近8000人。 (黄斌)

【卫生监测及检验】 2015年，市卫生部门完成各类样品检验检测4.75万份，项次数31.73万项，检验检测量比去年上升17.1%。食品安全监测共监测食品17类，采集样品101份，检测305项次。餐具监测共监测采样146份，合格117份，样品合格率80.1%。同时按要求开展食源性疾病监测，监测样品数150份，未发现疑似食源性疾病病例。环境卫生监测全年共采集水样208份，合格189份，样品合格率90.9%，检测7288项次，合格7255项次，项次合格率99.6%，监测覆盖率及任务完成率均为100%。公共场所卫生监测共监测单位529家，所检项目完全合格456家，单位合格率86.2%；检测项目8120项次，合格3127项次，项次合格率96%。医院污水监测共监测35家医疗机构排放的污水，单位覆盖率100%，采集样品42份，合格率97.6%。 (黄斌)

【职业卫生监测与健康监护、从业人员体检】 2015年，市卫生部门对全市6家企业开展职业危害因素监测。期间，监测职业危害因素种类8种，共设置有害作业监测点108个，取得样品324份，监测点合格率100%；监测后及时向企业发放监测报告和卫生学评价报告59份。全年职业健康体检企业从业人员

3156人,通过健康监护发现职业禁忌症对象166人,发放体检报告和评价报告59份;从业人员发证体检1.25万人,查出血铅超标234人,全部落实驱铅实验治疗。至年底,全市累计确诊职业病病例24例,其中尘肺4例、职业中毒20例。　(黄斌)

【放射卫生监测】　2015年,市卫生部门对全市33家放射医疗机构均开展放射防护监测、放射工作人员个人剂量监测及放射工作人员健康体检监测,放射卫生工作三项监测覆盖率均为100%。放射防护监测结果:单位合格率94.1%,放射装置合格率95.2%,监测点合格率98.7%。组织放射工作人员149人开展培训、体检活动,培训体检覆盖率100%。　(黄斌)

【学校卫生监测】　2015年,市卫生部门对72家中、小学校食堂的从业人员进行健康体检,体检人数300人,体检合格率100%。按要求开展学生因病缺课监测,网报率78.4%。分两批对全市12所市属中、小学校开展健康检查,共体检学生2.05万人,并建立学生健康档案。对全市73所中、小学校开展卫生工作督导,督导覆盖率100%。10月下旬,还对全市29所中、小学校开展环境监测,单位检测率39.7%(29/73),并按照国标版《学校卫生综合评价》完成监测评分和网报工作。　(黄斌)

【医疗机构及媒介生物监测】　2015年,市卫生部门对35家医疗机构开展监测工作,监测覆盖率100%,共采集样品1216份,合格1158份,样品合格率为95.2%。同时,按要求制定四害密度监测方案,开展四害密度监测工作。　(黄斌)

爱国卫生

【爱国卫生年度目标】　年初,市爱卫会印发《2015年全市爱国卫生工作意见》,将农村改厕、健康教育、创建卫生镇和卫生村、病媒生物防制等目标任务分解到各乡镇(园区)和部门,纳入全市年度经济社会综合考评。1月21日,组织收看收听全国爱国卫生工作电视电话会议,贯彻落实《国务院关于进一步加强新时期爱国卫生工作的意见》精神。3月20日,在市委、市政府召开的全市卫生计生工作会议上,与各乡镇(园区)签订爱国卫生工作目标管理责任书。4月,印发《关于开展爱国卫生月和健康教育宣传月活动的通知》,部署开展群众性爱国卫生运动。4月24日和5月16日,组织人员分别赴汤庄镇庙会、甘垛镇河口庙会设立宣传咨询台,为群众开展健康生活、创建卫生镇和卫生村及计生知识宣传服务。年底,检查考核各乡镇(园区)和部门的工作完成情况。是年,市爱卫办在征集全国爱国卫生运动标识活动中,有2幅作品获省爱卫办表彰(二等奖、三等奖各1幅)。　(黄斌)

【卫生镇、卫生村创建】　2015年,市爱卫办继续开展扬州市级以上卫生镇、卫生村创建工作。期间,通过召开会议及开展实地宣传、调研、培训、指导、督察等工作,提高创建工作成效。是年,菱塘回族乡创建国家卫生镇工作、周山镇创建扬州市卫生镇工作,分别通过全国爱卫办和扬州市爱卫办复审;卸甲镇创成江苏省卫生镇;临泽镇创成扬州市卫生镇,实现扬州市卫生镇在高邮市全覆盖。高邮经济开发区腰圩村、界首镇应龙村、车逻镇(高邮城南经济新区)浩芝村、临泽镇西安村、龙虬镇龙虬庄村和兴南村、大树村等7个村创成江苏省卫生村,高邮镇湖滨村、汤庄镇富南村和双屏村、周山镇双河村、车逻镇(高邮城南经济新区)闸河村、龙虬镇东角村、甘垛镇沙贯村和横泾村、送桥镇郭集村、槽坊村、黄圩村和送驾桥村、三垛镇东楼村和官垛村、临泽镇东荡村、卸甲镇周邶墩村等16个村创成扬州市卫生村。至年底,全市累计创成国家卫生镇1家、江苏省卫生镇5家、扬州市卫生镇11家,累计创成江苏省卫生村67个、扬州市卫生村44个。

(黄斌)

【农村改厕】　2015年,市爱卫办坚持"标准、职责、管理、督导"四到位,继续推进全市74个村的改厕项目。通过宣传发动、专题培训、细化要求、现场指导、强化序时、严格验收等措施,切实提升改厕工作质量。同时,还对完成改厕任务的村尤其是集中成片实施改厕项目的村,就后续服务和管理维护提出要求,并确定在龙虬镇先行推广生态化卫生厕所改造。至年底,全市新建成无害化卫生户厕9500座,无害化卫生户厕普及率91.5%。　(黄斌)

【病媒生物预防与控制】　4月29日,市爱卫会印发《关于开展春季以灭鼠灭蟑为重点的除"四害"活动的通知》,就全市集中开展灭鼠、灭蟑活动提出具体要求。4月29日,召开由各乡镇(园区)分管卫生工作负责人及城市社区主任参加的"除四害"工作会议,对该项工作进行动员部署,并明确5月8～10日为全市统一投药灭鼠灭蟑日,5月12～15日为查漏补缺及清理鼠迹时间。同时,建立用药发放登记制度,要求投药做到"五个不漏"(不漏单位、不漏死角、不漏房间、不漏外环境、不漏户),确保药物覆盖率和到位率均为100%,巩固全市"灭鼠灭蟑灭蝇先进市"成果。活动期间,全市累计免费发放灭鼠药物3.5吨、灭蟑药物3.8万包。同时,在大淖社区、御马社区随机走访200多户,开展夏季蚊密度监测工作,预防蚊媒传染病。　(黄斌)

【饮用水卫生监测】　1～6月,市爱卫办协同市疾控中心、市卫生监督所对全市13座自来水厂和增压站进行现场督察,共现场取样、监测100余份,确保数据真实可靠。4月，会同市房管局启动二次供水单位摸底调查工作。5月，陪同扬州市爱卫办、市疾控中心、市自来水公司负责人，开展高邮湖西片区自来水集中供水调研。6月，陪同扬州市城建局、市水利局、市环保局、市卫计委、市爱卫办等相关部门，开展三阳河、潼河区域供水专题调研。至年底，全市共有自来水厂6座(下设增压站7座)，其中农村水厂4座(下设增压站2座)、城区水厂2座(下设增压站5座)，均为地面水。是年，全市继续被列为省监测点和饮水安全工程监测点，全市共设置监测点60个，其中农村设置监测点52个(省监测点7个和农村饮水安全工程监测点45个)、城区设置监测点8个(水厂监测点2个和二次供水监测点6个)。分别于枯水期、丰水期各监测1次；同时在城区设末梢水监测点10个，每月监测1次。农村饮用水监测方面：于4月底对52个监测点进行全覆盖监测，共采集水样104份。经检测，合格水样99份，样品合格率95.2%；检测项次3644项，其中合格项次3629项，项次合格率99.6%。城区饮用水监测方面：对城区2个水厂和10个末梢水监测点进行全覆盖监测，共采集水样44份。经检测，合格44份，样品合格率100%；检测项次616，其中合格项次616项，项次合格率100%。

(黄斌)

【控烟、禁烟工作】 2015年，全市继续开展控烟、禁烟工作。5月22日，市爱卫会印发《关于组织开展公共场所控制吸烟专项监督检查工作的通知》，就公共场所控制吸烟分工提出明确要求。5月29日上午，市政府召开公共场所控制吸烟专项监督检查工作会议，传达学习《江苏省爱国卫生条例》中有关烟草烟雾控制的内容，并出台《2015年高邮市公共场所控制吸烟专项监督检查工作方案》。5月31日(第28个世界无烟日)，市创卫办、市爱卫办在市河广场举办"无烟生活、健康高邮"主题宣传活动，向过往市民开展烟草危害知识宣讲，共发放控烟知识折页等宣传资料2000余份，接受群众咨询100多人。6月初，市卫生监督所组织专人和专用设备，在城区医疗卫生机构开展控烟专项监督执法检查行动，并开出扬州市范围内首张违规吸烟"罚单"，被新华网、新浪网、凤凰网等媒体报道；6月10日，市卫生监督所再次组织开展世贸广场大楼内各餐饮服务单位控烟情况检查，查处在禁烟区域吸烟顾客4人，并对事发餐饮服务单位发出限期整改通知书。

(黄斌)

【十大主题健康促进行动】 2015年，市卫生局按照《高邮市"十大主题健康促进行动"实施方案》要求，认真组织开展年度十大主题健康(健康医院、健康学校、健康机关、健康企业、健康社区、健康家庭、健康厨房、健康公园或广场、健康步道、健康学堂)促进行动。至年底，全市创建健康医院13家(实现全覆盖)、健康学校47所、健康机关26家、健康企业8家、健康社区7家、健康家庭130户、健康厨房130个、健康公园(广场)6座、健康步道6条、健康学堂1所。

(黄斌)

【"健康江苏社区行"活动】 2015年，市卫生局、市爱卫办结合3月24日、4月7日、9月1日等重大卫生节日，继续组织市人民医院、市中医医院等相关单位开展"健康江苏社区行"活动，并通过健康知识宣传、义诊咨询服务、资料编印发放等方式，提升活动成效。全年共开展"健康江苏社区行"活动213场次，举办《健康讲堂》9期，发放相关宣传资料24类、5万份。

(黄斌)

【居民健康素养评估】 2015年，市卫计委结合被高邮市列为全省城乡居民健康素养省级评估监测点的实际，召开专题部署会议，开展专题业务培训，出台《关于使用居民健康素养评估系统的通知》，启动开展居民健康素养评估工作，并完成全市2.5万人次的健康素养评估系统学习任务。期间，根据省健康教育所关于绘图情况反馈的意见，修改完善好绘图；协助省、扬州市健教所对高邮镇、汤庄镇、界首镇等乡镇开展的现场检查督导，并完成界首镇大昌村、老人桥村，高邮镇武安社区、水部楼社区，汤庄镇长林村、曾钰村等6个村(社区)、434户的居民监测任务。

(黄斌)

【健康档案工程】 7～12月，市卫计委继续推进全市居民健康档案工程建设，认真核查居民电子健康档案，全面清理信息系统中不合格档案和低效不规范档案，由乡村医生通过门诊、巡诊等方式对居民档案信息更新和完善，并及时注销长期不在市域内或外出务工、举家外迁及死亡人员的居民健康档案。至年底，累计新建居民电子健康档案67.49万份，建档率91.3%；清理档案4.12万份。同时，按照高血压和糖尿病患者、65岁以上老年人、一般人群等类别，加强健康档案系统规范化管理和更新，重点人群电子健康档案更新率90%。

(黄斌)

【居民健康卡工程】 2015年，结合高邮市为全国居民健康卡试点市和全国第二批居民健康卡建设试点地区的实际，市政府出台《居民健康卡管理办法》，部署和推进居民健康卡工程。至年底，完成全市2550套医疗机构电脑终端读卡器具的安装调试工作，完成58万人的信息数据比对和上传工作；在试点地区发放首批符合卫生部标准规范的居民健康卡2.1万张。是年，高邮市申报的《加强电子健康档案运用和动态管理的运行模式》项目，被列为省级创新项目。

(黄斌)

卫生监督与无偿献血

【卫生许可管理】 2015年,市卫生监督所依法受理卫生许可的新办、延续、复核、变更、注销等工作,严把许可申报评审关、安全隐患整改关和现场复核审查关。在市行政权力公开透明运行网和市卫计委网站,实时公布每月辖区内餐饮服务许可名录及新办医疗机构设置公示等,方便公众查阅,接受社会监督。继续推进部分卫生许可初审权下放工作。全年办结各类卫生许可审批事项1642项。(黄斌)

【食品安全监管】 2015年,市卫生监督所继续实施餐饮服务食品安全监督量化分级管理制度,围绕社会餐饮、学校食堂等重点对象,采购索证、餐具消毒等重点环节,高风险食品、食品添加剂等重点品种,加强风险隐患排查,严禁采购和使用"问题食品"。期间,累计督查各类餐饮服务单位779户。参与北海农贸市场和湖区毒杀野生动物专项整治行动,启动"健康厨房(食堂)"创建工作。10月,按照市政府机构改革要求,将餐饮服务食品安全监管职能划转至市市场监督管理局。(黄斌)

【公共卫生监管】 2015年,市卫生监督所根据《中华人民共和国传染病防治法》《公共场所卫生管理条例》,突出公共场所、生活饮用水、职业、放射、学校等重点行业领域,推进卫生监督执法工作。全年累计监督各类单位1210家,其中公共场所1073家、生活饮用水单位13家、职业卫生单位1家、放射卫生单位36家、学校卫生单位84家、消毒产品生产单位3家。(黄斌)

【公共场所控烟】 2015年,市卫生监督所贯彻落实《江苏省爱国卫生条例》,按照《市政府办公室关于组织开展公共场所控制吸烟专项监督检查工作的通知》,加大对医疗卫生机构等公共场所控烟的执法力度。至年底,全市累计查处公共场所控烟案例9起,开具控烟执法个人"罚单"9份,其中于6月4日在城区一家医疗卫生机构开具全省控烟执法首份个人"罚单"。(黄斌)

【医疗市场监管】 2015年,市卫生监督所根据相关规定,围绕医疗机构的执业资质、医务人员的从业资质和医疗废物处置、医疗广告发布、传染病防治等重点情形,开展医疗服务市场专项整治活动,进一步规范医疗执业行为。加大对非法行医的整治和惩处力度,专题召开打击非法行医警示会议,签订《打非责任书》和《乡村医生依法行医承诺书》,并将涉嫌刑事犯罪的及时移送市公安部门处理。全年累计督查各类医疗机构322家,受理社会举报投诉案件48起,查处违法案件56起(餐饮25起、医疗19起、公共场所3起、控烟9起),其中向公安部门移送案件3起。(黄斌)

【重大活动保障服务】 2015年,市卫生监督所围绕春节、国庆和市人大、市政协"两会"及全市中考和高考、环高邮湖国际自行车赛等重大活动,累计提供卫生监督保障服务12次,期间未发生一起突发公共卫生事件,实现连续11年"零事件"。加强"一案三制"建设,开展突发公共卫生事件应急拉练活动,提高卫生应急保障能力和水平。(黄斌)

【助力"四城同创"】 2015年,市卫生监督所根据全市"四城同创"工作部署,按照《高邮市城区"五小"行业卫生管理暂行办法》《关于创建国家卫生城市期间简化卫生行政许可审批程序的通知》相关要求,督促相关单位认真落实对外亮证经营、人员健康体检、宣传资料上手、信息公示上墙、管理台账上档、公共场所禁烟等软硬件方面的要求。全年开展现场督查6轮次,督查地处市区主次干道、后街后巷、集贸市场、居民小区的相关单位2100多家,督促从业人员办理健康证4400多人次,分发、张贴相关材料2万多份。全面推广餐饮单位、公共场所和医疗机构的卫生监督公示牌制度,实现"卫生公示"、皮肤病专用工具箱、禁烟标识等全覆盖。组织开展示范街区、示范单位创建活动,创成示范街区8个、示范单位50多家。(黄斌)

【卫生监督协管】 2015年,市卫生监督所根据《高邮市卫生监督协管服务工作职责细则》,协同各乡镇卫生监督协管站,组织开展针对协管服务的季度督导、资料会签和业务考核工作。全年累计出动协管人员900多人次,巡查餐饮、学校、饮用水、医院及公共场所等2839余户次,上报巡查信息400多条,其中有76条信息被有关部门作为查处违法行为的依据。(黄斌)

【无偿献血】 2015年,全市依照《中华人民共和国献血法》《临床输血技术规范》《医疗机构临床用血管理办法》等法律、法规,通过加强对采供血和用血机构的监督、指导和管理,对全民无偿献血知识的宣传普及,对无偿献血志愿者的宣传和褒奖等,继续推进无偿献血工作的开展。至年底,全市累计有临床用血机构30家;当年完成采血5919人次,采血量198.42万升,用血量148.3万升,平均采供比135%。是年,全市有203人次获"全国无偿献血奉献奖"称号,有213人次获"扬州市无偿献血先进个人"称号,有乡镇、机关35家次获"扬州市无偿献血先进集体"称号;市卫计委被评为2013～2015年扬州市无偿献血先进单位。(黄斌)

医政管理

【医疗机构资质和技术准入管理】 2015年,市卫

计委根据医疗机构设置区划趋势和医疗机构实际能力，核发一级医疗机构执业许可证31份，注销一级医疗机构许可证1份，并重新核定各机构科室设置及床位数。组织开展二级以上医疗机构二类技术申报、审批工作，全年通过审批二类技术30项，新增扬州市重点专科4个；推进一级医疗机构三级手术项目申报工作，获省批准项目141项，申报项目及获批项目均为扬州各县（市、区）第一。（黄斌）

【医疗质量管理】 2015年，市卫计委统一制定下发医疗处方病历质量点评手册、护士长管理手册、医院感染管理手册、医疗废物废水登记簿，按照实施统一管理组织、统一质量标准、统一管理方法“三统一”要求，着力规范各医疗机构处方病历“三合理”（合理检查、合理治疗、合理用药）点评和医院感染管理行为。以明察和暗访相结合的方式，围绕一级医疗机构执行医疗核心制度、质量指标、药政管理、医院感染管理及医疗“三合理”等制度方面，组织实施季度督查工作，逐家检查其推进病历处方点评制度、医师和医疗机构不良执业行为记录制度等相关制度的落实情况。全年检查相关医疗机构病历1200例、处方1万份，显示医疗机构的住院病历合格率99%、门诊处方合格率97%、门诊静脉输液率29%、两联抗生素使用率7%；记分处理存在不良执业行为的医师6人。（黄斌）

【医护人员资质管理】 2015年，市卫计委依照《医疗机构管理条例》《执业医师法》《护士管理办法》等法律、法规，继续加强医护人员从业资质管理。全年完成当年执业医师考试资格审核126人；受理执业医师注册140人次，执业护士注册150人次；调整资质不符合岗位要求的43人。（黄斌）

【重性精神疾病患者管理】 2015年，市卫计委协助相关部门继续推进重性精神疾病患者规范化管理工作。全年举办医务人员业务培训活动1期，培训人员40多人次；排查及评估“肇事肇祸精神病人”300多人次；建立重性精神疾病患者个人档案2908份，完成随访1.1万多人次。（黄斌）

【基层卫生机构创建】 2015年，送桥中心卫生院、卸甲镇卫生院创成国家2014～2015年“群众满意的乡镇卫生院”；周山镇卫生院创成省示范乡镇卫生院；菱塘回族乡王姚村卫生室、高邮经济开发区东墩村卫生室创成江苏省示范村卫生室；送桥中心卫生院和菱塘回族乡卫生院创建省示范中医科工作顺利通过验收；界首镇卫生院和临泽镇周巷卫生院创建扬州市示范中医科工作通过验收。（黄斌）

【药事管理】 2015年，市卫计委注重加强各医疗机构的药事管理工作。组织开展季度性督查及现场点评、交流活动，除要求各医疗机构将高价药品、总采购金额等信息予以排序、公示外，还要求各基层医疗机构将自身排名前十位的高价药品及使用前十位药品的医生排名在本单位予以公示，并据此结合药品排名情况、抗菌药物使用规范、合理用药要求等规定，开展本单位药品结构的调整工作，重点监测高价药及抗生素、中成药注射剂的合理应用。同时，对可采购、使用的药品实行长期公示制，并有针对性地对排名靠前、涉嫌有不合理使用行为的一些中药注射剂，采取限制采购等措施，以此进一步规范药事管理工作。（黄斌）

【医疗纠纷调解与投诉机制】 2015年，市卫计委进一步加强医疗纠纷调解与投诉机制建设，完善形成防范、处置、评析、追溯等一系列医疗安全管理制度。落实医疗责任保险和法律顾问制度，实现公立医院全覆盖；理顺受理医疗投诉和医疗纠纷协调处置流程，并在网络上及时公布该处置流程及相关投诉信息，以方便群众维权；发挥第三方调解机构（市医疗纠纷人民调解委员会）的平台作用，提高医患双方就医疗纠纷的调解率；开展医疗纠纷责任认定工作，进一步落实医疗纠纷责任追究制；开设医疗纠纷防范信息交流平台，定期发布医疗安全防范要点和医疗纠纷案例评析，共同防范医疗纠纷。全年接待处置医疗纠纷50多起，未发生重大群体性医疗纠纷事件。（黄斌）

【科教管理】 2015年，市卫计委按照卫生部《临床住院医师规范化培训试行办法》及省卫生厅相关实施意见的要求，继续开展住院医师和全科医师规范化培训工作，培训覆盖率100%。继续推进基层医务人员“务实进修”及其他专业进修，累计参加进修人员15人。组织开展基本药物临床应用指南和新版江苏省病历书写规范、护理业务、院感知识等7项继续教育培训工作，培训医护人员1400人次。加大科研项目申报力度，获批省级立项课题2项、市级医学新技术进步奖2项、县级科技进步奖1项。（黄斌）

【院感管理】 2015年，市卫计委按照《基层医疗机构医院感染管理基本要求》和《江苏省医疗机构感染管理基本要求》，组织各医疗机构全面检查和梳理有关医院感染预防与控制的相关工作，认真排查安全隐患，切实推进整改落实，努力保证院感安全。全年下发整改通知书7份，未有医疗机构发生重大院内感染事件。（黄斌）

【护理管理】 2015年，市卫计委协同有关医疗机构推动优质护理服务向基层延伸，二级以上医疗机构优质护理服务病房实现全覆盖，累计拥有A类病房8个。落实护士长管理记录制度和工休座谈会制度；组织护理人员参加各种专业培训400人次，规范患者入院、住院、出院的护理服务。继续配合上级开展护理系统评选活动，获评江苏省巾帼建

功标兵1人、扬州市优秀护士长2人、扬州市优秀护士1人。（黄斌）

【急救管理】 2015年，全市继续保持“120”急救站与省、扬州市急救系统视频联网，实现“120”急救系统与扬州市急救中心联网管理、救护车辆调度单网络填报，信息完整率100%。组织“一站四点”（市人民医院急救站，市中医医院、三垛中心卫生院、临泽中心卫生院、菱塘回族乡卫生院急救点）医护人员急救知识培训和技能比武，提升急救服务水平。至年底，全市“120”急救系统共出动人员7558人次，累计提供急救服务6113件次，受助群众满意率98%以上。（黄斌）

中医工作

【概况】 2015年，全市中医工作立足市中医医院、市中西医结合医院2家载体，以人才建设为基础，以专科建设为突破口，以内涵建设为根本，着力推进实施基层中医药服务能力提升工程，在加快中医药适宜技术培训和推广运用方面取得新的进展。组织召开高邮市中医药健康管理暨基层中医药服务能力提升工程推进会，就65岁以上老人中医体质辨识、0～36个月儿童中医药健康管理及相关软件使用开展培训指导，并就全市基层中医药服务能力提升工程迎接省级、国家级终期评估作部署。针对部分卫生院的重点指标，组织开展专项督查工作，并对督查结果进行通报。拍摄电视专题片，回顾和展示全市基层卫生院“中医诊疗区”建设成果。加快中医药适宜技术培训和推广运用，先后举办全市中药调配煎煮人员培训班、肺癌中西医治疗新进展学习班、第四期“西学中”函授班，培训人员110多人。组织开展全市中医类别人员“三基”理论知识竞赛活动，覆盖率100%。组织开展2015年中医重点学科和省级中医药科研课题申报工作，完成申报重点学科2项、科研课题7项。加强村级中医药工作，创成“高邮市中医工作示范村”40个。是年，高邮市实施的基层中医药服务能力提升工程项目通过扬州市级评估；送桥中心卫生院和菱塘回族乡卫生院通过省示范中医科验收，界首镇卫生院和临泽镇周巷卫生院通过扬州市示范中医科验收。（黄斌）

【“2015中医医院名医馆建设研讨会”】 5月9日，由中国中医药科技开发交流中心和江苏省发展研究中心主办，高邮市卫计委及市中医医院联合承办的“2015中医医院名医馆建设研讨会”在高邮市举行。中国中医药科技开发交流中心主任黄晖、国家中医药管理局直属机关党委常务副书记张为佳、国家中医药管理局法监司副司长杨荣臣，江苏省卫计委副主任、省中医药局局长陈亦江，江苏省中医药发展研究中心主任、省中医药学会副会长兼秘书长黄亚博，高邮籍国医大师、北京中医药大学终身教授王琦，高邮市委书记韩方、副市长钱富强及省内外知名中医学专家近200人参加。会上举行王琦国医大师高邮工作室揭牌仪式、王琦国医大师授徒拜师仪式、学术报告会、中医医院名医馆建设经验交流现场会和专题座谈会。王琦等国内知名中医学专家作“影响中医临床发展的3个问题与出路”“推进社会办中医的思考”“国医堂馆建设工作实践及发展思路”“名老中医学术传承与名医馆建设”“加强名医馆建设，提高中医药服务能力”等5场专题报告，详细座谈交流中医医院名医馆建设的相关经验，并实地参观高邮市中医医院。（黄斌）

【中医“名医、名科、名院”战略】 2015年，市卫计委推进实施中医“名医、名科、名院”战略，在市中医医院先后设立“王琦国医大师高邮工作室”“贾立群博士后中医传承工作室”，定期邀请知名医院的知名中医专家到该院开展特色专科诊疗活动，协作开展中医科研课题的研究和申报工作，并分别举行拜师仪式。全年邀请专家60多人，组织开展特色专科诊疗活动40多场次，协作研究和申报课题9项。（黄斌）

【江苏省中医药发展研究中心开展高邮青蒿治疗疟疾专题调研】 11月，在获悉中国科学家屠呦呦凭借青蒿素获得诺贝尔生理学或医学奖后，江苏省中医药发展研究中心组织专人到高邮市，开展青蒿治疗疟疾专题调研，并将相关调研成果摄制成专题片上报国家中医药管理局。（黄斌）

【第五届“中医药就在你身边”中医药文化科普巡讲系列活动】 2015年，市卫计委根据省、扬州市统一部署，组织开展第五届“中医药就在你身边”中医药文化科普巡讲系列活动。期间，举办各类科普巡讲活动11场次，受益群众0.8万人次；开展中医义诊、健康咨询进机关、进校园、进企业、进农村、进社区、进家庭等活动47场次，发放相关宣传资料1万多份；在水部楼社区广场新建1座名为“杏林苑”的中医文化知识长廊，分历代名医、四季养生、中华本草、国之瑰宝4个主题，设置宣传板块24个，图文并茂地展现中医药5000年历程和博大精深的中医健康知识，受到群众的欢迎。（黄斌）

【“高邮市中医工作示范村”创建】 2015年，市卫计委制定下发“高邮市中医工作示范村”创建计划和创建标准，在全市范围开展中医工作示范村创建活动。经组织申报、评审验收等程序，全市有40个村达到创建标准，被命名为“高邮市中医工作示范村”。（葛余兆）

人 力 资 源

Human Resources

劳动就业

【概况】 2015年，市人社局围绕全市工作中心，把握“民生为本、人才优先”工作主线，以促发展、惠民生、保稳定、助和谐为目标，深化改革，创新举措，奋力攻坚，迎难而上，各项工作取得新的进步。是年，该局被市委、市政府表彰为2015年度市级机关能力作风建设标兵单位、维护社会稳定工作先进单位。（吴杨）

【就业再就业】 2015年，市人社局举办大型特色招聘洽谈会25场次，采集就业岗位3.38万个，推荐就业1.10万人，其中就业困难人员再就业680人。新增城镇就业1.57万人，占全年目标的225%；新增农村劳动力转移4620人，占全年目标的154%。年末城镇登记失业率为2%。（吴杨）

【再就业援助】 2015年，市人社局继续加大对就业困难群体的帮扶力度，帮助城镇“零就业家庭、农村零转移家庭”等困难弱势群体实现就业，城镇“零就业家庭”、农村“零转移家庭”保持动态为零。实施积极扶持就业政策，对吸纳“4050”等就业困难人员，签订1年以上劳动合同并为职工缴纳社会保险的企业，给予全额社保补贴。全年共兑付社保补贴87.14万元，惠及就业困难人员221人。（吴杨）

【充分就业转移乡镇、社区创建】 2015年，市人社局继续开展创建省级充分就业社区和充分转移乡镇村活动，全年新创成省级充分就业示范社区1家（奎楼社区）。是年，全市13家乡镇（园区）全部创建成省级充分转移就业乡镇；12个社区通过创建省级充分就业社区验收（其中5个社区创成省级充分就业示范社区）。（吴杨）

【创业带动就业】 2015年，市人社局开展创业培训1005人，推荐创业项目63项，其中被评为扬州优秀创业项目18项、省大学生优秀创业项目4项；发放创业担保贷款1802万元，为自主创业209人提供小额担保贷款贴息123.16万元；扶持农村劳动力自主创业528人，帮助城镇失业人员实现创业478人，引导大学生创业202人，实现创业带动就业2945人。是年，甘垛镇业兴养猪专业合作社戴正琴、扬州市惠耕田农业装备有限公司孙方敏被评为扬州市创业明星。（吴杨）

市人社局举行青年创业培训开班典礼（吴杨 摄）

【大学生农业创业园建设】 2015年，市人社局全面落实入园创业各项优惠政策，努力发挥大学生农业创业园作用。至年底，该大学生农业创业园累计吸纳入园创业34人，创业项目18项。（吴杨）

【帮助企业解决用工难题】 2015年，市人社局响应市委、市政府全力服务企业发展、服务重大项目建设号召，采取多项措施，切实帮助企业解决用工难、用工荒问题，确保全市用工形势总体平稳。全年通过开展春节后企业用工需求调查，举办外省市务工人员座谈会和外出务工人员座谈会，强化企业招工到乡镇（园区）、到村（社区）、到组宣传，组织高密度、高质量、多样化的招聘活动，设立引进外来劳动力专项奖励基金，加强与民营招工中介机构合作，与外省市联合建设劳务合作基地等，切实推进开展企业用工招聘工作。全年开展企业用工调查4批次；在各乡镇(园区)主要街道、路口设置宣传横幅29套，印发企业招聘信息和《致在外务工返乡人员的一封信》12000份；举办各类招聘会25场，提供就业岗位3.38万个，达成就业意向9631人；发放外来劳动力引进专项奖励基金2.18万元，引进民营招工中介机构5家，新建外省市劳务合作基地3个；累计帮助企业解决用工11964人，其中市内务工人员10508人(含返乡就业1616人)、市外务工人员1456人。至年底，全市累计招引市外务工人员3.36万人。　(吴杨)

【“圆梦高邮·诚信电商园杯”创业之星大赛】　11月16日晚，由市委宣传部、市人社局、市发改委、市经信委、团市委、市妇联、市残联、市科技局和市广电台等单位联合举办的“圆梦高邮·诚信电商园杯”创业之星大赛颁奖典礼在汇富金陵大饭店举行。此次创业之星大赛共有90人报名参加，主要围绕各自创业项目的定位、规模、团队、号召力等进行3至5分钟的演讲，由评委逐一打分予以评选。经过初赛，共有30位选手进入总决赛。经过角逐，朱礼东获评为此次创业之星大赛总冠军，卢雪、张永刚、陈绍龙、赵中明、朱明旭、郭勇、孙扬、崔爱兵、葛永来、梁杰等10人获评为“十佳之星”，陈绍龙、郭勇、孙扬、晏家宽、赵中明、崔爱兵、林晓芳、王帆、侯国霞、卢雪、戴平、冯在凤、陆业华、史敏燕等14人获评为“希望之星”。　(吴杨)

【第一届中级育婴师培训班】　6月26日～7月16日，市人社局针对当前育婴师紧俏的市场趋势，举办全市第一届中级育婴师培训班，共有学员30人参加，均为市卫生技术培训学校护理专业的学生。此次培训，采取集中授课、实践操作、实例观看、讨论交流等生动多样的教学方式，深入浅出地讲解现实生活中婴儿护理的注意事项等知识，并借助仿真婴儿模型示范以提高学员对婴儿护理工作的认识。此次培训历时20天，并对考核鉴定合格的学员统一发放国家育婴师中级证书，同时减免所有培训费用。　(吴杨)

【就业再就业培训】　2015年，市人社局组织城乡劳动者职业技能培训4442人，其中基本产业培训2053人，分别占全年目标的148%、103%；开展城乡新成长劳动力培训1656人，占全年目标的104%。　(吴杨)

【职业技能培训】　2015年，市人社局组织各类职业技能培训班196期，培训人数9155人，核发初、中级资格证书7850本，占全年目标的116%；培养高技能人才1461人，其中技师55人。　(吴杨)

【劳动合同签订】　2015年，全市有2446家企业与14.16万名职工签订劳动合同，签订率达99.9%；有1378家建立工会企业与职工签订集体合同和工资协议，签订率达99.9%。此外，签订女职工特殊保护专项集体合同134份、签订区域性集体合同30份、行业性集体合同17份，涉及职工4.87万人。至年底，市人社局累计完成劳动合同备案人数6.04万人，审查集体合同620份。　(吴杨)

【劳动保障专项执法检查】　2015年，市人社局继续开展农民工工资支付、清理整顿人力资源市场秩序、规范劳动用工和劳务派遣行为、用人单位遵守劳动用工和社会保险法律法规等四次专项执法检查活动。期间，累计检查用人单位1035家次，涉及职工4.23万人，督察企业补签劳动合同2300份，督促36家用人单位为460名职工办理社会保险登记手续、33家用人单位为360名职工补缴社会保险费210余万元，帮助职工1695人追讨工资1016万元，受理群众投诉案件280起，其中群体性集访事件38起。　(吴杨)

全市农民工工资支付情况督查推进会现场（吴杨 摄）

【劳动保障书面审查】　3月16日～5月31日，市人社局采取网络媒体与现场宣传相结合、现场审查与预约上门相结合、登记审查与整改评选相结合、书面审查与普法宣传相结合的方式，开展全市2014年度劳动保障书面审查工作，涉及用人单位2100家、期间，举办培训讲座13场，发放相关知识汇编2000多册，惠及劳动者11.69万人；查处整改有违法违规行为的用人单位248家。　(吴杨)

【劳动关系和谐示范园创建】　2015年，市人社局按“四个100%”(100%签订劳动合同、100%按时足额支付职工工资、100%为职工参加社会保险、100%无重大集访事件)要求，在高邮经济开发区电池工业园开展劳动关系和谐示范园创建活动，着力打造全市依法依规推进用工管理的示范点。至年底，该示范点“四个100%”均达到创建标准。　(吴杨)

【和谐劳动关系企业申报工作】 2015年，市人社局制定出台《2015年高邮市和谐劳动关系企业考核办法》，从建立健全评入、退出和激励机制等方面入手，开展和谐劳动关系企业申报工作。全年推荐申报和谐劳动关系企业32家，其中扬州市模范和谐劳动企业17家、高邮市模范和谐劳动企业15家。（吴杨）

全市企业劳动用工风险评估监督行动推进会暨构建和谐劳动关系培训班现场（吴杨 摄）

【劳动争议仲裁】 2015年，市人社局依法处理劳动争议案件147起，其中调解结案125起、裁决结22起，调解结案率85%以上，按期结案率100%。立案受理集体劳动争议案件8起，帮助职工1695人讨回拖欠工资1016万元。（吴杨）

【劳动人事争议基层调解中心建设】 9月，市人社局按照“机构、人员、场所、制度、经费、工作”六到位标准，在全市13个乡镇（园区）建成劳动人事争议基层调解中心，并实体化运作，率先在扬州各县（市、区）实现全覆盖。是年，卸甲镇劳动人事争议调解中心被评为全省基层调解中心规范化建设示范单位。（吴杨）

【“12333”服务热线】 2015年，市人力资源和社会保障公益咨询服务平台——“12333”服务热线共接入电话总量8014个，人工服务2758个，人工接通率94.5%（超过扬州市平均水平14.5个百分点）。从统计情况看，群众咨询热点问题主要是养老保险转移和基数调整以及养老保险相关政策、医疗保险相关政策、生育保险相关政策、劳动保障监察、数据查询、五险征缴等内容。（吴杨）

【建议、提案和信息、信访工作】 2015年，市人社局共办理人大代表建议12件和政协委员提案10件，各方满意率均为100%。全年向各类媒体报送宣传、信息类稿件196篇，其中被国家级媒体采用8篇、省级媒体采用23篇、扬州市级媒体采用83篇。全年共受理各类信访件511件，其中上级及市有关部门批转的14件、市委书记信箱9件、寄语市长313件、12345公开电话99件、网上信访6件、各类人民来信66件、市纪委交办4件，结案率100%。（吴杨）

人才管理

【概况】 2015年，市委人才办坚持人才为纲理念，全面落实各项人才政策，大力实施“人才强市”和“科教兴市”战略，深入组织实施“秦邮人才集聚”计划和“秦邮英才培育”计划，着力吸引高层次人才到高邮创新创业，有力助推全市经济社会创新发展。至年底，全市累计与20家高校院所建立校地全面合作，300多家科技型企业与高校院所建立校企联盟或产学研合作；累计有28名创业创新领军人才、1个创新团队、25名博士入选江苏省“双创计划”，84名人才入选扬州“绿扬金凤计划”。（夏林锋）

【全市人才工作会议】 4月15日下午举行。会议的主要任务是，全面总结近年来全市人才工作情况，分析当前人才工作面临的新形势，部署当前及今后一段时期的人才工作任务。市领导方桂林、孙建年、朱莉莉、赵平及各乡镇、园区和有关部门分管负责人等参加会议。

会议由孙建年主持，方桂林、孙建年分别作讲话。方桂林指出，全市人才工作所取得的成绩是市委、市政府正确领导的结果，是各地各部门共同努力、社会各界大力支持的结果，也是广大人才创新创业的结果，凝结着全市人才工作者的辛劳和智慧。方桂林强调，中央及省委对人才工作提出新要求，加快转变发展方式对人才队伍建设提出新需求，人才自身发展也对创新创业环境提出新需要，各地各部门要准确把握全市人才工作面临的新形势，找准定位、明确目标，增强做好人才工作的责任感和紧迫感。方桂林指出，各地各部门要加大人才政策创新力度、积极拓宽招才引智渠道、推动实施人才重点工程、着力优化人才服务环境，扎实推进全市人才工作迈上新台阶。要完善“一把手”抓“第一资源”的领导机制，构建人才优先发展的战略布局，树立鲜明的人才工作考核导向，加强人才工作者队伍建设，不断提高党管人才工作科学化水平。孙建年要求，各乡镇、园区和部门要紧密联系本地本单位实际，加强对人才工作形势的分析研判，把握规律性，找准结合点，切实把中央及省、扬州市要求和市委市政府的决策部署落到实处，推动人才工作迈上新台阶；倡导践行“马上就办”的精神，发扬钉钉子的作风，促进各项工作落地生根。市委人才办要切实履行组织指导、协调推进、考核督查等职能，充分调动乡镇、园区、部门和广大企业引才用才的积极性，不断提高新形势下人才工作水平。会上,还发放2014年"秦邮人才集聚计划"资助资金,颁发高邮市首期"秦邮英才培育计划"培育对象证书,"秦邮人才集聚计划"资助对象代表吴战宇、重才企业代表扬州日兴生物科技股份有限公司、乡镇(园区)代表高邮湖西新区作交流发言。 (夏林锋)

【"秦邮人才集聚"提升年活动】 2015年,市委、市政府认真组织开展"秦邮人才集聚"提升年活动,努力吸引更多的科技领军人才到高邮创业创新。10月18日,为全面展示"秦邮人才集聚"提升年活动成果,深入推进科技和经济紧密结合,推动政产学研深度融合,市委、市政府举行"秦邮人才集聚"提升年暨科技合作集中签约活动。当日上午,先后组织开展科技创新人才引进推介、"高邮市产业技术研究院"揭牌及网站开通、高邮·创客邦揭牌、人才资助资金颁奖、项目签约等活动;下午,分别组织大连理工大学的专家教授和西安交通大学的专家教授在高邮城南经济新区、菱塘回族乡举办机械装备产业成果发布会和电线电缆产业发展形势及成果发布会两个分会场活动,受到企业欢迎。活动期间,4项高邮技术转移中心高邮分中心项目、2项校地全面合作项目、2项院地全面合作项目、15项科技项目、16项人才项目和10项创业项目进行集中签约。 (刘生华 夏林锋)

【"秦邮英才培育计划"】 2015年,市委人才办牵头组织相关乡镇、园区及部门,完成全市第一期"秦邮英才培育计划"遴选申报工作。经申报、审查、评审、公示等程序,遴选产生第一期"秦邮英才培育计划"培育对象26人,并签订双向目标责任书,由市财政按1万元/人标准发放专项培育经费,通过加强跟踪培养管理,努力提升培育实效。

(刘生华 夏林锋)

【高层次人才申报】 2015年,全市继续组织推进高层次人才申报国家"千人计划"、省"高层次创新创业人才引进计划"、省"企业博士集聚计划"和扬州市"绿杨金凤计划"、扬州英才培育计划(第二期)。至年底,完成"外专千人计划"申报2人、省"高层次创新创业人才引进计划"申报14人,入选扬州"绿扬金凤计划"各类人才84人、扬州英才培育计划(第二期)人才7人;争取人才专项资助资金195.7万元。 (夏林锋 吴杨)

【兑现人才培养资助经费1437.5万元】 2015年,全市按照各级人才培养资助政策要求,经项目监管和考核,组织兑付各类资助经费1437.5万元,其中包括2014年度"秦邮人才集聚计划"首批资助对象25人第一期资助资金79万元,2013年度省"高层次创新创业人才引进计划"、省"企业博士集聚计划"资助对象第二期资助资金336万元,2011年扬州"绿扬金凤计划"优秀博士人才第三期资助资金、2012年省"企业博士集聚计划"第二期资助资金、2012年省"高层次创新创业人才引进计划"第二期资助资金、2012年扬州"绿扬金凤计划"第二期资助资金171万元,2014年度扬州"绿扬金凤计划"及"秦邮人才集聚计划"第二批资助对象第一期资助资金213万元,2012年"高层次创新创业人才引进计划"第三期资助资金、2012年扬州"绿扬金凤计划"优秀博士第三期资助资金、2013年绿扬金凤计划优秀博士第二期资助资金及2013年"秦邮人才集聚计划"第二(三)期资助资金142.5万元,2015年度"秦邮人才集聚计划"第一批资助对象第一批资助资金78万元,2014年度各类基础性人才奖励补助资金412万元,科技镇长团慰问费6万元等。 (夏林锋)

【第七批科技镇长团】 2015年,市委人才办立足科技镇长团成员的桥梁纽带作用,积极配合第七批科技镇长团开展"走进后方——科技镇长团后方高校行"系列招才引智活动。期间,累计组织120多家企业负责人,先后集中走访武汉、沈阳、上海、南昌、福州、无锡等地近20所高校院所,对接专家人才160多人,签订校地、校企合作协议及合同64份,帮助企业解决技术难题近100个。 (夏林锋)

全市科技镇长团工作汇报交流会现场 (钱大丰 摄)

【企事业单位人才引进】 2015年,市委人才办、市人社局注重发挥企业在人才引进工作中的主体作用,从打破年龄、职称、户口和人员身份限制入手,深入实施全市系列人才计划,积极吸收、引进各类紧缺人才。全年共在省、市外举办高层次及紧缺人才专场招聘会26场次,动员参加招聘会企业205家,引进各类人才4187人,其中高层次人才14名、急缺专业技术人才153人、储备型人才4020人。

(夏林锋 吴杨)

【专业技术人才培养】 2015年,市人社局围绕电线电缆、建筑工程等相关产业发展,继续实行"一企一评、快速便捷"的服务模式,加大对专业技术人才的培养力度。全年新增专业技术人员2602人、留学回国人才11人。坚持以行业协会为龙头,加大地方特色高技能人才培养力度，联合市经信委、市电线电缆行业协会举办电缆知识专题培训班1期，培训各类人员78人，确保电线电缆产业发展对高素质人才的需求。（吴杨）

【人才奖励】 2015年，市委人才办、市人社局根据市政府《关于加强企业人才引进和培养工作的意见（试行）》文件精神，对2014年度符合奖励条件的人才进行奖励和补助，共发放基础性人才、专业技术人才、高技能人才奖励及补助资金413.1万元。（吴杨）

人事管理

【公务员录用】 2015年，市人社局在省、扬州市人社部门统一组织下，经过网上报名、笔试、资格审查、面试、体检、考察等程序，为政府办等21个单位共录用公务员和参照公务员管理单位工作人员60人。（吴杨）

【事业单位人员招聘】 2015年，市人社局按照扬州市"四统一"要求，组织开展各类事业单位工作人员公开招聘工作，全年招聘事业单位工作人员301人，其中教育系统159人、卫生系统68人、其他系统74人。（吴杨）

【事业编制人员安置】 2015年，市人社局按照政策要求，妥善开展事业编制人员安置工作，全年安置各类事业编制人员34人，其中五年制免费定向培养师范生21人、国家及省免费男幼师5人、定向委培卫生技术人员8人。（吴杨）

【机关、事业单位人员年度考核】 1～3月，市人社局按照年度考核工作要求，完成2014年度机关公务员（参公管理事业单位人员）1695人和事业单位工作人员11414人的年度考核结果的审核工作。参加考核的公务员（参照管理事业单位人员）中，被确定为优秀等次305人，占18%；称职等次1338人，占79%；不定等次52人。在事业单位工作人员考核中，被确定为优秀等次1526人，占13.4%；合格等次9568人，占83.8%；不合格等次4人；不定等次316人。（吴杨）

【干部任免奖惩】 2015年，市人社局严格按照新的"三定"方案职位要求，对全市行政机关拟调整任用的中层干部，组织任前资格预审和竞争上岗，帮助部门把好用人关、预审关，有效控制机关人员的混编混岗现象。参与市级机关申报国家、省、市拟表彰的先进单位和全国、省、市先进单位和先进个人、先进工作者的评选、审查和备案工作，其中国家先进集体1家、省先进集体2家、全国先进工作者1人、省先进工作者1人。根据市委决定，做好103名由市政府任免的副科级以上干部的报批手续。（吴杨）

【公务员、事业单位人员培训】 2015年，按照《公务员培训规定（试行）》和《关于开展公务员网络培训工作的通知》要求，市人社局协助市委组织部开展由全市科级及以下公务员和参照管理工作人员参加的网络培训工作。此次培训内容涉及法律法规、政治经济、基本能力、综合知识、文化修养等方面，要求各人培训时间不低于80学时，所有学习培训课程均需在11月30日前完成，并将此培训结果作为年度考核的依据；全市累计有2100人参加。11月4日，市人社局组织举办为期10天的新进机关、事业单位人员初任培训班，共有141人参加。11月18日，在市大剧院组织全市第一期公务员依法行政能力培训，共有1000多人参加。12月，组织全市参公管理事业单位符合登记条件的工作人员开展登记前培训工作，共有149人参加。（吴杨）

【事业单位岗位管理工作】 2015年，市人社局按照省人社厅《关于进一步做好全省事业单位岗位管理实施工作的通知》及高邮聘后管理意见相关要求，进一步规范全市事业单位岗位设置和岗位聘用工作。全年办理岗位设置变更单位5家、新进人员定岗211人、岗位等级变动451人、工勤人员转岗8人；审核推荐专业技术三级岗位申报4人。按照扬州市人社局《关于转发〈省人力资源和社会保障厅关于开展事业单位岗位管理和人员聘用制度落实情况检查评估工作的通知〉的通知》要求，较好地完成"事业单位岗位管理和人员聘用制度落实情况"检查评估工作。（吴杨）

【"吃空饷""在编不在岗""超编进人"专项治理】 2015年，市人社局与市委组织部继续开展"吃空饷""在编不在岗""超编进人"专项整治工作。至年底，该项工作全部完成，共妥善处理涉及相关问题的人员193人，其中返岗74人、解除聘用关系54人、提前退休2人、办理病退1人、请病假19人、借用机关事业单位30人、领导干部调任关系变动13人。同时，加强对返岗人员的定期及不定期检查工作，进一步巩固清理整治成果。（吴杨）

【参照公务员法管理事业单位工作人员登记】 2015年，市人社局根据《扬州市参照公务员法管理事业单位工作人员登记工作方案》，制定高邮市《参照公务员法管理事业单位工作人员登记工作方案》，认真组织开展参照公务员法管理事业单位工作人员登记工作。全年完成市国土资源执法监察大队、各乡镇国土资源所、市安全生产执法监察大队、市环境监察大队参照公务员法管理事业单位工作人员125人的身份鉴定、考核考试、公示和登记工作。（吴杨）

【新认定参照公务员法管理事业单位7家】 9月25日,根据《关于进一步做好事业单位参照公务员法管理报批工作的通知》精神,经申报、推进、评审、公示等程序,省人社厅、省公务员局联合发文公布新认定参照公务员法管理事业单位名单,当中列有高邮市申报的单位7家,即市动物卫生监督所、市农机安全监理所、市卫生监督所、市防汛防旱指挥部办公室、市农业执法大队、市统计调查队、市救助管理站。至此,全市累计获批参照公务员法管理事业单位23家。 (吴杨)

【工资审批】 2015年,市人社局完成全市行政机关工作人员439人次的滚动升级工资审批,完成全市事业单位工作人员10375人次的正常晋升工资和薪级工资审批;完成大专以上毕业生、新录用公务员和事业单位工作人员387人的试用、定级和工资套改审批,完成军转干部、转业士官18人的工资套改审批;完成教育系统、卫生系统等事业单位工作人员5239人(含退休人员1239人)岗位设置后的工资审批。 (吴杨)

【人事代理】 2015年,市人社局共办理高校毕业生及各类人才档案4800份,其中转入3914份、转出886份,办理人事代理61人;办理聘用或引进人才鉴证手续79人、外籍人才落户手续5人。 (吴杨)

【高校毕业生服务工作】 2015年,市人社局共服务各类高校大学毕业生4623人次。通过举办毕业生专场招聘会10场、赴高校招聘活动16次,提供就业岗位近5568个;通过网络发布就业岗位信息469个,完成求职登记434人;新建高校毕业生见习基地2家,累计41家,接收见习毕业生289人;接收"三支一扶"(支农、支教、支医和扶贫)毕业生3人、省选聘新大学生村官57人;接待清华大学学生12人、浙江大学硕士研究生4人到高邮开展暑期社会实践调研。 (吴杨)

【公务员优秀调研论文评选】 2015年,市人社局在全市开展公务员优秀调研报告评选活动,共征集调研报告38篇,评选出一等奖3篇、二等奖6篇、三等奖9篇、优秀奖20篇,并从中遴选3篇优秀调研报告参加扬州市组织的调研报告评选活动。 (吴杨)

【退休干部管理服务】 2015年,市人社局严格执行"到龄即退"政策,共为机关事业单位工作人员办理退休手续662人,其中公务员207(含副局级以上干部68人)、事业单位工作人员455人。6月,市人社局组织副局职以上退休干部210人,参加健康体检;10月21日,市人社局组织副局级以上离退休老干部269人,参加重阳节联谊活动;春节前,慰问全市副局级以上退休干部766人、原机关工作人员遗属551人和住院治疗的干部76人。全年审核、办理机关事业单位死亡职工抚恤金手续130人次、遗属生活困难补助手续57人次。 (吴杨)

【军转干部安置管理工作】 2015年,市人社局继续实行考试考核相结合、择优选岗的安置办法,安置军队营职以下转业干部18人。根据相关政策,全年为企业军队转业干部336人(在职29人、下岗2人、退休305人)调整生活困难补贴,共增发资金995.6万元;登门走访慰问企业军转干部特困家庭30户、死亡人员家庭9户。全年为6名自主择业的军队转业干部核算医疗补贴经费和申报、代缴医疗保险。 (吴杨)

机关事业单位改革

【公务员职务与职级并行制度改革】 2015年,市人社局按照省委办公厅、省政府办公厅《关于在全省县以下机关建立公务员职务与职级并行制度的实施意见》和省委组织部、省编办、省人社厅、省财政厅、省公务员局等五部门《关于若干具体问题的处理意见》精神,在全市实施公务员职务与职级并行制度改革。至年底,全市首批符合晋升人数共333人,其中晋升副处级22人、晋升正科级13人、晋升副科级298人。 (吴杨)

【机关事业人员工资制度改革】 2015年,市人社局根据《国务院办公厅转发人力资源社会保障部、财政部关于调整机关事业单位工作人员基本工资标准和增加机关事业单位离退休人员离退休费三个实施方案的通知》精神,编制完成全市机关事业人员工资制度改革方案,并报省人社厅审批。在该方案报审期间,按照上级人社系统要求,及时完成全市机关、事业单位离退休人员的离退休费调整工作,并对机关事业单位在职人员按人均1000元标准完成增资预发工作 (吴杨)

编制管理

【概况】 2015年,市编办围绕全市中心工作,推进政府机构改革、行政审批制度改革与事业单位改革,加强事业单位法人登记管理,开展机关事业单位中文域名注册挂标工作,强化机构编制日常管理和考核,完成机构编制年报统计任务。至年底,全市行政在编人员2193人,其中市级党政群机关在编人员917人、政法专项在编人员769人、乡镇行政在编人员507人,机关工勤岗位聘用人员176人;事业在编人员10914人,事业单位岗位聘用人员505人。 (徐瑞芝)

【政府机构改革】 2015年,市编办根据上级部署和全市工作实际，稳妥推进政府机构改革工作。年初，根据省、扬州市新一轮政府机构改革的部署要求，推动《高邮市人民政府职能转变和机构改革方案》有序实施。4月上旬，根据《高邮市卫生和计划生育委员会主要职责内设机构和人员编制规定》，组织召开市卫计委成立大会，完成市卫生和计生两部门的合并工作。4月中旬，根据《高邮市民族宗教事务局主要职责内设机构和人员编制规定》，完成市民宗局与市统战部分离、列入政府工作部门序列工作。5月，根据《高邮市市场监督管理局主要职责内设机构和人员编制规定》，完成原工商、质监、药监三部门的合并工作，正式组建市市场监督管理局。9～12月，在市国土局增挂“市不动产登记局”牌子，整合市国土、房管、农委、农工办不动产登记职责，成立“市不动产登记中心”，并于12月30日发出全市首张《不动产权证书》。（徐瑞芝）

【行政审批制度改革】 2015年，市编办按照上级部署，在市行政审批制度改革领导小组和推进职能转变协调小组的指导下，以“5张清单、1个平台、8项相关改革”为主要内容，继续推进行政审批制度改革工作。5张清单，即行政审批事项目录清单、行政权力清单、专项资金管理清单、行政事业性收费目录清单和投资审批“负面清单”；1个平台，即依托市行政服务中心构建“线上线下、虚实一体”的政务服务平台；8项相关改革，即强化事中事后监管改革、推进监管执法体制改革、推进工商登记制度改革、促进社会组织健康发展改革、推行政府购买服务制度改革、推行政府绩效管理制度改革、健全责任追究机制改革和深化政府机构改革。至年底，“5张清单”的前4张清单通过市行政权力网对外公布，其中明确行政审批事项目录清单224项、行政权力清单2094项、专项资金管理清单73项、行政事业性收费目录清单73项；投资审批“负面清单”由政府部门权力事项责任清单替代，待提交市政府常务会议讨论通过后对外公布，涉及具体工作事项2364项。“1个平台”建设成效明显，全市有187项行政许可审批事项进驻中心或分中心办理，进驻率97.9％，窗口简单事项授权率100％，复杂事项行政审批事项授权率90％以上，市、镇（园区）、村三级行政审批服务网络初步形成，行政审批事项网上办理率100％，“线上线下、虚实一体”的政务服务平台日趋完善。“8项相关改革”推进有力，企业工商营业执照、组织机构代码证和税务登记证“三证合一”登记制度改革全面启动；陆续出台推进涉企行业协会、中介机构改革与监管相关文件，及时向社会公布全市9个部门25项涉审中介服务事项目录及收费目录，对84家涉企中介机构开展专项治理，完成行业协会分设39家，注销行业协会7家；出台《高邮市2015年推进简政放权放管结合转变政府职能工作方案》《高邮市关于深化行政审批制度改革加强事中事后监管的意见》等文件，不断加大事中事后和中介机构监管力度。

（徐瑞芝）

【事业单位改革】 4月，市编办根据上级部署，将市广播电视网络等相关职责从市广电台划出，实现市广播电视台台、网分设；撤销市广电台下辖的13个乡镇广播电视站，成立市直属广播电视站，并做好事业编制回收和人员划转安置工作。年底，启动公立医院改革，按照市政府办印发的《关于我市公立医院管理体制改革工作的实施意见》和《关于创新我市公立医院人员编制管理的实施意见（试行）》要求，坚持市编办和发改、财政、人社等部门联动，协调做好公立医院编制备案管理、事中事后监管、岗位设置调整和聘用等工作，共同推动公立医院在财政支持、人事管理、养老保险、收入分配等方面的体制机制创新。（徐瑞芝）

【机构编制管理】 2015年，市编办不断完善机构编制管理的工作程序，推进机构编制管理规范化建设。严格执行《高邮市机构编制委员会议事规则》，三次提请召开市编委会议，累计研究讨论机构编制工作事项43件次，并多次向委员们传达中央、省和扬州市编办的重要文件精神；在充分调研的基础上，累计下达机构编制批复、通知77件次，完成27家相关机构的挂牌、更名、升格及职能调整工作，有效发挥机构编制的保障作用。制定实施《高邮市机构编制控编减编工作方案》，全年核减行政编制13个、事业编制34个；增加行政编制3个、事业编制40个，内调使用全额编制2个、差额编制6个、自筹编制2个，划转全额编制5个，并对教育、卫生、水利系统下属事业单位编制进行调整，提升编制使用效益。配合市委组织部、市人社局和市财政局等部门共审核2016年度公务员招录编制45人次、各类事业人员招录编制382人次以及部门预算19362人次；完善机构编制和实有人员的动态管理，及时为调动和新录用的各类人员办理调编手续79人次和入编手续405人次；按时完成全市机关、事业单位及政法专项的机构编制统计报表，为分析研判机构编制工作质态提供依据。（徐瑞芝）

【机构编制责任审核】 2015年，市编办按照“统一联审方案、统一通知公示、统一联审进点、统一意见反馈、统一情况汇总、统一整改督查”的要求，继续协同市组织、审计部门开展“三责联审”工作。全年按照“三责联审”年度工作计划及实施方案，累计实施机构编制责任审核8人次，其中任中审核4人次、离任审核4人次；并首次对照《高邮市党政领导干部“三责联审”结果等级评定办法（试行）》，分优秀、良好等级出具党政领导干部履行机构编制管理责任的审核报告,其中被评为优秀等级2人、良好等级6人。积极参与2014年度联审单位点评会,针对存在问题进行点评,促进联审部门落实整改措施,强化机构编制责任审核效果。(徐瑞芝)

【机构编制督察工作】 2015年,市编办按照上级部署,开展机构编制督察工作。首次将机关转变职能和机构编制管理工作纳入市委、市政府能力作风建设考评体系,印发《关于开展市级机关转变职能和机构编制管理的考核通知》,明确考核的总体要求、对象、内容、分值、方法、细则和结果运用,推动政府职能转变、机关作风改进。对新组建部门市卫计委、市市场监管局、市民宗局"三定"规定执行情况开展评估,采取部门自查自评和实地调研评估相结合,重点查找分析行政管理体制和运行机制等方面存在的问题,并督导限期整改"三定"规定落实不力和其他违反机构编制规定行为,确保改革取得实效,推动部门规范高效履职。(徐瑞芝)

【事业单位登记管理】 3月底前,市编办根据事业单位年检制度改革(由过去的年检改为年度报告公示、五年一换证制度)要求,对全市372家事业单位全部换证,并按照程序做好事业单位的新设、变更和注销工作。调整乡镇(园区)教育机构法人登记,明确农经站与畜牧兽医站法人资格,累计办理事业单位法人设立登记14家、变更登记72家、注销登记16家、证书补领2家。完善事业单位登记归档管理,确保归档文件齐全、摆放有序、检索方便;健全登记档案查阅管理,依法为有关单位提供登记档案查阅服务,累计出具证明12件次,使登记档案管理工作日趋标准化、程序化、科学化。(徐瑞芝)

【网上名称和网站标识管理】 2015年,市编办联合市经信委,开展中文域名注册和网上挂标工作,加强全市党政群机关、事业单位网络安全管理。期间,通过召开会议动员、分批集中辅导、争取财政支持等,完成机关单位71家、事业单位395家的中文域名注册和网上挂标工作,实现上级编办提出的注册与挂标"两个全覆盖"目标。(徐瑞芝)

【服务经济社会发展】 2015年,市编办围绕助推全市经济社会发展,认真开展各项服务工作。围绕服务四城同创,在市文明办增设"志愿者服务科",在市卫计委改革方案中保留爱卫办内设机构,将市环卫处升格为副科级单位并完善内设机构,在市城建局增挂"高邮市历史文化名城保护管理办公室"牌子等。围绕服务党建工作,调整市纪委内设机构,将市"企业工委"更名为"两新工委";在市教育局增挂"教育工作委员会"牌子,构建全市中小学校大党建格局等。围绕服务基层执法,增设环保、城管、市场监管基层分局,增设高邮经济开发区"安全生产监督管理局"、市水利局"工程质量及安全监督科";重新核定市公安局网监大队、监所大队内设机构和职数,将法制大队升格为副科级;调整市旅游局内设机构,强化安全生产工作职责和旅游市场监管职责等。围绕服务社会事业,设立"市产业技术研究院";争取上级邮政管理部门支持成立市邮政管理局,组建"市邮政业发展中心";在"市救助管理站"增挂"市未成年人救助保护中心"牌子等。围绕服务基层需求,帮助市教育局解决师生比严重失衡的矛盾,实现教育资源均衡化;帮助市卫生局调整基层医疗卫生机构设置和编制,为加快建立区域性医疗卫生中心提供保障;帮助市水利局调整下属事业单位编制,强化城区河道监管职能。(徐瑞芝)

社 会 组 织

Social Organizations

工 会

【概况】 2015 年，市总工会围绕“适应新常态、集聚新能量”主题，突出“服务发展大局、依法维权履职、基层基础建设”三个重点，开展“双学”“双争”两项活动，推进“职工素质提升、劳动技能竞赛、帮扶服务职工、干部队伍建设”四项工作，团结动员全市广大职工在建设“强富美高新高邮”的实践中取得新业绩。是年，市总工会被省总工会表彰为江苏省模范职工之家、江苏省工会新闻宣传工作先进单位，被省总工会评为“县(市、区)财务会计工作二等奖”，被扬州市总工会评为“工会工作一等奖”。

(戴顺阳)

【劳动竞赛和职业技能竞赛】 2015 年，市总工会围绕“六比一创”(即比工程质量、比安全生产、比建设工期、比技术创新、比科学管理、比文明施工，创和谐团队)要求，开展“当好主力军，建功‘十二五’”主题劳动竞赛，跟踪服务高邮经济开发区外国语学校、碧水新城南苑第三期等市重点工程建设项目。各乡镇(园区)及相关系统工会围绕各地实际，开展劳动竞赛 17 项。组织开展全市职工职业技能竞赛活动，举办“森林杯”数控车工、“金宏泰杯”普通车工、卫生系统影像读片、烹饪工等市级技能竞赛 4 项，参赛职工 312 人；引导乡镇(园区)、系统产业及所属重点企业举办职业技能竞赛 45 项，参赛职工 3067 人。承办扬州市电缆检验工职业技能竞赛；选派职工 110 人，参加扬州电子装配工、叉车工、餐厅服务员等职业技能竞赛 4 项，累计有 92 人获得技能等级提升，其中晋升技师 4 人、高级工 88 人。

(戴顺阳)

【庆祝“五一”劳动节暨全市工会工作会议】 4 月 29 日下午举行。市委副书记、市长方桂林，市委副书记、宣传部长张秋红，市人大副主任薛晓寒，市政协副主席李春青，各乡镇(园区)主要负责人，分管工会工作负责人、专(兼)职工会主席、副主席，市委各部委办局、市各委办局(公司)党组(党委)、市各直属单位、各人民团体主要负责人、工会主席(主任)，高邮镇、高邮经济开发区、高邮城南经济新区及城区各系统(产业)工会部分基层工会主席及职工代表，全国、省、扬州、高邮劳动模范、先进工作者、“五一劳动奖章”获得者代表近 400 人参加。会上，表彰 2012～2014 年度工会工作先进单位、先进个人，2014 年度活力基层工会和工人先锋号；宣讲省劳模郑连元和扬州市劳模戴大喜、师永生、马坤松 4 人的先进事迹。

(戴顺阳)

全市工会工作会议现场　(戴顺阳 摄)

【基层班组建设】 2015 年，市总工会全面开展“工人先锋号”创建活动，以点带面推进“六型班组”(学习型班组、技能型班组、创新型班组、节约型班组、安全型班组、和谐型班组)建设，着力引导乡镇(园区)、系统工会的 42 个优秀班组开展争创工作。组织班组长培训 14 场次，参培人数 400 人次。开展

"十佳班组"创争活动,市富裕达有限公司虾饲料班组等10个班组被评为"十佳班组"。围绕技术创新,在规模以上企业建立技协组织10个。至年底,累计创成各类"工人先锋号"典型班组33个。其中,省级"工人先锋号"1个,即扬州市公积金管理中心高邮市分中心服务大厅;扬州市级"工人先锋号"9个,即市地税局第七税务分局、江苏华富储能新技术股份有限公司新产品研发班、市疾病预防控制中心检验科、扬州神游羽绒制衣有限公司裁剪车间、扬州市金宏食品有限公司食品加工班组、扬州市住房公积金管理中心高邮分中心归集执法组、扬州金源灯饰有限公司焊接班组、江苏省高邮中等专业学校财经教研组、市第一中学2015年高三年级部;高邮市级"工人先锋号"23个,即江苏华富储能新技术股份有限公司装配车间焊接班组、扬州戴卡轮毂有限公司机加工车间、扬州华胜机电制造有限公司冲压车间、扬州方圆机电制造有限公司装配车间、江苏凯幕狮制衣有限公司后道班组、高邮市恒辉机械有限公司车工车间、江苏金宏泰科技有限公司金工车间、高邮市汽车标准件厂数控班组、江苏华能电缆股份有限公司质检科、扬州恒通环保科技有限公司电焊车间、江苏豪纬交通集团有限公司信号灯焊接班组、车逻镇初级中学化学组、市实验小学高年级语文组、市粮食局三垛粮库、市民政局秦邮首饰城黄金柜组、市城管局城市规划执法大队一中队、市房管局房屋安全鉴定管理所、市水利局京杭运河管理处、送桥镇郭集卫生院、市公安局巡特警大队四中队(便衣中队)、市直机关幼儿园教研组、司徒邮政支局、市供电公司客户服务中心抄收班。累计获上级授予的各类"五一劳动奖章(奖状)"称号12项,其中江苏波司登制衣有限公司何其金、高邮经济开发区计划生育指导站潘晓玲被授予省"五一劳动奖章"称号,扬州和益电动工具有限公司、高邮市卫星卷烟材料厂被授予扬州市"五一劳动奖状"称号,扬州华翔有色金属有限公司宋巍、市妇幼保健所姜慧、市总工会杨寿群、江苏名佳羽绒有限公司仇在清、江苏润华电缆股份有限公司胡玉珍、龙腾照明集团有限公司苏世清、扬州揽宝红外科技有限公司陶志斌、市汽车标准件厂王小斌、卸甲镇花阳村邱红星、江苏省高邮中等专业学校王开平等10人被授予扬州市"五一劳动奖章"称号。

(戴顺阳)

【"提合理化建议集中月"活动】　5～6月,市总工会开展"提合理化建议集中月"活动,组织和引导全市广大职工发扬主人翁精神,为企业转型升级、降本增效、创新发展献计献策,全市共有400多家企业职工参加活动,提出合理化建议7650条,合理化建议实施后可为企业创造价值或节约成本近1亿元。同时,开展对所提建议的梳理工作,择优向省总工会、扬州市总工会推荐优秀科技创新成果4项。

(戴顺阳)

【"劳模品牌"建设】　2015年,市总工会继续推进"劳模品牌"建设,营造学习劳模、宣传劳模、关注劳模的氛围。组织召开全市劳模创新工作室现场推进会,现场观摩师永生等劳模创新工作室4家。注重弘扬劳模精神,在庆"五一"暨全市工会工作会议上,宣讲劳模郑连元、戴大喜、师永生、马坤松等人的先进事迹。组织开展慰问、帮扶劳模活动,慰问各级劳模和"五一劳动奖章"获得者446人,筹集并发放劳模慰问金、生活困难补助金、帮扶金等各类资金54.71万元。提请市政府召开联席会议,研究劳模工作议题8项,明确全市劳模慰问金从300元/人调整到500元/人,全市劳模困难帮扶金为2500元/人·年。制定出台《劳模休养四年计划(2015～2018年)和劳模健康体检》文件,推进劳模疗休养及健康体检工作规范化开展,全年组织21名高邮市级劳模赴河南焦裕禄纪念馆、红旗渠进行考察和疗休养,为29名60周岁以上农业劳模及改制破产企业劳模进行健康体检。继续组织开展各级劳模推荐、评选和表彰活动,送桥镇"心连心"鹅业专业合作社理事、扬州市科农扬州鹅业发展有限公司总经理杨万明获"全国劳模"称号。是年,完成市劳模协会换届改选工作。

(戴顺阳)

【劳动保护监督检查】　2015年,市总工会继续推进工会劳动保护监督检查机构建设,新建成工会劳动保护监督检查委员会43家。联合市安监局开展"安康杯"劳动竞赛活动,有410家企业参与推行"1+3"安全监控体系。组织开展"企业劳动保护工作合格、示范工会"创建活动,申报创建"劳动保护示范工会"企业65家。按照《职业健康监管工作意见》,进一步加大对职业危害监管和防护情况的督察力度,指导企业签订"劳动安全卫生专项集体合同"456份。开展《中华人民共和国安全生产法》等法规、条例宣传活动,发放相关资料300份,接受咨询50多人次。加大劳动保护监督检查员片区服务站建设力度,全市新建成劳动保护监督检查员片区服务站12个。重视推进环卫职工的劳动条件与工作环境改善,试点建成"安康驿站"2处。(戴顺阳)

【工会组织建设】　2015年,市总工会组织开展"百日建会集中行动""企业工会组建攻坚年活动和农民工入会集中行动",通过召开专题会议、机关全员挂联、下发交办通知单、现场观摩、督查推进等措施,有效提升基层工会的组建率。全年新组建基层工会509家,其中独立工会144家,新组建服装行业、灯具行业、机械行业工会联合会3家,新发展工会会员1.64万人,其中农民工会员1.45万人;工会到期换届改选 239 家；推行工会主席直选 383 家。新发放会员证 1.33 万本，其中农民工会员证 1.02 万本。指导 12 个乡镇(园区)工会召开会员代表常任制会议，征集提案 135 条。组织乡镇(园区)、系统(产业)组织所属基层工会开展建家评家活动，有 1135 家基层工会按规范程序召开会员代表大会，开展工作测评，建家评家率 95%。至年底，全市非公有制企业法人数据库企业建会率、职工入会率均达 90%以上。是年，《2015～2018 年高邮市总工会基层组织建设工作规划》制定出台，从指导思想、工作目标、工作重点、工作措施、组织保障四个方面，就加强全市工会基层组织建设提出明确要求。（戴顺阳）

【基层工会规范化建设】 2015 年，市总工会依托“模范职工之家”创建平台，继续推进基层工会规范化建设。建立市“模范职工之家”申报制度、“模范职工之家”示范点创建制度，申报“模范职工之家”35 家、培植“模范职工之家”示范点 43 个。继续开展扬州市级以上“模范职工之家”“模范职工小家”及十佳基层工会“六有”标兵单位申报工作，全年完成申报 20 家。其中，全国“模范职工小家”1 家，即市地税局规划财务科工会小组；江苏省“模范职工之家”4 家，即市总工会、卸甲镇总工会、江苏科凌医疗器械有限公司工会、扬州海峰机械有限公司公司工会；江苏省“模范职工小家”2 家，即扬州宇通服装有限公司缝纫一班、扬州市红旗电缆制造有限公司炼胶车间工会小组；扬州市“模范职工之家”7 家，即扬州市伊兴机械公司工会、江苏赛德电气公司工会、扬州盛世百年工贸有限公司工会、扬州市博喧科技有限公司工会、市环保局工会、市实验小学工会、市妇幼保健所工会；扬州市“模范职工小家”5 家，即市高远助剂公司车间工会小组、扬州大大饲料生产车间工会小组、市公安局巡特警大队工会分会、市市场监督管理局人事教育科工会小组、市烟草专卖局客户服务组工会小组；扬州市十佳基层工会“六有”标兵单位 1 家，即扬州天宇鞋业有限公司。继续开展扬州市级以上优秀工会工作者、“十佳工会主席”申报工作，全年完成申报 12 人。其中，申报全国优秀工会工作者 1 人，即高邮经济开发区总工会副主席张国庆；江苏省优秀工会工作者 1 人，即农林局机关工会主席王兆才；扬州市优秀工会工作者 8 人，即市总工会副主席高金海、市总工会组织部部长赵群、周山镇工会专职副主席李国良、高邮城南经济新区总工会专职副主席戴建华、市教育系统工会主任吴金凤、市卫生系统工会主任周明灯、市神游羽绒制衣有限公司工会主席张玉顺、扬州曙光电缆股份有限公司工会主席胡世来；江苏省“十佳工会主席”1 人，即江苏富裕达粮食制品有限公司工会主席雍本强；扬州市“十佳工会主席”1 人，即卸甲镇总工会副主席孙玉高。（戴顺阳）

【“活力基层工会”创建】 2015 年，市总工会继续开展“活力基层工会”创建活动。完成达标建设 50 家，推荐上报扬州市总工会 30 家。至年底，全市完成各级“活力基层工会”创建申报 125 家，新创成扬州市“活力基层工会”48 家、高邮市“活力基层工会”69 家，累计分别创成 89 家、159 家。是年，市总工会获扬州市活力基层工会创建优秀组织奖。（戴顺阳）

【工资集体协商】 2015 年，市总工会按照《关于全面推进企业工资集体协商工作的意见》，进一步推进工资集体协商工作。开展工资集体协商“春、冬季要约行动”，签订 50 人以上建会企业工资协议 512 份，签订行业性、区域性工资协议各 10 份；加强工资集体协商专业指导队伍建设，与市人社局联合举办工资集体协商指导员、谈判员培训班，共有 125 人参加培训；定期牵头召开协调劳动关系三方例会，强化对工资集体协商、劳动合同签订等情况的督查；选树扬州市《企业工资集体协商工作标准》示范点 30 个；制订下发《企业工资集体协商工作标准》。（戴顺阳）

【职代会制度建设】 2015 年，市总工会按照《关于推行职工代表竞选制度的实施意见》，指导各乡镇(园区)遴选 1 家企业开展职工代表竞选工作。组织企业职工开展“当好一名职工代表”主题活动，共征集相关提案 225 个，提升广大职工对企业管理的参与度。至年底，全市国有企事业单位职代会建制率 100%，非公有制企业职代会建制率 95%以上；乡镇(园区)工会建立区域性、行业性职代会制度实现全覆盖。（戴顺阳）

【依法维权工作】 2015 年，市总工会联合市人社局等部门对乡镇(园区)劳动密集型企业安全、劳动合同签订、农民工工资支付情况进行执法检查，特别对服装企业的劳动用工、保证金缴纳、工资支付等情况进行重点督察。组织开展“‘五一’劳动法律宣传服务月”活动，发放资料 1650 份。组织市、镇、企三级工会开展“六五”普法活动，强化职工法律意识，编发《职工维权手册》5000 册。组织开展“‘12351’职工维权周”系列活动，切实维护职工合法权益。成立工会阳光法律服务志愿者大队，落实专业工作人员 35 名。（戴顺阳）

【《高邮市总工会 2015～2017 年法治建设三年规划》出台】 9 月 6 日，市总工会根据中华全国总工会《关于贯彻落实党的十八届四中全会精神，大力推进工会工作法治化建设的实施意见》及省总工会、扬州市总工会和高邮市委的相关要求，制定出台《高邮市总工会2015～2017年法治建设工作规划》。该规划强调坚持党的领导、职工为本、和谐发展三项基本原则，明确“加强监督检查，推动劳动法律法规贯彻实施”“参与争议调处，及时化解劳动关系矛盾纠纷”“深化法治宣传，引导职工自觉尊法守法用法”“坚持依法建会，把职工最大限度组织到工会中来”“坚持依法维权，把广大职工的合法权益落实到位”“加强法治思维能力建设”“努力学习掌握法治知识”“不断壮大法律人才队伍”等8个方面的主要内容，以此引领和推动全市工会工作法治化建设。（戴顺阳）

【帮扶服务工作】 2015年，市总工会开展“工会常伴、贴心送暖”主题送温暖“1＋1＋N”（“1”即发放一份特困职工春节救助金；“1”即赠送一份特困职工“温情年夜饭”大礼包；“N”即是组织开展N个贴心送岗位、送健康、送法律活动）系列关爱行动，共向特困职工124人发放救助金43.63万元、大礼包124份。联合市人社局等部门举办“迎新春”暨“春风行动”劳动力交流洽谈会，动员106家企业进场招聘，提供就业岗位5043个。推进职业介绍和农民工培训工作，完成职业介绍515人、农民工培训3000人。开展乡镇（园区）规模企业职工服务示范点选树工作，累计选树示范点51个。推动建立机关事业单位职工互助互济会，吸纳会员7000人。组织各级工会、企业开展“夏送清凉”活动，累计发放物品及慰问金款项达110多万元。开展“欢聚时光一金秋助学”·困难职工、农民工留守儿童电影专场活动，惠及困难职工子女、农民工留守儿童90人。帮扶救助特困职工子女50人，并按照高中生每人1500元、大学生每人2000元的标准，发放助学金9.3万元。举行困难职工慈善基金救助仪式，共向特困职工98人发放救助金19.6万元。（戴顺阳）

【女职工工作】 2015年，市总工会联合市人社局举办“架金桥、送岗位”女性专场招聘会，动员44家用人单位进场招聘，提供就业岗位1072个，其中提供适合女性的岗位782个，有1000多人参与招聘。联合市妇幼保健所开展“关爱女职工——‘女职工健康直通车’进企业”活动，为高邮市华缘服饰有限公司140多名一线女职工开展免费妇检和“两癌”筛查服务。举办女工干部“关爱健康·从我做起——‘黄金五分钟’急救常识及女性心理减压知识”专题讲座，有110人参加。走访慰问单亲特困女职工家庭户活动，向单亲特困女职20人发放慰问金1万元。推进“爱心妈咪小屋”建设，在扬州百仕德礼品有限公司和江苏波司登制衣有限公司试点建成“爱心妈咪小屋”2间。完成市女工委员会换届改选工作。（戴顺阳）

【职工思想道德建设】 2015年，市总工会组织职工学习贯彻中共中央十八届四中、五中全会和习近平总书记系列重要讲话精神，特别是有关工会工作的指示批示、“五一”大会和群团工作会议等精神，引导职工把个人理想融入共同理想，把个人梦与中国梦紧密结合起来，凝聚全面深化改革的正能量。积极培育和践行社会主义核心价值观，弘扬“崇文尚德、求实创新”新时期高邮精神，组织开展企业道德讲堂建设、“中国梦·劳动美”全省职工学法用法知识竞赛和“立足岗位、争当先锋”等主题活动，累计有职工2万多人参加。举办“义工教授”专题讲座11场，听众近3000人。（戴顺阳）

【企业文化、职工文化建设】 2015年，市总工会组织开展“书香伴成长”职工读书征文活动，共有4篇征文获奖。推进各级“职工书屋”创建工作，新创成全国职工书屋示范点1家、扬州市职工书屋示范点2家。开展“书香团队”“书香家庭”创建工作，市供电公司被评为扬州市“书香团队”，李知海等3个家庭被评为扬州市“职工书香家庭”。组织参加扬州市第十二届运动会职工部乒乓球等6项比赛，市总工会获优秀组织奖。开展市第五届运动会职工部乒乓球、象棋、围棋比赛，累计有职工1200人参加。与市广电台等部门联合举办首届广场舞电视大赛。开展送文艺到基层、进社区活动3场，观众500多人次。（戴顺阳）

【信息宣传工作】 2015年，市总工会加强工会信息新闻宣传骨干队伍建设，提升信息宣传工作实效。至年底，全市各级工会组织在市内、市外各类媒体用稿总量均超过1000篇次。是年，《工作“洼地”成服务大局服务职工“高地”》《火辣辣的剖析会》等稿件被《江苏工人报》刊载；《汤庄镇总工会建设基本做法及启示》《贯彻落实扬州市总“五个一”工程的做法》等稿件被《扬州市总工会简讯》转发；杨万明等劳模事迹等被扬州市总工会微信平台予以推介。（戴顺阳）

共青团

【概况】 2015年，团市委围绕“凝聚青年、服务大局、当好桥梁、从严治团”工作格局，按照“项目化、阵地化、社会化、信息化、品牌化”工作思路，遵循“可定义、可量化、可操作、可考核、可追究”工作标准，推动各项工作取得新进展。至年底，全市共有基层团委42个、团（青）工委4个、团总支39个、团支部1093个，团员3.53万人。是年，市交通局团委被评为江苏省五四红旗团委，市农商行三垛支行团支部被评为江苏省五四红旗团支部；新认定扬州市级以上青年文明号4家，其中省级青年文明号1

家(市赞化学校综合教研组)、扬州市级青年文明号3家(高邮市供电公司采集运维组、高邮市京杭运河管理处林木管理股、高邮市中医医院门诊一站式服务部);菱塘回族乡团委被评为江苏省"百县千乡"分类示范创建活动示范乡镇;扬州财富农业发展有限公司被评为江苏省农村青年电商创业培育示范基地。　(张雪莹)

【"希望村塾"建设】 2015年,团市委按照上级要求,结合大学生村官和爱心志愿者资源,以"希望工程"为依托,在各个乡镇遴选一个留守儿童相对集中的村(社区),启动建设关爱留守儿童、传承国学经典的志愿服务阵地——"希望村塾",聚力为当地留守儿童开展暖心服务,受到众多留守儿童和家长的欢迎。2月9日,召开"希望村塾·三垛"建设现场会,对全市希望村塾建设工作予以推进。至年底,全市累计投入资金18万元,新建成"希望村塾"15家,达到每个乡镇至少建有1家的要求;开展志愿服务和专题讲课78场,先后有志愿者296人参与,其中大学生村官志愿者138人,志愿服务留守儿童700人次。　(张雪莹)

【第二届"高邮市十佳青年"暨"最美农村青年"表彰仪式】 5月4日下午,为纪念中国共产主义青年团建团93周年及五四运动96周年,团市委在市委、市政府会议中心举行第二届"高邮市十佳青年"暨"最美农村青年"表彰仪式。市委常委、市纪委书记朱勇,市政协副主席李春青及市有关部门负责人等参加。仪式上,朱勇作致辞。他说,表彰"高邮市十佳青年""最美农村青年"目的就是弘扬时代主旋律,彰显青春正能量,动员广大青年把个人理想融入到共同理想中,让青春在实现"中国梦"的奋斗中发出绚丽光彩。朱勇指出,在"五四"精神的感召下,一代又一代高邮青年勇挑重担、勇立潮头,为高邮率先崛起贡献力量、奉献青春。他希望,全市广大青年要发扬"五四精神",坚定理想信念;要坚持锐意进取,深化创新创业;要勇担发展重任,加强学习实践,在为实现"中国梦"中谱写无愧于时代、无愧于人民、无愧于青春的辉煌篇章。仪式上,对"高邮市十佳青年"和10名"最美农村青年"进行表彰;还以个人故事视频展示、心路访谈的方式,向与会人员讲述"最美农村青年"代表乐金松、孙新旭及"高邮市十佳青年"代表王秋菊(市赞化学校客籍青年教师)、居朕宇(阳光志愿者)、贾磊(援圭亚那医疗队队员)、谭伟海(盲人竹笛演奏家)的青春故事。　(张雪莹)

资料链接　第二届"高邮市十佳青年"暨"最美农村青年"评选表彰活动,历时两个月,分别有147名青年参加"高邮市十佳青年"选拔、453名农村青年参加"最美农村青年"选拔。经过宣传发动、基层推荐、评委评审、结果公示等程序,最终确定居朕宇、王秋菊、谭伟海、贾磊、张超、陈荣、贾卿、钱明、赵玲、王伟等10名青年为第二届"高邮市十佳青年",乐金松、张新旭、郑许、晏文兵、黄城、林霞、高维权、徐国祥、滕生辉、路康山等10名农村青年为"最美农村青年"。　(张雪莹)

【第三届高邮市美德少年评选表彰活动】 6月,团市委协同市文明办、市教育局、市关工委联合开展第三届高邮市美德少年评选表彰活动,经过宣传发动、基层推荐、评委评审、结果公示等程序,产生黄子阅等10名同学为市第三届"十佳美德少年",周林含等10名同学获市"十佳美德少年"提名奖。　(张雪莹)

【新媒体平台建设】 2015年,团市委进一步加强"青春高邮"微博、微信公众号新媒体平台建设,有效弘扬网络主旋律、传播青春正能量。利用"青春高邮"微博,精心制作"回到'1997'年高邮"、"财神到"农村淘宝落户高邮、我的青春"足迹"、一图解读"高邮精神"等专题,促使该微博平台功能效应不断提升。至年底,利用新媒体平台共推送微信346次、新闻1020条,其中阅读量过1万的新闻2条、阅读量过5000的新闻19条、阅读量过1000的新闻100条。　(张雪莹)

【志愿服务】 2015年,团市委把志愿服务作为群众性学雷锋的重要内容,作为精神文明建设的重要载体,组织开展一系列活动,推进志愿服务常态化发展。1月,组织志愿者与龙虬镇青少年开展"暖冬"行动。期间,由志愿者带领青少年开展拓展训练,并向青少年赠送关爱礼物。3月,组织全市各机关单位团组织在穿心河广场开展以"学习雷锋好榜样——践行核心价值观、建设文明新高邮"为主题的志愿活动。期间,有志愿者85人参加,并组织开展免费医疗咨询、水、电、交通卡办理、假币鉴定、安全用电宣传、法律援助、清洗金器、理发、拍摄证件照等志愿服务活动。同时,全市各基层团组织也持续开展各种尊老、爱幼、助残活动110多次,累计有志愿者1300多人参加。此外,还积极筹建"清朗网络·青年力量"青年网络文明志愿者队伍,利用新型媒体工具,主动发声,传递正能量,共同维护网络健康。是年,市残疾人服务中心被确定为江苏省青年志愿者助残"阳光行动"服务基地;关爱砖窑厂外地民工子女的"变形记"公益项目,该项目被评为扬州市青少年公益项目最佳创意,并获专项资助金3万元。　(张雪莹)

【服务青年就业创业】 2015年,团市委围绕"扬州市青年企业家发展领航计划"要求,认真组织开展青年企业家(含自主创业型、民企新生代、青年创客)的择优推荐和申报工作,并促使6名青年企业家成为该计划首期学员。组织青年初创人员参加首届扬州市创新创业大赛,累计有3人取得晋级决赛资格,其中入围省级决赛1人、市级决赛2人。暑假期间,与菱塘回族乡、市交通局、市人社局、市水利局、市图书馆、市农商行、江苏银行高邮支行、扬州市佰仕德礼品工艺有限公司、扬州市高邮地税局第一分局、市才众文化传媒有限公司等10家单位合作开展暑期大学生见习实践活动,受益大学生50人。 (张雪莹)

【少先队工作】 2015年,团市委开展"红领巾寻访抗战足迹"活动,征集基层少先大队寻访活动案例30多个,并有3个优秀案例获扬州市一等奖。引导少先队员助力"四城同创",深入村舍、走上街头,积极参与小义工、小讲解员等"五小"行动。市赞化学校少先大队、送桥小学少先大队被表彰为红领巾志愿者工作先进集体,120名少先队员被表彰为扬州市优秀红领巾志愿者。加强红领巾仪式养成教育,围绕成长节点,开展"新生入队仪式""10岁成长仪式""14岁青春离队仪式"。加强成人成才主题教育,市第一实验小学、市实验小学、市赞化学校分别承办市级观摩活动。举办高邮市少先队辅导员暑期培训班,全市44所中小学200余名大队辅导员、骨干中队辅导员参加培训。特邀全国道德模范、全国少代会特邀代表徐国英老师解读全国第七次少代会会议精神,并以自身经历作优秀少先队辅导员培育报告。加强少先队工作研究,市南海中学少先大队《"社会主义核心价值观"初中团队系列化校本教育实践的研究》成功申报为省级课题。11月,高邮市代表队在扬州市辅导员风采大赛上获团体特等奖。建队日期间,市宝塔小学、市秦邮实验小学代表高邮市参加扬州市第二届少先队鼓乐大赛,均获一等奖。全年各少先大队共承办各类观摩活动48次,产生一批精品活动、特色活动、品牌活动。至年底,市宝塔小学少先大队获"江苏省优秀少先大队"称号,市秦邮实验小学闪闪红星中队获"江苏省优秀少先中队"称号,辅导员钟欣获"江苏省优秀少先队辅导员"称号,市城北中学学生戴君威获"江苏省优秀少先队员"称号;另有少先队员90人获"江苏省好少年"称号。 (张雪莹)

妇女联合会

【概况】 2015年,市妇联认真贯彻落实中央党的群团工作会议精神,创新思路,靠实举措,推进工作,在妇女维权、妇女发展、学法用法、关爱妇女儿童等方面取得新的进展。至年底,全市共有乡镇(园区)妇联13个、社区妇代会52个、村妇代会175个、机关事业单位妇委会38个、非公有制经济组织妇代会238个。是年,市妇联被扬州市综治办、扬州市妇联表彰为创建平安家庭工作先进集体,获扬州市"亲子大讲堂"实践区项目工作特等奖。 (徐娟)

【全市基层妇联干部"学法、知法、用法"法律知识竞赛】 3月6日下午,全市基层妇联干部"学法、知法、用法"法律知识竞赛决赛暨颁奖典礼在市广电台11楼举行,市领导钱富强、李春青、王薇出席并为获奖代表队颁奖。此次竞赛历时近两个月,分期举行现场知识竞赛活动16场,共有基层妇联组织的13支代表队、妇联干部2600多人参加。经过初赛选拔、预赛,共有6支代表队进入决赛。经过角逐,高邮城南经济新区代表队获一等奖,高邮镇代表队、临泽镇代表队获二等奖,卸甲镇代表队、界首镇代表队、汤庄镇代表队获三等奖。 (徐娟)

【妇女创业就业服务】 2015年,市妇联注重加强妇女创业就业的服务工作。组织全系统开展"农村妇女网上行"、缝纫工操作、育婴员等各类职业技能培训活动14次,累计培训980人次,其中获发初级职业技能证书的妇女410人。举办"庆三八、促就业"巾帼专场招聘会,联系44家单位进场招聘,提供适合女性的就业岗位782个,初步达成就业意向362人。继续推进妇女创业就业小额担保贷款工作,全年共向86名妇女发放贴息小额担保贷款902万元,争取江苏省、高邮市两级财政贴息37.26万元。 (徐娟)

【"巾帼建功"活动】 2015年,市妇联以提高城镇妇女综合素质、促进广大妇女发展为目标,继续在全市开展"巾帼建功"创建系列活动。全年新创成高邮市级以上"巾帼文明岗"30个,其中省级"巾帼文明岗"7个(市公安局治安警察大队户政窗口、市实验小学一年级组、市顺达动力机电有限公司油漆车间、高邮师范学校附属实验幼儿园、菱塘回族乡财政所、市广播电视台广播节目中心、市计划生育指导站)、扬州市级"巾帼文明岗"8个(临泽镇计划生育服务站、市五里坝国家粮食储备库仓储科保管组、扬州市住房公积金管理中心高邮分中心服务大厅、市残联康复中心、市地税局第五税务分局风险应对二股、市人民医院四病区护理组、车逻镇实验小学语文教研组、临泽镇川青幼儿园)、高邮市级"巾帼文明岗"15个。是年,市地税局规划财务科被表彰为江苏省巾帼建功先进集体,市实验小学邵龙霞获"江苏省巾帼建功标兵"称号;高邮城南经济新区妇联史凤珍、市城管局环卫处城北环卫所陈维珠、市市场管理监督局潘莉获"扬州市巾帼建功标兵"称号;林永妹等34人被表彰为"高邮市巾帼岗位明星",韦璟等20人被表彰为"高邮市巾帼建功活动先进个人"。 (徐娟)

【“双学双比”活动】 2015年，市妇联以扶持创办各类巾帼来料加工基地、巾帼合作社等为契机，继续推进开展“双学双比”活动，帮助农村留守妇女、失地妇女、陪读妈妈实现就地就近就业。全年新创成省级巾帼示范专业合作社1家，即高邮市富春园农副业土地股份专业合作社，省级巾帼来料加工示范基地1个，即高邮市万民制衣厂，省级巾帼现代农业科技示范基地1个，即扬州市隆盛畜禽有限公司；累计创成省级巾帼示范专业合作社2家、省级巾帼来料加工示范基地4个、省级巾帼现代农业科技示范基地1个，吸纳妇女就地就近就业1400多人。　（徐娟）

【家庭文明创建活动】 2015年，市妇联协同市文明办、市纪委、市环保局等部门，先后开展寻找“最美家庭”活动、“传廉洁家风、建幸福家庭”系列活动、“最美阳台(庭院)”评选活动等，通过分享家庭故事，晒出家训家风，秀出家庭幸福，以家庭文明创建促进社会和谐稳定。是年，柏乃华、陈小兰被评为扬州市“好主妇”，李正明家庭、赵俊家庭被评为扬州市“好家庭”，刘金秀、王瑞华被评为扬州市“好家风”传承者；于福林等10户家庭被评为高邮市“好家庭”，任恩芳等10人被评为高邮市“好主妇”，万志斌等6人被评为高邮市“好家风”传承者；王才华等10户家庭被评为高邮市“廉洁家庭”，《为官之要“清、廉、省”》等15封家书被评为“优秀廉洁家书”。　（徐娟）

【巾帼志愿服务活动】 2015年，市妇联组织巾帼志愿者开展“四城同创”、秸秆禁烧、绿化造林、法治建设、助残帮困等多项服务活动，受到社会各界的关注和认可。期间，“阳光”“法之花”“红马甲”等一批女性志愿者社团组织迅速壮大，成为全市精神文明建设的一道亮丽风景线。是年，市阳光志愿者协会理事长陈红珍被评为“江苏省最美女性草根社会组织领袖”；市车管所巾帼志愿服务队、市春晖中国志愿服务队妇保院分队、高邮经济开发区国土分局巾帼志愿服务队、临泽镇舞动乡情舞蹈队、月塘社区暖心帮邦团等5个巾帼志愿组织被表彰为扬州市优秀巾帼志愿服务组织；徐卉、田耘、朱庆云、朱小梅等4名志愿者被表彰为扬州市优秀巾帼志愿者。　（徐娟）

【关爱留守儿童】 2015年，市妇联以实施“春蕾计划”“蒲公英行动”为突破口，继续开展关爱留守儿童工作。组织开展“同在阳光下、快乐共成长”、“跟着爱心妈妈去旅游”、“哥哥姐姐陪我看邮城”、“和你在一起、快乐过中秋”等活动，为困境儿童营造欢乐祥和的健康成长环境。全年新结对帮扶各类困难留守儿童213人，新增“爱心妈妈”103人，争取社会各界资助款项61.47万元，以助学金形式资助留守儿童343人。在参加扬州市妇联开展的“自强不息好儿童”、“我眼中的扬州”优秀征文、“向城庆献礼祝福”优秀绘画征集、“最美爱心妈妈”评选等活动中，全市获评“自强不息好儿童”10人、“最美爱心妈妈”10人、优秀征文10篇、绘画作品10副，另有15名个人和3个集体受到表彰。是年，在扬州市实施“春蕾计划”“蒲公英行动”中，周洁、谢颖、嵇根妹、张兆珍、周广芹被表彰为先进个人，高邮镇妇联、临泽镇妇联被表彰为先进集体，市妇联获优秀组织奖。　（徐娟）

【“亲子大讲堂”实践区项目】 2015年，市妇联以“亲子大讲堂”实践区项目为契机，推进社区(村)家长学校建设实现全覆盖，促进家庭教育与学校教育、社会教育紧密结合、有效衔接。组织家教志愿者赴各乡镇、社区家长学校开展“亲子大讲堂”活动，全年共举办家教讲座45场，受益人数6149人次。充分利用新媒体平台，建成家教交流微信群(QQ群)16个；借助“高邮女性”微信平台，开设《家长课堂》专栏；在市电台开辟《空中讲堂》，宣传科学家教的理念和方法。至8月底，所有社区(村)家长学校实现统一挂牌、相关制度上墙，并按照“四有三优一突出”的标准，规范、科学、有序地开展家庭教育工作。是年，高邮镇新联社区创成省级优秀家长学校，高邮镇康华社区、界首镇甓湖社区创成扬州市级级优秀家长学校，高邮城南经济新区浩芝村、高邮镇康华社区、扬州升达集团、龙虬镇龙虬社区、周山镇扬庙社区、临泽镇临泽社区、甘垛镇和平村、汤庄镇长林村、高邮湖西新区(送桥镇)庙家村、菱塘回族乡菱塘村等10家家长学校创成高邮市级优秀家长学校。　（徐娟）

【关爱弱势群体】 2015年，市妇联继续以妇女儿童为重点，开展关爱弱势群体系列活动。组织开展“母亲邮包·送给贫困母亲的新年礼物”公益捐赠活动，共为贫困母亲20人募集钱款4.78万元；开展慰问离岗村妇代会主任活动，共慰问离岗村妇代会主任169人，发放慰问金17.4万元；开展“浓情双丝带·情系半边天——贫困两癌妇女关爱行动”，共资助贫困“两癌”妇女43人，发放救助金14.3万元。　（徐娟）

【维护妇女儿童合法权益】 2015年，市妇联组织开展各项活动，着力维护妇女儿童合法权益。开展“三八维权周”、“6·26”禁毒日、“11·25”反家庭暴力日等普法宣传活动，累计举办各类法律咨询、宣传活动90场，发放资料6万多份。创新妇女维权宣传方式，新创作舞台情景剧《对家庭暴力说不》，深入社区进行演出，受到群众的欢迎和好评。发挥市“法之花”妇女维权服务中心作用，组织“法之花·送法到家”公益普法宣讲，实行志愿者每周三坐班接访制度，为广大妇女儿童免费提供法律、政策、心理咨询、婚姻指导等系列服务。继续推行家庭暴力书面告诫制度，联合市公安局发出《家庭暴力书面告诫书》3份，协调解决侵害妇女权益的典型案件4起。至年底，全市妇联系统接访维权女性127人，办理女性维权案件127起。　（徐娟）

【陈秀榕到高邮市调研】　5月7日，全国人大常委会委员、内司委副主任委员陈秀榕率全国人大调研组在省人大常委会委员、内司委主任委员刘成林等陪同下到高邮市，就《妇女权益保障法》贯彻实施情况进行专题调研。扬州市人大常委会副主任王玉新以及高邮市领导韩方、薛晓寒、钱富强等参加活动。调研座谈会上，在认真听取市政府以及市妇联、市公安局、市司法局等相关部门贯彻落实《妇女权益保障法》工作汇报后，陈秀榕对高邮市贯彻落实《妇女权益保障法》所取得的成绩表示充分肯定。她说，高邮市委、市政府对《妇女权益保障法》的贯彻落实高度重视，部门形成合力，工作落实到位，成效非常显著。她指出，妇女权益保障工作是一项复杂的系统工程，需要全社会共同努力，各地各部门要紧紧抓住当前妇女事业发展的大好机遇，进一步完善各项工作机制，推动妇女权益保障工作不断取得长足发展；要认真总结成功经验，深入研究工作中存在的不足，走出一条具有中国特色的妇女权益保障之路；要抓住重点，积极探索，力求突破，努力破解妇女权益保障方面的难题，切实维护好妇女的合法权益。期间，陈秀榕一行还深入菱塘回族乡，与该乡清真村部分妇女代表、妇联工作人员座谈交流，详细听取基层百姓对妇女人身权益和财产权益保护情况的意见和建议，并实地考察当地羊业养殖基地。　（徐娟）

工商业联合会

【概况】　2015年，市工商联紧紧围绕全市工作中心，以创建“五好县(市、区)工商联”为契机，推进各项工作开展，提升工商联的凝聚力、发展力、服务力、执行力和影响力。是年，市工商联被扬州市工商联表彰为经济服务、组织工作先进单位。（杨军）

【市工商联十届六次执委会议】　3月25日下午举行。会议的主要任务是，总结2014年工商联工作，研究部署2015年工作任务。市委副书记、宣传部部长张秋红，市政协副主席、工商联主席王薇，市政协副主席、市委统战部部长张贵龙及全体执委90多人参加会议。会上，张秋红、王薇先后作讲话；对2014年先进单位进行表彰；增补胡恒春、宋巍为市工商联副会长，增补凌悦等8人为市工商联执委；向全体执委赠送体检表，赠阅《中国经济的旧制度与新常态》等书籍。会议还邀请南京师范大学商学院院长、教授蒋伏心作题为《新常态下的中小企业发展》专题讲座。　（杨军）

【企业管理创新培训】　6月24～25日，市工商联举办企业管理创新培训班，全市非公有制经济代表人士近80人参加。培训班上，邀请江苏省委省政府专家咨询委员会委员、江苏省人大常委会立法委员会咨询委员谈镇作经济形势分析专题讲座，并安排市工商联党组书记、副主席居远松及市委党校常务副校长钱宝祥分别作企业融资、企业发展史的启示等专题讲座。　（杨军）

【“生财有道”高端讲座】　5月29日下午，市工商联举办“生财有道”高端讲座。市政协副主席、工商联主席王薇参加活动。会上，江苏悠然投资管理有限公司董事长李小剑和南京大学商学院副教授吕伟分别作《四板市场及企业运作实务》《“互联网＋”环境下的税收风险》专题讲座，40多名非公有制经济代表人士参加讲座，并与授课老师进行互动交流。讲座还安排市工商联与江苏银行扬州分行签署小微企业业务平台合作协议。　（杨军）

【四板市场知识培训及高端论坛】　3月26日，市工商联根据全市小微企业发展状况，组织开展《四板市场及企业运作实务》培训，引导和推动更多的中小微企业关注、进军资本市场，全市有80多家小微企业参加培训。《扬州日报》和《人民网》均对此做法进行专题报道。10月20日，举办“四板挂牌直通车”高端论坛活动，重点服务会员企业转型发展，拓宽企业融资渠道，帮助企业直通资本市场，全市有100多位企业家参加。　（杨军）

【非公有制经济人士宣传工作】　2015年，市工商联继续开展非公有制经济人士宣传工作，全年推出《识天气、接地气、聚人气》等报道4期，受到社会各界广泛好评。　（杨军）

【交流合作】　2015年，市工商联组织人员先后赴响水县、涟水县、苏州市吴中区、上海市松江区、浙江省嘉善县、海盐县等地考察学习，重点就工商联开展经济服务、组织建设、异地商会建进行交流。结合“全国苏商扬州行”契机，邀请浙江省江苏商会会长、浙江苏商创业投资管理有限公司董事长祝斌等8位知名客商到高邮市参观考察。是年，市工商联与响水县工商联、林芝市巴宜区工商联、贵州省凯里市工商联结为友好商会，推动商务交流、商机合作。　（杨军）

【高邮市北京商会成立】　1月18日，高邮市北京商会在北京市成立。市委常委、常务副市长徐永宝和市政协副主席、工商联主席王薇共同为北京商会成立揭牌。北京商会全体会员及社会各界嘉宾近百人参加成立大会。北京鼎汉技术股份有限公司董事长顾庆伟当选为会长。成立大会上，设立高邮市北京商会助学基金，帮扶家乡寒门学子完成学业。扬州市高邮商会会长赵永峰、北京江苏企业商会秘书长方乙芳专程到会祝贺并致贺词。5月8～10日，扬州市高邮商会会长、江苏新大都投资有限公司董事长赵永峰等8位商会领导班子成员专程赴京，参观高邮市北京商会会长企业——北京鼎汉技术有限公司。高邮市北京商会常务副会长张兰年、秘书长张金定、执行秘书长刘坚等热情接待赵会长一行。宾主双方进行热烈的座谈交流，交流商会的当前工作及下一步发展互动计划。8月8日，高邮市北京商会在北京召开交流座谈会，高邮本地部分企业家、北京商会会员企业代表及在京高邮籍有关人士共计60余人参加，高邮市委副书记、市长方桂林，高邮市委副书记、宣传部长张秋红，高邮市人民政府副市长朱莉莉、潘建奇，高邮市政协副主席、工商联主席王薇及北京江苏企业商会秘书长方乙芳应邀出席活动。高邮市北京商会会长、北京鼎汉技术股份有限公司董事长顾庆伟作商会情况介绍，国家开发银行规划局局长王文松作京津冀一体化发展规划报告，对京津冀及周边地区有关资源综合利用与产业协同发展以及给企业所带来的历史机遇作了说明。中国电子商务发展研究院常务副院长倪春洋、建筑杂志社副社长居吉荣等从行业领域分析当前经济形势和发展方向，启迪控股公司高级副总裁蔡晓卫、江苏赛德电气有限公司董事长戴顺民、江苏华富能源有限公司董事长居春山、扬州红旗电缆制造有限公司董事长陈有新等两地企业代表进行了探讨交流。活动期间，高邮企业家一行还参观考察北京鼎汉技术股份有限公司、清华国家科技创业园。

（杨军）

高邮市北京商会成立大会　（杨军 摄）

文学艺术界联合会

【概况】　2015年，市文联围绕全市经济社会发展大局，团结和带领各协会及广大文艺工作者组织开展一系列创作活动，各项工作取得新的进展。是年，全市在省以上刊物和重点期刊发表文学作品56篇，在全国、全省各类展赛中入选获奖书画摄影作品143幅。

（胡金雁）

【书画(影)作品展示】　2015年，市文联注重发挥市文艺家活动中心的承展功能，在此举办书画(影)展7场，累计展期40天，集中展示一批全市书画、摄影创作成果。2月15日，举办“问候春天”高邮市迎春书画展，参展作品45幅；4月18日，举办珠湖之春五人国画展，参展作品41幅；6月7日，联合市教育局举办高邮市第二十三届少儿书画现场大赛优秀作品展，参展作品120幅；7月3日，举办绿色流韵——缅怀朱葵老师书画展，参展作品35幅；8月10日，联合市卫生局举办扬州卫生系统书画作品展，参展作品45幅；9月30日，举办“迎国庆　四城同创　醉美高邮”摄影作品展，参展作品100幅；12月5日，联合市体育局举办鸟语花香——卞春香、姚晓露花鸟画展，参展作品45幅。

（胡金雁）

【朱葵美术馆开馆】　7月3日上午，市委、市政府为纪念著名山水画家朱葵而建设的朱葵美术馆举行开馆仪式。江苏省美术馆副馆长张兴来、江西婺源县博物馆书记何宇昭、扬州市文联主席刘俊、扬州市国画院院长安玉民、高邮市政协主席倪文才、高邮市委副书记、宣传部部长张秋红、高邮市政府副市长钱富强、高邮市政协副主席张贵龙及朱葵爱人吴安美和女儿朱雁、朱萍等亲属代表、朱葵生前好友代表、同学代表等参加开馆典礼。该馆位于盂城驿景区内，占地面积25平方米，收藏朱葵作品45幅，其中朱葵家属无偿捐赠25幅、借展20幅；由江苏省书画协会主席、省美术馆馆长孙晓云题写馆名。仪式上，张兴来与倪文才为该馆揭牌，张秋红致欢迎辞，钱富强向朱葵亲属颁发捐赠证书，张贵龙与吴安美为朱葵铜像揭幕。

（胡金雁　葛玉琴）

资料链接　朱葵(1940年10月～2014年5月)，男，江苏南京人。生前师从陈之佛、傅抱石等诸多艺术大师，是江苏中国画画坛颇具成就的画家，广泛涉猎国画、版画、油画等，尤其是山水画风格独树一帜。曾担任江苏省美术馆馆长、江苏美术家协会副主席、江苏省美协顾问，是国家一级美术师，享受国务院颁发的政府特殊津贴。作品有《渔乡清晓》《新雨初霁》《雅鲁藏布江源头》《渔乡夏至》等；出版专集画册有《朱葵中国乡情山水画选集》《朱葵水墨画精选》《砚茶居谈画——朱葵美术文集》等，被评论界誉为“中国山水画名家”和“中国绿色乡情诗画家”。20世纪60年代初，他大学毕业后下放到高邮，在此工作生活18年。期间，他创作大量以高邮为主题的画作。这也为他后来创作出大量以绿色山水为主要特色的绘画作品提供第一手素材。同时，他还不遗余力地进行美术普及，为高邮市的美术事业繁荣与发展奠定坚实的基础。

（胡金雁　葛玉琴）

【张元奇从影60年师生摄影作品联展】　4月8日，由市老干部局、市文联主办，市摄影家协会承办的“张元奇从影60年师生摄影作品联展”在净土寺塔广场展示厅开幕。省文联副主席、党组书记王惠芬，省文联副主席、省摄影家协会主席沈遥，高邮市领导薛晓寒、钱富强、潘建奇及全国各地的摄影界人士和摄影爱好者300余人参加开幕式。此次联展展期为3天，向市民免费开放；展出张元奇祖孙三代人及其学生的摄影作品100多幅，从各个层面展现改革开放以来的辉煌成果和日新月异的历史巨变。

（胡金雁　葛玉琴）

资料链接　张元奇是中国摄影家协会会员、高邮市摄影家协会名誉主席。他从影60年来，有数千幅作品在美国、加拿大、罗马尼亚、斯里兰卡、日本、韩国、新加坡等国家获奖及发表、展出。其充满水乡风情的摄影作品被誉为“高邮名片”。

（胡金雁　葛玉琴）

【市文学艺术奖颁奖典礼】　2016年2月26日晚，市文联在在高邮市大剧院举办高邮市2015年度文学艺术奖颁奖典礼暨2016年歌舞晚会，表彰全市文艺工作者深入群众、深入生活，创作出一批融思想性、艺术性和观赏性于一体、群众喜闻乐见的优秀作品。典礼上，表彰文艺工作者48人，其中一等奖8人、二等奖13人、三等奖20人、书香奖7人。

（胡金雁　葛玉琴）

表64　**2015年高邮市文学艺术奖获奖名单**

奖　项	获奖者	类别	出版、发表或获奖情况
一等奖	龚定煜	美术	山水画作品“泉山瀑布图”入选首届中国山水画展 作品“云来山更佳”获扬州市“绿杨风”书画影大赛老年组一等奖
	房　林	美术	山水画作品“净云高秋”入选江苏省首届美术奖 山水画作品“溪山清流图”获扬州市“绿杨风”书画影大赛成人组一等奖
	殷旭明	书法	草书作品唐诗白居易《春题湖上》入展“江苏青年书法十家巡展” 草书作品唐诗白居易《春题湖上》入编“追梦兰亭”当代书坛最具实力20家作品集
	王树兴	文学	短篇小说《告别时刻》在《当代小说》刊载 《聚龙小镇邻里情》入选中国作家协会网络重点扶持项目 《也说高邮咸鸭蛋》等11篇散文入选《里下河文学流派作家丛书》
	徐晓思	文学	《西凉月·粮食》在《青春》发表 《美味的里下河》在《钟山》发表 《美味里下河》入选《里下河文学流派作家丛书》 《江南一竹立标杆》、《般草旭日明》在《书法报》发表
	朱军华	收藏	参加北京、枣庄全国抗战老报纸收藏展 参加扬州抗战票证、邮票等巡展 出版《老报纸记录的抗战》
	刘　英	音乐	歌剧《野火春风斗古城》插曲“娘在那片云彩里”在全国第三届“群文杯”声乐大赛中获银奖 “娘在那片云彩里”在第三届江苏“福彩杯”老年好声音大赛中获最佳人气奖和二等奖
	胡顺宏	摄影	《劳动之美》入选第25届全国摄影艺术展览 《劳动之美》在中国摄影报“感动典藏”六月人文类比赛中获一等奖 《鸭群》在中国摄影报“感动典藏”八月人文类比赛中获三等奖 《你追我赶》获第五届“金鹤奖”全国数码摄影大赛动物类优秀奖
书香奖	倪文才	文学	由中国文史出版社出版的文化研究集《高邮姓氏文化研究》 由中国文史出版社出版的散文集《思想的足迹》
	姚正安	文学	由江苏人民出版社出版的报告文学集《不屈的脊梁》 由江苏文艺出版社出版的散文集《我的父亲母亲》
	薛　序	文学	由黄河出版社出版的小说集《风尘古驿道》

续表 64

奖　项	获奖者	类别	出版、发表或获奖情况
书香奖	周荣池	文学	由宁夏人民出版社出版的小说集《大淖新事》
	徐　霞	文学	由江苏文艺出版社出版的散文集《想念》
	苏若兮	文学	由江苏凤凰文艺出版社出版的诗集《扬州慢》
	朱军华	社科类	由黄河出版社出版的收藏集《老报纸记录的抗战》

（胡金雁）

哲学社会科学界联合会

【概况】 2015 年，市社科联围绕市委、市政府的中心工作，发动和组织全市社科工作者在重大课题、决策咨询、社科普及、学会管理等工作中取得新成绩。是年，在全国大中城市社科联第 26 次工作会议上，市社科联被表彰为全国先进社科组织；在江苏省社科联年度评优中，市社科联获 2015 年度全省工作创新奖。（邵兴华）

【年度应用课题研究】 2015 年，市社科联继续围绕市委、市政府工作中心，联合有关部门及有关学会、研究会，精心策划选择课题，组织相关部门学会，研究会及社科工作者联合攻关，形成一批对全市经济社会发展有一定影响的分析报告和对策建议。是年，在扬州市第七届哲学社会科学学术年会上，高邮市社科联上报的论文累计获各类奖项 20 项，其中获一等奖 2 项、二等奖 6 项、三等奖 12 项，获奖论文数量、奖次位于扬州各县(市、区)前列。

（邵兴华）

表 65　**获奖论文汇总表**

姓　名	论　文　题　目	获奖情况
韩　方	新常态下的县域经济发展	一等奖
市发改委调研组	我市建设国家新型城镇化综合试点的调研	一等奖
朱莉莉	高邮工业经济跨越发展对策探析	二等奖
杨建国　曹丰汉	中国共产党对抗战文化建设的历史贡献	二等奖
林恩茂	做强工业提升竞争力、建设强富美高新高邮——关于工业发展迈上新台阶的对策研究	二等奖
胡顺祥	新型职业农民培育与农村信息化建设路径初探——基于江苏省高邮市的调查统计	二等奖
方　松	加强村级后备人才队伍建设的思考	二等奖
韩永平	宁镇扬经济联系强度分析	二等奖
市政协人口资源环境委课题组	提高环境质量　建设生态高邮	三等奖
赵德清	“崇文尚德、求实创新”——论新时期高邮精神	三等奖
韩粉琴	高邮政务微信公众号运营初探	三等奖
市纪委课题组	基层强化政治纪律和规矩建设工作调研报告	三等奖
市人民法院课题组	当前高邮市开发区涉诉矛盾纠纷分析——以涉中小企业诉讼为视角探究经济发展现状	三等奖
李正东	推行“三责联审”结果等级评定的实践与思考	三等奖
市统计局课题组	加快发展高邮市现代服务业路径分析	三等奖
吴兴祥	乡镇财政债权管理不容忽视	三等奖
丁长峰	破解农村党员干部现代远程教育学用难题的调查与思考	三等奖
汤和强、万成	新常态下如何进一步做好地税工作的思考与建议——以扬州市高邮地方税务局为例	三等奖
黄祥林	税收现代化建设进程中完善税款追征制度的思考	三等奖
陈桂清	当前融资性担保公司的发展困境及破解建议——以高邮市为例	三等奖

（邵兴华）

【市社科联第二次代表大会】 7月6日下午举行。会议的主要任务是,总结市社科联第一届理事会工作,明确今后五年的工作目标与任务,选举产生社科联第二届理事会理事等。扬州市社科联党组书记、主席、社科院院长徐向明,高邮市委副书记、宣传部部长张秋红等出席会议并讲话。会上,选举产生第二届理事会,并选举杨建国为市社科联主席(理事长),杨海蔚、张胜、吴朝森、王家扬、曹丰汉为市社科联副主席,曹丰汉为市社科联秘书长。 (邵兴华)

【获批扬州市级以上立项课题6项】 2015年,全市社科系统继续组织开展2015年度"省社科应用研究精品工程"课题、扬州市2015年度市级社科重点课题申报工作。至年底,全市累计获批扬州市级以上立项课题6项,其中省级立项课题1项,即《连淮扬镇高铁对高邮市的影响及对策》(曹丰汉),扬州市级立项课题5项,即《中小学课堂廉洁文化渗透点建设实践与分析》、《加强党的纪律和规矩建设探析》(市纪委课题组)、《"四个全面"战略布局的哲学思想研究》(曹丰汉、邵兴华)、《刍议税收情报交换制度中纳税人权利保护和救济机制的完善》(张耀斌)、《宁镇扬经济联系强度分析》(韩永平)。 (邵兴华)

【4篇论文受扬州市级以上表彰】 2015年,全市社科系统有4篇论文受扬州市级以上表彰,其中张耀斌撰写的《刍议税收情报交换制度中纳税人权利保护和救济机制的完善》、韩永平撰写的《宁镇扬经济联系强度分析》2篇论文,分别获江苏省第九届学术大会学会专场优秀论文二等奖、三等奖;市纪委课题组撰写的《加强党的纪律和规矩建设探析》和曹丰汉、邵兴华撰写的《"四个全面"战略布局的哲学思想研究》2篇论文,获扬州市2015年度市级社科重点课题优秀成果奖。 (邵兴华)

科学技术协会

【概况】 2015年,市科协围绕全市工作中心,创新思路,强化服务,各项工作取得新的进展。是年,市科协获省科协工作创新奖,被评为扬州市文化科技卫生"三下乡"活动先进集体、扬州市科协工作先进单位、2010～2014年度扬州市企业院士工作站建设优秀组织单位。

市科协卞家祥被评为江苏省科协工作先进个人、2010～2014年度扬州市企业院士工作站建设先进个人;龙腾照明集团有限公司夏国飞、江苏弘盛建设工程集团有限公司师永生被评为2012～2014年扬州市十佳优秀科技工作者,高邮市农委董学洪被评为2012～2014年扬州市优秀科技工作者;扬州宏远电子有限公司被评为2010～2014年度扬州市企业院士工作站示范站,市科协孙刚被评为2010～2014年度扬州市企业院士工作站建设先进个人。 (朴小燕)

【举办科普宣传周、全国科普日活动】 5月16～24日,市科协组织开展以"创新创业、科技惠民"为主题的2015年高邮市科技活动周暨第二十七届科普宣传周活动。期间,通过举办科普讲座、科技咨询、科技培训、科普图片展览等系列活动,不断提升市民科学文化素质。

9月19～25日,市科协组织开展以"科技成就梦想,拥抱智慧生活"为主题的全国科普日系列活动。期间,联合市科技局、市地震局等多个部门开展科普知识进社区活动,共发放科普宣传资料500份,展出科普戗牌30块;邀请扬州市科普讲师团讲师到高邮镇水部楼社区举办科普讲座。 (朴小燕)

【高邮市创成"江苏省科普示范市"】 10月19日,按照《江苏省科普示范县(市、区)测评指标》,经各地申报,各创建地区认真自查,各有关省辖市审核推荐,省科协组织专家评审并实地检查,江苏省科协印发《关于命名2016～2020年度江苏省科普示范县(市、区)的决定》,命名南京市玄武区等76个县(市、区)为2016～2020年江苏省科普示范县(市、区),当中列有高邮市名单。 (朴小燕)

资料链接 近年来,全市坚持以示范创建引领科普工作提档升级,加强科普基础建设,强化科普工作手段创新,促进"十二五"期间全市科普工作提质增效,在科普惠农和服务经济社会发展方面取得明显成效。 (朴小燕)

【科技服务工作】 2015年,市科协帮助扬州宇龙照明器材有限公司联系中国科学院院士薛永祺,推动双方就红外光电传感技术在隧道照明智能控制系统中的应用项目签订技术合作协议,并指导该公司建成扬州市级企业院士工作站——薛永祺院士工作站。 (朴小燕)

【"基层科普行动计划"】 2015年,市科协继续推进实施"基层科普行动计划"。是年,送桥镇养鸭协会获"全国科普惠农先进集体"称号,高邮镇康华社区获"江苏省科普示范社区"称号。 (朴小燕)

【开展科普示范创建】 2015年,市科协继续指导相关单位开展省、扬州市科普示范创建工作。至年底,界首镇连标葡萄园创成江苏省科普惠农服务站,送桥镇邵庄村、甘垛镇运东龟鳖养殖专业合作社创成扬州市科普惠农服务站;送桥镇创成江苏省科普示范乡镇、扬州市四星级科普示范乡镇;卸甲镇金家村、送桥镇邵庄村、高邮镇水部楼社区创成江苏省科普示范村(社区),界首镇六安村和高邮镇西塔社区创成扬州市三星级科普示范村(社区);高邮镇水部楼社区被评为扬州市科普活动十佳社区,高邮镇康华社区创成扬州市科普教育基地;甘垛镇

明发生态农场被评为扬州市科普惠农兴村计划先进单位。（朴小燕）

计划生育协会

【概况】 2015年，市计生协会继续加强基层组织建设，深化生育关怀行动，突出幸福家庭建设，扩大宣传服务，推进人口计生基层群众自治，努力增强工作实效。是年，市计生协会被扬州市计生协会表彰为2015年度信息工作先进单位，被扬州市计生协会和中国人寿扬州分公司表彰为扬州市计生系列保险工作先进单位，送桥镇计生协会被中国计生协会表彰为2015年度全国计划生育协会乡级先进单位，临泽镇计生协会副会长胡景秀被中国计生协会表彰为全国计划生育协会先进个人。（顾永华）

【中国计生协会计生特殊家庭帮扶项目在高邮市落户实施】 4月，扬州市计生协会与高邮市签订委托协议书，中国计生协会计生特殊家庭帮扶项目正式在高邮市落户实施，由中国计生协会对口支援项目经费20万元。5月，按照该项目推进实施的内涵和要求，市计生协会举办计生特殊家庭信息管理系统操作应用培训班，组织镇、村计生协会和计生办工作人员对辖区目标家庭的生活、经济状况和服务需求进行逐户调查，采集相关信息，建立计生特殊家庭信息管理系统。6月，市人口和计生领导小组出台《关于进一步做好计划生育特殊家庭帮扶工作的实施意见》，就推进该项工作进行部署。10月，市政府办出台《关于进一步做好计划生育特殊困难家庭扶助工作的实施意见》，从加强经济扶助保障、提供基本生活保障、实施养老帮扶保障、强化医疗服务保障、开展精神关怀保障、落实生产就业保障等方面，就建立完善"六位一体"的帮扶保障体系提出明确要求，切实推动全市层面实施推进好项目。6月25日，《中国人口报》专题报道高邮市构建"六位一体"计生特殊家庭帮扶保障体系的做法。至年底，全市新建成计生特殊家庭活动阵地13个，实现乡镇全覆盖；新招募卫生专业红围巾志愿者719人，发展项目志愿者941人；组织目标人群开展交流活动117人次，举办心理健康知识讲座26场次、惠及目标人群643人次，开展心理咨询疏导392人次，走访慰问计生特殊家庭1883人次，发放慰问金48.36万元。（顾永华）

【"亲情关爱计生家庭"主题活动】 5月下旬～6月上旬，市计生协会为纪念中国计生协会成立35周年，组织广大会员和群众，集中开展一系列"亲情关爱计生家庭"主题活动。期间，先后组织开展理事及会员学习培训活动、专家义诊活动、签约医生上门访视计生特殊家庭结对联系户活动、广场宣传服务咨询活动、"送知识、送健康、送关爱、献爱心"走访慰问活动、报社专栏宣传活动、会费一日捐活动等，共培训人员643人次、义诊服务100多人次、访视联系户777人次、接受群众咨询320人次、发放宣传资料342份、走访慰问计生家庭430户、募集捐款5.12万元、发放慰问金5.12万元、资助计生特殊家庭418户。（顾永华）

【省计生协会秘书长邵凡到高邮开展"三解三促"调研活动】 8月17日，省计生协会秘书长邵凡一行在扬州市卫计委副主任胡彩云陪同下，到高邮市开展"三解三促"调研活动。

期间，围绕中国计生协会计生特殊困难家庭帮扶项目在高邮组织实施情况，邵凡一行在高邮城南经济新区召开专题座谈会。在听取市卫计委、高邮镇、龙虬镇、高邮城南经济新区及其太丰村、特平村、南苑社区等参会单位的工作汇报及相关建议后，调研组对高邮全市上下组织实施计生特殊困难家庭帮扶项目工作给予肯定，并就下一步工作开展提出指导性意见和建议。座谈会召开前，邵凡一行还走访慰问太丰村的陈习仁、南苑社区的朱英桃两户计生特殊困难家庭。（顾永华）

【免费赠送"计划生育特殊困难家庭人身意外伤害综合保险"】 10月，市人口计生委和市计生协会与中国人寿高邮支公司合作，继续向计划生育特殊困难家庭免费赠送人身意外伤害综合保险。该"计划生育特殊困难家庭人身意外伤害综合保险"责任项目包括保险人意外身故、意外伤害、规定病种的重大疾病和住院津贴，保费金额为每人每年200元。至年底，全市有计划生育特殊困难家庭人员675人免费获赠该险种，累计保费总金额13.5万元；累计向患病遇险的计划生育特殊困难家庭人员19人支付理赔金4.52万元。（顾永华）

老区经济开发促进会和扶贫开发协会、扶贫基金会

【产业化扶贫工作】 2015年，高邮市老区经济开发促进会和扶贫开发协会（以下简称市"两会"）坚持推进产业化扶贫不动摇，促使全市行政村在集体经济发展和村民脱贫致富奔小康上取得新的成效。主要表现为：农民人均纯收入稳步增长，当年实现农民人均纯收入2.20万元，比上年增加1727元，增长8.7%。三大合作组织加快发展，当年实现农村三大合作组织884个，其中股份合作社320个、专业合作社510个、各类协会54个，比上年增加55个。扶贫企业不断增加，当年民企参加扶贫数954个，占比为27%，比上年增加42个。土地流转面积有所扩大，当年累计流转土地3.09万公顷，占

比为48%，比上年增加2.8%。村级集体经济平稳增长，当年实现村级经济平均收入53万元，比上年增长5.9%。贫困户、贫困人口快速减少，当年实现脱贫户1762户、脱贫人口3591人，占比分别为61%和62%。 （陈庚林）

【市老区扶贫基金会成立】 9月15日上午，市委、市政府召开市老区扶贫基金会成立会议。扬州市“两会”理事长高瑞芹，高邮市委副书记、宣传部部长张秋红，高邮市政府副市长杨文喜，高邮市“两会”理事长史善成等参加。会上，张秋红作讲话，高瑞芹和杨文喜为市老区扶贫基金会成立揭牌，史善成当选为市老区扶贫基金会理事长。张秋红在讲话中要求，扶贫基金会要努力打造“阳光基金”、打造“实力基金”、打造“高效基金”、打造“服务基金”；要建立健全管理体制和运行机制，确保阳光透明；要积极创新募捐形式和途径，改变过去扶贫资金“大水漫灌”的做法，做到救助与开发结合、扶贫与致富并重，既输血又造血，不断增强贫困镇村和贫困人口的自我发展能力。她希望，市扶贫基金会、市“两会”、市委农工办要切实帮助老区及低收入农户理清发展思路，大力实施脱贫攻坚工程，确保年内村集体经营性收入达40万元，人均纯收入低于5000元的低收入农户脱贫率达100%。 （陈庚林）

资料链接 *9月，为确保市老区扶贫基金会工作经费得到切实保障，市委、市政府募集资金420万元，存入财政专户，并以其衍生的利息作为市扶贫基金会开展扶贫工作的专项基金。至年底，市“两会”向扬州技师学院输送特困家庭子女(高、初中毕业生)43人，并发放助学金。* （陈庚林）

【高邮首家村级扶贫基金会成立】 7月8日上午，全市首家村级扶贫基金会在界首镇子婴村成立。该基金会首期投入启动资金35万元，积极探索“滴灌式”精准扶贫的新路子。

扬州市“两会”会长潘湘玉，高邮市委副书记、宣传部部长张秋红及高邮市“两会”、界首镇等有关负责人参加。会上，潘湘玉和张秋红为该基金会揭牌；张秋红作讲话。会议还由该村全体村民代表通过《子婴村扶贫基金会章程》和子婴村扶贫基金会第一届理事会、监事会组成人员名单。 （陈庚林）

资料链接 *据统计，在子婴村扶贫基金会首期启动资金中，扬州市“两会”和高邮市“两会”分别投入11万元，界首镇和子婴村分别筹集5万元，当地私营企业老板华祝安赞助3万元。对该基金会下一步的发展，该村负责人表示，将以每年不低于10万元的递增数额做大该扶贫基金的盘子，力争在3年内使扶贫基金总额达到100万元，以更好地发挥自身造血功能，增强集体经济和发展活力。*

（陈庚林）

【调查研究】 2015年，市“两会”继续开展调查研究，积极建言献策。全年牵头组织各乡镇(园区)协会，先后围绕“‘三农’工作”“低收入农户和人口脱贫”“深化扶贫助学”“农村三大合作组织发展”等重点，组织开展系列专题调研活动。全年共撰写调研报告在《中国老区建设》《江苏老区》《扶贫动态》《创业·就业》《扬州通讯》《奔小康》《高邮情况》等刊物上发表22篇。 （陈庚林）

社 会 保 障

Social Security

导读

社会保险

【概况】 2015年，全市参加社会保险74.89万人次，其中企业职工养老保险参保13.43万人、机关事业单位养老保险参保6770人、城乡居民社会养老保险参保21.65万人、城镇职工基本医疗保险参保12.79人、城镇居民基本医疗保险参保4.87万人、工伤保险参保9.14万人、生育保险参保6.18万人、失业保险参保6.15万人。社会保险基金全年收入15.44亿元、支出14.84亿元。　（吴杨）

【企业职工基本养老保险】 2015年末，全市企业职工养老保险建账人数17.08万人，比上年同期净增0.75万人。其中，在职职工参保13.43万人、离退休人员参保3.64万人，分别比上年同期增加0.48万人、0.27万人。是年，全市企业职工养老保险基金总收入9.25亿元，其中当期征缴收入8.36亿；总支出9.07亿元，其中养老金支出（含丧抚费）8.55亿。　（吴杨）

【调整企业退休人员养老金】 4月，市人社局和市财政局根据省、扬州市统一部署，经市政府批准，从1月1日起，对全市参加企业职工养老保险且在2014年12月31日前办理退休（职）或领取定期生活费手续的人员调整养老金发放标准。具体采用普遍调整和适当倾斜相结合的办法。关于普遍调整，即每人每月增加60元；按本人缴费年限，每满1年每月增加3元，不足45元按45元增加；按本人本次调整前的月基本养老金（生活费）的3.5%计算增加额。关于适当倾斜，即对2014年12月31日前年满70周岁不足75周岁、年满75周岁不足80周岁、年满80周岁及以上的三个年龄段退休人员，每人每月分别增发40元、60元和80元；上述年龄段退职及领取定期生活费人员，每人每月分别增发30元、50元和70元。此次养老金调整后，全市企业退休人员月平均养老金为1805.88元，月增220.57元，惠及全市企业离退休人员3.4万多人。　（吴杨）

【机关事业单位养老保险】 2015年末，全市机关事业单位养老保险参保6770人，比上年同期净增125人。其中，在职职工参保4229人、离退休人员参保2541人，分别比上年同期减少2人、增加127人。是年，全市机关事业单位养老保险基金总收入9399万元、总支出12340万元，赤字2941万元。　（吴杨）

【调整社会养老保险缴费基数】 9月，经市政府批准，全市从10月1日起调整2015年度（2015年10月1日至2016年9月30日）社会养老保险缴费基数标准。在2015年10月1日～2016年9月30日期间，全市参保人员月缴费工资上限为2014年全省城镇非私营企业在岗职工月平均工资的300%（15446元），下限为2550元；全市各类用人单位以全部职工工资总额为基数缴费，私营企业、民营单位参保人员月缴费工资低于2299元的，按2299元确定。参保人员工资收入在基本养老保险费征缴上下限范围内的，按照实际工资收入确定缴费工资。从10月1日起，个体工商户及其雇工、自由职业者等灵活就业人员的最低月缴费基数为2550元，即实际月缴费额由原458.8元增加到510元。对于中断保险需续保的，2015年10月1日～2016年9月30日按不低于2014年全省城镇非私营单位在岗职工月平均工资60%确定。　（吴杨）

【城乡居民社会养老保险】 2015年末，全市参加城乡居民社会养老保险人数21.65万人，比上年同期减少0.35万人。是年，全市有领取基础养老金的城乡居民15.96万人,领取率100%;全市城乡居民社会养老保险基金总收入2.93亿元、总支出2.35亿元(个人账户养老金支出0.24亿元、基础养老金支出2.11亿元);基金当年结余5818.86万元,累计结余4.29亿元。 (吴杨)

【调整城乡居民养老保险基础养老金标准】 3月,市人社局和市财政局根据省、扬州市统一部署,经市政府批准,从2014年7月1日起,调整城乡居民社会养老保险基础养老金标准,由每人每月90元提高到每人每月105元,月增15元,惠及全市城乡居民15.6万人。这是自2010年国家实施新农保政策以来,全市第4次上调城乡居民的基础养老金标准。 (吴杨)

【城镇职工基本医疗保险】 2015年末,全市城镇职工基本医疗保险参保12.79人,比上年同期净增9288人。其中,在职职工参保9.04万人、离退休人员参保3.75万人,分别比上年同期增加5831人、3457人。是年,全市城镇职工基本医疗保险基金总收入4.28亿元、总支出3.99亿元,其中统筹基金总收入2.09亿元、总支出2.19亿元,赤字941万元。 (吴杨)

【职工医疗保险个人账户资金使用范围扩大】 10月15日,市人社局、市财政局根据《关于扬州市区职工医保个人账户资金用于购买商业健康保险有关问题的通知(试行)》,决定扩大全市职工医保个人账户资金使用范围。该通知规定,职工医保个人账户结余超过3000元的,可利用个人账户资金为本人或其直系亲属购买商业健康保险,一个统筹年度内用于购买商业健康保险的额度不得超过个人账户结余总额的30%,累计不得超过4000元。

(吴杨)

【医保卡使用范围扩大】 2015年,经市人社局与扬州市人社局对接,高邮市职工持有的医保卡使用范围进一步扩大,与扬州7家定点医疗机构、45家定点零售药店实现实时联网结算。 (吴杨)

【医保卡药店挂失程序启用】 5月,市人社局向授权药店开放参保人员医保卡药店挂失、改密等程序。至此,全市城镇职工医疗保险参保人员在遗失个人医保卡后,既可以到市医保大厅挂失,也可以到附近熟悉的授权药店填办理医疗保险卡挂失和密码修改等相关手续。 (吴杨)

【城镇职工大病补充保险】 8月11日,市人社局、市财政局根据《关于印发扬州市区职工大病补充保险实施意见的通知》要求,决定从2016年1月1日起,在全市实施城镇职工基本医疗保险大病补充保险政策。该职工大病补充保险资金从统筹基金节余中暂按每人每年48元的标准筹集,个人不缴费;报销起付标准暂定为1.5万元,合规医疗费用为医保政策范围内费用;报销采取分段报销、累加补偿,不设最高支付限额,1.5万元~6万元(含6万元)报销55%,6万元~10万元(含10万元)报销60%,10万元~15万元(含15万元)报销65%,15万元以上报销70%。 (吴杨)

【调整全市职工医保统筹和大病医疗救助基金最高支付限额】 8月21日,市人社局、市财政局根据扬州市人社局、扬州市财政局《关于调整全市职工医保统筹和大病医疗救助基金最高支付限额等有关问题的通知》要求,经市政府批准,决定从2016年1月1日起,将全市职工医保统筹基金最高支付限额统一调整至6万元,职工大病医疗救助基金最高支付限额统一提高至30万元,并将用人单位参保职工(含在职、退休人员)大病医疗救助个人缴费金额由3元/月调整为6元/月。 (吴杨)

【城镇居民基本医疗保险】 2015年末,全市城镇居民基本医疗保险参保4.87万人,比上年同期净增3176人。是年,市区城镇居民基本医疗保险人均筹资标准380元,其中政府补助260元,有4.87万人享受该保险待遇;完成该保险基金总收入2586万元、总支出2094万元,结余492万元。

(吴杨)

【新型农村合作医疗】 2015年,全市新型农村合作医疗(以下简称新农合),参保率100%,筹资标准人均485元,其中各级财政配套380元(省、扬州市、高邮市及各乡镇财政配套资金分别为228、2、137、13元)、农民个人缴费105元(含大病保险保费15元)。全市新农合实际住院补偿比55%,统筹地区政策内费用补偿比为76.6%;完成住院补助6万人次,发放补助金2.12亿元,人均住院补偿额3533.33元,比上年提高29.9%;最高支付限额为18万元。继续实行农村居民大病保险制度,全年新农合大病保险理赔8992人(次),理赔总金额1442.53万元,次均受益1604.24元,在新农合普惠性补偿比例的基础上再次提高8.47个百分点。

(黄斌)

【失业保险】 2015年末,全市失业保险参保6.15万人,比上年同期净增1300人。是年,全市失业保险基金总收入2900万元、总支出1503.29万元,结余1396.71万元;领取失业保险金人数1885人。

(吴杨)

【调整失业保险金最低标准】 6月,经市政府批准,全市从7月1日起调整全市失业保险金最低发放标准,由每人每月650元提高到每人每月715元,月增65元,惠及全市失业人员223人。(吴杨)

资料链接 根据《江苏省失业保险条例》规定,失业金发放标准主要依据单位和个人缴费情况而定。具体为:单位和个人缴费不满10年的,按照失业人员失业前12个月的月平均缴费基数的40%确定；缴费满10年不满20年的，按照失业人员失业前12个月的月平均缴费基数的45%确定；缴费20年以上，按照失业人员失业前12个月的月平均缴费基数的50%确定。（吴杨）

【工伤保险】 2015年末，全市工伤保险参保9.14万人，比上年同期净增5506人。是年，全市工伤保险基金总收入3222万元、总支出3386万元，赤字164万元；有1292人享受该保险待遇。（吴杨）

【企业职工退休和工伤鉴定审批】 2015年，市人社局为企业参保人员办理退休（职）手续3420人，其中正常到龄退休3221人、按照特殊工种提前退休政策办理退休115人，因重病及伤残办理退休84人。全年组织劳动能力鉴定会4次，经扬州市劳动能力鉴定委员会作伤残等级鉴定249人，其中1～4级伤残3人、5～6级伤残8人、7～10级伤残235人、未达等级3人。全年认定工伤事故1030起。（吴杨）

【生育保险】 2015年末，全市生育保险参保6.18万人，比上年同期净增5650人。是年，全市生育保险基金总收入1330万元、总支出1175万元，结余155万元；有837人享受该保险待遇。（吴杨）

【生育保险实现网上审核报销】 9月，市人社局开发生育保险药品明细网上实名录入计算机系统结算系统，该系统采用省三个目录库对费用明细进行分类，按生育政策进行结算，确保费用结算公平公正。至年底，该系统完成网上结算681人，报销金额338万元。（吴杨）

【《高邮市特殊困难群体助保暂行办法》出台】 6月10日，市人社局出台《高邮市特殊困难群体助保暂行办法》，以解决市属改制企业下岗、失业人员因暂时困难而中断养老保险缴费且目前又难以续缴的这一历史遗留问题。据统计，该办法将惠及全市下岗、失业中途断保人员近8000人。该办法采取财政贴息、商业银行贷款的助保形式。同时，规定贷款期限最长不超过五年，助保对象自领取养老金当月起，以不低于养老金30%的比例按月偿还贷款；还贷时间不得超过5年，前3年的助保贷款利息由财政承担；对于不能按时还清的，剩余年限的利息由助保对象自己承担。至年底，全市办理特殊困难群体助保手续11人。（吴杨）

【企业退休人员社会化管理】 2015年，全市共有企业退休（职）人员3.65万人，其个人档案入库率100%。企业退休（职）人员居住在外地实行委托管理的1245人，在市内的退休人员全部实行社区管理，社区管理率100%。（吴杨）

【企业退休人员免费体检】 2015年，市人社局根据《江苏省劳动保障厅关于全面开展企业退休人员免费健康体检工作的通知》要求，以两年为一个周期，对全市2015年应参加健康体检的退休人员2万人，全部进行一次免费健康体检，周期免费健康体检率100%。（吴杨）

住房保障

【概况】 2015年，市房管局积极向上争取住房保障补助资金，多方筹措保障住房房源，认真开展廉租住房租赁补贴发放、各类保障房的申请审核和分配工作，切实提升住房保障能力。全年争取住房保障补助资金4777万元；新开工建设房源2028套，建成房源1832套；发放廉租住房租赁补贴347户次、16.03万元；审核各类保障房申请150户、公示130户；通过"摇号定序，抽签选房"方式分配各类保障房257户。（周欢）

【保障房建设】 2015年，全市开工新建各类保障房2028套，其中公租房326套、经济适用住房268套、棚户区改造安置住房1434套，基本建成各类保障房1832套，其中公租房443套、经济适用住房94套、限价商品房264套、棚户区改造安置住房1031套。（周欢）

【保障房分配】 2015年，全市申请住房保障家庭180户，通过申请审核公示150户，其中公租房69户、经济适用房81户；发放公租房租赁补贴347户次、16.03万元。（周欢）

【公共租赁住房公开配租】 2015年，市房管局按"三直接"若干环节操作规范的要求，以"摇号定序，抽签选房"方式做好保障房的分配工作。全年举行"摇号定序，抽签选房"仪式3次，共分配各类保障房257户。（周欢）

【住房保障政策】 2015年，市房管局制定出台《调整住房保障相关政策的通知》，进一步完善住房保障政策、扩大保障范围。该通知围绕经济适用房保障，进一步放宽申请人的户籍年限、大龄未婚人员年龄、出售房产年限、离婚年限及家庭收入标准等方面的条件，并将住房保障的人均建筑面积由17平方米调整为18平方米。（周欢）

住房公积金管理

【概况】 2015年，扬州市住房公积金管理中心高邮分中心坚持以制度扩面为龙头，加大住房公积金政策宣传力度，各项工作有序推进，取得一定成效。是年，该中心服务大厅窗口被省总工会授予"江苏省工人先锋号"称号，该中心被扬州市委、市政府授予"2013—2014年度文明单位"称号。

【住房公积金全年归集总量3.57亿元】 2015年，

扬州市住房公积金管理中心高邮分中心通过基数调整、行政执法、部门联动等方法相结合,有效促进公积金量的扩张、面的扩大。全年新增住房公积金归集单位153家,累计有归集单位2444家;新增归集人员6048人,累计有归集人员10.33万人。全年归集住房公积金3.57亿元(含结息),增长12.3%。至年底,全市累计归集住房公积金21.19亿,比上年同期增长19.3%;累计有住房公积金归集余额9.74亿元,比上年同期增长15.7%。

(赵吉哲)

【住房公积金全年提取总量2.27亿元】 2015年,扬州市住房公积金管理中心高邮分中心坚持按照各项规定,全面做好住房公积金提取服务工作。全年办理住房公积金提取业务(含划扣还贷)6.38万笔、金额2.27亿元,分别增长19%、32%;笔均提取金额3560元,比上年增加348元。 (赵吉哲)

【住房公积金贷款全年发放总量2.57亿元】 2015年,扬州市住房公积金管理中心高邮分中心在归集资金盘子不断扩大的情况下,注意发挥公积金改善职工住房条件的作用,对改善性住房和中小户型申贷户实施倾斜,使有限的资金发挥更广泛的保障支持作用。全年发放贷款1035户,贷款额2.57亿元,户均24.8万元;年终贷款余额8.88亿元,个贷比为91.2%。同时,为高邮市政府提供廉租房补充资金1560万元,创历史新高。 (赵吉哲)

【住房公积金缴存基数调整】 2015年,扬州市住房公积金管理中心高邮分中心与市财政局联合下发《关于调整2015年住房公积金缴存基数的通知》,从2015年1月1日起,调整全市机关事业单位职工个人住房公积金月缴存基数,具体按职工本人2014年度月平均工资收入(工资总额)核定;各单位职工月工资缴存基数的下限不低于全市最低月工资标准(1480元),上限不超过1.18万元。

(赵吉哲)

社会救助与福利

【城市居民最低生活保障】 2015年,全市城市居民最低生活保障(以下简称城市低保)标准实行自然增长机制。从7月1日起,城市低保标准由每人每月500元调整到550元,人均月差额补助310.89元。市民政局对申报城市低保的家庭实行动态管理,每月审核一次。全年新增城市低保户37户、81人,核减61户、120人,共保障618户、1287人,发放城市低保金459.22万元,由市财政局按月通过银行直接打卡发放到户。同时,市民政局还按照每户每月25元的标准,继续向城市低保家庭发放"实物券",全年共发放12.84万元。

(张准 周麟)

【农村居民最低生活保障】 2015年,全市农村居民最低生活保障(以下简称农村低保)标准实行自然增长机制。从7月1日起,农村低保标准由每人每月360元调整到410元,人均月差额补助203.94元,由市民政局对农村低保户每季度审核一次。全年新增农村低保户299户、794人,核减611户、1460人,共保障4896户、11632人,发放农村低保资金2589.98万元,由市财政局通过银行直接打卡到低保农户"一折通"上。 (张准 周麟)

【医疗救助】 2015年,市民政局继续加大对城乡困难群众的医疗救助力度,医疗救助基金体量由1041万元提高到1554万元,医疗救助封顶线由3.5万元提高到9万元,城市低保对象个人自付救助比例由65%提高到70%,农村"五保"对象、城市"三无"人员个人自付救助比例为85%。加大对城乡困难群众重特大病的救助力度,全年共救助困难群众895人,发放救助金302.36万元。保持医疗救助同步结算平台正常运转,向困难群众提供"一站式"即时结算服务18.5万人次,支付医疗救助金807.05万元,受助困难群众个人前期医疗费用压力减轻。全年累计资助低保、"五保"、城市"三无"等对象参合参保等费用257.41万元;支出医疗救助金1064万元。

(张准 周麟)

【临时生活救助】 2015年,市民政局按照临时生活困难救助实施办法,在市财政设立74万元的救助基金,继续对全市因病、因灾等特殊原因造成生活暂时困难的低保边缘家庭(家庭月收入在城乡低保标准的1倍~2倍之间),给予100元~1000元的临时生活救助。全年共救助低保边缘家庭7127户,发放救助金265.96万元。 (张准 周麟)

【急难家庭救助】 2015年,市民政局依据扬州市《关于加强和改进急难家庭救助工作的意见》,制定《高邮市急难家庭生活救助暂行办法》,按照"托底线、救急难、可持续"原则,建立工作机制,搭建救助平台,细化救助项目,落实保障资金,完善救助体系,全面启动全市急难家庭救助工作。至年底,落实年度专项基金500万元;共救助急难家庭237户,发放救助金241.87万元,其中即时救助102户、56.5万元,医疗专项救助135户、185.37万元。

(张准 周麟)

【灾害救助】 2015年,市民政局修订《高邮市自然灾害救助应急预案》,落实24小时救灾值班制度,确保灾后12小时内落实基本生活救助措施。5月12日,市民政局围绕"科学救灾、依法应对"主题,组织开展全国第7个"防灾减灾日"系列活动。期间,在九元社区举行"江苏省地震安全示范社区"授牌仪式；在市南海中学组织防震防火紧急疏散演练，推进防灾减灾走进学校、走进学生；特邀地震专家到武安社区开展防灾减灾知识讲座，增强广大社区居民防震、防灾减灾的安全意识。11 月，建立自然灾害民生保险制度，设立 107 万元专项资金，为全市 81 万多名高邮户籍居民购买自然灾害民生保险，实现全覆盖。全年实施灾害救助 6 户，共发放灾害救助金 13.7 万元、寒衣救济款 6 万元。

（张准　周麟）

【市救助管理站】　2015 年，市救助管理站坚持自愿受助、无偿救助、主动救助原则，依法做好流浪乞讨人员救助工作。继续组织实施"夏季送清凉""寒冬送温暖"等活动，让受助者感受到党和政府的关心和温暖。建立巡查工作机制，完善 24 小时值班制度，实行拉网式检查，切实维护和保障受助人员的基本权益。全年共救助社会流浪、乞讨人员 233 人（含神经病患者 30 人、未成年人 2 人），并将受助的贫困重症对象妥善安排至医院救治。

（张准　周麟）

【物价补贴】　2015 年，市民政局继续执行全省规定，根据 CPI（物价指数）涨幅与保障标准挂钩的要求，于 7 月、10 月启动困难群众价格补贴机制，城市低保对象按照每人每月 37.5 元的标准发放，农村低保对象、"五保"对象按照每人每月 26 元的标准发放，共发放物价补贴 65.37 万元。

（张准　周麟）

【春节扶贫济困送温暖专项活动】　2015 年春节前夕，全市组织 7 个慰问小组，由市委、市人大常委会、市政府、市政协领导带队，慰问城乡低保户、"五保"户、重病户、孤儿、优抚对象、低保边缘群体等困难群众 2.8 万人，共发放慰问资金 85.54 万元。2 月 10 日、2 月 11 日、2 月 16 日，省委常委、组织部长王炯，省民政厅厅长侯学元，扬州市委常委姚苏华等领导先后率队到高邮市开展扶贫济困送温暖活动。　（张准　周麟）

【"五保"供养】　从 7 月 1 日起，市民政局按照"五保"供养标准自然增长机制要求，将供养标准由年人均 6000 元调整到 6600 元。至年底，全市"五保"供养对象共 4523 人（集中供养对象 2651 人、分散供养对象 1872 人），发放供养金 2353 万元。其中，集中供养"五保"对象的供养金由财政直接打入乡镇敬老院账户。　（张准　周麟）

【敬老院建设】　2015 年，市民政局继续加强敬老院规范化建设，全面完成全市农村敬老院"三有三能六达标"提档升级改造工程，实现全覆盖。至年底，全市乡镇（园区）敬老院共有床位 5788 张（当年新增床位 608 张），每千名老人拥有床位数 33 张，集中供养率 80%。　（张准　周麟）

【城市"三无"老人保障】　2015 年，全市落实城市"三无"老人保障标准自然增长机制，从 7 月 1 日起，其保障标准由每人每月 926 元提高到 1020 元，所需资金全部由财政负担。至年底，全市共保障城市"三无"老人 98 人，发放保障金 115.35 万元。

（张准　周麟）

【市社会福利中心】　2015 年，市社会福利中心按照生活、健身、娱乐、医疗四位一体养老服务宗旨，注重实行民主化管理，成立老人自治服务管理委员会，定期听取老人的意见与建议；丰富休养老人精神文化生活，制定休养老人周活动表，定期开展看电影、读新闻、举办健康知识讲座、组织老年人跳健身操等活动；积极开展志愿服务活动，逐步实现志愿服务活动的规范化、日常化、制度化。至年底，该福利中心拥有社会养老楼 3 幢，设有床位 300 张，入住社会养老人员 81 人。　（张准　周麟）

【养老机构建设】　2015 年，全市累计争取上级资金 1468 万元，用于资助养老机构新建及改扩建项目；免费培训养老护理员 36 人次，全市养老机构护理员持证上岗率 60%以上。至年底，全市共有养老机构 17 家、床位 6468 张。其中，公办养老机构 14 家、床位 6228 张；民办养老机构 3 家、床位 240 张。　（张准　周麟）

【儿童福利】　2015 年，全市共保障孤儿 173 人，其中社会散居 158 人、儿童福利院集中养育 15 人，孤儿信息全部录入全国儿童福利信息管理系统。落实孤儿养育标准自然增长机制，从 7 月 1 日起，社会散居的孤儿生活费由每人每月 880 元提高到 968 元，集中养育的孤儿生活费由每人每月 1463 元提高到 1610 元；全年发放孤儿生活保障金 176.72 万元。继续落实困境儿童保障机制，重点开展困难家庭儿童、残疾儿童的学费资助等活动，全年资助困境儿童 200 人次，发放资助金 40 万元。

（张准　周麟）

【困境未成年人社会保护】　11 月 3 日，市政府出台《未成年人社会保护工作实施意见》，进一步健全完善"政府主导、民政牵头、部门协作"的未成年人社会保护体系，切实维护困境未成年人的合法权益。该意见确定保护对象为本市户籍及外来实际居住在高邮的、基本权益失去保障或受到侵害的困境未成年人，主要包括流浪未成年人、因家庭贫困面临辍学和自身患有重病或重残，丧失或部分丧失生活自理能力的未成年人、监护缺失未成年人、因遭受犯罪侵害被拐卖、非法雇佣等原因陷入困境的未成年人、其他因特殊原因基本权益失去保障或受到侵害的困境未成年人等五类特定对象。该意见围绕困境未成年人保护，明确提出建立发现报告和快速响应机制、建立调查评估与干预机制、建立分

类帮扶机制、建立服务平台与保护网络等四项工作任务。该意见还就加大投入和强化责任提出明确要求。（张准 周麟）

【残疾人福利企业】 2015年，市民政局围绕企业规范化管理和残疾职工各项待遇落实情况，对全市福利企业组织开展年审工作，年审合格企业100家，变更福利企业信息72家。至年底，全市共有福利企业98家，职工总人数9664人，其中安置残疾职工2979人，实现产值35.2亿元、销售31.68亿元、利税1.14亿元。帮助福利企业落实退税免税政策，全年退税免税金额9119.29万元。

（张准 周麟）

【福利彩票】 2015年，市民政局继续把福利彩票销售工作作为“一把手”工程来抓，通过完善管理制度、加大宣传力度、拓宽销售渠道、增设销售站点、拓展合作方式、打造品牌形象、严格考核奖惩等，推动福利彩票销售额实现稳步提升。至年底，全市97个站点共销售福利彩票6906万元，其中电脑票2699万元、即开票183万元、“中福在线”913万元、快3玩法3111万元。（张准 周麟）

优抚和安置

【抚恤优待】 从7月1日起，市民政局根据《军人抚恤优待条例》《江苏省实施〈军人抚恤优待条例〉办法》和扬州市民政局的统一规定，按照自然增长机制，调整残疾军人、“三属”等优抚对象3200多人的抚恤定补优待标准。按照上年城镇居民人均可支配收入45%的标准，兑现城乡义务兵家属优待金，每人每年发放13811元。全面做好在乡老复员军人遗属846人的定补发放工作，为60周岁以上农村籍退伍老兵227人办理生活补助，向60周岁以上烈士子女273人发放定期生活补助。加强优抚对象医疗保障工作，完善“一站式”结算服务，为重点优抚对象2900多人办理参保参合事宜，向重点优抚对象发放住院医疗补助金782人次、68.46万元。加快重点优抚对象信息数据库建设，做好“两证换发”工作，全年换发或补发《烈士证明书》6份、《残疾军人证》10本。建立“八一”、春节等重大节日慰问制度，发放慰问金240万元；施行重点优抚对象短期疗养，落实每年一次的健康体检。加强烈士纪念设施管理，下发《关于加强乡镇烈士纪念设施管理保护工作的意见》。（张准 周麟）

【退役士兵安置工作】 2015年，市民政局根据《退役士兵安置条例》精神，按照城乡退役士兵补助金标准相同的要求，继续做好一体化安置工作。全年接收2014年冬季退役士兵367人（城镇兵117人、农村兵250人），发放一次性经济补助金、生活补助费1167.66万元。依法妥善安置符合就业条件的退役士兵12人，其中岗位安置11人、自主就业1人；落实自主就业、自谋职业经济补助机制，加强退役士兵免费职业技能培训和就业推荐工作，共组织退役士兵参加各类培训327人次，参训率86%，结业率98%，推荐就业率95%。加强军休服务管理，继续开展“和谐军休家园、和谐军休家庭”创建活动，全面落实“两个待遇”。（张准 周麟）

【市烈士陵园】 2015年，市民政局充分发挥市烈士陵园作为爱国主义教育阵地的作用，全年接待烈士家属和社会各界祭扫革命烈士墓近10万人次。8月，侵华日军向新四军投降处旧址（现为抗日战争最后一役纪念馆），被国务院列入“第二批国家级抗战纪念设施、遗址名录”。9月30日，市委、市政府在该园举行“烈士纪念日”活动，有干部群众800多人参加。12月26日，市委、市政府在该园新落成的抗日战争最后一役胜利广场举行高邮战役胜利70周年纪念活动。（张准 周麟）

社会事务管理

Social Affairs Management

导读

基层自治组织建设

【和谐社区创建工作】 4月，市民政局下发《关于明确省和谐社区示范创建和达标创建工作目标和标准的通知》，就开展省和谐社区示范创建和达标创建工作进行部署。至年底，全市新创成省和谐示范社区7家，累计创成省和谐示范社区50家；城市、农村和谐社区达标率分别为92.1%、81.1%。

（张准　周麟）

【社区办公服务用房建设】 2015年，根据市委、市政府《关于加强新形势下城乡社区建设工作的意见》有关精神，市民政局协同有关乡镇、园区及部门继续推进城乡社区办公服务用房建设工作。1月7～8日，市民政局牵头组织市财政局、市房管局、市规划局等部门，对全市第二批申报验收的城乡社区进行验收。此次参加验收的城乡社区共有24家（城区社区4家、农村社区20家），验收合格21家（城区社区4家、农村社区17家），发放以奖代补达标经费425万元。11月26日，对年初验收未达标的临泽镇果林社区、周山镇杨庙社区、龙虬镇龙虬社区，再次开展达标扫尾验收工作，全部验收合格，发放以奖代补达标经费45万元。至此，社区办公服务用房达标建设任务基本完成；城区社区服务办公用房达标率94%、农村社区达标率100%。

（张准　周麟）

【“政社互动”工作】 2015年，市民政局根据《高邮市“政社互动”试点工作实施方案》《关于在全市推行“政社互动”提高社区管理服务效能的实施意见》，继续推进“政社互动”工作开展，努力实现政府治理和社会自我调节、居民自治良性互动。年初，市民政局印发《关于上报“政社互动”工作委托协议书及双向履约评估表的通知》，指导第一批开展“政社互动”试点工作的乡镇（园区）做好协议签订及双向评估工作；8月，印发《关于做好2015年全市“政社互动”工作的实施意见》，在未开展“政社互动”试点工作的6个乡镇，全面推行“政社互动”工作。至年底，该“政社互动”工作实现城乡全覆盖。

（张准　周麟）

【社区减负增效工作】 2月6日，市委、市政府根据扬州市委、市政府文件要求，结合全市推行“政社互动”工作实际，制定出台《关于深入推进“切实减轻社区负担，提升服务群众效能的六项规定”工作的实施意见》，就全市深入推进社区减负增效“六项规定”（厘清社区依法工作事项、规范社区印章使用、精简社区台账、清理各类创建达标评比活动、推进社区信息化建设）工作提出明确要求。市民政局及各乡镇、园区根据该意见要求，进一步加强领导、坚持推进、深入调研、明确重点、科学考核，确保社区减负增效工作得以依法有序推进，初步实现政府治理和居民自治良性互动。（张准　周麟）

【“三社联动”工作】 2015年，全市继续推进以社区为平台、社会组织为载体、社会工作者为支撑的“三社联动”工作，努力服务于有养老服务需求的老年人。培育发展社区社会组织，新成立四叶草助残志愿者、红星志愿者等社区社会组织27家；加强社会工作人才队伍建设，组织148人参加社工人才专题培训，有11人通过国家社会工作师和助理社会工作师资格考试；推进社区信息化建设，新建社区一站式信息服务平台5家、社区网站2个，不断完善市、镇、社区三级信息平台。（张准　周麟）

【村民自治】 2015年，市民政局通过加强领导、完善制度、强化调研、创新方法等举措，继续强化村务公开和民主管理工作。5月，市民政局深入全市

175 个行政村，就相关村规民约涉及农村妇女土地权益问题开展专题调研，并形成《高邮市村规民约涉及农村妇女土地权益问题的调研报告》。6 月，印发《关于进一步规范和完善全市村规民约(居民公约)的意见》，指导乡镇(园区)开展村规民约(居民公约)的规范和完善工作，努力提升依法治市工作水平。是年，通过专项督查，村民自治合格率、村务公开达标率均达 98.2%以上。　(张准　周麟)

民族和宗教

【概况】　2015 年，市民宗局围绕全市工作大局，全面贯彻党的民族宗教政策，有效履行部门职能，切实抓好民族、宗教事务管理等各项工作，促进民族团结进步、宗教和睦和顺。是年，市民宗局被扬州市民宗局表彰为信息工作先进单位，被高邮市社会治安综合治理委员会表彰为 2015 年度平安高邮建设工作先进单位。　(郑成霞)

【全市民族宗教工作会议】　3 月 27 日上午举行。会议的主要任务是，总结 2014 年工作完成情况，部署 2015 年重点工作任务。市委常委、政法委书记徐健，副市长杨文喜及市民族宗教工作领导小组成员单位分管负责人、各乡镇(园区)分管负责人和民族宗教事务助理、各宗教团体主要负责人出席会议。会上，徐健和杨文喜分别作讲话。徐健说，各乡镇(园区)和相关部门要充分认识全市民族宗教工作面临的新形势，进一步增强做好民族宗教工作的紧迫感、责任感和使命感；要全面贯彻落实好民族宗教相关法规政策，加强监督检查，加大依法管理力度，促进民族关系、宗教关系的和谐发展；要创新工作方法，提升服务水平，强化工作基础，为推动高邮民族宗教工作提供坚强保证。杨文喜说，各地各部门要进一步增强大局意识、责任意识、学习意识、服务意识和创优意识，统筹谋划、协调推进好各项民族宗教工作，并通过扎实有效的举措，积极引导民族宗教界为建设经济强、百姓富、环境美、社会文明程度高的美丽高邮贡献力量。会上，表彰民族宗教工作先进单位 5 家；各乡镇(园区)递交 2015 年度民族宗教工作责任书。　(郑成霞)

【少数民族与人口】　至年底，全市有 32 个少数民族，共 4568 户、8868 人。其中，菱塘回族乡 2844 户、6211 人，散居于其他乡镇(园区)的 1724 户、2657 人。32 个少数民族人数分别为：回族 7147 人(菱塘回族乡 6195 人、高邮镇 573 人、其他乡镇 379 人)、苗族 352 人、土家族 292 人、布依族 196 人、壮族 170 人、彝族 151 人、满族 109 人、蒙古族 102 人、侗族 64 人、白族 45 人、黎族 33 人、拉祜族 32 人、仡佬族 26 人、傣族 21 人、瑶族 18 人、傈僳族 17 人、朝鲜族 12 人、藏族 11 人、哈尼族 10 人、佤族 10 人、羌族 9 人、景颇族 8 人、畲族 7 人、水族 7 人、布朗族 5 人、土族 5 人、仫佬族 3 人、赫哲族 2 人、纳西族 1 人、京族 1 人、普米族 1 人、珞巴族 1 人。全市有流动少数民族人口 141 人，为外来务工人员和拉面店从业人员。　(沈德才)

【少数民族扶贫工作】　2015 年，市民宗局向省民委申报少数民族扶持发展资金项目 4 项，即菱塘回族乡清真村羊业养殖基地、王姚村碧湖高效渔业养殖、骑龙村高效原生态养鹅示范基地、龙虬镇少数民族家庭罗氏沼虾养殖，获省扶贫开发资金 105 万元；申报少数民族特色村镇项目 3 项，即菱塘回族乡清真村二期特色村镇续建、王姚村特色村镇续建、骑龙村特色村镇续建项目，获项目资金 650 万元；申报少数民族专项资金项目(清真网点建设类项目)1 项，即西域拉面店装修项目，获省级民族事业专项资金 5 万元。　(沈德才)

【民族团结进步创建工作】　2015 年，市民宗局围绕“共同团结奋斗、共同繁荣发展”的民族工作主题，继续开展民族团结进步创建系列活动。5 月，在菱塘回族乡清真村启动“民族团结进步教育实践基地”创建工作，搭建宣传、交流、共建、组织四个平台，集中力量对菱塘回族乡民族文化宫、清真村、古清真寺和回民小区民族团结进步示范点进行打造，服务少数民族群众。是年，市伊斯兰教协会和菱塘回族乡清真村被扬州市政府表彰为民族团结模范集体，薛元金、李深红、沈德才、杨金萍、刘玉山被扬州市政府表彰为民族团结模范个人。　(郑成霞)

【民族宗教政策宣传】　5 月，市民宗局组织开展第二个民族团结进步宣传月活动，重点宣传有关民族变更方面的法律法规。6 月，市民族宗教工作领导小组组织各成员单位和各乡镇(园区)召开学习会，传达学习全省民族工作会议暨第七次民族团结进步表彰大会会议精神；市民宗局组织开展第四个“宗教政策法规学习月”活动，组织宣讲组宣传讲解宗教政策法规，并在部分场所开展宗教政策法规咨询活动。4 月和 9 月，市民宗局在宗教界分别开展“促进宗教和谐”和“铭记历史、缅怀先烈”的主题爱国爱教学习活动。　(郑成霞)

【宗教团体】　至年底，全市有佛教协会、道教协会、伊斯兰教协会、天主教爱国会、基督教“两会”等宗教团体 5 个；经批准登记的宗教活动场所 49 处，其中佛教 30 处、道教 2 处、伊斯兰教 3 处、基督教 13 处、天主教 1 处。全市经备案的宗教教职人员共 114 人，其中佛教教职人员 57 人、道教教职人员 17 人、伊斯兰教教职人员 5 人、基督教传道人员 35 人。全市信教群众近 3 万人。　(陈伟)

【星级宗教活动场所创建】　2015 年，市民宗局继

续推进星级宗教活动场所创建工作。期间，强化创建工作的宣传，邀请市档案局专业人员对相关场所作现场指导、档案整理，联合市消防大队对部分场所的消防安全存在的问题进行督促整改等。5月，镇国寺创成全市首家省四星级宗教活动场所。

（郑成霞）

【镇国寺省四星级宗教活动场所挂牌仪式】　8月13日，市民宗局举行镇国寺省四星级宗教活动场所挂牌仪式。扬州市民宗局副局长朱建明，高邮市副市长杨文喜，市政协副主席、市委统战部部长张贵龙和各宗教团体负责人、重点宗教活动场所负责人、乡镇民宗助理、镇国寺僧众及市旅游局、市水利局、市档案局、市文广新局、市城管局等部门分管负责人参加活动。仪式由市民宗局局长潘寿田主持，朱建明、张贵龙分别作讲话。朱建明首先对高邮市民族宗教工作所取得的成绩给予充分肯定，并希望高邮市各宗教团体和宗教活动场所，以当天的挂牌仪式作为星级宗教活动场所创建工作的“加油站”，进一步贯彻落实省宗教局80号文件精神和掀起星级场所创建工作新的热潮，促进宗教活动场所建设水平的整体提升。张贵龙希望镇国寺以挂牌活动为新的起点，瞄准更高、更大的目标，继续保持争先创优的干劲，进一步提高寺院规范化、标准化建设的成效和水平，力争早日创成全省五星级宗教活动场所；希望镇国寺进一步弘扬宗教文化，挖掘旅游资源，完善基础设施，开展优质服务，加快推动宗教与旅游良好互动，在目前AAA级旅游景区的基础上，积极争创AAAA级旅游景区；希望市有关部门牢固树立大局意识、服务意识，义不容辞地对镇国寺宗教场所规范化建设及景区建设给予更大的关心和支持，为推动全市宗教事业、旅游产业更好更快发展，为建设“强富美高”新高邮作出新的更大的贡献。仪式上，朱建明、杨文喜共同为镇国寺省四星级宗教活动场所铜牌揭牌。　（郑成霞）

【宗教慈善活动】　5月，市民宗局动员和组织全市宗教界人士积极参与“5·19”慈善一日捐活动；9月14～20日，在宗教界组织开展“宗教慈善周”活动。至年底，全市宗教界用于慈善公益事业的善款、物资折合人民币12万余元。　（陈伟）

【镇国寺闭关及千僧斋祈福法会】　6月14日，镇国寺举行乙未年觉伟法师闭关及千僧斋祈愿国泰民安风调雨顺法会。该法会邀请江苏省佛教协会副会长、扬州市佛教协会会长、扬州大明寺方丈能修法师，扬州文峰寺方丈能度法师，上海世伟精舍住持觉伟法师，盐城永宁寺方丈仁风法师及来自上海、安徽、山东、浙江、江苏四省一市的僧人1500多人、居士200多人参加。法会上，镇国寺住持心然法师致欢迎词；能修法师在镇国寺大雄宝殿临堂说法，祈福中国；千余僧众共同为供斋法会功德主以及为伟大祖国、亿万人民及众生祈福；举行觉伟法师闭关及千僧用斋仪式。　（郑成霞）

资料链接　市委、市政府高度重视此次镇国寺闭关及千僧斋祈福法会活动。活动前，市长方桂林，市委常委、政法委书记徐健就活动安全工作分别作批示；副市长杨文喜专题召开筹备工作会议，研究方案、明确责任。活动当天，杨文喜亲临现场指导，市公安、卫生、宗教等相关部门各司其职，全力做好监管服务工作，确保活动的安全、有序开展。本次活动的圆满举办，进一步提升镇国寺的知名度和影响力，有利于其自养和发展，更有利于将其进一步打造成高邮旅游和宗教文化的一张特色名片，对推动全市国家历史文化名城的创建工作具有积极意义。　（郑成霞）

【基督教“两会”同工培训班】　3月2～15日，市基督教“两会”在福音堂举办同工培训班，有相关教职人员、同工、信徒共60多人参加培训。此次培训班，主要围绕圣经知识、教会内部管理、宗教政策和时事政治等方面进行培训，旨在进一步提升教会同工的宗教知识水平，培养他们的合作精神。（陈伟）

【市伊斯兰教协会成立30周年成果汇报会】　12月27日下午在菱塘回族乡文化宫举行。中国伊斯兰教协会副秘书长兼教务部主任文舰，省民委副主任、省民宗局副局长王在郑，省伊斯兰教协会副会长保宇建、秘书长白涛，扬州市民族宗教事务局副局长郑阳，高邮市领导薛晓寒、钱富强、杨文喜、李春青、张贵龙等参加活动。汇报会由市政协副主席、市委统战部部长张贵龙主持，副市长杨文喜作讲话。杨文喜在充分肯定市伊斯兰教协会成立30年来的工作成果后要求，市伊斯兰教协会要以成立30周年为新的起点，继续高举爱国爱教的伟大旗帜，倍加珍惜安定团结的大好局面，引导穆斯林群众明辨是非、抵制极端，坚定不移地走中国特色社会主义道路；促进回汉群众加深了解、增进感情；不断加强自身建设，积极协助地方党委、政府妥善处理好各种矛盾纠纷。汇报会结束后，所有与会人员共同观看“精彩江苏——文化民生基层文艺巡演暨高邮市伊斯兰教协会成立三十周年专场演出”。

（郑成霞）

资料链接　市伊斯兰教协会成立于1985年。30年来，市伊斯兰教协会在各级党委、政府及有关部门的领导下，团结带领广大穆斯林群众，始终高举爱国爱教的伟大旗帜，充分发挥桥梁纽带作用，大力弘扬伊斯兰教文化，积极投身全面小康社会建设，为促进全市经济发展、民族团结、宗教和睦、社会稳定作出积极贡献。至2015年年底，市伊斯兰教协会有经批准登记的宗教活动场所3处、教职人

员 5 人,信教群众 7000 多人。 (郑成霞)

【市伊斯兰教协会成立 30 周年高邮籍阿訇座谈会】 8 月 23 日,为庆祝高邮市伊斯兰教协会成立 30 周年,该协会组织南京、镇江、无锡、南通等地 20 余名高邮籍阿訇在菱塘回族乡召开座谈会。扬州市民宗局副局长郑阳,扬州市伊斯兰教协会会长薛清,高邮市政府副市长杨文喜参加座谈会。会上,该协会负责人作“围绕目标严要求、多措并举出成效”主题汇报发言;参会阿訇交流畅谈在外学习、传教的体会,对家乡 30 年来巨大变化的感受,对党和政府关心和重视民族宗教事业及爱护、培养教职人员的感谢,并表示要通过自己的实际行动,做一名爱国爱教的践行者、维护民族团结进步的宣传者、促进伊斯兰教事业发展的推动者,为家乡的经济社会发展多做贡献。会上,杨文喜结合中央、省民族工作会议精神,从认清形势、认准方向、认真服务等三方面对市民宗局、市伊斯兰教协会、宗教教职人员和菱塘回族乡党委、政府作出要求,希望通过共同努力,进一步促进民族团结进步、社会和谐发展。

(郑成霞)

【首家清真餐厅授牌】 6 月 12 日,根据《江苏省清真食品监督保护条例》,经省民委验收,一亩草原高邮清真餐厅获“清真餐厅”授牌。这也是该市首家获此称号的清真餐厅。 (郑成霞)

资料链接 一亩草原高邮清真餐厅是扬州一亩草原清真餐饮管理有限公司于 2014 年 12 月在高邮市设立的分店。该分店的落户,填补高邮市城区历来无清真饭店的餐饮文化空白,解决伊斯兰群众的请客、聚餐问题,受到广大穆斯林和年轻客户的欢迎。 (郑成霞)

【外来少数民族代表座谈会】 6 月 12 日,市民宗局在高邮镇清真寺召开外来少数民族群众代表座谈会。市政协副主席、市委统战部部长张贵龙,市民宗局、市伊斯兰教协会和清真寺管委会负责人及 6 名外来少数民族代表等参加。市政协副主席、统战部部长张贵龙,市民宗局局长潘寿田出席会议。会上,就落实中央统战部等七部门《关于开展禁止针对部分地区少数民族群众歧视性做法检查督查的通知》作学习解读;倾听外来少数民族群众在邮经商、务工和生活中存在的困难和问题,听取外来少数民族对全市经济建设、社会发展等方面的建议和意见;根据外来少数民族反映的实际困难,落实市民宗局在政策和法规允许的范围内,协调有关部门予以最大力度解决的责任。 (沈德才)

【龙虬镇少数民族联谊之家成立】 9 月 20 日,市首家以关爱少数民族妇女及家庭为出发点的少数民族联谊之家——龙虬镇少数民族联谊之家举行成立仪式。该少数民族联谊之家,为少数民族群众沟通交流提供平台,让少数民族群众在第二故乡找到家的感觉。市民宗局相关负责人及龙虬镇的 25 名少数民族代表和各村妇女主任参加。仪式上,市民宗局相关人员宣传少数民族政策,并解答少数民族群众提出的一些有关民族变更、子女入学、贫困家庭帮扶政策等方面的问题。 (沈德才)

【极乐庵改扩建工程启动】 7 月 19 日,位于送桥镇的极乐庵举行改建、扩建工程奠基仪式。市民宗局、送桥镇政府和相关单位负责人以及法师、信众共 400 余人参加。送桥镇极乐庵改扩建工程,自 2011 年 6 月经有关部门批准后,该场所负责人净法法师及其信众严格遵守和执行国家的相关法律法规,经过 4 年的努力,先后获得规划、国土、建设等相关部门的行政许可,为今后其他宗教场所的建设起到良好的示范作用。此次改扩建工程内容主要是建设大雄宝殿,工程面积 1300 多平方米,需投入建设资金 500 多万元,计划 2017 年 7 月完工。

(郑成霞)

【道教场所三清宫三清殿落成】 10 月 14 日,市道教场所三清宫举行三清殿落成典礼暨神像开光法会。市民宗局分管负责人、卸甲镇党委政府相关负责人、三清宫所在村负责人及信教群众 200 多人参加。市佛教、市伊斯兰教、市天主教负责人到场祝贺。该道教场所三清宫于 2014 年 5 月启动迁址筹建工程。期间,得到卸甲镇党委政府和金家村委会的关心、支持,也得到社会各界人士和广大信徒的乐助与厚爱。市道协相关人员积极争取建设用地、筹措建设资金,加快施工进度,只经过半年时间,就完成三清宫第一期工程三清殿建设任务。

(郑成霞)

【消防安全知识培训班】 12 月 11 日,市民宗局组织举办一期以“消防安全”为主题的培训班。市民宗局有关负责人,市各宗教团体负责人、各宗教场所负责人和负责场所消防的人员 40 多人参加。培训班上,市消防大队专家就基本消防知识及常识进行普及,围绕预防及现场处置宗教场所普遍存在的六大火灾隐患及安全隐患作讲解,并作消防器材的使用演示;安排参训人员集中观看近年来全国及扬州市范围内重大火灾的视频资料;市民宗局负责人就宗教活动场所进一步做好安全工作提出工作要求。 (郑成霞)

【阳沟天主教堂开堂庆典仪式】 12 月 30 日,位于高邮经济开发区的阳沟天主教堂举行开堂庆典仪式。省宗教局副局长顾传勇,天主教南京教区主教陆新平,扬州市民宗局局长许明,扬州市民宗局副局长朱建明,高邮市政协副主席、市委统战部部长张贵龙及高邮市相关部门负责人、宗教团体负责人和来自市内外的 500 余名教友参加庆典活动。仪式上，高邮市民宗局局长潘寿田对新堂开堂表示祝贺，并就加强场所的规范化、制度化建设，增强服务功能，依法开展活动，提出具体要求；陆新平代表南京教区感谢各级政府、各位领导对阳沟天主堂的关心和支持，希望阳沟天主堂团结带领好信徒，将天主堂建设得越来越好，回报政府、回报社会；顾传勇希望该天主堂工作人员要将场所建设好、管理好，使之成为教友之家，更好地发挥天主堂的作用，引导教友遵纪守法，发挥正能量，为社会经济发展、社会和谐稳定作出新的贡献。　（郑成霞）

资料链接　位于高邮经济开发区的原阳沟天主教堂始建于清朝年间，由于长期以来未作修缮，建筑已成危房，存在较大安全隐患。2014 年 12 月，围绕建成一座现代化、多功能的教堂定位，经过详细勘察、精心规划，市民宗局协调相关部门启动该天主教堂重建工程；共筹集建设资金 230 多万元。　（郑成霞）

【张秋红等视察宗教场所】　10 月 14 日，市委副书记张秋红，市政协副主席、市委统战部部长张贵龙一行视察高邮镇佛教场所如来庵和基督教场所福音堂，市民宗局及统战口相关部门主要负责人陪同视察。期间，张秋红等一行认真听取场所负责人关于场所建设和管理等情况的介绍，并仔细询问场所的宗教活动、教职人员及信教群众等情况，对场所一班人在建设管理中取得的成绩和无私奉献精神表示肯定，认为场所在爱国爱教、宣扬积极上进的经典教义方面是与和谐社会的理念是相通的，并要求场所负责人按照和谐社会的理念，坚持正确的办教方向，严格遵守和执行《宗教事务条例》等相关法律法规，建设管理好宗教场所，既要为信教群众提供良好的服务，更要为社会的和谐稳定、经济建设发展发挥应有的作用。　（郑成霞）

人口和计划生育

【概况】　2015 年，市卫计委贯彻落实党的十八届三中全会关于坚持计划生育基本国策、逐步调整完善生育政策的重大决策部署，严格控制性别比，推行一孩生育登记备案制度，简化下放再生育审批权限，推行承诺和代理服务制，整合市级层面卫计技术服务资源，健全完善计生利益导向机制，推进省人口协调发展先进市和省幸福家庭建设示范市创建，较好地完成人口计生工作各项目标任务。全年全市出生人口 5576 人，其中女婴 2695 人，出生婴儿男女性别比 106.9，保持在正常值范围；全市人口出生率 8.7‰，人口自然增长率 0.6‰，年末总人口 815837 人；出生政策符合率 98.8%。是年，市卫计委被国家卫计委《人口与计划生育》杂志社表彰为 2015 年度《人口与计划生育》全国新闻宣传工作先进集体，被评为 2015 年度《中国人口报》新闻宣传工作先进单位；范习岭被评为 2015 年度《中国人口报》新闻宣传工作先进个人和《人口与计划生育》全国新闻宣传工作先进个人。　（黄斌）

【出生人口性别比治理工作】　2015 年，市卫计委结合全市实际，全面加强出生婴儿男女性别比治理工作。6 月，提请市政府出台《关于加强出生人口性别比综合治理工作的实施意见》，通过落实宣传教育、制度管理、责任考核、利益导向、生育全程服务管理等治理措施，切实加大综合治理力度。10 月，联合市市场管理监督局开展整治“两非”（非医学需要的胎儿性别鉴定、非医学需要的人工终止妊娠）联合执法检查活动。期间，突击检查全市药品销售（批发）机构 7 家、医疗卫生单位 5 家，责成有关单位限期整改相关问题 3 个；此次检查未发现“两非”案例。同时，利用召开基层医疗单位负责人工作会议的时机，对“两非”工作进行强调部署，要求严格遵守 B 超使用管理制度、孕 14 周以上终止妊娠手术管理制度、《出生医学证明》管理制度等责任要求，促进“两非”整治工作水平的提升。（黄斌）

【深化简政放权】　2015 年，市卫计委围绕计划生育证件办理重点事项，强化制度创新，深化简政放权，努力打造便民高效、公开透明、全程代理的为民服务。推行一孩生育登记备案制度。规定生育第一个子女的夫妻可自主安排生育，不再要求申办一孩《生育服务证》，不再实行审批或变相审批；无须当事人出具婚育证明，仅需提供身份证、结婚证复印件，由所在的乡镇或村（社区）进行信息核实登记；夫妻在办理一孩生育登记后，即可免费享受计划生育基本技术服务、孕前优生健康检查，办理领取住院分娩补助及国家规定的基本公共服务项目等事项。简化下放再生育审批权限。将符合照顾再生育一孩的政策审批权下放到乡镇，加强对行政审批制度改革的监督检查，促进生育秩序的平稳、有序。推行承诺和代理服务制。对婚育状况的确难以核实的，经夫妻双方对其真实性作出承诺后，由调查人员进行情况说明，直接提供证件办理服务。对以虚假承诺获得生育资格，一经查实，予以取消；已经生育的，依法依规进行处理。对当事人无法亲临现场办理证件的，可委托他人代为办理，受到群众的好评。　（黄斌）

【“单独两孩”政策有序实施】　2015 年，市卫计委围绕“单独两孩”政策施行，继续做好各项服务工作，促使全市生育秩序平稳有序。组织举办市、乡、村三级计生干部培训活动，全面规范计生办证服务的程序和要求；通过设立宣传咨询台、宣传展牌，成立文艺宣传小分队，开展生育意愿调查，免费发放宣传折页等多种形式的活动，广泛深入地开展单独两孩生育政策宣传，努力做到家喻户晓。在市卫计委网站和乡镇、村(居)公开栏中将计生证件办理的依据、程序、时限、需要的全部证明材料、咨询电话等信息全面公开，让群众一目了然。强化办证贴心服务，对有特殊困难的办证对象，计生专干全程代理办证；对流动人口办证对象有需要的，快递送证上门；对怀孕、外出等需要办证的对象，提前告知、上门服务。至年底，全市累计为符合“单独两孩”政策的夫妇发放《照顾再生育一孩生育证》2679份，其中城市“单独两孩”301份、原农村“单独两孩”2378份；全市实施“单独两孩”政策未出现“扎堆”抢生和出生人口剧增现象。（黄斌）

【村级计生专干队伍建设】 2015年，市卫计委依据计生工作重点、难点均在农村的实际，继续通过提拔任用、调整退养、选拔补充相结合的方式，进一步优化村级计生专干队伍建设，努力适应新时期人口计生工作的需要。至年底，全市共优化配备村级计生专干335人。其中，从年龄看，40周岁以下78人，占比为23.3%；40周岁～50周岁以下198人，占比为59.1%；50周岁以上59人，占比为17.6%。从学历看，初中文化程度13人，占比为3.9%；高中(含中专)文化程度288人，占比为86%；大专及以上文化程度34人，占比为10.1%。（黄斌）

【流动人口计生服务管理】 2015年，市卫计委贯彻落实市政府《关于进一步加强流动人口计划生育服务管理工作的意见》，建立健全“统筹管理、服务均等、部门联动、信息共享、区域协作、双向考核”的流动人口计划生育服务管理工作机制，实现流动人口计生宣传教育、药具发放、健康检查、四项手术等免费服务全覆盖。按照“分级管理、分级负担”的原则，将流动人口计划生育宣传、免费技术服务等工作经费全部纳入各级财政预算，并建立起正常增长机制。强化流动人口信息系统建设，全年全市流动人口婚育信息异地查询、反馈率达98.8%。推进流动人口基本公共卫生计生服务均等化，全面推行流动人口一孩生育服务登记制度。落实流动人口健康促进和关怀关爱工作。制定出台《高邮市加强流动人口健康档案建立工作实施方案》，建立流动人口健康档案2695份，建档率63.3%。至年底，累计服务流动人口26450人(流入人口4093人、流出人口22357人)，其中流动已婚育龄妇女总数9796人。（黄斌）

【人口计生基层基础管理】 2015年，市卫计委严格执行现行生育政策，把工作重点下移到组、户、人，努力稳定全市生育水平。坚持计划生育目标管理责任制和一票否决制，贯彻落实《国家卫计委关于改革生育服务证制度的指导意见》精神，出台《进一步规范全市一孩生育登记管理》文件，进一步加强生育登记管理工作，全年共出生一孩3364个，出生政策符合率98.8%。全面推行承诺制，进一步规范服务流程，强化便民服务，提高群众的满意率。积极推进计划生育基层群众自治合格村(居)和示范村(居)创建活动，全面制定《章程》和《公约》，签订协议书，群众自治合格村(居)创建率98%以上。组织人员不定期参加各乡镇计生例会，指导乡镇计生工作有序开展。对基层基础管理薄弱的村，现场剖析，跟踪督查，保证村级计生工作平衡发展。（黄斌）

【人口计生依法行政工作】 2015年，市卫计委出台《高邮市人口和计划生育行政执法行为规范》《高邮市社会抚养费征收管理规范》，进一步规范人口和计划生育行政执法人员的行为，加大和规范社会抚养费征收管理力度。依法征收社会抚养费，联合市人民法院，加大社会抚养费征收力度，切实维护计划生育政策的严肃性，全年共处理违法生育案件168件，行政诉讼1件维持。全面规范和落实行政执法各项制度，将依法行政制度形成制度汇编，深入开展依法行政示范乡镇创建和行政执法水平提升年活动，组织行政执法检查专项活动。推进实施“阳光计生行动”，市、乡、村三级全面规范人口和计划生育政务公开、村(居)务公开。依托乡镇世代服务平台，设立计生便民服务大厅，实行“一站式管理、一条龙服务”。严格执行现行生育政策，办理照顾再生育一孩手续2279份，未出现一例差错。认真做好群众来信来访工作，处理信访300多件次。做好计生法治宣传教育工作，通过举办培训班，在高邮日报、高邮文游台论坛开设专栏，制作计生宣传标语、宣传折页，设立计生宣传咨询台，印发宣传资料上街发放等，集中开展宣传咨询服务活动。2015年，全市共实施行政指导案例1781件，其中行政提醒1244件、行政提示196件、行政警示82件、行政回访259件。（黄斌）

【人口计生奖励政策】 2015年，高邮市继续落实人口计生奖励扶助、特别扶助、一次性奖励等奖励政策。全年共向符合条件的26049人，发放计生奖励扶助金2365万元；向符合条件的1163人，发放计生特别扶助金624.01万元；向城镇持“独生子女父母光荣证”的企业退休职工和无固定职业人员4485人，发放一次性奖励金448.5万元；向三级以上计划生育手术并发症人员360人，发放特别扶助金49.44万元；向65周岁以上的计生特扶对象253人，发放居家养老补助金20.24万元；提高计生特扶对象住院医疗二次补偿标准，共为22名农村、10名城镇计生特扶对象分别提高20%和5%

的报销比例，多报销医疗费用 5.59 万元。继续管好用好由市财政、市慈善总会每年安排 30 万元设立的“市人口计生公益基金”，救助独生子女困难家庭 108 户，发放救助金 18.24 万元。（黄斌）

【《关于进一步做好计划生育特殊困难家庭扶助工作的意见》出台】 10 月，市卫计委牵头协调市民政局、市财政局、市人社局等八个部门参与起草，并以市政府办文件形式印发《关于进一步做好计划生育特殊困难家庭扶助工作的意见》，该意见从加强经济扶助保障、提供基本生活保障、实施养老帮扶保障、强化医疗服务保障、开展精神关怀保障、落实生产就业保障等方面，就建立完善“六位一体”的帮扶保障体系提出明确要求。其中规定：为 60 周岁以上特殊困难人群提高奖励扶助、特别扶助标准，分别由原来的 400 元/月、500 元/月，提高到 600 元/月、700 元/月；为 65 周岁以上的特殊困难人群每人发放 800/年的居家养老补贴；按最低标准为计生特殊困难人群提供城乡居民养老保险全额补贴；为计生特殊困难人群提供新农合、城镇居民医保全额补贴；为计生特殊困难人群免费提供家庭医生签约服务；为计生特殊困难人群提供城区公交免费服务。（黄斌）

【计生系列保险工作】 5 月 5 日，市卫计委和市计生协会联合印发《高邮市 2015 年度计划生育系列保险工作实施方案》，就推进开展“母婴安康优生优育筛查保险”“独生子女家庭吉祥卡”“关爱女性综合保险”和“计划生育特殊困家庭人身意外伤害综合保险”等四项计生保险，作出工作部署。实施该四项计生系列保险，旨在扩大计生系列保险覆盖率，落实惠民措施，综合提升计划生育家庭的幸福指数，让更多的计划生育群众从计划生育系列保险中减轻损失、得到关爱、感受温暖。至年底，全市共向新怀孕家庭免费赠送“母婴安康优生优育筛查保险”687 份，向独生子女家庭免费赠送“独生子女家庭吉祥卡”保险 1080 份，向计生特殊家庭老人免费赠送“计生特殊困家庭人身意外伤害综合保险”748 份（保费每人每年 200 元）；累计参保关爱女性综合保险人数 2.68 万人，保费总额 107.26 万元。是年，该四项计生系列保险共兑付赔偿保险金 55.43 万元，惠及患病及遇险的计生参保群众 265 人。（黄斌）

【人口和家庭公共服务】 2015 年，市卫计委继续推进以“优质服务、助你健康”为主题的人口和家庭公共服务。印发《关于做好新时期计划生育免费服务工作的通知》，落实好 113 万元免费计生技术服务专项经费，根据《常用计划生育技术常规》所规定的项目内容，为育龄群众 1.21 万人次提供安全、便捷、优质的服务。强化避孕药具不良反应监测，举办避孕药具首诊登记项目业务培训班、避孕药具首诊排查和药具管理工作培训班各 1 期，开展计划生育随访服务 27.5 万人次，发现并及时审核处理上报各种避孕药具不良反应、不良事件 161 例，相关健康问题上报 36 例，不良反应报告率 100%。开展避孕药具首诊登记及随访数据录入工作，全年完成放置宫内节育器首诊登记人数 1836 人，完成随访数据录入 7258 人。增加避孕药具社会化免费发放点，安装二代身份证发放机 10 台，在城区“十五分钟服务圈”实现避孕药具免费发放。继续开展免费孕前优生健康检查项目，全年完成孕前优生健康检查 5622 人（2811 对），覆盖率 100%，评估为高风险 707 人，开展早孕随访 3295 人，妊娠结局随访 1291 人，有效降低出生缺陷发生率。开展优生优育公共服务平台网络项目——耳聋基因高位人群调查，完成耳聋基因家庭入户调查 19 人，并将高危人群致聋基因筛查信息表审核、整理后上报省科研所。（黄斌）

全市避孕药具首诊排查登记监测培训班现场

（肖飞　摄）

【人口计生群众性特色宣传教育】 2015 年，市、镇两级计生协会组织围绕树立科学的人口观、新型婚育观和幸福家庭观，发挥协会优势，借助“3·8”“5·29”等重要纪念日，组织开展人口计生群众性特色宣传教育系列活动，努力提高会员群众的参与率，着力放大宣传教育的效果。开展青少年青春健康教育，重点突出校外青少年、留守青少年、外来务工青少年青春健康教育；开展预防艾滋病知识教育，重点突出宣传骨干、协会会员、流动人口和高危易感目标人群的教育，努力营造珍爱生命、关注艾滋、群防群控的工作局面。在第十六个男性健康日期间，实行城乡联动，利用标语、横幅、戗牌、橱窗、电子屏、黑板报等多种形式，开展男性健康的知识宣传，传播健康理念，促进家庭幸福与社会和谐；联合菱塘回族乡、送桥镇计生协会举办“迎新年、送春联”活动，为群众现场书写与计生宣传教育相关联的春联500多幅；组织部分乡镇计生协会举办“幸福家庭·美好生活”书画作品展，展出一批贴近生活、贴近群众、富有时代气息的作品；组织市、镇计生协会参加中国计生协会举办的《协会梦·我的梦》征文活动，并遴选2篇优秀征文予以上报；组织参加省计生协会和中国人口报社主办的相关摄影比赛活动，获二、三等奖作品各1幅。（黄斌）

【“亲情关爱计生家庭”主题宣传服务活动】 5月29日是中国计生协会成立35周年纪念日、全国计生协会第十七个“会员活动日”。在此前后，市卫计委和市计生协会突出“亲情关爱计生家庭”的主题，组织广大会员和群众，集中开展“九个一”宣传服务活动。即：集中开展一次宣传活动；开展一期理事或会员学习培训；在送桥镇组织一场“亲情关爱计划生育家庭”专家义诊活动；组织计生特殊家庭签约医生开展一次上门访视活动；联合高邮镇计生协会举办一场广场宣传服务咨询活动；组织计生协会理事、会员和“红围巾”志愿者服务队开展一次“送知识、送健康、送关爱、献爱心”走访慰问活动；组织开展一次帮扶计生家庭户、计生贫困户的“牵手致富”活动；与高邮报社合办一期市计生协会工作宣传专版；开展“亲情关爱计划生育家庭”会费一日捐特色活动。期间，共培训人员643人次、义诊服务100多人次、免费健康检查76人、访视联系户777人次、接受群众咨询320人次、发放宣传资料342份、走访慰问计生家庭430户、募集捐款5.12万元、发放慰问金5.12万元、资助计生特殊家庭418户。（黄斌）

【中国计生协会计生特殊家庭帮扶项目在高邮市落户实施】 4月，扬州市计生协会与高邮市签订委托协议书，中国计生协会计生特殊家庭帮扶项目正式在高邮市落户实施，由中国计生协会对口支援项目经费20万元。5月，按照该项目推进实施的内涵和要求，市计生协会举办计生特殊家庭信息管理系统操作应用培训班，组织镇、村计生协会和计生办工作人员对辖区目标家庭的生活、经济状况和服务需求进行逐户调查，采集相关信息，建立计生特殊家庭信息管理系统。6月，市人口和计生领导小组出台《关于进一步做好计划生育特殊家庭帮扶工作的实施意见》，就推进该项工作进行部署。10月，市政府办出台《关于进一步做好计划生育特殊困难家庭扶助工作的实施意见》，从加强经济扶助保障、提供基本生活保障、实施养老帮扶保障、强化医疗服务保障、开展精神关怀保障、落实生产就业保障等方面，就建立完善“六位一体”的帮扶保障体系提出明确要求，切实推动全市层面实施推进好项目。6月25日，《中国人口报》专题报道高邮市构建“六位一体”计生特殊家庭帮扶保障体系的做法。至年底，全市新建成计生特殊家庭活动阵地13个，实现乡镇全覆盖；新招募卫生专业红围巾志愿者719人，发展项目志愿者941人；组织目标人群开展交流活动117人次，举办心理健康知识讲座26场次、惠及目标人群643人次，开展心理咨询疏导392人次，走访慰问计生特殊家庭1883人次，发放慰问金48.36万元。（黄斌　顾永华）

【“红围巾”志愿者行动】 2015年，市卫计委全面实施计划生育特殊困难家庭养老帮扶“红围巾夕阳关怀暖心工程”，吸收一批医务人员成为“红围巾”志愿者，以“家庭医生”角色签约服务于计划生育特殊困难家庭，免费上门开展常见病、多发病用药指导、跟踪随访、康复治疗等签约服务，切实守护计划生育特殊困难家庭成员的健康。至年底，该“红围巾”志愿者分会新吸收一级“家庭医生”399人、二级“家庭医生”82人，签约服务计划生育特殊困难家庭人员546人。（黄斌）

资料链接 该“红围巾”志愿者分会成立于2013年，所属的部门为高邮市卫计委，所实施的“红围巾·夕阳关怀暖心工程”主体为全市各级计生干部及有关镇村干部、大学生村官、医生、教师、企业家、银行职工、公司员工等，所关爱对象为计划生育特殊困难家庭，主要通过出台养老帮扶“暖心政策”、建立“暖心养老中心”、建立人口公益“暖心基金”和“红围巾”志愿服务的长效机制等措施，让志愿者扮演“社会儿女”角色与特殊困难计生家庭老人结成对子，为困难计生家庭老人开展生活照料、生产帮扶、精神慰藉、健康保健、文化娱乐、脱贫解困等多种志愿服务活动。2014年，该志愿者分会被评为第五届“高邮好人”，被扬州市文明办、扬州市志愿者协会表彰为2014年度扬州市优秀志愿者服务组织；《“红围巾”志愿者在行动》被高邮市委、市政府表彰为2014年度全市优化发展环境服务品牌。至2015年年底，该志愿者分会累计吸纳志愿者1069人，与计生特殊困难家庭老人781人结成对子，开展规范化、经常化、多样化、个性化的志愿服务活动246件次，深受计划生育特殊困难家庭老人的欢迎，并受到社会各界的广泛赞誉。

（黄斌）

地名、勘界工作

【地名命名和管理工作】 2015年，经市民政局上报，市政府批准，全年共命名居民住宅小区18个、道路36条、巷道6个。加强城市地名标牌管理，全年新增城区道路标牌31块、维修路牌16块。

（张准　周麟）

表 66

2015 年市政府命名商住小区一览表

小区名称	起　止　位　置	命名日期
阳光水岸	东邻兴业路、西邻高邮 110 千伏文游变电所、南邻头闸干渠、北邻泰北路	4 月 1 日
锦绣福邸	东邻居民区、西邻光福寺路、南邻光明路、北邻一号河	4 月 1 日
丰泽臻源	东邻居民住宅、西邻珠光路、南邻南澄子河、北邻东方御景第三期	4 月 1 日
东泰家园	东邻少游路、西邻中心路、南邻府前路、北邻外环路	5 月 14 日
盛和家园	东邻庄西路、西邻八桥社区农民集中区、南邻车八路、北邻车樊公路	5 月 14 日
学士园	东邻蝶园南路、西邻新闸北路、南邻居民庄台、北邻新华西路	6 月 16 日
秦邮茗都南苑	东邻兴业路、西邻惠民路、南邻外环路、北邻福民路	6 月 16 日
秦邮茗都东苑	东邻兴业路、西邻祥民路、南邻福民路、北邻洞庭湖路	6 月 16 日
秦邮茗都北苑	东邻兴业路、西邻惠民路、南邻洞庭湖路、北邻五支排河	6 月 16 日
民生花苑	东邻珠光路、西邻关河东路、南邻福民路、北邻洞庭湖路	6 月 16 日
张庄小区	东邻张庄路、西邻文游雅居、南邻文游台村胜利组、北邻泰北路	6 月 16 日
双龙花苑	东邻七号河、西邻屏淮路、南邻外环路、北邻洞庭湖路	6 月 16 日
丹凤苑	东邻盂陵路、西邻安乐巷、南邻宝塔松路、北邻凤凰河	6 月 16 日
紫郡花苑	东邻沁园小区西侧河渠、西邻沿河东路、南邻高谢路、北邻沁园小区	7 月 9 日
尚书苑	东邻三垛镇农贸市场、西邻少游路、南邻三垛镇高中、北邻三垛镇二号河	7 月 9 日
飞达小区	东邻农田、西邻飞达路、南邻居民房、北邻森林路	9 月 23 日
东屏花苑	东邻汤武路、西邻农田、南邻农技河、北邻农田	12 月 24 日
丰华园	东邻三阳北路、西邻居民住宅、南邻巷道、北邻居民门面房	12 月 24 日

（张准　周麟）

表 67

2015 年市政府命名道路一览表

道路名称	起　止　位　置	命名日期
双庙路	南起凌波路，北至北侧庄台，全长 600 米	5 月 12 日
映翠路	南起北澄子河北岸便捷通道，北至老横泾河南路，全长 1086 米	5 月 12 日
四贤路	南起北澄子河北岸便捷通道，北至秦邮路，全长 537 米	5 月 12 日
文通路	东起金桥路，西至牛缺嘴，全长 1100 米	5 月 12 日
润泽路	东起兴业路，西至华山路，全长 1770 米	5 月 12 日
南平路	东起 S237，西至外环路，全长 5798 米	5 月 12 日
腰圩路	东起 S237，西至九园路，全长 4903 米	5 月 12 日
汤北路	纬三路：东起甓社路，西至九园路，全长 3884 米；电池园区间二路：东起 S237，西至甓社路，全长 1019 米	5 月 12 日
邮城大道	南起高邮城南经济新区新 S333，北至高邮经济开发区东平河路（县道 304），全长 12.5 千米	5 月 12 日
捍海路	位于原外环路，全长 1.37 千米	5 月 12 日
邮都路	南起海潮路，北至北澄子河，全长 1619 米	5 月 12 日
平安路	南起镜花路，北至北澄子河，全长 2345 米	5 月 12 日
丰瑞路	南起荆花路，北至通湖路，全长 2040 米	5 月 12 日
东园路	南起 S333，北至北澄子河，全长 4887 米	5 月 12 日
时燕路	南起明珠路，北至高谢路，全长 415 米	5 月 12 日
千翠路	位于商务大厦西侧，全长 1178 米	5 月 12 日
华胥路	南起武安路，北至玉水路，全长 734 米	5 月 12 日
天香路	南起武安路，北至玉水路，全长 720 米	5 月 12 日
阳泰路	东起老电厂小区，西至文游路，全长 253 米	5 月 12 日
澄河南路	东起怡家天下，西至文游路，全长 1863 米	5 月 12 日
迎宾路	东起外环路，西至文游路，全长 1769 米	5 月 12 日
众乐园路	东起沿河东路，西至 S237，全长 1825 米	5 月 12 日
四达路	东起 S237，西至通汉路，全长 1230 米	5 月 12 日
明珠路	东起珠光路，西至东园路，全长 1207 米	5 月 12 日

续表 67

道路名称	起　止　位　置	命名日期
序贤路	东起外环路,西至滨河路,全长 870 米	5 月 12 日
烟花路	东起 S237,西至丰瑞路,全长 628 米	5 月 12 日
镜花路	东起 S237,西至珠光路,全长 1620 米	5 月 12 日
玉水路	东起 S237,西至珠光路,全长 1732 米	5 月 12 日
荆花路	东起 S237,西至外环路,全长 945 米	5 月 12 日
求贤路	东起 S237,西至外环路,全长 1865 米	5 月 12 日
藩江路	东起珠光路,西至文游路,全长 1323 米	5 月 12 日
润龙路	东起珠光路,西至永兴路,全长 550 米	9 月 23 日
永兴路	南起砖场原 9 组,北至砖场村原 16 组,全长 1100 米	9 月 23 日
融和路	南起车樊路,北至砖场原 11 组,全长 400 米	9 月 23 日
汤庄大道	东起汤庄邮电所,西至金堰通达路,全长 5880 米	12 月 24 日
汤武路	南起农技河,北至余东河,全长 1580 米	12 月 24 日

(张准　周麟)

表 68　**2015 年市政府命名巷道一览表**

巷道名称	起　止　位　置	命名日期
新闸南路一巷	东起新闸南路,西至空地,全长 58 米	9 月 23 日
新闸南路二巷	向南顺延,东起新闸南路,西至空地,全长 81 米	9 月 23 日
新闸南路三巷	向南顺延,东起新闸南路,西至空地,全长 81 米	9 月 23 日
新闸南路四巷	向南顺延,东起新闸南路,西至空地,全长 78 米	9 月 23 日
新闸南路五巷	向南顺延,东起新闸南路,西至空地,全长 78 米	9 月 23 日
新闸南路六巷	向南顺延,东起新闸南路,西至空地,全长 78 米	9 月 23 日

(张准　周麟)

【勘界工作】　2015 年,市民政局与邗江区有关部门合作,继续联合开展行政区域界线联检工作;推进开展平安边界创建工作,与邗江区民政局签订平安边界建设协议书,做好高邮邗江线行政区域界线联检工作。(张准　周麟)

拥军优属

【双拥工作年度目标体系】　年初,市委、市政府围绕新一轮创建省双拥模范城的要求,下发双拥工作考核细则和双拥工作意见,明确全年双拥工作目标任务和要求,推进双拥工作的规范化、制度化、经常化建设。1 月 22 日、2 月 6 日,分别召开市双拥工作领导小组全体成员会议,对双拥工作进行部署,切实推进全市双拥工作的开展。(张准　周麟)

【"全民国防教育日"宣传活动】　9 月 20 日(第 15 个"全民国防教育日")前后,全市以"弘扬伟大抗战精神,同心共筑强大国防"为主题,组织开展系列活动。期间,组织举办专题讲座、联欢会、形势报告会、主题展览、优秀军事影片展播等各类活动 8 场次,参加活动的群众 1.2 万人次。(张准　周麟)

【国防专题知识讲座】　9 月 29 日上午,市双拥工作领导小组邀请省委党校党史党建部副主任、省历史学会常务理事、南京中华民国史研究会副会长李继峰到高邮,作国防专题知识讲座——"纪念抗日战争胜利 70 周年专题讲座",以铭记历史、缅怀先烈、珍爱和平、开创未来,进一步弘扬抗战精神,凝聚民族力量,激发全市人民认真贯彻落实市委十届十次全会精神,推动全市经济社会发展不断取得新进步。讲座上,李继峰从中国的地理环境、历史传统、二十世纪三十年代的国情、中日国力对比等方面,深刻阐述包括国、共两党在内的中国抗日持久战略制定的过程、主要内容、实施情况以及总体特点等。他深入浅出、旁征博引的讲解,使聆听讲座者不仅对中国抗日战争史有更全面的了解,更对中国共产党在领导和推动抗日战争过程中所发挥的中流砥柱作用以及中华民族不屈不挠、英勇抗战的精神有着深刻的感知。(张准　周麟)

【"双拥活动月"】　1 月 20 日～2 月 20 日,市委、市政府举办第 24 个"双拥活动月"活动。期间,全市有市领导 15 人次,开展走访慰问驻高邮部队官兵和部分重点双拥优待对象活动,共赠送慰问金 180 多万元;市双拥办利用报刊、广播、电视刊(播)发双拥工作宣传信息 5 条,各乡镇、园区举办军地联欢联谊、知识竞赛、文艺演出及报告会、座谈会等专场活动 24 场次,张挂宣传横幅 85 条,编辑双拥黑板报、墙报专辑 5 期。(张准　周麟)

【"八一"节纪念活动】　"八一"前后,全市继续组织开展系列纪念活动。期间，全市各级党政领导共走访慰问抗战老兵、现役军人家属、烈士子女、建国复员军人、残疾军人等3000多人次，赠送慰问金165万元。（张准 周麟）

【优抚对象庆“八一”座谈会】 7月16日，市双拥办召开烈属、老复员军人、残疾军人、带病回乡退伍军人、“两参”退役军人、军嫂、现役义务兵家属等优抚对象代表座谈会，并邀请民政、人社、卫生、交通等部门分管负责人和部分乡镇民政干部参会。会上，市双拥办负责人向优抚对象代表表示诚挚的问候，并向他们发放慰问金；有关部门负责人就优抚对象提出的养老医疗保障、抚恤优待标准、乘车优待、职业技能培训等方面的问题一一给予政策上的解答。（张准 周麟）

【“八一”退役军人、军嫂专场招聘会】 8月1日上午，市人力资源市场举办“八一”退役军人、军嫂专场招聘会。期间，共有30家企业进场招聘，提供就业岗位500多个。经洽谈，最终有军嫂70多人与用人单位签订初步就业协议。（张准 周麟）

社会组织管理

【概况】 2015年，市民政局依据有关法规精神，坚持“培育发展”与“规范管理”并重方针，认真抓好社会组织的自律机制和规范化建设。全年登记各类社会组织58个，评估社会组织227个；年检社会组织284个，合格257个，参检率、合格率均为95%。至年底，全市累计有各类社会组织371个，其中有社会团体181个、民办非企业单位189个、基金会1个；备案登记农村专业经济协会51个、社区社会组织125个。（张准 周麟）

【社会组织登记制度改革】 2015年，市民政局按照《江苏省四类社会组织直接登记管理暂行办法》规定，对行业协会商会类、科技类、公益慈善类、城乡社区服务类社会组织实行直接登记管理，不再需要业务主管单位审查同意。全年完成社会组织直接登记64家。（张准 周麟）

【社会组织评估工作】 2015年，市民政局强化第三方机构参与，继续推进社会组织评估工作。至年底，全市获评估等级的社会组织116个，其中AAAA级10个、AAA级58个、AA级48个，占比为51.1%。（张准 周麟）

【社会组织培育发展】 2015年，市民政局以社会组织培育发展中心为平台，以公益慈善类、城乡社区服务类等重点领域社会组织建设为重点，通过发挥专项基金的作用，进一步加大社会组织培育发展力度。至年底，全市新培育发展社会组织14家。（张准 周麟）

【公益创投品牌建设】 2015年，市民政局引导社会组织参加扬州市第三届社区公益创投大赛，获批公益创投项目立项项目4项、资助经费16万元。组织开展高邮市首届公益创投大赛，筹集公益创投专项资金50万元，评出公益创投项目立项项目10项，拨付资助经费30万元。（张准 周麟）

【开展“送健康、送文艺”活动】 2015年，市民政局继续牵头组织各文艺类、公益类、服务类社会组织开展“送健康、送文艺”活动，努力打造社会组织优秀公益品牌。全年组织各类社会组织15家、140多人次，到乡镇敬老院开展“送健康、送文艺”活动两批次，让“五保”老人感受到党和政府的温暖。

（张准 周麟）

慈善事业

【概况】 2015年，市慈善总会及各乡镇、园区慈善分会共募集慈善资金833.6万元；使用救助资金785.59万元，惠及困难群众1.2万人次。

（张准 周麟）

【“5·19”慈善一日捐活动】 5月18日～6月30日，市慈善总会及各乡镇、园区慈善分会继续在全市范围内组织开展“5·19”慈善一日捐活动，动员全市上下热衷慈善、慷慨捐赠、奉献爱心。期间，全市各级慈善组织累计接收各类捐款768.02万元。

（张准 周麟）

【开展慈善救助8项活动】 2015年，市慈善总会积极履行慈善宗旨，继续组织开展慈善救助8项活动（助医、助孤、助学、助贫、助困、助老、助残、助公益事业），受到全市上下的关注及受助对象的好评。全年通过开展8项活动共救助困难群众1.57万人次，共支出慈善救助金785.59万元。

（张准 周麟）

红十字事业

【概况】 2015年，市红十字会围绕全市发展大局，弘扬红十字精神，着力推进救灾、救护、救助等各项工作，在改善民生、构建和谐方面取得新的成绩。至年底，全市有基层红十字会组织41个、团体会员单位29个、社区红十字服务站4个，有红十字会员2616人、红十字志愿者417人。（王齐）

【灾害救助】 7月24日，高邮镇水部楼社区、奎楼社区突遭龙卷风袭击，造成居民住户33户、65间房屋受损，直接经济损失95万元。灾害发生后，市红十字会负责人在第一时间赶到现场，开展受灾群众安置工作和灾情统计上报工作。期间，现场发放价值5000多元的毛毯、蚊帐、食用油等生活用品，并向受灾较重的 6 户家庭送上每户 500 元的应急救助金。同时,投入资金 7500 元,在最短的时间内完成被龙卷风损毁道路的修复工作,确保受灾群众的生产生活不受影响。　（王齐）

【民生救助系列活动】　2015 年,市红十字会认真开展"助医""助学""助困"等民生救助活动,通过向省市红十字会争取物资、向爱心企业人士募集资金的方式扩大救助力量,使更多群众感受到党和政府的温暖。在麻风病节期间,组织开展为麻风病人送温暖活动,送上慰问金和大米、食用油、棉被等帮扶物资;"5·8"博爱周活动中,组织红十字志愿者走进福利院、聋哑学校、社区,提供健康体检、卫生大扫除、送医送药等服务;12 月底,为白血病、先天性心脏病等重大疾病的特困人群,发放大病救助金。全年累计发放救助物资、救助金 15.63 万元,惠及困难群众 382 人。　（王齐）

【应急救护培训】　2015 年,市红十字会组织形式多样的应急救护培训活动。与市卫计委、团市委联合开展"救在你身边"大型公益救护培训活动,通过电视台、报社、网站等媒体,扩大活动影响力,培训主要以心肺复苏、气道梗阻急救、止血包扎等内容为重点,穿插意外伤害、常见急症的救治等内容,进一步提高广大市民的应急救护水平。利用高中新生夏令营时机,面向全市高一新生开展应急救护培训,通过"教会一个孩子,带动一个家庭,影响整个社会",让更多的人了解急救知识,为校园安全稳定提供必要的保障。组织救护培训师资先后走进江苏波司登制衣有限公司、扬州曙光电缆股份有限公司、高邮市神游羽绒制衣有限公司等企业,从心脑血管病、外伤包扎、骨折的判断与固定、溺水等方面进行救护知识培训,使工人们在遇到意外灾害时能自救、互救,为进一步实施医疗救护创造时机。全年累计开展急救知识培训 65 批次、8250 人次,发放急救知识宣传册 3500 多份。　（王齐）

【高邮首例遗体捐献】　2 月 13 日,在卸甲镇敬老院生活的武在宏老人因病去世。按照武在宏生前遗愿,市红十字会协调相关机构完成其遗体捐献工作。至此,武在宏成为高邮市首位遗体捐献者。　（王齐）

资料链接　志愿捐献遗体是崇尚科学之举、医学发展之需、无私奉献之爱、社会文明之花,是造福人类的高尚行为。2003～2015 年,全市共有 23 人填写捐献遗体申请登记表,然而由于受多种因素影响,迄今为止只有武在宏一人完成捐献意愿。武在宏患有先天残疾,常年被病痛折磨,60 年风风雨雨,一路坎坷,但他从不怨天尤人,一直以积极心态面对人生,平时生活不宽裕的他还常常救济他人。多年前,他就到当地红十字会签订遗体捐献协议书。武在宏当时就表示,他一直以来受到政府和各界爱心人士的关心、照顾,捐献遗体是他回报社会最好的方式。作为高邮市首位捐献遗体的志愿者,武在宏老人的事迹对于全市遗体捐献工作有着积极引导作用。据接受武在宏老人遗体捐赠的扬州大学医学院相关负责人介绍,他的遗体将用于医学教学和医学研究。据扬州市红十字会赈济救护部负责人介绍,他的名字会铭刻在扬州"博爱园纪念碑"上,以利于其亲属开展追思和悼念活动。　（王齐）

老龄工作

【"尊老金"发放】　2015 年,全市继续实施对 80 周岁以上老人发放"尊老金"制度。"尊老金"发放标准为:80 周岁以上老年人每人每月 50 元,90 周岁以上老年人每人每月 200 元,百岁以上老年人每人每月 300 元。全年共向 80 岁～89 岁老人 23291 人、90 岁～99 岁老人 2459 人、百岁老人 29 人,发放"尊老金"2064 万元。　（张准　周麟）

【老龄协会组建工作】　2015 年,市民政局协同市老龄办健全市、镇、村三级老龄工作网络,切实推进各级老龄协会组建工作。全年组建市、镇(乡)两级协会组织 7 家,其中市级 1 家,即高邮市老龄协会,镇(乡)级协会 6 家,即菱塘回族乡、临泽镇、送桥镇、卸甲镇、汤庄镇和高邮镇老龄协会。　（张准　周麟）

【敬老爱心工程】　2015 年,市老龄办继续推进"敬老爱心工程",营造尊老、敬老、爱老的良好氛围。联合市沐浴协会,通过政府购买方式,向城区 80 周岁以上老人 200 多人提供免费就浴服务;继续落实党委、政府给予老人的优惠、照顾政策,全年办理老年优待证 1500 多份。　（张准　周麟）

【安康关爱行动】　2015 年,市民政局按照《关于在我市开展"安康关爱行动"的通知》要求,继续开展"安康关爱行动",为全市 80 岁以上老人、60 岁以上"五保"老人和城市"三无"老人购买老年人意外伤害保险。全年市财政累计出资 61.6 万元,为符合条件的对象 3.08 万人购买保险。（张准　周麟）

【"敬老月"活动】　2015 年,全市认真组织开展"敬老月"活动。10 月 9 日,市民政局下发《关于做好"敬老月"活动的通知》,要求各地、各部门组织开展尊老敬老活动。10 月 25 日下午,市委副书记、宣传部部长张秋红到武安社区陈增英老人和张其英老人家中慰问;市委常委、常务副市长徐永宝到水部楼社区,先后登门慰问 95 岁的冀晓春和 99 岁的张桂英老人。10 月 28 日上午,市委常委、组织部部长孙建年到大淖社区分别看望长寿老人曹查氏和马安楼。同时,市民政局组织 80 岁以上高龄老人 30 多人参加"幸福高邮 2015 · 敬老日逛新城"活动以及老年门球赛等各类文化体育活动;组织开展扬州市"孝亲敬老之星"、江苏省"百佳孝星"推选活动,顾金明、赵林、杨罗荣等 3 人获扬州市"孝亲敬老之星"称号,顾金明、赵林等 2 人获江苏省"百佳孝星"称号。　(张准　周麟)

表 69　**2015 年高邮市百岁老人名录**

姓　名	性别	出生时间	家　庭　住　址
李　明	男	1915.01.01	高邮城南经济新区勤王村合兴组
黄寿英	女	1916.10.23	高邮城南经济新区新城村新桥组
李有香	女	1916.11.11	高邮城南经济新区新胜村10组
许桂英	女	1914.11.16	高邮城南经济新区师伙村6组
朱秀珍	女	1915.07.18	送桥镇北茶村刘庄组
唐桂英	女	1916.04.21	送桥镇盘塘村王桥组
宰翠英	女	1915.11.11	送桥镇郜庄村丁桥组
范广华	女	1915.11.23	送桥镇德华社区
沈金桂	男	1916.12.16	界首镇乡师街26号
胡杨氏	女	1913.12.24	临泽镇双沟村2组
张正林	女	1915.06.22	临泽镇川青社区
韦桃英	女	1915.08.13	临泽镇董潭村4组
柏基福	男	1915.08.19	临泽镇西安村2组
王大粉	女	1914.12.14	甘垛镇横泾村8组
陈　松	男	1916.08.24	甘垛镇新庄村5组
沈翠莲	女	1915.08.08	甘垛镇兴盛村3组
孙龙女	女	1916.11.22	三垛镇严吉村11组
茅连珍	女	1915.06.12	三垛镇武宁社区5组
朱存华	女	1914.12.03	三垛镇米仓村7组
郤德标	男	1915.11.24	汤庄镇西屏村7组
宋达文	男	1916.02.02	汤庄镇缨阳村7组
张宏英	女	1916.02.26	卸甲镇一平村17组
杨秀英	女	1914.03.02	卸甲镇三新村13组
王元龙	女	1916.06.10	高邮经济开发区昌农村4组
赵荣珍	女	1915.01.17	高邮经济开发区东湖村7组
秦金美	女	1907.04.15	高邮经济开发区东湖村15组
居桂英	女	1915.08.18	龙虬镇大树村2组
陈增英	女	1915.09.27	高邮镇武安社区
徐秀英	女	1916.05.26	高邮镇新联社区

(张准　周麟)

【居家养老服务】　2015 年,市民政局大力推进居家养老服务网络建设,新建成居家养老服务中心(站)15 个,累计达 215 个,城、乡覆盖率分别为 100%、94.3%;新建老年助餐点 20 个、"农村老年关爱之家"2 家、日间照料中心 10 家,创成标准化社区居家养老服务中心(站)12 家;继续推进政府购买居家养老服务,重点就生活照料、医疗保健、体育健身、应急救助等方面提供服务,服务对象扩展到 700 人。　(张准　周麟)

关心下一代事业

【市委常委(扩大)会议研究部署关心下一代工作】

12 月 31 日下午,市委书记韩方主持召开市委常委(扩大)会议,对被列入议题的关心下一代工作进行研究部署。会上,传达学习中共中央总书记习近平对关心下一代工作的重要指示;听取市关工委主任居云保作《关于高邮市关心下一代工作情况的汇报》;就全市关心下一代工作进行研究部署。会议认为,全市各级关工委组织所做的富有成效的工作,为促进和服务广大青少年的健康成长和社会的和谐稳定,发挥不可替代的巨大作用。会议对全市各级关工委的老同志及广大"五老"的热情奉献表示高度赞扬和衷心感谢。会议决定,要进一步加强党对关心下一代工作的领导,明确分管负责同志,列入精神文明建设的内容一同部署、检查、考核、表彰,进一步配齐配强各级关工委班子;市、乡镇(园区)两级政府和市级机关部门要继续给予经费上的支持和保障,对市关工委的经费安排予以增加,并列入财政预算,适当提高乡镇(园区)关工委主持日常工作老同志的工作补助水平;要加强对市级机关各部门关心下一代工作的检查与指导;要对青年吸毒问题引起高度重视,相关职能部门要齐抓共管,努力遏制蔓延势头。会议要求,各级关工委的老同志们要继续努力,做出更好的成绩,作出更大的贡献。全党全社会要共同关心、支持并参与关心下一代工作,更好地引领、服务和保障广大青少年的健康成长。　(洪兴里)

【全市关心下一代工作会议】　11 月 18 日下午举行。会议的主要任务是,学习传达中央及省、市委领导对关心下一代工作的重要批示和全省关心下一代工作会议精神,总结全市关心下一代年度工作,安排部署相关工作任务。市委副书记张秋红及各乡镇(园区)、部门党委、党组分管负责人和关工委主任等参加会议。会议由市关工委主任居云保主持,张秋红作讲话。她要求,要认真贯彻落实纪念中国关工委成立 25 周年暨全国关心下一代工作表彰大会精神和习近平总书记对关心下一代工作的重要指示,推动全市关心下一代工作迈上新台阶。各级各部门要增强责任感和使命感,把关心下一代工作放到建设"强富美高"新高邮大局中谋划和推进,切实增强抓好关心下一代工作的自觉性;

要进一步提升关心下一代工作的整体水平，弘扬“五老”精神，发挥“五老”作用，在思想上、学习上、生活上、行为规范上关心青少年健康成长；要形成齐抓共管的强大合力，加强对关工委工作的领导，配强、配齐关工委班子，落实各项保障机制，形成全社会广泛支持的工作机制，营造全社会都来关心青少年健康成长的良好氛围。会上，传达学习中共中央总书记习近平和省委、扬州市委、高邮市委领导对关心下一代工作的指示和批示，传达学习纪念中国关工委成立25周年暨全国关心下一代工作表彰大会和全省关心下一代工作会议精神；下发全市各级各部门关心下一代工作任务和职责的通知；市市级机关工委、高邮经济开发区、市教育局、高邮城南经济新区作交流发言。（洪兴里）

【明确各级、各部门关心下一代工作任务和职责】 11月17日，为认真贯彻落实中共中央总书记习近平在纪念中国关心下一代工作委员会成立25周年暨全国关心下一代工作表彰大会上的重要指示精神，根据《江苏省关心下一代工作规则(修订)》，结合全市实际情况，市委办公室印发《全市各级、各部门关心下一代工作任务和职责的通知》，并以分解表的形式，对全市13个乡镇(园区)和22个市级机关部门关心下一代工作任务和职责作进一步明确，并提出具体要求。（洪兴里）

【纪念抗日战争胜利70周年主题教育活动】 2015年，全市各级关工委组织根据市委统一安排，组织开展纪念抗日战争胜利70周年主题教育活动。4月14日，市关工委联合市教育系统关工委在市南海中学举行纪念抗战胜利70周年报告会，邀请原市委党史办副主任夏金明作题为《牢记历史、不忘过去、珍爱和平、开创未来》报告，各乡镇、部门关工委主任及市南海中学师生200多人参加。同时，汤庄镇、界首镇、临泽镇、甘垛镇、高邮经济开发区、送桥镇、菱塘回族乡等乡镇(园区)也通过举办抗日老军人英雄事迹报告会、参观纪念爱国主义教育基地、请抗日老兵进课堂讲抗日故事、组织青少年走访慰问抗日老战士、组织观看抗战影片、报告会视频等方法，开展宣传教育。期间，全市各乡镇(园区)、村、社区及各学校共组织、培训主题教育宣讲员233人，编写各类讲稿283篇，举行各类演讲比赛158场，观众9.1万人次；走访抗日老兵102人，参加走访青少年3444人；组织参加征文活动学生3.02万人，收集征文1.91万篇，其中获评省、市、乡镇、学校各级优秀征文575篇。（洪兴里）

【校外教育辅导站建设】 2015年，市关工委按照上级要求，协同各有关部门继续推进校外教育辅导站(点)建设，促进发展质态不断提升。至年底，全市累计创办各类校外教育辅导站155个、校外教育辅导点135个；建成校站结合教育辅导站129个，乡镇(园区)中心辅导站21个；拥有专兼职辅导员1178人，其中“五老”志愿者233人、在职教师572人、退休老教师296人、大学生村官77人；建有图书室168个、图书43.6万册，电子阅览室29个、电脑936台；在站登记中小学生9853人，参加活动人数达22万人次。（洪兴里）

资料链接 自2005年以来，全市校外教育辅导站坚持创新发展，加强内涵建设，不断提升办站质量和水平，成为各基层关工委假期教育、培养青少年的重要平台。为贫困家庭中小学生、留守儿童、单亲子女、外来务工人员子女提供优质的校外活动阵地。（洪兴里）

【第三届高邮市“十佳美德少年”评选】 （详见《市情概览》篇目《精神文明创建工作》分目）

【7～35周岁青少年基本情况调查登记工作】 2015年，市关工委继续组织各乡镇(园区)、各村(社区)关工委人员500多人，对全市7～35周岁青少年基本情况开展逐人调查登记工作。此项调查登记工作从2014年10月启动，到2015年5月结束。期间，经调查登记，全市实有7～35周岁青少年18.12万人，占总人口的22.2%。其中，男性人数9.09万人，占青少年总数的比例为(以下简称占比为)51%；女性人数9.03万人，占比为49%。在7～35周岁青少年总数中，7～18岁的未成年人6.48万人，占比为35.7%；少数民族人数(主要是回族)1953人，占比为1.1%；在校学生7.59万人，占青少年总数的41.9%；就业青年9.50万人，占青少年总数的52.4%；无业青少年人数1078人，占比为0.6%；留守儿童2.43万人，占青少年总数的1.3%。（洪兴里）

【纪念市级机关关工委成立10周年暨第一次表彰大会】 6月23日举行。会议的主要任务是，纪念市级机关关工委成立10周年，表彰在市级机关关心下一代工作中涌现出的先进集体、先进个人、优秀志愿者和青少年敬老道德标兵。市委副书记、宣传部部长张秋红，市关工委主任居云保，市级机关各部门负责人及关工委负责人等参加。会议由居云保主持，张秋红作讲话。她首先代表市委、市政府向受到表彰的单位和个人表示祝贺，向长期从事关心下一代工作、热情支持关心下一代事业的各位老领导、老同志致以问候。她指出，做好关心下一代工作，是关系党和国家前途命运的“希望工程”，是关系千家万户切身利益的“民心工程”，是促进社会和谐的“基础工程”，全市各级关工委要站在战略的、全局的高度，勇于担当，增强做好关心下一代工作的使命感和责任感，立足青少年成长的特点和规律，不断丰富工作内容，改进工作方式，拓展活动载体，全面促进青少年健康成长。她强调，关心下一代工作是一项系统性工程，需要协调多方力量，整合各类资源，既要因地制宜、量力而行，又要知行合一、勤于实践。从事关心下一代工作的同志要立足行业特点、单位特色，以问题为导向，以青少年家长的期盼为重点，把牢社会主义核心价值观教育重点，着力营造青少年健康成长的良好环境，不断夯实关心下一代工作基础，切实提高工作的针对性和实效性。会上，对有关先进集体、先进个人等进行表彰；安排受表彰的代表作交流发言。（洪兴里）

【扶贫助学工作】 2015年，市关工委按照市委、市政府下发的《关于继续做好特别困难家庭学生帮扶工作通知》，采取市级机关各部门挂钩结对帮扶、组织民营企业结对帮扶、市慈善总会拨款帮扶三结合的办法，继续推动扶贫助学"千人帮扶计划"的实施。全年累计帮扶特困家庭学生1550人、发放扶贫助学资金229.33万元。其中，市级机关各部门帮扶118人、发放扶贫助学资金23.6万元；市慈善总会帮扶100人、发放扶贫助学资金20万元；相关民营企业及社会各界帮扶1332人、发放扶贫助学资金185.73万元。（洪兴里）

【利群阳光助学行动】 2015年，市关工委联合有关乡镇、园区关工委组织开展《扬子晚报》利群阳光助学行动。经走访调查、推荐申报、评审公示等程序，全市共有贫困家庭大学生21人获人均5000元的利群阳光助学金，其中高邮镇15人、高邮经济开发区4人、甘垛镇1人、临泽镇1人。（洪兴里）

【失足青少年帮教工作】 2015年，市关工委围绕全市实有失足青少年90人（监狱服刑青少年15人、刑释解教青少年26人、缓刑青少年29人、其他情况青少年20人）的现状，继续扎实开展失足青少年帮教工作。期间，通过建立帮教小组90个开展"一对一"帮教，动员"五老"人员251人参与帮教等，共帮助失足青少年实现就业59人、成立家庭13人，转化率为68%。（洪兴里）

【居云保被表彰为全国关心下一代工作先进工作者】 8月25日，在中关工委、中央文明办召开的纪念中国关工委成立25周年暨全国关心下一代工作表彰大会上，市关工委主任居云保被表彰为全国关心下一代工作先进工作者。这是该市关工委系统首次有个人获此奖项。（洪兴里）

残疾人事业

【概况】 2015年，全市加大残疾人社会保障体系和服务体系建设力度，将残疾人就业、培训、康复、无障碍改造等11个项目列入为民办实事工程，大力推进残疾人事业持续健康发展。至年底，全市共有残疾人4.99万人，占全市总人口的6.01%。是年，市残联被省残联表彰江苏省就业年龄段持证残疾人就失业情况调查工作先进单位；被高邮市委、市政府表彰为全市市级机关能力作风建设标兵单位；市残联机关党支部被市委表彰为先进基层党组织，团支部被共青团扬州市委表彰为扬州市五四红旗团支部标兵。市残联理事长朱杏玲被省人社厅、省残联、省公务员局联合表彰为全省残联系统先进工作者，被高邮市政府记个人三等功一次。（李涛）

【落实各项惠残政策】 2015年，市残联继续落实好各项惠残保障政策，提高残疾人保障水平。从1月1日起，提高重度残疾人护理补贴标准，城镇残疾人每人每月从100元提高到120元，农村残疾人每人每月从50元提高到80元。全年共向全市2114名重度残疾人发放护理补贴201.18万元；为低保家庭中154名重度残疾人发放生活补贴金10.1万元；为考入高中及以上的残疾学生和困难残疾人家庭子女发放助学金51.35万元；为2822名重度残疾人代缴每人100元的城乡居民养老保险费用28.22万元；为2272名下肢残疾人发放燃油补贴59.07万元；为6049名残疾人代缴意外伤害保险费用9.63万元。（吴古银）

【重度残疾人生活救助】 2015年，全市继续实施重度残疾人生活救助政策，对全市二级以上、无固定收入的重度残疾人6260人给予生活救助，发放救助金2679.93万元。对全市"一户多残""依老养残"低收入家庭中的残疾人按低保标准60%实施救助，全年共对符合条件的178户、314人，发放救助金80.11万元。（吴古银）

【残疾人扶贫济困工作】 2015年，市残联推进残疾人扶贫解困工作，取得明显效果。春节期间，组织开展"推进残疾人幸福生活计划"节日走访慰问活动，走访慰问贫困残疾人家庭303户，发放慰问金14.9万元；12月，组织开展"暖冬行动"，筹措14.9万元慰问资金及棉被、羽绒服、家电等一批慰问物资，惠及贫困残疾人家庭140户。（张德山）

【残疾人职业技能培训】 2015年，市、乡两级残联组织采取与相关培训中心、劳动就业培训部门、社会保障部门和农业技术服务部门等联合办班的方式，先后举办农村实用技术、自主创业等职业技能培训班10多期，免费培训残疾人300人，其中有200多人获发"职业资格证书"及相关职业技能等级证书。（吴古银）

【残疾人就业】 2015年，市残联新建成残疾人扶贫基地8个，残疾人创业基地3个，共安置残疾人132人，辐射扶持贫困残疾人家庭33户；创建成扬州市级残疾人扶贫基地3家、建成扬州市级残疾人创业基地2家、培植"残疾人扶贫基地典型"1个。

联合市人社局举办“真情相助”残疾人专场招聘会，54家企业参加招聘，为残疾人提供工作岗位174个，有32名残疾人与用工企业达成用工意向。全年共为18个残疾人创业点提供创业补贴3.6万元；为6项项目、3个创业者提供创业贷款贴息9.45万元。是年，吴兆军、赵忠明、周素琴3人被扬州市残疾人基金会评为残疾人创业典型；赵中明、葛永来在全市“创业之星大赛”中获“十佳创业之星”称号。（吴古银）

【残疾人康复服务】 2015年，市残联继续实施以“三助一给”(助听、助明、助行，贫困精神残疾人免费给药)为主要内容的康复救助工程，不断提升残疾人康复服务水平。全年免费为贫困残疾人家庭900户实施家庭无障碍环境改造并配备辅助器具，免费为听力障碍残疾人60人验配助听器，免费为符合条件的贫困白内障患者200人实施复明手术，免费向下肢残疾人300人捐赠轮椅，向视力障碍残疾人80人捐赠盲杖，为成人肢体残疾人17人免费安装假肢，为1名符合条件的儿童开展免费矫治手术；对全市700名贫困精神残疾人给予每人每年3000元的基本精神类药物费用救助。全年免费筛查出0～6岁各类残疾儿童206人，7～14岁肢体(脑瘫)和孤独症残疾儿童32名。新建并投入使用村、社区康复室5个。（张德山）

【残疾人托养服务】 2015年，市残疾人托养中心以托养服务与辅助性就业相结合，不断拓展工疗项目。联合市荷花塘特校建立应届毕业生实习培训基地，开展就业前的适应性训练。组织市、镇残疾人托养机构就智力残、肢体残和病情稳定期精神残疾人群体，继续提供生活照料、康复、技能训练及工疗、文体娱乐等综合服务，全年实现托养302人，其中全托221人、日托81人。（吴古银）

【0～6周岁残疾儿童康复工作】 2015年，全市继续开展儿童残疾预防及抢救性康复工作。制定《高邮市2015年0～6周岁以下服务对象筛查工作实施方案》，对全市0～6周岁疑似残疾儿童进行筛查，将符合条件的残疾儿童206人的信息及时准确地录入省残联数据库，并对其实施免费基本康复服务；将0～6周岁残疾儿童抢救性康复项目的医保管理软件系统与市医保、市新农保系统联网，实现该康复项目的实时联网结算，全年累计结算医疗费用7.3万元。（时连忠）

【全国残疾人基本服务状况和需求专项调查工作】 1月，市残联按照国务院残工委的统一部署以及省和扬州市残联的要求，结合《高邮市全国残疾人基本服务状况和需求专项调查方案》和《专项调查宣传方案》等相关文件，认真开展全国残疾人基本服务状况和需求专项调查工作。期间，成立市专项调查工作办公室，选调调查员498人组建13支专项调查队，投入经费80余万元，调查适合对象15959人，实际完成调查15462人，调查完成率96.9%，入户调查15230人，电话调查232人，入户率98.5%；专项调查的完成率和入户率实现双达标，数据处理一次性复录过关，并通过省级质量验收(省质量验收组抽检的差错率为0.07‰)，圆满完成调查工作任务。是年，市专项调查工作办公室被表彰为全省先进调查办公室，李莉、林霞、翁中来、吴古银、朱仁海等5人被表彰为全省优秀调查员。（成雪枫）

【残疾人文体工作】 2015年，市残联积极组织开展各项文体活动，帮助残疾人走出家门，融入社会，展现其乐观向上的精神风貌。组建有40多人参加的“邮之韵”残疾人合唱团和有12人参加的“龙之舞”聋人毽球队，定期开展排练和演出活动。同时，还组织举办谭伟海个人音乐会和第二届“自强之星”评选、第二届全市残疾人运动会等活动，向社会各界展示残疾人的活力和风采。（成雪枫）

【谭伟海个人音乐会暨“自强之星”颁奖仪式】 5月8日下午举行。省、扬州市残联相关负责人，高邮市领导张秋红、薛晓寒、李春青和有关方面负责人及群众代表近1000人参加。音乐会开始前，张秋红致欢迎词。她说，谭伟海个人音乐会和第二届“自强之星”评选活动的举办，是高邮市第25个全国助残日的重要活动之一，是全市近年来残疾人文化成果的集中展示，也是高邮为进一步丰富人民群众精神文化生活、展示残疾人群体积极向上的精神风貌、展现“经济强、百姓富、环境美、社会文明程度高”美丽高邮建设成果的有效平台。近年来，高邮市全面实施“残疾人幸福生活推进计划”，努力提升残疾人的幸福指数，残疾人工作迈出新步伐，残疾人文化取得新发展。她希望，参加此次活动的各位领导、各位嘉宾一如既往地关心、帮助、支持高邮的残疾人事业，推动残疾人工作迈上新台阶。音乐会上，谭伟海手持横笛，先后激情演绎《水乡乐韵》《草原思念》《小八路冲破封锁线》《梦》《姑苏行》等曲目，给现场观众呈现一场视听盛宴。音乐会进行间隙，省、扬州市及高邮市的领导还为获评高邮市第二届“自强之星”的6名残疾人颁奖，高邮市残联向部分残疾家庭捐赠一批家电。（李涛 葛玉琴）

资料链接 谭伟海是高邮市周山镇人，自幼双目失明，12岁进入特殊教育学校读书。求学期间，他凭着对音乐的热爱和多年的勤学苦练，最终进入中国残疾人的最高艺术殿堂——中国残疾人艺术团。近年来，他曾先后参加过北京残奥会开幕式闭幕式、广州亚残会闭幕式等大型活动演出，并作为中国残疾人文化使者，随代表团赴世界五大洲40

多个国家和地区参加演出，受到多个国家领导人的接见。 （李涛 葛玉琴）

【市第二届残疾人“自强之星”评选】 3月，市残联与市文明办联合开展第二届残疾人“自强之星”评选活动。此次评选活动，历时90天，采取自下而上、逐级审核上报并公开投票评选的办法进行，共收回有效选票近5000张。经过评选，徐月红、张萍、夏贻国、张爱斌、武在宏、解正年等6人获市第二届残疾人“自强之星”称号。 （成雪枫）

【第二届残疾人运动会】 6月30日，由市、乡两级残联组织协同举办的第二届全市残疾人运动会在市体育场举行。此次运动会，累计安排举重、乒乓球、羽毛球、象棋、拔河等比赛项目11项，共有13支乡镇(园区)代表队、213名残疾人运动员参加。经过角逐，高邮经济开发区代表队获拔河比赛项目第一名，高邮经济开发区的王志敏获象棋比赛项目第一名，高邮城南经济新区的徐如清获举重比赛项目第一名，高邮镇的孙国宝获定点投篮比赛项目第一名，卸甲镇的杨慧、周山镇的李权军分获跳绳比赛项目女子组、男子组第一名，卸甲镇的杨慧、高邮镇的董海涛分获踢毽子比赛项目女子组、男子组第一名，高邮镇的施军、高邮湖西新区的徐军分获羽毛球比赛项目女子组、男子组第一名，高邮湖西新区的冯瑞莲、高邮镇的谈彬分获乒乓球比赛项目女子组、男子组第一名，高邮镇的张付才、汤庄镇的陈文庆分获铅球比赛项目女子组、男子组第一名，汤庄镇的陈文庆获男子50米比赛项目第一名，高邮镇的周建粉、高邮湖西新区的潘立根分获轮椅车比赛项目女子组、男子组第一名。 （陈桂珠）

【残疾人信访工作】 2015年，市残联继续加强残疾人信访工作，按照相关政策、法规要求，妥善处理好各种矛盾和问题。全年受理残疾人信访900多件(人)次，其中来信14件、“12345”公开电话15件，均做到及时回复，妥善处理。 （陈桂珠）

【基层组织建设】 2015年，市残联联合市委组织部下发《关于进一步加强乡镇残疾人组织建设的通知》，明确乡镇残联专职委员作为普通工作人员纳入乡镇政府统一管理。至年底，全市13个乡镇(园区)有17名专职委员纳入政府管理序列。

（成雪枫）

【市残疾人康复中心建成并投入使用】 4月，市残疾人康复中心建成并投入使用。该中心于2013年于9月16日开工建设，总投资2500万元，占地面积6300多平方米，建筑面积7090平方米，建有主楼8层，拥有肢体评估室、音乐活动室、引导式教室等标准功能康复训练室40间，具备学前教育资质和医疗资质，可为0～6周岁残疾儿童近200人提供视力、肢体、脑瘫、孤独症等方面的康复训练。至年底，该中心为残疾儿童234人提供康复训练服务。 （时连忠）

【建立市残疾人服务中心】 2015年，市残联将原市残疾人康复中心改造成为市残疾人服务中心，为城区的残疾人提供日间照料、工疗项目、文体活动、辅具适配等服务。是年，市残疾人服务中心被省残联、团省委联合确定为江苏省青年志愿者助残阳光行动服务基地。 （李涛）

【助残志愿服务】 4月，市残联成立“四叶草”助残志愿者协会。5月，在市残疾人康复中心举行“四叶草”助残志愿者协会授旗仪式和协会志愿者代表宣誓仪式。至年底，该志愿者协会拥有会员500多人；先后参与了“心系残疾人、月圆情更暖”“四城同创”“社区网格化管理和服务”“康复参训儿童心理疏导”等活动。7月，市残联“四叶草”党员志愿者服务队被市委组织部评为高邮市优秀党员志愿者服务队。 （李涛）

【残疾人专题广播节目开播】 5月，市残联在市人民广播电台开播残疾人专题节目—《爱在秦邮》。该专题节目立足于残疾人事业的发展宣传，定期及时播出全市残疾人康复、教育、就业、社会保障等各项工作的开展情况，使广大残疾人通过广播就能了解到最新的政策资讯，受到广大残疾人的欢迎。至年底，该专题节目播出60期。 （李涛）

【电视台专题手语节目开播】 6月，市残联在市电视台开播专题手语节目——《同在蓝天下》。该专题手语节目共分为“残联动态”“故事人生”“健康驿站”三个版块，分别围绕残联活动动态信息、残疾人自强不息的典型事迹、残疾人业务工作等方面进行宣传报道。该节目在播出时全程配有手语，实现信息交流的无障碍。至此，全市残疾人事业宣传实现网络、报纸、电台、电视等宣传媒体的全覆盖。至年底，该专题手语节目播出4期。 （李涛）

消费者权益保护

【概况】 2015年，全市消费者协会系统认真履行新《消费者权益法》赋予的八项公益性职责，始终恪守“一切为了消费者”的行为准则，在政府与人民群众中架起“连心桥”，赢得广大消费者和社会各界的信赖和赞誉。全年发布消费警示(提示)12批次，举办消费教育讲座6场次，开展消费体察活动3次；撰写各类调查报告3篇；受理咨询申(投)诉举报234件，接待消费者来访咨询5万余人次，为消费者挽回经济损失118万元，完成诉转案4件，接诉后24小时内主动与申诉人联系率达100%、按期办结率达100%、群众满意率达96%。至年底，全市有各级消费者协会组织23个、消费者投诉站

214 个、企业维权监督站 24 个，聘任消费指导员 10 人，聘请联络员 214 人。（郑展）

【“3·15”系列活动】 “3·15”前后，全市围绕“政府主办、消协承办、各维权职能部门协办”模式，继续组织开展系列活动。市领导发表纪念“3·15”消费者权益日电视讲话。组织举办新版《中华人民共和国消费者权益保护法》培训暨消费维权工作座谈会，广泛宣传消费者权益保护相关法律法规，并听取消费者和社会各界的看法和建议。走进市“政风行风热线”，向市民介绍当年“3·15”工作主题、主要活动及举措；就 2014 年消费维权典型案例进行剖析、以案说法；接听热线电话，为广大消费者释疑解惑。举办“2015 年携手共治　畅享消费“3·15”国际消费者权益日”大型宣传咨询活动，在城区世贸家居广场设立主会场 1 个，在东方商厦及 6 个乡镇设立分会场 7 个，形成城乡互动格局。在主会场设立各单位的宣传戗牌，以图文展示、发放宣传册和传单、当众讲解等方式，生动直观地开展宣传服务；向消费维权先进集体授牌；开展“3·15”消费维权知识现场抢答等；各工商企业向广大消费者作出商品质量和服务诚信承诺。期间，全市城乡组织志愿服务者 200 多人，散发各类宣传资料 2 万多份，现场接待消费者投诉咨询 500 多人次。（汤兰英）

【全省春耕备耕送农机送科技送服务下乡暨农机“3·15”活动】 3 月 13 日，由省农机局主办，市农机局、市消费者协会承办的 2015 年全省春耕备耕送农机送科技送服务下乡暨农机“3·15”活动，在送桥镇举行。此次活动，共用 67 家农机企业到现场设立展台，推介各自产品、展示企业形象。期间，市消费者协会设立现场投诉咨询台，为农民朋友提供咨询，向他们宣传相关法律、法规以及科技知识，并发放农机等各类相关宣传资料，受到大家的欢迎和好评。（郑展）

【获扬州市第二届青少年消费文化考察活动奖项 4 项】 3 月 11 日上午，扬州市消费者协会在召开的 2015 年“3·15 情况通报会”上举行“扬州市第二届青少年消费文化考察”现场颁奖仪式，高邮市获扬州市第二届青少年消费文化考察活动奖项 4 项，其中组织奖 1 项（市消费者协会）、作品奖 3 项（市赞化中学张泽龙的 PPT 作品获二等奖、市赞化中学苏健之的文稿作品获三等奖、市宝塔小学姜亦杨的 PPT 作品获三等奖）。（汤兰英）

资料链接　举办扬州市第二届青少年消费文化考察活动，旨在鼓励广大青少年参与社会实践活动，对消费热点、消费现象和消费文化进行认知和思考，树立正确的消费理念和消费习惯；该活动历时 14 个月；全市中、小学和在扬高校学生均可报名参加；活动要求参与者以社会上的消费行为、消费现象或消费文化的某一个具体方面为考察课题，通过调查、采访等方式，收集素材数据，进行分析研究，并对考察课题提出观点和结论，最终制作成文字、漫画、图片、微电影、电视片、视频短片、PPT、网页等形式的考察报告，以展现社会考察活动的成果。期间，高邮市消费者协会联合高邮市教育局在全市中小学组织开展青少年消费文化考察活动，共征集到各类形式的原创作品 102 件，并及时完成优秀作品的遴选和上报工作。（汤兰英）

【消费维权监督】 2015 年，市消费者协会继续深化消费维权监督工作。“3·15”期间，邀请有关人大代表、政协委员参与“3·15”新闻发布会、“3·15”前大型现场咨询服务活动等，有效强化各方监督。积极参与市市场监督管理局等部门对节日市场的监督检查，重点开展对食品、保健品市场、手机、儿童用品等市场的监督检查。强化消费提示、警示发布工作，针对消费领域里存在的投诉热点和难点问题，在《扬州日报》《高邮日报》等新闻媒体开辟专栏，定期不定期发布相关信息，及时提醒广大消费者有效防范。继续开展各类诚信单位、推荐商品评选活动，为广大消费者客观公正地提供商品服务信息。会同市市场监督部门加大对假冒伪劣商品的曝光揭露力度，有效净化市场环境，维护社会稳定。（郑展）

【消费纠纷调解机制建设】 2015 年，市消费者协会继续加强消费纠纷调解机制建设，努力形成多元化调解机制。注重发挥人民调解委员会的作用，全年通过人民调解委员会解决“零团费亲子游”群体投诉案件 1 起，为消费者挽回经济损失 1 万多元。该案例后被省消费者协会作为典型案例录用。推行消费纠纷和解机制，在全市 25 家维权监督站建立消费争议和解制度，真正将消费纠纷和解在企业，化解在源头，营造和谐的消费环境。深化“诉调对接”工作，对经消费者协会调解达成调解协议的，由市人民法院依法确认调解协议的效力，赋予其强制执行力，有效地维护消费者的合法权益，不断提升消协组织的维权法律地位和社会影响。（郑展）

乡　　镇

Township

导读

高邮镇(街道办事处)

【概况】 位于高邮湖东、京杭大运河畔，纵贯南北的淮江公路、京沪高速公路与横穿东西的高兴东公路、邮仪公路在此交汇，系全市政治、经济、文化中心。总面积 43.13 平方千米，其中耕地面积 1437.7 公顷。辖 6 个村、14 个社区。总人口 15.4 万人，其中男 7.78 万人、女 7.62 万人。非农业人口 12.11 万人，外来暂住人口 1.2 万人。

农业。完成粮食总产量 3.1 万吨，实现粮食生产“十二连增”。落实各项惠农政策，发放惠农资金 780 万元。打造观光休闲特色农业，启动高邮湖滩郊野公园规划编制工作。开展农村股份合作社改革试点，集体资产量化到人、固化到户，宝塔村社区股份合作社和扬州市苏合珠湖生态农产品销售专业合作社创成扬州市示范合作社。组织新型农民培训和农产品电子商务培训 1200 人次。成立农村产权交易服务中心，全年完成交易额 997.8 万元、溢价 102 万元。培育新型农业经营主体，组建家庭农场 5 家、流转土地面积 75.2 公顷。全年完成农业增加值 2.89 亿元，增长 5%。

工业。加大小微企业扶持力度，加快企业上市步伐，加强企业负责人培训，出台转型升级奖励政策，促进企业“两化”融合，工业基本面保持稳定。全年完成开票销售额 56.2 亿元、入库税金 2.99 亿元、设备抵扣税 1550 万元，新增规模以上企业 5 家。江苏华富储能新技术股份有限公司、扬州日兴生物科技股份有限公司、高邮市卫星卷烟材料有限公司等一批重点企业对工业经济支撑作用明显，江苏华富储能新技术股份有限公司跻身省“自主品牌 50 强”企业行列。江苏华富储能新技术股份有限公司和扬州日兴生物科技股份有限公司在“新三板”成功挂牌。14 家企业列入市“356”行动计划(3 年对 5 大工业产业的 60 家重点企业实施提壮培优，力争实现企业规模及内涵双提升)。

建筑业和第三产业。实现建筑企业总产值 121.9亿元、增长20.1%，完成施工面积671万平方米、竣工面积382万平方米。江苏兴厦建设集团有限公司顺利改制。坚持服务业优先发展战略，推进服务业重大项目建设，高邮京杭大运河中国邮驿文化城项目进展顺利，波司登世贸国际广场全面竣工并成功申报扬州市级商贸集聚区。开展服务业企业升级行动，新增服务业限额以上企业5家、规模以上企业4家，净增限额以上大个体6户。完成服务业增加值34.19亿元、服务业新增投入31.36亿元、法人企业商贸流通经营额23.92亿元、服务业税收收入 5.65亿元，分别增长21%、36.7%、9%、2.7%，服务业增加值占地区生产总值比重为48%。

招商引资。参加专题招商活动，新签投资额亿元项目 6 项、外资项目 1 项，完成注册外资实际到账 517 万美元。完成个转企 42 家，新增个体工商户 1302 户、私营发展户 394 户。建立高新技术产业重大项目库，全年开工投资额 10 亿元以上项目 1 项、亿元 6 项，竣工投资额 10 亿元以上项目 1 项、亿元 4 项。完成固定资产投资额 30 亿元。

园区建设。全年投入 4850 万元，新增园区绿化 2000 平方米、新装路灯 6 盏，启动园区南片建成区雨污分流管网建设和香沟河整治工程。规范运营武安社区创业园，为小微企业发展提供优质平台。园区承载能力有效增强，累计入园企业 185 家，园区企业完成产值 200 亿元。

城镇化建设。推进城建项目建设，基本完成武安路东延建设，金桥社区公园建成开放，启动实施屏淮路提质工程，牵头开展南澄子河、香沟河、文体中心、馆驿路、人民公园和抗战最后一役纪念馆、连镇高铁、宝塔停车场等地块拆迁拆违和交地工作，全年完成拆迁面积 6.42 万平方米，交地 10 宗 55.2 公顷。围绕“四城同创”中心工作，实行“城管进社区”和网格化管理，推进城区和城中村环境综合整治，拆除、改造旱厕 231 座、露天粪坑 336 座、猪圈 142 座，统一规划城中村闲置地块 56 块、按规划改造完成 28 块。开展后街后巷改造，实施闲置空地硬化、绿化面积 6 万平方米，整改垃圾池 270 座，宝塔社区和新华村保洁纳入大城管体系。完成黄渡村人民路、新民村南湖路“一事一议”省财政奖补项目，修复农村公路 28 千米。改造南关干渠支渠首电机 4 座，改建排涝洞、引水洞 4 个，疏浚镇属支渠 2 条、村庄河塘 21 条，累计完成土方 11 万立方米。加强社区阵地建设，高谢社区和琵琶社区迁址办公，启动武安社区新建规划工作，基本落实北海社区和大淖社区办公服务用房。健全政社互动和三社联动工作机制，全年新培育社会组织 12 个。加强城区无物业管理老旧小区整治，新组建月塘社区、康华社区 2 个物业服务中心。

社会事业。新增国家高新技术企业 4 家、高新技术产品 30 个，新建省级科研平台 6 个，获省科学技术进步奖 1 项、重大成果转化项目 3 项，达成各类产学研项目协议 20 份。完成实用新型技术专利授权 228 件、发明专利授权 14 件。引进高层次人才 17 人，1 人入选省“双创”计划、3 人入围扬州“绿杨金凤”计划。以江苏华富储能新技术股份有限公司原厂区为平台，打造全市首家“创客邦”科技孵化园。创成省标准化社区教育中心，完成城北小学升级改造第二期工程。实施农家书屋和健身设施提档升级工程，所有村、社区均建成“10 分钟体育健身圈”，组织参加高邮市第五届运动会获得总分第一、金牌数第一。完善居民健康档案，开展家庭医生健康团队服务，推进健康社区行活动，全年发放新农合补偿金 838 万元。实施农贸市场提档升级工程，全面改造沿河农贸市场和康华农贸市场，关停黄渡菜场，新建黄渡村和凤凰村临时疏导点。全年新增城乡居民养老保险缴费人数 653 人、企业职工社会养老保险缴费人数 1120 人、住房公积金扩面人数 480 人。建立健全立体社会救助体系，全年发放城乡低保金 437 万元、临时救助资金 60 万元、尊老金 306 万元，“5·19”慈善一日捐募集善款 53.4 万元。加大脱贫帮扶力度，291 户人均收入 5000 元以下低收入农户全部脱贫。高谢社区、大淖社区新建居家养老服务站并成功申报省级示范养老服务中心。实施渔民上岸工程，建成渔民安置点生活便道。

（蔡忠泽）

表 70 **2015 年高邮镇（街道办事处）主要经济社会指标实绩表**

项 目	单 位	2015 年	2014 年	比上年(±%)	项 目	单 位	2015 年	2014 年	比上年(±%)
地区生产总值	万元	895000	796000	12.4	建筑业产值	万元	1218600	1015000	20.1
第一产业	万元	28879	27496	5.0	建筑业利润	万元	86900	86900	—
第二产业	万元	393363	350904	12.1	建筑业从业人数	人	12687	12654	0.3
第三产业	万元	472758	417600	13.2	第三产业从业人数	人	44150	48518	−9.0
公共财政收入	万元	49683	51464	−3.5	新增个体工商户	户	1302	—	—
农业总产值	万元	60464	57095	5.9	社会消费品零售额	万元	1205723	1039417	16.0
粮食总产量	吨	19319	19544	−1.2	市场个数	个	27	24	12.5
棉花总产量	吨	—	—	—	集贸市场成交额	万元	167349	124318	34.6
油料总产量	吨	638	529	20.6	50 平方米以上超市	个	70	72	−2.8
水产品产量	吨	12554	10745	16.8	住宿餐饮企业数	个	149	147	1.4
农业从业人数	人	2573	2498	3.0	当年引进项目数	项	15	14	10.0
工业总产值	万元	3744860	3260853	14.8	实际到账外资	万美元	517	160	223.1
规模以上工业总产值	万元	2367070	2060586	14.9	外贸出口额	万美元	7094	6278	13.0
规模以上工业增加值	万元	385209	340500	13.1	学校	所	19	20	−5.0
工业技改投入	万元	138100	166980	−17.3	在校学生数	人	37156	38707	−4.0
工业企业数	家	487	476	2.3	外出劳务人数	人	9000	8806	2.2
工业从业人数	人	25059	25407	−1.4	外来劳务人数	人	8826	8913	−1.0
固定资产投资完成额	万元	451701	307195	47.0	农民人均纯收入	元	23650	21280	11.1

（统计局 蔡忠泽）

龙虬镇

【概况】 位于高邮城区东北部，东邻三垛镇，南与卸甲镇隔北澄子河相望，西接高邮经济开发区，北连周山镇。总面积39.87平方千米，其中耕地面积2050公顷。辖11个村、2个社区。总人口3.43万人，其中男1.71万人、女1.72万人。非农业人口1107人，外来暂住人口187人。

农业。重视培育和规范新型农业经营主体，新建农民合作联社1家，创成国家和省示范合作社各1家，9家合作社进入省级专业合作社名录。加速土地流转，组建家庭农场14家、新增土地流转面积147公顷。发挥农业龙头企业引导作用，扬州财富农业发展有限公司创成省级农业龙头企业。加强农作物田间管理，实现粮食单产“十二连增”。推进三荡河现代渔业产业园区建设，顺利创成扬州市级现代农业产业园区。发展高效设施农业，新增设施农业面积5.3公顷，推广实施稻麦示范方67公顷，遴选出稻麦科技示范户66户。种植成片林20.7公顷，四旁植树4万株，打造绿化整体推进村1个。发展畜禽养殖，全镇有规模养殖户17户，年饲养畜禽100万只。坚持“疏堵结合、禁用并重”，推进秸秆禁烧、还田和综合利用工作，全年稻麦秸秆机械化还田2213.3公顷，转化、综合利用秸秆6000吨。新增各类大型农业机具85套，完成机插秧面积1933公顷、农机犁耕翻面积667公顷。加强农民职业技能培训，举办农技、水产、服装缝纫等专业培训1200人次，新增农村劳动力转移就业200人。全年实现农业增加值4.8亿元，增长6%。

工业。完善工业经济激励政策，刺激工业经济发展，为工业企业提供全面细致服务，促进工业经济增长。全年完成全部工业产值33亿元，其中规模以上工业企业产值14.6亿元，分别增长10.8%、11%。实现工业开票销售额5.5亿元，工业入库税收0.42亿元。完成固定资产投资额4.7亿元，增长16.43%。创成国家级高新技术企业1家、省级高新技术产品2个。

建筑业与第三产业。鼓励建筑企业开拓外埠市场，提高施工能力，扬州市龙海建筑安装工程有限公司、高邮市金龙建筑安装工程有限公司成功走出龙虬，承接多处大体量工程。全年全镇实现建筑安装总产值25亿元，增长20%。优先发展服务业，提升现代服务业地位，推进服务业项目建设。苏中农贸城完成“扬州市级专业市场服务业集聚区”申报工作，引进阿里巴巴农村淘宝项目，全年建成农村淘宝村级服务站5家。加大龙虬庄国家考古遗址公园创建推进力度，打造新的旅游目的地。全年实现服务业增加值4.32亿元，增长14.8%，新增投资额5000万元以上服务业项目1项。

招商引资。开展多种形式招商活动，成功签约亿元项目1项、5000万元项目2项。全年外资实际到账70万美元，新增私营企业135家、个体工商户211户、个转企15家。招商引资工作有新进展，全年推进农业及三产服务业招商项目8项，其中亿元项目3项，即总投资1.08亿元的扬州正扬电力科技项目、总投资4.1亿元的江苏邮缘建设发展有限公司垃圾填埋场拆迁地块整治项目、总投资3.5亿元的高邮泰达环保有限公司垃圾焚烧发电项目。

镇村建设。按照《龙虬镇集镇总体规划》，科学实施镇区“西拓南延”中长期发展战略。总投入3000万元的龙虬路升级改造工程基本完成，加速龙虬镇与城区“融入融合”；投入300万元，实施龙虬路、澄营线集镇段沿路房屋立面改造及道路亮化、绿化工程；投入260万元，实施镇内主干道照明亮化工程，安装路灯580盏；投入20多万元，对全镇破损路面进行修补和实施路旁绿化。投入20万元，对集镇绿化缺失地段进行补栽。投入200万元，实施龙庄河整治工程；投入400万元，新建银河大桥、龙庄河桥及龙虬庄庄台桥；投入120万元，改造小农桥7座。投入81万元，完成河道疏浚整治工程，疏浚农村河道19条、18.25千米，完成土方23.3万立方米；投入103万元，新建泵站3座；投入70万元，实施人字河河堤加固、灌区维修养护及闸站周边环境整治工程，加固圩堤1.9千米，改建闸门3座、维修圩口涵闸4座、实施暗闸改明闸7座。全年查处违章搭建、乱摆乱放行为40起，拆除违章建筑3处。全面完成农村改厕任务，改厕率90.4%，达改厕普及镇水平；投入20万元，新建公共厕所2座。投入220万元，推行市场化保洁模式，农村环境综合整治和长效保洁效果显著提高；投入71.5万元，实施覆盖拉网式农村环境综合整治项目，创建成省级生态村1个。投入1700万元，启动兴北村、龙虬庄村土地整治项目。投入11.4万元，改造危房11户。投入20万元，新建、改建“一站式服务大厅”4个。投入113万元实施“一事一议”财政奖补项目，建成通组灰色道路4.3千米；投入43.5万元，完成村级河塘整治工作。推进农村实事工程，完善健康主题公园、休闲广场、健身器材等便民设施。

社会事业。投入200万元，完善中小学及幼儿园教学楼、食堂、校园道路、多媒体教学设备等基础设施，扩建龙虬小学育才路，优化学校周边环境，开展“优秀教师评选活动”，3所学校通过第七轮综合督导并获得优秀等级，张轩小学高分通过“江苏省现代化学校”验收，龙虬初中和龙虬小学创建成国家级“校园足球试点学校”，高邮市中小学校精致管理现场会小学分会在张轩小学举行，投入4万元完善远程教育工程。举办龙虬镇第五届文化艺术节暨第八届农民运动会，出版《印象龙虬》，歌伴舞《高邮鸭蛋行天下》参加全市文艺新作调演，舞蹈《桃花红》获市“万丰杯”舞蹈大赛一等奖并在全市“七夕”文艺晚会表演，新建电子阅览室1家、新添图书5000册、新建张轩社区多功能文体广场1个。开展乡医签约服务，全年签约服务人数18362人，签约率59.4%；实施国家基本药物制度，落实基本公共卫生项目。推进新农合工作，全年新农合参合人数31720人，参合率109.1%；新增住房公积金扩面人数120人；扩大社保覆盖面，全年新增参加企业养老、城乡居民养老、医疗、工伤、生育、失业保险人数970人；加强尊老金管理，累计发放尊老金88.45万元；投入55万元，提升五保供养水平，镇敬老院创建成省“三星级”文明敬老院。开展社会救助工作，发放优抚对象抚恤定补金135.88万元；促进残疾人就业，完善残疾人保障机制，重视残疾人康复工作，新建残疾人康复室1个；开展“5·19”慈善一日捐活动，募捐善款19.5万元。落实经济薄弱村帮扶政策，争取上级各类扶贫资金140万元，完成全部低收入农户脱贫工作；实施镇区、兴南村、强民村、张轩村、东角村、白马村电力线路改造，新增变压器12台；开展平安创建活动，建成以个人命名调解室23个；落实安全生产责任，定期开展安全生产专项整治，加大重点行业、重点领域监管力度，消除安全隐患。（赵杰安）

【龙虬庄遗址保护与开发】 2015年，高邮市成立“高邮市龙虬庄国家考古遗址公园工作领导小组”“高邮市龙虬庄遗址管理委员会”“高邮市龙虬庄国家考古遗址公园投资开发有限公司”等机构，在龙虬庄遗址基础上规划“龙虬庄考古遗址公园”，对龙虬庄遗址进行保护与开发。是年，国家文物局批准《龙虬庄遗址2015～2017考古工作计划》《龙虬庄遗址保护与展示工程方案》获国家文物局批复；《龙虬庄遗址保护总体规划》由省政府批准实施，《龙虬庄考古遗址公园规划》通过省文物局组织的专家评审。（赵杰安）

表71 **2015年龙虬镇主要经济社会指标实绩表**

项目	单位	2015年	2014年	比上年(±%)	项目	单位	2015年	2014年	比上年(±%)
地区生产总值	万元	114816	104256	10.1	建筑业产值	万元	252341	202694	24.5
第一产业	万元	47567	44865	6.0	建筑业利润	万元	—	—	—
第二产业	万元	24001	21727	10.5	建筑业从业人数	人	1435	1374	4.4
第三产业	万元	43248	37664	14.8	第三产业从业人数	人	2643	2546	3.8
公共财政收入	万元	2672	3037	−12.0	新增个体工商户	户	—	—	—
农业总产值	万元	—	—	—	社会消费品零售额	万元	17825	17052	4.5
粮食总产量	吨	38019	36715	3.6	市场个数	个	2	2	—
棉花总产量	吨	—	—	—	集贸市场成交额	万元	3405	3369	1.1
油料总产量	吨	1528	1381	10.6	50平方米以上超市	个	23	21	9.5
水产品产量	吨	18187	17930	1.4	住宿餐饮企业数	个	1	—	—
农业从业人数	人	—	—	—	当年引进项目数	项	—	—	—
工业总产值	万元	335005	311222	7.6	实际到账外资	万美元	70	40	75.0
规模以上工业总产值	万元	145914	130548	11.8	外贸出口额	万美元	685	—	—
规模以上工业增加值	万元	20125	19050	5.6	学校	所	3	3	—
工业技改投入	万元	—	—	—	在校学生数	人	779	926	−15.9
工业企业数	家	98	96	2.1	外出劳务人数	人	—	—	—
工业从业人数	人	7128	7286	−2.2	外来劳务人数	人	652	679	−4.0
固定资产投资完成额	万元	46851	42024	11.5	农民人均纯收入	元	21592	19460	11.0

（市统计局 赵杰安）

卸甲镇

【概况】 位于高邮城区东部，东与汤庄镇毗邻，南连江都市樊川镇，西与城南经济新区（车逻镇）、高邮镇接壤，北与三垛镇、龙虬镇隔河相望。总面积170.42平方千米，其中耕地面积8003公顷。辖17个村、4个社区。总人口8.43万人，其中男4.25万人、女4.18万人。非农业人口1.36万人，外来暂住人口2538人。

农业。全镇有高效农业面积3733公顷，其中高效设施农业面积1666.7公顷。粮食生产实现“十二连增”。全年植树造林面积233.3公顷，其中成片林面积80公顷。共免疫生猪8.5万头，家禽157万只。推广插秧机30台，其中乘坐式插秧机6台。发放各类惠农补贴资金2200万元，其中水稻直补资金244.52万元、农资综合补贴资金1154.95万元、水稻良种补贴资金170.27万元、油菜良种补贴资金16.7万元、小麦良种补贴资金114.24万元。秸秆综合利用率95%，完成夏季秸秆还田面积6666.7公顷。

工业。全镇实现规模以上工业产值48亿元，工业开票销售额40亿元，入库税收2.9亿元，设备抵扣税1300万元，完成固定资产投资额20.3亿元。重点企业健康发展，扬州市华翔有色金属有限公司、江苏金飞达电动工具有限公司、扬州市德运塑业有限公司、高邮市光明化工厂等4家产值过亿元重点企业实现开票销售额23亿元。扬州市华翔有色金属有限公司13.6万吨再生铅扩产项目通过省环保厅批准并于年内达产；江苏金飞达电动工具有限公司全年实现产值10亿元，开票销售额8亿元；扬州市德运塑业有限公司PVC人造革第二期扩产项目竣工投产。加快特色产业发展步伐，实现电动工具行业的集聚、整合与升级，全镇有电动工具整机生产及配套加工企业160多家，全年开票销售额15亿元。

建筑业和第三产业。全镇累计有资质建筑企业11家，其中一级企业1家、二级企业4家、三级企业6家。全年新增一级建造师10名、二级建造师21名。全年承接施工面积536.8万平方米，增长23.4%；竣工面积334.4万平方米，增长16.3%。创市级优质工程1项，市级新技术应用示范工程1项。实现建筑企业总产值73亿元，增长37.7%；实现建筑业总产值65.4亿元，增长27.9%。全镇有限额以上服务业单位9家，其中法人单位6家，限额以上服务业单位实现经营额3亿元，增长17.1%；全年招引服务业重大项目2项，分别是投资1.02亿元的江苏扬州惠万家农业科技实业有限公司花木种植销售中心项目和投资5000万元的高邮市锦泉商贸有限公司牛奶仓储批发销售项目。全年实现服务业增加值12.22亿元，增长13.5%。

招商引资。全方位、多层次地开展经贸、科技等交流活动。积极与上海宝山城市工业园、上海市嘉定工业区接洽，抓住与上海宝山城市工业园建立战略合作关系的契机，承接转移项目、推进协作招商。发挥扬州“烟花三月”国际经贸旅游节以及珠江三角洲、上海招商推介会等招商平台的作用，吸引外来投资者。鼓励村（社区）和社会自然人推荐引介在外人脉和各类社会机构，对成功引介项目或域外企业、机构组织高层人脉的村（社区）和社会自然人予以奖励。全年新开工投资额5000万元以上项目6项，其中亿元以上项目4项；竣工投资额5000万元以上项目6项，其中亿元以上项目3项。全年新增私营企业294家，个体工商户502户，个转私32家。

园区建设。坚持特色发展、错位布局、资源共享，打造专业化、特色化、规模化产业园区。八桥省级现代农业产业园按照“布局成片，设施升级，产品提档”发展思路，实施高效农业项目，园区地位日益凸显，被扬州市列为“一体两翼”“一带四区”战略核心区，被科技部正式命名为江苏扬州国家农业科技园区。扬州市电动工具特色产业园以江苏金飞达电动工具有限公司为龙头，辐射带动一批企业聚合发展。聘请中国有色金属工业协会再生金属分会产业研究部对苏中循环经济产业园进行产业规划设计，致力于建设一个高规格、高档次、高回报的绿色循环经济产业园。

镇村建设。推进集镇建设“十大工程”，完成东风街拓宽工程，飞云路连接贯通工程，启动周八路镇区到伯勤段二级路拓宽工程，新增镇区绿化面积1万平方米，增设飞达路沿线行政机关、企事业单位建筑立面霓虹灯，建设污水管网5千米，改厕450座，建成滨河小区，完善配套八发小区和镇北小区。坚持三分建、七分管，常态化开展集镇环境整治，组织开展千人大扫除，落实路段长责任制，强化镇中村整治，创成江苏省卫生镇。

社会事业。加大教育投入，争取580万元，新建卸甲中心小学和卸甲初中食堂、塑胶操场等教育基础设施。卸甲初中、卸甲实验小学通过扬州市现代化教育学校验收，被表彰为“扬州市学前教育先进乡镇”。举办第三届农民运动会暨第三届农民艺术节，编印“卸甲好人”宣传册，设立“善行义举榜”，开展送文艺下乡活动，被表彰为扬州市书香之镇，镇文联被表彰为先进乡镇文联。落实计划生育奖励扶助资金300万元；争取1700万元，建设区域医疗卫生中心;争取290万元,新建八桥卫生院;全年创成扬州市卫生村1个、健康村1个。坚持民生优先发展导向,完成道路桥梁建设、河道疏浚、区域供水、教育卫生、敬老养老等十件民生实事工程。落实低保对象590户、1227人,发放低保金353万元,发放五保供养金198万元、尊老金216万元,发放各类补助和救助金300万元。全面落实帮扶残疾人政策,惠及残疾人1000余人。投入300多万元,扩建敬老院,加强规范化建设,创成江苏省“三星级”文明敬老院。卸甲村创成江苏省和谐示范村、金港村建成省级居家养老服务中心。坚持绿色发展理念,加快淘汰落后产能,关闭“五小”企业4家。认真开展优抚安置和双拥工作,累计发放优抚金、优待金、安置费等180万元。推进系列平安创建活动,深入开展安全生产大检查,加强社会治安综合治理,常态化开展排查整治,开展领导信访接访、下访活动,重点信访问题实行领导包案负责,严厉打击各类刑事犯罪。依法治镇、依法行政水平不断提高,全面完成“六五”普法宣传教育。(姚国平)

【卸甲镇通过省级卫生镇考核】 11月17日,省卫生镇考核评估组对卸甲镇创建省级卫生镇工作进行考核评估。评估组专家经过听汇报、查资料、看现场等程序,一致认为卸甲镇集镇基础设施完善,镇容环境整洁有序,环境保护工作富有成效,环境保护水平较高,卫生监督管理工作到位,病媒生物防治和健康教育工作成效明显,疾病预防与控制措施落实到位,社区卫生工作管理规范,农村卫生水平稳步提升,各项指标达到《江苏省卫生镇》要求,省考核评估组建议上报省爱卫会予以命名。

(吴继原　陆业斌)

表72　**2015年卸甲镇主要经济社会指标实绩表**

项　目	单 位	2015年	2014年	比上年(±%)	项　目	单 位	2015年	2014年	比上年(±%)
地区生产总值	万元	272287	242300	12.4	建筑业产值	万元	696148	529975	31.4
第一产业	万元	70778	66760	6.0	建筑业利润	万元	4525	4005	13.0
第二产业	万元	79293	69840	13.5	建筑业从业人数	人	8175	8120	0.7
第三产业	万元	122216	105700	15.6	第三产业从业人数	人	6903	6884	0.3
公共财政收入	万元	12367	25200	−50.9	新增个体工商户	户	521	400	30.3
农业总产值	万元	142691	136475	4.6	社会消费品零售额	万元	156357	126966	23.2
粮食总产量	吨	135129	133176	1.5	市场个数	个	6	6	—
棉花总产量	吨	—	—	—	集贸市场成交额	万元	20138	19638	2.6
油料总产量	吨	2192	2127	3.1	50平方米以上超市	个	45	42	7.1
水产品产量	吨	17811	17056	4.4	住宿餐饮企业数	个	28	25	12.0
农业从业人数	人	8829	7978	10.7	当年引进项目数	项	6	6	—
工业总产值	万元	1180000	1051827	12.2	实际到账外资	万美元	—	—	—
规模以上工业总产值	万元	480415	418553	14.8	外贸出口额	万美元	10172	15696	−35.2
规模以上工业增加值	万元	75793	66646	13.7	学校	所	7	7	—
工业技改投入	万元	75500	62900	20.0	在校学生数	人	3643	3656	−0.4
工业企业数	家	586	586	—	外出劳务人数	人	8530	8124	5.0
工业从业人数	人	16695	16593	0.6	外来劳务人数	人	1850	1845	0.3
固定资产投资完成额	万元	202710	171745	18.0	农民人均纯收入	元	22617	20277	11.5

(市统计局　姚国平)

汤 庄 镇

【概况】 位于高邮市东部,东接兴化市,南邻江都区,西连卸甲镇,北临甘垛镇。总面积145.82平方千米,其中耕地面积7016公顷。辖17个村、4个社区、2个水产养殖场。总人口6.08万人,其中男3.04万人、女3.04万人。非农业人口1.22万人,外来暂住人口7235人。

农业。粮食生产实现“十二连增”,创成2个水稻高产方和1个小麦高产方、1个小麦超高产方,“苏麦188”超高产方单产603.4千克,被省农委粮作站评为苏中小麦高产第一名。新增产值亿元以上农产品加工企业4家,创成省级、扬州市级农业龙头企业各1家,创成国家级生态养禽场和省级生态猪场各1家,建成千头肉牛饲养场和万头生猪养殖场各1家。对207公顷农田实施统防统治。全年新增各类农机具260多台,其中插秧机12台,大中型拖拉机47台,收割机57台,秸秆还田、施肥、条播一体化机70台,其他各类机具近80台。新增水稻机插专业合作社1家。全年实现水稻、小麦机械化种植1万公顷,实施秸秆机械化还田1.33万公顷,秋季犁深耕2000公顷。全年新增排涝泵站13座、圩口闸7座。新增农村覆盖拉网式环境整治村1个。完成市占补、挂钩复垦项目6项、面积1.07公顷，成功申报2214万元的省级投资土地整理项目。完成1.52万户农户土地承包经营权证书发放工作。加大农业招商引资推进力度，招引民资1.4亿元，其中投资额5000万元农业项目1项。

工业。引导企业创新发展，加快工业经济转型升级步伐。全年实现规模工业产值61亿元，开票销售额22亿元，入库税收1.16亿元，分别增长12%、5%、6%；完成技改投入11.5亿元，其中技改投入过亿元企业2家；完成设备抵扣税500万元；全年新增规模企业2家。全年新开工亿元项目2项、5000万元项目1项，竣工亿元项目2项、5000万元项目2项。投资8000万美元的江苏捷美工具有限公司金属刀具项目，到账外资240万美元。江苏科凌医疗器械有限公司获批全国工业品牌培育试点企业，汤庄镇液压机械特色产业园通过国家级液压机械制造基地预审，扬州高标机械有限公司通过中国企业管理示范企业预审。

第三产业。实现服务业增加值9.5亿元，增长10%。完成服务业入库税收1328万元，其中国税收入308万元、地税收入1020万元。全年新增服务业投资额4.3亿元，完成服务业法人企业经营额3700万元。实施投资额5000万元服务业重大项目1项，新增服务业限额以上企业2家即扬州市生龙米业有限公司、江苏万众宝米业有限公司，新增服务业“大个体”经营户1家，即汤庄镇朝阳大酒店。加强农村商贸物流体系建设，促进城乡商品双向流通，新建阿里巴巴农村淘宝村级服务站6家。

招商引资。设立招商引资、重大项目建设办公室，组织招商小分队30批次分赴北京市、上海市、浙江省、山东省、扬州市等省市，拜访客商、搜集信息、洽谈项目。科凌康复医疗器械、“路宝”牌新能源电动汽车、中国科工集团华天高压测试设备、3G数码印染材料、电商物流、养老服务中心等一批项目达成协议。

镇村建设。投入100万元，完善《汤庄镇总体规划（2014～2030）》，编制中心集镇核心区“十三五”规划；投入700万元，建设沙堰幼儿园；预算投资1800万元的影剧院及预算投资1250万元的汉留卫生院完成招标准备工作。投入300万元新建沙堰粮站大桥、拓宽大桥南北两侧道路；投入150万元拓宽海陵南路集镇段；投入80万元新建镇液压机械特色产业园道路2条；投入150万元实施敬老院扩建工程；投入30万元改造甸垛集镇为民路西段；投入70万元升级汤庄大道中心镇区路灯、改造镇液压机械特色产业园部分路灯；启动总投资1850万元的通泰路北延工程先导段建设工作。

社会事业。成功申报省级科技创新型乡镇，新增市级以上研发机构2家。扬州市昇业机械有限公司、高邮华宝颜料有限公司、扬州十二粉黛生物工程有限公司成功申报国家级高新技术企业，江苏科凌医疗器械有限公司等3家企业顺利通过高新企业复审。新增省级以上高新技术产品6个，全年获国家知识产权局授权实用新型专利282件；获国家知识产权局授权发明专利6件。提高教育质量，甸垛幼儿园获市保教质量一等奖，被省教育厅确定为“课堂游戏化项目基地”，镇成人教育中心获江苏省视频读本三等奖和高邮市综合考核一等奖。不断丰富群众文化生活，《梦里水乡幸福汤庄》等文艺作品多次获创作、表演奖，弘扬革命传统，挖掘“红色”文化，汉留姚费庄“八女从军”故事走进央视《等着你》栏目。组织参加高邮市第五届运动会并取得好成绩。统筹推进卫生事业，新型合作医疗实现全覆盖，推进医疗签约服务，富南村、双屏村等2个村创成扬州市卫生村，投资45万元建成潘季村卫生站，投资200万元的汤庄卫生院新病房投入使用。做好人口计生工作，顺利完成省、扬州市和高邮市“十二五”期间人口计生工作终期评估，创成国家、省计生特殊困难家庭“连心家园”项目。

（吴丹）

表73 **2015年汤庄镇主要经济社会指标实绩表**

项　目	单位	2015年	2014年	比上年(±%)	项　目	单位	2015年	2014年	比上年(±%)
地区生产总值	万元	259387	238200	8.9	建筑业产值	万元	202192	150191	34.6
第一产业	万元	63796	60178	6.0	建筑业利润	万元	—	—	—
第二产业	万元	98890	93879	5.3	建筑业从业人数	人	1192	1183	0.8
第三产业	万元	96701	84143	14.9	第三产业从业人数	人	11275	11282	−0.1
公共财政收入	万元	5572	11987	−53.5	新增个体工商户	户	—	—	—
农业总产值	万元	124183	50490	146.0	社会消费品零售额	万元	196382	378644	−48.1
粮食总产量	吨	105855	99852	6.0	市场个数	个	5	5	—
棉花总产量	吨	—	—	—	集贸市场成交额	万元	43452	40411	7.5

续表 73

项 目	单 位	2015 年	2014 年	比上年(±%)	项 目	单 位	2015 年	2014 年	比上年(±%)
油料总产量	吨	735	851	—13.6	50平方米以上超市	个	33	32	3.1
水产品产量	吨	19376	18454	5.0	住宿餐饮企业数	个	18	18	—
农业从业人数	人	7489	7543	—0.7	当年引进项目数	项	—	—	—
工业总产值	万元	1005183	977174	2.9	实际到账外资	万美元	240	—	—
规模以上工业总产值	万元	604736	563447	7.3	外贸出口额	万美元	990	—	—
规模以上工业增加值	万元	92071	85785	7.3	学校	所	6	6	—
工业技改投入	万元	—	—	—	在校学生数	人	1901	2079	—8.7
工业企业数	家	366	338	8.3	外出劳务人数	人	—	—	—
工业从业人数	人	15127	15209	—0.5	外来劳务人数	人	5728	5655	1.3
固定资产投资完成额	万元	212790	174419	22.0	农民人均纯收入	元	23530	21391	10.0

（市统计局　董必成）

三 垛 镇

【概况】 位于高邮城东20千米，东临甘垛镇，南连汤庄镇，西接龙虬镇，北接临泽镇。高兴东路、安大公路、三阳河、北澄子河穿越全境，并在镇区交汇成“井”字形布局。总面积150.2平方千米，其中耕地面积6923公顷。辖21个村、6个社区。总人口7.54万人。其中，男3.77万人、女人3.77万人。非农业人口2.5万人，外来暂住人口521人。

农业。粮食总产量实现“十二连增”，创成茆吴、柘垛两个省级稻麦高产示范方。实施二沟、司徒养殖场、柳南花城农场等高效设施渔业项目。柳南高效农业园、立华畜禽养殖园创成扬州市农业园区，建成年成交额1亿元的立华活禽交易平台，建成有机食品、无公害基地3个。提高农业机械化程度，农田犁耕翻面积2800公顷。实施全国农业水价综合改革试点项目、少游国家农业综合开发高标准农田项目、俞胡项目区优质稻米项目。完成1.6万户农户土地承包经营权证书发放工作。新增规范农民专业合作社2家、省级“五好示范合作社”2家、扬州市“五好示范合作社”4家，新增家庭农场11家、总经营面积282公顷，新增扬州市“示范家庭农场”2家，申报农产品注册商标1个。新建衬砌渠道24千米、灌溉泵站13座，改建农桥32座。举办劳动力技能培训班10期，转移劳动力1350人。

工业。成立消防器材行业协会，发挥服装协会作用，引导企业抱团取暖、规范自律，加快产业转型升级。实现全部工业开票销售额11.5亿元、增长14%，入库税收7100万元，新增规模以上工业企业2家。宁升新能源(扬州)有限公司农光互补项目、江苏华尔胜金属工业有限公司项目、高邮市宏泰电杆有限公司高强度电杆项目、高邮市水花消防器材有限公司项目、江苏泓亿环保科技有限公司环保设备项目等一批亿元项目先后落户该镇。扬州市明迪消防设备制造有限公司、高邮保泰消防设备有限公司、江苏优尼科工业消防有限公司、江苏嘉伟新能源自动化设备有限公司等一批5000万元项目建成投产。其中高邮市宏泰电杆有限公司高强度电杆项目，实现当年开工、当年投产，年内开票销售额1.2亿元、入库税收786万元。坚持人才优先，实施“招才引智”，开展“政产学研”合作。创成扬州市名牌产品2个，新增注册商标35个，培植扬州市创新型企业5家、专精特新企业3家。扬州金利达饲料有限公司获扬州市、高邮市“科技创新与成果转化资助项目”资金支持；高邮市盛鑫消防科技有限公司可调式电控消防炮获批省高新技术产品，该企业升格为省高新技术企业。

建筑业。坚持镇内开发与外埠市场开拓并举，巩固和拓展北京、内蒙古、河北、辽宁等域外市场，项目体量不断攀升，精品工程不断涌现。严格规范施工许可管理，加强工程质量监管，扬州市宏厦建筑安装工程有限公司获批房屋建筑工程施工总承包一级资质。完成建筑业总产值41.7亿元、增长25%。

第三产业。传统服务业水平不断提升，现代服务业发展迅速，新增服务业规模以上企业2家。推进少游村护国龙王寺佛教观光旅游项目，完成“秦氏宗祠”、九曲桥、观音岛、护生园、游客接待中心等子项目建设。建成农贸市场、宏厦城市商务综合体、大润发超市等项目。房地产业发展日趋理性，阳光小区、书香园、三阳第一城和三百六村农民集中居住区等一批房地产项目稳步推进。新建农村淘宝网购店5家。完成服务业增加值11.3亿元、增长16%、占地区生产总值44%。

招商引资。加大外资利用力度,全年实际到账外资230万美元。新增个体工商户450户、私营发展户270家。全年实施投资额亿元项目4项、5000万元项目4项。

镇村建设。逐步完善中心集镇基础性、功能性配套设施,由过去"拉开框架"向"完善功能"转变,由"建管并重"向"精细管理"转变。《2014～2030年总体发展规划》通过扬州、高邮两级评审。采取百分考核、以奖代补、定期抽查等办法,形成联防违章建筑,共管集镇秩序的局面。新建停车场3处、增添红绿灯2处,设置交通治安探头4处。开展车辆乱停乱放、摊点占道经营、垃圾乱扔乱倒、建筑违规违章问题集中整治,查处违章建设行为37起,拆除违建面积2000多平方米,清理牌匾、墙体广告30余处。投入260万元,实施"一事一议"财政奖补项目16项,建成农村道路6条、桥梁7座;实施4.84千米任家路农村公路提档升级工程,完成18.5千米路塘路田分离和39.6千米"美丽乡路"建设;推进中小河流治理,整治主要河道8条、52.6千米,完成土方98万立方米,疏浚村庄河道32条、34.5千米,完成土方24万立方米,新建东平河和集镇河道生态块石护岸工程2.8千米,加固外大圩险工患段11千米。修建水下建筑物11座;对全镇99座排涝泵站进行全面检修。提高农电保障能力,新增农电配电变压器27台、更换41台,新改造10千伏线路53千米、低压线路41.3千米。《2014～2018年三垛镇生态文明建设规划》通过评审,完成污水处理厂第二期工程规划设计,铺设园区污水管网5千米,关闭小化工厂1家;植树造林93公顷,其中成片造林70公顷;推进夏秋两季秸秆禁烧、禁抛、还田及综合利用;建成病死畜禽无害化处理收集点1个,完成11个村覆盖拉网式环境整治,铺设污水管道30千米、新建污水处理设施5座;全面实施农村环境"五位一体"长效保洁,推进"美丽乡村"创建,官垛村创建成"美丽乡村"、江苏省生态村。

社会事业。完成专利申请138件,其中发明专利15件、实用新型专利16件、外观设计专利107件。优质均衡发展义务教育,三垛实验小学、司徒实验小学学生宿舍建成投入使用,创成省居民学校2所、高邮示范社区教育服务站6个,三垛初中、三垛实验小学、司徒实验小学创成省现代化学校,通过国家义务教育基本均衡检查验收。举办首届全民健身运动会、首届戏曲票友大赛、第四届"少游故里话七夕"艺术节,按照"五个一"(每个行政村建一处体育活动场地,培养一名社会体育指导员,组织一支以上的健身队伍,每年举办一次以上的村民体育活动,广大村民都能喜爱一项健身活动)要求,完成村级体育健身器材提档升级,镇村文体设施进一步完善,镇文化站被中共中央宣传部表彰为"双服务"(服务农民、服务基层)先进单位。新增数字电视用户450户、宽带互动电视用户400户、智能一体机用户400户。三垛中心卫生院成功加盟苏北人民医院医疗集团,被列为扬州市18家农村区域性医疗卫生中心唯一试点单位,该院预防保健康复楼开工建设,全面推行乡村医生签约服务。柳南村创成扬州市健康村。加强流动人口计划生育无缝化管理,建立流入人口电子健康档案,持证率、办证率100%。提高新农合保障率,参合人数6.78万人。实现低保、五保、新农保等社会保障全覆盖,全年发放低保金270万元,向85人发放大病救助金35万元,为255名重点优抚对象进行免费体检,办理60周岁以上农村基础养老保险2万余人。建成三垛社区居家养老服务中心,建成大卢、耿庭、少游、春生等村和二沟社区居家养老服务站。改造危房123户,完成改厕500座、修缮50座。79户渔民上岸居住。加强农村产权交易站建设,完成交易135笔,交易额870万元。加大脱贫攻坚力度,村级集体经济收入及低收入农户脱贫工作实现"双达标"。强化各类安全隐患排查和日常监管,企业安全生产标准化达标率98%。（戚建辉）

表74　**2015年三垛镇主要经济社会指标实绩表**

项　目	单 位	2015年	2014年	比上年(±%)	项　目	单 位	2015年	2014年	比上年(±%)
地区生产总值	万元	259004	231000	12.1	建筑业产值	万元	400000	320000	25.0
第一产业	万元	92493	87240	6.0	建筑业利润	万元	3678	2942	25.0
第二产业	万元	54557	46260	17.9	建筑业从业人数	人	1624	1547	5.0
第三产业	万元	111954	97500	14.8	第三产业从业人数	人	12726	12654	0.6
公共财政收入	万元	4591	4827	－4.9	新增个体工商户	户	450	670	－32.8
农业总产值	万元	197600	192908	2.4	社会消费品零售额	万元	33694	27849	21.0
粮食总产量	吨	94741	94377	0.4	市场个数	个	5	5	—

续表 74

项　目	单 位	2015 年	2014 年	比上年(±%)	项　目	单 位	2015 年	2014 年	比上年(±%)
棉花总产量	吨	58	55	5.5	集贸市场成交额	万元	28996	24367	19.0
油料总产量	吨	1899	1899	—	50 平方米以上超市	个	69	66	4.6
水产品产量	吨	38931	37482	3.9	住宿餐饮企业数	个	5	5	—
农业从业人数	人	15312	15404	−0.6	当年引进项目数	项	81	75	8.0
工业总产值	万元	1246487	1210216	3.0	实际到账外资	万美元	230	248	−33.9
规模以上工业总产值	万元	327653	286316	14.4	外贸出口额	万美元	4120	4120	—
规模以上工业增加值	万元	46687	45347	3.0	学校	所	8	8	—
工业技改投入	万元	86191	69651	23.7	在校学生数	人	3468	3783	−8.3
工业企业数	家	1012	999	1.3	外出劳务人数	人	15323	15352	−0.2
工业从业人数	人	9343	9256	0.9	外来劳务人数	人	1572	1444	8.9
固定资产投资完成额	万元	237620	200518	18.5	农民人均纯收入	元	19495	17883	9.0

（市统计局　戚建辉）

甘垛镇

【概况】 位于高邮市东部，东与兴化市接壤，南临北澄子河，与汤庄镇隔河相望，西与三垛镇交界，北接临泽镇。总面积 149.7 平方千米，其中耕地面积 6865 公顷。辖 16 个村、3 个社区。总人口 5.92 万人，其中男 3.04 万人、女 2.88 万人。非农业人口 9038 人，外来暂住人口 1827 人。

农业。实现农业增加值 8.3 亿元，农民人均纯收入 2.13 万元，分别增长 6%、11%。董氏特种水产养殖园区被农业部评定为水产健康养殖示范场，三庄蔬菜园创成扬州市循环有机农业园区。新建市级千亩农业示范基地 1 个，特种水产养殖占全镇水产养殖面积近九成。创成扬州市农业龙头企业 1 家，培植省级“五好”示范合作社 3 家，培育家庭农场 17 家；4 家合作社、6 家家庭农场进入省名录库，向上争取专项发展资金 146 万元。扬州市华兴乳业有限公司、高邮市泰润综合养殖专业合作社产品通过农业部检查。

工业。加强政企对接，强化为企服务，召开企业发展大会，制定促进企业转型升级、做大做强实施意见，积极帮助企业争取应急过桥资金，增强企业应对经济下行压力、抵抗风险能力。实现工业开票销售 8.82 亿元，工业入库税收 0.55 亿元，规模工业产值 16.2 亿元，新增规模以上工业企业 1 家。扬州润明轻工机械有限公司、苏中大地农业科技发展有限公司启动“新三板”上市申报工作，江苏金宏泰科技股份有限公司在“新三板”上市后实现重组发展，江苏凯能机械设备有限公司扩建标准化厂房 6000 平方米。

建筑业和第三产业。完成建安企业总产值 20 亿元、增长 14.3%。江苏同发建设工程有限公司晋升房屋建筑施工总承包一级资质。实现服务业增加值 6.5 亿元、增长 12%，围绕目标管理，规范经营秩序，强化服务引导，加快商贸流通、休闲旅游、现代物流等行业发展，新建阿里巴巴农村淘宝站 6 家，四野生态农庄通过创建省“三星级”乡村旅游示范点初审。

招商引资。召开甘垛镇在外成功人士新春恳谈会，设立五条招商专线，组织产业招商、专业招商和小分队招商，开展“上海招商突击周”活动，参加市委“长三角地区百日招商”会战，总投资 10 亿元的中电投集团渔光互补光伏发电项目落户该镇，首期 10 兆瓦发电项目并网发电。全年实施个转企 17 家，新增个体工商户 333 户，注册外资实际到账 70 万美元。全年新开工投资额亿元项目 2 项、5000 万元项目 2 项，竣工投资额亿元项目 2 项、5000 万元项目 1 项。

镇村建设。全面完成镇总体规划编制，多层面开展集镇新区建设调研。探索社区管理新途径，推行村、社区融合发展。调整集镇综合体土地利用规划，对接甘马线改扩建工程。完成平胜河生态走廊河道疏浚及驳岸建设，打造平胜路、华尔路绿化亮点，建成横泾三桥引线及亮化工程。推进上海花苑、新城花园建设，横泾人民路商圈第二期工程基本竣工。充实城管监察队伍，强化集镇、社区卫生秩序整治。疏浚河道 44.79 千米，完成清淤土方 30 万立方米。新建改建圩口闸 12 座、闸站 14 座，改造农桥 9 座，修建乡村道路 7.8 千米。沙贯村通过创建省级特色乡村验收。加强工业污水处理监管，推进节能减排，取缔燃煤锅炉10台套。推进秸秆禁烧、秸秆还田与综合利用工作，购置秸秆还田机械40台。全年新增植树造林面积42.5公顷，完成农村改厕1100座。

社会事业。撤并横泾初中，基本形成“133”(1所初中、3所小学、3所幼儿园)教育布局，澄阳初中创成“江苏省义务教育现代化学校”。开展群众满意乡镇卫生院创建活动，完成甘垛卫生院改扩建工程，实施横泾卫生院整体搬迁。深化计划生育“幸福家庭”示范村创建，落实单独家庭二孩政策。组织群众性文化活动，河口庙会列入扬州市非物质文化遗产名录。实施滴灌式帮扶工程，落实重残救助等惠民政策，启动托养服务，实施敬老院改造提升工程。全镇1.7万人参加新农保，5.22万人享受新农合补偿2074万元，全年发放各类社会救助金1182万元、基础养老金1808万元。完成农村危房改造119户。自来水经营成功转制，镇3家私营自来水厂统一由港邮供水有限公司经营。推进平安甘垛、法治甘垛建设，重视信访维稳和安全生产工作，加强食品药品、特种设备等专项整治，强化管理控制，保障群众安全。 (田威)

表75 **2015年甘垛镇主要经济社会指标实绩表**

项 目	单 位	2015年	2014年	比上年(±%)	项 目	单 位	2015年	2014年	比上年(±%)
地区生产总值	万元	185435	166929	11.1	建筑业产值	万元	192500	175000	10.0
第一产业	万元	83075	78363	6.0	建筑业利润	万元	—	—	—
第二产业	万元	37178	31934	16.4	建筑业从业人数	人	5222	5124	1.9
第三产业	万元	65182	56632	15.1	第三产业从业人数	人	11676	11658	0.2
公共财政收入	万元	7221	7305	—1.1	新增个体工商户	户	336	270	24.4
农业总产值	万元	150727	149179	1.0	社会消费品零售额	万元	11960	10679	12.0
粮食总产量	吨	88420	85771	3.1	市场个数	个	4	4	—
棉花总产量	吨	3850	3750	2.7	集贸市场成交额	万元	4432	4352	1.8
油料总产量	吨	2510	2179	15.2	50平方米以上超市	个	17	17	—
水产品产量	吨	19790	17571	12.6	住宿餐饮企业数	个	3	3	—
农业从业人数	人	11620	11615	—	当年引进项目数	项	12	10	20.0
工业总产值	万元	658000	603058	9.1	实际到账外资	万美元	—	—	—
规模以上工业总产值	万元	165087	121258	36.2	外贸出口额	万美元	—	—	—
规模以上工业增加值	万元	28066	25285	11.0	学校	所	5	5	—
工业技改投入	万元	38000	78200	—51.4	在校学生数	人	1038	1153	—10.0
工业企业数	家	250	235	6.4	外出劳务人数	人	10128	10088	0.4
工业从业人数	人	8947	8699	2.9	外来劳务人数	人	1827	1882	—2.9
固定资产投资完成额	万元	121585	100445	21.1	农民人均纯收入	元	21260	19150	11.0

(市统计局 田威)

临 泽 镇

【概况】 位于高邮市东北部，东与兴化市接壤，北与宝应县毗邻，南连甘垛镇、三垛镇、周山镇，西傍界首镇，省道332横穿东西，安大公路、三阳河纵贯南北。总面积199.4平方千米，其中耕地面积7901公顷，辖22个村、6个社区。总人口9.03万人，其中男4.53万人、女4.5万人。非农业人口1.91万人，外来暂住人口2425人。

农业。粮食总产实现“十二连增”。新增高效设施农业面积170公顷、高效设施渔业面积258公顷。新增千亩渔业园区3个。新增无公害农产品4个、大闸蟹商标17个。新登记注册农民专业合作社1家、家庭农场120户。实施省“一事一议”财政奖补项目，投入300多万元，新建农桥1座、硬质化道路15千米。推进村庄河塘整治，投入近30万元，疏浚河塘9千米，完成土方8.5万立方米。新建排涝泵站5座，拆建闸站涵7座，疏浚整治河道46千米，加固圩堤10.8千米，新建河道护岸2.4

千米。加大土地流转力度,发展现代高效农业,全年流转土地面积162公顷、水面91公顷,新增土地适度规模经营面积367公顷。投入650万元的国家农业综合开发土地治理存量项目和投入1500万元的中小河流治理项目启动建设。完成耕地占补平衡项目面积31公顷、城乡建设用地增减挂钩项目2.2公顷。投入1050万元的钱镜村土地整理项目和投入429万元的韩夏村、蒋颜村高标准农田建设项目通过验收。

工业。推进科技创新,促进企业转型升级,新增校企联盟5家,签订政产学研协议2项,引进高科技人才2名,申报省"双创博士"1名,帮助企业申报科技进步和人才引进奖励资金80万元。新增高新技术产品1个,实现高新技术产业产值1.7亿元。获批实用新型专利55件,获批发明专利3件。扬州振发新能源有限公司跻身规模企业;高邮市万嘉面粉有限公司、扬州丽邮人造板有限公司列入高邮市"工业经济转型升级356计划"。扬州方正铜业有限公司开票销售额超5亿元,高邮市万嘉面粉有限公司、扬州丽邮人造板有限公司、扬州秀杰塑胶制品有限公司开票销售额分别为2.6亿元、1.37亿元、1.1亿元。扬州市鸿元鞋业有限公司、扬州新世界鞋业有限公司被列为扬州市"专精特新"示范(培育)企业。

建筑业和第三产业。完成建筑业产值70.7亿元,施工产值54.6亿元,施工面积566万平方米,竣工面积240万平方米,完成入库税收500万元。新增服务业固定资产投入4.5亿元,完成服务业增加值12.2亿元,服务业法人企业经营额3.1亿元。引入好又多大型连锁超市,新增服务业规模以上企业1家,新增服务业限额以上法人企业2家。新发展个体工商户406户、私营企业257家,完成个转企28家。加快农村电子商务发展,在7个村、社区建成农村淘宝服务站。

招商引资。推进"重大项目建设突破年"活动,充分利用资源优势,强化跟踪协调服务,推进重大项目建设。高邮协鑫光伏电力有限公司光伏发电项目、扬州惠远太阳能电力有限公司光伏发电项目、扬州秀杰塑胶制品有限公司增资扩产项目、扬州高标农贸市场有限公司农贸城项目、高邮市昕中旺荣商贸有限公司商贸流通项目、高邮市龙祥特种水产原生态养殖有限公司特种水产养殖项目等开工建设;高邮振兴新能源科技有限公司光伏发电项目、高邮市安乐寺文化旅游发展有限公司安乐寺文化旅游项目、高邮润东方特种水产养殖有限公司特种水产养殖项目、高邮东洋商贸有限公司商贸流通项目等竣工。利用外资取得重大突破,注册外资实际到账409.5万美元。

镇村建设。启动《古镇区保护规划》、《中心镇区控制性规划》编制工作。投入3000万元,实施临川河集镇东段环境综合整治、集镇入口形象提升、前河疏浚、骨干路道河道美化、后街后巷改造、改水改厕等工程,建成商贸城、红色文化广场、市民中心广场、建材综合市场、便民停车场、小商品摊贩疏导点。启动生态体育公园规划建设。开展集镇环境专项治理,拆除违章建筑33处、广告牌213个。编制《2015～2020年工业集中区环境影响评价规划》和《2014～2019年生态文明建设规划》,关闭重污染企业2家,淘汰落后设备26台套、燃煤锅炉16台套。新增造林面积90公顷、镇区绿化面积5万平方米,完成村庄点成片林建设23处,被市政府表彰为林业工作先进乡镇。投入800多万元,建成扬州市首个动物无害化处理中心。组织开展卫生环境综合整治行动,创成扬州市卫生镇。投入300多万元,改造户厕2200座、公厕13座。投入393万元用于农村环境长效管护。陈甸村创成扬州市"优美乡村"。建设"美丽乡路",投入210万元对农村公路进行养护维修,投入859万元启动临川路、陈甸村中心路提档升级工程。

精神文明建设和社会事业。组织第二届"临泽好人"评选活动,举办"好人进万家"文艺巡演。杨文华、王瑞华被评为第五届江苏省道德模范。陈甸村党总支书记陈忠被省委表彰为"吴仁宝式优秀村党组织书记"。投入600多万元在原址新建川青幼儿园、改扩建川青小学。投入1500万元启动临泽中心幼儿园建设。扬州市润泽建设工程有限公司筹资100万元,设立"润泽"教育奖励基金。启动江苏省历史文化名镇申报工作,加大文化遗产保护,"临泽高跷"列入江苏省第四批非物质文化遗产代表性项目名录扩展项目名录。建成周巷文体广场,举办首届体育运动会,群众性健身活动蓬勃开展。新增数字电视用户312户。区域医疗中心正式开工建设,临泽中心卫生院与高邮市人民医院结成医疗联合体,医疗卫生条件明显改善。社会保障体系进一步健全,新型农村养老保险参保率98%,新型农村合作医疗参合率99%。投入300万元,实施敬老院星级提升工程。开展"5·19"慈善一日捐活动,募集资金50多万元。关心困难群众生活,向114人发放医疗救助金共40.1万元,向730户困难家庭发放救助金共60万元。开展"红围巾"夕阳关怀志愿者服务活动,推进"幸福家庭"创建活动。建立"一站式""一体化"管理服务体系和"联排、联办、联防、联调"大排查大调处机制,及时有效处置各种矛盾纠纷,加强食品药品源头监管,常态化开展安全隐患排查整改,社会保持和谐安定。

(董启岚　张笛)

表 76 **2015 年临泽镇主要经济社会指标实绩表**

项 目	单 位	2015 年	2014 年	比上年（±%）	项 目	单 位	2015 年	2014 年	比上年（±%）
地区生产总值	万元	319027	285900	11.6	建筑业产值	万元	707200	566000	25.0
第一产业	万元	89671	84580	6.0	建筑业利润	万元	5038	4520	11.5
第二产业	万元	105198	93139	13.0	建筑业从业人数	人	2172	1980	9.7
第三产业	万元	124158	108181	14.8	第三产业从业人数	人	13104	12264	6.9
公共财政收入	万元	4276	4242	0.8	新增个体工商户	户	406	342	18.7
农业总产值	万元	171866	142338	20.8	社会消费品零售额	万元	56857	54150	5.0
粮食总产量	吨	136403	136785	－0.3	市场个数	个	6	6	—
棉花总产量	吨	—	3	－100.0	集贸市场成交额	万元	12317	11785	4.5
油料总产量	吨	3020	2833	6.6	50 平方米以上超市	个	15	15	—
水产品产量	吨	24232	23558	2.9	住宿餐饮企业数	个	4	4	—
农业从业人数	人	13102	13538	－3.2	当年引进项目数	项	6	4	50.0
工业总产值	万元	1282342	1196214	7.2	实际到账外资	万美元	410	7	5757.1
规模以上工业总产值	万元	601979	543008	10.9	外贸出口额	万美元	16854	15100	11.6
规模以上工业增加值	万元	101180	86881	16.5	学校	所	7	7	—
工业技改投入	万元	24800	37890	－34.5	在校学生数	人	4071	4378	－7.0
工业企业数	家	543	552	－1.6	外出劳务人数	人	17822	17740	0.5
工业从业人数	人	17585	17602	－0.1	外来劳务人数	人	2425	2409	0.7
固定资产投资完成额	万元	170980	140010	22.1	农民人均纯收入	元	19482	17658	10.3

（市统计局 董启岚 张笛）

周山镇

【概况】 位于高邮市北部，距城区 20 千米，东连三垛镇，南邻龙虬镇，西接界首镇，北靠临泽镇。总面积 62.02 平方千米，其中耕地面积 2986 公顷。辖 8 个村、1 个社区。总人口 2.7 万人，其中男 1.36 万人、女 1.34 万人。非农业人口 6057 人，外来暂住人口 830 人。

农业。用工业化理念经营农业，推进农业现代化步伐。围绕建设生态名镇、发展特色农业总体目标，打造高效农业园、大学生创业园、中景生态园、扬子江种业、艺定红生态渔业产业园以及渔光互补太阳能发电项目等一批农业新兴企业。投入资金 890 万元，完成千亿斤粮食增产项目工程；投入资金 1300 万元，实施农业综合开发项目；投入资金 325 万元，实施优质稻米基地项目工程。遵循“依法、自愿、有偿”原则，规范土地流转程序，引导农民将土地承包经营权向种养能手、农业企业等经营主体流转。全镇新增土地流转面积 103.3 公顷，新增设施农业面积 116.7 公顷，新增设施渔业面积 54 公顷，新注册家庭农场 6 家。坚持不懈做好秸秆禁烧、禁抛、还田和综合利用工作，巩固夏秋两季秸秆零焚烧成果。

工业。以工业为主导产业，继续实施领导挂联制度，明确职责分工，提升服务工业经济工作质量。制定《周山镇工业经济奖励意见》，发挥政策激励引导作用，鼓励企业克服不利因素，向既定目标不断奋进，实现主要工业经济指标平稳增长。全年实现全部工业开票销售额 4.5 亿元，工业企业入库税收 1200 万元，完成规模以上工业产值 5.2 亿元。注重品牌效应，着重打造新品牌，全年新注册商标 10 件。

建筑业。建筑企业面对建筑市场饱和、竞争压力加大的形势，调整经营方式。在巩固传统建筑市场的同时，拓展新市场，在北京市、山西省等外埠市场承建的一批项目相继开工，项目运行质态良好、施工安全有序。

第三产业。重视现代服务业发展，积极引进房地产业综合开发项目，推进项目建设，努力形成特色。成立杨庙社区和吴堡村“淘宝服务站”，让农民足不出村就能购买到自己心仪的商品，同时又能将本土的农副产品上网交易，实现“网货下乡”和“农产品进城”双向流通。

招商引资。全年新开工项目3项，其中亿元项目1项，即由高邮山海新能源有限公司总投资1.5亿元兴建的光伏发电项目；5000万元项目2项，即由扬州荣城置业发展有限公司投资的商贸综合体项目、由扬州艺定红渔业有限公司投资的特种水产养殖加工项目。竣工项目3项，其中亿元项目1项，即通过飞地招商方式落户在开发区的扬州京展防护设备有限公司人防防护设备项目；5000万元项目2项，即江苏福兰德电器有限公司投资的自动温控器项目和江苏中景生态农业有限公司投资的生态园项目。发展民营经济，引导全民创业，培植私营企业和个体工商户，全年新注册个体工商户161户，新增私营企业138家，个转企7家。

镇村建设。巩固国家级生态镇、扬州市卫生镇创建成果，开展农村环境综合整治行动。健全长效管护机制，优化保洁员队伍结构，加大督察考核力度。投入34万元，疏浚农村河道9条、12.8千米，完成土方12万立方米。做好绿化造林工作，新增造林面积35.7公顷，森林覆盖率25.5%。实施土地整理项目，实现占补平衡面积23.1公顷，净增耕地面积2.7公顷。投入资金950万元，实施中小河流治理项目；争取财政“一事一议”奖补和小农桥专项建设资金155万元，实施村通组道路4.7千米和4座小农桥建设。实施无害化改厕214座。做好乡村道路建设工作，投入资金465万元，实施乡村公路提档升级9.38千米。配合开展连淮扬镇高铁建设征地工作，完成51户房屋拆迁和清障、安置任务。投入资金270万元，建成占地8848平方米的革命烈士纪念广场。投入资金131万元，建成社区综合服务中心。发展壮大村级集体经济，全镇所有行政村全年集体经济收入均超过40万元。落实经济薄弱村帮扶政策，争取各类帮扶资金112.8万元，为经济薄弱村兴办实事、化解债务提供有力支撑。

精神文明建设和社会事业。加大“好婆婆”周子英、“救火英雄”王海滨、“江苏好青年”谭伟海等先进典型宣传力度。开展文明村、十佳文明新风户评选活动。组织纪念抗日战争胜利70周年活动，组织70多名党员参观抗日战争最后一役纪念馆、聆听抗战精神巡回演讲。举办“中国梦·我的梦”手抄报比赛。弘扬中华民族“孝”文化，重阳节在周山烈士陵园广场举行“我们的节日·重阳节”专场文艺活动。投入300万元，新建镇初中师生宿舍，启动镇初中塑胶操场及校园环境提升改造建设，改造镇实验小学教师宿舍。关爱留守少年儿童，成立“希望村塾”，丰富少年儿童假日生活。做好市公共文化服务体系示范区创建工作，镇图书馆与市图书馆实现网络连接，借书证城乡图书馆一卡通，向部分村农家书屋赠送价值2.5万元图书。加强非物质文化遗产保护和传承，“云板舞”成功申报为扬州市非物质文化遗产保护项目。改版镇政务网站内容，突出红色乡镇主题。加强医德医风教育，注重提高医疗水平，创成江苏省示范乡镇卫生院和扬州市数字化门诊。开展乡村医生签约服务，为65岁以上老人免费体检并建立健康档案。创新计划生育服务工作，主动作为，证件办理实行“村为主、八上门”(生育登记上门服务，《独生子女父母光荣证》上门办理，《流动人口婚育证明》上门换发，再生育上门受理，承办回复、证件发放送达上门，计生家庭奖励扶助政策落实上门，证件申办和代办事项告知上门，人口政策宣传上门)新模式，开创全市计划生育便民服务先河。提高医疗费用报销比例，农民参合率100%。推进敬老院“三有三能六达标”(有能正常使用的卫生间、有保暖降温设备、有电视机，冬天不出院能洗澡、不出院能看病、不出院能康复娱乐，消防、卫生、环境、供养水平、管理服务人员配比、工资待遇达标)系列创建活动，提高五保供养老人生活水平。落实惠农政策，及时足额发放各项惠农补贴和民政优抚资金。改造农村危房，帮助渔民上岸安居。开展“村村到、户户访”活动，帮助50户低收入农户脱贫。深化“平安周山”建设，推进社会治安综合治理工作。安全生产态势发展良好，定期开展安全生产大检查活动，排除安全隐患，全年未发生安全生产责任事故。

(陈磊)

表77

2015年周山镇主要经济社会指标实绩表

项　目	单 位	2015年	2014年	比上年(±%)	项　目	单 位	2015年	2014年	比上年(±%)
地区生产总值	万元	68018	61020	11.5	建筑业产值	万元	110000	100000	10.0
第一产业	万元	26555	25047	6.0	建筑业利润	万元	217	143	51.7
第二产业	万元	9817	8432	16.4	建筑业从业人数	人	495	487	1.6
第三产业	万元	31646	27541	14.9	第三产业从业人数	人	5428	5319	2.1
公共财政收入	万元	1199	1495	−19.8	新增个体工商户	户	—	—	—
农业总产值	万元	53378	52038	2.6	社会消费品零售额	万元	14640	12300	19.0
粮食总产量	吨	46183	44091	4.7	市场个数	个	2	2	—

续表77

项　目	单 位	2015 年	2014 年	比上年(±%)	项　目	单 位	2015 年	2014 年	比上年(±%)
棉花总产量	吨	—	—	—	集贸市场成交额	万元	2810	2500	12.4
油料总产量	吨	1603	1572	2.0	50平方米以上超市	个	30	28	7.1
水产品产量	吨	18776	18766	0.1	住宿餐饮企业数	个	4	4	—
农业从业人数	人	4326	4342	−0.4	当年引进项目数	项	—	—	—
工业总产值	万元	261670	357016	−26.7	实际到账外资	万美元	30	—	—
规模以上工业总产值	万元	49971	56800	−12.0	外贸出口额	万美元	—	—	—
规模以上工业增加值	万元	9160	8120	12.8	学校	所	2	2	—
工业技改投入	万元	—	—	—	在校学生数	人	607	679	−10.6
工业企业数	家	311	348	−10.6	外出劳务人数	人	823	855	−3.7
工业从业人数	人	3821	3924	−2.6	外来劳务人数	人	834	855	−2.5
固定资产投资完成额	万元	57900	49820	16.2	农民人均纯收入	元	19680	17500	12.5

（市统计局　陈磊）

界 首 镇

【概况】 位于高邮市北端，距高邮城区25千米，东接周山镇、临泽镇，南连高邮经济开发区，西与金湖县隔湖相望，北与宝应县相连，淮江公路、京沪高速公路，省道237和连淮扬镇高铁穿镇而过。总面积85.8平方千米，其中耕地面积2421公顷，辖8个村、1个社区。总人口3.28万人，其中男1.63万人、女1.65万人。非农业人口4281人，外来暂住人口4022人。

农业。全年实现农业增加值2.48亿元。新组建家庭农场6家、专业合作社3个。建成278公顷优质稻米项目、千亿斤良田工程，有序推进万亩农业综合开发项目，粮食总产量实现“十二连增”，水稻单产创历史新高，荣获“江苏省农业丰收奖”二等奖。新增大型农业机械34台套，流转土地233.3公顷，实现机插秧面积1913公顷，水稻和小麦统防统治面积均为867公顷。新建灌排泵站3座、改建2座，铺设机耕路7千米、U型渠道6.5千米。

工业。坚持调结构与稳增长相结合，推动规模以上企业走“高大强”、小微企业走“精专特”发展路径。实现规模以上工业产值9.7亿元，增长13.1%；工业开票销售额5.1亿元，工业入库税收4380万元，纳税金额超过100万元的企业有15家。全年实现高新技术产值2亿元，新增注册商标12件。加大项目建设力度，高邮市林源科技开发有限公司与上市公司金通灵达成生物质发电成套设备项目合作，高邮市恒辉机械有限公司被列入高邮市“工业经济转型升级356计划”。

建筑业和第三产业。全年实现建筑企业总产值30亿元。以水上观光游、古镇文化游和乡村休闲游为发展重点，编制《界首镇旅游业发展总体规划》《高邮湖省级湿地公园总体规划》，并通过专家评审。推进芦苇荡湿地公园建设，扩大景区面积167公顷，新增1500平方米的水上餐厅和水上住宿游船，新建儿童水上乐园，启动总长6850米的环湖大道建设。新建占地面积5000平方米的寡妇圩死难同胞纪念广场，并举行死难同胞遇难75周年公祭活动，纪念1940年惨遭日军屠杀的120余名同胞。开通扬州至界首周末乡村游和高邮至界首的水上观光游两条水陆旅游线路。深度开发以高邮湖为品牌的系列农副产品，延伸服务业触角。3家农村淘宝网点正式挂牌运营。界首茶干获批国家地理标志商标。

招商引资。强化“AB角”招商模式，发挥交通、生态、文化等优势，推进项目招引。新开工投资额亿元项目1项即江苏和建新型建材项目，投资额5000万元项目2项即扬州天骄珍稀植物园项目和扬州锦程包装项目；新竣工投资额亿元项目1项即上海荣康展示道具制作项目，投资额5000万元项目2项即高邮恒大混凝土项目和扬州冠丰农业项目。新增个转企12家、个体工商户225户、私营企业168家。

镇村建设。全年完成绿化面积37公顷，其中成片林27公顷，建成扬州市级绿化村1个，高邮市级绿化自然村庄5个。坚持实施“五位一体”农村环境长效管护机制，四个季度考核均为全市第一名。修复华中雪枫大学旧址，全年接待各类参观团体300多批、1.3万人次，创成扬州市廉政文化教育基地、高邮市党员干部教育基地和爱国主义教育基地。加快湿地生态修复，推进水生态文明建设。实施历史街区整治工程、古镇文化展示工程和环境综合整治工程，完成北大街路面整治和三线（电线、通讯线、有线电视线）落地工程。建成“界首古镇”

牌楼,整修护国寺大殿。完成连淮扬镇铁路界首段73户民宅拆迁让地任务。开工建设总投资1亿元的界首运河大桥。实施“美丽乡路”三年行动计划,建成乡路22千米。完成7.6千米的盂陵南路提档升级工程立项规划。有序推进城镇化建设“十大工程”和为民办实事“十大工程”。完成金墩安置小区美化亮化工程,安排300多户渔民整体搬迁入住。正式启用新农贸市场。不断强化镇区网格化管理力度,小城镇品质大幅提升。

社会事业。全年获专利授权26件,其中发明专利授权1件。成功申报省“双创计划”科技副总1名。界首初中创成“江苏省义务教育先进学校”,界首实验小学迁址重建,学前教育“游戏化项目研究”通过中期评审;教育中心辅导站获省“老少携手千站万人走访抗日老英雄”先进集体称号;甓湖社区创成“省居民学校”。举办以“传承千年古韵,推动创新发展”为主题的“盂陵讲堂”4期,组织“雪枫颂歌”专场文艺演出,开展各类文体活动,丰富群众业余生活。江苏省特色旅游景观名镇申报工作通过专家验收,江苏省历史文化名镇申报工作通过省住建厅初步认定,大运河世界遗产古镇展示项目进入立项阶段。界首卫生院创成省级群众满意医院和扬州市示范中医科,建成省级示范卫生室1所、扬州市中医示范卫生室2所,永安村卫生室挂牌服务,全镇农村卫生服务网络实现全覆盖。城乡低保实施动态管理,做到应保尽保。全年发放低保、五保、帮扶等资金约500万元,受惠群众近3000人;发放各类惠农资金1330万元。219户农村危房改造工作圆满完成。镇十八届四次人代会共征集代表建议40件,办结27件,办结率67.5%,代表建议的见面率、满意率及基本满意率均为100%。推进平安界首、法治界首建设,完善社会化技防监控体系,镇村(社区)两级综合治理信息平台建设实现全覆盖,提升社会公众安全感。开展信访问题“大排查、大化解”活动,全年化解信访案件15起,调处各类矛盾纠纷74件,创成省民主法治示范村1个。界首派出所再次荣获扬州市公安局集体三等功。扎实开展烟花爆竹、道路交通、校车安全等专项安全生产整治工作。深入开展“打非治违”专项行动,全镇安全生产形势保持平稳。 (沈林)

【界首运河大桥开工】 11月28日,界首运河大桥开工仪式在界首镇运河东堤举行。界首运河大桥跨越京杭大运河,全长1046米,按二级公路标准设计,主桥宽11.8米,引桥宽11.3米。主桥采用双塔空间索面斜拉桥,塔梁分离,桥塔为“钻石型”结构。项目投资9985万元,计划2017年底建成通车。项目建设单位为山东省路桥集团有限公司。

(殷朝刚)

表78

2015年界首镇主要经济社会指标实绩表

项目	单位	2015年	2014年	比上年(±%)	项目	单位	2015年	2014年	比上年(±%)
地区生产总值	万元	87838	77800	12.9	建筑业产值	万元	300000	250000	20.0
第一产业	万元	24829	23419	6.0	建筑业利润	万元	650	680	−4.4
第二产业	万元	14261	11987	19.0	建筑业从业人数	人	4750	4720	0.6
第三产业	万元	48748	42394	15.0	第三产业从业人数	人	3532	3475	1.6
公共财政收入	万元	6360	6022	5.6	新增个体工商户	户	—	—	—
农业总产值	万元	47548	44146	7.7	社会消费品零售额	万元	19800	17600	12.5
粮食总产量	吨	40696	39743	2.4	市场个数	个	1	1	—
棉花总产量	吨	—	—	—	集贸市场成交额	万元	5850	5520	6.0
油料总产量	吨	1331	1343	−0.9	50平方米以上超市	个	28	27	3.7
水产品产量	吨	5936	5280	12.4	住宿餐饮企业数	个	1	1	—
农业从业人数	人	2991	3068	2.6	当年引进项目数	项	—	—	—
工业总产值	万元	535000	485110	10.3	实际到账外资	万美元	—	—	—
规模以上工业总产值	万元	97042	85842	13.1	外贸出口额	万美元	—	—	—
规模以上工业增加值	万元	13260	11386	16.5	学校	所	2	2	—
工业技改投入	万元	—	—	—	在校学生数	人	1536	1699	−9.6
工业企业数	家	224	223	0.4	外出劳务人数	人	—	—	—
工业从业人数	人	6068	6053	0.3	外来劳务人数	人	678	688	−1.5
固定资产投资完成额	万元	90500	77585	16.7	农民人均纯收入	元	20108	18265	10.1

(市统计局 沈林)

菱塘回族乡

【概况】 该乡是江苏省唯一少数民族乡。位于高邮湖西畔，距城区30千米，西与安徽省天长市毗邻，南倚神居山，北与金湖县隔湖相望，三面环湖，一侧临山。总面积53.92平方千米，其中耕地面积1903公顷。辖6个村、2个社区。总人口2.33万人，其中男1.16万人、女1.17万人。该镇有回民6195人，非农业人口1.18万人，外来暂住人口1286人。

农业。实施"3+1"工程(3名机关干部挂钩联系1个村)，"六村同创"("四有一责"建设示范村、农业高效园区特色村、环境综合整治优美村、特色乡村旅游先行村、村镇建设管理样板村、社会管理创新先进村)成果明显，积极推进现代农业发展。新增农民专业合作联社1家、农民用水户协会1个、家庭农场6家，29户种植大户共流转土地面积384.3公顷。农业机械化稳步推进，新增大中型水稻插秧机7台、大马力拖拉机22台、粮食烘干机2台、喷滴灌设备及机房2台套，对新购大中型插秧机和大马力拖拉机给予补贴。成立农村产权交易站并正常运行。投资1400万元实施灌区改造和水价改革工程。完成菱塘大圩土方加固23.45千米、翻砌块石护坡12.5千米，新建龚家涧控制闸、状元沟控制闸，菱塘大圩达到扬州市三级堤防标准。高邮市兴旺鸭业产销专业合作社新增绿色产品2个，高邮市清真畜牧专业合作社创成省生态养殖示范场。完成成片造林80公顷。环境综合整治和秸秆禁烧成效保持全市前列。加大农业招商引资力度，完成注册民资4955万元，实际到账资金7100万元，新增5000万元农业重大项目1项。

工业。全年实现规上工业产值135.5亿元、工业开票销售额45.7亿元，增长14%、5%；完成入库税收1.4亿元，与上年持平；实现固定资产投资32.85亿元，增长19.9%。开展银企合作与企业上市工作，扬州曙光电缆股份有限公司在"新三板"挂牌上市。新增省以上高新技术产品31个，全年申请实用新型专利333个、发明专利45个，获实用新型专利授权168个、发明专利授权2个，新增市级以上研发机构5家，签定产学研合作项目14项。新增扬州市级以上创新型(试点)企业5家、扬州市专精特(培育企业)4家。新增扬州市级以上品牌10个，扬州曙光电缆股份有限公司"强菱"商标和龙腾照明集团有限公司"宇龙"商标创成中国驰名商标。扬州红旗电缆制造有限公司被扬州市工商联、扬州市总商会授予首批"扬州市民营企业文化建设示范单位"称号。高邮市电线电缆行业协会与郑州电缆技工学校联合举办电线电缆行业高级工培训班。

建筑业和第三产业。促进建筑企业转型升级，开拓境内外建筑市场。全年实现建筑业产值33亿元、增长5.43%，承接建筑施工面积155万平方米，增长2.65%。江苏瑞沃建设集团有限公司蝉联省百强企业。加大服务业招商引资力度，大力发展旅游业，促进第三产业联动发展。全年实现服务业增加值5.68亿元，增长13.4%；新增服务业规模以上企业2家、限额以上企业2家、限额以上大个体经营户1户。加快城乡商品双向流通体系建设，新开设农村淘宝店3家。推进环湖大堤绿化工程、东入口景观工程第一期土方堆积、清真村特色村寨建设步伐、林青园林等项目实施，推进清真村南片入口村址牌楼施工、普胤禅寺周边环境整治和生态停车场建设。开通"梦里回乡、心悦菱塘"旅游官方微信公众号。打造清真美食品牌，成功举办"江苏菱塘首届清真美食节"，被授予"江苏清真美食之乡"称号。清真村顺利通过省特色景观旅游名村创建考评。

招商引资。突出产业招商、企业招商、以商招商，完善"一站式"服务机制。全年新增私营企业165家，新增个体工商户260户，新增个转企13家。开工投资额10亿元项目2项即高邮湖风电场项目、鸿润一体化移动通信基站设备项目，开工投资额亿元项目3项即江苏科华太阳能LED项目、联众机械电缆项目、国筝传媒民族乐器生产与培训项目，开工投资额5000万元项目2项即博思维大功率LED项目、王鲜记大闸蟹项目。竣工投资额亿元项目4项即昌祥铝幕板材项目、昌德嘉预分支电缆项目、恩泰大功率LED项目、科华太阳能LED项目，竣工5000万元项目2项即天瑞光伏电缆配件项目、依卡奴硅片涂料项目。

村镇建设。出台《全乡居民建房管理实施意见》。开工建设纬五路第一期配套和第二期工程、环湖大堤达标推进、中小河流治理、民族敬老院迁址新建、集镇部分道路改造提升等项目。积极做好康居新苑第三期建设与配套、紫星花园第二期建设。改善普胤禅寺周边环境，新建多功能生态停车场。完善集镇及工业集中区主要道路排水工程。开展集镇管理和村镇建设双月突击整治活动。在全市率先启动全国生态文明建设示范乡镇创建工作。落实覆盖拉网式农村环境综合整治工程，启动畜禽粪污无害化处理工作，提高生活垃圾收集率和处理率，完善垃圾池布点，改造三里垃圾填埋场。创成国家园林城镇。通过国家卫生镇复检。

工业集中区建设。围绕"生态化、集约化、特色化"原则，通过建设与管理，统筹规划、科学指导、政策扶持、配套完善、精心服务，园区招商引资的载体实力和对外形象得到提升，招引大批企业进入，为产业链不断拉长加粗提供平台。2015年，工业集中区先后被认定为江苏省特种电缆产业产学研协同创新基地、扬州市特色产业园区，国家火炬特种电缆特色产业基地通过复审，江苏省电线电缆生产优质示范区通过审查，红旗创业园创成省级孵化园。

社会事业。实施民族初中绿化景观建设、南教学楼改造、门球场建设、塑胶运动场建设等工程。民族中专、回民幼儿园创成省绿色学校。民族中专创成国家电线电缆检测实训基地、省电线电缆制造示范实训基地。举办第十四届农民艺术节和第十七届“鸿润杯”体育运动会。扬州市图书馆菱塘分馆开馆。民族文化宫被命名为“扬州市统一战线教育实践基地”。“回回习俗”被列入省第四批非物质文化遗产代表性项目名录，古清真寺被列为扬州市“海上丝绸之路”申遗七个遗产点之一。坚持开设专家讲堂，远程教育站点全面提档升级。被评为全省基层党员冬训工作示范乡。乡卫生院创成省乡镇卫生院示范中医科。落实“菜单式”精准扶贫，对照脱贫标准，低收入农户累计脱贫率100%。妥善处理劳资矛盾，认真做好700余名企业退休、遗属补助人员资格认证。发放城市低保金6万元、农村低保金近125万元。保障五保对象120人，市、乡财政共发放供养金58万余元。出台全乡急难家庭生活救助暂行办法，救助低保边缘群体38人次，新建扬州市级扶贫基地1个。民族敬老院立项申报成功。加强惠残助残，新成立残疾人创业示范点1个，完成8家福利企业资格审核工作。改造危房55户。落实清真食品补贴。扎实开展普法宣传教育，与扬州市中级人民法院合作，设立法治讲堂。中小学结合现有学科，设立法治知识课程，民族中专创成省平安校园。各村(社区)综治专网宽带正常运行。排查并落实调处各类矛盾纠纷79起，成功调解77起。15家以个人命名的调解室运行正常。新增高清数字监控探头10个，高空360度全视角监控2组，投资10多万元改造乡派出所监控中心。坚持落实“党政同责、一岗双责、失职追责”的安全领导责任，强化安全监管，不断建立健全全乡食品药品监管体系，多次为全市系列平安创建提供现场。

(朱根榴)

【菱塘回族乡架起首台风力发电机组】 9月，菱塘回族乡高邮湖协合风力发电项目首台风力发电机组吊装成功。该项目由中国协合风电投资有限公司和深圳能源集团股份有限公司共同投资，投资预算10亿元，规划装机容量100兆瓦，将建设一座110千伏升压站及生产、办公、辅助楼等配套设施。

(朱根榴 詹礼邦)

表79 **2015年菱塘回族乡主要经济社会指标实绩表**

项目	单位	2015年	2014年	比上年(±%)	项目	单位	2015年	2014年	比上年(±%)
地区生产总值	万元	312323	284620	9.7	建筑业产值	万元	390000	313000	24.6
第一产业	万元	26636	25124	6.0	建筑业利润	万元	30753	29150	5.5
第二产业	万元	228586	209450	9.1	建筑业从业人数	人	2532	2483	2.0
第三产业	万元	57101	50046	14.1	第三产业从业人数	人	5583	5316	5.0
公共财政收入	万元	7829	7850	−0.3	新增个体工商户	户	260	206	26.2
农业总产值	万元	59239	57728	2.6	社会消费品零售额	万元	338688	331990	2.0
粮食总产量	吨	29680	29020	2.3	市场个数	个	2	2	—
棉花总产量	吨	—	—	—	集贸市场成交额	万元	15226	14520	4.9
油料总产量	吨	149	150	−0.7	50平方米以上超市	个	25	23	8.7
水产品产量	吨	8485	8856	−4.2	住宿餐饮企业数	个	3	3	—
农业从业人数	人	746	813	−8.2	当年引进项目数	项	10	13	−23.0
工业总产值	万元	1485340	1518169	−2.2	实际到账外资	万美元	350	347	0.9
规模以上工业总产值	万元	1356951	1188256	14.2	外贸出口额	万美元	1760	1210	45.5
规模以上工业增加值	万元	224299	196415	14.2	学校	所	3	3	—
工业技改投入	万元	109540	107000	2.4	在校学生数	人	2013	2336	−13.8
工业企业数	家	382	375	1.9	外出劳务人数	人	2465	2186	12.8
工业从业人数	人	8737	8704	0.4	外来劳务人数	人	1286	1250	2.9
固定资产投资完成额	万元	325550	273790	18.9	农民人均纯收入	元	26151	23746	10.1

(市统计局 朱根榴)

人 物

Figure

导读

部分市外高邮籍贯成功与载誉人士

时鹏成 男，汉族，界首镇人，1972年出生。现为江苏省非物质文化遗产传人、扬州市根雕大师。

他于1992年从临泽中学高中毕业后，考入北京机械工业学院设计专业。1996年，大学毕业后，进入苏州一家国有企业工作，并为多家企事业单位做形象标志设计。父亲去世后辞去单位工作，开始从事根雕艺术创作。他利用8年时间，创作完成首个巨型根雕艺术作品——成名经典之作——“玄清根雕艺术馆”镇馆之宝——《九龙献瑞》，作品高3.6米、宽2.3米、厚1.5米，重约1吨，原料是他从广西壮族自治区原始森林中选购的具有2000年树龄的一整块古香樟树根。该作品与观众见面后引起社会轰动，中国根艺美术学会主席马驷骥称其为“中华根魂”。此后，他创作的一批精品根雕作品陆续问世，并逐渐形成自己“空灵清逸，精巧典雅”的独特艺术风格，先后获得省和全国根雕艺术展览一等奖和金奖等奖项。评委称其作品“艺作天成，意境深远”。（任仁 郭玉梅）

林 刚 男，汉族，高邮市人，1974年出生。现任浙江广播电视集团新蓝网络传媒有限公司副总经理。

他于1994年从浙江广播电视高等专业学校（今浙江传媒学院）新闻系毕业后，进入无锡电视台工作。至2006年，从事全媒体互动实践，创办成国内首档全媒体栏目《网络无限》。从2001年后，任集团网站总监，创建无锡地区最大门户网站——太湖明珠网、最富人气论坛——东林书院，并多次获誉，其建设运营案例入选国家广播电视总局《2009年广电蓝皮书》。2012年，负责筹建移动互联网战略项目“智慧无锡”（原名“无线无锡”），任新媒体事业部总监，经两年运营成为全国领军品牌。2013年，编著出版《新媒体概论》，入选为教育部广播电视专业“十二五”规划教材。2015年，受聘于浙江广播电视集团，任该集团新蓝网络传媒有限公司副总经理，主持浙江广电新媒体战略项目“中国蓝TV”的筹建与运营工作。（任仁 郭玉梅）

周 超 男，汉族，高邮镇人，1988年出生。现为北京开心麻花娱乐文化传媒有限公司签约编剧。

他于2008年考入中央戏剧学院。上大三时，先承接写作《罗丝湖》剧本，并被搬上舞台；接着，根据自己支教经历写成剧本《杀鸡》，获第四届北京大学生戏剧节“优秀剧目奖”；尔后，又参加编写40集电视连续剧古装大戏《谋圣鬼谷子》剧本。人学毕业后，他被推荐进入中国杂技团担任编剧。不久，他辞去中国杂技团工作，成为北京开心麻花娱乐文化传媒有限公司签约编剧，担任编剧与统筹、顾问、创意等多项工作，公司为他在上海专门设立、注册周超演艺工作室，又先后创作完成话剧《缄默》《停住的钟摆》和45集都市爆笑网络喜剧《超霸花神》。2015年，他正潜心参与创作一部30多集民国戏剧本。（张晓晖）

谭伟海 男，汉族，周山镇人，1988年出生。盲人竹笛青年演奏家。现为中国残疾人艺术团首席盲人笛子独奏演员、作曲家。

他自幼双目失明。2000年，进入扬州特殊教育学校读书。2005年，在全国残疾人文娱汇演中获竹笛演奏一等奖。2006年，凭借着对音乐的热爱和多年的苦练，通过层层选拔，进入中国残疾人艺术团。2008年，参加北京残奥会开幕式、闭幕式和圣火采集仪式。2010年12月，为在广州举行的亚洲残疾人运动会闭幕式演奏“叶与脉”篇章开篇。2011年，在扬州市举办“圆梦·感恩”竹笛独奏个人音乐会，先后创作和改编《水乡乐韵》《秦邮风韵》《梦》《影》等乐曲。2015年5月8日，由市委宣传部、市文明办、市残联主办，市特殊教育学校承办，市阳光志愿者协会等单位协办，他在高邮大剧院举办“光明行”感恩家乡笛子独奏音乐会。是年12月4日，他入选由共青团江苏省委、江苏省精神文明建设指导委员会办公室、江苏省通信管理局、江苏省青年联合会、中国·江苏网、扬子晚报社、江苏广播电视总台教育频道和广播传媒中心联合举办的“江苏好青年百人榜”。他先后随中国残疾人艺术团赴世界五大洲40多个国家和地区参加演出，受到多个国家领导人的接见。（高志中）

韩斯斯斯 男，汉族，临泽镇人，1989年出生。高邮市北漂电影、电视演员。

他从上小学起一直品学兼优。2008年，从高邮中学毕业后，以高分考取南京大学广播电视新闻系。毕业后进入苏州电视台工作。2013年，毅然辞去苏州电视台工作，到北京寻找当电影、电视演员的机会。是年5月，在电视剧《大丈夫》中试镜，首次当上配角演员。2014年，在电影《盗猎禁区》中，饰演男三号。此后，先后参演《鬼吹灯之寻龙诀》《虎妈猫爸》《一个栗子》等多部电影、电视剧。2015年，他参演的电影《盗猎禁区》入选海南国际电影节参展。2016年，他参演的电影《一个栗子》受邀参加戛纳国际电影节展出。是年，作为男一号主演电影《归尘》。（翟甜甜）

杨　静 女，汉族，临泽镇人，1990年出生。

她从小喜爱唱歌。2005年，就读于扬州商务高等学校，班主任发现她有音乐天赋，便鼓励她参加校内和扬州市的各项比赛，接二连三地获奖。2009年，她毕业后到北京实习、工作。相继参加中华世纪坛(北京奥运会纪念晚会)等演出活动。在中国第17届推新人大赛中，获“全国十佳”歌手称号。2010年，在由内蒙古电视台和首都艺术家协会共同举办的歌唱比赛中，她以一首邓丽君的《甜蜜蜜》成功晋级“十强”歌手。2015年，她加入北京一家邓丽君主题餐厅，登台演唱邓丽君歌曲，倾倒众多歌迷。并多次受邀上中央电视台和北京电视台演唱邓丽君的歌曲。2016年，她发行首张个人专辑限量收藏版《忆江南》，收录她演唱的《烟花三月》《春江花月夜》《梦江南》等10首歌曲。

（高志中）

王海滨 男，汉族，周山镇人，1990年出生。系昂思菲特(上海)贸易有限公司员工。2015年，他先后被表彰为“上海市见义勇为楷模”“感动上海十大年度人物”“上海十大杰出青年”。

是年6月17日凌晨1时45分许，上海市闵行区诸新三村14号楼突发大火，瞬间浓烟吞噬整幢楼房，浑然不知的全楼道住户均处于沉睡之中。住在该楼501室的他发觉后，置自己生命于度外，冒着危险，上上下下跑了80多级阶梯，挨家逐户叫开11户邻居家的大门，并及时打开滚烫的底层防盗门帮助邻居逃生，使邻居们安然无恙，他自己却被大火严重灼伤，灼伤面积达到88%，造成重度昏迷而被送到医院抢救。是月18日，上海市闵行区授予他“见义勇为”称号。21日晚，中央电视台《新闻联播》节目对王海滨见义勇为的事迹进行报道。7月29日，上海市见义勇为基金会授予他“上海市见义勇为楷模”称号。9月18日，他当选为上海市“光荣与力量——2015感动上海年度十大人物”。12月5日，他又当选为第十八届“上海十大杰出青年”。（王跃清　张晓晖　王小敏　郭玉梅）

沈思凡 女，汉族，高邮镇人，2002年出生。市赞化学校九年级学生，中国棋院杭州分院中国象棋选手。

2006年，她随祖父学习象棋。2008年，进入市育才棋社，师从老师张殿林，接受正规象棋训练。是年，参加江苏省“小太阳”象棋比赛，获C组女子个人第三名。2009年，参加首届全国儿童中国象棋比赛，获得冠军，并被授予“地方棋协大师”称号。2013年，被中国棋院杭州分院破格录取，师从中国象棋特级大师陈寒峰。2016年11月，代表中国棋院杭州分院参加全国象棋锦标赛个人赛，连战7天，经过11轮对决，最终以3胜7平1负的战绩，积分13分，获得第11名，被授予“中国象棋国家大师”称号，成为国内现役棋手中最年轻的中国象棋国家大师。（金婧）

获扬州市以上荣誉的新闻人物

杨万明 男，汉族，送桥镇张公渡村人，1962年6月出生。高中文化。扬州市第六、七届人大代表。现任扬州市科农扬州鹅发展有限公司总经理(养殖户)、高邮市“心连心”鹅业专业合作社理事。2015年4月28日，被国务院授予“全国劳动模范”称号。

他从2010年起种草养鹅，实行从炕孵到成品鹅一条龙生产。首创扬州鹅种鹅场，培育耐精饲、成活率高肉质好的新鹅种——扬州鹅。组建鹅业专业合作社，免费向农户提供鹅种和防疫，传授养鹅经验，带动周边2000多农户共同致富。并扶贫济困，热心公益事业。2010年、2011年，先后被扬州市人民政府、江苏省人民政府分别授予“扬州市劳动模范”“江苏省劳动模范”称号。

（高志中）

刘玉山 男，汉族，菱塘回族乡人，1974年10月29日出生。中共党员，大学文化，现任高邮市公安局菱塘派出所所长。2015年2月，被中共江苏省委、江苏省人民政府表彰为“人民满意的政法干警”，并被授予个人一等功。是年12月，他再获第三届“江苏最美警察”提名奖。

他于1998年9月～2007年11月在八桥派出所先后任民警、副所长；2007年11月～2009年11月，被调任为汉留派出所所长；从2009年11月起，任菱塘派出所所长。在他任职期间，化解和钝化民间矛盾500多起，制止有可能影响稳定的事件30多起；破获各类案件324起，抓获违法犯罪嫌疑人256人，为国家、集体和个人挽回经济损失200多万元；个人捐款3万多元，募集善款20多万元，帮助回汉困难群众100多人次。2006年1月、2009年1月、2012年12月，他先后三次被扬州市公安局授予个人三等功。2011年6月，被江苏省公安厅表彰为“优秀共产党员”。2012年2月，被扬州市政法委员会表彰为“人民满意政法干警”。2013年4月，被高邮市人民政府表彰为“劳动模范”。2014年4月，被扬州市人民政府表彰为“扬州市先进工作者”。2014年9月，被高邮市人民政府表彰为第五届“高邮好人”。是月，又被江苏省公安厅授予第二届“江苏最美警察”提名奖，并被授予个人二等功。

（朱根榴）

何其新 男，汉族，龙虬镇人，1956年出生。现任江苏波司登制衣有限公司总经理。2015年5月1日，被江苏省总工会授予江苏省“五一劳动奖章”。

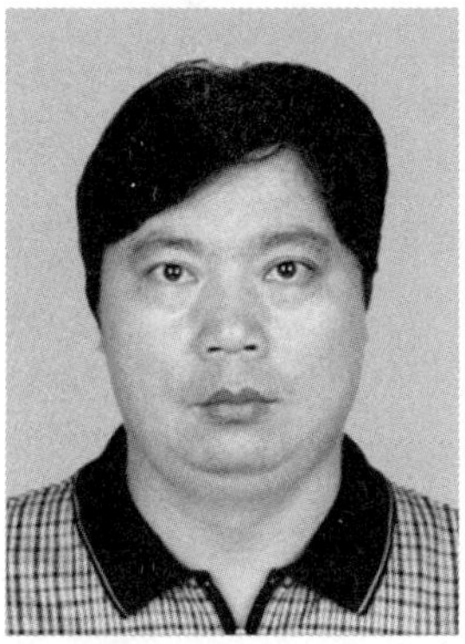

他于1984年从一个农民开始创业，办起乡镇服装厂。经过打拼，企业逐步发展壮大。2005年，通过数轮商谈努力，与常熟波司登达成合作协议，在高邮经济开发区建成总投资额为4.5亿元、占地18.67公顷的江苏波司登制衣有限公司。在他的带领下，该公司实现“三年三跨越”的经营目标。2006年实现产值3.5亿元、上缴税收过1000万元，成为全市工业纳税“十强企业”；2007年实现销售收入10.2亿元、上缴税收达到5000万元，跃升为全市第二大纳税大户。此后，企业经营业绩逐年跃升。到2014年，全公司实现销售收入超50亿元、上缴税收超1亿元。

他在做大做强企业的同时，不忘回报社会。从办企业后，年年为家乡捐资造桥、修路助学、扶贫济困，对厂里的困难职工更是关怀备至。从2008年起，每年向市慈善总会捐款200万元“留本付息”，每年注入资金12万元专门救助弱势群体，每年向市教育局捐赠羽绒服2000件帮助贫困生温暖过冬。2011年，把市委、市政府奖励给他的300万元特别贡献奖奖金，当场捐献给市民政局，用于慈善事业。先后资助近百名贫困学生完成学业，捐助近200万元给农村学校改善办学条件，近年来每年春节向龙虬镇、三垛镇的70户特困户每户捐送慰问金1000元。在南方雪灾、汶川大地震、玉树地震发生后，均伸出援手向灾区捐款、捐物，其中捐赠羽绒服共9.5万件。

他先后获得高邮市“十大明星企业家”、“招商引资功臣”、“劳动模范”，扬州市“慈善之星”、“扬州教育十大新闻人物”，江苏省“创业之星”、江苏省“慈善之星”等称号。2008年，被民政部授予中华慈善奖。

（许斌 周雷森 高志中）

邱红星 男，汉族，卸甲镇人，1975年出生。现任卸甲镇花阳村村民委员会主任。2015年11月，他在代表江苏省参加“中联重科杯”全国农业职业技能竞赛中，取得第五名，获二等奖，被授予农业部农业高级技师职称。

他于1995年7月高中毕业后，先后自购收割机和旋耕机，为村民开展粮食收割和旋耕作业服务。2004年，又购入插秧机，进行示范推广，并被市农机局确定为市农机科技示范户。2012年，获扬州市“全球通杯”农机行业职业技能竞赛第三名。2013年4月，在村里牵头注册成立镇禾丰农机专业合作社。7月，通过参加江苏省农机行业特有工种工人技术等级岗位培训班学习，取得高级工技术职称。10月，参加江苏省农机职业技能竞赛，进入前10名，获“江苏省农机系统技能标兵”称号。2014年10月，他与市农机学校联合办学，为村民开展农机操作培训工作。11月，获扬州市农机职

业技能竞赛全能第一名。2015年,先后获扬州市五一劳动奖章、扬州市农机修理“天禹杯”第一名、扬州市职工职业技能竞赛第一名和“扬州市技术能手”“扬州市技能状元”等称号。 (高志中)

表80 **2015年高邮市获扬州市以上表彰人物一览表**

单　　位	受表彰人员	荣誉(职称)称号	授誉机关与单位	表彰时间
一、获全国表彰				
江苏华富储能新技术股份有限公司	居春山	中国储能产业最具影响力人物	第四届中国国际储能电站大会、第五届中国国际储能大会	2015年5月
华侨国际大酒店	成　杰	全国旅游服质量社会监督员	国家旅游局	2015年7月
市工商业联合会	王金高	中国玉石雕刻大师(第六届)	中国珠宝玉石首饰行业协会	2015年10月
高邮经济开发区	张国庆	全国优秀工会工作者	中华全国总工会	2015年12月
市老区经济开发促进会	史善成	全国革命老区减贫贡献奖	中国老区建设促进会	2015年12月
二、获江苏省表彰				
扬州曙光电缆股份有限公司	郑连元	江苏省第五届优秀企业家	江苏省企业联合会、江苏省企业家协会、江苏省工业经济联合会	2015年7月
		2014年度扬州市“十大创新人物”	扬州市人民政府	
高邮市	陈　忠 路永明 周　智 郭长銮 陈义山	吴仁宝式优秀村书记	中共江苏省委组织部	2015年9月
高邮市	杨文华 王瑞华	第五届江苏省道德模范	江苏省精神文明建设指导委员会	2015年9月
市老年大学	薛　序	百佳优秀教师	江苏省老年大学协会	2015年9月
市公安局经侦大队	卢敦松	记二等功	江苏省公安厅	2015年10月
高邮市	顾金明 赵林荣	江苏省“百佳孝星”(第二届)	江苏省精神文明建设指导委员会办公室、江苏省老龄工作委员会办公室、江苏省老龄协会	2015年10月
高邮市	周寿斌 宋　巍 马坤松 徐卫东 黄从兵	江苏省产业教授(第三批)	江苏省人才工作领导小组办公室、江苏省教育厅、江苏省科学技术厅、江苏省人力资源和社会保障厅、江苏省财政厅	2015年10月
扬州一洋制药有限公司	郑日喜	2015年度“情动江苏——身边杰出的国际友人”(第二届)	江苏省人民政府新闻办公室 江苏省广播电视总台	2015年12月
市第二中学	郭骆涵	“苏教国际杯”江苏省第十五届中学生作文大赛(高中组)特等奖	江苏省教育报刊总社、	2015年12月
市南海初级中学	焦　点	“苏教国际杯”江苏省第十五届中学生作文大赛(初中组)特等奖	江苏省中学生作文大赛组委会	
高邮电视台	郑家华	微电影《岁寒三友》获第三十一届江苏省电视金凤凰奖电视文艺(文学)专题片二等奖	江苏省文学艺术界联合会、江苏省广播电视总台	2015年12月

续表 80

单位	受表彰人员	荣誉(职称)称号	授誉机关与单位	表彰时间
三、获扬州市表彰				
高邮市	吴　磊 谭学斌 刘春海 傅友东 姜庆华 王松山 周　智 李　程	扬州市优秀共产党员	中共扬州市委员会	2015 年 6 月
高邮市	刘正群 郭建新 左伍群	扬州市优秀党务工作者	中共扬州市委员会	2015 年 6 月
高邮市	陈　忠	扬州市"十佳村(社区)"党组织书记	中共扬州市委员会	2015 年 6 月
江苏承煦电气集团有限公司	郝辉定	2014 年度"扬州十大经济新闻人物"	扬州市经济和信息化委员会、 扬州报业传媒集团、 扬州市工商业联合会、 共青团扬州市委员会	2015 年 2 月
江苏华富储能新技术股份有限公司	吴战宇	第十届"扬州市十大杰出青年"	中共扬州市委宣传部、 扬州市精神文明建设指导委员会办公室、 共青团扬州市委员会、 扬州市青年联合会、 扬州报业传媒集团、 扬州市广播电视传媒集团	2015 年 5 月
高邮市	马正阳 缪馨雨	扬州市自强不息好儿童	扬州市妇女联合会	2015 年 5 月
高邮市	孙兆民 吴　涛 袁付平	扬州市孝亲敬老之星	扬州市精神文明建设指导委员会办公室、 扬州市老龄工作委员会办公室、 扬州市老龄协会	2015 年 10 月
高邮中学	刘　进	扬州市十佳师德标兵	扬州市总工会、扬州市教育局	2015 年 10 月
三垛初级中学	冯小明	扬州市师德先进个人		
卸甲镇工会	孙玉高	扬州市十佳基层工会主席，并获"扬州市五一劳动奖章"	扬州市总工会	2015 年 12 月
高邮市	石庆培 李大卓 陆家武 曹　飞 闫　勤	扬州市名中医(第二批)	扬州市人力资源和社会保障局、 扬州市卫生和计划生育委员会	2015 年 12 月
市民政局	周庆珍	"福彩杯"扬州市最美勤廉民政人	扬州市民政局、 扬州报业传媒集团	2015 年 12 月
周山镇龙华村	王海滨	2015 年度扬州好人	中共扬州市委宣传部、 扬州市精神文明建设指导委员会办公室、 扬州市总工会、 共青团扬州市委、 扬州市妇女联合会、 扬州报业传媒集团、 扬州广电传媒集团(总台)	2015 年 12 月
市疾病预防控制中心	高金彬			
市中医医院	朱海明	扬州市援疆先进个人	扬州市援疆指挥部 扬州市卫生和计划生育委员会	2015 年 12 月

（高志中）

高邮市授誉的新闻人物

优秀共产党员　2015 年 6 月 30 日，在市纪念建党 94 周年暨先进表彰大会上，中共高邮市委表彰 50 名优秀共产党员。他们是：

夏　斌　男　高邮市精神文明建设指导委员会办公室副主任；

王桂华　男　高邮市公安局刑警大队大队长；

钱　明　男　高邮市发展和改革委员会综合科科长；

张爱忠　男　高邮市人力资源和社会保障局企业保险部主任；

陈　勇　男　高邮市政务服务管理办公室党工委委员、办公室主任；

郑金锋　男　高邮市建筑工程管理局行业管理科科长；

黄　涛　男　高邮市商务局市场监管科科长、市商务行政执法大队大队长；

陈海新　男　高邮市农业委员会植保植检站站长；

张才华　男　高邮市水务局城市排水管理处主任；

夏鹤生　男　高邮市民政局优抚科科长；

陶香远　男　高邮市城乡建设局办公室主任；

印　向　男　高邮市道客有限公司安保处处长；

辛永昌　男　江苏弘盛建设工程集团有限公司苏中分公司经理；

卢永久　男　江苏高邮农村商业银行风险管理部总经理；

王　玲　女　高邮市工业总公司党委办公室副主任；

祝开华　男　高邮市农业机械化技术推广服务站站长；

沈　鸣　男　高邮市文化产业中心电影公司党支部书记；

朱晓波　男　高邮市供电公司运维站输电运检班副班长；

陈苏娟　女　高邮市中医医院护理部主任；

陈凤琴　女　高邮市第一中学历史教师；

朱　江　男　高邮市疾病预防控制中心工会副主席；

高宝来　男　高邮市保安服务公司经理；

周咸敦　男　高邮市邮政局市场部安保部管理员；

陆士梅　女　江苏波司登制衣有限公司办公室主任；

仇素明　男　高邮城南经济新区建设管理局房屋土地征收办公室主任；

吴广才　男　高邮城南经济新区保丰村党总支书记；

方　芳　女　高邮城南经济新区渠南村党总支书记；

顾文中　男　高邮市国土资源局湖西国土资源分局局长；

宋本喜　男　送桥镇政府计划生育助理、镇计划生育指导站站长；

陈满宏　男　送桥镇盘塘村党总支书记；

朱　萌　女　扬州日兴生物科技股份有限公司党支部书记、副总经理；

茆玉斌　男　江苏润华电缆股份有限公司党总支书记、主任；

陆凤霞　女　高邮镇奎楼社区党总支书记、主任；

李叶林　男　高邮镇经济发展服务中心、企业管理站党支部书记；

郑仲山　男　龙虬镇兴北村村委会主任；

王宏山　男　龙虬镇农经站总账会计；

吴　华　女　三垛水务站站长；

陈　飞　男　三垛镇财政所所长；

俞孝志　男　三垛镇村建所环保服务中心党支部书记、主任；

陈红梅　女　甘垛镇财政所副所长；

沈遐凤　男　卸甲镇政府统计助理；

马春香　女　高邮市市场监督管理局汤庄分局局长；

王　鹏　男　菱塘回族乡苏菱农产品销售专业合作联社理事长、党支部书记；

杨志鸿　男　菱塘回族乡团委副书记、扬州光明电缆有限公司总经理；

姜富华　男　界首镇六安村党总支部书记；

万宝山　男　界首镇司法所所长、信访中心主任；

施跃才　男　周山镇龙华村塔沟组组长；

晏国来　男　周山镇综合治理办公室副主任、信访办公室主任；

祁志芳　女　临泽镇小葛村党总支书记；

胡景秀　女　临泽镇社会公共事业服务中心主任、镇政府计划生育助理、镇计划生育指导站站长。

（高志中）

优秀党务工作者　2015 年 6 月 30 日，在市纪念建党 94 周年暨先进表彰大会上，中共高邮市委表彰 20 名优秀党务工作者。他们是：

杨　林　男　高邮市公安局政委、党委副书记、纪委书记；

林启斌　男　高邮市交通运输局党组书记；

刘春雨　男　高邮市文化广电新闻出版局党组书记；

朱艳曦　女　高邮市城乡建设局党委副书记；

韦恒林　男　高邮湖西新区党工委副书记、管理委员会副主任；

刘国和　男　高邮经济开发区党工委副书记、纪工委书记；

黄叶森　男　高邮经济开发区农村工作处副主任兼九园社区党支部书记；

陈　军　男　中共高邮市委组织员、组织部党支部副书记、办公室主任；

王存山　男　中共高邮市纪律检查委员会办公室主任、法规研究室主任；

吕长生　男　高邮市人民检察院政治处副主任、党总支委员；

史万全　男　高邮市供电公司党群工作部主任；

周克志　男　高邮市水务局高邮灌区管理处党支部书记、主任；

倪兆朝　男　高邮市农业委员会畜牧党支部书记、动物卫生监督所所长；

谢为芳　女　高邮市实验小学党支部副书记；

陈　粮　男　高邮市第一粮库党支部副书记、主任；

李冬宁　男　高邮市军队干部修养所党支部书记、所长；

陈　新　男　高邮镇高谢社区党总支书记；

陈普山　男　扬州市伊兴机械有限公司党支部书记；

孙尔松　男　卸甲镇教育系统党总支书记、教育中心校校长、镇政府教育助理；

杨明生　男　菱塘回族乡党委统战科科长、乡政府民族宗教助理。（高志中）

“十佳”村党组织书记　2015 年 6 月 30 日，在市纪念建党 94 周年暨先进表彰大会上，中共高邮市委表彰 10 名“十佳”村党组织书记。他们是：

肖有明　男　高邮城南经济新区太丰村党总支书记；

路永明　男　菱塘回族乡王姚村党总支书记；

徐善鸿　男　高邮经济开发区双庙村党总支书记；

陈永平　男　卸甲镇金沟村党总支书记；

薛凤香　女　界首镇界首村党总支书记；

李长德　男　甘垛镇政府农业助理、北韩村党总支书记；

张其忠　男　高邮城南经济新区浩芝村党总支书记；

郭长銮　女　高邮经济开发区东湖村党总支书记；

朱尚平　男　龙虬镇兴南村党总支书记；

陈义山　男　高邮湖西新区神居山村党总支书记。

（高志中）

“五星级”村(社区)党组织书记　2015 年 6 月 30 日，在市纪念建党 94 周年暨先进表彰大会上，中共高邮市委命名 3 名“五星级”村(社区)党组织书记。他们是：

肖有明　男　高邮城南经济新区太丰村党总支书记；

路永明　男　菱塘回族乡王姚村党总支书记；

迮德宏　男　高邮镇新联社区党总支书记。

（高志中）

“四星级”村(社区)党组织书记　2015 年 6 月 30 日，在市纪念建党 94 周年暨先进表彰大会上，中共高邮市委命名 6 名“四星级”村(社区)党组织书记。他们是：

郭长銮　女　高邮经济开发区东湖村党总支书记；

范生云　男　高邮城南经济新区勤王村党总支书记；

陈永平　男　卸甲镇金沟村党总支书记；

陈　忠　男　临泽镇陈甸村党总支书记；

高雪梅　女　高邮镇北海社区党总支书记；

张艳燕　女　高邮镇御码社区党总支书记。

（高志中）

三等功获得者　2016 年 2 月 14 日，在全市经济工作表彰暨机关能力作风建设大会上，市政府首次授予两名个人三等功。他们是：

陆　炜　男　市经济和信息化委员会主任；

朱杏玲　女　市残疾人联合会理事长。

（高志中）

2015 年度全市建筑业先进个人　2016 年 2 月 16 日，在全建筑业工作会议上，市委、市政府表彰 2015 年度全市建筑业先进个人，共 30 人。他们是：

胡恒春　卞岐兵　赵宏才　李志森　张金生　管民良　吴华生　刘长春　赵永银　夏仲文　周桂林　陈维兴　董恒展　龙慧斌　张荣明　张国祥　陈智慧　王增山　施兆富　时开山　倪德富　郭士文　凌定祥　陈　庆　徐美金　卢金安　杨书根　陈正明　张宝生　朱雪华　（高志中）

最美村官　2016 年 2 月 23 日，在全市农村工作会议上，市委、市政府表彰 2015 年度全市最美村官，共 10 人。他们是：

陈　忠　丁　伟　谢　丹　乔元东　周　智

邱红星　居乃谭　薛凤香　赵叶宽　吴中德
（高志中）

创新创优先进个人　2016年2月23日，在全市农村工作会议上，市委、市政府表彰2015年度全市农业农村工作创新创优先进个人，共18人。他们是：

吴　华　张来根　陈正斌　姜文超　孙　勇　纪　和　钱正元　周长会　熊　伟　葛洪喜　赵永海　陈玉鸿　王开宏　王荣山　姚宏宝　姜晓刚　丁迎国　孙玉林　（高志中）

农业招商引资先进个人　2016年2月23日，在全市农村工作会议上，市委、市政府表彰2015年度全市农业招商引资先进个人，共6人。他们是：

郭从云　朱玉珊　陈安庆　孙如标　温学政　吕传祥　（高志中）

第二届高邮市"十佳青年"　2015年5月4日，在第二届高邮市"十佳青年"暨"最美农村青年"表彰仪式上，由中共高邮市委宣传部、高邮市精神文明建设指导委员会办公室、共青团高邮市委员会联合举办的第二届高邮市"十佳青年"评选活动揭晓。他们是：

居朕宇　男　1984年11月出生　江苏省高邮经济开发区管委会副科长；

王秋菊　女　1984年7月出生　高邮市赞化学校团委书记；

谭伟海　男　1988年8月出生　中国残疾人艺术团首席盲人笛子独奏演员、作曲家；

贾　磊　男　1982年6月出生　高邮市中医医院主治中医师；

张　超　男　1983年6月出生　扬州日兴生物科技股份有限公司董事长；

陈　荣　男　1982年6月出生　高邮市公安局珠湖派出所副所长；

贾　卿　男　1987年3月出生　武警江苏省总队扬州市支队高邮市中队指导员；

钱　明　男　1980年12月出生　高邮市发展和改革委员会综合科科长；

赵　玲　女　1979年5月出生　高邮市地方税务局一分局副分局长、办税服务股股长；

王　伟　男　1987年10月出生　高邮市行政服务中心业务科副科长。　（高志中）

高邮市"最美农村青年"　2015年5月4日，在第二届高邮市"十佳青年"暨"最美农村青年"表彰仪式上，由中共高邮市委组织部、中共高邮市委农村工作办公室、共青团高邮市委员会联合举办的高邮市"最美农村青年"评选活动揭晓。他们是：

郑　许　男　1989年12月出生　高邮镇武安社区物业服务中心；

孙新旭　男　1989年12月出生　临泽镇西安村共青团支部委员会；

乐金松　男　1989年12月出生　扬州金松原生态农业发展有限公司；

晏文兵　男　1981年3月出生　江苏中景生态农业有限公司；

黄　城　男　1982年1月出生　界首镇子婴村；

林　霞　女　1988年2月出生　菱塘回族乡文昌社区；

高维权　男　1983年6月出生　龙虬镇白马村个体印花厂、水产养殖户；

徐国祥　男　1985年11月出生　高邮经济开发区北太平村凤祥水产专业合作社；

腾生辉　男　1984年4月出生　扬州尤奈特机电有限公司；

路康山　男　1983年1月出生　甘垛镇渔海村康乐家庭农场。　（高志中）

高邮市"自强不息好儿童"　2015年5月31日，市妇联举行"同在阳光下，快乐共成长"庆"六一"活动，公布并奖励高邮市"自强不息好儿童"。他们是：

徐晨菲　扬州春蕾聋哑儿童康复中心学生；
王宝成　车逻实验小学学生；
秦元媛　龙虬镇张轩小学学生；
钱　江　周山镇实验小学学生；
葛清玲　临泽镇川青小学学生；
宋大丽　临泽镇周巷初级中学学生；
唐　磊　扬州市天海职业技术学校学生；
李荣倩　高邮市中等专业技术学校学生；
傅金鹏　送桥镇郭集实验小学学生；
朱　颖　送桥镇送桥实验小学学生。

（高志中）

高邮市"最美爱心妈妈"　2015年5月31日，市妇联举行"同在阳光下，快乐共成长"庆"六一"活动，公布并奖励高邮市"最美爱心妈妈"。她们是：

周　洁　高邮市红马甲志愿者协会志愿者；
李开香　江苏波司登制衣有限公司员工；
谢　颖　临泽镇临泽初级中学教师；
嵇根妹　汤庄镇苏果超市负责人；
吴兴芬　湖西新区天山社区留守儿童之家负责人；
胡小梅　扬州华城电缆有限公司员工；
张兆珍　高邮市地方税务局人事教育科科长；
王玉娣　高邮市妇幼保健所医生；
潘兆梅　高邮市阳光志愿者协会志愿者；
杜小敏　高邮市阳光志愿者协会志愿者。

（高志中）

高邮市文明职工 2016年1月12日，市精神文明建设指导委员会办公室、市总工会作出《关于表彰2015年度“高邮市文明职工”的决定》，授予28名职工“高邮市文明职工”称号。他们是：

杨 新 男 扬州市伊兴机械有限公司生产组长；

姜庆海 男 江苏华富储能新技术股份有限公司制造部经理；

张曰莲 女 扬州日兴生物科技股份有限公司会计；

李绍明 男 高邮市宏泰电杆有限公司车间主任；

金廷宏 男 扬州市华胜机电制造有限公司工程师；

徐智勇 男 江苏富裕达粮食制品股份有限公司副总经理；

徐月红 女 高邮市送桥镇残联专职委员；

钱志兵 男 扬州光明电缆有限公司质管部经理；

张桂梅 女 江苏福兰德电气公司职工；

王宏山 男 高邮市龙虬镇农经站；

葛 宏 男 高邮市恒辉机械有限公司生产部长；

刘美龙 女 高邮市高远助剂有限公司氯化车间操作工；

陈红军 男 高邮市人力资源和社会保障局办事员；

吴爱辉 男 高邮市交通运输局办公室副主任；

徐 霖 男 高邮市环境卫生管理处车队队长；

周桂琴 女 高邮市政务服务中心商务窗口副科长；

赵月霞 女 高邮市检察院民事行政检察科科长；

程 洁 女 高邮市统计局普查中心副主任；

徐志芳 女 汤庄镇甸垛初级中学教师；

陈 芳 女 高邮市第二人民医院精神病区护士长；

孙 勇 男 高邮市水利局副科长；

张晓霞 女 高邮市文广新局办事员；

吴艳莉 女 高邮市住房保障和房产管理局办事员；

孙越俊 男 高邮市殡仪馆收银员；

韦永培 男 高邮市园林绿化工程公司副经理；

周国正 男 高邮市供电公司配网物资专职；

李 叶 女 江苏有线网络发展有限责任公司高邮分公司呼叫中心组长；

贾 丽 女 中国邮政集团公司江苏省高邮市分公司邮储营业员。 （戴顺阳）

逝世人物

朱 葵 男，汉族，江苏南京人，1940年10月出生。国家一级美术师，享受国务院颁发的政府特殊津贴。当代中国山水画名家、中国乡情诗画家。2014年5月，于南京病逝。2015年，为纪念他对高邮美术事业发展所做出的重要贡献和展示他以高邮为主题美术创作的丰硕成果，市委、市政府拨出专款，在市盂城驿景区内兴建朱葵美术馆。该馆于7月3日举行开馆仪式，并对外开放。

他于1955～1960年就读于南京师范学院美术系，师从陈之佛、傅抱石、杨建侯等教授，并得画家亚明教诲。毕业后被下放到高邮县，在县文化馆先后从事群众美术辅导、报纸美术编辑、摄影等工作。1979年，调入江苏省美术馆专业从事美术创作。后任江苏省文化厅艺术处副处长，分管全省美术工作。1991年，任江苏省美术馆馆长，兼任江苏省美术家协会副主席、中国美术家协会江苏创作中心主任、南京大学客座教授、美国美洲亚洲艺术学会博学会士等职。

他在高邮工作、生活的18年期间，将高邮当作他的第二故乡，热心美术事业，热爱高邮乡土，为高邮美术事业繁荣与发展奠定坚实基础。尤其是从高邮汲取丰富的绘画源泉与元素，他在一生的创作中，绘制出大量以高邮为主题的画作，描绘出许多生动的美人美景，为宣传、推崇高邮做出了重要贡献。 （高志中）

黄厚宏 男，汉族，江苏扬州人，1933年7月出生。中共党员。离休前任高邮市科学技术协会主席。2015年2月3日，因病逝世，享年82岁。

他于1949年3月参加工作，1950年2月加入中国共产党。1949年8月～1951年9月，任高邮县生产推进社供销部会计；1951年9月～1952年10月，先后任县合作总社人事股长、工会主席；1952年10月～1960年4月，先后任县委组织部组织员、秘书；1960年4月～1965年10月，任县委党校、县委整党队副校长、副队长；1965年10月～1972年7月，任县农科所所长；1972年7月～1974年3月，任送桥公社革委会副主任；1974年3月～1978年11月，任县农科所党支部副书记；1978年11月～1984年3月，先后任县科委秘书、副主任；1984年3月～1995年10月，任市科协主席。1995年10月离休。 （朴小燕）

郑来忠 男，汉族，江苏高邮人，1929年8月出生,中共党员。1991 年 11 月,离休。离休前任粮食局巡视员。2015 年 3 月 10 日,因病逝世,享年 87 岁。

他于 1948 年 11 月参加革命,1948 年 12 月加入中国共产党,1948 年 11 月～1950 年 6 月,任界首区粮食分局办事员;1950 年 7 月～1953 年 9 月,先后任界首区公所、界首区委、南湖区委财政助理、文书;1953 年 10 月～1959 年 12 月,任县公安局秘书股股长;1961 年 1 月～1961 年 7 月,任送桥公社党委副书记;1961 年 8 月～1961 年 10 月,任县农业局副局长;1961 年 11 月～1966 年 12 月,先后任菱塘公社、天山公社党委副书记、社长;1967 年 1 月～1968 年 8 月,任县军管会生产办公室机电组副组长;1968 年 9 月～1970 年 11 月,任县生产指挥组机电办事处负责人;1970 年 12 月～1981 年 12 月,先后任龙奔公社党委副书记、书记兼革委会主任;1982 年 1 月～1989 年 5 月,任临城区委副书记、区长;1989 年 6 月～1991 年 10 月,任粮食局巡视员;1991 年 11 月,离休后,享受正科级待遇。

(刘金友)

周建民 男,汉族,江苏高邮人,1932 年 8 月出生。中共党员。1993 年 7 月,离休。离任前任高邮市总工会党组书记。2015 年 7 月 18 日,因病逝世,享年 84 岁。

他于 1949 年 4 月参加工作,1951 年 1 月入党。1949 年 4 月～1952 年 4 月,先后任车逻区公所事务长、文书、文教副助理;1952 年 4 月～1952 年 8 月,任县委"三反"工作队队员;1952 年 8 月～1958 年 11 月,先后任县冶炼团、扬州地区灵岩山钢铁厂政治部组织科副科长;1958 年 11 月～1960 年 5 月,任县委整社工作组组长;1960 年 5 月～1961 年 4 月,任界首公社党委委员、宣传科长;1961 年 4 月～1965 年 7 月,任界首初级中学副校长兼公社党委委员;1965 年 7 月～1966 年 12 月,先后任邗江、宝应社教工作队副队长、指导员;1966 年 12 月～1968 年 10 月,"文化大革命"中遭"靠边检查";1968 年 10 月～1970 年 4 月,任界首中学革委会副主任;1970 年 4 月～1973 年 8 月,任县文工团革委会主任、支部书记;1973 年 8 月～1979 年 6 月,任县总工会常委、组织组组长;1979 年 6 月～1989 年 11 月,任县总工会副主席;1989 年 11 月～1993 年 7 月,任市总工会党组书记。1993 年 7 月,离休后享受县(处)级政治、生活待遇。

(秦玉平)

王焕松 男,汉族,江苏高邮人,1929 年 8 月出生。中共党员。1984 年 3 月离休,享受副处级政治生活待遇。离休前任高邮县经济委员会主任。2015 年 10 月 9 日,因病逝世,享年 87 岁。

他于 1949 年 2 月参加工作,1954 年 4 月加入中国共产党。1949 年 2 月～1951 年 4 月,在公营大有米厂做营业员;1951 年 4 月～1952 年 10 月,任高邮县失业工人救济委员会干事;1952 年 10 月～1955 年 6 月,任城区人民政府民政助理;1955 年 6 月～1956 年 8 月,任城区区委宣传科科长;1956 年 8 月～1958 年 10 月,任城镇人民委员会镇长;1958 年 10 月～1965 年 8 月,任城镇公社党委副书记;1965 年 8 月～1972 年 12 月,任城东公社党委副书记;1972 年 12 月～1982 年 6 月,任县工业局副局长;1982 年 6 月～1983 年 9 月,任县经济委员会主任。1984 年 3 月,离休。

(周颖)

趣闻轶事

Anecdotes

导读
- 高邮战役是新四军对日作战的收官之役　P389
- 吴晓飞研制火箭　P391
- 高飞造出无人机　P391
- 戴素萍甘当孤寡老人"小棉袄"18 年　P393

历史探秘

【中国古代四大美女之一赵飞燕双胞胎姐妹出生于高邮】 2 月 4 日,《高邮日报》载肖维琪文《高邮汉文化研究新发现——赵飞燕姐妹:出生在高邮的双胞胎大美女》。称:赵飞燕是中国古代四大美女之一,是西汉王朝江都郡国民兵团司令赵曼之妻姑苏郡主与其朋友冯万金的私生女,"是西汉王朝第十二任皇帝汉成帝刘骜的皇后"。一生命运多舛,起伏跌宕,结局悲惨。初生时险遭弃毙,最后被逼自缢。"笔者最近研究发现,赵飞燕和她的双胞胎妹妹赵合德都出生在高邮"。　(高志中)

【中国古代"二十四孝"之一的朱寿昌徙居高邮】 2 月 15 日,《高邮日报》载勤道文《朱氏孝行》。称:《乾隆高邮州志》记载,"朱寿昌,字康叔,扬州天长人",宋任广德(今属安徽省)知军时,弃官寻母,寻得母亲后,"徙居高邮,……邮人名其里曰彰孝坊"。元代,郭万正著成《二十四孝》,后配以图画,故又称《二十四孝图》,"朱寿昌弃官寻母"为其中一孝,从此朱寿昌作为孝子楷模之一而闻名于天下。

(高志中)

【秦少游祖父母墓志在扬州蜀岗出土】 10 月 24 日,《扬州日报》载孔茜文《秦少游祖父母墓志在扬州出土》。称:2011 年,在扬州市蜀岗路南沿段建设工地,在出土的石碑中,发现宋代秦咏及夫人朱氏墓志。"该发现将秦观(秦少游)家族上溯至高祖辈,大大突破目前世界各地散存的秦氏家谱只追溯至秦观的现状"。"对确认秦氏祖茔所在提供了难得的佐证资料"。　(高志中)

【首次发现疑为北门之瓮城墙遗存】 6 月 10 日,《高邮日报》载孙士琪、张晓晖文《市河第二期工程现宋城墙墙基——疑为北门之瓮城墙遗存》。称:6 月 8 日,市河第二期工程施工队在北门菜场南墙外墙处施工时,挖到 2 米多宽的墙基和 10 多块扁砖与少量铜钱。据专家初步认定,这是古城北门之瓮城墙遗存,从墙基砖块的形状和尺寸看,应为宋代城墙的一部分。　(高志中)

【《秦邮唐氏宗祠碑记》在安徽界牌镇被发现】 12 月 16 日,《高邮日报》载长钰文《〈秦邮唐氏宗祠碑记〉被发现》。称:"《秦邮唐氏宗祠碑记》在安徽省天长市界牌镇被发现。从依稀可见的碑文内容可以看出,此碑为明崇祯九年立,记录高邮唐氏先祖因避兵祸迁徙经过。"并称,该碑是"文化大革命"期间,因"破四旧"拆除高邮唐氏宗祠,而被丢弃在界牌镇一处河沟里,近日才被人发现打捞出来的。

(高志中)

【清当铺老门龙被发现】 4 月 28 日,杨文春、管玮玮在《高邮日报》上发表《百年老门龙"重见天日"——当铺原大门位置得到实物确认》一文。称:市文广新局在当铺修缮过程中,于该铺整体建筑的东南角附近发现原大门的门龙。此百年老物的重见,为进一步确定当铺原有大门的位置、尺寸、规格等,提供可贵的实物依据。从而,解决了这座全国重点文物保护单位——清代当铺修缮的一大难题。8 月 4 日,杨文春、管玮玮又在《高邮日报》上发表《百年当铺的历史与未来》一文,披露该当铺与大贪官和珅、大军阀孙传芳相关的秘闻。　(高志中)

【高邮战役是新四军对日作战的收官之役】 4 月,北京新四军研究会一师分会会长、解放军工程兵指挥学院原政委、少将刘华苏到高邮市,在参观抗日战争最后一役纪念馆时说:"高邮战役是中国抗战史上的经典战役,更是新四军对日作战的收官之

役,意义十分重大。"他进一步阐明高邮战役在抗日战争中的历史定位与历史意义。 (高志中)

【新四军老支书胡益民著书《征程》揭秘高邮战役】 5月,曾参加1945年12月19～26日"对日最后一战"——高邮战役、时任新四军第八纵队六十六团三营七连中共党支部书记的胡益民(宜兴人,离休前任中国人民解放军装甲兵学院政治部副主任,现年90岁),将自己参战亲身经历撰写成的革命回忆录——《征程》一书,赠送给市新闻信息中心、市烈士陵园管理处、市委党史办公室、市档案局(馆)、市图书馆、市第一小学"抗日战争最后一战纪念馆红领巾讲解员"。书中揭秘该战役一些鲜为人知的故事。 (高志中)

【攻城尖刀连突击队队长沈荣达受访谈高邮战役】 6月15日,《高邮日报》载胡玲、孙延秋、任仁文《刺刀见红杀鬼子——访"对日最后一战"尖刀连突击队队长沈荣达》。称:沈荣达,泰兴人,1940年参加新四军。在高邮战役中,他担任新四军六十四团三营八连三排副排长,攻打高邮城时担任尖刀连突击队队长。5月6日,88岁高龄的他在常州市抗日战争历史研究会志愿者的陪同下,到高邮市寻找他曾在"对日最后一战"——解放高邮城战斗中的故址。并讲述突击队在城北与日军开展艰苦的白刃战一幕。 (高志中)

【"苏北荣校教室"在百岁巷发现】 9月,市文广新局在对市城区百岁巷古民居维修中,维修人员铲去覆盖在63号古宅大门楼上方的厚厚石灰后,发现镶砖上书有"苏北荣校教室"6个红色形似毛体字。据史料载,1947年,江苏省根据中央指示,在解放区先后建有4所"荣校",其中第一所"荣校"就设于高邮。随着历史的湮没,"荣校"教室地点颇费争议。由此,"荣校"教室地点被确定。 (高志中)

【抗日烈士万钰牺牲经过揭秘】 9月7日,《高邮日报》载郭玉梅文《"独子也要保家卫国!"——记高邮籍抗日烈士万钰》。称:万钰生于1916年,先后在城中小学、高邮县中、镇江师范读书。1936年夏,被选入国民政府中央航校受训。1945年5月16日,他所在的国民党空军第二大队第九中队受命轰炸被日军占领的广西阳朔城南公路桥梁,他在驾机完成4次轰炸任务后,飞机右翼发动机不幸被日军机枪射中起火,由于地势十分复杂险恶,在无法迫降的情况下,同机6名驾乘人员被迫于榴江附近弃机跳伞,仅幸存3人,他跳伞后因后脑撞在石头上而牺牲。1949年秋,经苏北人民行政公署批准为烈士。 (高志中)

【汪曾祺《八宝辣酱》获发表】 4月3日,《高邮日报》载王玉清文《汪曾祺〈八宝辣酱〉在〈当代〉发表——系唯一没有公开发表过的短篇小说》。文称,"在刚刚出版的《当代》2015年第2期中,著名作家汪曾祺唯一没有发表过的短篇小说《八宝辣酱》首次与读者见面"。汪曾祺曾于20世纪70年代末,因北京发生一件事,从玉渊潭飞来两只天鹅,其中一只遭猎杀,而轰动京城,便写成短篇经典小说《天鹅之死》《八宝辣酱》。前者很快就见刊,而后者为什么在汪曾祺去世18年后才见刊?似乎成为一个谜。 (高志中)

【高邮道姓探源】 4月14日,《高邮日报》载勤道文《道氏家族的来龙去脉》。文称:《百家姓》中没有道姓,道姓是中国稀有姓氏。高邮有一支道姓家族,是100多年前一个叫道登荣的青年从镇江丹徒到兴化的沙沟镇开钱庄,后率其子女迁到高邮临泽经商并定居的。现在生活在高邮的道姓共12人。并称:前不久从市旅游局局长道书林处拷贝《道氏宗谱》电子版,结合搜集的相关资料进行研究,基本弄清道氏家族的源和流。 (高志中)

【建湖陇西堂李氏始迁祖居高邮】 5月20日,《高邮日报》载勤道文《李氏祖训,励志育人——〈建湖陇西堂李氏族谱〉序》。称:"建湖陇西堂李氏家族,编修家谱,追根溯源,找到其始迁祖最早的居住地——高邮,并且与高邮陇西堂成功接谱"。文中还称,李氏祖训代表作有三:一是李耳(春秋时期思想家、哲学家、道家学派创始人老子)的《道德经》;二是李世民(唐朝政治家、军事家、第二位皇帝)的《百字箴言》;三是李毓秀(清初著名学者、教育家)的《弟子规》。 (高志中)

【高邮与"中国神药"青蒿素渊源】 10月8日,《高邮日报》载薛勇、夏慧文《日前,中国科学家屠呦呦凭借青蒿素获得诺贝尔生理学或医学奖——高邮与"中国神药"青蒿素渊源深厚》。称:"早在上世纪五六十年代,高邮就开始利用本地青蒿开展疟疾的群防群治,并取得较好的效果"。"1975年1月,县卫生局干部李定国、龙奔公社焦山大队'赤脚医生'顾文海、二沟公社卫生院医生陈立友到北京参加全国青蒿抗疟科研工作座谈会。1978年5月,高邮县卫生局青蒿抗疟作用的科研成果获全国科学大会奖"。"1978年11月23～29日,在由全国疟疾防治研究领导小组于扬州召开的'青蒿素治疗疟疾科研成果鉴定会'上,高邮县卫生局提交的《青蒿简易制剂治疗疟疾资料》作为12个专题材料之一进行报告交流,会议并通过《青蒿素鉴定书》,确认研究成功",作为高邮青蒿治疗疟疾科研小组成员陆子遗参加此次活动。"1981年3月,高邮县卫生局被卫生部、国科学技术委员会、国家医药管理局、中国人民解放军总后勤部联合表彰为'疟疾防治研究工作有重大贡献的先进集体'"。 (高志中)

奇人奇事

【吴晓飞研制火箭】 5月27日,《高邮日报》载黄河、郭玉梅文《吴晓飞,"90后"技工造火箭》。称:自制火箭,听起来是天方夜谭。但三个怀揣火箭升空梦想的年轻人却于2013年组建起国内第一家提供探空火箭发射服务的私人企业——"翎客航天"。测试基地设于高邮。"三个火箭手"之一的吴晓飞是高邮人,1990年出生,技校毕业生,痴迷于研制火箭固体发动机、液体发动机、固液体发动机,具体负责制作火箭的液体发动机;合伙人胡振宇,毕业于华南理工大学工商管理学院;另一合伙人严丞翊,毕业于美国密西根大学航天科学专业,现为清华大学航天博士。至2015年3月,他们已成功发射"翎空一号""翎空二号"两枚探空火箭,并与国内相关研究机构签署了战略合作协议,2016年将向有关国有大型企业提供复合冷却液体火箭产品。

(高志中)

【高飞造出无人机】 据吴俊、周文、陆业斌在《高邮日报》上撰文称:上半年,38岁的汤庄镇四异村人、甸垛小学教师高飞经过3年的潜心研制,终于成功造出农用植保无人机,并成功在家乡农田投入使用。7月,山东、河南的两客户网购他的两架无人机,反馈使用效果很好。9月,又有两名外地客户慕名订购他的无人机。他先后已试制出十多架机型,在国内民用无人机圈子里有了一定名气。市农机部门上门考察,正商量成立高邮市云端创新科技有限公司、共同研制生产农用无人机事宜。

(高志中)

【黄乃锦自制节水机械】 5月28日,《高邮日报》载何春梅、郭玉梅文《"环保达人"自制节水机械日节水近5吨》。称:黄乃锦是车逻镇一家销售额过千万元企业的老板,自行设计,自行制造,仅花1000多元就成功造出一台实用的节水机,每天节水量近5吨,被称为高邮的"环保达人"。(高志中)

【陈和龙发明水产养殖增温锅炉】 9月24日,《高邮日报》载殷朝刚文《一个草根发明者的创业之路》。称:龙虬镇大树村陈和龙初中毕业后,回家先后做过木匠、漆匠,开过装潢公司、蛋品厂、家具城、服装厂。一个偶然的机会,结识一位卖锅炉的销售员,便萌发研制水产养殖增温锅炉的念头。经过四处取经学艺,潜心研究摸索,终于设计制造成水产养殖增温锅炉,经虾农试用后效果非常好,并成功申请十多个新型实用专利。2012年,他第一年成批生产增温锅炉66台,销售一空。此后,他边扩大生产、边进一步改进,不断提高其节能、环保、耐用、方便、安全、科学养殖、综合利用等性能指标,价格也很低廉。2015年1月,获得江苏省企业产品执行标准证书。同时,还成功研制出使用多种燃料的育苗炉、改善水质的活水机、科学喂养的投饵机等新型养殖机械。

(高志中)

【张元奇从事摄影60年】 4月9日,《高邮日报》载张晓晖文《张元奇从影60年师生摄影作品联展开幕》。称:"张元奇是中国摄影家协会会员、市摄影家协会名誉主席。他从影60年来,有数千幅作品在美国、加拿大、罗马尼亚、斯里兰卡、日本、韩国、新加坡等国家获奖、发表或展出。其充满水乡风情的摄影作品被誉为'高邮名片'。"由市委老干部局、市文联主办,市摄影家协会承办的"张元奇从影60年师生摄影作品联展"于4月8日在净土寺塔广场展示厅举办。省文联副主席、党组书记王惠芬,省文联副主席、省摄影家协会主席沈遥和市领导薛晓寒、钱富强、潘建奇出席开幕式。

(高志中)

【黄世贵诗歌作品《祖国颂》获金奖】 子杼在《高邮日报》上撰文称:10月,在由中国萧军研究会、北京市写作学会、世纪百家国际文化发展中心联合主办的第七届"祖国好"华语文学艺术大赛中,市总工会退休干部黄世贵所作的诗歌《祖国颂》获金奖。此前,他于2012年创作的诗歌《永恒的亲情》获"放歌夕阳"——首届全国中老年散文、诗歌创作大赛优秀奖。

(高志中)

【赵万和书法作品赠韩国】 11月,中国书法家协会会员、市书法爱好者赵万和随中国崔致远学术交流团,赴韩国参加崔致远学术研讨会和中韩纪念崔致远书画展首尔开幕式。他带去的数幅书法作品作为文化交流的礼品,分别赠送给韩国文化部、崔致远的故乡群山市政府、韩国国立庆州博物馆和义城郡崔致远纪念馆。

(高志中)

【殷旭明作品入江苏青年书法十家巡展】 4月2日,由凤凰江苏提名,中国书法家协会会员、高邮市书法家协会副主席兼秘书长殷旭明被列为江苏青年书法十家之一,排名第四,其书法作品在江苏省美术馆举办的江苏青年书法十家巡展上获展出。殷旭明书法作品曾先后获第二届中国书法兰亭奖·艺术奖、江苏书法奖提名奖、首届秦少游文化奖章等。

(高志中)

【薛序自编多种历史教材】 葛文斌在《高邮日报》上撰文称:至2015年,市老年大学文史班教师、市文联退休干部薛序,先后自编《先秦两汉史讲座》《明史讲座》《清史讲座》《高邮文化遗存》《成语历史故事》《高邮方言土语》等多部教材,受到学员的普遍欢迎。9月8日,江苏省老年大学协会开展的"百佳优秀教师"评选活动揭晓,他在榜上有名。

(高志中)

【姜善良寻找抗战“八女从军”故事进央视】 9月18日晚8时，中央电视台一套节目《等着我》栏目，播出由原汉留镇姚费庄(今属汤庄镇汉留村)退休校长姜善良提供线索，寻访抗日战争期间该地“八女从军”主人公的感人故事。 (高志中)

【朱军华编成《老报纸记录的抗战》】 王林山在《高邮日报》上撰文称：9月2日，市委宣传部、中国报业协会集报分会、市文联举办《老报纸记录的抗战》一书首发式。该书由市青年藏报家朱军华主编，全书设有《“九一八”事变～卢沟桥事变》《卢沟桥事变～日本投降》《日本投降～抗战胜利后续》等三个部分，收入的报纸出版时限从1931年“九一八”事变到1951年8月中华人民共和国中央人民政府政务院发布通告确定9月3日为抗战胜利纪念日止，收入报纸数量达300份之多，其内容全部与抗战有关。 (高志中)

【谢良喜8年写诗2000多首】 12月16日，《高邮日报》载杨晓莉文《草根诗人谢良喜8年写诗2000多首》。称：家住高邮城南海社区、今年43岁的烧烤店老板谢良喜从2008年起，持续写诗不止，先后作诗2000多首，诗词源于生活，凝结人生经历感悟。他的诗词通过互联网上的中华诗词论坛，传遍全国各地。如今他成为中华诗词论坛沧海诗社首席版主、吴门诗社副社长、修社社员，2015年还获得“高邮杯”全国集邮诗词大赛二等奖。 (高志中)

【脑瘫女韦彩霞成为“OFFICE”文员】 6月16日，《高邮日报》载韩粉琴、丁小玲、张晓晖文《脑瘫女命运多舛、董事长量才录用——湖西“余秀华”当上“OFFICE”文员》。称：现年45岁的韦彩霞是一名从广西壮族自治区河池市嫁到湖西新区原郭集镇的脑瘫残疾女，丈夫亦为残疾人。她不甘身残，发奋自学操作电脑，被江苏赛德电器有限公司录用为材料会计兼企业报《赛德报》编辑。同时，她近半年来在网上发表博文69篇、10多万字。公司董事长看了她的文章后，连声称赞，欣然提升她为公司文员，并支持她出本自传。如今，她被称之为高邮湖西的“余秀华”(注：一位走红中国的脑瘫才女)。 (高志中)

【七旬闵其坤成为全市首位养鹿人】 10月14日，《高邮日报》载居思雨、王小敏文《闵其坤：不慕天上仙，甘为养鹿人》。称：高邮经济开发区金塘社区年逾古稀的农民闵其坤因服用鹿茸治好肾虚病，便萌生养鹿的念头。2012年，他与社区卫生院医生扬某合伙，从仪征购得40只梅花鹿，在清水潭附近建起养鹿场，创建成清水潭梅花鹿养殖专业合作社，并自学养殖、防疫、取茸等一系列相关知识与技术。如今，在他的养殖场里，不仅饲养着42只梅花鹿，还饲养着几十只野猪、山羊、兔子和一批鹌鹑、乌骨鸡，并正筹划扩大养殖，将引进孔雀等供游客观赏动物。 (高志中)

【七旬草根老农曹鸿藻出诗集】 杨代忠 周雷森在《高邮日报》上撰文称：4月，临泽镇西河村土生土长、74岁的农民曹鸿藻编就一本自撰诗集——《乡村吟草》，由中国当代艺术出版社出版发行。他从63岁起，开始自己的诗歌创作之旅，边学边写，十年如一日，笔耕不辍，诗中洋溢着浓浓的爱国爱乡之情，作品屡见全国各大诗刊和报端，并屡获奖项。他成为中华诗词学会会员，并被2014年第12期《艺术人物》杂志作为封面人物登出。 (高志中)

【七旬陈树林创作抗战剧本《雪后晴天》】 11月9日，《高邮日报》载管玮玮文《古稀老人期盼自编抗战传奇剧“亮相”荧屏》。称：1998年，临近退休的陈树林开始创作以抗战为内容的电视连续剧剧本《雪后晴天》。至2008年8月完成，共20集、22万字。曾被多家媒体报道，引起多家制作单位的兴趣，福建省一家影视制作公司还向他寄过“录用通知书”。至今，该剧虽未能与观众见面，但他一直坚持潜心修改，期盼如愿。 (高志中)

【八旬盛锦荣绘成《高邮市河图》】 6月24日，《高邮日报》载郭玉梅文《八旬翁绘制〈高邮市河图〉》。称：家住市城南社区医院对面、82岁高龄的盛锦荣，从2014年5月开始作画，借用《清明上河图》的构图形式，历时6个月，绘成《高邮市河图》，整幅画卷图示起于中市口凉亭、止于南水关，全长11.5米，画面色彩清新，景物逼真，真实再现蓝天白云、小桥流水、桃红柳绿的市河美景，受到各方好评与称赞。2015年4月，他又开始创作《高邮市河图二》，至6月下旬已完成90%的工作量，全画作品可望于2016年与市民见面。 (高志中)

【八旬吴培根玩转“魔方世界”】 5月7日，《高邮日报》载夏慧文《八旬老人吴培根玩转“魔方世界”》。称：高邮有位80岁高龄的老人——吴培根，从1983年退休后对魔方产生浓厚兴趣，先后玩转魔方玩出2000多种不同的玩法，收集魔方最多收藏1500多只形态各异的魔方，并摸索、研究出一套玩转魔方的玩法。在他手上，乱方实现六面同色仅需30秒钟，呈“十”字形图案只转动24步即告完成。2006年，他与上海吉尼斯大世界联系，向全世界魔方爱好者“下战书”，进行盲玩形态变化、规定时间内还原六个面、双方互换还原等三项技艺比赛，结果无一人应战。他说，“我讲究的是以最简单的步骤，创造最多的花样”。 (高志中)

【百岁李有香仍能缝缝补补】 4月1日，葛维祥、郑红梅、雨玲君在《高邮日报》上发表《昔日富家小姐抗争命运，如今百岁高龄乐享天伦》一文。称：城南经济新区特平村十三组村民老太李有香，出生于

1916年，至今身体健康。“早起早睡，三餐适量，忌吃大荤，多食素菜，勤梳头，勤洗澡，常动脑，喜活动，爱静坐”是她的生活规律。如今，她四代同堂，其乐融融，不戴眼镜能穿针引线，常为儿孙们缝缝补补，闲时还陪着儿孙们打打牌。2015年3月29日她过百岁生日时，城南经济新区领导特地到她家为她祝寿，送上2000元寿礼金和一只特大蛋糕；四邻把她家围得水泄不通，齐祝她长寿，她直乐得合不拢嘴。（高志中）

【全市最长寿老人秦金美109岁】 5月28日，是高邮经济开发区东湖村十二组村民秦金美（女）的109岁寿辰，为全市目前最长寿老人。是日，市民政局、市老龄协会、高邮经济开发区管委会领导带着鲜花、蛋糕和礼金专程前往祝寿。老人一生勤俭质朴，深居简出，生活恬淡，性格温和，生活很有规律。问起老人长寿的秘诀，全家人异口同声地说是“家庭和睦”。（高志中）

【小狗为主人守灵】 徐耀、张晓莉在《高邮日报》上撰文称：7月29日夜，家住市老城区、独生的65岁吴某可能因高温中暑而突然去世，身边无一人相伴，却有条饲养多年的小狗不离不弃、忠实地为他守护。次日上午8时许，邻人发现后即刻报警。警员和邻人到现场后，小狗怎么也不让人靠近它的主人，只是一个劲地哀叫，两眼似乎还流着两道泪水。任凭警员和邻人无论怎么唤它，给它吃的，它不听、不吃，始终守在老人身边。后警员只好强行将小狗带离现场，但小狗虽在远处仍然两眼直望着老人，狂吠不止。场景使在场人无不为之动容。

（高志中）

城市新风

【戴素萍甘当孤寡老人“小棉袄”18年】 6月25日，《高邮日报》载杨晓莉文《戴素萍，孤寡老人的贴心“小棉袄”》。称：1998年，35岁的戴素萍举全家之力，办起高邮首个民营养老院——高邮湖滨老年公寓。18年来，她通过收废品、办猪场等，拼命挣钱，甚至不惜先后卖掉家中两套住房，来维持养老院运转，并婉谢别人高薪聘请，她说“进院的老人就是我的父母，一家人谁也离不开谁”。对于进院的37名老人来说，她犹如他们贴心的“小棉袄”，一年四季，冷暖饱饿，关怀备至，经常亲手端茶喂饭。老人们都夸赞她“比亲生女儿还亲”。（高志中）

【杨旭娟赴藏送演出】 管玮玮在《高邮日报》上撰文称：7月下旬，市文化馆副馆长、国家级非物质文化遗产“高邮民歌”第四代传承人杨旭娟，为配合文化部开展的2015“春雨工程”全国文化志愿者边疆行活动，作为扬州地区唯一人选者参加江苏省文化志愿者边疆行小分队，前往西藏自治区开展为期半个月的公益演出活动，着重表演以江苏民间文艺特色为主的节目。（高志中）

【众人相助拾回被风吹飞七千多元钞票】 陶香远、郭玉梅在《高邮日报》上撰文称：3月11日上午，市民李女士到市车辆管理所办理驾驶证换证手续，取身份证时不小心将7200元百元钞票从包里带出，此时正巧吹来一阵狂风，钞票随风飞落四处。该所民警、工作人员、过路群众见状，遂上前助拾。正当李女士焦愁之际，众人分文不少地将拾到的钞票交给李女士手中。（高志中）

【陆伟见义勇为救人】 明宝、王敢、管玮玮在《高邮日报》上撰文称：1月29日上午7时许，一辆燃气出租车行驶在S237淮江公路上庄加油站公路边，因雪天路滑，不慎撞到路边大树上，驾驶员徐某（女）报警后昏迷，3名乘客不同程度受伤，由于车子严重变形，驾驶员和乘客均被困在车内。市城区水上新村居民、私家车主陆伟驾车路过现场，立即停车，冒着事故车辆有随时发生爆炸的危险，踹开车门，迅速将4人救出，并驱车将驾驶员及时送往市人民医院救治。同时，警方亦火速赶至现场，及时处置，避免一场车毁人亡事故的发生。（高志中）

【界首民警深夜寻找报警求助中毒村民】 2月5日深夜，界首镇龙祥村谢某因食变质的腌制咸鱼，突发腹中剧痛，便电话报警求助。由于谢某未能说清地址，又无法取得联系，警方便连夜组织警力，逐组逐户摸查，终于摸到谢某家中，迅即将痛得躺在床上不能动弹的谢某抬上警车，送往医院救治。经医生检查，诊断为腌制品亚硝酸盐重度中毒，所幸送医及时，方免生命危险。（高志中）

【珠湖派出所民警深夜水中救人】 2月9日凌晨1时许，一名男子参加朋友聚会被灌得酩酊大醉，走到市城区海潮中路护城河边呕吐不止，不慎跌入河中，路过市民迅即电话报警求救。珠湖派出所3位值班民警闻讯立即赶到现场施救，民警谈钰不顾天寒地冻，跳入冰冷的河水中救人。5分钟后，该男子被民警成功救起，并被送到附近浴室更衣后护送回家。该男子及其家人都说，“多亏好民警相救，不然命肯定没了”。（高志中）

【武安派出所民警为卖菜人迅速找回大额存单】 3月3日，徐州籍在高邮市卖菜十多年的汤某夫妇到菜场出摊时，不慎丢失内放20万元存单、现金和身份证等重要物品的小包，情急之下报警求助。武安派出所民警接警后迅即展开调查，当天就查得该包为一老太所拾，经对其教育后交出小包，随即归还失主。汤某夫妇俩因失物如此之快失而复得，便给派出所送去一面书写“为民办实事，人民好警察”的锦旗，以表谢意。（高志中）

【新四军老战士杨勇伟子女义捐30万元】 12月19日，在高邮市举行的高邮对日最后一役胜利70周年暨感恩新四军老战士“情系高邮，爱心永恒”纪念活动中，新四军老战士杨勇伟之子杨晓伟向高邮捐赠30万元，专项用于关爱健在的新四军老战士、扶助贫困儿童、奖励青少年集邮爱好者。（高志中）

【陈智慧10万元“爱心款”扶老助贫】 2月14日，甘垛镇带程村人、江苏同发建设工程有限公司董事长陈智慧怀着对家乡弱势群体的拳拳爱心，在春节来临之际，从北京回到家乡，向140名孤寡老人和72名特困儿童发放春节慰问金共10万元。据悉，他已连续4年向家乡弱势群体发放春节慰问金总额有20多万元。（高志中）

【王连根免费为乡路安装72组路灯】 4月18日，《高邮日报》载吴正军、丁小玲文《王连根：乡情化明灯　照亮家乡路》。称：江苏宝润照明电器有限公司董事长王连根一直将反哺家乡、回报社会作为自己义不容辞的责任。他自2009年创办灯具企业以来，每年用于公益、慈善事业的费用都在10万元以上。2014年，他为村里修路又捐资2万元。2015年，先后两次为村里道路安装价值28.8万元的72组太阳能锂电池路灯。村民们每次从灯光下走过时，心里总油然而生一股感激之情。（高志中）

【行程500多千米护送精神病患者回家】 4月18日，《高邮日报》载杨洋、徐正军、杨晓莉合写的长篇通讯《安徽精神病患者流落高邮突然发病，我市公安、民政等部门合力救助，并护送其回家——本报记者横跨三省行程五百多千米全记录》。称：“单程555千米，8小时车程，京沪、淮徐、连霍、永登、宿登、亳阜……全程高速，途经江苏、河南、安徽三省，4月9日下午3时许，安徽籍精神病患者小亮（化名）在我市民政、公安等部门5名工作人员护送下，安全回到了自己的家乡——安徽省亳州市谯东镇。”（高志中）

【社会支撑起一个不幸家庭】 4月3日，陶鸿江在《高邮日报》上撰文《薛金伟不顾身患重症，照料患病双亲》。称：周山镇志光村龙华组有户不幸的家庭，父亲患口腔黏膜鳞状细胞癌，母亲患真空变性型椎间盘突出，即将结婚、39岁的薛金伟突然又查出尿毒症，一下子全家陷入病魔之中。薛金伟为照顾双亲和不连累女友，毅然决然回掉亲事。消息传出，社保机构将其全家纳入低保，民政机关给予关心照顾，各级领导、爱心村民和社会爱心人士纷纷伸出援助之手。是年春节前，扬州市中级人民法院院长蒋慧琴和高邮市人民法院院长韩雪峰得知后，特地赶到薛金伟家慰问，并送给他们个人捐助的3000元慰问金。（高志中）

【陈瑛37年坚守诠释长嫂如母】 6月16日，《高邮日报》载杨文华、史德元、夏慧文《陈瑛37年坚守诠释长嫂如母》。称：俗话说，长嫂如母。临泽镇朱堆村女村民陈瑛用实际行动诠释这四个字的含义。她从1979年嫁进夫家起，就挑起照顾自小患先天性小脑萎缩、肢体重度残疾的小叔子成万喜的重担。在过去的37年里，她没有睡过一个“囫囵觉”，从“新嫂嫂”到“好嫂嫂”，为照顾这个特殊的家庭成员付出许多许多！陈瑛凭着一颗道德良心，不屈不挠地撑起这个家，不离不弃地当好这个家，不言不悔地管好这个家。她说“自家的亲人，我不照顾谁来照顾！”（高志中）

【韦春华不离不弃照料伤残丈夫】 2012年春夏之交的一天，临泽镇西河村九组村民徐仁富在修理四轮拖土车时，不慎被车斗砸成重伤，险些丢掉性命。经医院抢救，虽保住性命，但已高位残疾、下肢瘫痪，花光全家全部积蓄，还欠下5万多元债务。陷入绝望中的徐仁富，失去生活的信心与勇气，几度想轻生。其妻韦春华多次含泪劝解丈夫，“我愿意照料你一辈子，陪伴你一生”，从而打消丈夫轻生念头。三年多来，韦春华以惊人毅力真情实意地精心照料残疾丈夫，深受村民们的夸赞。（高志中）

【武在宏为全市完成遗体捐献遗愿第一人】 2月13日，曾于2012年与扬州市红十字会办理自愿捐献遗体登记手续的卸甲镇村民武在宏不幸病故，他的遗体被扬州大学医学院接收，成为全市实现遗体捐献的第一人。他的遗体被用于医学教学和医学研究。他的名字被铭刻在扬州市博爱园纪念碑上。4月3日，他的家人受邀到扬州市博爱园参加追思活动。（高志中）

【市公安局救助两名被骗入境越南籍少女回家】 3月15日，“110”接到市民报警，称在高邮经济开发区马路边蜷缩着两名外地女孩。市公安局民警将其带到市救助站后，向其询问情况，她们除能说“云南”外，什么话都说不清。后经从扬州市请来的外语翻译询问，方弄清情况。两人均系越南籍非法入境流浪少女，分别为20岁的万某、18岁的万某某，于上年9月一同被骗入境的，因走投无路、生活无着，到处流浪至高邮。至10月12日，市公安局出入境管理大队在几经周折帮她们办理回国手续后，护送她们登上回越南的飞机。（高志中）

社会警示

【特大集资诈骗案主犯张某获刑14年】 2014年4月17日，经扬州市中级人民法院判决，发生在高邮市的一起特大集资诈骗案主犯张某（女）获刑14年，并处罚金14万元，同案犯张某（女）获刑4年，并处罚金5万元。该案犯于2008～2012年间，利

用多种欺骗手段，非法向公众募集资金 4 亿多元，用于个人挥霍，所幸发现较早，造成集资款损失 1 亿多元。（德克）

【冒领他人钱财落入法网】 2014 年 12 月 2 日，市区一男子成某在高邮镇香沟桥面店吃面时，发现有人将两只小包遗丢在店里，被店老板捡收，遂起歹念，谎称是自己朋友丢下的，便冒领而去。成某回家打开一看，包中有现金 6000 元、苹果 5 手机 1 部、苹果平板电脑 1 台和银行卡、证件、票据等物件，银行卡上还附有密码小条，以为是天上掉下了馅饼。是月 23 日，他哪知到车逻邮储支行自动取款机前刷卡取款时，被守候在那里的警察逮个正着。（武萱　郭玉梅）

【特大网络 QQ 诈骗案告破】 2014 年 3 月，市警方接到求助电话，称其子 QQ 支付宝中 16 万元被骗。市警方迅即成立专案组，顺藤摸瓜，辗转数千千米路程。至 2015 年初，在多地警方协助下，终于将身在黑龙江省哈尔滨市该犯罪团伙头目吴某抓获，全案告破。据犯罪嫌疑人交代，截至 2014 年底，该犯罪团伙在全国范围内疯狂盗窃 QQ 号，诈骗受害人及亲朋好友的钱财，并通过出售购物卡、游戏点卡进行"洗钱"，先后作案数十起，涉及江苏、湖南、山东、山西、重庆、内蒙古等 6 个省、市、自治区，涉案金额有 100 多万元。（徐耀　杨晓莉）

【李某利用信用卡诈骗被刑侦】 2010 年底，犯罪嫌疑人李某在明知自己没有偿还能力的情况下，向中国农业银行高邮市支行办理金穗信用卡，透支本金 1.5 万多元。到还款日期后，银行多次催还，李某以"资金不足，无力偿还"等理由拒绝还款，一拖就是 3 年多。银行遂以涉嫌信用卡诈骗报警。经市公安局立案侦查后，李某方归还本息。同时，李某因涉嫌信用卡诈骗被起诉、刑处。（德克）

【少年轻信中奖信息上当受骗】 3 月，家住高邮镇少年小金在家无事，上网玩起飞车游戏，屏幕上突然弹出一则信息："你的 QQ 号码被抽中二等奖，奖金 8000 元和奖品苹果 6 手机 1 部"。小金喜出望外，按照对方提供的电话号码拨通电话询问，对方回说先要交保证金 2000 元。钱汇到指定账户后，对方又说还要交奖金、奖品保证金分别为 8000 元、5800 元。于是，小金又两次汇出 1.38 万元。第二天，小金去电催要奖金和奖品，对方再要他汇寄运费 500 元。就这样，小金先后四次汇给对方 1.63 万元。报警后，方得知被骗。小金辛苦打工的积蓄，竟被一骗而光。（武萱　郭玉梅）

【两市民轻信"QQ 好友"遭骗】 6 月 5 日、6 日，接连两天，市一家农机公司会计柳某、市民丁某，先后被冒充"公司老板"、"亲弟弟"名义的骗子，利用"QQ 好友"，骗汇去共 4.16 万元。警方提醒市民，接到网上"QQ 好友"留言后，一定要联系到当事人，经核实清楚、准确后，方可汇款，否则会上当受骗。（武萱　郭玉梅）

【李某透露动态密码被骗】 3 月 25 日中午，市民李某忽然接到一个以"400"为开头、自称是光大银行工作人员的电话，说是可以帮其将信用卡的透支额度提升到 20 万元，条件是需要进行多次虚拟消费，每次操作只要透露手机的动态密码即可。李某重复 8 次，共透支 7000 多元。结果，李某信用卡额度未能提升，反白白损失 7000 多元。据悉，假冒"400"电话曾在市内多次行骗，市民不可轻信。

（武萱　郭玉梅）

【梅某遭假传真吓骗】 3 月 26 日下午，家住高邮镇某小区女工梅某突然接到自称是天津市人民检察院一名"检察官"的电话，谎称其个人资料被犯罪分子盗用办理了银行卡，并将贩毒、倒卖军火违法犯罪款项记入梅某名下，示意要梅某速将家中卡上现有存款取出，存入指定的"安全账户"。后又发来传真，抬头是"中华人民共和国天津市人民检察院冻结管收执命令"，并印有检察院、检察官的印章和梅某的姓名、身份证号码、照片。梅某受惊吓后深信不疑，遂将家中卡上 2.5 万元转存于"安全账户"。其丈夫发现后，梅某方知被骗。

（武萱　郭玉梅）

【一虚开增值税发票团伙被端】 6 月，被公安部列为部督办的一特大虚开增值税发票案，经市公安局经侦部门与涉案地经侦部门联手，全案告破。该案自 2012 年 12 月始发，涉及全国 6 个省、直辖市的 150 多家企业，涉案价税总额 4.3 亿元，抵扣税款 6300 多万元，共捣毁犯罪窝点 38 个，抓获违法犯罪嫌疑人 124 人，其中已被采取强制性措施的 46 人、逮捕的 10 人、移诉的 26 人、公诉的 16 人。

（德克　王小敏）

【侯某托友找工作被骗】 2013 年 5～9 月，市民侯某托朋友王某找份工作，王某假称认识某局局长，先后被骗去所谓"打招呼""铺路子""送礼"钱共 2 万元后，便不知去向。侯某一直寻找王某无果，便向警方报案。至 2015 年 7 月，警方经过缜密侦查，在王某家中将其抓获，实施刑事拘留。

（郭涛　王建　红军）

【董某 ATM 机上领补助却被骗万余元】 11 月 16 日，丈夫残疾的市民董女士忽然接到摧领 3600 元伤残补助的电话，便持银行卡到一家农业银行网点的 ATM 机上，按照来电要求和步骤进行充值领取。刚回家就接到银行发来的短信，提示她的银行卡已被转账 14789 元。她这才意识到受骗，遂向警方报案。（武萱　郭玉梅）

【两人合伙半夜抢劫被抓获】 1 月 25 日 23 时许，

市民何女士驾驶轿车停靠在市城区乐购超市门口北侧时，吴某、薛某两人通过事先周密计划，强行打开车门钻入车内，采用暴力打控和语言威吓等手段，劫得现金2700元和价值1.2万元的苹果手机2部后，逃离作案现场。何女士迅即向珠湖派出所报案。至27日凌晨，警方连夜采取现场勘察、调查走访、监控巡查等方法，仅用20个小时，就将吴某、薛某抓获归案。（徐维华　王道）

【曹某在浴室“顺手牵羊”被捉】 3月15日，曹某到市城区一浴室洗澡时，发现一浴客裤口袋中放有苹果手机、浪琴手表和一大叠钞票等贵重物品，遂生歹念，待这名浴客将衣裤放入衣柜、未上锁就入池后，乘服务员不注意，偷偷穿上浴客裤子，大摇大摆地走了。这一切全被浴室内监控摄下，而曹某却全然不知。市公安局民警接警后，即调取监控和查访，于19日在一家旅馆里将犯罪嫌疑人曹某抓获。（黄戴婷　杨晓莉）

【巨某挪用企业资金被判刑】 2012年，应聘到扬州某科技有限公司任业务员的巨某，利用工作之便，将从常州、苏州等地业务单位收取的8万多元货款，采取不交公司入账的手段，私自占用。2014年，公司发现后遂向市公安局经侦大队报案。2015年，巨某因犯挪用资金罪被判处有期徒刑6个月、缓刑1年。（德克）

【胡某利用店长身份窃金终落网】 12月，市区某金店失窃部分回收金器。经市警方侦查后，发现偷窃金器者竟是该金店的店长胡某。据胡某交代，他自5月份以后，利用店长身份侵占店里回收的金器600多克，再转卖给其他黄金收购店，从中牟利10多万元。（谢昇等）

【盗窃文物者被刑拘】 6月5日，《高邮日报》载徐维华、王道、雷森文《我市警方捣毁一盗窃文物团伙，并远赴苏州、上海追赃——两尊古代石狮重回“故里”》。称，“4月14日夜，界首镇永安村华泰驾校内的两尊清代石狮被人盗走。案发后，我市警方经过细致侦查，捉获犯罪嫌疑人郭某、顾某等人，成功捣毁一盗窃文物团伙。随后，办案民警又远赴苏州、上海等地追赃，使这两尊石狮重回‘故里’。”（高志中）

【“雌雄大盗”夜盗石狮被抓】 11月13日夜1时许，安徽籍在高邮市城区收废品的一对夫妇，偷盗一市民家门口的一对汉白玉石狮。市公安局接警后，迅速侦破。16日，这对夫妻搭档的“雌雄大盗”终于被市公安局擒获，如实交代偷盗事实。（高志中）

【陆某冒充教练骗钱财被抓获】 2014年，30多岁的高邮人陆某利用在一家驾校工作的机会，冒充驾校教练，先后骗取多名学驾人员报名费共2万元，后逃出高邮市失联。2015年2月，市公安机关接到报案后，经过侦查，终于将其从邗江区一家快餐店抓获。（红军　赵亮）

【顾某非法捕捉青蛙被处刑罚】 6月29日晚，高邮镇高谢村村民顾某非法捕捉青蛙53只，被巡逻民警当场抓获，青蛙即被放生。据警方称，被捕青蛙为黑斑蛙和金钱蛙，均为国家三级保护动物、江苏省两楱纲野生保护动物。顾某因涉嫌非法狩猎罪而受到刑事处罚。（武萱　郭玉梅）

【华某非法运输危险品被治安拘留】 8月3日凌晨5时许，卸甲镇郭楼村村民华某无危险物品运输从业资格证，驾驶小货车装运充满液化气的钢瓶29只，其中工业用大钢瓶6只、民用小钢瓶23只。运输途中受查处，因其行为涉嫌非法运输危险品，被市公安机关处以治安拘留十日的处罚。（刘永龙）

【高邮警方破获贩毒团伙】 3月13～23日，高邮警方在城区智破一个贩毒团伙，查获冰毒300多克，抓获涉毒人员46人，其中涉毒行政人员24人、刑事人员14人、其他处理人员18人。破案情节犹如香港警匪片，详情由徐耀、肖筱撰文《我市警方破获今年以来最大贩毒团伙》，载于2015年4月7日《高邮日报》。（高志中）

附　　录

Appendix

表 81　**2015 年市委、市政府部分文件目录表**

类别	文件名称	发文时间	文号
决议	中国共产党高邮市第十届委员会第十次全体会议决议	7月24日	
	中国共产党高邮市第十届委员会第十一次全体会议决议	12月31日	
决定	《中共高邮市委高邮市人民政府关于表彰2014年度全市社会稳定风险评估工作先进单位的决定》	1月13日	邮发〔2015〕4号
	《关于授予“高原专用胶体蓄电池”等项目2014年度高邮市科学技术奖的决定》	1月23日	邮政发〔2015〕12号
	《中共高邮市委高邮市人民政府关于授予龚定煜等同志高邮市第三届秦少游文化奖章的决定》	2月3日	邮发〔2015〕6号
	《中共高邮市委高邮市人民政府关于表彰2014年度优化发展环境服务品牌、服务标兵的决定》	2月3日	邮发〔2015〕7号
	《中共高邮市委高邮市人民政府关于表彰2014年度双拥工作先进单位的决定》	2月3日	邮发〔2015〕10号
	《中共高邮市委高邮市人民政府关于表彰2014年度党管武装好书记的决定》	2月6日	邮发〔2015〕13号
	《中共高邮市委高邮市人民政府高邮市人民武装部关于表彰2014年度基层武装工作先进单位和先进个人的决定》	2月6日	邮发〔2015〕14号
	《中共高邮市委关于表彰2014年度全市党建工作先进集体的决定》	2月6日	邮发〔2015〕16号
	《中共高邮市委高邮市人民政府关于表彰2014年度平安建设、法治建设和信访工作先进单位的决定》	2月9日	邮发〔2015〕17号
	《中共高邮市委高邮市人民政府关于表彰2014年度全市经济社会发展先进单位的决定》	2月10日	邮发〔2015〕8号
	《中共高邮市委高邮市人大常委会关于表彰2014年度乡镇人大工作先进单位和个人的决定》	2月15日	邮发〔2015〕23号
	《中共高邮市委高邮市人民政府关于表彰2014年度全市建筑业先进集体和先进个人的决定》	2月16日	邮发〔2015〕9号
	《关于给予经信委等单位记集体三等功、杨向东等同志记个人三等功的决定》	2月16日	邮政发〔2015〕20号
	关于给予公安局等单位“突出贡献奖”表彰的决定	2月16日	邮政发〔2015〕21号
	《中共高邮市委高邮市人民政府关于表彰2014年度城建“双十”重点工程先进单位和先进个人的决定》	2月17日	邮发〔2015〕18号
	《关于表彰2014年度全市农业农村工作创新单位的决定》	2月26日	邮政发〔2015〕23号
	《关于表彰2014年度政府工作先进单位的决定》	3月3日	邮政发〔2015〕25号
	《关于建设南水北调东线一期工程北澄子河上游市河(穿心河北段)、马饮塘河沿线整治项目的决定》	3月4日	邮政发〔2015〕26号
	《关于表彰2014年度住房公积金扩面缴存工作先进单位的决定》	3月10日	邮政发〔2015〕33号
	《中共高邮市委高邮市人民政府关于命名表彰2013－2014年度高邮市文明行业、文明单位、文明乡镇、文明村、文明社区的决定》	3月24日	邮发〔2015〕26号

续表81

类别	文　件　名　称	发文时间	文　号
决定	《关于表彰2014年度安全生产工作先进单位的决定》	3月30日	邮政发〔2015〕48号
	《关于表彰2014年度高邮市市长质量奖获奖企业的决定》	3月31日	邮政发〔2015〕55号
	《关于表彰2014年度质量强市工作十佳企业和十佳个人的决定》	3月31日	邮政发〔2015〕56号
	《关于授予梅小明等7位人士高邮市"城市贵宾"称号的决定》	4月10日	邮政发〔2015〕57号
	《中共高邮市委关于表彰2012—2014年度全市工会工作先进单位和先进个人的决定》	4月22日	邮发〔2015〕33号
	《关于确认依法行政示范单位、行政执法规范示范点和表彰十佳行政执法标兵的决定》	5月6日	邮政发〔2015〕75号
	《关于表彰2014年度依法行政先进单位的决定》	5月10日	邮政发〔2015〕80号
	《中共高邮市委关于表彰先进基层党组织、优秀共产党员、优秀党务工作者、十佳村党组织书记的决定》	6月29日	邮发〔2015〕44号
	《中共高邮市委关于命名五星级、四星级村(社区)党组织书和党组织记的决定》	6月29日	邮发〔2015〕45号
	《关于取缔高邮市恒丰纸品厂火纸项目的决定》	7月6日	邮政发〔2015〕127号
	《关于责令关闭高邮市宇能机械厂等21家"五小"企业的决定》	8月10日	邮政发〔2015〕147号
	《关于表彰高邮市优秀教育工作者的决定》	9月2日	邮政发〔2015〕175号
	《中共高邮市委关于表彰全市统一战线工作先进集体和先进个人的决定》	11月18日	邮发〔2015〕51号
	《关于集中行使行政复议职权的决定》	11月19日	邮政发〔2015〕227号
意见	《关于2015年全市造林绿化工作意见》	1月13日	邮政发〔2015〕5号
	《关于2015年度水利建设与管理工作意见》	1月14日	邮政发〔2015〕3号
	《关于高邮市2014年度第6批次村镇建设用地的审核意见》	1月23日	邮政发〔2015〕13号
	《中共高邮市委高邮市人民政府关于2015年全市双拥和国防教育工作的意见》	2月3日	邮发〔2015〕11号
	《中共高邮市委高邮市人民政府关于深入推进"切实减轻社区负担提升服务群众效能的六项规定"工作实施意见》	2月6日	邮发〔2015〕12号
	《中共高邮市委关于实施"基层党建一把手工程"的意见》	2月9日	邮发〔2015〕15号
	《中共高邮市委高邮市人民政府2015年高邮市民生幸福工程实施意见》	2月10日	邮发〔2015〕1号
	《中共高邮市委高邮市人民政府关于深化农村改革创新推动现代化农业迈上新台阶的意见》	2月17日	邮发〔2015〕19号
	《中共高邮市委关于贯彻落实党的十八届四中全会精神全面推进依法治市的实施意见》	3月2日	邮发〔2015〕24号
	《关于2015年全市服务业工作意见》	3月9日	邮政发〔2015〕30号
	《关于进一步加强部门统计工作的意见》	3月9日	邮政发〔2015〕32号
	《关于加强2015年度节能工作的实施意见》	3月12日	邮政发〔2015〕35号
	《关于创建省优质电线电缆生产示范区的实施意见》	3月13日	邮政发〔2015〕36号
	《关于深入推进平安高邮建设的实施意见》	4月17日	邮发〔2015〕32号
	《关于深入推进依法行政加快建设法治政府的实施意见》	5月8日	邮政发〔2015〕76号
	《关于加强我市农业服务体系建设的意见》	5月21日	邮政发〔2015〕98号
	《关于进一步深化价格改革切实加强价格监督的实施意见》	5月22日	邮政发〔2015〕97号
	《中共高邮市委关于加强全市党建基础性工作的意见》	5月25日	邮发〔2015〕36号
	《中共高邮市委高邮市人民政府关于2015年度乡镇、园区经济发展综合考评和市级机关能力作风建设考评工作实施意见》	6月2日	邮发〔2015〕38号
	《中共高邮市委关于2015年度乡镇、园区和市级机关党建工作考评实施意见》	6月2日	邮发〔2015〕40号

续表81

类别	文　件　名　称	发文时间	文　号
意见	《中共高邮市委关于加强乡局级领导班子和党政正职领导干部法治建设绩效考核的实施意见》	6月16日	邮发〔2015〕43号
	《关于城区农贸市场提档升级综合整治工作的实施意见》	6月25日	邮政发〔2015〕121号
	《中共高邮市委高邮市人民政府关于进一步加强全市专业招商队伍建设的意见》	7月6日	邮发〔2015〕46号
	《中共高邮市委高邮市人民政府关于支持湖西新区创建江苏省高新技术产业开发区的实施意见》	7月10日	邮发〔2015〕47号
	《中共高邮市委关于推动全面从严治党迈上新台阶的实施意见》	7月24日	邮发〔2015〕48号
	《关于建设农村区域性医疗卫生中心的实施意见》	7月30日	邮政发〔2015〕140号
	《关于建成区"城中村"整治的实施意见》	8月15日	邮政发〔2015〕148号
	《市政府关于加快推进"互联网＋"发展的实施意见》	9月2日	邮政发〔2015〕171号
	《关于开展全市社会信用体系建设的实施意见》	9月5日	邮政发〔2015〕177号
	《中共高邮市委关于进一步加强农村基层党建工作的意见》	11月18日	邮发〔2015〕52号
	《中共高邮市委关于落实党风廉政建设党委主体责任、纪委监督责任的实施意见》	12月4日	邮发〔2015〕54号
	《关于2016年度水利建设与管理工作的意见》	12月25日	邮政发〔2015〕248号
	《关于2016年造林绿化工作意见》	12月25日	邮政发〔2015〕249号
	《关于加强和改进国有资产监管防止国有资产流失的意见》	12月30日	邮政发〔2015〕254号
通知	《中共高邮市委高邮市人民政府关于印发〈工业经济转型升级"356"行动计划〉的通知》	1月13日	邮发〔2015〕3号
	《关于公开高邮市政府各部门行政权力目录清单的通知》	1月13日	邮政发〔2015〕4号
	《关于印发高邮市创建国家防震减灾示范县实施方案的通知》	1月14日	邮政发〔2015〕7号
	《中共高邮市委高邮市人民政府关于印发〈"上海及长三角地区招商年"活动实施方案〉的通知》	1月23日	邮政发〔2015〕5号
	《关于印发〈2015年度政府工作报告目标任务落实分解表〉的通知》	2月2日	邮政发〔2015〕1号
	《中共高邮市委高邮市人民政府关于建立2015年度城建十大重点项目和城建十类重点工程目标责任制的通知》	2月27日	邮发〔2015〕21号
	《中共高邮市委关于印发〈2015年全市统战工作要点〉的通知》	2月28日	邮发〔2015〕20号
	《关于公布高邮市2012—2013年度有突出贡献中青年专家名单的通知》	3月2日	邮政发〔2015〕24号
	《中共高邮市委关于印发〈2015年全市宣传思想文化工作要点〉的通知》	3月3日	邮发〔2015〕22号
	《中共高邮市委高邮市人民政府关于下达2015年主要经济指标的通知》	3月7日	邮发〔2015〕25号
	《关于印发〈高邮市城市施工工地环境管理实施细则〉(试行)的通知》	3月23日	邮政发〔2015〕45号
	《中共高邮市委高邮市人民政府关于印发〈高邮市创建全国文明城市三年行动计划〉的通知》	3月26日	邮发〔2015〕27号
	《关于印发2015年度用地计划分配方案的通知》	3月30日	邮政发〔2015〕49号
	《中共高邮市委高邮市人民政府关于印发〈2015年全市政法工作要点〉的通知》	4月7日	邮发〔2015〕29号
	《中共高邮市委高邮市人民政府关于印发〈2015年城市环境综合整治工作方案〉的通知》	4月15日	邮发〔2015〕30号
	《中共高邮市委关于2015年度市领导挂钩联系工作安排的通知》	4月16日	邮发〔2015〕28号
	《关于印发〈高邮市创建国家环境保护模范城市工作方案〉的通知》	4月20日	邮政发〔2015〕61号
	《关于印发〈高邮市创建国家环保模范城市规划〉的通知》	4月21日	邮政发〔2015〕62号
	《关于印发〈2015年全市民兵预备役工作要点〉的通知》	4月26日	邮政发〔2015〕67号
	《关于印发〈2015年推进依法行政建设法治政府工作要点〉的通知》	5月8日	邮政发〔2015〕77号

续表 81

类别	文件名称	发文时间	文号
通知	《中共高邮市委高邮市人民政府关于转发中共扬州市委、扬州市人民政府《2015“三直接”十大环节操作规范》的通知》	5月15日	邮发〔2015〕34号
	《关于印发〈高邮市防御洪涝灾害预案〉、〈高邮市城市防御洪涝灾害应急预案〉的通知》	5月20日	邮政发〔2015〕89号
	《中共高邮市委高邮市人民政府关于2015年度全市秸秆禁烧、还田和综合利用工作的通知》	5月21日	邮发〔2015〕35号
	《关于设立棚户区改造专项配套资金的通知》	5月22日	邮政发〔2015〕93号
	《中共高邮市委关于市委、市政府领导班子成员2015年度党风廉政建设责任分解的通知》	5月22日	邮发〔2015〕41号
	《关于印发〈高邮市数字化城市管理综合考核办法〉的通知》	6月1日	邮政发〔2015〕102号
	《中共高邮市委高邮市人民政府关于印发〈高邮市创建国家卫生城市实施方案〉的通知》	6月1日	邮发〔2015〕39号
	《关于印发〈高邮市城区市政基础设施管养专项资金管理暂行办法〉的通知》	6月3日	邮政发〔2015〕103号
	《关于授权市城建局实施市管道燃气特许经营管理的通知》	6月8日	邮政发〔2015〕104号
	《中共高邮市委关于印发〈市委常委会开展“三严三实”专题教育工作方案〉的通知》	6月11日	邮发〔2015〕42号
	《关于印发〈2015年高邮市银行机构信贷投放考核办法〉的通知》	6月16日	邮政发〔2015〕107号
	《关于印发〈高邮市市区直管公房管理办法〉的通知》	7月8日	邮政发〔2015〕131号
	《关于下达2015年度收储计划的通知》	7月15日	邮政发〔2015〕135号
	《关于印发〈进一步加强技防监控建设的意见(2015)〉的通知》	7月16日	邮政发〔2015〕143号
	《关于认真做好2014年冬季退役士兵接收安置工作的通知》	7月29日	邮政发〔2015〕146号
	《关于印发〈高邮市学前教育五年(2016——2020年)行动计划〉的通知》	8月20日	邮政发〔2015〕165号
	《关于S611省道高邮段建设工程项目建设有关问题的通知》	8月28日	邮政发〔2015〕168号
	《中共高邮市委关于印发〈全市党建工作约谈制度〉的通知》	9月2日	邮发〔2015〕49号
	《关于印发〈关于促进房地产业平稳健康发展的意见〉的通知》	9月28日	邮政发〔2015〕190号
	《关于印发〈2016～2018年度县级农田水利建设资金整合实施方案〉的通知》	10月9日	邮政发〔2015〕195号
	《关于印发〈关于促进“互联网+”发展的扶持政策(试行)〉的通知》	10月15日	邮政发〔2015〕201号
	《关于印发〈高邮市2015年推进简政放权放管结合转变政府职能工作方案〉的通知》	10月23日	邮政发〔2015〕194号
	《关于高邮经济开发区整体城镇化项目有关问题的通知》	11月6日	邮政发〔2015〕202号
	《关于印发《中共高邮市委关于贯彻落实〈中国共产党统一战线工作条例(试行)〉、省委〈实施办法〉和扬州市委〈工作方案〉的实施意见》的通知》	11月18日	邮发〔2015〕50号
	《中共高邮市委关于调整部分市委常委工作分工的通知》	11月20日	邮发〔2015〕53号
	《关于印发〈高邮市企业技术改造专项引导资金管理办法(试行)〉的通知》	11月18日	邮政发〔2015〕223号
	《关于印发〈高邮市人民政府行政复议委员会试点工作方案〉的通知》	11月19日	邮政发〔2015〕226号
	《关于调整〈工业和信息化考核奖励办法〉的通知》	11月24日	邮政发〔2015〕229号
	《关于印发〈高邮市服装产业发展基金管理办法(试行)〉的通知》	12月2日	邮政发〔2015〕235号
	《关于成立高邮市龙虬庄国家考古遗址公园投资开发有限公司的通知》	12月17日	邮政发〔2015〕241号
	《关于切实做好第三次全国农业普查工作的通知》	12月22日	邮政发〔2015〕243号
通告	《关于加强夏粮收购市场管理的通告》	5月18日	邮政发〔2015〕86号
	《关于加强秸秆禁烧、还田和综合利用工作的通告》	5月21日	邮政发〔2015〕92号
	《关于高邮市实施不动产统一登记的通告》	12月23日	邮政发〔2015〕246号

(史志)

表 82 **2015 年高邮市部分作者在省级以上媒体和学术会议上发表的论文目录**

文章标题	作者	发表时间（期数）	发表载体
集体审判于法官意志独立——以健全审判权力运行机制为视角	韩雪峰 夏 敏	2015年6月	中国审判论坛“春城杯”健全审判权力运行机制征文二等奖
人民法庭在基层社会治理中的角色与作用	夏 敏	2015年3月	首届人民法庭建设高层论坛征文活动三等奖
检讨与修正:环境刑事司法之现状分析与对策思考——以实证分析为视角	朱远军	2015年3月	环境保护部、中国法学会“生态环境法治保障”主题征文优秀奖
浅论司法信息公开的“一经三纬”——立足于一个基层法庭信息化建设实践的体会与思考	夏 敏	2015年11月	中国审判
程序失信与修复	韩雪峰 夏 敏	2015年4月	江苏省法学会民事诉讼法学研究会优秀科研成果论文一等奖
另辟蹊径:环保 NGO 以“法庭之友”身份参与环境公益诉讼探析	朱远军	2015年4月	省法院第二十六届学术论文优秀奖
IP 地址能否归属隐私权	王 芬	2015年2月	审判研究
民事执行检察监督之我见	陈连峰 孙龙英	2015年4月	江苏法制报
完善行政法制之我见	陈连峰 厉爱琴	2015年7月	江苏法制报
被保险人做出无关承诺是否有效	雍志飞	2015年5月	江苏法制报
电话号码过户不当构成违约	钱 敏	2015年1月	法治与社会
网络遗产该何去何从	刘 艳	2015年1月	法治与社会
恶意注册攀附商誉严厉制裁	张鸿翔	2015年4月	江苏法制报
刑事错案责任追究应厘清构成要素	姚 剑	2015年6月	江苏法制报
浅析保证期间和保证时效	张长云	2015年1月	法制与社会
民事审判实务中交通事故责任认定书应当变更的情形分析	刘 玲	2015年12月	法官之友
在自己承包的水面电捕鱼是否构成犯罪	华 娟	2015年5月	江苏法制报
民事执行监督制度之构建	朱林源	2015年6月	江苏法制报
民间借贷纠纷之管辖	葛维强	2015年6月	江苏法制报
非自愿推迟领工资是否合法	谢孝卫	2015年5月	江苏法制报
建议完善执行和解协议	毛国平	2015年6月	江苏法制报
侦查人员到庭作证的必要性	居维康	2015年11月	江苏法制报
浅析多债权人参与分配原则	丁庆远	2015年10月	江苏法制报
建议完善法律援助制度	吴劲满	2015年7月	江苏法制报
“微信”作为证据的法律适用	史舟元	2015年7月	江苏法制报
失信被执行人名单之法律效果	于 谦	2015年7月	江苏法制报
建议完善执行协助的保障机制	王 勇	2015年11月	江苏法制报
司法改革去行政化之我见	吴国宏 厉爱琴	2015年5月	江苏法制报
庭前审查程序之制度构想	吴国宏 龚叶青	2015年7月	江苏法制报
基层司法调解的生产机制	李 红 孙龙英	2015年8月	江苏法制报
劳动者不签劳动合同公司无需支付双倍工资	吴向东	2015年1月	江苏经济报
加班工资计算基数的确定	王传明	2015年1月	江苏经济报
加班工资的举证责任分配	刘 飞	2015年1月	江苏经济报
肇事车虽未年检三责险也不免责	谭爱萍	2015年1月	江苏经济报
野蛮施工致身亡起诉赔偿遭驳回	卞文婷	2015年2月	商务时报
非医保费用不予理赔免责条款是否有效	张舒畅	2015年10月	江苏经济报
权利主张不及时保证人不再担责	薛 燕	2015年4月	江苏经济报
保险合同代签字主张免赔不支持	黄 政	2015年5月	江苏经济报
婚内约定婚前房屋为共有的认定	茅庆峰	2015年10月	江苏经济报
借贷纠纷中借条书写的法律思考	徐智渊	2015年12月	江苏经济报

续表82

文 章 标 题	作 者	发表时间（期数）	发 表 载 体
用人单位可否解除“三期”女职工合同	徐澄涛	2015年6月	江苏经济报
浅析视听传输方式开庭的局限性	沈周凤	2015年6月	江苏经济报
本案被告能否继续占有保证金	袁 平	2015年9月	江苏经济报
企业拆借资金协议的效力认定	李 娟	2015年9月	江苏经济报
破解民间借贷纠纷的思考	董文彬	2015年10月	江苏经济报
工伤保险与侵权责任竞合时的处置	吴 磊	2015年10月	江苏经济报
民间借贷案举证责任的分配	王云鹏	2015年11月	江苏经济报
老公撞伤老婆保险公司能否因免责条款拒赔	周 飞	2015年12月	江苏经济报
行政诉讼中司法审查权的适用依据	程 聪	2015年12月	江苏经济报
企业名称简称的在先权利应予保护	刘传勇	2015年4月	江苏经济报
我国知识产权诉前禁令制度之立法反思与现实构建	叶晓红	2015年4月	江苏经济报
进口正品商品并超出约定范围转售行为之性质	李 凯	2015年4月	江苏经济报
“末尾淘汰是否合法”	李晓燕	2015年12月	江苏经济报
当前信访法制化的困境与突围	仇 兰	2015年1月	江苏经济报
公益诉讼的实施及其完善	谢 茜	2015年12月	江苏法院网
探析开发、物业公司、业主之间的矛盾关系及解决途径	黄 艳	2015年12月	江苏法院网
利用网络实施型诽谤罪探究	季天翔	2015年6月	江苏法院网
延长羁押之不足与完善	董同平	2015年6月	江苏法院网
论我国《消法》中惩罚性赔偿制度的完善	罗传国	2015年7月	江苏法院网
论监护人的责任	王美进	2015年11月	江苏法院网
论买卖合同标的物毁损、灭失的风险负担	王光宇	2015年10月	江苏法院网
论监护人的责任	牟疆燕	2015年11月	江苏法院网
论交通肇事“逃逸致人死亡”的认定	牟疆燕 季天翔	2015年11月	江苏法院网
缴费工资低于实际工资工伤待遇标准如何认定	徐玉荣	2015年12月	江苏法院网
企业“末位淘汰制”的法律风险与合法适用	高 阳	2015年9月	江苏法院网
关于残疾的义齿修复费用性质的认定	杨 颖	2015年11月	江苏法院网
共同侵权行为探析	张 松	2015年5月	江苏法院网
有关遗失物的几个问题的思考	张玉来	2015年7月	江苏法院网
论环境公益诉讼原告资格的限制	纪维林	2015年7月	江苏法院网
论我国人权司法保障制度的完善	董 玲	2015年11月	江苏法院网
浅议法院调解存在的问题与完善	于素权	2015年10月	江苏法院网
环境公益诉讼的原告资格探析	沈双祥	2015年5月	江苏法院网
合同诈骗的法律研究	胡居玉	2015年10月	江苏法院网
社区矫正执行现状及建议	李方杰	2015年12月	江苏法院网
我国取得时效制度建立的探讨	薛东兵	2015年12月	江苏法院网
浅析我国新行政诉讼法下的相对集中管辖制度	朱 珠	2015年10月	江苏法院网
盗窃被抓电击被害人逃跑是否构成抢劫罪	刘 嵘	2015年9月	江苏法院网
村干部虚报渔船登记材料骗取补贴是否构成贪污罪	范启勇	2015年12月	江苏法院网
强化农业服务体系建设开创“三农”工作新局面	肖伯群	2015年2月	现代农业改革创新与现代农业发展务实全书(经济日报出版社)
合力打造品牌，推进高邮鸭产业持续发展	吴桂余	2015年11月	江苏农村经济
把脉高邮农产品质量安全监管	吴桂余 万晓星	2015年6月	江苏农村经济
生物发酵床对苏邮1号鸭生产性能和蛋品质及肉品质性状的影响	汤业朝 张胜富	2015年第51卷（第17期）	中国畜牧杂志
“苏邮1号”高产蛋鸭饲养管理要点	汤业朝	2015年第36卷（第4期）	扬州大学学报
苏麦8号高产技术示范小结	李学玲 倪艳云	2015年12月	扬州大学学报

续表82

文 章 标 题	作 者	发表时间（期数）	发 表 载 体
扬州市梨产业发展现状与对策	张爱礼	2015年7月	江苏绿化
品种播期基本苗对高邮市小麦产量及相关因子影响的初步研究	嵇瑞华 郭万胜	2015年11月	江苏科技信息
水稻机插关键技术精确定量集成与推广	嵇瑞华 冯 勤	2015年5月	科技经济市场
播种期与密度对扬辐麦4号产量与农艺性状的影响	闵思桂 倪艳云	2015年9月	大麦与谷类科学
浅议“九二〇”不同用量对水稻产量及相关性状的影响	倪艳云 闵思桂	2015年8月	上海农业科技
优质西瓜品种苏星058特征特性及长季节栽培技术	张春华 毛宝山	2015年12月	园艺与种苗
黑大豆新品种乌青1号的选育及高产栽培技术要点	马长青	2015年6月	江苏农业科学
黑大豆乌青1号间套作高产高效栽培技术	马长青 冯 明	2015年6月	大豆科技
高邮市蔬菜流通现状分析及发展对策	冯 明 张春华	2015年5月	全省蔬菜园艺转型升级与提质增效调研论文选编（一等奖）
罗氏沼虾池套养泥鳅高效养殖模式	马建社 董学洪	2015年12月	科学养鱼
罗氏沼虾养殖中常见病害及防治	董学洪 陈正兴	2015年11月	水产养殖
不断提高科技推广服务水平，破解高邮市渔业发展难题	刘志国	2015年8月	中国水产
不同施药机械对水稻病虫害防效及效益研究	谢加飞	2015年10月	安徽农业科学
优质肉鸡S3系体尺和屠宰性状聚类分析	秦庭安	2015年5月	中国家禽
县级农业职业技能鉴定存在的问题与对策	胡顺祥	2015年1月	江苏农村经济
指导学生修改习作的小技巧	柏文凤	2015年2月	小学语文教学
英语语篇教学中发散性思维的训练	陈 芳	2015年4月	小学生
阅读课上如何引导学生自主学习	陈蓉蓉	2015年6月	小学语文教学
网络环境下的小学英语口语教学	陈 欣	2015年第10期	校园英语
开出班级管理的“良方”	戴兆飞	2016年第4期	阅读
加强信息化建设，打造数字化校园	戴兆飞 邵龙霞	总第5198期	江苏科技报
浅议如何提高小组合作交流的时效性	韩厚祥	2015年6月	新课程
以学定教 提升学生数学思维	胡健敏	2015年第5期	广西教育
放手，让学生的思维自由飞翔	居述明	2015年12月	数学学习与研究
无限延伸 有效发展	李长青	2015年12月	教育观察
《角的度量》教学	刘兆伟	2015年	小学教学设计
论小学语文课堂教学的提问艺术	钱邦莲	2015年2月	语文天地
儿童写作教学评价也需“接地气”	邵龙霞	2015年第8期	江苏教育研究
基于小学情智教学的分析探讨	沈秀芳	2015年4月	基础教育论坛
浅谈小学信息技术教学中学生自主学习能力培养的策略	孙 伟	2015年12月	小学科学
渗透数学思想 提升教学品质	谭红民	2015年10月	中文信息
小学数学计算题教学中学生学习意志的培养	王少平	2015年1月	课程教育研究
为学生的心灵点亮一盏明灯	王秀芳	2015年	江苏教育报
有效课堂提问的方法与路径	王永红	2015年3月	小学语文教学
巧用文本资源，让“童心”随文飞扬	吴学平	2015年	吉林教育
巧用英文绘本 打造精彩课堂	谢文芳	2015年4月	阅读
例谈小学数学教学中错误资源的开发和运用	雍康山	2015年7月	小学教学参考
让学生作文富有真情	郁 红	2015年第5期	阅读
关注认知起点 尊重学习需要	周 林	2015年3月	科学大众
小学高年级学生语文自主学习的对策研究	朱桂兰	2015年	吉林教育
再谈责任感培养	朱明香	2015年8月	吉林教育
含有未知数的等式叫方程吗	卞庆龙	2015年1月	新教师

续表 82

文 章 标 题	作 者	发表时间（期数）	发 表 载 体
用小组合作学习的方式指导阅读整本书	赵洪林	2015年4月	新课程研究
更新观念，走出作文教学的误区	陈福军	2015年1月	吉林教育
例谈学生思维与教师思维的桥接策略	张国江	2015年1月	广西教育
网络环境下的小学英语学习策略研究	李春艳	2015年2月	小学生·教学实践
挖掘民族文化资源．开展儿童绘画创作	常国富	2015年4月	学周刊
在合作中提升教学效率——论语文课堂小组合作学习模式	张冬生	2015年8月	作文成功之路
小学英语真实任务教学理论的应用及实践探索	李春艳	2015年8月	校园英语
让朗读唱响我们的语文课堂	杨　中	2015年11月	作文成功之路
找准结合点，让读写彰显特色	沈衡山	2015年2月	教师
巧用任务驱动提高英语课堂实效的探索	沈　阳	2015年5月	成才之路
确立主线，阅读教学的新视角	沈衡山	2015年11月	小学教学参考
图标在小班礼仪教育中的运用	高树兰	2015年8月	新课堂
小学数学的“三味课堂”	王　锋	2015年第4期	小学生(教学实践)
例谈复述课文的方法	黎永香	2015年第25期	吉林教育
初中语文培养学生审美能力策略	蒋琪勇	2015年6月	中学教学参考
农村初中物理实验教学优化对策	朱秀芳	2015年2月	成功之路
浅谈提高初中物理课堂教学效益的有效途径	吴　燕	2015年1月	中学教学参考
初中数学情境创设存在的误区及对策研究	沈锦桂	2015年1月	中学教学参考
试分析小学语文教学和信息技术的融合	秦荣国	2015第10期	文理导航·学科教育_语文
新课标下小学科学教学方法选用策略的研究	陈宏伟	2015年12月	新课程(小学)
小学数学有效教学的“导练结合”模式	蔡永忠	2015年10月	基础教育研究
小学数学课堂合理运用多媒体技术的思考	王金山	2015年12月	考试周刊
语文课堂要努力成为放飞心灵的“天堂”	陈爱平	2015年2月	语文天地
让书香伴孩子们成长一培养农村孩子课外阅读兴趣初探	吴伟霞	2015年9月	课外语文
巧用电子白板　激活复习课堂	尹玉娟	2015年11月	学子
微日记在小学语文教学中的运用研究	王昌新	2015年	作文成功之路
故事类完型填空解题方法与技巧	钱晓静	2015年12月	英语画刊
教师专业成长的三种追求	蒋智春	2015年6月	教学与管理
把握等待时机，“等”出精彩课堂	居　海	2015年10月	小学教学参考
让课堂中环境教育润物无声	刘兰英	2015年8月	语文教学与研究
浅析我国小学数学教学面临的困境及解决办法	王红桂	2015年12月	内蒙古教育
作文快餐，伴君成长	徐满珍	2015年11月	新课程导学
论篮球战术意识的培养	郝智胜	2015年2期	体育时空
德育，何妨让孩子吃吃自助餐	龙　振	201501	班主任
做像藤野先生一校的教师	田国瑞	2015年第4期	教师博览
花开自然　简中求道	王俊龙	2015年4月	中学政治教学参考
做一株有思想的芦苇	俞永军	2015年第5期	教师博览
初中化学探究性学习实践探微	张海波	2015年4月	时代学习报·教研参考
英语教学任务型阅读复习技巧	廖健君	2015年7月	新校园
谈问题教学法在 Task 中的运用	盘晓燕	2015年11月	读与写
中考复习中文言文解题能力的培养	房春雨	2015年10月	读写算杂志社，一等奖
语文微教学法在教学实践中的运用	吕松和	2015年7月	初中教学研究
新课程下初中几何有效教学的实践与探索	任勇嘉	2015年12月	新课程杂志社，一等奖
情境扮靓课堂，互动绽放精彩	王俊龙	2015年7月	扬州教育
浅析初中数学案例式教学策略的应用	袁文娟	2015年11月	中学生数理化
化学课堂教学情境创设的途径与实例	朱国定	2015年11月	中学化学
主体参与式阅读教学实践与思考	卞金华	2015年第4期	中小学外语教学
七年级“协调性不足”学生的单摇绳训练法	车圣芳	2015年2月	新课程学习
初中美术课堂的生活化	陈宏峻	2015年3月	美术教育研究

续表82

文　章　标　题	作　者	发表时间（期数）	发　表　载　体
发挥信息技术优势,优化数学课堂教学	陈　伟	2015年10月	数理化解题研究
浅谈“对比”在《故乡》中的运用	陈文安	2015年5月	新课程学习
小组合作探究学习现状分析与实施策略	冯爱飞	2015年7月	好家长生活教育
“英语大声说出来”—初中英语口语教学建议	冯忠梅	2015年3月	英语画刊
浅析小组合作纠错在有效教学中的作用	姜凤兰	2015年6月	理科考试研究
优化实验教学　提高学习效率	李莉萍	2015年8月	市场周刊
微课在信息技术社团活动中的应用	林万明	2015年7月	中小学电教
初中作文互批互改的实践与思考	陆凤新	2015年5月	语文天地(初中)
基于新课改背景下的初中数学课堂有效教学之研究	吕永芳	2015年8月	数理化学习
谈中考化学复习的策略	闵蓉蓉	2015年5月	理科考试研究
构建初中化学高效课堂的六个环节	钱海如	2015年3月	中学教学参考
读出来的成功——浅谈初中物理加强阅读教学的做法与心得	孙宜峰	2015年8月	中学物理
合理开发教师自身教育资源	王庆忠	2015年1月	中学政治教学参考
交互式电子白板在初中地理教学中的有效应用	吴桂忠	2014年11月	中学课程资源
围绕英语考查要点活化复习策略	吴廷莉	2015年第16期	考试周刊
“小组合作纠错”的理论与实践	夏时琨	2015年11月	初中数学教与学
浅析听课教学实践方式方法	徐　松	2015年12月	双语教学
初中化学教学中范例教学应用探微	严晓玲	2015年10月	中学教学参考
由学生英语学习疑难补谈白策略运用	杨　菁	2015年第17期	考试周刊
初中化学搞笑课堂探究	杨向荣	2015年7月	理科考试研究
音乐变革在戏曲继替发展中的核心作用分析	姚松华	2015年8月	音乐时空
文言文教学:一“读”到底	臧　芳	2015年10月	语文天地
“仰慕仙人”何处觅	张凤祥	2015年11月	现代语文
让学生成为数学课堂的“主力军”	赵　静	2015年2月	中学生数理化(学研版)
积极的情感让课堂更有效	赵银芳	2015年11月	好家长新探索
双曲线为母线的阴影面积	姜　志	2015年5月	中学数学
思想品德教师需要养心	宰华平	2015年1月	中学政治教学参考
注重资源发掘　打造生动活泼的语文课堂	濮长江	2015年2月	语文天地
以人为本:为群众打造满意的学校	佘中林	2015年4月	教育
两剂药疗好英语作文顽疾	阮中田	2015年5月	新课程导学
初中数学问题教学法的实践思考	郑贤明	2015年1月	中学生数理化
让初中学生在解题中体验数学思想的魅力	赵正萍	2015年1月	中学生数理化
初中物理师生关系教与学方式转变的策略研究	潘荣敏	2015年9月	数理化解题研究
探究式教学法在初中数学教学中的运用研究	赵正萍	2015年12月	教师
利用课本题进行教学设计的若干尝试	陈高华	2015年7月	数学通报
实施学生讲题教学的实践与研究	成际宝	2015年5月	化学教与学
浅谈高中物理教学中的实验教学	范丽芳	2015年8月	中学生数理化(学研版)
高中化学探究性学习略读	葛春华	2015年5月	中学生数理化(学研版)
如何让高中生物课堂更精彩	郭晓宇	2015年3月	中学生数理化(学研版)
农村普通高中艺术教育特色发展的困惑与思考	还梅枝	2015年7月	成才之路
高中语文文言文教学探究	黄　丽	2015年8月	试题与研究(教学论坛)
如何做好高一物理的衔接教学	凌永华	2015年5月	数理化学习
浅析县级教师赛课中辩证法的缺失	刘国燕	2015年5月	理科考试研究
一类绝对值不等式恒成立的等价性探究	刘鸿春	2015年3月	数学通报
新课程改革下高中政治教学困境分析	罗　欣	2015年7月	高考
提高高中物理实验教学有效性研究	马琳琳	2015年12月	考试周刊
虚实相生　妙笔生辉——谈记叙类作文虚实结合的写法	毛高阳	2015年4月	教学考试
高考导数面面观	潘梅耘	2015年4月	教学考试
高中历史教学使用电子白板的优势探究	秦宁翔	2015年7月	成才之路

续表 82

文 章 标 题	作 者	发表时间（期数）	发表载体
新课改下高中思想政治老师新教师定位分析	秦婷婷	2015年6月	高考(综合版)
新课改下构建高中生物高效和谐课堂策略	沈 伟	2015年5月	高考(综合版)
巧用坐标法解向量题	沈文雅	2015年6月	中学生数理化(学研版)
“学案导学”在高中物理教学中的应用	史婷婷	2015年9月	中学物理(高中版)
高中语文教学如何寻找文本的切入点	孙 健	2015年6月	试题与研究(教学论坛)
例谈高中政治课教学中“四单”导学案的合理设计	孙连红	2015年10月	教育观察月刊
《树立正确的金钱观》教学反思	田 欢	2015年10月	新课程.中学
高中物理实验情景和问题情境教学法	王 梅	2015年6月	新教育时代电子杂志(教师版)
谈学生运用信息技术能力的培养	王 燕	2015年2月	中学教学参考
高中英语教学中教师教学行为的影响研究	吴冬梅	2015年7月	高考(综合版)
浅谈高中数学有效性	吴 玲	2015年7月	中学生数理化(教与学)
高中物理高效课堂探究	吴启兰	2015年8月	中学生数理化(学研版)
浅议高中语文教材中的作文素材	吴 熙	2015年2月	中学语文(大语文论坛)
高中篮球选项数字的现状及其对策分析	夏生兵	2015年8月	中学课程辅导
走稳五大步，打造高中英语靓丽作文	颜 琳	2015年7月	校园英语
对高中地理课堂教学提问有效性的探究	姚福平	2015年8月	试题与研究
小议高中物理电学实验教学	于 森	2015年8月	新课程
基于课改的高中政治课堂教学活力提升研究	袁萍萍	2015年7月	高考(综合版)
浅谈新课改下如何让高中数学教学生活化	张春凤	2015年8月	中学生数理化
把多媒体变成课程有效教学的助手	张 娟	2015年2月	中学政史地
浅谈高中数学有效课堂教学	赵芳芳	2015年9月	中学生数理化(学研版)
巧用多媒体技术提升高中历史教学	周成明	2015年6月	中学政史地
高中美术教学有效性示范的应用分析	周海明	2015年8月	成才之路
高中数学变式训练教学略谈	朱 梅	2015年4月	中学生数理化
高中信息技术课堂教学中师生互动的实践研究	邹伟伟	2015年9月	中学课程辅导
创设适宜的教学情境让高中数学课堂更精彩	左 婷	2015年7月	中学生数理化(学研版)
数学教学中培养学生的创造性思维能力	张宝楼	2015年第1期	小学教学与参考
多彩习作　根植生活	鲍玲玲	2015年第2期	作文教学研究
感悟古诗词的文字美、意象美、情感美	李拥民	2015年第2期	广西教育
基于导学案的语文高效课堂研究	闵少华	2015年第3期	小学教学与参考
辩明道理　同化知识　掌握方法	俞 勇	2015年第3期	扬州教育
关注学生课堂参与度　赋予美术教学生命力	卞龙余	2015年第3期	少儿美术
学生自主学习能力培养之我见	陆宽新	2015年第4期	语文天地
设计形式多样的作业　引领小学数学教学	徐怀忠	2015年第4期	教师
小学中年级亲近阅读的策略	时珠平	2015年第4期	语文教学与研究
小学数学对话教学的思考与实践	周丽萍	2015年第5期	广西教育
借助词语展开文本解读的思考与实践	朱有芬	2015年第6期	小学教学与参考
如何培养学生良好的阅读习惯	汪 波	2015年第6期	语文天地
让小学语文课堂因生成而精彩	陆宽新	2015年第6期	语文教学通讯
小学体育教学中“合作学习”模式的实践运用	徐 叶	2015年第6期	新课堂
例谈小学低年级词语教学时机的把握	江 琴	2015年第8期	小学教学参考
建立校本长效培训机制：教师专业成长的不竭动力	翟永新	2015年第8期	少年素质教育报
把握不同文体　在整合对比中推进教学	汪 波	2015年第9期	新课程导学
故事教学激发小学生英语学习兴趣	郑步玲	2015年第9期	内蒙古教育
删繁就简，打造生态语文课堂	姜祖芳	2015年第9期	内蒙古教育
优化学习材料　改进计算教学	宋有银	2015年第10期	河北教育
例谈学生自主设计小学数学课外作业	王 艳	2015年第12期	基础教育研究
各抒己见　自由交际	宋桂琴	2015年第12期	语文天地
浅谈小学英语课堂教学的创新	吴成粉	2015年第12期	新课程论坛

续表 82

文　章　标　题	作　者	发表时间（期数）	发表载体
学以致用—论实践在数学学习中的重要地位	张　华	2015年第12期	数学教学通讯
谈考场作文的构思技巧	赵桂珠	2015年4月	语文教学研究
谈历史教学中如何提高学生的主体性	胡建新	2015年1月	新课程
如何写出“精”品作文	于娟娟	2015年8月	辅导员
聚焦取对数法	孙建明	2015年11月	数学通讯
浅谈高中生物实验教学中存在的问题和改革	陈　丹	2015年12月	中学生数理化
一道三角题的多种解法	高迎春	2015年10月	时代学习报
概念图在高中化学教学中的应用	郭玉锦	2015年10月	亚太教育
对伽利略的一种落体数理模型的“否定”之否定	黄干双	2015年9月	中学物理
问题导学法在代数教学中的应用	季长征	2015年10月	语数外学习
略论中学可持续发展教育的现状——以高邮中学为例	李　锦	2015年11月	新课程
深度阅读：提升语感与思维的必由之路	凌　志	2015年12月	中学语文教学参考
浅析高中数学生成性课堂构建策略	刘久胜	2015年9月	中学课程辅导
巧借“再创造”教学法，活化高中数学概念教学	俞小飞	2015年11月	江苏省教科所
构建高中语文生本课堂的几点思考	丁　莉	2015年11月	现代语文
谨记新课程教学目标，强化跨文化意识培养——浅谈高中英语教学中跨文化意识的培养	郭　磊	2015年11月	新课程
高考中常考常新的函数真题	李冰川	2015年11月	数理化学习
数学思想在高中数学函数教学中的渗透实践分析	李　宁	2015年11月	知识文库
阅读教学如何培养学生的问题意识	吴卫东	2015年12月	中学语文教学参考
方方小说《落日》节选批读	张爱群	2015年11月	湖北招生考试
高中语文教学应用影视作品的途径	张小莉	2015年6月	经典教学
各尽所能　协作配合——英语课堂上师生互动讨论有效策略运用之谈	周　娅	2015年12月	英语广场

（史志）

表 83

2015 年高邮市各乡镇村(社区)基本情况表

乡镇	村、社区	党(总)支部书记	村(居)委会主任	会计	村(居)民小组数(个)	户数(户)	总人口(人)	农业面积(公顷)	工业企业(家)	社会总产值(万元)	人均收入(元)
高邮镇	凤凰村	陈广春	管锦文	宋尔金	18	1165	4636	852	—	30210	22940
	新华村	方荣开	戴学友	王凤毛	5	759	2051	211	9	34625	20800
	新民村	孙加彬	徐金松	印正军	10	790	2868	1710	6	29910	22301
	湖滨村	乔高峰	曹修龙	袁良玮	13	1205	4332	2229	34	51710	21801
	黄渡村	周中宝	龙　祥	李　迎	20	1866	5860	3096	75	322520	24270
	十里村	陈晓勇	马汝龙	钱宗贵	18	1135	4511	4187	12	46760	19699
	宝塔社区	唐长来	凌久山	冯春明	6	607	5975	—	11	74400	25753
	武安社区	孙定华	孙定华	张所康	6	2340	7910	—	22	124945	26622
	新联社区	连德宏	凌　云	陈丽琴	15	2729	6870	—	4	43102	27821
	高谢社区	陈　新	王顶甲	钱帮霞	11	716	2616	1130	15	40926	25730
	琵琶社区	陆凤霞	—	—	29	4262	12053	—	—	—	—
	奎楼社区	何　萍	周道霞	—	15	2900	9800	—	—	—	—
	西塔社区	王有明	汤安娜	—	14	1872	6088	—	—	—	—
	南海社区	俞晓慧	蒋　寅	—	10	2888	7701	—	—	—	—
	水部楼社区	田　耘	—	—	12	2974	7492	—	—	—	—
	北海社区	高雪梅	蒋　欣	—	21	2552	7910	—	—	—	—
	大淖社区	陈　枫	党定龙	—	14	2774	6986	—	—	—	—
	御码社区	张艳燕	张艳燕	—	10	2008	5874	—	—	—	—
	月塘社区	王丽娟	嵇有华	—	20	3920	10016	—	—	—	—
	康华社区	冯春娟	管月琴	—	12	3846	14085	—	—	—	—

续表 83

乡镇	村、社区	党(总)支部书记	村(居)委会主任	会计	村(居)民小组数(个)	户数(户)	总人口(人)	农业面积(公顷)	工业企业(家)	社会总产值(万元)	人均收入(元)
龙虬镇	张轩村	梅德洋	周华池	陈　刚	21	1263	4426	335	12	18177	22200
	兴南村	朱尚平	王天林	陈俊荣	11	608	2223	182	1	19882	21400
	东角村	时通稳	时通稳	秦德友	17	968	3662	353	2	20092	22100
	强民村	谢　丹	尤新月	周生楼	11	519	1940	153	3	26999	21200
	白马村	陈　彬	—	高来钧	10	618	2194	147	5	24463	21900
	兴北村	周其海	郑仲山	—	11	591	2189	158	1	22950	21400
	大树村	陈学坤	陈学坤	居国岗	12	670	2412	263	6	23748	20900
	一沟村	陶星伟	徐文权	—	13	795	2668	121	10	40660	21700
	龙潭村	朱艳艳	王春元	裔在平	12	549	2093	275	4	26340	21600
	龙腾村	冯春良	居先宏	—	16	843	3108	314	7	59682	21000
	龙虬庄村	朱仁斌	居广星	王朝山	20	1106	4223	268	51	511583	21400
	龙虬庄社区	李维斌	李维斌	—	—	913	3404	—	—	—	—
	张轩社区	—	刘小荣	—	—	339	636	—	—	—	—
卸甲镇	卸甲村	嵇朝阳	卞正明	李宏江	24	1765	6305	678	44	67652	25634
	郭楼村	陈一明	黄加明	赵　楠	20	1077	4062	404	27	34796	22389
	一平村	张宝银	李　政	朱松厚	17	929	3262	412	29	48496	22678
	潘杨村	朱学诚	王其来	王文忠	21	1086	3794	521	27	40812	22269
	大庵村	杨方晗	倪增宏	莫仁忠	19	1026	3429	498	18	40941	22272
	周邶墩村	陈安兵	许乃林	钱小强	34	1927	7651	660	38	71316	22223
	龙奔村	谢兆伟	张玉宏	李云峰	28	1544	5682	578	23	36246	22182
	三新村	居瑞宝	陈德娟	王安宝	14	954	3246	369	17	40018	22309
	金家村	厉子刚	张永宏	周　娟	28	1358	4770	509	39	208768	22711
	伯勤村	侯国强	谢圣兵	秦荣凯	19	913	3253	460	27	61370	22917
	三河村	柏文海	孟荣忠	王大宏	15	996	3319	407	15	51302	22439
	花阳村	曹春宝	邱红星	吴新明	25	1370	4462	681	24	46022	22129
	恒丰村	姚永志	李华琴	尚义琴	21	1030	3916	354	19	66065	22678
	金港村	颜金松	桂发兵	周　静	15	934	3165	429	15	44622	22147
	陈堡村	陈述东	杨宝兵	李红玲	15	928	3255	343	13	26917	21990
	金沟村	陈永平	叶古荣	王庭荣	30	1531	4523	493	37	45354	22107
	张余村	吕正宏	王定荣	许粉娣	18	1127	3950	366	50	174782	22220
	卸甲社区	王爱明	张国年	陈冬林	8	985	3005	—	62	170000	—
	伯勤社区	吴登峰	杨贤华	金传宏	4	693	1165	12	22	20255	—
	龙奔社区	钱宏山	张寿增	张士栋	4	324	1043	19	19	17846	—
	八桥社区	杨桂芬	王宝玉	曹正宏	4	1479	2579	27	21	50247	21662
汤庄镇	汤庄村	浦　祥	顾有忠	陈　华	10	1353	3896	363	47	26597	27854
	缪阳村	张传宝	—	张二银	10	917	2949	378	25	15468	23256
	友谊村	刘荣生	王玉忠	许志国	12	1106	3617	484	5	8118	23103
	联谊村	单元忠	—	李凤章	9	674	2118	206	6	4356	20169
	潘季村	刘春林	谭士友	朱定宇	9	883	2854	454	8	6442	22510
	南屏村	胡有美	翁学良	朱丽华	10	896	2867	362	7	6869	22559
	双屏村	郭正来	何正洲	吉永明	7	993	3313	481	7	67362	22979
	沙堰村	嵇春金	郭兆平	陈顺兵	13	1117	3290	462	23	10040	23241
	长林村	孙志林	李凤珠	郭万才	9	917	3047	442	4	8669	23369
	京汉村	李建民	张炳荣	吴桂祥	17	864	2749	430	2	6152	22607
	富南村	吴中德	吴增祥	吴丽丽	12	753	2491	351	5	5345	23000
	汉留村	沈志华	李湘峰	王志兵	25	1488	4608	628	28	14881	22703
	曾钰村	周瑞荣	姜国庆	吴　斌	16	989	3403	457	26	7961	24578
	跃进村	赵　燕	—	刘学兵	11	628	2023	301	13	6220	23646
	甸垛村	余兴良	吴　桐	孙如峰	11	884	2992	341	13	8807	23114
	四异村	薛兆龙	刘华山	孙同安	17	1200	4220	555	8	10615	22219
	友好村	吴凤梅	—	樊宏宝	13	837	2745	333	3	8738	23899
	阳澄社区	余艳梅	郑殿领	—	7	1028	2875	—	—	—	—

续表 83

乡镇	村、社区	党(总)支部书记	村(居)委会主任	会　计	村(居)民小组数(个)	户数(户)	总人口(人)	农业面积(公顷)	工业企业(家)	社会总产值(万元)	人均收入(元)
汤庄镇	汉留社区	李　婷	徐志敏	—	5	375	1207	—	—	—	—
	海陵社区	谭海琴	罗爱斌	—	—	1246	3838	—	113	—	—
	金堰社区	谢小娟	郭万众	—	—	807	2272	—	56	—	—
	汤庄养殖场	—	—	—	—	—	—	—	—	—	—
	沙堰养殖场	—	—	—	—	—	—	—	—	—	—
三垛镇	三百六村	赵维祥	钱维虎	赵维锦	10	920	3230	133	9	5640	19030
	茆吴村	马年钦	刘尚银	王有良	8	808	2823	334	31	7603	19051
	春生村	陈有松	倪维岭	翁中来	15	1206	4217	411	41	7765	18682
	东楼村	周　华	施爱萍	吕志峰	9	884	3357	258	19	6760	18974
	林阳村	刘小平	陈华山	刘长松	14	792	2557	336	2	8192	18836
	二沟村	徐明宝	高正红	陈传刚	10	550	1896	164	7	13053	20821
	俞胡村	孙　松	孙　浩	王义春	19	953	3576	409	6	12491	18667
	南丰村	周恒权	徐　媛	陈清宏	20	1121	4001	427	12	25245	19235
	剑鸣村	陆万美	钱恒通	刘　浩	18	1086	3438	488	3	11621	18660
	保安村	蒋瑞祥	赵宝宏	左元浪	21	942	3288	480	6	13900	18771
	武宁村	吕广标	徐金宝	徐和民	12	816	3060	312	20	8580	18797
	柳南村	陈　军	强大新	娄付军	13	1046	3796	442	12	13350	18910
	港河村	张学义	管明海	王兆年	8	542	2061	289	4	5884	19144
	大卢村	赵宝宏	吴益权	卢瑞安	13	834	3057	378	4	10435	19271
	少游村	王朝良	秦长权	陆家银	8	755	2816	353	10	7104	19849
	柘垛村	杨春宏	缪从安	王才军	13	1085	3669	378	53	33179	21166
	司徒村	秦国祥	肖宏桂	顾志峰	13	1032	3856	391	7	29515	21173
	米仓村	王正付	胡　良	沈云峰	12	846	2908	244	48	21023	21044
	兴联村	顾长兵	周中华	葛瑞林	13	954	3580	326	6	23567	19530
	耿庭村	俞春海	姜恩韦	张德宏	11	792	2752	243	24	21662	20765
	官垛村	王仁兵	郭永法	晏根章	13	1010	3658	314	29	24575	19387
	东风社区	吴春兰	徐跃亮	崔　燕	6	1174	2549	—	—	—	—
	光明社区	吴春兰	赵宗友	李素英	20	1025	2431	—	—	—	—
	前进社区	吴春兰	许卫华	王　婷	9	795	1852	—	—	—	—
	二沟社区	吴春兰	徐明宝	高正红	3	501	718	—	—	—	—
	武宁社区	吴春兰	吕广标	吕广标	3	556	1177	—	—	—	—
	司徒社区	吴春兰	陈生久	郭彩琴	5	671	1167	—	—	—	—
甘垛镇	河口村	吕小平	徐长智	张士银	13	849	3044	306	18	72	21224
	姚家村	姚渔杭	—	赵小平	15	1209	3999	504	2	82	19809
	北韩村	李长德	耿周敏	王锦荣	15	1282	4004	531	3	92	20853
	和平村	吴凤岭	—	陈宏亮	10	1280	3569	282	4	61	19788
	振兴村	韦志高	张友广	徐学余	14	1061	3398	497	8	86	20742
	横铁村	李长明	吴国春	吴风升	14	1032	3401	369	10	84	21039
	沙贯村	陶安良	从勇乙	俞荣林	13	930	3099	392	8	78	20373
	甘泉村	张增广	—	周道荣	7	812	2372	188	16	72	21238
	新庄村	李小兵	宗志勇	高阿贵	9	676	2316	293	9	73	21210
	荷花村	袁桂兵	郑传旺	俞孝贵	16	1212	3968	497	5	78	20946
	渔海村	戴庆桂	陈春山	杨政礼	15	956	3184	381	5	77	20970
	三郎庙村	赵伯民	盛恒飞	倪云峰	15	1330	4312	358	5	97	22054
	三河村	毛振波	樊长存	薛冬林	13	1114	3347	279	2	80	21465
	横泾村	王中泰	—	朱恩建	16	1370	4436	435	4	91	21023
	官林村	刘连山	凌生珠	韩正大	16	1590	4903	430	3	105	21391
	带程村	周　智	毛国强	黄益华	15	1168	3945	409	3	81	21034
	甘垛社区	汤贵喜	—	张步道	1	547	1141	—	16	11	21230
	横泾社区	钱向前	吴龙香	—	3	535	1019	—	1	15	23975

续表 83

乡镇	村、社区	党(总)支部书记	村(居)委会主任	会计	村(居)民小组数(个)	户数(户)	总人口(人)	农业面积(公顷)	工业企业(家)	社会总产值(万元)	人均收入(元)
临泽镇	韩夏村	孙有文	孙有文	韩登云	13	719	2476	369	8	8650	19420
	蒋颜村	杨凤勤	韦忠华	韩文书	13	828	2519	330	13	8660	19367
	合心村	薛飞	孙桂清	纪永荣	22	1630	4959	620	14	18612	19268
	洋汉村	陈应明	—	—	15	725	2603	337	4	9140	19443
	法青村	王庆军	薛从生	沈国芳	16	1036	3406	447	7	14021	19458
	朱堆村	俞荣根	匡清章	朱春	19	1425	4857	528	16	19700	19428
	东荡村	胡锦海	房金平	—	12	818	2791	363	4	13852	19355
	川东村	王桂祥	王桂祥	卞庆星	11	778	2725	415	6	12395	19054
	小葛村	祁志芳	仲文高	葛金还	7	560	1957	394	3	15874	19319
	董潭村	徐建生	朱继国	朱千勇	20	1640	5267	986	13	26674	19655
	瓦港村	姜海清	陆增祥	李协昌	11	824	2725	345	11	10963	19344
	西河村	俞仁淦	俞仁淦	胡兆珍	11	824	2613	365	12	27469	19097
	西安村	秦国兴	秦国兴	张美斌	17	1166	3900	609	13	17023	19663
	薛北村	潘建波	薛林松	薛正宏	9	686	2796	345	3	10352	19557
	陈甸村	陈忠	沙正勇	陈传银	10	755	2915	338	2	22454	21409
	周巷村	胡锦淦	查永东	胡锦忠	15	1370	4452	563	13	43837	19658
	钱镜村	周瑞明	陈义林	吴永新	11	788	2839	417	13	12964	19436
	双马村	陈祝明	乔金根	—	16	1238	4119	593	9	15875	19216
	营东村	郑美香	薛润东	周峰	11	752	2587	429	20	12428	19396
	营南村	朱洁	陈熔	冯宝龙	10	694	2525	405	5	12602	19091
	营西村	王泽林	黎恒东	吴彬	11	783	2527	400	11	10008	19050
	营北村	葛鸿林	—	沈文义	17	1035	3041	547	19	12124	19492
	泰山社区	展厚忠	展厚忠	潘志权	22	1367	4148	286	48	47206	19591
	临泽社区	沈小平	孙冬雪	—	25	4445	12442	—	45	79709	—
	川青社区	胡生坤	任莹	—	5	310	839	—	27	24946	—
	果林社区	葛其松	吕绍明	陈信兰	5	279	913	71	6	9845	19509
	周巷社区	胡宏江	—	—	—	1008	3065	—	42	—	—
	营南社区	夏德银	—	—	—	182	605	—	16	—	—
周山镇	吴堡村	吴永美	—	谢文祥	9	486	1846	231	23	9749	22622
	万福村	居乃谭	宋子荣	邵庆华	19	1108	4055	393	24	13546	19702
	狄奔村	时正宏	丁章明	陈永千	13	728	2518	304	8	9673	18040
	志光村	纪元龙	王兆英	周朝勇	11	903	3114	386	35	8945	18888
	龙华村	韩连坤	李中文	郭培驰	14	863	3062	403	22	10387	19008
	长宁村	高春龙	陆宝忠	吴佩和	22	1190	4018	654	19	16783	19750
	龙胜村	时广山	郭宏飞	万豪江	16	1010	3726	460	16	16919	21660
	双河村	晏道军	施如琴	马连华	14	917	3174	371	27	9186	17600
	杨庙社区	—	周宏标	王玉梅	—	401	895	—	52	25958	22000
界首镇	六安村	姜富华	苏桂良	张维才	17	1142	3852	—	17	24929	21916
	大昌村	王浩	陈国付	戴玉兰	20	1270	4736	—	12	31212	19988
	老人桥村	韩在年	何爱军	张晓东	17	962	3581	—	12	20634	20677
	应龙村	赵春景	孙龙海	戴荣桂	14	710	2639	—	9	11916	17763
	龙翔村	居宝明	杨有庚	卞良	20	1299	4812	—	13	39206	20375
	界首村	薛凤香	潘永山	张晓清	6	671	1791	—	15	23321	22170
	永安村	梁少兵	刘晴	陈于	13	873	3334	—	12	19456	18991
	子婴村	盛有山	陈金龙	蒋兆华	17	1113	3816	—	14	19128	18768
	甓湖社区	陈智慧	陈庆文	徐霞	—	1771	4281	—	119	—	—
菱塘回族乡	骑龙村	许桂清	陈广山	王学斌	13	818	3003	382	48	48133	24900
	高庙村	杨殿春	杨玉香	朱梅英	15	656	2566	44	15	5645	22000
	龚家村	陈慧	胡志鹏	陈祖兵	11	722	2532	204	15	25100	24881
	菱塘村	吴朝斌	乔元东	万兆宜	17	1153	4102	330	36	290000	25000
	清真村	吴庆才	杨玲	冯增荣	21	1006	3175	8046	10	35600	26000
	王姚村	路永明	吴桂荣	王正明	12	628	2040	268	3	17856	24980
	曙光社区	谢金陵	张玲	占龙江	5	1803	7584	14	48	7800	24500
	文昌社区	朱仕海	吴志娟	胡仁昌	6	1246	4368	19	32	7500	22035

(此表由各乡镇提供)

索　　引

Index

说　明

1. 本索引采用主题分析法编制，按汉语拼音音序排列。

2. 分目标题用黑体字标示。表格注明“（表）”字样。

3. 标引词后的数字表示内容所在页码，数字后的字母 a、b 则分别表示左、右栏。

4. 空两字起排的款目为上一主题的“附见”。

5.《特载》《大事纪要》《趣闻轶事》《附录》等 4 个篇目未作索引。

F

G

H

R

S

T